握现在 规划未来

云南省第二次全国农业普查领导小组办公室

云南统计年鉴

YUNNAN STATISTICAL YEARBOOK

2006

（总第22期 No.22）

云 南 省 统 计 局　编

Compiled by Statistical Bureau of Yunnan Province

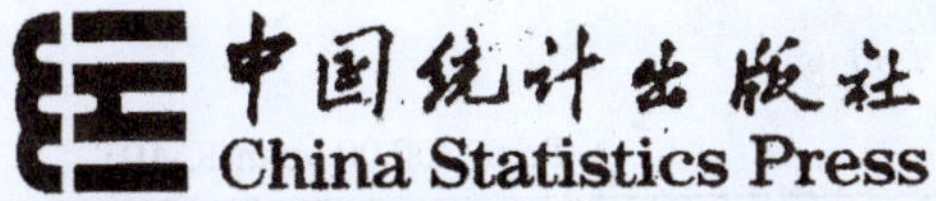

（京）新登字 041 号

图书在版编目（CIP）数据

云南统计年鉴 .2006/云南省统计局 编
—北京:中国统计出版社,2006.6
ISBN 7-5037-4881-8

Ⅰ.云 …
Ⅱ.云 …
Ⅲ.统计资料 - 云南省 - 2006 - 年鉴
Ⅳ.C832.74-54

中国版本图书馆 CIP 数据核字(2006) 第 026084 号

云南统计年鉴—2006

作　　者 / 云南省统计局
责任编辑 / 郑淼淼
E-mail / yearbook@stats.gov.cn
封面设计 / 陆　浩
出版发行 / 中国统计出版社
通信地址 / 北京市西城区三里河月坛南街 75 号　中国统计出版社
邮　　编 / 100826
电　　话 / (010)63376907
印　　刷 / 昆明鹰达印刷有限公司
经　　销 / 新华书店
开　　本 / 890 毫米×1240 毫米 1/16
字　　数 / 160 万字
印　　张 / 52.75
印　　数 / 1000 册
版　　别 / 2006 年 11 月第 1 版
版　　次 / 2006 年 11 月第 1 次印刷
书　　号 / ISBN 7-5037-4881-8/F·2228
定　　价 / 300.00 元　Price:300.00 yuan(RMB)

云南统计年鉴编辑委员会

云南统计年鉴编辑部

Yunnan Statistical Yearbook

EDITORIAL BOARD AND STAFF

编 者 说 明

一、《云南统计年鉴 - 2006》是一部全面反映云南省国民经济和社会发展情况的资料书。本书汇集了全省及各地、州、市、县2005年经济和社会发展各方面的统计数据，以及全省历年主要统计数据。

二、全书内容分为24个部分，即：1．行政区划和自然资源；2．综合；3．国民经济核算；4．人口；5．就业人员和职工工资；6．固定资产投资；7．财政、金融和保险；8．价格指数；9．人民生活；10．农业；11．工业；12．能源原材料生产和消费；13．运输和邮电；14．建筑业；15．国内贸易；16．对外经济贸易和旅游；17．教育、科技；18．文化、体育、卫生和其他；19．企业调查；20．基本单位调查；21．民族自治地方情况；22．城市概况；23．各县（市、区）概况；24．乡镇概况。有关部分附有主要统计指标解释，对主要统计指标的含义、统计范围和统计方法作了简要说明。

三、本年鉴的资料来源，大部分来自年度统计报表，少部分来自抽样调查。由于条块统计分工关系，部分指标各地、州、市、县数字相加不等于全省总计，在使用中请注意。由于统计制度仍处于改革过程中，因此，一些统计指标的统计口径范围有所变化，本年鉴对有关数据作了相应的调整，并在有关统计表下作了解释。2004年工业、固定资产投资、建筑业、经贸、核算等专业的全省及各州、市的统计数据为经济普查数据。按照国家统计局规定，第一次全国经济普查后，上述有关数据从1993年后进行了调整。

四、度量衡单位均采用国家颁布的国际统一标准计量单位。

五、本年鉴中的符号使用说明：

“…”表示数据不足本表最小单位数；

“空格”表示无该项统计指标数据；

“ # ”表示其中的主要项。

六、2006年年鉴的中英文对照，除工矿企业、公司的单位名称未翻译外，全面作了重新翻译和校订。本年鉴在统计指标设置上有所增减，更趋于合理，并对部分版面进行了改版，更加方便读者参阅。

七、本年鉴按照国家2005年颁布的行政区划进行编辑，原丽江地区撤地改市后相关个别县（区）的统计数据有所变动。德宏州瑞丽市的畹町单列。

八、本年鉴在编辑过程中，由于时间和水平关系，如有差错之处，热忱希望读者批评指正。为使本年鉴不断改进和完善，更好地满足社会各界的需要，希望广大读者提出宝贵的意见。

PREFACE

I. *Yunnan Statistical Yearbook 2006* is an annual statistics publication fully reflecting the national economy and social development in Yunnan province. The present yearbook covers very comprehensive data in each city, county and prefecture in 2005 as well as some selected data series in historically significant years for the whole province.

II. The book contains the following twenty-four parts: 1. Division of Administrative Areas and Natural Resources; 2. General Survey; 3. National Accounts; 4. Population; 5. Employment and Wages; 6. Investment in Fixed Assets; 7. Finance, Banking and Insurance; 8. Price Indices; 9. People's Livelihood; 10. Agriculture; 11. Industry; 12. Production and Consumption of Energy and Raw Material; 13. Transport, Post and Telecommunication Services; 14. Construction; 15. Domestic Trade; 16. Foreign Economy and Trade and Tourism; 17. Education, Science and Technology; 18. Culture, Sports, Public Health and Others; 19. Survey of Enterprises; 20.Survey of Basic Entities; 21.General Survey of Minority Nationality Autonomous Areas; 22. General Survey of Cities; 23. General Survey of Counties (Districts and Cities); 24. General Survey of Townships and Towns. In addition, Explanatory Notes on Principal Statistical Indicators are provided at the end of each part to describe the content, scope and method of provincial statistical indicators briefly.

III. The major data in this publication are obtained from annual statistical reports and a small part from sample surveys. It is advisable to note in the reference that the sum of data of each city, county and prefecture may not correspondingly equal the total of the whole province in some statistical indicators due to vertical and horizontal statistical division. Since the statistical system is still under reform and the statistical requirements and scope are somewhat changed, the relevant data are adjusted and explained accordingly in the present yearbook. The 2004 data of prefecture-level cites and autonomous prefectures in this yearbook on industry, investment in fixed assets, construction, domestic trade, national accounts and etc. are come from the first national economic census.

IV. The units of measurement used in this book are international standard measurement units issued by the state.

V. Notations used in this yearbook:

"…" indicates that the figure is not large enough to be measured with the smallest unit in the table;

"(Blank)" indicates that the data are not available;

"#" indicates that the major items of the total.

VI. The English version of 2006 Yearbook has been retranslated and checked against authoritative texts completely except been not translated the entity names of enterprise. Some indicators are either supplemented or reduced and it turns out to be more reasonable. In addition, some layouts are modified in the present yearbook. Therefore, it appears to be more convenient for readers' reference.

VII. The present yearbook is edited following the divisions of administrative areas issued by the state in 2005. Relevant statistical data of few counties (regions) have been changed moderately since the former Li Jiang region is replaced by the present Li Jiang city. Wan Ding in Rui Li city of De Hong prefecture is listed separately.

VIII. Readers are welcome to correct our mistakes made during the compiling due to our limited time and level. In order to perfect the yearbook and meet the requirements of all social circles better, comments from various readers are highly appreciated.

目 录 索 引
CONTENT INDICES

目　　录

CONTENTS

一、行政区划和自然资源

Chapter 1　Divisions of Administrative Areas and Natural Resources

二、综合

Chapter 2　General Survey

三、国民经济核算

Chapter 3 National Accounts

四、人口

Chapter 4 Population

五、就业人员和职工工资

Chapter 5 Employment and Wages

六、固定资产投资

Chapter 6 Investment in Fixed Assets

七、财政、金融和保险

Chapter 7 Finance, Banking and Insurance

八、价格指数

Chapter 8　Price Indices

九、人民生活

Chapter 9　People's Livelihood

十、农业

Chapter 10 Agricultural

十一、工业

Chapter 11 Industry

十二、能源、原材料生产和消费

Chapter 12 Production and Consumption of Energy and Raw Material

十三、运输和邮电

Chapter 13 Transport, Post and Telecommunication Services

十四、建筑业
Chapter 14 Construction

十五、国内贸易

Chapter 15　Domestic Trade

十六、对外经济贸易和旅游

Chapter 16 Foreign Trade and Economy Cooperation , Tourism

十七、教育、科技

Chapter 17 Education, Science and Technology

十八、文化、体育、卫生和其他

Chapter 18 Culture, Sports, Public Health and Others

十九、企业调查

Chapter 19 Enterprises Survey

二十、基本单位

Chapter 20 Survey of Basic Entities

二十一、民族自治地方情况

Chapter 21 General Survey of Minority Nationality Autonomous Areas

二十二、城市概况

Chapter 22 General Survey of Cities

二十三、各县（市、区）主要经济指标

Chapter 23 Main Economic Indicators of All Every County by Region and Its types

二十四、乡镇概况

Chapter 24 General Survey of Townships and Towns

二十四、乡镇概况

Chapter 24 General Survey of Townships and Towns

一、行政区划和自然资源

Divisions of Administrative Areas and Natural Resources

1-1 全 省 行 政 区 划 （2005年）
Divisions of Administrative Areas in Yunnan (2005)

州、市 Prefectures, Autonomous Prefectures and Municipalities	市、县、区 Cities at County Level, Counties and Districts under the Jurisdiction of Cities	县级市、县、区数 Number of Cities at County Level, Counties and Districts under the Jurisdiction of Cities
昆 明 市 Kunming	盘龙区 五华区 官渡区 西山区 东川区 呈贡县 晋宁县 富民县 宜良县 石林县 嵩明县 禄劝县 寻甸县 安宁市 Panlong District, Wuhua District, Guandu District, Xishan District, Dongchuan District, Chenggong, Jinning, Fumin, YiLiang, Shilin, Songming, Luquan, Xundian, Anning City	5个市辖区、1个市、8个县 5 districts under municipal jurisdiction , 1 city and 8 counties
曲 靖 市 Qujing	麒麟区 马龙县 陆良县 师宗县 罗平县 富源县 会泽县 沾益县 宣威市 Qilin District, Malong, Luliang, Shizong, Luoping, Fuyuan, Huize, Zhanyi, Xuanwei City	1个市辖区、1个市、7个县 1 district under municipal jurisdiction, 1 city and 7 counties
玉 溪 市 Yuxi	红塔区 江川县 澄江县 通海县 华宁县 易门县 峨山县 新平县 元江县 Hongta District, Jiangchuan, Chengjiang, Tonghai, Huaning, Yimen, Eshan, Xinping,Yuanjiang	1个市辖区、8个县 1 district under municipal jurisdiction and 8 counties
保 山 市 Baoshan	隆阳区 施甸县 腾冲县 龙陵县 昌宁县 Longyang District, Shidian, Tengchong, Longling, Changning	1个市辖区、4个县 1 district under municipal jurisdiction and 4 counties
昭 通 市 Zhaotong	昭阳区 鲁甸县 巧家县 盐津县 大关县 永善县 绥江县 镇雄县 彝良县 威信县 水富县 Zhaoyang District, Ludian, Qiaojia, Yanjin, Daguan, Yongshan, Suijiang, Zhenxiong, Yiliang, Weixin, Shuifu	1个市辖区、10个县 1 district under municipal jurisdiction and 10 counties 1 district under municipal jurisdiction and 10 counties
丽 江 市 Lijiang	古城区 玉龙县 永胜县 华坪县 宁蒗县 Gucheng District,Yulong, Yongsheng, Huaping, Ninglang	1个市辖区、4个县 1 district under municipal jurisdiction and 4 counties
思 茅 市 Simao	翠云区 普洱县 墨江县 景东县 景谷县 镇沅县 江城县 孟连县 澜沧县 西盟县 Ciuyun District, Pu'er, Mojiang, Jingdong, Jinggu, Zhenyuan, Jiangcheng, Menglian, Lancang, Ximeng	1个市、9个县 1 city and 9 counties
临 沧 市 Lincang	临翔区 凤庆县 云 县 永德县 镇康县 双江县 耿马县 沧源县 Linxiang, Fengqing, Yunxian, Yongde, Zhenkang, Shuangjiang, Gengma, Cangyuan	8个县 8 counties
楚 雄 州 Chuxiong	楚雄市 双柏县 牟定县 南华县 姚安县 大姚县 永仁县 元谋县 武定县 禄丰县 Chuxiong City, Shuangbo, Mouding, Nanhua, Yao'an, Dayao, Yongren, Yuanmou, Wuding, Lufeng	1个市、9个县 1 city and 9 counties
红 河 州 Honghe	个旧市 开远市 蒙自县 屏边县 建水县 石屏县 弥勒县 泸西县 元阳县 红河县 金平县 绿春县 河口县 Gejiu City, Kaiyuan City, Mengzi, Pingbian, Jianshui, Shiping, Mile, Luxi, Yuanyang,Honghe, Jinping, Luchun, Hekou	2个市、11个县 2 cities and 11 counties
文 山 州 Wenshan	文山县 砚山县 西畴县 麻栗坡县 马关县 丘北县 广南县 富宁县 Wenshan, Yanshan, Xichou, Malipo, Maguan, Qiubei, Guangnan, Funing	8个县 8 counties
西双版纳州 Xishuangbanna	景洪市 勐海县 勐腊县 Jinghong City, Menghai, Mengla	1个市、2个县 1 city and 2 counties
大 理 州 Dali	大理市 漾濞县 祥云县 宾川县 弥渡县 南涧县 巍山县 永平县 云龙县 洱源县 剑川县 鹤庆县 Dali City, Yangbi, Xiangyun, Binchuan, Midu, Nanjian, Weishan, Yongping, Yunlong,Eryuan, Jianchuan, Heqing	1个市、11个县 1 city and 11 counties
德 宏 州 Dehong	瑞丽市 潞西市 梁河县 盈江县 陇川县 Ruili City, Luxi City, Lianghe, Yingjiang, Longchuan	2个市、3个县 2 cities and 3 counties
怒 江 州 Nujiang	泸水县 福贡县 贡山县 兰坪县 Lushui,Fugong,Gongshan,Lanping	4个县 4 counties
迪 庆 州 Diqing	香格里拉县 德钦县 维西县 Shangri-La, Deqin, Weixi	3个县 3 counties

1-1 续表1 continued

地 区	Region	街道办事处 Community Offices	镇 Town	乡 Township	民族乡 Townships of Nationalities	合 计 Total
全省合计	**Total**	**52**	**577**	**759**	**171**	**1 559**
昆 明 市	**Kunming**	**27**	**45**	**80**	**9**	**161**
五华区	Wuhua	10				10
盘龙区	Panlong	9				9
官渡区	Guandu	5	3	6	1	15
西山区	Xishan	3	2	1	3	9
东川区	Dongchuan		4	10		14
呈贡县	Chenggong		3	4		7
晋宁县	Jinning		4	6	2	12
富民县	Fuming		2	6	1	9
宜良县	Yiliang		6	4	2	12
石林县	Shilin		2	8		10
嵩明县	Songming		3	6		9
禄劝县	Luquan		3	15		18
寻甸县	Xundian		6	11		17
安宁市	Anning		7	3		10
曲 靖 市	**Qujing**	**9**	**61**	**47**	**8**	**125**
麒麟区	Qilin	4	3	5		12
马龙县	Malong		5	4		9
陆良县	Luliang		8	3		11
师宗县	Shizong		5	1	3	9
罗平县	Luoping		6	5	3	14
富源县	Fuyuan		8	2	1	11
会泽县	Huize		8	13	1	22
沾益县	Zhanyi		3	7		10
宣威市	Xuanwei	5	15	7		27
玉 溪 市	**Yuxi**	**3**	**45**	**17**	**10**	**75**
红塔区	Hongta	3	6		2	11
江川县	Jiangchuan		5	1	1	7
澄江县	Chengjiang		6			6
通海县	Tonghai		6		3	9
华宁县	Huaning		4		1	5
易门县	Yimen		3	1	3	7
峨山县	Eshan		5	3		8
新平县	Xinping		6	6		12
元江县	Yuanjiang		4	6		10

1-1 续表2 continued

地　区	Region	街道办事处 Community Offices	镇 Town	乡 Township	民族乡 Townships of Nationalities	合计 Total
保 山 市	**Baoshan**		**23**	**45**	**14**	**82**
隆阳区	Longyang		5	8	7	20
施甸县	Shidian		3	10	2	15
腾冲县	Tengchong		6	14	1	21
龙陵县	Longling		3	8	1	12
昌宁县	Changning		6	5	3	14
昭 通 市	**Zhaotong**	**4**	**47**	**102**	**19**	**172**
昭阳区	Zhaoyang	4	4	13	4	25
鲁甸县	Ludian		1	11	2	14
巧家县	Qiaojia		5	14		19
盐津县	Yanjin		3	9		12
大关县	Daguan		5	5	1	11
永善县	Yongshan		4	11	2	17
绥江县	Suijiang		5	1		6
镇雄县	Zhenxiong		13	18	4	35
彝良县	Yiliang		3	10	5	18
威信县	Weixin		2	8	1	11
水富县	Shuifu		2	2		4
丽 江 市	**Lijiang**	**4**	**13**	**33**	**22**	**72**
古城区	Gucheng	4		3	2	9
玉龙县	Yulong		3	11	4	18
永胜县	Yongsheng		6	5	7	18
华坪县	Huaping,		3		8	11
宁蒗县	Ninglang		1	14	1	16
思 茅 市	**Simao**		**28**	**80**	**13**	**121**
翠云区	Ciuyun		4	2	2	8
普洱县	Pu'er		2	9		11
墨江县	Mojiang		2	14	2	18
景东县	Jingdong		4	11		15
景谷县	Jinggu		4	8		12
镇沅县	Zhenyuan		3	8		11
江城县	Jiangcheng		2	6		8
孟连县	Menglian		3	4		7
澜沧县	Lancang		2	13	8	23
西盟县	Ximeng		2	5	1	8
临 沧 市	**Lincang**		**33**	**38**	**18**	**89**
临翔区	Linxiang		2	7	2	11
凤庆县	Fengqing		8	2	5	15
云　县	Yunxian		7	3	4	14
永德县	Yongde		3	6	3	12
镇康县	Zhenkang		3	4	1	8
双江县	Shuangjiang		2	5		7
耿马县	Gengma		4	5	2	11
沧源县	Cangyuan		3	7	1	11

1-1 续表3 continued

地 区	Region	街道办事处 Community Offices	镇 Town	乡 Township	民族乡 Townships of Nationalities	合计 Total
楚 雄 州	**Chuxiong**		**57**	**65**	**6**	**128**
楚雄市	Chuxiong		14	5		19
双柏县	Shuangbo		4	5		9
牟定县	Mouding		2	8		10
南华县	Nanhua		7	4	1	12
姚安县	Yao'an		7	5		12
大姚县	Dayao		4	9	1	14
永仁县	Yongren		2	4	2	8
元谋县	Yuanmou		3	10		13
武定县	Wuding		3	8	2	13
禄丰县	Lufeng		11	7		18
红 河 州	**Honghe**	**4**	**56**	**76**	**6**	**142**
个旧市	Gejiu	1	8	3		12
开远市	Kaiyuan	3		4	1	8
蒙自县	Mengzi		7	2	2	11
屏边县	Pingbian		1	6		7
建水县	Jianshui		8	6		14
石屏县	Shiping		7	2		9
弥勒县	Mile		10	3		13
泸西县	Luxi		7	3		10
元阳县	Yuanyang		2	13		15
红河县	Honghe		1	12	1	14
金平县	Jinping		2	11	1	14
绿春县	Luchun		1	8	4	9
河口县	Hekou		2	3	1	6
文 山 州	**Wenshan**		**39**	**59**	**16**	**114**
文山县	Wenshan		9	3	5	17
砚山县	Yangshan		4	4	4	12
西畴县	Xichou		2	8		10
麻栗坡县	Malipo		3	8	1	12
马关县	Maguang		8	7		15
丘北县	Qiubei		3	6	5	14
广南县	Guangnan		6	13		19
富宁县	Funing		5	9	1	15
西双版纳州	**Xishuangbanna**	**1**	**18**	**6**	**7**	**32**
景洪市	Jinghong	1	6	3	1	10
勐海县	Menghai		6	2	3	11
勐腊县	Mengla		6	1	3	11

1-1 续表4 continued

地区	Region	街道办事处 Community Offices	镇 Town	乡 Township	民族乡 Townships of Nationalities	合计 Total
大理州	Dali		**70**	**42**	**13**	**125**
大理市	Dali		11		1	12
漾濞县	yangbi		4	7		11
祥云县	Xiangyun		8	3	1	12
宾川县	Binchuan		8		3	11
弥渡县	Midu		5	3	1	9
南涧县	Nanjian		4	5		9
巍山县	Weishan		4	7		11
永平县	Yongping		4	1	4	9
云龙县	Yunlong		4	6	2	12
洱源县	Eryuan		6	4		10
剑川县	Jianchuan		6	3		9
鹤庆县	Heqing		6	3	1	10
德宏州	**Dehong**		**24**	**35**	**5**	**64**
瑞丽市	Ruili		3	6		9
其中:畹町	Wanding					
潞西市	Luxi		7	7	1	15
梁河县	Lianghe		3	5	2	10
盈江县	Yingjiang		7	11	1	19
陇川县	Longchuan		4	6	1	11
怒江州	**Nujiang**		**9**	**17**	**3**	**29**
泸水县	Lushui		3	4	2	9
福贡县	Fugong		1	5	1	7
贡山县	Gongshan		1	4		5
兰坪县	Lanping		4	4		8
迪庆州	**Diqing**		**9**	**17**	**3**	**29**
香格里拉县	Shangri-La		4	6	1	11
德钦县	Deqing		2	4	2	8
维西县	Weixi		3	7		10
合计	**8个省辖市、8个民族自治州、10个州市辖市、80个县、29个民族自治县、10个市辖区**					
Total	**8provincial jurisdiction cities,8 Nationality autonomous prefectures, 10 prefecture jurisdiction cities, 80 counties, 29 Nationality autonomous counties and 10municipal jurisdiction districts**					

1-2 历届省人民代表大会的代表人数
Number of Deputies to All the Previous Provincial People's Congresses

单位：人 (person)

项　目	Item	一 届 1954年8月 First Congress Aug.1954	二 届 1958年11月 Second Congress Nov.1958	三 届 1963年12月 Third Congress Dec.1963	五 届 1977年12月 Fifth Congress Dec.1977	六 届 1983年4月 Sixth Congress Apr.1983
代 表 总 数	**Total Number of Deputies**	**392**	**395**	**495**	**1 016**	**885**
在代表总数中	Of Which					
女 代 表	Female Deputies	59	55	92	213	212
占代表总数%	Proportion to Total	15.1	13.9	18.6	20.9	23.9
在代表总数中	Of Which					
少数民族代表	Minority Nationality Deputies	160	165	197	359	360
占代表总数%	Proportion to Total	40.8	41.8	39.8	35.3	40.6

1-2　续表　Continued

单位：人 (person)

项　目	Item	七 届 1988年4月 Seventh Congress Apr.1988	八 届 1993年5月 Eighth Congress May.1993	九 届 1998年1月 Ninth Congress Jan.1998	十 届 2003年1月 Tenth Congress Jan.2003
代 表 总 数	**Total Number of Deputies**	**588**	**629**	**619**	**621**
在代表总数中	Of Which				
女 代 表	Female Deputies	134	127	147	164
占代表总数%	Proportion to Total	22.8	20.2	23.7	26.4
在代表总数中	Of Which				
少数民族代表	Minority Nationality Deputies	259	287	286	291
占代表总数%	Proportion to Total	44.0	45.6	46.2	46.9

注：因文化大革命，1968年8月云南省革命委员会成立，云南省第四届省人代会没有召开代表大会，

Note: The Fourth Session of the People's Congress of Yunnan Province was not held. The Revolutionary Committee of Yunnan Province was established in August, 1968.

1-3 历届省政治协商会议的委员人数
Number of Deputies to All the Previous Provincial People's Political Consultative Conferences

单位：人 (person)

项 目	Item	一 届 1955年2月 First Conference Feb.1955	二 届 1959年7月 Second Conference July.1959	三 届 1963年12月 Third Conference Dec.1963	四 届 1977年12月 Fourth Conference Dec.1977	五 届 1983年4月 Fifth Conference Apr.1983
委员总数	**Total Number of Deputies**	**157**	**390**	**387**	**419**	**526**
在委员总数中	Of Which					
中共委员	Deputies from the CPC	33	111	134	158	196
占总数%	Proportion to Total	21.0	28.5	34.6	37.7	37.3
在委员总数中	Of Which					
少数民族委员	Minority Nationality Deputies	44	119	106	96	137
占总数%	Proportion to Total	28.0	30.5	27.4	22.9	26.0

1-3 续表 continued

单位：人 (person)

项 目	Item	六 届 1988年4月 Sixth Conference Apr.1988	七 届 1993年4月 Seventh Conference Apr.1993	八 届 1998年1月 Eighth Conference Jan.1998	九 届 2003年1月 Ninth Conference Jan.2003
委员总数	**Total Number of Members**	**561**	**589**	**612**	**643**
在委员总数中	Of Which				
中共委员	Members of the CPC	204	228	228	247
占总数%	Proportion to Total	36.4	38.7	37.3	38.4
在委员总数中	Of Which				
少数民族委员	Minority Nationality Deputies	160	172	183	206
占总数%	Proportion to Total	28.5	29.2	29.9	32.0

1-4 人口和自然资源
Population and Natural Resources

指　　标	Item	2005年
全省年底人口总数（万人）	Total Population (year-end)(10 000 persons)	4 450.40
人口密度（人/平方公里）	Population Density (person/sq .km)	113
全省土地面积（万平方公里）	Total Area (10 000 sq .km)	39.40
民族自治地方土地面积（万平方公里）	Autonomous Area of Nationalities (10 000 sq.km)	27.67
全省年末耕地总资源（万公顷）	Total cultivated Land Resources at the Year-end (10 000 hectares)	609.44
# 常用耕地面积（万公顷）	Cultivated Land Area (10 000 hectares)	419.18
全省荒山荒地面积（万公顷）	Undeveloped Area (10 000 hectares)	1 290.40
# 宜农荒地（万公顷）	Undeveloped Land Suitable for Agricultural Production (10 000 hectares)	286.70
全省森林面积（万公顷）	Forest Area (10 000 hectares)	1 501.50
全省活立木总蓄积量（亿立方米）	Standing Stock Volume (100 million cu.m)	15.48
全省水面面积（万公顷）	Water Area (10 000 hectares)	27.90
全省水力资源蕴藏量（亿千瓦）	Hydropower Resources (100 million kw)	1.04
全省水资源量总量（亿立方米）	Fotal of Water Resources (100 million cu.m)	1 846.43
全省铁矿保有资源储量（亿吨）	Ensured Reserves of Iron Ore (100 million tons)	35.67
全省煤矿保有资源储量（亿吨）	Ensured Reserves of Coal Ores (100 million tons)	263.41
全省磷矿石保有资源储量（亿吨）	Ensured Reserves of Phosphate Ores (100 million tons)	38.38

注：森林资源有关数据系1997年全省森林资源连续清查第三次复查统计数。

Note: The figure on forest area is the statistic data of the third review of the continuous census provincial forest resources continuously censused in 1997.

1-5 主要湖泊情况
Major Lakes

名　称	Lake	所属水系 River System	湖面面积（平方公里） Lake Area (sq · km)	最大水深（米） Maximum Depth (m)	平均水深（米） Average Depth (m)	平均水位（米） Average Water Level (m)	总容水量（亿立方米） Water Volume (100 million cu.m)
滇　池	Dianchi Lake	金沙江 Jinsha River	306.3	8	5	1 885	15.70
洱　海	Erhai Lake	澜沧江 Lancang River	250	23	10.5	1 974	30.00
抚仙湖	Fuxian Lake	南盘江 Nanpan River	212	151.5	87	1 720	185.00
阳宗海	Yangzonghai Lake	南盘江 Nanpan River	31	30	20	1 770	6.02
星云湖	Xingyun Lake	南盘江 Nanpan River	39	12	9	1 723	2.30
程　海	Chenghai Lake	金沙江 Jinsha River	78.8	36.9	15	1 503	27.00
泸沽湖	Lugu Lake	金沙江 Jinsha River	51.8	73.2	40	2 685	20.72
异龙湖	Yilong Lake	泸江 Lu River	31	6.6	2.8	1413	1.27
杞麓湖	Qilu Lake	南盘江 Nanpan River	37.3	6.8	4	1792	1.68

1-6 土地状况
Land Characteristics

项　　目	Item	面　积 Area	占总面积(%) Proportion to Total Area (%)
按地形分类：（万平方公里）	**By Topographic Feature (10 000 sq.km)**		
山　地	Mountains	约 33.1	84
高　原	Plateaus	约 3.9	10
盆　地	Basins	约 2.4	6
按特征分类：（万公顷）	**By Land Use (10 000 hectares)**		
常用耕地面积	Cultivated Land Area	419.18	10.6
森　林	Forest	1501.50	38.0
疏林地、灌木林	Sparse Forest and Shrubbery	660	16.8
荒山草坡地	Undeveloped Land on the Slope	565.11	9.7
水面面积	Water Area	28	0.7
其　他	Others	953	24.2

1-7 主要山峰高程
Height of Major Mountain Peaks

名　　称	Mountain Range	标　高（米） Height of Mountain Peak (m)	所属地、州、市	Region
高黎贡山	Gaoligong Mountains	3 374	保　山	Baoshan
碧罗雪山	Biluo Snow Mountains	4 141	怒　江	Nujiang
梅里雪山(卡格博峰)	Meili Snow Mountains (Kagebo Peak)	6 740	迪　庆	Diqing
玉龙雪山(扇子陡峰)	Yulong Snow Mountains (Shanzi Peak)	5 596	丽　江	Lijiang
点苍山(马龙峰)	Diancang Mountains (Malong Peak)	4 122	大　理	Dali
大雪山	Daxue Mountains	3 504	临　沧	Lincang
无量山	Wuliang Mountains	3 291	大理、思茅	Dali, Simao
哀牢山	Ailao Mountains	2 940	思茅、玉溪、红河	Simao,Yuxi, Honghe
五莲峰	Wulian Mountains	2 561	昭　通	Zhaotong
拱王山	Gongwang Mountains	3 677	昆　明	Kunming
梁王山	Liangwang Mountains	2 833	曲　靖	Qujing

注：全省最低点为河口县境内的南溪河与元江汇合处，海拔76.4米。
Note:The minimum height is that of 76.4 meters of the confluence of the Nanxi River and the Yuanjiang River in Hekou county.

1-8 主要河流情况
Major Rivers

名　　称	River	境内河长（公里） Internal Length (km)	集水面积（平方公里） Catchments Area (sq.km)
大盈江	Daying River	196	5 859
瑞丽江	Ruili River	370	9 743
怒　江	Nujiang River	618	33 366
澜沧江	Lancang River	1 227	88 574
金沙江	Jinsha River	1 560	105 614
元　江	Yuanjiang River	680	37 455
南盘江	Nanpan River	677	43 342

1-9 各县市土地、气温、降水量（2005年）

Land Characteristics, Temperature and Precipitation of Cities, Counties and Prefectures (2005)

地　　区	Region	土地面积（平方公里） Land Area (sq.km)	荒山荒地和草地面积（万公顷） Area of Undeveloped Land and Grass Land (10 000 hectares)	年平均气温（℃） Annual Average Temperature (℃)	年降水量（毫米） Annual Precipitation (mm)
全省合计	**Total**	**394 139**			
昆 明 市	**Kunming**	**21 582**			
五华区	Wuhua	}		}	}
盘龙区	Panlong	} 2 190		} 16.5	} 833.4
官渡区	Guandu	}		}	}
西山区	Xishan	}		}	}
东川区	Dongchuan	1 674	3.76	20.5	614.5
呈贡县	Chenggong	541	1.29	15.8	647.7
晋宁县	Jinning	1 391	3.61	15.5	896.9
富民县	Fuming	1 030	2.54	16.6	695.3
宜良县	Yiliang	1 880	3.16	17.4	722.0
石林县	Shilin	1 777	4.48	17.2	890.5
嵩明县	Songming	1 442	3.10	15.1	933.7
禄劝县	Luquan	4 378	10.21	17.1	765.0
寻甸县	Xundian	3 966	8.16	15.7	958.7
安宁市	Anning	1 313	2.23	16.0	768.4
曲 靖 市	**Qujing**	**29 855**	**71.96**		
麒麟区	Qilin	1 442	2.73	15.8	815.9
马龙县	Malong	1 751	1.35	14.3	860.2
陆良县	Luliang	2 096	5.03	15.7	843.9
师宗县	Shizong	2 858	6.99	15.0	943.5
罗平县	Luoping	3 116	8.24	15.9	1 352.0
富源县	Fuyuan	3 348	6.74	15.2	1 191.1
会泽县	Huize	6 077	24.21	13.8	573.7
沾益县	Zhanyi	2 910	3.44	15.2	830.8
宣威市	Xuanwei	6 257	5.06	14.6	765.2
玉 溪 市	**Yuxi**	**15 285**	**47.80**		
红塔区	Hongta	1 004	1.75	16.5	957.1
江川县	Jiangchuan	850	3.34	16.3	773.0
澄江县	Chengjiang	773	2.79	16.9	823.2
通海县	Tonghai	721	2.80	16.8	848.1
华宁县	Huaning	1 313	5.71	17.2	899.6
易门县	Yimen	1 571	4.00	17.3	809.2
峨山县	Eshan	1 972	5.98	16.6	896.8
新平县	Xinping	4 223	12.82	17.9	978.8
元江县	Yuanjiang	2 858	8.61	24.3	684.6

注：土地资源为以前清查数。

Note: The figures on land are obtained from the previous surveys.

1-9 续表1 Continued

地 区	Region	土地面积（平方公里）Land Area (sq.km)	荒山荒地和草地面积（万公顷）Area of Undeveloped Land and Grass Land (10 000 hectares)	年平均气温（℃）Annual Average Temperature (℃)	年降水量（毫米）Annual Precipitation (mm)
保 山 市	**Baoshan**	**19 637**	**56.20**		
隆阳区	Longyang	5 011	20.93	16.6	729.3
施甸县	Shidian	2 009	6.84	17.8	771.3
腾冲县	Tengchong	5 845	17.37	15.8	1 347.3
龙陵县	Longling	2 884	5.39	15.2	1 837.7
昌宁县	Changning	3 888	5.67	15.6	897.8
昭 通 市	**Zhaotong**	**23 021**	**61.14**		
昭阳区	Zhaoyang	2 240	5.83	12.6	553.1
鲁甸县	Ludian	1 519	3.99	13.0	778.0
巧家县	Qiaojia	3 245	13.65	21.5	765.7
盐津县	Yanjin	2 096	7.06	18.1	983.3
大关县	Daguan	1 802	5.43	14.9	946.6
永善县	Yongshan	2 833	10.01	17.1	600.0
绥江县	Suijiang	882	1.10	18.2	902.7
镇雄县	Zhenxiong	3 785	5.48	12.4	742.3
彝良县	Yiliang	2 884	6.94	17.7	601.9
威信县	Weixin	1 416	1.65	14.2	847.7
水富县	Shuifu	319			
丽 江 市	**Lijiang**	**21 219**	**58.16**		
古城区	Gucheng	1255		13.5	897.2
玉龙县	Yulong	6393		13.5	897.2
永胜县	Yongsheng	5 099	17.35	14.2	830.9
华坪县	Huaping	2 266	9.59	20.0	970.7
宁蒗县	Ninglang	6 206	17.47	12.7	920.7
思 茅 市	**Simao**	**45 385**	**111.19**		
翠云区	Cuiyun	4 093	14.58	19.5	1 079.9
普洱县	Pu'er	3 670		19.0	1 031.0
墨江县	Mojiang	5 459	16.03	19.0	1 143.4
景东县	Jingdong	4 532	5.05	19.2	784.0
景谷县	Jinggu	7 777	9.28	20.9	1 179.1
镇沅县	Zhenyuan	4 223	7.34	19.9	1 120.1
江城县	Jiangcheng	3 476	19.88	19.2	2 360.3
孟连县	Menglian	1 957	7.11	20.3	1 013.7
澜沧县	Lancang	8 807	26.21	20.1	1 551.8
西盟县	Ximeng	1 391	5.71	19.8	1 583.9
临 沧 市	**Lincang**	**24 469**	**84.66**		
临翔区	Linxiang	2 652	8.93	18.3	740.3
凤庆县	Fengqing	3 451	10.47	17.4	936.8
云 县	Yunxian	3 760	10.85	20.5	751.3
永德县	Yongde	3 296	9.71	18.0	939.9
镇康县	Zhenkang	2 642	10.66	19.0	1 431.8
双江县	Shuangjiang	2 292	6.4	20.3	755.1
耿马县	Gengma	3 837	15.42	20.0	952.3
沧源县	Cangyuan	2 539	12.22	18.0	1 032.7

1-9 续表2 Continued

地　　区	Region	土地面积（平方公里） Land Area (sq.km)	荒山荒地和草地面积（万公顷） Areas of Undeveloped Land and Grass land (10 000 hectares)	年平均气温（℃） Annual Average Temperature (℃)	年降水量（毫米） Annual Precipitation (mm)
楚 雄 州	**Chuxiong**	**29 258**	**101.05**		
楚雄市	Chuxiong	4 482	9.18	16.8	801.8
双柏县	Shuangbo	4 045	10.90	15.6	856.2
牟定县	Mouding	1 494	7.98	16.9	713.4
南华县	Nanhua	2 343	6.94	15.1	763.6
姚安县	Yao'an	1 803	8.13	15.9	735.4
大姚县	Dayao	4 146	14.80	16.1	609.6
永仁县	Yongren	2 189	8.85	17.7	736.3
元谋县	Yuanmou	1 803	11.94	21.8	493.9
武定县	Wuding	3 322	9.25	15.5	785.5
禄丰县	Lufeng	3 631	13.08	16.7	721.0
红 河 州	**Honghe**	**32 931**	**125.53**		
个旧市	Gejiu	1 597	4.77	16.8	917.1
开远市	Kaiyuan	2 009	8.52	20.5	777.5
蒙自县	Mengzi	2 228	10.67	19.5	795.2
屏边县	Pingbian	1 906	8.01	16.8	1 612.3
建水县	Jianshui	3 940	12.43	19.6	677.4
石屏县	Shiping	3 090	6.42	18.7	806.2
弥勒县	Mile	4 004	14.59	17.8	905.6
泸西县	Luxi	1 674	3.26	15.7	693.5
元阳县	Yuanyang	2 292	9.21	24.8	762.0
红河县	Honghe	2 034	9.59	21.3	837.9
金平县	Jinping	3 677	18.16	18.5	2 081.9
绿春县	Luchun	3 167	14.55	17.5	2 130.8
河口县	Hekou	1 313	5.35	23.9	1 864.7
文 山 州	**Wenshan**	**32 239**	**97.18**		
文山县	Wenshan	3 064	5.36	19.1	838.4
砚山县	Yangshan	3 888	8.32	16.6	818.6
西畴县	Xichou	1 545	3.94	16.9	1 122.3
麻栗坡县	Malipo	2 395	9.01	18.5	941.4
马关县	Maguang	2 755	6.83	17.8	1 138.6
丘北县	Qiubei	5 150	11.56	17.3	1 028.8
广南县	Guangnan	7 983	28.37	17.8	998.6
富宁县	Funing	5 459	23.79	20.6	921.3
西双版纳州	**Xishuangbanna**	**19 700**	**53.77**		
景洪市	Jinghong	7 133	18.64	22.8	923.3

1-9 续表3 Continued

地 区	Region	土地面积（平方公里） Land Area (sq.km)	荒山荒地和草地面积（万公顷） Area of Undeveloped Land and Grass Land (10 000 hectares)	年平均气温（℃） Annual Average Temperature (℃)	年降水量（毫米） Annual Precipitation (mm)
勐海县	Menghai	5 511	18.57	19.4	983.8
勐腊县	Mengla	7 056	16.56	22.2	1 227.4
大 理 州	**Dali**	**29 459**	**101.11**		
大理市	Dali	1 468	6.73	15.4	979.6
漾濞县	yangbi	1 957	6.21	16.6	1 038.1
祥云县	Xiangyun	2 498	5.83	15.2	753.2
宾川县	Binchuan	2 627	10.57	18.8	484.5
弥渡县	Midu	1 571	7.34	17.1	679.5
南涧县	Nanjian	1 802	5.7	19.5	639.4
巍山县	Weishan	2 266	9.85	16.1	742.7
永平县	Yongping	2 884	11.36	16.0	593.1
云龙县	Yunlong	4 712	13.17	16.6	530.3
洱源县	Eryuan	2 961	11.01	15.0	572.5
剑川县	Jianchuan	2 318	6.31	12.8	730.9
鹤庆县	Heqing	2 395	7.03	14.2	899.1
德 宏 州	**Dehong**	**11 526**	**32.78**		
瑞丽市	Ruili	1 020	2.61	21.4	998.0
其中:畹町	Wanding	103	0.12		
潞西市	Luxi	2 987	10.96	20.5	1 295.9
梁河县	Lianghe	1 159	3.57	18.8	1 121.8
盈江县	Yingjiang	4 429	11.57	20.2	1 206.0
陇川县	Longchuan	1 931	3.54	19.3	1 079.3
怒 江 州	**Nujiang**	**14 703**	**27.13**		
泸水县	Lushui	2 938	3.81	20.7	761.3
福贡县	Fugong	2 804	4.66	17.0	1 362.4
贡山县	Gongshan	4 506	6.95	14.9	1 484.8
兰坪县	Lanping	4 455	11.71	11.6	953.8
迪 庆 州	**Diqing**	**23 870**	**45.67**		
香格里拉县	Shangri-La	11 613		6.9	483.7
德钦县	Deqing	7 596	16.84	6.5	506.1
维西县	Weixi	4 661		11.9	910.4

主要统计指标解释

森林面积 指生长着乔木和竹林，郁闭度在0.2以上(包括0.2)的林地面积或冠幅宽度10米以上的林带面积，即有林地面积。它是反映森林资源总面积的重要指标。森林面积包括天然林面积和人工林面积。但不包括灌木林地和疏林地面积。

森林覆盖率 通常是指森林面积占土地总面积之比，一般用百分数表示。但国家规定在计算森林覆盖率时，森林面积还包括灌木林面积，农田林网树占地面积以及四旁(村旁、路旁、水旁、宅旁)树木的覆盖面积。森林覆盖率，是反映一个国家或地区森林资源和绿化水平的重要指标。

活立木总蓄积量 指一定范围内土地上树木蓄积的总量。包括森林蓄积、疏林蓄积、散生木蓄积和四旁树蓄积。

林木蓄积量 指森林面积上生长着的林木树干材积总量。它反映一个国家或地区森林资源总规模和水平的重要指标。

淡水总面积 指江、河、湖泊、塘堰、水库等各种流水或蓄水的占地面积。

矿产保有储量 指探明的矿产储量（包括工业储量和远景储量）扣除已开采部分和地下损失量后的年底实有储量。它反映国家矿产资源的现状。

Explanatory Notes on Principal Statistical Indicators

Forest Area refers to the area of forest land where trees and bamboo grow with canopy density above 0.2 or tree crest width above 10 m, including land of natural woods and planted woods, but excluding shrubbery land and sparse forest land. It reflects the total area of forest resources.

Forest Cover Rate refers to the ratio of the area of forest land to total land area, which is usually expressed in percentage. But the state stipulates that upon calculating forest cover rate, the area of forest land should include the area of shrubby land, the area of forest land inside farm land and the area of trees planted by the side of villages and farm houses and along roads, rivers and fields. It is a very important indicator that reflects the forest resources and afforesting level in a country or a region.

Total Standing Stock Volume refers to the stock volume of trees growing in land, including trees in forest, trees in sparse forest, scattered trees and trees planted by the side of villages and farm houses and along the roads, rivers and fields.

Stock Volume of Forest refers to total stock volume of wood growing in forest area, which shows the total scale and level of forest resources of a country or a region.

Total Freshwater Area refers to water area of rivers, lakes, ponds, reservoirs, etc.

Ensured Mineral Reserves refer to the actual mineral reserves, which is equal to the proved mineral reserves (including industrial and prospective reserves) minus extracted parts and underground losses. It reflects the status of mineral resources of a country.

二、综合

General Survey

2-1 按经济成份划分的主要社会经济指标(2005年)
Principal Socio-economic Indicators by Sector of Economy (2005)

指　　标	Item	绝对数 Absolute Figure	比重（%） As Percentage to Total (%) (total=100)
生产总值	**GDP**	**3472.89**	**100.0**
国有经济	State-owned Economy	1628.24	46.9
集体经济	Collective-owned Economy	629.70	18.1
非公有制经济	Non-publice-owned Economy	1214.95	35.0
就业人员总数(万人)	**Total Number of Employed Persons (10 000 persons)**	**2 461.32**	**100.0**
城镇国有单位就业人员	Employed Persons in State-owned Entities	168.39	6.8
城镇集体单位就业人员	Employed Persons in Urban Collective-owned Entities	10.65	0.4
其他经济类型单位就业人员	Employed Persons in Entitiws of Other Types of Ownership	56.67	2.3
城镇个体私营就业人员	Self-employed Individuals and Others	163.35	6.6
其他就业人员	Other Employed Persons	11.32	0.4
乡村就业人员	Rural Employed Persons	2 050.93	83.3
农业总产值(亿元)	**Gross Output Value of Agriculture (100 million yuan)**	**965.22**	**100.0**
工业增加值(亿元)	**Added Value of Industry (100 million yuan)**	**1 200.07**	**100.0**
国有企业	State-owned Enterprises	578.14	48.2
集体企业	Collective-owned Enterprises	13.16	1.1
股份使用制企业	Joint Stock Cooperative Enterprises	4.48	0.4
股份制企业	Joint Stock Enterprises	336.34	28.0
外商及港澳台资企业	Foreign-funded and Enterprises funded by Hong Kong,Macao and Taiwan	49.99	4.1
其他工业	Other Enterprises	16.72	1.4
个体私营企业	Individual and Private Enterprises	201.24	16.8
固定资产投资总额(亿元)	**Total Investment in Fixed Assets (100 million yuan)**	**1 755.29**	**100.00**
国有经济	State-owned Enterprises	815.27	46.4
集体经济	Collective-owned Enterprises	97.47	5.5
个体私营经济	Individual and Private Enterprises	240.58	13.7
其它各种经济	Other Types of Ownership	619.98	35.3
社会消费品零售总额(亿元)	**Total Retail Sales of Consumer Goods (100 million yuan)**	**1 034.40**	**100.0**
国有及国有控股	State-owned and State-Owned holding Enterprises	116.80	11.2
集体及股份合作	Collective-owned and Joint Stock Cooperative Enterprises	70.88	6.9
私营经济	Individual and Private Enterprises	666.22	64.4
其中：个体	Individual Enterprises	511.88	49.5
其它各种经济	Other Types of Ownership	186.50	49.5
普通中学和小学教师总人数(万人)	**Total Teachers and Primary Shools (10 000 persons)**	**35.09**	**100.0**
教育部门和集体办	Shools Run by Educational Departments and Collective Entities	34.13	97.3
社会力量办	Shools Run by Non-government Entities	0.58	1.6
其他部门办	Shools Run by Other Departments	0.38	1.1

注：农业总产值、工业增加值按当年价格计算。工业增加值为规模以上工业企业。

Note: The gross output value of agriculture and industry are calculated at the current prices.

2-2 主要年份国民经济主要指标

指　　标	Item	1952年
人口	**Population**	
年末总人口数（万 人）	Total Population at the Year-end (10 000 persons)	1 695
年末从业人员数（万 人）	Total Number of Employed Persons at the Year-end (10 000 persons)	761
#职工人数（万人）	Staff and Workers (10 000 persons)	26
工农业总产值（亿 元）	**Gross Output Value of Industry and Agriculture (100 million yuan)**	**13.41**
生产总值（当年价）（亿 元）	**Gross Domestic Product (at Current prices) (100 Million yuan)**	**11.78**
#非公经济增加值(亿元)	#Added Value of Individual and Private Economy (10 000 yuan)	
农业生产	**Agriculture Production**	
农林牧渔业总产值(当年价)（亿 元）	Gross Output Value of Farming, Forestry, Animal Husbandry and Fishery (at current prices) (100 million yuan)	9.60
主要农产品产量	Output of Major Agricultural Products	
粮　食（万 吨）	Grain (10 000 tons)	451
油　料（万 吨）	Oil-bearing Crops(10 000 tons)	3.37
甘　蔗（万 吨）	Sugarcane(10 000 tons)	30.13
烤　烟（万 吨）	Flue-cured Tobacco (10 000 tons)	0.57
水　果（万 吨）	Fruits (10 000 tons)	
茶　叶（万 吨）	Tea (10 000 tons)	0.36
猪、牛、羊肉（万 吨）	Pork,Beef and Mutton (10 000 tons)	8.36
水产品（万 吨）	Aquatic Product (10 000 tons)	0.14
工业生产	**Industrial Production**	
工业总产值(当年价)（亿 元）	Gross Output Value of Industry (at current prices)(100 million yuan)	3.81
轻工业产值（亿 元）	Total Output Value of Light Industry (100 million yuan)	2.3
重工业产值（亿 元）	Total Output Value of Heavy Industry (100 million yuan)	1.51
主要工业产品产量	Output of Majar Industrial Products	
布（万 米）	Cloth (10 000 m)	3 641
机制纸及纸板（万 吨）	Machine-made Paper and Paperboards (10 000 tons)	0.08
糖（万 吨）	Sugar (10 000 tons)	2
卷　烟（万 箱）	Cigarettes (10 000 cases)	2
粗　钢（万 吨）	Steel (10 000 tons)	0.25
成品钢材（万 吨）	Steel Products (10 000 tons)	0.13

注：工业总产值及轻重工业产值从1996年开始按新规定的计算方法统计，1995年括号内的数字系按新规定方法统计的。

Principal Indicators on National Economy in Significant Years

1978年	1990年	1995年	2000年	2004年	2005年
3 091	3 731	3 990	4 240.80	4 415.2	4 450.4
1 313	1 923	2 149	2 295.40	2 401.4	2 461.3
216	292	312	273.40	235.45	235.71
95.45	**556.98**	**1 704.47**	**2 270.22**	**3 444.30**	**4 318.42**
69.05	**451.67**	**1 206.68**	**1 955.09**	**2 959.48**	**3 472.89**
	46.97	188.24	411.00	1 026.0	1 215.0
40.02	211.72	474.46	680.86	965.22	1 068.58
864	1 061	1 189	1 467.80	1 509.5	1 514.9
5.51	13.31	19.58	26.98	33.41	36.22
160.01	661.88	1 055.92	1 420.29	1 688.49	1 415.5
12.26	43.60	76.07	64.61	69.24	77.22
11.62	31.97	55.71	76.95	115.52	136.63
1.78	4.48	6.40	7.94	9.51	11.59
29.23	74.74	120.45	191.51	257.1	277.32
1.12	4.60	8.44	16.62	22.05	23.85
55.43	345.26	1 230.01 (1 079.46)	1 589.36	2 479.07	3 249.84
23.84	181.14	656.60 (584.60)	802.70	917.21	1 120.47
31.60	164.12	573.41 (494.86)	786.66	1 561.86	2 129.37
10 507	17 974	13 964	5 855	2 100	1 000
5.12	15.43	30.41	22.32	26.03	28.88
14	51	94	152.25	195.26	153.57
63	448	680	612.77	621.38	631.47
35.12	80.15	140.5	189.41	349.31	531.41
25.59	68.97	144.34	183.71	350.55	486.93

Nota:The gross output value of light and heavy industries have been calculated by a new approach since 1996, but the data in brackets in 1995 were also done by the new approach.

2-2 续表1

指标	Item	1952年
原 煤（万 吨）	Raw Coal (10 000 tons)	28
发电量（亿千瓦小时）	Electricity (100 million kwh)	0.52
水 泥（万 吨）	Cement (10 000 tons)	1
运输邮电	**Transport, Posts and Telecommunication Services**	
货运周转量（亿吨公里）	Freight Traffic(100 million ton-km)	1.54
#铁 路（亿吨公里）	Railways	0.64
公 路（亿吨公里）	Highways	0.87
水 运（亿吨公里）	Waterways	0.03
民用航空（亿吨公里）	Civil Aviation (100 million ton-km)	
旅客周转量（亿人公里）	Passenger Traffic(100 million passenger-km)	1.32
#铁 路（亿人公里）	Railways	0.73
公 路（亿人公里）	Highways	0.59
水 运（亿人公里）	Waterways	
民用航空（亿人公里）	Civil Aviation (100 million persons-km)	
邮电业务总量（万 元）	Total Posts and Telecommunication Services(10 000 yuan)	0.03
函 件（万 件）	Number of Mail Delivered (10 000 pieces)	666
报刊期发行数（万 份）	Number of Newspapers and Magazines Distributed (10 000 copies)	
固定资产投资 (亿 元)	**Investment in Fixed Assets(100 million yuan)**	
全社会固定资产投资	Total Investment in Fixed Assets	0.59
国有经济固定资产投资	Investment in Fixed Assets of State-owned Entities	0.59
#基本建设投资总额	Total Investment in Capital Construction	0.58
基本建设新增固定资产	Newly Added Investment in Fixed Assets in Capital Construction	0.5
集体经济固定资产投资	Investment in Fixed Assets of Collective-owned Entities	
城 镇	Urban Entities	
农 村	Rural Entities	
个体私营经济固定资产投资	Investment in Fixed Assets of Individual and Private Entities	
城 镇	Urban Entities	
农 村	Rural Entities	
其它经济固定资产投资	Investment in Fixed Assets of Other Economic Entities	
国内贸易	**Domestic Trade**	
社会消费品零售总额 (亿 元)	Total Retail Sales of Consumer Goods (100 million yuan)	4.87

注：报刊发行累计数包括报纸和杂志发行累计数。

Continued

1978年	1990年	1995年	2000年	2004年	2005年
1 483	2 227	2 803	2 216	5 316.61	6 462.14
52.51	125.78	228.42	317.46	548.05	624.2
131	471	997	1643	2 300.29	2 832.63
62.34	260.67	307.71	479.52	628.39	656.49
43.52	93.91	114.24	180.76	260.01	270.37
18.57	166.10	192.10	296.65	368.08	381.96
0.24	0.59	1.06	0.98	2.12	2.93
0.01	0.07	0.31	1.13	1.18	1.23
24.25	87.67	137.93	237.94	317.76	331.60
9.92	17.22	23.03	31.35	37.30	41.01
13.89	65.77	93.10	171.24	227.21	233.12
0.12	0.46	0.35	0.78	0.91	1.05
0.32	4.22	21.45	34.57	52.34	56.39
0.3	1.27	13.97	99.07	208.99	262.23
5 572	8 958	16 024	10 001	8 387	7 933
255	466	485	758	339	318
15.04	75.74	380.57	697.94	1 330.60	1 755.30
13.44	51.22	262.84	466.20	617.34	815.27
11.77	28.01	133.32	342.12	483.99	669.40
9.78	25.90	98.54	205.34		
1.15	12.57	38.55	47.44	58.04	79.47
0.2	5.28	9.92	10.38	12.05	13.83
0.95	7.29	28.63	37.06	43.58	62.28
0.46	11.96	39.52	110.02	278.78	240.58
	0.91	3.57	60.27	21.78	36.44
0.46	11.05	35.95	49.75	72.50	63.28
		39.66	74.28	376.44	619.98
28.38	145.59	369.55	583.17	915.31	1 034.40

Note: The figures include the accumulated figures of the newspapers and magazines issued.

2-2 续表2

指　　标	Item	1952年
对外贸易（万美元）	**Foreign Trade (USD 10 000)**	
进出口总额	Total Value of Exports and Imports	32
出口额	Exports Value	5
进口额	Imports Value	27
财　政（亿 元）	**Government Finance (100 million yuan)**	
财政总收入	Government Revenue	1.87
财政支出	Government Expenditure	0.99
物价指数(以1952年价格为100)	**Price Indices (%) (prices in 1952 = 100)**	
农副产品收购价格总指数（%）	General Index of Purchase Prices of Farm and Sideline Products (%)	100
零售价格总指数（%）	General Index of Retail Price (%)	100
城镇居民消费价格总指数（%）	Urban Consumer Price Index (%)	100
职工工资	**Wages of Staff and Workers**	
职工工资总额（亿 元）	Total Wages of Staff and Wokers (100 million yuan)	
# 国有单位职工工资总额（亿 元）	Total Wages of Staff and Wokers of State-owned Entities (100 million yuan)	0.73
职工年平均货币工资（元）	Annual Average Wages of Staff and Workers (yuan)	371
# 国有单位职工年平均工资（元）	Annual Average Wages of Staff and Workers of State-owned Units (yuan)	371
教育文化	**Education and Culture**	
高等学校数（所）	Number of Regular Institutions of Higher Education (unit)	2
高等学校在校学生数（万人）	Student Enrollment of Regular Institutions of Higher Education (10 000 person)	0.33
中等专业学校在校学生数（万人）	Student Enrollment of Specialized Secondary Schools (10 000 person)	0.66
普通中学在校学生数（万 人）	Student Enrollment of Regular Secondary Schools (10 000 persons)	4.73
小学在校学生数（万 人）	Student Enrollment of Primary Schools (10 000 persons)	114.85
艺术表演团体（个）	Number of Art Performance Groups (unit)	
报纸出版数量（亿 份）	Number of Newspapers Issued (100 million pieces)	
各类杂志出版数量（万 册）	Number of Magazines Issued (10 000 copies)	
图书出版数量（亿 册）	Number of Books Published (100 million copies)	
卫　生	**Health Care**	
卫生机构数（个）	Number of Health Institutions (unit)	350
床位数（万 张）	Number of Sickbeds of Health Institutions (10 000)	0.43
# 医院病床数（万 张）	Number of Sickbeds of Hospital (10 000)	0.36
专业卫生技术人员（万 人）	Number of Medical Technical Personnel (10 000 persons)	0.38
# 医　　生（万 人）	Doctors (10 000 persons)	0.07

注：1. 进出口总额包括边境贸易，1998年以前为外贸业务数，1999年以后为海关进出口统计数。

2. 财政收入为总收入，包括上划中央的“两税”收入。

3. 从1996年开始卫生机构数包括主要卫生机构、诊所、卫生保健所、医务室等。

Continued

1978年	1990年	1995年	2000年	2004年	2005年
10 420	75 114	212 102	181 283	374 777	474 000
6 948	56 241	133 097	117 516	223 882	264 000
3 472	18 873	79 005	63 767	150 895	210 000
11.76	77.43	285.26	432.95	663.64	766.40
18.28	90.76	235.1	414.11	663.64	766.31
192.1	547.2	992.2	842.6		
106.8	214.1	388.8	403.5	407.4	407.8
112.7	237.6	456.3	509.9	534.0	543.0
12.68	60.66	158.96	254.46	344.52	377.15
11.42	53.56	137.81	209.5	264.02	283.30
608	2 130	5 149	9 231	14 581	16 140
629	2 200	5 286	9 422	15 320	16 900
15	26	26	24	43	44
1.59	4.35	5.14	9	20	23
2.66	7.38	10.26	12	15	16
128.93	123.95	127.25	185.97	235.06	238.88
436.03	446.86	462.41	472.06	440.65	441.23
149	137	134	129	116	135
	2.23	2.59	3.60	4.72	4.97
75	954	1 604	2 877	2379	2308
0.45	1.23	1.19	1.34	1.51	1.29
5 529	6 671	6 400	13 356	9 436	10 110
5.97	8.45	9.56	9.75	10.22	10.70
5.41	7.61	8.39	6.61	7.12	7.47
6.55	10.16	11.25	12.41	11.39	11.84
3.11	5.39	5.95	6.26	5.32	5.58

Note: a.The total value of imports and exports includes frontier trade value. The data before 1998 refer to those of foreign trade, and those after 1999 refer to the statistical data of imports and exports of the customs.

b.The government revenue is a total including the two taxes turned over to the central government.

c.The number of health institutions have included main health institutions, clinics, care centers and so forth since 1996.

2-3 主要年份国民经济指标指数及增速

指 标	Item	指数 Index 1952年
人 口	**Population**	**260.5**
从业人员数	Number of Employed Persons	315.6
#职工人数	Number of Staff and Workers	905.4
工农业总产值	**Gross Output Value of Industry and Agriculture**	**5 905.2**
生产总值	**Gross Domestic Product**	**4 761.8**
#个体私营经济增加值	#Increase or dicrease Rate Aganast Preceding Year	
农业生产	**Agricultural Production**	
农林牧渔业总产值	Gross Output Value of Agriculture	992.3
主要农产品产量	Output of Major Agriculture Products	
粮 食	Grain	334.7
油 料	Oil-bearing Crops	991.4
甘 蔗	Sugarcane	5 604.0
烤 烟	Flue-cured Tobacco	12 147.4
水 果	Fruits	
茶 叶	Tea	2 641.7
猪、牛、羊肉	Pork,Beef and Mutton	3 075.4
水产品	Aquatic Products	15 750.0
工业生产	**Industrial Production**	
工业总产值	Gross Output Value of Industry	27 537.1
轻工业产值	Total Output Value of Light Industry	17 667.4
重工业产值	Total Output Value of Heavy Industry	40 754.7
主要工业产品产量	Output of Major Industrial Products	
布	Cloth	57.7
机制纸及纸板	Machine-made Paper and Paperboards	45 462.5
糖	Sugar	10 006.5
卷 烟	Cigarettes	31 069.0
粗 钢	Steel	142 484.0

Indices and Growth Rate of Principal Indicators on National Economy in Significant Years

（2005年为以下各年） (2005 as percentage of the folling year)					年平均增长速度（%） Average Annual Growth Rate（%）	
1978年	1990年	1995年	2000年	2005年	1953-2005年	1979-2005年
142.8	**118.3**	**110.7**	**104.1**	**100.8**	**2.2**	**1.4**
182.9	124.9	111.7	104.6	102.5	2.7	2.4
109.0	80.6	75.4	86.1	100.1	5.3	0.3
1 025.0	**369.2**	**209.7**	**141.3**	**113.9**	**10.3**	**9.5**
1 035.6	**338.9**	**209.0**	**139.5**	**109.0**	**9.7**	**9.6**
				114.5		
398.1	209.1	167.8	123.5	106.9	5.6	5.5
174.7	142.3	127.0	102.8	100.4	2.8	2.1
606.4	251.0	170.6	123.8	108.4	5.7	7.2
1 055.2	255.1	159.9	118.9	83.8	9.4	8.4
564.8	158.8	91.0	107.2	111.5	12.1	7.1
994.1	361.3	207.4	150.1	118.3		9.6
534.3	212.3	148.6	119.8	121.9	8.4	7.2
879.6	344.0	213.4	134.2	107.9	8.5	8.7
1 968.8	479.3	261.3	132.7	108.2	12.7	12.0
1 722.6	495.0	237.8	155.2	117.1	14.4	11.8
1 600.5	357.8	172.8	124.3	107.7	13.0	11.1
1 800.1	648.3	309.8	184.7	123.3	15.6	12.2
20.0	11.7	15.0	35.9	- 52.3	- 2.9	0.8
710.4	235.7	119.6	162.9	110.9	14.7	6.6
1 429.5	392.4	212.9	131.4	- 21.4	10.6	9.3
986.3	138.7	91.4	101.4	101.6	14.3	8.7
1 014.3	444.4	253.5	188.1	152.1	19.5	10.6

2-3 续表

指　　标	Item	指数 Index 1952年
成品钢材	Steel Products	283 676.9
原　煤	Coal	18 018.0
发电量	Electricity	105 394.2
水　泥	Cement	230 029.0
运　输	**Transportation**	
货运周转量	Freigh Traffic	24 072.7
旅客周转量	Passenger Traffic	40 804.5
国有单位固定资产投资总额	**Total Investment in Fixed Assets of State-owned Entities**	**104 633.9**
#基本建设投资总额	Total Investment in Capital Construction	83 446.6
社会消费品零售总额	**Total Retail Sales of Consumer Goods**	**18 794.9**
进出口总额	**Total Value of Exports and Imports**	**1 171 178.1**
出口额	Export Value	4 477 640.0
进口额	Import Value	558 870.4
财　政	**Government Finance**	
财政收入	Government Revenue	35 488.8
财政支出	Government Expenditure	67 034.3
零售物价总指数	**General Retail Price Total Index**	**407.4**
国有单位职工平均工资	**Average Wages of Staff and Workers of State-owned Entities**	**3 930.2**
高等学校在校学生数	**Student Enrollment of Regular Institutions of Higher Education**	**6 102.8**
中等专业学校在校学生数	**Student Enrollment of Specialized Secondary Schools**	**2 215.9**
普通中学在校学生数	**Student Enrollment of Regular Secondary Schools**	**4 969.6**
小学在校学生数	**Student Enrollment of Primary Schools**	**383.7**
医院病床数	**Number of Hospital Sickbeds**	**1 977.8**
专业卫生技术人员	**Number of Medical Technical Personnel**	**2 997.4**
#医　生	Number of Doctors	7 600.0

注：2002年进出口总额因口径与1995年以前不一致，故不可比。

(2005年为以下各年） (2005 as percentage of the folling years)					年平均增长速度（%） Average Annual Growth Rate (%)	
1978年	1990年	1995年	2000年	2005年	1953-2005年	1979-2005年
1 441.1	534.7	255.5	200.7	138.9	21.1	11.5
340.2	226.5	180.0	227.7	121.5	13.5	5.6
1 043.7	435.7	239.9	172.6	113.9	18.0	9.6
1 755.9	488.4	230.7	140.0	123.1	20.3	12.1
1 310.4	362.5	230.4	133.5	104.5	15.1	9.1
1 008.0	241.1	204.2	131.0	104.4	13.7	10.2
4 593.3	**1 205.3**	**234.9**	**132.4**	**132.1**	**18.3**	**16.4**
4 112.1	1 727.9	363.0	141.5	138.3	17.8	16.1
3 225.2	**628.7**	**247.7**	**157.0**	**113.0**	**13.3**	**14.2**
3 596.7	**498.9**	**176.7**	**206.7**	**126.5**	**25.0**	**15.2**
3 222.3	398.1	168.2	190.5	117.9	28.8	14.4
4 346.1	799.5	191.0	236.6	139.2	23.2	16.4
5 643.2	857.1	232.6	153.3	115.5	15.0	16.7
3 630.4	731.2	282.3	160.3	115.4	16.7	14.8
381.5	**190.3**	**104.8**	**101.0**	**100.1**	**3.3**	**5.1**
2 398.2	**684.6**	**283.2**	**158.0**	**107.3**	**14.9**	**12.6**
1 261.6	**460.9**	**390.1**	**221.9**	**115.7**	**10.4**	**10.4**
554.0	**200.1**	**143.8**	**123.8**	**105.4**	**7.6**	**6.8**
182.3	**189.6**	**184.7**	**126.4**	**101.6**	**9.5**	**2.3**
101.1	**98.6**	**95.3**	**93.3**	**100.1**	**3.2**	**0.0**
131.6	**93.6**	**84.9**	**107.7**	**104.9**	**7.3**	**1.2**
173.9	**112.1**	**101.2**	**91.8**	**103.9**	**8.3**	**2.2**
171.1	98.7	89.4	85.0	104.9	10.7	2.2

Note: The total Value of import and export in 2000 can not be compared with those before 1995 because of the different accountng approaches.

2-4 主要年份国民经济主要比例关系
Principal Proportional Relations of National Economy in Significant Years

单位：% (%)

指 标	Item	1978年	1990年	1995年	2004年	2005年
人口中的城乡比例	**Proportion of Urban and Rural Population**					
城镇	Urban Population	12.2	40.5	45.7	28.1	29.5
乡村	Rural Population	87.8	59.5	54.3	71.9	70.5
生产总值中三次产业比例	**Proportion of the 3 Types of Industry to GDP**					
第一产业	Primary Industry	42.7	37.2	25.3	19.3	18.9
第二产业	Secondary Industry	39.9	34.9	44.5	41.6	41.7
第三产业	Tertiary Industry	17.4	27.9	30.2	39.1	39.4
非公经济增加值占GDP比重	Proportion of Individual and Private Economy to GDP		10.4	15.6	33.3	35.0
全社会固定资产投资的资金来源比例	**Proportion of Sources of Funds to Total Investment in Fixed Assets**					
国家预算内资金	State Budgetary Appropriations		13.2	4.9	6.8	6.6
国内贷款	Domestic Loans		20.8	21.0	23.7	28.5
债 券	Bonds			0.2	0.6	0.3
利用外资	Foreign Investment		1.8	5.7	0.6	1.3
自筹和其它	Self-raised Funds and Others		64.2	68.2	68.3	63.3
国有经济	**Proportion of Investment in Fixed Assets of State-owned Entities in Agriculture, Light and Heavey**					
农 业	Agriculture	14.2	7.9	2.4	6.1	5.5
轻工业	Light Industry	6.0	5.2	5.3	4.2	4.0
重工业	Heavy Industry	55.8	42.1	36.0	20.4	21.6
基建投资中能源工业和运输邮电业比例	**Investment in Capital Construction of Energy Industry and Transport,Postal and Telecommunication Services**					
能源工业	Energy Industry	20.1	28.3	20.1	27.0	21.6
运输邮电业	Tansport,Posts and Telecommunication Services	8.2	13.2	20.7	30.3	22.0
财政总收入占国内生产总值的比例	**Proportion of Govermment Revenue to GDP**	**17.0**	**19. 6**	**23.6**	**22.4**	**22.1**
基建拨款占财政支出的比例	**Proportion of Capital Construction Appropriations to Government Expenditure**	**39.6**	**10.0**	**14.1**	**9.8**	**11.5**
文教卫生科学事业费占财政支出的比例	**Proportion of Expenditure on Culture,Education and Health Care to Government Expenditure**	**14.9**	**23.5**	**23.0**	**25.7**	**25.1**
能源使用比例	**Proportion of Energy Consumption**					
物质生产部门消费	Consumption of Material Output Entitites		79.8	81.8	86.1	74.2
非物生产质部门消费	Consumption of Non-material Output Entitites		1.2	1.6	2.7	9.5
生活消费	Livelihood Consumption		19.0	16.6	11.2	16.3
工农业总产值中农轻重比例	**Proportion of Agriculture, Light and Heavy Industries to Gross Output Value of Industry and Agriculture**					
农 业	Agriculture	41.9	38.0	27.8	28.0	24.7
轻工业	Light Industry	25.0	32.5	38.5	26.6	26.0
重工业	Heavy Industry	33.1	29.5	33.7	45.3	49.3
工业总产值中轻重工业比例	**Proportion of Light and Heavy Industries to Gross Output Value of Industry**					
轻工业	Light Industry	43.0	52. 5	53.4	37.0	34.5
重工业	Heavy Industry	57.0	47.5	46.6	63.0	65.5
农业总产值中农林牧副渔比例	**Proportion of Farming, Forestry,Animal Husbandry,Fishery and Sideline Production to the Gross**					
农 业	Farming	71.4	56.5	63.1	53.6	52.3
林 业	Forestry	6.2	8.6	8.5	9.0	9.9
牧 业	Animal Husbandry	17.7	25.5	26.8	31.6	31.8
服务业	Sideline Production	4.5	8.7			3.8
渔 业	Fishery	0.2	0.9	1.6	2.0	2.2

注：本表按当年价格计算。
Note:The figures in this table are calculated at Current prices.

2-5 云南平均每天社会经济活动情况部分指标
Selected Indicators on Average Daily Social and Economic Activities

项　　目	Item	2003年	2004年	2005年
全省每天创造的财富	**Daily Production**			
工农业总产值（万 元）	Gross Output Value of Industry and Agriculture (10 000 yuan)	81 527	94 364	118 313
# 农业总产值（万 元）	Gross Output Value of Agriculture (10 000 yuan)	21 899	26 444	29 276
工业总产值（万 元）	Gross Output Value of Industry (10 000 yuan)	59 627	67 920	89 036
生产总值(按当年价计算)(万 元)	Gross Domestic Product (at prices of previous years) (10 000 yuan)	67 542	81 082	95 132
地方财政收入（万 元）	Local Government Revenue (10 000 yuan)	6 274	7 215	8 566
布（万 米）	Cloth (10 000 m)	7	6	3
机制纸及纸板（吨）	Machine-made Paper and Paperboards (ton)	721	996	791
原　煤（万 吨）	Coal (10 000 tons)	11.12	13.82	17.80
发电量（万千瓦小时）	Electricity (10 000 kwh)	13 008	15 015	15 849
钢（吨）	Steel (ton)	8 075	9 759	14 049
成品钢材（吨）	Steel Products (ton)	7 850	10 104	13 153
卷烟（万箱）	Cigarettes (10 000 cases)	1.7	1.7	1.7 33
全省城乡居民每天消费总额（万 元）	**Total Daily Expenditure on Consumption of Provincial Residents (10 000 yuan)**	**29 760**	**35 717**	**45 524**
平均每人每天消费额（元）	Per Capita Daily Expenditure Consumption (yuan)	6.8	8.1	10.2
全省每天社会消费品零售总额（万 元）	**Daily Total Retail Sales of Consumer Goods (10 000 yuan)**	**21 437**	**25 077**	**28 340**
平均每人每天社会消费品零售总额（元）	**Per Capita Daily Retail Sales of Consumer Goods （yuan)**	4.9	5.7	6.4
全省每天其它经济活动	**Other Daily Economic Activities**			
城镇新建住宅面积（万平方米）	Floor Space of Residential Buildings Newly Completed in Urban Areas (10 000 sq.m)	3.44	3.86	4.47
农民个人新建住宅面积（万平方米）	Floor Space of Residential Buildings Newly Completed in Rural Areas (10 001 sq.m)	4.74	0.79	0.8
出版图书（万 册）	Number of Books Published (10 000 copies)	40	41	35
出版杂志（万 册）	Number of Magazines Issued (10 000 copies)	7.5	6.5	6.3
出版报纸（万 份）	Number of Newspapers Issued (10 000 pieces)	117	129	136
邮寄函件（万 件）	Number of Mail (10 000 pieces)	27	23	22
全省每天人口变动	**Daily Changes in Population**			
出　生（人）	Births (person)	2 027	1 879	1 542
死　亡（人）	Deaths (person)	860	795	819

注：城镇新建住宅面积包括国有单位、其它单位、城镇集体单位、城镇个人及城镇房地产开发新建住宅面积。

Note: Floor space of residential buildings newly completed in urban areas includes that of state-owned Entities,collective-owned Entities, individuals and real estates department.

2-6 全省社会经济主要指标每人年平均水平

Principal Socioeconomic Indicators Per Capita Annual Level of the Whole Province

指　　标	Item	1995年	2000年	2001年	2004年	2005年
工农业总产值(当年价格)(元)	**Gross Output Value of Industry and Agriculture (at current prices) (yuan)**	**4 299**	**5 384**	**5 578**	**7 836**	**9 742**
农业总产值（元）	Gross Output Value of Agriculture (yuan)	1 197	1 615	1 650	2 196	2 411
工业总产值（元）（含村及村以下工业）	Gross Output Value of Industry (yuan) (Including that of Entities at below Village Level)	3 103	3 769	3 928	5 640	7 331
生产总值(当年价格)(元)	**Gross Domestic Product (at current prices) (yuan)**	**3 044**	**4 637**	**4 866**	**6 733**	**7 833**
地方财政收入(元)	**Local Government Revenue (yuan)**	**248**	**429**	**449**	**599**	**705**
森林面积(公顷)	**Forest Area (hectare)**	**0.24**	**0.31**	**0.30**	**0.30**	**0.40**
主要工农业产品产量	**Output of Major Industrial and Agricultural Products**					
纱（千克）	Yarn (kg)	0.9	0.5	0.5	0.3	0.3
布（米）	Cloth (m)	3.5	1.4	1.1	0.5	0.2
农用化肥（千克）	Chemical Fertilizer (kg)	30.6	46.7	48.9	57.4	59.4
糖（千克）	Sugar (kg)	23.8	36.1	29.4	45.5	34.7
卷　烟（箱）	Cigarettes (case)	0.2	0.1	0.1	0.1	0.1
粗　钢（千克）	Steel (kg)	35.4	44.9	52.1	81.0	115.0
成品钢材（千克）	Steel Products (kg)	36.4	43.6	43.7	83.9	108.0
原　煤（千克）	Coal (kg)	707	525	561	1148	1466
发电量（千瓦小时）	Electricity (kwh)	576	753	843	1 247	1 305
粮　食（千克）	Grain (kg)	300	348	349	343	342
油　料（千克）	Oil-bearing Crops (kg)	4.9	6.4	6.5	7.6	8.2
甘　蔗（千克）	Sugarcane (kg)	266	337	347	384	319
烤　烟（千克）	Flue-cured Tobacco (kg)	19.2	15.3	14.1	15.8	16.3
水　果（千克）	Fruits (kg)	14.1	18.2	23.1	26.3	30.8
猪牛羊肉（千克）	Pork, Beef and Mutton (kg)	30.4	45.4	47.8	58.5	67.4
牛　奶（千克）	Milk (kg)	2.4	3.1	3.7	6.0	6.9
水产品（千克）	Aquatic Products (kg)	2.1	3.9	4.2	5.0	5.3
交通、邮电(每万人拥有)	**Transport, Posts and Telecommunition Services(owned per 10 000 persons)**					
铁路营业里程（公里）	Length of Railways in Operation (km)		1	1	0.4	0.4
公路通车里程（公里）	Length of Highways in Operation (km)	17	39	38	38	38
民用航空航线里程（公里）	Length of Civil Aviation Routes (km)	13	28	32	32	31
固定电话机（户）	Number of Telephones (subscriber)	212	711	828	1 280	1 348
移动电话机（户）	Number of Mobile Telephones (subscriber)			791	1 997	2 028
社会消费品零售总额(元)	**Total Retail Sales of Consumer Goods (yuan)**	**932**	**1 383**	**1 503**	**2 082**	**2 334**
城乡储蓄存款余额(元)	**Balance of Savings Deposits in Urban and Rural Areas (yuan)**	**1 254**	**2 684**	**3 029**	**4 669**	**5 461**

2-7 云南省国民经济占全国的比重
Proportion of Yunnan Province to the National Economy of China

指标	Item	全国 National Total		云南 Yunnan Total		云南占全国的比重(%) Proportion of Yunnan to National Total (%)	
		2004年	2005年	2004年	2005年	2004年	2005年
年末总人口（万人）	**Total Population at the Year-end (10 000 persons)**	**129 988**	**130 756**	**4415. 2**	**4450. 4**	**3.4**	**3.4**
生产总值（亿元）	**Gross Domestic Product (100 million yuan)**	**159 878**	**182 321**	**3 081.90**	**3 472.89**	**1.9**	**1.9**
第一产业	Primary Industry	20 956	22 718	593.59	656.20	2.8	2.9
第二产业	Secondary Industry	73 904	86 208	1 281.63	1 449.70	1.7	1.7
第三产业	Tertiary Industry	65 018	73 395	1 206.69	1 366.50	1.0	1.9
全社会固定资产投资（亿元）	**Total Investment in Fixed Assets (100 million yuan)**	**70 477**	**88 604**	**1 330.60**	**1 755.30**	**1.9**	**2.0**
社会消费品零售总额（亿元）	**Total Retail Sales of Consumer Goods (100 million yuan)**	**59 501**	**67 177**	**915.31**	**1 034.40**	**1.5**	**1.5**
对外贸易进出口总额（亿美元）	**Total Value of Export and Import in Foreign Trade (USD 100 million)**	**11 546**	**14 219**	**37.50**	**47.40**	**0.3**	**0.3**
# 出口总额	Total Export Value	5 933	7 620	22.40	26.40	0.4	0.3
外商直接投资（亿美元）	**Direct Foreign Investment (USD 100 million)**	**606.3**	**603.3**	**1.42**	**1.74**	**0.2**	**0.3**
普通高等学校在校学生数（万人）	**Student Enrollment of Regular Institutions of Higher Education (10 000 persons)**	**1 333.5**	**1 561.8**	**20.06**	**23.21**	**1.5**	**1.5**
卫生机构病床数（万张）	**Number of Hospital Sickbeds (10 000)**	**304.7**	**313.5**	**10.21**	**10.69**	**3.4**	**3.4**
卫生技术人员（万人）	**Medical Technical Personnel (10 000 persons)**	**439.0**	**446.0**	**11.38**	**11.84**	**2.6**	**2.7**
# 医生	Doctors	190.5	193.8	5.32	5.58	2.8	2.9
全部职工平均工资（元）	**Average Wages of All Staff and Workers (yuan)**	**16 024**	**18 408**	**14 581**	**16 140**	**91.0**	**87.6**
农民人均纯收入（元）	**Per Capita Net Income of Farmers (yuan)**	**2 936**	**3 255**	**1 864**	**2 041.80**	**63.5**	**62.7**
城镇居民年平均可支配收入（元）	**Annual Average Disposable Income of Urban Households (yuan)**	**9 422**	**10 493**	**8 871**	**9 265.90**	**94.2**	**88.3**
城乡居民储蓄存款余额（亿元）	**Outstanding Balance of Savings Deposits of Urban and Rural Residents(100 million yuan)**	**126 196**	**147 054**	**2 052.12**	**2 430.28**	**1.6**	**1.7**
工农业主要产品产量	**Output of Major Industrial and Farm Products**						
粮　食（万吨）	Grain (10 000 tons)	46 946.9	48 402.2	1 509.50	1 514.90	3.2	3.1
烤　烟（万吨）	Flue-cured Tobacco (10 000 tons)	216.3	243.5	69.24	77.22	32.0	31.7
油　料（万吨）	Oil-bearing Crops (10 000 tons)	3 065.9	3 077.1	33.41	36.22	1.1	1.2
猪、牛、羊肉（万吨）	Pork , Beef and Mutton (10 000 tons)	5 776.8	7 743.1	257.20	298.60	4.5	3.9
粗　钢（万吨）	Steel (10 000 tons)	28 291.0	35 239.0	349.3	512.8	1.2	1.4
成品钢材（万吨）	Steel Products (10 000 tons)	31 976.0	39 691.0	350.6	480.1	1.1	1.2
原　煤（亿吨）	Coal (100 million tons)	19.9	2 119.0	0.53	0.65	2.7	3.0
发电量（亿千瓦小时）	Electricity (100 million kwh)	22 033.0	24 747.0	543.78	578.50	2.5	2.5
水　泥（万吨）	Cement (10 000 tons)	96 682.0	106 400.0	2 296.56	2 644.40	2.4	2.4
农用化肥（折100%）（万吨）	Chemical Fertilizer (10 000 tons)	4 804.8	5 219.7	252.08	263.10	5.2	5.0
布（亿米）	Cloth (100 million m)	482.1	470.0	0.21	0.1	0.0	0.1
机制纸及纸板（万吨）	Machine-made Paper and Paperboards (10 000 tons)	5 413.0	5 404.0	36.03	28.88	0.5	0.5
糖（万吨）	Sugar (10 000 tons)	1 034.0	903.0	195.30	153.60	18.9	17.0
卷　烟（万箱）	Cigarettes (10 000 cases)	3 748.8	3 913.2	621.38	631.47	16.6	16.1

2-8 历年全省工农业总产值
Historic Gross Output Value of Industry and Agriculture

(按当年价格计算)
(Data below are calculated at current prices)
单位:万元 (10 000 yuan)

年 份 Year	工农业总产值 Gross Output Value of Industry and Agriculture	农业总产值 Gross Output Value of Agriculture	工业总产值 Gross Output Value of Industry	轻工业总产值 Gross Output Value of Light Industry	重工业总产值 Gross Output Value of Heavy Industry
1949	102 500	83 000	19 500	12 480	7 020
1952	134 127	96 000	38 127	22 991	15 136
1957	277 533	165 600	111 933	63 578	48 355
1960	411 006	133 274	277 732	95 818	181 914
1962	332 928	188 280	144 648	63 934	80 714
1965	431 402	228 306	203 096	89 768	113 328
1970	557 125	248 918	308 207	102 325	205 882
1971	615 612	288 135	327 477	127 716	199 761
1972	697 536	328 105	369 431	146 295	223 136
1973	768 814	355 521	413 293	166 144	247 149
1974	745 037	329 113	415 924	182 591	233 333
1975	777 341	354 034	423 307	186 255	237 052
1976	665 206	339 163	326 043	165 630	160 413
1977	796 903	334 745	462 158	216 752	245 406
1978	954 547	400 225	554 322	238 358	315 964
1979	1 070 921	447 083	623 838	262 636	361 202
1980	1 135 544	482 029	653 515	295 389	358 126
1981	1 277 445	552 010	725 435	351 836	373 599
1982	1 454 407	618 381	836 026	412 997	423 029
1983	1 607 918	656 790	951 128	473 662	477 466
1984	1 896 300	773 552	1 122 748	551 269	571 479
1985	2 251 410	888 826	1 362 584	659 277	703 307
1986	2 430 325	960 149	1 470 176	677 101	793 075
1987	2 930 947	1 112 497	1 818 450	855 253	963 197
1988	3 800 173	1 353 906	2 446 267	1 216 368	1 229 899
1989	4 575 929	1 526 820	3 049 109	1 546 107	1 503 002
1990	5 569 820	2 117 233	3 452 587	1 811 436	1 641 151
1991	6 165 571	2 229 305	3 936 266	2 038 510	1 897 756
1992	7 274 242	2 503 535	4 770 707	2 408 461	2 362 246
1993	9 712 867	2 812 100	6 900 767	3 332 846	3 567 921
1994	13 054 849	3 567 761	9 487 088	5 146 859	4 340 229
1995	17 044 717	4 744 641	12 300 076	6 565 984	5 734 092
1996	18 588 947	5 675 149	12 913 798	6 955 577	5 958 221
1997	20 521 244	6 120 148	14 401 096	7 511 543	6 889 553
1998	21 232 596	6 200 248	15 032 348	7 747 162	7 285 186
1999	22 035 572	6 424 748	15 610 824	7 938 783	7 672 041
2000	22 702 182	6 808 567	15 893 615	8 027 044	7 866 571
2001	23 786 392	7 035 331	16 751 061	8 637 582	8 113 479
2002	25 880 114	7 375 491	18 504 623	9 542 729	8 961 894
2003	29 757 250	7 993 267	21 763 983	10 147 043	11 616 940
2004	34 442 963	9 652 238	24 790 725	9 172 079	15 618 646
2005	43 184 173	10 685 800	32 498 373	11 204 660	21 293 713

注：村及村以下办工业产值包括在工业总产值中。
Note: Industrial output value of entities at and and below village level is included in gross output value of industry.

2-9 历年工农业总产值指数

Indices of Historic Gross Output Value of Industry and Agriculture

(按可比价格计算，以1949年为100)

(Data below are calculated at current prices ,1949=100)

年 份 Year	工农业总产值 Gross Output Value of Industry and Agriculture	农业总产值 Gross Output Value of Agriculture	工业总产值 Gross Output Value of Industry	轻工业总产值 Gross Output Value of Light Industry	重工业总产值 Gross Output Value of Heavy Industry
1949	100	100	100	100	100
1952	129.1	115.7	195.4	184.2	215.4
1957	246.9	175.8	601.0	556.8	679.5
1960	366.8	138.8	1 512.0	851.5	2 591.9
1962	252.3	159.6	715.9	515.4	1 046.9
1965	332.3	192.2	1 033.8	744.3	1 511.8
1970	454.0	206.1	1 697.5	918.6	2 969.9
1971	480.6	219.3	1 791.7	1 057.9	2 992.8
1972	539.1	244.4	2 021.1	1 211.6	3 343.2
1973	594.0	264.2	2 261.8	1 376.2	3 704.4
1974	583.2	251.3	2 276.5	1 512.2	3 498.8
1975	610.0	272.4	2 315.7	1 544.6	3 547.5
1976	521.0	261.0	1 782.5	1 371.8	2 400.1
1977	625.4	256.7	2 528.9	1 797.4	3 674.4
1978	743.8	288.4	3 123.7	2 033.0	4 876.8
1979	764.8	272.2	3 378.6	2 153.3	5 357.0
1980	795.2	290.8	3 459.9	2 366.3	5 194.7
1981	859.9	316.7	3 725.9	2 782.1	5 171.4
1982	958.5	350.6	4 175.0	3 171.4	5 699.9
1983	1 049.4	370.0	4 691.4	3 596.9	6 346.6
1984	1 211.1	426.3	5 420.4	4 097.6	7 435.1
1985	1 354.1	453.6	6 261.4	4 819.9	8 436.9
1986	1 409.5	442.9	6 789.1	5 347.3	8 963.4
1987	1 588.5	470.0	7 921.6	6 368.8	10 261.3
1988	1 810.1	501.0	9 347.9	7 669.9	11 873.5
1989	1 909.3	515.4	9 981.1	8 140.1	12 752.8
1990	2 064.7	549.1	10 869.9	9 093.4	13 540.5
1991	2 234.3	579.8	11 937.7	9 780.0	15 169.0
1992	2 502.3	605.6	13 904.3	11 407.0	17 644.9
1993	2 785.9	623.7	16 097.9	13 154.8	20 503.4
1994	3 166.4	642.9	19 101.2	15 955.5	23 828.9
1995	3 635.9	684.4	22 624.4	18 827.5	28 332.6
1996	4 073.1	735.3	25 747.2	21 029.5	32 843.1
1997	4 447.2	795.6	28 204.6	22 178.0	37 276.1
1998	4 658.8	831.7	29 568.7	23 086.3	39 327.4
1999	5 011.7	872.9	32 082.0	24 803.2	43 056.1
2000	5 396.9	930.0	34 680.6	26 167.4	47 533.9
2001	5 725.2	963.4	37 118.0	26 925.7	52 577.3
2002	6 195.7	1 008.0	40 643.9	28 515.9	59 095.9
2003	6 981.3	1 075.0	46 667.3	30 211.5	71 837.6
2004	7 623.6	1 148.1	53 807.4	32 537. 8	87 785. 5
2005	8 683.3	1 227.3	63 008.5	35 036.7	108 274.6

注：1. 村及村以下办工业产值包括在工业总产值中。

2. 用本表指数可以直接计算年度或时期的增长速度。

Note: a.Gross output value of industry includes industrial output value of Entities at and below village level.

b.A growth rate or in a Year period can be directly calculated with the indices in this table.

2-10 历年工农业总产值构成

Composition of Historic Gross Output Value of Industry and Agriculture

(按当年价格计算)

(Data below are calculated at current prices ,1949=100)

单位:% (%)

年 份 Year	以工农业总产值为100 Gross Output Value of Industry and Agriculture =100				以工业总产值为100 Gross Output Value of Industry =100	
	农业总产值 Gross Output Value of Agriculture	工业总产值 Gross Output Value of Industry	轻工业总产值 Gross Output Value of Light Industry	重工业总产值 Gross Output Value of Heavy Industry	轻工业总产值 Gross Output Value of Light Industry	重工业总产值 Gross Output Value of Heavy Industry
1949	81.0	19.0	12.2	6.8	64.0	36.0
1952	71.6	28.4	17.1	11.3	60.3	39.7
1957	59.7	40.3	22.9	17.4	56.8	43.2
1960	32.4	67.6	23.3	44.3	34.5	65.5
1962	56.6	43.4	19.2	24.2	44.2	55.8
1965	52.9	47.1	20.8	26.3	44.2	55.8
1970	44.7	55.3	18.4	36.9	33.2	66.8
1971	46.8	53.2	20.7	32.5	39.0	61.0
1972	47.0	53.0	21.0	32.0	39.6	60.4
1973	46.2	53.8	21.6	32.2	40.2	59.8
1974	44.2	55.8	24.5	31.3	43.9	56.1
1975	45.5	54.5	24.0	30.5	44.0	56.0
1976	51.0	49.0	24.9	24.1	50.8	49.2
1977	42.0	58.0	27.2	30.8	46.9	53.1
1978	41.9	58.1	25.0	33.1	43.0	57.0
1979	41.7	58.3	24.5	33.8	42.1	57.9
1980	42.4	57.6	26.0	31.6	45.2	54.8
1981	43.2	56.8	27.5	29.3	48.5	51.5
1982	42.5	57.5	28.4	29.1	49.4	50.6
1983	40.8	59.2	29.5	29.7	49.8	50.2
1984	40.8	59.2	29.1	30.1	49.1	50.9
1985	39.5	60.5	29.3	31.2	48.4	51.6
1986	39.5	60.5	27.9	32.6	46.1	53.9
1987	38.0	62.0	29.2	32.8	47.0	53.0
1988	35.6	64.4	32.0	32.4	49.7	50.3
1989	33.4	66.6	33.8	32.8	50.7	49.3
1990	38.0	62.0	32.5	29.5	52.5	47.5
1991	36.2	63.8	33.0	30.8	51.8	48.2
1992	34.4	65.6	33.1	32.5	50.5	49.5
1993	29.0	71.0	34.3	36.7	48.3	51.7
1994	27.3	72.7	39.4	33.3	54.3	45.7
1995	27.8	72.2	38.5	33.7	53.4	46.6
1996	30.5	69.5	37.4	32.1	53.9	46.1
1997	29.8	70.2	36.6	33.6	52.2	47.8
1998	29.2	70.8	36.5	34.3	51.5	48.5
1999	29.2	70.8	36.0	34.8	50.9	49.1
2000	30.0	70.0	35.4	34.6	50.5	49.5
2001	29.6	70.4	36.3	34.1	51.6	48.4
2002	28.5	71.5	36.9	34.6	51.6	48.4
2003	26.9	73.1	34.1	39.0	46.6	53.4
2004	28.0	72.0	26.6	45.4	37.0	63.0
2005	24.7	75.3	26	49.3	34.5	65.5

注：村及村以下办工业产值包括在工业总产值中。

Note: Industrial output value of Entities at and below village level is included in gross output value of Industry.

2-11 各地区工农业总产值（2005年）
Gross Output Value of Industry and Agriculture by Region (2005)

单位：万元 (10 000 yuan)

地 区	Region	工农业总产值 Gross Output Value of Industry and Agriculture	农业总产值 Gross Output Value of Agriculture	工业总产值 Gross Output Value of Industry	轻工业总产值 Gross Output Value of Light Industry	重工业总产值 Gross Output Value of Heavy Industry
全省合计	**Total**	**43 184 173**	**10 685 800**	**32 498 373**	**11 204 660**	**21 293 713**
昆 明	Kunming	13 048 866	1 172 285	11 876 581	3 304 042	8 572 539
曲 靖	Qujing	6 122 731	1 442 356	4 680 375	1 142 093	3 538 282
玉 溪	Yuxi	5 419 951	653 328	4 766 623	2 514 008	2 252 615
保 山	Baoshan	1 075 069	614 697	460 372	199 602	260 770
昭 通	Zhaotong	1 537 140	617 633	919 507	437 390	482 118
丽 江	Lijiang	485 796	229 248	256 548	522 458	204 091
思 茅	Simao	981 700	514 086	467 614	178 428	289 186
临 沧	Lincang	913 392	524 001	389 391	204 681	184 710
楚 雄	Chuxiong	2 518 246	781 249	1 736 997	740 635	996 361
红 河	Honghe	4 594 956	881 730	3 713 226	1 147 182	2 566 044
文 山	Wenshan	1 547 740	656 409	891 331	287 261	604 070
西双版纳	Xishuangbanna	576 314	413 686	162 628	74 892	87 736
大 理	Dali	2 721 492	1 064 633	1 657 459	761 149	896 310
德 宏	Dehong	544 290	277 016	267 274	118 138	149 136
怒 江	Nujiang	210 965	62 651	148 314	5 032	143 282
迪 庆	Diqing	179 085	74 951	104 134	37 668	66 465

注：本表按当年价格计算，工业总产值按工业普查的新规定统计。

Note: The figures above in this table are calculated at current prices, and gross output value of industrial is calculated by a new industrial census approach.

2-12 各地区工农业总产值构成（2005年）
Composition of Gross Output Value of Industry and Agriculture by Region (2005)

单位：% (%)

地 区	Region	以工农业总产值为100 Gross Output Value of Industry and Agriculture =100				以工业总产值为100 Gross Output Value of Industry =100	
		农业总产值 Gross Output Value of Agriculture	工业总产值 Gross Output Value of Industry	轻工业总产值 Gross Output Value of Light Industry	重工业总产值 Gross Output Value of Heavy Industry	轻工业总产值 Gross Output Value of Light Industry	重工业总产值 Gross Output Value of Heavy Industry
全省合计	**Total**	**24.9**	**75.3**	**25.9**	**49.3**	**47.7**	**52.3**
昆 明	Kunming	9.0	91.0	25.3	65.7	27.8	72.2
曲 靖	Qujing	23.6	76.4	18.7	57.8	24.4	75.6
玉 溪	Yuxi	12.1	87.9	46.4	41.6	52.7	47.3
保 山	Baoshan	57.2	42.8	18.6	24.3	43.4	56.6
昭 通	Zhaotong	40.2	59.8	28.4	31.4	47.6	52.4
丽 江	Lijiang	47.2	52.8	10.8	42.0	20.4	79.6
思 茅	Simao	52.4	47.6	18.2	29.5	38.2	61.8
临 沧	Lincang	54.4	45.6	22.4	20.2	52.6	47.4
楚 雄	Chuxiong	31.0	69.0	29.4	39.6	42.6	57.4
红 河	Honghe	19.2	80.8	24.9	55.8	30.9	69.1
文 山	Wenshan	42.4	57.6	18.6	39.0	32.2	67.8
西双版纳	Xishuangbanna	71.8	28.2	13.0	15.2	46.1	53.9
大 理	Dali	39.1	60.9	27.9	32.9	45.9	54.1
德 宏	Dehong	50.9	49.1	21.7	27.4	44.2	55.8
怒 江	Nujiang	29.7	70.3	2.4	67.9	3.4	96.6
迪 庆	Diqing	41.9	58.1	21.0	37.1	36.2	63.8

注：本表按当年价格计算。

Note: The figures in this table are calculated at current prices.

主要统计指标解释

当年价格 指报告期的实际价格，如工厂的出厂价格，农产品的收购价格，商业的零售价格等。按当年价格计算，是指一些以货币表现的物量指标，如社会总产值、工农业总产值、国民收入、国民生产总值等，按照当年的实际价格来计算总量。使用当年价格计算的数字，是为了使国民经济各项指标互相衔接，便于考察当年社会经济效益，便于对生产和流通、生产和分配、生产和消费进行经济核算和综合平衡。

按当年价格计算的价值指标，在不同年份之间进行对比时，因为包含有各年间价格变动的因素，不能确切地反映实物量的增减变动。必须消除价格变动因素后，才能真实反映经济发展动态。因此，在计算增长速度时都使用按可比价格计算的数字。

可比价格 指在不同时期的价值指标对比时,扣除了价格变动的因素，以确切反映物量的变化。按可比价格计算有两种方法：一种是直接按产品产量乘其不变价格计算；一种是用价格指数换算。

不变价格 用某一时期的同类产品的平均价格作为固定价格，来计算各个时期的产品价值。新中国成立后，随着工农业产品价格水平的变化，国家统计局先后五次制定了全国统一的工业产品不变价格和农业产品不变价格，从 1949 年到 1957 年使用 1952 年工（农）业产品不变价格，从 1957 年到 1971 年使用 1957 不变价格，从 1971 年到 1981 年使用 1970 年不变价格，从 1981 年到 1990 年使用 1980 年不变价格，从 1990 年开始使用 1990 年不变价格。

本《年鉴》所列“社会总产值指数”、“工农业总产值指数”、“国民收入指数”等都是按可比价格计算的。如计算有关年份产值增长情况，可用指数直接进行对比。

平均每年增长速度 在我国计算平均增长速度有两种方法，一种是习惯上经常使用的“水平法”，又称几何平均法，是以间隔期最后一年的水平同基期水平对比来计算平均每年增长（或下降）速度。另一种是“累计法”，又称代数平均法或方程法，是以间隔期内各年水平的总和同基期水平对比来计算平均每年增长（或下降）速度。（具体计算方法，可参阅中国财政经济出版社出版的《平均增长速度查对表》。）

在一般正常情况下，两种方法计算的平均每年增长速度比较接近，但在经济发展不平衡，出现大起大落时，两种方法计算的结果差别较大。

本《年鉴》内所列的平均每年增长速度，一般都是用“水平法”计算的。从某年到某年平均增长速度的年份，均不包括基期年在内。如建国三十六年的平均增长速度是以 1949 年为基期计算的，则写为 1950—1985 年平均增长速度，余类推。固定资产投资则是用“累计法”计算的。

各个计划时期 表内所用各个“时期”代表的年份如下：恢复时期为 1950 年到 1952 年；第一个五年计划时期（简称“一五”时期）为 1953 年到 1957 年；第二个五年计划时期（简称“二五”时期）为 1958 年到 1962 年；第三个五年计划时期（简称“三五”时期）为 1966 年到 1970 年；第四个五年计划时期（简称“四五”时期）为 1971 年到 1975 年；第五个五年计划时期（简称“五五”时期）为 1976 年到 1980 年；第六个五年计划时期（简称“六五”时期）为 1981 年到 1985 年；第七个五年计划时期（简称“七五”时期）为 1986 年到 1990 年；第八个五年计划时期（简称“八五”时期）为 1991 年到 1995 年；第九个五年计划时期（（简称“九五”时期）为 1996 年 2000 年；从 2001 年开始为第十个五年计划时期。

国有经济单位 指生产资料归全民所有的企业、事业单位，以及各级国家机关、人民团体等单位。

集体经济单位 指生产资料归劳动者集体所有的各种企事业单位。包括农村各种经济组织经营的农、林、牧、渔业，乡（社）村（队）经营的企业、事业单位；城市、县、镇以及街道举办的集体所有制的企业、事业单位。

Explanatory Notes on Principal Statistical Indicators

Current Prices refer to the actual prices in the report period, such as ex-factory prices, purchase prices of agricultural products, retail prices, etc. Calculation at current prices means some quantitative indicators in monetary terms such as gross domestic product, gross output value of industry and agriculture, national income, gross national product, etc. are calculated at the actual prices in a certain year. Figures calculated at current prices are used to dovetail each indicators of national economy so as to conveniently observe the socioeconomic benefits and conduct economic accounting and aggregate balancing in production and circulation, production and distribution, and production and consumption.

Because of the factors of price variation in each year, value indicators calculated at current prices cannot accurately reflect increase-decrease variations in physical quantity when compared with the figures in different years. Only after the factors of price variation are removed can the trend of economic development be truly reflected. Therefore, figures calculated at comparable prices are usually used to calculate growth rate.

Comparable Prices refer to prices in which the factors of price variation are deducted so as to reflect the changes in the quantity of goods accurately when comparing value indicators in different periods. Two methods are used for calculating value indicators at comparable prices:

1. Multiplying the output of products by their constant prices of a certain year;
2. Converting data at current prices by relevant price indices.

Constant Price refers to the average price of homogeneous products in a certain year, which is used as fixed price for calculating product value in different periods. Since 1949, with the changes in general price level, National Bureau of Statistics has issued nationally unified constant prices five times: the 1952 constant prices for 1949-1957; the 1957 constant prices for 1957-1971; the 1970 constant prices for 1971-1981; the 1980 constant prices for 1981-1990; and the 1990 constant prices initiated in 1990. Such indices as "Index of GDP", "Index of Gross Output Value of Industry and Agriculture", "Index of National Income" etc. in this statistical yearbook are calculated at constant prices; thus they can be directly compared with one another in calculating a growth rate of a certain year.

Average Annual Growth Rate Two methods for calculating average annual growth rate are applied in China, one is often called "level approach", or geometric average approach, i.e. an average annual growth rate is made by dividing the level of the last year of the interval by that of the base year; the other is called "accumulative approach" or algebraic average or equation approach, i.e. an average annual growth rate is made by dividing the sum of the actual figure of each year in the interval by the figure of the base year.

Under normal conditions results calculated by the two methods are fairly close, but they differ sharply when disequilibria in economic development occur with striking fluctuations in growth.

The average annual growth rates listed in this statistical yearbook are calculated by "level approach" except those of investment in fixed assets. The base years are not included in the years listed for average annual growth rates. For instance, the average annual growth rate of 36 years since 1949 is listed as that of 1950-1985 without listing the base year 1949. And the rest can be reasoned out by analogy.

Plan Periods The specific years of each "period" in the tables are as follows: the recovering period was from 1950 to 1952; the First Five-Year Plan was from 1953 to 1957; the Second Five-Year Plan was from 1958 to 1962; the Third Five-Year Plan was from 1966 to 1970; the Fourth Five-Year Plan was from 1971 to 1975; the Fifth Five-Year Plan was from 1976 to 1980; the Sixth Five-Year Plan was from 1981 to 1985; the Seventh Five-Year Plan was from 1986 to 1990; the Eighth Five-Year Plan was from 1991 to 1995; the Ninth Five-Year Plan was from 1996 to 2000; and the Tenth Five-Year Plan started from 2001.

State-owned Economic Entities refer to various enterprises and institutions whose means of production belong to the whole people, government departments at all levels and mass organizations, etc.

Collective-owned Economic Entities refer to enterprises and institutions whose means of production belong to the labor collectives, including rural economic entities of farming, forestry, animal husbandry and fishery, enterprises and institutions run by townships and villages, collective-owned enterprises and institutions run by cities, counties, towns and communities.

三、国民经济核算

National Accounts

3-1 历年云南省生产总值和指数
Historic Gross Domestic Product and Its Indices

年 份 Year	云南省生产总值(亿元) Gross Domestic Product of Yunnan Province (100 million yuan)				云南省生产总值指数(%) Indices of Gross Domestic Product of Yunnan Province(%)			
	云南省生产总值 Gross Domestic Product of Yunnan Province	第一产业 Primary Industry	第二产业 Secondary Industry	第三产业 Tertiary Industry	云南省生产总值 Gross Domestic Product of Yunnan Province	第一产业 Primary Industry	第二产业 Secondary Industry	第三产业 Tertiary Industry
1957	22.53	12.47	5.43	4.63	177.2	150.9	307.0	159.9
1962	24.50	13.64	6.55	4.31	167.5	138.1	344.4	127.6
1965	33.62	17.31	11.01	5.30	233.3	174.1	577.3	159.9
1966	36.39	18.37	12.18	5.84	255.9	184.8	655.8	177.3
1967	34.18	18.49	10.17	5.52	235.7	185.9	538.4	165.4
1968	26.51	17.36	4.74	4.41	178.9	174.5	267.1	130.8
1969	34.34	18.63	10.01	5.70	236.5	187.1	528.5	171.4
1970	38.52	18.87	13.38	6.27	271.0	186.5	726.2	189.9
1971	43.47	21.99	14.57	6.91	292.2	197.2	789.4	211.2
1972	49.50	24.84	16.89	7.77	329.3	218.1	910.2	235.3
1973	54.57	27.23	18.85	8.49	362.9	238.4	1 003.0	264.7
1974	51.78	24.29	18.98	8.51	349.5	218.6	1 005.0	258.1
1975	54.29	26.34	19.12	8.83	367.6	238.9	1 025.1	269.2
1976	49.27	25.70	14.96	8.61	333.1	233.2	829.3	266.2
1977	55.84	24.36	21.45	10.03	378.4	220.1	1 117.1	304.5
1978	69.05	29.46	27.58	12.01	460.5	250.3	1 441.0	363.0
1979	76.83	32.38	30.50	13.95	474.8	232.7	1 524.6	416.7
1980	84.27	35.89	33.98	14.40	515.1	255.5	1 678.6	427.1
1981	94.13	41.23	35.80	17.10	555.3	279.3	1 734.0	500.6
1982	110.12	47.04	42.39	20.69	641.4	315.1	1 995.8	602.7
1983	120.07	49.33	47.28	23.46	695.2	328.3	2 173.4	682.9
1984	139.58	57.33	54.38	27.87	796.0	373.3	2 453.8	811.9
1985	164.96	66.07	65.41	33.48	899.5	398.7	2 787.5	971.1
1986	182.28	71.32	70.83	40.13	938.2	389.5	2 971.5	1 040.0
1987	229.03	84.06	84.30	60.67	1 053.6	419.5	3 280.6	1 255.3
1988	301.09	103.47	112.40	85.22	1 222.2	452.2	3 887.5	1 493.8
1989	363.05	119.01	138.06	105.98	1 293.1	466.7	4 039.1	1 662.6
1990	451.67	168.13	157.80	125.74	1 405.6	506.3	4 434.9	1 780.7
1991	517.41	169.48	179.56	168.37	1 498.3	511.9	4 723.2	1 976.5
1992	618.69	186.80	219.03	212.86	1 661.7	527.3	5 327.7	2 241.4
1993	783.27	191.45	325.57	266.25	1 845.9	540.5	6 055.5	2 622.7
1994	983.78	236.25	428.68	318.85	2 070.8	556.5	7 104.3	3 007.7
1995	1 222.15	302.69	534.78	384.68	2 313.9	584.5	8 059.9	3 466.0
1996	1 517.69	360.48	669.06	488.15	2 570.5	615.0	8 984.3	3 987.7
1997	1 676.17	387.02	743.82	545.33	2 820.8	643.4	9 934.9	4 478.2
1998	1 831.33	403.43	818.26	609.64	3 050.2	662.5	10 844.9	4 939.0
1999	1 899.82	406.87	811.90	681.05	3 272.5	692.4	11 601.9	5 397.8
2000	2 011.19	431.80	833.25	746.14	3 518.6	731.5	12 274.8	5 961.3
2001	2 138.31	444.42	868.06	825.83	3 758.6	759.8	12 758.4	6 661.2
2002	2 312.82	463.44	934.88	914.50	4 096.5	788.9	13 946.2	7 423.2
2003	2 556.02	494.60	1 047.66	1 013.76	4 457.8	832.2	15 360.4	8 101.7
2004	3 081.91	593.59	1 281.63	1 206.69	4 963.0	876.6	17 312.5	9 140.3
2005	3 472.89	669.81	1 432.76	1 370.32	5 409.7	930.1	18 714.8	10 182.3

注： 1. 云南省生产总值按当年价格计算。

2. 云南省生产总值指数按可比价格计算，以1952年为100。

3.云南省生产总值（GDP）即原国内生产总值（GDP）。

Note: a.Ggross Domestic Product is calculated at current prices.

b. Indices of Gross Domestic Product are calculated at comparable prices taking the data of in 1952 as 100.

c. Gross Domestic Product of Yunnan Province in this table refers to the Original indicator of Gross Domestic Product.

3-2 各地区生产总值（2005年）
Gross Domestic Product by Region (2005)

地区	Region	生产总值（万元） Gross Domestic Product (10 000 yuan)	第一产业 Primary Industry	第二产业 Secondary Industry	工业 Industry	建筑业 Construction	第三产业 Tertiary Industry
全省	**Total**	**34 728 900**	**6 698 100**	**14 327 600**	**11 808 300**	**2 519 300**	**13 703 200**
昆明	Kunming	10 615 544	773 080	4 767 479	3 864 333	903 146	5 074 985
曲靖	Qujing	4 409 662	875 899	2 223 371	1 944 180	279 191	1 310 392
玉溪	Yuxi	3 682 253	429 834	2 150 272	2 016 536	133 736	1 102 147
保山	Baoshan	1 174 226	422 650	287 601	206 500	81 101	463 975
昭通	Zhaotong	1 671 974	470 707	630 497	486 685	143 812	570 770
丽江	Lijiang	603 328	143 819	172 008	98 725	73 283	287 501
思茅	Simao	1 065 609	357 396	298 118	189 975	108 143	410 095
临沧	Lincang	965 139	360 580	296 952	202 061	94 891	307 607
楚雄	Chuxiong	1 932 848	507 195	785 466	632 685	152 781	640 187
红河	Honghe	3 085 320	573 971	1 633 106	1 441 443	191 663	878 243
文山	Wenshan	1 482 404	475 320	435 646	329 256	106 390	571 438
西双版纳	Xishuangbanna	779 513	279 031	178 824	78 116	100 708	321 658
大理	Dali	2 350 732	681 896	782 764	627 689	155 075	886 072
德宏	Dehong	588 468	194 592	127 146	90 437	36 709	266 730
怒江	Nujiang	239 449	45 826	80 935	62 402	18 533	112 688
迪庆	Diqing	279 781	53 417	100 851	64 539	36 312	125 513

3-2 续表 continued

地区	Region	交通运输、仓储及邮政业 Transport,Storage, Post and Telecommunication Services	批发和零售业 Wholesale and Retail Trade and food Service	人均生产总值（元） Per Capita Gross Domestic Product (yuan)	构成 Composition (%) 第一产业 Primary Industry	第二产业 Secondary Industry	第三产业 Tertiary Industry
全省	**Total**	**1 630 800**	**2 714 800**	**7 835**	**19.3**	**41.2**	**39.5**
昆明	Kunming	673 820	1 019 682	17 560	7.3	44.9	47.8
曲靖	Qujing	207 182	310 583	7 898	19.9	50.4	29.7
玉溪	Yuxi	108 633	360 712	17 630	11.7	58.4	29.9
保山	Baoshan	43 940	92 120	4 826	36.0	24.5	39.5
昭通	Zhaotong	52 179	89 046	3 295	28.2	37.7	34.1
丽江	Lijiang	43 002	40 738	5 327	23.8	28.5	47.7
思茅	Simao	40 288	59 786	4 167	33.5	28.0	38.5
临沧	Lincang	27 791	35 814	4 103	37.4	30.8	31.8
楚雄	Chuxiong	80 245	138 084	7 538	26.2	40.6	33.2
红河	Honghe	83 731	197 819	7 227	18.6	52.9	28.5
文山	Wenshan	66 852	129 679	4 404	32.1	29.4	38.5
西双版纳	Xishuangbanna	41 994	26 335	7 459	35.8	22.9	41.3
大理	Dali	109 143	137 072	6 901	29.0	33.3	37.7
德宏	Dehong	18 661	45 333	5 149	33.1	21.6	45.3
怒江	Nujiang	8 246	21 200	4 984	19.1	33.8	47.1
迪庆	Diqing	10 050	23 722	7 626	19.1	36.0	44.9

注：由于各地(州)市分别计算，各地(州)市数相加不等于全省数。

Note:The sum of the data of all prefectures and cities is not necessary equal to the provincial total because the regional tata are calculated respectively.

3-3 支出法云南省生产总值
Gross Domestic Product by Expenditure Approach

年 份 Year	支出法云南省生产总值（亿元）Gross Domestic Product of Yunnan Province by Expenditure Approach (100 million yuan)	最终消费 Final Consumption Expenditure	资本形成总额 Gross Capital Formation	净出口 Net Export	最终消费率 (%) Final Consumption Rate (%)	资本形成率 (%) Capital Formation Rate (%)
1978	69.05	52.03	26.96	-9.94	75.4	39.0
1980	84.27	63.35	30.30	-9.38	75.2	36.0
1985	164.96	119.86	56.76	-11.66	72.7	34.4
1990	451.67	298.97	132.16	20.54	66.2	29.3
1995	1 222.15	697.85	498.64	25.66	57.1	40.8
1997	1 676.17	1 002.35	717.40	-43.58	59.8	42.8
1998	1 831.33	1 113.45	785.64	-67.76	60.8	42.9
1999	1 899.82	1 286.18	761.83	-148.19	67.7	40.1
2000	2 011.19	1 524.48	746.15	-259.44	75.8	37.1
2001	2 138.31	1 473.30	957.96	-292.95	68.9	44.8
2002	2 312.82	1 581.97	920.50	-189.65	68.4	39.8
2003	2 556.02	1 656.30	1 188.55	-288.83	64.8	46.5
2004	3 081.91	2 042.43	1 450.44	-410.96	66.3	47.1
2005	3 472.89	2 321.75	1 989.93	-838.79	66.9	57.3

3-4 支出法云南省生产总值结构
Composition of Gross Domestic Product by Expenditure Approach

年 份 Year	资本形成总额 Gross Capital Formation: 绝对数(亿元) Absolute Figure (100 million yuan): 固定资本形成总额 Gross Fixed Capital Formation	存货增加 Changes in Inventory	比重(总投资=100) Proportion (Total Investment=100): 固定资本形成总额 Gross Fixed Capital Formation	存货增加 Changes in Inventory	最终消费 Final Consumption Expenditure: 绝对数(亿元) Absolute Figure (100 million yuan): 居民消费 Household Consumption	农村居民 Rural Households	城镇居民 Urban Households	政府消费 Government Conusmption	比重(总消费=100) Proporton (Total Consumption=100): 居民消费 Household Consumption	政府消费 Government Conusmption
1978	20.55	6.41	76.2	23.8	47.80	33.76	14.04	4.23	91.9	8.1
1980	28.70	1.60	94.7	5.3	58.87	39.13	19.74	4.48	92.9	7.1
1985	50.07	6.69	88.2	11.8	110.69	76.46	34.23	9.17	92.3	7.7
1990	89.25	42.91	67.5	32.5	269.68	191.16	78.52	29.29	90.2	9.8
1993	288.95	83.89	77.5	22.5	417.49	264.69	152.80	56.39	88.1	11.9
1994	337.09	100.69	77.0	23.0	498.67	315.66	183.01	77.83	86.5	13.5
1995	399.91	98.73	80.2	19.8	595.27	364.90	230.37	102.58	85.3	14.7
1996	472.82	150.95	75.8	24.2	736.07	450.47	285.60	138.12	84.2	15.8
1997	560.29	157.11	78.1	21.9	821.93	524.39	297.54	180.42	82.0	18.0
1998	703.15	82.49	89.5	10.5	866.26	559.60	306.66	247.19	77.8	22.2
1999	738.21	23.62	96.9	3.1	998.08	684.68	313.40	288.10	77.6	22.4
2000	722.27	23.88	96.8	3.2	1 097.63	644.66	452.97	426.85	72.0	28.0
2001	770.20	187.76	80.4	19.6	962.06	417.68	544.38	511.24	65.3	34.7
2002	860.67	59.83	93.5	6.5	1 061.50	433.10	628.40	520.47	67.1	32.9
2003	1 068.51	120.04	89.9	10.1	1 126.28	416.22	710.06	530.02	68.0	32.0
2004	1 352.78	97.66	93.3	6.7	1 456.91	521.78	935.13	585.52	71.3	28.7
2005	1 755.30	234.63	88.2	11.8	1 661.64	603.77	1 057.87	660.11	71.6	28.4

3-5 支出法地区生产总值（2005年）

Gross Domestic Product by Expenditure Approach and Region (2005)

地　区	Region	支出法生产总值(万元) Gross Domestic Product by Expenditure Approach (10 000 yuan)	最终消费 Final Consumption Expenditure	资本形成总额 Gross Capital Formation	最终消费率(%) Final Consumption Rate (%)	资本形成率(%) Capital Formation Rate (%)
全　省	**Total**	**34 728 900**	**23 217 500**	**19 899 300**	**66.9**	**57.3**
昆　明	Kunming	10 615 544	4 750 533	5 764 019	44.8	54.3
曲　靖	Qujing	4 409 662	1 908 225	2 065 736	43.3	46.8
玉　溪	Yuxi	3 682 253	933 868	1 159 916	25.4	31.5
保　山	Baoshan	1 174 226	753 929	519 302	64.2	44.2
昭　通	Zhaotong	1 671 975	1 182 328	843 709	70.7	50.5
丽　江	Lijiang	603 328	356 283	482 954	59.1	80.0
思　茅	Simao	1 065 609	892 429	672 991	83.7	63.2
临　沧	Lincang	965 139	676 398	598 468	70.1	62.0
楚　雄	Chuxiong	1 932 848	1 206 118	629 476	62.4	32.6
红　河	Honghe	3 085 320	1 528 378	1 511 780	49.5	49.0
文　山	Wenshan	1 482 404	1 135 825	966 342	76.6	65.2
西双版纳	Xishuangbanna	779 513	428 051	540 362	54.9	69.3
大　理	Dali	2 350 732	1 462 387	903 709	62.2	38.4
德　宏	Dehong	588 468	488 650	339 616	83.0	57.7
怒　江	Nujiang	239 449	153 130	153 025	64.0	63.9
迪　庆	Diqing	279 781	156 299	119 885	55.9	42.8

注：1.由于受净出口及计算误差影响,最终消费加资本形成总额不等于支出法地区生产总值。

2.由于各地(州)市分别计算,各地(州)市数相加不等于全省数。

Note:a.The sum of final consumption expenditure plus gross capital formation is not equal to Gross Domestic by Expenditure Approach because of the influence of net export and calculation errors.

b.The sum of data of all prefectures and cities is not equal to the provincial total because the regional data are calculated respectively.

3-6 各地区资本形成总额及构成（2005年）

Gross Capital Formation and Its Composition by Region (2005)

地　区	Region	资本形成总额(万元) Gross Capital Formation (10 000 yuan)	固定资本形成总额 Gross Fixed Capital Formation	存货增加 Changes in Inventory	（资本形成总额为100） Composition (Ggross Capital Formation = 100) 固定资本形成总额 Gross Fixed Capital Formation	存货增加 Changes in Inventory
全　省	**Total**	**19 899 300**	**17 553 000**	**2 346 300**	**88.2**	**11.8**
昆　明	Kunming	5 764 019	5 130 093	633 926	89.0	11.0
曲　靖	Qujing	2 065 736	1 744 673	321 063	84.5	15.5
玉　溪	Yuxi	1 159 916	1 003 975	155 941	86.6	13.4
保　山	Baoshan	519 302	484 501	34 801	93.3	6.7
昭　通	Zhaotong	843 709	780 794	62 915	92.5	7.5
丽　江	Lijiang	482 954	452 641	30 313	93.7	6.3
思　茅	Simao	672 991	619 203	53 788	92.0	8.0
临　沧	Lincang	598 468	550 583	47 885	92.0	8.0
楚　雄	Chuxiong	629 476	515 387	114 089	81.9	18.1
红　河	Honghe	1 511 780	1 261 271	250 509	83.4	16.6
文　山	Wenshan	966 342	825 521	140 821	85.4	14.6
西双版纳	Xishuangbanna	540 362	531 935	8 427	98.4	1.6
大　理	Dali	903 709	828 329	75 380	91.7	8.3
德　宏	Dehong	339 616	330 527	9 089	97.3	2.7
怒　江	Nujiang	153 025	150 945	2 080	98.6	1.4
迪　庆	Diqing	119 885	115 482	4 403	96.3	3.7

注：由于各地(州)市分别计算,各地(州)市数相加不等于全省数。

Note:The sum of data of all prefectures and cities is not equal to the provincial total because the regional data are calculated respectively.

3-7 各地区最终消费及构成（2005年）

Final Consumption Expenditure and Its Composition by Region（2005）

地区 Region	最终消费（万元） Final Consumption Expenditure (10 000 yuan)	居民消费 Household Consumption	农村居民 Rural Households	城镇居民 Urban Households	政府消费 Government Conusmption	构成（最终消费=100）（%） Composition (%) 居民消费 Household Consumption	政府消费 Government Conusmption
全　省 Total	**23 217 500**	**16 616 400**	**6 037 700**	**10 578 700**	**6 601 100**	**71.6**	**28.4**
昆　明 Kunming	4 750 533	3 168 594	769 828	2 398 766	1 581 939	66.7	33.3
曲　靖 Qujing	1 908 225	1 575 157	1 030 952	544 205	333 068	82.5	17.5
玉　溪 Yuxi	933 868	749 353	468 929	280 424	184 515	80.2	19.8
保　山 Baoshan	753 929	586 679	401 960	184 719	167 250	77.8	22.2
昭　通 Zhaotong	1 182 328	940 486	564 606	375 880	241 842	79.5	20.5
丽　江 Lijiang	356 283	318 372	232 005	86 367	37 911	89.4	10.6
思　茅 Simao	892 429	566 156	344 625	221 531	326 273	63.4	36.6
临　沧 Lincang	676 398	498 563	249 842	248 721	177 835	73.7	26.3
楚　雄 Chuxiong	1 206 118	842 189	470 560	371 629	363 929	69.8	30.2
红　河 Honghe	1 528 378	1 130 657	532 273	598 384	397 721	74.0	26.0
文　山 Wenshan	1 135 825	931 803	404 733	527 070	204 022	82.0	18.0
西双版纳 Xishuangbanna	428 051	297 904	125 388	172 516	130 147	69.6	30.4
大　理 Dali	1 462 387	1 165 776	860 518	305 258	296 611	79.7	20.3
德　宏 Dehong	488 650	350 422	122 408	228 014	138 228	71.7	28.3
怒　江 Nujiang	153 130	84 330	48 930	35 400	68 800	55.1	44.9
迪　庆 Diqing	156 299	87 091	44 240	42 851	69 208	55.7	44.3

注：由于各地(州)市分别计算，各地(州)市数相加不等于全省数。

Note:The sum of data of all prefectures and cities is not equal to the provincial total because the regional data are calculated respectively.

3-8 各地区生产总值结构项目（2005年）

Composition of Gross Domestic Product by Region (2005)

地区 Region	生产总值（万元） Gross Domestic Product (10 000 yuan)	劳动者报酬 Remuneration For Labourers	生产税净额 Net Taxe on Production	固定资产折旧 Depreciation of Fixed Assets	营业盈余 Operating Surplus
全　省 Total	**34 728 900**	**16 115 000**	**5 127 600**	**6 977 300**	**6 509 000**
昆　明 Kunming	10 615 544	4 235 826	2 204 312	1 955 415	2 219 991
曲　靖 Qujing	4 409 662	1 847 042	1 021 470	627 917	913 233
玉　溪 Yuxi	3 682 253	1 004 860	1 405 073	382 800	889 520
保　山 Baoshan	1 174 226	633 136	139 598	182 633	218 859
昭　通 Zhaotong	1 671 974	908 945	158 529	203 084	401 416
丽　江 Lijiang	603 328	340 720	73 830	93 815	94 963
思　茅 Simao	1 065 609	673 041	103 024	173 685	115 859
临　沧 Lincang	965 139	584 914	84 548	148 171	147 506
楚　雄 Chuxiong	1 932 848	928 096	347 551	259 052	398 149
红　河 Honghe	3 085 320	1 306 464	808 652	426 320	543 884
文　山 Wenshan	1 482 404	722 963	162 075	170 746	426 620
西双版纳 Xishuangbanna	779 513	515 021	58 960	107 922	97 610
大　理 Dali	2 350 732	1 213 266	389 561	355 211	392 694
德　宏 Dehong	588 468	363 973	52 634	86 059	85 802
怒　江 Nujiang	239 449	132 898	20 715	30 355	55 481
迪　庆 Diqing	279 781	150 634	22 322	57 754	49 071

注：由于各地(州)市分别计算，各地(州)市数相加不等于全省数。

Note:The sum of data of all prefectures and cities is not equal to the provincial total because the regional data are calculated respectively.

3-9 各地区非公有制经济增加值（2005）

Added Value of Non-Public Ownership Economy by Region

单位：万元 (10 000 yuan)

地 区	Region	非公有制经济增加值 Added Value of Non-Public ownership Economy	第一产业 Primary Industry	第二产业 Secondary Industry	第三产业 Tertiary Industry
全省合计	**Total**	**12 150 000**	**1 445 000**	**5 121 000**	**5 584 000**
昆 明	Kunming	4 411 233	177 035	1 968 598	2 265 600
曲 靖	Qujing	1 462 828	296 785	644 718	521 325
玉 溪	Yuxi	879 319	91 538	384 220	403 561
保 山	Baoshan	383 355	40 164	154 870	188 321
昭 通	Zhaotong	515 773	88 493	217 207	210 073
丽 江	Lijiang	287 564	29 339	129 848	128 377
思 茅	Simao	357 137	48 233	143 771	165 133
临 沧	Lincang	287 479	72 894	107 153	107 432
楚 雄	Chuxiong	752 537	136 943	324 162	291 432
红 河	Honghe	927 626	97 231	534 960	295 435
文 山	Wenshan	682 939	93 799	289 900	299 240
西双版纳	Xishuangbanna	226 416	31 251	85 488	109 677
大 理	Dali	941 950	186 158	427 891	327 901
德 宏	Dehong	195 371	22 779	84 519	88 073
怒 江	Nujiang	88 851	8 157	45 349	35 345
迪 庆	Diqing	129 455	10 650	65 901	52 904

主要统计指标解释

地区生产总值（GDP） 即原国内生产总值（GDP，国家仍称国内生产总值），指按市场价格计算的一个国家（或地区）所有常住单位在一定时期内生产活动的最终成果。地区生产总值有三种表现形态，即价值形态、收入形态和产品形态。从价值形态看，它是所有常住单位在一定时期内生产的全部货物和服务价值超过同期投入的全部非固定资产货物和服务价值的差额，即所有常住单位的增加值之和；从收入形态看，它是所有常住单位在一定时期内创造并分配给常住单位和非常住单位的初次收入之和；从产品形态看，它是所有常住单位在一定时期内最终使用的货物和服务价值减去货物和服务进口价值。在实际核算中，地区生产总值有三种计算方法，即生产法、收入法和支出法。

地区收入总值（GNI） 即原国民生产总值（GNP，国家称国民总收入），是指一个国家（或地区）所有常住单位在一定时期内收入初次分配的最终成果。一国（或地区）常住单位从事生产活动所创造的增加值在初次分配中主要分配给该国（或地区）的常住单位，但也有一部分以生产税及进口税（扣除生产和进口补贴）、劳动者报酬和财产收入等形式分配给非常住单位；同时，国（或地区）外生产所创造的增加值也有一部分以生产税及进口税（扣除生产和进口补贴）、劳动者报酬和财产收入等形式分配给该国（或地区）的常住单位，从而产生了地区收入总值的概念。它等于地区生产总值加上来自国（或地区）外的净要素收入。与地区生产总值不同，地区收入总值（GNI）是个收入概念，而地区生产总值是个生产概念。

生产法 是从生产的角度衡量常住单位在核算期内新创造价值的一种计算方法。即从生产的全部货物和服务总产品的价值中，扣除生产过程中投入的中间产品的价值，得到增加值。全社会所有常住单位增加值的总和就是地区生产总值。计算公式为：增加值=总产出-中间投入。

收入法 也称分配法，是从生产过程创造收入的角度，根据生产要素在生产过程中应得的收入份额反映最终成果的一种计算方法。计算公式为：增加值=劳动者报酬+固定资产折旧+生产税净额+营业盈余。

支出法 是从最终使用的角度衡量核算期内新生产的货物和服务的最终去向的一种计算方法。计算公式为：地区生产总值=最终消费+资本形成总额+货物和服务净出口。

国（地区）外净要素收入 是指本国（或本地区）居民对国（或本地区）外从事投资和提供劳务所得的要素收入，与外国（或本地区）居民对本国（或本地区）从事投资和提供劳务所得的要素收入的差额。

三次产业 三次产业的划分是世界上较为常用的产业结构分类，但各国的划分不尽一致。中国的三次产业划分是：

第一产业：是指农（种植）、林、牧、渔业。

第二产业：是指采掘业，制造业，电力、煤气及水的生产和供应业，建筑业。

第三产业：是指除第一、二产业以外的其他行业。包括：农林牧渔服务业，交通运输、仓储和邮政业，信息传输、计算机服务和软件业，批发和零售业，住宿和餐饮业，金融业，房地产业，租赁和商务服务业，科学研究、技术服务和地质勘查业，水利、环境和公共设施管理业，居民服务和其他服务业，教育，卫生、社会保障和社会福利业，文化、体育和娱乐业，公共管理和社会组织。

总产出 指常住单位在核算期内生产的货物和服务的价值总和，总产出中既包括核算期内新增加的价值，也包括中间投入的转移价值，它反映了国民经济各个部门生产活动的总规模。

中间投入 指常住单位在生产货物或提供服务的过程中，消耗和使用的所有原材料、燃料动力等货物和各种服务的价值。中间投入也称中间消耗，货物投入是生产过程中消耗或转换的有形的物质产品，不包括固定资产。服务投入是在生产过程中消耗的各种服务，包括金融保险、运输邮电、文化教育等等。

劳动者报酬 指劳动者因从事生产活动所获得的全部报酬。包括劳动者获得的各种形式的工资、奖金和津贴，既包括货币形式的，也包括实物形式的，还包括劳动者所享受的公费医疗和医药卫生费、上下班交通补贴、单位支付的社会保险费、住房公积金等。对于个体经济来说，其所有者所获得的劳动报酬和经营利润不易区分，这两部分统一作为劳动者报酬处理。

固定资产折旧 指一定时期内为弥补固定资产损耗按照规定的固定资产折旧率提取的固定资产折旧，或按国民经济核算统一规定的折旧率虚拟计算的固定资产折旧。它反映了固定资产在当期生产中的转移价值。各类企业和企业化管理的事业单位的固定资产折旧是指实际计提的折旧费；不计提折旧的政府机关、非企业化管理的事业单位和居民住房的固定资产折旧是按照统一规定的折旧率和固定资产原值计算的虚拟折旧。原则上，固定资产折旧应按固定资产的重置价值计算，但是目前中国尚不具备对全社会固定资产进行重估价的基础，所以暂时只能采用上述办法。

生产税净额 指生产税减去生产补贴后的余额。生产税指政府对生产单位从事生产、销售和经营活动以及因从事生产活动使用某些生产要素（如固定资产、土地、劳动力）所征收的各种税、附加费和规费。生产补贴与生产税相反，指政府对生产单位的单方面转移支出，因此视为负生产税，包括政策亏损补贴、价格补贴等。

营业盈余 指常住单位创造的增加值扣除劳动者报酬、固定资产折旧、生产税净额后的余额。它相当于企业的营业利润加上生产补贴，但要扣除从利润中开支的工资和福利等。

支出法地区生产总值 是从最终使用的角度反映一个国家（或地区）一定时期内生产活动最终成果的一种方法，包括最终消费、资本形成总额及货物和服务净出口三部分。

最终消费 指常住单位为满足物质、文化和精神生活的需要，从本国经济领土和国外购买的货物和服务的支出。它不包括非常住单位在本国领土内的消费支出。最终消费分为居民消费和政府消费。

居民消费 指常住住户在一定时期内对于货物和服务的全部最终消费支出。居民消费除了直接以货币形式购买的货物和服务的消费支出外，还包括以其他方式获得的货物和服务的消费支出，即所谓的虚拟消费支出。居民虚拟消费支出包括如下几种类型：单位以实物报酬及实物转移的形式提供给劳动者的货物和服务；住户生产并由本住户消费了的货物和服务，其中的服务指住户的自有住房服务和付酬的家庭雇员提供的家庭和个人服务；金融机构提供的金融媒介服务；保险公司提供的保险服务。

政府消费 指政府部门为全社会提供的公共服务的消费支出和免费或以较低的价格向居民住户提供的货物和服务的净支出，前者等于政府服务的产出价值减去政府单位所获得的经营收入的价值，后者等于政府部门免费或以较低价格向居民住户提供的货物和服务的市场价值减去向住户收取的价值。

资本形成总额 指常住单位在一定时期内获得减去处置的固定资产和存货的净额，包括固定资本形成总额和存货增加两部分。

固定资本形成总额 指生产者在一定时期内获得的固定资产减处置的固定资产的价值总额。固定资产是通过生产活动生产出来的，且其使用年限在一年以上、单位价值在规定标准以上的资产，不包括自然资产。可分为有形固定资本形成总额和无形固定资本形成总额。有形固定资本形成总额包括一定时期内完成的建筑工程、安装工程和设备工器具购置（减处置）价值，以及土地改良、新增役、种、奶、毛、娱乐用牲畜和新增经济林木价值。无形固定资本形成总额包括矿藏的勘探、计算机软件等获得减处置。

存货增加 指常住单位在一定时期内存货实物量变动的市场价值，即期末价值减期初价值的差额，再扣除当期由于价格变动而产生的持有收益。存货增加可以是正值，也可以是负值，正值表示存货上升，负值表示存货下降。存货包括生产单位购进的原材料、燃料和储备物资等存货，以及生产单位生产的产成品、在制品和半成品等存货。

货物和服务净出口 指货物和服务出口减货物和服务进口的差额。出口包括常住单位向非常住单位出售或无偿转让的各种货物和服务的价值；进口包括常住单位从非常住单位购买或无偿得到的各种货物和服务的价值。由于服务活动的提供与使用同时发生，一般把常住单位从非常住单位得到的服务作为进口，非常住单位从常住单位得到的服务作为出口。货物的出口和进口都按离岸价格计算。

资本形成率 指资本形成总额在支出法地区生产总值中所占的比重。

最终消费率 指最终消费在支出法地区生产总值中所占比重。

Explana

tory Notes on Principal Statistical Indicators

Regional Gross Domestic Product (GDP) refers to the final products at market prices produced by all resident entities in a country (or territory) during a certain period of time. Gross domestic product is expressed in three different forms, i.e. value, income, and product respectively. GDP in its value form refers to the difference between the total value of all goods and services produced by all resident entities during a certain period of time and that of goods and services of the nature of non-fixed assets input in the same period, i.e. it is the sum of added value of all resident entities. GDP in the form of income refers to the total initial income created by all resident entities and distributed to resident and non-resident entities in a certain period of time. GDP in the form of product refers to the balance of the value of all goods and services for final consumption by all resident units minus the net export value of goods and services during a given period of time. In the practice of national accounting, gross domestic product is calculated by three approaches, i.e. production approach, income approach and expenditure approach.

Regional Gross National Income (GNI) also known as gross national product refers to the final results of the primary distribution of the income created by all the resident entities of a country (or territory) during a certain period of time. The added value created by resident entities engaged in production activities is distributed, during the primary distribution, mainly to resident entities, while part of it is distributed to non-resident entities in the forms of production tax and import duties (deducting subsidies an production and import), remuneration for laborers and property income. In the meantime, a part of the added value created abroad is also distributed to resident entities in the forms of production tax and import duties (deducting subsidies on production and import), remuneration for laborers and property income. The concept of gross national income is thus developed, which equals gross domestic product plus net factor income from abroad. Unlike gross domestic product, which is a concept of production, gross national income is a concept of income.

Production Approach refers to the calculation method for measuring the newly increased value of resident entities in the accounting period from the perspective of production, i.e. the value of total goods and services produced minus that of intermediate products input in the process of production is added value. The sum of added value created by all resident entities makes GDP. The formula is as follows: Added Value = Total Output – Intermediate Input

Income Approach also known as "distribution approach," refers to the calculation method for reflecting the final results of production according to the income portions that factors of production should gain in the process of production from the perspective of income from production. The formula is as follows:

Added Value = Laborer Remuneration + Depreciation of Fixed Assets + Net Taxes on Production + Operating Surplus

Expenditure Approach refers to the calculation method for measuring the final consumption of goods and services newly produced in the accounting period from the perspective of final use. The formula is as follows:

GDP = Final Consumption + Total Capital Formation + Net Exports of Goods and Services

Net Factor Income from Abroad refers to the difference between factor income earned by residents of a country (or territory) from their investment and labor services in foreign countries (or territories) and that earned by residents of foreign countries (or territories) from their investment and labor services in that country (or territory).

Three Industries Classification of economic activities into three industries is a common practice in the world, although the grouping varies to some extent form country to country. In China, economic activities are categorized as follows: Primary industry refers to farming, forestry, animal husbandry and fishery.

Secondary industry refers to mining and quarrying, manufacturing, production and supply of electricity, water and gas, and construction.

Tertiary industry refers to all other economic activities not included in primary or secondary industry, including services of farming, forestry, animal husbandry and fishery, communications and transportation, storage and postal services, information transmission, computer and software services wholesale and retail trade, hotel and food services, banking, real estate, lease and commercial services, scientific research and technical service, geological prospecting, management services of water conservancy, environment and public facilities, resident and other services, education, health care, social security and welfare, culture, sports and entertainment, public management and social organizations.

Total Output refers to the total value of goods and services produced by resident entities in the accounting period, including newly increased value and transfer value in intermediate input, which reflects the general scale of productive activities of each sector of the national economy.

Intermediate Input also known as intermediate consumption refers to the value of goods such as raw materials, fuels, power, etc. and various services consumed and used in the process of production or provision of services. Goods input refers to tangible material products consumed or transferred in production; and services input are those consumed in production, including banking, insurance, communications and transportation, culture, education, etc.

Laborer Remuneration refers to all payments of various forms made to laborers for their productive activities. It includes wages, bonuses and allowances earned by laborers both in monetary terms and in kind. It also includes free medical services provided to laborers and medical expenses, traffic subsidies and social insurance, housing accumulation fund paid by their employers. As for individual entities, since laborer remuneration is not easily distinguished from operating profits, both are considered as laborer remuneration.

Depreciation of Fixed Assets refers to the depreciation of fixed assets of a given period, drawn in accordance with the stipulated depreciation rate for the purpose of compensating wear and tear of fixed assets or the depreciation of fixed assets calculated in a fictitious way in accordance with the stipulated unified depreciation rate in the national economic accounting system. It reflects the value of transfer of fixed assets in production of the current period. The depreciation of fixed assets in various enterprises and institutions managed as enterprises refers to the depreciation expenses actually drawn, in government departments and institutions not managed as enterprises which do not draw the depreciation expenses, as well as for housing of residents, it is the fictitious depreciation which is calculated in accordance with the stipulated unified depreciation rate and original value of fixed assets. In principle, depreciation of fixed asset s should be calculated on the basis of replacement value of fixed assets. However, there is no actual condition for re-evaluating all the fixed assets in China; therefore, the above-mentioned methods are temporarily adopted at present.

Net Taxes on Production refers to the difference between taxes on production and subsidies on production. Taxes on production refers to various taxes, surcharges and fees levied on production entities on their production, sale and operation as well as on the use of certain factors of production, such as fixed assets, land and labor force in their production. In contrast to taxes on production, subsidies on production refer to unilateral transfer expenditure by governments to production entities and are therefore regarded as negative taxes on production, including subsidies on losses permitted by policy, price subsidies, etc.

Operating Surplus refers to the balance of added value created by resident entities deducting laborer remuneration, net taxes on production and depreciation of fixed assets. It is equivalent to operating profits of enterprises plus subsidies on production, but wages and welfare expenses paid from the profits should be deducted.

GDP by Expenditure Approach refers to the method of measuring the final results of production activities of a country (territory) during a given period from the perspective of final use. It includes final consumption, total capital formation and net exports of goods and services, i.e.:

GDP by Expenditure Approach = Final Consumption + Total Capital Formation + Net Exports of Goods and

Services

Final Consumption refers to the total expenditure of resident entities for purchase of goods and services from domestic economic territory and abroad to meet the requirements of material and cultural life. It excludes the expenditure of non-resident entities on consumption in the economic territory of the country. Final consumption is divided into household consumption and government consumption.

Household Consumption refers to the total expenditure of resident households on the final consumption of goods and services. In addition to consumption expenditure on goods and services bought by households directly with money, household consumption also includes expenditure on goods and services obtained by households in other ways, i.e. so-called fictitious consumption expenditure, which covers the following categories: (a) goods and services provided to households by their employers in the forms of payment in kind and transfer in kind; (b) goods and services produced and consumed by households themselves, in which the services refer only to household private housing services and domestic and individual services provided by paid household workers; (c) financial intermediate services provided by financial institutions; (d) insurance services provided by insurance companies.

Government Consumption refers to expenditure on public services provided by the government to the whole society and net expenditure on goods and services provided by the government to households free of charge or at low prices; the former equals the output value of government services minus the value of operating income obtained by government departments, and the latter equals the market value of goods and services provided by the government free of charge or at low prices to households minus the value received by the government from the households.

Total Capital Formation refers to the balance of fixed assets acquired minus those disposed of and the net value of inventory, including total fixed capital formation and increase in inventory.

Total Fixed Capital Formation refers to the value of fixed assets acquired minus those disposed of during a given period. Fixed assets are the assets produced through production with specified unit value, which could be used for over one year, excluding natural assets. Total fixed capital formation can be categorized into total tangible capital formation and total intangible capital formation. Total tangible capital formation includes the value of completed construction and installation projects, the value of equipment, apparatus and instruments purchased (deducting the value of those disposed of) and the value of land improved, newly increased draught animals, breeding stock, livestock for milk, wool and for recreational purpose, and newly increased cash forest during a given period. Total intangible capital formation includes the balance of acquisitions of prospecting of mineral resources, computer software, etc. minus those disposed of.

Increase in Inventory refers to the market value of changes in inventory of resident entities during a given period, i.e. the difference of value between the beginning and the end of the period minus holding gains on changes in prices in the period. Increase in inventory can be positive or negative: a positive value indicates an increase in inventory while a negative one indicates a decrease in stock. Inventory includes stocks of raw materials, fuels and reserve materials purchased by production entities and of finished products, semi-finished products, products in progress, etc. produced by them.

Net Exports of Goods and Services refer to the difference between exports of goods and services and imports of them. Imports include the value of various goods and services sold or gratis transferred by resident entities to non-resident entities and exports cover the value of various goods and services purchased or gratis acquired by resident entities from non-resident entities. Because the provision of services and the use of them happen simultaneously, services acquired by resident entities from non-resident entities are usually treated as imports while those acquired by non-resident entities from resident entities as exports. Both exports and imports of goods are calculated at FOB.

Rate of Capital Formation refers to the proportion of total capital formation to GDP by expenditure approach.

Rate of Final Consumption refers to the proportion of final consumption to GDP by expenditure approach.

四、人口

Population

4-1 历年全省年末人口数
Historic Population at the Year-end

单位:万人 (10 000 persons)

年 份 Year	总人口 Total Population	按性别分 By Sex 男 Male	女 Female	按城乡分 By Residence 城镇人口 Urban	乡村人口 Rural	按农业、非农业分 Agricultural and Non-Agricultural 农业人口 Agricultural Population	非农业人口 Non-Agricultural Population
1949	1 595.0						
1952	1 695.1			82.3	1 612.8		
1957	1 896.8	941.9	954.8	237.1	1 659.7	1 717.0	179.8
1958	1 914.5	959.9	954.6	349.7	1 564.8	1 647.4	267.1
1960	1 894.6	937.8	956.7	305.2	1 589.4	1 615.9	278.7
1962	1 963.7	966.2	997.5	275.0	1 688.7	1 776.5	187.2
1965	2 160.4	1 075.3	1 085.1	261.4	1 899.0	1 925.5	234.9
1970	2 503.3	1 246.4	1 256.9	271.2	2 232.1	2 256.0	247.3
1973	2 746.9	1 369.7	1 377.2	323.9	2 423.0	2 461.7	285.2
1974	2 819.0	1 408.0	1 411.0	326.1	2 492.9	2 524.7	294.3
1975	2 884.3	1 441.8	1 442.5	335.9	2 548.4	2 585.9	298.4
1976	2 951.7	1 477.1	1 474.6	343.3	2 608.4	2 646.7	305.0
1977	3 024.6	1 515.0	1 509.6	351.7	2 672.9	2 712.4	312.2
1978	3 091.5	1 548.7	1 542.8	375.7	2 715.8	2 767.5	324.0
1979	3 134.8	1 569.1	1 565.6	388.3	2 746.5	2 798.2	336.6
1980	3 173.4	1 590.0	1 583.4	395.4	2 778.0	2 828.8	344.6
1981	3 222.8	1 622.2	1 600.6	416.5	2 806.3	2 873.0	349.8
1982	3 283.1	1 657.5	1 625.6	433.0	2 850.1	2 924.8	358.3
1983	3 330.8	1 683.1	1 647.7	472.0	2 858.8	2 963.1	367.7
1984	3 372.1	1 707.3	1 664.8	698.7	2 673.4	2 994.8	377.3
1985	3 418.1	1 733.7	1 684.4	904.6	2 513.5	3 021.9	396.2
1986	3 480.0	1 766.8	1 713.2	1 007.5	2 472.5	3 071.8	408.2
1987	3 534.0	1 797.7	1 736.3	996.2	2 537.8	3 112.0	422.0
1988	3 594.0	1 829.0	1 765.0	1 426.1	2 167.9	3 159.5	434.5
1989	3 648.0	1 861.2	1 786.8	1 524.5	2 123.5	3 204.8	443.2
1990	3 730.6	1 910.8	1 819.8	1 510.1	2 220.5	3 271.7	458.9
1991	3 782.1	1 939.1	1 843.0	1 555.2	2 226.9	3 312.0	470.1
1992	3 831.6	1 967.1	1 864.5	1 608.1	2 223.5	3 346.9	484.7
1993	3 885.2	1 997.0	1 888.2	1 664.0	2 221.2	3 380.5	504.7
1994	3 939.2	2 027.1	1 912.1	1 782.1	2 157.1	3 414.5	524.7
1995	3 989.6	2 055.2	1 934.4	1 821.3	2 168.3	3 445.5	544.1
1996	4 041.5	2 084.8	1 956.7	1 857.4	2 184.1	3 477.2	564.3
1997	4 094.0	2 112.9	1 981.1	1 937.3	2 156.7	3 506.1	587.9
1998	4 143.8	2 139.0	2 004.8	1 951.7	2 192.1	3 538.0	605.8
1999	4 192.4	2 165.8	2 026.6	1 991.3	2 201.1	3 554.8	637.6
2000	4 240.8	2 192.0	2 048.8	990.6	3 250.2	3 584.3	656.5
2001	4 287.4	2 217.4	2 070.0	1 066.0	3 221.4	3 609.9	677.5
2002	4 333.1	2 240.6	2 092.5	1 127.0	3 206.1	3 636.3	696.8
2003	4 375.6	2 263.6	2 112.0	1 163.9	3 211.7	3 662.4	713.2
2004	4 415.2	2 284.1	2 131.1	1 240.7	3 174.5	3 691.1	724.1
2005	4 450.4	2 302.2	2 148.2	1 312.9	3 137.5	3 720.5	729.9

4-2 各地区户数、人口数及构成（2005年）
Number of Households, Population and Its Composition by Region (2005)

地 区	Region	总户数（万户） Family Households (10 000 households)	总人口（万人） Total Population (10 000 persons)	按性别分（万人） By Sex (10 000 Persons) 男 Male	女 Female	按城乡分（万人） By Residence (10 000 Persons) 市镇人口 Urban	乡村人口 Rural	按农业、非农业分（万人） By Agricultural and Non-Agricultural (10 000 Persons) 农业人口 Agricultural Population	非农业人口 Non-Agricultural Population	人口密度（人/平方公里） Population Density (person/sq.km)
全省合计	**Total**	**1 216.9**	**4 450.4**	**2 302.2**	**2 148.2**	**1312.9**	**3137.5**	**3 720.5**	**729.9**	**112.9**
昆 明	Kunming	181.1	608.6	312.6	296.0	352.4	256.2	386.5	222.1	282.0
曲 靖	Qujing	158.0	565.8	297.5	268.3	152.8	413.0	495.2	70.6	189.5
玉 溪	Yuxi	66.1	221.4	111.7	109.6	71.3	150.0	182.2	39.1	144.8
保 山	Baoshan	60.9	244.2	125.0	119.2	52.4	191.8	218.3	26.0	124.4
昭 通	Zhaotong	140.6	507.5	265.5	242.0	86.6	420.9	468.6	38.9	220.5
丽 江	Lijiang	32.8	120.3	61.3	58.9	32.5	87.8	103.2	17.0	56.7
思 茅	Simao	68.4	256.6	134.5	122.0	62.9	193.7	221.5	35.0	56.5
临 沧	Lincang	61.3	236.1	123.3	112.9	64.5	171.6	211.5	24.6	96.5
楚 雄	Chuxiong	75.1	265.7	136.4	129.3	69.1	196.6	228.3	37.4	90.8
红 河	Honghe	119.4	431.2	222.3	208.9	127.2	304.0	354.1	77.1	130.9
文 山	Wenshan	81.2	337.1	175.7	161.4	71.3	265.8	306.0	31.1	104.6
西双版纳	Xishuangbanna	27.7	105.0	53.0	51.9	33.8	71.2	72.7	32.3	53.3
大 理	Dali	92.1	347.1	176.4	170.7	86.8	260.3	303.2	43.9	117.8
德 宏	Dehong	29.2	115.1	58.0	57.0	32.8	82.3	92.6	22.5	99.8
怒 江	Nujiang	13.8	52.0	26.8	25.3	8.7	43.3	44.5	7.6	35.4
迪 庆	Diqing	9.3	36.9	18.8	18.1	7.8	29.1	32.2	4.7	15.4

4-3 全 省 分 民 族 人 口 数（2005年）
Provincial Population by Nationality (2005)

单位：万人、% (10 000 persons ,%)

民 族	Nationality	人口数 Population	比 重 Proportion	民 族	Nationality	人口数 Population	比重 Proportion
总 计	**Total**	**4 450.40**	**100.00**	藏 族	Tibetan	13.47	0.30
汉 族	Han Nationality	2 959.57	66.50	景颇族	Jingpo Nationality	14.10	0.32
彝 族	Yi Nationality	493.58	11.09	布朗族	Bulang Nationality	10.31	0.23
白 族	Bai Nationality	161.30	3.62	普米族	Pumi Nationality	3.68	0.08
哈尼族	Hani Nationality	147.83	3.32	怒 族	Nu Nationality	2.95	0.07
壮 族	Zhuang Nationality	123.21	2.77	阿昌族	Achang Nationality	3.58	0.08
傣 族	Dai Nationality	123.21	2.77	基诺族	Jinuo Nationality	2.10	0.05
苗 族	Miao Nationality	106.80	2.40	德昂族	De'ang Nationality	1.89	0.04
傈僳族	Lisu Nationality	65.24	1.47	蒙古族	Mongolian	1.58	0.04
回 族	Hui Nationality	68.92	1.55	独龙族	Dulong Nationality	0.63	0.01
拉祜族	Lahu Nationality	45.35	1.02	满 族	Manchu Nationality	1.05	0.02
佤 族	Wa Nationality	39.98	0.90	水 族	Shui Nationality	1.16	0.03
纳西族	Naxi Nationality	29.78	0.67	布依族	Buyi Nationality	4.84	0.11
瑶 族	Yao Nationality	20.20	0.45	其他族	Other Nationalities	4.21	0.09

4-4 主要年份全省人口出生率、死亡率、自然增长率
Birth Rate, Death Rate and Natural Growth Rate of Provincial Population in Significant Years

单位：万人、‰ (10 000 persons, ‰)

年份 Year	年平均人口 Annual Average Population	出生 Birth		死亡 Death		自然增长 Natural Growth	
		人数 Population	出生率 Birth Rate	人数 Population	死亡率 Death Rate	人数 Population	自然增长率 Natural Growth Rate
1952	1 677.70	56.5	33.69	27.1	16.16	29.4	17.50
1957	1 869.20	67.8	36.27	30.5	16.29	37.3	19.90
1962	1 931.80	76.7	39.71	21.0	10.85	55.7	28.90
1965	2 124.40	93.5	44.01	27.6	12.99	65.9	31.00
1970	2 548.00	97.1	38.10	20.4	8.02	76.7	30.10
1975	2 851.60	90.5	31.72	24.7	8.68	65.7	23.00
1976	2 918.00	92.9	31.83	22.9	7.84	70.0	24.00
1977	2 988.20	92.6	31.01	22.8	7.65	69.8	23.36
1978	3 058.00	86.8	28.37	21.2	6.93	65.6	21.44
1979	3 113.10	75.0	24.08	25.3	8.13	49.7	15.95
1980	3 154.10	65.9	20.91	23.2	7.36	42.7	13.54
1981	3 198.10	81.1	25.36	27.5	8.60	53.6	16.76
1982	3 252.90	77.4	23.80	32.1	9.88	45.3	13.92
1983	3 307.00	77.8	23.57	30.3	9.19	47.5	14.38
1984	3 351.50	67.8	20.29	26.5	7.92	41.3	12.37
1985	3 395.10	72.9	21.55	27.2	8.03	45.8	13.52
1986	3 449.50	89.1	26.03	27.0	7.87	62.1	18.16
1987	3 457.00	83.5	23.97	29.3	8.40	54.2	15.57
1988	3 564.00	84.9	24.00	25.2	7.13	59.7	16.87
1989	3 621.00	83.0	23.07	29.0	8.05	54.0	15.02
1990	3 689.30	87.0	23.60	29.0	7.92	58.0	15.68
1991	3 756.40	81.9	21.80	30.4	8.10	51.5	13.70
1992	3 806.90	79.9	21.00	30.5	8.00	49.5	13.00
1993	3 858.40	84.9	22.00	31.3	8.10	53.6	13.90
1994	3 912.20	85.3	21.80	31.3	8.00	54.0	13.80
1995	3 964.40	82.3	20.75	31.8	8.03	50.5	12.73
1996	4 015.60	83.8	20.87	31.9	7.94	51.9	12.93
1997	4 067.80	84.7	20.82	32.2	7.91	52.5	12.91
1998	4 118.90	82.4	20.01	32.6	7.91	49.8	12.10
1999	4 168.10	81.2	19.48	32.6	7.82	48.6	11.66
2000	4 216.60	80.3	19.05	31.9	7.57	48.4	11.48
2001	4 264.10	78.9	18.51	32.3	7.57	46.6	10.94
2002	4 310.25	77.3	17.90	31.5	7.30	45.7	10.60
2003	4 354.35	74.0	17.00	31.4	7.20	42.6	9.80
2004	4 395.40	68.6	15.60	29.0	6.60	39.6	9.00
2005	4 432.80	65.3	14.72	29.9	6.75	35.4	7.97

注：本表从1983年起的数字系抽样调查推断数。其余年份数字均为人口年报数。

Note:In the table data from 1983 are estimated on the basis of population sample serveys,and the others are obtained from annual population reports.

4-5 各地区人口出生率、死亡率、自然增长率（2005年）
Birth Rate, Death Rate and Natural Growth Rate of Population by Region (2005)

单位：万人、‰　　(10 000 persons, ‰)

地区	Region	出生 Birth 人数 Population	出生率 Birth Rate	死亡 Death 人数 Population	死亡率 Death Rate	自然增长 Natural Growth 人数 Population	自然增长率 Natural Growth Rate
全省合计	**Total**	**65.3**	**14.72**	**29.92**	**6.75**	**35.33**	**7.97**
昆明	Kunming	7.7	12.72	3.20	5.29	4.49	7.43
曲靖	Qujing	8.5	15.07	3.69	6.57	4.78	8.50
玉溪	Yuxi	2.9	13.01	1.47	6.66	1.40	6.35
保山	Baoshan	3.4	14.03	1.62	6.65	1.80	7.38
昭通	Zhaotong	9.3	18.49	3.74	7.45	5.55	11.04
丽江	Lijiang	2.1	17.22	1.01	8.46	1.05	8.76
思茅	Simao	3.5	13.87	1.92	7.51	1.63	6.36
临沧	Lincang	3.4	14.65	1.70	7.21	1.75	7.44
楚雄	Chuxiong	3.6	13.43	2.05	7.72	1.51	5.71
红河	Honghe	6.5	15.25	2.82	6.56	3.73	8.69
文山	Wenshan	5.4	15.99	2.53	7.52	2.85	8.47
西双版纳	Xishuangbanna	1.5	14.30	0.63	5.99	0.87	8.31
大理	Dali	4.8	13.75	2.23	6.45	2.52	7.30
德宏	Dehong	1.8	16.13	0.85	7.44	0.99	8.69
怒江	Nujiang	0.8	15.33	0.37	7.17	0.42	8.16
迪庆	Diqing	0.5	14.02	0.25	6.87	0.26	7.15

4-6 全省户数、平均人口及人口密度
Number of Households, Average Population and Population Density

年份 Year	户数（万户） Number of Households (10 000 households)	平均每户人数（人/户） Average Households Size (person/household)	年平均人口（万人） Annual Average Population (10 000 persons)	农业人口（万人） Agricultural Population (10 000 person)	非农业人口（万人） NonAgricultural Population (10 000 person)	人口密度（人/平方公里） Population Density (person/sq.km)
1965	446.3	4.8	2 124.40	1 903.9	220.6	54.8
1970	481.4	5.2	2 548.00	2 217.3	245.8	63.5
1975	538.3	5.4	2 851.60	2 555.3	296.4	73.2
1978	571.8	5.4	3 058.00	2 740.0	318.1	78.5
1980	590.9	5.4	3 154.10	2 813.5	340.6	80.5
1985	667.4	5.1	3 395.10	3 008.4	386.8	86.8
1990	812.0	4.5	3 689.30	3 238.3	451.1	94.7
1995	925.9	4.3	3 964.40	3 430.0	534.4	101.3
1997	965.4	4.2	4 067.80	3 491.7	576.1	103.9
1998	991.3	4.2	4 118.90	3 522.1	596.9	105.2
1999	1 012.0	4.2	4 168.10	3 554.8	637.6	106.4
2000	1 030.6	4.1	4 216.60	3 584.3	656.5	107.6
2001	1 046.7	4.1	4 264.10	3 609.9	677.5	108.8
2002	1 063.3	4.1	4 310.25	3 636.3	696.8	109.8
2003	1 083.1	4.0	4 354.34	3 662.4	713.2	111.0
2004	1 117.1	4.0	4 395.40	3 691.1	724.1	112.0
2005	1 216.2	3.6	4 432.80	3 720.5	729.9	112.9

主要统计指标解释

人口数 指一定时点，一定地区范围内的有生命的自然人的总和。

总人口及其他相关指标是按照抽样调查推算的，统计口径为常住人口。

市人口 指居住在城市市区的人口。即指经国务院批准设市建制的城市市区，包括：设区市的市区和不设区市的市区。

（一）设区市的市区是指：

1. 市政区人口密度在1500人/平方公里及以上的，市区为区辖全部行政区域；

2. 市辖区人口密度不足1500人/平方公里的，市区为市辖区人民政府驻地和区辖其他街道办事处地域；

3. 前款市辖区人民政府驻地的城区建设已延伸到周边建制镇（乡）的部分地域，其市区还应包括该建制镇（乡）的全部行政区域。设区市的其他区分别按镇、乡村划分。

（二）不设区市的市区是指：

1. 市人民政府驻地和市辖其他街道办事处地域；

2. 市人民政府驻地的城区建设已延伸到周边建制镇（乡）的部分地域，其市区还应包括该建制镇（乡）的全部行政区域。

不设区市的其他地区分别按本规定的镇、乡村划分。

镇人口 指居住在镇区的人口，即指经批准设立的建制镇的镇区，包括：县及县以上（不含市）人民政府、行政公署所在建制镇的镇区和其他建制镇的镇区。镇区是指：

1. 镇人民政府驻地和镇辖其他居委会地域；

2. 镇人民政府驻地的城区建设已延伸到周边村民委员会的驻地，其镇区还应包括该村民委员会的全部区域。

乡村人口 指居住在乡村的人口，乡村指市镇划定的城镇地区以外的其他地区，包括集镇和农村。

集镇是指乡、民族乡人民政府所在地和经县人民政府确认由集市发展而成的作为农村一定区域经济、文化和生活服务中心的非建制镇。农村指集镇以外的地区。

凡地处城镇地区以外的工矿区、开发区、旅游区、科研单位、大专院校等特殊地区，常住人口在3000人以上的，按镇划定；常住人口不足3000人。按乡村划定。

人口密度 指一定时点一定地区的人口数与该地区的面积数之比，即一定时点的单位土地面积上的人口数通常以每平方公里的居民人数来表示。计算公式：

人口密度（人/平方公里）=该地区的人口数/该地区的土地面积

出生率（又称粗出生率）指一定时期内（通常为一年内）平均每千人所出生的人数的比例，一般用千分率表示。计算公式：出生率（‰）=年出生人数/年平均人数×1000‰

出生人数是指活产婴儿，即胎儿脱离母体时（不管怀孕月数）有过呼吸或其他生命现象。

年平均人数是年初、年末人口数的平均数，也可用年中人口数代替。

死亡率 指在一定时期内（通常为一年内）一定地区的死亡人数与同期平均人数（或期 中人数）之比，一般用千分率表示。计算公式：

死亡率（‰）=年死亡人数/年平均人数 ×1000‰

人口自然增长率 在一定时期内（通常为一年内）人口自然增加数（出生人数减死亡人数）与平均人数（或期中人数）之比，一般用千分率表示。计算公式：

人口自然增长率=（本年出生人口数-本年死亡人口数）/年平均人口数×1000%

人口自然增长率（‰）=人口出生率-人口死亡率

性别比 反映两性人口比例的指标，指在总人口中或各年龄组人口中，男性人数与女性人数之比。通常以每100个女性人口相对应的男性人口数。计算公式：

性别比=男性人口/女性人口×100

农业、非农业人口 根据公安部门下发的“户口簿”的户口性质统计。

Explanatory Notes on Principal Statistical Indicators

Total Population refers to the total number of people alive at a certain point within a given area.

City Population refers to the number of people living in cities, i.e. urban areas in which are cities established with the approval of the State Council, including cities with administrative divisions of city and district and those without administrative divisions of city and districts.

I. Cities with administrative divisions of city and district refer to:

1. Those administrative areas in which the population density of is equal to or over 1500 persons per sq·km and the urban areas include all the administrative areas under the jurisdiction of district governments;

2. Those administrative area in which the population density is less than 1500 person per sq·km and the in urban areas include the seat of people's governments under municipal jurisdiction and other areas of community offices under district jurisdiction.

3. Those administrative areas mentioned above in which the urban construction of the seat areas of people's governments under municipal jurisdiction has extended and other administrative areas of towns and townships. Its urban area includes the total administrative area of towns or townships.

II Cities without administrative divisions of city and district.

1. The seats of people's municipal government and other areas of community offices under the municipal jurisdiction.

2. The urban construction of the seats of municipal governments has extended to some surrounding administrative areas of towns or townships .Its urban area should include the total administrative area of towns or townships.

Other areas, which are without administrative divisions of cities and districts, are classified by town and village in accordance with this regulation respectively.

Town Population refers to the number of people living within towns established with the approval of the people's governments of provinces, autonomous regions, ordinary cities and those directly under the jurisdiction of the State Council, including those where the people's governments and administrative offices at and county-level (excluding city-level) are located and others. The areas of towns specifically refer to:

1. The seats of the town governments and other areas under residents, committees under the jurisdiction of the town governments;

2. The total areas under certain villagers' committees on condition that the urban construction of the seats of the town governments has extended as far as their surrounding areas where the villagers' committees are located.

Rural Population refers to the number of people living in countryside, which is the areas outside cities and towns, including market towns and villages.

Market towns refer to the seats of the township governments and economic, cultural and living centers in rural areas developed from country fairs and confirmed by the town governments. Villages are the areas other than market towns in countryside.

Special areas what such as mining areas, development zones, tourist areas, scientific research institutes. Institutions of higher education located outside cities and towns are classified as towns (with a population of more than 300) or countryside (with a population of less than 300).

Population Density refers to the ratio of population to the area at a certain point of time within a given area, i.e., the population of unit land area at a certain point of time, which is often expressed as number of inhabitants per square kilometer:

Population density = number of population in the region/land area in the region

Birth Rate or (crude Birth Rate) refers to the ratio of the number of births to the average population during a certain period of time (usually a year) which is often expressed in ‰. The formula is as follows:

Birth Rate = Number of Births/Annual Average Number of Population × 1000‰.

Number of births refers to live births, i.e., the births when babies had showed any vital phenomena regardless of the length of pregnancy.

Annual Average Number of Population is the average of the number of population at the beginning of the year and that at the end of the year. Sometimes it is substituted for with the mid year population.

Death Rate (or Crude Death Rate) refers to the ratio of the number of deaths to the average population (or mid-period population) during a certain period of time (usually a year) which is often expressed in ‰. The formula is as follows:

Death Rate = Number of Deaths/Annual Average Number of Population × 1000‰.

Natural Growth Rate of Population refers to the ratio of natural increase in population (number of births minus number of deaths) in a certain period of time (usually a year) to the average population (or mid-period population)of the same period which is often expressed in ‰. The formulas are as follows:

Natural Growth of Population = (Number of Birth − Number of Deaths)/Average Number of Population × 1000‰.

Natural Growth Rate of Population = Birth Rate − Death Rate

Sex Ratio reflects the indicator of male population and female population, which refers to the ratio of male population to female population in total population or population by age group. It usually means relevant male population per 100 female populations. The formula is as follows:

Sex ratio = male population/female population 100%.

Agricultural and Non-agricultural Population is classified according to people's residence registration nature recorded on their permanent residence booklets issued by public security organs.

during a certain period of time (usually a year) which is often expressed in ‰. The formula is as follows:

Birth Rate = Number of Births/Annual Average Number of Population×1000‰

Number of births refers to live births, i.e., the births when babies had showed any vital phenomena regardless of the length of pregnancy.

Annual Average Number of Population is the average of the number of population at the beginning of the year and that at the end of the year. Sometimes it is substituted for with the mid-year population.

Death Rate (or Crude Death Rate) refers to the ratio of the number of deaths to the average population (or mid-period population) during a certain period of time (usually a year) which is often expressed in ‰. The formula is as follows:

Death Rate = Number of Deaths/Annual Average Number of Population×1000‰

Natural Growth Rate of Population refers to the ratio of natural increase in population (number of births minus number of deaths) in a certain period of time (usually a year) to the average population (or mid-period population) of the same period which is often expressed in ‰. The formula is as follows:

Natural Growth of Population = (Number of Births−Number of Deaths)/Average Number of Population ×1000‰

Natural Growth Rate of Population = Birth Rate−Death Rate

Sex Ratio reflects the indicator of male population and female population, which refers to the ratio of male population to female population in total population or population by age group. It usually means relevant male population per 100 female populations. The formula is as follows:

Sex ratio = male population/female population×100%

Agricultural and Non-agricultural Population is classified according to people's residence registration nature recorded on their permanent residence booklets issued by public security organs.

五、就业人员和职工工资

Employment and Wages

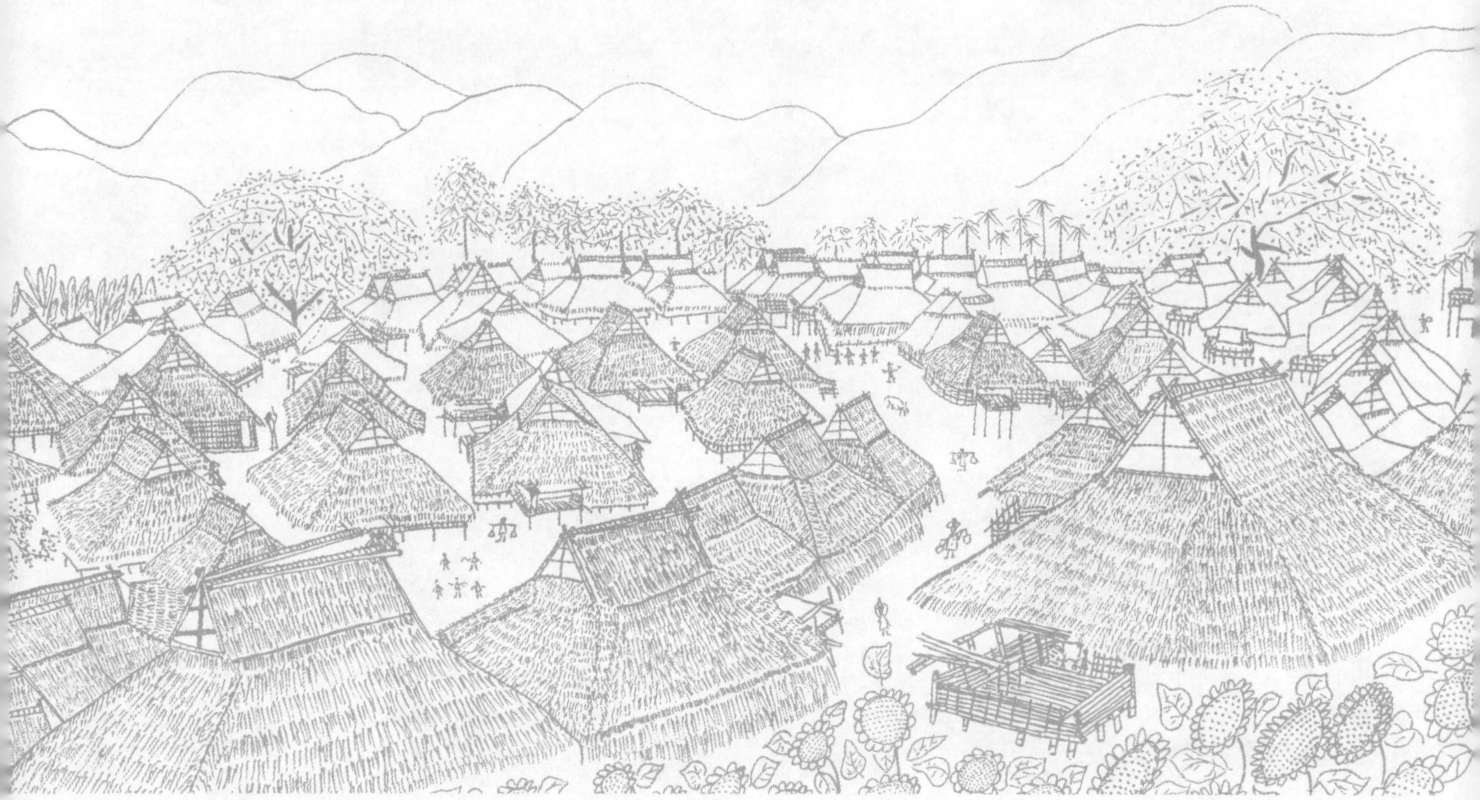

5-1 就业基本情况
Employment

项　　　目	Item	1999年	2000年	2003年	2004年	2005年
就业人员(万人)	**Total Number of Employed Persons (10 000 persons)**	**2 244.0**	**2 295.4**	**2 353.3**	**2401.4**	**2461.3**
第一产业	Primary Industry	1 720.4	1 695.9	1 709.3	1711.9	1709.2
第二产业	Secondary Industry	197.5	210.4	209.9	218.4	245.1
第三产业	Tertiary Industry	326.1	389.2	434.1	471.1	507.0
就业人员构成(合计=100)	**Composition of Employed Persons (total=100)**					
第一产业	Primary Industry	76.7	73.9	72.6	71.3	69.4
第二产业	Secondary Industry	8.8	9.2	8.9	9.1	10.0
第三产业	Tertiary Industry	14.5	17.0	18.5	19.6	20.6
按城乡分就业人员(万人)	**Number of Employed Persons by Urban and Rural Areas (10 000 persons)**					
城镇就业人员(万人)	Urban Employed Persons (10 000 persons)	361.9	346.1	350.7	371.3	410.4
#国有单位	State-owned Units	236.6	224.6	187.7	178.0	175.3
城镇集体单位	Urban Collective-owned Units	28.8	26.0	16.0	13.6	11.5
股份合作单位	Cooperative Units	3.4	3.9	3.6	3.0	2.8
联营单位	Joint Ownership Units	0.2	0.3	0.3	0.2	0.2
有限责任公司	Limited Liability Corporations	10.6	12.7	25.2	30.4	33.6
股份有限公司	Share-holding Corporations Ltd.	9.3	9.2	17.1	17.0	20.4
私营企业	Private Enterprises	21.0	22.9	30.4	47.4	76.1
港澳台商投资单位	Units with Funds from Hong Kong, Macao & Taiwan	2.0	1.7	2.0	2.1	1.6
外商投资单位	Foreign Funded Units	1.2	1.3	1.4	1.5	1.7
个体	Self-employed Individuals	48.9	43.5	67.0	78.1	87.3
乡村就业人员(万人)	Rural Employed Persons (10 000 persons)	1 881.8	1 948.9	2 002.7	2 030.0	2 050.9
#乡镇企业	Township and Village Enterprises	413.9	267.8	318.1	336.5	358.2
乡镇私营企业	Private Enterprisess	28.7	35.5	63.7	71.9	77.0
乡镇个体企业	Self-employed Individuals	308.3	160.1	209.6	223.0	236.4
城镇单位在岗职工人数(万人)	**Number of Staff and Workers in Urban Units (10 000 persons)**	**284.5**	**273.4**	**244.0**	**235.4**	**235.7**
#国有单位	State-owned Units	231.3	220.6	181.8	171.4	168.4
#企业	Enterprises	112.5	102.5	66.9	56.5	52.6
#地方企业	Local Enterprises	85.3	79.0	51.0	37.0	33.7
事业	Institutions	80.7	81.8	79.7	79.4	80.0
机关	Agencies & Organizations	38.2	36.3	35.1	35.5	35.8
城镇集体单位	Urban Collective-owned Units	26.7	23.7	14.6	12.2	10.6
其他单位	Units of Other Types of Ownership	26.5	29.1	47.6	51.7	56.7
城镇单位女性就业人员(万人)	**Number of Female Employment in Urban Units (10 000 persons)**	**107.8**	**102.8**	**93.0**	**90.1**	**89.0**
城镇登记失业人数(万人)	**Number of Registered Unemployed Persons in Urban Areas (10 000 persons)**	**6.2**	**6.8**	**12.1**	**11.9**	**13.0**
城镇登记失业率(%)	**Registered Unemployment Rate in Urban Areas (%)**	**2.5**	**2.6**	**4.1**	**4.3**	**4.3**

注：1. 乡镇企业及乡镇私营、个体企业就业人员人数由于规范统计口径，2000年及以后的数据与1999年及以前的数据不可比。

2. 2000年及以后就业人员人数，按一、二、三产业划分的就业人员人数，计算方法详见本篇末指标解释。

Note: a.The figures of township enterprises, township private units and individual enterprises recorded after 2000 can not be compared with those of 1999 due to the standardized statistics.

b.Starting from 2000, the statistical method for employed persons in primary, secondary and tertiary industries is adjusted. The detail is explained in the explanatory notes.

5-2 主要年份按城乡分的年末就业人员数

Number of Employed Persons at the Year-end by Residence in Urban and Rural Areas in Significant Years

单位：万人 (10 000 persons)

年 份 Year	就业人员 Total	城镇单位就业人员 Number of Employed Persons in Urban Units 职工人数 Number of Staff and Workers	国有单位 State-owned Economic Entities	集体单位 Collective-owned Economic Entities	其他单位 Other Types of Ownership	其他就业人员 Others	城镇个体和私营就业人员 Urban and Rural Self-employed Individuals and Private Enterprises	乡村就业人员 Rural Employed Persons
1978	1 313.39	216.04	190.66	25.38			0.24	1 097.11
1980	1 404.03	229.82	200.67	29.15			0.83	1 173.38
1985	1 672.34	263.00	222.41	40.16	0.43		11.66	1 397.68
1990	1 922.65	291.87	249.26	41.94	0.67		13.75	1 617.03
1995	2 149.00	311.50	262.86	43.28	5.36	7.23	32.30	1 797.97
1998	2 240.50	295.10	245.20	30.50	19.40	9.10	57.50	1 878.80
1999	2 244.00	284.50	231.30	26.70	26.50	7.80	69.90	1 881.80
2000	2 295.40	273.40	220.60	23.70	29.10	6.80	66.40	1 948.91
2001	2 322.53	261.61	207.31	20.03	34.27	8.07	81.83	1 971.02
2002	2 341.25	249.26	195.78	16.62	36.86	8.77	92.54	1 990.68
2003	2 353.33	244.01	181.78	14.61	47.62	9.24	97.38	2 002.70
2004	2 401.39	235.43	171.15	12.24	51.74	10.52	125.45	2 029.99
2005	2 461.32	235.71	168.39	10.65	56.67	11.32	163.35	2 050.93

5-3 各地区按城乡分的年末就业人员数（2005年）

Number of Employed Persons at the Year-end by Residence in Urban and Rural Areas and by Region (2005)

单位：万人 (10 000 persons)

地 区	Region	就业人员 Total	城镇单位就业人员 Urban Employed Persons 职工人数 Number of Staff and Workers	国有单位 State-owned Economic Entities	集体单位 Collective-owned Economic Entities	其他单位 Other Types of Ownership	其他就业人员 Others	城镇个体和私营 Urban and Rural Self-employed Individuals and Private Enterprises	乡村就业人员 Rural Employed Persons
全省合计	**Total**	**2 461.32**	**235.71**	**168.39**	**10.65**	**56.67**	**11.32**	**163.35**	**2 050.93**
昆 明	Kunming	325.42	68.09	42.98	2.09	23.03	4.02	72.05	181.25
曲 靖	Qujing	325.98	22.70	17.95	0.94	3.82	0.71	12.02	290.54
玉 溪	Yuxi	135.13	12.73	9.12	1.22	2.38	0.44	13.55	108.41
保 山	Baoshan	139.65	9.64	6.38	0.53	2.74	0.03	3.43	126.54
昭 通	Zhaotong	270.05	14.43	11.45	0.80	2.18	0.30	6.55	248.76
丽 江	Lijiang	65.80	5.21	4.12	0.29	0.79	0.30	3.18	57.11
思 茅	Simao	136.91	11.79	8.42	0.51	2.86	0.94	7.01	117.16
临 沧	Lincang	120.64	9.46	6.49	0.26	2.70	0.73	4.12	106.33
楚 雄	Chuxiong	154.29	11.24	9.26	0.43	1.55	0.57	7.10	135.38
红 河	Honghe	238.11	21.51	14.37	1.12	6.02	1.07	12.39	203.13
文 山	Wenshan	195.59	10.85	9.14	0.38	1.34	0.62	5.00	179.11
西双版纳	Xishuangbanna	47.46	9.12	7.85	0.43	0.83	0.06	3.15	35.14
大 理	Dali	195.62	16.62	11.13	1.16	4.34	0.96	7.28	170.76
德 宏	Dehong	62.09	7.51	5.78	0.40	1.32	0.24	4.00	50.35
怒 江	Nujiang	27.88	2.81	2.24	0.03	0.53	0.13	1.14	23.80
迪 庆	Diqing	20.70	2.00	1.70	0.05	0.24	0.18	1.38	17.14

注：昆明市城镇单位就业人员数据包括省统计局直属单位数据。昆明市城镇个体和私营就业人员数据包括省工商局直属单位数据。

Note: The number of employed persons in urban units in Kunming includes the data of the units directly under Statistical Bureau of Yunnan Province. The number of employed persons in urban private enterprises and self-employed individuals in Kunming includes the data of the units directly under Yunnan Provincial Administration of Industry and Commerce.

5-4 主要年份按三次产业分的年末就业人员数
Number of Employed Persons at the Year-end by Type of Industry in Significant Years

单位：万人 (10 000 persons)

年 份 Year	合 计 Total	第一产业 Primary Industry	第二产业 Secondary Industry	第三产业 Tertiary Industry	构成 Percentage (%) (total=100) 第一产业 Primary Industry	第二产业 Secondary Industry	第三产业 Tertiary Industry
1980	1 404.0	1 194.0	113.1	96.9	85.04	8.06	6.90
1985	1 672.3	1 329.2	172.0	171.1	79.48	10.29	10.23
1987	1 777.5	1 411.1	182.9	183.5	79.39	10.29	10.32
1988	1 826.9	1 454.4	183.3	189.2	79.61	10.03	10.36
1989	1 880.7	1 503.2	183.9	193.6	79.93	9.78	10.29
1990	1 922.7	1 537.8	184.8	200.1	79.98	9.61	10.41
1992	2 032.6	1 612.9	198.0	221.7	79.35	9.92	10.73
1993	2 071.5	1 630.9	203.6	237.0	78.73	9.88	11.44
1994	2 108.7	1 642.1	215.8	250.8	77.87	10.23	11.90
1995	2 149.0	1 656.1	216.6	276.3	77.06	10.08	12.86
1996	2 186.2	1 596.9	242.7	346.6	73.04	11.10	15.86
1997	2 223.5	1 653.2	236.0	334.3	74.35	10.61	15.04
1998	2 240.5	1 687.5	232.0	321.0	75.32	10.35	14.33
1999	2 244.0	1 720.4	197.5	326.1	76.67	8.80	14.53
2000	2 295.4	1 695.9	210.4	389.2	73.88	9.17	16.95
2001	2 322.5	1 710.4	207.9	404.2	73.65	8.95	17.40
2002	2 341.3	1 715.8	206.5	419.0	73.29	8.82	17.90
2003	2 353.3	1 709.3	209.9	434.1	72.63	8.92	18.45
2004	2 401.4	1 711.9	218.4	471.1	71.29	9.09	19.62
2005	2 461.3	1 709.2	245.1	507.0	69.44	9.96	20.60

注：2000年及以后就业人员人数，按一、二、三产业划分的就业人员人数计算方法有调整，详见本篇末指标解释。

Note: Starting from 2000, the statistical method for employed persons in primary, secondary and tertiary industries is adjusted. The detail is explained in the explanatory notes.

5-5 各地区按三次产业分的年末就业人员数（2005年）
Number of Employed Persons at the Year-end by Type of Industry and Region (2005)

单位：万人 (10 000 persons)

地 区	Region	合 计 Total	第一产业 Primary Industry	第二产业 Secondary Industry	第三产业 Tertiary Industry	构成 Percentage (%) (total=100) 第一产业 Primary Industry	第二产业 Secondary Industry	第三产业 Tertiary Industry
全省合计	**Total**	**2 461.32**	**1 709.24**	**245.06**	**507.02**	**69.44**	**9.96**	**20.60**
昆 明	Kunming	325.42	141.39	65.66	118.37	43.45	20.18	36.37
曲 靖	Qujing	325.98	229.17	36.00	60.81	70.30	11.04	18.65
玉 溪	Yuxi	135.13	83.62	19.90	31.60	61.88	14.73	23.39
保 山	Baoshan	139.65	106.51	11.60	21.54	76.27	8.30	15.42
昭 通	Zhaotong	270.05	202.08	18.00	49.97	74.83	6.67	18.50
丽 江	Lijiang	65.80	47.88	5.03	12.89	72.77	7.64	19.59
思 茅	Simao	136.91	107.26	8.26	21.39	78.34	6.03	15.62
临 沧	Lincang	120.64	91.84	8.16	20.64	76.13	6.77	17.11
楚 雄	Chuxiong	154.29	114.93	12.86	26.50	74.49	8.33	17.18
红 河	Honghe	238.11	177.53	20.95	39.62	74.56	8.80	16.64
文 山	Wenshan	195.59	152.11	6.07	37.41	77.77	3.11	19.12
西双版纳	Xishuangbanna	47.46	38.00	1.44	8.02	80.06	3.04	16.89
大 理	Dali	195.62	134.63	24.21	36.78	68.82	12.37	18.80
德 宏	Dehong	62.09	45.18	4.41	12.51	72.76	7.10	20.14
怒 江	Nujiang	27.88	21.82	1.48	4.59	78.25	5.30	16.44
迪 庆	Diqing	20.70	15.29	1.03	4.38	73.89	4.95	21.16

5-6 主要年份分行业年末职工人数
Number of Staff and Workers by Sector(year-end)

单位：万人 (10000 persons)

行 业	Sector	2004年	2005年
合 计	**Total**	**235.43**	**235.71**
按行业分	**By Sector**		
农、林、牧、渔业	Farming,Forestry,Animal Husbandry and Fishery	15.16	14.83
采矿业	Mining	5.30	5.78
制造业	Manufacturing	44.38	43.21
电力、燃气及水的生产和供应业	Production and Supply of Electricity, Gas and Water	6.53	6.73
建筑业	Construction	14.79	17.26
交通运输、仓储及邮政业	Transportation,Storage and Post	12.48	12.06
信息传输、计算机服务和软件业	Information Transmission, Computers Service and Software Service	2.90	2.57
批发和零售业	Wholesale and Retaile Trade	12.44	10.82
住宿和餐饮业	Hotel and Food Service	3.68	3.68
金融业	Banking	6.76	6.66
房地产业	Real Estate	1.71	1.90
租赁和商务服务业	Leasing Treade and Business Service	2.41	2.34
科学研究、技术服务和地质勘查业	Scientific Research, Technology Service and Geological Prospecting	4.99	4.98
水利、环境和公共设施管理业	Water Conservancy, Admistration of Environment and Public facilities	3.57	3.72
居民服务和其他服务业	Services of Resident and Other	0.54	0.48
教育	Education	45.11	45.73
卫生、社会保障和社会福利业	Health Care, Social Ensure and Social Welfare	12.05	12.12
文化、体育和娱乐业	Culture, Sports and Entertainment	3.56	3.27
公共管理和社会组织	Common Administration and Social Organization	37.07	37.58

5-7 各地区分行业年末城镇单位就业人员数（2005年）

Number of Employed Persons in Urban Entities at the Year-end by Sector and Region (2005)

单位：人 (person)

地 区	Region	合 计 Total	农、林、牧渔业 Farming, Forestry, Animal Husbandry and Fishery	采矿业 Mining	制造业 Manufacturing	电力、燃气及水的生产和供应业 Production and Supply of Electricity,Gas and Water
全省合计	**Total**	**2 470 332**	**162 972**	**60 467**	**445 382**	**69 861**
昆 明	Kunming	721 154	7 362	7 661	167 441	13 711
曲 靖	Qujing	234 120	5 985	11 167	55 248	10 067
玉 溪	Yuxi	131 662	3 890	5 180	27 232	3 759
保 山	Baoshan	96 783	5 057	2 411	14 815	2 432
昭 通	Zhaotong	147 379	5 029	4 198	13 573	4 235
丽 江	Lijiang	55 020	5 040	135	3 318	2 157
思 茅	Simao	127 310	15 826	1 832	27 115	4 049
临 沧	Lincang	101 916	11 599	3 015	15 271	3 001
楚 雄	Chuxiong	118 181	5 289	6 973	15 356	3 491
红 河	Honghe	225 786	19 030	7 597	57 458	8 957
文 山	Wenshan	114 760	7 903	4 121	6 301	3 999
西双版纳	Xishuangbanna	91 791	47 648	177	4 691	1 037
大 理	Dali	175 803	7 116	2 020	24 350	5 775
德 宏	Dehong	77 452	13 322	778	11 903	1 984
怒 江	Nujiang	29 420	1 524	3 202	398	517
迪 庆	Diqing	21 795	1 352		912	690

注：不含城镇私营个体就业人员。

Note: The number of employed persons in urban private units is excluded.

5-7 续表1 continued

单位：人 (person)

地 区	Region	建筑业 Construction	交通运输、仓储和邮政业 Transportation, Storage and Post	信息传输、计算机服务和软件业 Information Transmission, Computers Service and Software Service	批发和零售业 Wholesale and Retaile Trade	住宿和餐饮业 Hotel and Food Service
全省合计	**Total**	**185 090**	**131 483**	**29 449**	**113 828**	**38 580**
昆 明	Kunming	100 129	76 144	12 108	34 347	19 774
曲 靖	Qujing	8 451	5 638	1 712	10 005	1 366
玉 溪	Yuxi	1 366	3 751	762	13 327	2 104
保 山	Baoshan	5 188	2 849	922	5 061	642
昭 通	Zhaotong	11 275	5 335	2 421	7 885	1 300
丽 江	Lijiang	977	1 520	719	2 791	864
思 茅	Simao	5 227	3 796	1 271	3 334	933
临 沧	Lincang	6 948	3 208	882	2 865	1 249
楚 雄	Chuxiong	3 739	3 343	2 148	6 030	892
红 河	Honghe	6 478	8 418	1 559	7 192	2 358
文 山	Wenshan	2 452	4 727	703	6 063	865
西双版纳	Xishuangbanna	1 055	1 930	688	3 813	2 107
大 理	Dali	28 371	6 442	1 903	7 617	2 749
德 宏	Dehong	1 383	2 573	874	1 902	909
怒 江	Nujiang	833	990	413	806	131
迪 庆	Diqing	1 218	819	364	790	337

5-7 续表2 continued

单位：人 (person)

地 区	Region	金融业 Banking	房地产业 Real Estate	租赁和商务服务业 Leasing Treade and Business Service	科学研究、技术服务和地质勘查业 Scientific Research, Technology Service and Geological Prospecting	水利、环境和公共设施管理业 Water Conservancy, Admistration of Environment and Public facilities
全省合计	**Total**	**70 608**	**20 065**	**25 035**	**55 572**	**39 849**
昆 明	Kunming	19 929	9 746	12 509	30 593	8 384
曲 靖	Qujing	5 962	1 002	1 150	2 643	4 136
玉 溪	Yuxi	5 913	232	2 132	1 823	1 899
保 山	Baoshan	2 863	3 076	762	1 418	2 216
昭 通	Zhaotong	3 999	290	208	1 304	2 157
丽 江	Lijiang	2 271	307	1 001	951	1 726
思 茅	Simao	3 104	198	347	2 133	1 865
临 沧	Lincang	2 315	757	275	786	1 015
楚 雄	Chuxiong	4 690	236	544	1 867	2 189
红 河	Honghe	5 509	1 188	665	3 199	5 033
文 山	Wenshan	2 939	957	527	1 292	1 836
西双版纳	Xishuangbanna	1 791	461	853	1 732	1 626
大 理	Dali	5 325	1 435	2 436	2 480	3 655
德 宏	Dehong	2 416	132	1 542	2 186	921
怒 江	Nujiang	755	22	8	322	430
迪 庆	Diqing	827	26	76	843	761

5-7 续表3 continued

单位：人 (person)

地 区	Region	居民服务和其他服务业 Services of Resident and Other	教育 Education	卫生、社会保障和社会福利业 Health Care, Social Ensure and Social Welfare	文化、体育和娱乐业 Culture, Sports and Entertainment	公共管理和社会组织 Common Administration and Social Organization
全省合计	**Total**	**5 146**	**469 688**	**125 502**	**34 239**	**387 516**
昆 明	Kunming	3 098	74 851	29 043	12 840	81 484
曲 靖	Qujing	377	62 050	11 670	1 870	33 621
玉 溪	Yuxi	79	25 295	8 392	1 324	23 202
保 山	Baoshan	79	24 025	5 279	906	16 782
昭 通	Zhaotong	303	41 959	7 298	4 777	29 833
丽 江	Lijiang	73	13 824	3 688	601	13 057
思 茅	Simao	28	26 572	7 441	1 215	21 024
临 沧	Lincang	126	23 643	4 681	905	19 375
楚 雄	Chuxiong	46	27 084	7 764	1 154	25 346
红 河	Honghe	224	44 098	12 219	2 477	32 127
文 山	Wenshan	85	38 057	7 219	1 624	23 090
西双版纳	Xishuangbanna	380	9 163	3 290	704	8 645
大 理	Dali	199	34 481	10 407	2 062	26 980
德 宏	Dehong	43	12 877	3 927	939	16 841
怒 江	Nujiang		7 040	2 206	531	9 292
迪 庆	Diqing	6	4 669	978	310	6 817

5-8 各地区城镇单位分行业年末职工人数（2005年）

Number of Staff and Workers in Urban Entities at the Year-end by Sector and Region (2005)

单位：人 (person)

地 区	Region	合 计 Total	农、林、牧渔 业 Farming,Forestry, Animal Husbandry and Fishery	采 矿 业 Mining	制 造 业 Manufacturing	电力、燃气及水的生产和供应业 Production and Supply of Electricity,Gas and Water
全省合计	**Total**	**2 357 097**	**148 318**	**57 812**	**432 139**	**67 284**
昆 明	Kunming	680 965	7 124	7 652	161 357	13 564
曲 靖	Qujing	227 026	5 576	11 140	54 349	9 889
玉 溪	Yuxi	127 258	3 846	5 109	26 020	3 741
保 山	Baoshan	96 449	5 056	2 408	14 753	2 427
昭 通	Zhaotong	144 330	4 982	4 188	13 497	4 091
丽 江	Lijiang	52 067	4 818	135	3 123	2 118
思 茅	Simao	117 930	10 569	1 604	26 568	3 839
临 沧	Lincang	94 603	8 903	2 772	14 294	2 830
楚 雄	Chuxiong	112 439	4 664	5 904	14 591	3 329
红 河	Honghe	215 087	15 496	7 528	56 570	8 142
文 山	Wenshan	108 529	7 167	3 551	5 682	3 659
西双版纳	Xishuangbanna	91 150	47 532	176	4 680	1 037
大 理	Dali	166 180	6 591	1 666	23 778	5 478
德 宏	Dehong	75 053	13 250	777	11 698	1 964
怒 江	Nujiang	28 079	1 524	3 202	396	512
迪 庆	Diqing	19 952	1 220		783	664

5-8 续表1 continued

单位：人 (person)

地 区	Region	建 筑 业 Construction	交通运输、仓储和邮政业 Transportation,Storage and Post	信息传输、计算机服务和软件业 Information Transmission, Computers Service and Software Service	批发和零售业 Wholesale and Retaile Trade	住宿和餐饮业 Hotel and Food Service
全省合计	**Total**	**172 639**	**120 580**	**25 749**	**108 162**	**36 753**
昆 明	Kunming	93 403	67 488	9 555	32 422	18 853
曲 靖	Qujing	6 652	5 525	1 692	9 171	1 237
玉 溪	Yuxi	1 269	3 478	761	13 189	1 980
保 山	Baoshan	5 180	2 835	921	5 033	641
昭 通	Zhaotong	11 020	5 280	2 383	7 810	1 299
丽 江	Lijiang	975	1 078	535	2 617	715
思 茅	Simao	5 163	3 669	1 271	3 258	920
临 沧	Lincang	6 649	3 117	851	2 750	1 243
楚 雄	Chuxiong	3 569	3 105	2 114	5 308	823
红 河	Honghe	6 190	7 999	1 517	7 002	2 349
文 山	Wenshan	1 537	4 608	422	5 789	822
西双版纳	Xishuangbanna	1 051	1 843	687	3 784	2 103
大 理	Dali	26 725	6 228	1 501	6 667	2 422
德 宏	Dehong	1 378	2 572	874	1 866	892
怒 江	Nujiang	833	958	413	783	131
迪 庆	Diqing	1 045	797	252	713	323

5-8 续表2 continued

单位：人 (person)

地 区	Region	金融业 Banking	房地产业 Real Estate	租赁和商务服务业 Leasing Treade and Business Service	科学研究、技术服务和地质勘查业 Scientific Research, Technology Service and Geological Prospecting	水利、环境和公共设施管理业 Water Conservancy, Admistration of Environment and Public facilities
全省合计	**Total**	**66 584**	**18 982**	**23 394**	**49 767**	**37 186**
昆 明	Kunming	19 691	9 065	11 211	25 766	8 005
曲 靖	Qujing	5 627	961	1 134	2 597	4 113
玉 溪	Yuxi	5 241	227	2 125	1 761	1 695
保 山	Baoshan	2 805	3 072	755	1 403	2 212
昭 通	Zhaotong	3 879	287	195	1 303	2 157
丽 江	Lijiang	2 153	296	941	909	1 227
思 茅	Simao	2 918	197	322	1 936	1 824
临 沧	Lincang	2 231	616	261	781	890
楚 雄	Chuxiong	4 201	226	538	1 825	2 090
红 河	Honghe	4 745	1 082	632	3 113	4 975
文 山	Wenshan	2 779	941	509	1 291	1 406
西双版纳	Xishuangbanna	1 790	450	836	1 703	1 506
大 理	Dali	5 103	1 389	2 339	2 273	3 191
德 宏	Dehong	1 874	125	1 512	2 146	907
怒 江	Nujiang	739	22	8	322	430
迪 庆	Diqing	808	26	76	638	558

5-8 续表3 continued

单位：人 (person)

地 区	Region	居民服务和其他服务业 Services of Resident and Other	教育 Education	卫生、社会保障和社会福利业 Health Care, Social Ensure and Social Welfare	文化、体育和娱乐业 Culture, Sports and Entertainment	公共管理和社会组织 Common Administration and Social Organization
全省合计	**Total**	**4 752**	**457 318**	**121 169**	**32 672**	**375 837**
昆 明	Kunming	2 809	73 994	28 625	12 211	78 170
曲 靖	Qujing	375	60 658	11 658	1 835	32 837
玉 溪	Yuxi	77	24 645	8 196	1 308	22 590
保 山	Baoshan	79	24 023	5 250	905	16 691
昭 通	Zhaotong	232	40 431	7 035	4 774	29 487
丽 江	Lijiang	72	13 336	3 614	598	12 807
思 茅	Simao	28	25 178	6 731	1 215	20 720
临 沧	Lincang	119	22 569	4 511	897	18 319
楚 雄	Chuxiong	41	26 684	7 539	1 146	24 742
红 河	Honghe	217	42 236	11 497	2 360	31 437
文 山	Wenshan	84	37 548	6 783	1 500	22 451
西双版纳	Xishuangbanna	375	9 149	3 255	694	8 499
大 理	Dali	195	33 043	9 824	1 510	26 257
德 宏	Dehong	43	12 864	3 807	917	15 587
怒 江	Nujiang		6 608	1 961	509	8 728
迪 庆	Diqing	6	4 352	883	293	6 515

5-9 各地区国有单位分行业年末职工人数（2005年）

Number of Staff and Workers in State-owned Entities at the Year-end by Sector and Region (2005)

单位：人 (person)

地区	Region	合计 Total	农、林、牧渔业 Farming,Forestry,Animal Husbandryand Fishery	采矿业 Mining	制造业 Manufacturing	电力、燃气及水的生产和供应业 Production and Supply of Electricity, Gas and Water
全省合计	**Total**	**1 683 893**	**143 543**	**31 463**	**119 723**	**35 960**
昆明	Kunming	429 809	6 410	5 575	52 219	5 982
曲靖	Qujing	179 485	5 576	9 178	24 783	6 536
玉溪	Yuxi	91 229	3 846	3 282	6 535	2 870
保山	Baoshan	63 804	5 051		1 684	168
昭通	Zhaotong	114 546	4 957	796	5 562	3 089
丽江	Lijiang	41 221	4 430			208
思茅	Simao	84 199	8 908	1 423	4 461	2 290
临沧	Lincang	64 925	8 607	7	183	1 556
楚雄	Chuxiong	92 560	4 623	4 563	4 865	2 227
红河	Honghe	143 692	14 666	5 198	9 229	5 432
文山	Wenshan	91 361	7 132	1 308	1 469	743
西双版纳	Xishuangbanna	78 514	46 984	82	976	1 016
大理	Dali	111 276	6 375	2	4 961	3 069
德宏	Dehong	57 835	13 246	49	1 785	129
怒江	Nujiang	22 448	1 524		113	58
迪庆	Diqing	16 989	1 208		177	587

5-9 续表1 continued

单位：人 (person)

地区	Region	建筑业 Construction	交通运输、仓储和邮政业 Transportation,Storage and Post	信息传输、计算机服务和软件业 Information Transmission, Computers Service and Software Service	批发和零售业 Wholesale and Retaile Trade	住宿和餐饮业 Hotel and Food Service
全省合计	**Total**	**64 511**	**98 928**	**17 380**	**43 287**	**13 358**
昆明	Kunming	43 277	58 932	4 297	8 710	6 578
曲靖	Qujing	3 975	5 152	1 375	5 061	506
玉溪	Yuxi	737	3 478	428	4 553	1 143
保山	Baoshan	32	1 623	693	2 534	66
昭通	Zhaotong	739	4 700	2 238	4 773	682
丽江	Lijiang	164	999	472	1 179	228
思茅	Simao	1 640	2 591	1 196	1 554	430
临沧	Lincang	404	2 965	820	1 139	94
楚雄	Chuxiong	1 981	2 644	1 846	2 827	409
红河	Honghe	426	4 063	977	3 196	990
文山	Wenshan	201	3 185	387	3 656	264
西双版纳	Xishuangbanna	418	1 393	678	468	469
大理	Dali	10 256	3 160	589	2 227	1 207
德宏	Dehong	32	2 509	728	822	282
怒江	Nujiang		935	413	257	
临沧	Lincang	229	599	243	331	10

5-9 续表2 continued

单位：人 (person)

地 区	Region	金融业 Banking	房地产业 Real Estate	租赁和商务服务业 Leasing Treade and Business Service	科学研究、技术服务和地质勘查业 Scientific Research, Technology Service and Geological Prospecting	水利、环境和公共设施管理业 Water Conservancy, Admistration of Environment and Public facilities
全省合计	**Total**	**42 037**	**3 893**	**10 874**	**43 759**	**33 221**
昆 明	Kunming	12 875	1 345	5 288	20 512	7 374
曲 靖	Qujing	3 239	500	981	2 512	3 328
玉 溪	Yuxi	3 672	194	407	1 756	1 691
保 山	Baoshan	1 716	158	484	1 170	1 672
昭 通	Zhaotong	2 314	19	126	1 292	1 753
丽 江	Lijiang	1 529	37	55	875	1 068
思 茅	Simao	1 833	170	151	1 932	1 762
临 沧	Lincang	1 323	92	60	704	832
楚 雄	Chuxiong	2 645	163	471	1 794	1 554
红 河	Honghe	3 071	606	293	3 074	4 964
文 山	Wenshan	1 626	217	239	1 285	1 397
西双版纳	Xishuangbanna	1 113	198	257	1 703	1 117
大 理	Dali	2 685	167	1 075	2 099	3 084
德 宏	Dehong	1 187	18	954	2 107	892
怒 江	Nujiang	577	9	4	322	430
迪 庆	Diqing	632		29	622	303

5-9 续表3 continued

单位：人 (person)

地 区	Region	居民服务和其他服务业 Services of Resident and Other	教育 Education	卫生、社会保障和社会福利业 Health Care, Social Ensure and Social Welfare	文化、体育和娱乐业 Culture, Sports and Entertainment	公共管理和社会组织 Common Administration and Social Organization
全省合计	**Total**	**1 528**	**455 353**	**120 318**	**29 855**	**374 902**
昆 明	Kunming	675	72 735	28 551	9 765	77 988
曲 靖	Qujing	59	60 545	11 608	1 835	32 736
玉 溪	Yuxi	67	24 564	8 191	1 287	22 528
保 山	Baoshan	44	24 014	5 159	889	16 647
昭 通	Zhaotong	122	40 431	6 896	4 766	29 291
丽 江	Lijiang	53	13 053	3 539	547	12 785
思 茅	Simao	28	25 172	6 731	1 215	20 712
临 沧	Lincang	52	22 550	4 372	885	18 280
楚 雄	Chuxiong	41	26 666	7 469	1 087	24 685
红 河	Honghe	169	42 236	11 386	2 360	31 356
文 山	Wenshan	84	37 526	6 768	1 500	22 374
西双版纳	Xishuangbanna	68	9 126	3 255	694	8 499
大 理	Dali	39	32 975	9 769	1 306	26 231
德 宏	Dehong	21	12 800	3 780	917	15 577
怒 江	Nujiang		6 608	1 961	509	8 728
迪 庆	Diqing	6	4 352	883	293	6 485

5-10 各地区城镇集体单位分行业年末职工人数（2005年）

Number of Staff and Workers in Urban Collective-owned Entities at the Year-end by Sector and Region (2005)

单位：人 (person)

地　区	Region	合　计 Total	农、林、牧渔业 Farming,Forestry,Animal Husbandry and Fishery	采矿业 Mining	制造业 Manufacturing	电力、燃气及水的生产和供应业 Production and Supply of Electricity, Gas and Water
全省合计	**Total**	**106 487**	**842**	**1 513**	**25 218**	**1 116**
昆　明	Kunming	20 902	42	160	8 901	210
曲　靖	Qujing	9 386			1 734	514
玉　溪	Yuxi	12 219		24	1 746	51
保　山	Baoshan	5 268		74	1 456	
昭　通	Zhaotong	7 997			1 376	111
丽　江	Lijiang	2 927			870	
思　茅	Simao	5 142	243		706	
临　沧	Lincang	2 646	27		224	50
楚　雄	Chuxiong	4 336	41	300	588	86
红　河	Honghe	11 192	83	639	4 349	
文　山	Wenshan	3 757		110	341	39
西双版纳	Xishuangbanna	4 320	248	68	557	2
大　理	Dali	11 553	158		980	28
德　宏	Dehong	4 032		59	1 356	25
怒　江	Nujiang	290		79	34	
迪　庆	Diqing	520				

5-10　续表1　continued

单位：人 (person)

地　区	Region	建筑业 Construction	交通运输、仓储和邮政业 Transportation, Storage and Post	信息传输、计算机服务和软件业 Information Transmission, Computers Service and Software Service	批发和零售业 Wholesale and Retaile Trade	住宿和餐饮业 Hotel and Food Service
全省合计	**Total**	**24 403**	**1 858**	**304**	**20 882**	**3 330**
昆　明	Kunming	1 872	959	105	2 639	1 378
曲　靖	Qujing	1 702	266	135	1 354	196
玉　溪	Yuxi	296			6 762	99
保　山	Baoshan	1 073	2	64	1 212	56
昭　通	Zhaotong	3 363	366		926	98
丽　江	Lijiang	565	36		670	93
思　茅	Simao	1 872			927	94
临　沧	Lincang	1 003			497	10
楚　雄	Chuxiong	674			480	
红　河	Honghe	2 385	183		1 227	193
文　山	Wenshan	745			1 291	45
西双版纳	Xishuangbanna	306	12		1 383	666
大　理	Dali	7 449	29		940	305
德　宏	Dehong	1 093	5		207	97
怒　江	Nujiang	5			82	
迪　庆	Diqing				285	

5-10 续表2 continued

单位：人 (person)

地 区	Region	金融业 Banking	房地产业 Real Estate	租赁和商务服务业 Leasing Treade and Business Service	科学研究、技术服务和地质勘查业 Scientific Research, Technology Service and Geological Prospecting	水利、环境和公共设施管理业 Water Conservancy, Admistration of Environment and Public facilities
全省合计	**Total**	**16 825**	**319**	**4 673**	**339**	**1 845**
昆　明	Kunming	2049	49	1334	243	26
曲　靖	Qujing	2079		143		785
玉　溪	Yuxi	1366		1713		4
保　山	Baoshan	957	19	184		2
昭　通	Zhaotong	1557				
丽　江	Lijiang	560		14		
思　茅	Simao	1068	23	133		62
临　沧	Lincang	714	2	21	37	
楚　雄	Chuxiong	1379		34	25	536
红　河	Honghe	1540	111	282		11
文　山	Wenshan	1038		64		
西双版纳	Xishuangbanna	235	63	193		389
大　理	Dali	1403	52	29	18	30
德　宏	Dehong	618		482		
怒　江	Nujiang	90				
迪　庆	Diqing	172		47	16	

5-10 续表3 continued

单位：人 (person)

地 区	Region	居民服务和其他服务业 Services of Resident and Other	教育 Education	卫生、社会保障和社会福利业 Health Care, Social Ensure and Social Welfare	文化、体育和娱乐业 Culture, Sports and Entertainment	公共管理和社会组织 Common Administration and Social Organization
全省合计	**Total**	**1 019**	**263**	**525**	**432**	**781**
昆　明	Kunming	396	21	34	373	111
曲　靖	Qujing	316	11	50		101
玉　溪	Yuxi	10	81	5		62
保　山	Baoshan	25	9	91		44
昭　通	Zhaotong	4				196
丽　江	Lijiang		24	75		20
思　茅	Simao		6			8
临　沧	Lincang		4	18		39
楚　雄	Chuxiong		7	70	59	57
红　河	Honghe	21		108		60
文　山	Wenshan		22	15		47
西双版纳	Xishuangbanna	175	23			
大　理	Dali	72	2	32		26
德　宏	Dehong		53	27		10
怒　江	Nujiang					
迪　庆	Diqing					

5-11 各地区其他单位分行业年末职工人数（2005年）

Number of Staff and Workers in Entities of Other Types of Ownership at the Year-end by Sector and Region (2005)

单位：人　　　　(person)

地　区	Region	合　计 Total	农、林、牧、渔　业 Farming,Forestry, Animal Husbandry and Fishery	采 矿 业 Mining	制 造 业 Manufacturing	电力、燃气及水的生产和 供 应 业 Production and Supply of Electricity,Gas and Water
全省合计	**Total**	**566 717**	**3 933**	**24 836**	**287 198**	**30 208**
昆　明	Kunming	230 254	672	1 917	99 516	7 372
曲　靖	Qujing	38 155		1 962	27 832	2 839
玉　溪	Yuxi	23 810		1 803	17 739	820
保　山	Baoshan	27 377	5	2 334	11 613	2 259
昭　通	Zhaotong	21 787	25	3 392	6 559	891
丽　江	Lijiang	7 919	388	135	2 253	1 910
思　茅	Simao	28 589	1 418	181	21 401	1 549
临　沧	Lincang	27 032	269	2 765	13 887	1 224
楚　雄	Chuxiong	15 543		1 041	9 138	1 016
红　河	Honghe	60 203	747	1 691	42 992	2 710
文　山	Wenshan	13 411	35	2 133	3 872	2 877
西双版纳	Xishuangbanna	8 316	300	26	3 147	19
大　理	Dali	43 351	58	1 664	17 837	2 381
德　宏	Dehong	13 186	4	669	8 557	1 810
怒　江	Nujiang	5 341		3 123	249	454
迪　庆	Diqing	2 443	12		606	77

5-11　续表1　continued

单位：人　　　　(person)

地　区	Region	建 筑 业 Construction	交通运输、仓储和邮政业 Transportation,Storage and Post	信息传输、计算机服务和软件业 Information Transmission, Computers Service and Software Service	批发和零售业 Wholesale and Retaile Trade	住宿和餐饮业 Hotel and Food Service
全省合计	**Total**	**83 725**	**19 794**	**8 065**	**43 993**	**20 065**
昆　明	Kunming	48 254	7 597	5 153	21 073	10 897
曲　靖	Qujing	975	107	182	2 756	535
玉　溪	Yuxi	236		333	1 874	738
保　山	Baoshan	4 075	1 210	164	1 287	519
昭　通	Zhaotong	6 918	214	145	2 111	519
丽　江	Lijiang	246	43	63	768	394
思　茅	Simao	1 651	1 078	75	777	396
临　沧	Lincang	5 242	152	31	1 114	1 139
楚　雄	Chuxiong	914	461	268	2 001	414
红　河	Honghe	3 379	3 753	540	2 579	1 166
文　山	Wenshan	591	1 423	35	842	513
西双版纳	Xishuangbanna	327	438	9	1 933	968
大　理	Dali	9 020	3 039	912	3 500	910
德　宏	Dehong	253	58	146	837	513
怒　江	Nujiang	828	23		444	131
迪　庆	Diqing	816	198	9	97	313

5-11 续表2 continued

单位：人 (person)

地 区	Region	金融业 Banking	房地产业 Real Estate	租赁和商务服务业 Leasing Treade and Business Service	科学研究、技术服务和地质勘查业 Scientific Research, Technology Service and Geological Prospecting	水利、环境和公共设施管理业 Water Conservancy, Admistration of Environment and Public facilities
全省合计	**Total**	**7 722**	**14 770**	**7 847**	**5 669**	**2 120**
昆 明	Kunming	4 767	7 671	4 589	5 011	605
曲 靖	Qujing	309	461	10	85	
玉 溪	Yuxi	203	33	5	5	
保 山	Baoshan	132	2 895	87	233	538
昭 通	Zhaotong	8	268	69	11	404
丽 江	Lijiang	64	259	872	34	159
思 茅	Simao	17	4	38	4	
临 沧	Lincang	194	522	180	40	58
楚 雄	Chuxiong	177	63	33	6	
红 河	Honghe	134	365	57	39	
文 山	Wenshan	115	724	206	6	9
西双版纳	Xishuangbanna	442	189	386		
大 理	Dali	1 015	1 170	1 235	156	77
德 宏	Dehong	69	107	76	39	15
怒 江	Nujiang	72	13	4		
迪 庆	Diqing	4	26			255

5-11 续表3 continued

单位：人 (person)

地 区	Region	居民服务和其他服务业 Services of Resident and Other	教育 Education	卫生、社会保障和社会福利业 Health Care, Social Ensure and Social Welfare	文化、体育和娱乐业 Culture, Sports and Entertainment	公共管理和社会组织 Common Administration and Social Organization
全省合计	**Total**	**2 205**	**1 702**	**326**	**2 385**	**154**
昆 明	Kunming	1 738	1 238	40	2 073	71
曲 靖	Qujing		102			
玉 溪	Yuxi				21	
保 山	Baoshan	10			16	
昭 通	Zhaotong	106		139	8	
丽 江	Lijiang	19	259		51	2
思 茅	Simao					
临 沧	Lincang	67	15	121	12	
楚 雄	Chuxiong		11			
红 河	Honghe	27		3		21
文 山	Wenshan					30
西双版纳	Xishuangbanna	132				
大 理	Dali	84	66	23	204	
德 宏	Dehong	22	11			
怒 江	Nujiang					
迪 庆	Diqing					30

5-12 各地区城镇单位分登记注册类型年末就业人员数（2005年）

Number of Employed Persons in Urban Entities at the Year-end by Status of Registration and Region (2005)

单位：人 (person)

地区	Region	就业人员合计 Number of Employed Persons in Urban Entities	国有单位 State-owned Entities	城镇集体单位 Urban Collective-owned Entities	其他单位 Others
全省合计	**Total**	**2 470 332**	**1 752 693**	**115 146**	**602 493**
昆明	Kunming	721 154	445 442	25 464	250 248
曲靖	Qujing	234 120	183 464	11 389	39 267
玉溪	Yuxi	131 662	93 859	12 324	25 479
保山	Baoshan	96 783	63 997	5 281	27 505
昭通	Zhaotong	147 379	117 177	8 046	22 156
丽江	Lijiang	55 020	43 176	3 248	8 596
思茅	Simao	127 310	93 054	5 217	29 039
临沧	Lincang	101 916	70 313	2 967	28 636
楚雄	Chuxiong	118 181	96 910	4 545	16 726
红河	Honghe	225 786	151 831	11 503	62 452
文山	Wenshan	114 760	96 107	3 791	14 862
西双版纳	Xishuangbanna	91 791	79 081	4 332	8 378
大理	Dali	175 803	116 583	11 990	47 230
德宏	Dehong	77 452	59 515	4 140	13 797
怒江	Nujiang	29 420	23 760	300	5 360
迪庆	Diqing	21 795	18 424	609	2 762

5-13 各地区城镇单位分企事业机关年末就业人员数（2005年）

Number of Employed Persons in Urban Entities at the Year-end by Enterprise, Public Institution and, Government Agency and by Region (2005)

单位：人 (person)

地区	Region	就业人员合计 Number of Employed Persons in Urban Entities	企业 Enterprise	事业 Institution	机关 Agencies and Organization
全省合计	**Total**	**2 470 332**	**1 270 867**	**829 410**	**370 055**
昆明	Kunming	721 154	480 896	162 906	77 352
曲靖	Qujing	234 120	109 318	92 025	32 777
玉溪	Yuxi	131 662	63 701	47 288	20 673
保山	Baoshan	96 783	41 986	39 548	15 249
昭通	Zhaotong	147 379	53 393	64 411	29 575
丽江	Lijiang	55 020	18 300	24 586	12 134
思茅	Simao	127 310	58 857	48 236	20 217
临沧	Lincang	101 916	47 271	35 669	18 976
楚雄	Chuxiong	118 181	46 036	47 828	24 317
红河	Honghe	225 786	112 604	81 159	32 023
文山	Wenshan	114 760	35 157	57 700	21 903
西双版纳	Xishuangbanna	91 791	61 894	20 551	9 346
大理	Dali	175 803	89 967	60 564	25 272
德宏	Dehong	77 452	37 719	24 282	15 451
怒江	Nujiang	29 420	7 447	12 863	9 110
迪庆	Diqing	21 795	6 321	9 794	5 680

注：5-12、5-13不含城镇私营个体就业人员。

Note: The number of employed persons in urban private Entities is excluded.

5-14 城镇单位分登记注册类型和细行业全部就业人员人数（2005年）

Number of Employed in Urban Entities by Status of Registration and Sector in Detail (2005)

单位：人 (person)

行业	Sector	就业人员合计 Number of Employed Persons in Urban Entities	国有单位 State-owned Economy	城镇集体单位 Urban Collective-owned Entities	其他单位 Entities of Other Types of Ownership
全省合计	**Total**	**2 470 332**	**1 752 693**	**115 146**	**602 493**
按企业、事业、机关分组	Grouped by Enterprises Institutions and Agencies and Organization	2 470 332	1 752 693	115 146	602 493
企业	Enterprises	1 270 867	558 178	110 974	601 715
事业	Institutions	829 410	825 520	3 112	778
机关	Agencies & Organizations	370 055	368 995	1 060	
按国民经济行业分组	**Grouped by Industry Sector**				
农、林、牧、渔业	**Farming,Forestry,Animal Husbandry and Fishery**	**162 972**	**157 805**	**894**	**4 273**
农业	Farming	43 604	42 230	345	1 029
林业	Forestry	66 120	63 245	245	2 630
畜牧业	Animal Husbandry	1 363	799	121	443
渔业	Fishery	98	98		
农、林、牧、渔服务业	Farming,Forestry,Animal Husbandry and Fishery Services	51 787	51 433	183	171
采矿业	**Mining**	**60 467**	**32 895**	**1 548**	**26 024**
煤炭开采和洗选业	Coal Mining and Dressing	27 802	18 431	292	9 079
石油和天然气开采业	Petroleum and Natural Gas Extraction	172			172
黑色金属矿采选业	Ferrous Metals Mining and Dressing	4 292	2 278	10	2 004
有色金属矿采选业	Nonferrous Metals Mining and Dressing	22 057	7 139	1 083	13 835
非金属矿采选业	Nonmetal Minerals Mining and Dressing	6 092	5 047	163	882
其他采矿业	Other Minerals Mining	52			52
制造业	**Manufacturing**	**445 382**	**121 322**	**25 923**	**298 137**
农副食品加工业	Agricultural Non-staple Food Processing	31 124	4 257	969	25 898
食品制造业	Food Manufacturing	8 908	1 888	703	6 317
饮料制造业	Beverage Manufacturing	26 639	637	347	25 655
烟草制品业	Tobacco Production	29 225	27 210		2 015
纺织业	Textile Industry	13 317	1 954	998	10 365
纺织服装、鞋、帽制造业	Textile,Clothing, Footwear Production	3 159	483	1 633	1 043
皮革、毛皮、羽毛（绒）及其制品业	Leather, Furs, Down and Related Products	1 327	46	225	1 056
木材加工及木、竹、藤、棕、草制品业	Timber Processing, Bamboo, Cane, Palm Fiber and Straw Products	9 972	3 044	770	6 158

注：不含城镇私营个体就业人员。

Note: The number of employed persons in urban private units is not excluded.

5-14 续表1 continued

单位：人 (person)

行业	Sector	就业人员合计 Number of Employed Persons in Urban Entities	国有单位 State-owned Economy	城镇集体单位 Urban Collective-owned Entities	其他单位 Entities of Other Types of Ownership
家具制造业	Furniture Manufacturing	1 121		255	866
造纸及纸制品业	Papermaking and Paper Products	6 322	1 471	960	3 891
印刷业和记录媒介的复制	Printing and Record Medium Reproduction	12 298	2 329	1 119	8 850
文教体育用品制造业	Cultural, Educational and Sports Goods	151	15	129	7
石油加工、炼焦及核燃料加工业	Petroleum Processing,Coking and Nuclear fuel Processing	1 860	153	12	1 695
化学原料及化学制品制造业	Raw Chemical Materials and Chemical Products	58 370	22 796	1 709	33 865
医药制造业	Medical and Pharmaceutical Products	10 741	1 071	695	8 975
化学纤维制造业	Chemical Fiber Manufacturing	351		2	349
橡胶制品业	Rubber Products	2 116	1 294	241	581
塑料制品业	Plastic Products	4 936	430	1 541	2 965
非金属矿物制品业	Nonmetal Mineral Products	37 176	4 836	4 335	28 005
黑色金属冶炼及压延加工业	Smelting and Pressing of Ferrous Metals	34 590	20 657	1 595	12 338
有色金属冶炼及压延加工业	Smelting and Pressing of Nonferrous Metals	64 419	4 378	443	59 598
金属制品业	Metal Products	6 033	1 392	1 336	3 305
通用设备制造业	General-purpose Machinery Manufacturing	18 250	3 613	2 230	12 407
专用设备制造业	Special Purposes Equipment	24 342	7 827	340	16 175
交通运输设备制造业	Transport Equipment	17 487	7 765	518	9 204
电气机械及器材制造业	Electric Equipment and Machinery	10 616	1 121	1 279	8 216
通信设备、计算机及其他电子设备制造业	Communication Equipment, Computers and other Electronic Equipment Production	1 731	603	8	1 120
仪器仪表及文化、办公用机械制造业	Instruments, Meters, Cultural and Clerical Machinery	6 180	52	49	6 079
工艺品及其他制造业	Handicraft Articles and Other Goods Production	2 349		1 458	891
废弃资源和废旧材料回收加工业	Discarded Resources and Waste Materials Recovery and Processing	272		24	248
电力、燃气及水的生产和供应业	**Production and Supply of Electric Power,Gas and Water**	**69 861**	**36 973**	**1 122**	**31 766**
电力、热力的生产和供应业	Production and Supply of Electric Power and Heat	59 134	28 382	944	29 808
燃气生产和供应业	Gas Production and Supply	2 675	1 902	22	751
水的生产和供应业	Water Production and Supply	8 052	6 689	156	1 207
建筑业	**Construction**	**185 090**	**66 129**	**26 622**	**92 339**
房屋和土木工程建筑业	House Building and civil Engineering	158 662	62 574	23 556	72 532
建筑安装业	Construction Installation	18 006	3 361	2 971	11 674
建筑装饰业	Building Fiting up and Decoration	3 526	71	87	3 368
其他建筑业	Other Construction	4 896	123	8	4 765
交通运输、仓储和邮政业	**Transport, Storage and Post**	**131 483**	**108 445**	**2 115**	**20 923**
铁路运输业	Railway transport	46 445	45 768	35	642
道路运输业	Highway Transport	47 933	35 269	935	11 729
城市公共交通业	Urban Public Transit	11 664	6 008	502	5 154

5-14 续表2 continued

单位：人 (person)

行 业	Sector	就业人员合计 Number of Employed Persons in Urban Entities	国有单位 State-owned Economy	城镇集体单位 Urban Collective-owned Entities	其他单位 Entities of Other Types of Ownership
水上运输业	Water Way Transport	344	162		182
航空运输业	Air Transport	5 969	5 854	12	103
管道运输业	Pipeline Transport	3	3		
装卸搬运和其他运输服务业	Lording, Unlording, Carrying and Other Transport Services	3 988	1 541	394	2 053
仓储业	Storage	2 827	2 075	52	700
邮政业	Postal	12 310	11 765	185	360
信息传输、计算机服务和软件业	**Information Transmission Computer Service and Software Service**	**29 449**	**18 557**	**319**	**10 573**
电信和其他信息传输服务业	Telecommunication And Other Information Transmission Service	26 156	17 636	47	8 473
计算机服务业	Computer Service	1 705	712	262	731
软件业	Software Service	1 588	209	10	1 369
批发和零售业	**Wholesale and Retail Trade**	**113 828**	**45 374**	**21 800**	**46 654**
批发业	Wholesale	59 426	35 342	4 030	20 054
零售业	Retail Trade	54 402	10 032	17 770	26 600
住宿和餐饮业	**Hotel and Food Service**	**38 580**	**13 941**	**3 784**	**20 855**
住宿业	Hotel	33 498	13 211	3 296	16 991
餐饮业	Food Service	5 082	730	488	3 864
金融业	**Finance and Insurance**	**70 608**	**44 367**	**16 980**	**9 261**
银行业	Banking	59 432	38 576	16 793	4 063
证券业	Securities Industry	484	131		353
保险业	Insurance	10 355	5 586		4 769
其他金融活动	Other Financial Trade	337	74	187	76
房地产业	**Real Estate Trade**	**20 065**	**4 066**	**345**	**15 654**
房地产开发经营	Development and Operation of Real Estate Trade	11 048	1 916	216	8 916
物业管理	Substance Management	6 878	939	20	5 919
房地产中介服务	Real Estate Agency Service	518	257	1	260
租赁和商务服务业	**Leasing Treade and Business Service**	**25 035**	**11 265**	**4 737**	**9 033**
租赁业	Leasing Treade	435	219	6	210
商务服务业	Commercial Serive	24 600	11 046	4 731	8 823
科学研究、技术服务和地质勘查业	**Scientific Research, Technology Service and Geological Prospecting**	**55 572**	**45 068**	**3 809**	**6 695**
研究与试验发展	R & D	13 191	11 984	3	1 204
自然科学研究与试验发展	R & D of Science Technology	3 215	3 118		97
工程和技术研究与试验发展	R & D of Engineering Technology	4 367	3 407		960
农业科学研究与试验发展	R & D of Agriculture Science	3 527	3 410		117
医学研究与试验发展	R & D of Medicine	979	946	3	30
社会人文科学研究与试验发展	R & D of Social Literae Humaniores	1 103	1 103		
专业技术服务业	Professional Technology Service	22 870	17 834	332	4 704

5-14 续表3 continued

单位：人 (person)

行业	Sector	就业人员合计 Number of Employed Persons in Urban Entities	国有单位 State-owned Economy	城镇集体单位 Urban Collective-owned Entities	其他单位 Entities of Other Types of Ownership
其中：气象服务	Werther Service	2 027	2 021		6
地震服务	Earthquake Service	1 187	1 187		
海洋服务	Ocean Service				
测绘服务	Mapping Service	821	441		380
技术检测	Technology Service	2 779	2 241		538
环境监测	Environment	1 123	1 123		
工程技术与规划管理	Engineering Technology and Programming Administration	14 133	10 359	282	3 492
科技交流和推广服务业	Communion and Popularizing of Science Technology	12 360	8 540	3 474	346
地质勘查业	Geological Prospecting	7 151	6 710		441
水利、环境和公共设施管理业	**Water Conservancy, Admistration of Environment and Public facilities**	**39 849**	**35 803**	**1 861**	**2 185**
水利管理业	Water Conservancy Admistrition	11 560	11 530	30	
环境管理业	Admistration of Environment	16 550	14 844	1 609	97
公共设施管理业	Admistration of Public facilities	11 739	9 429	222	2 088
居民服务和其他服务业	**Services of Resident and Other**	**5 146**	**1 561**	**1 089**	**2 496**
居民服务业	Resident Service	2 538	983	252	1 303
其他服务业	Other Service	2 608	578	837	1 193
教育	**Education**	**469 688**	**467 481**	**311**	**1 896**
其中：初等教育	Primary Education	253 062	253 062		
中等教育	Secondary Education	161 699	160 831	29	839
高等教育	Higher Education	26 813	26 528		285
卫生、社会保障和社会福利业	**Health Care, Social Ensure and Social Welfare**	**125 502**	**124 467**	**645**	**390**
卫生	Health Care	120 022	119 026	606	390
社会保障业	Social Ensure	3 819	3 819		
社会福利业	Social Welfare	1 661	1 622	39	
文化、体育和娱乐业	**Culture, Sports and Entertainment**	**34 239**	**30 626**	**436**	**3 177**
新闻出版社	News and Publishing	3 085	3 030	38	17
广播、电视、电影和音像业	Broadcast, Television,Filmdom and Audio & Video Production	12 103	11 779	181	143
文化艺术业	Culture and Arts	12 489	12 395	18	76
体育	Sports	2 343	2 147		196
娱乐业	Entertainment	4 219	1 275	199	2 745
公共管理和社会组织	**Common Administration and Social Organization**	**387 516**	**386 548**	**806**	**162**
其中：中国共产党机关	Communist Prty of China of Machinery	19 494	19 494		
国家机构	Government Agencies of Country	355 496	354 696	752	48
人民政协和民主党派	Chinese People's Political Consultative Conferences and Democracy Parties	4 626	4 619	4	3
群众社团、社会团体和宗教组织	Mass Groups, Social Groups and Religion Organization	6 552	6 391	50	111

5-15 城镇单位分登记注册类型和细行业女性就业人员人数（2005年）
Number of Female Employed in Urban Entities by Status of Registration and Sector in Detail (2005)

单位：人 (person)

行业	Sector	女性就业人员合计 Number of Female Employed Persons in Urban Entities	国有单位 State-owned Economy	城镇集体单位 Urban Collective-owned Entities	其他单位 Entities of Other Types of Ownership
全省合计	**Total**	**889 968**	**657 654**	**38 161**	**194 153**
按企业、事业、机关分组	**Grouped by Enterprises Institutions and Agencies**				
企业	Enterprises	421 485	191 487	36 198	193 800
事业	Institutions	367 055	365 068	1 634	353
机关	Agencies & Organizations	101 428	101 099	329	
按国民经济行业分组	**Grouped by Sector**				
农、林、牧、渔业	**Farming,Forestry,Animal Husbandry and Fishery**	**62 423**	**60 831**	**373**	**1 219**
农业	Farming	19 170	18 689	130	351
林业	Forestry	27 808	27 044	130	634
畜牧业	Animal Husbandry	481	254	45	182
渔业	Fishery	27	27		
农、林、牧、渔服务业	Farming,Forestry,Animal Husbandry and Fishery Services	14 937	14 817	68	52
采矿业	**Mining**	**13 915**	**8 866**	**461**	**4 588**
煤炭开采和洗选业	Coal Mining and Dressing	7 055	5 678	55	1 322
石油和天然气开采业	Petroleum and Natural Gas Extraction	54			54
黑色金属矿采选业	Ferrous Metals Mining and Dressing	1 003	699	5	299
有色金属矿采选业	Nonferrous Metals Mining and Dressing	3 869	861	324	2 684
非金属矿采选业	Nonmetal Minerals Mining and Dressing	1 916	1 628	77	211
其他采矿业	Other Minerals Mining	18			18
制造业	**Manufacturing**	**157 546**	**44 106**	**10 465**	**102 975**
农副食品加工业	Agricultural Non-staple Food Processing	10 478	1 570	425	8 483
食品制造业	Food Manufacturing	3 914	848	382	2 684
饮料制造业	Beverage Manufacturing	12 068	205	137	11 726
烟草制品业	Tobacco Production	10 884	9 970		914
纺织业	Textile Industry	8 176	1 245	724	6 207
纺织服装、鞋、帽制造业	Textile,Clothing, Footwear Production	1 996	383	906	707
皮革、毛皮、羽毛（绒）及其制品业	Leather, Furs, Down and Related Products	941	20	121	800
木材加工及木、竹、藤、棕、草制品业	Timber Processing, Bamboo, Cane, Palm Fiber and Straw Products	3 659	1 135	358	2 166
家具制造业	Furniture Manufacturing	343		54	289
造纸及纸制品业	Papermaking and Paper Products	2 235	515	379	1 341
印刷业和记录媒介的复制	Printing and Record Medium Reproduction	6 002	1 060	622	4 320
文教体育用品制造业	Cultural, Educational and Sports Goods	61	4	56	1
石油加工、炼焦及核燃料加工业	Petroleum Processing,Coking and Nuclear fuel Processing	661	43	1	617

5-15　续表1　continued

单位：人 (person)

行　业	Sector	女性就业人员合计 Number of Female Employed Persons in Urban Entities	国有单位 State-owned Economy	城镇集体单位 Urban Collective-owned Entities	其他单位 Entities of Other Types of Ownership
化学原料及化学制品制造业	Raw Chemical Materials and Chemical Products	19 473	8 398	672	10 403
医药制造业	Medical and Pharmaceutical Products	5 101	554	271	4 276
化学纤维制造业	Chemical Fiber Manufacturing	64		1	63
橡胶制品业	Rubber Products	760	470	65	225
塑料制品业	Plastic Products	2 437	168	722	1 547
非金属矿物制品业	Nonmetal Mineral Products	11 447	1 671	1 049	8 727
黑色金属冶炼及压延加工业	Smelting and Pressing of Ferrous Metals	9 589	6 256	700	2 633
有色金属冶炼及压延加工业	Smelting and Pressing of Nonferrous Metals	18 899	1 517	148	17 234
金属制品业	Metal Products	1 772	378	433	961
通用设备制造业	General-purpose Machinery Manufacturing	5 879	1 826	746	3 307
专用设备制造业	Special Purposes Equipment	7 663	2 692	101	4 870
交通运输设备制造业	Transport Equipment	4 709	2 540	138	2 031
电气机械及器材制造业	Electric Equipment and Machinery	3 605	393	478	2 734
通信设备、计算机及其他电子设备制造业	Communication Equipment, Computers and other Electronic Equipment Production	582	225	3	354
仪器仪表及文化、办公用机械制造业	Instruments, Meters, Cultural and Clerical Machinery	2 939	20	18	2 901
工艺品及其他制造业	Handicraft Articles and Other Goods Production	1 156		748	408
废弃资源和废旧材料回收加工业	Discarded Resources and Waste Materials Recovery and Processing	53		7	46
电力、燃气及水的生产和供应业	**Production and Supply of Electric Power,Gas and Water**	**23 424**	**12 806**	**346**	**10 272**
电力、热力的生产和供应业	Production and Supply of Electric Power and Heat	19 254	9 427	284	9 543
燃气生产和供应业	Gas Production and Supply	855	605		250
水的生产和供应业	Water Production and Supply	3 315	2 774	62	479
建筑业	**Construction**	**25 278**	**10 452**	**3 767**	**11 059**
房屋和土木工程建筑业	House Building and civil Engineering	21 238	9 627	3 007	8 604
建筑安装业	Construction Installation	3 153	789	688	1 676
建筑装饰业	Building Fiting up and Decoration	458	10	70	378
其他建筑业	Other Construction	429	26	2	401
交通运输、仓储和邮政业	**Transport, Storage and Post**	**37 714**	**30 434**	**694**	**6 586**
铁路运输业	Railway transport	8 657	8 501	13	143
道路运输业	Highway Transport	16 306	11 840	246	4 220
城市公共交通业	Urban Public Transit	3 823	1 990	116	1 717
水上运输业	Water Way Transport	78	51		27
航空运输业	Air Transport	2 060	1 999	8	53
管道运输业	Pipeline Transport	3	3		
装卸搬运和其他运输服务业	Lording, Unlording, Carrying and Other Transport Services	816	474	234	108

5-15 续表2 continued

单位：人 (person)

行业	Sector	女性就业人员合计 Number of Female Employed Persons in Urban Entities	国有单位 State-owned Economy	城镇集体单位 Urban Collective-owned Entities	其他单位 Entities of Other Types of Ownership
仓储业	Storage	990	783	19	188
邮政业	Postal	4 981	4 793	58	130
信息传输、计算机服务和软件业	**Information Transmission Computer Service and Software Service**	**11 734**	**7 318**	**95**	**4 321**
电信和其他信息传输服务业	Telecommunication And Other Information Transmission Service	10 747	6 992	7	3 748
计算机服务业	Computer Service	526	234	83	209
软件业	Software Service	461	92	5	364
批发和零售业	**Wholesale and Retail Trade**	**48 523**	**16 378**	**10 084**	**22 061**
批发业	Wholesale	22 205	11 909	1 514	8 782
零售业	Retail Trade	26 318	4 469	8 570	13 279
住宿和餐饮业	**Hotel and Food Service**	**21 833**	**8 238**	**2 215**	**11 380**
住宿业	Hotel and Food Service	18 831	7 816	1 888	9 127
餐饮业	Food Service	3 002	422	327	2 253
金融业	**Finance and Insurance**	**30 821**	**20 332**	**5 467**	**5 022**
银行业	Banking	24 803	17 302	5 431	2 070
证券业	Securities Industry	217	50		167
保险业	Insurance	5 696	2 946		2 750
其他金融活动	Other Financial Trade	105	34	36	35
房地产业	**Real Estate Trade**	**7 635**	**1 718**	**155**	**5 762**
房地产开发经营	Development and Operation of Real Estate Trade	3 972	767	84	3 121
物业管理	Substance Management	2 626	364	13	2 249
房地产中介服务	Real Estate Agency Service	286	146		140
租赁和商务服务业	**Leasing Treade and Business Service**	**7 112**	**3 202**	**878**	**3 032**
租赁业	Leasing Treade	169	87	3	79
商务服务业	Commercial Serive	6 943	3 115	875	2 953
科学研究、技术服务和地质勘查业	**Scientific Research, Technology Service and Geological Prospecting**	**16 637**	**14 314**	**756**	**1 567**
研究与试验发展	R & D	4 820	4 432	1	387
自然科学研究与试验发展	R & D of Science Technology	1 087	1 048		39
工程和技术研究与试验发展	R & D of Engineering Technology	1 419	1 147		272
农业科学研究与试验发展	R & D of Agriculture Science	1 431	1 369		62
医学研究与试验发展	R & D of Medicine	468	453	1	14
社会人文科学研究与试验发展	R & D of Social Literae Humaniores	415	415		
专业技术服务业	Professional Technology Service	6 667	5 599	115	953
其中：气象服务	Werther Service	730	726		4
地震服务	Earthquake Service	381	381		
海洋服务	Ocean Service				
测绘服务	Mapping Service	278	152		126

5-15 续表3 continued

单位：人 (person)

行业	Sector	女性就业人员合计 Number of Employed Persons in Urban Entities	国有单位 State-owned Economy	城镇集体单位 Urban Collective-owned Entities	其他单位 Entities of Other Types of Ownership
技术检测	Technology Service	1 083	781		302
环境监测	Environment	444	444		
工程技术与规划管理	Engineering Technology and Programming Administration	3 536	2 976	97	463
科技交流和推广服务业	Communion and Popularizing of Science Technology	3 418	2 707	640	71
地质勘查业	Geological Prospecting	1 732	1 576		156
水利、环境和公共设施管理业	**Water Conservancy, Admistration of Environment and Public facilities**	**16 823**	**14 681**	**1 121**	**1 021**
水利管理业	Water Conservancy Admistrition	2 835	2 828	7	
环境管理业	Admistration of Environment	8 838	7 800	1 006	32
公共设施管理业	Admistration of Public facilities	5 150	4 053	108	989
居民服务和其他服务业	**Services of Resident and Other**	**1 990**	**689**	**297**	**1 004**
居民服务业	Resident Service	970	430	47	493
其他服务业	Other Service	1 020	259	250	511
教育	**Education**	**207 117**	**206 081**	**189**	**847**
其中：初等教育	Primary Education	108 172	108 172		
中等教育	Secondary Education	69 808	69 456	18	334
高等教育	Higher Education	12 126	11 973		153
卫生、社会保障和社会福利业	**Health Care, Social Ensure and Social Welfare**	**77 699**	**77 097**	**370**	**232**
卫生	Health Care	75 544	74 977	335	232
社会保障业	Social Ensure	1 359	1 359		
社会福利业	Social Welfare	796	761	35	
文化、体育和娱乐业	**Culture, Sports and Entertainment**	**13 912**	**12 578**	**193**	**1 141**
新闻出版社	News and Publishing	1 180	1 163	14	3
广播、电视、电影和音像业	Broadcast, Television,Filmdom and Audio & Video Production	4 134	3 997	74	63
文化艺术业	Culture and Arts	6 121	6 083	11	27
体育	Sports	849	784		65
娱乐业	Entertainment	1 628	551	94	983
公共管理和社会组织	**Common Administration and Social Organization**	**107 832**	**107 533**	**235**	**64**
其中：中国共产党机关	Communist Prty of China of Machinery	5 134	5 134		
国家机构	Government Agencies of Country	98 618	98 395	215	8
人民政协和民主党派	Chinese People's Political Consultative Conferences and Democracy Parties	1 130	1 128		2
群众社团、社会团体和宗教组织	Mass Groups, Social Groups and Religion Organization	2 660	2 586	20	54

5-16 城镇单位职工分工登记注册类型和细行业专业技术人员人数(2005年)

Number of Professional and Technical Personnel by Status of Registration and Sector in Detail (2005)

单位：人　　(person)

行　　业	Sector	专业技术人员合计 Number of Employed Persons in Urban Entities	国有单位 State-owned Economy	城镇集体单位 Urban Collective-owned Entities	其他单位 Entities of Other Types of Ownership
全省合计	**Total**	**855 141**	**724 324**	**23 600**	**107 217**
按企业、事业、机关分组	**Grouped by Enterprises Institutions and Agencies**				
企业	Enterprises	252 264	122 626	22 716	106 922
事业	Institutions	574 762	573 776	691	295
机关	Agencies & Organizations	28 115	27 922	193	
按国民经济行业分组	**Grouped by Industry Sectors**				
农、林、牧、渔业	**Farming,Forestry,Animal Husbandry and Fishery**	**43 813**	**42 787**	**185**	**841**
农业	Farming	3 722	3 449	51	222
林业	Forestry	7 584	7 169	2	413
畜牧业	Animal Husbandry	357	161	19	177
渔业	Fishery	23	23		
农、林、牧、渔服务业	Farming,Forestry,Animal Husbandry and	32 127	31 985	113	29
采矿业	**Mining**	**6 999**	**4 445**	**158**	**2 396**
煤炭开采和洗选业	Coal Mining and Dressing	2 926	2 196	1	729
石油和天然气开采业	Petroleum and Natural Gas Extraction	53			53
黑色金属矿采选业	Ferrous Metals Mining and Dressing	545	414	8	123
有色金属矿采选业	Nonferrous Metals Mining and Dressing	2 376	882	145	1 349
非金属矿采选业	Nonmetal Minerals Mining and Dressing	1 077	953	4	120
其他采矿业	Other Minerals Mining	22			22
制造业	**Manufacturing**	**78 251**	**24 936**	**4 124**	**49 191**
农副食品加工业	Agricultural Non-staple Food Processing	4 495	523	243	3 729
食品制造业	Food Manufacturing	1 401	381	109	911
饮料制造业	Beverage Manufacturing	2 280	149	47	2 084
烟草制品业	Tobacco Production	6 639	6 385		254
纺织业	Textile Industry	1 208	302	102	804
纺织服装、鞋、帽制造业	Textile,Clothing, Footwear Production	265	15	125	125
皮革、毛皮、羽毛（绒）及其制品业	Leather, Furs, Down and Related Products	72	12	26	34
木材加工及木、竹、藤、棕、草制品业	Timber Processing, Bamboo, Cane, Palm Fiber and Straw Products	1 528	620	114	794
家具制造业	Furniture Manufacturing	106		30	76
造纸及纸制品业	Papermaking and Paper Products	1 382	689	82	611
印刷业和记录媒介的复制	Printing and Record Medium Reproduction	1 740	265	150	1 325
文教体育用品制造业	Cultural, Educational and Sports Goods	18	1	17	
石油加工、炼焦及核燃料加工业	Petroleum Processing,Coking and Nuclear fuel	225	5		220
化学原料及化学制品制造业	Raw Chemical Materials and Chemical	11 425	5 131	216	6 078
医药制造业	Medical and Pharmaceutical Products	2 652	269	120	2 263
化学纤维制造业	Chemical Fiber Manufacturing	2		2	
橡胶制品业	Rubber Products	337	228	36	73
塑料制品业	Plastic Products	737	74	204	459
非金属矿物制品业	Nonmetal Mineral Products	5 799	1 149	563	4 087
黑色金属冶炼及压延加工业	Smelting and Pressing of Ferrous Metals	5 555	3 450	598	1 507
有色金属冶炼及压延加工业	Smelting and Pressing of Nonferrous Metals	10 734	1 058	39	9 637

5-16 续表1 continued

单位：人 (person)

行 业	Sector	专业技术人员合计 Number of Employed Persons in Urban Entities	国有单位 State-owned Economy	城镇集体单位 Urban Collective-owned Entities	其他单位 Entities of Other Types of Ownership
金属制品业	Metal Products	1 009	269	193	547
通用设备制造业	General-purpose Machinery Manufacturing	3 028	331	422	2 275
专用设备制造业	Special Purposes Equipment	5 588	1 640	74	3 874
交通运输设备制造业	Transport Equipment	4 704	1 343	91	3 270
电气机械及器材制造业	Electric Equipment and Machinery	2 813	360	257	2 196
通信设备、计算机及其他电子设备制造业	Communication Equipment, Computers and other Electronic Equipment Production	624	276	5	343
仪器仪表及文化、办公用机械制造业	Instruments, Meters, Cultural and Clerical Machinery	1 521	11	1	1 509
工艺品及其他制造业	Handicraft Articles and Other Goods Production	356		258	98
废弃资源和废旧材料回收加工业	Discarded Resources and Waste Materials Recovery and Processing	8			8
电力、燃气及水的生产和供应业	**Production and Supply of Electric Power,Gas and Water**	**18 253**	**9 198**	**344**	**8 711**
电力、热力的生产和供应业	Production and Supply of Electric Power and Heat	15 949	7 308	314	8 327
燃气生产和供应业	Gas Production and Supply	479	329		150
水的生产和供应业	Water Production and Supply	1 825	1 561	30	234
建筑业	**Construction**	**31 948**	**12 126**	**3 887**	**15 935**
房屋和土木工程建筑业	House Building and civil Engineering	26 631	11 172	3 598	11 861
建筑安装业	Construction Installation	3 566	877	232	2 457
建筑装饰业	Building Fiting up and Decoration	584	3	53	528
其他建筑业	Other Construction	1 167	74	4	1 089
交通运输、仓储和邮政业	**Transport, Storage and Post**	**19 133**	**15 737**	**219**	**3 177**
铁路运输业	Railway transport	4 595	4 576	19	
道路运输业	Highway Transport	9 617	6 889	62	2 666
城市公共交通业	Urban Public Transit	655	328	49	278
水上运输业	Water Way Transport	40	40		
航空运输业	Air Transport	1 755	1 741	3	11
管道运输业	Pipeline Transport	2	2		
装卸搬运和其他运输服务业	Lording, Unlording, Carrying and Other Transport Services	448	389	21	38
仓储业	Storage	744	657	15	72
邮政业	Postal	1 277	1 115	50	112
信息传输、计算机服务和软件业	**Information Transmission Computer Service and Software Service**	**10 692**	**7 484**	**156**	**3 052**
电信和其他信息传输服务业	Telecommunication And Other Information Transmission Service	9 378	7 238	12	2 128
计算机服务业	Computer Service	552	182	140	230
软件业	Software Service	762	64	4	694
批发和零售业	**Wholesale and Retail Trade**	**21 208**	**11 405**	**2 077**	**7 726**
批发业	Wholesale	14 223	9 618	637	3 968
零售业	Retail Trade	6 985	1 787	1 440	3 758
住宿和餐饮业	**Hotel and Food Service**	**4 336**	**1 321**	**342**	**2 673**
住宿业	Hotel and Food Service	3 816	1 275	300	2 241
餐饮业	Food Service	520	46	42	432
金融业	**Finance and Insurance**	**43 266**	**29 418**	**10 373**	**3 475**
银行业	Banking	40 105	27 767	10 207	2 131
证券业	Securities Industry	114	101		13
保险业	Insurance	2 824	1 543		1 281
其他金融活动	Other Financial Trade	223	7	166	50
房地产业	**Real Estate Trade**	**4 492**	**1 419**	**94**	**2 979**
房地产开发经营	Development and Operation of Real Estate Trade	2 825	859	69	1 897
物业管理	Substance Management	1 016	101		915
房地产中介服务	Real Estate Agency Service	136	84		52

5-16 续表2 continued

单位：人 (person)

行　　业	Sector	专业技术人员合计 Number of Employed Persons in Urban Entities	国有单位 State-owned Economy	城镇集体单位 Urban Collective-owned Entities	其他单位 Entities of Other Types of Ownership
租赁和商务服务业	**Leasing Treade and Business Service**	**5 525**	**2 981**	**434**	**2 110**
租赁业	Leasing Treade	132	63	2	67
商务服务业	Commercial Serive	5 393	2 918	432	2 043
科学研究、技术服务和地质勘查业	**Scientific Research, Technology Service and Geological Prospecting**	**31 428**	**28 831**	**166**	**2 431**
研究与试验发展	R & D	8 168	7 542	3	623
自然科学研究与试验发展	R & D of Science Technology	1 988	1 951		37
工程和技术研究与试验发展	R & D of Engineering Technology	2 808	2 264		544
农业科学研究与试验发展	R & D of Agriculture Science	2 142	2 103		39
医学研究与试验发展	R & D of Medicine	651	645	3	3
社会人文科学研究与试验发展	R & D of Social Literae Humaniores	579	579		
专业技术服务业	Professional Technology Service	13 731	12 153	149	1 429
其中：气象服务	Werther Service	1 581	1 580		1
地震服务	Earthquake Service	838	838		
海洋服务	Ocean Service				
测绘服务	Mapping Service	607	309		298
技术检测	Technology Service	1 350	1 236		114
环境监测	Environment	727	727		
工程技术与规划管理	Engineering Technology and Programming Administration	8 172	7 155	114	903
科技交流和推广服务业	Communion and Popularizing of Science	5 913	5 826	14	73
地质勘查业	Geological Prospecting	3 616	3 310		306
水利、环境和公共设施管理业	**Water Conservancy, Admistration of Environment and Public facilities**	**8 184**	**7 718**	**215**	**251**
水利管理业	Water Conservancy Admistrition	5 063	5 060	3	
环境管理业	Admistration of Environment	1 527	1 304	200	23
公共设施管理业	Admistration of Public facilities	1 594	1 354	12	228
居民服务和其他服务业	**Services of Resident and Other**	**714**	**394**	**82**	**238**
居民服务业	Resident Service	336	204	17	115
其他服务业	Other Service	378	190	65	123
教育	**Education**	**384 780**	**383 730**	**108**	**942**
其中：初等教育	Primary Education	211 727	211 727		
中等教育	Secondary Education	135 880	135 380	3	497
高等教育	Higher Education	19 447	19 345		102
卫生、社会保障和社会福利业	**Health Care, Social Ensure and Social Welfare**	**93 448**	**92 906**	**312**	**230**
卫生	Health Care	92 628	92 087	311	230
社会保障业	Social Ensure	526	526		
社会福利业	Social Welfare	294	293	1	
文化、体育和娱乐业	**Culture, Sports and Entertainment**	**16 393**	**15 396**	**162**	**835**
新闻出版社	News and Publishing	1 844	1 816	22	6
广播、电视、电影和音像业	Broadcast, Television,Filmdom and Audio &	4 694	4 564	92	38
文化艺术业	Culture and Arts	8 266	8 254		12
体育	Sports	538	477		61
娱乐业	Entertainment	1 051	285	48	718
公共管理和社会组织	**Common Administration and Social Organization**	**32 278**	**32 092**	**162**	**24**
其中：中国共产党机关	Communist Prty of China of Machinery	469	469		
国家机构	Government Agencies of Country	30 798	30 621	156	21
人民政协和民主党派	Chinese People's Political Consultative Conferences and Democracy Parties	122	122		
群众社团、社会团体和宗教组织	Mass Groups, Social Groups and Religion Organization	889	880	6	3

5-17 各地区私营企业年末就业人员人数（2005年）

Number of Employed Persons in Private Enterprises at the Year-end by Region (2005)

单位：户、人 (enterprises, persons)

地 区	Region	合计 Total 户数 Number of Enterprises	合计 Total 就业人数 Number of Employed Persons	城镇 Urban Areas 户数 Number of Enterprises	城镇 Urban Areas 就业人数 Number of Employed Persons	乡村 Rural Areas 户数 Number of Enterprises	乡村 Rural Areas 就业人数 Number of Employed Persons
全省合计	**Total**	**66 008**	**1 092 394**	**53 672**	**760 940**	**12 336**	**331 454**
昆 明	Kunming	39 448	440 410	35 614	377 469	3 834	62 941
曲 靖	Qujing	3 991	112 098	2 407	49 699	1 584	62 399
玉 溪	Yuxi	4 651	121 829	3 059	67 378	1 592	54 451
保 山	Baoshan	1 280	21 116	775	9 804	505	11 312
昭 通	Zhaotong	1 451	38 962	975	26 413	476	12 549
丽 江	Lijiang	1 203	22 831	814	13 098	389	9 733
思 茅	Simao	1 350	49 692	1 021	34 433	329	15 259
临 沧	Lincang	912	26 597	606	14 288	306	12 309
楚 雄	Chuxiong	1 755	52 282	1 309	35 590	446	16 692
红 河	Honghe	3 148	80 980	2 229	50 308	919	30 672
文 山	Wenshan	1 386	26 014	1 047	16 609	339	9 405
西双版纳	Xishuangbanna	954	16 549	758	11 194	196	5 355
大 理	Dali	2 474	45 706	1 446	26 380	1 028	19 326
德 宏	Dehong	1 296	21 867	1 063	16 613	233	5 254
怒 江	Nujiang	389	7 688	274	4 837	115	2 851
迪 庆	Diqing	320	7 773	275	6 827	45	946

注：昆明市私营企业就业人员人数包括省工商局直属部分。

Note: The number of employed persons in private and individual units includes that of the units directly under the provincial administrative bureau for industry and commerce.

5-18 各地区年末个体就业人员人数（2005年）

Number of Self-employed Individuals at the Year-end by Region (2005)

单位：户、人 (enterprises, persons)

地 区	Region	合计 Total 户数 Number of Enterprises	合计 Total 就业人数 Number of Employed Persons	城镇 Urban Areas 户数 Number of Enterprises	城镇 Urban Areas 就业人数 Number of Employed Persons	乡村 Rural Areas 户数 Number of Enterprises	乡村 Rural Areas 就业人数 Number of Employed Persons
全省合计	**Total**	**729 434**	**1 458 244**	**423 150**	**872 592**	**306 284**	**585 652**
昆 明	Kunming	153 227	509 098	100 400	343 032	52 827	166 066
曲 靖	Qujing	71 700	136 638	43 129	70 549	28 571	66 089
玉 溪	Yuxi	62 372	109 932	37 410	68 141	24 962	41 791
保 山	Baoshan	36 707	55 761	15 598	24 521	21 109	31 240
昭 通	Zhaotong	40 178	77 131	21 377	39 073	18 801	38 058
丽 江	Lijiang	20 562	29 412	13 192	18 734	7 370	10 678
思 茅	Simao	33 841	62 751	20 787	35 684	13 054	27 067
临 沧	Lincang	29 004	44 088	17 408	26 899	11 596	17 189
楚 雄	Chuxiong	47 852	72 494	23 401	35 411	24 451	37 083
红 河	Honghe	71 032	120 056	41 384	73 628	29 648	46 428
文 山	Wenshan	39 924	55 231	22 841	33 381	17 083	21 850
西双版纳	Xishuangbanna	21 040	36 533	10 833	20 277	10 207	16 256
大 理	Dali	64 394	87 540	32 728	46 399	31 666	41 141
德 宏	Dehong	24 540	38 632	15 059	23 379	9 481	15 253
怒 江	Nujiang	6 524	11 118	4 024	6 537	2 500	4 581
迪 庆	Diqing	6 537	11 829	3 579	6 947	2 958	4 882

注：昆明市个体就业人员人数包括省工商局直属部分。

Note: The number of employed persons in private and individual units includes that of the units directly under the provincial administrative bureau for industry and commerce.

5-19 主要年份城镇私营企业年末分行业就业人数
Number of Employed Persons in Urban Private Enterprises at the Year-end by Sector in Significant Years

单位：万人 (10 000 persons)

行业	Sector	2000年	2001年	2003年	2004年	2005年
合计	**Total**	**22.90**	**32.41**	**30.37**	**47.36**	**76.09**
农、林、牧、渔业	Farming,Forestry,Animal Husbandry and Fishery	0.70	0.99	1.32	1.47	2.53
采掘业	Mining and Quarrying	0.50	0.47	0.82	1.68	1.96
制造业	Manufacturing	5.80	6.63	7.18	10.71	14.50
电力、煤气及水的生产和供应业	Production and Supply of Electricity,Gas and Water				0.57	0.75
建筑业	Construction	2.60	3.76	4.10	8.65	22.84
交通运输、仓储及邮电通讯业	Transport,Storage,Post and Telecommunication Services	0.60	0.45	0.43	0.88	3.73
信息传输、计算机服务和软件业	Information Transmission, Computers Service and Software Service					1.61
批发和零售业	Wholesale and Retail Trade & Food Services	8.70	13.62	9.59	12.31	15.38
住宿和餐饮业	Hotel and Food Service					1.83
房地产业	Real Estate Trade				1.63	2.52
租赁和商务服务业	Social Services	3.40	5.13	4.81	5.61	3.55
居民服务和其他服务业	Health Care,Sports and Social Welfare				0.22	1.85
卫生、社会保障和社会福利业	Education,Culture and Arts,Radio,Film and Television				0.39	0.32
文化、体育和娱乐业	Scientific Research and Polytechnic Services				1.39	0.49
其他合计	Others	0.60	1.37	2.12	1.85	2.22

5-20 主要年份城镇个体就业人员年末分行业就业人数
Number of Self-employed Individuals in Urban Areas at the Year-end by Sector in Significant Years

单位：万人 (10 000 persons)

行业	Sector	2000年	2001年	2003年	2004年	2005年
合计	**Total**	**43.50**	**49.42**	**67.01**	**78.09**	**87.26**
农、林、牧、渔业	Farming,Forestry,Animal Husbandry and Fishery	0.10	0.12	0.19	0.15	0.27
采掘业	Mining and Quarrying	0.10	0.11	0.26	0.17	0.21
制造业	Manufacturing	5.00	5.67	6.62	6.45	6.55
电力、煤气及水的生产和供应业	Production and Supply of Electricity,Gas and Water				0.01	0.01
建筑业	Construction	0.20	0.26	0.26	0.20	0.22
交通运输、仓储及邮电通讯业	Transport,Storage,Post and Telecommunication Services					2.89
信息传输、计算机服务和软件业	Information Transmission, Computers Service and Software Service	2.10	2.28	2.59	3.51	0.46
批发和零售业	Wholesale and Retail Trade & Food Services	29.20	32.80	47.75	45.13	47.73
住宿和餐饮业	Hotel and Food Service					17.29
房地产业	Real Estate Trade				0.06	1.05
租赁和商务服务业	Social Services	6.50	7.77	8.65	19.79	0.65
居民服务和其他服务业	Health Care,Sports and Social Welfare				0.46	7.92
卫生、社会保障和社会福利业	Education,Culture and Arts,Radio,Film and Television				1.02	0.57
文化、体育和娱乐业	Scientific Research and Polytechnic Services				0.40	1.00
其他合计	Others	0.30	0.42	0.69	0.74	0.45

5-21 主要年份城镇登记失业人数和登记失业率

Registered Urban Unemployment and Unemployment Rate in Significant Years

单位:万人、%　　(10 000 persons,%)

年　份　Year	城镇登记失业人数(万人) Urban Unemployed Persons (10 000 persons)	#女　性 Female	#长期失业者人数 Permanent Unemployed Persons	城镇登记失业率 % Urban Unemployment Rate (%)
1978	6.40			2.70
1980	6.00			2.30
1985	4.21			2.50
1990	7.76			2.50
1992	7.53			2.30
1993	7.34			2.30
1994	7.14			2.23
1995	8.10			2.26
1996	8.01			2.80
1997	7.84			2.70
1998	6.01	3.02		2.20
1999	6.20	3.10	3.10	2.50
2000	6.77	3.28	3.42	2.60
2001	8.00	3.89	3.64	3.30
2002	9.80	4.04	4.79	4.00
2003	12.12	5.94	5.64	4.10
2004	11.95	6.28	4.85	4.30
2005	12.97	6.12	5.17	4.30

5-22 各地区城镇单位分企事业机关职工工资总额（2005年）

Total Wages of Employed Persons in Urban Entities at the Year-end by Enterprise, Public Institution and, Government Agency and by Region (2005)

单位：千元　　(1 000 yuan)

地　区	Region	职工工资总额 Total Wages of Employed Persons 合　计 Total	企业 Enterprise	事业 Institution	机关 Agencies and Organization
全省合计	**Total**	**37 715 528**	**20 164 204**	**12 191 150**	**5 360 174**
昆　明	Kunming	12 867 991	9 258 918	2 535 050	1 074 023
曲　靖	Qujing	3 646 552	1 895 461	1 277 512	473 579
玉　溪	Yuxi	2 271 500	1 175 069	762 910	333 521
保　山	Baoshan	1 257 410	506 311	530 771	220 328
昭　通	Zhaotong	2 071 232	821 942	873 267	376 023
丽　江	Lijiang	786 847	225 487	372 726	188 634
思　茅	Simao	1 456 780	511 932	646 683	298 165
临　沧	Lincang	1 255 917	462 090	520 398	273 429
楚　雄	Chuxiong	1 675 278	673 625	662 203	339 450
红　河	Honghe	3 199 149	1 630 541	1 144 292	424 316
文　山	Wenshan	1 604 258	420 627	847 528	336 103
西双版纳	Xishuangbanı	1 298 598	718 297	397 654	182 647
大　理	Dali	2 513 610	1 254 989	882 836	375 785
德　宏	Dehong	923 843	361 813	349 582	212 448
怒　江	Nujiang	479 586	165 615	187 365	126 606
迪　庆	Diqing	406 977	81 487	200 373	125 117

5-23 离休、退休、退职人员人数及保险福利费用构成情况（2005年）

Number of Retirees and Composition of Their Insurance and Welfare Funds (2005

行业	Sector	离休、退休、退职人员年末人数(人) Number of Retirees at Year-end (person)				保险福利费用构成(千元) Composition of Insurance and Welfare Funds (1 000 yuan)				
		合计 Total	#女性 Female	离休人员 Retired Veterans	退休人员 Retired Persons	合计 Total	离休金 Fund for Retired Veterans	退休金 Fund for Retired Persons	医疗卫生费 Fund for Medical Care	其他 Others
总计	**Total**	**1 241 452**	**483 475**	**30 180**	**1 211 272**	**14 988 066**	**802 189**	**12 728 277**	**913 781**	**543 819**
企业	**Enterprises**	**838 445**	**355 437**	**13 202**	**825 243**	**7 420 364**	**335 307**	**6 349 936**	**504 412**	**230 709**
内资企业	Domestic-funded Enterprises	836 154	354 422	13 152	826 002	7 379 625	333 707	6 318 918	498 992	228 008
国有企业	State-owned Enterprises	671 699	283 842	11 652	660 047	6 190 445	298 483	5 247 833	441 831	202 298
集体企业	Collective-owned Enterprises	74 778	31 354	382	74 396	518 144	10 713	475 989	24 378	7 064
其他企业	Other Enterprises	89 677	39 226	1 118	88 559	671 036	24 511	959 096	32 783	18 646
港、澳、台投资企业	Enterprises with Funds from Hong Kong,Macao and Taiwan	2 291	1 015	50	2 241	40 739	1 600	31 018	5 420	2 701
事业	**Institutions**	**263 280**	**94 661**	**7 246**	**256 034**	**4 702 544**	**186 635**	**4 093 002**	**205 107**	**217 800**
机关	**Agencies**	**139 727**	**33 377**	**9732**	**129 995**	**2 865 158**	**280 247**	**2 285 339**	**204 262**	**95 310**

5-24 主要年份全部职工工资总额和指数
Total Wages of Staff and Workers and Related Indices in Significant Years

单位：万元，%　　(10 000 yuan, %)

年份 Year	职工工资总额 Total Wages 合计 Total	国有单位 State-owned Entities	城镇集体单位 Urban Collective-owned Entities	其他单位 Other Ownership	工资总额指数 Indices of Total Wages 合计 Total	国有单位 State-owned Entities	城镇集体单位 Urban Collective-owned Entities	其他单位 Other Ownership
1978	126 803	114 225	12 578		115.3	117.4	99.6	
1980	171 550	154 601	16 949		120.3	120.4	119.6	
1985	301 329	262 970	37 902	457	118.5	118.3	119.4	
1990	606 598	535 607	69 695	1 296	115.3	116.3	108.6	
1992	814 347	712 593	99 500	2 254	118.6	118.2	120.9	135.2
1993	970 155	841 224	124 990	3 941	119.1	118.1	125.6	174.8
1994	1 389 418	1 213 488	155 660	20 270	143.2	144.3	124.5	514.3
1995	1 589 569	1 378 077	182 208	29 284	114.4	113.6	116.7	144.5
1996	1 940 655	1 690 621	202 732	47 303	122.1	122.7	111.3	161.5
1997	2 190 837	1 907 523	210 466	72 849	112.9	112.8	103.8	154.0
1998	2 260 931	1 931 463	187 028	142 440	103.2	101.3	88.9	195.5
1999	2 359 332	1 959 697	175 717	223 918	104.4	101.5	94.0	157.2
2000	2 544 580	2 095 029	167 795	281 756	107.9	106.9	95.5	125.8
2001	2 759 817	2 253 345	143 717	362 755	108.5	107.6	85.7	128.7
2002	3 008 517	2 452 154	132 134	424 229	109.0	108.8	91.9	116.9
2003	3 149 842	2 462 394	123 447	564 001	104.7	100.4	93.4	132.9
2004	3 445 228	2 640 176	115 346	689 706	109.4	107.2	93.4	122.3
2005	3 771 553	2 832 996	108 039	830 518	109.5	107.3	93.7	120.4

5-25 各地区全部职工工资总额和平均工资（2005年）
Total Wages and Annual Average Wages of Staff and Workers by Region (2005)

单位：千元，元/人　　(1 000 yuan, yuan/person)

地区	Region	职工工资总额 Total Wages 合计 Total	国有单位 State-owned Entities	城镇集体单位 Urban Collective-owned Entities	其他单位 Other Ownership	职工平均工资 Average Wages 合计 Total	国有单位 State-owned Entities	城镇集体单位 Urban Collective-owned Entities	其他单位 Other Ownership
全省合计	**Total**	**37 715 528**	**28 329 958**	**1 080 390**	**8 305 180**	**16 140**	**16 900**	**10 516**	**14 894**
昆明	Kunming	12 867 991	8 396 522	247 200	4 224 269	19 121	19 783	11 642	18 594
曲靖	Qujing	3 646 552	2 898 646	135 692	612 214	16 265	16 311	14 822	16 397
玉溪	Yuxi	2 271 500	1 871 199	88 554	311 747	18 241	20 594	9 582	12 764
保山	Baoshan	1 257 410	902 734	41 748	312 928	13 015	14 122	7 990	11 392
昭通	Zhaotong	2 071 232	1 817 413	70 047	183 772	14 670	15 962	9 293	9 284
丽江	Lijiang	786 847	657 437	28 901	100 509	15 183	16 041	9 731	12 774
思茅	Simao	1 456 780	1 213 044	47 663	196 073	12 407	14 359	10 561	6 899
临沧	Lincang	1 255 917	979 317	26 740	249 860	13 352	15 178	10 045	9 296
楚雄	Chuxiong	1 675 278	1 458 286	49 196	167 796	14 940	15 783	11 018	10 986
红河	Honghe	3 199 149	2 238 088	109 503	851 558	14 819	15 567	9 173	14 151
文山	Wenshan	1 604 258	1 376 114	37 898	190 246	14 922	15 208	10 066	14 348
西双版纳	Xishuangbanna	1 298 598	1 171 045	41 573	85 980	14 313	14 860	9 741	11 230
大理	Dali	2 513 610	1 884 213	112 583	516 814	15 155	16 828	9 869	12 165
德宏	Dehong	923 843	734 484	31 803	157 556	12 608	12 830	8 956	12 631
怒江	Nujiang	479 586	351 452	3 612	124 522	17 510	15 686	12 412	26 528
迪庆	Diqing	406 977	379 964	7 677	19 336	20 772	22 562	14 878	8 648

注：昆明市职工工资总额数据包括省统计局直属单位数据。

Note:Total wage of staff and worker in kunming is cluded the unit belong to the province to statistics.

5-26 主要年份全部职工平均工资及指数

Average Wages of Staff and Workers and Related Indices in Significant Years

单位：元/人，%　　　　(yuan/person,%)

年 份 Year	职工平均工资 Average Wages				平均工资指数（上年=100，%） Indices of Average Wages (preceding year = 100 ,%)							
					货币工资 Money Wages				实际工资 Real Wages			
	合 计 Total	国 有 单 位 State-owned Units	集 体 单 位 Urban Collective-owned Units	其 他 单 位 Other Ownership	合 计 Total	国 有 单 位 State-owned Units	集 体 单 位 Urban Collective-owned Units	其 他 单 位 Other Ownership	合 计 Total	国有 单位 State-owned Units	城镇集 体单位 Urban Collective-owned Units	其 他 单 位 Other Ownership
1978	608	629	496		112.0	108.5	128.8					
1980	760	782	604		115.2	115.2	114.2					
1985	1 171	1 207	970	1 100	115.5	115.1	117.9					
1990	2 130	2 200	1 713	2 037	113.3	113.6	109.9		111.5	111.8	108.2	
1993	3 170	3 253	2 690	3 898	118.0	117.2	123.2					
1994	4 514	4 673	3 518	5 201	142.4	143.7	130.8	133.4	121.4	122.5	111.5	113.7
1995	5 149	5 286	4 237	5 802	114.1	113.1	120.4	111.6	94.8	94.0	100.1	92.7
1996	6 231	6 419	4 926	6 863	121.0	121.4	116.3	118.3	111.3	111.7	107.0	108.8
1997	7 037	7 237	5 473	7 852	112.9	112.7	111.1	114.4	107.9	107.7	106.2	109.4
1998	7 667	7 882	6 029	7 564	109.0	108.9	110.2	96.3	106.4	106.4	107.6	94.1
1999	8 276	8 449	6 505	8 566	107.9	107.2	107.9	113.2	109.2	108.5	109.2	96.5
2000	9 231	9 422	7 033	9 566	111.5	111.5	108.1	111.7	114.3	114.3	110.8	95.2
2001	10 537	10 880	7 203	10 407	114.1	115.5	102.4	108.8	116.4	117.7	104.4	92.7
2002	11 987	12 429	7 947	11 443	113.8	114.2	110.3	110.0	114.7	115.2	111.2	93.7
2003	12 870	13 471	8 519	11 886	107.4	108.4	107.2	103.9	106.0	107.0	105.8	88.5
2004	14 581	15 320	9 519	13 307	113.3	113.7	111.7	112.0	106.8	107.2	105.3	95.4
2005	16 140	16 900	10 516	14 894	110.69	110.3	110.5	111.9				

5-27 各地区城镇单位分行业职工平均工资(2005年)

Average Wages of Staff and Workers in Urban Entities by Sector and Region (2005)

单位：元/人　　　　(yuan/person)

地 区	Region	合 计 Total	农、林、牧渔 业 Farming,Forestry,Animal Husbandry and Fishery	采 矿 业 Mining	制 造 业 Manufacturing	电力、燃气及水的生产和供应业 Production and Supply of Electric Power,Gas and Water
全省合计	**Total**	**16 140**	**11 231**	**15 763**	**17 166**	**28 298**
昆 明	Kunming	19 121	12 109	17 226	20 279	46 372
曲 靖	Qujing	16 265	13 612	13 112	17 875	30 055
玉 溪	Yuxi	18 241	14 837	19 475	23 430	26 844
保 山	Baoshan	13 015	11 738	10 594	10 586	22 500
昭 通	Zhaotong	14 670	12 572	13 186	24 092	22 515
丽 江	Lijiang	15 183	11 964	14 889	10 080	15 778
思 茅	Simao	12 407	9 684	9 812	7 025	18 068
临 沧	Lincang	13 352	9 629	9 078	10 038	25 675
楚 雄	Chuxiong	14 940	12 948	15 969	13 842	24 212
红 河	Honghe	14 819	12 431	17 099	15 625	26 216
文 山	Wenshan	14 922	11 734	13 550	13 408	20 850
西双版纳	Xishuangbanna	14 313	11 071	14 357	10 689	24 650
大 理	Dali	15 155	13 414	11 468	14 673	30 168
德 宏	Dehong	12 608	5 904	10 175	11 799	16 341
怒 江	Nujiang	17 510	14 810	39 031	9 201	25 474
迪 庆	Diqing	20 772	20 255		10 533	25 797

5-27 续表1 continued

单位：元/人 (yuan/person)

地区	Region	建筑业 Construction	交通运输、仓储和邮政业 Transportation, Storage and Post	信息传输、计算机服务和软件业 Information Transmission, Computers Service and Software Service	批发和零售业 Wholesale and Retaile Trade	住宿和餐饮业 Hotel and Food Service
全省合计	**Total**	**13 316**	**19 096**	**26 434**	**15 761**	**10 309**
昆　明	Kunming	15 723	24 001	36 277	16 682	11 301
曲　靖	Qujing	18 388	13 165	15 428	20 927	8 413
玉　溪	Yuxi	8 448	12 365	21 544	12 483	8 827
保　山	Baoshan	7 902	11 784	20 024	12 902	9 697
昭　通	Zhaotong	7 579	11 766	20 714	16 061	9 670
丽　江	Lijiang	8 672	15 271	22 594	16 751	11 265
思　茅	Simao	10 907	12 054	19 544	11 918	8 253
临　沧	Lincang	6 699	12 050	19 912	11 819	6 811
楚　雄	Chuxiong	12 239	12 470	14 922	19 658	11 185
红　河	Honghe	10 236	12 633	14 664	16 588	8 644
文　山	Wenshan	9 473	14 200	27 039	11 537	8 005
西双版纳	Xishuangbanna	7 301	15 827	18 952	11 662	11 343
大　理	Dali	11 753	14 090	28 605	16 901	9 374
德　宏	Dehong	5 722	12 722	29 161	12 491	8 489
怒　江	Nujiang	5 519	15 245	33 048	11 520	8 382
迪　庆	Diqing	10 097	20 947	25 379	16 346	11 707

5-27 续表2 continued

单位：元/人 (yuan/person)

地区	Region	金融业 Banking	房地产业 Real Estate	租赁和商务服务业 Leasing Treade and Business Service	科学研究、技术服务和地质勘查业 Scientific Research, Technology Service and Geological Prospecting	水利、环境和公共设施管理业 Water Conservancy, Admistration of Environment and Public facilities
全省合计	**Total**	**23 900**	**13 301**	**19 226**	**18 901**	**11 873**
昆　明	Kunming	32 167	14 994	28 153	21 658	13 105
曲　靖	Qujing	18 107	14 879	13 445	16 313	12 242
玉　溪	Yuxi	26 977	19 412	9 201	17 125	13 467
保　山	Baoshan	21 108	11 015	8 606	15 220	9 886
昭　通	Zhaotong	17 237	11 478	10 919	15 072	10 089
丽　江	Lijiang	17 076	16 112	10 302	15 364	12 665
思　茅	Simao	18 553	12 166	12 346	15 261	10 527
临　沧	Lincang	21 477	11 403	8 995	15 506	12 531
楚　雄	Chuxiong	20 800	15 735	7 275	14 462	11 185
红　河	Honghe	17 917	11 547	12 890	15 384	8 922
文　山	Wenshan	21 080	8 943	14 000	16 785	12 707
西双版纳	Xishuangbanna	24 921	18 583	14 561	19 219	12 966
大　理	Dali	19 243	8 078	11 720	16 741	15 125
德　宏	Dehong	21 462	13 355	7 397	14 498	9 096
怒　江	Nujiang	22 759	5 000	15 625	14 574	12 998
迪　庆	Diqing	21 434	7 385	14 905	21 795	11 965

5-27 续表3 continued

单位：元/人 (yuan/person)

地 区	Region	居民服务和其他服务业 Services of Resident and Other	教育 Education	卫生、社会保障和社会福利业 Health Care, Social Ensure and Social Welfare	文化、体育和娱乐业 Culture, Sports and Entertainment	公共管理和社会组织 Common Administration and Social Organization
全省合计	**Total**	**11 521**	**15 239**	**16 731**	**14 570**	**15 040**
昆 明	Kunming	11 960	15 386	19 152	14 377	14 594
曲 靖	Qujing	7 426	14 640	14 121	13 825	14 789
玉 溪	Yuxi	15 429	17 459	16 767	15 900	16 613
保 山	Baoshan	15 346	13 349	15 292	13 775	14 325
昭 通	Zhaotong	8 280	14 023	15 777	15 440	12 969
丽 江	Lijiang	14 056	16 808	15 854	16 268	15 882
思 茅	Simao	14 571	15 235	14 588	13 547	15 076
临 沧	Lincang	9 630	15 804	15 512	13 666	15 283
楚 雄	Chuxiong	12 405	14 282	16 048	13 655	14 293
红 河	Honghe	13 463	14 686	15 410	13 539	13 518
文 山	Wenshan	14 095	15 136	16 718	14 442	15 755
西双版纳	Xishuangbanna	11 016	20 684	22 652	19 869	21 712
大 理	Dali	10 990	15 491	16 362	13 581	15 399
德 宏	Dehong	11 070	14 613	16 443	14 234	14 892
怒 江	Nujiang		15 113	16 180	14 194	15 208
迪 庆	Diqing	15 667	23 259	22 868	19 893	22 625

5-28 各地区城镇单位分企事业机关年末职工平均工资（2005年）
Average Wages of Staff and Workers in Urban Entities at the Year-end by Enterprise,Public Institution and Government Agency and by Region (2005)

单位：元/人 (yuan/person)

地 区	Region	全部职工平均工资 Average Wage of Staff and Workers	企业单位职工平均工资 Staff and Workers of Enterprises	事业单位职工平均工资 Staff and Workers of Institution	机关单位职工平均工资 Staff and Workers of Agencies and Organization
全省合计	**Total**	**16 140**	**17 042**	**15 283**	**15 066**
昆 明	Kunming	19 121	20 949	15 959	14 740
曲 靖	Qujing	16 265	18 295	14 387	14 895
玉 溪	Yuxi	18 241	19 873	16 789	16 711
保 山	Baoshan	13 015	11 920	13 603	14 572
昭 通	Zhaotong	14 670	16 350	14 104	12 965
丽 江	Lijiang	15 183	13 472	15 984	16 032
思 茅	Simao	12 407	9 643	14 506	15 100
临 沧	Lincang	13 352	10 869	15 520	15 175
楚 雄	Chuxiong	14 940	15 974	14 278	14 392
红 河	Honghe	14 819	15 201	14 802	13 550
文 山	Wenshan	14 922	13 671	15 257	15 858
西双版纳	Xishuangbanna	14 313	11 681	19 828	19 890
大 理	Dali	15 155	14 926	15 417	15 329
德 宏	Dehong	12 608	10 249	14 578	15 182
怒 江	Nujiang	17 510	24 561	15 214	15 195
迪 庆	Diqing	20 772	15 671	22 251	23 221

5-29 分细行业职工平均工资（2005年）

Average Wages of Staff and Workers by Sector in Detail (2005)

单位：元/人 (yuan/person)

行业	Sector	全部职工 Total Staff and Workers	国有单位 State-owned Entities	城镇集体单位 Urban Collective-owned Entities	其他单位 Other Ownership
全省合计	**Total**	**16 140**	**16 900**	**10 516**	**14 894**
按企业、事业、机关分组	**Grouped by Enterprises Institutions and Agencies and Organization**				
企业	Enterprises	17 042	20537	10 489	14 891
事业	Institutions	15 283	15299	10 548	16 956
机关	Agencies & Organizations	15 066	15072	13 048	
按国民经济行业分组	**Grouped by Industry Sector**				
农、林、牧、渔业	**Farming,Forestry,Animal Husbandry and Fishery**	**11 231**	**11 272**	**8 614**	**10 378**
农业	Farming	6 772	6 718	6 860	8 644
林业	Forestry	11 707	11 753	7 109	11 093
畜牧业	Animal Husbandry	9 727	9 518	9 052	10 175
渔业	Fishery	12 427	12 427		
农、林、牧、渔服务业	Farming,Forestry,Animal Husbandry and Fishery Services	14 179	14 187	14 082	11 378
采矿业	**Mining**	**15 763**	**16 793**	**9 969**	**14 779**
煤炭开采和洗选业	Coal Mining and Dressing	13 736	15 030	8 928	11 206
石油和天然气开采业	Petroleum and Natural Gas Extraction	27 642			27 642
黑色金属矿采选业	Ferrous Metals Mining and Dressing	12 921	12 661	8 500	13 322
有色金属矿采选业	Nonferrous Metals Mining and Dressing	18 884	22 159	10 424	17 898
非金属矿采选业	Nonmetal Minerals Mining and Dressing	16 154	18 298	8 839	6 873
其他采矿业	Other Minerals Mining	8 360			8 360
制造业	**Manufacturing**	**17 166**	**26 150**	**9 708**	**14 028**
农副食品加工业	Agricultural Non-staple Food Processing	11 760	10 797	9 590	11 990
食品制造业	Food Manufacturing	11 790	8 532	7 213	13 352
饮料制造业	Beverage Manufacturing	6 137	13 775	6 821	5 928
烟草制品业	Tobacco Production	55 287	57 916		18 638
纺织业	Textile Industry	8 479	8 027	7 063	8 743
纺织服装、鞋、帽制造业	Textile,Clothing, Footwear Production	8 216	12 086	7 221	7 990
皮革、毛皮、羽毛（绒）及其制品业	Leather, Furs, Down and Related Products	7 654	6 532	5 475	8 430
木材加工及木、竹、藤、棕、草制品业	Timber Processing, Bamboo, Cane, Palm Fiber and Straw Products	9 831	9 793	7 929	10 064
家具制造业	Furniture Manufacturing	8 407		9 386	8 073
造纸及纸制品业	Papermaking and Paper Products	12 139	11 943	7 467	13 476
印刷业和记录媒介的复制	Printing and Record Medium Reproduction	15 804	15 353	8 600	16 897
文教体育用品制造业	Cultural, Educational and Sports Goods	9 873	8 667	10 065	8 571
石油加工、炼焦及核燃料加工业	Petroleum Processing,Coking and Nuclear fuel	14 229	10 503	9 000	14 608
化学原料及化学制品制造业	Raw Chemical Materials and Chemical Products	15 560	17 909	11 315	14 120
医药制造业	Medical and Pharmaceutical Products	14 381	18 694	9 070	14 315
化学纤维制造业	Chemical Fiber Manufacturing	40 824		4 500	41 038
橡胶制品业	Rubber Products	8 141	8 319	7 940	7 531
塑料制品业	Plastic Products	10 959	8 086	12 813	10 398
非金属矿物制品业	Nonmetal Mineral Products	11 843	13 505	8 325	12 064
黑色金属冶炼及压延加工业	Smelting and Pressing of Ferrous Metals	24 043	29 470	17 669	14 727
有色金属冶炼及压延加工业	Smelting and Pressing of Nonferrous Metals	18 240	20 321	7 907	18 167

5-29 续表1 continued

单位：元/人 (yuan/person)

行业	Sector	全部职工 Total Staff and Workers	国有单位 State-owned Entities	城镇集体单位 Urban Collective-owned Entities	其他单位 Other Ownership
金属制品业	Metal Products	13 079	21 647	8 424	11 492
通用设备制造业	General-purpose Machinery Manufacturing	15 944	12 055	12 938	17 633
专用设备制造业	Special Purposes Equipment	16 508	12 067	9 712	19 026
交通运输设备制造业	Transport Equipment	12 206	12 139	9 471	12 397
电气机械及器材制造业	Electric Equipment and Machinery	16 500	12 132	9 408	18 165
通信设备、计算机及其他电子设备制造业	Communication Equipment, Computers and other Electronic Equipment Production	21 943	22 695	9 333	21 635
仪器仪表及文化、办公用机械制造业	Instruments, Meters, Cultural and Clerical	10 927	4 684	6 475	11 022
工艺品及其他制造业	Handicraft Articles and Other Goods Production	9 338		8 481	11 189
废弃资源和废旧材料回收加工业	Discarded Resources and Waste Materials	7 310		2 458	7 926
电力、燃气及水的生产和供应业	**Production and Supply of Electric Power,Gas and Water**	**26 741**	**26 665**	**24 065**	**26 935**
电力、热力的生产和供应业	Production and Supply of Electric Power and Heat	28 298	29 057	26 124	27 625
燃气生产和供应业	Gas Production and Supply	22 122	21 811	19 044	22 996
水的生产和供应业	Water Production and Supply	17 206	18 135	12 231	12 417
建筑业	**Construction**	**13 316**	**14 711**	**9 411**	**13 354**
房屋和土木工程建筑业	House Building and civil Engineering	12 320	15 095	8 077	11 139
建筑安装业	Construction Installation	22 374	7 589	22 859	27 187
建筑装饰业	Building Fiting up and Decoration	11 123	5 638	24 721	10 807
其他建筑业	Other Construction	21 613	16 326	9 333	21 870
交通运输、仓储和邮政业	**Transport, Storage and Post**	**19 096**	**20 477**	**11 557**	**13 140**
铁路运输业	Railway transport	28 736	28 797	11 146	26 210
道路运输业	Highway Transport	12 649	13 073	12 847	11 409
城市公共交通业	Urban Public Transit	13 045	12 298	9 989	14 227
水上运输业	Water Way Transport	13 988	24 222		4 829
航空运输业	Air Transport	26 943	27 091	15 778	19 833
管道运输业	Pipeline Transport	16 667	16 667		
装卸搬运和其他运输服务业	Lording, Unlording, Carrying and Other Transport	15 116	16 046	8 104	15 838
仓储业	Storage	15 717	15 395	11 509	17 029
邮政业	Postal	18 291	18 351	15 016	18 204
信息传输、计算机服务和软件业	**Information Transmission Computer Service and Software Service**	**26 434**	**25 942**	**11 253**	**28 070**
电信和其他信息传输服务业	Telecommunication And Other Information Transmission Service	27 148	26 400	8 438	29 220
计算机服务业	Computer Service	15 517	16 233	11 681	16 435
软件业	Software Service	25 670	13 606	12 458	28 236
批发和零售业	**Wholesale and Retail Trade**	**15 761**	**21 802**	**8 095**	**12 602**
批发业	Wholesale	20 337	24 486	9 223	14 675
零售业	Retail Trade	10 377	12 313	7 790	11 064
住宿和餐饮业	**Hotel and Food Service**	**10 309**	**10 708**	**8 602**	**10 320**
住宿业	Hotel	10 575	10 872	8 937	10 624
餐饮业	Food Service	8 566	7 826	6 615	8 961
金融业	**Finance and Insurance**	**23 900**	**27 314**	**15 754**	**22 782**
银行业	Banking	24 672	28 355	15 757	26 150
证券业	Securities Industry	44 152	30 725		48 690
保险业	Insurance	16 529	16 990		15 996
其他金融活动	Other Financial Trade	17 979	13 696	15 471	25 351
房地产业	**Real Estate Trade**	**13 301**	**14 789**	**10 503**	**12 972**
房地产开发经营	Development and Operation of Real Estate Trade	13 954	15 149	11 127	13 758

5-29 续表2 continued

单位：元/人 (yuan/person)

行业	Sector	全部职工 Total Staff and Workers	国有单位 Stateowned Entities	城镇集体单位 Urban Collective-owned Entities	其他单位 Other Ownership
物业管理	Substance Management	12 012	13 842	15 000	11 736
房地产中介服务	Real Estate Agency Service	11 700	14 675	10 000	8 918
租赁和商务服务业	**Leasing Treade and Business Service**	**19 226**	**19 886**	**9 080**	**24 064**
租赁业	Leasing Treade	16 193	16 388	7 667	16 262
商务服务业	Commercial Serive	19 281	19 948	9 082	24 286
科学研究、技术服务和地质勘查业	**Scientific Research, Technology Service and Geological Prospecting**	**18 901**	**17 965**	**14 635**	**27 913**
研究与试验发展	R & D	22 242	19 711	6 667	49 336
自然科学研究与试验发展	R & D of Science Technology	20 080	20 241		14 851
工程和技术研究与试验发展	R & D of Engineering Technology	30 794	23 448		58 461
农业科学研究与试验发展	R & D of Agriculture Science	15 111	15 213		11 297
医学研究与试验发展	R & D of Medicine	22 919	23 501	6 667	8 750
社会人文科学研究与试验发展	R & D of Social Literae Humaniores	17 905	17 905		
专业技术服务业	Professional Technology Service	19 256	19 010	14 708	21 097
其中：气象服务	Werther Service	17 659	17 688		8 000
地震服务	Earthquake Service	17 608	17 608		
海洋服务	Ocean Service				
测绘服务	Mapping Service	30 979	15 040		49 843
技术检测	Technology Service	17 762	16 117		24 406
环境监测	Environment	17 726	17 726		
工程技术与规划管理	Engineering Technology and Programming Administration	19 415	20 489	14 815	14 512
科技交流和推广服务业	Communion and Popularizing of Science Technology	14 403	14 339	14 688	19 295
地质勘查业	Geological Prospecting	17 079	16 633		24 053
水利、环境和公共设施管理业	**Water Conservancy, Admistration of Environment and Public facilities**	**11 873**	**12 131**	**9 668**	**9 867**
水利管理业	Water Conservancy Admistrition	13 691	13 698	10 741	
环境管理业	Admistration of Environment	10 461	10 609	9 397	8 941
公共设施管理业	Admistration of Public facilities	11 765	12 211	11 436	9 904
居民服务和其他服务业	**Services of Resident and Other**	**11 521**	**14 654**	**8 077**	**10 989**
居民服务业	Resident Service	12 160	15 582	8 599	10 347
其他服务业	Other Service	10 841	13 133	7 916	11 843
教育	**Education**	**15 239**	**15 192**	**12 363**	**28 444**
其中：初等教育	Primary Education	14 804	14 804		
中等教育	Secondary Education	15 592	15 561	17 250	21 853
高等教育	Higher Education	16 422	16 410		17 639
卫生、社会保障和社会福利业	**Health Care, Social Ensure and Social Welfare**	**16 731**	**16 777**	**11 145**	**8 724**
卫生	Health Care	16 948	16 996	11 451	8 724
社会保障业	Social Ensure	11 358	11 358		
社会福利业	Social Welfare	13 867	14 029	7 537	
文化、体育和娱乐业	**Culture, Sports and Entertainment**	**14 570**	**14 966**	**12 762**	**10 007**
新闻出版社	News and Publishing	18 022	18 167	10 211	6 667
广播、电视、电影和音像业	Broadcast, Television,Filmdom and Audio & Video Production	14 540	14 622	11 313	11 979
文化艺术业	Culture and Arts	14 953	14 980	8 667	11 661
体育	Sports	13 307	13 663		9 091
娱乐业	Entertainment	11 356	13 121	14 901	9 913
公共管理和社会组织	**Common Administration and Social Organization**	**15 040**	**15 044**	**13 188**	**13 497**
其中：中国共产党机关	Communist Prty of China of Machinery	15 991	15 991		
国家机构	Government Agencies of Country	14 998	15 002	13 215	11 021
人民政协和民主党派	Chinese People's Political Consultative Conferences and Democracy Parties	17 207	17 224	5 000	8 000
群众社团、社会团体和宗教组织	Mass Groups, Social Groups and Religion Organization	15 037	15 051	13 479	14 936

5-30 各地区城镇单位分行业年末就业人员劳动报酬（2005年）

Earnings of Employed Persons in Urban Units by Sector and by Region (2005)

单位：千元 (1 000 yuan)

地区	Region	合计 Total	农、林、牧渔业 Farming,Forestry,Animal Husbandry and Fishery	采矿业 Mining	制造业 Manufacturing	电力、燃气及水的生产和供应业 Production and Supply of Electricity,Gas and Water
全省合计	**Total**	**38 592 104**	**1 719 553**	**901 586**	**7 593 667**	**1 811 980**
昆明	Kunming	13 327 988	88 871	123 119	3 432 492	504 605
曲靖	Qujing	3 697 411	76 571	144 727	968 019	286 066
玉溪	Yuxi	2 295 988	57 154	98 488	634 379	97 706
保山	Baoshan	1 259 771	60 687	25 270	161 896	52 353
昭通	Zhaotong	2 090 601	63 563	47 437	310 867	89 925
丽江	Lijiang	812 381	58 918	2 010	33 545	34 486
思茅	Simao	1 492 409	124 823	20 023	191 491	69 013
临沧	Lincang	1 287 823	90 256	26 487	152 595	67 530
楚雄	Chuxiong	1 712 564	62 948	102 949	203 204	77 774
红河	Honghe	3 244 755	201 425	129 382	896 747	210 625
文山	Wenshan	1 647 010	86 184	51 160	81 860	75 246
西双版纳	Xishuangbanna	1 302 605	531 683	2 266	44 599	25 399
大理	Dali	2 576 523	91 400	20 822	339 188	160 149
德宏	Dehong	939 828	76 688	8 111	130 296	32 151
怒江	Nujiang	483 338	22 586	99 335	3 460	12 602
迪庆	Diqing	421 109	25 796		9 029	16 350

5-30 续表1 continued

单位：千元 (1 000 yuan)

地区	Region	建筑业 Construction	交通运输、仓储和邮政业 Transportation,Storage and Post	信息传输、计算机服务和软件业 Information Transmission, Computers Service and Software Service	批发和零售业 Wholesale and Retaile Trade	住宿和餐饮业 Hotel and Food Service
全省合计	**Total**	**2 273 634**	**2 402 026**	**734 217**	**1 792 168**	**397 575**
昆明	Kunming	1 436 911	1 677 921	397 325	595 577	224 177
曲靖	Qujing	123 013	74 852	27 810	203 846	11 303
玉溪	Yuxi	9 931	45 401	15 689	133 608	18 270
保山	Baoshan	37 059	34 526	18 107	71 398	7 842
昭通	Zhaotong	74 906	63 238	46 032	132 328	12 380
丽江	Lijiang	8 171	21 797	16 580	46 040	9 693
思茅	Simao	45 638	44 947	23 179	41 508	7 660
临沧	Lincang	45 062	38 560	15 820	33 437	8 493
楚雄	Chuxiong	45 800	40 166	32 112	114 841	9 852
红河	Honghe	68 974	109 279	21 875	121 500	20 122
文山	Wenshan	23 338	66 665	15 078	68 106	6 747
西双版纳	Xishuangbanna	7 516	29 646	13 068	42 484	24 110
大理	Dali	325 075	90 833	45 276	141 506	23 847
德宏	Dehong	5 742	32 850	25 253	24 130	8 154
怒江	Nujiang	4 597	15 143	13 054	9 210	1 098
迪庆	Diqing	11 901	16 202	7 959	12 649	3 827

5-30 续表2 continued

单位：千元 (1000 yuan)

地 区	Region	金融业 Banking	房地产业 Real Estate	租赁和商务服务业 Leasing Treade and Business Service	科学研究、技术服务和地质勘查业 Scientific Research, Technology Service and Geological Prospecting	水利、环境和公共设施管理业 Water Conservancy, Admistration of Environment and Public facilities
全省合计	**Total**	**1 626 310**	**266 393**	**467 404**	**967 660**	**444 538**
昆 明	Kunming	641 430	145 993	337 736	577 603	106 734
曲 靖	Qujing	103 570	14 575	15 429	43 274	47 912
玉 溪	Yuxi	143 211	4 553	17 385	30 438	23 461
保 山	Baoshan	59 754	32 322	6 422	21 417	19 184
昭 通	Zhaotong	68 077	3 160	2 213	19 585	21 771
丽 江	Lijiang	38 188	5 021	9 505	14 334	18 489
思 茅	Simao	55 699	2 429	4 979	29 964	18 824
临 沧	Lincang	49 068	10 887	2 098	12 115	11 353
楚 雄	Chuxiong	91 398	3 590	3 415	26 725	24 105
红 河	Honghe	90 235	12 998	8 466	48 077	44 433
文 山	Wenshan	61 489	8 526	6 876	21 222	19 291
西双版纳	Xishuangbanna	45 870	8 590	12 704	33 111	19 601
大 理	Dali	98 434	11 743	27 772	39 516	47 848
德 宏	Dehong	44 868	1 704	11 149	31 537	8 206
怒 江	Nujiang	17 570	110	125	4 620	5 589
迪 庆	Diqing	17 449	192	1 130	14 122	7 737

5-30 续表3 continued

单位：千元 (1000 yuan)

地 区	Region	居民服务和其他服务业 Services of Resident and Other	教育 Education	卫生、社会保障和社会福利业 Health Care, Social Ensure and Social Welfare	文化、体育和娱乐业 Culture, Sports and Entertainment	公共管理和社会组织 Common Administration and Social Organization
全省合计	**Total**	**59 153**	**6 961 845**	**2 033 664**	**487 597**	**5 651 134**
昆 明	Kunming	36 728	1 137 067	550 096	179 232	1 063 473
曲 靖	Qujing	2 834	878 385	164 129	25 501	485 595
玉 溪	Yuxi	1 204	430 552	138 093	22 048	374 417
保 山	Baoshan	1 243	318 969	80 217	12 528	238 577
昭 通	Zhaotong	2 922	568 771	109 478	72 965	380 983
丽 江	Lijiang	1 019	224 963	57 039	9 541	203 042
思 茅	Simao	408	384 717	99 342	16 378	311 387
临 沧	Lincang	1 260	355 893	70 676	12 227	284 006
楚 雄	Chuxiong	533	381 677	121 747	15 619	354 109
红 河	Honghe	2 978	619 252	179 157	33 750	425 480
文 山	Wenshan	1 189	564 078	113 207	22 767	353 981
西双版纳	Xishuangbanna	4 116	188 204	72 159	13 729	183 750
大 理	Dali	2 149	514 965	163 616	24 871	407 513
德 宏	Dehong	476	187 968	62 387	13 165	234 993
怒 江	Nujiang		104 330	32 090	7 385	130 434
迪 庆	Diqing	94	102 054	20 231	5 891	148 496

5-31 各地区国有单位分行业职工平均工资（2005年）

Average Wages of Staff and Workers of State-owned Units by Sector and Region (2005)

单位：元／人 (yuan/person)

地 区	Region	合 计 Total	农、林、牧、渔 业 Farming, Forestry,Animal Husbandry and Fishery	采 矿 业 Mining	制 造 业 Manufacturing	电力、燃气及水的生产和供应业 Production and Supply of Electricity,Gas and Water
全省合计	**Total**	**16 900**	**11 272**	**16 793**	**26 150**	**29 057**
昆 明	Kunming	19 783	12 319	18 295	27 189	34 843
曲 靖	Qujing	16 311	13 612	13 215	21 364	27 986
玉 溪	Yuxi	20 594	14 837	23 847	55 276	28 722
保 山	Baoshan	14 122	11 746		8 996	
昭 通	Zhaotong	15 962	12 573	20 333	42 450	24 431
丽 江	Lijiang	16 041	11 958			
思 茅	Simao	14 359	10 022	9 698	12 310	22 810
临 沧	Lincang	15 178	9 666	9 857	11 261	33 147
楚 雄	Chuxiong	15 783	12 961	17 216	21 214	26 939
红 河	Honghe	15 567	12 256	19 869	23 055	27 699
文 山	Wenshan	15 208	11 754	12 581	14 081	16 105
西双版纳	Xishuangbanna	14 860	11 117	6 432	10 398	24 650
大 理	Dali	16 828	13 492	11 000	26 240	41 123
德 宏	Dehong	12 830	5 904	9 000	10 821	
怒 江	Nujiang	15 686	14 810		12 009	
迪 庆	Diqing	22 562	20 203		10 751	27 939

5-31 续表1 continued

单位：元／人 (yuan/person)

地 区	Region	建 筑 业 Construction	交通运输、仓储和邮政业 Transportation,Storage and Post	信息传输、计算机服务和软件业 Information Transmission, Computers Service and Software Service	批发和零售业 Wholesale and Retaile Trade	住宿和餐饮业 Hotel and Food Service
全省合计	**Total**	**14 711**	**20 477**	**25 942**	**21 802**	**10 708**
昆 明	Kunming	15 258	25 080	42 729	21 277	11 622
曲 靖	Qujing	15 433	12 939	15 751	27 395	8 844
玉 溪	Yuxi	9 051	12 365	26 411	18 080	9 034
保 山	Baoshan	14 758	14 643	20 217	18 073	10 823
昭 通	Zhaotong	8 989	12 294	21 364	21 688	11 163
丽 江	Lijiang	13 093	15 293	22 739	25 538	13 022
思 茅	Simao	10 483	13 481	19 780	16 250	7 901
临 沧	Lincang	10 649	12 240	20 377	18 041	9 351
楚 雄	Chuxiong	15 885	12 638	14 991	27 651	10 312
红 河	Honghe	19 661	14 819	15 828	26 860	8 862
文 山	Wenshan	13 109	15 329	28 734	13 946	9 914
西双版纳	Xishuangbanna	7 048	17 288	19 119	24 340	11 609
大 理	Dali	13 560	16 230	18 757	25 290	10 616
德 宏	Dehong	16 364	12 833	30 959	16 044	8 047
怒 江	Nujiang		15 360	33 048	12 113	
迪 庆	Diqing	27 423	22 813	25 595	22 260	11 400

5-31 续表2 continued

单位：元/人 (yuan/person)

地 区	Region	金融业 Banking	房地产业 Real Estate	租赁和商务服务业 Leasing Treade and Business Service	科学研究、技术服务和地质勘查业 Scientific Research, Technology Service and Geological Prospecting	水利、环境和公共设施管理业 Water Conservancy, Admistration of Environment and Public facilities
全省合计	**Total**	**27 314**	**14 789**	**19 886**	**17 965**	**12 131**
昆 明	Kunming	36 317	15 872	28 390	20 006	13 163
曲 靖	Qujing	20 153	15 864	13 417	16 372	12 920
玉 溪	Yuxi	31 026	20 708	12 416	17 135	13 479
保 山	Baoshan	25 611	10 597	8 482	16 484	10 017
昭 通	Zhaotong	20 076	12 474	11 228	15 156	9 895
丽 江	Lijiang	16 453	13 361	22 569	15 403	13 293
思 茅	Simao	20 141	12 948	11 886	15 249	10 681
临 沧	Lincang	22 733	10 200	12 983	16 300	12 710
楚 雄	Chuxiong	24 651	15 736	6 201	14 530	11 589
红 河	Honghe	19 654	13 407	13 490	15 267	8 916
文 山	Wenshan	23 700	9 326	11 297	16 778	12 697
西双版纳	Xishuangbanna	32 387	16 729	18 016	19 219	14 116
大 理	Dali	23 443	14 569	14 330	16 875	15 218
德 宏	Dehong	23 912	15 667	7 641	14 461	9 132
怒 江	Nujiang	24 347		16 000	14 574	12 998
迪 庆	Diqing	21 244		19 481	21 900	20 042

5-31 续表3 continued

单位：元/人 (yuan/person)

地 区	Region	居民服务和其他服务业 Services of Resident and Other	教育 Education	卫生、社会保障和社会福利业 Health Care, Social Ensure and Social Welfare	文化、体育和娱乐业 Culture, Sports and Entertainment	公共管理和社会组织 Common Administration and Social Organization
全省合计	**Total**	**14 654**	**15 192**	**16 777**	**14 966**	**15 044**
昆 明	Kunming	14 666	15 086	19 182	15 233	14 592
曲 靖	Qujing	15 814	14 636	14 136	13 825	14 784
玉 溪	Yuxi	16 925	17 485	16 772	16 876	16 616
保 山	Baoshan	21 674	13 352	15 330	13 967	14 325
昭 通	Zhaotong	6 705	14 023	15 876	15 443	13 003
丽 江	Lijiang	15 849	16 797	15 902	16 691	15 875
思 茅	Simao	14 571	15 236	14 588	13 547	15 077
临 沧	Lincang	14 173	15 812	15 824	13 782	15 285
楚 雄	Chuxiong	12 405	14 286	16 057	13 953	14 292
红 河	Honghe	15 205	14 686	15 462	13 541	13 519
文 山	Wenshan	14 095	15 141	16 723	14 442	15 771
西双版纳	Xishuangbanna	18 522	20 689	22 652	19 869	21 712
大 理	Dali	18 816	15 507	16 414	14 197	15 399
德 宏	Dehong	15 095	14 617	16 509	14 234	14 892
怒 江	Nujiang		15 113	16 180	14 194	15 208
迪 庆	Diqing	15 667	23 259	22 868	19 893	22 665

5-32 各地区城镇集体单位分行业职工平均工资（2005年）

Average Wages of Staff and Workers in Urban Collective-owned Entities by Sector and Region (2005)

单位：元/人 (yuan/person)

地　区	Region	合　计 Total	农、林、牧渔　业 Farming,Forestry,Animal Husbandry and Fishery	采矿业 Mining	制造业 Manufacturing	电力、燃气及水的生产和供应业 Production and Supply of Electricity,Gas and Water
全省合计	**Total**	**10 516**	**8 614**	**9 969**	**9 708**	**24 065**
昆　明	Kunming	11 642	7 810	7 918	11 587	23 763
曲　靖	Qujing	14 822			8 041	33 242
玉　溪	Yuxi	9 582		16 375	10 203	18 078
保　山	Baoshan	7 990		5 746	6 415	
昭　通	Zhaotong	9 293			12 337	10 162
丽　江	Lijiang	9 731			7 778	
思　茅	Simao	10 561	6 903		8 237	
临　沧	Lincang	10 045	18 333		6 686	9 220
楚　雄	Chuxiong	11 018	11 405	8 915	7 657	13 837
红　河	Honghe	9 173	10 663	9 952	8 164	
文　山	Wenshan	10 066		6 000	5 592	10 375
西双版纳	Xishuangbanna	9 741	5 913	25 167	8 649	7 000
大　理	Dali	9 869	12 590		10 078	15 107
德　宏	Dehong	8 956		10 533	9 348	12 240
怒　江	Nujiang	12 412		14 709	7 833	
迪　庆	Diqing	14 878				

5-32　续表1　continued

单位：元/人 (yuan/person)

地　区	Region	建筑业 Construction	交通运输、仓储和邮政业 Transportation, Storage and Post	信息传输、计算机服务和软件业 Information Transmission, Computers Service and Software Service	批发和零售业 Wholesale and Retaile Trade	住宿和餐饮业 Hotel and Food Service
全省合计	**Total**	**9 411**	**11 557**	**11 253**	**8 095**	**8 602**
昆　明	Kunming	9 367	11 458	16 686	10 396	9 371
曲　靖	Qujing	24 711	17 989	8 030	11 168	9 400
玉　溪	Yuxi	8 700			7 400	7 450
保　山	Baoshan	6 799	5 333	9 563	5 881	5 232
昭　通	Zhaotong	7 879	7 496		4 462	5 857
丽　江	Lijiang	7 276	18 861		6 511	6 333
思　茅	Simao	12 053			6 410	6 823
临　沧	Lincang	5 585			7 079	4 500
楚　雄	Chuxiong	11 282			9 629	
红　河	Honghe	8 027	10 141		8 003	6 238
文　山	Wenshan	8 521			6 674	9 609
西双版纳	Xishuangbanna	5 592	15 778		9 747	9 792
大　理	Dali	8 640	6 586		8 139	7 313
德　宏	Dehong	4 358	7 600		7 116	7 114
怒　江	Nujiang	5 400			9 062	
迪　庆	Diqing				10 926	

5-32 续表2 continued

单位：元/人 (yuan/person)

地 区	Region	金融业 Banking	房地产业 Real Estate	租赁和商务服务业 Leasing Treade and Business Service	科学研究、技术服务和地质勘查业 Scientific Research, Technology Service and Geological Prospecting	水利、环境和公共设施管理业 Water Conservancy, Admistration of Environment and Public facilities
全省合计	**Total**	**15 754**	**10 503**	**9 080**	**14 635**	**9 668**
昆 明	Kunming	17 110	11 255	8 488	14 665	12 308
曲 靖	Qujing	15 275		13 430		9 376
玉 溪	Yuxi	16 454		8 283		8 500
保 山	Baoshan	13 968	10 737	7 092		7 000
昭 通	Zhaotong	12 896				
丽 江	Lijiang	18 367		15 000		
思 茅	Simao	15 706	6 304	13 402		6 274
临 沧	Lincang	19 310	12 500	8 095	8 650	
楚 雄	Chuxiong	13 011		14 765	11 160	10 049
红 河	Honghe	14 167	9 107	12 811		12 000
文 山	Wenshan	17 159		13 844		
西双版纳	Xishuangbanna	14 716	16 063	11 375		9 708
大 理	Dali	17 933	7 731	14 552	30 000	13 633
德 宏	Dehong	16 518		6 336		
怒 江	Nujiang	15 633				
迪 庆	Diqing	22 036		12 277	17 467	

5-32 续表3 continued

单位：元/人 (yuan/person)

地 区	Region	居民服务和其他服务业 Services of Resident and Other	教育 Education	卫生、社会保障和社会福利业 Health Care, Social Ensure and Social Welfare	文化、体育和娱乐业 Culture, Sports and Entertainment	公共管理和社会组织 Common Administration and Social Organization
全省合计	**Total**	**8 077**	**12 363**	**11 145**	**12 762**	**13 188**
昆 明	Kunming	10 465	18 391	6 265	13 479	14 945
曲 靖	Qujing	5 885	13 727	10 447		16 330
玉 溪	Yuxi	5 400	9 531	8 200		15 516
保 山	Baoshan	5 600	4 444	13 154		14 091
昭 通	Zhaotong	5 000				7 514
丽 江	Lijiang		11 708	13 595		21 150
思 茅	Simao		12 000			12 750
临 沧	Lincang		8 000	4 778		14 400
楚 雄	Chuxiong		15 571	15 071	8 086	14 842
红 河	Honghe	6 826		10 279	10 000	14 102
文 山	Wenshan		7 318	14 400		11 213
西双版纳	Xishuangbanna	8 913	18 682			
大 理	Dali	4 458	7 500	6 125		15 519
德 宏	Dehong		15 900	7 333		14 500
怒 江	Nujiang					
迪 庆	Diqing					

5-33 各地区其他单位分行业职工平均工资（2005年）

Average Wages of Staff and Workers in Entities of Other Types of Ownership by Sector and Region (2005)

单位：元／人　　　　(yuan/person)

地　区	Region	合　计 Total	农、林、牧渔业 Farming, Forestry, Animal Husbandry and Fishery	采矿业 Mining	制造业 Manufacturing	电力、燃气及水的生产和供应业 Production and Supply of Electricity,Gas and Water
全省合计	**Total**	**14 894**	**10 378**	**14 779**	**14 028**	**26 935**
昆　明	Kunming	18 594	10 625	15 362	17 378	48 082
曲　靖	Qujing	16 397		12 625	15 376	33 369
玉　溪	Yuxi	12 764		11 238	13 015	20 769
保　山	Baoshan	11 392	3 600	10 743	11 295	21 966
昭　通	Zhaotong	9 284	12 520	11 495	9 711	16 293
丽　江	Lijiang	12 774	12 025	14 889	11 044	15 794
思　茅	Simao	6 899	8 216	10 860	5 863	12 121
临　沧	Lincang	9 296	7 574	9 076	10 077	14 168
楚　雄	Chuxiong	10 986		12 501	10 252	18 622
红　河	Honghe	14 151	16 915	10 810	14 814	23 307
文　山	Wenshan	14 348	7 800	14 525	13 835	21 580
西双版纳	Xishuangbanna	11 230	8 480	17 000	11 225	15 053
大　理	Dali	12 165	7 000	11 468	11 787	15 218
德　宏	Dehong	12 631	4 250	10 255	12 415	16 411
怒　江	Nujiang	26 528		39 811	8 061	25 474
迪　庆	Diqing	8 648	25 500		10 471	12 052

5-33　续表1　continued

单位：元／人　　　　(yuan/person)

地　区	Region	建筑业 Construction	交通运输、仓储和邮政业 Transportation,Storage and Post	信息传输、计算机服务和软件业 Information Transmission, Computers Service and Software Service	批发和零售业 Wholesale and Retaile Trade	住宿和餐饮业 Hotel and Food Service
全省合计	**Total**	**13 354**	**13 140**	**28 070**	**12 602**	**10 320**
昆　明	Kunming	16 425	17 319	31 427	15 407	11 342
曲　靖	Qujing	19 580	12 211	18 297	12 864	7 641
玉　溪	Yuxi	6 678		14 870	9 474	8 694
保　山	Baoshan	8 165	8 900	24 564	7 499	9 675
昭　通	Zhaotong	7 259	7 266	11 401	7 317	8 377
丽　江	Lijiang	9 400	11 721	21 085	12 655	11 401
思　茅	Simao	10 455	8 630	16 275	9 967	8 972
临　沧	Lincang	6 602	8 240	9 212	7 657	6 621
楚　雄	Chuxiong	4 855	11 546	14 412	10 410	12 033
红　河	Honghe	10 678	10 474	12 428	8 948	8 863
文　山	Wenshan	9 426	11 707	9 194	9 313	6 871
西双版纳	Xishuangbanna	9 330	11 199	8 636	9 708	12 258
大　理	Dali	12 181	11 947	34 927	10 989	8 554
德　宏	Dehong	8 716	9 563	19 674	10 504	9 013
怒　江	Nujiang	5 519	12 913		11 635	8 382
迪　庆	Diqing	3 498	15 794	19 333	11 175	11 717

5-33 续表2 continued

单位：千元 (1000 yuan)

地　区	Region	金融业 Banking	房地产业 Real Estate	租赁和商务服务业 Leasing Treade and Business Service	科学研究、技术服务和地质勘查业 Scientific Research, Technology Service and Geological Prospecting	水利、环境和公共设施管理业 Water Conservancy, Admistration of Environment and Public facilities
全省合计	**Total**	**22 782**	**12 972**	**24 064**	**27 913**	**9 867**
昆　明	Kunming	27 619	14 869	33 321	30 410	12 457
曲　靖	Qujing	15 880	13 820	16 400	14 565	
玉　溪	Yuxi	24 025	12 763	18 600	13 400	
保　山	Baoshan	14 316	11 041	12 523	8 901	9 563
昭　通	Zhaotong	13 750	11 402	10 366	5 273	10 836
丽　江	Lijiang	20 875	16 494	9 330	14 474	8 290
思　茅	Simao	21 118	12 250	11 237	21 000	
临　沧	Lincang	20 796	11 603	7 461	8 525	8 206
楚　雄	Chuxiong	23 359	15 730	12 235	8 000	
红　河	Honghe	21 211	9 261	10 259	27 367	
文　山	Wenshan	17 579	8 829	17 465	18 400	14 333
西双版纳	Xishuangbanna	11 854	21 419	13 824		
大　理	Dali	9 657	7 167	9 340	13 404	12 291
德　宏	Dehong	20 406	12 962	11 186	16 513	7 000
怒　江	Nujiang	18 375	8 462	15 250		
迪　庆	Diqing	28 000	7 385			2 937

5-33 续表3 continued

单位：千元 (1000 yuan)

地　区	Region	居民服务和其他服务业 Services of Resident and Other	教育 Education	卫生、社会保障和社会福利业 Health Care, Social Ensure and Social Welfare	文化、体育和娱乐业 Culture, Sports and Entertainment	公共管理和社会组织 Common Administration and Social Organization
全省合计	**Total**	**10 989**	**28 444**	**8 724**	**10 007**	**13 497**
昆　明	Kunming	11 299	33 157	9 578	10 388	15 565
曲　靖	Qujing		17 423			
玉　溪	Yuxi				3 293	
保　山	Baoshan	10 600			4 789	
昭　通	Zhaotong	10 217		10 949	13 750	
丽　江	Lijiang	9 053	17 859		11 843	8 000
思　茅	Simao					
临　沧	Lincang	6 104	6 133	5 943	5 167	
楚　雄	Chuxiong		3 818			
红　河	Honghe	8 759		8 333		10 524
文　山	Wenshan					11 067
西双版纳	Xishuangbanna	9 906				
大　理	Dali	13 072	7 636	8 609	9 686	
德　宏	Dehong	7 227	5 455			
怒　江	Nujiang					
迪　庆	Diqing					14 100

主要统计指标解释

就业人员　指从事一定社会劳动并取得报酬或经营收入的人员，这一指标反映了一定时期内全部劳动力资源的实际利用情况，是研究全省基本省情省力的重要指标。它包括全部职工、城镇私营企业就业人员、城镇个体就业人员、农村就业人员、其他就业人员(包括再就业的离、退休人员；民办教师；以及在各单位中工作的外方人员和港澳台方人员、兼职人员、借用的外单位人员和第二职业者等)。2000 年及以后的就业人员人数按此口径直接相加计算得到。

职工　指在国有经济、城镇集体经济、联营经济、股份制经济、外商和港、澳、台经济、其他经济单位及其附属机构中工作,并由其支付工资的各类人员。不包括返聘的离、退休人员；民办教师、在国有经济单位工作的外方人员和港、澳、台人员（1998 年以后的数据均为在岗职工数据，其他相关指标如职工工资总额、职工平均工资等指标也从 1998 年按此口径进行了相应调整)。

在岗职工　指在本单位工作并由其支付工资的人员，以及有工作岗位，但由于学习、病伤产假等原因暂未工作，仍由单位支付工资的人员。

国有单位职工　指在各级国有经济单位工作,并由其支付工资的各类人员。

城镇集体单位职工　指在城镇集体经济企业、事业及其管理部门中工作,并由其支付工资的各种人员。

其他单位职工　指在联营经济(国有与集体联营企业,国有与私人联营企业,集体与私人联营企业,国有、集体与私人联营企业),股份制经济(股份有限公司、有限责任公司),外商投资经济(中外合资经营企业,中外合作经营企业,外资企业),港、澳、台投资经济(与大陆合资经营企业,与大陆合作经营企业,港、澳、台独资企业),其他经济等单位中工作,并由其支付工资的人员。

城镇登记失业人员　指有非农业户口,在一定的劳动年龄内,有劳动能力,无业而要求就业,并在当地就业服务机构进行求职登记的人员。

城镇登记失业率　指反映城镇劳动者就业程度的指标,它的计算公式:

城镇登记失业率=城镇登记失业人数÷（城镇登记就业人数+城镇登记失业人数）×100%

职工工资总额　指各单位在一定时期内直接支付给单位全部职工的劳动报酬总额。工资总额的计算原则上应以直接支付给职工的全部劳动报酬为根据。各单位支付给职工的劳动报酬以及其他根据有关规定支付的工资，不论是计入成本的还是不计入成本的，不论是按国家规定列入计征奖金税项目的，还是未列入计征奖金税项目的，不论是以货币形式支付的还是以实物形式支付的，均包括在工资总额内。

奖金　指支付给职工的超额劳动报酬和增收节支的劳动报酬。

津贴和补贴　指为了补偿职工特殊或额外的劳动消耗和因其他特殊原因支付给职工的津贴，以及为了保证职工工资水平不受物价影响支付给职工的物价补贴。

职工平均工资　指企业、事业、机关单位的职工在一定时期内平均每人所得的货币工资额。它表明一定时期职工工资收入的高低程度，是反映职工工资水平的主要指标。计算公式为：

职工平均工资=报告期实际支付的全部职工工资总额÷报告期全部职工平均人数

职工平均工资指数　指报告期职工平均工资与基期职工平均的比率，是反映不同时期职工货币工资水平变动情况的相对数。计算公式为：

职工平均工资指数=报告期职工平均工资÷基期职工平均工资

职工平均实际工资指数　职工平均实际工资指扣除物价变动因素后的职工平均工资。职工平均实际工资指数是反映实际工资变动情况的相对数。计算公式为：

职工平均实际工资指数=报告期职工平均工资指数÷报告期城镇居民消费价格指数 x100%。

Explanatory Notes on Principal Statistical Indicators

Employed Persons refer to the persons who are engaged in social working and receive remuneration payment or earn business income. This indicator, which reflects the actual utilization of the total labor force resources in a certain period of time, is an important one for the research on the provincial basic situation and power. It includes total staff and workers, employees in urban private enterprises, self-employed persons in cities and towns, rural employed persons, other employed persons (including re-employed retirees, teachers in non-government funded schools, personnel from foreign countries, Hong Kong, Macao and Taiwan, part-time employees, employees temporarily transferring to current positions from other entities, second job-holders, etc.). Data of this indicator have been calculated according to this standard since 2000.

Staff and Workers refer to the persons who work in (and receive payment there from) enterprises and institutions of state ownership, collective ownership, joint ownership, joint stock ownership, foreign ownership, ownership by entrepreneurs from Hong Kong, Macao, and Taiwan, and other types of ownership and their affiliated entities. They do not include re-employed retirees, teachers in non-government funded schools; personnel from foreign countries, Hong Kong, Macao and Taiwan who work in state-owned economic entities (the data after 1998 all refer to fully employed staff and workers and the other relevant indicators such as total wages and average wage of staff and workers have also been adjusted accordingly in this way since 1998).

Staff and Workers at Post refer to persons who work in and receive wages from their working entities, as well as persons who have their work posts, but are temporarily absent from work for reasons of study or on sick, injury or maternity leave and still receive wages from their entities.

Staff and Workers in State-owned Economic Entities refer to the persons who work in the state-owned economic entities or their attached entities and are listed on their payrolls.

Staff and Workers in Urban Collective-owned Entities refer to the persons who work in collective-owned enterprises, institutions and their administration departments in urban areas and receive payment there from.

Staff and Workers in Entities of Other types of Ownership refer to those who work in and receive payment there from enterprises and institutions of joint ownership (state and collective jointly-run enterprises, state and private jointly-run enterprises, collective and private jointly-run enterprises, state and collective and private jointly-run enterprises), joint stock ownership (incorporated corporations, limited liability corporations), foreign ownership (Sino-foreign joint ventures, Sino-foreign cooperative enterprises, foreign-funded enterprises), ownership by entrepreneurs from Hong Kong, Macao, and Taiwan (including enterprises jointly funded or jointly run with the mainland) and other ownership.

Registered Urban Unemployed Persons refer to the persons registered as permanent residents in urban areas and at certain working ages, who are capable of work, unemployed but desirous of being employed and have been registered at the local employment service agencies to apply for a job.

Registered Urban Unemployment Rate reflects the employment scale of urban laborers. The formula is as follows:

Registered Urban Unemployment Rate = Number of Registered Urban Unemployed Persons / (Number of Registered Urban Employed Persons + Number of Registered Urban Unemployed Persons) × 100%.

Total Wages of Staff and Workers refer to the total direct remuneration payments to all staff and workers in an entity in a certain period of time. The calculation of total wages is based on the total direct remuneration payments to staff and workers. Therefore, all the wages and salaries and other payments to staff and workers are included in the total wages irrespective of their sources, category, and forms (in kind or cash).

Bonuses refer to the rewards to staff and workers for their above-norm work and contributions to production or cost saving.

Allowances and Subsidies refer to the payments to staff and workers to compensate their extra or special labor and other special reasons in form of allowances and to keep their wage level from unfavorable effects of price rises in form of subsidies.

Average Wage of Staff and Workers refers to the average per capita wage in monetary terms during a certain period of time in enterprises, institutions, and government departments, which reflects the general level of wage income during a certain period of time and is calculated as follows:

Average Wage of Staff and Workers = Total Wages of Staff and Workers in the Report Period/Average Number of Staff and Workers in the Base Period.

Index of Average Wage of Staff and Workers refers to the ratio of the average wage of staff and workers in the report period and that in the base period, which is a relative figure reflecting the variation level of the wages of staff and workers in monetary terms. It is calculated as follows:

Average Wage of Staff and Workers = Average Wage of Staff and Workers in the Report Period/Average Wage of Staff and Workers in the Base Period.

Index of Average Real Wage of Staff and Workers Average real wage of staff and workers refers to the average wage of staff and workers after removing the effects of price changes and the related index, which is a relative figure reflecting the variation level of the real wages of staff and workers. It is calculated as follows:

Index of Average Real Wage of Staff and Workers = Index of Average Wage of Staff and Workers in the Report Period/ Urban Consumer Price Index in the Report Period $\times 100\%$.

六、固定资产投资

Investment in Fixed Assets

6-1 全社会固定资产投资
Total Investment in Fixed Assets

单位：万元 (10 000 yuan)

指　　标	Item	2000年	2003年	2004年	2005年
投资总额	**Total Investment**	**6 979 424**	**10 211 828**	**13 306 012**	**17 552 979**
按经济类型分	**Grouped by Ownership**				
国有经济	State-owned Entities	4 661973	5 444 794	6 173 384	8 152 698
基本建设	Capital Construction	3 421 166	4 136 894	4 839 926	6 693 981
更新改造	Innovation	719 188	962 404	1 037 043	1 231 879
其它单位投资	Others	96 501	191 924	235 838	115 341
房地产投资	Real Estate	335 118	153 572	60 577	111 497
集体经济	Collective-owned Entities	474 362	548 857	580 408	794 687
城镇集体	Urban Collective-owned Entities	82 036	95 501	120 458	138 292
房地产投资	Real Estate	21 800	23 940	24 197	23 533
农村集体	Rural Collective-owned Units	370 526	429 416	435 753	632 862
个体私营经济	Individuals and Private Economic Entities	1 100 266	1 979 262	2 787 782	2 405 791
城镇私人建房	Building Construction of Urban Individuals	107 569	173 142	217 832	364 435
农村私人建房	Building Construction of Rural Individuals	497 534	656 761	724 997	632 827
个体私营企业投资	Individuals and Private Enterprises	495 163	1 149 359	1 844 953	1 408 529
其它经济	Others	742 823	2 238 915	3 764 438	6 199 803
房地产投资	Real Estate	336 168	668 308	861 812	1 536 578
按资金来源分	**Grouped by Source of Funds**				
国家预算内资金	State Budgetary Appropriations	571 601	747 382	901 960	1 164 292
国内贷款	Domestic Loans	1 524 937	2 796 391	3 148 351	5 007 778
债　券	Bonds	19 965	1 265	82 111	50 000
利用外资	Foreign Investment	78 666	170 135	85 140	221 110
自筹和其它	Self-raised Funds and Others	4 694 255	6 496 655	9 088 450	11 109 799
按构成分	**Grouped by Use of Funds**				
建筑安装工程	Construction and Installation	4 749 711	6 610 609	8 925 407	11 853 611
设备购置	Purchase of Equipment	1 363 513	1 729 746	2 452 297	2 804 364
其它费用	Others	776 200	1 871 473	1 928 308	2 895 004

注：1. 其它经济投资指上述三项未包括的投资。
2. 个体私营企业投资为 1999年年报新纳入统计范围的投资。

Note: a. Investment by entites of types of ownership refers to the investment which is not included in the above three types.
b. Investment by individual and private economic entites economy refers to the investment which has been included in the Statistical items since 1999 .

6-2 全社会固定资产投资各种分组情况

单位：万元

指　　标	Item	1990年 合 计 Total	#地　方 Region
投资总额	**Total Investment**	**757 446**	**592 999**
按资金来源分	Grouped by Source of Funds		
国家预算内资金	State Budgetary Appropriation	99 709	53 920
国内贷款	Domestic Loans	157 374	115 733
债券	Bonds		
利用外资	Foreign Investment	13 841	5 317
自筹资金	Self-raised Funds	486 522	418 029
其它资金	Others		
按构成分	Grouped by Use of Funds		
建筑安装工程	Construction and Installation Engineering	519 620	429 991
设备、工具、器具购置	Purchase of Equipment and Instruments	165 587	119 937
其它费用	Others	72 239	43 071
按建设性质分	Grouped by Types of Construction		
新　建	New Construction	185 501	124 488
扩　建	Extension	194 825	146 865
改　建	Reconstruction	130 779	89 405
按国民经济行业分	Grouped by Economic Sector		
#农　业	Agriculture	48 855	41 750
工　业	Industry	328 344	213 705
能源工业	Energy Industry	100 840	31 431
运输邮电	Transport, Postal and Telecommunication Services	78 646	52 202
教　育	Education		
新增固定资产	**Newly Increased Fixed Assets**	**525 679**	**345 504**
施工项目个数(个)	**Number of Projects**		
本年新开工项目	Number of Projects Started in the Current Year		
本年投产项目个数(个)	**Number of Projects Put into Use in the Current Year**		
施工房屋面积(万平方米)	**Floor Space of Buildings under Construction (10 000 sq.m)**	**3 045.4**	**2 839.0**
住宅	Residential Buildings	2 037.2	
竣工房屋面积(万平方米)	**Floor Space of Buildings Completed (10 000 sq.m)**	**2 485.5**	**2 373.5**
住 宅	Residential Buildings	1 789.2	1 735.2

注：1. 1993年以前按“建设性质分”和“新增固定资产”不包括农村集体投资和城乡私人投资；按“国民经济行业分”不包括城乡私人投资。
2. 按国民经济行业分中的农业投资含水利服务业投资（水利建设投资）。

Various Groups of Total Investment in Fixed Assets

(10 000 yuan)

2000年		2004年		2005年	
合 计 Total	# 地 方 Region	合 计 Total	# 地 方 Region	合 计 Total	# 地 方 Region
6 979 424	**5 433 968**	**13 306 012**	**11 380 542**	**17 552 979**	**14 766 381**
				0	0
571 601	448 757	901 960	747 602	1 164 292	950 883
1 524 937	903 569	3 148 351	2 605 031	5 007 778	3 747 179
19 965	6 501	82 111		50 000	
78 666	70 630	85 140	84 016	221 110	212 110
2 712 775	2 020 713	5 473 540	4 377 783	7 430 742	6 234 318
1 981 480	1 893 798	3 614 910	3 566 110	3 679 057	3 621 891
4 749 711	3 888 029	8 925 407	7 985 039	11 853 611	10 463 151
1 363 513	785 846	2 452 297	1 793 906	2 804 364	1 920 545
776 200	670 093	1 928 308	1 601 597	2 895 004	2 382 685
2 426 474	1 701 443	5 614 174	4 502 454	9 118 585	7 256 364
1 226 191	805 364	2 111 721	1 519 746	2 547 241	2 011 892
800 527	484 960	1 762 263	1 611 773	2 031 931	1 679 068
411 201	386 191	662 112	627 742	797 570	768 106
1 332 645	683 417	4 217 131	3 081 772	6 498 951	4 661 312
597 706	125 909	2 154 794	1 165 161	3 783 873	2 137 502
1 880 301	1 112 460	2 501 699	1 884 218	3 861 876	3 044 847
145 387	143 997	307 391	307 391	378 328	378 328
4 991 474	**3 869 041**	**7 089 025**	**6 122 910**	**9 167 468**	**8 035 046**
16 571	**15 910**	11 288	10 808	15 893	15 537
13 405	13 042	8 330	8 015	12 405	12 179
13 471	**13 102**	6 893	6 609	11 170	10 968
5 071.5	**4 719.8**	**5 239.8**	**5 062.2**	**6 064.5**	**5 941.4**
3 219.4	3 061.9	3 293.8	3 211.9	3 758.3	3 710.1
3 552.0	**3 359.8**	**2 840.0**	**2 750.1**	**2 902.2**	**2 833.4**
2 464.2	2 360.3	1 822.7	1 788.6	1 755.9	1 729.6

Note: a. The two items,"newly increased fixed assets" and "grouped by types of construction", did not include the investment by rural collective entities and by individuals before 1993, and "grouped by sector" did not include the investment by individuals before 1993.

b.Investment in agriculture includes that in water concervancy

6-3 全社会固定资产投资（按经济类型分）(2005年)

单位：万元

指　　标	Item	本年完成投资 Investment Made in the Current Year
合　计	**Total**	**17 552 979**
按资金来源分	**Grouped by Source of Funds**	
国家预算内资金	State Budgetary Appropriations	1 164 292
国内贷款	Domestic Loans	5 007 778
债券	Bonds	50 000
利用外资	Foreign Investment	221 110
自筹资金	Self-raised Funds	7 430 742
其它资金	Others	3 679 057
按构成分	**Grouped by Use of Funds**	
建筑安装工程	Construction and Installation Engineering	11 853 611
设备、工具、器具购置	Purchase of Equipment and Instruments	2 804 364
其它费用	Others	2 895 004
施工房屋面积(平方米)	**Floor Space of Buildings under Construction (sq.m)**	**60 645 148**
竣工房屋面积(平方米)	**Floor Space of Buildings Completed (sq.m)**	**29 022 161**
住宅	Residential Buildings	17 559 021
新增固定资产	**Newly Increased Fixed Assets**	**9 167 468**
按管理渠道分	**Grouped by Channel of Management**	
基本建设	Capital Construction	9 818 421
更新改造	Innovation	2 823 322
其它投资	Others	2 442 122
房地产投资	Real Estate	2 469 114
按建设地区分	**Grouped by Reglon**	
昆　明	Kunming	4 578 403
曲　靖	Qujing	2 031 223
玉　溪	Yuxi	1 030 338
保　山	Baoshan	562 432
昭　通	Zhaotong	752 727
丽　江	Lijiang	526 775
思　茅	Simao	592 397
临　沧	Lincang	561 384
楚　雄	Chuxiong	682 437
红　河	Honghe	1 498 342
文　山	Wenshan	760 946
西双版纳	Xishuangbanna	350 731
大　理	Dali	828 329
德　宏	Dehong	316 784
怒　江	Nujiang	121 688
迪　庆	Diqing	288 918
不分地区	Not Grouped by Region	2 069 125

注：1. 1998年起全省全社会固定资产投资总额及国有投资、地方投资、第三产业投资合计数中包括了基本建设、更新改造、其他投资的50万元以下项目投资。1998年为51780万元, 1999年为61598万元，2000年为90000万元，2001年为110000万元, 2002年为90000万元。其他各种分组均不包括。

2. 其它投资包括其它单位投资、个体私营企业、农村集体、城乡私人建房的投资(下同)。

Total Investment in Fixed Assets by Ownership (2005)

(10 000 yuan)

国有经济 State-owned Entities	集体经济 Collective-owned Entities	# 农 村 Rural Entities	个体私营经济 Individual and Private Economic Entities	# 农 村 Rural Entities
8 152 698	**794 687**	**632 862**	**2 405 791**	**632 827**
1 028 537	73 550	71 394	1 302	
2 855 867	50 370	36 278	242 676	
50 000				
142 950	2 174	2 174		
3 357 689	461 202	351 659	674 446	
717 655	207 391	171 357	1 487 367	632 827
5 696 246	572 730	447 673	1 797 939	490 607
979 178	163 595	138 242	336 189	142 220
1 477 274	58 362	46 947	271 663	
15 900 883	**3 538 747**	**2 381 816**	**17 404 874**	**490 607**
8 438 407	**2 599 446**	**1 895 442**	**11 173 672**	**490 607**
3 855 560	1 219 111	806 419	8 491 890	418 310
4 227 928	**595 718**	**495 418**	**2 011 686**	**632 827**
6 693 981	57 952		224 079	
1 231 879	44 905		184 014	
115 341	668 297	632 862	1 200 192	632 827
111 497	23 533		797 506	
1 719 048	116 762	83 170	755 306	121 665
932 479	108 466	49 668	226 316	55 659
406 130	183 347	179 026	166 464	62 362
302 572	23 387	19 911	97 554	34 174
407 280	51 115	48 662	165 539	44 422
116 142	13 112	6 783	76 141	9 031
94 580	63 430	61 850	65 442	24 843
284 984	27 696	24 248	112 624	25 955
363 240	25 812	19 970	158 438	67 256
692 437	71 078	46 925	189 649	56 883
421 020	51 056	47 045	80 714	32 421
232 491	6 261	3 379	65 155	29 238
402 763	32 223	24 291	145 270	39 660
81 364	1 491	1 331	58 967	16 006
62 814	15 133	14 943	2 683	1 858
127 554	4 318	1 660	39 529	11 394
1 505 800				

Note: a. Since 1998 the total investment in fixed assets and the total investment from state-owned economy, regional economy and tertiary industry have included the investment in capital construction, innovation and other investment below 500 000 yuan. The total investment in 1998, 1999, 2000,2001 and 2002 are 517.8 million yuan, 615.98 million yuan, 900 million yuan, 1100 million yuan and 900 million yuan respectively. And other groups do not include these items.

b. Other investment refers to the investment by other entities, individualand private enterprises, rural collective-owned entities and individuals in private construction. It's the same as in the following tables.

6-3 续表 continued

单位：万元 (10 000 yuan)

指 标	Item	联营经济 Joint Ownership Economic Entities	股份制经济 Joint Venture Economic Entities	外商投资经济 Foreign Funded Economic Entities	港澳台投资经济 Economic Entities Funded by Hong Kong, Macao and Taiwan	其它经济 Others
合　计	**Total**	**8 563**	**1 211 486**	**137 471**	**272 710**	**4 569 573**
按资金来源分	**Grouped by Source of Funds**					
国家预算内资金	State Budgetary Appropriations		8 845	144	65	51 849
国内贷款	Domestic Loans	3 181	311 451	9 562	106 468	1 428 203
债券	Bond					
利用外资	Foreign Investment		1 166	36 954	30 934	6 933
自筹资金	Self-raised Funds	2 210	621 015	39 262	88 679	2 186 239
其它资金	Others	3 172	269 009	51 549	46 564	896 349
按构成分	**Grouped by Use of Funds**					
建筑安装工程	Construction and Installation	6 047	740 489	106 663	193 627	2 739 870
设备、工具、器具购置	Purchase of Equipment and Instruments	605	289 599	20 989	27 059	987 150
其它费用	Other	1 911	181 398	9 819	52 024	842 553
施工房屋面积（平方米）	**Floor Space of Buildings (sq.m)**	**77 159**	**3 981 246**	**743 566**	**577 682**	**18 420 991**
竣工房屋面积（平方米）	**Floor Space Completed (sq.m)**	**25 952**	**1 041 776**	**132 712**	**215 229**	**5 394 967**
住宅	Residential Buildings	4 562	670 064	11 547	130 235	3 176 052
新增固定资产	**Newly Increased Fixed Assets**	**4 829**	**452 436**	**37 840**	**55 881**	**1 781 150**
按管理类别分	**Grouped by Channel of Management**					
基本建设	Capital Construction	7 358	546 798	37 602	167 392	2 083 259
更新改造	Innovation	326	369 487	4 134	22 670	965 907
其它投资	Others	212	91 738	18 858	22 611	324 873
房地产投资	Real Estate investment	667	203 463	76 877	60 037	1 195 534
按建设地区分	**Grouped by Region**					
昆　明	Kunming		322 512	83 789	194 300	1 386 686
曲　靖	Qujing	676	146 566	17 262	5 000	594 458
玉　溪	Yuxi		37 423	16 407	16 850	203 717
保　山	Baoshan	2 807	56 366		662	79 084
昭　通	Zhaotong	2 700	82 944		350	42 799
丽　江	Lijiang		47 426	8 166	3 470	262 318
思　茅	Simao	629	13 937	2 973	206	351 200
临　沧	Lincang		29 369	541	1 300	104 870
楚　雄	Chuxiong	411	21 407	448	4 500	108 181
红　河	Honghe		144 472	1 164	31 062	368 480
文　山	Wenshan		116 153		65	91 938
西双版纳	Xishuangbanna	286	28 752	71		17 715
大　理	Dali		37 376	3 277	10 765	196 655
德　宏	Dehong	1 054	34 993	3 373	2 330	133 212
怒　江	Nujiang		37 871			3 187
迪　庆	Diqing		53 919		1 850	61 748
不分地区	Not Classified by Region					563 325

6-4 全社会固定资产投资(按来源、构成、地区分)(2005年)
Total Investment in Fixed Assets by Source of Funds and Use of Funds and Region (2005)

单位：万元 (10 000 yuan)

指　标	Item	合　计 Total	#地　方 Region	基本建设 Capital Construction	#地　方 Region	更新改造 Innovation	#地　方 Region
投资总额	**Total Investment**	**17 552 979**	**14 766 381**	**9 818 421**	**7 791 988**	**2 823 322**	**2 091 285**
按资金来源分	**Grouped by Source of Funds**						
国家预算内资金	State Budgetary Appropriations	1 164 292	950 883	990 155	778 246	65 308	63 808
国内贷款	Domestic Loans	5 007 778	3 747 179	3 891 300	2 724 259	635 565	551 162
债券	Bonds	50 000		50 000			
利用外资	Foreign Investment	221 110	212 110	195 442	186 442	3 849	3 849
统借统还	Consolidated Borrowings and Repayments	334	334	204	204	130	130
自筹资金	Self-raised Funds	7 430 742	6 234 318	3 895 326	3 324 347	1 815 328	1 205 133
中央各部门自筹	Funds Raised by Central Departments	251 530	189 097	196 896	182 802	51 264	3 005
省自筹	Funds Raised by the Province	518 629	493 445	493 224	468 040	5 368	5 368
地(市)自筹	Funds Raised by Prefectures and Cities	573 915	564 595	427 343	418 023	119 890	119 890
县自筹	Funds Raised by Counties	513 235	507 838	405 102	399 705	26 626	26 626
企事业单位自有资金	Funds Possessed by Enterprises and Institutions	5 573 433	4 479 343	2 372 761	1 855 777	1 612 180	1 050 244
发行股票	Issuing Stocks	86 488	86 488	69 019	69 019	17 469	17 469
其它资金来源	Other Source	3 679 057	3 621 891	796 198	778 694	303 272	267 333
集　资	Raising Funds	312 887	301 360	183 476	172 780	33 834	33 834
按构成分	**Grouped by Use of Funds**						
建筑安装工程	Construction and Installation Engineering	11 853 611	10 463 151	6 979 025	5 731 063	1 218 704	1 086 166
设备、工具、器具购置	Purchase of Equipment and Instruments	2 804 364	1 920 545	998 802	637 552	1 304 335	789 741
其它费用	Others	2 895 004	2 382 685	1 840 594	1 423 373	300 283	215 378
本年新增固定资产	**Newly Increased Fixed Assets in the Current Year**	**9 167 468**	**8 035 046**	**4 399 601**	**3 756 258**	**1 356 794**	**886 309**
房屋建筑面积(平方米)	**Floor Space of Building Construction (sq.m)**						
施工面积	Floor Space of Buildings under Construction	60 645 148	59 414 417	18 458 438	17 441 236	1 936 224	1 828 463
住　宅	Residential Buildings	37 583 194	37 100 954	6 958 278	6 590 226	160 658	150 658
竣工面积	Floor Space of Buildings Completed	29 022 161	28 334 275	9 764 634	9 165 059	918 147	895 399
住　宅	Residential Buildings	17 559 021	17 295 757	3 896 093	3 696 812	109 129	109 129

6-4 续表1

单位：万元

指 标	Item	其它投资 Others	# 地方 Region
投 资 总 额	**Total Investment**	**2 442 122**	**2 431 595**
按资金来源分	**Grouped by Source of Funds**		
国家预算内资金	State Budgetary Appropriations	108 829	108 829
国内贷款	Domestic Loans	161 790	161 790
债券	Bonds		
利用外资	Foreign Investment	19 251	19 251
统借统还	Consolidated Borrowings and Repayments		
自筹资金	Self-raised Funds	864 233	854 562
中央各部门自筹	Funds Raised by Central Departments	3 370	3 290
省自筹	Funds Raised by the Province	20 037	20 037
地(市)自筹	Funds Raised by Prefectures and Cities	26 682	26 682
县自筹	Funds Raised by Counties	81 507	81 507
企事业单位自有资金	Funds Possessed by Enterprises and Institutions	732 637	723 046
发行股票	Issuing Stocks		
其它资金来源	Other Source	1 288 019	1 287 163
集 资	Raising Funds	95 577	94 746
按构成分	**Grouped by Use of Funds**		
建筑安装工程	Construction and Installation Engineering	1 814 346	1 812 165
设备、工具、器具购置	Purchase of Equipment and Instruments	492 401	484 426
其它费用	Others	135 375	135 004
本年新增固定资产	**Newly Increased Fixed Assets in the Current Year**	**2 032 362**	**2 023 489**
房屋建筑面积(平方米)	**Floor Space of Building Construction (sq.m)**		
施工面积	Floor Space of Buildings under Construction	12 180 682	12 171 875
住 宅	Residential Buildings	6 799 594	6 792 187
竣工面积	Floor Space of Buildings Completed	9 764 080	9 755 273
住 宅	Residential Buildings	6 262 629	6 255 222

continued

(10 000 yuan)

房地产开发 Real Estate Development	# 地方 Region	在其它投资中 Others			
		农村集体 Rural Collective-owned Economic Entities	# 地方 Region	个体私营 Individual and Private Economic Entities	# 地方 Region
2 469 114	**2 451 513**	**632 862**	**632 862**	**1 608 285**	**1 608 285**
		71 394	71 394	1 302	1 302
319 123	309 968	36 278	36 278	130 950	130 950
2 568	2 568	2 174	2 174		
855 854	850 275	351 659	351 659	396 697	396 697
		2 637	2 637		
		13 832	13 832		
		15 675	15 675		
		55 993	55 993		
855 854	850 275	263 522	263 522	396 697	396 697
1 291 569	1 288 702	171 357	171 357	1 079 336	1 079 336
		56 349	56 349		
1 841 536	1 833 757	447 673	447 673	1 207 309	1 207 309
8 826	8 826	138 242	138 242	333 405	333 405
618 752	608 930	46 947	46 947	67 571	67 571
1 378 711	**1 368 990**	**495 418**	**495 418**	**1 414 501**	**1 414 501**
28 069 804	27 972 843	2 381 816	2 381 816	7 770 183	7 770 183
23 664 664	23 567 883	903 359	903 359	5 186 923	5 186 923
8 575 300	8 518 544	1 895 442	1 895 442	7 272 514	7 272 514
7 291 170	7 234 594	806 419	806 419	5 148 683	5 148 683

6-4 续表2

单位: 万元

指 标	Item	本年完成投资 Investment Finished in the Curent Year
投 资 总 额	**Total Investment**	**17 552 979**
按经济类型分	**Grouped by Ownership**	
国有经济	State-owned Entities	8 152 698
集体经济	Collective-owned Entities	794 687
农村	Rural Entities	632 862
个体私营经济	Individuals and Private Economic Entities	2 405 791
农村	Rural Entities	632 827
联营经济	Joint Stock Economic Entities	8 563
股份制经济	Share Holding Economic Entities	1 211 486
外商投资经济	Foreign-funded Economic Entities	137 471
港澳台投资经济	Economic Entities Funded by Hong Kong, Macao and Taiwan	272 710
其它经济	Other Types of Ownership	4 569 573
按建设地区分	**Grouped by Region**	
昆 明	Kunming	4 578 403
曲 靖	Qujing	2 031 223
玉 溪	Yuxi	1 030 338
保 山	Baoshan	562 432
昭 通	Zhaotong	752 727
丽 江	Lijiang	526 775
思 茅	Simao	592 397
临 沧	Lincang	561 384
楚 雄	Chuxiong	682 437
红 河	Honghe	1 498 342
文 山	Wenshan	760 946
西双版纳	Xishuangbanna	350 731
大 理	Dali	828 329
德 宏	Dehong	316 784
怒 江	Nujiang	121 688
迪 庆	Diqing	288 918
不分地区	Not Grouped by Region	2 069 125

continued

(10 000 yuan)

# 地 方 Region	基本建设 Capital Construction	# 地 方 Region	更新改造 Innovation	# 地 方 Region
14 766 381	**9 818 421**	**7 791 988**	**2 823 322**	**2 091 285**
6 220 069	6 693 981	5 279 123	1 231 879	739 404
794 687	57 952	57 952	44 905	44 905
632 862				
2 405 791	224 079	224 079	184 014	184 014
632 827				
8 563	7 358	7 358	326	326
1 197 166	546 798	534 323	369 487	368 624
137 471	37 602	37 602	4 134	4 134
272 710	167 392	167 392	22 670	22 670
3 729 924	2 083 259	1 484 159	965 907	727 208
4 268 539	1 593 502	1 510 769	1 023 654	820 046
1 715 015	1 267 879	975 705	409 446	386 392
882 617	246 283	227 245	273 100	144 827
555 380	379 827	372 775	30 894	30 894
686 113	491 795	425 181	43 557	43 557
518 275	304 626	296 126	44 727	44 727
446 189	421 093	274 885	16 575	16 575
533 096	326 186	297 898	62 265	62 265
655 319	346 752	341 519	143 369	122 018
1 428 647	1 015 217	957 771	164 608	154 209
760 731	461 114	460 899	96 179	96 179
346 354	244 392	240 053	9 738	9 700
728 582	429 855	354 843	154 856	130 121
315 503	230 431	229 150	13 433	13 433
120 697	85 105	84 196	2 482	2 400
286 883	225 736	224 532	13 942	13 942
518 441	1 748 628	518 441	320 497	

6-4 续表3

单位：万元

指 标	Item	其它投资 Others	# 地 方 Region
投 资 总 额	**Total Investment**	**2 442 122**	**2 431 595**
按经济类型分	**Grouped by Ownership**		
国有经济	State-owned Entities	115 341	105 796
集体经济	Collective-owned Entities	668 297	668 297
农村	Rural Entities	632 862	632 862
个体私营经济	Individuals and Private Economic Entities	1 200 192	1 200 192
农村	Rural Entities	632 827	632 827
联营经济	Joint Stock Economic Entities	212	212
股份制经济	Share Holding Economic Entities	91 738	90 756
外商投资经济	Foreign-funded Economic Entities	18 858	18 858
港澳台投资经济	Economic Entities Funded by Hong Kong, Macao and Taiwan	22 611	22 611
其它经济	Other Types of Ownership	324 873	324 873
按建设地区分	**Grouped by Region**		
昆 明	Kunming	467 720	459 948
曲 靖	Qujing	225 203	224 223
玉 溪	Yuxi	425 194	424 784
保 山	Baoshan	81 621	81 621
昭 通	Zhaotong	189 594	189 594
丽 江	Lijiang	37 661	37 661
思 茅	Simao	112 569	112 569
临 沧	Lincang	104 182	104 182
楚 雄	Chuxiong	125 332	124 798
红 河	Honghe	215 992	215 992
文 山	Wenshan	130 028	130 028
西双版纳	Xishuangbanna	68 875	68 875
大 理	Dali	134 626	134 626
德 宏	Dehong	45 533	45 533
怒 江	Nujiang	34 101	34 101
迪 庆	Diqing	43 891	43 060
不分地区	Not Grouped by Region		

continued

(10 000 yuan)

房地产开发 Real Estate Development	#地方 Region	在其它投资中 Others 农村集体 Rural Collective-owned Entities	#地方 Region	个体私营 Individuals and Private Economic Entities	#地方 Region
2 469 114	**2 451 513**	**632 862**	**632 862**	**1 608 285**	**1 608 285**
111 497	95 746				
23 533	23 533	632 862	632 862		
		632 862	632 862		
797 506	797 506			1 608 285	1 608 285
				632 827	632 827
667	667				
203 463	203 463				
76 877	76 877				
60 037	60 037				
1 195 534	1 193 684				
1 493 527	1 477 776	83 170	83 170	279 479	279 479
128 695	128 695	49 668	49 668	206 202	206 202
85 761	85 761	179 026	179 026	135 543	135 543
70 090	70 090	19 911	19 911	67 933	67 933
27 781	27 781	48 662	48 662	151 216	151 216
139 761	139 761	6 783	6 783	49 153	49 153
42 160	42 160	61 850	61 850	54 939	54 939
68 751	68 751	24 248	24 248	82 716	82 716
66 984	66 984	19 970	19 970	123 666	123 666
102 525	100 675	46 925	46 925	139 899	139 899
73 625	73 625	47 045	47 045	62 582	62 582
27 726	27 726	3 379	3 379	51 612	51 612
108 992	108 992	24 291	24 291	111 457	111 457
27 387	27 387	1 331	1 331	49 676	49 676
		14 943	14 943	2 683	2 683
5 349	5 349	1 660	1 660	39 529	39 529

6-5 全社会固定资产投资主要指标（2005年）

单位：万元

指标	Item	合　计 Total
项目个数(个)	**Number of Projects**	
本年施工项目	Number of Projects Under Construction in the Current Year	15 893
本年新开工项目	Number of Projects Started in the Current Year	12 405
本年投产项目	Number of Projects Put into Use in the Current Year	11 170
投资额和新增固定资产	**Total Investment and Newly Increased Fixed Assets**	
计划总投资	Total Planned Investment	64 126 580
实际需要的总投资	Total Investment Actually Needed	56 913 032
自开始建设累计完成投资	Investment Accumulated from Starting Construction	30 704 946
自开始建设累计新增固定资产	Newly Increased Fixed Assets Accumulated from Starting Construction	9 923 996
本年底未完成工程累计投资	Investment Accumulated in the Projects Not Completed at the End of in the Current Year	13 943 591
本年计划投资	Planned Investment in in the Current Year	17 911 145
本年完成投资	Investment in in the Current Year	17 552 979
按构成分：	**Grouped by Use of Funds**	
建筑工程	Construction Engineering	11 260 829
安装工程	Installation Engineering	592 782
设备、工具、器具购置	Purchase of Equipment and Instruments	2 804 364
购置旧设备	Purchase of Used Equipment	42 875
其它费用	Others	2 895 004
旧建筑物购置	Purchase of Old Buildings	87 961
本年新增固定资产	Newly Increased Fixed Assets in the Current Year	9 167 468
资金来源(财务拨款)	**Sources of Funds (financial appropriation)**	
本年资金来源合计	**Total Sources of Funds in in the Current Year**	**19 330 319**
上年末结余资金	Surplus Funds in the Preceding year	1 792 359
本年资金来源	Funds in the Current Year	17 537 960
国家预算内资金	State Budgetary Appropriations	1 123 171
国内贷款	Domestic Loans	4 860 394
债券	Bonds	50 000
利用外资	Foreign Investment	178 824
统借统还	Consolidated Borrowings and Repayments	410
自筹资金	Self-raised Funds	7 648 885
中央各部门自筹	Funds Raised by Central Departments	188 861
省自筹	Funds Raised by the Province	447 813
地(市)自筹	Funds Raised by Prefectures and Cities	538 173
县自筹	Funds Raised by Counties	453 349
企事业单位自有资金	Funds Possessed by Enterprises and Institutions	5 432 197
发行股票	Issuing Stocks	86 488
其它资金	Other Funds	3 676 686
集　资	Raising Funds	310 703
各项应付款合计	**Total Payments**	**2 395 072**
工程款	Projects	1 626 568
设备、器材款	Equipment and Instruments	540 356

Principal Indicators on Total Investment in Fixed Assets (2005)

(10 000 yuan)

基本建设 Capital Construction	# 大中型项目 Large and Medium-sized Projects	更新改造 Innovation	# 限额以上项目 Projects above Designated Size	其它投资 Others	房地产开发 Real Estate Development
6 276	187	1 882	179	7 735	
4 018	73	1 269	125	7 118	
3 465	42	1 086	54	6 619	
45 539 370	26 043 547	6 970 869	2 184 482	3 846 923	7 769 418
45 970 837	26 037 219	7 049 437	2 249 561	3 892 758	
18 468 471	7 487 270	4 606 457	1 632 623	2 866 047	4 763 971
5 894 576	1 609 056	1 953 587	632 890	2 075 833	
11 015 503	5 118 634	2 280 185	922 475	647 903	
10 507 214	4 517 886	2 604 416	456 166	2 357 907	2 441 608
9 818 421	4 140 333	2 823 322	619 373	2 442 122	2 469 114
6 754 424	2 446 190	998 483	222 993	1 754 975	1 752 947
224 601	103 979	220 221	56 597	59 371	88 589
998 802	584 693	1 304 335	254 450	492 401	8 826
5 949		32 325	285	4 601	
1 840 594	1 005 471	300 283	85 333	135 375	618 752
40 409	13 950	8 085	79	6 893	32 574
4 399 601	686 001	1 356 794	182 518	2 032 362	1 378 711
9 755 147	**4 329 092**	**3 113 207**	**727 692**	**2 544 563**	**3 917 402**
728 032	180 870	320 166	59 594	51 495	692 666
9 027 115	4 148 222	2 793 041	668 098	2 493 068	3 224 736
955 233	370 026	60 175	4 450	107 763	
3 547 885	2 200 501	658 803	181 228	193 068	460 638
50 000	50 000				
147 170	59 006	9 623		20 041	1 990
280	280	130			
3 779 900	1 356 654	1 918 867	409 357	883 823	1 066 295
134 599	43 545	50 956		3 306	
423 790	35 956	5 177		18 846	
409 234	129 368	102 620	1 658	26 319	
348 206	25 745	23 597	2 882	81 546	
2 464 071	1 122 040	1 736 517	404 817	753 806	477 803
69 019		17 469			
546 927	112 035	145 573	73 063	1 288 373	1 695 813
178 765	9 861	33 727	15 324	98 211	
1 608 453	**498 564**	**230 717**	**52 728**	**89 495**	**466 407**
1 177 039	410 426	84 340	24 549	57 221	307 968
42 196	10 155	41 764	10 277	11 693	444 703

6-6 全社会地方固定资产投资主要指标（2005年）

单位：万元

指标	Item	合 计 Total
项目个数(个)	**Number of Projects**	
本年施工项目	Number of Projects Under Construction in the Current Year	15 537
本年新开工项目	Number of Projects Started in the Current Year	12 179
本年投产项目	Number of Projects Put into Use in the Current Year	10 968
投资额和新增固定资产	**Total Investment and Newly Increased Fixed Assets**	
计划总投资	Total Planned Investment	45 473 718
实际需要的总投资	Total Investment Actually Needed	38 256 237
自开始建设累计完成投资	Investment Accumulated from Starting Construction	25 174 162
自开始建设累计新增固定资产	Newly Increased Fixed Assets Accumulated from Starting Construction	8 140 628
本年底未完成工程累计投资	Investment Accumulated in the Projects Not Completed at the End of in the Current Year	10 376 126
本年计划投资	Planned Investment in in the Current Year	15 043 032
本年完成投资	Investment in in the Current Year	14 766 381
按构成分	**Grouped by Use of Funds**	
建筑工程	Construction Engineering	9 975 837
安装工程	Installation Engineering	487 314
设备、工具、器具购置	Purchase of Equipment and Instruments	1 920 545
购置旧设备	Purchase of Used Equipment	42 436
其它费用	Others	2 382 685
旧建筑物购置	Purchase of Old Buildings	86 575
本年新增固定资产	Newly Increased Fixed Assets in the Current Year	8 035 046
资金来源(财务拨款)	**Sources of Funds (financial appropriation)**	
本年资金来源合计	**Total Sources of Funds in in the Current Year**	**16 315 612**
上年末结余资金	Surplus Funds in the Preceding year	1 617 265
本年资金来源	Funds in the Current Year	14 698 347
国家预算内资金	State Budgetary Appropriations	866 786
国内贷款	Domestic Loans	3 577 148
债　券	Bonds	
利用外资	Foreign Investment	169 824
统借统还	Consolidated Borrowings and Repayments	410
自筹资金	Self-raised Funds	6 434 282
中央各部门自筹	Funds Raised by Central Departments	130 868
省自筹	Funds Raised by the Province	422 631
地(市)自筹	Funds Raised by Prefectures and Cities	530 936
县自筹	Funds Raised by Counties	449 045
企事业单位自有资金	Funds Possessed by Enterprises and Institutions	4 313 365
发行股票	Issuing Stocks	86 488
其它资金	Other Funds	3 650 307
集资	Raising Funds	300 066
各项应付款合计	**Total Payments**	**2 294 582**
工程款	Projects	1 593 689
设备、器材款	Equipment and Instruments	502 223

Principal Indicators on Total Regional Investment in Fixed Assets (2005)

(10 000 yuan)

基本建设 Capital Construction	# 大中型项目 Large and Medium-sized Projects	更新改造 Innovation	# 限额以上项目 Projects above Designated Size	其它投资 Other Investment	房地产开发 Real Estate Development
6 063	159	1 750	171	7 724	
3 884	64	1 186	124	7 109	
3 355	39	1 001	49	6 612	
28 190 797	10 025 974	5 700 031	2 143 858	3 832 727	7 750 163
28 615 560	10 017 225	5 763 290	2 208 749	3 877 387	
13 825 564	3 483 176	3 750 552	1 604 633	2 851 676	4 746 370
4 588 143	581 496	1 486 705	613 705	2 065 780	
7 806 377	2 256 429	1 922 120	921 085	647 629	
8 369 925	2 671 519	1 901 535	447 006	2 347 565	2 424 007
7 791 988	2 419 240	2 091 285	603 177	2 431 595	2 451 513
5 569 736	1 403 625	907 991	219 808	1 752 811	1 745 299
161 327	63 393	178 175	56 597	59 354	88 458
637 552	310 771	789 741	242 370	484 426	8 826
5 949		32 325	285	4 162	
1 423 373	641 451	215 378	84 402	135 004	608 930
40 223	13 950	6 885	79	6 893	32 574
3 756 258	244 267	886 309	163 333	2 023 489	1 368 990
7 624 701	**2 520 696**	**2 294 897**	**711 496**	**2 533 556**	**3 862 458**
683 619	148 257	193 393	59 594	51 470	688 783
6 941 082	2 372 439	2 101 504	651 902	2 482 086	3 173 675
700 348	197 797	58 675	4 450	107 763	
2 371 939	1 116 382	581 503	181 228	193 068	430 638
138 170	50 006	9 623		20 041	1 990
280	280	130			
3 199 268	896 275	1 306 715	393 161	873 672	1 054 627
125 206	40 737	2 436		3 226	
398 608	14 956	5 177		18 846	
401 997	122 814	102 620	1 658	26 319	
343 902	22 816	23 597	2 882	81 546	
1 929 555	694 952	1 172 885	388 621	743 735	467 190
69 019		17 469			
531 357	111 979	144 988	73 063	1 287 542	1 686 420
168 959	9 805	33 727	15 324	97 380	
1 514 584	**478 945**	**226 364**	**52 728**	**89 495**	**464 139**
1 145 297	390 808	84 340	24 549	57 221	306 831
35 536	10 155	40 291	10 277	11 693	414 703

6-7 全社会固定资产投资额与新增固定资产（按行业分）（2005年）

单位：万元

行业名称	Sector	投资额 合计 Total
合计	**Total**	**17 552 979**
按三次产业分	**Grouped by Type of Industry**	
第一产业	Primary Industry	529 367
第二产业	Secondary Industry	6 532 104
第三产业	Tertiary Industry	10 491 508
按行业类别分	**Grouped by Sector**	
农、林、牧、渔业	**Farming, Forestry, Animal Husbandry and Fishery**	**529 367**
农业	Farming	243 369
种植业	Planting	101 149
其他农业	Others	142 220
林业	Forestry	68 621
畜牧业	Animal Husbandry	51 864
牲畜饲养放牧业	Raising and Grazing of Livestock	33 435
家禽饲养业	Raising of Poultry	3 634
其他畜牧业	Others	14 795
渔业	Fishery	
农、林、牧、渔服务业	Services of Farming, Forestry, Animal Husbandry and Fishery	165 513
农业服务业	Farming Services	159 839
林业服务业	Forestry Services	4 421
畜牧兽医服务业	Animal Husbandry Services	1 253
渔业服务业	Fishery Services	
采掘业	**Mining and Quarrying**	**731 352**
煤炭采选业	Coal Mining and Dressing	399 981
煤炭开采业	Coal Mining	399 981
石油和天然气开采业	Extraction of Petroleum and Natural Gas	230
黑色金属矿采选业	Mining and Dressing of Ferrous Metals	104 744
铁矿采选业	Mining and Dressing of Iron Ores	96 912
其他黑色金属矿采选业		7 832
有色金属矿采选业	Mining and Dressing of Nonferrous Metals	182 086
重有色金属矿采选业	Mining and Dressing of Heavy Nonferrous Metals	156 483
贵金属矿采选业	Mining and Dressing of Noble Metals	19 763
稀有稀土金属矿采选业	Mining and Dressing Industry of Rare and Rare Earth Metallic Mineral	5 500
非金属矿采选业	Mining and Dressing of Nonmetallic Minerals	42 925
土沙石开采业	Sand and Stone Mining	15 647
化学矿采选业	Mining and Dressing of Chemical Minerals	9 776
采盐业	Salt Mining	9 787
其他非金属矿采选业	Mining and Dressing of Other Nonmetallic Minerals	7 715
其他矿采选业	Mining and Dressing of Other Minerals	1 386
木材采运业	Logging and Transportation of Timber	

Total Investment in Fixed Assets and Newly Increased Fixed Assets by Sector (2005)

(10 000 yuan)

Investment			按管理渠道分其中 Grouped by Channel of Management			新增固定资产 Newly Increased Fixed Assets
# 地方 Region	# 国有 State-owned Entities	# 地方 Region	基本建设 Capital Construction	更新改造 Innovation	其他投资 Others	
14 766 381	**8 288 489**	**6 355 860**	**9 818 421**	**2 823 322**	**2 442 122**	**9 167 468**
500 511	270 752	241 963	247 569	15 807	265 991	415 313
4 694 465	2 098 274	871 106	3 823 146	1 991 426	717 532	2 379 731
9 571 405	5 919 463	5 242 791	5 747 706	816 089	1 458 599	6 372 424
500 511	**270 752**	**241 963**	**247 569**	**15 807**	**265 991**	**415 313**
243 302	60 823	60 823	69 119	241	174 009	212 459
101 082	60 823	60 823	69 119	241	31 789	70 239
142 220					142 220	142 220
42 097	54 718	28 194	58 716	1 561	8 344	33 934
51 839	28 907	28 882	23 556	13 300	15 008	35 730
33 410	15 556	15 531	22 470	1 184	9 781	17 958
3 634			395		3 239	3 377
14 795	13 351	13 351	691	12 116	1 988	14 395
163 273	126 304	124 064	96 178	705	68 630	133 190
157 999	121 183	119 343	93 538	705	65 596	131 093
4 021	4 048	3 648	1 817		2 604	1 169
1 253	1 073	1 073	823		430	928
724 541	**139 582**	**132 771**	**289 484**	**292 098**	**149 770**	**318 609**
399 981	63 000	63 000	164 723	171 932	63 326	126 143
399 981	63 000	63 000	164 723	171 932	63 326	126 143
230			230			230
104 744	41 815	41 815	64 859	5 689	34 196	47 143
96 912	41 565	41 565	64 459	2 883	29 570	39 837
7 832	250	250	400	2 806	4 626	7 306
175 275	30 692	23 881	115 506	48 159	97 767	36 160
149 672	29 812	23 001	104 760	43 642	78 392	34 449
19 763	800	800	7 366	3 217	16 296	250
5 500	80	80	3 040	1 300	2 739	1 461
42 925	4 075	4 075	29 155	10 999	16 710	15 216
15 647	1 034	1 034	13 701	2 534	736	12 377
9 776	2 691	2 691	5 721	6 825	2 417	534
9 787	350	350	6 933		9 787	
7 715			2 800	1 640	3 770	2 305
1 386			432	514		872

6-7 续表1

单位：万元

行业名称	Sector	投资额 合计 Total
制造业	**Manufacturing**	**2 366 616**
食品加工业	Food Processing	116 676
粮食及饲料加工业	Food and Feed Processing	12 650
植物油加工业	Vegetable Oil Processing	19 695
制糖业	Sugar Refining	16 836
屠宰及肉类蛋类加工业	Animal Slaughter, Meat and Eggs Processing	30 551
其他食品加工业	Others	36 697
食品制造业	Food Manufacturing	51 881
糕点、糖果制造业	Confectionery Manufacturing	8 993
乳制品制造业	Dairy Products Manufacturing	16 432
罐头食品制造业	Canned Food Manufacturing	404
发酵制品业	Manufacturing of Fermented Products	7 910
调味品制造业		883
其他食品制造业	Others	17 259
饮料制造业	Beverage Manufacturing	57 751
酒精及饮料酒制造业	Alcoholic Drink and Wine Manufacturing	21 686
软饮料制造业	Soft Drink Manufacturing	21 651
制茶业	Tea Processing	14 414
烟草加工业	Tobacco Processing	187 315
烟叶复烤业	Tobacco Leaf Curing	11 342
卷烟制造业	Cigarette Manufacturing	170 795
其他烟草加工业	Others	5 178
纺织业	Textile Industry	15 839
纤维原料初步加工业	Primary Processing of Fiber Material	
棉纺织业	Cotton Spinning and Weaving	2 105
毛纺织业	Wool Spinning and Weaving	
麻纺织业	Flax Spinning and Weaving	8 028
丝绢纺织业	Silk Spinning and Weaving	4 455
服装及其他纤维制品制造业	Clothing and Other Fiber Production	420
服装制造业	Clothing Production	420
皮革、毛皮、羽绒及其制品业	Manufacturing of Leather, Furs, Down and Related Products	
木材加工及竹、藤、棕、草制品业	Timber Processing and Manufacturing of Bamboo, Cane, Palm Fiber and Straw Products	30 151
锯材、木片加工业	Sawn Wood and Chip Processing	2 725
人造板制造业	Manufacturing of Artificial Boards	24 003
木制品业	Manufacturing of Wooden Products	3 080
竹、藤、棕、草制品业	Manufacturing of Bamboo, Cane, Palm Fiber and Straw Products	343
家具制造业	Furniture Manufacturing	6 302
木制家具制造业	Wood Furniture Manufacturing	6 302
金属家具制造业		
其他家具制造业	Other Furniture Manufacturing	
造纸及纸制品业	Papermaking and Manufacturing of Paper Products	32 252

continued

(10 000 yuan)

Investment			按管理渠道分其中 Grouped by Channel of Management			新增固定资产 Newly Increased Fixed Assets
# 地方 Region	# 国有 State-owned Entities	# 地方 Region	基本建设 Capital Construction	更新改造 Innovation	其他投资 Others	
2 182 159	**505 245**	**337 356**	**1 114 756**	**531 694**	**1 420 246**	**414 676**
114 399	1 068	1 068	98 442	29 343	39 069	48 264
12 650	290	290	7 689	2 790	4 245	5 615
19 695			13 590	9 786	4 198	5 711
16 836	652	652	11 034	1 083	13 646	2 107
30 551			41 365	1 351	71	29 129
34 420	126	126	24 517	14 333	16 662	5 702
51 881	1 100	1 100	35 862	14 907	25 765	11 209
8 993	770	770	10 415	2 260	2 746	3 987
16 432			11 969	4 209	12 223	
404			404		144	260
7 910			2 191	2 384	3 503	2 023
883	330	330	828	538	191	154
17 259			10 055	5 516	6 958	4 785
57 751	1 003	1 003	30 974	7 566	39 763	10 422
21 686	84	84	16 144	4 097	15 254	2 335
21 651	210	210	4 430	1 910	19 086	655
14 414	709	709	10 400	1 559	5 423	7 432
20 180	182 137	15 002	73 003	8 964	171 620	6 731
11 082	11 342	11 082	14 302	4 901	2 099	4 342
3 920	170 795	3 920	57 923	3 993	165 561	1 241
5 178			778	70	3 960	1 148
15 839			12 683	2 719	11 608	1 512
2 105			2 100		2 105	
8 028			7 394	27	6 919	1 082
4 455			1 998	1 571	2 454	430
420			200	220		200
420			200	220		200
30 151	216	216	21 797	11 916	10 085	8 150
2 725	216	216	1 586	1 202	600	923
24 003			16 960	8 438	9 085	6 480
3 080			2 880	2 180	400	500
343			371	96		247
6 302			8 075	455		5 847
6 302			8 075	455		5 847
32 252	1 003	1 003	16 668	2 185	19 736	10 331

6-7 续表2

单位：万元

行业名称	Sector	投资额 合计 Total
纸浆制造业	Paper Pulp Manufacturing	2 051
造纸业	Papermaking	24 332
纸制品业	Manufacturing of Paper Products	5 869
印刷业、记录媒介的复制	Printing and Record Medium Reproduction	45 361
印刷业	Printing	45 361
记录媒介的复制	Reporduction of Recording Media	
文教体育用品制造业	Manufacturing of Cultural, Educational and Sports Goods	
文化用品制造业	Manafacturing of Article for Cultural	
玩具制造业	Toys Manufacturing	
石油加工及炼焦业	Petroleum Processing Coke-making	97 810
炼焦业	Coking	97 810
化学原料及化学制品制造业	Manufacturing of Raw Chemical Materials and Chemical Products	494 985
基本化学原料制造业	Raw Chemical Material Manufacturing	177 256
化学肥料制造业	Chemical Fertilizer Manufacturing	192 745
化学农药制造业	Chemical Pesticide Manufacturing	713
有机化学产品制造业	Manufacturing of Organic Chemical Products	69 381
合成材料制造业	Synthetic Material Manufacturing	33 317
专用化学产品制造业	Manufacturing of Special-purpose Chemical Products	13 027
日用化学产品制造业	Manufacturing of Chemical Products for Daily Use	8 546
医药制造业	Medicine Manufacturing	98 564
化学药品原药制造业	Manufacturing of Primary Medicine Products of Chemical Medicine	5 809
化学药品制剂制造业	Manufacturing of Preparation of Chemical Medicine	8 665
中药材及中成药加工业	Processing of Chinese Medical Materials and Traditional Medicine	62 807
动物药品制造业	Manufacturing of Animal Medicine	589
生物制品业	Manufacturing of Biological Products	20 694
化学纤维制造业	Chemical Fiber Manufacturing	12 943
橡胶制品业	Manufacturing of Rubber Products	1 117
橡胶板、管、带制造业	Manufacturing of Rubber Boards, Tubes and Bands	720
再生橡胶制造业	Regengrate Rubber	
橡胶靴鞋制造业	Manufacturing of Rubber shoes	
橡胶制品翻新业	Regengrating of Rubber Products	397
塑料制品业	Plastic Products	7 471
塑料薄膜制造业	Plastic Film Manufacturing	977
塑料板、管、棒材制造业	Manufacturing of Plastic Boards, Tubes and Bars	2 844
塑料丝、绳及编织品制造业	Manufacturing of Plastic Silks, Ropes and Related Knitting Products	1 019
泡沫塑料及人造革、合成革制造业	Manufacturing of Foamed Plastic, Imitation Leather and Synthetic Leather	
塑料包装箱及容器制造业	Manufacturing of Plastic Packing Cases and Containers	531
塑料零件制造业	Manufacturing of Plastic Component and parts	60
其他塑料制品业	Others	1 680
非金属矿物制品业	Manufacturting of Nonmetallic Mineral Products	213 815
水泥制造业	Cement Production	119 676
水泥制品和石棉水泥制品业	Manufacturing of Cement and Asbestos Mixed with Cement Products	26 140
砖瓦、石灰和轻质建筑材料制造业	Manufacturing of Tiles, Bricks Lime and Light Building Material	17 458
玻璃及玻璃制品业	Manufacturing of Glass and Glass Products	10 214
陶瓷制品业	Ceramics Manufacturing	12 815
耐火材料制品业	Manufacturing of Refractory Products	2 655

continued

(10 000 yuan)

Investment			按管理渠道分其中 Grouped by Channel of Management			新增固定资产 Newly Increased Fixed Assets
#地方 Region	#国有 State-owned Entities	#地方 Region	基本建设 Capital Construction	更新改造 Innovation	其他投资 Others	
2 051	1 003	1 003	1 048	1 003	913	135
24 332			10 136	660	16 686	6 986
5 869			5 484	522	2 137	3 210
45 361	16 043	16 043	37 347	14 524	26 634	4 203
45 361	16 043	16 043	37 347	14 524	26 634	4 203
97 810	6 566	6 566	20 167	49 242	46 421	2 147
97 810	6 566	6 566	20 167	49 242	46 421	2 147
494 985	43 684	43 684	184 860	90 849	346 571	57 565
177 256	1 924	1 924	57 951	23 005	117 191	37 060
192 745	30 925	30 925	80 066	62 276	119 636	10 833
713			320			713
69 381			2 678	3 000	66 031	350
33 317	1 035	1 035	32 282	957	32 263	97
13 027	8 519	8 519	5 227	1 410	10 270	1 347
8 546	1 281	1 281	6 336	201	1 180	7 165
98 552	50	38	56 765	18 203	56 763	23 598
5 809			2 552	109	3 110	2 590
8 665	38	38	10 748	1 499	2 379	4 787
62 795	12		38 317	12 712	41 773	8 322
589			195	174	415	
20 694			4 953	3 709	9 086	7 899
12 943			1 453		12 164	779
1 117			397	47		1 070
720						720
397			397	47		350
7 471			6 435	549	721	6 201
977			1 307	150	377	450
2 844			2 525		344	2 500
1 019			702	339		680
531				60		471
60			60			60
1 680			1 600			1 680
213 815	32 836	32 836	144 681	75 096	109 310	29 409
119 676	12 673	12 673	88 441	33 478	76 414	9 784
26 140	17 533	17 533	3 252	4 618	20 686	836
17 458	2 530	2 530	15 294	7 047	5 105	5 306
10 214			5 618	2 834	3 080	4 300
12 815			5 700	11 835		980
2 655			405		2 250	405

6-7 续表3

单位：万元

行业名称	Sector	投资额 合计 Total
石墨及碳素制品业	Manufacturing of Graphite and Carbon Products	24 625
矿物纤维及其制品业	Manufacturing of Mineral Fibre and Relate Products	232
黑色金属冶炼及压延加工业	Smelting, Pressing and Processing of Ferrous Metals	375 430
炼铁业	Iron Smelting	108 718
炼钢业	Steel Smelting	77 717
钢压延加工业	Steel Pressing and Processing	164 262
铁合金冶炼业	Ferroalloy Smelting	24 733
有色金属冶炼及压延加工业	Smelting,Pressing and Processing of Nonferrous Metals	286 594
重有色金属冶炼业	Smelting of Heavy Nonferrous Metals	211 401
轻有色金属冶炼业	Smelting of Light Nonferrous Metals	48 037
贵金属冶炼业	Smelting of Noble Metal	8 244
稀有稀土金属冶炼业	Smelting of Rare and Rare Earth Mentls	8 988
有色金属合金业	Alloying of Nonferrous Metals	4 839
有色金属压延加工业	Pressing and Processing of Nonferrous Metals	5 085
金属制品业	Manufacturing of Metal Products	8 687
金属结构制造业	Metal Structure Manufacturing	2 977
工具制造业	Tools Manufacturing	170
集装箱和金属包装物品制造业	Manufacturing of Containers and Metallic Wrappage	1 351
金属丝绳及其制品业	Manufacturing of Wire and Cordage	655
建筑用金属制品业	Manufacturing of Metallic Products for Construction	2 504
金属制品业	Manufacturing of Metalwork	350
其他金属制品业	Others	570
普通机械制造业	Ordinary Machinery Manufacturing	56 257
锅炉及原动机制造业	Manufacturing of Boilers and Motivity Machines	2 602
金属加工机械制造业	Manufacturing of Metal Processing Machinery	16 140
轴承、阀门制造业	Manufacturing of Bearing and Valve	
其他通用零部件制造业	Manufacturing of Other Universal Components and Parts	
铸锻件制造业	Manufacturing of Casting and Forging	17 449
专用设备制造业	Manufacturing of Special-purposes Equipment	46 176
冶金、矿山、机电工业专用设备制造业	Manufacturing of Metallurgical, Mining, Mechanical and Electrical Equipment	13 609
石化及其他工业专用设备制造业	Manufacturing of Equipment for Petrochemical and Other Industries	14 006
轻纺工业专用设备制造业	Manufacturing of Equipment for Textile and Other Light Industuries	9 371
农、林、牧、渔、水利机械制造业	Manufacturing of Machinery for Farming, Forestry ,Animal Husbandry, Fishery and Water Conservancy	4 735
医疗器械制造业	Manufacturing of Medical Instruments and Appliances	1 025
其他专用设备制造业	Manufacturing of Other Special-purpose Equipment	3 430
交通运输设备制造业	Manufacturing of Equipment for Communication and Transportation	41 689
汽车制造业	Manufacturing of Motor Vehicles	31 638
交通运输设备修理业	Repairing of Equipment for Communication and Transportation	2 118

continued

(10 000 yuan)

Investment			按管理渠道分其中 Grouped by Channel of Management			新增固定资产 Newly Increased Fixed Assets
# 地方 Region	# 国有 State-owned Entities	# 地方 Region	基本建设 Capital Construction	更新改造 Innovation	其他投资 Others	
24 625	100	100	25 843	15 284	1 543	7 798
232			128		232	
375 430	139 199	139 199	111 923	20 720	255 044	99 666
108 718	2 469	2 469	59 672	6 048	40 257	62 413
77 717	2 260	2 260	11 153	4 483	56 302	16 932
164 262	126 924	126 924	28 299	5 570	147 702	10 990
24 733	7 546	7 546	12 799	4 619	10 783	9 331
286 594	40 954	40 954	87 932	95 466	161 077	30 051
211 401	40 124	40 124	58 486	86 673	102 164	22 564
48 037			17 353		48 037	
8 244	780	780	975	1 365	571	6 308
8 988	50	50	2 599	7 328	1 610	50
4 839			3 103		4 236	603
5 085			5 416	100	4 459	526
8 687	206	206	7 681	676	2 696	5 315
2 977	206	206	2 317	316	625	2 036
170			170		170	
1 351			1 251		1 251	100
655			655		80	575
2 504			3 058	250		2 254
350						350
570			120		570	
56 257	10 955	10 955	46 678	13 484	7 899	34 874
2 602	2 602	2 602	8 194	398	2 204	
16 140	7 616	7 616	12 667	10 876	1 584	3 680
17 449	737	737	9 496	403	403	16 643
41 046	7 143	7 143	36 759	25 604	17 997	2 575
13 609			4 450	12 059		1 550
14 006			13 256	1 500	12 506	
4 241	3 713	3 713	10 171	5 160	4 211	
4 735			4 099	3 770	965	
1 025			572			1 025
3 430	3 430	3 430	4 211	3 115	315	
31 786	742		40 875	22 402	18 492	795
29 668	742		30 824	21 282	9 701	655
2 118			2 118	1 120	858	140

6-7 续表4

单位：万元

行业名称	Sector	投资额 合计 Total
电气机械及器材制造业	Manufacturing of Electrical Equipment and Machinery	16 257
电机制造业	Electrical Machinery Manufacturing	1 984
输配电及控制设备制造业	Manufacturing of Equipment for Electricity Transmission and Distribution	4 507
电工器材制造业	Manufacturing of Electrical Appliances	6 964
日用电器制造业	Manafacturing of General Electrical Appliances	504
电气机械修理业	Repairing of Electrical Mechinery	2 298
电子及通信设备制造业	Manufacturing of Electronic and Telecommunication Equipment	36 593
电子计算机制造业	Computer Manufacturing	2 541
电子设备及通信设备修理业	Repairing of Electronic and Telecommunication Equipment	1 948
仪器仪表及文化、办公用机械制造业	Manufacturing of Instruments, Meters and Cultural and Office Machinery	5 178
通用仪器仪表制造业	Manufacturing of Universal Instruments and Meters	178
文化、办公用机械制造业	Manufacturing of Machinery for Cultural and Office	5 000
仪器仪表及文化、办公用机械修理业	Repairing of Imstruments, Meters and Cultural and Office Machery	-
其他制造业	Others	8 116
工艺美术品制造业	Manufacturing of Industrial Art Products	409
其他生产、生活用品制造业	Manufacturing of Other Articles for Production and living	7 707
电力、煤汽及水的生产和供应业	**Production and Supply of Electric Power, Gas and Water**	**3 400 983**
电力、蒸汽、热水生产和供应业	Production and Supply of Electric Power, Steam and Hot Water	3 252 574
电力生产业	Production of Electric Power	2 828 188
电力供应业	Supply of Electric Power	423 814
蒸汽、热水生产和供应业	Production and Supply of Steam and Hot Water	572
煤气生产和供应业	Production and Supply of Coal Gas	33 278
煤气生产业	Production of Coal Gas	33 278
自来水生产和供应业	Production and Supply of Tap Water	115 131
自来水生产业	Production of Tap Water	115 131
建筑业	**Construction**	**33 153**
土木工程建筑业	Civil Engineering Construction	32 537
房屋建筑业	Building Construction	18 396
铁路、公路、遂道、桥梁建筑业	Construction of Railways, Highways, Tunnels and Bridges	12 910
其他土木工程建筑业	Construction of Dykes ,Dams, Power Stations and Docks	1 231
线路、管道和设备安装业	Installation of Lines, Pipelines and Equipment	616
线路、管道安装业	Installation of Lines and Pipelines	616
地质勘查业、水利管理业	**Geological Prospecting and Water Conservancy**	**273 783**
地质勘查业	Geological Prospecting	5 580
区域地质勘查业	Geological Prospecting of Regions	790
矿产地质勘查业	Geological Prospecting of Minerals	2 578
工程地质勘查设计业	Designing for Geological Prospecting of Projects	2 037
地球物理和地球化学勘查业	Geological Prospecting of Geophysics and Geochemistry	175
水利管理业	Water Conservancy	268 203
交通运输、仓储及邮电通信业	**Transport, Storage, Postal and Telecommunication Services**	**3 868 678**
铁路运输业	Railway Transportation	345 067
公路运输业	Highway Transportation	3 015 581

continued

(10 000 yuan)

	Investment		按管理渠道分其中 Grouped by Channel of Management			新增固定资产
# 地方 Region	# 国有 State-owned Entities	# 地方 Region	基本建设 Capital Construction	更新改造 Innovation	其他投资 Others	Newly Increased Fixed Assets
16 257	1 961	1 961	16 228	4 334	5 832	6 091
1 984			988	1 350	334	300
4 507	800	800	6 755	2 924	467	1 116
6 964	1 161	1 161	7 193	60	3 411	3 493
504			504			504
2 298			788		1 620	678
36 593			4 326		34 645	1 948
2 541			65		2 541	
1 948			4 261			1 948
5 178			178		178	5 000
178			178		178	
5 000						5 000
8 116	3 393	3 393	4 832	7 393		723
409	193	193	609	193		216
7 707	3 200	3 200	4 223	7 200		507
1 754 612	**1 442 387**	**389 919**	**926 538**	**2 974 236**	**278 214**	**148 533**
1 606 203	1 305 884	253 416	897 405	2 882 464	226 157	143 953
1 578 051	895 719	239 485	560 064	2 470 519	217 899	139 770
27 580	409 927	13 693	336 769	411 611	8 020	4 183
572	238	238	572	334	238	
33 278	31 569	31 569	3 136	1 530	30 884	864
33 278	31 569	31 569	3 136	1 530	30 884	864
115 131	104 934	104 934	25 997	90 242	21 173	3 716
115 131	104 934	104 934	25 997	90 242	21 173	3 716
33 153	**11 060**	**11 060**	**19 828**	**27 732**	**868**	**4 553**
32 537	11 060	11 060	19 162	27 618	868	4 051
18 396	11 060	11 060	18 006	15 162		3 234
12 910				12 340		570
1 231			1 156	116	868	247
616			666	114		502
616			666	114		502
273 175	**238 887**	**238 279**	**203 141**	**188 618**	**25 755**	**59 410**
5 580	3 115	3 115	2 210	3 226		2 354
790	790	790	910	790		
2 578	350	350	1 063	224		2 354
2 037	1 800	1 800	237	2 037		
175	175	175		175		
267 595	235 772	235 164	200 931	185 392	25 755	57 056
3 050 689	**3 352 842**	**2 763 342**	**1 727 874**	**3 242 665**	**534 798**	**91 215**
3 731	343 555	2 219	43 409	298 868	46 199	
3 015 581	2 740 838	2 740 838	1 222 398	2 835 716	98 074	81 791

6-7 续表5

单位：万元

行业名称	Sector	投资额 合计 Total
管道运输业	Pipeline Transportation	
水上运输业	Waterway Transportion	226
航空运输业	Air Transportation	23 332
交通运输辅助业	Auxiliary Services of Communication and Transportation	3 034
仓储业	Storage Services	6 802
邮电通信业	Postal and Telecommunication Services	474 636
邮政业	Postal Service	1 303
电信业	Telecommunication Service	473 333
批发和零售贸易餐饮业	**Wholesale and Retail Trade and Food Services**	**329 365**
食品、饮料、烟草和家庭用品批发业	Wholesale Trade of Food, Beverages, Tobacco and Household Articles	75 785
食品、饮料、烟草批发业	Wholesale Trade of Food, Beverages and Tobacco	48 497
棉、麻、土畜产品批发业	Wholesale Trade of Cotton, Flax, Native and Livestock Product	6 961
纺织品、服装和鞋帽批发业	Wholesale Trade of Textile, Clothing, Footwear and Headgear	3 600
五金、交电、化工批发业	Wholesale Trade of Hardware, Electrical Appliances and Chemical Industrial Products	4 180
药品及医疗器械批发业	Wholesale Trade of Medicine and Medical Instruments and Appliances	6 735
能源、材料和机械电子设备批发业	Wholesale Trade of Energy, Material, Machinery and Electronic Equipment	39 265
能源批发业	Wholesale Trade of Energy	4 556
建筑材料批发业	Wholesale Trade of Building Material	31 592
矿产品批发业	Wholesale Trade Mine Products	
金属材料批发业	Wholesale Trade of Metal Material	1 526
汽车、摩托车及零配件批发业	Wholesale Trade of Motor Vehicles, Motorcycles and Related Components and Parts	1 341
再生物资回收批发业	Wholesale Trade of Reclaimed Material	
其他批发业	Other Wholesale Trade	47 802
图书报刊批发业	Wholesale Trade of Books, Newspapers amd Periodicals	230
农业生产资料批发业	Wholesale Trade of Agricultural Production Means	412
其他类未包括的批发业	Others	46 420
零售业	Retail Trade	154 003
食品、饮料和烟草零售业	Retail Trade of Food, Beverages and Tobacco	7 305
日用百货零售业	Retail Trade of General Merchandise	68 006
纺织品、服装和鞋帽零售业	Retail Trade of Textiles, Clothing, Footwear and Headgear	812
五金、交电、化工零售业	Retail Trade of Hardware, Electrical Appliances and Chemical Industrial Products	7 457
药品及医疗器械零售业	Retail Trade of Medicine and Medical Instruments and Appliances	9 873
图书报刊零售业	Retail Trade of Books, Newspapers amd Periodicals	1 085
其他零售业	Others	43 525
商业经纪与代理业	Brokerage and Agency Services	710
餐饮业	Food Service	11 800
金融、保险业	**Banking and Insurance**	**28 071**
金融业	Banking	23 604
中央银行	Central Bank	4 194
商业银行	Commercial Banks	16 740

continued

(10 000 yuan)

Investment			按管理渠道分其中 Grouped by Channel of Management			新增固定资产 Newly Increased Fixed Assets
# 地方 Region	# 国有 State-owned Entities	# 地方 Region	基本建设 Capital Construction	更新改造 Innovation	其他投资 Others	
226	188	188	160	226		
17 707	23 332	17 707	3 874	19 786	2 616	930
3 034			3 034			3 034
5 842	1 179	219	6 082	2 939		3 863
4 568	243 750	2 171	448 917	85 130	387 909	1 597
	1 303		1 504	1 303		
4 568	242 447	2 171	447 413	83 827	387 909	1 597
302 187	**71 956**	**50 474**	**293 648**	**170 400**	**16 696**	**142 269**
56 834	51 263	32 312	75 939	58 468	1 617	15 700
29 716	43 880	25 099	57 782	40 909	873	6 715
6 791	4 683	4 513	4 472	5 221	744	996
3 600	2 700	2 700	3 790	3 600		
4 180			4 180			4 180
6 735			223	6 735		
37 255	1 565	615	24 987	5 954	712	32 599
2 546	1 300	350	4 416	1 957		2 599
31 592	265	265	18 980	3 514	562	27 516
1 526			1 341	483		1 043
1 341						1 341
47 802	1 705	1 705	64 559	32 813		14 989
230	10	10	327	230		
412	295	295	760	295		117
46 420	1 400	1 400	62 732	32 288		14 132
147 786	16 648	15 067	117 958	66 345	14 029	73 629
5 724	4 168	2 587	9 083	4 567	1 880	858
68 006	3 444	3 444	50 133	10 070	10 673	47 263
812			1 632	130		682
7 457			967	4 620		2 837
9 873			8 749	8 859		1 014
1 085	440	440	270	700	145	240
38 889	8 596	8 596	31 284	24 349	1 331	17 845
710				710		
11 800	775	775	10 205	6 110	338	5 352
5 526	**21 423**	**1 274**	**22 086**	**17 070**	**3 043**	**7 958**
4 746	18 900	1 274	17 406	12 603	3 043	7 958
200	3 994		1 781	3 363		831
2 184	13 538	214	13 008	6 646	3 043	7 051

6-7 续表6

单位：万元

行业名称	Sector	投资额 合计 Total
其他银行	Other Banks	1 254
其他非银行金融业	Other Nonbank Financial Industries	1 416
保险业	Insurance	4 467
房地产业	**Real Estate**	**2 687 279**
房地产开发与经营业	Real Estate Development and Operation	2 523 879
房地产管理业	Real Estate Management Agency	163 180
房地产代理与经纪业	Real Estate Brokerage and Agency Services	220
社会服务业	**Social Services**	**1 206 828**
公共设施服务业	Public Facilities Services	1 014 411
市内公共交通业	Urban Public Transportation	13 996
园林绿化业	Environment Greening	32 077
自然保护区管理业	Management of Natural Preservation Zones	5 110
环境卫生业	Environmental Sanitation	33 313
市政工程管理业	Municipal Engineering Administration	855 912
风景名胜区管理业	Management of Scenic Spots	68 334
其他公共服务业	Other Public Services	5 669
居民服务业	Resident Services	14 982
沐浴业	Bath Service	1 149
托儿所	Nurseries	
日用品修理业	Repairing of General Products	
殡葬业	Funeral and Interment Services	
其他居民服务业	Other Resident Services	1 710
旅馆业	Hotel Service	103 996
旅游业	Tourism	187
娱乐服务业	Entertainment Services	29 606
信息、咨询服务业	Information and Consultative Services	324
计算机应用服务业	Computer Application Services	1 702
其他社会服务业	Other Social Services	41 270
卫生、体育和社会福利业	**Health Care, Sports and Social Welfare**	**222 875**
卫生	Health Care	133 459
医院	Hospitals	114 371
专科防治所（站）	Specialized Prevention & Treatment Stations	1 892
疾病预防控制中心	CDCs	10 568
妇幼保健所(站)	Maternity and Child-care Stations	4 249
其他卫生	Other Health Institutions	2 339
体育	Sports	77 512
社会福利保障业	Social Welfare and Security Services	11 904
社会保险和救济业	Social Insurance and Relief Services	3 678

continued

(10 000 yuan)

Investment			按管理渠道分其中 Grouped by Channel of Management			新增固定资产 Newly Increased Fixed Assets
# 地方 Region	# 国有 State-owned Entities	# 地方 Region	基本建设 Capital Construction	更新改造 Innovation	其他投资 Others	
946	568	260	1 201	1 178		76
1 416	800	800	1 416	1 416		
780	2 523		4 680	4 467		
2 669 678	**226 340**	**210 589**	**1 508 447**	**155 858**	**972**	**61 335**
2 506 278	113 198	97 447	1 387 065	40 151		14 614
163 180	113 142	113 142	120 962	115 487	972	46 721
220			420	220		
1 206 336	**948 904**	**948 412**	**773 221**	**959 685**	**138 045**	**109 098**
1 013 969	914 451	914 009	626 238	827 146	125 445	61 820
13 996	13 196	13 196	11 472		13 196	800
32 077	26 694	26 694	27 265	24 845	1 607	5 625
4 668	5 110	4 668	2 864	4 907		203
33 313	27 807	27 807	17 413	12 318	15 011	5 984
855 912	806 292	806 292	523 392	728 130	93 991	33 791
68 334	30 338	30 338	40 061	52 929	1 500	13 905
5 669	5 014	5 014	3 771	4 017	140	1 512
14 982	1 230	1 230	4 836	10 229	100	4 653
1 149			506	1 149		
1 710			1 950	1 450		260
103 996	5 425	5 425	84 465	71 612	11 995	20 389
187	160	160		187		
29 556	3 296	3 246	17 946	22 122	155	7 329
324			210	210		114
1 702			1 692			1 702
41 270	24 342	24 342	37 484	28 179		13 091
222 875	**140 532**	**140 532**	**113 090**	**198 511**	**2 938**	**21 426**
133 459	108 600	108 600	95 254	114 530	1 783	17 146
114 371	90 118	90 118	76 121	96 199	1 783	16 389
1 892	1 892	1 892	1 756	1 892		
10 568	10 568	10 568	11 610	10 568		
4 249	4 249	4 249	4 510	4 249		
2 339	1 733	1 733	1 246	1 582		757
77 512	23 287	23 287	7 001	76 412	1 100	
11 904	8 645	8 645	10 835	7 569	55	4 280
3 678	3 493	3 493	2 944	2 197	55	1 426

6-7 续表7

单位：万元

行业名称	Sector	投资额 合计 Total
教育、文化艺术及广播电影电视业	**Education, Culture, Arts, Broadcasting, Film and Television**	**419 848**
教育	Education	378 328
高等教育	Higher Education	88 220
中等教育	Secondary Education	201 360
初等教育	Primary Education	82 055
学前教育	Preschool Education	2 305
特殊教育	Special Education	22
其他教育	Other Education	4 366
文化艺术业	Culture and Arts	30 232
艺术	Arts	5 572
出版	Publishing	89
文物保护	Preservation of Historical Relics	12 988
图书馆	Public Libraries	1 171
档案馆	Archives	384
群众文化	Mass Culture	8 751
其他文化艺术业	Others	1 277
广播电影电视业	Broadcasting, Film and Television	11 288
广播	Broadcasting	7 193
电影	Film	767
电视	Television	3 328
科学研究和综合技术服务业	**Scientific Research and Polytechnic Services**	**107 964**
科学研究业	Scientific Research	16 806
自然科学研究	Natural Science Research	16 806
综合技术服务业	Polytechnic Services	91 158
气象	Meteorological Service	1 031
技术监督	Technological Supervision	2 256
环境保护	Environmental Protection	85 651
技术推广和科技交流服务业	Popularization and Exchange of Technology and Science	2 003
国家机关、政党机关和社会团体	**Government Departments, Party Agencies and Social Organizations**	**489 571**
国家机关	Government Departments	396 053
政党机关	Party Agencies	9 312
社会团体	Social Organizations	3 563
基层群众自治组织	Basic Mass Autonomous Organizations	80 643
居民委员会	Residents' Committees	9 705
村民委员会	Villagers' Committees	70 938
其他行业	**Other Sectors**	**857 246**

continued

(10 000 yuan)

Investment			按管理渠道分其中 Grouped by Channel of Management			新增固定资产 Newly Increased Fixed Assets
#地方 Region	#国有 State-owned Entities	#地方 Region	基本建设 Capital Construction	更新改造 Innovation	其他投资 Others	
419 663	**373 484**	**373 299**	**344 463**	**366 885**	**10 938**	**42 025**
378 328	336 814	336 814	298 248	334 737	7 603	35 988
88 220	86 354	86 354	60 123	84 680	2 175	1 365
201 360	180 113	180 113	165 269	192 845	707	7 808
82 055	65 953	65 953	66 490	51 279	4 581	26 195
2 305	1 291	1 291	2 382	2 065		240
22	22	22	72	22		
4 366	3 081	3 081	3 912	3 846	140	380
30 047	25 905	25 720	32 941	25 719	2 601	1 912
5 572	2 812	2 812	3 358	2 971	2 601	
89	89	89	788	89		
12 988	11 656	11 656	21 025	11 796		1 192
1 171	1 171	1 171	1 483	1 171		
384	384	384	366	384		
8 566	8 516	8 331	5 859	8 031		720
1 277	1 277	1 277	62	1 277		
11 288	10 765	10 765	13 274	6 429	734	4 125
7 193	6 858	6 858	8 631	4 875	734	1 584
767	677	677	249	737		30
3 328	3 230	3 230	4 394	817		2 511
92 840	**99 815**	**84 691**	**51 107**	**62 368**	**33 440**	**12 156**
2 153	16 806	2 153	3 027	16 631	26	149
2 153	16 806	2 153	3 027	16 631	26	149
90 687	83 009	82 538	48 080	45 737	33 414	12 007
560	1 031	560	2 212	1 031		
2 256	1 419	1 419	1 435	1 056		1 200
85 651	79 311	79 311	41 736	42 437	33 414	9 800
2 003	1 031	1 031	2 622	996		1 007
471 190	**445 090**	**431 709**	**477 940**	**385 563**	**49 357**	**54 651**
377 672	388 471	375 090	389 186	324 059	48 592	23 402
9 312	9 312	9 312	10 224	9 244		68
3 563	906	906	2 805	2 663	600	300
80 643	46 401	46 401	75 725	49 597	165	30 881
9 705	175	175	8 482	6 023	108	3 574
70 938	46 226	46 226	67 243	43 574	57	27 307
857 246	**190**	**190**	**857 407**	**83**	**107**	**857 056**

6-8 全社会固定资产投资项目(2005年)
Number of Total Projects of Investment in Fixed Assets (2005)

单位：个 (unit)

地 区	Region	施工项目 Number of Projects Under Construction	# 地方 Region	新开工项目 Number of Projects Started	# 地方 Region	投产项目 Number of Projects Put into Use	# 地方 Region
全省合计	**Total**	**15 893**	**15 537**	**12 405**	**12 179**	**11 170**	**10 968**
昆 明	Kunming	4 962	4 910	4 392	4 359	4 294	4 272
曲 靖	Qujing	1 032	990	774	752	528	506
玉 溪	Yuxi	1 699	1 652	1 479	1 464	1 320	1 291
保 山	Baoshan	894	883	760	752	591	583
昭 通	Zhaotong	765	750	502	494	419	412
丽 江	Lijiang	389	381	282	276	251	244
思 茅	Simao	602	595	429	424	380	374
临 沧	Lincang	694	680	454	446	440	432
楚 雄	Chuxiong	964	948	752	740	683	671
红 河	Honghe	1 535	1 485	938	897	955	925
文 山	Wenshan	604	603	375	374	333	332
西双版纳	Xishuangbanna	223	211	153	145	150	142
大 理	Dali	782	777	585	582	479	478
德 宏	Dehong	304	294	207	199	166	159
怒 江	Nujiang	110	104	70	64	63	58
迪 庆	Diqing	274	266	218	210	88	88
不分地区	Not Grouped by Region	60	8	35	1	30	1

6-9 全社会各种房屋竣工面积及价值（2005年）
Floor Space of Completed Buildings and Their Value (2005)

(按用途分) (by use)

指 标	Item	本年施工房屋面积(平方米) Floor Space of Buildings under Construction In the Current Year(sq.m)	# 本年新开工面积 Floor Space of Buildings Started In the Current Year	本年竣工房屋面积(平方米) Floor Space of Buildings Completed In the Current Year(sq.m)	本年竣工房屋价值(万元) Value of Buildings Completed (10 000 yuan)	竣工房屋造价(元/平方米) Costs of Buildings Completed (yuan/sq.m)
合 计	**Total**	**62 536 357**	**34 265 205**	**30 426 996**	**3 301 169**	**1 084.95**
住 宅	Residential Buildings	38 068 243	21 062 759	17 947 130	1 965 955	1 095.41
城镇住宅	Urban Residential Building	36 261 525	19 412 522	16 334 292	1 482 847	907.81
厂 房	Factory Buildings	3 115 574	1 520 943	1 696 198	150 509	887.33
仓 库	Warehouses	506 780	308 727	394 578	37 981	962.57
商业用房	Houses for Business Use	6 025 486	2 401 035	2 447 519	310 654	1 269.26
服务业用房	Houses for Services	844 539	460 989	499 852	55 151	1 103.35
办公楼	Office Buildings	3 504 679	1 475 614	1 681 207	196 557	1 169.14
教育用房	Houses for Education	3 133 398	1 705 096	1 773 054	160 336	904.29
文化体育用房	Houses for Culture and Sports	399 984	238 782	138 286	13 533	978.62
医疗用房	Houses for Medical Treatment	934 624	546 820	317 870	35 232	1 108.38
科学实验研究用房	Houses for Scientific Research	157 593	75 584	86 573	8 030	927.54
其 它	Houses For Other Purposes	5 845 457	4 468 856	3 444 729	367 231	1 066.07
# 业务用房	Houses For Vocational Work	346 234	222 298	154 476	32 211	2 085.18

6-10 全社会房屋建筑施工面积和竣工面积

Floor Space of All Buildings Completed and Under Construction

单位：万平方米 (10 000 sq.m)

指标	Item	2003年		2004年		2005年	
		合计 Total	# 住宅 Residential Buildings	合计 Total	# 住宅 Residential Buildings	合计 Total	# 住宅 Residential Buildings
施工房屋建筑面积	**Floor Space of Buildings under Construction**	**6 627.38**	**4 550.63**	**5 239.79**	**3 293.81**	**6 064.51**	**3 758.32**
国有经济	State-owned Entities	2 151.85	1 257.48	1 933.93	952.98	1 590.09	648.70
基本建设	Capital Construction	1 731.99	988.29	1 723.34	823.25	1 428.59	557.05
更新改造	Innovation	140.48	30.58	98.67	31.71	62.35	3.58
其它单位投资	Other Investment	58.15	53.02	53.08	45.57	24.29	18.98
房地产开发	Real Estate Development	221.23	185.59	58.84	52.46	74.86	69.08
集体经济	Collective-owned Entities	526.20	271.01	420.48	197.14	353.87	166.00
城镇集体	Urban Collective-owned Entities	80.55	47.41	86.01	40.51	75.36	39.71
房地产开发	Real Estate Development	35.70	31.77	21.37	14.96	40.33	35.96
农村集体	Rural Collective-owned Entities	409.95	191.83	313.09	141.66	238.18	90.34
个体私营经济	Individual and Private Economic Entities	2 845.87	2 306.09	1 582.69	1 274.71	1 740.49	1 319.25
城镇居民建房	Building Construction by Urban Residents	328.28	274.47	354.73	292.12	559.85	459.85
农民建房	Building Construction of Farmers	2 068.70	1 730.36	314.52	288.07	49.06	41.83
个体私营经济	Building Construction of Individual and Privte Economic Entities	448.89	301.26	913.44	694.52	1 131.58	817.57
其它经济	Other Entities	1 103.46	716.05	1 302.70	868.98	2 380.06	1 624.37
房地产开发	Real Estate Development	756.92	657.21	935.47	802.80	1 728.32	1 460.87
竣工房屋建筑面积	**Floor Space of Buildings Completed**	**4 410.66**	**3 153.83**	**2 839.97**	**1 822.65**	**2 902.22**	**1 755.90**
国有经济	State-owned Entities	913.26	484.05	930.68	468.68	843.84	385.56
基本建设	Capital Construction	695.36	341.22	826.98	390.98	764.66	340.26
更新改造	Innovation	57.98	7.23	30.66	13.38	27.62	2.37
其它单位投资	Other Investment	53.10	48.79	44.11	40.25	9.26	5.82
房地产开发	Real Estate Development	106.82	86.81	28.93	24.07	42.30	37.11
集体经济	Collective-owned Entities	419.71	212.96	321.06	152.30	259.94	121.91
城镇集体	Urban Collective-owned Entities	41.11	27.82	37.23	21.13	56.41	28.92
房地产开发	Real Estate Development	19.10	17.57	9.07	4.79	13.99	12.35
农村集体	Rural Collective-owned Entities	359.50	167.56	274.75	126.38	189.54	80.64
个体私营经济	Individual and Private Economic Entities	2 576.53	2 113.88	971.48	790.34	1 117.37	849.19
城镇居民建房	Building Construction by Urban Residents	328.28	274.47	354.73	292.12	559.85	459.85
农民建房	Building Construction by Farmers	2 068.70	1 730.36	314.52	288.07	49.06	41.83
个体私营经济	Building Construction byIndividual and Private Economic Entities	179.55	109.05	302.22	210.15	508.46	347.51
其它经济	Other Entities	501.16	342.94	616.76	411.33	681.06	399.25
房地产开发	Real Estate Development	337.45	307.76	423.88	370.75	411.12	345.34

6-11 全社会主要年份竣工房屋面积

Floor Space of Total Completed Buildings in Significant Years

单位：万平方米 (10 000 sq.m)

指　标	Item	1978年	1990年	1995年	2000年	2004年	2005年
全省竣工房屋面积	**Floor Space of All Completed Buildings**	**621.90**	**2 485.45**	**3 442.00**	**3 552.02**	**2 839.97**	**2 902.22**
国有经济	State-owned Entities	283.49	564.48	1 047.65	1 157.91	930.68	843.84
基本建设	Capital Construction	254.61	313.24	568.39	810.35	826.98	764.66
更新改造	Innovation	28.88	171.99	253.07	78.74	30.66	27.62
其它单位投资	Other Investment		20.74	18.63	16.43	44.11	9.26
房地产开发	Real Estate Development		58.51	207.56	252.39	28.93	42.30
集体经济	Collective-owned Entities	88.41	222.09	287.23	265.76	321.06	259.94
城镇集体	Urban Collective-owned Entities	8.39	70.06	52.32	58.14	37.23	56.41
房地产开发	Real Estate Development			6.16	10.08	9.07	13.99
农村集体	Rural Collective-owned Entities	80.02	152.03	228.75	197.54	274.75	189.54
个体私营经济	Individual and Private Economic Entities	250.00	734.88	2 015.70	1 942.24	971.48	1 117.37
城镇居民建房	Building Construction by Urban Residents		49.93	100.92	210.16	354.73	559.85
农村居民建房	Building Construction of Farmers	250.00	1 648.95	1 914.78	1 649.16	314.52	49.06
个体私营经济	Building Construction of Individual and Privte Economic Entities				82.92	302.22	508.46
其它经济	Other Entities			91.42	186.11	616.76	681.06
房地产开发	Real Estate Development			52.13	93.51	423.88	411.12
全省竣工住宅面积	**Floor Space of Total Completed Residential Buildings**	**376.74**	**1 789.24**	**2 291.19**	**2 464.30**	**1 822.65**	**1 755.90**
国有经济	State-owned Entities	103.54	287.48	585.25	731.47	468.68	385.56
基本建设	Capital Construction	92.48	153.28	310.71	477.42	390.98	340.26
更新改造	Innovation	11.06	75.03	93.03	29.90	13.38	2.37
其它单位投资	Other Investment		6.96	4.48	11.13	40.25	5.82
房地产开发	Real Estate Development		52.21	177.04	213.03	24.07	37.11
集体经济	Collective-owned Entities	48.17	94.45	68.01	87.55	152.30	121.91
城镇集体	Urban Collective-owned Entities	2.07	20.05	19.82	23.89	21.13	28.92
房地产开发	Real Estate Development			5.87	9.19	4.79	12.35
农村集体	Rural Collective-owned Entities	46.10	74.40	42.32	54.47	126.38	80.64
个体私营经济	Individual and Private Economic Entities	225.03	1 407.31	1 587.71	1 555.05	790.34	849.19
城镇居民建房	Building Construction by Urban Residents		44.32	79.28	177.32	292.12	459.85
农村居民建房	Building Construction by Farmers	225.03	1 362.99	1 508.43	1 320.91	288.07	41.83
个体私营经济	Building Construction byIndividual and Private Economic Entities				56.82	210.15	347.51
其它经济	Other Entities			50.21	90.23	411.33	399.25
房地产开发	Real Estate Development			41.52	64.94	370.75	345.34

6-12 全社会新增主要产品生产能力（2005年）
Newly Increased Production Capacity (2005)

能力名称		Item	本年新增合计 Total Newly Increased in the Current Year	基本建设 Capital Construction	更新改造 Innovation	其它投资 Others
原煤开采	万吨/年	Coal Mining (10 000 tons /year)	451.38	59.35	335.03	57.00
洗煤	万吨/年	Coal Washing (10 000 tons /year)	301.70	68.00	123.70	110.00
焦炭	万吨/年	Coke (10 000 tons/year)	118.00	60.00	30.00	28.00
铁矿石原矿开采	万吨/年	Mining of Crude Iron Ores (10 000 tons /year)	179.80	44.60	50.00	85.20
铁矿选矿处理量	万吨/年	Iron Ores Dressing(10 000 tons/year)	50.60	21.60	20.00	9.00
铁矿石成品矿	万吨/年	Processed Iron Ores (10 000 tons /year)	18.00	2.00	6.00	10.00
炼铁	万吨/年	Iron Pudding (10 000 tons /year)	399.80	7.80	59.00	333.00
炼钢	万吨/年	Steel-making(10 000 tons/year)	23.00	0.00	20.00	3.00
转炉钢	万吨/年	Converter Steel (10 000 tons/year)	10.00	0.00	10.00	0.00
电炉钢	万吨/年	Electrie Steel (10 000 tons/year)	12.80	1.50	9.80	1.50
铁合金	万吨/年	Ferroalloys (10 000 tons/year)	90.00	0.00	90.00	0.00
热轧钢材	万吨/年	Hot-rolled Steel (10,000 ton/year)	4			4
冷加工钢材	万吨/年	Cold Working Steel (10 000 tons/year)				
中厚钢板	万吨/年	Medium Thichness Armor Plate (10 000 tons/year)				
铜采矿(原矿)	万吨/年	Mining of Crude Copper Ores(10 000 ton/year)	302	52	250	
铜选矿:(1)处理原矿	万吨/年	Copper Ore Dressing: Crude Ore Processing (10 000 tons/year)	50	50		
铜冶炼	吨/年	Copper Content in Concentrate Ores (ton/year)	70 900	47 600	18 300	5 000
铅锌采矿(原矿)	万吨/年	Mining of Lead and Zinc(Crude Ore) (10 000 tons/year)	22	1		21
铅锌选矿:(1)处理原矿	万吨/年	Lead and Zinc Dressing: I Crude Ore Processing (10 000 tons/year)	12.89	12.89	0.00	0.00
铅冶炼	吨/年	Lead Smelting (tons/year)	145000.00	0.00	145000.00	0.00
锌冶炼	吨/年	Zinc Smelting (ton/year)	229 604	31 015	144 089	54 500
其中:电解锌	吨/年	Electrolysed Zinc (ton/year)	145 000	15 000	115 000	15 000
锡采矿(原矿)	万吨/年	Mining of Tin (Crude One)(10 000 tons/year)	48	44		4
(2)锡含量	吨/年	II Content of Tin (tons/year)				
锡冶炼	吨/年	Tin Smelting (tons/year)	3 000		3 000	
电解铝	吨/年	Electrolysed Aluminium (ton/year)	7 200		7 200	
粗铅	吨/年	Crude Lead (tons/year)	92 000		80 000	12 000
铝加工	吨/年	Aluminium Processing (tons/year)				
金选矿:(1)处理原矿	吨/年	Crude Gold Ores (10 000 tons/year)				
云母制品	吨/年	Mica Proudce (tons/year)				
磷矿开采	万吨/年	Phosphorite Mining (10 000 tons/year)	19.70	0.00	19.00	0.70
水力发电	万千瓦	Hydraulic Power (10 000 kwh)	70.81	46.88	11.23	12.70
火力发电	万千瓦	Thermal Power (10 000 kwh)	260.90	240.00	20.90	0.00
输电线路长度(11万伏及以上)	公里	Length of Transmission Lines (110 kv and above) (km)	1363.19	1363.19	0.00	0.00
变电设备能力(11万伏及以上)	万千伏安	Power Transformer Capacity (110 kv and above) (10 000 kva)	446.60	446.60	0.00	0.00
水泥	万吨/年	Cement (10 000 tons/year)	653.00	124.00	516.00	13.00
平板玻璃	万重量箱/年	Tabulate Glass (10 000 heavy cases /year)	5.00	0.00	0.00	5.00

6-12 续表1 continued

能力名称		Item	本年新增合计 Total Newly Increased in the Current Year	基本建设 Capital Construction	更新改造 Innovation	其它投资 Others
石墨及炭素制品	吨/年	Graphite and Carbon (ton/year)				
锯材	万立方米/年	Saw Lumber (100 000 cu.m/year)				
胶合板	万立方米/年	Plywood (10 000cu.m/year)	1		1	
纤维板	万立方米/年	Fiber Boards (10 000 cu. m/year)	18	4	13	1
硫酸	吨/年	Sulfuric Acid (ton/year)	210 000	60 000	150 000	
烧碱	吨/年	Caustic Soda (ton/year)	17 000		7 000	10 000
电石	吨/年	Calcium Carbide (ton/year)	110 000			110 000
合成氨	吨/年	Synthetic Ammonia (ton/year)	20 000		20 000	
磷肥	吨/年	Phosphate Fertilizer (ton/year)	510 600	400 000	110 600	
钾肥	吨/年	Potassic Chemical Fertilicer(ton/year)				
冰醋酸	吨/年	Rectified Methanol (ton/year)				
合成纤维聚合物	吨/年	Opplymer of Chemical Fiber (ton/year)	200		200	
中成药	吨/年	Read-made Traditional Chinese Medicine (ton/year)	5 763	1 102	4 661	
金属切削机床制造	台/年	Metal-cutting Machine Tools (unit/year)	6 339	5 908	431	
其中：数控机床	台/年	Numerically Controlled Machine Tools (unit/year)	608		108	500
载货汽车制造	辆/年	Trucks (unit/year)				
摩托车制造	辆/年	Motorcycle (unit/year)				
食用植物油	日处理原料:吨	Edible Vegetable oil (daily raw material processing: Ton)	230	60	170	
	日精炼油:吨	(daily oil refining : Ton)	98	37	61	
机制糖	日处理原料:吨	Machine-Refined Sugar (daily raw processing materiml : Ton)	27 020		26 520	500
	年生产糖:吨	(annual output: Ton)	2 551		2 550	1
奶粉	吨/年	Milk Powder (Ton/year)	3 600		3 600	
其他乳制品	吨/年	Other Dairy Products (Ton/year)	200		200	
啤酒	万吨/年	Beer (10 000 tons/year)	2.50	1.00	1.50	0.00
白酒	万吨/年	Liquor (10 000 tons/year)	0.57	0.00	0.03	0.54
机制纸	万吨/年	Machine-made Paper (10 000 tons/year)				
移动通信基站设备	信道/年	Basic Station Equipment of Mobile Telecommunication (signal channel/year)	88 717	336	1 225	87 156
程控交换机	万线/年	Exchange Mechine by Program for Telephone (10 000 lines/year)	281.05		281.05	

6-12 续表2 continued

能力名称		Item	本年新增合计 Total Newly Increased in the Current Year	基本建设 Capital Construction	更新改造 Innovation	其它投资 Others
新建公路	公里	Length of New Highways (km)	1144.34	1142.60	0.00	1.74
二级公路	公里	Highways of Grade II (km)	194.42	194.42	0.00	0.00
改建公路	公里	Length of Reconstructed Highways (km)	2685.38	2395.58	216.50	73.30
一级公路	公里	Of which: Expressways (km)				
二级公路	公里	Highways of Grade II (km)	187.50	187.50	0.00	0.00
新建独立公路桥梁	延长米	Extended Length of Newly Constructed Independent Highway Bridges (m)	1060.66	1060.66	0.00	0.00
	座	(unit)	9.00	9.00	0.00	0.00
新(扩)建客、货运站	个	Extended Namber of New Passenger Transport and Freight (unit)	4.00	4.00	0.00	0.00
	平方米	Construction Areas (sq.m)	4362.00	4362.00	0.00	0.00
长途电缆	延长公里	Extended Length of Long-distance Electrics Cables (km)	300.00	300.00	0.00	0.00
耕地面积	万亩	Cultivated Areas (10 000 mu)	0.68	0.10	0.00	0.58
造林面积	万亩	Afforested Areas (10 000 mu)	330.46	330.46	0.00	0.00
水库容量(总库容)	亿立方米	Total Capacity of Reservoirs (100 million cu.m)	4.60	4.60	0.00	0.00
有效灌溉面积	万亩	Irrigated Areas (10 000 mu)	41.65	41.65	0.00	0.00
商业冷藏库	万吨	Commercial Freezers (10 000 tons)	8.24	0.00	8.00	0.24
粮食仓库	万公斤	Grain Slorehous (10 000 kg)				
	平方米	Construction Areas (sq.m)				
高等院校:学生席位	个	Student Seats of Universities and Colleges	8 510	7 510	1 000	
建筑面积	平方米	Construction Areas (sq.m)	133 812	122 392	11 420	
中等学校:学生席位	个	Students Seats of Secondary Schools	125 124	125 124		
建筑面积	平方米	Construction Areas (sq.m)	907 358	906 358		1 000
小学校:学生席位	个	Student Seats of Primary Schools	98 769	90 502	5 267	3 000
建筑面积	平方米	Construction Areas (sq.m)	353 205	310 340	35 365	7 500
其他院校:学生席位	个	Student Seats of Other Schools	4 380	4 380		
建筑面积	平方米	Construction Areas (sq.m)	35 500	35 500		
医院病床	张	Number of Hospital Beds (units)	6 982	6 502		480
宾馆、旅馆、招待所客房数	间	Number of Rooms of Hotels and Hostels	915	651		264
	平方米	(Sq.m)	34 954	21 764		13 190
城市自来水供水能力	万吨/日	Urban Tap Water Supply (10 000tons/day)	20.60	12.50	8.10	0.00
城市自来水管道长度	公里	Length of Urban Tap Water Supply Pipelines (km)	20.95	0.95	18.00	2.00
城市液化石油气储气能力	吨	Urban Gas Storage Capicaty in Cities (tons)				
城市公共交通车辆购置	辆	Purchase of Urban Public Motor Vehicles (unit)	494.00	0.00	430.00	64.00
城市道路扩建长度	公里	Extended Length of Urban Roads in Cities (km)	119.00	68.36	50.64	0.00
城市道路扩建面积	万平方米	Extended Areas of Urban Roads in Cities (10 000 sq.m)	169.43	153.53	15.90	0.00
城市排水管道铺设长度	公里	Length of Urban Drainage Pipelines (km)	28.85	19.85	9.00	0.00
城市污水处理能力	万吨/日	Capacity of Urban Sewage Disposal (10 000 tons/day)	10.50	10.50	0.00	0.00
城市永久性桥梁	座	Urban Permanent Bridges	2.00	2.00	0.00	0.00
城市防洪堤长度	公里	Length of Urban Flood Control Dykes (km)	32.08	28.75	2.33	1.00

6-13 全省国有经济固定资产投资主要指标(2005年)

单位：万元

指标	Item	合计 Total
项目个数	**Number of Projects**	**8998**
本年施工项目	Number of Projects Under Construction in the Current Year	6 668
新开工项目	Number of Projects Started in the Current Year	6 435
本年投产项目	Number of Projects Put into Use in the Current Year	
投资额和新增固定资产	**Total Investment and Newly Increased Fixed Assets**	
计划总投资	Total Planned Investment	32 039 426
实际需要的总投资	Total Investment Actually Needed	31 456 133
自开始建设累计完成投资	Investment Accumulated from Starting Construction	15 378 166
自开始建设累计新增固定资产	Newly Increased Fixed Assets Accumulated from Starting Construction	5 564 013
本年底未完成工程累计投资	Investment Accumulated in the Projects Not Completed at the End of in the Current Year	8 378 112
本年计划投资	Planned Investment in in the Current Year	8 192 659
本年完成投资	Investment Made in in the Current Year	8 152 698
按构成分	**Grouped by Use of Funds**	
建筑工程	Construction Engineering	5 490 615
安装工程	Installation Engineering	205 631
设备、工具、器具购置	Purchase of Equipment, Instruments and Appliances	979 178
购置旧设备	Purchase of Used Equipment	549
其它费用	Others	1 477 274
旧建筑物购置	Purchase of Used Buildings	36 424
本年新增固定资产	Newly Increased Fixed Assets	4 227 928
资金来源(财务拨款)	**Source of Funds (financial appropriation)**	
本年资金来源合计	Total Sources of Funds in the Current Year	8 055 644
上年末结余资金	Surplus Funds in the Preceding Year	688 832
本年资金来源小计	Funds in the Current Year	7 366 812
国家预算内资金	State Budgetary Appropriations	993 613
国内贷款	Domestic Loans	2 551 605
债券	Bonds	50 000
利用外资	Foreign Investment	91 087
自筹资金	Self-raised Funds	3 287 842
其它资金	Others	392 665
各项应付款合计	Total Payments	1 438 991
工程款	Projects	1 075 590
设备、器材款	Equipment, Instruments	77 628
房屋建筑面积(万平方米)	**Floor Space of Building Construction (10 000 sq.m)**	
施工面积	Floor Space of Buildings under Construction	1 590.1
住 宅	Residential Buildings	648.7
竣工面积	Floor Space of Buildings Completed	843.8
住 宅	Residential Buildings	385.6

Principal Indicators on Investment in Fixed Assets of Provincial State-owned Entities (2005)

(10 000 yuan)

基本建设 Capital Construction	# 大中型项目 Large and Medium-sized Projects	更新改造 Innovation	# 限额以上项目 Projects above Designated Size	其它投资 Others	房地产开发 Real Estate Development
5134	**107**	**921**	**70**	**2943**	
3 250	43	526	46	2 892	
2 969	34	599	26	2 867	
28 478 986	14 411 911	3 119 453	1 018 988	167 313	273 674
28 225 170	13 932 544	3 051 085	1 045 279	179 878	
13 046 493	4 346 632	1 967 403	681 250	141 663	222 607
4 714 438	1 427 470	764 577	249 828	84 998	
7 335 165	2 416 542	1 025 242	413 428	17 705	
6 838 087	2 735 266	1 109 155	199 634	130 968	114 449
6 693 981	2 454 073	1 231 879	299 574	115 341	111 497
4 900 362	1 488 868	452 852	118 996	67 652	69 749
99 512	43 942	100 993	18 192	1 422	3 704
444 091	282 768	503 063	102 813	31 897	127
409		140	120		
1 250 016	638 495	174 971	59 573	14 370	37 917
23 389	12 000	3 402			9 633
3 551 772	627 885	549 639	72 605	75 960	50 557
6 320 688	2 500 973	1 460 382	395 641	112 737	161 837
481 999	107 902	191 645	16 593	2 070	13 118
5 838 689	2 393 071	1 268 737	379 048	110 667	148 719
918 092	361 943	43 240	3 016	32 281	
2 261 632	1 257 240	225 102	59 787	3 225	61 646
50 000	50 000				
90 932	53 779	155			
2 220 858	658 593	966 433	301 120	68 615	31 936
297 175	11 516	33 807	15 125	6 546	55 137
1 350 466	411 781	74 718	11 448	4 585	9 222
1 033 116	367 216	31 868	11 186	3 165	7 441
15 205	2 020	3 170	262	257	58 996
1 428.6	79.1	62.4	32.4	24.3	74.9
557.1	27.3	3.6	0.1	19.0	69.1
764.7	43.6	27.6	12.9	9.3	42.3
340.3	23.8	2.4	0.0	5.8	37.1

6-14 地方国有经济固定资产投资主要指标（2005年）

单位：万元

指　　标	Item	合　计 Total
项目个数	**Number of Projects**	
本年施工项目	Number of Projects Under Construction in the Current Year	8 685
新开工项目	Number of Projects Started in the Current Year	6 476
本年投产项目	Number of Projects Put into Use in the Current Year	6 260
投资额和新增固定资产	**Total Investment and Newly Increased Fixed Assets**	
计划总投资	Total Planned Investment	21 170 370
实际需要的总投资	Total Investment Actually Needed	20 573 576
自开始建设累计完成投资	Investment Accumulated from Starting Construction	11 513 702
自开始建设累计新增固定资产	Newly Increased Fixed Assets Accumulated from Starting Construction	4 024 579
本年底未完成工程累计投资	Investment Accumulated in the Projects Not Completed at the End of in the Current Year	6 230 313
本年计划投资	Planned Investment in in the Current Year	6 180 533
本年完成投资	Investment Made in in the Current Year	6 220 069
按构成分	**Grouped by Use of Funds**	
建筑工程	Construction Engineering	4 614 872
安装工程	Installation Engineering	115 060
设备、工具、器具购置	Purchase of Equipment, Instruments and Appliances	331 674
购置旧设备	Purchase of Used Equipment	549
其它费用	Others	1 158 463
旧建筑物购置	Purchase of Used Buildings	35 038
本年新增固定资产	Newly Increased Fixed Assets	3 343 230
资金来源（财务拨款）	**Source of Funds (financial appropriation)**	
本年资金来源合计	Total Sources of Funds in the Current Year	5 872 281
上年末结余资金	Surplus Funds in the Preceding Year	514 635
本年资金来源小计	Funds in the Current Year	5 357 646
国家预算内资金	State Budgetary Appropriations	737 428
国内贷款	Domestic Loans	1 724 715
债券	Bonds	
利用外资	Foreign Investment	82 087
自筹资金	Self-raised Funds	2 441 275
其它资金	Others	372 141
各项应付款合计	Total Payments	1 339 559
工程款	Projects	1 042 752
设备、器材款	Equipment, Instruments	39 495
房屋建筑面积（万平方米）	**Floor Space of Building Construction (10 000 sq.m)**	
施工面积	Floor Space of Buildings under Construction	1 481.2
住　宅	Residential Buildings	612.6
竣工面积	Floor Space of Buildings Completed	782.1
住　宅	Residential Buildings	364.9

Principal Indicators on Investment in Fixed Assets of Regional State-owned Entities (2005)

(10 000 yuan)

基本建设 Capital Construction	# 大中型项目 Large and Medium-sized Projects	更新改造 Innovation	# 限额以上项目 Projects above Designated Size	其它投资 Others	房地产开发 Real Estate Development
4 940	85	812	63	2 933	
3 128	37	464	45	2 884	
2 866	31	533	22	2 861	
18 658 096	5 893 235	2 100 556	978 424	154 099	257 619
18 397 796	5 411 447	2 010 291	1 004 527	165 489	
9 826 994	1 746 825	1 351 578	653 320	128 274	206 856
3 420 960	400 165	527 692	230 703	75 927	
5 536 425	958 369	676 457	412 038	17 431	
5 321 224	1 487 455	639 003	190 534	121 608	98 698
5 279 123	1 326 883	739 404	283 438	105 796	95 746
4 122 052	842 618	363 948	115 871	65 658	63 214
37 434	4 444	72 517	18 192	1 405	3 704
93 960	15 676	212 873	90 733	24 714	127
409		140	120		
1 025 677	464 145	90 066	58 642	14 019	28 701
23 203	12 000	2 202			9 633
2 919 708	186 151	315 056	53 480	67 630	40 836
4 780 209	1 263 562	880 617	379 505	102 712	108 743
438 483	75 289	64 872	16 593	2 045	9 235
4 341 726	1 188 273	815 745	362 912	100 667	99 508
663 407	189 714	41 740	3 016	32 281	
1 542 042	621 621	147 802	59 787	3 225	31 646
81 932	44 779	155			
1 766 885	320 699	592 826	284 984	59 446	22 118
287 460	11 460	33 222	15 125	5 715	45 744
1 256 638	392 203	71 382	11 448	4 585	6 954
1 001 415	347 639	31 868	11 186	3 165	6 304
8 545	2 020	1 697	262	257	28 996
1 336.2	56.7	52.3	32.4	23.5	69.2
528.4	25.2	2.6	0.1	18.2	63.4
711.1	28.3	26.0	12.9	8.4	36.6
326.0	22.1	2.4	0.0	5.1	31.5

6-15 国有经济固定资产投资（2005年）

(按行业分和农轻重分)

单位：万元

行　　业	Sector	本年完成投资 Investment Made in the Current Year
全省合计	**Total**	**8 152 698**
按国民经济行业分	**Grouped by Sector**	
农、林、牧、渔业	Farming, Forestry, Animal Husbandry and Fishery	231 728
采掘业	Mining and Quarrying	138 652
制造业	Manufacturing	504 285
电力、煤气及水的生产和供应业	Production and Supply of Electric Power, Gas and Water	1 440 328
建筑业	Construction	11 060
地质勘查业、水利管理业	Geological Prospecting and Water Conservancy	220 282
交通运输、仓储及邮电通信业	Transport, Storage, Post and Telecommunication Services	3 331 891
批发和零售贸易餐饮业	Wholesale & Retail Trade and Food Services	69 116
金融、保险业	Banking and Insurance	21 423
房地产业	Real Estate	216 678
社会服务业	Social Services	937 524
卫生、体育和社会福利业	Health Care, Sports and Social Welfare	137 443
教育、文化艺术及广播电影电视业	Education, Culture, Arts, Broadcast, Film and Television	358 829
科学研究和综合技术服务业	Scientific Research and Polytechnic Services	99 164
国家机关、政党机关和社会团体	Government Departments, Party Agencies and Social Organizations	434 105
其它行业	Others	190
按农、轻、重分	**Grouped by Agriculture, Light and Heavy Industries**	
农业	Agriculture	448 895
轻工业	Light Industry	323 963
以农产品为原料的工业	Using Agricultural Products as Materials	202 354
以非农产品为原料的工业	Using Non-agricultural Products as Materials	121 609
重工业	Heavy Industry	1 759 302
采掘工业	Mining and Quarrying	138 302
原材料工业	Raw Material Industry	1 546 492
制造工业	Manufacturing	74 508

Investment in Fixed Assets of State-owned Entities (2005)

(By sector and trade)

(10 000 yuan)

	基本建设		更新改造		其它单位投资	
# 地方 Region	Capital Construction	# 地方 Region	Innovation	# 地方 Region	Others	# 地方 Region
6 220 069	**6 693 981**	**5 279 123**	**1 231 879**	**739 404**	**115 341**	**105 796**
202 939	205 147	176 383	14 579	14 579	12 002	11 977
131 841	70 787	63 976	61 811	61 811	6 054	6 054
336 396	59 602	55 349	438 834	276 439	5 849	4 608
387 860	1 209 700	276 429	230 358	111 161	270	270
11 060	10 995	10 995			65	65
219 674	188 094	187 910	25 605	25 605	6 583	6 159
2 742 391	3 061 510	2 680 867	248 657	40 730	21 724	20 794
47 634	65 616	45 110	1 095	1 095	2 405	1 429
1 274	12 624	1 274	2 930		5 869	
200 927	100 384	100 384	972	972	3 825	3 825
937 032	801 044	800 552	113 986	113 986	22 494	22 494
137 443	133 262	133 262	2 938	2 938	1 243	1 243
358 644	344 099	343 914	8 355	8 355	6 375	6 375
84 040	61 334	46 316	33 060	33 034	4 770	4 690
420 724	369 700	356 319	48 592	48 592	15 813	15 813
190	83	83	107	107		
419 498	390 326	361 378	40 184	40 184	18 385	17 936
156 816	113 326	109 073	204 968	43 315	5 669	4 428
35 219	14 416	10 163	182 355	20 714	5 583	4 342
121 597	98 910	98 910	22 613	22 601	86	86
699 281	1 226 763	286 681	526 035	406 096	6 504	6 504
131 491	70 787	63 976	61 461	61 461	6 054	6 054
494 024	1 137 998	204 727	408 044	288 847	450	450
73 766	17 978	17 978	56 530	55 788		

6-16 国有经济农业、轻工业、重工业固定资产投资及构成

行　　业	Sector	投资额 Investment	
		2004年	2005年
农、轻、重合计(万元)	**Total Investment (10 000 yuan)**	**1 900 453**	**2 532 160**
农业	Agriculture	377 353	448 895
轻工业	Light Industry	261 405	323 963
以农产品为原料的工业	Using Agricultural Products as Materials	160 673	202 354
以非农产品为原料的工业	Using Non-agricultural Products as Materials	100 732	121 609
重工业	Heavy Industry	1 261 695	1 759 302
采掘工业	Mining and Quarrying	173 785	138 302
原料工业	Raw Material Industry	1 042 110	1 546 492
加工工业	Processing Industry	45 800	74 508
构成(以农轻重合计为100%)	**Composition (the total investment=100) (%)**		
农业	Agriculture	19.9	17.7
轻工业	Light Industry	13.8	12.8
以农产品为原料的工业	Using Agricultural Products as Materials	8.5	8.0
以非农产品为原料的工业	Using Non-agricultural Products as Materials	5.3	4.8
重工业	Heavy Industry	66.4	69.5
采掘工业	Mining and Quarrying	9.1	5.5
原料工业	Raw Material Industry	54.8	61.1
加工工业	Processing Industry	2.4	2.9

6-17 各个时期能源工业和运输邮电业基本建设投资

年　份;;/　时　期	Period	绝对数(万元) Absolute Data (10 000 yuan)
		能源工业 Energy Industry
恢复时期	Recovery Period	278
"一五"时期	The 1st 5-year Plan Period	12 452
"二五"时期	The 2nd Five-year Plan Period	57 790
1963－1965年	1963-1965	21 051
"三五"时期	The 3rd Five-year Plan Period	53 051
"四五"时期	The 4th Five-year Plan Period	63 422
"五五"时期	The 5th Five-year Plan Period	86 125
"六五"时期	The 6th Five-year Plan Period	135 501
"七五"时期	The 7th Five-year Plan Period	331 779
"八五"时期	The 8th Five-year Plan Period	964 984
"九五"时期	The 9th 5-year Plan Period	2 266 060
1995年	1995	311 244
1998年	1998	424 608
1999年	1999	506 021
2000年	2000	535 330
2001年	2001	550 392
2002年	2002	854 108
2003年	2003	891 873
2004年	2004	1 764 492
2005年	2005	3 098 189

注：1997年以前为国有经济的基本建设投资。

Investment in Fixed Assets of State-owned Agriculture, Light and Heavy Industries and Their Composition

基本建设 Capital Construction		更新改造 Innovation		其它单位投资 Others	
2004年	2005年	2004年	2005年	2004年	2005年
1 274 113	**1 730 415**	**581 641**	**771 187**	**44 699**	**30 558**
345 656	390 326	11 686	40 184	20 011	18 385
119 998	113 326	135 613	204 968	5 794	5 669
31 677	14 416	123 493	182 355	5 503	5 583
88 321	98 910	12 120	22 613	291	86
808 459	1 226 763	434 342	526 035	18 894	6 504
29 870	70 787	137 865	61 461	6 050	6 054
763 566	1 137 998	266 045	408 044	12 499	450
15 023	17 978	30 432	56 530	345	
27.1	22.6	2.0	5.2	44.8	60.2
9.4	6.6	23.3	26.6	13.0	18.6
2.5	0.8	21.2	23.7	12.3	18.3
6.9	5.7	2.1	2.9	0.7	0.3
63.5	70.9	74.7	68.2	42.3	21.3
2.3	4.1	23.7	8.0	13.5	19.8
59.9	65.8	45.7	52.9	28.0	1.5
1.2	1.0	5.2	7.3	0.8	

Investment in Capital Construction of Energy Industry and Transport, Post and Telecommunication Services by Period

绝对数(万元) Absolute Data (10 000 yuan)	比重(以投资额为100%) Ratio (investment =100)	
运输邮电业 Transport and Post and Telecommunication Services	能源工业 Energy Industry	运输邮电业 Transport and Post and Telecommunication Services
4 372	3.2	49.9
21 805	12.2	21.4
61 241	17.4	18.4
48 082	14.4	32.8
145 776	13.6	37.3
53 043	13.7	11.5
52 781	15.6	9.6
52 450	19.6	7.6
123 925	29.5	11.0
1 142 753	19.9	23.5
6 002 361	7.5	19.8
321 277	20.1	20.7
1 474 328	12.5	43.6
1 608 570	13.5	43.0
1 576 170	14.7	43.5
1 483 840	15.2	40.9
1 364 515	20.3	32.4
1 698 162	18.0	34.2
1 975 337	27.0	30.3
3 239 726	31.6	33.0

Note: Investment before 1977 had been that in Capital Construction of State-owned Economy .

6-18 基本建设投资主要指标

指　　标	Item	1990年合计 Total of 1990
投资总额(万元)	**Total Investment (10 000 yuan)**	**280 045**
按资金来源分	**Grouped by Source of Funds**	
国家预算内资金	State Budgetary Appropriations	70 208
国内贷款	Domestic Loans	49 904
股票和债券	Stocks and Bonds	
利用外资	Foreign Investment	10 662
自筹资金	Self-raised Funds	116 514
其它资金	Others	32 757
按构成分	**Grouped by Use of Funds**	
建筑安装工程	Construction and Installation Engineering	189 703
设备、工具、器具购置	Purchase of Equipment	39 727
其它费用	Others	50 615
按建设性质分	**Grouped by Type of Construction**	
新　建	New Construction	130 107
扩　建	Extension	90 776
改　建	Reconstruction	25 723
按大中小型分	**Grouped by Projects Size**	
大中型项目	Large and Medium-sized Projects	118 981
小型项目	Small Sized Projects	161 064
按国民经济行业分	**Grouped by Sector**	
农　业	Agriculture	22 261
工　业	Industry	132 485
轻工业	Light Industry	14 459
重工业	Heavy Industry	118 026
能源工业	Energy Industry	79 170
运输邮电业	Transport, Postal and Telecommunication Services	37 089
教育科研	Education and Scientific Research	36 446
新增固定资产(万元)	**Newly Increased Fixed Assets (10 000 yuan)**	**258 962**
大中型项目	Large and Medium Sized Projects	134 243
建设项目(个)	**Number of Construction Projects**	
施工项目	Projects Under Construction	3 406
新开工项目	Projects Started in the Current Year	1 960
大中型项目	Large and Medium-sized Projects	28
全部建成投产项目	Projects Put into Use	1 791
大中型项目	Large and Medium-sized Projects	6
房屋建筑面积(万平方米)	**Floor Space of Buildings Construction (10 000 sq.m)**	
施工面积	Floor Space of Buildings under Construction	568.75
住　宅	Residential Buildings	273.25
竣工面积	Floor Space of Buildings Completed	313.24
住　宅	Residential Buildings	153.28

Principal Indicators on Investment in Capital Construction

# 地 方 Region	2000年合计 Total of 2000	# 地 方 Region	2004年合计 Total of 2004	# 地 方 Region	2005年合计 Total of 2004	# 地 方 Region
170 917	**3 618 373**	**2 387 787**	**6 524 579**	**5 109 772**	**9 818 421**	**7 791 988**
					0	0
25 656	447 962	325 118	777 041	623 722	990 155	778 246
26 171	1 098 205	519 791	2 228 637	1 720 808	3 891 300	2 724 259
	19 965	6 501	82 111		50 000	
2 871	35 553	27 518	68 148	67 024	195 442	186 442
106 042	1 625 786	1 204 585	2 687 570	2 061 301	3 895 326	3 324 347
10 177	390 902	304 274	681 072	636 917	796 198	778 694
					0	0
127 176	2 738 378	1 970 198	4 706 730	3 861 771	6 979 025	5 731 063
19 068	449 354	86 740	707 940	452 852	998 802	637 552
24 673	430 641	330 849	1 109 909	795 149	1 840 594	1 423 373
69 409	2 168 411	1 477 385	4 638 035	3 526 315	7 844 710	6 093 132
59 143	774 314	535 013	947 991	798 794	1 073 163	969 866
16 417	426 080	201 107	733 262	611 159	723 190	557 193
35 730	644 847	94 370	1 470 649	523 370	4 138 233	2 417 140
135 187	2 973 526	2 293 417	5 053 930	4 586 402	5 680 188	5 374 848
15 156	221 580	196 570	369 557	335 187	432 961	403 946
57 633	761 852	218 259	2 277 744	1 271 491	3 795 414	2 251 621
13 914	147 055	85 181	182 735	161 879	208 972	204 719
43 719	614 797	133 078	2 095 009	1 109 612	3 586 442	2 046 902
16 441	535 330	65 780	1 764 492	788 226	3 098 189	1 571 015
19 766	1 576 170	1 001 551	1 975 337	1 703 928	3 239 726	2 860 043
32 768	156 122	146 519	288 083	278 743	351 368	336 821
121 439	**2 234 981**	**1 418 739**	**3 039 881**	**2 538 589**	**4 399 601**	**3 756 258**
18 764	285 163	179 482	246 969	105 392	683 901	242 167
3 070	4 368	3 949	4 987	4 680	6 276	6 063
1 808	2 697	2 469	3 091	2 888	4 018	3 884
16	29	14	53	35	181	153
1 677	2 488	2 253	2 449	2 251	3 465	3 355
3	5	3	7	2	41	38
485.07	1 620.67	1 329.37	1 914.59	1 756.85	1 845.84	1 744.12
221.60	834.19	687.13	869.10	796.24	695.83	659.02
258.12	876.37	713.68	919.50	842.89	976.46	916.51
124.04	498.31	402.30	414.11	384.46	389.61	369.68

6-19 基本建设投资额与新增固定资产（2005年）

(按国民经济行业分)

单位：万元

行　　业	Sector	投资额 合 计 Total
全省合计	**Total**	**9 818 421**
按三次产业分	**Grouped by Type of Industry**	
第一产业	Primary Industry	247 569
第二产业	Secondary Industry	3 823 146
第三产业	Tertiary Industry	5 747 706
按国民经济行业分	**Grouped by Sector**	
农、林、牧、渔业	Farming, Forestry, Animal Husbandry and Fishery	247 569
采掘业	Mining and Quarrying	289 484
制造业	Manufacturing	531 694
电力、煤气及水的生产和供应业	Production and Supply of Electric Power, Gas and Water	2 974 236
建筑业	Construction	27 732
地质勘查业、水利管理业	Geological Prospecting and Water Conservancy	188 618
交通运输、仓储及邮电通信业	Transport, Storage, Post and Telecommunication Services	3 242 665
批发和零售贸易餐饮业	Wholesale and Retail Trade and Food Services	170 400
金融、保险业	Banking and Insurance	17 070
房地产业	Real Estate	155 858
社会服务业	Social Services	959 685
卫生、体育和社会福利业	Health Care, Sports and Social Welfare	198 511
教育、文化艺术及广播电影电视业	Education, Culture, Arts, Radio, Film and Television	366 885
科学研究和综合技术服务业	Scientific Research and Polytechnic Services	62 368
国家机关、政党机关和社会团体	Government Departments, Party Agencies and Social Organizations	385 563
其它行业	Others	83

Investment in Capital Construction and Newly Increased Fixed Assets (2005)

(By sector)
(10 000 yuan)

Investment			新增固定资产 Newly Increased Fixed Assets			
# 地方 Region	# 国有经济 State-owned Entities	# 地方 Region	合计 Total	# 地方 Region	# 国有经济 State-owned Entities	# 地方 Region
7 791 988	**6 693 981**	**5 279 123**	**4 399 601**	**3 756 258**	**3 551 772**	**2 919 708**
218 738	205 147	176 383	148 041	143 814	120 116	115 889
2 279 353	1 351 084	406 749	1 166 553	662 601	626 630	126 954
5 293 897	5 137 750	4 695 991	3 085 007	2 949 843	2 805 026	2 676 865
218 738	205 147	176 383	148 041	143 814	120 116	115 889
282 673	70 787	63 976	93 708	92 555	21 943	20 790
521 886	59 602	55 349	250 614	234 075	42 637	30 374
1 447 062	1 209 700	276 429	805 657	319 397	550 116	63 856
27 732	10 995	10 995	16 574	16 574	11 934	11 934
188 434	188 094	187 910	153 870	153 870	153 346	153 346
2 862 022	3 061 510	2 680 867	1 215 406	1 135 195	1 199 796	1 119 585
144 438	65 616	45 110	187 871	161 544	76 291	51 564
4 126	12 624	1 274	11 953	6 591	6 702	1 743
155 858	100 384	100 384	90 412	90 412	83 140	83 140
959 193	801 044	800 552	619 163	618 157	520 360	519 354
198 511	133 262	133 262	87 965	87 965	78 431	78 431
366 700	344 099	343 914	302 522	302 337	284 129	283 944
47 350	61 334	46 316	35 720	35 227	35 086	34 593
367 182	369 700	356 319	380 042	358 462	367 662	351 082
83	83	83	83	83	83	83

6-20 基本建设施工、投产项目（2005年）

(按国民经济行业分)

单位：个

行　　业	Sector	施工项目 合计 Total
全省合计	**Total**	**6 276**
按国民经济行业分	**Grouped by Sector**	
农、林、牧、渔业	Farming, Forestry, Animal Husbandry and Fishery	428
采掘业	Mining and Quarrying	138
制造业	Manufacturing	353
电力、煤气及水的生产和供应业	Production and Supply of Electric Power, Gas and Water	380
建筑业	Construction	15
地质勘查业、水利管理业	Geological Prospecting and Water Conservancy	370
交通运输、仓储及邮电通信业	Transport, Storage, Post and Telecommunication Services	912
批发和零售贸易餐饮业	Wholesale & Retail Trade and Food Services	223
金融、保险业	Banking and Insurance	41
房地产业	Real Estate	119
社会服务业	Social Services	685
卫生、体育和社会福利业	Health Care, Sports and Social Welfare	395
教育、文化艺术及广播电影电视业	Education, Culture, Arts, Broadcasting, Film and Television	1 245
科学研究和综合技术服务业	Scientific Research and Polytechnic Services	108
国家机关、政党机关和社会团体	Government Departments, Party Agencies and Social Organizations	863
其它行业	Others	1

Number of Capital Construction Projects Under Construction and Put into Use (2005)

(By sector)

(unit)

Number of Projects under Construction			投产项目 Number of Projects Put into Use			
# 地 方 Region	# 国有经济 State-owned Entities	# 地 方 Region	合 计 Total	# 地 方 Region	# 国有经济 State-owned Entities	# 地 方 Region
6 063	**5 134**	**4 940**	**3 465**	**3 355**	**2 969**	**2 866**
422	381	376	290	289	266	265
136	23	21	62	62	5	5
342	55	48	171	165	22	18
357	101	84	91	87	29	25
15	5	5	10	10	4	4
369	367	366	222	222	219	219
872	871	831	518	501	501	484
185	129	96	147	118	88	63
22	22	5	20	14	11	5
119	92	92	57	57	49	49
683	577	575	306	304	269	267
395	377	377	216	216	207	207
1 244	1 208	1 207	844	843	818	817
99	106	97	56	51	55	50
802	819	759	454	415	425	387
1	1	1	1	1	1	1

6-21 各地区按国民经济行业分基本建设投资（2005年）

单位：万元

地　　区	Region	基本建设投资额 Investment in Capital Construction	农、林、牧、渔业 Farming, Forestry, Animal Husbandry and Fishery	采掘业 Mining and Quarrying
全省合计	**Total**	**9 818 421**	**247 569**	**289 484**
昆　明	Kunming	1 593 502	16 064	15 121
曲　靖	Qujing	1 267 879	33 000	152 084
玉　溪	Yuxi	246 283	9 685	48 354
保　山	Baoshan	379 827	17 906	9 924
昭　通	Zhaotong	491 795	2 945	6 092
丽　江	Lijiang	304 626	8 760	4 538
思　茅	Simao	421 093	6 903	74
临　沧	Lincang	326 186	57 155	3 882
楚　雄	Chuxiong	346 752	12 862	2 029
红　河	Honghe	1 015 217	7 377	15 333
文　山	Wenshan	461 114	4 240	1 691
西双版纳	Xishuangbanna	244 392	5 951	286
大　理	Dali	429 855	28 663	1 895
德　宏	Dehong	230 431	6 763	1 490
怒　江	Nujiang	85 105	320	
迪　庆	Diqing	225 736	2 451	26 691
不分地区	Not Grouped by Region	1 748 628	26 524	

6-21　续表

单位：万元

地　　区	Region	批发和零售贸易餐饮业 Wholesale & Retail Trade and Food Services	金融保险业 Banking and Insurance	房地产业 Real Estate
全省合计	**Total**	**170 400**	**17 070**	**155 858**
昆　明	Kunming	57 276	1 230	48 505
曲　靖	Qujing	30 724	1 706	8 192
玉　溪	Yuxi	8 175	4 080	491
保　山	Baoshan	3 691	296	9 660
昭　通	Zhaotong	2 100	1 557	4 474
丽　江	Lijiang	6 070		2 965
思　茅	Simao	5 049	68	7 005
临　沧	Lincang	2 100	1 007	39 274
楚　雄	Chuxiong	8 658	30	3 062
红　河	Honghe	23 376	5 085	4 393
文　山	Wenshan	8 195		2 175
西双版纳	Xishuangbanna	300		
大　理	Dali	11 428	1 611	11 122
德　宏	Dehong	1 648	190	14 354
怒　江	Nujiang	190	210	
迪　庆	Diqing	1 420		186
不分地区	Not Grouped by Region			

Investment in Capital Construction by Sector and Region (2005)

(Groued by sector)
(10 000 yuan)

制 造 业 Manufacturing	电力、煤气及水的生产和供应业 Production and Supply of Electric Power, Gas and Water	建 筑 业 Construction	地质勘查业、水利管理业 Geological Prospecting and Water Conservancy	交通运输、仓储及邮电通信业 Transport, Storage, Post and Telecommunication Services
531 694	**2 974 236**	**27 732**	**188 618**	**3 242 665**
150 693	117 511	24 244	22 966	413 234
201 332	460 777	1 941	5 881	175 901
26 730	18 966		28 445	32 155
16 887	53 055		8 353	179 350
5 091	130 378		10 059	275 114
4 484	142 318		6 544	34 998
8 053	310 830		9 742	23 104
10 599	42 496		12 866	60 042
7 138	19 717		28 040	219 264
29 631	369 177	560	23 682	341 706
2 843	48 951	816	3 611	275 729
1 316	4 570		3 189	196 552
18 760	33 298		1 286	196 623
9 009	119 342		16 988	15 287
37 871	16 092	171	2 705	15 041
1 257	104 141		4 261	49 078
	982 617			739 487

continued

(10 000 yuan)

社 会 服务业 Social Services	卫生、体育和社会福利业 Health Care, Sports and Social Welfare	教育、文化艺术和广播电影电视业 Education, Culture, Arts, Broadcasting, Film and Television	科学研究综合技术服务业 Scientific Research and Polytechnic Services	国家机关、政党机关和社会团体 Government Departments, Party Agencies and Social Organizations	其 它 行 业 Others
959 685	**198 511**	**366 885**	**62 368**	**385 563**	**83**
471 670	67 307	85 727	25 764	76 190	
96 867	17 358	41 380	1 593	39 143	
29 997	6 253	11 459	4 853	16 640	
34 995	12 108	21 167	651	11 784	
13 210	6 029	11 472	1 693	21 581	
56 339	12 656	11 274	5 527	8 153	
22 405	5 207	9 167	1 045	12 441	
38 613	9 391	16 397	471	31 893	
15 420	5 578	14 655	380	9 919	
47 924	20 142	74 647	936	51 248	
37 801	3 883	18 694	30	52 455	
15 661	4 338	2 955	1 919	7 355	
43 563	21 221	32 573	10 826	16 986	
11 128	4 692	6 975	4 316	18 166	83
3 892	1 277	2 921	1 300	3 115	
20 200	1 071	5 422	1 064	8 494	

6-22 各地区全社会固定资产投资（2005年）
Total Investment in Fixed Assets by Region (2005)

(按用途分) (By use)

单位：万元 (10 000 yuan)

地　区	Region	本年完成投资 Investment Made in the Current Year	农林牧渔业 Farming, Forestry, Animal Husbandry and Fishery	工业、建筑业 Industry and Construction	商业、运输邮电业 Commerce, Transport, Post and Telecommunication Services	住宅 Residential Buildings	其它 Others
全省合计	**Total**	**17 552 979**	**513 734**	**6 446 610**	**4 204 740**	**3 068 321**	**3 589 108**
昆　明	Kunming	4 578 403	48 309	1 081 731	742 869	1 352 167	1 417 834
曲　靖	Qujing	2 031 223	65 938	1 220 230	217 872	267 519	267 586
玉　溪	Yuxi	1 030 338	53 615	543 694	147 429	155 209	165 174
保　山	Baoshan	562 432	27 493	105 929	198 477	94 488	147 175
昭　通	Zhaotong	752 727	8 912	271 883	74 833	308 273	107 885
丽　江	Lijiang	526 775	13 039	199 553	47 361	97 576	175 860
思　茅	Simao	592 397	18 368	356 595	51 291	72 944	107 000
临　沧	Lincang	561 384	71 513	135 148	84 328	122 552	162 520
楚　雄	Chuxiong	682 437	39 262	155 024	291 579	98 065	131 369
红　河	Honghe	1 498 342	26 718	622 104	406 204	188 629	280 077
文　山	Wenshan	760 946	26 869	181 585	300 302	101 668	156 823
西双版纳	Xishuangbanna	350 731	14 356	41 048	201 816	41 225	55 589
大　理	Dali	828 329	52 652	196 747	253 312	112 891	217 334
德　宏	Dehong	316 784	11 145	146 001	41 160	29 438	106 372
怒　江	Nujiang	121 688	1 136	63 002	30 648	5 839	24 019
迪　庆	Diqing	288 918	7 885	143 719	55 275	19 838	66 491
不分地区	Not Grouped by Region	2 069 125	26 524	982 617	1 059 984		

6-23 各地区国有经济固定资产投资（2005年）
Investment in Fixed Assets of State-owned Entities by Region（2005）

(按用途分) (By use)

单位：万元 (10 000 yuan)

地　区	Region	本年完成投资 Investment Made in the Current Year	农林牧渔业 Farming, Forestry, Animal Husbandry and Fishery	工业、建筑业 Industry and Construction	商业、运输邮电业 Commerce, Transport, Post and Telecommunication Services	住宅 Residential Buildings	其它 Others
全省合计	**Total**	**8 152 698**	**225 099**	**2 066 397**	**3 367 234**	**547 681**	**2 162 947**
昆　明	Kunming	1 719 048	11 609	386 369	383 836	85 179	900 981
曲　靖	Qujing	932 479	41 910	491 196	174 263	47 698	183 293
玉　溪	Yuxi	406 130	9 839	245 713	71 813	11 256	96 200
保　山	Baoshan	302 572	15 161	9 340	191 946	12 908	81 535
昭　通	Zhaotong	407 280	2 855	67 603	53 130	234 401	59 568
丽　江	Lijiang	116 142	7 601	11 393	38 722	5 564	59 406
思　茅	Simao	94 580	2 726	7 609	28 136	13 195	52 826
临　沧	Lincang	284 984	55 211	14 103	72 536	35 578	119 186
楚　雄	Chuxiong	363 240	8 331	38 860	259 586	9 200	77 790
红　河	Honghe	692 437	6 119	140 059	341 679	37 839	189 153
文　山	Wenshan	421 020	2 539	18 673	287 250	28 529	88 382
西双版纳	Xishuangbanna	232 491	4 281	3 603	199 226	4 569	23 946
大　理	Dali	402 763	20 009	25 347	230 665	12 726	116 190
德　宏	Dehong	81 364	6 423	407	32 458	2 976	56 088
怒　江	Nujiang	62 814	120	12 873	27 451	2 891	22 435
迪　庆	Diqing	127 554	3 841	36 378	52 132	3 172	35 968
不分地区	Not Grouped by Region	1 505 800	26 524	556 871	922 405		

6-24 各地区按用途分基本建设投资（2005年）
Investment in Capital Construction by Purpose and Region (2005)

(By purpose)

单位：万元 (10 000 yuan)

地区	Region	基本建设投资额 Investment in Capital Construction	农林牧渔业 Farming, Forestry, Animal Husbandry and Fishery	工业、建筑业 Industry and Construction	商业、运输邮电业 Commerce, Transport, Post and Telecommuni-cation Services	住宅 Residential Buildings	其它 Others
全省合计	**Total**	**9 818 421**	**240 773**	**3 761 545**	**3 344 202**	**567 040**	**2 089 681**
昆明	Kunming	1 593 502	15 139	281 004	489 292	90 826	740 032
曲靖	Qujing	1 267 879	32 209	798 010	207 321	52 159	184 061
玉溪	Yuxi	246 283	9 676	93 404	67 424	11 595	92 392
保山	Baoshan	379 827	17 906	79 288	190 686	8 982	91 283
昭通	Zhaotong	491 795	2 855	140 665	60 690	237 826	59 678
丽江	Lijiang	304 626	8 667	151 000	43 840	7 460	100 203
思茅	Simao	421093	5893	317 113	35 018	16 717	56 094
临沧	Lincang	326 186	55 071	56 401	72 580	33 416	120 348
楚雄	Chuxiong	346 752	12 385	27 039	254 784	8 560	72 024
红河	Honghe	1 015 217	6 807	407 590	384 599	41 530	196 703
文山	Wenshan	461 114	4 040	54 000	287 135	28 211	91 339
西双版纳	Xishuangbanna	244 392	5 765	5 994	198 843	4 255	32 669
大理	Dali	429 855	28 502	53 301	207 846	13 909	127 583
德宏	Dehong	230 431	6 763	129 382	33 646	3 335	74 293
怒江	Nujiang	85 105	120	52 648	17 570	4 377	13 095
迪庆	Diqing	225 736	2 451	132 089	53 441	3 882	37 884
不分地区	Not Classified by Region	1 748 628	26 524	982 617	739 487		

6-25 各地区按建设性质分基本建设投资（2005年）
Investment in Capital Construction by Type of Construction and Region (2005

(By type of construction)

地区	Region	投资额（万元） Investment (10 000 yuan)			比重(以投资总额为100%) Ratio (total investment=100)(%)		
		新建 New Construction	扩建 Extension	改建 Reconstruction	新建 New Construction	扩建 Extension	改建 Reconstruction
全省合计	**Total**	**7 844 710**	**1 073 163**	**723 190**	**79.9**	**10.9**	**7.4**
昆明	Kunming	1 250 180	253 963	32 684	78.5	15.9	2.1
曲靖	Qujing	994 290	211 830	40 661	78.4	16.7	3.2
玉溪	Yuxi	169 375	47 350	18 021	68.8	19.2	7.3
保山	Baoshan	203 637	7 561	160 083	53.6	2.0	42.2
昭通	Zhaotong	443 580	31 659	11 868	90.2	6.4	2.4
丽江	Lijiang	228 748	58 909	11 368	75.1	19.3	3.7
思茅	Simao	338 780	49 583	17 521	80.5	11.8	4.2
临沧	Lincang	190 693	84 123	41 269	58.5	25.8	12.7
楚雄	Chuxiong	256 097	27 219	59 588	73.9	7.9	17.2
红河	Honghe	835 682	102 967	56 382	82.3	10.1	5.6
文山	Wenshan	426 860	8 351	25 053	92.6	1.8	5.4
西双版纳	Xishuangbanna	189 421	38 141	13 804	77.5	15.6	5.7
大理	Dali	330 668	34 232	59 270	76.9	8.0	13.8
德宏	Dehong	160 001	51 569	11 571	69.4	22.4	5.0
怒江	Nujiang	48 323	28 106	6 084	56.8	33.0	7.2
迪庆	Diqing	196 402	25 878	3 030	87.0	11.5	1.3
不分地区	Not Grouped by Region	1 581 973	11 722	154 933	90.5	0.7	8.9

6-26 各地区基本建设项目、投资额及新增固定资产（2005年）

地　区	Region	施工项目（个）Number of Projects under Construction	#大中型 Large and Medium-sized Projects
全省合计	**Total**	**6 276**	**181**
昆　明	Kunming	684	25
曲　靖	Qujing	489	46
玉　溪	Yuxi	381	9
保　山	Baoshan	462	7
昭　通	Zhaotong	465	9
丽　江	Lijiang	248	2
思　茅	Simao	292	7
临　沧	Lincang	506	6
楚　雄	Chuxiong	428	18
红　河	Honghe	930	10
文　山	Wenshan	262	13
西双版纳	Xishuangbanna	156	5
大　理	Dali	403	9
德　宏	Dehong	240	5
怒　江	Nujiang	80	1
迪　庆	Diqing	226	
不分地区	Not Grouped by Region	24	9

6-27 各地区基本建设施工、竣工房屋建筑面积（2005年）

单位：平方米

地　区	Region	施工面积 Floor Space of Buildings under Construction	#住　宅 Residential Buildings
全省合计	**Total**	**18 458 438**	**6 958 278**
昆　明	Kunming	3 544 779	1 070 233
曲　靖	Qujing	2 579 127	1 085 409
玉　溪	Yuxi	671 012	223 194
保　山	Baoshan	400 105	72 494
昭　通	Zhaotong	1 016 176	421 026
丽　江	Lijiang	682 198	103 394
思　茅	Simao	906 808	432 157
临　沧	Lincang	1 976 495	1 231 077
楚　雄	Chuxiong	575 058	191 002
红　河	Honghe	2 768 935	1 197 906
文　山	Wenshan	643 782	299 730
西双版纳	Xishuangbanna	240 587	73 755
大　理	Dali	1 210 757	295 843
德　宏	Dehong	755 150	108 646
怒　江	Nujiang	272 752	78 272
迪　庆	Diqing	178 869	74 140
不分地区	Not Grouped by Region	35 848	

Number of Capital Construction Projects, Investment and Newly Increased Fixed Assets by Region (2005)

全投项目(个) Number of Projects Put into Use	#大中型 Large and Medium-sized Projects	投资额(万元) Investment (10 000 yuan)	#大中型 Large and Medium-sized Projects	新增固定资产(万元) Newly Increased Fixed Assets (10 000 yuan)	#大中型 Large and Medium-sized Projects
3 465	**41**	**9 818 421**	**4 138 233**	**4 399 601**	**683 901**
427	9	1 593 502	399 078	569 230	38 545
210	14	1 267 879	789 886	558 868	297 519
233		246 283	68 642	315 170	1 613
275	1	379 827	161 893	199 981	360
217	2	491 795	87 977	144 945	45 288
153		304 626	130 027	130 444	
178		421 093	301 537	121 122	
317	1	326 186	49 709	416 369	100
279	5	346 752	200 405	135 173	16 271
505	1	1 015 217	243 196	312 138	1 624
110	2	461 114	262 608	174 955	17 673
98	1	244 392	174 188	31 491	3 250
215	4	429 855	130 540	189 139	1 998
115	1	230 431	40 575	195 117	1 090
54		85 105	37 871	19 273	
76		225 736		116 642	
3		1 748 628	1 060 101	769 544	258 570

Floor Space of Buildings Completed and Under Construction Through Capital Construction by Region (2005)

(sq.m)

竣工面积 Floor Space of Buildings Completed	#住宅 Residential Buildings	竣工率(%) Completion Ratio(%)	#住宅 Residential Buildings
9 764 634	**3 896 093**	**52.90**	**55.99**
2 279 435	706 312	64.30	66.00
1 451 933	584 230	56.30	53.83
347 411	142 130	51.77	63.68
276 879	52 279	69.20	72.11
603 135	265 026	59.35	62.95
234 208	79 194	34.33	76.59
499 751	244 009	55.11	56.46
1 056 401	731 605	53.45	59.43
356 798	124 715	62.05	65.30
1 169 613	452 302	42.24	37.76
325 221	173 296	50.52	57.82
108 953	46 893	45.29	63.58
635 889	131 432	52.52	44.43
162 994	59 200	21.58	54.49
107 946	50 774	39.58	64.87
133 603	52 696	74.69	71.08
14 464		40.35	

6-28更新改造投资和新增固定资产（2005年）

指　　标	Item	2000年	# 地　　方 Region
投资总额(万元)	**Total Investment (10 000 yuan)**	**811 207**	**505 125**
限额以上项目	Projects above Designated Size	168 986	151 674
按资金来源分	**Grouped by Source of Funds**		
国家预算内资金	State Budgetary Appropriations	19 052	19 052
国内贷款	Domestic Loans	132 400	89 509
股票和债券	Stocks and Bonds		
利用外资	Foreign Investment	4 025	4 025
自筹资金	Self-raised Funds	603 707	341 392
其它资金	Others	52 023	51 147
按构成分	**Grouped by Use of Funds**		
建筑工程	Construction Engineering	242 634	192 852
安装工程	Installation Engineering	80 294	44 104
设备购置	Purchase of Equipment and Instruments	421 218	207 109
其它费用	Others	67 061	61 060
按建设性质分	**By Type of Construction**		
新　建	New Construction	57 380	24 121
扩　建	Extension	386 741	205 439
改　建	Reconstruction	310 649	227 443
按用途分	**Grouped by Purpose**		
增　产	Increasing Production	163 032	141 544
节约能源	Saving Energy	12 601	11 672
其它节约	Other Saving	6 386	1 447
增加品种	Increasing Varieties of Products	42 089	41 919
提高产品质量	Improving Product Quality	46 209	17 343
三废治理	Disposal of Waste Water, Waste Gas and Solid Wastes	59 891	58 559
其　它	Others	480 999	232 641
按国民经济性质分	**By Sector**		
农　业	Agriculture	8 614	8 614
工　业	Industry	385 740	288 154
轻工业	Light Industry	150 641	59 118
重工业	Heavy Industry	235 099	229 036
能源工业	Energy Industry	28 421	26 174
运输邮电业	Transport, Postal and Telecommunication Services	222 312	29 235
教育科研	Education and Scientific Research	3 956	3 956
新增固定资产(万元)	**Newly Increased Fixed Assets (10 000 yuan)**	**663 734**	**366 499**
限额以上项目	Projects above Designated Size	78 653	41 134
建设项目(个)	**Construction Projects**		
施工项目	Projects Under Construction	1 142	928
新开工项目	Projects Started in the Current Year	698	573
限额以上项目	Projects above Designated Size	34	31
全部建成投产项目	Projects Put into Use	649	528
限额以上项目	Projects above Designated Size	7	5
房屋建筑面积（万平方米）	**Floor Space of Building Construction (10 000 sq.m)**		
施工面积	Floor Space of Buildings under Construction	208.54	150.55
住宅	Residential Buildings	52.96	43.03
竣工面积	Floor Space of Buildings Completed	92.65	65.11
住宅	Residential Buildings	31.10	23.28

Investment In Innovation and Newly Increased Fixed Assets(2005)

2003年	# 地方 Region	2004年	# 地方 Region	2005年	# 地方 Region
1 472 661	**969 780**	**1 994 619**	**1 506 039**	**2 823 322**	**2 091 285**
432 842	395 476	781 924	752 032	615 729	599 533
27 636	27 636	44 189	44 189	65 308	63 808
379 988	287 372	455 164	420 888	635 565	551 162
1 265	1 265				
9 573	9 573	6 099	6 099	3 849	3 849
997 733	595 579	1 354 649	903 261	1 815 328	1 205 133
56 466	48 355	134 518	131 602	303 272	267 333
398 107	369 186	709 244	646 253	998 483	907 991
114 338	75 107	132 977	106 912	220 221	178 175
861 445	432 676	981 296	592 893	1 304 335	789 741
98 771	92 811	171 102	159 981	300 283	215 378
56 151	55 964	41 618	41 618	355 550	247 235
909 140	448 807	963 715	521 158	1 261 467	829 415
451 845	426 733	903 096	875 763	1 079 432	893 317
453 065	418 020	666 956	621 183	1 006 079	880 029
36 826	35 392	103 638	103 121	82 841	82 610
5 920	5 920	2 502	2 354	2 969	2 175
109 680	99 302	125 333	118 954	213 073	209 486
67 590	54 814	61 159	55 348	104 268	65 880
22 932	19 393	**80 471**	**80 471**	**69 588**	**65 393**
776 648	336 939	914 541	489 196	1 344 504	785 712
19 881	19 881	14 868	14 868	41 562	41 562
850 879	773 330	1 272 724	1 146 294	1 990 558	1 697 953
208 731	142 015	259 004	150 535	440 165	276 235
642 148	631 315	1 013 720	995 759	1 550 393	1 421 718
70 059	64 493	211 031	198 675	475 394	356 197
477 401	53 230	474 284	128 277	534 798	98 382
8 684	8 578	4 422	4 422	7 629	7 603
900 357	**440 472**	**1 200 239**	**754 749**	**1 356 794**	**886 309**
89 675	89 261	331 149	271 449	182 072	162 887
1 101	966	1 240	1 072	1 882	1 750
674	595	764	656	1 269	1 186
72	65	120	104	128	120
568	507	581	498	1 086	1 001
9	9	39	30	44	39
221.26	190.21	212.50	201.95	193.62	182.85
35.67	35.61	37.14	37.08	16.07	15.07
94.58	85.67	81.23	72.56	91.81	89.54
10.50	10.50	17.77	17.71	10.91	10.91

6-29 更新改造施工投产项目（2005年）

(按国民经济行业分)
单位：个

行 业 名 称	Sector	施 工 项 目 合计 Total
全省合计	**Total**	**1 882**
农、林、牧、渔业	Farming, Forestry, Animal Husbandry and Fishery	14
采掘业	Mining and Quarrying	465
制造业	Manufacturing	634
电力、煤气及水的生产和供应业	Production and Supply of Electric Power, Gas and Water	232
建筑业	Construction	1
地质勘查业、水利管理业	Geological Prospecting and Water Conservancy	34
交通运输、仓储及邮电通信业	Transport, Storage, Post and Telecommunication Services	120
批发和零售贸易餐饮业	Wholesale & Retail Trade and Food Services	31
金融、保险业	Banking and Insurance	5
房地产业	Real Estate	2
社会服务业	Social Services	232
卫生、体育和社会福利业	Health Care, Sports and Social Welfare	5
教育、文化艺术及广播电影电视业	Education, Culture, Arts, Broadcasting, Film and Television	69
科学研究和综合技术服务业	Scientific Research and Polytechnic Services	10
国家机关、政党机关和社会团体	Government Departments, Party Agencies and Social Organizations	27
其它行业	Others	1

Number of Innovation Projects Under Construction and Put into Use (2005)

（By sector)

(unit)

Number of Projects under Construction			投 产 项 目 Number of Projects Put into Operation			
# 地方 Region	国有经济 State-owned Entities	# 地 方 Region	合计 Total	# 地方 Region	国有经济 State-owned Entities	# 地方 Region
1 750	**921**	**812**	**1 086**	**1 001**	**599**	**533**
14	8	8	9	9	6	6
465	65	65	219	219	28	28
572	190	131	332	293	110	72
205	197	170	180	164	167	151
1			1	1		
34	33	33	19	19	19	19
82	93	74	67	40	43	33
31	4	4	22	22	2	2
1	3		4	1	2	
2	2	2	2	2	2	2
232	224	224	190	190	185	185
5	5	5	3	3	3	3
69	66	66	15	15	12	12
9	8	7	3	3	1	1
27	22	22	20	20	19	19
1	1	1				

6-30 更新改造投资额与新增固定资产（2005年）

单位：万元

行业名称	Sector	投资额 合计 Total
全省合计	**Total**	**2 823 322**
按三次产业分	**Grouped by Type of Industry**	
第一产业	Primary Industry	15 807
第二产业	Secondary Industry	1 991 426
第三产业	Tertiary Industry	816 089
按国民经济行业分	**Grouped by Sector**	
农、林、牧、渔业	Farming, Forestry, Animal Husbandry and Fishery	15 807
采掘业	Mining and Quarrying	292 098
制造业	Manufacturing	1 420 246
电力、煤气及水的生产和供应业	Production and Supply of Electric Power, Gas and Water	278 214
建筑业	Construction	868
地质勘查业、水利管理业	Geological Prospecting and Water Conservancy	25 755
交通运输、仓储及邮电通信业	Transport, Storage, Post and Telecommunication Services	534 798
批发和零售贸易餐饮业	Wholesale & Retail Trade and Food Services	16 696
金融、保险业	Banking and Insurance	3 043
房地产业	Real Estate	972
社会服务业	Social Services	138 045
卫生、体育和社会福利业	Health Care, Sports and Social Welfare	2 938
教育、文化艺术及广播电影电视业	Education, Culture, Arts, Broadcasting, Film and Television	10 938
科学研究和综合技术服务业	Scientific Research and Polytechnic Services	33 440
国家机关、政党机关和社会团体	Government Departments, Party Agencies and Social Organizations	49 357
其它行业	Others	107

Investment in Innovation and Newly Increased Fixed Assets (2005)

(10 000 yuan)

Investment			新增固定资产 Newly Increased Fixed Assets			
# 地方 Region	# 国有经济 State-owned Entities	# 地方 Region	合计 Total	# 地方 Region	# 国有经济 State-owned Entities	# 地方 Region
2 091 285	**1 231 879**	**739 404**	**1 356 794**	**886 309**	**549 639**	**315 056**
15 807	14 579	14 579	15 491	15 491	14 624	14 624
1 698 821	731 003	449 411	718 915	657 181	180 315	126 514
376 657	486 297	275 414	622 388	213 637	354 700	173 918
15 807	14 579	14 579	15 491	15 491	14 624	14 624
292 098	61 811	61 811	128 734	128 734	26 747	26 747
1 246 838	438 834	276 439	543 155	487 320	123 540	75 638
159 017	230 358	111 161	46 158	40 259	30 028	24 129
868			868	868		
25 755	25 605	25 605	2 928	2 928	2 928	2 928
98 382	248 657	40 730	441 486	33 005	209 228	28 656
16 696	1 095	1 095	20 626	20 626	757	757
53	2 930		323	53	210	
972	972	972	2 303	2 303	2 303	2 303
138 045	113 986	113 986	95 342	95 342	82 977	82 977
2 938	2 938	2 938	2 583	2 583	2 583	2 583
10 938	8 355	8 355	7 357	7 357	4 819	4 819
33 414	33 060	33 034	850	850	470	470
49 357	48 592	48 592	48 590	48 590	48 425	48 425
107	107	107				

6-31 各地区更新改造施工、投产项目个数、投资额及新增固定资产（2005年）

地　区	Region	施工项目（个）Number of Projects under Construction	#限额以上项目 Projects above Designated Size
全省合计	**Total**	**1 882**	**128**
昆　明	Kunming	663	51
曲　靖	Qujing	266	32
玉　溪	Yuxi	88	5
保　山	Baoshan	86	
昭　通	Zhaotong	31	4
丽　江	Lijiang	21	2
思　茅	Simao	28	
临　沧	Lincang	54	1
楚　雄	Chuxiong	216	14
红　河	Honghe	187	7
文　山	Wenshan	56	6
西双版纳	Xishuangbanna	17	
大　理	Dali	106	2
德　宏	Dehong	10	2
怒　江	Nujiang	1	
迪　庆	Diqing	16	2
不分地区	Not Grouped by Region	36	

6-32 各地区更新改造投资（2005年）

(按国民经济行业分)

单位：万元

地　区	Region	投资额 Investment	农、林、牧、渔业 Farming, Forestry, Animal Husbandry and Fishery
全省合计	**Total**	**2 823 322**	**15 807**
昆　明	Kunming	1 023 654	
曲　靖	Qujing	409 446	12 116
玉　溪	Yuxi	273 100	
保　山	Baoshan	30 894	300
昭　通	Zhaotong	43 557	
丽　江	Lijiang	44 727	
思　茅	Simao	16 575	241
临　沧	Lincang	62 265	
楚　雄	Chuxiong	143 369	1 035
红　河	Honghe	164 608	372
文　山	Wenshan	96 179	
西双版纳	Xishuangbanna	9 738	1 260
大　理	Dali	154 856	483
德　宏	Dehong	13 433	
怒　江	Nujiang	2 482	
迪　庆	Diqing	13 942	
不分地区	Not Grouped by Region	320 497	

Number of Innovation Projects Under Construction and Put into Use, Investment and Newly Increased Fixed Assets by Region (2005)

全投项目（个） Number of Projects Put into Use	# 限额以上项目 Projects above Designated Size	投资额（万元） Investment (10 000 yuan)	# 限额以上项目 Projects above Designated Size	新增固定资产（万元） Newly Increased Fixed Assets (10 000 yuan)	# 限额以上项目 Projects above Designated Size
1 086	**44**	**2 823 322**	**615 729**	**1 356 794**	**182 072**
439	5	1 023 654	187 818	289 101	36 231
89	20	409 446	135 304	154 806	61 893
38	4	273 100	103 688	63 068	27 665
21		30 894		16 608	
18		43 557	36 907	5 330	
10	1	44 727	14 894	54 567	28 700
16		16 575		11 561	
26		62 265	1 360	21 123	
151	9	143 369	19 350	75 868	6 646
141	3	164 608	81 705	83 668	15 626
25	1	96 179	11 494	39 338	1 201
11		9 738		5 888	
59		154 856	16 282	105 478	298
7		13 433	2 915	10 480	
		2 482			
8	1	13 942	4 012	11 429	3 812
27		320 497		408 481	

Investment in Innovation by Region (2005)

(By sector)

(10 000 yuan)

采掘业 Mining and Quarrying	制造业 Manufacturing	电力、煤气及水的生产和供应业 Production and Supply of Electric Power, Gas and Water	建筑业 Construction	地质勘查、水利管理业 Geological Prospecting and Water Conservancy	交通运输、仓储及邮电通信业 Transport, Storage,Post and Telecommunication Services
292 098	**1 420 246**	**278 214**	**868**	**25 755**	**534 798**
16 759	523 703	154 483		21 805	123 715
139 563	185 225	47 710			976
	245 889	1 902			24 541
2 215	14 020	3 621			2 751
3 587	38 450			233	187
12 212	29 794				308
1 418	12 082	126		50	1 908
7 650	34 748	18 907		150	810
20 861	73 683	14 267	868	1 887	22 728
34 770	107 221	7 595			846
29 330	50 464	9 239		742	5 638
2 505	4 366	1 570			
15 928	82 940	16 192		888	29 811
	11 218	2 215			
					82
5 300	6 443	387			
					320 497

6-32 续表 continued

单位：万元 (10 000 yuan)

地 区	Region	批发和零售贸易餐饮业 Wholesale and Retail Trade and Food Services	金融保险业 Finance and Insurance	房地产业 Real Estate	社会服务业 Social Services	卫生、体育和社会福利业 Health Care, Sports and Social Welfare	教育、文化艺术和广播电影电视业 Education, Culture, Arts, Broadcasting, Film and Television	科学研究综合技术服务业 Scientific Research and Polytechnic Services	国家机关、政党机关和社会团体 Government Departments, Party Agencies and Social Organizations	其它行业 Others
全省合计	**Total**	**16 696**	**3 043**	**972**	**138 045**	**2 938**	**10 938**	**33 440**	**49 357**	**107**
昆　明	Kunming	9 492	2 990		85 439	1 315	4 055	33 034	46 757	107
曲　靖	Qujing				23 383		473			
玉　溪	Yuxi				768					
保　山	Baoshan			772	5 953		1 262			
昭　通	Zhaotong					1 100				
丽　江	Lijiang	1 340			1 073					
思　茅	Simao						610	140		
临　沧	Lincang									
楚　雄	Chuxiong	2 380			4 830		372		458	
红　河	Honghe	1 964			11 510				330	
文　山	Wenshan				766					
西双版纳	Xishuangbanna						11	26		
大　理	Dali	1 520	53	200	1 923	523	4 155	240		
德　宏	Dehong									
怒　江	Nujiang				2 400					
迪　庆	Diqing								1 812	
不分地区	Not Grouped by Region									

6-33 历年国有经济固定资产投资
Historic Investment in Fixed Assets of State-owned Entities

单位：万元 (10 000 yuan)

年份 Year	投资总额 Total Investment	基本建设投资 Investment in Capital Construction	#国家预算内投资 State Budgetary Appropriations	更新改造投资 Innovation	其它单位投资 Others	房地产开发投资 Real Estate Development
1952	5 910	5 823	5 262	87		
1965	87 957	82 282	77 216	5 675		
1966	114 216	108 770	105 798	5 446		
1967	86 281	79 624	79 624	6 657		
1968	42 489	37 098	37 098	5 391		
1969	76 813	70 360	67 484	6 453		
1970	103 112	95 338	80 551	7 774		
1971	103 076	92 371	75 964	10 705		
1972	102 871	90 996	71 629	11 875		
1973	106 863	92 861	72 142	14 002		
1974	107 554	91 387	69 729	16 167		
1975	110 861	94 197	70 515	16 664		
1976	100 185	85 126	67 313	15 059		
1977	97 204	82 599	56 898	14 605		
1978	134 351	117 738	82 190	16 613		
1979	144 513	127 081	82 872	17 432		
1980	159 530	140 120	55 355	19 410		
1981	137 433	90 548	32 745	46 885		
1982	198 120	129 732	34 490	49 613		
1983	185 436	120 109	45 878	57 995	7 332	
1984	221 059	137 255	57 041	77 424	6 380	
1985	319 945	214 707	63 383	97 786	7 452	
1986	339 113	199 004	64 212	128 970	11 139	
1987	360 852	200 059	65 315	151 218	9 575	
1988	456 149	212 967	63 302	230 737	12 445	
1989	417 209	231 674	60 282	156 466	29 069	
1990	512 178	280 045	70 208	175 721	35 775	20 637
1991	711 943	384 655	62 699	258 330	35 415	33 543
1992	1 039 297	638 355	53 031	322 149	33 701	45 092
1993	1 813 763	1 079 029	103 988	542 075	45 731	146 928
1994	2 211 139	1 199 059	115 110	740 801	44 071	227 208
1995	2 628 381	1 333 185	133 171	964 528	49 920	280 748
1996	2 986 736	1 641 163	163 078	1 043 131	52 871	249 571
1997	3 670 414	2 118 608	329 895	1 158 096	116 318	277 392
1998	4 838 979	3 153 524	329 242	1 180 468	117 619	335 588
1999	4 983 534	3 550 222	455 369	826 547	110 413	434 754
2000	4 661 973	3 421 166	448 885	719 188	96 501	335 118
2001	4 904 053	3 488 040	546 728	881 879	84 965	339 169
2002	5 223 422	3 906 632	901 308	889 916	107 360	229 514
2003	5 444 794	4 136 894	592 349	962 404	91 924	153 572
2004	6 273 098	4 839 926	802 131	1 037 043	114 277	61 485
2005	8 288 489	6 693 981	1 052 581	1 231 879	115 341	111 497

6-34 各地区其它单位投资（2005年）

(按国民经济行业分)

单位：万元

地　区	Region	投资额 Investment	农、林、牧、渔业 Farming, Forestry,Animal Husbandry and Fishery
全省合计	**Total**	**609 068**	**22 258**
昆　明	Kunming	228 782	3 960
曲　靖	Qujing	38 479	2 400
玉　溪	Yuxi	118 699	3 383
保　山	Baoshan	6 780	556
昭　通	Zhaotong	26 280	
丽　江	Lijiang	4 118	513
思　茅	Simao	4 260	263
临　沧	Lincang	8 238	2 064
楚　雄	Chuxiong	16 438	1 014
红　河	Honghe	36 690	972
文　山	Wenshan	37 089	4 860
西双版纳	Xishuangbanna	15 385	773
大　理	Dali	24 945	110
德　宏	Dehong	9 218	
怒　江	Nujiang	16 760	
迪　庆	Diqing	16 907	1 390
不分地区	Not Grouped by Region		

6-34　续表

单位：万元

地　区	Region	批发和零售贸易餐饮业 Wholesale and Retail Trade and Food Services	金　融保险业 Banking and Insurance
全省合计	**Total**	**95 432**	**7 426**
昆　明	Kunming	64 120	5 780
曲　靖	Qujing	1 817	
玉　溪	Yuxi	19 437	521
保　山	Baoshan		
昭　通	Zhaotong	839	112
丽　江	Lijiang		
思　茅	Simao	100	160
临　沧	Lincang	10	
楚　雄	Chuxiong	868	
红　河	Honghe	2 349	
文　山	Wenshan	347	
西双版纳	Xishuangbanna		22
大　理	Dali	1 917	
德　宏	Dehong	2 818	
怒　江	Nujiang	105	
迪　庆	Diqing	705	831
不分地区	Not Grouped by Region		

Investment of Other Entities by Region (2005)

(10 000 yuan)

采掘业 Mining and Quarrying	制造业 Manufacturing	电力、煤气及水的生产和供应业 Production and Supply of Electric Power,Gas and Water	建筑业 Construction	地质勘查、水利管理业 Geological Prospecting and Water Conservancy	交通运输、仓储及邮电通信业 Transport, Storage, Post and Telecommunication Services
41 404	**189 300**	**69 886**	**2 035**	**7 047**	**33 127**
3 627	77 983	646	570	4 391	4 309
5 151	27 963		65		
11 617	50 309	12 610		483	6 033
434	5 790				
700	477	8 355		125	2 757
960	1 605				
	640	900		120	1 272
1 200	897	1 345			1 105
5 035	2 931	943		813	2 608
8 333	6 651	8 600		517	631
1 950	6 850	14 826			80
	216	13 000			483
1 532	6 778	6 400		347	3 272
865	210	2 261			862
				251	9 715
			1 400		

continued

(10 000 yuan)

房地产业 Real Estate	社会服务业 Social Services	卫生、体育和社会福利业 Health Care,Sports and Social Welfare	教育、文化艺术和广播电影电视业 Education,Culture, Arts, Broadcasting, Film and Television	科学研究和综合技术服务业 Scientific Research and Polytechnic Services	国家机关、政党机关和社会团体 Government Departments, Party Agencies and Social Organizations	其它行业 Others
33 217	**61 137**	**11 132**	**12 356**	**5 023**	**17 276**	**1 012**
10 638	28 335	9 820	7 880	3 456	3 267	
	180		200		703	
6 932	4 639		1 068	136	1 531	
10 170	1 456		1 161		100	28
	774		266			
	100				705	
	1 300	317				
		229	889	597	511	
210	4 597	291	568	765	2 206	
3 650	2 800		180		562	984
152	460			69	210	
	3 383	406			800	
	2 133	69				
465	1 310		144		4 770	
1 000	9 670				1 911	

6-35 其它单位固定资产施工、投产项目（2005年）

(按国民经济行业分)
单位：个

行 业 名 称	Sector	施 工 项 目 合 计 Total
全省合计	**Total**	**3 397**
农、林、牧、渔业	Farming, Forestry, Animal Husbandry and Fishery	2 706
采掘业	Mining and Quarrying	65
制造业	Manufacturing	204
电力、煤气及水的生产和供应业	Production and Supply of Electric Power, Gas and Water	39
建筑业	Construction	3
地质勘查业、水利管理业	Geological Prospecting and Water Conservancy	93
交通运输、仓储及邮电通信业	Transport, Storage, Post and Telecommunication Services	45
批发和零售贸易餐饮业	Wholesale and Retail Trade and Food Services	74
金融、保险业	Banking and Insurance	5
房地产业	Real Estate	25
社会服务业	Social Services	63
卫生、体育和社会福利业	Health Care, Sports and Social Welfare	13
教育、文化艺术及广播电影电视业	Education, Culture, Arts, Broadcasting, Film and Television	15
科学研究和综合技术服务业	Scientific Research and Polytechnic Services	33
国家机关、政党机关和社会团体	Government Departments, Party Agencies and Social Organizations	12
其它行业	Others	2

6-36 其它单位投资和新增固定资产（2005年）

(按国民经济行业分)
单位：万元

行 业 名 称	Sector	投 资 额 合 计 Total
全省合计	**Total**	**609 068**
农、林、牧、渔业	Farming, Forestry, Animal Husbandry and Fishery	22 258
采掘业	Mining and Quarrying	41 404
制造业	Manufacturing	189 300
电力、煤气及水的生产和供应业	Production and Supply of Electric Power, Gas and Water	69 886
建筑业	Construction	2 035
地质勘查业、水利管理业	Geological Prospecting and Water Conservancy	7 047
交通运输、仓储及邮电通信业	Transport, Storage, Post and Telecommunication Services	33 127
批发和零售贸易餐饮业	Wholesale & Retail Trade and Catering Services	95 432
金融、保险业	Finance and Insurance	7 426
房地产业	Real Estate	33 217
社会服务业	Social Services	61 137
卫生、体育和社会福利业	Health Care, Sports and Social Welfare	11 132
教育、文化艺术及广播电影电视业	Education, Culture, Arts, Radio, Film and Television	12 356
科学研究和综合技术服务业	Scientific Research and Polytechnic Services	5 023
国家机关、政党机关和社会团体	Governments Agencies, Party agencies and Social Organizations	17 276
其它行业	Others	1 012

Number of Projects Under Construction and Completed Projects of Fixed Assets of Other Entities (2005)

(By sector)
(unit)

Number of Projects under Construction			投产项目 Number of Projects Put into Use			
# 地方 Region	# 国有经济 State-owned Entities	# 地方 Region	合计 Total	# 地方 Region	# 国有经济 State-owned Entities	# 地方 Region
3 386	**2 943**	**2 933**	**3 121**	**3 114**	**2 867**	**2 861**
2 705	2 680	2 679	2 687	2 686	2 670	2 669
65	6	6	38	38	0	0
200	16	12	122	121	12	11
39	4	4	13	13	4	4
3	1	1	1	1	1	1
92	91	90	87	86	85	84
45	32	32	25	25	20	20
71	15	13	50	47	11	9
4	1	0	3	3	0	0
25	8	8	11	11	2	2
63	35	35	26	26	19	19
13	9	9	4	4	1	1
15	5	5	11	11	4	4
32	32	31	32	31	31	30
12	8	8	10	10	7	7
2	0	0	1	1		

Investment of Other Entities and Newly Increased Fixed Assets (2005)

(By sector)
(10 000 yuan)

Investment			新增固定资产 Newly Increased Fixed Assets			
# 地方 Region	# 国有经济 State-owned Entities	# 地方 Region	合计 Total	# 地方 Region	# 国有经济 State-owned Entities	# 地方 Region
598 541	**115 341**	**105 796**	**421 629**	**412 756**	**75 960**	**67 630**
22 233	12 002	11 977	18 192	17 992	8 084	7 884
41 404	6 054	6 054	19 394	19 394		
188 059	5 849	4 608	171 937	171 156	5 339	4 558
69 886	270	270	52 232	52 232	270	270
2 035	65	65	65	65	65	65
6 623	6 583	6 159	6 338	5 914	5 874	5 450
32 197	21 724	20 794	13 979	13 979	8 821	8 821
94 216	2 405	1 429	45 472	44 256	2 260	1 284
815	5 869		9 242	3 070	5 869	
33 217	3 825	3 825	15 164	15 164	2 172	2 172
61 137	22 494	22 494	21 816	21 816	7 428	7 428
11 132	1 243	1 243	12 538	12 538	1 215	1 215
12 356	6 375	6 375	11 145	11 145	6 631	6 631
4 943	4 770	4 690	7 647	7 567	6 720	6 640
17 276	15 813	15 813	16 388	16 388	15 212	15 212
1 012			80	80		

6-37 其它单位固定资产投资主要指标
Principal Indicators on Investment in Fixed Assets of Other Entities

指　　标	Item	2000年	2001年	2003年	2004年	2005年
本年完成投资(万元)	**Investment Made in the Current Year (10 000 yuan)**	**295 966**	**236 897**	**419 471**	**612 802**	**609 068**
按资金来源分	**Grouped by Source of Funds**					
国家预算内资金	State Budgetary Appropriation	6 490	8 333	29 703	30 473	37 435
国内贷款	Domestic Loans	51 596	33 473	59 656	92 253	96 117
股票和债券	Stocks and Bonds					
利用外资	Foreign Investment	17 316	4 494	13 131	4 997	17 076
自筹和其它	Self-raised Funds and Others	220 564	190 597	316 981	485 079	458 440
按构成分	**Grouped by Use of Funds**					
建筑安装工程	Construction and Installation Engineering	221 149	166 757	226 542	341 336	393 108
设备购置	Purchase of Equipment	42 663	41 271	121 490	176 991	148 036
其它费用	Others	32 154	28 869	71 439	94 475	67 924
按建设性质分	**By Type of Construction**					
新　建	New Construction	157 853	114 501	271 699	417 635	409 306
扩　建	Extension	57 689	43 514	49 870	60 065	70 090
改　建	Reconstruction	59 385	52 772	46 956	60 043	73 572
按国民经济行业分	**Grouped by Sector**					
农　业	Agriculture	9 687	11 022	35 406	29 445	29 105
工　业	Industry	100 882	98 053	184 434	326 670	300 590
轻工业	Light Industry	40 372	33 379	85 478	86 641	84 862
重工业	Heavy Industry	60 510	64 674	98 956	240 029	215 728
能源工业	Energy Industry	5 795	9 104	29 424	84 151	74 282
运输 邮电	Transport, Postal and Telecommunication Services	46 291	31 486	19 560	12 129	32 417
教育 科研	Education and Scientific Research	8 362	8 774	11 101	4 919	8 456
项目个数（个）	**Number of Projects**					
施工项目	Projects Under Construction	660	616	810	852	3 397
新开工项目	Projects Started in the Current Year	467	407	484	563	3 196
全部建成投产项目	Projects Put into Use	416	392	437	482	3 121
新增固定资产(万元)	**Newly Increased Fixed Assets**	**192 858**	**239 478**	**311 011**	**360 839**	**421 629**
房屋建筑面积(万平方米)	**Floor Space of Building Construction (10 000 sq.m)**					
施工面积	Floor Space of Buildings under Construction	173.84	180.03	238.87	225.29	310.97
住 宅	Residential Buildings	57.78	62.23	119.10	103.73	82.12
竣工面积	Floor Space of Buildings Completed	87.24	93.73	145.94	141.91	139.30
住 宅	Residential Buildings	38.22	35.16	86.38	76.20	39.25

6-38 各地区更新改造施工、竣工房屋建筑面积（2005年）

Floor Space of Innovated Buildings Completed and Under Construction by Region (2005)

单位：平方米 (sq.m)

地　区	Region	施工面积 Floor Space of Buildings under Construction	# 住宅 Residential Buildings	竣工面积 Floor Space of Buildings Completed	# 住宅 Residential Buildings	竣工率(%) Completion Ratio (%)	# 住宅 Residential Buildings
全省合计	**Total**	**1 936 224**	**160 658**	**918 147**	**109 129**	**47.42**	**67.93**
昆　明	Kunming	511 482	40 838	229 924	29 587	44.95	72.45
曲　靖	Qujing	224 376	22 760	174 063	21 160	77.58	92.97
玉　溪	Yuxi	282 693	11 414	46 323	1 477	16.39	12.94
保　山	Baoshan	9 060	870	8 770	870	96.80	100.00
昭　通	Zhaotong	22 501	1 055	7 280	1 055	32.35	100.00
丽　江	Lijiang	90 228	19 120	90 228	19 120	100.00	100.00
思　茅	Simao	14 243	1 500	13 219	1 500	92.81	100.00
临　沧	Lincang	115 112	20 425	15 046	4 392	13.07	21.50
楚　雄	Chuxiong	77 088	10 496	65 300	6 191	84.71	58.98
红　河	Honghe	239 655	11 520	105 554	5 917	44.04	51.36
文　山	Wenshan	51 697	2 100	4 600		8.90	0.00
西双版纳	Xishuangbanna	69 665	40	3 600	40	5.17	100.00
大　理	Dali	185 185	15 170	131 860	15 170	71.20	100.00
德　宏	Dehong	7 658	1 550	7 300	1 550	95.33	100.00
怒　江	Nujiang					0.00	0.00
迪　庆	Diqing	8 600	1 800	4 600	1 100	53.49	61.11
不分地区	Not Grouped by Region	26 981		10 480		38.84	

6-39 各地区其它单位投资施工、竣工房屋建筑面积（2005年）
Floor Space of Buildings Completed and Under Construction Invested by Other Entities by Region (2005)

单位：平方米 (sq.m)

地 区	Region	施工面积 Floor Space of Buildings under Construction	#住 宅 Residential Buildings	竣工面积 Floor Space of Buildings Completed	#住 宅 Residential Buildings	竣工率(%) Completion Ratio(%)	#住 宅 Residential Buildings
全省合计	**Total**	**3 109 651**	**821 183**	**1 392 950**	**392 451**	**44.79**	**47.79**
昆 明	Kunming	1 566 672	46 780	702 547	34 491	44.84	73.73
曲 靖	Qujing	65 389	11 000	24 703	11 000	37.78	100.00
玉 溪	Yuxi	368 248	73 080	192 260	34 099	52.21	46.66
保 山	Baoshan						
昭 通	Zhaotong	507 459	426 969	146 899	126 797	28.95	29.70
丽 江	Lijiang	16 280	10 080	16 280	10 080	100.00	100.00
思 茅	Simao	23 163	4 356	12 029	4 356	51.93	100.00
临 沧	Lincang	18 770	4 360	5 570	2 600	29.68	59.63
楚 雄	Chuxiong	14 507	4 320	2 670		18.40	0.00
红 河	Honghe	79 018	20 546	38 392	4 986	48.59	24.27
文 山	Wenshan	253 967	189 650	157 199	146 700	61.90	77.35
西双版纳	Xishuangbanna	37 346	2 635	32 030	2 635	85.77	100.00
大 理	Dali	44 500	1 300	17 995	600	40.44	46.15
德 宏	Dehong	79 447		23 109		29.09	
怒 江	Nujiang	1 618					
迪 庆	Diqing	33 267	26 107	21 267	14 107	63.93	54.04

6-40 全省房地产业生产经营情况
Production and Operation of Real Estate

指 标	Item	2003年	2004年	2005年	2005年比2004年增长(±%) Increase Rate in 2005 orer 2004 (±%)
本年完成投资(万元)	**Investment Made in the Current Year (10 000 yuan)**	**1 149 688**	**1 694 675**	**2 469 114**	**45.7**
# 住 宅	Residential Buildings	815 444	1 219 722	1 733 652	42.1
# 经济适用房屋	Affordable Housing	155 670	173 173	117 999	-31.9
#土地开发投资	Land Development	161 253	156 846	219 277	39.8
施工面积(万平方米)	Floor Space of Buildings under Construction(10 000 sq.m)	1 363	1 830	2 807	53.4
本年新开工	Floor Space of Buildings Started in the Current Year	701	922	1 294	40.4
商品房竣工价值(万元)	Value of Commercial Housing Completed(10 000 yuan)	602 198	841 552	1 090 677	29.6
商品房竣工面积(万平方米)	Floor Space of Commercial HousingCompleted (10 000 sq.m)	587	705	858	21.6
土地开发面积(万平方米)	Area of Land Development (10 000 sq.m)	427	402	478	19.0
商品房销售额(万元)	Sales of Commercial Housing (10 000 yuan)	1 053 920	233 728	3 100 083	
住宅	Residential Buildings	914 874	51 605	2 590 989	
商品房销售面积(万平方米)	Floor Space of Commercial Housing Sold (10 000 sq.m)	549	727	1 432	
住宅	Residential Buildings	505	651	1 295	
房地产业主营业务收入(万元)	Total Operating Revenue of Major Business Estate Operation (10 000 yuan)	1 125 346	1 645 724	2 147 686	30.5
利润总额(万元)	Tatal Profits (10 000 yuan)	41 712	42 861	129 414	201.9

6-41 各地区房地产开发投资和新增固定资产（2005年）

Investment in Real Estate Development and Newly Increased Fixed Assets by Region (2005)

单位：万元 (10 000 yuan)

地　区 Region	投资额 Investment	# 商品房建设投资 Commercial Buildings Investment Completed	本年土地购置面积(平方米) Land Space Purchased This Year (sq.m)	本年土地成交价款 Total Sale of Land bargaining	经济适用房建设投资额 Economically Affordable Housing Investment Completed	别墅高档公寓投资 Villas,Hihg-grade Affordable Apartments Investment Completed	土地开发投资额 Land Investment Completed	本年完成土地开发面积 Land Space Developed This Year (sq.m)
全省合计 Total	**2 469 114**	**1 795 608**	**9 405 499**	**429 456**	**117 999**	**251 970**	**219 277**	**4 784 565**
昆　明 Kunming	1 493 527	1 177 708	2 275 581	191 670	11 433	136 281	158 905	1 454 697
曲　靖 Qujing	128 695	88 596	1 018 756	26 838	15 939	22 687	4 088	630 241
玉　溪 Yuxi	85 761	50 591	407 815	26 359	2 221	20 740	35	68 658
保　山 Baoshan	70 090	54 602	369 670	12 131	4 062		4 662	
昭　通 Zhaotong	27 781	11 396	172 102	5 983	1 110	2 200	470	72 698
丽　江 Lijiang	139 761	97 872	294 054	4 335	3 817	4 754	9 833	415 130
思　茅 Simao	42 160	24 041	343 408	15 568	6 343	978	4 812	254 365
临　沧 Lincang	68 751	52 676	113 682	6 484	33 864	4 000	3 811	20 892
楚　雄 Chuxiong	66 984	52 434	190 512	7 384	5 769	10 721	809	59 718
红　河 Honghe	102 525	80 722	373 280	17 744	18 603	7 203	2 089	283 678
文　山 Wenshan	73 625	13 149	946 577	45 590		15 690	14 839	408 685
西双版纳 Xishuangbanna	27 726	16 845	293 685	7 885	5 141	4 375	7 419	183 008
大　理 Dali	108 992	52 423	2 246 910	56 431	7 126	18 711	3 172	898 199
德　宏 Dehong	27 387	19 429	351 134	4 804	2 571	3 630	2 408	26 263
怒　江 Nujiang								
迪　庆 Diqing	5 349	3 124	8 333	250			1 925	8 333

6-42 各地区房地产开发投资（2005年）

Investment in Real Estate Development by Region (2005)

(按用途分) (By use)

单位：万元 (10 000 yuan)

地　区 Region	本年完成投资 Investment Made in the Current Year	住　宅 Residential Buildings	办公楼 Office Buildings	商业营业用房 Houses for Business Use	其　它 Others
全省合计 Total	**2 469 114**	**1 733 652**	**48 656**	**284 702**	**402 104**
昆　明 Kunming	1 493 527	1 137 249	22 262	112 418	221 598
曲　靖 Qujing	128 695	115 818	2 821	7 214	2 842
玉　溪 Yuxi	85 761	67 220	5 470	8 940	4 131
保　山 Baoshan	70 090	47 171	182	10 554	12 183
昭　通 Zhaotong	27 781	16 020	357	7 459	3 945
丽　江 Lijiang	139 761	72 890	11 114	25 194	30 563
思　茅 Simao	42 160	19 922	431	7 868	13 939
临　沧 Lincang	68 751	48 656	47	12 641	7 407
楚　雄 Chuxiong	66 984	36 713		28 645	1 626
红　河 Honghe	102 525	65 532	1 095	18 259	17 639
文　山 Wenshan	73 625	28 919	4 779	2 682	37 245
西双版纳 Xishuangbanna	27 726	15 028		5 264	7 434
大　理 Dali	108 992	53 994	98	20 459	34 441
德　宏 Dehong	27 387	7 200		14 376	5 811
怒　江 Nujiang					
迪　庆 Diqing	5 349	1 320		2 729	1 300

6-43 各地区房地产开发施工房屋面积（2005年）
Floor Space of Buildings Under Construction Through Real Estate Development by Region (2005)

单位：平方米 (sq.m)

地　区	Region	施工房屋面积 Floor Space of Buildings under Construction	# 新开工面积 Floor Space Started This Year	施工住宅面积 Floor Space of Residential Buildings under Construction	# 新开工面积 Residential Buildings
全省合计	**Total**	**28 069 804**	**12 944 332**	**23 664 664**	**10 736 075**
昆　明	Kunming	14 783 801	5 504 513	13 181 271	4 929 941
曲　靖	Qujing	2 284 772	1 239 591	2 108 834	1 159 231
玉　溪	Yuxi	998 404	649 481	828 533	615 522
保　山	Baoshan	660 763	411 269	581 746	354 667
昭　通	Zhaotong	686 489	237 500	470 270	122 595
丽　江	Lijiang	1 172 352	788 147	835 913	635 248
思　茅	Simao	652 916	409 379	473 683	264 947
临　沧	Lincang	1 020 411	185 198	899 205	127 226
楚　雄	Chuxiong	1 146 074	713 535	821 829	473 458
红　河	Honghe	1 691 640	922 525	1 420 004	815 422
文　山	Wenshan	972 450	626 258	531 592	213 518
西双版纳	Xishuangbanna	397 016	332 653	284 903	231 651
大　理	Dali	1 163 689	695 036	1 023 934	646 462
德　宏	Dehong	341 807	204 260	170 998	134 260
怒　江	Nujiang				
迪　庆	Diqing	97 220	24 987	31 949	11 927

6-43 续表 Continued

单位：平方米 (sq.m)

地　区	Region	竣工房屋面积 Floor Space of Buildings Completed	竣工房屋价值 Value of Buildings Completed	竣工住宅面积 Floor Space of Residential Buildings Completed	竣工住宅价值 Value of Residential Buildings Completed
全省合计	**Total**	**8 575 300**	**1 090 677**	**7 291 170**	**915 288**
昆　明	Kunming	4 342 900	689 165	3 802 517	608 331
曲　靖	Qujing	668 949	61 836	596 982	54 259
玉　溪	Yuxi	274 029	27 033	203 862	15 586
保　山	Baoshan	236 326	28 006	219 957	25 237
昭　通	Zhaotong	357 474	33 175	285 899	20 955
丽　江	Lijiang	480 334	44 369	315 301	28 892
思　茅	Simao	107 878	8 482	93 803	7 365
临　沧	Lincang	318 588	28 049	279 296	23 911
楚　雄	Chuxiong	309 337	29 342	288 826	25 572
红　河	Honghe	826 022	78 458	665 128	56 272
文　山	Wenshan	320 971	26 676	314 544	26 052
西双版纳	Xishuangbanna	44 753	5 903	30 097	4 240
大　理	Dali	203 131	17 085	165 562	13 472
德　宏	Dehong	12 374	2 198	9 374	1 374
怒　江	Nujiang				
迪　庆	Diqing	72 234	10 900	20 022	3 770

6-44 各地区房地产开发企业情况（2005年）

Enterprises of Real Estate Development by Region (2005)

地区	Region	开发公司个数（个）Number of Enterprises	年平均职工人数（人）Annual Average Number of Employed Persons (person)	资产总计（万元）Total Assets (10000 yuan)
全省合计	**Total**	**875**	**30 256**	**6 372 805**
昆明	Kunming	318	10 740	4 342 139
曲靖	Qujing	58	2 732	335 377
玉溪	Yuxi	45	1 055	184 009
保山	Baoshan	20	1 261	133 215
昭通	Zhaotong	18	1 273	52 393
丽江	Lijiang	46	956	264 742
思茅	Simao	28	894	64 541
临沧	Lincang	39	1 283	86 144
楚雄	Chuxiong	32	772	122 124
红河	Honghe	106	1 625	284 131
文山	Wenshan	33	5 138	166 592
西双版纳	Xishuangbanna	35	448	66 746
大理	Dali	69	1 651	217 470
德宏	Dehong	26	328	48 852
怒江	Nujiang			
迪庆	Diqing	2	100	4 330

6-44 续表 Continued

地区	Region	负债合计（万元）Total Liabilities (10000 yuan)	所有者权益（万元）Creditors' Equity (10000 yuan)	利润总额（万元）Total Profits (10000 yuan)
全省合计	**Total**	**5 087 300**	**1 285 505**	**129 414**
昆明	Kunming	3 526 135	816 004	131 726
曲靖	Qujing	302 325	33 052	381
玉溪	Yuxi	143 686	40 323	- 794
保山	Baoshan	110 294	22 921	- 2 871
昭通	Zhaotong	39 101	13 292	799
丽江	Lijiang	227 070	37 672	- 1 443
思茅	Simao	40 001	24 540	- 3 971
临沧	Lincang	57 933	28 211	- 4 091
楚雄	Chuxiong	96 645	25 479	1 866
红河	Honghe	225 284	58 847	4 028
文山	Wenshan	78 629	87 963	- 587
西双版纳	Xishuangbanna	43 145	23 601	1 528
大理	Dali	157 355	60 115	3 634
德宏	Dehong	36 509	12 343	- 966
怒江	Nujiang			
迪庆	Diqing	3 188	1 142	175

6-45 各地区房地产开发资金来源情况（2005年）

Source of Funds of Real Estate Development by Region (2005)

单位：万元　　　　(10 000 yuan)

地　区	Region	本年资金来源合　计 Source of Total Funds in the Current Year	上年末结余资金 The Balance of Funds in Preceding Year-end	本年资金来源 Source of Funds in the Current Year	国内贷款 Domestic Loans	利用外资 Foreign Investment	自筹资金 Self-raised Funds	其它资金 Others
全省合计	**Total**	**3917 402**	**692 666**	**3224 736**	**460 638**	**1 990**	**1066 295**	**1695 813**
昆　明	Kunming	2631 223	567 981	2063 242	306 607	1 990	629 217	1125 428
曲　靖	Qujing	218 333	25 068	193 265	11 087		41 292	140 886
玉　溪	Yuxi	94 827	1 810	93 017	12 504		29 626	50 887
保　山	Baoshan	78 964	10 569	68 395	6 545		31 530	30 320
昭　通	Zhaotong	28 815	1 485	27 330	6 750		8 384	12 196
丽　江	Lijiang	173 293	25 821	147 472	23 666		47 579	76 227
思　茅	Simao	54 159	2 700	51 459	6 550		22 167	22 742
临　沧	Lincang	68 411	2 828	65 583	5 040		25 793	34 750
楚　雄	Chuxiong	83 378	11 532	71 846	9 750		24 309	37 787
红　河	Honghe	123 720	13 008	110 712	7 220		52 694	50 798
文　山	Wenshan	91 263	3 059	88 204	20 785		41 131	26 288
西双版纳	Xishuangbanna	46 519	1 791	44 728	11 108		15 182	18 438
大　理	Dali	184 268	20 385	163 883	23 738		82 151	57 994
德　宏	Dehong	34 880	3 579	31 301	9 288		11 740	10 273
怒　江	Nujiang							
迪　庆	Diqing	5 349	1 050	4 299			3 500	799

6-46 各地区商品房屋现房平均销售价格（2005年）

Average Price of Commercial Housing by Region (2005)

(按用途分)　　　　(By use)

单位：元/平方米　　　　(yuan/sq.m)

地　区	Region	房屋现房销售价格 Average Selling Price of Housing	住　宅 Residential Buildings	别墅、高档公寓 Villas and Apartments High-grade	经济适用房屋 Affordable Housing	办公楼 Office Buildings	商业营业用房 Houses for Business Use	其　他 Others
全省合计	**Total**	**2 083**	**1 865**	**3 195**	**1 105**	**2 677**	**4 205**	**2 759**
昆　明	Kunming	2 447	2 264	4 185	1 476	3 099	5 318	2 934
曲　靖	Qujing	1 396	1 227		1 210		3 270	2 000
玉　溪	Yuxi	1 823	1 557	1 696	1 292	1 502	3 209	1 570
保　山	Baoshan	1 274	1 246		625		3 022	
昭　通	Zhaotong	1 185	848		840		2 397	1 153
丽　江	Lijiang	2 261	1 609	2 365	967		4 080	
思　茅	Simao	1 518	1 110		1 128		3 267	1 364
临　沧	Lincang	1 044	921	1 100	930	625	2 483	
楚　雄	Chuxiong	1 379	1 274	2 114	971		3 353	
红　河	Honghe	1 547	1 208	1 743	1 186	1 188	4 074	1 190
文　山	Wenshan	1 245	1 231	1 532			3 648	
西双版纳	Xishuangbanna	1 815	1 312	1 850	1 306	1 702	3 574	
大　理	Dali	2 615	2 137	4 394	1 131	1 755	5 589	820
德　宏	Dehong	1 535	1 535					
怒　江	Nujiang							
迪　庆	Diqing	2 908	1 899				3 308	

6-47 各地区商品房屋销售情况（2005年）
Sales of Commercial Housing by Region (2005)

（按用途分） (By use)

地区	Region	现房销售面积（平方米） Floor space of completed apartments sold (10 000sq.m)	# 住宅 Residential Buildings	期房销售面积（平方米） Floor space of forward delivery housing sold (10 000sq.m)	# 住宅 Residential Buildings	现房销售额（万元） Total Sales of Commercial Houses (10 000yuan)	# 住宅 Residential Buildings
全省合计	**Total**	**6 246 215**	**5 583 594**	**8 072 774**	**7 365 941**	**1 301 150**	**1 041 336**
昆　明	Kunming	3 611 755	3 314 725	4 219 406	4 028 173	883 826	750 449
曲　靖	Qujing	298 508	273 509	1 136 286	1 113 516	41 659	33 557
玉　溪	Yuxi	221 325	182 100	258 781	242 247	40 358	28 359
保　山	Baoshan	129 557	127 489	223 266	205 129	16 512	15 887
昭　通	Zhaotong	143 049	110 012	89 265	65 397	16 955	9 330
丽　江	Lijiang	368 978	271 605	343 519	260 608	83 423	43 690
思　茅	Simao	39 235	31 809	129 498	93 248	5 954	3 532
临　沧	Lincang	318 022	292 706	178 730	164 765	33 199	26 951
楚　雄	Chuxiong	252 351	239 545	249 521	139 072	34 806	30 512
红　河	Honghe	419 365	361 186	639 745	561 803	64 875	43 630
文　山	Wenshan	256 056	254 518	1 550	1 550	31 890	31 329
西双版纳	Xishuangbanna	26 902	20 145	162 479	137 316	4 883	2 643
大　理	Dali	102 128	82 018	379 507	335 622	26 707	17 524
德　宏	Dehong	7 644	7 644	55 891	17 195	1 173	1 173
怒　江	Nujiang						
迪　庆	Diqing	51 340	14 583	5 330	300	14 930	2 770

6-47　续表　continued

地区	Region	期房销售额（万元） Total Sales of forward delivery housing (10 000yuan)	# 住宅 Residential Buildings	现房销售套数(套) Number of completed apartments sold	期房销售套数（套） Number of forward delivery housing sold	现房平均销售价格（元） Average selling price of completed apartments	期房平均销售价格(元) Average Selling Price of forward delivery Housing
全省合计	**Total**	**1 798 933**	**1 549 653**	**40 420**	**56 711**	**2 083**	**2 228**
昆　明	Kunming	1 183 382	1 094 840	24 874	33 664	2 447	2 805
曲　靖	Qujing	165 981	158 728	2 658	7 141	1 396	1 461
玉　溪	Yuxi	44 379	39 178	911	1 202	1 823	1 715
保　山	Baoshan	34 895	31 999	708	978	1 274	1 563
昭　通	Zhaotong	14 403	7 616	905	651	1 185	1 614
丽　江	Lijiang	69 925	38 520	1 832	1 712	2 261	2 036
思　茅	Simao	18 830	10 274	240	469	1 518	1 454
临　沧	Lincang	20 294	16 377	1 889	1 515	1 044	1 135
楚　雄	Chuxiong	46 340	18 967	1 763	930	1 379	1 857
红　河	Honghe	92 478	60 353	3 012	4 505	1 547	1 446
文　山	Wenshan	143	143	313	12	1 245	923
西双版纳	Xishuangbanna	30 308	20 643	101	1 120	1 815	1 865
大　理	Dali	67 717	49 038	961	2 621	2 615	1 784
德　宏	Dehong	8 188	2 927	56	107	1 535	1 465
怒　江	Nujiang						
迪　庆	Diqing	1 670	50	197	84	2 908	3 133

6-48 各地区城镇集体投资（2005年）

(按国民经济行业分)

单位：万元

地　区	Region	投资额 Investment	农、林、牧、渔业 Farming, Forestry, Animal Husbandry and Fishery
全省合计	**Total**	**138 292**	**6 261**
昆　明	Kunming	27 639	90
曲　靖	Qujing	51 202	
玉　溪	Yuxi	4 321	1 734
保　山	Baoshan	1 414	196
昭　通	Zhaotong	2 453	
丽　江	Lijiang	3 172	70
思　茅	Simao	1 580	
临　沧	Lincang	3 448	966
楚　雄	Chuxiong	5 842	
红　河	Honghe	21 426	205
文　山	Wenshan	4 011	3 000
西双版纳	Xishuangbanna	844	
大　理	Dali	7 932	
德　宏	Dehong	160	
怒　江	Nujiang	190	
迪　庆	Diqing	2 658	

6-48　续表

单位：万元

地　区	Region	批发和零售贸易餐饮业 Wholesale and Retail Trade and Food Services	金　融保险业 Banking and Insurance
全省合计	**Total**	**10 974**	**2 740**
昆　明	Kunming	2 891	
曲　靖	Qujing	4 217	
玉　溪	Yuxi	120	691
保　山	Baoshan		20
昭　通	Zhaotong		583
丽　江	Lijiang	256	
思　茅	Simao		160
临　沧	Lincang		235
楚　雄	Chuxiong	500	
红　河	Honghe	1 978	616
文　山	Wenshan	27	
西双版纳	Xishuangbanna		22
大　理	Dali	665	413
德　宏	Dehong	130	
怒　江	Nujiang	190	
迪　庆	Diqing		

Investment of Urban Collective-owned Entities by Region (2005)

(By sector)

(10 000 yuan)

采掘业 Mining and Quarrying	制造业 Manufacturing	电力、煤气及水的生产和供应业 Production and Supply of Electric Power,Gas and Water	建筑业 Construction	地质勘查业、水利管理业 Geological Prospecting and Water Conservancy	交通运输、仓储及邮电通信业 Transport,Storage, Post and Telecommunication Services
35 046	**25 573**	**21 839**	**2 046**	**677**	**3 639**
786	6 115	7 595	1 600		273
27 806	3 775				2 014
	1 250				
374	577				194
700		932			
1 450	696				
	420	900			
	2 247				
2 361	2 157	591		213	
1 124	4 078	8 600	446	117	
445	2 728	3 221		347	
	30				
	1 500				1 158

continued

(10 000 yuan)

房地产业 Real Estate	社会服务业 Social Services	卫生、体育和社会福利业 Health Care, Sports and Social Welfare	教育、文化艺术和广播电影电视业 Education,Culture, Arts,Broadcasting, Film and Television	科学研究和综合技术服务业 Scientific Research and Polytechnic Services	国家机关、政党机关和社会团体 Government Departments, Party Agencies and Social Organizations	其它行业 Others
832	**15 965**	**515**	**1 059**		**10 114**	**1 012**
600	2 441	450			4 798	
	7 667		800		4 923	
	400		126			
					53	
80					130	28
	700					
	100					
			20			
	4 197	65				
						984
152	460				210	
			113			

6-49 各地区农村集体投资（2005年）

(按国民经济行业分)

单位：万元

地　区	Region	投资额 Investment	农、林、牧、渔业 Farming, Forestry, Animal Husbandry and Fishery
全省合计	**Total**	**632 862**	**96 402**
昆　明	Kunming	83 170	9 940
曲　靖	Qujing	49 668	11 617
玉　溪	Yuxi	179 026	24 219
保　山	Baoshan	19 911	2 853
昭　通	Zhaotong	48 662	2 062
丽　江	Lijiang	6 783	1 188
思　茅	Simao	61 850	7 680
临　沧	Lincang	24 248	5 040
楚　雄	Chuxiong	19 970	2 060
红　河	Honghe	46 925	5 421
文　山	Wenshan	47 045	15 534
西双版纳	Xishuangbanna	3 379	863
大　理	Dali	24 291	7 420
德　宏	Dehong	1 331	
怒　江	Nujiang	14 943	505
迪　庆	Diqing	1 660	

6-49　续表

单位：万元

地　区	Region	批发和零售贸易餐饮业 Wholesale and Retail Trade and Food Services	金　融保险业 Banking and Insurance
全省合计	**Total**	**34 143**	**532**
昆　明	Kunming	8 640	
曲　靖	Qujing	761	
玉　溪	Yuxi	13 737	
保　山	Baoshan		
昭　通	Zhaotong		
丽　江	Lijiang	1 904	
思　茅	Simao	3 243	27
临　沧	Lincang	110	355
楚　雄	Chuxiong	677	
红　河	Honghe	3 851	54
文　山	Wenshan	540	
西双版纳	Xishuangbanna	464	
大　理	Dali	216	96
德　宏	Dehong		
怒　江	Nujiang		
迪　庆	Diqing		

Investment of Rural Collective-owned Entities by Region (2005)

(By sector)

(10 000 yuan)

采掘业 Mining and Quarrying	制造业 Manufacturing	电力、煤气及水的生产和供应业 Production and Supply of Electric Power, Gas and Water	建筑业 Construction	地质勘查业、水利管理业 Geological Prospecting and Water Conservancy	交通运输、仓储及邮电通信业 Transport,Storage, Post and Telecommunication Services
59 414	**155 722**	**40 938**	**1 616**	**46 530**	**57 402**
4 316	15 651	960		15 866	4 690
4 400	3 406	5 390		2 041	4 956
2 150	98 964	293	1 369	6 104	9 672
230	350			2 812	2 238
20 743	13 077	5 120		3 738	703
120				70	1 099
6 408	6 000	11 062		3 948	5 889
920	500	474		2 897	2 984
4 906	2 733	126	247	2 122	2 976
9 336	6 765	1 753		2 072	8 541
4 015	7 936	6 439		1 948	2 570
				169	1 694
360	340	477		2 098	5 415
				366	450
1 510		8 844			2 675
				279	850

continued

(10 000 yuan)

房地产业 Real Estate	社会服务业 Social Services	卫生、体育和社会福利业 Health Care, Sports and Social Welfare	教育、文化艺术和广播电影电视业 Education, Culture, Arts, Broadcasting, Film and Television	科学研究综合技术服务业 Scientific Research and Polytechnic Services	国家机关、政党机关和社会团体 Government Departments, Party Agencies and Social Organizations	其它行业 Others
22 838	**37 975**	**7 448**	**27 839**	**6 296**	**37 375**	**392**
1 248	8 850	1 150	3 025	89	8 409	336
560	7 956	310	4 327	50	3 894	
2 711	9 077	1 761	2 310	1 008	5 595	56
757	7 374		2 414	192	691	
1 373	70	1 241	130		405	
142	331	113	166	600	1 050	
4 130	1 653	770	6 131	2 800	2 109	
5 916	188		1 287		3 577	
147	445	61	1 355	57	2 058	
3 148	1 525	134	2 162	85	2 078	
1 651	284	1 066	2 779	1 415	868	
			126		63	
737	160	792	1 277		4 903	
209	62	50			194	
109					1 300	
			350		181	

6-50 全省商品房屋销售出租情况（2005年）
Sales and Lease of Commercial Housing (2005)

指　　标	Item	商品房销售面积（平方米）	不可销售面积（平方米）	出租面积（平方米）Floor Space of Houses Leased (sq.m)	商品房销售额（万元）
全省合计	**Total**	**14 318 989**	**205 373**	**369 921**	**3 100 083**
住宅	Residential Buildings	12 949 535	108 563	21 468	2 590 989
# 别墅、高档公寓	Villas and Apartments High-grade	1 394 773			407 236
经济适用房屋	Affordable Housing	1 399 114	92 979	355	151 236
办公楼	Office Buildings	103 294	6 235	168 454	22 538
商业营业用房	Houses for Business Use	1 133 783	51 289	163 246	453 373
其它	Others	132 377	39 286	16 753	33 183

6-51 城镇集体单位固定资产投资主要指标
Principal Indicators on Investment in Fixed Assets of Urban Collective-owned Entities

指　　标	Item	1995年	2000年	2003年	2004年	2005年
本年完成投资（万元）	**Investment Made in the Current Year (10 000 yuan)**	**91 502**	**82 036**	**95 501**	**120 458**	**138 292**
按资金来源分	**Grouped by Source of Funds**					
国家预算内资金	State Budgetarg Appropriations	142	854	5 072	2 972	2 156
国内贷款	Domestic Loans	34 268	20 258	20 412	16 650	12 747
股票和债券	Stocks and Bonds					
利用外资	Foreign Investment	1 369				
自筹和其它	Self-raised and Others	55 723	60 924	70 017	100 836	123 389
按构成分	**Grouped by Use of Funds**					
建安工程	Construction	55 083	58 921	57 303	78 275	105 572
设备购置	Purchase of Equipment	28 146	14 187	26 262	24 428	25 353
其它费用	Others	8 273	8 928	11 936	17 755	7 367
项目个数（个）	**Number of Projects**					
施工项目	Number of Projects Under Construction	396	326	200	215	293
新开工项目	Projects Started in the Current Year	270	229	144	145	234
全部建成投产项目	Number of Projects Put into Use	259	216	123	135	152
新增固定资产（万元）	**Newly Increased Fixed Assets (10 000 yuan)**	**69 828**	**81 974**	**69 626**	**84 965**	**86 251**
房屋建筑面积（万平方米）	**Floor Space of Building Construction (10 000 sq.m)**					
施工面积	Floor Space of Buildings under Construction	80.48	89.74	80.55	86.01	75.36
住　宅	Residential Buildings	27.52	38.00	47.41	40.51	39.71
竣工面积	Floor Space of Buildings Completed	52.32	58.14	41.11	37.23	56.41
住　宅	Residential Buildings	19.81	23.89	27.82	21.13	28.92

6-52 各地区农村集体固定资产投资（2005年）

Investment in Fixed Assets of Rural Collective-owned Entities by Region (2005)

地区	Region	投资额（万元） Investment (10 000 yuan)	本年施工项目个数（个） Number of Projects under Construction	本年新开工项目个数（个） Number of Projects Started in the Current Year	本年投产项目个数（个） Number of Projects Put into Use	计划总投资（万元） Total Planned Investment (10 000 yuan)
全省合计	**Total**	**632 862**	**4 010**	**3 684**	**3 305**	**945 421**
昆明	Kunming	83 170	702	673	575	92 620
曲靖	Qujing	49 668	231	199	194	83 398
玉溪	Yuxi	179 026	1 068	1 024	945	247 254
保山	Baoshan	19 911	332	328	292	34 339
昭通	Zhaotong	48 662	181	141	140	76 305
丽江	Lijiang	6 783	84	74	80	9 514
思茅	Simao	61850	250	219	170	108 093
临沧	Lincang	24 248	83	68	73	30 977
楚雄	Chuxiong	19 970	253	248	213	22 895
红河	Honghe	46 925	303	259	223	61 270
文山	Wenshan	47 045	233	180	175	73 514
西双版纳	Xishuangbanna	3 379	20	19	18	3 524
大理	Dali	24 291	209	197	174	29 045
德宏	Dehong	1 331	29	29	27	1 356
怒江	Nujiang	14 943	16	10	6	69 657
迪庆	Diqing	1 660	16	16		1 660

6-52 续表 continued

地区	Region	本年新增固定资产（万元） Newly Increased Fixed Assets in the Current Year (10 000yuan)	房屋建筑面积（平方米） Floor Space of Buildings Construction (sq.m) 施工面积 Floor Space of Buildings under Construction	# 住宅 Residential Buildings	竣工面积 Floor Space of Buildings Completed	# 住宅 Residential Buildings
全省合计	**Total**	**495 418**	**2 381 816**	**903 359**	**1 895 442**	**806 419**
昆明	Kunming	72 809	335 182	57 845	289 051	57 026
曲靖	Qujing	39 339	110 679	11 578	76 882	8 578
玉溪	Yuxi	139 877	529 790	43 177	404 579	38 125
保山	Baoshan	17 338	41 071	16 009	25 442	4 144
昭通	Zhaotong	30 281	183 021	167 546	177 822	164 326
丽江	Lijiang	7 570	32 715	7 190	32 415	7 190
思茅	Simao	46 445	409 917	191 137	238 717	150 195
临沧	Lincang	19 262	141 432	110 133	121 972	96 433
楚雄	Chuxiong	18 512	51 392	5 086	47 752	4 269
红河	Honghe	39 085	192 754	106 128	167 320	92 948
文山	Wenshan	34 711	256 366	155 866	221 875	151 521
西双版纳	Xishuangbanna	3 452	8 299	2 620	7 050	2 620
大理	Dali	19 545	79 451	28 344	78 318	28 344
德宏	Dehong	1 072	9 747	700	6 247	700
怒江	Nujiang	4 535				
迪庆	Diqing	1 585				

6-53 各地区城镇和工矿区私人建房（2005年）
Building Construction by Individuals in Urban Areas and in Industrial and Mining Areas by Region (2005)

地　区	Region	城镇工矿区个数（个）Number of Cities, Towns, Industrial and Mining Areas	建房户数（户）Number of Households of Building Construction	竣工房屋建筑面积（平方米）Floor Space of Buildings Completed (sq.m)	#住宅 Residential Buildings	竣工房屋价值（万元）Value of Buildings Completed (10 000 yuan)	#住宅 Residential Buildings
全省合计	**Total**	**333**	**15 919**	**5 069 899**	**4 008 499**	**313 631**	**251 190**
昆　明	Kunming	21	2 533	642 056	592 556	42 738	38 945
曲　靖	Qujing	45	1 481	453 461	261 584	28 027	15 952
玉　溪	Yuxi	9	1 267	359 043	349 562	22 995	22 266
保　山	Baoshan	5	486	210 572	195 853	14 166	13 189
昭　通	Zhaotong	44	1 343	492 538	334 092	26 615	17 357
丽　江	Lijiang	15	422	98 814	89 122	7 276	5 988
思　茅	Simao	19	531	285 968	210 733	17 659	13 081
临　沧	Lincang	9	727	284 321	258 593	16 027	13 748
楚　雄	Chuxiong	31	945	302 107	269 233	19 363	16 355
红　河	Honghe	21	2 121	653 320	570 996	46 604	41 028
文　山	Wenshan	10	844	212 845	212 983	11 401	11 427
西双版纳	Xishuangbanna	3	264	69 421	50 887	4 882	3 429
大　理	Dali	73	1 394	342 581	286 084	26 214	21 397
德　宏	Dehong	16	1 055	329 668	223 234	18 632	12 067
怒　江	Nujiang	4	119	23 257	21 159	609	590
迪　庆	Diqing	8	387	309 927	81 828	10 423	4 371

6-54 各地区城镇集体施工、竣工房屋建筑面积（2005年）

Floor Space of Buildings Completed and Under Construction of Urban Collective-owned Units by Region (2005)

单位：平方米 (sq.m)

地区	Region	施工面积 Floor Space of Buildings under Construction	# 住宅 Residential Buildings	竣工面积 Floor Space of Buildings Completed	# 住宅 Residential Buildings	竣工率(%) Completion Rate (%)	# 住宅 Residential Buildings
全省合计	**Total**	**753 614**	**397 066**	**564 102**	**289 212**	**74.85**	**72.84**
昆明	Kunming	150 797	57 577	145 002	56 927	96.16	98.87
曲靖	Qujing	199 954	116 741	79 282	20 881	39.65	17.89
玉溪	Yuxi	53 135	29 336	43 829	27 836	82.49	94.89
保山	Baoshan	6 190		6 190		100.00	
昭通	Zhaotong	93 724	84 392	82 540	75 600	88.07	89.58
丽江	Lijiang	6 940	1 200	6 940	1 200	100.00	100.00
思茅	Simao	10 443	2 756	3 656	2 756	35.01	100.00
临沧	Lincang	7 453	750	3 253	750	43.65	100.00
楚雄	Chuxiong	3 409	959	2 609	959	76.53	100.00
红河	Honghe	68 689	15 859	64 989	15 859	94.61	100.00
文山	Wenshan	68 500	65 000	65 000	65 000	94.89	100.00
西双版纳	Xishuangbanna	35 453	1 442	30 837	1 442	86.98	100.00
大理	Dali	16 443	864	9 531	864	57.96	100.00
德宏	Dehong	1 052	1 052				
怒江	Nujiang	12 294		1 306		10.62	
迪庆	Diqing	19 138	19 138	19 138	19 138	100.00	100.00

6-55 各地区农村个人固定资产投资（2005年）

Investment in Fixed Assets of Rural Individuals by Region (2005)

单位：万元 (10 000 yuan)

地　区	Region	投资额 Investment	竣工房屋价值 Value of Buildings Completed	# 住宅 Residential Buildings	购置生产性固定资产投资 Investment in Productive Fixed Assets
全省合计	**Total**	**632 827**	**490 607**	**418 310**	**142 220**
昆　明	Kunming	121 665	102 097	98 029	19 568
曲　靖	Qujing	55 659	46 550	40 623	9 109
玉　溪	Yuxi	62 362	48 506	41 245	13 856
保　山	Baoshan	34 174	28 362	21 668	5 812
昭　通	Zhaotong	44 422	40 427	35 131	3 995
丽　江	Lijiang	9 031	6 470	5 650	2 561
思　茅	Simao	24 843	20 369	17 079	4 474
临　沧	Lincang	25 955	17 671	14 658	8 284
楚　雄	Chuxiong	67 256	44 580	36 753	22 676
红　河	Honghe	56 883	43 733	34 651	13 150
文　山	Wenshan	32 421	24 359	19 718	8 062
西双版纳	Xishuangbanna	29 238	23 796	17 314	5 442
大　理	Dali	39 660	23 366	20 043	16 294
德　宏	Dehong	16 006	11 624	8 499	4 382
怒　江	Nujiang	1 858	1 347	1 221	511
迪　庆	Diqing	11 394	7 350	6 028	4 044

6-56 各地区农村个人建房（2005年）

Building Construction by Individuals in Rural Areas by Region (2005)

地　区	Region	建房户数（户） Number of Households of Building Construction	施工房屋建筑面积（平方米） Floor Space of Buildings under Construction (sq.m)	竣工房屋建筑面积（平方米） Floor Space of Buildings Completed (sq.m)	# 住宅 Residential Buildings	竣工房屋造价（元/平方米） Cost of Buildings Completed (yuan/sq.m)	# 住宅 Residential Buildings
全省合计	**Total**	**236 641**	**19 597 541**	**19 597 541**	**16 431 612**	**331.48**	**345.51**
昆　明	Kunming	14 456	2 017 398	2 017 398	1 845 073	613.29	648.21
曲　靖	Qujing	18 566	2 301 650	2 301 650	2 084 514	394.11	398.38
玉　溪	Yuxi	14 664	1 226 248	1 226 248	975 299	461.82	503.74
保　山	Baoshan	12 412	1 079 743	1 079 743	804 820	277.89	288.14
昭　通	Zhaotong	51 225	2 531 585	2 531 585	2 168 768	187.29	188.99
丽　江	Lijiang	9 376	647 253	647 253	563 073	200.82	209.97
思　茅	Simao	16 763	1 178 406	1 178 406	910 999	199.30	219.14
临　沧	Lincang	13 068	959 973	959 973	771 339	268.14	288.97
楚　雄	Chuxiong	22 602	1 712 459	1 712 459	1 221 589	304.27	349.92
红　河	Honghe	15 872	1 279 828	1 279 828	1 291 498	352.34	278.84
文　山	Wenshan	13 081	1 396 337	1 396 337	1 151 405	205.55	208.56
西双版纳	Xishuangbanna	5 514	566 933	566 933	433 354	425.50	404.77
大　理	Dali	15 351	1 558 684	1 558 684	1 318 865	422.88	449.15
德　宏	Dehong	6 307	545 154	545 154	395 024	227.97	229.48
怒　江	Nujiang	3 177	171 527	171 527	135 551	92.93	108.00
迪　庆	Diqing	4 207	424 363	424 363	360 441	211.09	211.69

主要统计指标解释

全社会固定资产投资　固定资产投资是社会固定资产再生产的主要手段，也是加快经济和社会发展重要的途径。一个国家或地区通过建造和购置固定资产活动,不断采用先进技术装备,建立新兴部门,进一步调整经济结构和生产力的地区分布,培育支柱产业，增强国民经济实力,创造就业机会，为改善人民物质文化生活创造物质条件,这对加快我国社会主义现代化进程和全面建设小康社会具有重要意义。

固定资产投资额是以货币表现的建造和购置固定资产活动的工作量,它是反映固定资产投资规模、速度、结构、比例关系和使用方向的综合性指标。全社会固定资产投资包括国有经济单位投资、城乡集体经济单位投资、各种经济类型的单位投资和城乡居民个人投资。按照 2004 年前我国管理渠道划分,国有渠道经济单位固定资产投资总额分为基本建设、更新改造、房地产开发投资(1994 年后,基本建设、更新改造和房地产开发投资纳入这些计划的其他经济类型的投资)和其他固定资产投资四个部分；集体经济单位投资包括城镇集体所有制单位投资和农村集体所有制投资；各种经济类型的单位投资包括联营经济、股份制经济、个体私营经济、外商投资经济、港澳台商投资经济的单位投资。城乡居民个人投资包括城市、县城、镇、工矿区所辖范围的个人建房和农村个人建房及购买生产性固定资产的投资。

基本建设投资　基本建设是指企业、事业单位以扩大生产能力或工程效益为主要目的的新建、扩建工程及有关工作量。包括工厂、矿山、铁路、桥梁、港口、农田水利、商店、住宅、学校、医院等工程的建造和机器设备、车辆、船舶、飞机等的购置。

基本建设投资额是以货币表现的基本建设完成的工作量,是反映一定时期内基本建设规模和建设进度的综合性指标。它是根据工程的实际进度按预算价格(预算价格是编制施工图预算时所用的价格)计算的工作量。没有形成工程实体的建筑材料和没有开始安装的设备,都不计算投资完成额。

更新改造投资　更新改造是指企业、事业单位对原有设施进行固定资产更新和技术改造,以及相应配套的工程和有关工作量(不包括大修理和维护工程)。更新改造 投资是以货币表现的更新改造完成的工作量。根据我国现行统计制度,基本建设和更新改造的划分是:

(1) 列入基本建设计划的项目作为基本建设投资,列入更新改造计划的项目作为更新改造投资；

(2) 更新改造计划与基本建设计划结合安排的项目及未列入计划的项目,根据工程性质分别作为基本建设投资或更新改造投资。属于对企业、事业单位原有设施进行技术改造或更新的项目和新建主要生产车间、分厂等,其新增生产能力或效益未达到大中型标准的项目,以及由于城市环境保护和安全生产的需要而进行的迁建工程,作为更新改造投资。

其他单位固定资产投资　是指按照国家规定不纳入基本建设和更新改造计划管理,其总投资在 5 万元以上的固定资产投资。具体包括：国有经济单位用油田维护费和石油开发基金进行的油田维护和开发工程；煤炭、铁矿、森林工业等采掘采伐业用维简费进行的开拓延伸工程；交通部门用公路养路费对原有公路、桥梁进行改建的工程；商业部门用简易建筑费建造的仓库工程。1994 年后其他投资还包括未纳入基本建设、更新改造计划的其他经济类型(不包含城乡私人和农村集体)的投资。

房地产开发投资　是以货币形式表现的房地产开发企业(单位)在一定时期内进行房屋建造及土地开发完成工作量及相关费用总称。

实际销售面积　指报告期已竣工的房屋面积中已正式交付给购房者或已签订(正式)销售合同的商品房屋面积。不包括已签订预售合同正在建设的商品房屋面积，但包括报告期或报告期以前签订了预售合同，在报告期又竣工的商品房屋面积。

实际销售额　指报告期内出售房屋的总收入(即双方签署的正式买卖合同中所确定的合同总价)。该指标与实际销售面积同口径，包括正式交付的商品房屋在建设前期预收的定金、预收的款项及结算尾款和拖欠款。不包括未交付的商品房所预收的款项。收取的外汇按当时外汇调节市场价折算在其中。如果商品房是跨年完成的，应包括以前年度所收的定金及预收款。

固定资产投资的资金来源　根据固定资产投资的资金来源不同,分为上年末结余资金和本年资金来源。其中本年资金来源又分为六种:

(1) 国家预算内资金　指国家预算、地方财政、主要部门和国家专业投资公司拨给或委托银行贷给建设单位的基本建设拨款和中央基本建设基金，拨给企业单位的更新改造拨款，以及中央财政安排的专项拨款中用于基本建设的资金。

(2) 国内贷款　指报告期企、事业单位向银行及非银行金融机构借入的用于固定资产投资的各种国内借款。国内贷款包括：银行利用自有资金及吸收的存款发放的贷款、上级主管部门拨入的国内贷款、国家专项贷款(包括煤代油贷款、劳改煤矿专项贷款等)，地方财政专项资金安排的贷款、国内储备贷款、周转贷款等。

(3) 债券　是企业(公司)或金融机构通过发行各种债券筹集到的用于固定资产投资的资金。包括由银行代理国家专业投资公司发行的重点企业债券和重点建设债券。

(4) 利用外资　指报告期收到的用于固定资产投资的国外资金,包括统借统还、自借自还的国外贷款,中外合资项目中的外资,以及无偿捐赠等。其中,国家统借统还的外资,是指由我国政府出面同外国政府、团体或金融组织签订贷款协议,并负责偿还本息的国外贷款。

(5) 自筹资金　指建设单位报告期收到的,用于进行固定资产投资的上级主管部门、地方和本单位自筹资金。

(6) 其他资金来源　指报告期收到的除以上各种拨款、借款、自筹资金之外,其他用于固定资产投资的资金。

固定资产投资按国民经济行业分　建设项目归哪个行业，按其建成投产后的主要产品或主要用途及社会经济活动性质来确定。基本建设按建设项目划分国民经济行业，更新改造、国有经济单位其他固定资产投资及城镇集体投资根据整个行业来划分。一般情况下，一个建设项目或一个企业、事业单位只能属于国民经济一种行业，为了更准确地反映国民经济各行业之间的比例关系，联合企业（总厂）所属分厂属于不同行业的，原则上按分厂划分行业。

固定资产投资按建设性质分　建设项目的性质一般分为新建、扩建、改建、迁建、恢复。基本建设按建设项目分建设性质，更新改造、国有经济单位其他固定资产投资及城镇集体投资按整个行业、事业单位的建设情况确定建设性质。目前基本建设和更新改造是根据我国管理渠道区分的，所以基本建设和更新改造都可以分别按新建、扩建和改建等划分。

(1) 新建　一般是指从无到有，“平地起家”新开始建设的单位。有的单位原有的基础很小，经过建设后其新增加的固定资产价值超过原有固定资产价值（原值）三倍以上的也算新建。

(2) 扩建　一般是指为扩大原有的生产能力，在厂内或其他地点增建主要生产车间（或主要工程）、独立的生产线或总厂之下的分厂的企业；事业单位和行政单位在原单位增建业务用房（如学校增建教学用房、医院增建门诊部或病床用房、行政机关增建办公楼）也作为扩建。

(3) 改建　一般是指现有企业、事业单位为了技术进步，提高产品质量，增加花色品种，促进产品升级换代，降低消耗和成本，加强资源综合利用和三废治理，劳保安全等，采用新技术、新工艺、新设备、新材料等对现有设施、工艺条件进行技术改造或更新（包括相应配套的辅助性生产、生活福利设施），有的企业为充分发挥现有生产能力，进行填平补齐而增建不增加本单位主要产品生产能力的车间等，也属于改建。

固定资产投资按构成分　固定资产投资活动按其工作内容和实现方式分为建筑安装工程、设备、工具、器具购置和其他费用三个部分。

(1) 建筑安装工程（建筑工作量）　指各种房屋、建筑物的建造工程和各种设备、装置和安装工程。包括各种房屋建造工程，各种用途设备基础和各种工业窑炉的砌筑工程；为施工而进行的各种准备工作和临时工程及完工后的清理工作等；铁路、道路的铺设，矿井的开凿及石油管道的架设等；水利工程；防空地下建筑等特殊工程；以及各种机械设备的安装工程；为测定安装工程质量，对设备进行试行工作。在安装工程中，不包括被安装设备本身的价值。

(2) 设备、工具、器具购置　指购置或自制达到固定资产标准的设备、工具、器具的价值，固定资产的标准由财务部门规定。新建单位、扩建的新建车间按照设计和计划要求购置或自制的全部设备、工具、器具，不论是否达到固定资产标准均计入“设备、工具、器具购置”中。

(3) 其他费用　指除建筑安装和设备、工具、器具购置以外的投资完成额。它包括两种性质的费用，一种是属于增加固定资产的费用，主要有：建设单位管理费，土地、青苗等补偿费用和安置补助费、勘察设计费、研究试验费、农林单位牲畜购置费、各种经济林木的营造费、办公和生活家具、器具购置费、引进技术和进口设备项目的其他费用、联合试运转费等；另一种是属于不增加固定资产的费用，主要有：施工机械转移费、生产职工培训费、农业开荒费用及报废工程损失费等。

基本建设项目按大中型划分 基本建设划分大中小型项目原则上应按照上级批准的设计任务书初步设计所确定的总规模或总投资划分，没有正式批准设计任务书或初步设计的，按国家或省、自治区、直辖市年度基本建设投资计划中所列的总投资划分。上述两条均不具备的，按本年计划施工工程的建设总规模或总投资划分。生产单一产品的工业项目，按产品的设计能力划分；生产多种产品的工业项目，按其主要产品的设计能力划分；品种繁多，难以按生产能力划分的，按全部计划投资额划分。划分标准以国家颁发的《大中小型建设项目划分标准》为依据。国家曾在1958年、1962年、1977年1979年先后五次修订《大中小型建设项目划分标准》。因此各历史时期的大中小型项目数不完全可比。

施工项目 指报告期内曾进行建筑或安装施工活动的建设项目。包括报告期内新开工项目、报告期以前开工跨入报告期继续施工的项目,以及报告期施工并在报告期内全部建成投产或停缓建的项目。

全部建成投产项目 工业项目是设计文件规定形成生产能力的主体工程及其相应配套的辅助设施全部建成,已负荷试运转,证明具备生产设计规定合格产品的条件,并经过验收鉴定合格或达到竣工验收标准,与生产性工程配套的生活福利设施可以满足近期正常生产的需要,正式移交生产的建设项目；非工业项目是指设计文件规定的主体工程和相应的配套工程全部建成,能够发挥设计规定的全部效益,经验收鉴定合格或达到竣工验收标准,应正式移交使用的建设项目。

新增生产能力 指通过固定资产投资活动而增加的设计能力或工程效益,它是用实物形态表示的固定资产投资的成果。新增生产能力的计算,是以能独立发挥生产能力或效益的单项工程(或项目)为对象。当单项工程(或项目)建成,经有关部门鉴定合格,正式移交投入生产,即可计算新增生产能力。

新增生产能力或工程效益有以下几种表现形式:

(1) 以建设项目或单位工程建成后的年产能力表示。如煤炭开采、石油开采等。

(2) 以建设项目或单项工程建成后处理原料的能力表示。如选矿工程的年处理矿石能力、洗煤厂年洗煤能力等。

(3) 以新增的主要设备数量或容量表示。如棉纺锭锭数、发电机组容量等。

(4) 以建筑物容积、容量、面积或长度表示。如水库容量、铁路、公路里程等。

新增生产能力的数量一般按设计能力计算。设计能力是指设计文件中规定的在正常情况下能够达到的生产能力,而不论投产后的实际产量如何。以设备数量、建筑物容积、面积、长度等表示的新增生产能力(或效益),则按建成的实际数量计算。

施工和竣工房屋建筑面积 房屋建筑面积是从房屋外墙线算起的各层平面面积的总和。包括房屋结构(如柱、墙)占用的面积和地下室面积。多层建筑按各自然层面积总和计算,包括房屋内的楼隔层,突出墙面的眺望间、门斗、有柱雨罩的面积。不包括突出墙面的构件、艺术装饰等所占的面积,如台阶等。凹阳台、挑阳台按其水平投影面积一半计算建筑面积。

竣工面积 指在报告期内房屋建筑按照设计要求已全部完工,达到入住和使用条件,经验收鉴定合格,正式移交使用单位的建筑面积。

房屋建筑面积竣工率 指一定时期内房屋竣工面积占同期房屋施工面积的比率。它是从房屋建筑施工速度的角度反映投资效果和建筑业经济效益的指标。

新增固定资产 指通过投资活动所形成的新的固定资产价值。包括已经建成投入生产或交付使用的工程价值和达到固定资产标准的设备、工具、器具的价值及有关应摊入的费用。它是以价值形式表示的固定资产投资成果的综合性指标,可以综合反映不同时期、不同部门、不同地区的固定资产投资效果。

建设项目投产率 指一定时期内全部建成投入生产的项目个数占同期正式施工项目个数的比率。它是从项目建设速度的角度反映投资效果的指标。

固定资产交付使用率 指一定时期新增固定资产与同期完成投资额的比率。它是反映各个时期固定资产动用速度,衡量建设过程中投资效果的一个综合性指标 。

Explanatory Notes on Principal Statistical Indicators

Total Investment in Fixed Assets in the Whole Country Investment in fixed assets is an essential means for social reproduction of fixed assets and an important way to speed economic and social development. By means of construction and purchase of fixed assets, more advanced technologies and equipment are adopted in the national economy, and new sectors are established, which promote the adjustment of economic structure and the regional distribution of productive forces, enhance the economic strength and create employment opportunities so as to provide the material conditions for improving people's livelihood. This is significant for speeding up the drive of socialist modernization in China.

Amount of investment in fixed assets refers to the volume of work in construction and purchase of fixed assets in monetary terms, which is a comprehensive indicator showing the size, pace, proportional relations and use orientation of investment in fixed assets. Total investment in fixed assets in the whole country includes the investment by state-owned entities, collective-owned entities, various economic entities and urban and rural individuals. According to China's management system before 2004, investment in fixed assets by state-owned is classified into the following four parts: investment in capital construction, in renovation and in real estate development and other investment in fixed assets; investment by collective economic entities includes investment by urban collective-owned units and rural collective-owned entities; investment by various economic entities includes the investment by joint ownership entities, joint stock entities, individual and private economic entities as well as investment from foreign countries , Hong Kong, Macao and Taiwan; investment by urban and rural individuals includes building construction and purchase of productive fixed assets by individuals in cities, counties , towns, mining areas and rural areas.

Investment in Capital Construction Capital construction refers to new construction projects or extension projects and related work of enterprises, institutions or administrative entities mainly for the purpose of expanding production capacity or improving project efficiency. It includes project construction of factories, mines, railways, bridges, harbors, field water conservancy, shops, housing, schools, hospitals, etc. and the purchase of machinery, equipment vehicles, ships, planes, etc.

Investment in capital construction refers to the volume of work in capital construction completed in monetary terms, which is a comprehensive indicator showing the size and pace of capital construction in a certain period of time. It is the volume of work..

Calculated at budgetary prices according to the physical progress of projects (budgetary prices are the prices used for preparing budgets of working drawings). Unused building materials and unassembled equipment are not calculated into the amount of investment completed.

Investment in Innovation refers to the renewal of fixed assets and technological innovation of original facilities by enterprises and institutions and the corresponding auxiliary projects and related work (excluding major overhaul and maintenance projects). Investment in innovation refers to the volume of work in renovation completed in monetary terms. According to China's current statistical system, the division of capital construction and innovation is as follows:

(1) Projects listed in the capital construction plan are regarded as investment in capital construction, while projects listed in the innovation plan as investment in innovation;

(2) Combined Projects arranged both in the innovation and capital construction plans and those not listed in either plan are classified either into capital construction investment or into innovation investment according to the property of project. The following projects are considered as investment in innovation: the technological innovation and renewal of original facilities by the enterprises and institutions, extension projects of main workshops or a branch of the factory with the newly increased production capacity (or project efficiency) not up to the standard of

a large and medium-sized project and the projects of moving a whole factory to a new site so as to meet the requirements of urban environmental protection or safe production.

Other Investment in Fixed Assets refers to the construction and purchase of fixed assets with a total investment above 50,000 yuan which are not listed in the plan of capital construction or of in innovation according to the state regulation. It specifically includes: projects of oilfield maintenance and exploitation with the oilfield maintenance funds and petroleum development funds by state-owned economic entities; opening and extending projects with the maintenance funds by mining and logging industries such as coal, iron and forest industries; projects of reconstruction of original highways and bridges with the highway maintenance funds by communication departments; projects of construction of warehouses with the funds of simple construction by commercial departments. After 1994 other investment also includes the investment by economic entities of other types of qwnership (excluding urban and rural individuals and rural collective-owned entities) not listed in the capital construction and innovation plans.

Investment in Real Estate Development refers to the volume of work in monetary terms and relevant expenses by real estate enterprises (institutions) in house building and land development in a certain period of time.

Floor Space Actually Sold refers to the floor space of commercial housing that has been handed over to the purchasers or been under sales contracts in the total of buildings completed in the report period, including that of commercial housing completed in the report period irrespective of sales contract award dates, but excluding that under sales contracts yet uncompleted in the report period.

Effective Sales refer to the total revenue from sales of housing in the report period (i.e. the total value of sales contracts signed), including prepaid deposits and advance payments, settlement balance and payments in arrears for commercial housing handed over in the report period irrespective of start time of construction, but excluding advance payments for that under construction, which follow the same statistical standards as the indicator of "Floor Space Actually Sold"; as for payments in foreign currency, they are calculated into sales after conversion at current regulatory market prices of foreign exchange.

Sources of Funds for Investment in Fixed Assets include the surplus funds in the preceding fiscal year and the funds in the current year according to different sources. The sources of funds in the current year are classified into six parts:

(1) *State budgetary appropriations* refers to the appropriations for capital construction in the budgets of the central and local governments and from main departments and state specialized investment companies, central funds for capital construction, appropriations for innovation, and funds for capital construction included in the special appropriation from the budget of the central government.

(2) *Domestic loans* refer to the various domestic borrowings by enterprises and institutions from banks and non-bank financial institutions during the report period for the purpose of investment in fixed assets, including loans granted by banks from their self-owned funds and deposits, loans appropriated by higher department in charge, state special loans (including loans for substituting coal for petroleum with coal, special loans for reform-through-labor coal mines), loans arranged by local governments from special funds, domestic reserve loans, and working loans, etc.

(3) *Bonds* refer to the funds raised by enterprises (companies) or financial institutions through issuing various bonds for investment in fixed assets. They include key enterprise bonds and key project bonds issued by banks on behalf of state specialized investment companies.

(4) *Foreign Investment* refers to foreign funds received during the report period for the purpose of investment in fixed assets, including foreign funds borrowed and managed by the government, by individual entities, foreign funds in joint venture programs, and gratis donations. Foreign funds borrowed and managed by the government refer to foreign loans borrowed by the government from foreign governments, organizations, or financial institutions under official agreements signed by both parties, under which the government is responsible for the

repayment of both the principal and interests of the foreign loans.

(5) *Self-raised funds* refer to the extra-budgetary funds received by construction enterprises from their higher department in charge, local governments, or raised by enterprises or institutions themselves for the purpose of investment in fixed assets during the report period.

(6) *Others* refer to the funds received during the report period, which are not included in the above-mentioned sources.

Investment in Fixed Assets by Sector The classification of construction projects by sector is determined by the major products or the purpose of the projects when they are put into production or use, and by the nature of their socio-economic activities. Investment in capital construction is divided into different sectors of the national economy by the nature of construction projects. While investment in innovation and other investment in fixed assets by state-owned entities and collective-owned entities are divided according to the sector to which the whole enterprise or institution belongs to. In general, one project or one enterprise or institution can only belong to one sector. In order to reflect more accurately the proportional relation among various sectors, the branch factories of an integrated complex are classified into different sectors according to their economic activities.

Investment in Fixed Assets by Type of Construction Construction projects in general can be classified by the type of construction into new construction, extension, reconstruction, moving and restoration. In capital construction, the type of construction is determined by the nature of the project, while investment in innovation and other investment by state-owned entities and collective-owned entities, the type of construction is determined by the construction condition of the whole enterprise or institution. Capital construction and innovation are distinguished according to China's current management system, so they can be divided into new construction, extension and reconstruction.

(1) *New construction* in general refers to newly constructed units. In the case in which the value of the original fixed assets is quite small, and the value of newly added fixed assets exceeds the original ones by three times, the kind of extension is considered as new construction.

(2) *Extension* refers to the construction of a new major production workshop, branch factory or independent production line within a factory or in other locations so as to increase the production capacity of original products. Newly constructed houses for vocational work in institutions and administrative organizations (such as the newly constructed classroom buildings in schools, buildings for clinics or wards in hospitals, and office buildings in administrative organizations, etc.) are also classified as extension.

(3) *Reconstruction* refers to the technical innovation or transformation of existing facilities and technical conditions (including auxiliary production and welfare facilities) undertaken by enterprises and institutions in order to advance technology, improve product quality, increase variety of products, promote and upgrade new generation of products, reduce production consumption and cost, promote comprehensive utilization of resources, strengthen disposal of waste gas, waste water and solid wastes, and strengthen safety in production, etc. through application of new technologies and techniques, use of new equipment and new materials. Construction of new workshops for improving existing production capacity of main products rather than increasing it is also considered as reconstruction.

Investment in Fixed Assets by Use of Funds By their contents and ways of work, investment activities are classified into three categories, i.e., construction and installation, purchase of equipment and instruments, and other expenses.

(1) *Construction and installation (work volume of construction and installation)* refers to construction of various houses and buildings and installation of various kinds of equipment and instruments, including construction of various houses, equipment foundations and industrial kilns and stoves, preparation work for project construction and clearing up work after completion of projects, building of railways and roads, drilling of mines and erection of oil pipelines, construction of projects of water conservancy, construction of underground air-raid shelters and other

special projects, installation of various machinery and equipment, trial operation of equipment for determining the quality of installation projects. The value of equipment installed is not included in the value of installation projects.

(2) *Purchase of equipment and instruments* refers to the total value of equipment, tools, and instruments purchased or self-produced which come up to standards of fixed assets stipulated by financial departments. Equipment, tools and instruments purchased or self-produced for new workshops by newly established or extended entities are categorized into the item of "purchase of equipment and instruments" no matter whether they come up to the standards of fixed assets or not.

(3) *Other expenses* refer to the amount of investment completed other than that in construction and installation and purchase of equipment and instruments. They include two kinds of expenses: one can increase fixed assets, which covers overhead expenses of constructor, compensation and settlement allowances for land and young crops, expenses on prospecting and design, expenses on research and experiment, expenses on purchase of livestock by agricultural or forestry entities, various expenses on planting cash trees expenses on purchase of office, furniture, instruments and import of technology and equipment, expenses on joint test run, etc.; the other can not increase fixed assets which covers transfer fees of construction machinery, expenses on production staff and workers training, expenses on wasteland reclamation, losses of rejected projects, etc.

Capital Construction Projects by Size Capital construction projects are classified into large, medium-sized and small-sized ones. In principle, they should be determined according to the total scale or investment set in the construction design plan approved by higher department in charge, or the total investment set in the current capital construction plan of the state, province, autonomous region, or municipality directly under the Central Government. If the above two cannot be applied, the classification should be determined according to the total scale or total investment set in the current construction plan. Industrial projects which produce unitary products are classified by the designed capacity of products; these which produce diversified products by the designed capacity of the major product or by the total planned investment if the products are too diversified to be classified by the designed capacity. Standards for the Classification of Construction Projects into Large, Medium-sized and Small-sized Ones issued by the state is the basis for classification of construction projects by size, which was revised five times in 1958, 1962, 1972, 1977, and 1979 respectively and therefore, data on projects by size are not entirely comparable from year to year.

Projects under Construction refer to projects with construction and installation activities undertaken in the report period, including projects started in the report period, continued from the previous period, completed and put into production or suspended in the report period.

Projects Completed and Put into Use Industrial projects refer to major projects and auxiliary facilities forming production capacity according to design documents, which have been completed, made trials, checked and accepted, and formally put into production with auxiliary living and welfare facilities being capable of ensuring normal production. Non-industrial projects refer to major projects and auxiliary facilities completed, which possess the designed capacity and have been checked, accepted and formally put into production.

Newly Increased Production Capacity refers to the increased designed capacity and project benefit through investment in fixed assets, which reflects the results of investment in fixed assets in kind. Calculation of newly increased production capacity is based on an individual project, which independently brings its production capacity or benefit into play. When an individual project is completed, checked and accepted and put into production, its newly increased production capacity can be calculated.

Newly increased production capacity or project benefit is usually expressed in one of the following forms:

(1) Annual production capacity, e.g. coal mining and extraction of petroleum;

(2) Raw material processing capacity, e.g. annual ore dressing capacity of ore dressing project and coal washing capacity of coal cleaning plant;

(3) Number or capacity of major equipment, e.g. the number of increased cotton spindles and capacity of increased generating sets;

(4) Physical measures of construction, such as volume, capacity, area and length, e.g. capacity of reservoirs and length of railways or highways.

Volume of newly increased production capacity is calculated at designed capacity in general, which refers to the production capacity of a project under normal conditions designed in construction documents regardless of actual output. Newly increased production capacity (or benefit) in terms of number of equipment, volume, area and length of buildings, etc. is calculated according to the actual quantity.

Floor Space of Buildings under Construction and Completed refers to the total of plane floor space of each story of buildings calculated from the outside line of building walls, including the space occupied by constructions like pillars or walls and the floor space of basements. Floor space of multi-story buildings refers to the total of floor space of each story, including the floor space of, projecting lofts, small vestibules outside doors, pillared canopies but excluding the floor space occupied by projecting components, artistic decoration etc. like doorsteps. The floor space of concave and projecting balconies is calculated by half on the basis of their horizontal shadowy area.

Floor Space of Buildings Completed refers to the floor space of buildings completed in the report period, which have come up to the designed standards, and have been checked and accepted and put into use.

Completion Rate of Floor Space of Buildings refers to the ratio of the floor space of buildings completed in certain period of time to the floor space of buildings under construction in the same period, which reflects the investment results and economic effect of the construction industry from the angel of the speed of project construction.

Newly Increased Fixed Assets refer to the newly increased value of fixed assets through investment, including the value of projects completed and put into production, the value of equipment, tools, and instruments considered as fixed assets, and relevant expenses. This is a comprehensive indicator on investment in fixed assets, reflecting the results of investment in fixed assets in different periods, sectors and regions.

Rate of Construction Projects Completed and Put into Use refers to the ratio of the number of construction projects completed and put into use in certain period of time to the number of projects under construction in the same period. This indicator reflects the investment results from the angle of the speed of project construction.

Rate of Projects of Fixed Assets Completed and Put into Operation refers to the ratio of the newly increased fixed assets in a certain period of time to the total investment made in the same period. This is a comprehensive indicator reflecting the speed of employment of fixed assets in different periods and investment results in the process of construction.

七、财政、金融和保险

Finance,Banking and Insurance

7-1 财政收入
Government Revenue

单位：万元 (10 000 yuan)

年份 Year	地方财政收入 Local Government Revenue	国有资产经营收益 Operating Income from State-owned Assets	税收入 Tax Revenue	国有企业计划亏损补贴 Planned Subsidies to Loss-making State-owned Enterprises	其它收入 Other Revenue
1978	117 606	18 441	92 233		6 932
1980	116 407	13 162	98 052		5 793
1985	274 321	4 644	253 725		15 952
1990	774 346	12 527	772 501	-78 676	67 994
1994	676 018	4 993	710 383	-69 095	29 737
1995	983 491	9 420	905 902	-75 138	143 307
1996	1 300 129	11 494	1 178 209	-78 216	188 642
1997	1 504 181	7 565	1 345 394	-64 931	216 153
1998	1 682 347	11 987	1 392 892	-32 289	309 757
1999	1 726 690	7 434	1 440 829	-31 299	309 726
2000	1 807 450	9 014	1 531 141	-27 211	294 506
2001	1 912 799	5 632	1 635 198	- 28 677	300 646
2002	2 067 594	6 814	1 733 635	- 19 829	346 974
2003	2 289 992	17 793	1 844 269	- 23 597	451 527
2004	2 633 618	31 124	2 093 636	- 17 891	526 749
2005	3 126 490	86 476	2 461 489	- 18 405	596 930

7-2 各项税收
Government Tax Revenue

单位：万元 (10 000 yuan)

年份 Year	各项税收合计 Total Tax Revenue	工商税收 Taxes on Industry and Commerce	农牧和耕地占用税 Taxes on Agriculture,Animal Husbandry and Use of Cultivated Land	企业所得税 Business Income Taxe	企业所得税退税 Return of Business Income Tax	个人所得税 Personal Income Tax
1978	92 233	81 220	9 282			
1980	98 052	89 687	7 075			
1985	253 795	243 588	10 207	59 845		
1990	772 501	680 172	26 071	72 086		
1994	710 383	515 030	129 311			
1995	905 902	587 648	240 008	68 000		
1996	1 178 209	738 729	351 684	106 647		
1997	1 345 394	849 048	405 940	96 969		
1998	1 392 892	1 006 759	248 957	144 691		
1999	1 440 829	1 086 634	215 895	149 479		
2000	1 531 141	1 055 279	204 659	201 689		
2001	1 635 198	1 065 849	197 741	262 891		
2002	1 733 635	1 113 978	267 567	257 779	-143	94 454
2003	1 844 269	1 234 610	310 848	214 963	-3	83 851
2004	2 093 636	1 458 279	257 118	277 797	-6	100 448
2005	2 461 489	1 721 278	287 301	333 481	-6	119 435

注：2002年税收口径为新调整的口径。
Note:The data of tax income in 2002 was calculated according to the adjusted standards.

7-3 历年全省财政分项目支出

Historic Government Expenditures by Item

单位：万元 (10 000 yuan)

年份 Year	财政支出 Total Government Expenditures	基本建设拨款 Appropriation for Capital Construction	流动资金 Circulating Capital	企业挖潜改造资金 Innovation Capital of Enterprises	城市维护费 Expenditure on Urban Maintenance	地质勘探费 Expenditure on Geological Prospecting	工、交、商部门事业费 Operating Expenses on Industry, Transportation and Commerce Department
1978	182 840	72 327	7 155	6 938	1 291	7 077	2 877
1980	173 210	45 562	4 176	7 792	2 692	5	2 857
1985	366 986	61 208	1 385	25 835	12 486	10	9 696
1990	907 586	90 556	2 084	64 930	33 588	33	20 926
1993	2 006 172	288 398	6 565	351 545	67 024	281	63 990
1994	2 037 309	305 975	1 256	167 995	87 083	1 060	55 011
1995	2 350 993	330 791	891	172 434	103 340	964	64 038
1996	2 703 945	354 440	1 240	152 214	96 744	2 736	67 511
1997	3 132 012	442 387	1 147	142 545	110 414	2 059	68 128
1998	3 280 023	422 513	888	134 465	128 154	1 685	52 083
1999	3 780 468	634 850	158	124 658	158 519	739	71 174
2000	4 141 074	604 507	1 329	158 680	146 200	13 783	92 550
2001	4 964 302	830 696	40	123 494	158 702	27 287	81 816
2003	5 873 475	705 029		176 823	181 702	27 641	81 293
2004	6 636 354	648 877		162 489	191 362	28 517	99 618
2005	7 663 115	878 316		141 045	269 366	26 928	121 024

7-3 续表 continued

单位：万元 (10 000 yuan)

年份 Year	支援农业支出 Expenditure on Supporting Agriculture Production Funds	文教、科学、卫生事业费 Operating Expenses on Culture,Education, Science and Health care	抚恤和社会救济费 Pensions and Social Relief Funds	行政管理费 Administrative Expenses	科技三项费用 Expenses on Science and Technology Promotion	其它支出 Other Expenditures
1978	22 616	27 322	3 516	16 067	1 495	14 159
1980	26 447	37 941	4 108	20 510	986	20 134
1985	41 767	93 818	11 419	49 158	2 919	57 285
1990	132 048	213 211	37 033	88 814	3 678	220 685
1993	238 180	373 626	33 776	167 296	5 540	409 951
1994	250 572	489 124	36 114	214 043	6 380	422 696
1995	282 832	540 638	59 238	244 747	8 154	542 926
1996	325 054	690 417	92 600	302 168	14 085	604 736
1997	338 153	750 078	95 484	305 799	18 468	857 350
1998	346 635	805 044	86 461	320 730	22 028	959 337
1999	365 858	898 645	75 827	334 725	26 481	1 088 834
2000	392 018	987 030	88 609	372 394	32 685	1 251 289
2001	452 593	1 167 030	102 327	447 596	40 526	1 532 195
2003	489 887	1 439 869	172 517	554 288	45 658	1 998 768
2004	718 976	1 706 008	188 120	677 565	39 883	2 174 939
2005	734 992	1 920 630	202 968	781 218	57 536	2 529 092

7-4 全省主要年份文教、科学、卫生事业费分项目数

Government Expenditures on Culture, Education, Science and Health Care in Significant Years

单位：万元 (10 000 yuan)

年份 Year	合计 Total Expenditures	文化事业费 Operating Expenses on Culture	计划生育事业费 Operating Expenses on Birth Control of Population	教育事业费 Oerating Expenses on Education	卫生事业费 Oerating Expenses on Health Care	公费医疗经费 Funds for Free Medical Service	体育事业费 Oerating Expenses on Sports	科学事业费 Oerating Expenses on Scientific Research
1965	8 632	337	38	5 450	1 883	511	179	158
1970	9 981	558		5 764	2 914		107	37
1975	20 121	982	326	11 944	4 267	1 065	480	349
1980	37 941	1 681	759	23 032	7 790	1 919	882	536
1985	93 818	3 534	1 936	57 177	16 447	4 846	2 174	2 428
1990	213 211	7 247	6 228	122 831	28 831	19 483	4 990	7 832
1995	540 638	15 663	15 720	317 416	69 350	51 008	11 797	22 700
1996	690 417	19 681	19 990	412 850	90 516	63 336	13 403	29 123
1997	750 078	20 349	21 511	440 181	97 384	76 349	13 041	33 122
1998	805 044	20 157	19 695	499 317	99 222	74 546	14 587	32 027
1999	898 645	26 744	21 786	559 911	102 604	91 079	11 520	34 194
2000	987 030	26 617	24 067	623 109	110 200	104 260	14 462	33 796
2001	1 167 030	28 666	28 207	762 797	128 113	109 951	16 303	34 435
2002	1 323 734	36 657	44 249	1 042 717	287 744	135 796	19 331	60 601
2003	1 439 869	38 631	48 166	1 173 755	327 463	142 820	17 311	67 016
2004	1 625 692	43 084	64 808	1 118 233	361 946	167 176	14 084	43 602
2005	1 920 630	48 124	71 679	1 222 810	448 073	192 852	15 557	44 405

7-5 全省主要年份财政支援农业的资金

Government Expenditures on Supporting Agriculture in Significant Years

单位：万元 (10 000 yuan)

年份 Year	支援农业支出合计 Total Expenditures on Supporting Agriculture	农林水气象等部门事业费 Oerating Expenses of Department of Farming,Forestry,Water Conservancy and Meteorology	支援农村生产支出 Expenditure on Supporting Agricultural Production	农业基本建设支出 Expenditure on The Capital Construction of Agriculture	农业科技三项费用 Expenses on Science and Technology Promotion
1978	36 181	22 616		13 558	7
1980	35 203	26 448	26 448	8 356	399
1985	48 356	41 767	21 077	6 090	499
1990	148 055	132 048	93 355	15 297	710
1995	323 631	282 832	190 180	37 313	3 486
1997	398 641	338 153	206 819	55 706	4 782
1998	407 189	346 635	187 607	56 332	4 222
1999	469 112	365 858	170 307	96 717	6 537
2000	533 013	392 018	163 951	133 608	7 387
2001	682 639	452 593	165 281	220 201	9 845
2002	555 434	463 470	137 457	84 514	7 450
2003	693 369	489 887	257 792	199 551	3 931
2004	850 347	718 976	291 589	127 059	4 312
2005	867 740	734 992	336 445	125 971	6 777

7-6 云南省金融机构信贷资金平衡表(资金运用)
Balance Sheet of Credit Funds of Financial Institutions by Use of Funds

(年末余额) (balance of year-end)

单位：万元 (10 000 yuan)

项目	Item	1995年	2000年	2001年	2003年	2004年	2005年
贷款合计	**Loans Total**	**9 246 652**	**19 878 301**	**21 734 512**	**29 555 721**	**33 982 873**	**39 875 767**
流动资金贷款	**Circulating Funds Loans**	**7 133 201**	**13 803 463**	**13 788 688**	**16 400 514**	**17 238 223**	**16 074 922**
工业贷款	Industrial Loans	2 315 234	3 399 585	3 958 147	3 980 706	4 263 667	4 476 856
商业贷款	Commercial Loans	3 236 407	4 336 597	3 707 721	3 023 246	2 719 592	2 461 884
建筑业贷款	Construction Loans	105 541	305 866	383 158	587 646	472 878	433 329
农业贷款	Agricultural Loans	459 441	1 185 182	1 408 783	2 026 232	2 392 710	2 792 151
乡镇企业贷款	Loans to Township Enterprises	438 863	815 616	781 408	810 077	907 254	1 154 404
三资企业贷款	Loans to Sino-foreign Joint Ventures and Cooperative Enterprises and Foreign-funded Enterprises	91 096	171 471	181 936	113 401	66 068	67 858
私营企业及个体贷款	Loans to Private Enterprises and Self-employed Individuals	21 717	185 058	218 320	210 606	250 040	275 586
其他短期贷款	Other Short-term Loans	464 902	3 404 088	3 149 215	5 648 600	6 166 014	4 412 854
固定资产贷款	**Fixed Assets Loans**	**1 626 134**	**5 490 099**	**7 410 951**	**12 130 712**	**15 691 810**	**22 274 941**
基本建设贷款	Capital Construction Loans	555 893	2 681 225	3 359 591	5 947 706	7 755 078	9 526 663
技术改造贷款	Technical Innovation Loans	544 648	1 104 064	899 982	326 745	283 179	295 054
其它中长期贷款	Other Medium-term & Long-term Loans	134 053	1 704 8 10	3 151 379	5 856 261	7 653 553	12 453 224
信托贷款	**Trust Loans**	**336 920**	**21 551**	**118 081**	**65 746**	**5 915**	**1 370**
其它贷款	**Other Loans**	**150 397**	**563 188**	**416 792**	**958 749**	**1 046 925**	**1 524 535**

注：1998年后的流动资金贷款包括中期流动资金贷款。

Note:Since 1998, circulating funds loans have included medium-term circulating funds loans.

7-7 云南省金融机构信贷资金平衡表(资金来源)
Balance Sheet of Credit Funds of Financial Institutions by Source of Funds

(年末余额) (balance of year-end)

单位：万元 (10 000 yuan)

项目	Item	1995年	2000年	2001年	2003年	2004年	2005年
存款合计	**Deposits Total**	**11 872 364**	**24 656 844**	**27 797 088**	**37 474 641**	**44 043 607**	**51 405 021**
企业存款	Deposits of Enterprises	4 788 949	10 384 035	10 825 159	13 447 043	16 888 145	17 736 285
财政存款	Treasury Deposits	743 959	538 962	763 367	853 056	1 084 611	1 139 454
储蓄存款	Savings Deposits	5 001 334	11 382 215	12 985 261	17 665 071	20 521 210	24 302 841
#定期储蓄	Fixed Deposits		7 506 727	8 345 711	10 650 054	11 971 507	13 991 357
农业存款	Agricultural Deposits	396 509	830 666	933 743	1 316 255	1 627 976	2 203 942
信托存款	Trust Deposits	663 008	243 582	174 151	108 111		
其它存款	Other Deposits	278 605	1 277 384	2 115 408	4 085 105	3 921 665	6 022 499

7-8 历年云南省金融机构现金收支情况
Historic Cash Income and Expenditures of Financial Institutions

单位：万元 (10 000 yuan)

年 份 Year	现金收入 Cash Revenue	# 商品销售收入 Sales Revenue of Goods	现金支出 Cash Expenditures	#工资性支出 Expenditures on Wages	#产品采购支出 Expenditures on Purchase of products	投放 Currency Issuance
1978	299 657	216 218	306 099	144 400	30 478	6 442
1980	428 907	298 595	454 839	213 332	51 746	25 932
1985	1 204 862	681 745	1 261 591	440 951	218 240	56 729
1990	3 095 363	1 347 624	3 134 779	960 650	455 596	39 377
1995	14 033 672	3 865 337	14 509 164	2 913 771	1 309 018	475 492
2000	50 477 852	6 541 556	50 602 544	3 998 215	2 947 615	124 692
2001	57 462 998	6 849 326	57 424 550	4 046 578	2 980 193	- 38 448
2002	70 241 260	7 587 840	70 429 897	4 425 818	3 285 990	188 637
2003	77 029 649	8 189 410	77 360 251	5 108 934	3 797 430	330 602
2004	91 333 523	8 895 198	91 639 714	5 505 405	4 786 594	306 191
2005	102 872 669	9 722 840	103 424 544	6 523 434	5 544 224	551 875

7-9 全省保险业务经济技术指标（2005年）
Economic and Technical Indicators of Insurance Companies (2005)

单位:万元 (10 000 yuan)

项 目	Item	保费金额 Premium	保费收入 Premium Income	各项赔款和给付 Insurance Indemnities Payments
合 计	**Total**	**267 976 556**	**810 272**	**240 123**
一、财产保险公司	**Property Insurance Companies**	**106 824 220**	**312 548**	**155 958**
企业财产保险	Enterprise Property Insurance	22 103 323	42 616	12 632
家庭财产保险	Family Property Insurance	608 320	2 593	796
机动车辆保险	Motor Vehicle Insurance	21 473 091	208 213	120 096
船舶保险	Ship Insurance	5 152	112	58
货物运输保险	Freight Transport Insurance	5 058 703	12 607	2 590
建筑、安装工程险	Construction and Installation Projects	3 147 135	9 258	2 308
责任保险	Liability Insurance	7 510 884	5 424	2 893
保证保险	Guarantee Insurance	272 514	966	1 385
信用保险	Export Credit Insurance	62 189	569	7
农业保险	Agricultural Insurance	79 104	4 792	4 229
特殊风险保险		3 546 641	3 213	
健康险	Health Insurance	477 006	554	178
人身意外伤害保险	Unforeseen Human Injury Insurance	42 928 557	21 606	8 766
其他保险	Other Insurance	- 448 397	26	21
二、人寿保险公司	**Life Insurance Companies**	**161 152 336**	**497 724**	**84 165**
寿险	Life Insurance	5 922 257	423 298	48 526
健康险	Health Insurance	58 256 003	51 141	29 228
人身意外伤害保险	Unforeseen Human Injury Insurance	96 974 076	23 284	6 411

主要统计指标解释

财政收入

1.企业收入 包括各部门所属国有企业、事业单位上交国家的利润。

2.各项税收 包括营业税、增值税、资源税、企业所得税、个人所得税、印花税、农牧业税、城镇土地使用税、屠宰税、房产税、城市维护建设税等税收收入。

财政支出

1.基本建设支出 是指国家预算内的基本建设拨款，不包括国家预算外自筹的各种基本建设基金。为加强基本建设投资规模的控制，提高资金使用效益，国家从 1985 年起，对预算内基本建设拨款实行拨款改贷款的新的管理办法。即由原来直接无偿的拨给建设单位，改为拨给建设银行视同信贷基金管理，建设银行根据国家预算安排的基建项目，给予有偿贷款，用投产后新增利润还本付息。因改革之中情况不一，目前仍有一些基建项目未实现拨改贷办法。

2.流动资金 是指国家预算增拨各部门所属国有企业的流动资金和增拨银行的信贷资金。

3.文教科学卫生事业费,包括科学、文化、教育、卫生、公费医疗、体育、通讯和广播、地震、海洋、文物、计划生育等方面的事业费 。

存款 企业、机关、团体或居民根据可以收回的原则,把货币资金存入银行或其他信用机构保管并取得一定利息的一种信用活动形式。根据存款对象的不同可划分为企业存款、财政存款、机关团体存款、信托存款、城镇居民储蓄存款、农村存款等科目。

贷款 银行或其他信用机构根据必须归还的原则,按一定利率,为企业、个人等提供资金的一种信用活动形式。我国银行贷款,分流动资金贷款、中短期设备贷款以及农户贷款等科目。

承保额 又叫保险金额。它是保险人对被保险人负担损失补偿或约定给付的金额。它是保险合同上的最高责任额,也是计算保费的依据。

保费 被保险人按其得到保险利益的保障程度(保险金额)的一定比率向保险人缴付的费用。

赔款 保险人对财产保险的保险事故给予的经济补偿或对人身保险的保险事故给付的保险金。分为已决赔款和未决赔款。

Explanatory Notes on Principal Statistical Indicators

Government Revenue

1. *Enterprise Income* includes the profits handed over to the state by state-owned enterprises and institutions subordinated to government departments.

2. *General tax revenues* include the revenue of business tax, value added tax, resources tax, enterprise income tax, personal income tax, stamp tax, tax on agriculture and animal husbandry, tax on use of urban land, butchery tax, real estate tax, tax on urban maintenance and development, etc.

Government Expenditure

1. *Expenditure on capital construction* refers to the state budgetary appropriation for capital construction, excluding various extra-budgetary self-raised funds for capital construction. In order to strengthen the control of the investment scale of capital construction and increase the rate of fund utilization, a new administrative method of changing the state budgetary appropriation into loans for budgetary capital construction has been carried out since 1985. That is, the former unpaid appropriation to a constructor is changed to the credit funds allocated and managed by to the banks of construction, which grant onerous loans to constructors according to state budgetary capital construction projects; and the principal and interest of loans are paid with the newly increased profits upon completion of projects. Because of different situations, some capital construction projects are not currently practiced in this way.

2. *Circulating funds* refer to the state budgetary additional allocations of circulating funds to enterprises subordinated to government departments and of credit funds to the banks.

3. *Operating Expenses on culture, education, science and health care* refer to the funds for public undertakings in science, culture, education, health care, free medical care, sports, telecommunication and broadcasting, earthquake, marine, cultural and historical relics, family planning, etc.

Deposit is a form of credit by which enterprises, institutions, organizations or residents put their monetary capital into banks and other credit institutions for safekeeping and earn interest under the principle of free withdrawal. According to different depositors, deposits are divided into enterprise deposits, treasury deposits, deposits of government agencies and organizations, deposits in trust, savings deposits of urban residents, rural deposits, etc.

Loan is a form of credit by which banks and other credit institutions provide funds at certain interest rates for enterprises and individuals in the light of the principle of unconditional repayment. Loans from Chinese banks include circulating capital loans, medium-term and short-term loans on equipment, loans to rural households, etc.

Amount Insured refers to the amount that the insurer pays the insurant as compensation for his/her loss or damage or as contractual payment. It is the maximum liability amount in the insurance contract and the basis for calculating the premium.

Premium is the fee paid by the insurant to the insurer at a certain rate of the amount insured.

Insurance Claim is the compensation paid by the insurer to the insurant for accidents covered against in property or life insurance contracts. It is divided into a settled claim and an outstanding claim.

八、价格指数

Price Indices

8-1 主要年份各种物价总指数
General Price Indices in Significant Years

(2005年以各年价格为100) (2005 is on the basis of preceding years=100)

年 份 Year	全省居民消费价格总指数 General Consumer Price Index	全省商品零售价格总指数 General Retail Price Index	城镇居民消费价格总指数 General Urban Consumer Price Index	农村居民消费价格总指数 General Rural Consumer Price Index
1952		407.8	543.1	
1965		386.7	490.7	
1978	481.5	381.9	482.2	483.9
1980	475.2	358.8	441.8	460.8
1985	428.0	310.5	373.3	412.8
1990	245.2	190.6	228.3	248.7
1991	238.6	183.7	220.3	242.3
1992	231.5	170.5	199.6	222.5
1993	212.4	143.4	167.8	180.6
1994	175.1	123.9	143.2	150.7
1995	146.9	104.9	119.0	123.6
1996	121.2	98.4	109.9	113.6
1997	111.4	96.2	105.2	109.4
1998	106.9	96.9	102.6	108.3
1999	105.1	98.6	103.8	107.4
2000	107.6	101.0	106.5	109.2
2001	108.6	102.7	108.5	108.6
2002	108.8	104.7	109.3	108.1
2003	107.5	104.8	107.9	107.0
2004	101.4	100.1	101.7	101.0

8-1 续表 continued

(各年以上年价格为100) (preceding year=100)

年 份 Year	全省居民消费价格总指数 General Consumer Price Index	全省商品零售价格总指数 General Retail Price Index	城镇居民消费价格总指数 General Urban Consumer Price Index	农村居民消费价格总指数 General Rural Consumer Price Index
1957		101.3		
1965		99.3	100.1	
1978	100.2	100.1	100.0	100.3
1980	104.7	105.7	108.1	103.7
1985	108.2	108.0	111.9	105.7
1990	102.8	102.1	101.6	103.4
1991	103.1	103.7	103.8	102.7
1992	108.9	107.7	110.4	108.8
1993	121.3	118.9	118.8	123.3
1994	119.2	115.8	117.3	119.9
1995	121.3	118.1	120.3	121.8
1996	108.7	106.6	108.2	108.8
1997	104.3	102.3	104.6	103.9
1998	101.7	99.2	102.4	101.1
1999	99.7	98.3	98.8	100.7
2000	97.9	97.6	97.6	98.4
2001	99.1	98.4	98.1	100.6
2002	99.8	98.1	99.3	100.5
2003	101.2	99.9	101.3	101.0
2004	106.0	104.7	106.1	105.9
2005	101.4	100.1	101.7	101.0

8-2 商品零售价格和居民消费价格指数
Retail Price Indices and Residents' Consumer Price Indices

(以上年价格为100) (preceding year=100)

项　目	Item	全　省 Province		城　镇 Urban		农　村 Rural Areas	
		2004年	2005年	2004年	2005年	2004年	2005年
商品零售价格总指数	**General Retail Price Indices**	**104.7**	**100.1**	**104.5**	**100.4**	**105.0**	**99.8**
食　品　类	Food	115.2	100.7	115.5	102.1	115.0	99.2
饮料、烟酒类	Beverages, Tobacco and Liquor	100.5	103.0	101.9	103.0	99.5	103.1
服装、鞋帽类	Garments, Shoes and Hats	97.7	97.8	99.6	99.0	95.5	96.5
纺织品类	Textiles	98.7	99.3	98.7	99.3	98.8	99.3
家用电器及音像器材类	Household Appliances and Audiovisual Equipment	95.2	94.7	94.6	94.6	96.3	95.0
文化办公用品类	Cultural Goods and Office Supplies	95.7	90.9	94.9	86.7	97.1	97.7
日用品类	Articles for Dasly Use	98.7	99.8	97.6	100.3	100.2	99.1
体育娱乐用品类	Sports and Recreational Goods	99.3	94.8	95.3	97.4	102.4	93.0
交通、通信用品类	Transport and Communicational Goods	90.9	93.0	92.1	93.2	88.6	92.5
家具类	Furniture	100.5	98.7	99.5	100.3	101.4	97.5
化妆品类	Cosmetics	98.9	98.6	98.0	100.1	100.2	96.6
金银珠宝类	Jewelry	111.9	105.2	109.4	104.3	115.3	106.1
中西药品及医疗保健用品类	Chinese and Western Medicines and Medical Health Care Goods	99.6	97.4	100.2	98.4	98.6	95.8
书报杂志及电子出版物类	Books, Newspaper, Magazine and Electrical Publications	100.6	99.7	100.8	99.9	100.3	99.7
燃料类	Fuels	111.5	112.5	110.6	110.8	113.0	115.3
建筑材料及五金电料类	Building and Materials Metal and Electrical Materials and Appliances	104.2	103.5	105.0	102.3	103.6	104.3
农业生产资料零售价格指数	**Retail Price Indices of Agricultural Means of Production**	**106.3**	**105.9**			**106.3**	**105.9**
#小农具	Small Farm Tools	107.9	101.5			107.9	101.5
半机械化农具	Semi-mechanization Farm Tools	105.6	100.9			105.6	100.9
机械化农具	Mechanization Farm Machinery	102.4	100.6			102.4	100.6
化学肥料	Chemical Fertilizer	104.3	109.6			104.3	109.6
农药及农药械	Pesticide & Its Appliances	98.7	106.9			98.7	106.9
服务项目价格指数	**Price Indices of Service Items**	**104.3**	**106.3**	**103.7**	**105.6**	**104.8**	**108.0**
居民消费价格总指数	**Consumer Price Indices**	**106.0**	**101.4**	**106.1**	**101.7**	**105.9**	**101.0**
食品类	Food	114.8	100.8	114.8	102.0	114.6	98.7
烟酒及用品类	Tobacco, Liquor and Necessities	101.4	103.7	102.2	103.1	100.8	104.5
衣着类	Clothing	97.8	98.0	99.8	98.7	95.7	96.7
家庭设备用品及维修服务类	Household Facilities and Repairing Services	99.7	100.4	98.3	100.9	101.5	99.6
医疗保健和个人用品类	Medical and Health and Individual-use Articles	99.9	102.2	100.4	103.1	98.5	100.4
交通和通讯类	Transport and Communication	98.5	98.3	98.9	98.5	97.8	97.6
娱乐教育文化用品及服务类	Recreation, Education, Cultural Goods and Services	102.2	102.3	101.4	101.3	103.5	105.1
居住类	Dwelling	107.7	105.9	106.3	104.9	108.4	107.5

8-3 各市居民消费价格分类指数（2005年）
Consumer Price Indices by Category and City (2005)

(以上年价格为100) (preceding year=100)

项目	Item	全省平均 Provincial Average	昆明市 Kunming City	东川区 Dongchuan District	个旧市 Gejiu City	大理市 Dali City
居民消费价格总指数	**General Consumer Price Indices**	**101.4**	**102.0**	**101.0**	**100.5**	**100.8**
食品类	**Food**	**100.8**	**102.7**	**101.6**	**99.1**	**100.3**
粮 食	Grain	103.6	102.7	106.1	110.1	105.1
油脂类	Oil or Fat	97.9	96.9	100.3	98.6	99.5
肉禽及其制品	Meat, Poultry and Their Products	98.6	98.8	98.9	95.1	98.8
鲜 蛋	Fresh Eggs	104.2	101.9	107.9	104.2	98.6
鲜 菜	Fresh Vegetables	92.4	98.3	94.6	93.4	82.9
烟酒及用品类	**Beverages, Tobacco and Liquor**	**103.7**	**103.1**	**103.3**	**101.2**	**104.5**
衣着类	**Clothing**	**98.0**	**99.0**	**104.8**	**98.1**	**97.2**
#服 装	Garments	97.5	99.0	108.2	98.2	96.5
家庭设备用品及维修服务类	**Household Facilities and Maintenance Service**	**100.4**	**101.6**	**97.0**	**101.0**	**98.7**
耐用消费品	Durable Consumer Goods	97.7	98.4	94.4	99.5	98.8
医疗保健和个人用品类	**Health Care and Personal Articles**	**102.2**	**103.7**	**93.7**	**100.7**	**102.6**
医疗保健	Health Care	102.7	104.5	90.1	101.0	102.2
个人用品及服务	Personal Articles and Services	100.4	101.1	103.2	100.6	103.5
交通和通信类	**Transportation and Communication**	**98.3**	**98.9**	**100.8**	**96.1**	**98.2**
交 通	Transportation	101.0	101.1	102.8	105.3	100.8
通 信	Communication	95.9	96.9	99.4	94.2	95.2
娱乐教育文化用品及服务类	**Entertainment, Educational and Cultural Goods and Services**	**102.3**	**100.6**	**101.8**	**103.5**	**103.0**
文娱用耐用消费品及服务	Durable Consumer Goods and Services for Entertainment	88.7	83.7	93.7	98.1	97.7
居住类	**Residence**	**105.9**	**104.6**	**103.0**	**108.1**	**103.6**
水、电、燃料	Water, Electricity and Fuels	107.5	106.9	107.8	110.8	107.5

8-4 各市商品零售价格分类指数（2005年）

Retail Price Indices by Category of Commodities and City (2005)

(以上年价格为100) (preceding year=100)

项　目	Item	全省平均 Provincial Average	昆明市 Kunming City	东川区 Dongchuan District	个旧市 Gejiu City	大理市 Dali City
商品零售价格总指数	**General Retail Price Indices**	**100.1**	**100.5**	**100.6**	**99.2**	**99.3**
食品类	**Food**	**100.7**	**102.4**	**101.5**	**99.0**	**99.9**
粮　食	Grain	103.3	102.6	106.1	110.0	105.1
油脂类	Oil or Fat	97.4	96.2	100.0	98.6	99.5
肉禽及其制品	Meat, Poultry and Their Products	99.1	98.6	98.5	95.1	98.9
鲜蛋	Fresh Eggs	103.6	101.9	107.9	104.2	98.6
水产品	Aquatic Products	113.1	115.8	112.2	115.8	111.4
鲜　菜	Fresh Vegetables	90.4	98.3	94.4	93.4	82.9
干菜及菜制品	Dry Vegetables and Their Products	98.3	96.2	96.7	98.5	96.6
鲜果	Fresh Fruits	98.1	113.2	102.1	89.9	112.1
干（坚）果及瓜果制品	Dried Fruits and Nut and Their Products	111.8	121.6	101.5	94.6	105.0
其它食品	Other Foods	100.2	107.7	100.0	99.5	98.3
饮料、烟酒类	**Beverages, Tobacco and Liquor**	**103.0**	**103.0**	**101.6**	**101.7**	**104.0**
饮　料	Beverages	101.7	102.9	90.3	97.4	103.4
烟　草	Tobacco	103.2	102.9	104.5	103.6	105.9
酒	Liquor	105.0	104.1	98.2	93.8	101.4
服装、鞋帽类	**Garments, Footwear and Headgear**	**97.8**	**99.1**	**104.3**	**98.1**	**97.6**
#服　装	Garments	97.4	99.5	106.6	98.2	97.0
纺织品类	**Textiles**	**99.3**	**99.2**	**99.8**	**100.3**	**99.8**
家用电器及音像器材类	**Household Appliances and Audiovisual Equipment**	**94.7**	**94.2**	**89.9**	**97.3**	**97.8**
文化办公用品类	**Cultural Goods and Office Supplies**	**90.9**	**85.2**	**97.9**	**100.0**	**98.2**
日用品类	**Articles for Daily Use**	**99.8**	**100.8**	**98.2**	**99.4**	**95.5**
体育娱乐用品类	**Sports and Entertainment Goods**	**94.8**	**97.3**	**101.7**	**98.7**	**97.0**
交通、通信用品类	**Transportation and Communication Goods**	**93.0**	**93.4**	**108.5**	**89.1**	**90.8**
家具类	**Furniture**	**98.7**	**100.0**	**107.2**	**102.4**	**100.7**
化妆品类	**Cosmetics**	**98.6**	**100.2**	**100.0**	**97.4**	**99.6**
金银珠宝类	**Jewelry**	**105.2**	**104.0**	**115.6**	**103.2**	**105.9**
中西药品及医疗保健用品类	**Chinese Traditional and Western Medicines and Health Care Goods**	**97.4**	**98.4**	**90.1**	**97.5**	**99.4**
书报杂志及电子出版物类	**Books, Newspapers, Magazines and Electrical Publications**	**99.7**	**99.9**	**98.6**	**99.3**	**100.3**
燃料类	**Fuels**	**112.5**	**110.7**	**112.8**	**111.1**	**112.7**
建筑材料及五金电料类	**Building Materials, Hardware and Electrical Materials and Appliances**	**103.5**	**102.9**	**101.0**	**106.0**	**98.1**

8-5 农村商品零售价格分类指数（2005年）

Retail Price Indices by Category in Rural Areas (2005)

(以上年价格为100) (preceding year=100)

地　区	Region	商品零售价格总指数 Retail Price Indices	食品类 Food	粮　食 Grain	油脂类 Oil or Fat	肉禽及其制品类 Meat, Poultry and Their Products	水产品 Aquatic Products	鲜　菜 Fresh Vegetables	干菜及菜制品 Dry Vegetables and Their Products	鲜果 Fresh Fruits
全省农村	**Rural**	**99.8**	**99.2**	**103.6**	**97.8**	**99.8**	**109.8**	**82.1**	**100.4**	**86.3**
宣　威	Xuanwei	101.8	101.1	101.2	95.7	103.3	112.2	96.7	106.9	91.5
玉溪红塔区	Hongta	99.6	99.8	109.1	96.9	99.3	113.6	79.3	93.4	98.4
保山隆阳区	Longyang	98.2	95.3	101.9	101.1	97.6	109.0	64.3	99.2	58.9
昭通昭阳区	Zhaoyang	102.5	101.2	99.2	94.4	96.9	100.0	119.5	97.3	101.5
丽江古城区	Gucheng	99.2	99.8	104.2	98.9	97.7	102.6	85.9	99.2	87.4
普　洱	Pu'er	100.7	103.8	107.9	86.9	99.9	110.9	99.9	116.9	100.8
临沧临翔区	Linxiang	101.3	104.1	102.7	87.6	102.4	101.5	101.8	111.9	146.8
大　姚	Dayao	101.9	103.9	105.6	100.4	100.4	113.2	106.8	94.4	102.6
文　山	Wenshan	101.6	105.2	107.8	97.6	100.9	108.9	91.5	91.7	121.1
景　洪	Jinghong	102.2	103.4	100.0	101.4	105.4	105.9	97.4	96.9	99.3
潞　西	Luxi	99.9	100.3	104.1	103.0	101.8	102.0	83.2	100.1	102.7

8-5　续表1　continued

(以上年价格为100) (preceding year=100)

地　区	Region	干坚果及瓜果制品 Dried Fruits, Nuts and Their Products	其它食品 Other Foods	饮料烟酒类 Beverages, Tobacco and Liquor	饮　料 Beverages	烟草 Tobacco	酒类 Liquor	服装鞋帽类 Garments, Footwear and Headgear	纺织品类 Textiles	家用电器及音像器材 Household Appliances and Audiovisual Equipment
全省农村	**Rural**	**107.7**	**98.7**	**103.1**	**100.0**	**103.2**	**105.6**	**96.5**	**99.3**	**95.0**
宣　威	Xuanwei	110.9	103.9	103.2	104.6	107.4	100.5	100.5	100.0	89.8
玉溪红塔区	Hongta	110.2	102.4	103.4	99.7	104.7	103.2	94.4	97.3	99.3
保山隆阳区	Longyang	100.9	93.0	105.0	98.8	99.7	118.6	96.8	100.0	92.1
昭通昭阳区	Zhaoyang	94.3	89.9	103.1	103.8	105.2	99.8	98.3	105.1	94.9
丽江古城区	Gucheng	112.5	98.7	99.5	96.6	99.6	100.3	93.1	99.9	92.6
普　洱	Pu'er	97.3	100.1	100.3	99.8	99.9	100.9	97.5	102.4	90.6
临沧临翔区	Linxiang	113.6	100.0	109.9	123.4	104.8	104.8	94.0	100.0	98.3
大　姚	Dayao	118.6	100.0	101.5	101.2	102.0	99.1	104.0	99.6	95.8
文　山	Wenshan	105.8	95.7	91.2	92.3	91.2	106.1	100.0	98.6	93.7
景　洪	Jinghong	105.8	105.6	103.3	99.6	100.6	102.4	99.6	100.7	99.6
潞　西	Luxi	103.9	102.5	105.0	100.6	105.6	103.9	99.3	99.5	97.2

8-5 续表2

(以上年价格为100)

地区	Region	文化办公用品类 Cultural Goods and Office Supplies	日用品类 Articles for Daily Use	体育娱乐用品类 Sports and Entertainment Goods	交通、通信用品类 Transportation and Communication Goods	家具类 Furniture
全省农村	**Total Rural Areas**	**97.7**	**99.1**	**93.0**	**92.5**	**97.5**
宣威	Xuanwei	98.8	99.8	91.1	92.7	98.2
玉溪红塔区	Yuxi	97.7	98.3	90.5	95.7	100.0
保山隆阳区	Baoshan	95.7	99.6	96.5	89.2	94.9
昭通昭阳区	Zhaotong	98.2	104.2	97.2	98.8	96.6
丽江古城区	Lijiang	98.6	98.2	100.0	90.8	98.2
普洱	Pu'er	90.5	99.6	99.3	92.2	97.7
临沧临翔区	Lincang	98.8	101.3	99.5	95.3	97.2
大姚	Dayao	97.9	96.3	103.0	96.7	101.8
文山	Wenshan	96.8	102.1	100.2	95.8	102.2
景洪	Jinghong	97.5	100.1	99.5	97.5	99.7
潞西	Luxi	96.1	99.5	95.7	95.7	99.0

8-5 续表3

(以上年价格为100)

地区	Region	农业生产资料 Means of Agricultural Production	小农具 Small Farm Tools	饲料 Forage	产品畜 Livestock Raiseal For Meat	役畜 Draught Livestock
全省农村	**Total Rural Areas**	**105.9**	**101.5**	**104.5**	**96.4**	**106.9**
宣威	Xuanwei	107.2	108.8	100.4	91.7	114.6
玉溪红塔区	Yuxi	105.8	99.3	101.7	100.5	100.0
保山隆阳区	Baoshan	106.1	104.0	101.9	92.3	102.0
昭通昭阳区	Zhaotong	108.8	113.9	115.5	111.4	116.8
丽江古城区	Lijiang	103.8	98.9	114.3	102.4	100.0
普洱	Pu'er	107.5	81.1	103.6	100.3	100.0
临沧临翔区	Lincang	105.1	103.6	105.9	99.9	104.3
大姚	Dayao	103.3	93.3	113.3	98.1	100.1
文山	Wenshan	102.5	93.5	104.8	92.1	97.1
景洪	Jinghong	103.3	102.2	110.0	102.0	100.0
潞西	Luxi	103.7	101.8	108.6	97.8	100.0

continued

(preceding year=100)

化妆品类 Cosmetics	金银、珠宝类 Jewelry	中西药品及医疗保健用品类 Chinese Tradition and Western Medicines and Health Care Good	书报杂志及电子出版物类 Books, Newspapers, Magazines and Electrical Publications	燃料类 Fuels	建筑装璜材料类及五金电料 Building Materials Hardware and Electrical Materials and Appliances
96.6	**106.1**	**95.8**	**99.7**	**115.3**	**104.3**
101.8	104.5	91.5	100.0	123.1	109.7
90.2	106.9	95.8	98.7	111.6	105.3
101.0	104.7	97.4	99.5	109.8	101.7
96.9	111.3	93.4	101.2	124.9	98.6
100.0	104.5	100.1	100.6	106.3	103.1
99.0	112.9	97.1	101.7	114.5	96.9
100.0	101.8	80.8	100.8	107.3	100.0
101.2	95.8	90.3	100.1	123.0	101.3
102.6	108.4	98.8	97.5	105.6	109.4
98.9	104.3	99.9	100.7	118.1	101.8
101.7	101.7	90.9	100.1	111.6	103.5

continued

(preceding year=100)

半机械化农具 Semi-mechanized Farm Tools	机械化农具 Mechanized Farm Machinery	化学肥料 Chemical Fertilizer	农药及农药械 Pesticide & Its Appliances	农用机油 Farm Engine oil for Farm Machinery	其它农业生产资料 Others
100.9	**100.6**	**109.6**	**106.9**	**111.1**	**106.5**
106.2	104.4	111.0	121.2	107.9	107.1
100.6	100.0	109.4	105.8	114.4	108.6
96.8	96.3	114.1	101.2	113.6	106.7
86.4	110.2	111.1	100.2	118.5	106.4
100.9	100.8	103.0	103.9	106.1	102.6
107.1	106.1	108.7	122.1	106.7	111.7
98.0	98.0	110.0	100.1	108.8	100.6
98.9	98.1	104.2	100.6	114.2	102.4
97.4	95.2	109.7	97.3	114.0	98.6
100.0	101.1	102.9	108.5	113.7	104.4
100.0	107.2	107.9	95.0	105.7	103.8

8-6 农村居民消费价格分类指数（2005年）

Rural Consumer Price Indices by Category (2005)

(以上年价格为100)　　(preceding year=100)

地区	Region	农村居民消费价格总指数 Rural Consumer Price Index	食品类 Food	烟酒及用品类 Tobacco and Liquor	衣着类 Clothing	家庭设备用品及维修服务类 Household Facilities and Maintenance Service	医疗保健和个人用品类 Health Care and Personal Articles	交通和通讯类 Means of Transportation and Communication	娱乐教育文化用品及服务类 Enternment, Education and Cultural Articles	居住类 Residence
全省农村	**Total Rural Areas**	**101.0**	**98.7**	**104.5**	**96.7**	**99.6**	**100.4**	**97.6**	**105.1**	**107.5**
宣　威	Xuanwei	102.6	100.6	106.0	99.0	97.4	99.4	99.0	103.0	112.3
玉溪红塔区	Yuxi	99.3	99.0	104.1	93.9	98.5	98.2	95.8	100.8	105.9
保山隆阳区	Baoshan	99.5	94.9	104.2	97.1	103.4	102.6	99.0	105.0	105.1
昭通昭阳区	Zhaotong	101.7	102.4	103.9	98.7	98.5	97.0	99.3	104.1	104.7
丽江古城区	Lijiang	101.5	99.8	99.8	94.7	98.3	104.0	92.9	105.0	106.8
普　洱	Pu'er	103.9	103.3	100.2	98.2	99.8	99.3	99.3	117.0	105.3
临沧临翔区	Lincang	101.3	102.8	104.5	94.3	105.4	95.6	100.1	103.1	101.7
大　姚	Dayao	102.5	103.9	101.2	103.7	101.4	97.6	99.4	98.8	109.8
文　山	Wenshan	102.3	104.5	95.9	100.1	101.0	98.2	98.9	98.1	105.4
景　洪	Jinghong	103.1	104.4	101.7	100.1	100.4	104.1	101.0	104.3	103.2
潞　西	Luxi	101.0	100.5	105.0	99.5	100.1	97.8	101.5	99.5	105.8

8-7 全省工业品出厂价格分类指数
Ex-factory Price Indices of Industrial Products by Sector

(各年以上年价格为100)　　(preceding year=100)

类　　别	Item	1995年	1998年	1999年	2000年	2003年	2004年	2005年
全省总指数	**Provincial General Index**	**110.2**	**97.2**	**98.2**	**101.2**	**101.4**	**108.8**	**104.5**
轻工业	Light Industry	105.2	99.1	98.5	100.5	98.6	101.5	101.2
以农产品为原料	Using Farm and Sideline Products as Raw Materials	104.7	99.2	98.8	100.9	98.5	101.3	100.9
以非农产品为原料	Using Non-farm Products as Raw Materials	113.6	97.3	97.0	97.5	98.7	102.0	102.3
重工业	Heavy Industry	117.1	94.4	97.8	101.8	105.5	117.4	107.4
采　掘	Mining & Quarrying	123.1	95.2	100.1	107.6	104.4	126.2	120.9
原　料	Raw Materials Industry	114.7	95.0	97.2	102.4	106.7	119.2	106.6
加　工	Manufacturing	118.8	93.1	97.7	98.7	103.3	111.9	105.6
生产资料	Means of Production	117.5	94.9	97.7	101.5	104.1	115.2	106.8
采　掘	Mining and Quarrying	123.1	95.2	100.1	107.5	104.8	127.4	120.9
原　料	Raw Materials Industry	115.6	95.2	97.2	102.2	106.4	118.5	106.6
加　工	Manufacturing	118.8	94.1	97.4	98.7	101.4	109.4	104.8
生活资料	Consumer Goods	104.6	98.9	98.9	100.8	98.6	100.7	100.6
食　品	Food	102.7	99.1	99.3	101.4	98.6	101.0	100.8
衣　着	Clothing	125.7	95.7	90.8	97.6	100.2	100.7	101.3
一般日用品	Articles for Daily Use	112.9	98.5	99.4	98.6	98.4	96.9	98.5
耐用消费品	Durable Consumer Goods	104.5	93.3	95.8	96.2	102.2	102.9	102.8

8-8 全省原材料、燃料、动力购进价格分类指数
Purchase Price Indices of Major Raw Materials,Fuels and Power by Sector

(各年以上年价格为100)　　(preceding year=100)

类　　别	Item	1995年	1998年	1999年	2000年	2003年	2004年	2005年
全省总指数	**Provincial General Index**	**113.2**	**100.7**	**98.8**	**101.5**	**102.7**	**109.6**	**106.5**
燃料、动力类	Fuels and Power	107.1	100.8	100.2	106.5	103.8	107.9	109.3
黑色金属材料类	Ferrous Materials	91.0	96.1	94.0	99.3	107.6	116.7	107.2
有色金属材料和电线类	Nonferrous Materials & Wire	140.4	86.6	96.1	107.0	105.3	127.1	109.8
化工原料类	Chemical Materials	126.1	95.1	95.0	100.2	102.2	105.2	106.9
木材及纸浆类	Timber and Paper Pulp	106.6	94.3	102.7	103.6	101.3	101.8	101.4
建筑材料及非金属矿类	Building Materials and Nonmetal Minerals	98.6	101.0	97.6	98.1	100.1	104.4	106.2
其它工业原材料及半成品类	Other Raw Materials & Semi-products	108.7	91.7	99.7	102.3	100.4	108.2	104.7
农副产品类	Farm & Sideline Products	132.7	116.8	104.5	96.8	99.8	105.1	105.4
纺织原料类	Textile Raw Materials	155.3	96.5	89.4	95.8	102.2	105.3	100.8

8-9 农产品生产价格和指数（2005年）

Production Price and Price Indices of Agricultural Products (2005)

（以上年价格为100） (preceding year=100)

农产品名称	Names of Agricultural Product	生产价格（元/公斤（枝））Producer's Price (yuan / kg or branch)	生产价格指数 Producer's Price Index
总指数	**General Index**		**103.99**
农业产品	**Farm Products**		**103.93**
谷　物	Cereals	1.39	102.91
小　麦	Wheat	1.34	102.42
稻　谷	Paddy	1.57	102.41
玉　米	Maize	1.27	104.08
薯　类	Tubers	0.57	103.39
豆　类	Beans and Peas	2.02	101.74
油　料	Oil-bearing Crops	2.48	94.27
糖　料	Sugar Crops	0.16	106.61
烟　叶	Tobacco	10.16	105.10
蔬　菜	Vegetables	1.17	102.70
菠　菜	Spinach	1.10	114.24
芹　菜	Celery	1.35	113.79
大白菜	Chinese Cabbage	0.44	105.72
莴　笋	Lettuce	0.75	100.33
黄　瓜	Cucumbers	0.76	116.76
萝　卜	Radish	0.40	134.79
胡萝卜	Carrots	0.56	123.10
生　姜	Ginger	1.29	79.53
茄　子	Eggplant	0.80	94.79
西红柿	Tomatoes	1.09	101.78
辣　椒	Capsicum	1.37	100.54
大　葱	Chinese Onions	0.93	105.13
韭　菜	Chives	1.77	111.42
四季豆	Kidney Beans	1.24	106.33
莲　藕	Lotus Roots	1.44	95.88
蘑菇(鲜品)	Mushrooms (Flesh)	12.72	99.18
鲜切花	Fresh Flowers Cut	0.54	100.22
康乃馨	Carnations	0.15	106.66
满天星	Gypsophila	0.62	123.30
勿忘我	Limonium Sinuate	0.33	90.91
玫　瑰	Roses	0.65	92.86
水　果	Fruits	1.13	103.09
苹　果	Apples	0.80	88.35
梨	Pears	1.34	100.12
柑桔类	Citrus	1.36	101.68

8-9 续表 continued

（以上年价格为100） (preceding year=100)

农产品名称	Names of Agricultural Product	生产价格（元/公斤） Producer's Price (yuan / kg)	生产价格指数 Producer's Price Index
香　蕉	Banana	1.58	88.85
西　瓜	Watermelon	1.08	137.71
桃　子	Peach	1.55	114.47
茶　叶	Tea	14.47	116.59
中药材	Chinese Tradition Medicine Materials	42.18	89.55
林业产品	**Forest Products**		**115.34**
木材竹材采运	Cutting And Conveyance Of Timber And Bamboo		101.59
林产品	Forest Products		120.04
橡　胶	Rubber	13.52	122.72
油桐籽	Tung Tree Seeds	1.73	117.31
棕　片	Palm Bark	1.20	80.00
松　脂	Pine Resin	3.24	135.80
核　桃	Walnuts	13.61	114.68
板　栗	Chestnuts	4.38	90.80
松　子	Pine Nut	7.52	98.77
花　椒	Prickly Ash	4.88	105.69
牧业产品	**Livestock Products**		**100.87**
牲畜(毛重)	Livestock(Gross)		102.13
牛	Beef	9.34	101.24
羊	Mutton	8.82	103.25
猪	Pork	7.35	100.28
家禽(毛重)	Poultry(Gross)	11.37	104.62
鸡	Chicken	11.41	104.63
鸭	Duck	9.64	103.19
鹅	Goose	9.14	107.85
禽　蛋	Poultry Eggs	6.24	103.04
奶　类	Milk	1.33	99.90
牛　奶	Cow Milk	1.33	99.90
渔业产品	**Fishery Products**		**111.34**
草　鱼	Grass Carp	9.71	111.64
鲤　鱼	Carp	10.53	102.13
鲫　鱼	Crucian Carp	8.30	108.47
罗非鱼	Africa Crucian	5.94	114.77

主要统计指标解释

物价指数 物价指数是反映两个时期商品或服务项目价格变化和平均升降程度的相对数,通常用百分比表示。例如1988年全省商品零售价格总指数为119.6%,它说明零售物价总水平1988年比1987年平均上升19.6%。其中既包括了涨价的商品,也包括降价和价格不变的商品,是1988年的商品价格和1987年的商品零售价格综合比较的结果。

居民消费价格指数 是度量一组代表性商品及服务水平项目的价格水平随着时间而变动的相对数，反映了城乡居民购买消费品和服务项目的价格水平变动情况，是进行宏观经济分析和决策、价格总水平监测和调控以及国民经济核算的重要指标。目前世界各国都将居民消费价格指数作为反映通货膨胀或紧缩的主要指标。

商品零售价格指数 反映市场商品零售价格的变动趋势和变动程度。其目的在于掌握商品价格的变动趋势，为国家宏观调控和国民经济核算提供参考依据。

农业生产资料价格指数 反映市场农业生产资料价格变动趋势和变动程度。其目的在于掌握农业生产资料的平均价格水平，为国家制定经济政策提供依据；同时，为研究城乡市场流通和为国民经济核算提供参考依据。

居民消费价格指数、商品零售价格指数和农业生产资料价格指数的计算方法 根据现行流通和消费价格统计调查方案，居民消费价格指数、商品零售价格指数和农业生产资料价格指数的编制方法，均采用新的计算公式—链式拉氏公式计算。居民消费价格指数首轮基期以2000年的价格编制计算；商品零售价格指数和农业生产资料价格指数以2002年的价格为基期编制计算。

链式拉氏公式：

$$L_t = \left(\sum W_{t-1} \frac{P_t}{P_{t-1}} \right) \times L_{t-1}$$

Explanatory Notes on Principal Statistical Indicators

Price Index is the relative figure that reflects the trend and degree of changes in commodity or service price between two different periods, which is usually expressed by percentage. For instance, the general retail price index in 1988 in Yunnan province was 119.6%, which showed that the retail price in 1988 was increased by 19.6% than that in 1987 on average; it covered the commodities with prices going up and those with prices going down or unchanging and was the result of comprehensive comparison of the commodity prices in 1988 and 1987.

Consumer Price Index is the relative figure that reflects the degree of changes in prices of consumer goods and services purchased by urban and rural residents. It is an important indicator for macroeconomic analysis and decision-making, monitoring and regulation of general price level, and national economic accounting. It is taken as a principal indicator to measure inflation and deflation in all countries.

Retail Price Index reflects the trend and degree of changes in retail price of commodities. It provides a reference basis for macroeconomic regulation and control and national economic accounting.

Price Index of Agricultural Production Means reflects the trend and degree of changes in price of agricultural production means. It aims to measure the average price level of agricultural production means, which serves as a basis for making national economic policies, and to provide a reference basis for analysis of urban and rural market circulation and rational economic accounting.

Purchase Price Index of Agricultural and Sideline Products is divided into 11 categories and 25 sub-categories covering main agricultural and sideline products in the whole province. It is calculated with a weighted reciprocal average formula (i.e., according to the weighted comprehensive method of the actual purchase amount in the report period).

Fair Trade Price Index is the relative figure that reflects the trend and degree of changes in price of commodities in urban and rural fair trade. Fair trade price index is divided into two main parts: consumer goods and agricultural production means. It is calculated with a weighted reciprocal average formula with business volume of fair trade in the report period as weighted data.

Calculation Method for Consumer Price Index, Retail Price Index and Price Index of Agricultural Production Means According to the current statistical survey programs, consumer price index, retail price index and price index of means of agricultural production are calculated by the new formula – Chained Lapsers Formula. Consumer price index is calculated on the basis of 2000's prices; retail price index and price index of means of agricultural production are calculated on the basis of 2000's prices. The Chained Lapsers Formula is as follows:

$$L_t = \Sigma[W_{t-1}(Pt \div P_{t-1})] \times L_{t-1}$$

九、人民生活

People's Livelihood

9-1 主要年份居民消费水平及其指数

Annual Average Living Expenditures of Residents and Related Indices in Significant Years

(指数以1952年为100) (By index of 1952=100)

年 份 Year	消费水平(元) Expenditure on Consumption (yuan)				指 数 (%) Index (%)		
	全省居民 Provincial Residents	农村居民 Rural Residents	城镇居民 Urban Residents	农与非农对比 Ratio of Rural Residents' level to That of Urban Residents	全省居民 Provincial Residents	农村居民 Rural Residents	城镇居民 Urban Residents
1952	54	47	123	2.6	100.0	100.0	100.0
1978	156	124	406	3.3	303.1	276.6	338.6
1985	327	258	814	3.2	536.6	533.5	468.4
1990	731	601	1549	2.6	1 022.8	1 057.9	753.3
1995	1501	1 064	4310	4.1	1 382.4	1 337.8	1 190.6
1996	1833	1302	5153	4.0	1 424.3	1 376.5	1 212.0
1997	2021	1502	5164	3.4	1 480.3	1 436.4	1 228.5
1998	2103	1589	5137	3.2	1 508.3	1 468.1	1 226.6
1999	2395	1931	5041	2.6	1 751.7	1 813.1	1 224.1
2000	2603	1895	5564	2.9	1 914.1	2 054.2	1 075.3
2001	2256	1291	5294	4.1	1 647.1	1 389.7	1 015.6
2002	2463	1348	5731	4.3	1 800.8	1 431.4	1 113.4
2003	2 587	1 297	6 199	4.8	1 855.9	1 354.4	1 177.9
2004	3 315	1 634	7 778	4.8	2 263.3	1 627.7	1 403.9
2005	3 749	1 913	8 285	4.3	2 507.7	1 876.7	1 460.1

注：绝对数按当年价格计算。农与非农消费水平对比没有剔除城乡价格不可比的因素，以农村居民为1。

Note:The absolute figures are calculated at the current prices. Calculation of the ratio of rural residents' expenditures to those of urban residents does not take the incomparable factors of price differences between rural and urban areas into consideration, here taking rural residents' expenditure as 100 .

9-2 主要年份全省城乡储蓄存款余额

Balance of Savings Deposits in Significant Years

单位：万元 (10 000 yuan)

年 份 Year	总 计 Total	城镇储蓄合计 Total Urban Savings Deposits	# 定期储蓄 Fixed Deposits	农户储蓄 Rural Savings Deposits
1978	42 010	32 353	26 572	9 649
1985	298 259	231 158	222 759	67 101
1990	1 178 897	948 827	784 846	230 070
1991	1 522 838	1 221 682	1 008 686	301 156
1992	1 958 154	1 564 095	1 245 073	394 059
1993	2 512 327	1 995 352	1 556 572	516 975
1994	3 514 008	2 808 076	2 204 069	705 932
1995	5 001 334	4 047 009	3 216 902	954 325
1996	6 712 022	5 469 939	4 302 375	1 242 083
1997	8 059 887	6 567 800	5 030 542	1 492 087
1998	9 128 919	7 514 500	5 522 222	1 614 419
1999	10 289 259	8 517 513	5 982 205	1 771 746
2000	11 382 215	9 374 993	6 050 216	2 007 222
2001	12 985 261	10 748 286	6 718 548	2 236 975
2002	15 002 399	12 439 584	7 622 882	2 562 815
2003	17 665 071	14 650 954	8 724 437	3 014 117
2004	20 521 210	17 012 083	11 971 507	3 509 127
2005	24 302 841		13 991 357	

9-3 主要年份人民物质文化生活水平

项　　目	Item	1978年
城乡居民收入 (元)	**Income of Rural and Urban Residents (yuan)**	
农村居民家庭人均纯收入(抽样调查)	Per Capita Annual Net Income of Rural Residents (from sample survey)	130.6
城市居民家庭人均可支配收入(抽样调查)	Per Capita Annual Disposable Income of Urban Residents (from sample survey)	327.7
全部职工年平均工资	Annual Average Wages of All Staff and Workers	608
生活消费 (元)	**Living Expenditure (yuan)**	
居民每人每年平均消费水平	Per Capita Annual Expenditure of Residents	156
居民每人每年社会消费品零售额	Per Capita Annual Expenditure on Retailed Consumer Goods of Residents	92.81
住房面积 (平方米)	**Floor Space of Residential Buildings (sq.m)**	
农村人均住房面积(抽样调查)	Per Capita Floor Space in Rural Areas	7.69
交　通	**Communications**	
城镇每百户拥有自行车 (辆)	Number of Bicycles per 100 Urban Households	70
城市每万人拥有公共车辆 (城市年报) (辆)	Number of Buses per 10 000 Persons in Cities (from city year reports)	
邮电、通讯	**Postal and Telecommunication Services**	
每万人拥有固定电话机 (部)	Number of Telephones per 10 000 Persons	29.47
每人每年函件交寄 (件)	Per Capita Annual Number of Mail (piece)	1.82
储　蓄	**Savings**	
城乡居民储蓄存款余额 (亿元)	Annual Balance of Savings Deposits of Rural and Urban Residents (100 million yuan)	4.2
平均每人储蓄存款余额 (元)	Per Capita Annual Balance of Savings Deposits (yuan)	13.59
文　化	**Culture**	
城镇每百户拥有彩色电视机 (台)	Number of Color TV Sets per 100 Households in Urban Areas	
农村每百户拥有电视机 (台)	Number of TV Sets per 100 Households in Rural Areas	
每百人每天拥有报纸 (份)	Daily Number of Newspapers per 100 Persons (piece)	2.73
每人每年拥有图书、杂志 (册)	Per Capita Annual Number of Books and Magazines (copy)	1.51
广播人口覆盖率 (%)	Broadcast Covering Rate of Population (%)	30
电视人口覆盖率 (%)	TV Covering Rate of Population (%)	17
教　育	**Education**	
学龄儿童入学率 (%)	Enrollment Ratio of School-age Children (%)	88.6
每万人口中在校大学生数 (人)	University Students Enrollment per 10 000 Persons (person)	5.14
卫　生	**Health Care**	
每万人拥有医院病床数 (张)	Number of Hospital Sickbeds per 10 000 Persons	17.5
每万人拥有医生数 (人)	Number of Doctors per 10 000 Persons (person)	10.08
就　业(人)	**Employment (person)**	
城镇每一就业者负担人数(包括就业者本人)	Number of Persons Supported Each Urban Employee (including the employee himself or herself)	2.07

注：1. 1990年农民人均纯收入农民自用部分按新价计算，故与历年不可比。

2. “每人每年拥有图书杂志”系我省出版数。

People's Material and Cultural Living Level in Significant Years

1990年	1995年	2000年	2003年	2004年	2005年
540.21	1 010.97	1 478.60	1697.12	1 864.19	2 041.79
1 514.81	4 064.93	6 324.64	7643.57	8 870.88	9 265.90
2 130	5 149	9 231	12870	14 581	16 140
731	1 484	2 530	2495	2 966	3 749
394.64	932.18	1 383 .03	1797.00	2 082	2 334
16.96	19.78	22.18	23.45	23.53	25.24
170	190	139	139	123	114
1.4	2.57	8.10	8.75	8.00	17.32
47.64	211.66	710.86	1104.30	1 280.00	1 360.00
2.43	4.04	2.37	2.28	1.90	1.90
117.89	500.13	1 138.22	1 766.51	2 052.12	2 430.28
316	1 253.60	2 683.97	4 037.18	4 668.80	5 482.49
62	90	116	125	123	122
21	56	71	82.88	84.10	85.92
2.64	3.23	2.28	2.24	2.90	2.90
3.6	3.4	3.86	4.00	4.00	3.42
68	74	87.45	90.35	90.67	91.00
65	79	89.00	91.71	92.32	92.60
94.64	97.4	99.02	96.14	96.15	96.30
11.67	12.89	21.32	40.06	45.64	52.15
20.41	21.04	15.59	15.52	16.10	16.80
14.44	14.91	14.76	12.04	12.10	12.50
1.85	1.73	1.76	1.93	2.10	2.23

Note:a.The per capita net income of Farmers in 1990 can not be compared with that of historic records, because part of the net income which was spent by themselves is caculated at current prices.

b.The per capita annual number of books and magazines is the number of those issued in Yunnan.

9-4 历年城镇居民家庭生活基本情况
Historic Statistics on Livelihood of Urban Households

年 份 Year	平均每户家庭人口（人） Average Household Size (person)	平 均 每 户 就业人口（人） Average Number of Employed Persons per Household (person)	平均每户 就业 面（%） Percentage of Employment per Household (%)	负担人数（人） Number of Persons Supported by Each Employee(person)	人均年可支配收入(元) Per Capita Annual Disposable Income (yuan)	人均年消费性支 出(元) Per Capita Annual Living Expenditures (yuan)	# 食品 On Food
1960	4.32	1.62	37.60	2.67	252.82	238.33	143.00
1965	4.19	1.62	38.60	2.59	261.95	240.69	143.32
1966	4.66	1.78	38.20	2.62	259.39	234.43	140.43
1967	4.69	1.79	38.10	2.62	260.55	228.33	136.62
1968	4.68	1.78	38.00	2.63	277.69	260.98	161.33
1969	4.66	1.77	38.00	2.63	281.47	263.12	167.04
1970	4.65	1.79	38.40	2.60	298.93	266.46	165.76
1971	4.63	1.78	38.50	2.60	291.02	268.77	167.02
1972	4.60	1.77	38.50	2.60	294.77	272.25	169.01
1973	4.58	1.77	38.60	2.59	297.08	275.98	171.14
1974	4.55	1.76	38.60	2.59	297.81	277.68	172.01
1975	4.53	1.75	38.70	2.59	300.29	282.53	174.62
1976	4.50	1.76	39.10	2.56	298.01	284.39	175.59
1977	4.48	1.80	40.10	2.49	296.28	283.89	175.10
1978	4.45	2.15	48.30	2.07	327.70	303.12	190.94
1979	4.39	2.16	49.30	2.03	362.40	342.60	214.56
1980	4.34	2.14	49.40	2.03	420.45	380.64	236.66
1981	4.28	2.20	51.40	1.95	446.41	411.57	247.19
1982	4.24	2.27	53.50	1.87	492.51	455.92	273.26
1983	4.21	2.29	54.40	1.83	532.54	480.13	285.94
1984	4.13	2.27	55.00	1.82	608.23	527.27	311.02
1985	3.85	2.03	52.70	1.89	752.29	703.56	360.39
1986	3.80	2.03	53.40	1.88	871.75	813.92	423.93
1987	3.77	2.01	53.30	1.88	989.37	883.52	481.85
1988	3.69	1.92	52.00	1.93	1 156.49	1 143.29	553.70
1989	3.67	1.92	52.30	1.91	1 305.15	1 140.71	621.33
1990	3.57	1.93	54.10	1.85	1 514.81	1 272.09	679.18
1991	3.48	1.91	54.90	1.82	1 703.16	1 428.28	763.42
1992	3.37	1.91	56.70	1.76	2 061.74	1 704.15	861.60
1993	3.30	1.87	56.70	1.76	2 639.07	2 186.29	1 066.99
1994	3.20	1.83	57.10	1.75	3 433.97	2 843.69	1 441.93
1995	3.17	1.84	57.80	1.73	4 064.93	3 448.27	1 808.71
1996	3.13	1.86	59.40	1.68	4 977.95	4 007.48	1 971.54
1997	3.12	1.88	60.30	1.66	5 558.29	4 537.08	2 109.53
1998	3.05	1.83	60.00	1.67	6 042.78	5 032.67	2 222.58
1999	3.05	1.80	59.00	1.69	6 178.68	4 941.26	2 194.25
2000	3.12	1.77	56.70	1.76	6 324.64	5 185.31	2 091.70
2001	3.04	1.60	52.60	1.90	6 797.71	5 252.60	2 105.66
2002	3.00	1.56	52.00	1.92	7 240.62	5 828.06	2 423.43
2003	2.99	1.55	51.84	1.93	7 643.57	6 023.56	2 506.62
2004	2.96	1.41	47.64	2.10	8 870.88	6 837.01	2 895.60
2005	2.96	1.33	44.93	2.23	9 265.90	6 996.90	2 997.06

注：2002年以后可支配收入按新口径计算。

Note:The data of disposable income after 2002 are calculated according to new standards.

9-5 主要年份城镇居民家庭基本情况

Basic Statistics on Urban Households in Significant Years

项　　目	Item	1990年	1995年	2000年	2004年	2005年
调查户数（户）	Number of Households Surveyed (household)	950	950	1 250	1600.00	1600.00
平均每户家庭人口数（人）	Average Household Size (person)	3.57	3.17	3.12	2.96	2.96
平均每户就业人口数（人）	Average Number of Employed Persons per Household (person)	1.93	1.84	1.77	1.41	1.33
平均每户就业面（%）	Percentage of Employment per Household (%)	54.06	58	56.70	47.64	44.93
平均每一就业者负担人数（人）(包括就业者本人)	Number of Persons Supported by Each Employee (including the employee himself or herself) (person)	1.85	1.73	1.76	2.10	2.23
平均每人全年全部收入（元）	Per Capita Annual Income (yuan)	1 528.28	4 113.24	6 369.58	9 546.29	9 994.65
# 可支配收入（元）	Disposable Income (yuan)	1 514.81	4 064.93	6 324.64	8 870.88	9 265.90
按每人每月可支配收入分组户数占总户数的比重：(%)	Proportion of the Number of Households Grouped by per Capita Monthly Disposable Income to Total Number of Households (%):	100	100	100	100.00	100.00
无收入	No Income					
200元以下（%）	200 yuan and below (%)	100	1.28	3.3	3.19	3.48
200-400元（%）	200-400 yuan (%)		67.78	26.29	15.37	17.06
400-600元（%）	400-600 yuan (%)		10.78	36.78	22.32	18.64
600-800元（%）	600-800 yuan (%)		2.55	19.7	22.44	19.40
800-1000元（%）	800-1000 yuan (%)		0.78	8.52	18.00	15.19
1000-1500元（%）	1000-1500 yuan (%)			5.41	14.06	18.56
1500-2000元（%）	1500-2000 yuan (%)				3.50	5.90
2000-2500元（%）	2000-2500 yuan (%)				0.56	1.28
2500-3000元（%）	2500-3000 yuan (%)				0.25	0.25
3000-4000元（%）	3000-4000 yuan (%)				0.25	0.19
4000-5000元（%）	4000-5000 yuan (%)					0.05
5000元以上（%）	5000 yuan and over (%)				0.06	0
平均每人全年消费性支出（元）	Per Capita Annual Living Expenditures (yuan)	1 272.09	3 448.27	5 185.31	6 837.01	6 996.90

9-6 城镇居民家庭生活基本情况（2005年）

项　目	Item	全省 Provincial Total	按收入等级分 最低收入户 Lowest Income Households (first decile)	# 困难户 Poor Households (fist firve percent)
调查户数（户）	Number of Households Surveyed (Household)	1 600.00	160.00	80.00
比　重（%）	Proportion (%)	100.00	10.00	5.00
平均每户家庭人口数（人）	Average Household Size (person)	2.96	3.35	3.41
平均每户就业人口数（人）	Average Number of Employed Persons per Household (person)	1.33	0.96	0.95
平均每户就业面（%）	Percentage of Employment per Household (%)	44.93	28.66	27.86
平均每一就业者负担人数（人）(包括就业者本人)	Number of Persons Surpported by Each Employee (including the employee himself or herself) (person)	2.23	3.49	3.59
平均每人全年全部收入（元）	Per Capita Annual Income (yuan)	9 994.65	2 732.46	2 185.91
平均每人全年可支配收入（元）	Per Capita Annual Disposable Income (yuan)	9 265.90	2 540.92	2 041.67
平均每人全年消费性支出（元）	Per Capita Annual Living Expenditures (yuan)	6 996.90	2 518.22	2 149.68

9-7 各市县城镇居民家庭基本情况（2005年）

项　目	Item	全省平均 Provincial Average	昆明市四城区 Kunming City
调查户数（户）	Number of Households Surveyed (Household)	1 600.00	600.00
比　重（%）	Proportion (%)	100.00	37.50
平均每户家庭人口数（人）	Average Household Size (person)	2.96	2.91
平均每户就业人口数（人）	Average Number of Employed Persons per Household (person)	1.33	1.30
平均每户就业面（%）	Percentage of Employment per Household (%)	44.93	44.67
平均每一就业者负担人数（人）(包括就业者本人)	Number of Persons Surpported by Each Employee (including the employee himself or herself) (person)	2.23	2.24
平均每人全年全部收入（元）	Per Capita Annual Income (yuan)	9 994.56	10 268.32
平均每人全年可支配收入（元）	Per Capita Annual Disposable Income (yuan)	9 265.90	9 515.70
平均每人全年消费性支出（元）	Per Capita Annual Living Expenditures (yuan)	6 996.90	7 278.48

9-7　续表1

项　目	Item	普洱县 Pu'er County	丽江市古城区 Gucheng District
调查户数（户）	Number of Households Surveyed (Household)	50.00	50.00
比　重（%）	Proportion (%)	3.13	3.13
平均每户家庭人口数（人）	Average Household Size (person)	2.77	3.52
平均每户就业人口数（人）	Average Number of Employed Persons per Household (person)	1.24	1.36
平均每户就业面（%）	Percentage of Employment per Household (%)	49.77	38.64
平均每一就业者负担人数（人）(包括就业者本人)	Number of Persons Surpported by Each Employee (including the employee himself or herself) (person)	2.23	2.59
平均每人全年全部收入（元）	Per Capita Annual Income (yuan)	9 472.81	9 440.20
平均每人全年可支配收入（元）	Per Capita Annual Disposable Income (yuan)	8 821.06	9 171.17
平均每人全年消费性支出（元）	Per Capita Annual Living Expenditures (yuan)	6 069.66	5 769.71

Basic Statistics on Livelihood of Urban Households (2005)

Groupe by Percentile of Households					
低收入户 Low Income Households (second decile)	中等偏下户 Lower Middle Income Households (second quintile)	中等收入户 Middle Income Households (third quintile)	中等偏上户 Upper Middle Income Households (fourth quintile)	高收入户 High Income Households (ninth decile)	最高收入户 Highest Income Households (tenth decile)
160.00	320.00	320.00	320.00	160.00	160.00
10.00	20.00	20.00	20.00	10.00	10.00
3.27	3.14	2.95	2.90	2.79	2.36
1.25	1.23	1.38	1.51	1.50	1.35
38.23	39.17	46.78	52.07	53.76	57.20
2.62	2.55	2.14	1.92	1.86	1.75
4 491.09	6 421.28	9 035.95	12 337.62	15 859.76	23 602.76
4 140.12	5 980.69	8 478.38	11 432.91	14 758.81	21 558.00
3 832.66	4 840.28	6 637.46	8 694.13	11 093.28	13 475.14

Basic Statistics on Urban Households in Cities and County Towns (2005)

个旧市 Gejiu City	大理市 Dali City	昆明市东川区 Dongchuan District	保山市隆阳区 Longyang District	玉溪市红塔区 Hongta District	宣威市 Xuanwei City
100.00	100.00	100.00	100.00	100.00	100.00
6.25	6.25	6.25	6.25	6.25	6.25
2.65	3.06	2.67	2.90	2.95	3.00
1.36	1.47	1.30	1.36	1.22	1.50
51.32	48.04	48.69	46.90	41.36	50.00
1.95	2.08	2.05	2.13	2.42	2.00
8 624.82	9 885.61	8 788.14	9 365.09	11 061.07	9 134.76
7 939.19	8 973.73	8 342.79	9 040.19	9 550.62	8 364.29
6 357.83	7 129.89	5 824.80	7 121.19	7 599.32	6 981.03

continued

腾冲县 Tengchong County	临沧市临翔区 Linxiang District	武定县 Wuding County	会泽县 Huize County	盐津县 Yanjin County	文山县 Wenshan County
50.00	50.00	50.00	50.00	50.00	50.00
3.13	3.13	3.13	3.13	3.13	3.13
3.17	3.39	3.03	3.02	3.43	3.26
1.40	1.67	1.39	1.53	1.60	1.81
44.16	49.26	45.87	50.66	46.65	55.52
2.26	2.03	2.18	1.97	2.14	1.80
8 716.96	7 966.14	8 651.55	9 571.53	7 984.74	9 883.13
8 448.63	7 659.02	8 078.12	9 018.26	7 660.73	9 360.54
5 619.52	6 531.21	5 898.80	5 755.47	5 112.16	6 133.69

9-8 城镇居民家庭不同收入水平基本情况（2005）

(按人均月可支配收入分组)

项　目	Item	全省合计 Provincial Total
调查户数（户）	Number of Households Surveyed（Household）	1 600.00
比　重（%）	Proportion (%)	100.00
平均每户家庭人口数（人）	Average Household Size (person)	2.96
平均每户就业人口数（人）	Average Number of Employed Persons per Household (person)	1.33
平均每户就业面（%）	Percentage of Employment per Household (%)	44.93
平均每一就业者负担人数（人）(包括就业者本人)	Number of Persons Surpported by Each Employee (including the employee himself or herself) (person)	2.23
平均每人全年全部收入（元）	Per Capita Annual Income (yuan)	9 994.65
平均每人全年可支配收入（元）	Per Capita Annual Disposable Income (yuan)	9 265.90
平均每人全年消费性支出（元）	Per Capita Annual Living Expenditures (yuan)	6 996.90

9-8　续表

(按人均月可支配收入分组)

项　目	Item	1000－1500元 1000-1500 yuan
调查户数（户）	Number of Households Surveyed（Household）	296.92
比　重（%）	Proportion (%)	18.56
平均每户家庭人口数（人）	Average Household Size (person)	2.74
平均每户就业人口数（人）	Average Number of Employed Persons per Household (person)	1.47
平均每户就业面（%）	Percentage of Employment per Household (%)	53.65
平均每一就业者负担人数（人）(包括就业者本人)	Number of Persons Surpported by Each Employee (including the employee himself or herself) (person)	1.86
平均每人全年全部收入（元）	Per Capita Income (yuan)	15 474.22
平均每人全年可支配收入（元）	Per Capita Disposable Income (yuan)	14 351.82
平均每人全年消费性支出（元）	Per Capita Living Expenditures (yuan)	10 243.60

Basic Statistics on Urban Households of Different Income Levels (2005)

(grouped by per capita monthly disposable income)

无收入 No Income	200元以下 200 yuan and below	200－400元 200-400 yuan	400－600元 400-600 yuan	600－800元 600-800 yuan	800－1000元 800-1000 yuan
	55.75	273.00	298.17	310.33	243.00
	3.48	17.06	18.64	19.40	15.19
	3.57	3.25	3.13	2.96	2.91
	0.95	1.13	1.25	1.38	1.50
	26.61	34.77	39.94	46.62	51.55
	3.76	2.88	2.50	2.14	1.94
	2 055.62	4 045.92	6 483.65	8 927.12	11 709.11
	1 913.18	3 755.03	6 020.47	8 383.91	10 842.20
	2 072.14	3 471.16	4 845.60	6 624.59	8 476.62

continued

(grouped by per capita monthly disposable income)

1500-2000元 1500-2000 yuan	2000-2500元 2000-2500 yuan	2500-3000元 2500-3000 yuan	3000－4000元 3000-4000 yuan	4000－5000元 4000-5000 yuan	5000元以上 5000 yuan and over
94.33	20.50	4.00	3.00	1.00	
5.90	1.28	0.25	0.19	0.05	
2.40	2.33	2.25	3.00	2.00	
1.29	1.30	2.00	1.93	2.00	
53.75	55.79	88.89	64.33	100.00	
1.86	1.79	1.13	1.55	1.00	
21 821.62	27 739.08	35 723.46	49 132.64	60 827.41	
20 172.68	25 621.87	31 440.83	40 923.81	50 420.80	
13 244.50	15 909.02	16 147.72	29 372.16	20 478.41	

9-9 城镇居民家庭按收入水平分组的平均每人全年消费性支出和构成（2005年）

项　目	Item	总平均 Total Average	最低收入户 Lowest Income Households (first decile)	# 困难户 Poor Households (first five percent)
消费性支出(元)	**Total Living Expenditures (yuan)**	6 997	2 518	2 150
食　品	Food	2 997	1 497	1 292
衣　着	Clothing	644	121	104
家庭设备、用品及服务	Hhouseholds Facilities, Articles and Services	291	40	33
医疗保健	Health Care	663	171	102
交通和通讯	Transport, Post and Telecommunication Services	931	157	119
娱乐、教育、文化服务	Entertainment, Education and Cultural Services	776	217	223
居　住	Residence	543	286	248
杂项商品和服务	Miscellaneous Commodities and Services	152	28	29
消费性支出构成（%）	**Composition of Living Expenditures (%)**	**100.00**	**100.00**	**100.00**
食　品	Food	42.83	59.43	60.08
衣　着	Clothing	9.20	4.81	4.85
家庭设备、用品及服务	Household Facilities, Articles and Services	4.16	1.60	1.52
医疗保健	Health Care	9.48	6.78	4.76
交通和通讯	Transport, Post and Telecommunication Services	13.30	6.25	5.55
娱乐、教育、文化服务	Entertainment, Education and Cultural Services	11.09	8.63	10.38
居　住	Residence	7.76	11.37	11.52
杂项商品和服务	Miscellaneous Commodities and Services	2.18	1.13	1.34

Per Capita Annual Living Expenditures of Urban Households and Their Composition by Income Level (2005)

低　收 入　户 Low Income Households (second decile)	中　等 偏下户 Lower Middle Income Households (second quintile)	中　等 收入户 Middle Income Households (third quintile)	中　等 偏上户 Upper Middle Income Households (fourth quintile)	高　收 入　户 High Income Households (ninth decile)	最　高 收入户 Highest Income Households (tenth decile)
3 833	4 840	6 637	8 694	11 093	13 475
2 123	2 373	2 943	3 502	4 212	4 873
260	393	590	827	1 140	1 453
91	150	238	343	664	737
343	499	803	687	876	1 350
332	450	692	1 444	1 705	2 244
308	463	710	1 064	1 317	1 630
342	449	535	634	952	664
33	63	127	193	229	525
100.00	**100.00**	**100.00**	**100.00**	**100.00**	**100.00**
55.38	49.03	44.33	40.28	37.97	36.16
6.79	8.13	8.89	9.51	10.28	10.78
2.38	3.11	3.59	3.94	5.98	5.47
8.96	10.30	12.10	7.90	7.90	10.02
8.66	9.29	10.43	16.61	15.37	16.65
8.04	9.55	10.69	12.24	11.87	12.09
8.92	9.29	8.06	7.29	8.58	4.92
0.87	1.30	1.91	2.23	2.05	3.91

9-10 城镇居民家庭平均每人全年消费性支出及构成（2005年）

Per Capita Annual Living Expenditures of Urban Households and Their Composition (2005)

指　标	Item	金额（元）Amount (yuan)	构成（%）Propor-tion (%)	指　标	Item	金额（元）Amount (yuan)	构成（%）Propor-tion (%)
消费性支出	**Total Living Expenditures**	**6996.90**	**100.00**	家庭设备、用品及服务	Household Facilities,Articles and Services	291.17	4.16
食　品	Food	2997.06	42.83	#耐用消费品	DurableConsumerGoods	131.74	1.88
粮　食	Grain	267.58	3.82	医疗保健	Health Care	663.01	9.48
油　脂	Oil and Fat	52.80	0.75	药品费	Medicines	378.27	5.41
#植物油	Vegetable Oil	41.13	0.59	医疗费	Medical Services	222.83	3.18
肉　类	Meat	398.88	5.70	交通和通讯	Transport, Post and Telecommunication Services	930.58	13.30
禽　类	Poultry	124.09	1.77	交通	Transport Services	390.72	5.58
#活 鸡	Chickens	100.21	1.43	通讯	Post and Telecommunication Services	539.86	7.72
蛋　类	Eggs	61.32	0.88				
水 产 品	Aquatic Products	93.37	1.33	娱乐、教育、文化服务	Entertainment, Education and Cultural Services	775.62	11.09
#鱼	Fish	72.00	1.03	文化娱乐用品	Consumer Goods for Entertainment	213.22	3.05
蔬菜类	Vegetables	347.85	4.97	文化娱乐服务	Entertainment, Cultural Services	224.96	3.22
#鲜 菜	Fresh Vegetables	332.69	4.75	教 育	Education	337.44	4.82
糖　类	Sugar	25.27	0.36	#教育费用	Tuition and Incidental Expenses	318.82	4.56
烟　草	Tobacco	296.65	4.24	居 住	Residence	543.10	7.76
酒　类	Liquor	42.03	0.60	住房	Housing	124.48	1.78
饮　料	Beverages	61.65	0.88	水电燃料及其他	Water,Electricity,Fuels and Others	394.22	5.63
干鲜瓜果	Dried and Fresh Melons and Fruits	178.86	2.56	居住服务费	Residence Services	24.40	0.35
奶及奶制品	Milk and Dairy Products	78.23	1.12				
衣　着	Clothing	643.94	9.20	杂项商品和服务	Miscellaneous Commodities and Services	152.42	2.18
服　装	Garments	488.20	6.98	杂项商品	Miscellaneous Commodities	91.97	1.31
男士服装	Men's Clothing	165.88	2.37	金银珠宝首饰	Gold,Silver and Jewel Ornaments	10.26	0.15
女士服装	Women's Clothing	247.12	3.53	理发美容用具	Articles for Haircut and Cosmetology	2.43	0.03
童　装	Children's Clothing	75.21	1.07	化妆品	Cosmetics	42.36	0.61
衣着材料	Clothing Materials	8. 26	0.12	服务	Services	60.45	0.86

9-11 主要年份城镇居民家庭平均每人全年购买主要商品数量
Per Capita Annual Purchases of Major Commodities of Urban Households in Significant Years

品 名	Item	1990年	1995年	2000年	2004年	2005年
粮 食（千克）	Grain (kg)	140.23	89.6	80.5	80.78	81.32
鲜 菜（千克）	Fresh Vegetables (kg)	148.43	127.3	122.0	148.58	159.48
油 脂（千克）	Oil and Fat (kg)	3.74	7.1	6.0	5.87	5.82
猪 肉（千克）	Pork (kg)	20.09	21.9	22.9	21.73	22.70
牛羊肉（千克）	Beef and Mutton (kg)	3.1	1.9	2.4	2.66	2.48
家 禽（千克）	Poultry (kg)	2.74	5.2	6.9	7.37	7.84
鲜 蛋（千克）	Eggs (kg)	3.56	5.6	7.0	7.86	7.49
水产品（千克）	Aquatic (kg)	3.68	4.5	5.6	7.53	7.16
白 酒（千克）	Liquor (kg)	4.02	3.1	3.1	2.36	2.88
服 装（件）	Garments (piece)	2.3	5.4	6.0	6.00	5.77
#男式服装（件）	Men's Clothing (piece)		1.7	1.7	1.78	1.64
女式服装（件）	Women's Clothing (piece)		2.3	2.8	2.67	2.55
儿童服装（件）	Children's Clothing (piece)		1.4	1.5	1.55	1.58

9-12 主要年份城镇居民家庭平均每百户年底主要耐用消费品拥有量
Number of Major Durable Consumer Goods Owned Per 100 Urban Households at Year-end in Significant Years

品 名	Item	1990年	1995年	2000年	2004年	2005年
成套家具（套）	Complete Sets of Furniture (set)				67	70
摩托车（辆）	Motorcycle (unit)				20	22
自行车（辆）	Bicycle (unit)	170	190	139	123	114
助力车（辆）	Motive Bicycle (unit)				7	9
家用汽车（辆）	Automobile (unit)				7	8
洗衣机（台）	Washing Machine (set)	84	92	92	91	90
电风扇（台）	Electric Fan (set)	25	35	42	30	29
电冰箱（台）	Refrigerator (set)	23	56	70	77	78
彩色电视机（台）	Color TV Set (set)	62	90	116	123	122
影碟机（台）	Video Disc Player (set)			60	76	80
收录机（台）	Radio-cassette Recorder (set)	76	79	51	44	40
录放像机（台）	Video Recorder (set)				17	18
家用电脑（台）	Computer (set)			8	26	29
组合音响（套）	Hi-Fi Stereo Component System (set)	8	11	32	35	37
摄像机（台）	Video Camera (set)			1	3	3
照相机（架）	Camera (set)	20	38	48	47	45
钢 琴（架）	Piano (set)				3	2
微波炉（台）	Oven (unit)			17	41	45
健身器材（台）	Fitness Equipment (set)				4	4
普通电话（部）	Telephone (unit)				90	83
移动电话（部）	Mobile Phone (unit)				112	131

9-13 城镇居民家庭平均每人全年购买主要商品数量（2005年）
Per Capita Annual Purchases of Major Commodities of Urban Households (2005)

商品名称	Item	总平均 Total Average	最低收入户 Lowest Income Households (first decile)	#困难户 Poor Households (first five percent)	低收入户 Low Income Households (second decile)	中等偏下户 Lower Middle Income Households (second quintile)	中等收入户 Middle Income Households (third quintile)	中等偏上户 Upper Middle Income Households (fourth quintile)	高收入户 High Income Households (ninth decile)	最高收入户 Highest Income Households (tenth decile)
粮　食（千克）	Grain (kg)	81.32	88.10	90.94	78.60	83.00	84.62	80.61	71.31	77.82
淀粉及薯类（千克）	Starches and Tubers (kg)	12.99	11.97	11.99	12.62	14.79	12.37	11.96	14.02	12.57
油　脂（千克）	Oil and Fat (kg)	5.82	5.63	6.61	4.88	6.17	6.30	5.86	5.48	5.41
猪　肉（千克）	Pork (kg)	22.70	16.65	14.74	20.36	21.72	24.17	24.61	25.04	24.43
牛　肉（千克）	Beef (kg)	2.19	1.29	0.61	1.53	1.93	2.42	2.44	2.93	2.69
羊　肉（千克）	Mutton (kg)	0.29	0.10	0.09	0.14	0.21	0.20	0.38	0.40	0.78
禽及制品（千克）	Poultry and Related Products (kg)	7.84	3.46	2.49	6.04	6.28	8.95	9.13	10.07	10.80
蛋　类（千克）	Eggs (kg)	7.85	5.58	5.04	7.22	7.38	8.07	8.33	9.01	9.43
鱼　（千克）	Fish (kg)	6.50	3.71	2.52	6.50	5.78	6.42	7.26	8.12	8.15
虾　（千克）	Shrimps (kg)	0.29	0.06	0.07	0.22	0.21	0.22	0.37	0.62	0.47
鲜　菜（千克）	Fresh Vegetables (kg)	159.48	146.54	132.53	158.79	160.33	155.69	164.33	166.36	163.28
酒　类（千克）	Liquor (kg)	4.27	2.72	1.69	3.98	3.27	4.58	4.75	5.73	5.44
鲜　果（千克）	Fresh Fruits (kg)	42.24	20.89	16.25	32.40	34.52	43.35	48.57	58.95	61.35
鲜　瓜（千克）	Fresh Melons (kg)	4.73	1.87	1.66	3.33	3.96	4.53	5.82	7.72	6.23
鲜乳品（千克）	Fresh Diary Products (kg)	10.98	2.46	0.74	4.45	8.12	11.26	13.89	19.31	18.82
服　装（件）	Garments (piece)	5.77	2.15	2.07	3.51	4.63	5.88	7.11	8.07	9.48
男士服装（件）	Men's Clothing (piece)	1.64	0.45	0.44	0.89	1.25	1.73	2.02	2.45	2.84
女士服装（件）	Women's Clothing (piece)	2.55	0.79	0.78	1.45	1.96	2.53	3.24	3.82	4.32
各式童装（件）	Children's Clothing (piece)	1.58	0.91	0.84	1.17	1.42	1.62	1.84	1.80	2.32
万户购买耐用品	**Durable Consumer Goods Bought per 10000 Households**									
洗衣机（台）	Washing Machine (set)	276	0	0	96	192	264	408	396	492
电冰箱（台）	Refrigerator (set)	216	24	36	240	96	168	300	384	372
彩色电视机（台）	Color TV Set (set)	288	0	0	120	180	348	144	696	588
微波炉（台）	Oven (unit)	216	0	0	108	120	252	348	432	168

9-14 城镇居民家庭平均每百户年末主要消费品拥有量（2005年）

Number of Major Consumer Goods Owned per 100 Urban Households at Year-end (2005)

商品名称	Item	总平均 Total Average	最低收入户 Lowest Income Households (first decile)	# 困难户 Poor Households (first five percent)	低收入户 Low Income Households (second decile)	中等偏下户 Lower Middle Income Households (second quintile)	中等收入户 Middle Income Households (third quintile)	中等偏上户 Upper Middle Income Households (fourth quintile)	高收入户 HighIncome Households (ninth decile)	最高收入户 Highest Income Households(tenth decile)
成套家具（套）	Complete Sets of Furniture (set)	70.31	51.98	48.34	64.70	59.46	68.72	80.61	82.35	82.08
摩托车（辆）	Motorcycle (unit)	21.97	12.62	18.59	15.48	14.11	23.76	33.92	25.39	21.73
自行车（辆）	Bicycle (unit)	114.03	119.02	122.82	127.57	113.67	113.67	108.76	115.85	108.15
助力车（辆）	Motive Bicycle (unit)	9.00	4.34	6.73	4.38	4.60	9.61	13.52	16.26	8.62
家用汽车（辆）	Automobile (unit)	7.92	0	0	1.15	3.00	2.42	14.18	16.28	19.44
洗衣机（台）	Washing Machine (set)	90.07	75.34	73.82	79.78	77.91	94.69	94.58	104.45	101.77
电风扇（台）	Electric Fan (set)	29.20	19.87	18.31	26.23	24.68	29.70	35.64	32.86	31.37
电冰箱（台）	Refrigerator (set)	78.21	48.59	44.72	70.02	66.91	81.44	87.82	90.43	93.28
彩色电视机（台）	Color TV Set (set)	122.12	99.98	96.13	109.48	113.31	119.41	127.92	143.10	139.75
影碟机（台）	Video Disc Player (set)	80.48	53.54	52.82	72.05	74.22	78.65	91.21	92.07	92.50
录音机（台）	Tape Recorder (set)	40.13	24.98	28.02	31.68	30.90	43.57	45.77	51.17	48.67
录放像机（台）	Video Recorder (set)	18.16	4.81	4.37	9.32	9.75	15.87	26.33	34.33	25.46
家用电脑（台）		29.44	6.56	2.56	6.34	18.53	27.97	38.48	49.36	53.05
摄像机（台）	Video Camera (set)	2.87	0	0	1.09	0.48	0.97	3.16	7.00	9.72
照相机（台）	Camera (set)	45.12	14.55	10.47	18.51	33.41	40.69	57.27	64.3	79.20
钢琴（架）	Piano (set)	2.25	0	0	0.70	0.96	1.45	3.60	4.45	4.54
微波炉（台）	Oven (unit)	44.77	12.09	6.06	25.59	32.65	47.52	56.59	61.23	65.51
淋浴热水器（台）	Shower (set)	64.8	39.78	31.20	47.03	53.16	70.15	75.04	77.18	79.85
健身器材（套）	Fitness Equipment (set)	3.95	2.00	0	0.20	3.11	3.28	5.42	5.55	7.04
普通电话（部）	Telephone (unit)	83.16	77.12	70.86	80.06	79.26	81.83	83.49	89.81	92.68
移动电话（部）	Mobile Phone (unit)	130.77	43.35	47.73	73.89	97.66	133.02	174.79	187.38	168.91

9-15 主要年份农民家庭生活基本情况
Basic Statistics on Rural Household Livelihood in Significant Years

年 份 Year	平均每户常住人口(人) Number of Permanent Residents per Household (person)	平均每户整半劳动力(人) Number of Able-bodied and Semi-able-bodied Laborers per Household (person)	平均每个劳动力负担人口(人) Average Number of Dependents of Each Laborer (person)	平均每人全年纯收入（元） Per Capita Annual Net Income (yuan)	平均每人全年生活消费支出(元) Per Capita Annual Living Expenditures (yuan)	# 食 品 For Food	平均每人年末居住面积(平方米) Per Capita Living Space at Year-end (sq.m)
1962	4.76	2.36	2.01	92.12	84.20	55.30	8.50
1965	4.88	2.51	2.00	101.00	90.70	64.40	7.71
1975	6.15	2.83	2.18	110.14	105.00	71.60	8.35
1978	6.28	3.03	2.10	130.60	113.40	84.00	7.69
1980	5.98	2.90	2.06	147.70	122.63	86.21	8.96
1985	5.83	3.31	1.76	325.74	267.01	177.91	14.92
1986	5.76	3.22	1.79	338.14	304.99	205.19	15.45
1987	5.68	3.20	1.77	364.57	325.65	217.26	15.86
1988	5.58	3.19	1.75	427.72	389.20	240.49	16.31
1989	5.50	3.20	1.72	477.89	436.18	269.18	16.56
1990	5.42	3.16	1.72	489.75	453.03	274.73	16.96
1991	5.20	3.02	1.72	572.58	501.36	315.10	18.02
1992	5.18	3.05	1.70	617.98	536.06	324.96	18.07
1993	5.10	3.11	1.64	674.79	625.19	382.60	20.12
1994	5.01	3.07	1.62	802.95	764.91	458.43	18.68
1995	4.94	3.12	1.59	1 010.97	981.10	602.92	19.78
1996	4.90	3.15	1.56	1 229.28	1 209.16	743.33	19.80
1997	4.82	3.10	1.55	1 375.50	1 318.07	818.51	20.42
1998	4.68	3.05	1.53	1 387.25	1 312.31	801.99	20.64
1999	4.59	2.96	1.55	1 437.63	1 269.33	815.67	21.37
2000	4.56	2.85	1.60	1 478.60	1 270.83	749.22	22.18
2001	4.49	2.83	1.59	1 533.76	1 422.85	811.71	22.42
2002	4.48	2.87	1.57	1 608.77	1 381.54	772.61	23.72
2003	4.45	2.85	1.56	1 697.12	1 405.70	744.58	23.45
2004	4.41	2.88	1.53	1 864.19	1 569.98	847.24	23.53
2005	4.33	2.79	1.56	2 041.79	1 789.00	975.72	25.24

9-16 主要年份农民家庭基本情况

Basic Statistics on Rural Households in Significant Years

项　　目	Item	1990年	1995年	2000年	2001年	2004年	2005年
调查户数　（户）	Number of House Surveyed (household)	2 400	2 400	2 400	2 400	2 400	2 400
调查户常住人口（人）	Number of Permanent Residents of Households Surveyed (person)	13 001	11 862	10 940	10 786	10 591	10 396
平均每户常住人口（人）	Average Number of Permanent Residents per Household (person)	5.42	4.94	4.56	4.49	4.41	4.33
平均每户整、半劳动力（人）	Average Number of Able-bodied and Semi-able-bodied Laborers per Household (person)	3.16	3.12	2.85	2.83	2.88	2.79
平均每个劳动力负担人口（人）	Average Number of Dependents of Each Laborer (person)	1.72	1.59	1.60	1.59	1.53	1.56
平均每人居住面积（平方米）	Per Capita Living Space (sq.m)	16.96	19.78	22.18	22.42	23.53	25.24

9-17 主要年份农民家庭按平均每人纯收入水平分组的户数构成

Proportion of Rural Households by per Capita Annual Net Income in Significant Years

单位：%　　　　(%)

分　　组	Group	2003年	2004年	2005年
2001元以上的户	2001 yuan and over	30	36.2	37.1
1501-2000元的户	1501-2000 yuan	19.5	18.6	19.7
1201--1500元的户	1201-1500 yuan	14.7	13.5	15.1
1001-1200元的户	1001-1200 yuan	11.5	9.6	9.5
851-1000元的户	851-1000 yuan	7.7	6.7	6.5
651-850元的户	651-850 yuan	7.8	8.4	7.5
501-650元的户	501-650 yuan	4.9	4.3	3
301-500元的户	301-500 yuan	2.7	2.2	1.2
300元以下的户	300 yuan and below	1.2	0.5	0.4

9-18 农民家庭每人平均总收支及纯收入情况
Per Capita Annual Total Income & Expenditures and Net Income of Rural Households

单位：元　　(yuan)

项　　目	Item	2003年	2004年	2005年
全 年 总 收 入	**Annual Income Total**	**2 554.36**	**2 831.49**	**3 179.15**
工资性收入	**Wage Income**	**318.22**	**325.86**	**348.31**
家庭经营收入	**Income from Household Business**	**2 067.81**	**2 337.06**	**2 652.55**
农业收入	Farming	1 163.49	1 271.77	1 490.32
林业收入	Forestry	74.39	81.00	145.95
牧业收入	Animal Husbandry	589.94	754.87	783.73
渔业收入	Fishery	8.53	5.87	6.55
工业收入	Industry	46.66	38.85	15.95
建筑业收入	Construction	17.06	13.07	12.32
交通、运输、邮电业收入	Transportation and Postal and Telecommunication	55.62	52.62	78.42
批发和零售贸易、餐饮业收入	Wholesale and Retail Trade and Catering Services	51.50	50.70	77.59
社会服务业收入	Social Services	13.95	26.25	9.08
文教卫生业收入	Culture, Education and Health Care	3.45	2.29	5.46
其他家庭经营收入	Other Business of Households	36.01	38.15	23.91
转移性收入	**Transfer Income**	**101.11**	**96.81**	**102.77**
财产性收入	**Property Income**	**67.21**	**71.76**	**75.52**
每人平均全年纯收入	**Per Capita Annual Net Income**	**1 697.12**	**1 864.19**	**2 041.79**

9-18　续表　continued

单位：元　　(yuan)

项　　目	Item	2003年	2004年	2005年
全 年 总 支 出	**Annual Expenditure Total**	**2 320.36**	**2 623.12**	**3 017.00**
家庭经营费用支出	**Expenditures on Household Business**	**717.66**	**848.62**	**1 015.40**
农业生产支出	Planting	303.95	357.47	458.99
林业生产支出	Forestry	5.50	8.10	10.81
牧业生产支出	Animal Husbandry	311.23	402.19	476.77
渔业生产支出	Fishery	1.41	0.70	3.00
工业生产支出	Industry	23.15	15.99	7.09
建筑业支出	Construction	1.00	1.36	2.01
交通、运输和邮电业支出	Transportation and Postal and Telecommunication	29.91	23.76	29.92
批发和零售贸易、餐饮业支出	Wholesale and Retail Trade and Catering Services	22.08	16.30	15.32
社会服务业支出	Social Services	8.75	8.61	2.05
文教卫生业支出	Culture, Education and Health Care	0.94	1.26	2.41
其他经营支出	Other Business of Households	9.73	12.89	7.05
购置生产用固定资产支出	**Purchase of Productive Fixed Assets**	**91.34**	**96.11**	**101.59**
税费支出	**Expenditure for Tax**	**26.78**	**20.51**	**5.36**
生活消费支出	**Living Expenditures**	**1 405.70**	**1 569.98**	**1 789.00**
财产性支出	**Expenditure for Property**	**15.76**	**14.05**	**22.20**
转移性支出	**Expenditure for Transfer**	**61.73**	**70.18**	**83.00**

9-19 农村住户现金收支情况
Cash Income and Expenditures of Rural Households

单位：元 (yuan)

项　目	Item	2003年	2004年	2005年
全年现金收入合计	**Annual Cash Income Total**	**1 709.81**	**1 859.66**	**2 175.11**
工资性收入	**Wages Income**	**317.55**	**325.15**	**348.27**
家庭经营现金收入	**Income from Household Business**	**1 240.34**	**1 379.77**	**1 660.19**
出售产品的现金收入	From Selling the Products of the Following	1 007.51	1 144.36	1423.84
出售农业产品的现金收入	Planting	561.33	654.15	771.99
出售林业产品的现金收入	Forestry	63.53	67.59	137.40
出售牧业产品的现金收入	Animal Husbandry	358.36	408.55	494.79
出售渔业产品的现金收入	Fishery	2.84	1.87	6.67
出售工业产品的现金收入	Industry	14.23	10.57	9.70
出售其它产品的收入	Others	7.22	1.63	3.29
工业加工费的现金收入	Industry Processing	32.43	28.28	6.24
建筑业的现金收入	Construction	17.06	13.07	12.32
交通运输业的现金收入	Transportation	55.62	52.62	78.42
批发和零售贸易、餐饮业的现金收入	Commerce	51.50	50.70	77.59
社会服务业的现金收入	Services Trade	13.95	26.25	9.08
文教卫生业的现金收入	Culture, Education and Health Care	3.45	2.29	5.46
其他家庭经营的现金收入	Others	34.96	37.59	23.89
转移性收入	**Transfer Income**	**87.00**	**89.62**	**96.52**
财产性收入	**Property Income**	**64.92**	**65.11**	**70.13**

9-19　续表　continued

单位：元 (yuan)

项　目	Item	2003年	2004年	2005年
全年现金支出合计	**Annual Cash Expenditure Total**	**1 616.54**	**1 821.07**	**2 146.79**
生产费用支出的现金		**554.42**	634.52	783.16
家庭经营费用支出的现金	Expenditure for Household Business	461.69	534.75	681.12
农业生产支出	Planting	224.82	256.54	350.00
林业生产支出	Forestry	3.25	5.27	8.15
牧业生产支出	Animal Husbandry	38.13	194.16	225.74
渔业生产支出	Fishery	1.34	0.67	3.00
工业生产支出	Industry	23.15	14.45	6.85
建筑业生产支出	Construction	0.81	1.11	1.38
交通运输业生产支出	Transportation	29.82	23.76	29.70
批发和零售贸易、餐饮业的现金支出	Commerce	21.19	16.08	14.90
社会服务业支出	Service Trade	8.75	8.61	2.05
文教卫生业支出	Culture, Education and Health Care Others	0.94	1.26	2.41
其他现金支出	Others	9.49	12.84	6.96
购置生产用固定资产支出	Purchase of Productive Fixed Assets	91.34	96.11	101.59
税费支出	**Taxes Paid**	**17.8**	**16.74**	**3.87**
生活消费支出的现金	**Living Expenditures**	**970.27**	**1 087.22**	**1 256.84**
财产性支出	**Expenditure for Property**	**15.76**	**14.05**	**22.20**
转移性支出	**Expenditure for Transfer**	**58.29**	**68.54**	**80.72**

9-20 农民家庭平均每人生活消费支出和构成
Per Capita Living Expenditures of Rural Households and Their Composition

项　　目	Item	绝对数(元) Absolute Amount (yuan)			构　成(%) Proportion (%)		
		2003年	2004年	2005年	2003年	2004年	2005年
生活消费支出合计	**Living Expenditures Total**	**1405.7**	**1569.98**	**1789.00**	**100.00**	**100.00**	**100.00**
食品支出	Food	744.58	847.24	975.72	53.00	54.00	54.54
#主食支出	Staple Food						
#副食支出	Non-staple Food						
衣着支出	Clothing	57.24	61.87	80.33	4.10	3.90	4.48
居　住	Residence	257.65	239.29	225.79	18.30	15.24	12.62
家庭设备、用品及服务	Household Facilities, Articles and Services	51.42	61.78	67.03	3.70	3.90	3.75
医疗保健	Medicines and Medical Services	79.93	87.66	122.33	7.60	5.60	6.84
交通和通讯	Transport, Post and Communication Services	59.54	105.52	99.81	5.70	6.70	5.58
文化教育娱乐用品及服务	Cultural, Educational and Recreational Articles and Services	131.49	143.20	182.62	12.60	9.10	10.21
其它商品	Other Commodities	23.82	23.42	35.37	2.30	1.50	1.98

9-21 农民家庭每人平均商品性和自给性生活消费支出及构成
Per Capita Living Expenditures on Commercial and Self-supplied Goods of Rural Households and Their Composition

项　　目	Item	合　计 Total		食　品 Food		衣　着 Clothing		居　住 Residence	
		2004年	2005年	2004年	2005年	2004年	2005年	2004年	2005年
生活消费支出(元)	**Living Expenditures**								
合　计	Total	1 570.0	1 789.0	847.2	975.7	61.9	80.3	239.3	225.8
商 品 性	Commercial	1 087.2	1 256.8	394.0	486.0	61.9	80.3	209.9	183.7
自 给 性	Self-supplied	482.7	532.2	453.3	489.7			29.4	42.1
构成(%)	**Proportion (%)**								
合　计	Total	100.0	100.0	100.0	100.0	100.0	100.0	100.0	100.0
商 品 性	Commercial	69.3	70.3	46.5	49.8	100.0	100.0	87.7	81.4
自 给 性	Self-supplied	30.8	29.7	53.5	50.2			12.3	18.6

9-22 主要年份农民家庭平均每人主要消费品消费量

Per Capita Consumption of Major Consumer Goods in Rural Households in Significant Years

单位：千克 (kg)

品　　名	Item	1990年	1995年	2000年	2001年	2004年	2005年
粮　食(原粮)	Grain (unprocessed)	232	248.22	238.25	233.13	192.39	194.37
蔬　菜	Vegetables	145	126.82	104.07	99.08	97.66	98.3
食　油	Edible Oil	4	4.45	4.63	5.22	3.99	3.26
肉　类	Meat	16.4	21.42	25.25	27.32	28.65	31.89
蛋　类	Eggs	1.4	1.66	1.78	1.72	1.41	1.67
鱼　虾	Fish and Shrimp	0.5	0.82	0.98	1.15	1.1	1.03
食　糖	Sugar	1.8	1.75	1.18	1.33	1.16	1.21
酒	Liquor	4.5	5.24	5.93	6.66	5.04	6.72

9-23 主要年份农民家庭平均每百户耐用消费品年底拥有量

Number of Durable Consumer Goods Owned per 100 Rural Households at the Year-end in Significant Years

品　　名	Item	2001年	2002年	2003年	2004年	2005年
自行车（辆）	Bicycle	47.92	46.75	44.2	42.6	30.96
洗衣机（台）	Washing Machine	19.54	19.58	21.00	23.3	21.25
计算机（台）	Computer	0.63	0.46	0.38	0.67	0.71
电冰箱（台）	Refrigerator	3.38	3.63	4.17	5.46	6.92
电话机（台）	Telephone	12.5	15.54	31.1	40.8	55.58
其中：移动电话（台）	Mobile Telephone	4.58	7.25	11.8	19.4	32.29
电视机（台）	TV Set	75.17	77.58	82.88	84.1	85.92
家用汽车（辆）	Automobile	0.29	0.08	0.29	0.46	0.42
摩托车（辆）	Motorcycle	5.5	6.63	8.1	11.7	16.25

主要统计指标解释

城镇居民家庭就业人口 指从事社会劳动并取得劳动报酬或经营收入的人口。我国的就业方针是："在国家统筹规划和指导下,实行劳动部门介绍就业,自愿组织起来就业和自谋职业相结合"的方针。因此通过这三种方式就业的,不论在国有、集体经济单位工作或从事个体劳动,不论有固定性职业或临时性职业都是就业人口。城镇就业人口包括"国有经济单位职工"、"城镇集体经济单位职工"、"其他各种经济类型单位职工"、"个体经营者"、"个体被雇人员"、"离退休再就业人员"、"其他就业人员"七项。

城镇居民家庭总收入 指调查户中生活在一起的所有家庭成员在调查期得到的工薪收入、经营净收入、财产性收入、转移性收入的总和。不包括出售财物和借贷收入。

城镇居民家庭可支配收入 指居民家庭可用于最终消费支出和其他非义务性支出以及储蓄的总和。即居民家庭可以用来自由支配的收入。它是家庭总收入扣除交纳的所得税、个人交纳的社会保障费以及调查户的记账补贴后的收入。

城镇居民家庭消费性支出 指调查户用于本家庭日常生活的全部支出,包括食品、衣着、家庭设备用品及服务、医疗保健、交通和通讯、娱乐教育文化服务、居住、杂项商品和服务八大类支出。

农村居民总收入 指调查期内农村住户和住户成员从各种来源渠道得到的收入总和。按收入的性质划分为工资性收入、家庭经营收入、财产性收入和转移性收入。

农村居民纯收入 指农村住户当年从各个来源得到的总收入相应地扣除所发生的费用后的收入总和。纯收入主要用于再生产投入和当年生活消费支出，也可用于储蓄和各种非义务性支出，计算方法：

纯收入＝总收入－家庭经营费用支出－税费支出－生产性固定资产折旧－赠送农村外部亲友支出

农村居民总支出 指农村住户用于生产、生活和再分配的全部支出。家庭经营费用支出、购置生产性固定资产支出、生产性固定资产折旧、税费支出、生活消费支出、财产性支出和转移性支出。

城乡居民储蓄存款余额 包括城镇居民储蓄和农民个人储蓄两部分的余额。不包括工矿企业、部队、机关团体等集团存款。

城镇居民储蓄存款余额是指各专业银行的城市居民储蓄、华侨储蓄之和。农民个人储蓄是指信用社社员储蓄。

Explanatory Notes on Principal Statistical Indicators

Employed Population of Urban Households refers to the persons who are engaged in social labor activities and gain labor remuneration or business income. China's employment policy reads: "Under the overall planning and guidance of the state, a combined employment policy of being employed through the introduction of labor departments, self-organization and self-employment is carried out." Therefore, whether they work in state-owned or collective-owned economic entities or are engaged in individual labor or whether they have permanent occupations or temporary positions, those who are employed by the above three ways are considered employed population. Urban employed population falls into seven categories: staff and workers of state-owned economic entity, staff and workers of collective-owned economic entities, staff and workers of other ownership entity, self-employed persons, and employees of individual economic entities, re-employed retirees and other employees.

Total Income of Urban Households refers to the sum total of wage income, net business income, income from properties and transfer income of the sample households in the survey period. Income from sales of properties and borrowings are excluded.

Disposable Income of Urban Households refers to the actual income at the disposal of the sample households which is used for final consumption, other non-compulsory expenditures and savings, i.e., total income minus personal income tax, personal social security payments and sample household subsidy.

Consumption Expenditure of Urban Households refers to the total expenditure of sample households on consumption in daily life, falling into eight main categories such as expenditure on food, clothing, household appliances and services, health and medical care, transport and telecommunication, services of entertainment, education and culture, housing, miscellaneous goods and services.

Total Income of Rural Households refers to the sum of income earned from various sources by rural households and their members within the survey period composed of wage income, business income, and income from properties and transfer income.

Net Income of Rural Households refers to the total income of rural households after deduction of their relevant expenses incurred from their total income in the current year. It is mainly used as capital input for reproduction and for living expenses, savings and other non-compulsory expenditures. The formula is as follows:

Net Income = Total Income – Household Operating Costs – Depreciation of Productive Fixed Assets – Taxes and Fees – Expenses on Gifts to Non-rural to Relatives.

Total Expenditure of Rural Households refers to the total actual expenses of rural households on production, in daily life consumption and redistribution, including expenses on household operating costs, expenses on purchase of productive fixed assets, depreciation of productive fixed assets, payments for taxes and fees, expenses on consumption in daily life expenditures, on properties and transfer expenditures.

Savings Deposits of Urban and Rural Residents refer to the balance of savings deposits of urban residents and of rural residents, excluding the group deposits of industrial and mining enterprises, military units, government agencies , social organizations etc.

The savings deposits of urban residents refer to the total deposits of urban residents and overseas Chinese saved in various professional banks. The savings deposits of rural residents refer to the total deposits of members of credit cooperatives.

十、农 业

Agriculture

10-1 主要年份全省农业生产基本情况
Basic Conditions of Agricultural Production in Significant Years

指　　标	Item	1990年	1995年	2000年	2004年	2005年
户数、人口、从业人员	**Number of Households, Population and Employed Persons**					
乡村总户数（万户）	Total of Rural Households (10 000 households)	590	769	830	866	877
乡村总人口（万人）	Total Rural Population (10 000 persons)	3 226	3 335	3 450	3 538	3 568
乡村从业人员（万人）	Rural Employed Persons (10 000 persons)	1 647	1 835	1 949	2 030	2 051
# 农林牧渔业（万人）	Employed Persons of Farming, Forestry, Animal Husbandry and Fishery (10 000 persons)	1 503	1 632	1 674	1 694	1 690
工 业（万人）	Employed Persons of Industry (10000 persons)	36	48	52	56	59
建筑业（万人）	Employed Persons of Construction (10000 persons)	28	39	53	60	63
交通运输、仓储和邮政业从业人员（万人）	Employed Persons of Transport,Storage and Post Service (10 000 persons)	16	27	36	38	39
批发与零售业（万人）	Employed Persons of Wholesale and Retaile Trade (10 000 persons)	12	22	37	38	38

10-2 农村基本情况
Basic Conditions of Rural Areas

指　　标	Item	1995年	2000年	2004年	2005年
农村基层组织情况	**Rural Grass-roots Units**				
乡镇个数（个）	Number of Townships and Towns (unit)	1 574	1 564	1 402	1 296
# 镇个数（个）	Number of Towns (unit)	370	462	469	459
村委会个数（个）	Number of Villagers' Committees (unit)	13 415	13 433	13 198	12 940
乡村户数、人口、从业人员	**Number of Rural Households, Population and Employed Persons**				
乡村户数（万户）	Number of Rural Households (10 000 households)	769	830	866	877
乡村人口数（万人）	Rural Population (10 000 persons)	3 335	3 450	3 538	3 568
乡村从业人员（万人）	Number of Rural Employed Persons (10 000 persons)	1 835	1 949	2 030	2 051
按性别分	Grouped by Sex				
男从业人员（万人）	Male (10 000 persons)	943	1 009	1 057	1 069
女从业人员（万人）	Female (10 000 persons)	892	940	973	982
按行业分	Grouped by Sector				
农林牧渔从业人员 (万人)	Farming, Forestry, Animal Husbandry and Fishery (10 000 persons)	1 632	1 674	1 694	1 690
工业从业人员（万人）	Industry (10 000 persons)	48	52	56	59
建筑业从业人员（万人）	Construction (10 000 persons)	39	53	60	63
交通运输、仓储和邮政业从业人员 (万人)	Employed Persons of Transport,Storage and Post Service (10 000 persons)	27	36	38	39
批发与零售业从业人员（万人）	Employed Persons of Wholesale and Retail Trade (10 000 persons)	22	37	38	38
其他从业人员（万人）	Others (10 000 persons)	67	97	144	162

注：1. 乡村总人口是按1984年前的老口径统计，故本表的数字大于人口篇乡村总人口。从2001年起，乡镇个数中不包括城关镇。
2. “交通运输、仓储和邮政业从业人员”统计口径：2003年以前为“交通运输和邮电通讯业从业人员”，2003年为“交通运输、仓储和邮电业从业人员”；“批发、零售、餐饮、金融、保险从业人员”改为“批发与零售业从业人员”。2003年以前为原口径数。

Note: a. The total rural population is calculated accolding to original standards before 1984, so the data in this table are larger than the rural population in chapter on population. since 2001,the data of townships and towns have not included those of urban towns.
b.The Employed Persons of Transport, Storage and Post Service have calculated including the Telecommunication Service and unincorporated the Stoarge before 2003, But including the Storage Telecommunication Service in 2003. Employed Persons of Wholesale Trade,Retail Trade,Food Services,Banking and Insurance have changed to"Employed Persons of Wholesale and Retail Trade.

10-3 全省水库库容量
Storage Capacity of Reservoirs

指 标	Item	水库(座) Number of Reservoirs		水库库容量(亿立方米) Reservoir Capacity (100 million cu.m)		2005年比2004年(±%) Increase Rate in 2005 Over 2004 (±%)	
		2004年	2005年	2004年	2005年	水库 Number of Reservoirs	水库库容量 Capacity of Reservoirs
合 计	**Total**	**5 324**	**5 368**	**97.00**	**98.87**	**0.8**	**1.9**
大型水库	Large Reservoirs	5	5	16.79	16.79	0.0	0.0
中型水库	Mediumsized Reservoirs	164	169	47.24	48.68	3.0	3.0
小型水库	Small Reservoirs	5 155	5 194	32.97	33.4	0.8	1.3

10-4 主要年份全省主要农业机械拥有量
Number of Major Agricultural Machinery Owned in Significant Years

年 份 Year	农用大中型拖拉机(台) Large and Mediumsized Agricultural Tractors (unit)	农用小型及手扶拖拉机(台) Small and Walking Agricultural Tractors (unit)	大中型拖拉机机引农具(部) Farm Tools Towed by Large and Mediumsized Tractors (unit)	联合收割机(台) Combine Harvesters (unit)	农业机械总动力(万千瓦) Total Power of Agricultural Machinery (10000 kw)
1978	14 361	25 215	22 270	215	243
1980	17 234	33 431	21 097	184	295
1985	17 741	73 783	12 813	53	439
1989	16 751	128 064	9 747	124	612
1990	16 247	141 277	9 362	120	649
1991	15 545	159 914	9 002	154	710
1992	13 937	172 167	8 572	125	754
1995	9 568	216 192	6 568	134	906
1999	15 557	304 434	8 187	360	1 255
2000	38 331	300 694	8 138	450	1 301
2001	52 600	304 826	8 805	484	1 398
2002	66 954	299 060	10 319	483	1 460
2003	86 347	305 106	9 051	652	1 543
2004	91 483	304 830	9 002	817	1 608
2005	44 978	274 764	11 545	1 150	1 666

10-5 全省农业机械和农产品加工机械拥有量(年末数)

Number of Agricultural Machinery and Machinery for Processing Farm Products Owned at the Year-end

机械名称	Item	2003年	2004年	2005年
农用大中型拖拉机(台/万瓦特)	Lager and Mediumsized Agricultural Tractors (unit/10 000 watt)	86 347/230 980	91 483/250 820	44 978/121 380
小型及手扶拖拉机(台/万瓦特)	Small and Walking Tractors (unit/10 000 watt)	305 106/307 144	304 830/310 377	274 764/307 360
大中型拖拉机机引农具(部)	Farm Tools Towed by Large and Mediumsized Tractor (unit)	9 051	9 002	11 545
小型手扶拖拉机机引农具(部)	Farm Tools Towed by Small Tractor (unit)	171 968	166 610	180 819
农用水泵(台)	Water Pumps for Agricultural Use (unit)	101 904	110 143	117 705
联合收割机(台)	Combine Harvesters (unit)	652	817	1 150
机动脱粒机(台)	Power-driver Shellers (unit)	112 380	115 708	123 967
农业机械总动力 (万千瓦)	Total Power of Agricultural Machinery (10 000 kw)	1 543	1 608	1 666

10-6 各地区农村基本情况及农业生产条件（2005年）

Basic Conditions of Rural Areas and Agricultural Production by Region (2005)

地区	Region	乡镇个数(个) Number of Townships and Towns (unit)	镇个数(个) Number of Towns (unit)	村委会个数(个) Number of Villagers' Commitees (unit)	自来水受益村数(个) Villages with Tap Water Supply (unit)	通汽车村数(个) Villages with Highway (unit)	通电话村数(个) Villages with Telephone Service (unit)	农村用电量(万千瓦小时) Rural Consumption of Electricity (10 000 kwh)	乡村办电站/装机容量(个/万瓦特) Number of Power Stations Owned by Villages and Their Installed Capacity (10 000 w)
全省合计	**Total**	**1 296**	**459**	**12 981**	**11 732**	**12 914**	**12 137**	**416 862**	**603/23 275**
昆明	Kunming	112	39	1 257	1 241	1 285	1 236	64 304	27/1 920
曲靖	Qujing	108	54	1 490	1 372	1 533	1 312	46 258	16/801
玉溪	Yuxi	64	37	618	633	661	661	88 136	16/35
保山	Baoshan	66	20	884	844	879	879	18 477	61/2 145
昭通	Zhaotong	158	37	1 201	879	1 167	1 076	25 784	122/6 200
丽江	Lijiang	55	8	417	357	431	394	7 724	29/3 028
思茅	Simao	101	19	991	989	874	814	11 745	47/274
临沧	Lincang	68	25	898	889	890	886	8 608	10/351
楚雄	Chuxiong	118	47	1 049	1 004	1 042	1 014	24 356	37/440
红河	Honghe	115	42	1 176	952	1 167	1 050	45 788	60/1 813
文山	Wenshan	106	31	940	745	936	840	21 534	59/1 265
西双版纳	Xishuangbanna	29	16	220	217	220	178	4 586	6/62
大理	Dali	99	54	1 075	916	1 096	1 090	38 052	66/2 449
德宏	Dehong	46	19	335	307	332	300	3 367	1/12
怒江	Nujiang	25	5	256	244	225	242	3 414	13/670
迪庆	Diqing	26	6	174	143	176	165	4 729	33/1 810

10-7 各地区农用化肥施用量（2005年）

Consumption of Chemical Fertilizers by Region (2005)

单位：吨 (ton)

地　区	Region	化肥施用量合计（按折纯计算）Consumption of Chemical Fertilizer	氮　肥 Nitrogenous Fertilizer	磷　肥 Phosphate Fertilizer	钾　肥 Potash Fertilizer	复合肥 Compound Fertilizer
全省合计	**Total**	**1 426 516**	**799 170**	**227 246**	**120 041**	**280 059**
昆　明	Kunming	149 983	80 192	31 778	11 615	26 398
曲　靖	Qujing	229 350	114 461	33 814	18 303	62 772
玉　溪	Yuxi	84 649	56 277	11 008	13 100	4 264
保　山	Baoshan	87 504	50 982	12 744	10 679	13 099
昭　通	Zhaotong	110 325	67 668	17 920	9 622	15 115
丽　江	Lijiang	57 560	31 226	14 917	3 531	7 886
思　茅	Simao	43 294	32 233	4 653	2 719	3 689
临　沧	Lincang	76 081	37 272	5 138	3 642	30 029
楚　雄	Chuxiong	105 660	67 408	19 431	3 943	14 878
红　河	Honghe	157 596	84 821	29 218	13 333	30 224
文　山	Wenshan	108 092	67 047	17 440	9 087	14 518
西双版纳	Xishuangbanna	25 838	10 862	1 584	3 084	10 308
大　理	Dali	128 977	58 218	18 733	14 732	37 294
德　宏	Dehong	50 079	33 404	6 301	2 241	8 133
怒　江	Nujiang	4 388	3 109	550	93	636
迪　庆	Diqing	7 140	3 990	2 017	317	816

10-8 各地区水利情况（2005年）

Basic Conditions of Water Conservancy by Region (2005)

单位：千公顷 (1 000 hectares)

地　区	Region	水库座数（座）Number of Reservoirs (unit)	水库总库容（万立方米）Capacity of Reservoirs (10 000 cu.m)	农田水利情况 Irrigation and Water Conservancy		
				有效灌溉面积 Irrigated Area	旱涝保收面积 Area With Stable Yields Despite Drought or Waterlogging	机电排灌面积 Mechenical and Electric Irrigation and Drainage Area
全省合计	**Total**	**5 368**	**988 715**	**1485.38**	**896.81**	**194.65**
昆　明	Kunming	786	210 085	134.40	88.29	46.11
曲　靖	Qujing	632	163 197	172.06	108.10	33.73
玉　溪	Yuxi	549	67 801	81.37	58.00	17.63
保　山	Baoshan	271	39 958	101.79	76.38	6.80
昭　通	Zhaotong	162	57 944	98.44	48.42	4.86
丽　江	Lijiang	1 039	103 173	114.12	78.12	9.90
思　茅	Simao	415	93 062	165.57	89.96	30.06
临　沧	Lincang	223	31 350	92.91	54.60	5.18
楚　雄	Chuxiong	267	47 202	107.37	58.75	0.84
红　河	Honghe	178	24 583	44.70	26.59	0.28
文　山	Wenshan	430	68 262	139.15	78.56	26.86
西双版纳	Xishuangbanna	66	20 749	59.09	27.71	1.21
大　理	Dali	130	31 128	62.61	34.90	7.24
德　宏	Dehong	2	90	13.81	11.10	
怒　江	Nujiang	2	1 513	16.44	10.67	1.96
迪　庆	Diqing	216	28 618	81.55	46.66	1.99

10-9 历年农业总产值
Historic Total Output Value of Agriculture

（按当年价格计算） (at current prices)

单位：亿元 (100 million yuan)

年 份 Year	农 业 总产值 Total Agriculture Output Value	农 业 Farming	林 业 Forestry	牧 业 Animal Husbandry	副 业 Sideline	渔 业 Fishery
1957	16.56	10.52	0.35	2.58	3.11	
1960	13.33	9.89	0.46	1.55	1.40	0.03
1961	15.21	11.24	0.23	1.61	2.10	0.03
1962	18.83	12.99	0.30	2.81	2.69	0.04
1963	20.03	13.12	0.46	3.53	2.88	0.04
1964	22.52	14.75	0.68	4.12	2.93	0.04
1965	22.83	14.63	0.73	4.57	2.85	0.05
1966	24.04	15.72	0.75	4.49	3.03	0.05
1967	24.25	15.93	0.75	4.49	3.03	0.05
1968	23.17	14.83	0.76	4.52	3.01	0.05
1969	24.64	16.26	0.77	4.53	3.03	0.05
1970	24.89	18.32	0.77	4.65	1.10	0.05
1971	28.81	22.30	0.92	3.89	1.67	0.03
1972	32.81	23.76	1.31	6.17	1.54	0.03
1973	35.55	25.70	1.46	6.75	1.60	0.04
1974	32.91	23.37	1.45	6.45	1.58	0.06
1975	35.40	25.81	1.73	6.16	1.63	0.07
1976	33.92	24.72	1.36	6.14	1.63	0.07
1977	33.47	23.60	1.84	6.26	1.71	0.07
1978	40.02	28.58	2.48	7.08	1.80	0.08
1979	44.71	31.03	3.17	8.27	2.15	0.09
1980	48.20	33.02	2.94	10.22	1.83	0.19
1981	55.20	38.32	3.77	10.74	2.17	0.20
1982	61.84	41.90	3.87	12.79	3.07	0.21
1983	65.68	42.30	4.73	13.84	4.57	0.24
1984	77.36	48.78	5.97	15.79	6.55	0.27
1985	88.88	52.02	7.90	20.33	8.23	0.40
1986	96.01	51.80	7.40	26.14	9.96	0.71
1987	111.25	61.75	8.85	29.42	10.28	0.95
1988	135.39	76.11	10.05	37.01	10.66	1.56
1989	152.68	84.30	12.97	41.68	11.80	1.93
1990	211.72	119.63	18.27	54.01	18.42	1.39
1991	222.93	130.67	18.69	55.68	16.52	1.37
1992	250.35	146.70	22.84	61.54	17.25	2.02
1993	281.21	179.39	25.39	72.89		3.54
1994	356.78	228.99	30.41	92.13		5.25
1995	474.46	299.48	40.53	127.19		7.26
1996	567.51	369.36	43.21	146.03		8.91
1997	612.01	397.09	40.40	163.93		10.59
1998	620.02	381.26	41.77	184.83		12.16
1999	642.48	394.96	45.60	188.82		13.10
2000	680.86	416.36	49.75	201.49		13.26
2001	703.53	431.31	47.21	210.63		14.38
2002	737.55	445.35	53.52	223.49		15.19
2002（新口径）	743.75	414.89	59.27	223.49		15.19
2003	799.33	433.91	73.17	242.53		16.56
2004	965.22	516.92	86.40	305.42		19.14
2005	1068.58	559.32	105.53	339.68		22.97

注： 1、1993年起副业产值已划归农业产值和牧业产值。

2、从2003年开始，按新国民经济行业分类标准，农业总产值中取消“农民家庭兼营的商品性工业”；“木材采运”改为全社会口径；增加“农林牧渔服务业”。“农林牧渔服务业”包含在“农业总产值”中（下同）。

Note: a. The output value of sideline products has been divided into that of farming and animal husbandry Since 1993.

b.According to the new standards for the classification of National Economy; Subsidiary commercial industry operated by farmers has been deleted from the output value of agriculture since 2003. The logging and transport of timber has changed to the standard of thewhole society. Services of farming, forestry,animal husbandry and fishery are added items.Services of farming, forestry,animal husbandry and fishery are included in the output value of agriculture (The same in the following).

10-10 历年农业总产值
Historic Total Output Value of Agriculture

(按不变价格计算) (at constant prices)

单位：亿元 (100 million yuan)

年 份 Year	农业总产值 Total Agricultural Output Value	农 业 Farming	林 业 Forestry	牧 业 Animal Husbandry	副 业 Sideline	渔 业 Fishery
		(按1952年不变价计算)			(At 1952 Constant Prices)	
1952	10.71	7.49	0.01	1.42	1.79	
1957	16.27	10.33	0.34	2.54	3.06	0.01
		(按1957年不变价计算)			(At 1957 Constant Prices)	
1957	16.56	10.51	0.34	2.59	3.11	0.01
1965	18.11	11.61	0.58	3.62	2.26	0.04
1970	19.42	14.30	0.60	3.63	0.85	0.04
1971	20.66	14.64	0.72	3.42	1.86	0.03
		(按1970年不变价计算)			(At 1970 Constant Prices)	
1971	28.26	21.88	0.89	3.80	1.65	0.04
1972	31.49	22.80	1.25	5.92	1.48	0.04
1973	34.04	24.60	1.40	6.47	1.53	0.04
1974	32.38	22.98	1.42	6.34	1.57	0.07
1975	35.10	25.58	1.73	6.11	1.60	0.08
1976	33.63	24.52	1.34	6.08	1.63	0.06
1977	33.08	23.33	1.80	6.20	1.69	0.06
1978	37.17	26.56	2.29	6.57	1.68	0.07
1979	35.08	24.34	2.49	6.48	1.69	0.08
1980	37.47	26.37	2.61	6.70	1.70	0.09
1981	40.82	29.14	2.81	7.05	1.72	1.10
		(按1980年不变价计算)			(At 1980 Constant Prices)	
1981	55.35	37.79	4.55	10.69	2.12	0.20
1982	61.26	40.51	4.76	12.76	3.02	0.21
1983	64.66	40.62	5.54	13.81	4.46	0.23
1984	74.50	44.89	7.20	15.69	6.46	0.26
1985	79.26	45.55	8.25	17.01	8.13	0.32
1986	77.40	42.57	7.18	17.44	9.83	0.38
1987	82.13	46.67	6.89	17.96	10.15	0.46
1988	87.56	50.21	7.32	19.00	10.53	0.50
1989	90.08	51.20	7.72	19.97	10.65	0.54
1990	95.97	54.11	8.46	21.46	11.38	0.56
		(按1990年不变价计算)			(At 1990 Constant Prices)	
1990	223.58	122.00	21.28	57.08	21.56	1.66
1991	236.08	132.83	21.82	60.09	19.56	1.78
1992	246.56	138.83	24.04	62.59	19.17	1.93
1993	253.92	140.69	28.57	64.10	18.23	2.33
		(158.90)		(64.12)		
1994	261.74	160.49	30.47	67.89		2.89
1995	278.63	172.04	31.17	71.93		3.49
1996	299.36	184.80	33.15	77.28		4.13
1997	323.91	199.58	35.44	84.29		4.60
1998	338.63	200.73	37.26	94.93		5.71
1999	355.41	209.16	38.28	101.63		6.34
2000	378.51	221.85	39.85	110.29		6.52
2001	392.11	230.27	38.43	116.44		6.97
2002	410.26	238.40	41.89	122.35		7.62
2002（新口径）	425.43	215.40	45.27	125.90		7.62
2003	453.72	225.53	51.79	134.91		8.66
2004	486.66	244.37	53.08	144.81		9.21
2005						

注：括号内数字为副业产值划归农业产值和牧业产值后的数字。

Note: The data in brackets refer to the data of sideline production which have been divided into those of farming and animal husbandry.

10-11 历年农业总产值指数
Indices of Historic Gross Output Value of Agriculture

(以1952年为100) (1952=100)

年 份 Year	农业总产值 Total Agricultural Output Value	农 业 Farming	林 业 Forestry	牧 业 Animal Husbandry	副 业 Sideline	渔 业 Fishery
1952	100.00	100.00	100.00	100.00	100.00	100.00
1957	151.90	137.80	2 428.80	179.60	171.10	225.60
1965	166.10	152.30	4 105.90	250.80	124.40	920.10
1966	174.90	163.50	4 238.70	246.90	132.00	1 163.30
1967	176.50	165.80	4 238.70	246.90	132.00	930.10
1968	168.60	154.30	4 238.70	248.10	132.00	930.10
1969	179.30	169.30	4 309.30	249.30	132.00	1 045.50
1970	178.10	187.60	4 263.40	251.20	46.80	1 002.80
1971	189.50	191.90	5 097.00	237.40	101.70	749.60
1972	211.10	200.00	7 168.20	369.60	91.30	806.70
1973	228.20	215.80	8 026.20	404.10	94.00	720.10
1975	235.30	224.40	9 917.40	381.20	98.70	1 627.1
1976	225.50	215.10	7 708.30	379.80	100.10	1 099.90
1977	221.70	204.60	10 327.50	386.90	104.00	1 139.20
1978	249.20	233.00	13 119.80	410.20	103.50	1 296.60
1979	235.20	213.50	14 288.80	404.30	103.90	1 619.30
1980	251.20	231.30	14 938.30	418.30	104.90	1 759.00
1981	273.60	255.70	16 118.20	439.90	105.70	1 886.90
1982	302.90	274.10	16 885.30	525.00	150.00	1 946.70
1983	319.70	274.80	19 622.10	568.20	222.20	2 225.70
1984	368.30	303.70	25 504.00	645.60	321.50	2 500.90
1985	391.80	308.20	29 241.50	700.00	404.40	3 058.10
1986	382.60	288.00	25 449.10	717.40	489.30	3 599.10
1987	406.00	315.80	24 428.50	738.90	504.90	4 402.00
1988	432.80	339.70	25 935.50	781.70	524.10	5 771.30
1989	445.30	346.40	27 366.20	821.80	530.00	5 091.10
1990	474.50	366.10	29 995.20	882.90	566.60	5 318.00
1991	501.10	398.60	30 756.40	929.50	514.00	5 702.40
1992	523.00	416.50	33 893.60	968.50	503.70	6 181.40
1993	538.80	422.10	40 280.40	991.90	479.00	7 462.50
1994	555.40	426.30	42 959.20	1 050.20		9 256.10
1995	591.20	457.00	43 946.10	1 112.70		11 177.80
1996	634.90	490.80	46 714.70	1 195.00		13 223.30
1997	686.90	530.10	49 941.70	1 303.40		14 728.10
1998	718.10	533.20	52 506.40	1 467.90		18 282.10
1999	753.70	555.60	53 943.50	1 571.60		20 274.70
2000	802.70	589.30	56 155.90	1 705.50		20 850.30
2001	831.50	611.67	54 154.90	1 800.60		22 289.40
2002	869.99	633.27	59 030.67	1 891.99		24 368.04
2003	927.84	663.05	67 532.55	2 027.39		25 600.09
2004	990.72	703.77	70 033.76	2 204.52		28 027.15
2005	1059.08	734.03	76196.73	2431.59		31 222.25

注：本表按可比价格计算。

Note : The data in this table are calculated at comparable prices.

10-12 全省农林牧渔业总产值
Gross Output Value of Farming, Forestry, Animal Husbandry and Fishery

单位：亿元 (100 million yuan)

项　　目	Item	按当年价格 At Current Prices 2004年	2005年
农、林、牧、渔业总产值总计	**Gross Output Value of Farming, Forestry, Animal Husbandry and Fishery**	**965.22**	**1 068.58**
农业产值合计	**Gross Output Value of Farming**	**516.92**	**559.32**
1、谷物及其他作物	Cereals and Other Crops	372.92	391.55
#谷物	Corn Cereals	185.13	195.00
薯类	Tubers	23.78	22.64
油料	Oil-bering Crops	9.74	10.09
豆类	Beans and Peas	22.19	19.62
糖料	Sugar Crops	28.00	26.40
烟草	Tobacco	75.42	88.73
2、蔬菜园艺作物	Vegetables and Horticultural Crops	106.33	122.87
3、水果、坚果、饮料和香料作物	Fruits，Nuts, Beverages and Spiceberry Crops	31.83	38.47
4、中药材	Traditional Chinese Medicinal Materials	5.84	6.42
林业产值合计	**Gross Output Value of Animal Husbandry**	**86.40**	**105.53**
林木的培育和种植	Cultivation of Forest Trees	14.25	14.79
竹木采运	Logging and Transport of Timber and Bamboo	23.30	26.10
林产品	Forest Products	48.85	64.64
牧业产值合计	**Gross Output Value of Animal Husbandry**	**305.42**	**339.68**
牲畜饲养产值	Livestock Raising	42.97	49.45
生猪产值	Hogs	220.24	241.88
家禽产值	Poultry	37.34	42.24
狩猎和捕捉动物	Hunting	0.07	0.06
其他畜牧业	Others	4.80	6.05
渔业产值	**Gross Output Value of Fishery**	**19.14**	**22.97**
农、林、牧、渔业服务业产值	**Output Value of Services for Farming, Forestry, Animal Husbandry and Fishery**	**37.34**	**41.08**

10-13 各地区农林牧渔业总产值(2005年)
Gross Output Value of Farming, Forestry, Animal Husbandry and Fishery by Region (2005)

(按当年价格计算) (at current prices)

单位：万元 (10 000 yuan)

地区	Region	农林牧渔业总产值 Gross Output Value of Farming, Forestry, Animal Husbandry and Fishery	农业产值 Farming	林业产值 Forestry	牧业产值 Animal Husbandry	渔业产值 Fishery
全省合计	**Total**	**10 685 807**	**5 593 197**	**1 055 286**	**3 396 849**	**229 664**
昆明	Kunming	1 172 285	658 345	36 988	405 871	29 997
曲靖	Qujing	1 442 356	772 161	38 067	590 611	22 001
玉溪	Yuxi	653 328	386 517	20 001	220 593	13 733
保山	Baoshan	614 697	327 751	83 915	174 878	14 740
昭通	Zhaotong	617 633	317 242	25 334	251 729	1 823
丽江	Lijiang	229 248	106 390	15 621	87 506	10 712
思茅	Simao	514 086	268 938	104 502	116 098	9 741
临沧	Lincang	524 001	312 527	60 178	130 942	5 671
楚雄	Chuxiong	781 249	415 144	35 865	252 022	9 517
红河	Honghe	881 730	487 922	65 574	284 991	25 803
文山	Wenshan	656 409	355 014	29 549	252 995	5 012
西双版纳	Xishuangbanna	413 686	117 129	242 618	33 736	8 508
大理	Dali	1 064 633	549 840	76 347	394 085	21 681
德宏	Dehong	277 016	164 849	32 856	57 321	10 634
怒江	Nujiang	62 651	31 612	7 204	21 103	110
迪庆	Diqing	74 951	35 173	9 665	21 741	602

10-14 各地区农林牧渔业总产值指数(2005年)
Indices of Gross Output Value of Farming, Forestry, Animal Husbandry and Fishery by Region (2005)

(以上年为100) (preceding year = 100)

单位：% (%)

地区	Region	农林牧渔业总产值 Gross Output Value of Farming, Forestry,Animal Husbandry and Fishery	农业产值 Farming	林业产值 Forestry	牧业产值 Animal Husbandry	渔业产值 Fishery
全省合计	**Total**	**106.9**	**104.3**	**108.8**	**110.3**	**114.4**
昆明	Kunming	106.0	103.0	104.0	112.5	90.0
曲靖	Qujing	108.9	106.5	110.8	112.6	101.9
玉溪	Yuxi	108.7	105.9	119.2	113.1	105.6
保山	Baoshan	108.4	108.0	110.6	108.3	109.4
昭通	Zhaotong	103.6	101.2	103.8	106.7	113.6
丽江	Lijiang	108.7	108.6	104.0	110.6	107.0
思茅	Simao	105.4	104.4	100.7	111.9	109.1
临沧	Lincang	106.9	110.6	97.4	102.7	104.1
楚雄	Chuxiong	108.5	112.3	91.6	107.1	106.8
红河	Honghe	107.0	104.3	99.5	114.0	110.4
文山	Wenshan	107.4	108.6	101.0	106.9	95.9
西双版纳	Xishuangbanna	106.3	100.2	108.9	104.6	117.0
大理	Dali	105.9	103.9	109.3	107.4	98.4
德宏	Dehong	111.1	110.7	106.4	116.9	110.6
怒江	Nujiang	100.4	95.7	118.7	102.4	88.7
迪庆	Diqing	104.8	102.7	102.8	109.4	120.6

注：本表按可比价格计算。

Note : The data in the table are calculated at comparable prices.

10-15 各地区农林牧渔业总产值构成(2005年)

Composition of Gross Output Value of Farming, Forestry, Animal Husbandry and Fishery by Region (2005)

(按当年价格计算) (at current prices)

单位：% (%)

地　区	Region	农林牧渔业总产值 Gross Output Value of Farming, Forestry, Animal Husbandry and Fishery	农业产值 Farming	林业产值 Forestry	牧业产值 Animal Husbandry	渔业产值 Fishery
全省合计	**Total**	**100.0**	**52.3**	**9.9**	**31.8**	**2.1**
昆　明	Kunming	100.0	56.2	3.2	34.6	2.6
曲　靖	Qujing	100.0	53.5	2.6	40.9	1.5
玉　溪	Yuxi	100.0	59.2	3.1	33.8	2.1
保　山	Baoshan	100.0	53.3	13.7	28.4	2.4
昭　通	Zhaotong	100.0	51.4	4.1	40.8	0.3
丽　江	Lijiang	100.0	46.4	6.8	38.2	4.7
思　茅	Simao	100.0	52.3	20.3	22.6	1.9
临　沧	Lincang	100.0	59.6	11.5	25.0	1.1
楚　雄	Chuxiong	100.0	53.1	4.6	32.3	1.2
红　河	Honghe	100.0	55.3	7.4	32.3	2.9
文　山	Wenshan	100.0	54.1	4.5	38.5	0.8
西双版纳	Xishuangbanna	100.0	28.3	58.6	8.2	2.1
大　理	Dali	100.0	51.6	7.2	37.0	2.0
德　宏	Dehong	100.0	59.5	11.9	20.7	3.8
怒　江	Nujiang	100.0	50.5	11.5	33.7	0.2
迪　庆	Diqing	100.0	46.9	12.9	29.0	0.8

10-16 各地区农林牧渔业增加值(2005年)

Added Value of Farming, Forestry, Animal Husbandry and Fishery by Region (2005)

(按当年价格计算) (at current prices)

单位：万元 (10 000 yuan)

地　区	Region	合　计 Total	农　业 Farming	林　业 Forestry	牧　业 Animal Husbandry	渔　业 Output of Fishery
全省合计	**Total**	**6 698 102**	**3 668 091**	**792 881**	**1 918 824**	**162 515**
昆　明	Kunming	718 033	424 583	26 781	225 885	17 995
曲　靖	Qujing	826 070	471 956	27 107	300 517	14 174
玉　溪	Yuxi	391 800	262 395	13 723	97 993	9 827
保　山	Baoshan	396 394	210 122	61 636	105 910	9 901
昭　通	Zhaotong	421 183	230 906	20 566	155 031	1 362
丽　江	Lijiang	134 390	62 888	10 047	49 457	6 722
思　茅	Simao	330 703	175 342	71 678	65 811	6 353
临　沧	Lincang	330 177	203 095	39 175	74 856	3 735
楚　雄	Chuxiong	475 224	258 952	25 048	141 698	6 015
红　河	Honghe	519 308	301 456	42 141	148 015	16 631
文　山	Wenshan	428 097	235 134	22 187	158 543	3 860
西双版纳	Xishuangbanna	262 230	66 548	162 003	18 854	5 573
大　理	Dali	631 511	329 896	56 401	217 298	13 274
德　宏	Dehong	180 132	102 127	29 032	35 220	7 160
怒　江	Nujiang	42 042	21 287	5 595	12 942	71
迪　庆	Diqing	50 660	24 761	8 759	10 167	483

注：从2003年开始，农林牧渔业增加值为按新口径核算数。

Note: The data of added value of Farming, Forestry, Animal Husbandry and Fishery have been calculated according to the new standards sinc 2003.

10-17 各地区农林牧渔业中间消耗（2005年）

Intermediate Consumption of Farming, Forestry, Animal Husbandry and Fishery by Region (2005)

(按当年价格计算) (at current prices)

单位：万元 (10 000 yuan)

地　区	Region	合　计 Total	农　业 Farming	林　业 Forestry	牧　业 Animal Husbandry	渔　业 Fishery
全省合计	**Total**	**3 987 705**	**1 925 106**	**262 405**	**1 478 025**	**67 149**
昆　明	Kunming	454 252	233 762	10 207	179 986	12 002
曲　靖	Qujing	616 286	300 205	10 960	290 094	7 827
玉　溪	Yuxi	261 528	124 122	6 278	122 600	3 906
保　山	Baoshan	218 303	117 629	22 279	68 968	4 839
昭　通	Zhaotong	196 450	86 336	4 768	96 698	461
丽　江	Lijiang	94 858	43 502	5 574	38 049	3 990
思　茅	Simao	183 383	93 596	32 824	50 287	3 388
临　沧	Lincang	193 824	109 432	21 003	56 086	1 936
楚　雄	Chuxiong	306 025	156 192	10 817	110 324	3 502
红　河	Honghe	362 422	186 466	23 433	136 976	9 172
文　山	Wenshan	228 312	119 880	7 362	94 452	1 152
西双版纳	Xishuangbanna	151 456	50 581	80 615	14 882	2 935
大　理	Dali	433 122	219 944	19 946	176 787	8 407
德　宏	Dehong	96 884	62 722	3 824	22 101	3 474
怒　江	Nujiang	20 609	10 325	1 609	8 161	39
迪　庆	Diqing	24 291	10 412	906	11 574	119

10-18 各地区农林牧渔业中间消耗、增加值占总产值比重（2005年）

Proportion of Intermediate Consumption and Added Value of Farming, Forestry Animal Husbandry and Fishery to Gross Output Value (2005)

(按当年价格计算) (at current prices)

单位：万元 (10 000 yuan)

地　区	Region	农林牧渔业总产值 Gross Output Value of Farming, Forestry, Animal Husbandry and Fishery	农林牧渔业中间消耗 Intermediate Consumption of Farming, Forestry, Animal Husbandry and Fishery	农林牧渔业增加值 Added Value of Farming, Forestry, Animal Husbandry and Fishery	占农林牧渔业总产值比重(%) Proportion to Gross Output Value (%)	
					中间消耗 Intermediate Consumption	增加值 Added Value
全省合计	**Total**	**10 685 807**	**3 987 705**	**6 698 102**	**37.32**	**62.68**
昆　明	Kunming	1 172 285	454 252	718 033	38.75	61.25
曲　靖	Qujing	1 442 356	616 286	826 070	42.73	57.27
玉　溪	Yuxi	653 328	261 528	391 800	40.03	59.97
保　山	Baoshan	614 697	218 303	396 394	35.51	64.49
昭　通	Zhaotong	617 633	196 450	421 183	31.81	68.19
丽　江	Lijiang	229 248	94 858	134 390	41.38	58.62
思　茅	Simao	514 086	183 383	330 703	35.67	64.33
临　沧	Lincang	524 001	193 824	330 177	37.10	62.90
楚　雄	Chuxiong	781 249	306 025	475 224	39.17	60.83
红　河	Honghe	881 730	362 422	519 308	41.10	58.90
文　山	Wenshan	656 409	228 312	428 097	34.78	65.22
西双版纳	Xishuangbanna	413 686	151 456	262 230	36.61	63.39
大　理	Dali	1 064 633	433 122	631 511	40.68	59.32
德　宏	Dehong	277 016	96 884	180 132	34.97	65.03
怒　江	Nujiang	62 651	20 609	42 042	32.89	67.11
迪　庆	Diqing	74 951	24 291	50 660	32.41	67.59

10-19 各地区主要农作物播种面积（2005年）
Total Sown Areas of Main Farm Crops by Region (2005)

单位：公顷 (hectare)

地　区	Region	总播种面积 Total Sown Area	粮食播种面积 Sown Area of Grain Crops	#稻谷 Rice	#小麦 Wheat	#玉米 Maize	#豆类 Beans and Peas	#薯类 Tubers
全省合计	**Total**	**6 053 790**	**4 253 930**	**1 049 270**	**532 330**	**118 260**	**478 560**	**687 530**
昆　明	Kunming	386 892	246 762	47 748	36 943	54 072	44 753	28 826
曲　靖	Qujing	807 980	490 664	53 939	32 643	146 812	52 899	129 233
玉　溪	Yuxi	214 945	87 663	23 949	21 379	22 129	11 534	3 732
保　山	Baoshan	325 001	216 647	59 940	24 658	61 545	29 011	16 110
昭　通	Zhaotong	637 018	471 306	29 023	61 623	186 417	40 047	132 298
丽　江	Lijiang	153 296	125 503	20 099	19 778	31 853	26 205	14 913
思　茅	Simao	382 491	288 976	96 996	25 791	100 805	38 683	11 522
临　沧	Lincang	371 967	263 027	57 637	39 794	93 726	38 414	14 599
楚　雄	Chuxiong	296 140	197 466	58 330	31 480	38 795	44 961	5 611
红　河	Honghe	493 385	310 531	91 896	39 265	94 858	40 384	19 206
文　山	Wenshan	557 637	376 055	65 471	44 425	128 034	78 835	42 784
西双版纳	Xishuangbanna	121 623	83 600	54 750	176	24 515	2 514	1 337
大　理	Dali	364 959	256 143	65 341	18 232	64 736	52 870	12 670
德　宏	Dehong	174 473	93 317	50 192	5 975	22 834	6 579	7 186
怒　江	Nujiang	82 005	69 593	6 656	8 468	23 926	14 569	7 844
迪　庆	Diqing	53 973	46 675	2 789	10 279	15 566	5 244	3 863

10-19　续表　continued

单位：公顷 (hectare)

地　区	Region	油料播种面积 Oil-bearing Crops	#花生 Peanuts	#油菜籽 Rapeseeds	甘蔗 Sugarcane	烤烟播种面积 Flue-cured Tobacco	蔬菜播种面积 Vegetables and Melon	其它作物 Other Farm Crops
全省合计	**Total**	**225 285**	**42 923**	**169 117**	**255 010**	**381 691**	**492 031**	**364 633**
昆　明	Kunming	9 161	711	8 068	74	42 716	56 883	29 953
曲　靖	Qujing	43 706	872	42 090	67	94 203	62 606	112 871
玉　溪	Yuxi	14 069	489	13 325	19 808	51 122	37 916	3 898
保　山	Baoshan	19 051	640	18 308	33 546	21 327	19 807	7 959
昭　通	Zhaotong	15 269	4 183	10 468	2 208	30 922	61 448	51 152
丽　江	Lijiang	4 540	807	3 420	1 114	6 277	6 602	5 867
思　茅	Simao	11 406	8 688	2 604	34 420	6 745	19 534	18 932
临　沧	Lincang	8 925	1 970	6 302	66 684	3 718	15 632	10 272
楚　雄	Chuxiong	15 587	1 081	13 323	356	34 929	37 778	6 448
红　河	Honghe	20 770	8 696	11 688	20 180	37 092	60 067	36 332
文　山	Wenshan	32 590	11 860	13 445	6 668	20 004	53 030	60 692
西双版纳	Xishuangbanna	1 665	1 651	1	17 881		9 815	1 559
大　理	Dali	13 675	557	12 486	3 471	32 568	34 440	10 222
德　宏	Dehong	12 384	616	11 738	47 444		8 814	3 181
怒　江	Nujiang	1 585	102	1 027	1 089		6 614	1 562
迪　庆	Diqing	902		824		68	1 045	3 733

注：2001年起全省粮食播种面积用抽样调查数。

Note: Since 2001 the data from sample surveys have been used for the total sown area of grain crops in the whole province.

10-20 主要年份全省主要农产品产量

Yields of Main Farm Products in Significant Years

单位：万吨 (10 000 tons)

年 份 Year	粮 食 Grain	# 稻 谷 Rice	# 小 麦 Wheat	油 料 Oil-bearing Crops	# 花 生 Peanuts	# 油菜籽 Rapeseeds	烤 烟 Flue-cured Tobacco
1952	450.70	255.75	19.60	3.37	0.82	2.10	0.57
1957	583.20	325.50	29.60	8.01	2.46	4.07	2.82
1962	534.50	273.55	27.10	3.53	1.07	2.05	2.55
1965	586.95	304.75	31.85	8.75	2.75	5.75	4.65
1970	698.45	396.65	36.65	4.77	2.01	2.68	3.25
1975	798.90	400.00	60.32	6.97	1.80	5.08	9.72
1978	864.05	411.60	85.95	5.51	2.05	3.18	12.26
1980	865.55	387.60	78.55	6.48	1.83	4.18	10.32
1985	935.00	482.95	61.90	11.81	3.60	7.17	41.00
1990	1 061.21	509.44	106.79	13.31	2.93	9.65	43.60
1995	1 188.91	515.77	138.50	19.58	4.33	14.29	76.07
1996	1 246.30	535.15	145.39	18.81	4.32	13.61	88.39
1997	1 271.90	533.77	166.14	17.43	3.82	12.80	109.28
1998	1 319.50	540.86	152.22	17.46	4.55	11.95	56.37
1999	1 399.25	534.34	153.47	20.62	4.78	14.54	60.95
2000	1 467.80	536.29	151.19	26.98	5.35	19.11	64.61
2001	1 486.30	595.87	137.88	27.66	5.40	20.42	60.08
2002	1 424.74	543.20	134.11	27.52	5.37	20.52	66.15
2003	1471.01	635.89	124.35	29.70	5.34	22.75	63.68
2004	1509.50	639.40	121.67	33.41	5.59	26.23	69.24
2005	1514.93	646.34	106.86	36.22	5.75	29.02	77.22

10-20 续表 continued

单位：万吨 (10 000 tons)

年 份 Year	糖 料 Sugar Crops	# 甘 蔗 Sugar cane	茶 叶 Tea	水 果 Fruits	猪牛羊肉 Pork, Beef and Mutton	禽 蛋 Poultry Eggs	水产品 Aquatic Products
1952	30.13	30.13	0.36				
1957	66.60	66.60	0.84	6.07			0.50
1962	42.25	42.25	0.63				0.75
1965	107.35	107.35	0.89		24.58		0.80
1970	88.32	88.32	1.05	8.78			0.92
1975	133.31	133.31	1.64	12.93	28.56		1.40
1978	160.04	160.01	1.78	11.62	29.23		1.12
1980	184.59	184.45	1.78	11.63	30.91		1.52
1985	480.13	479.77	3.11	21.18	56.82	3.90	2.65
1990	662.32	661.88	4.48	31.97	74.74	4.90	4.60
1995	1 056.31	1 055.92	6.40	55.71	120.45	6.85	8.44
1996	1 143.36	1 143.08	6.82	59.01	133.37	7.41	10.20
1997	1 435.18	1 434.92	7.08	66.02	148.95	8.51	11.89
1998	1 598.09	1 597.71	7.75	68.07	166.21	8.70	13.84
1999	1 526.89	1 526.53	7.51	73.83	180.35	9.83	15.53
2000	1 420.61	1 420.29	7.94	76.95	191.51	10.63	16.62
2001	1 481.49	1 481.10	8.07	79.29	203.84	11.80	18.02
2002	1 733.66	1 733.36	8.36	85.63	218.74	13.16	19.26
2003	1 695.24	1 694.96	8.59	96.53	234.53	14.39	20.43
2004	1 688.80	1 688.49	9.51	115.52	257.10	16.49	22.05
2005	1 415.89	1 415.50	11.59	136.63	277.32	20.35	23.85

注：1、1991年起粮食产量为抽样推算数，分品种、分地区为全面统计数。

2、猪牛羊肉产量1996-1998年为农业普查衔接数。

3、2001年起粮食分品种为抽样调查数。

Note: a. Since 1991 yields of grain crops have been estimated on the basis of sample surveys. The data of varieties and regions have been obtained from statistical data .

b. The output of pork, beef and mutton from 1996 to 1998 are the link data of agricultural census.

c. Since 2001,the data of the grain varieties have been based on sample surveys.

10-21 各地区主要农作物产量（2005年）
Yields of Main Farm Crops by Region (2005)

单位：吨 (ton)

地　区	Region	粮食总产量 Crain Crops	谷物产量 Cereals	# 稻谷 Rice	# 小麦 Wheat	# 玉米 Maize	豆类产量 Beans and Peas	# 蚕豆 Broad beans
全省合计	**Total**	**15 149 300**	**12 591 500**	**6 463 400**	**1 068 600**	**4 493 100**	**771 800**	**536 900**
昆　明	Kunming	1 133 595	912 853	375 000	93 999	353 226	103 465	65 137
曲　靖	Qujing	2 020 136	1 368 519	377 218	58 722	798 504	137 876	77 273
玉　溪	Yuxi	451 901	407 102	196 532	56 948	141 259	24 221	11 336
保　山	Baoshan	929 066	841 207	421 951	67 307	283 121	42 888	15 176
昭　通	Zhaotong	1 266 939	883 015	147 130	84 128	624 054	54 118	7 391
丽　江	Lijiang	401 377	318 059	126 985	56 929	113 321	45 535	21 746
思　茅	Simao	817 656	758 679	420 492	38 635	281 948	37 261	7 442
临　沧	Lincang	711 987	642 413	279 951	55 171	281 105	35 171	13 317
楚　雄	Chuxiong	942 951	816 205	453 375	81 681	227 963	98 188	74 211
红　河	Honghe	1 264 026	1 138 781	614 986	70 972	396 116	63 965	21 845
文　山	Wenshan	1 074 070	936 390	395 888	53 424	467 401	67 442	8 493
西双版纳	Xishuangbanna	353 086	347 189	276 772	314	69 546	2 438	178
大　理	Dali	1 213 763	1 038 345	485 247	46 856	370 317	121 688	78 263
德　宏	Dehong	402 729	378 452	287 542	17 959	71 978	6 846	1 588
怒　江	Nujiang	163 817	136 023	36 365	13 428	75 449	15 942	1 888
迪　庆	Diqing	124 956	108 036	13 797	25 576	52 262	8 078	1 217

10-21　续表　continued

单位：吨 (ton)

地　区	Region	薯类产量 Tubers	油料产量 Oil-bearing Crops	# 花生 Peanuts	# 油菜籽 Rapeseeds	甘　蔗 Sugarcane	烤烟产量 Flue-cured Tobacco
全省合计	**Total**	**1 786 000**	**362 231**	**57 457**	**290 210**	**14 154 968**	**772 193**
昆　明	Kunming	117 277	13 590	1 181	11 182	3 803	86 112
曲　靖	Qujing	513 741	83 872	1 053	80 002	853	180 092
玉　溪	Yuxi	20 578	33 486	916	32 064	1 293 858	110 000
保　山	Baoshan	44 971	33 388	1 083	31 917	1 661 359	41 482
昭　通	Zhaotong	329 806	16 924	5 608	10 591	169 836	55 992
丽　江	Lijiang	37 783	7 837	1 553	5 847	88 632	12 319
思　茅	Simao	21 716	12 597	9 303	3 177	1 721 791	12 268
临　沧	Lincang	34 403	16 776	2 805	13 424	3 360 597	7 344
楚　雄	Chuxiong	28 558	33 747	2 285	29 905	13 380	80 086
红　河	Honghe	61 280	33 971	11 040	21 940	1 141 734	82 854
文　山	Wenshan	70 238	31 126	16 906	10 733	342 757	35 693
西双版纳	Xishuangbanna	3 459	1 608	1 592		997 818	
大　理	Dali	53 730	26 096	1 335	23 766	315 546	67 824
德　宏	Dehong	17 431	14 939	695	14 203	2 973 612	
怒　江	Nujiang	11 852	730	103	245	69 395	
迪　庆	Diqing	8 842	1 546		1 214		128

10-22 历年全省大小春粮食面积和产量

Historic Sown Areas and Yields of Grain Harvested in Early and Late Spring

年 份 Year	粮食总计 (万吨) Total Yield of Grain (10 000 tons)	小 春 Late Spring		大 春 Early Spring	
		面 积 (万亩) Area (10 000 mu)	粮食产量 (万吨) Grain Yield (10 000 tons)	面 积 (万亩) Area (10 000 mu)	粮食产量 (万吨) Grain Yield (10 000 tons)
1952	450.70	853.69	52.32	3 240.02	398.38
1957	583.20	1 186.22	71.35	3 859.32	511.85
1960	489.35	1 263.93	56.55	3 883.33	432.80
1965	586.95	1 162.83	76.88	3 894.48	510.07
1966	628.60	1 227.65	73.85	3 874.02	554.75
1967	634.20	1 349.81	84.09	3 805.81	550.11
1968	587.05	1 269.68	85.95	3 742.02	501.10
1969	650.50	1 194.97	62.19	3 808.99	584.31
1970	698.45	1 354.15	84.41	3 838.69	614.04
1971	671.05	1 544.48	104.01	3 665.85	567.04
1972	735.05	1 518.91	110.10	3 692.10	624.95
1973	798.80	1 459.01	107.49	3 702.35	691.31
1974	680.35	1 406.28	88.52	3 739.64	591.83
1975	798.90	1 427.81	111.13	3 767.41	687.77
1976	761.30	1 443.83	122.76	3 734.60	638.54
1977	730.20	1 441.53	115.90	3 845.15	614.30
1978	864.05	1 578.92	134.79	3 937.87	729.26
1979	792.90	1 557.12	107.27	3 973.99	685.63
1980	865.55	1 409.80	126.64	3 979.23	738.91
1981	917.10	1 323.67	124.01	3 986.30	793.09
1982	945.90	1 240.77	111.59	3 970.09	834.31
1983	954.35	1 272.87	140.28	3 933.34	814.07
1984	1 005.00	1 281.50	135.28	3 880.56	869.72
1985	935.00	1 268.20	109.23	3 709.57	825.77
1986	870.00	1 266.33	75.48	3 733.04	794.52
1987	934.84	1 288.10	133.89	3 758.63	800.95
1988	940.72	1 392.94	138.49	3 733.81	802.23
1989	998.41	1 467.68	132.19	3 822.92	866.22
1990	1 061.21	1 543.05	170.02	3 890.39	891.19
1991	1 093.00	1 566.19	184.25	3 862.21	908.75
1992	1 070.40	1 584.30	196.00	3 788.70	874.40
1993	1 085.24	1 598.05	211.24	3 692.51	874.00
1994	1 146.47	1 704.37	201.36	3 798.90	945.11
1995	1 188.91	1 690.28	228.18	3 773.79	960.73
1996	1 246.30		234.30		1 012.00
1997	1 271.90		254.70		1 017.20
1998	1 319.50		240.15		1 079.35
1999	1 399.25	1 951.28	234.49	4 111.83	1 164.76
2000	1 467.80	1 897.13	241.00	4 090.38	1 226.80
2001	1 486.30	1 995.02	233.86	4 513.53	1 252.44
2002	1 424.74	1 827.33	240.85	4 413.54	1 183.89
2003	1 471.01	1 791.71	244.55	4 310.89	1 226.46
2004	1 509.50	1 765.11	236.32	4 472.60	1 273.18
2005	1 514.93	1 783.40	222.31	4 597.50	1 292.62

10-23 全省主要农作物产量
Yields of Main Farm Crops

单位：吨 (ton)

指 标	Item	2002年	2003年	2004年	2005年	2005年比2004年(±%) Increase or Decrease Rate in 2005 Against 2004
粮食	**Grain**	**14 247 400**	**14 710 100**	**15 095 000**	**15 149 300**	**0.4**
稻谷	Rice	5 432 000	6 358 900	6 394 000	6 463 400	1.1
小麦	Wheat	1 341 100	1 243 500	1 216 700	1 068 600	-12.2
玉米	Maize	4 615 000	3 999 300	4 256 600	4 493 100	5.6
大豆	Soybeans	158 900	148 100	206 200	173 900	-15.7
薯类	Tubers	1 538 800	1 722 900	1 913 900	1 786 000	-6.7
油料	**Oil-bearing Crops**	**275 203**	**296 994**	**334 131**	**362 231**	**8.4**
油菜籽	Rapeseeds	205 231	227 492	262 286	290 210	10.6
棉花	**Cotton**	**378**	**314**	**274**	**220**	**-19.7**
麻类	**Fiber Crops**	**23 305**	**44 855**	**136 586**	**140 975**	**3.2**
糖类	**Sugar Crops**	**17 336 643**	**16 952 427**	**16 888 020**	**14 158 860**	**-16.2**
# 甘蔗	Sugarcane	17 333 635	16 949 600	16 884 864	14 154 968	-16.2
烟叶	**Tobacco**	**718 012**	**654 861**	**707 502**	**790 909**	**11.8**
# 烤烟	Flue-cured Tobacco	661 522	636 834	692 371	772 193	11.5

10-24 全省茶叶、水果生产情况
Area and Output of Provincial Tea and Fruits

单位：公顷、吨 (hectare, ton)

指 标	Item	2003年 面 积 Area	2003年 产 量 Yield	2004年 面 积 Area	2004年 产 量 Yield	2005年 面 积 Area	2005年 产 量 Yield
茶 叶	**Tea**	**192 206**	**85 929**	**201 866**	**95 080**	**218 450**	**115 880**
红毛茶	Black Tea		10 988		11794		11 422
绿毛茶	Green Tea		72 517		81737		102 661
水 果	**Fruits**	**217 788**	**965 270**	**225 670**	**1 155 194**	**224 750**	**1 366 290**
香 蕉	Bananas	15 067	146 199	18 557	188 986	22 430	245 224
苹 果	Apples	33 709	113 414	33 136	141 239	31 500	159 396
柑 桔	Citrus	25 051	133 128	25 854	166 946	27 850	211 091
梨	Pears	39 658	176 285	38 546	189 396	39 700	197 028
葡 萄	Grapes	5 294	42 606	5 332	50 862	51 610	69 734
菠 箩	Pineapples	3 531	26 120	3 650	23 676	3 370	22 102

10-25 全省主要农产品产量与历史最高年比较
Comparison of Output of Main Farm Products with the Highest in History

项　目	Item	历史最高年 The Highest Output in History 年份 Year	产量 Output	2005年产量 Output in 2005	2005年比历史最高年增减 Increase or Decrease of 2005 as Compared with the Highest in History 绝对数 Absolute Figure	(%) Rate (%)
主要农产品产量	**Yield of Major Farm Crops**					
粮食总产量（万吨）	Crain Crops (10 000 tons)	2004	1 509.50	1 514.93	5.43	0.4
小春粮食产量（万吨）	Yield in Late Spring Harvest (10 000 tons)	1997	254.70	222.31	-32.39	-12.7
大春粮食产量（万吨）	Yield in Early Spring Harvest (10 000 tons)	2004	1 273.18	1 292.62	19.44	1.5
主要经济作物	Main Cash Crops (10 000 tons)					
花　生（万吨）	Peanuts (10 000 tons)	2004	5.59	5.75	0.16	2.9
油菜籽（万吨）	Rapeseeds (10 000 tons)	2004	26.23	29.02	2.79	10.6
甘　蔗（万吨）	Sugarcane (10 000 tons)	2002	1 733.36	1 415.50	-317.86	-18.3
烤　烟（万吨）	Flue-cured Tobacco (10 000 tons)	1997	109.28	77.22	-32.06	-29.3
茶　叶（万吨）	Tea (10 000 tons)	2004	9.51	11.59	2.08	21.9
主要林产品产量	**Output of Major Forest Products**					
橡胶（万吨）	Rubber (10 000 tons)	2003	22.34	24.03	1.69	7.6
松脂（万吨）	Pine Resin (10 000 tons)	2004	7.73	7.97	0.24	3.1
核桃（万吨）	Walnuts (10 000 tons)	2004	8.44	9.12	0.68	8.1
板栗（万吨）	Chestnuts (10 000 tons)	2004	1.90	2.13	0.23	12.1
主要畜产品产量	**Output of Major Livestock Products**					
肉猪出栏头数（万头）	Number of Slaughtered Fattened Hogs(10 000 heads)	2004	2 585.92	2 761.42	175.50	6.8
猪牛羊肉总产量（万吨）	Output of Pork, Beef and Mutton (10 000 tons)	2004	257.10	277.32	20.22	7.9
# 猪肉产量（万吨）	Pork (10 000 tons)	2004	228.34	244.96	16.62	7.3
牛奶产量（万吨）	Milk (10 000 tons)	2004	26.86	31.07	4.21	15.7
水产品产量	**Output of Aquatic Products**	**2004**	**22.05**	**23.85**	**1.80**	**8.2**

10-26 热带、亚热带作物面积和产量
Areas and Yields of Tropical and Subtropical Crops

单位：公顷，吨　　(hectare, ton)

指　标	Item	年末实有面积 Real Area at Year-end 2004年	2005年	收获面积 Harvest Area 2004年	2005年	总产量 Total Output 2004年	2005年
橡　胶	Rubber	267 301	298 970	135 274	139 590	219 156	240 341
咖　啡	Coffee	13 461	17 160	11 718	15 320	21 383	21 636
香料作物(折香料油)	Perfume Plants (perfume oil)	10 146	10 030	7 667	7 680	1 291	1 175
胡　椒	Pepper	470	607	136	211	292	364
砂　仁	Fructus Amomis	9 265	8 910	7 281	7 380	1 466	1 334

10-27 各地区营林生产情况（2005年）
Forestry Production by Region (2005)

单位：千公顷 (1000 hectares)

地　区	Region	造林面积 Afforested Area	# 飞播造林 Area of Aerial Seeding	迹地更新面积 Area of Reforested Slash	幼林抚育作业面积 Area of Cultivating Young Growth	成林抚育面积 Area of Cultivating Mature Forest	零星(四旁)植树(万株) Area of Planting Trees Around (10 000)	育苗面积(公顷) Area of Growing Seedlings (hectares)
全省合计	**Total**	**210.98**	**47.4**	**13.21**	**80.26**	**16.54**	**11 687**	**3 748**
昆　明	Kunming	6.13	3		0.38	0.76	1 185	103
曲　靖	Qujing	11.64	5.13		8.29	4.17	2 462	82
玉　溪	Yuxi	8.67	2.87		0.4	0.27	445	35
保　山	Baoshan	6.66			0.05	0.48	554	89
昭　通	Zhaotong	13.65	5.79		17.23	0.11	1 156	280
丽　江	Lijiang	7.9	3.23			0.17	265	137
思　茅	Simao	29.2		11.77	16.6	2.35	468	126
临　沧	Lincang	22.58					551	2 167
楚　雄	Chuxiong	5.87	1.57	0.11		0.38	1393	64
红　河	Honghe	24.5	2.74	0.55	5.4	5.87	899	165
文　山	Wenshan	24.64	7.61	0.78	29.37	0.35	823	87
西双版纳	Xishuangbanna	13.52	0.67		0.67		142	137
大　理	Dali	14.68	5.99				1047	103
德　宏	Dehong	6.94			1.87	0.96	126	72
怒　江	Nujiang	7.91	4.94				111	53
迪　庆	Diqing	6.5	3.86			0.67	59	48

10-28 各地区主要林产品产量（2005年）
Output of Main Forest Products by Region (2005)

单位：百公斤 (100 kg)

地　区	Region	橡胶 Rubber	松脂 Pine Resin	油桐籽 Tung-oil Seeds	油茶籽 Rapeseeds	核桃 Walnuts	板栗 Chestnuts	紫胶 Shellac
全省合计	**Total**	**2 403 406**	**796 634**	**188 832**	**46 184**	**912 002**	**212 770**	**11 347**
昆　明	Kunming		666	365	130	14 852	76 954	
曲　靖	Qujing		409	10 020	994	34 986	19 158	
玉　溪	Yuxi		3 516	20		15 698	12 201	120
保　山	Baoshan		5 198	1 853	649	87 962	7 554	1 172
昭　通	Zhaotong			29 547	10	43 051	6 605	
丽　江	Lijiang		156	2 041		47 989	3 107	
思　茅	Simao	136 772	721 870	1 000		28 622	2 580	4 848
临　沧	Lincang	140 244	25 488	1 322	39	127 916	3 432	3 340
楚　雄	Chuxiong		15 392	547	275	114 460	47 266	
红　河	Honghe	149 973	331	382		12 148	6 025	1 495
文　山	Wenshan	10 887	378	123 669	44 034	13 149	9 463	
西双版纳	Xishuangbanna	1 907 430	6 800				561	91
大　理	Dali		3 192	5 906		241 049	11 910	143
德　宏	Dehong	58 100	13 138	1 862	53	3 667	1 312	138
怒　江	Nujiang			10 250		41 892	1 542	
迪　庆	Diqing		100	48		84 561	3 100	

10-29 主要年份全省大牲畜年末数

Number of Large Livestock at the Year-end in Significant Years

单位：万头 (10 000 heads)

年 份 Year	大牲畜 Large Livestock	黄 牛 Cattle	水 牛 Buffaloes	马 Horses	驴 Donkeys	骡 Mules
1978	656.29	365.97	187.44	68.07	12.43	22.38
1980	678.9	373.83	196.61	71.4	14.31	22.75
1985	874.12	484.66	247.46	90.26	20.88	30.87
1990	929.75	495.47	272.06	94.24	26.32	41.66
1993	938.52	485.79	280.08	93.5	29.69	49.46
1994	946.09	488.57	280.76	94.14	30.4	52.22
1995	966.37	501.21	284.79	94.14	31.44	54.69
1996	928.28	453.72	286.97	88.04	32.64	55.17
1997	940.58	462.79	291.56	86.3	32.75	57.06
1998	951.01	472.51	295.12	86.35	33.08	58.4
1999	1 000.37	511.76	292.61	87.87	32.34	61.46
2000	1 036.32	534.85	309.53	86.28	32.1	63.12
2001	973.21	495.68	287.16	83.66	31.87	64.29
2002	930.23	469.09	269.44	83.07	31.98	64.78
2003	941.5	478.22	269.22	81.18	32.61	65.14
2004	966.61	493.67	274.60	79.76	32.88	65.35
2005	937.58	480.44	259.65	78.26	33.27	65.89

注：2000年后畜牧业主要产品数据为抽样调查数。

Note: The data of main livestock products after 2000 are obtained from a sample survey.

10-30 主要年份全省猪、羊年末数及肉猪出栏数

Number of Hogs, Sheep and Goats at the Year-end and Slaughtered Fattened Hogs in Significant Years

单位：万头、万只 (10 000 heads)

年 份 Year	猪年末数 Hogs(year-end)	当年生猪出栏头数 Number of Slaughtered Hogs in the Year	出栏率(%) Slaughter Ratio (%)	羊 Goats and Sheep	山 羊 Goats	绵 羊 Sheep
1978	1 297.93	514.76	41.9	707.75	528.54	179.21
1980	1 312.98	523.96	40	746.77	561.28	185.49
1985	1 703.30	740.73	43.5	723.94	558.83	165.11
1990	2 064.91	897.37	44.8	722.38	568.65	153.73
1993	2 168.20	1 112.04	52.6	627.19	508.17	119.02
1994	2 215.29	1 234.86	57	666.29	547.15	119.14
1995	2 295.07	1 368.07	61.8	718.66	597.79	120.87
1996	2 432.44	1 602.98	69.8	734.44	637.9	96.54
1997	2 461.63	1 764.88	72.6	767.83	672.35	95.48
1998	2 507.91	1 926.01	78.2	802.01	705.03	96.98
1999	2 459.40	1 944.88	79.1	836.38	717.41	118.97
2000	2 587.14	2 033.26	82.7	892.92	770.83	122.09
2001	2 518.63	2 135.87	82.6	838.31	731.62	106.70
2002	2 486.90	2 259.86	89.7	784.12	689.23	94.89
2003	2 554.13	2 384.54	95.9	809.56	716.19	93.37
2004	2 420.16	2 585.92	101.24	853.16	759.61	93.55
2005	2 585.07	2 761.42	114.10	912.15	816.20	95.95

注：2000年后畜牧业主要产品数据为抽样调查数。

Note: The data of main livestock products after 2000 are obtained from a sample survey.

10-31 全省畜牧业生产情况
Basic Conditions of Animal Husbandry Production

指　　标	Item	2000年	2001年	2003年	2004年	2005年
牲畜年末头数	**Number of Livestock (at year-end)**					
大牲畜（万头）	Large Livestock (10 000 heads)	1 036.32	973.21	941.5	966.61	937.58
牛（万头）	Cattle and Buffaloes (10 000 heads)	854.82	793.39	762.57	788.62	760.16
马（万头）	Horses (10 000 heads)	86.28	83.66	81.18	79.76	78.26
驴（万头）	Donkeys (10 000 heads)	32.10	31.87	32.61	32.88	33.27
骡（万头）	Mules (10 000 heads)	63.12	64.29	65.14	65.35	65.89
猪（万头）	Hogs (10 000 heads)	2 587.14	2 518.63	2 554.13	2 420.16	2 585.07
羊（万只）	Goats and Sheep (10 000 heads)	892.92	838.31	809.56	853.16	912.15
畜禽产品产量	**Output of Livestock and Poultry Products**					
肉类总产量（万吨）	Total Output of Meat (10 000 tons)	205.17	219.54	253.69	277.8	300.04
猪　肉（万吨）	Pork (10 000 tons)	172.94	183.69	208.77	228.34	244.96
牛　肉（万吨）	Beef (10 000 tons)	12.77	13.82	17.58	19.81	21.99
羊　肉（万吨）	Mutton (10 000 tons)	5.80	6.34	8.18	8.93	10.37
其它畜禽产品产量	**Output of Other Livestock and Poultry Products**					
牛　奶（万吨）	Milk (10 000 tons)	12.97	15.59	21.75	26.86	30.91
山羊毛（吨）	Coat Wool (ton)	118	90	100	75	63
绵羊毛（吨）	Sheep Wool (ton)	1 690	1 660	1 758	1 704	1 959
禽　蛋（万吨）	Poultry Eggs (10 000 tons)	10.63	11.80	14.39	16.49	19
蚕　茧（吨）	Silkworm Cocoons (ton)	9 496.00	9 284.37	13 093.00	26 445.00	19 225.80

注：2000年后畜牧业主要产品数据为抽样调查数。

Note: The data of main livestock products after 2000 are obtained from a sample survey.

10-32 各地区牲畜饲养情况（2005年）
Number of Livestock by Region (2005)

单位：头、只 (head)

地　区	Region	大牲畜年末头数 Large Livestock (at year-end)	#役畜 Draught Livestock	牛 Cattle and Buffaloes	#乳牛 Dairy Cattle	马 Horses	驴 Donkeys	猪年末头数 Hogs (year-end)	羊年末只数 Sheep and Goats (year-end)
全省合计	**Total**	**9 375 820**	**5 270 476**	**7 601 643**	**145 443**	**782 576**	**332 660**	**25 850 720**	**9 121 491**
昆　明	Kunming	664 784	370 007	462 658	34 319	121 386	16 897	1 916 338	1 044 988
曲　靖	Qujing	966 689	703 632	724 457	4 052	161 414	10 580	3 944 975	1 348 793
玉　溪	Yuxi	276 196	146 529	238 456	316	10 461	14 822	1 313 927	330 950
保　山	Baoshan	580 088	323 529	473 554	1 983	19 417	16 362	1 872 114	346 406
昭　通	Zhaotong	602 519	418 590	427 805	827	161 829	4 348	2 241 273	555 781
丽　江	Lijiang	426 669	165 235	285 665	3 078	66 988	38 083	825 150	951 591
思　茅	Simao	720 219	312 145	702 868	340	584	11 259	2 009 986	332 429
临　沧	Lincang	629 121	309 428	554 327	403	554	55 528	1 877 264	472 637
楚　雄	Chuxiong	830 142	510 034	626 599	1 129	40 366	67 729	1 623 014	1 165 551
红　河	Honghe	847 045	541 288	719 540	4 025	35 506	11 026	2 220 790	416 958
文　山	Wenshan	1 082 779	792 345	970 035	84	67 614	203	2 194 000	307 230
西双版纳	Xishuangbanna	166 165	29 486	165 512	70	109	406	429 078	10 486
大　理	Dali	980 545	388 881	743 922	93 598	56 207	69 676	2 124 862	1 175 571
德　宏	Dehong	171 473	74 250	154 673	585	2 794	1 758	526 701	77 567
怒　江	Nujiang	166 451	97 354	132 622	71	12 708	7 465	393 350	379 893
迪　庆	Diqing	264 935	87 743	218 950	563	24 639	6 518	337 898	204 660

注：各地州市数据为抽样调查衔接数。

Note : The data of the prefectures and cities are obtained from a sample survey.

10-33 各地区畜产品产量(2005年)
Output of Livestock Products by Region (2005)

单位：吨 (ton)

地区	Region	猪牛羊肉产量 Output of Pork, Beef and Mutton	#猪肉 Pork	#牛肉 Beef	#羊肉 Mutton	奶类 Milk	#牛奶 Cow Milk	绵羊毛 Sheep Wool	禽蛋 Eggs	蜂蜜 Honey
全省合计	**Total**	**2 773 223**	**2 449 572**	**219 908**	**103 743**	**326 832**	**309 104**	**1 959**	**189 954**	**6450.07**
昆明	Kunming	283 812	253 658	18 318	11 836	97 990	88 087	251	57 619	311
曲靖	Qujing	637 035	594 400	26 498	16 137	9 494	3 658	564	15 225	1852.16
玉溪	Yuxi	163 261	146 056	11 747	5 458	309	224	3	31 939	85
保山	Baoshan	159 067	142 531	12 504	4 032	2 791	2 791	20	6 637	365
昭通	Zhaotong	227 263	209 582	12 245	5 436	1 935	1 935	702	14 321	173.24
丽江	Lijiang	70 847	56 566	7 882	6 399	2 288	2 263	130	2 865	201
思茅	Simao	84 981	75 807	7 000	2 174	668	668		4 057	487
临沧	Lincang	85 111	73 287	8 434	3 390	1 636	1 636	10	2 706	287
楚雄	Chuxiong	219 241	173 517	31 450	14 274	3 375	3 375	23	5 703	902
红河	Honghe	227 748	209 113	13 823	4 812	14 813	13 889	23	16 748	298.96
文山	Wenshan	214 045	189 004	20 516	4 525	160	160		6 337	162
西双版纳	Xishuangbanna	21 888	18 672	3 130	86	98	98		1 013	75
大理	Dali	300 487	241 085	38 574	20 828	176 841	175 900	130	21 503	918
德宏	Dehong	40 810	36 945	3 172	693	1 215	1 215		1 662	109
怒江	Nujiang	22 326	17 877	1 966	2 483	54	54	35	958	140
迪庆	Diqing	15 301	11 472	2 649	1 180	13 165	13 151	69	661	84

注：各地州市数据为抽样调查衔接数。

Note: The data of the prefectures and cities are obtained from a sample survey.

10-34 各地区水产品产量及养殖面积(2005年)
Output of Aquatic Products and Aquaculture Areas by Region (2005)

单位：吨/公顷 (ton/hectare)

地区	Region	水产品产量 Output of Aquatic Products	养殖产量 Artificially Cultured	捕捞产量 Naturally Grown	鱼类 Fish	虾蟹类 Shrimps, Prawns and Crabs	贝类 Shell-fish	其它 Others	水产养殖面积 Aquiculture Area
全省合计	**Total**	**238 488**	**212 644**	**25 844**	**231 483**	**6 267**	**273**	**465**	**85 958**
昆明	Kunming	38 711	31 098	7 613	35 810	2 901			8 508
曲靖	Qujing	29 728	27 347	2 381	29 450	272		6	12 047
玉溪	Yuxi	11 984	9 984	2 000	11 842	65		77	10 908
保山	Baoshan	16 909	16 423	486	16 905	4			3 136
昭通	Zhaotong	3 527	3 409	118	3 526	1			2 597
丽江	Lijiang	6855	5777	1078	6 769	70		16	2 594
思茅	Simao	14678	14098	580	14 600	40	12	26	4 313
临沧	Lincang	8606	7813	793	8 289	194	23	100	2 424
楚雄	Chuxiong	9 464	9 278	186	9 464				8 574
红河	Honghe	31 101	30 235	866	30 745	304	49	3	11 555
文山	Wenshan	10 095	9 530	565	9 743	192	133	27	4 899
西双版纳	Xishuangbanna	16 240	15 645	595	16 130	52	56	2	3 994
大理	Dali	26 816	18 775	8 041	24 698	2 105		13	7 268
德宏	Dehong	12 688	12 246	442	12 428	67		193	2 402
怒江	Nujiang	413	404	9	411			2	45
迪庆	Diqing	673	582	91	673				694

10-35 各地区主要蔬菜产品产量（2005年）
Yields of Main Vegetable Products by Region (2005)

单位：吨 (ton)

地　区	Region	蔬菜产量 Yield of Vegetable	叶菜类 Foliage Vegetables	瓜菜类 Melon Vegetables	块根块茎类 Root and Stem Vegetables	茄果菜类 Eggplant Vegetables	葱蒜类 Onion and Garlic Vegetables
全省合计	**Total**	**9 708 882**	**4 026 436**	**660 854**	**2 039 510**	**817 198**	**860 175**
昆　明	Kunming	1 690 736	846 365	112 798	206 799	113 943	145 562
曲　靖	Qujing	1 350 064	569 696	50 982	463 108	82 607	37 810
玉　溪	Yuxi	969 813	345 024	36 340	255 159	42 306	130 912
保　山	Baoshan	324 487	108 292	25 943	44 458	74 548	13 972
昭　通	Zhaotong	820 390	452 023	60 847	196 197	49 357	20 512
丽　江	Lijiang	172 377	70 463	14 633	17 602	17 634	22 599
楚　雄	Chuxiong	236 162	102 662	48 184	31 724	16 978	10 269
红　河	Honghe	268 006	98 377	40 979	57 732	21 253	11 540
文　山	Wenshan	1 034 965	382 626	49 713	328 571	103 399	31 819
思　茅	Simao	1 152 853	431 800	87 917	253 006	148 300	87 415
西双版纳	Xishuangbanna	540 903	309 768	53 756	54 303	35 200	19 529
大　理	Dali	79 476	29 071	11 167	4 304	27 696	1 699
德　宏	Dehong	897 852	203 938	42 155	90 986	76 577	320 949
怒　江	Nujiang	91 826	47 340	14 459	7 895	5 270	2 855
迪　庆	Diqing	62 689	18 300	9 529	26 008	1 501	1 862
临　沧	Lincang	16 285	10 695	1 453	1 659	630	870

10-36 各地区特种作物生产情况（2005年）
Yields of Special Crops by Region (2005)

单位：百公斤 (100 kg)

地　区	Region	鲜切花（万枝） Fresh Cut Flowers (10 000 branches)	盆栽观赏植物（盆） Potted Ornamental Plants (pot)	药　材（百公斤） Medicinal Materials (100 kg)	食用菌（百公斤） Edible Mushrooms (100 kg)
全省合计	**Total**	**369 181**	**45 979 280**	**385 399**	**210 947**
昆　明	Kunming	302 227	12 818 100	12 920	18 492
曲　靖	Qujing	8 751	2 221 600	32 490	50 802
玉　溪	Yuxi	35 808	9 857 800	594	14 618
保　山	Baoshan	155	1 687 700	6 623	14 862
昭　通	Zhaotong	872	527 380	53 173	5 355
丽　江	Lijiang	1 180	4 551 100	40 485	2 048
思　茅	Simao	112	2 682 300	6 295	7 733
临　沧	Lincang	106	445 300	6 959	6 124
楚　雄	Chuxiong	10 632	299 000	36 597	17 128
红　河	Honghe	6 444	1 005 700	29 135	12 599
文　山	Wenshan	574	989 100	41 276	5 619
西双版纳	Xishuangbanna	134		7 811	8 750
大　理	Dali	2 073	6 609 100	77 451	42 319
德　宏	Dehong	75	127 100	18 394	4 237
怒　江	Nujiang		708 000	1 776	196
迪　庆	Diqing	38	1 450 000	13 420	65

10-37 农村住户人口与劳动力就业抽样调查情况
Population and Labour Force of Rural Households by Samples Survey

单位：元，人 (yuan，person)

指　标	Item	数 量 Quantity 2004年	数 量 Quantity 2005年
农村住户人口状况	**Population Status of Rural Households Surveyed**		
全年家庭常住人口	Resident Population of Household in Whole Year	10 591	10 396
常住人口与户主关系	Relations of Resident Population and Householder		
户主	Householder	2 400	2 402
配偶	Spouse	2 246	2 281
子女	Children	4 527	4 322
孙子女	Grandchildren	499	366
父母	Parents	744	806
祖父母	Grandparents	17	39
兄弟姐妹	Brothers and Sisters	125	123
其他亲属	Other Kinfolks	31	57
非亲属	Non-Kinfolks	2	
家庭常住人口年龄状况	Age Composition of Households Resident Population		
6岁及以下	Age 6 and Below	757	847
7-15岁	Age7-15	1 642	1 586
16-20岁	Age 16-20	1 128	1 140
21-25岁	Age 21-25	890	841
26-30岁	Age 26-30	897	857
31-35岁	Age 31-35	818	847
36-40岁	Age 36-40	919	953
41-45岁	Age 41-45	810	873
46-50岁	Age 46-50	800	671
50岁以上	Age 50 and Over	1 930	1 781
在校学生人数	Number of Students Enrollment	1 969	1 964
其中:7-15岁在校学生人数	Number of Students Enrollment at Age 7-15	1 495	1 459
农村住户劳动力素质状况	**Quality of Rural Households Labour Force**		
整半劳动力数	Number of Able-bodied Laborers and Correspond with the Half	6 919	6 685
其中:男劳动力人数	Male Laborers	3 664	3 507
整劳动力	Able-bodied Laborers	5 220	5 176
劳动力与户主关系	Relations of Labour Force and Householder		
户主	Householder	2 266	2 304
配偶	Spouse	2 129	2 183
子女	Children	2 228	1 862
孙子女	Grandchildren	19	13
父母	Parents	157	186
祖父母	Grandparents		
兄弟姐妹	Brothers and Sisters	100	113
其他亲属	Other Kinfolks	19	24
非亲属	Non-Kinfolks	1	

10-37 续表1 continued

单位：元，人 (yuan，person)

指标	Item	数量 Quantity 2004年	数量 Quantity 2005年
劳动力年龄结构	Age Composition of Labour force		
16-20岁	Age 16-20	752	765
21-25岁	Age 21-25	869	799
26-30岁	Age 26-30	887	854
31-35岁	Age 31-35	811	841
36-40岁	Age 36-40	903	950
41-45岁	Age 41-45	802	866
46-50岁	Age 46-50	797	663
50岁以上	Age 50 and Over	1 098	947
劳动力文化程度	Educational Level of Labour Force		
不识字或识字很少	Illiterate	1 222	934
小学程度	Primary School	2 889	2 810
初中程度	Junior High School	2 409	2 541
高中程度	Secondary School	317	309
中专	Specialized Secondary School	63	74
大专及以上	College and Higher Education	19	17
劳动力接受培训情况	Skill Training		
受过专业培训的人数	Trained	713	946
未受过专业培训的人数	Not Trained	6 206	5 739
农村住户劳动力就业状况	**Labour Force Employment of Rural Households Surveyed**		
就业劳动力人数	Number of Employees	6 912	6 678
其中：男劳动力人数	Male Laborers	3 659	3 502
整劳动力人数	Able-bodied Laborers	5 215	5 171
受专业培训的人数	Trained	711	945
就业劳动力与户主关系	Relations of Employee and Householder		
户主	Householder	2 265	2 303
配偶	Spouse	2 129	2 183
子女	Children	2 223	1 856
孙子女	Grandchildren	19	13
父母	Parents	156	186
祖父母	Grandparents		
兄弟姐妹	Brothers and Sisters	100	113
其他亲属	Other Kinfolks	19	24
非亲属	Non-Kinfolks	1	
就业劳动力年龄结构	Age Composition of Employees		
16-20岁	Age 16-20	749	762
21-25岁	Age 21-25	869	798
26-30岁	Age 26-30	886	854
31-35岁	Age 31-35	810	839
36-40岁	Age 36-40	902	950
41-45岁	Age 41-45	802	866
46-50岁	Age 46-50	796	662
50岁以上	Age 50 and Over	1 098	947
就业劳动力文化程度	Educational Level of Rural Household Labour Force Transferred		
不识字或识字很少	Illiterate	1 222	933
小学程度	Primary School	2 888	2 809
初中程度	Junior High School	2 404	2 537
高中程度	Secondary School	316	309
中专	Specialized Secondary School	63	74
大专及以上	College and Higher Education	19	16
一产业就业劳动力	Employees of Primary Industry	6 206	5 983
二产业就业劳动力	Employees of Secondary Industry	181	251

10-37 续表2 continued

单位：元，人 (yuan，person)

指 标	Item	数 量 Quantity 2004年	数 量 Quantity 2005年
三产业就业劳动力	Employees of Tertiary Industry	525	444
农村住户劳动力外出务工情况	**Rural Household Labour Force Go Out Engaged in Project or Other Working**		
外出就业的劳动力人数	Number of Employees in Labour Force Go Out	429	427
其中：男劳动力人数	Male Laborers	304	290
整劳动力人数	Able-bodied Laborers	387	394
受过专业培训的人数	Trained	49	80
首次外出的人数	Go out Laborers at First	93	111
外出就业劳动力年龄结构	Age Composition of Employees in Labour Force Go Out		
16-20岁	Age 16-20	105	141
21-25岁	Age 21-25	122	119
26-30岁	Age 26-30	62	69
31-35岁	Age 31-35	44	27
36-40岁	Age 36-40	45	33
41-45岁	Age 41-45	29	25
46-50岁	Age 46-50	11	7
50岁以上	Age 50 and Over	11	6
外出就业劳动力文化程度	Educational Level of Employees		
不识字或识字很少	Illiterate	43	12
小学	Primary School	141	139
初中	Junior High School	213	244
高中	Secondary School	22	26
中专	Specialized Secondary School	9	6
大专及以上	College and Higher Education	1	
外出就业劳动力外出方式	Methods of Employees in Labour Force Go Out		
政府(单位)组织外出人数	Number of Employees by Government Organize to Go Out or by Their Unit	15	25
亲属介绍外出人数	Number of Employees by Their Kinfolks Introduce to Go Out	310	229
自发外出	Number of Employees by Spontaneity Go Out	104	173
外出就业劳动力外出地区	Regions of Employees in Labour Force Go Out		
东部地区	East	100	109
中部地区	Central Section	5	3
西部地区	West	309	314
其他地区	Other Section	15	1
外出就业劳动力外出地区类型	Region Types of Employees in Labour Force Go Out		
直辖市	Municipalities Directly Under the Central Government	17	8
省会城市	Cities at Provincial Capital]	73	95
地区级城市	Cities at Region Prefecture Level	118	106
县级市	Cities at County Level	83	99
建制镇	Towns by Organizational System	67	64
其他地区	Other Regions	71	55
外出就业劳动力外出务工时间（月）	Time of Employees in Labour Force Go Out	2 917.90	3 119.2
外出就业劳动力从业时间情况	Time Status of Employees in Labour Force Go Out		
外出就业劳动力中从业累计1个月以下的人数	Number of Employees in 1 Month Below	3	2
外出就业劳动力中从业累计1-3个月人数	Number of Employees in 1-3 Months	59	48
外出就业劳动力中从业累计3-6个月人数	Number of Employees in 3-6 Months	81	65
外出就业劳动力中从业累计6个月以上的人数	Number of Employees in 6 Months Over	286	312
外出就业劳动力在外务工总收入	Total Income of Employees in Labour Force Go Out	1 820 502.50	1 922 924.3
其中：寄回带回现金	Cash by Remit Back to Home or by Lead Back	588 369.0	498 319.9
外出务工分地区收入情况	Income of Employees in Labour Force Go Out by Regions		
在东部地区的收入	East	551 530.0	630 556.0
在中部地区的收入	Central Section	13 170.0	20 000.0
在西部地区的收入	West	1 133 202.50	1 261 568.3

10-37 续表3 continued

单位：元，人 (yuan，person)

指 标	Item	数 量 Quantity 2004年	数 量 Quantity 2004年
在其他地区的收入	Other Section	122 600	10 800
外出就业劳动力外出务工分地区类型收入情况	Incom of Employees in Labour Force Go Out by Region Types		
在直辖市得到的收入	Municipalities Directly Under the Central Government	81 160	45 800
在省会城市得到的收入	Cities at Provincial Capital]	398 900	471 700
在地区级城市得到的收入	Cities at Region Prefecture Level	562 345	507 226
在县级市得到的收入	Cities at County Level	312 533	516 060
在建制镇得到的收入	Towns by Organizational System	195 295	174 068
在其他地区得到的收入	Other Regions	270 270	208 070
外出就业劳动力在外务工总消费支出	Total Consumption Expenditures of Employees in Labour Force Go Out	854 354	957 443
其中:食品	Foods	493 587	538 789
衣着	Clothing	107 675	126 947
居住	habitation	58 945	77 512
交通通讯	Transport, Postal and Telecommunication	87 938	96 340
农村住户外出劳动力返回情况	**Rural Household Labour Force Go Out Engaged in Project or Other Working then Come Back to Their Home**		
当年返回劳动力人数	Number of Labour Force Come Back to Their Home in Current Year	82	17
返回劳动力的文化程度	Educational Level of Labour Force Come Back to Their Home		
不识字或识字很少	Illiterate	5	
小学	Primary School	35	6
初中	Junior High School	36	10
高中	Secondary School	5	1
中专	Specialized Secondary School	1	
大专及以上	College and Higher Education		
返回地区	Come from Rigons of Labour Force Come Back to Their Home		
由东部地区返回	East	4	1
由中部地区返回	Central Section	2	
由西部地区返回	West	76	15
由其他地区返回	Other Section		1
返回地区类型	Come from Rigon Types of Labour Force Come Back to Their Home		
由直辖市返回	Municipalities Directly Under the Central Government		
由省会城市返回	Cities at Provincial Capital]	4	3
由地区级城市返回	Cities at Region Prefecture Level	23	2
由县级市返回	Cities at County Level	15	2
由建制镇返回	Towns by Organizational System	24	3
由其他地区返回	Other Regions	16	7
返回原因	Reasons of Labour Force Come Back to Their Home		
找不到工作	Unemployed in local Place	21	
要不到工资	Wages Can't be Got	1	
缺乏安全感	Shorted Safe-feel	1	
生活不习惯	Conditioned to living Not Yet	5	1
疾病或伤残	Sickness or Wounded and Deformity	2	1
回家结婚、生育	Marriage and Procreating	13	11
家中缺乏劳动力	Shorted of Labour Force	3	
其它	Others	36	4
农村住户劳动力转移情况	**Rural Household Labour Force Transferred**		
转移劳动力人数	Number of Rural Household Labour Force Transferred	707	663
其中:男劳动力人数	Male Laborers	484	469
整劳动力人数	Able-bodied Laborers	616	585
受过专业培训的人数	Trained	169	209
有组织转移的劳动力人数	Organized	15	
转移劳动力与户主关系	Relations of Rural Household Labour Force Transferred		

10-37 续表4 continued

单位：元，人 (yuan, person)

指 标	Item	数 量 Quantity 2004年	数 量 Quantity 2005年
户主	Householder	244	240
配偶	Spouse	87	69
子女	Children	351	339
孙子女	Grandchildren	2	
父母	Parents	1	3
祖父母	Grandparents		
兄弟姐妹	Brothers and Sisters	14	12
其他亲属	Other Kinfolks	8	
非亲属	Non-Kinfolks		
转移劳动力年龄结构	Age Composition of Rural Household Labour Force Transferred		
16-20岁	Age 16-20	98	135
21-25岁	Age 21-25	147	135
26-30岁	Age 26-30	119	103
31-35岁	Age 31-35	88	67
36-40岁	Age 36-40	87	65
41-45岁	Age 41-45	65	71
46-50岁	Age 46-50	50	43
50岁以上	Age 50 and Over	53	44
转移劳动力文化程度	Educational Level of Rural Household Labour Force Transferred		
不识字或识字很少	Illiterate	32	9
小学	Primary School	193	175
初中	Junior High School	382	373
高中	Secondary School	65	63
中专	Specialized Secondary School	25	33
大专及以上	College and Higher Education	10	10
产业转移人数	Number of Persons of Rural Household Labour Force Industry Transferred	421	351
其中：男劳动力人数	Male Laborers	297	264
整劳动力人数	Able-bodied Laborers	355	294
受过专业培训的人数	Trained	129	149
产业分布情况	Grouped by Sector		
转移到二产业就业劳动力	Transferred to Secondary Industry	81	112
转移到三产业就业劳动力	Transferred to Primary Industry	340	239
地域转移人数	Transferred to Another Regions	286	312
其中：男劳动力人数	Male Laborers	187	205
整劳动力人数	Able-bodied Laborers	261	291
受过专业培训的人数	Trained	40	60
转移地区	Transferred to the Regions		
转向东部地区	To East	87	95
转向中部地区	To Central Section	3	3
转向西部地区	To West	184	213
转向其他地区	To Other Section	12	1
转移地区类型	Region Types of Transferred		
转向直辖市	Municipalities Directly Under the Central Government	13	6
转向省会城市	Cities at Provincial Capital]	54	84
转向地区级城市	Cities at Region Prefecture Level	91	83
转向县级市	Cities at County Level	60	87
转向建制镇	Towns by Organizational System	23	26
转向其他地区	Other Regions	45	26
外出方式	Methods of Go Out Transferred		
政府(单位)组织外出人数	Number of Persons by Government Organize to Go Out or by Their Unit	4	22
亲属介绍外出人数	Number of Persons by Their Kinfolks Introduce to Go Out	218	171
自发外出	Number of Persons by Spontaneity Go Out	64	119

主要统计指标解释

农、林、牧、渔业总产值 指以货币形式表现的农林渔业全部产品总量和对农、林、牧、渔业生产活动进行的各种支持性服务活动的价值。它反映了一定时期(通常指一年)农、林、牧、渔业生产及其服务的总成果和总规模。

1957 年以前的农业总产值包括了厩肥和农民自给性手工业(如农民自制衣服、鞋、袜,自己从事粮食初步加工等)。1958 年及以后的农业总产值,林业中增加了村及村以下竹木采伐产值；牧业中取消了厩肥产值；副业中取消了农民自给性手工业产值,增加了村及村以下的工业产值；渔业中增加了机械化捕鱼产值。1980 年及以后农业总产值,在副业中增加了农民商品性家庭手工业的产值。从 1984 年起村及村以下办工业产值划归工业。1993 年取消副业产值,农业总产值改为农、林、牧、渔业总产值。原副业产值的采集野生植物和农民家庭兼营商品性工业划归农业产值；捕猎野兽野禽划归牧业产值。2003 年开始，增加农林牧渔服务业产值，同时取消农民家庭兼营商品性工业，竹木采运由村及村以下扩大到全社会口径。

农、林、牧、渔业中间消耗 指各种经济类型的农业生产单位和农户在农业生产经营过程中投入(或消耗)的各种物质产品和劳务价值的总和。包括中间物质消耗和中间劳务消耗两个部份。计入中间消耗必须具备以下两个条件：一是与总产出相对应的生产过程中消耗的物质产品和劳务活动；二是本期投入并一次性消耗的不属于固定资产的非耐用品。

农、林、牧、渔业增加值 指各种经济类型的农业生产单位和农户从事农业生产经营活动所提供的社会最终产品的货币表现。增加值的计算方法有两种,一是生产法：农、林、牧、渔业增加值=农、林、牧、渔业总产出-农、林、牧、渔业中间消耗；二是分配法：农、林、牧、渔业增加值=固定资产折旧+劳动者报酬+生产税净额(生产税-生产补贴)+营业盈余。

自来水受益村数 包括取水、净水、输配水三部分组成的自来水供给的,或由取水和输配水两部分的符合饮用卫生标准的简易自来水年末实际受益的村委会个数。

通汽车村数 指拥有乡级以上公路通过,并通达客运或货运汽车的村委会个数。

粮食产量 指全社会的产量。包括国营农场等全民所有制经营的、集体统一经营的和农民家庭经营的粮食产量,还包括工矿企业家属办的农场和其他生产单位的产量。粮食除包括稻谷、小麦、玉米、高粱、谷子及其他杂粮外,还包括薯类和大豆。其产量计算方法,豆类按去豆荚后的干豆计算；薯类(包括甘薯和马铃薯,不包括芋头和木薯)1963 年以前按每 4 公斤鲜薯折 1 公斤粮食计算,从 1964 年以后按 5 公斤鲜薯折 1 公斤粮食计算。其他粮食一律按脱粒后的原粮计算。

谷物 指稻谷、小麦、玉米、谷子、高粱和其他谷物,不包括薯类和豆类。其他谷物指除稻谷、小麦、玉谷、高粱以外的一些子实主要用作粮食的作物,包括大麦、元麦(青稞)、莜麦、荞麦、糜子等。

水产品产量 指人工养殖的水产品的天然生长的水产品的捕捞量。包括海水的鱼类、虾蟹类、贝类和藻类以及淡水的鱼类、虾蟹类、贝类,不包括淡水水生植物。

猪、牛、羊产量 指当年的猪、牛、羊的肉产量。即屠宰后除去头、蹄下水后带骨肉(即胴体重)的重量。

灌溉面积 指有效灌溉面积，即具有一定的水源，地块比较平整，灌溉工程或设备已经配套，在一般年景下当年能够正常灌溉的耕地面积。

Explanatory Notes on Principal Statistical Indicators

Gross Output Value of Farming, Forestry, Animal Husbandry and Fishery refers to the total value of products of farming, forestry, animal husbandry and fishery and the value of support services for production of farming, forestry, animal husbandry and fishery, which reflects the total scale and result of agricultural production and services during a given period (generally one year).

The gross agricultural output value before 1957 included output value of barnyard manure and farmers' self-supporting handicraft industry (e.g., self-made clothing, shoes, socks, initial grain processing, etc.). Since 1958, output value of felling timber and bamboo by villages and organizations has been included in below village that of forestry; output value of barnyard manure has been excluded from that of animal husbandry; output value of farmers' self-supporting handicraft industry has been excluded from that of sideline production, while output value of industries run by villages and organizations had been included in it; output value of mechanized fishing has been included in that of fishery. Since 1980, output value of farmers' commercial household handicraft industry has been added to that of sideline production. Since 1984, output value of industries run by villages or organizations below village has been classified into that of industry. Since 1993, output value of sideline production has been cancelled and gross agricultural output value has been changed to gross output value of farming, forestry, animal husbandry and fishery; output value of wild plants gathering and commercial industry run by rural households has been incorporated to agricultural output value; output value of animal and bird hunting has been classified into that of animal husbandry. Since 2003, output value of services of farming, forestry, animal husbandry and fishery has been added while farmers' commercial household industry has been cancelled, and transporting and felling timber and bamboo by villages and organizations below village has been expanded to all levels.

Intermediate Consumption of Farming, Forestry, Animal Husbandry and Fishery refers to the total value of material products and labor input (or consumed) by various agricultural production entities and rural households in the process of agricultural production and operation. It is composed of intermediate material consumption and intermediate labor consumption. Items calculated into intermediate consumption should satisfy the following two conditions: first, they are material products and labor consumed in the process of production against total output; second, they are is non-durable goods that do not belong to fixed assets but input and consumed up one time in the present phase.

Added Value of Farming, Forestry, Animal Husbandry and Fishery refers to the final social products in monetary terms provided by various agricultural production entities and rural households through their agricultural production and operation. There are two methods to calculate value added: one is the method of production: added value of farming, forestry, animal husbandry and fishery = total output of farming, forestry, animal husbandry and fishery - intermediate consumption of farming, forestry, animal husbandry and fishery; the other is the method of distribution: added value of farming, forestry, animal husbandry and fishery = depreciation of fixed assets - remuneration of laborers + net production tax (production tax — production subsidy) + business surplus.

Number of Villages Benefiting from Tap Water Supply refers to the number of villages practically enjoying tap water supply composed of water intakes, water treatment and water conveyance and distribution or up-to-standard potable water supply composed of water intakes and water conveyance and distribution at the year-end.

Number of Villages Accessible to Motor Vehicle refers to the number of villages with town-level road passing through and transport service.

Grain Yield refers to the total yield in the whole country including grain produced by state farms, collective entities, rural households, industrial enterprises and mines. Grain includes rice, wheat, maize, sorghum, millet and other cereals as well as tubers and soybeans. Output of beans refers to dry beans without pods. Output of tubers (sweet potatoes and potatoes, not including taros and cassava) was converted into that of grain at the ratio 4:1, i.e. 4 kilograms of fresh tubers was equivalent to 1 kilogram of grain up to 1963. Since 1964 the ratio for conversion has been 5:1. Tubers supplied as vegetables (such as potatoes) in cities and suburbs are calculated as fresh vegetables and their output is not included in the output of grain. Other kinds of grain are calculated as husked grain.

Cereals refer to rice, wheat, maize millet, sorghum and other kinds of grain, but tubers and beans are not included. Other kinds of grain refer to some crops whose seeds are mainly used for food such as barley, highland barley, naked oats, buckwheat, broom corn millet, etc.

Output of Aquatic Products refers to catches of both artificially cultured and naturally grown aquatic products, including fish, shrimps, crabs and shellfish in sea and inland water as well as seaweed. Freshwater plants are not included.

Output of Pork, Beef, and Mutton refers to the weight of the meat of slaughtered hogs, cattle, sheep and goats with head, feet, and offal taken away.

Irrigated Area refers to area under effective irrigation, i.e., area of cultivated land which is relatively level and has water source and complete sets of irrigation facilities to lift and move adequate water for irrigation purpose under normal conditions.

十一、工　业
Industry

11-1 全部工业分经济类型工业产值和比重（2005年）

Gross Output Value and Proportion of All Industries by Economic Industry (2005)

指　　标	Item	全部单位数（个） Total Number of Enterprises (unit)	
		绝对数 Absolute Figure	比重（%） Proportion (%)
总　计	**Total**	**147 838**	**100.00**
在总计中：国有企业	Of Which: State-owned Enterprises	386	0.26
集体企业	Collective-owned Enterprises	1 527	1.03
股份合作企业	Joint Stock Cooperative Enterprises	364	0.25
联营企业	Joint Ownership Enterprises	196	0.13
有限责任公司	Limited Liability Companies	2 831	1.91
股份有限公司	Incorporated Corporations	472	0.32
私营企业	Private Enterprises	15 587	10.54
其他企业	Other Enterprises	2 875	1.94
外商及港澳台投资	Foreign-funded Enterprises and Enterprises Funded by Hong Kong, Macao and Taiwan	265	0.18
个体经营	Individual Enterprise	123 335	83.43
在总计中：轻工业	Of Which: Light Industry	96 471	65.25
重工业	Heavy Industry	51 367	34.75

11-1　续表　Continued

指　　标	Item	工业总产值（万元） Gross Industries Output Value (10 000 yuan)	
		绝对数 Absolute Figure	比重（%） Proportion (%)
总　计	**Total**	**32 498 373**	**100.00**
在总计中：国有企业	Of Which: State-owned Enterprises	7 794 300	23.98
集体企业	Collective-owned Enterprises	776 750	2.39
股份合作企业	Joint Stock Cooperative Enterprises	176 018	0.54
联营企业	Joint Ownership Enterprises	127 020	0.39
有限责任公司	Limited Liability Companies	7 688 049	23.66
股份有限公司	Incorporated Corporations	4 913 978	15.12
私营企业	Private Enterprises	5 981 815	18.41
其他企业	Other Enterprises	243 990	0.75
外商及港澳台投资	Foreign-funded Enterprises and Enterprises Funded by Hong Kong, Macao and Taiwan	1 702 694	5.24
个体经营	Individual Enterprise	3 093 761	9.52
在总计中：轻工业	Of Which: Light Industry	11 204 660	34.48
重工业	Heavy Industry	21 293 713	65.52

11-2 全部国有及年主营业务收入500万元以上非国有独立核算工业企业从业人员平均人数（2005年）

Average Number of Employed Persons of All State-Owned and Non-state-owned Industrial Enterprises with Independent Accounting Systems and Annual Revenue on Major Busniess Above 5 Million Yuan (2005)

单位：人 (person)

行业	Sector	全部独立核算工业从业人员年平均人数 Annual Average Number of Employed Persons of All Enterprises with Independent Accounting Systems	#国有企业 State-owned Enterprises	#集体企业 Collective-owned Enterprises	#"三资"企业 Sino-foreign Joint and Cooperative and Foreign-funded Enterprises
总计	**Total**	**688 321**	**163 843**	**30 590**	**36 524**
按轻重工业分	**Grouped by Light and Heavy Industry**				
轻工业	Light Industry	169 768	48 592	4 716	19 545
重工业	Heavy Industry	518 553	115 251	25 874	16 979
按工业行业分	**Grouped by Industrial Sector**				
煤炭开采和洗选业	Coal Mining and Dressing	48 505	18 132	5 837	
石油和天然气开采业	Extraction of Petroleum and Natural Gas	58	58		
黑色金属矿采选业	Mining and Dressing of Ferrous Metals	11 076	5 478		54
有色金属矿采选业	Mining and Dressing of Nonferrous Metals	29 303	2 376	5 067	681
非金属矿采选业	Mining and Dressing fo Nonmetal Minerals	8 638	145	243	
农副食品加工业	AgricuLtural Non-staple Food Processing	36 565	1 353	200	1 742
食品制造业	Food Production	8 593	1 244	95	1 972
饮料制造业	Beverage Production	14 047	528		2 427
烟草制品业	Tobacco Production	31 334	28 288	950	
纺织业	Textile Industry	15 610	2 571		60
纺织服装、鞋、帽制造业	Textile Clothing, Footwear and Headgear Production	697	265		282
皮革、毛皮、羽绒及其制品业	Leather, Furs, Down and Related Products	467			
木材加工及竹、藤、棕、草制品业	Timber Processing, Bamboo, Cane, Palm Fiber and Straw Products	10 293	1 934	493	1 826
家具制造业	Furniture Manufacturing	834	325		
造纸及纸制品业	Papermaking and Paper Products	11 997	1 000	2 478	2 543
印刷业、记录媒介的复制	Printing and Record Medium Reproduction	12 473	2 256	388	4 395
文教体育用品制造业	Cultural, Educational and Sports Goods	35	35		
石油加工、炼焦业及核燃料加工业	Petroleum Processing,Coking and Nuclear fuel Processing	7 883	143		1 594
化学原料及化学制品制造业	Raw Chemical Materials and Chemicals Products	71 439	19 247	1 732	4 181
医药制造业	Medical and Pharmaceutical Products	17 391	1 116	137	4 620
化学纤维制造业	Chemical Fiber Products	340			340
橡胶制品业	Rubber Products	1 206	781		279
塑料制品业	Plastic Products	7 087	81	853	1 266
非金属矿物制品业	Nonmetal Mineral Products	54 597	2 868	6 292	928
黑色金属冶炼及压延加工业	Smelting and Pressing of Ferrous Metals	55 693	5 887	2 557	160
有色金属冶炼及压延加工业	Smelting and Pressing of Nonferrous Metals	83 150	3 019	774	715

注：国有企业中含国有联营企业、国有独资公司。

Note: The state-owned enterprises include state-owned joint ownership enterprises and wholly state-funded enterprises.

11-2 续表 Continued

行业	Sector	全部独立核算工业从业人员年平均人数 Annual Average Number of Employe of All Enterprises with Independent Accounting Systems	#国有企业 State-owned Enterprises	#集体企业 Collective-owned Enterprises	#“三资”企业 Sino-foreign Joint and Cooperative and Foreign-funded Enterprises
金属制品业	Metal Products	6 306	1 997	453	233
通用设备制造业	Special-purpose Equipment Manufacturing	16 601	5 174	671	2 453
专用设备制造业	Transport Equipment Manufacturing	15 691	3 058		76
交通运输设备制造业	Transport Equipment	19 433	3 053	208	424
电气机械及器材制造业	Electric Equipment and Machinery	10 381	1 801	150	266
通信设备、计算机及其他电子设备制造业	Communication Equipment, Computers and other Electronic Equipment Production	1 602			503
仪器仪表及文化、办公用机械制造业	Instruments, Meters, Cultural and Clerical Machinery Manufacturing	4 333	1 642	205	1 052
工艺品及其他制造业	Handicraft Articles and Other Goods Production	3 178	1 942	87	384
废弃资源和废旧材料回收加工业	Recycling and Dispasal of Waste	865		720	
电力、热力的生产和供应业	Production and Supply of Electric Power and Heat	61 530	37 386		1 068
燃气生产和供应业	Gas Production and Supply	2 162	2 162		
水的生产和供应业	Water Production and Supply	6 928	6 498		
按州市分	**Grouped By Region**				
昆明市	Kunming	206 354	53 601	9 281	20 615
曲靖市	Qujing	118 856	36 610	11 840	4 673
玉溪市	Yuxi	73 502	17 334	3 618	3 812
保山市	Baoshan	18 723	694	259	1 027
昭通市	Zhaotong	20 468	6 435	709	899
丽江市	Lijiang	10 671	246	401	
思茅市	Simao	22 880	7 235	246	148
临沧市	Lincang	15 707	1 473	71	114
楚雄州	Chuxiong	30 413	7 637	800	1 144
红河州	Honghe	89 363	20 172	974	1 606
文山州	Wenshan	17 609	2 056	78	261
西双版纳州	Xishuangbanna	7 698	3 095	113	
大理州	Dali	36 071	5 204	310	1 773
德宏州	Dehong	12 695	905	1 281	452
怒江州	Nujiang	4 881	430	79	
迪庆州	Diqing	2 430	716	530	

11-3 全部国有及年主营业务收入500万元以上非国有独立核算工业企业单位数及总产值(2005年)

Number of All State-owned and Non-state-owned Industrial Enterprises with Independent Accounting Systems and Annual Product Sales Above 5 Million Yuan and Their Gross Output Value (2005)

单位：万元 (10 000 yuan)

行业	Sector	企业单位数（个） Number of Enterprises (unit)	#亏损企业 Loss-making Enterprises	工业总产值（当年价） Gross Industrial Output Value (at current price)	工业销售产值（当年价） Industrial Sale Output Value (at current price)	工业增加值（当年价） Added Value of Industry (at current price)
总计	**Total**	**2 362**	**829**	**25 962 139**	**25 774 730**	**9 988 313**
按登记注册类型分	**Grouped by Status of Registration**					
内资企业	Domestic-funded Enterprises	2 179	764	24 275 925	24 122 969	9 488 461
国有经济	State-owned Enterprises	386	204	7 794 300	7 890 353	4 269 128
集体企业	Collective-owned Enterprises	152	50	533 101	525 982	131 585
股份合作企业	Joint Stock Cooperative Enterprises	48	13	119 799	115 686	44 811
联营企业	Joint Ownership Enterprises	14	4	99 165	97 226	30 622
有限责任公司	Limited Liability Companies	537	146	6 777 186	6 721 456	2 844 204
股份有限公司	Incorporation Enterprises	117	33	4 800 909	4 719 215	1 098 283
私营企业	Private Enterprises	925	314	4 151 465	4 053 052	1 069 827
港、澳、台商投资企业	Enterprises Funded by Hong Kong, Macao and Taiwan	89	29	622 607	613 333	189 155
外商投资企业	Foreign-funded Enterprises	94	36	1 063 607	1 038 428	310 698
按轻重工业分	**Grouped by Light and Heavy Industries**					
轻工业	Light Industry	713	257	8 899 768	8 976 013	5 371 599
重工业	Heavy Industry	1 649	572	17 062 371	16 798 716	4 616 715
按企业规模分	**Grouped by Scale of Enterprises**					
大型企业	Large-scale Enterprises	31	3	9 962 789	10 024 873	4 711 780
中型企业	Medium-scale Enterprises	394	79	9 525 176	9 384 741	3 512 033
小型企业	Small-scale Enterprises	1 937	747	6 474 174	6 365 115	1 764 501
按工业行业分	**Grouped by Industrial Sector**					
煤炭开采和洗选业	Coal Mining and Processing	119	41	441 334	431 780	201 989
石油和天然气开采业	Extraction of Petroleum and Natural Gas	1	1	1 281	1 281	104
黑色金属矿采选业	Mining and Dressing of Ferrous Metals	24	3	185 689	235 147	72 149
有色金属矿采选业	Mining and Dressing of Nonferrous Metals	70	15	569 226	567 374	273 503
非金属矿采选业	Mining and Dressing of Nonferrous Metals	19	4	157 785	155 005	79 330
化学矿采选	Mining and Dressing of Chemical Minerals	13	2	92 441	88 693	51 177
采盐	Salt Mining	3		63 242	64 273	27 844
农副食品加工业	Agricultural Non-staple Food Processing	157	52	908 193	902 656	227 182
制糖	Sugar Refining	54	9	443 601	450 396	163 552

11－3 续表1 continued

单位：万元 (10 000 yuan)

行业	Sector	企业单位数(个) Number of Enterprises (unit)	#亏损企业 Loss-making Enterprises	工业总产值(当年价) Gross Industrial Output Value (at current price)	工业销售产值(当年价) Industrial Sale Output Value (at current price)	工业增加值(当年价) Added Value of Industry (at current price)
食品制造业	Food Production	38	9	128 916	129 384	25 540
饮料制造业	Beverage Production	69	27	275 101	257 103	111 085
精制茶加工	Refined Tea Processing	26	3	69 207	63 698	26 402
烟草制品业	Tobacco Production	23		5 952 946	6 109 712	4 404 146
卷烟制造	Cigarettes Manufacture	9		5 518 366	5 640 517	4 224 564
纺织业	Textile Industry	22	6	81 057	79 096	18 329
纺织服装、鞋、帽制造业	Textile Clothing, Footwear Headgear Production	4	1	6 214	5 714	1 307
皮革、毛皮、羽绒及其制品业	Leather, Furs, Down and Related Products	1	1	4 863	4 230	- 106
木材加工及竹、藤、棕、草制品业	Timber Processing, Bamboo, Cane, Palm Fiber and Straw Products	43	26	119 969	117 144	30 992
家具制造业	Furniture Manufacturing	5	3	5 262	5 200	523
造纸及纸制品业	Papermaking and Paper Products	71	25	312 208	309 470	113 848
印刷业、记录媒介的复制	Printing and Record Medium Reproduction	80	28	347 542	347 619	132 838
文教体育用品制造业	Cultural, Educational and Sports Goods	1		222	132	106
石油加工、炼焦业及核燃料加工业	Petroleum Processing,Coking and Nuclear fuel Processing	41	11	366 603	354 666	106 636
化学原料及化学制品制造业	Raw Chemical Materials and Chemical Products	250	73	2 526 948	2 466 373	653 108
基础化学原料制造	Basic Raw Chemical Materials Products	97	40	723 406	723 919	204 351
肥料制造	Fertilizer Production	81	15	1 423 432	1 373 253	350 936
日用化学产品制造	Chemical Products of Daily Use	17	6	85 025	83 305	10 212
医药制造业	Medical and Pharmaceutical Products	87	22	502 228	462 613	210 789
中成药制造	Traditional Chinese Medicine Products	46	11	257 526	233 802	105 863
化学纤维制造业	Chemical Fiber Production	1		89 060	87 830	37 184
橡胶制品业	Rubber Products	4	2	18 365	18 228	4 481
塑料制品业	Plastic Products	64	21	189 779	182 959	30 948
非金属矿物制品业	Nonmetal Mineral Products	261	88	784 798	785 004	248 134
水泥制造	Cement Products	193	67	637 376	638 156	210 750
黑色金属冶炼及压延加工业	Smelting and Pressing of Ferrous Metals	154	88	2 961 086	2 881 271	567 361
有色金属冶炼及压延加工业	Smelting and Pressing of Nonferrous Metals	158	53	4 015 734	3 946 661	717 198
金属制品业	Metal Products	45	17	114 527	112 957	20 033
通用设备制造业	General-purpose Equipment Manufacturing	64	32	225 087	208 288	64 892
专用设备制造业	Special-purpose Equipment Manufacturing	44	16	286 280	272 394	81 280
交通运输设备制造业	Transport Equipment Manufacturing	45	20	602 389	603 202	135 344
汽车制造	Motor Vehicles Manufacturing	42	18	508 298	509 718	120 517

11—3 续表2 continued

单位：万元 (10 000 yuan)

行业	Sector	企业单位数(个) Number of Enterprises (unit)	#亏损企业 Loss-making Enterprises	工业总产值(当年价) Gross Industrial Output Value (at current price)	工业销售产值(当年价) Industrial Sale Output Value (at current price)	工业增加值(当年价) Added Value of Industry (at current price)
电气机械及器材制造业	Electric Equipment and Machinery Manufacturing	48	12	340 561	319 464	68 250
通信设备、计算机及其他电子设备制造业	Communication Equipment, Computers and other Electronic Equipment Production	9	3	84 456	82 167	22 574
仪器仪表及文化、办公用机械制造业	Instruments, Meters, Cultural and Clerical Machinery Manufacturing	26	9	63 566	63 162	11 909
光学仪器制造	Optical Instrument Manufacturing	20	8	47 202	47 197	8 442
工艺品及其他制造业	Handicraft Articles and Other Goods Production	8	3	42 307	38 032	14 147
废弃资源和废旧材料回收加工业	Recycling and Dispasal of Waste	4	2	71 308	73 538	8 963
电力、热力的生产和供应业	Production and Supply of Electric Power and Heat	209	53	3 028 014	3 007 934	1 240 738
燃气生产和供应业	Gas Production and Supply	4	3	71 558	71 378	4 702
水的生产和供应业	Water Production and Supply	89	59	79 679	78 565	46 779
按州市分	**Grouped by Region**					
昆明市	Kunming	790	278	10 181 367	10 136 148	3 087 699
曲靖市	Qujing	285	92	3 601 726	3 597 628	1 492 234
玉溪市	Yuxi	284	124	3 944 088	3 923 203	1 905 103
保山市	Baoshan	73	29	324 246	310 150	119 101
昭通市	Zhaotong	80	22	727 517	733 684	390 335
丽江市	Lijiang	56	12	170 279	164 123	65 558
思茅市	Simao	84	39	359 217	352 865	141 680
临沧市	Lincang	58	20	301 723	289 727	153 297
楚雄州	Chuxiong	120	40	1 185 231	1 162 668	508 314
红河州	Honghe	175	49	3 027 407	3 018 294	1 218 439
文山州	Wenshan	95	30	515 382	492 504	218 745
西双版纳州	Xishuangbanna	53	18	134 000	134 765	65 359
大理州	Dali	122	35	1 093 098	1 053 945	458 381
德宏州	Dehong	58	27	205 699	216 421	63 389
怒江州	Nujiang	9	2	118 783	119 601	55 179
迪庆州	Diqing	20	12	72 375	69 005	45 501

11-4 独立核算国有工业企业单位数及总产值(2005年)

Number of State-owned Industrial Enterprises with Independent Accounting Systems and Their Gross Product Value (2005)

单位：万元 (10 000 yuan)

行业	Sector	企业单位数（个） Number of Enterprises (unit)	#亏损企业 Loss-making Enterprises	工业总产值（当年价） Gross Industrial Output Value (at current price)	工业销售产值（当年价） Industrial Sale Output Value (at current price)	工业增加值（当年价） Added Value of Industry (at current price)
总计	**Total**	**423**	**214**	**9 970 924**	**10 118 679**	**5 781 354**
按轻重工业分	**Grouped by Light and Heavy Industries**					
轻工业	Light Industry	177	103	6 126 109	6 278 766	4 479 930
重工业	Heavy Industry	246	111	3 844 814	3 839 913	1 301 425
按企业规模分	**Grouped by Scale of Enterprises**					
大型企业	Large-scale Enterprises	13	3	5 436 046	5 560 387	3 657 550
中型企业	Medium-scale Enterprises	89	28	3 797 898	3 784 579	1 862 592
小型企业	Small-scale Enterprises	321	183	736 980	773 714	261 213
按工业行业分	**Grouped by Sector**					
煤炭开采和洗选业	Coal Mining and Processing	16	6	192 929	191 427	93 868
石油和天然气开采业	Extraction of Petroleum and Natural Gas	1	1	1 281	1 281	104
黑色金属矿采选业	Mining and Dressing of Ferrous Metals	2		79 755	125 078	15 760
有色金属矿采选业	Mining and Dressing of Nonferrous Metals	7	3	118 895	118 777	53 256
非金属矿采选业	Mining and Dressing fo Nonmetal Minerals	2	2	356	307	65
化学矿采选	Mining and Dressing of Chemical Minerals	1	1	155	168	24
农副食品加工业	Agricultural Non-staple Food Processing	13	9	18 738	18 972	4 159
制糖	Sugar Refining	4	1	16 199	15 488	5 459
食品制造业	Food Production	5	3	7 075	6 896	- 1 160

注：本表国有企业含国有联营企业、国有独资公司。

Note: The state-owned enterprises include state-owned joint ownership enterprises and wholly state-funded enterprises .

11-4 续表1 continued

单位：万元 (10 000yuan)

行业	Sector	企业单位数(个) Number of Enterprises (unit)	#亏损企业 Loss-making Enterprises	工业总产值(当年价) Gross Output Value of Industry (at current prices)	工业销售产值(当年价) Product Sales of Industry (at current prices)	工业增加值(当年价) Value-added of Industry (at current prices)
饮料制造业	Beverage Production	8	3	5 152	4 481	1 457
精制茶加工	Refined Tea Processing	5	1	4 277	3 518	1 311
烟草制品业	Tobacco Production	14		5 872 622	6 030 420	4 370 775
卷烟制造	Cigarettes Production	7		5 485 971	5 609 606	4 216 068
纺织业	Textile Industry	3	2	4 445	4 567	- 712
纺织服装、鞋、帽制造业	Textile Clothing, Footwear Headgear Production	2		1 495	1 538	785
木材加工及竹、藤、棕、草制品业	Timber Processing, Bamboo, Cane, Palm Fiber and Straw Products	7	5	7 584	8 214	1 222
家具制造业	Furniture Manufacturing	1	1	519	519	225
造纸及纸制品业	Papermaking and Paper Products	4	2	48 594	53 808	26 736
印刷业、记录媒介的复制	Printing and Record Medium Reproduction	31	20	16 336	15 758	8 504
文教体育用品制造业	Cultural, Educational and Sports Goods	1		222	132	106
石油加工、炼焦业及核燃料加工业	Petroleum Processing,Coking and Nuclear fuel Processing	1	1	953	887	- 330
化学原料及化学制品制造业	Raw Chemical Materials and Chemical Products	29	12	650 936	636 316	186 392
基础化学原料制造	Basic Raw Chemical Materials Products	8	4	194 813	193 564	64 250
肥料制造	Fertilizer Production	9	4	362 523	348 817	86 298
日用化学产品制造	Chemical Products of Daily Use	3	2	8 330	8 260	- 864
医药制造业	Medical and Pharmaceutical Products	6	2	25 809	21 628	12 514
中成药制造	Traditional Chinese Medicine Products	3	1	9 677	8 799	3 735
橡胶制品业	Rubber Products	2	2	10 611	10 604	3 011
塑料制品业	Plastic Products	1		913	708	239
非金属矿物制品业	Nonmetal Mineral Products	13	3	40 717	40 600	16 488
水泥制造	Cement Products	10	3	29591	29617	12692
黑色金属冶炼及压延加工业	Smelting and Pressing of Ferrous Metals	13	8	244 366	225 862	43 957
有色金属冶炼及压延加工业	Smelting and Pressing of Nonferrous Metals	8	5	86 850	85 559	21 324

注：本表国有企业含国有联营企业、国有独资公司。

Note: The state-owned enterprises include state-owned joint ownership enterprises and wholly state-funded enterprises .

11－4 续表2 continued

单位：万元 (10 000 yuan)

行业	Sector	企业单位数（个）Number of Enterprises (unit)	#亏损企业 Loss-making Enterprises	工业总产值（当年价）Gross Industrial Output Value (at current price)	工业销售产值（当年价）Industrial Sale Output Value (at current price)	工业增加值（当年价）Added Value of Industry (at current price)
金属制品业	Metal Products	8	5	29 543	35 260	4 749
通用设备制造业	General-purpose Machinery Manufacturing	13	8	25 904	25 631	7 589
专用设备制造业	Special-purpose Equipment Manufacturing	13	9	15 156	15 264	5 216
交通运输设备制造业	Transport Equipment Manufacturing	11	8	25 441	25 655	6 628
汽车制造	Motor Vehicles Manufacturing	10	7	18 452	18 666	4 452
电气机械及器材制造业	Electric Equipment and Machinery Manufacturing	5	3	31 945	31 292	8 317
仪器仪表及文化、办公用机械制造业	Instruments, Meters, Cultural and Clerical Machinery Manufacturing	2		14 240	14 810	1 503
光学仪器制造	Optical Instrument Manufacturing	2		14 240	14 810	1 503
工艺品及其他制造业	Handicraft Articles and Other Goods Production	2	1	30 298	26 629	10 418
电力、热力的生产和供应业	Production and Supply of Electric Power and Heat	91	29	2 213 245	2 193 099	828 286
燃气生产和供应业	Gas Production and Supply	4	3	71 558	71 378	4 702
水的生产和供应业	Water Production and Supply	84	58	76 438	75 325	45 203
按州市分	**Grouped by Region**					
昆明市	Kunming	139	74	3 112 799	3 226 438	1 633 382
曲靖市	Qujing	45	16	1 766 639	1 784 880	892 710
玉溪市	Yuxi	25	7	2 180 525	2 188 030	1 538 008
保山市	Baoshan	10	5	9 309	8 995	2 453
昭通市	Zhaotong	20	11	380 418	391 868	236 723
丽江市	Lijiang	3	3	2 082	1 546	1 148
思茅市	Simao	29	19	108 902	112 579	47 315
临沧市	Lincang	12	6	101 783	101 765	72 430
楚雄州	Chuxiong	26	15	483 045	482 520	290 129
红河州	Honghe	41	15	1 256 580	1 277 773	764 776
文山州	Wenshan	20	11	109 859	99 273	58 828
西双版纳州	Xishuangbanna	19	12	43 955	40 870	23 484
大理州	Dali	12	5	381 841	370 624	204 892
德宏州	Dehong	10	8	13 304	12 202	5 463
怒江州	Nujiang	2		14 008	14 008	5 543
迪庆州	Diqing	10	7	5 876	5 309	4 071

11-5 年主营业务收入500万元以上的独立核算“三资”工业企业单位数及总产值（2005年）

Number of Foreign-funded Industrial Enterprises with Independent Accounting Systems and Annual Product Sales Above 5 Million Yuan and Their Gross Product Value (2005)

单位：万元 (10 000 yuan)

行业	Sector	企业单位数（个） Number of Enterprises (unit)	#亏损企业 Loss-making Enterprises	工业总产值（当年价） Gross Industrial Output Value (at current price)	工业销售产值（当年价） Industrial Sale Output Value (at current price)	工业增加值（当年价） Added Value of Industry (at current price)
总计	**Total**	**183**	**65**	**1 686 214**	**1 651 761**	**499 853**
按轻重工业分	**Grouped by Light and Heavy Industries**					
轻工业	Light Industry	92	31	828 765	799 067	278 311
重工业	Heavy Industry	91	34	857 449	852 694	221 542
按企业规模分	**Grouped by Scale of Enterprises**					
大型企业	Large-scale Enterprises	1		40 377	38 695	22 952
中型企业	Medium-scale Enterprises	30	3	834 250	811 582	292 068
小型企业	Small-scale Enterprises	152	62	811 586	801 485	184 833
按工业行业分	**Grouped by Sector**					
黑色金属矿采选业	Mining and Dressing of Ferrous Metals	1	1	1 122	1 122	117
有色金属矿采选业	Nonferrous Metals Mining and Dressing	2		7 991	8 079	4 292
农副食品加工业	AgricuLtural Non-staple Food Processing	16	10	130 517	123 566	18 880
食品制造业	Food Production	10	3	45 273	48 618	7 372
饮料制造业	Beverage Production	13	8	83 920	77 970	30 458
精制茶加工	Refined Tea Processing	1	1	748	965	304
纺织业	Textile Industry	1	1	866	1 050	222
纺织服装、鞋、帽制造业	Textile Clothing, Footwear Headgear Production	1	1	1 745	1 745	224
木材加工及竹、藤、棕、草制品业	Timber Processing, Bamboo, Cane, Palm Fiber and Straw Products	10	6	36 853	36 201	7 674
造纸及纸制品业	Papermaking and Paper Products	9	1	107 314	103 192	45 674
印刷业、记录媒介的复制	Printing and Record Medium Reproduction	18	2	189 480	191 524	74 227
石油加工、炼焦业及核燃料加工业	Petroleum Processing,Coking and Nuclear fuel Processing	3	1	88 224	85 056	26 737
化学原料及化学制品制造业	Raw Chemical Materials and Chemical Products	31	12	334 277	340 354	59 300
基础化学原料制造	Basic Raw Chemical Materials Products	13	7	59 787	67 328	23 869
肥料制造	Fertilizer Production	7	2	201 585	200 697	25 454
日用化学产品制造	Chemical Products of Daily Use	4	0	50 922	49 837	6 231
医药制造业	Medical and Pharmaceutical Products	13	3	116 605	100 446	53 958
中成药制造	Traditional Chinese Medicine Products	6	2	25 613	24 267	6 698

11－5 续表 continued

单位：万元 (10 000 yuan)

行业	Sector	企业单位数（个） Number of Enterprises (unit)	#亏损企业 Loss-making Enterprises	工业总产值（当年价） Gross Industrial Output Value (at current price)	工业销售产值（当年价） Industrial Sale Output Value (at current price)	工业增加值（当年价） Added Value of Industry (at current price)
化学纤维制造业	Chemical Fiber Production	1		89 060	87 830	37 184
橡胶制品业	Rubber Products	1		5 954	5 825	920
塑料制品业	Plastic Products	10	5	64 619	62 894	9 017
非金属矿物制品业	Nonmetal Mineral Products	6		28 791	29 526	6 594
水泥制造	Cement Products	2		21 109	20 991	3 452
黑色金属冶炼及压延加工业	Smelting and Pressing of Ferrous Metals	2	2	2 644	2 350	521
有色金属冶炼及压延加工业	Smelting and Pressing of Nonferrous Metals	4	1	46 372	45 257	7 027
金属制品业	Metal Products	2		10 099	9 053	3 249
通用设备制造业	General-purpose Equipment Manufacturing	2		60 847	59 164	28 495
专用设备制造业	Special-purpose Equipment Manufacturing	1		2 500	2 500	1 362
交通运输设备制造业	Transport Equipment Manufacturing	6	2	6 524	6 495	2 744
汽车制造	Motor Vehicles Manufacturing	6	2	6 524	6 495	2 744
电气机械及器材制造业	Electric Equipment and Machinery Manufacturing	5		24 606	22 665	5 177
通信设备、计算机及其他电子设备制造业	Communication Equipment, Computers and other Electronic Equipment Production	4	2	27 749	26 968	7 538
仪器仪表及文化、办公用机械制造业	Instruments, Meters, Cultural and Clerical Machinery Manufacturing	6	3	15 179	15 226	2 334
光学仪器制造	Optical Instrument Manufacturing	6	3	15 179	15 226	2 334
工艺品及其他制造业	Handicraft Articles and Other Goods Production	2		2 291	2 291	1 210
电力、热力的生产和供应业	Production and Supply of Electric Power and Heat	3	1	154 795	154 795	57 350
按州市分	**Grouped by Region**					
昆明市	Kunming	105	35	970 885	944 434	257 534
曲靖市	Qujing	16	3	287 267	288 449	103 475
玉溪市	Yuxi	25	11	174 930	176 693	36 961
保山市	Baoshan	7	4	15 365	14 890	3 949
昭通市	Zhaotong	4	1	41 287	41 162	16 168
思茅市	Simao	1		11 815	12 113	4 057
临沧市	Lincang	2	2	2 643	2 603	766
楚雄州	Chuxiong	7	2	40 836	40 131	8 618
红河州	Honghe	4	1	65 607	60 799	38 600
文山州	Wenshan	2	1	3 451	3 222	1 844
大理州	Dali	8	4	67 721	63 184	27 043
德宏州	Dehong	2		4 407	4 080	839

11-6 各地区按轻重工业分的工业企业单位数及总产值
Number of Industrial Enterprises and Their Gross Output Value by Light and Heavy Industries and Region

单位:个、万元 (unit, 10 000 yuan)

地区	Region	轻工业 Light Industry				重工业 Heavy Industry			
		单位数 Number of Enterprises		总产值 Gross Output Value		单位数 Number of Enterprises		总产值 Gross Output Value	
		2004年	2005年	2004年	2005年	2004年	2005年	2004年	2005年
全省合计	**Total**	**752**	**713**	**8 179 277**	**8 899 768**	**1 655**	**1 649**	**12 760 535**	**17 062 371**
昆明	Kunming	302	254	2 529 055	2 833 122	635	536	5 555 586	7 348 245
曲靖	Qujing	35	40	872 930	913 300	203	245	2 057 945	2 688 426
玉溪	Yuxi	83	86	2 021 088	2 107 442	200	198	1 327 452	1 836 645
保山	Baoshan	34	31	114 448	135 692	40	42	123 475	188 554
昭通	Zhaotong	17	21	289 369	381 252	50	59	261 358	346 266
丽江	Lijiang	15	17	23 843	26 349	36	39	122 892	143 930
思茅	Simao	33	28	116 149	121 267	62	56	178 740	237 950
临沧	Lincang	25	26	140 673	148 896	27	32	111 776	152 827
楚雄	Chuxiong	42	43	445 378	473 257	71	77	457 414	711 974
红河	Honghe	44	45	876 835	934 098	100	130	1 622 097	2 093 309
文山	Wenshan	18	18	94 355	145 056	81	77	290 357	370 326
西双版纳	Xishuangbanna	21	28	56 245	63 169	24	25	55 711	70 831
大理	Dali	46	48	434 999	492 708	70	74	414 731	600 390
德宏	Dehong	28	19	137 074	94 767	34	39	81 959	110 932
怒江	Nujiang	1	1	226	309	9	8	67 577	118 475
迪庆	Diqing	8	8	26 609	29 085	13	12	31 465	43 291

11-7 各地区按企业规模分的工业单位数及总产值（2005年）
Number of Industrial Enterprises and Their Gross Product Value by Enterprise Scale and Region (2005)

单位：个、万元 (unit, 10 000 yuan)

地区	Region	大型企业 Large-scale Enterprises		中型企业 Medium-scale Enterprises		小型企业 Small-scale Enterprises	
		单位数 Number of Enterprises	总产值 Gross Output Value	单位数 Number of Enterprises	总产值 Gross Output Value	单位数 Number of Enterprises	总产值 Gross Output Value
全省合计	**Total**	**31**	**9 962 789**	**394**	**9 525 176**	**1 937**	2 603 333
昆明	Kunming	11	5 054 025	112	2 524 010	667	711 399
曲靖	Qujing	5	1 194 024	61	1 696 303	219	1 005 174
玉溪	Yuxi	2	1 807 341	52	1 131 572	230	110 845
保山	Baoshan			17	213 401	56	134 551
昭通	Zhaotong	2	468 050	10	124 916	68	114 431
丽江	Lijiang			5	55 848	51	151 834
思茅	Simao			17	207 383	67	72 331
临沧	Lincang			17	229 392	41	219 738
楚雄	Chuxiong	2	315 646	15	649 847	103	604 969
红河	Honghe	5	812 761	36	1 609 677	134	229 989
文山	Wenshan			15	285 393	80	73 171
西双版纳	Xishuangbanna			5	60 829	48	278 175
大理	Dali	2	181 530	23	633 393	97	90 412
德宏	Dehong	1	44 739	6	70 548	51	11 069
怒江	Nujiang	1	84 672	2	23 043	6	62 753
迪庆	Diqing			1	9 622	19	

注：1. 本表为全部国有及年主营业务收入500万元以上非国有工业数据；
2. 工业总产值按当年计算。

Note: a.The data above are obtained from all state-owned industrial enterprises and non-state-owned industrial enterprises of annual product sales above 5 million yuan.
b.The gross output value is calculated at current price.

11-8 各地区主要行业工业企业单位数及总产值(2005年)
Number of Industrial Enterprises of Major Sectors and Their Gross Output Value by Region (2005)

单位:个、万元 (unit, 10 000 yuan)

地区	Region	煤炭开采和洗选业 Coal Mining and Dressing		黑色金属矿采选业 Mining and Dressing of Ferrous Metals		有色金属矿采选业 Mining and Dressing of Nonferrous Metals		非金属矿采选业 Mining and Dressing of Nonferrous Metals	
		单位数 Number of Enterprises	总产值 Gross Output Value	单位数 Number of Enterprises	总产值 Gross Output Value	单位数 Number of Enterprises	总产值 Gross Output Value	单位数 Number of Enterprises	总产值 Gross Output Value
全省合计	**Total**	**119**	**441 334**	**24**	**185 689**	**70**	**569 226**	**19**	**157 785**
昆明	Kunming	3	31 873	1	60 494	10	49 830	15	155 766
曲靖	Qujing	76	235 463			3	11 711		
玉溪	Yuxi	3	10 951	5	55 222	2	123 635		
保山	Baoshan			1	8 893	5	20 138		
昭通	Zhaotong	8	4 520			8	46 301		
丽江	Lijiang	12	41 594						
思茅	Simao	4	1 930			4	12 621	1	1 023
临沧	Lincang	1	750			2	8 633		
楚雄	Chuxiong	6	29 393	1	2 824	6	70 585		
红河	Honghe	3	70 745	3	16 165	7	51 440	1	201
文山	Wenshan	2	12 317	1	1 478	12	66 588	1	155
西双版纳	Xishuangbanna			4	18 952	2	1 627	1	640
大理	Dali	1	1 799	8	21 661				
德宏	Dehong					3	3 412		
怒江	Nujiang					4	90 017		
迪庆	Diqing					2	12 689		

注：本表为全部国有及年主营业务收入500万元以上非国有独立核算工业数据，工业总产值按当年价计算。

Note: The data above are obtained from all state-owned industrial enterprises and non-state-owned industrial enterprises of annual revenue on major business above 5 million yuan. The gross output value is calculated at current price.

11-8 续表1 continued

单位:个、万元 (unit, 10 000 yuan)

地区	Region	农副食品加工业 Agricultural Non-staple Food Processing		食品制造业 Food Production		饮料制造业 Beverage Production		烟草制品业 Tobacco Production	
		单位数 Number of Enterprises	总产值 Gross Output Value	单位数 Number of Enterprises	总产值 Gross Output Value	单位数 Number of Enterprises	总产值 Gross Output Value	单位数 Number of Enterprises	总产值 Gross Output Value
全省合计	**Total**	**157**	**908 193**	**38**	**128 916**	**69**	**275 101**	**23**	**5 952 946**
昆明	Kunming	47	327 127	18	70 744	17	58 858	4	1 576 988
曲靖	Qujing	10	20 208	2	6 818	1	1 503	3	780 800
玉溪	Yuxi	18	107 377	6	11 038	1	693	4	1 750 089
保山	Baoshan	10	69 682	1		6	18 907	2	17 937
昭通	Zhaotong	4	4 408	1	1 296			1	320 437
丽江	Lijiang	5	7 310	3	7 459	1	566		
思茅	Simao	10	53 176	1	2 151	3	14 858		
临沧	Lincang	12	97 216			9	45 058		
楚雄	Chuxiong	6	13 122	1	520	3	10 910	1	362 078
红河	Honghe	10	56 047	2	2 250	4	13 360	2	760 558
文山	Wenshan	4	8 344			1	815	2	93 827
西双版纳	Xishuangbanna	7	33 161			13	25 386		
大理	Dali	5	24 145	3	26 640	8	55 690	4	290 231
德宏	Dehong	7	86 157			1	616		
怒江	Nujiang								
迪庆	Diqing	2	713			1	27 882		

11-8 续表2 continued

单位:个、万元 (unit, 10 000 yuan)

地区	Region	纺织业 Textile Industry		纺织服装、鞋、帽制造业 Textile,Clothing, Footwear Production		皮革、毛皮、羽毛（绒）及制品业 Textile Clothing, Footwear Headgear Production		木材加工及竹藤棕草制品业 Timber Processing, Bamboo, Cane, Palm Fiber and Straw Products	
		单位数 Number of Enterprises	总产值 Gross Output Value	单位数 Number of Enterprises	总产值 Gross Output Value	单位数 Number of Enterprises	总产值 Gross Output Value	单位数 Number of Enterprises	总产值 Gross Output Value
全省合计	**Total**	**22**	**81 057**	**4**	**6 214**	**1**	**4 863**	**43**	**119 969**
昆明	Kunming	5	23 034	4	6 214			12	29 958
曲靖	Qujing	2	16 511						
玉溪	Yuxi	1	518			1	4 863	3	10 889
保山	Baoshan	1	9 128					9	16 081
昭通	Zhaotong	1	2 471						
丽江	Lijiang	1	662						
思茅	Simao							11	47 721
临沧	Lincang								
楚雄	Chuxiong	4	6 479					4	7 008
红河	Honghe	1	1 404						
文山	Wenshan								
西双版纳	Xishuangbanna							1	2 383
大理	Dali	6	20 851						
德宏	Dehong							3	5 928
怒江	Nujiang								
迪庆	Diqing								

11-8 续表3 continued

单位:个、万元 (unit, 10 000 yuan)

地区	Region	家具制造业 Furniture Manufacturing		造纸及纸制品业 Paper-making and Paper Products		印刷业、记录媒介的复制 Printing and Record Medium Reproduction		石油加工、炼焦及核燃料加工业 Petroleum Processing,Coking and Nuclear fuel Processing	
		单位数 Number of Enterprises	总产值 Gross Output Value	单位数 Number of Enterprises	总产值 Gross Output Value	单位数 Number of Enterprises	总产值 Gross Output Value	单位数 Number of Enterprises	总产值 Gross Output Value
全省合计	**Total**	**5**	**5 262**	**71**	**312 208**	**80**	**347 542**	**41**	**366 603**
昆明	Kunming	4	4 250	17	35 948	38	154 591	11	26 459
曲靖	Qujing			5	27 925	4	14 790	22	233 213
玉溪	Yuxi			19	90 576	15	72 625	2	12 630
保山	Baoshan			2	7 657	1	304		
昭通	Zhaotong			5	7 377	1	35 261		
丽江	Lijiang			1	992			3	11 218
思茅	Simao			1	46 584	1	35		
临沧	Lincang			1	4 281				
楚雄	Chuxiong			4	9 911	7	31 757	1	60 118
红河	Honghe			8	58 922	2	23 848	2	22 965
文山	Wenshan			1	994	2	224		
西双版纳	Xishuangbanna					1	188		
大理	Dali	1	1 011	5	19 690	5	13 838		
德宏	Dehong			2	1 351	1	5		
怒江	Nujiang								
迪庆	Diqing					2	75		

11-8 续表4 continued

单位:个、万元 (unit, 10 000 yuan)

地 区	Region	化学原料及化学制品制造业 Raw Chemical Materials and Chemical Products		医药制造业 Medical and Pharmaceutical Products		橡胶制品业 Rubber Products		塑料制品业 Plastic Products	
		单位数 Number of Enterprises	总产值 Gross Output Value	单位数 Number of Enterprises	总产值 Gross Output Value	单位数 Number of Enterprises	总产值 Gross Output Value	单位数 Number of Enterprises	总产值 Gross Output Value
全省合计	**Total**	**250**	**2 526 948**	**87**	**502 228**	**4**	**18 365**	**64**	**189 779**
昆 明	Kunming	111	1 013 370	45	338 515	3	8 657	33	80 882
曲 靖	Qujing	32	501 331	1	6 318			8	25 226
玉 溪	Yuxi	36	320 377	5	17 743			12	55 884
保 山	Baoshan	2	1 730	3	9 024				
昭 通	Zhaotong	10	177 028	1	1 289			2	6 600
丽 江	Lijiang	1	15 841	2	6 597				
思 茅	Simao	9	42 531	2	1 702				
临 沧	Lincang	1	786	1	1 388			1	3 304
楚 雄	Chuxiong	13	64 878	7	35 420			2	3 775
红 河	Honghe	26	362 377	4	9 992	1	9 708	2	6 854
文 山	Wenshan	4	15 395	4	39 010				
西双版纳	Xishuangbanna	1	1 644	4	2 541				
大 理	Dali	4	9 661	5	27 750			3	6 262
德 宏	Dehong			3	4 939			1	994
怒 江	Nujiang								
迪 庆	Diqing								

11-8 续表5 continued

单位:个、万元 (unit, 10 000 yuan)

地 区	Region	非金属矿物制品业 Nonmetal Mineral Products		黑色金属冶炼及压延加工业 Smelting and Pressing of Ferrous Metals		有色金属冶炼及压延加工业 Smelting and Pressing of Nonferrous Metals		金属制品业 Metal Products	
		单位数 Number of Enterprises	总产值 Gross Output Value	单位数 Number of Enterprises	总产值 Gross Output Value	单位数 Number of Enterprises	总产值 Gross Output Value	单位数 Number of Enterprises	总产值 Gross Output Value
全省合计	**Total**	**261**	**784 798**	**154**	**2 961 086**	**158**	**4 015 734**	**45**	**114 527**
昆 明	Kunming	69	234 313	32	1 488 887	43	2 078 196	30	94 027
曲 靖	Qujing	33	91 097	18	249 549	16	321 669	3	5 071
玉 溪	Yuxi	44	90 581	45	698 444	11	133 734	7	10 110
保 山	Baoshan	7	18 037	1	11 857	12	57 908		
昭 通	Zhaotong	12	27 119			1	6 836		
丽 江	Lijiang	10	29 987	6	14 520	1	1 199		
思 茅	Simao	8	43 124	3	4 707	3	36 207		
临 沧	Lincang	7	11 837	3	5 282	4	10 507		
楚 雄	Chuxiong	9	15 206	3	263 105	10	69 573	1	345
红 河	Honghe	15	61 796	8	98 120	23	1 042 645	2	3 856
文 山	Wenshan	9	37 511	25	87 392	8	55 610		
西双版纳	Xishuangbanna	5	8 440	3	9 500			1	406
大 理	Dali	19	92 343	4	12 715	11	149 020	1	711
德 宏	Dehong	12	22 102			12	38 080		
怒 江	Nujiang	1	804			2	13 955		
迪 庆	Diqing	1	500	3	17 010	1	594		

11-8 续表6 continued

单位:个、万元 (unit, 10 000 yuan)

地区	Region	通用设备制造业 General-purpose Equipment Manufacturing		专用设备制造业 Special-purpose Equipment Manufacturing		交通运输设备制造业 Transport Equipment Manufacturing	
		单位数 Number of Enterprises	总产值 Gross Output Value	单位数 Number of Enterprises	总产值 Gross Output Value	单位数 Number of Enterprises	总产值 Gross Output Value
全省合计	**Total**	**64**	**225 087**	**44**	**286 280**	**45**	**602 389**
昆明	Kunming	46	174 886	33	192 927	28	321 213
曲靖	Qujing	1	725	2	10 414	8	167 056
玉溪	Yuxi	10	39 196	1	2 663	3	970
保山	Baoshan			1	293		
昭通	Zhaotong	2	1 524				
丽江	Lijiang	1	2 011				
思茅	Simao			1	932		
临沧	Lincang			1	74		
楚雄	Chuxiong	1	1 600	2	3 685	2	2 501
红河	Honghe	1	1 812			2	1 961
文山	Wenshan			2	5 316		
西双版纳	Xishuangbanna						
大理	Dali	2	3 332	1	69 977	2	108 688
德宏	Dehong						
怒江	Nujiang						
迪庆	Diqing						

11-8 续表7 continued

单位:个、万元 (unit, 10 000 yuan)

地区	Region	电力、热力的生产和供应业 Production and Supply of Electric Power and Heat		燃气生产和供应业 Gas Production and Supply		水的生产及供应业 Water Production and Supply	
		单位数 Number of Enterprises	总产值 Gross Output Value	单位数 Number of Enterprises	总产值 Gross Output Value	单位数 Number of Enterprises	总产值 Gross Output Value
全省合计	**Total**	**209**	**3 028 014**	**4**	**71 558**	**89**	**79 679**
昆明	Kunming	24	865 300	3	71 340	11	42 991
曲靖	Qujing	24	840 745			7	5 354
玉溪	Yuxi	13	263 316			6	2 949
保山	Baoshan	4	54 039			4	1 913
昭通	Zhaotong	16	76 338			6	2 648
丽江	Lijiang	6	28 242			3	2 082
思茅	Simao	12	47 153			10	2 762
临沧	Lincang	12	111 655			3	953
楚雄	Chuxiong	13	94 085			10	3 059
红河	Honghe	32	335 020	1	219	11	5 771
文山	Wenshan	13	88 564			4	1 842
西双版纳	Xishuangbanna	7	27 238			3	1 892
大理	Dali	19	129 705			2	3 040
德宏	Dehong	8	40 417			5	1 699
怒江	Nujiang	1	13 699			1	309
迪庆	Diqing	5	12 499			3	415

11-9 历年主要工业产品产量

Historic Output of Major Industrial Products

年 份 Year	纱（万吨） Yarn (10 000 tons)	布（亿米） Cloth (100 million m)	机制纸及纸板（万吨） Machine-made Paper and Paperboards (10 000 tons)	原盐（万吨） Salt (10 000 tons)	糖（万吨） Sugar (10 000 tons)	卷烟（万箱） Cigarettes (10 000 cases)	合成洗涤剂（万吨） Synthetic Detergents (10 000 tons)	原 煤（万吨） Coal (10 000 tons)	发电量(亿千瓦小时) Electricity (100 million kwh)
1980	2.92	1.32	6.46	23.90	16.87	89.00	0.80	1 174	56.20
1985	3.57	1.52	10.16	29.15	32.83	206.30	1.92	1 638.00	75.45
1989	4.05	1.79	15.22	38.32	46.39	407.40	4.53	2 181	114.12
1990	4.03	1.80	15.43	32.45	51.01	448.25	4.96	2 227	125.78
1991	4.17	1.73	17.46	28.01	60.02	437.49	4.88	2 194	140.85
1992	4.33	1.79	19.43	29.82	83.66	466.17	5.41	2 379	155.75
1993	3.89	1.72	21.82	41.40	89.98	532.02	6.25	2 402	172.07
1994	3.54	1.33	32.03	40.71	80.85	611.09	8.22	2 597	203.43
1995	3.57	1.40	30.41	42.98	94.21	680.45	7.10	2 803	228.42
1996	3.16	1.28	39.42	44.03	83.65	656.38	8.37	3 072	253.65
1997	2.67	1.12	38.51	46.59	112.12	624.80	9.06	3 296.67	253.14
1998	1.99	0.73	28.51	47.44	125.59	632.99	7.54	3 090.67	264.62
1999	2.13	0.61	23.90	42.13	162.52	603.97	3.97	2 663.63	298.20
2000	2.27	0.59	22.32	49.43	152.25	612.77	3.30	2 215.61	317.46
2001	1.95	0.49	22.81	49.83	125.49	599.49	4.93	2 394.12	359.53
2002	1.93	0.42	22.86	51.78	146.98	610.31	6.40	3 066.25	426.99
2003	1.37	0.26	26.30	47.79	191.12	614.70	3.58	4 059.78	474.80
2004	1.42	0.21	26.03	60.80	195.26	621.38	1.09	5 316.61	543.78
2005	1.44	0.14	28.89	67.78	153.57	631.47	1.86	6 462.14	624.20

11-9 续表 continued

年 份 Year	生铁（万吨） Pig Iron (10 000 tons)	钢（万吨） Steel (10 000 tons)	成品钢材（万吨） Steel Products (10 000 tons)	十种有色金属（万吨） Ten Nonferrous Metals (10 000 tons)	水 泥（万吨） Cement (10 000 tons)	平板玻璃（万重量箱） Plate Glass (10 000 weight cases)	农用化肥（万吨） Chemical Fertilizer (10 000 tons)	小型拖拉机（万辆） Small Tractors (10 000 units)	汽 车（辆） Motor Vehicles (unit)
1978	48.94	35.12	25.59	7.48	131.23	46.08	42.05	0.79	1 084
1980	50.03	46.33	29.46	9.92	163.00	26.29	46.40	0.27	1 313
1985	69.28	56.16	45.96	14.98	307.76	87.42	60.20	1.16	5 455
1989	106.91	72.22	61.85	20.00	452.42	138.44	81.12	1.73	9 906
1990	119.81	80.15	68.97	21.73	470.73	120.17	90.32	1.85	6 131
1991	123.98	93.62	83.77	24.69	565.19	128.32	95.72	2.23	9 582
1992	126.82	103.02	97.18	27.78	663.87	157.00	96.79	2.34	16 431
1993	166.89	116.63	113.07	29.13	732.25	131.57	94.06	2.28	25 115
1994	172.41	134.89	139.35	34.20	865.26	166.85	105.09	1.83	25 942
1995	180.75	140.50	144.34	40.67	996.93	165.88	121.46	2.47	19 009
1996	181.17	161.83	171.71	44.45	1 152.28	155.65	133.93	3.05	11 867
1997	213.57	184.00	185.78	47.48	1 341.26	110.50	144.31	3.35	11 432
1998	205.33	176.22	184.12	51.36	1 558.66	259.97	163.39	1.81	10 940
1999	234.90	178.72	182.01	64.51	1 622.77	302.56	177.78	1.51	10 931
2000	309.42	189.41	183.71	74.85	1 642.80	289.84	197.22	1.48	22 110
2001	337.95	222.02	186.20	83.58	1 640.86	293.48	208.66	1.14	26 949
2002	414.20	274.74	210.34	89.57	1 841.04	311.74	240.03	1.26	38 571
2003	512.38	294.75	286.54	96.96	2 052.79	336.43	260.58	1.72	44 156
2004	689.17	349.31	350.55	129.42	2 312.63	313.34	262.67	1.61	51 248
2005	845.92	513.41	486.93	147.44	2 832.63	270.15	265.84	2.1	62 879

11-10 主要年份全省主要工业产品产量

Output of Major Industrial Products in Significant Years

产品名称	Item	2000年	2001年	2003年	2004年	2005年
原煤（万吨）	Coal (10 000 tons)	2 215.61	2 394.12	4 059.78	5 316.61	6 462.14
洗精煤（万吨）	Washed Coal (10 000 tons)	207.71	212.72	260.29	326.35	488.10
铁矿石原矿量（万吨）	Final Iron Ores Products (10 000 tons)	503.53	528.05	700.28	828.41	983.70
铜金属含量（吨）	Copper Content (ton)	92 001	98 110	99 050	108 225	132 705
铅金属含量（吨）	Lead Content (ton)	138 647	100 905	104 526	105 859	109 845
锌金属含量（吨）	Zinc Content (ton)	220 357	256 131	387 351	383 353	504 927
锡金属含量（吨）	Tin Content (ton)	43 052	31 144	39 183	37 881	40 634
硫铁矿生产量（万吨）	Sulphur Iron Ores (10 000 tons)	14.5	9.73	12.27	26.19	30.69
磷矿生产量（万吨）	Phosphate Ores (10 000 tons)	921.11	934.16	1 182.49	1 218.22	1 065.95
原盐（吨）	Salt (ton)	494 338	498 310	477 857	607 958	677 765
发电量总计（万千瓦小时）	Electricity (10 000 kwh)	3 174 567	3 595 254	4 748 034	5 437 804	6 241 998
水力发电（万千瓦小时）	Hydro Power (10 000 kwh)	2 160 783	2 164 774	2 808 957	2 989 681	3 491 923
火力发电（万千瓦小时）	Thermal Power (10 000 kwh)	1 013 784	1 430 480	1 939 077	2 448 122	2 750 074
自来水(生产量)（万吨）	Tap Water (output)(10 000 tons)	49 887	50 143	50 696	51 089	54 791
糖（吨）	Sugar (ton)	1 522 548	1 254 934	1 911 209	1 952 569	1 535 726
糖果（吨）	Sweets (ton)	1 865	1 360	1 480	1 398	1 804
糕点（吨）	Cake (ton)	41 368	49 030	45 168	54 838	50 491
罐头（吨）	Canned Food (ton)	7 667	7 505	6 738	10 305	16 946
饮料酒(混合量)(吨、千升)	Wine (mixed output) (ton、kiloliter)	385 297	395 467	421 042	426 018	478 136
白酒(商品量)(吨、千升)	Liquor (commercial output) (ton、kiloliter)	216 821	205 734	223 777	214 914	219 676
啤酒（吨、千升）	Beer (ton、kiloliter)	158 675	179 213	188 939	202 357	246 114
精制茶（万吨）	Refined Tea (10 000 tons)	2.82	3.28	3.31	3.79	6.04
卷烟（万箱）	Cigarettes (10 000 cases)	612.77	599.49	614.70	621.38	631.47
复烤烟叶（万吨）	Flue-cured Tobacco (10 000 tons)	22.26	34.67	33.79	46.71	47.34
纱总计（吨）	Yarn Total (ton)	22 722	19 503	13 723	14 217	14 399
布总计（万米）	Cloth Total (10 000 m)	5 855	4 896	2 628	2 111	1 385
棉布（万米）	Cotton Cloth (10 000 m)	2 454	2 654	1 546	1 747	1 234
毛线（吨）	Knitting Wool (ton)	297	138			
呢绒总计（万米）	Woolen Fabric (10 000 m)	6.2	4.1	0.50		
服装（万件）	Garments (10 000 pieces)	1 452	1 465	1 316.55	1 300.49	1 120.52
皮鞋（万双）	Leather Shoes (10 000 pairs)	235.4	111.78	291.02	357.51	189.60
锯材（万立方米）	Sawn Wood (10 000 cu.m)	17.85	18.52	21.01	25.51	31.93
人造板（立方米）	Artificial Boards (cu.m)	448 020	457 439	566 397	631 987	776 900
胶合板（立方米）	Plywood (cu.m)	53 693	38 399	53 206	59 341	74 472
家具（万件）	Furniture (10 000 pieces)	482.93	555.10	554.00	582.93	469.47
木制家具（万件）	Wooden Furniture (10 000 pieces)	412.67	497.82	492.39	498.78	383.38
机制纸及纸板（吨）	Machine-made Paper and Paperboards (ton)	223 206	228 050	263 029	260 319	288 849
焦炭（万吨）	Coke (10 000 tons)	359.87	444.02	659.67	904.24	1 213.72

11-10 续表 continued

产品名称	Item	2000年	2001年	2003年	2004年	2005年
硫酸（吨）	Sulfuric Acid (ton)	2 055 179	2 464 912	3 404 875	4 568 889	6 040 621
烧碱(氢氧化纳)（吨）	Caustic Soda (ton)	30 533	38 417	30 911	48 004	52 308
合成氨（吨）	Synthetic Ammonia (ton)	1 294 528	1 376 637	1 494 310	1 605 875	1 771 690
农用化学肥料总计(折纯)（吨）	Chemical Fertilizer (ton)	1 972 192	2 086 624	2 605 841	2 626 732	2 658 388
氮肥（吨）	Nitrogenous Fertilizers (ton)	966 949	1 001 175	1 084 753	1 193 514	1 238 823
磷肥（吨）	Phosphate Fertilizer (ton)	1 004 547	1 083 809	1 504 593	1 433 218	1 419 565
三聚磷酸钠（吨）	Trimer Sodium Phosphate (ton)	42 209	66 801	86 993	59 904	47 910
酒精(商品量)（吨、千升）	Alcohol (ton、kiloliter)	152 743	115 121	155 345	189 170	155 853
火柴（万件）	Matches (10 000 pieces)	33.2	30.23	20.71	13.54	9.00
合成洗涤剂（吨）	Synthetic Detergents (ton)	33 049	49 264	35 816	10 879	18 597
肥皂（吨）	Soap (ton)	5 856	4 009	2 992	3 402	3 205
中成药（吨）	Traditional Chinese Medicine (ton)	5 175	6 266	7 527	8 664	10 120
轮胎外胎（条）	Tires	748 520	242 396	107 302	9 017	9 056
力车胎外胎（条）	Cart Tires	6 658 200	7 520 800	5 800 600	2 993 800	4 071 000
塑料制品（吨）	Plastic Products (ton)	104 470	108 260	147 084	134 242	162 325
水泥（万吨）	Cement (10 000 tons)	1 642.80	1 640.86	2052.79	2 312.63	2 832.62
砖（万块）	Bricks (10 000)	878 851	891 598	883 303	886 261	988 721
瓦（万片）	Tiles(10 000)	185 294	188 814	191 595	173 157	157 636
平板玻璃（万重量箱）	Plate Glass (10 000 weight cases)	289.84	293.48	336.43	313.34	270.15
日用玻璃制品（吨）	Glass Products of Daily Use (ton)	33 788	29 256	45 902	52 389	91 352
日用陶瓷器（万件）	Household Ceramics (10 000 pieces)	15 888	17 779	19 822	17 869	16 671
钢（万吨）	Steel (10 000 tons)	189.41	222.02	294.75	349.31	513.41
生铁（万吨）	Pig Iron (10 000 tons)	309.42	337.95	512.38	689.17	845.92
成品钢材（万吨）	Steel Products (10 000 tons)	183.71	186.20	286.54	350.55	486.93
十种有色金属（吨）	Ten Nonferrous Metals (ton)	748 452	835 792	969 646	1 294 160	1 474 448
铜（吨）	Copper (ton)	160 558	188 491	199 593	229 940	324 132
铅（吨）	Lead (ton)	162 369	163 524	190 999	224 103	253 559
锌（吨）	Zinc (ton)	234 962	263 522	335 189	495 819	419 703
锡（吨）	Tin (ton)	47 287	55 473	68 043	64 344	68 913
铝（吨）	Aluminum (ton)	138 317	156 980	166 641	258 799	392 570
内燃机生产量总计（万千瓦）	Internal Combustion Engines (10 000 kw)	401.28	603	800.86	808.74	943.51
金属切削机床（台）	Metal-cutting Machine Tools (unit)	7 333	5 938	4 392	5 259	9 798
泵（台）	Pumps (unit)	6 816	7 569	7 095	142 009	120 699
小型拖拉机（台）	Small Tractors (unit)	14 759	11 446	17 207	16 065	20 972
汽车（辆）	Motor Vehicles (unit)	22 110	26 949	44 156	51 248	62 879
载货汽车（辆）	Trucks (unit)	21 172	26 240	40 305	49 476	60 997
变压器（万千伏安）	Transformer (10 000 kva)	369.85	461	570.22	819.63	885.97
发电设备(500千瓦及以上)（千瓦）	Power Generating Equipment (500 kw and over) (kw)	1 54 181	101 067	275 668	598 816	654 825
交流电动机（千瓦）	Alternators (kw)	975 414	1 147 035	1 122 560	1 088 474	1 275 507
电子元件（万只）	Electronic Elements (10 000 pieces)	73.93	82	15.7		

11-11 各地区主要工业产品产量(2005年)
Output of Major Industrial Products by Region (2005)

地　区	Region	原　煤（万吨） Coal (10 000 tons)	焦炭（万吨） Coke (10 000 tons)	发电量（万千瓦时） Electricity (10 000 kwh)	水　电（万千瓦时） Hydro Power (10 000 kwh)	自来水（万吨） Coke (10 000 tons)	成品糖（吨） Sugar (ton)	糕　点（吨） Cake (ton)
全省合计	**Total**	**6 462.14**	**1 213.72**	**6 241 998**	**3 491 923**	**54 791**	**1 535 726**	**50 491**
昆　明	Kunming	413.88	249.09	1 242 408	727 599	23 891		10 298
曲　靖	Qujing	3 527.30	810.60	2 074 633	487 546	4 201		1 162
玉　溪	Yuxi	74.51	15.65	83 563	78 079	3 052	165 626	5 685
保　山	Baoshan	33.94		159 703	154 460	1 713	221 327	2 927
昭　通	Zhaotong	666.04		143 514	142 884	2 071	7 902	2 581
丽　江	Lijiang	312.81	14.70	72 240	72 091	1 309	5 799	2 822
思　茅	Simao	46.88		64 369	48 508	1 787	186 221	312
临　沧	Lincang	21.10		718 963	708 400	1 225	358 460	351
楚　雄	Chuxiong	163.19	55.51	59 909	42 838	2 062		2 068
红　河	Honghe	942.86	68.17	798 375	218 085	4 601	116 841	15 158
文　山	Wenshan	83.70		334 884	334 884	1 444	16 354	6 114
西双版纳	Xishuangbanna	1.86		50 861	46 698	1 651	128 181	14
大　理	Dali	171.46		191 929	191 485	3 253	17 058	885
德　宏	Dehong	2.58		121 042	112 761	1 839	311 957	30
怒　江	Nujiang			45 551	45 551	307		
迪　庆	Diqing	0.03		80 054	80 054	385		84

11-11　续表1　continued

地　区	Region	白　酒（千升） Liquor (Kiloliter)	啤　酒（千升） Beer (Kiloliter)	精制茶（吨） Refined Tea (ton)	卷　烟（亿支） Cigarettes (10 0 million pieces)	布（万米） Cloth (10 000 m)	服　装（万件） Garments (10 000 pieces)	皮　鞋（万双） Leather Shoes (10 000 pairs)
全省合计	**Total**	**219 676**	**246 114**	**60 407**	**3 157.36**	**1 385**	**1 120.52**	**189.60**
昆　明	Kunming	25 722	27 497	1 977	671.89	284	535.60	41.96
曲　靖	Qujing	16 205			518.29	238	89.50	32.61
玉　溪	Yuxi	8 306		4 508	836.73	22	34.52	16.20
保　山	Baoshan	7 204	45 310	7 473			24.24	18.72
昭　通	Zhaotong	13 188		3	241.45		73.41	20.37
丽　江	Lijiang	4 927				32	3.54	2.81
思　茅	Simao	4 145	19 131	10 193		24	0.32	0.55
临　沧	Lincang	14 698	19 094	18 300			15.88	2.38
楚　雄	Chuxiong	21 302	25 987	69	280.00	45	21.56	7.46
红　河	Honghe	43 115	20 109	633	408.00	19	46.36	6.51
文　山	Wenshan	33 092					170.98	15.03
西双版纳	Xishuangbanna	286		8 147			0.25	
大　理	Dali	18 356	87 717	7 443	201.00	722	88.13	25.00
德　宏	Dehong	1 103	1 269	1 662			9.73	
怒　江	Nujiang	759					2.00	
迪　庆	Diqing	7 267					4.50	

11-11 续表2 continued

地区	Region	锯材（立方米）Sawn Wood (cu.m)	人造板（立方米）Artificial Boards (cu.m)	机制纸及纸板（吨）Machine-made Paper and Paperboards (ton)	农用化肥（吨）Chemical Fertilizer (ton)	中成药（吨）Traditional Chinese Medicine (ton)	塑料制品（吨）Plastic Products(ton)	水泥（万吨）Cement (10 000 tons)
全省合计	**Total**	**319 268**	**776 900**	**288 849**	**2 658 388**	**10 120**	**162 325**	**2 832.62**
昆明	Kunming	1 478	32 648	50 809	840 969	5 754	66 679	516.50
曲靖	Qujing	19 746		36 159	622 399	53	27 289	397.55
玉溪	Yuxi		85 960	82 369	87 189	264	43 519	448.53
保山	Baoshan	2 890	9 364	17 307	4 435	1 467	1 414	67.99
昭通	Zhaotong			4 998	422 367	67	4 138	116.57
丽江	Lijiang			345	46 015	61	106	87.12
思茅	Simao	144 615	486 384			109	304	183.28
临沧	Lincang	8 421		3 937			845	56.30
楚雄	Chuxiong		63 411	12 598	41 934	1 025	5 774	61.34
红河	Honghe	6 222	38 463	53 787	566 164	418	4 789	276.93
文山	Wenshan	26 449		2 480	26 916	232	328	163.97
西双版纳	Xishuangbanna	25 539				143	597	30.15
大理	Dali			17 594		329	4 870	353.75
德宏	Dehong	79 118	60 670	5 317		196	1 672	67.74
怒江	Nujiang	4 790						4.15
迪庆	Diqing			1 149				0.76

11-11 续表3 continued

地区	Region	生铁（吨）Pig Iron (ton)	钢（吨）Steel (ton)	成品钢材（吨）Steel Products (ton)	铁合金（吨）Ferroalloy (ton)	十种有色金属（吨）Ten Nonferrous Metals (ton)	#铜（吨）Copper (ton)	#锌（吨）Zinc (ton)
全省合计	**Total**	**8 459 240**	**5 134 068**	**4 869 319**	**480 066**	**1 474 448**	**324 132**	**419 730**
昆明	Kunming	3 735 401	3 253 929	3 844 806	58 117	739 047	320 691	53 909
曲靖	Qujing	1 353 632	15 383	20 335	10 046	174 848		143 964
玉溪	Yuxi	2 372 983	686 080	243 844	29 162	986	914	
保山	Baoshan		44 550	41 981		26 363	36	26 327
昭通	Zhaotong	11 500			4 285	10 978		10 978
丽江	Lijiang				22 397	1 370	545	825
思茅	Simao				12 813	15 667	213	1 257
临沧	Lincang				1 349	2 617	895	1 722
楚雄	Chuxiong	841 468	911 103	715 233		10 286	401	5 215
红河	Honghe	72 493	223 023		74 613	310 287	437	17 138
文山	Wenshan				197 900	13 850		2 250
西双版纳	Xishuangbanna				24 638			
大理	Dali	71 763		2 600	18 280	98 396		97 720
德宏	Dehong			520	532	11 328		
怒江	Nujiang					57 966		57 966
迪庆	Diqing				25 934	459		459

11-12全省主要工业产品生产、销售、库存量(2005年)

Output, Sales and Inventory of Major Industrial Products (2005)

产品名称	Item	年初库存量 Inventory at the Beginning of the Year	本年生产量 Output of the Current Year	本年销售量 Sales of the Current Year	年末库存量 Inventory at the Year-end
原煤（吨）	Coal (ton)	78 528	21 901 754	18 624 058	190 594
洗煤（吨）	Washed Coal (ton)	135 321	5 137 500	4 562 761	155 928
铁矿石原矿量（吨）	Final Iron Ores Products (ton)	267 518	5 427 333	4 706 850	263 967
硫铁矿（折含S 35%）（吨）	Sulphur Iron Ores (35% of S) (ton)	627	295 902	294 092	
磷矿石（折含P205 30%）（吨）	Phosphate Ores (30% of P205) (ton)	554 419	7 954 445	7 550 720	325 306
原盐（吨）	Salt (ton)	124 990	666 368	613 519	128 201
精制食用植物油(吨)	Refining Edible Vegetable Oil (ton)	2 556	108 492	87 493	7 544
机制糖（吨）	Sugar (ton)	131 947	1 521 964	1 511 250	103 978
配混合饲料（吨）	Mixed Feed (ton)	13 532	912 251	889 347	16 082
乳制品（吨）	Dairy Products (ton)	897	133 071	122 945	9 958
罐头（吨）	Canned Food (ton)	3 501	14 374	15 431	2 444
白酒（吨）	Liquor (ton)	862	19 275	11 737	1 496
啤酒（吨）	Beer (ton)	30 108	244 845	232 914	41 757
软饮料（吨）	Soft Beverages (ton)	15 077	491 475	487 853	18 038
卷烟(箱)	Cigarettes (case)	1 051 626	31 573 614	32 292 986	321 715
化学纤维(吨)	Chemical Fiber (ton)	865	30 423	30 003	1 278
纱(吨)	Yarn (ton)	2 773	14 029	11 393	2 923
布（万米）	Cloth (10 000 m)	964	1 055	1 340	667
棉布(万米)	Cotton Cloth (10 000 m)	472	949	1 026	386
混纺交织布（万米）	Blend Cloth (10 000 m)	412	106	262	253
化学纤维布(万米)	Chemical Fiber with chamical Fiber (10 000 m)	80		52	28
丝（吨）	Silk (ton)	23	1 426	1 379	18
服装（万件）	Garments (10 000 pieces)	163	378	357	183
人造板（立方米）	Artificial Boards (cu.m)	45 725	693 068	698 711	38 776
机制纸及纸板(吨)	Machine-made Paper and Paperboard (ton)	26 186	213 479	205 840	23 845
润滑油（吨）	Lubricant (ton)	980	20 065	19 060	1 985
焦炭（吨）	Coke (ton)	114 485	7 803 729	6 207 739	196 433
硫酸（折100%）(吨)	Sulfuric Acid (100%) (ton)	91 037	6 005 459	1 260 683	105 813
氢氧化钠（烧碱）（折100%）(吨)	Caustic Soda(100%) (ton)	1 673	52 308	39 837	2 036
碳酸钠（纯碱）(吨)	Soda Ash (ton)	6 617	161 984	144 800	10 357
碳化钙（电石）（折 300升/千克）(吨)	Calcium Carbide (300 liters/kg) (ton)	8 161	147 224	81 559	2 286
合成氨 （吨）	Synthetic Ammonia (ton)	8 179	1 771 690	230 874	13 402
农用氮、磷、钾化学肥料总计（折纯）(吨)	Chemical Fertilizers (ton)	155 155	2 630 722	2 507 153	233 856
氮肥（折含N 100%）(吨)	Nitrogen Fertilizers (100% of Na) (ton)	79 316	1 238 823	1 190 257	108 567
尿素（吨）	Urea (ton)	63 414	744 241	728 594	75 861
磷肥（折含P205 100%）(吨)	Phosphate Fertilizers (100% of P2O5) (ton)	75 839	1 391 899	1 316 896	125 289

注：本表为全部国有及年主营业务收入500万元以上非国有工业数据；

Note:The data above are obtained from all state-owned industrial enterprises and non-state-owned industrial enterprises of annual product sales above 5 million yuan.

11-12 续表 Continued

产品名称	Item	年初库存量 Inventory at the Beginning of the Year	本年生产量 Output of Current Year	本年销售量 Sales of Current Year	年末库存量 Inventory at the Year-end
化学农药 (吨)	Chemical Pesticide (ton)	270	1 077	499	123
纯苯 (吨)	Pure Benzene (ton)		10 668	10 527	141
油漆 (吨)	Varnish (ton)	667	7 063	6 938	769
塑料树脂及共聚物 (吨)	Plastics Resin and Polymer (ton)	288	30 598	29 250	1 635
合成纤维聚合物 (吨)	Synthetic Fibre Polymer (ton)	1 358	26 082	27 440	
合成洗涤剂 (吨)	Synthetic Detergent (ton)	1 783	18 592	17 558	2 054
化学原料药 (吨)	Chemical Medicine (ton)	24	966	349	139
塑料制品 (吨)	Plastic Products (ton)	20 993	143 662	138 354	25 978
农用薄膜 (吨)	Farming Films (ton)	6 230	38 198	35 196	9 233
水泥 (万吨)	Cement (10 000 tons)	736 750	26 444 083	26 348 081	721 859
平板玻璃(重量箱) (吨)	Plate Glass (weight case) (ton)	374 993	2 693 068	2 822 635	221 393
生铁 (吨)	Pig Iron (ton)	247 340	8 159 451	4 290 979	166 987
粗钢(吨)	Steel (ton)	32 146	5 128 092	1 166 754	82 455
钢材(未扣除外购国产钢材用量)(吨)	Rolled Steel (ton)	43 345	4 800 481	4 672 309	167 280
其中：中小型型钢(吨)	Middling and Minitype Steel Bar (ton)	6 624	245 436	239 060	13 000
盘条(线材)(吨)	Wire Rod (ton)	4 415	1 066 645	1 044 209	26 851
中板(吨)	Medium Steel Plate (ton)		380 660	368 448	12 212
热轧薄板(吨)	Steel Sheet (ton)		13 244	12 764	480
中厚宽钢带(吨)	Steel Sheets (ton)		99 583	97 251	2 332
焊接钢管 (吨)	Seamed Steel Tubes (ton)	2 286	48 730	49 974	1 042
铁合金 (吨)	Ferroalloy (ton)	54 922	410 248	404 218	57 373
十种有色金属 (吨)	Ten Nonferrous Metals (ton)	37 795	1 394 738	1 299 106	32 969
铜 (吨)	Copper (ton)	17	322 158	319 439	31
铅 (吨)	Lead (ton)	6 913	205 903	193 832	6 978
锌 (吨)	Zinc (ton)	18 574	390 136	380 794	13 137
锡 (吨)	Tin (ton)	2 660	68 883	69 851	1 604
铝 (吨)	Aluminum (ton)	8 907	392 570	320 168	10 431
铜加工材 (吨)	Rolled Copper (ton)	1 022	66 818	67 033	807
铝材 (吨)	Rolled Aluminum (ton)	5 625	105 605	99 486	11 589
工业锅炉 (蒸发量吨)	Industrial Boilers (steam ton)	76	228	213	91
内燃机 (万千瓦)	Internal Combustion Engines (10000 kw)	1 470 850	9 435 118	9 449 593	1 445 312
金属切削机床 (台)	Metal-cutting Machine Tools(unit)	1 953	9 798	8 359	3 392
数控机床 (台)	Numerically Controlled Machine Tools (unit)	494	837	670	661
小型拖拉机 (台)	Small Tractors (unit)	1 573	18 976	19 270	1 276
汽车 (辆)	Motor Vehicles(unit)	4 979	62 879	63 993	3 845
载货汽车 (辆)	Trucks(unit)	4 630	60 997	61 891	3 720
公路客车 (辆)	Buses(unit)	85	789	850	24
轿车(辆)	car (unit)	264	1 089	1 252	101
发电设备 (千瓦)	Power Generating Equipment (kw)	125 970	654 825	640 865	139 930
交流电动机 (千瓦)	Alternator (kw)	184 782	1 275 507	1 262 611	198 558
打印机(台)	Printer (unit)	3 730	55 680	55 735	3 675

11-13 全省国有及年主营业务收入500万元以上非国有独立核算工业企业主要财务指标(一)(2005年)

单位:万元

行　业	Sector	流动资产合　计 Total Current Assets
总　计	**Total**	**17 093 616**
按轻重工业分:	**Grouped by Light and Heavy Industry**	
轻工业	Light Industry	7 915 721
重工业	Heavy Industry	9 177 895
按工业行业分	**Grouped by Industrial Sector**	
煤炭开采和洗选业	Coal Mining and Dressing	278 680
石油和天然气开采业	Extraction of Petroleum and Natural Gas	230
黑色金属矿采选业	Mining and Dressing of Ferrous Metals	450 752
有色金属矿采选业	Mining and Dressing of Nonferrous Metals	372 968
非金属矿采选业	Mining and Dressing fo Nonmetal Minerals	105 386
化学矿采选	Mining and Dressing of Chemical Minerals	79 044
采盐	Salt Mining	24 688
农副食品加工业	Agricultural Non-staple Food Processing	429 779
制糖	Sugar Refining	265 181
食品制造业	Food Production	73 662
饮料制造业	Beverage Production	195 139
精制茶加工	Refined Tea Processing	58 610
烟草制品业	Tobacco Production	5 909 972
卷烟制造	Cigarettes Production	5 504 765
纺织业	Textile Industry	58 155
纺织服装、鞋、帽制造业	Textile Clothing, Footwear and Headgear Production	12 660
皮革、毛皮、羽绒及其制品业	Leather, Furs, Down and Related Products	17 085
木材加工及竹、藤、棕、草制品业	Timber Processing, Bamboo, Cane, Palm Fiber and Straw Products	89 162
家具制造业	Furniture Manufacturing	5 383
造纸及纸制品业	Papermaking and Paper Products	179 298
印刷业、记录媒介的复制	Printing and Record Medium Reproduction	238 076
文教体育用品制造业	Cultural, Educational and Sports Goods	333
石油加工、炼焦业及核燃料加工业	Petroleum Processing,Coking and Nuclear fuel Processing	163 609
化学原料及化学制品制造业	Raw Chemical Materials and Chemical Products	1 480 304
基本化学原料制造	Basic Raw Chemical Materials Products	400 446
肥料制造	Fertilizer Production	739 624
日用化学产品制造	Chemical Products of Daily Use	67 984
医药制造业	Medical and Pharmaceutical Production	473 342
中成药制造	Made Traditional Chinese Medicine Products	229 617
化学纤维制造业	Chemical Fiber Manufacturing	37 555
橡胶制品业	Rubber Products	8 578
塑料制品业	Plastic Products	114 815
非金属矿物制品业	Nonmetal Mineral Products	567 749
水泥制造	Cement Products	436 721

Principal Finance Indicators of State-owned and Non-state-owned Industrial Enterprises with Independent Accounting Systems and Annual Revenue on Major Business Above 5 Million Yuan (Ⅰ)(2005)

(10 000 yuan)

流动资产年平均余额 Annual Average Balance of Current Assets	长期投资 Long-term Investment	固定资产合计 Total Fixed Assets	固定资产原价合计 Original Value of Fixed Assets	固定资产净值年平均余额 Annual Average Balance of Net Value of Fixed Assets
15 877 657	**4 133 309**	**15 883 034**	**22 133 583**	**13 615 401**
7 463 375	2 094 876	3 633 136	6 084 994	3 151 764
8 414 282	2 038 433	12 249 898	16 048 589	10 463 637
268 025	40 283	324 308	415 033	250 816
223		1 093	2 109	1 338
383 883	364 037	322 797	380 240	232 942
312 971	43 203	263 870	339 845	199 805
93 369	5 799	182 953	167 766	89 654
62 767	4 273	56 099	105 954	53 181
28 718	1 523	124 683	59 449	34 520
443 777	41 449	509 919	772 657	460 776
279 383	25 613	414 814	643 182	372 045
71 232	5 691	67 700	93 949	62 263
180 228	26 264	192 872	251 440	171 966
45 550	4 657	28 816	36 492	26 635
5 553 740	1 856 554	1 509 337	3 045 002	1 280 139
5 221 932	1 851 678	1 352 446	2 789 113	1 131 591
57 058	5 987	80 773	117 586	77 663
10 541	1 703	3 575	5 185	3 474
18 599	890	6 907	8 940	5 580
87 109	11 105	130 895	203 291	126 668
5 466	813	2 620	3 503	2 240
176 207	34 271	247 969	379 832	245 714
228 526	29 931	208 651	373 386	191 800
332		278	343	268
148 337	6 915	194 484	194 170	156 854
1 351 675	344 052	1 454 827	2 169 928	1 295 757
384 388	73 993	339 203	521 253	314 379
644 952	220 004	938 945	1 330 477	819 252
59 676	2 604	25 531	99 409	35 199
433 304	75 512	293 325	364 689	257 023
208 328	31 817	124 612	151 166	116 320
28 153		34 556	62 413	11 740
6 436	52	2 840	4 443	2 887
113 594	7 178	77 192	127 852	76 090
533 695	46 094	766 644	1 131 440	705 231
406 948	41 498	661 369	975 484	607 088

11-13 续表

单位:万元

行业	Sector	流动资产合计 Total of Current Funds
黑色金属冶炼及压延加工业	Smelting and Pressing of Ferrous Metals	1 283 004
有色金属冶炼及压延加工业	Smelting and Pressing of Nonferrous Metals	1 836 523
金属制品业	Metal Products	78 672
通用设备制造业	General-purpose Equipment Manufacturing	189 734
专用设备制造业	Special-purpose Equipment Manufacturing	314 946
交通运输设备制造业	Transport Equipment Manufacturing	445 677
汽车制造	Motor Vehicles Manufacturing	315 965
电气机械及器材制造业	Electric Equipment and Machinery Manufacturing	259 693
通信设备、计算机及其他电子设备制造	Communication Equipment, Computers and other Electronic Equipment Production	92 049
仪器仪表及文化、办公用机械制造业	Instruments, Meters, Cultural and Clerical Machinery Manufacturing	50 238
光学仪器制造	Optical Instrument Manufacturing	40 626
工艺品及其他制造业	Handicraft Articles and Other Goods Production	41 339
废弃资源和废旧材料回收加工业	Recycling and Disposal of Waste	41 736
电力、热力的生产和供应业	Production and Supply of Electric Power and Heat	1 032 204
燃气生产和供应业	Gas Production and Supply	58 860
水的生产和供应业	Water Production and Supply	106 270
按州市分	**Grouped By Region**	
昆明市	Kunming	6 417 802
曲靖市	Qujing	1 977 821
玉溪市	Yuxi	3 740 470
保山市	Baoshan	217 665
昭通市	Zhaotong	396 507
丽江市	Lijiang	125 498
思茅市	Simao	236 690
临沧市	Lincang	173 355
楚雄州	Chuxiong	615 311
红河州	Honghe	1 889 872
文山州	Wenshan	384 198
西双版纳州	Xishuangbanna	83 561
大理州	Dali	561 120
德宏州	Dehong	132 706
怒江州	Nujiang	113 245
迪庆州	Diqing	27 796

continued

(10 000 yuan)

流动资产年平均余额 Annual Average Balance of Current Funds	长期投资 Long-term Investment	固定资产合计 Total Fixed Assets	固定资产原价合计 Original Value of Fixed Assets	固定资产净值年平均余额 Annual Average Balance of Net Value of Fixed Assets
1 151 173	774 844	1 326 116	1 342 301	1 085 812
1 657 187	179 351	1 698 960	1 930 972	1 417 109
68 902	5 645	26 195	39 122	24 648
186 446	30 643	95 664	133 957	74 770
290 904	19 292	93 033	150 443	84 100
447 065	11 681	182 991	287 472	164 261
322 389	11 681	165 736	262 802	147 491
241 600	13 027	82 774	127 679	73 404
92 768	24 988	30 111	41 951	29 336
46 899	8 328	22 685	30 819	16 398
38 436	8 243	19 674	26 365	13 683
39 268	1 914	25 724	28 597	21 496
49 982	17 612	5 958	13 345	6 015
951 282	94 650	4 981 850	6 875 787	4 378 540
55 599		51 436	99 472	42 475
92 106	3 553	379 152	416 627	288 347
5 800 407	1 694 216	5 221 306	7 119 294	4 490 732
1 832 984	240 357	2 704 242	3 817 202	2 359 684
3 632 667	1 593 422	1 481 757	2 268 967	1 163 225
214 436	71 442	407 863	516 316	366 335
350 888	147 571	624 629	890 732	504 240
110 010	11 482	206 212	247 475	184 947
224 098	51 954	454 946	633 076	417 291
162 844	18 697	474 231	783 470	452 619
610 558	38 879	618 918	914 885	561 215
1 728 621	194 037	1 815 174	2 572 248	1 559 728
317 807	36 504	427 098	493 011	347 194
82 366	3 769	164 794	228 510	142 999
557 840	23 963	715 048	1 055 493	642 145
130 285	6 546	298 430	351 744	254 856
90 713	314	138 082	145 877	88 939
31 134	156	130 305	95 284	79 253

11-14 全省国有及年主营业务收入500万元以上非国有独立核算工业企业主要财务指标(二)(2005年)

单位:万元

行　　业	Sector	资产合计 Total Assets
总　　计	**Total**	**39 643 245**
按轻重工业分:	**Grouped by Light and Heavy Industry**	
轻工业	Light Industry	14 244 443
重工业	Heavy Industry	25 398 802
按工业行业分	**Grouped by Industrial Sector**	
煤炭开采和洗选业	Coal Mining and Dressing	701 299
石油和天然气开采业	Extraction of Petroleum and Natural Gas	1 727
黑色金属矿采选业	Mining and Dressing of Ferrous Metals	1 332 011
有色金属矿采选业	Mining and Dressing of Nonferrous Metals	754 181
非金属矿采选业	Mining and Dressing fo Nonmetal Minerals	314 856
化学矿采选	Mining and Dressing of Chemical Minerals	155 744
采盐	Salt Mining	155 218
农副食品加工业	Agricultural Non-staple Food Processing	1 110 158
制糖	Sugar Refining	800 048
食品制造业	Food Production	156 626
饮料制造业	Beverage Production	448 938
精制茶加工	Refined Tea Processing	97 189
烟草制品业	Tobacco Production	9 427 126
卷烟制造	Cigarettes Production	8 843 073
纺织业	Textile Industry	220 958
纺织服装、鞋、帽制造业	Textile Clothing, Footwear and Headgear Production	17 941
皮革、毛皮、羽绒及其制品业	Leather, Furs, Down and Related Products	26 179
木材加工及竹、藤、棕、草制品业	Timber Processing, Bamboo, Cane, Palm Fiber and Straw Products	257 662
家具制造业	Furniture Manufacturing	8 836
造纸及纸制品业	Papermaking and Paper Products	486 768
印刷业、记录媒介的复制	Printing and Record Medium Reproduction	494 841
文教体育用品制造业	Cultural, Educational and Sports Goods	623
石油加工、炼焦业及核燃料加工业	Petroleum Processing,Coking and Nuclear fuel Processing	393 680
化学原料及化学制品制造业	Raw Chemical Materials and Chemical Products	3 513 415
基本化学原料制造	Basic Raw Chemical Materials Products	868 726
肥料制造	Fertilizer Production	2 006 632
日用化学产品制造	Chemical Products of Daily Use	107 062
医药制造业	Medical and Pharmaceutical Production	934 906
中成药制造	Made Traditional Chinese Medicine Products	442 599
化学纤维制造业	Chemical Fiber Manufacturing	72 214
橡胶制品业	Rubber Products	13 562
塑料制品业	Plastic Products	211 927
非金属矿物制品业	Nonmetal Mineral Products	1 470 179
水泥制造	Cement Products	1 215 185

Principal Finance Indicators of State-owned and Non-state-owned Industrial Enterprises with Independent Accounting Systems and Annual Revenue on Major Business Above 5 Million Yuan (Ⅱ) (2005)

(10 000 yuan)

流动负债合计 Total Current Liabilities	长期负债合计 Total Long-term Liabilities	所有者权益合计 Total Owner's Equity	主营业务收入 Revenue on Major Business	#主营业务成本 Cost of Major Business
14 711 051	**5 973 142**	**18 959 052**	**25 697 106**	**18 710 291**
4 321 071	715 933	9 207 439	8 615 844	4 146 721
10 389 979	5 257 209	9 751 614	17 081 262	14 563 570
250 294	230 052	220 953	431 657	305 897
1 709		18	1 358	1 038
369 161	110 084	852 766	252 771	179 370
373 149	93 174	287 858	592 355	398 816
86 369	84 852	143 635	180 887	96 303
45 264	16 458	94 021	105 055	57 066
39 362	67 800	48 056	73 770	38 107
600 279	189 842	320 038	904 049	728 263
449 212	151 409	199 426	461 764	326 199
88 391	17 424	50 812	131 137	107 849
206 928	73 950	168 060	250 795	185 169
55 102	13 494	28 593	61 999	42 842
2 294 164	2 011	7 130 951	5 765 681	2 011 823
1 976 179	713	6 866 182	5 427 330	1 771 743
151 591	19 397	49 970	76 362	68 448
10 200	3 358	4 382	5 777	4 815
14 563	8 188	3 428	4 230	4 340
101 521	87 110	69 032	122 212	109 912
5 699	2 077	1 060	5 107	4 410
154 537	126 666	205 565	295 342	236 528
197 468	31 098	266 275	356 021	264 178
181	13	429	208	129
187 810	70 336	135 534	348 926	324 485
1 656 505	458 587	1 398 323	2 530 543	2 050 131
469 254	99 057	300 416	762 805	616 917
872 540	296 468	837 624	1 389 409	1 126 690
50 216	7 634	49 212	85 147	76 671
327 879	117 679	489 348	453 176	241 265
172 074	56 409	214 117	234 018	107 366
5 594		66 620	87 830	65 483
8 611	4 083	868	18 354	16 737
125 890	20 395	65 642	188 748	170 339
666 633	287 686	515 859	790 345	648 192
529 865	250 151	435 169	646 323	523 393

11-14 续表

单位:万元

行　　业	Sector	资产合计 Total Assets
黑色金属冶炼及压延加工业	Smelting and Pressing of Ferrous Metals	3 446 403
有色金属冶炼及压延加工业	Smelting and Pressing of Nonferrous Metals	3 858 542
金属制品业	Metal Products	120 971
通用设备制造业	General-purpose Equipment Manufacturing	358 012
专用设备制造业	Special-purpose Equipment Manufacturing	499 842
交通运输设备制造业	Transport Equipment Manufacturing	728 110
汽车制造	Motor Vehicles Manufacturing	577 652
电气机械及器材制造业	Electric Equipment and Machinery Manufacturing	390 188
通信设备、计算机及其他电子设备制造业	Communication Equipment, Computers and other Electronic Equipment Production	147 579
仪器仪表及文化、办公用机械制造业	Instruments, Meters, Cultural and Clerical Machinery Manufacturing	82 489
光学仪器制造	Optical Instrument Manufacturing	69 571
工艺品及其他制造业	Handicraft Articles and Other Goods Production	70 284
废弃资源和废旧材料回收加工业	Recycling and Disposal of Waste	69 879
电力、热力的生产和供应业	Production and Supply of Electric Power and Heat	6 854 053
燃气生产和供应业	Gas Production and Supply	121 325
水的生产和供应业	Water Production and Supply	524 961
按州市分	**Grouped by Region**	
昆明市	Kunming	14 315 932
曲靖市	Qujing	5 236 287
玉溪市	Yuxi	7 060 419
保山市	Baoshan	759 654
昭通市	Zhaotong	1 238 915
丽江市	Lijiang	369 421
思茅市	Simao	842 760
临沧市	Lincang	727 083
楚雄州	Chuxiong	1 380 786
红河州	Honghe	4 201 498
文山州	Wenshan	914 242
西双版纳州	Xishuangbanna	289 393
大理州	Dali	1 405 894
德宏州	Dehong	480 542
怒 江州	Nujiang	259 479
迪庆州	Diqing	160 940

continued

(10 000 yuan)

流动负债合计 Total Current Liabilities	长期负债合计 Total Long-term Liabilities	所有者权益合计 Total Owner's Equity	主营业务收入 Revenue on Major Busniess	#主营业务成本 Cost of Major Busniess
1 634 448	305 792	1 506 163	2 919 506	2 707 130
1 954 883	454 942	1 448 716	4 007 227	3 588 530
74 831	13 518	32 621	114 153	99 177
212 922	32 264	112 827	213 144	183 001
362 616	30 096	107 130	292 548	252 895
380 276	54 044	293 790	609 777	536 375
279 699	44 413	253 539	516 475	460 914
244 254	20 384	125 550	335 594	286 767
44 517	21 435	81 627	80 464	67 404
41 859	9 203	31 427	63 997	52 119
32 716	8 039	28 816	48 046	39 423
17 262	19 405	33 616	37 539	28 543
23 000	9 043	37 836	71 707	66 112
1 646 854	2 872 869	2 334 330	3 005 716	2 493 161
60 325	353	60 647	73 713	75 523
127 879	91 734	305 348	78 149	49 638
5 751 266	1 767 959	6 796 707	10 177 618	7 805 648
2 055 794	1 166 781	2 013 712	3 550 071	2 631 457
1 405 547	347 918	5 306 954	3 842 182	2 410 036
297 791	194 690	267 174	306 471	227 551
371 801	239 200	627 915	728 263	440 106
181 688	80 753	106 979	163 644	126 807
308 098	256 936	277 726	351 762	288 480
217 995	315 559	193 529	295 012	207 136
709 025	187 310	484 451	1 138 150	780 810
1 900 328	570 831	1 730 339	3 019 989	2 213 605
285 222	276 189	352 831	519 986	376 309
136 975	59 043	93 374	136 570	101 299
711 173	245 332	449 389	1 060 917	807 394
187 570	158 916	134 057	216 128	164 996
151 100	39 594	68 785	117 645	71 410
39 678	66 132	55 130	72 698	57 248

11-15全省国有及年主营业务收入500万元以上非国有独立核算工业企业主要财务指标(三)(2005年)

单位：万元

行业	Sector	主营业务税金及附加 Tax and Surcharges in Major Busniess
总　计	**Total**	**2 456 190**
按轻重工业分	**Grouped by Light and Heavy Industry**	
轻工业	Light Industry	2 358 044
重工业	Heavy Industry	98 145
按工业行业分	**Grouped by Industrial Sector**	
煤炭开采和洗选业	Coal Mining and Dressing	7 385
石油和天然气开采业	Extraction of Petroleum and Natural Gas	6
黑色金属矿采选业	Mining and Dressing of Ferrous Metals	4 019
有色金属矿采选业	Mining and Dressing of Nonferrous Metals	4 213
非金属矿采选业	Mining and Dressing fo Nonmetal Minerals	3 992
化学矿采选	Mining and Dressing of Chemical Minerals	2 516
采盐	Salt Mining	1 344
农副食品加工业	Agricultural Non-staple Food Processing	6 396
制糖	Sugar Refining	5 368
食品制造业	Food Production	730
饮料制造业	Beverage Production	7 666
精制茶加工	Refined Tea Processing	147
烟草制品业	Tobacco Production	2 325 928
卷烟制造	Cigarettes Production	2 323 710
纺织业	Textile Industry	295
纺织服装、鞋、帽制造业	Textile, Clothing, Footwear Headgear Production	25
皮革、毛皮、羽绒及其制品业	Leather, Furs, Down and Related Products	2
木材加工及竹、藤、棕、草制品业	Timber Processing, Bamboo, Cane, Palm Fiber and Straw Products	523
家具制造业	Furniture Manufacturing	78
造纸及纸制品业	Papermaking and Paper Products	1 189
印刷业、记录媒介的复制	Printing and Record Medium Reproduction	1 000
文教体育用品制造业	Cultural, Educational and Sports Goods	2
石油加工、炼焦及核燃料加工业	Petroleum Processing,Coking and Nuclear fuel Processing	1 739
化学原料及化学制品制造业	Raw Chemical Materials and Chemical Products	11 331
基础化学原料制造	Basic Raw Chemical Materials Products	6 406
肥料制造	Fertilizer Production	3 198
日用化学产品制造	Chemical Products of Daily Use	107
医药制造业	Medical and Pharmaceutical Production	3 046
中成药制造	Traditional Chinese Medicine Products	2 160
化学纤维制造业	Chemical Fiber Production	
橡胶制品业	Rubber Products	57
塑料制品业	Plastic Products	234
非金属矿物制品业	Nonmetal Mineral Products	8 275
水泥制造	Cement Products	7 399

Principal Finance Indicators of State-owned and Non-state-owned Industrial Enterprises with Independent Accounting Systems and Annual Renevue on Major Busniess Above 5 Million Yuan (Ⅲ) (2005)

(10 000 yuan)

主营业务利润 Sales Profits	营业费用 Sales Expenses	管理费用 Management Expenses	利润总额 Total Profits	利税总额 Total Profits and Taxes
4 530 626	**762 827**	**1 542 145**	**2 279 128**	**6 512 156**
2 111 078	395 925	574 802	1 196 653	4 413 024
2 419 547	366 903	967 343	1 082 475	2 099 132
118 375	17 460	52 739	45 745	90 596
314	251	117	- 132	- 95
69 382	7 089	39 731	48 692	71 520
189 326	11 788	63 211	117 255	165 774
80 593	22 760	20 496	35 336	54 727
45 474	10 636	11 049	22 871	33 455
34 320	11 969	9 261	12 062	20 673
169 391	40 571	55 445	52 576	106 181
130 198	23 591	40 181	45 526	92 315
22 559	11 553	9 097	1 981	7 566
57 960	21 720	18 339	14 071	33 381
19 010	2 912	7 249	7 658	9 477
1 427 930	202 892	335 662	968 656	3 988 671
1 331 878	191 898	306 110	914 395	3 906 309
7 620	1 499	12 370	1 897	5 317
937	520	297	5	200
- 112	118	362	- 880	- 869
11 778	6 666	11 387	- 3 911	4 194
620	268	610	- 643	- 294
57 625	9 126	18 472	25 602	46 060
90 843	5 185	32 132	52 917	78 151
77	14	35	24	45
22 702	9 553	9 073	19 896	50 747
469 081	90 179	157 409	241 377	344 540
139 482	31 345	46 840	58 211	101 492
259 521	41 957	72 340	183 688	222 184
8 369	2 416	6 921	- 614	1 188
208 865	94 038	54 538	60 347	102 273
124 493	57 380	29 834	39 184	63 691
22 347	145	3 237	18 605	23 787
1 561	503	1 336	- 427	483
18 175	3 880	10 784	11	4 820
133 878	35 247	71 574	35 720	105 359
115 530	30 896	58 384	35 507	96 343

11-15 续表

单位:万元

行　　业	Sector	主营业务税金及附加 Tax and Surcharges in Major Busniess
黑色金属冶炼及压延加工业	Smelting and Pressing of Ferrous Metals	10 718
有色金属冶炼及压延加工业	Smelting and Pressing of Nonferrous Metals	20 937
金属制品业	Metal Products	423
通用设备制造业	General-purpose Equipment Manufacturing	537
专用设备制造业	Special-purpose Equipment Manufacturing	1 225
交通运输设备制造业	Transport Equipment Manufacturing	2 169
汽车制造	Motor Vehicles Manufacturing	2 039
电气机械及器材制造业	Electric Equipment and Machinery Manufacturing	840
通信设备、计算机及其他电子设备制造业	Communication Equipment, Computers and other Electronic Equipment Production	440
仪器仪表及文化、办公用机械制造业	Instruments, Meters, Cultural and Clerical Machinery Manufacturing	84
光学仪器制造	Optical Instrument Manufacturing	54
工艺品及其他制造业	Handicraft Articles and Other Goods Production	77
废弃资源和废旧材料回收加工业	Recycling and Disposal of Waste	195
电力、热力的生产和供应业	Production and Supply of Electric Power and Heat	18 781
燃气生产和供应业	Gas Production and Supply	452
水的生产和供应业	Water Production and Supply	11 184
按州市分	**Grouped By Region**	
昆明市	Kunming	649 499
曲靖市	Qujing	334 547
玉溪市	Yuxi	766 050
保山市	Baoshan	3 420
昭通市	Zhaotong	109 852
丽江市	Lijiang	1 794
思茅市	Simao	2 918
临沧市	Lincang	4 079
楚雄州	Chuxiong	142 822
红河州	Honghe	339 627
文山州	Wenshan	4 326
西双版纳州	Xishuangbanna	1 671
大理州	Dali	91 717
德宏州	Dehong	1 909
怒江州	Nujiang	1 219
迪庆州	Diqing	742

continued

(10 000 yuan)

主营业务利润 Major Busniess Profits	营业费用 Sales Expenses	管理费用 Management Expenses	利润总额 Total Profits	利税总额 Total Profits and Taxes
201 658	45 117	89 776	77 587	219 065
397 760	53 909	158 072	187 746	373 767
14 554	2 469	9 534	4 126	6 356
29 606	7 409	22 749	- 1 276	8 378
38 428	4 160	32 653	5 235	15 155
71 234	17 276	44 141	12 596	34 420
53 521	17 139	31 445	8 467	29 693
47 988	14 170	24 281	9 864	18 783
12 620	2 470	7 536	3 427	5 987
11 794	1 982	7 832	2 389	3 374
8 569	1 643	5 558	1 599	2 396
8 920	709	5 570	3 799	5 107
5 400	4 176	2 987	826	2 907
493 774	12 785	138 006	248 359	525 828
- 2 262	365	6 753	- 8 562	- 3 701
17 328	2 806	13 805	- 1 708	13 595
1 722 470	316 115	576 165	858 692	2 072 177
584 067	95 718	223 503	255 515	881 499
666 096	130 663	182 832	440 436	1 511 415
75 500	13 239	27 274	25 231	54 824
178 305	9 899	66 517	114 033	287 916
35 043	6 417	13 490	11 182	23 607
60 365	13 428	37 621	9 416	39 433
83 797	9 512	17 257	39 568	73 286
214 519	22 577	63 575	120 641	353 520
466 757	76 974	191 624	200 033	750 617
139 352	22 229	43 222	83 178	130 320
33 600	8 055	9 571	10 206	21 547
161 806	26 129	59 469	60 202	222 705
49 224	7 812	15 274	17 018	37 033
45 016	2 486	11 028	28 161	41 439
14 708	1 573	3 724	5 618	10 819

11-16全省独立核算国有工业企业主要财务指标(一)(2005年)

单位:万元

行　　业	Sector	流动资产合计 Total Current Assets
总　计	**Total**	**8 354 557**
按轻重工业分	**Grouped by Light and Heavy Industry**	
轻工业	Light Industry	6 097 493
重工业	Heavy Industry	2 257 064
按工业行业分	**Grouped by Industrial Sector**	
煤炭开采和洗选业	Coal Mining and Dressing	148 207
石油和天然气开采业	Extraction of Petroleum and Natural Gas	230
黑色金属矿采选业	Mining and Dressing of Ferrous Metals	393 175
有色金属矿采选业	Mining and Dressing of Nonferrous Metals	66 601
非金属矿采选业	Mining and Dressing fo Nonmetal Minerals	430
化学矿采选	Mining and Dressing of Chemical Minerals	125
农副食品加工业	Agricultural Non-staple Food Processing	13 608
制糖业	Sugar Refining	11 196
食品制造业	Food Production	7 487
饮料制造业	Beverage Manufacturing	4 785
精制茶加工	Refining Tea Processing	2 688
烟草制品业	Tobacco Production	5 842 437
卷烟制造	Cigarettes Manufacturing	5 491 926
纺织业	Textile Industry	9 229
纺织服装、鞋、帽制造业	Textile Clothing, Footwear Headgear Production	1 161
木材加工及竹、藤、棕、草制品业	Timber Processing, Bamboo, Cane, Palm Fiber and Straw Products	7 735
家具制造业	Furniture Manufacturing	678
造纸及纸制品业	Papermaking and Paper Products	25 962
印刷业、记录媒介的复制	Printing and Record Medium Reproduction	11 352
文教体育用品制造业	Cultural, Educational and Sports Goods	333
石油加工、炼焦业及核燃料加工业	Petroleum Processing,Coking and Nuclear fuel Processing	1 467
化学原料及化学制品制造业	Raw Chemical Materials and Chemical Products	368 321
基础化学原料制造	Basic Raw Chemical Materials Products	123 738
肥料制造	Fertilizer Production	161 655
日用化学产品制造	Chemical Products of Daily Use	5 331
医药制造业	Medical and Pharmaceutical Production	25 372
中成药制造	Made Traditional Chinese Medicine Products	4 413
橡胶制品业	Rubber Products	6 070
塑料制品业	Plastic Products	1 038
非金属矿物制品业	Nonmetal Mineral Products	31 679
水泥制造业	Cement Products	16 135

注：本表国有企业中含国有联营企业,国有独资公司。

Principal Finance Indicators of State-owned Industrial Enterprises with Independent Accounting Systems (Ⅰ) (2005)

(10 000 yuan)

流动资产年平均余额 Annual Average Balance of Current Assets	长期投资 Long-term Investment	固定资产合计 Total Fixed Assets	固定资产原价合计 Original Value of Fixed Assets	固定资产净值年平均余额 Annual Average Balance of Net Value of Fixed Assets
7 706 343	**3 055 865**	**6 369 362**	**9 867 899**	**5 292 723**
5 729 682	1 876 408	2 059 464	3 740 438	1 745 349
1 976 660	1 179 457	4 309 898	6 127 460	3 547 374
148 103	18 465	221 294	272 865	161 258
223		1 093	2 109	1 338
330 377	353 465	287 415	337 161	202 036
62 810	11 322	48 192	74 301	51 814
425		1 349	1 476	1 352
125		498	485	498
13 087		17 938	27 426	16 617
10 181		14 422	23 338	14 220
8 472	3 130	5 502	9 031	4 351
5 243	426	1 908	3 711	1 857
2 655		880	1 693	833
5 489 550	1 847 401	1 445 262	2 930 065	1 218 132
5 207 337	1 842 525	1 347 620	2 772 042	1 126 839
9 079	10	16 571	26 699	20 459
1 064		2 221	2 983	2 166
7 778	2 283	26 520	30 041	22 032
721		1 050	811	781
28 448	14 773	104 780	143 677	109 619
12 586	3 855	25 531	37 363	20 875
332		278	343	268
1 297		1 320	2 518	1 422
330 231	46 502	452 797	682 593	410 312
111 514	29 031	108 253	175 445	95 525
144 316	6 961	303 812	402 031	275 741
4 737	1 239	7 646	69 909	18 720
23 397	796	35 678	57 569	32 397
4 254		6 095	6 441	3 413
4 104		2 026	2 863	2 099
907		394	383	407
32 154	629	34 307	50 592	32 668
16 043	228	30 650	42 046	29 224

Note: The state-owned industrial enterprises in this table include state-Owned joint enterprises and wholly state-funded companies.

11-16 续表

单位:万元

行　　业	Sector	流动资产合　计 Total Current Assets
黑色金属冶炼及压延加工业	Smelting and Pressing of Ferrous Metals	447 384
有色金属冶炼及压延加工业	Smelting and Pressing of Nonferrous Metals	56 910
金属制品业	Metal Products	33 518
通用设备制造业	General-purpose Equipment Manufacturing	49 904
专用设备制造业	Special-purpose Equipment Manufacturing	40 650
交通运输设备制造业	Transport Equipment Manufacturing	23 987
汽车制造	Motor Vehicles Manufacturing	19 866
电气机械及器材制造业	Electric Equipment and Machinery Manufacturing	38 357
仪器仪表及文化、办公用机械制造业	Instruments, Meters, Cultural and Clerical Machinery Manufacturing	17 150
光学仪器制造	Optical Instrument Manufacturing	17 150
工艺品及其他制造业	Handicraft Articles and Other Goods Production	34 420
电力、热力的生产和供应业	Production and Supply of Electric Power and Heat	482 412
燃气生产和供应业	Gas Production and Supply	58 860
水的生产和供应业	Water Production and Supply	103 649
按州市分	**Grouped By Region**	
昆明市	Kunming	2 548 352
曲靖市	Qujing	1 052 757
玉溪市	Yuxi	2 904 369
保山市	Baoshan	9 627
昭通市	Zhaotong	145 794
丽江市	Lijiang	3 357
思茅市	Simao	64 431
临沧市	Lincang	22 940
楚雄州	Chuxiong	240 004
红河州	Honghe	962 150
文山州	Wenshan	92 693
西双版纳州	Xishuangbanna	11 466
大理州	Dali	241 881
德宏州	Dehong	8 794
怒江州	Nujiang	38 067
迪庆州	Diqing	7 875

continued

(10 000 yuan)

流动资产年平均余额 Annual Average Balance of Current Assets	长期投资 Long-term Investment	固定资产合计 Total Fixed Assets	固定资产原价合计 Total Original Value of Fixed Assets	固定资产净值年平均余额 Annual Average Balance of Net Value of Fixed Assets
351 360	707 232	252 745	177 230	160 288
50 647	18 441	45 991	51 779	28 473
27 856	410	8 491	11 321	8 167
52 346	520	23 158	28 864	14 449
40 501	1 300	14 738	23 533	12 234
24 616	1 789	27 319	33 437	25 740
19 426	1 789	21 320	24 848	19 847
33 379	791	24 917	31 493	22 420
15 265	8 033	15 058	16 448	9 089
15 265	8 033	15 058	16 448	9 089
32 605	1 686	22 827	24 843	18 711
421 975	10 243	2 781 900	4 271 515	2 359 017
55 599		51 436	99 472	42 475
89 808	2 367	367 360	401 385	277 405
2 168 253	1 334 868	1 910 986	2 969 194	1 606 863
975 270	87 551	1 363 283	2 017 078	1 126 100
2 841 002	1 496 427	829 689	1 207 922	556 553
7 887	35	33 102	34 880	29 282
124 609	12 162	271 874	456 236	235 575
3 400	329	15 552	9 924	7 698
56 874	17 502	243 177	328 937	223 474
15 735	251	222 375	450 516	225 102
262 286	356	284 490	486 333	261 441
873 715	100 513	649 632	1 105 501	556 907
71 685	4 780	42 327	54 683	31 620
19 577	501	106 785	141 881	88 142
241 800	62	313 083	513 622	281 106
7 713	150	6 970	14 982	7 288
29 864	314	41 755	40 729	23 595
6 673	64	34 282	35 482	31 978

11-17 全省独立核算国有工业企业主要财务指标(二) (2005年)

单位:万元

行　业	Sector	资产合计 Total Assets
总　计	**Total**	**18 984 174**
按轻重工业分	**Grouped by Light and Heavy Industry**	
轻工业	Light Industry	10 238 633
重工业	Heavy Industry	8 745 541
按工业行业分	**Grouped by Industrial Sector**	
煤炭开采和洗选业	Coal Mining and Dressing	421 985
石油和天然气开采业	Extraction of Petroleum and Natural Gas	1 727
黑色金属矿采选业	Mining and Dressing of Ferrous Metals	1 198 392
有色金属矿采选业	Mining and Dressing of Nonferrous Metals	154 485
非金属矿采选业	Mining and Dressing fo Nonmetal Minerals	2 086
化学矿采选	Mining and Dressing of Chemical Minerals	883
农副食品加工业	Agricultural Non-staple Food Processing	31 986
制糖	Sugar Refining	25 961
食品制造业	Food Production	16 192
饮料制造业	Beverage Production	8 970
精制茶加工	Refined Tea Processing	3 579
烟草制品业	Tobacco Production	9 280 081
卷烟制造	Cigarettes Production	8 816 088
纺织业	Textile Industry	32 951
纺织服装、鞋、帽制造业	Textile Clothing, Footwear and Headgear Production	3 382
木材加工及竹、藤、棕、草制品业	Timber Processing, Bamboo, Cane, Palm Fiber and Straw Products	37 526
家具制造业	Furniture Manufacturing	1 734
造纸及纸制品业	Papermaking and Paper Products	156 702
印刷业、记录媒介的复制	Printing and Record Medium Reproduction	42 619
文教体育用品制造业	Cultural, Educational and Sports Goods	623
石油加工、炼焦业及核燃料加工业	Petroleum Processing,Coking and Nuclear fuel Processing	5 331
化学原料及化学制品制造业	Raw Chemical Materials and Chemical Products	925 680
基础化学原料制造	Basic Raw Chemical Materials Products	271 237
肥料制造	Fertilizer Production	513 328
日用化学产品制造	Chemical Products of Daily Use	14 452
医药制造业	Medical and Pharmaceutical Products	64 727
中成药加工	Made Traditional Chinese Medicine Products	11 466
橡胶制品业	Rubber Products	10 058
塑料制品业	Plastic Products	1 432
非金属矿物制品业	Nonmetal Mineral Products	68 225
水泥制造	Cement Products	47 684

注：本表国有企业中含国有联营企业, 国有独资公司。

Principal Finance Indicators of State-owned Industrial Enterprises with Independent Accounting Systems (Ⅱ) (2005)

(10 000 yuan)

流动负债合计 Total Current Liabilities	长期负债合计 Total Long-term Liabilities	所有者权益合计 Total Creditors' Equity	主营业务收入 Revenue on Major Busniess	主营业务成本 Cost of Major Busniess
5 435 379	**2 504 284**	**11 044 511**	**9 823 379**	**5 462 475**
2 564 950	196 352	7 477 332	5 935 960	2 138 306
2 870 430	2 307 932	3 567 179	3 887 419	3 324 169
112 689	186 725	122 572	192 418	139 472
1 709		18	1 358	1 038
299 356	80 635	818 401	127 351	96 914
70 059	18 072	66 355	136 059	110 803
1 182	594	310	330	270
500		383	169	145
30 925	2 965	- 1 905	21 740	18 571
24 968	2 474	- 1 481	16 082	12 615
8 349	1 361	6 483	11 599	9 420
9 946	1 348	- 2 324	4 507	3 692
3 779	456	- 656	3 521	2 866
2 252 394	383	7 027 304	5 685 667	1 954 399
1 967 430	383	6 848 275	5 396 317	1 746 109
51 394	3 523	- 21 967	4 734	4 966
582	858	1 941	1 600	1 336
16 019	14 855	6 653	8 321	7 922
1 266	1 039	- 571	518	397
14 357	79 187	63 159	47 951	36 807
21 853	355	20 411	16 596	12 654
181	13	429	208	129
5 931	1 326	- 1 926	1 217	1 086
470 211	185 721	269 748	688 257	540 861
171 292	44 416	55 529	238 872	182 778
242 089	126 580	144 659	353 682	290 765
9 978	40	4 434	8 343	8 966
16 165	3 742	44 820	18 180	9 391
4 135	1 425	5 906	8 673	5 053
5 975	4 083		10 477	9 728
850		582	610	497
36 884	20 332	11 009	36 059	31 584
25 822	15 832	6 030	29 216	25 165

Note: The state-owned industrial enterprises in this table include state-Owned joint enterprises and wholly state-funded companies.

11-17 续表

单位:万元

行业	Sector	资产合计 Total Assets
黑色金属冶炼及压延加工业	Smelting and Pressing of Ferrous Metals	1 418 327
有色金属冶炼及压延加工业	Smelting and Pressing of Nonferrous Metals	124 671
金属制品业	Metal Products	47 733
通用设备制造业	General-purpose Equipment Manufacturing	77 736
专用设备制造业	Special-purpose Equipment Manufacturing	69 585
交通运输设备制造业	Transport Equipment Manufacturing	53 922
汽车制造	Motor Vehicles Manufacturing	43 802
电气机械及器材制造业	Electric Equipment and Machinery Manufacturing	69 401
仪器仪表及文化、办公用机械制造业	Instruments, Meters, Cultural and Clerical Machinery Manufacturing	40 242
光学仪器制造	Optical Instrument Manufacturing	40 242
工艺品及其他制造业	Handicraft Articles and Other Goods Production	60 191
电力、热力的生产和供应业	Production and Supply of Electric Power and Heat	3 928 720
燃气生产和供应业	Gas Production and Supply	121 325
水的生产和供应业	Water Production and Supply	505 430
按州市分	**Grouped By Region**	
昆明市	Kunming	6 315 622
曲靖市	Qujing	2 675 789
玉溪市	Yuxi	5 364 988
保山市	Baoshan	51 042
昭通市	Zhaotong	475 108
丽江市	Lijiang	19 364
思茅市	Simao	367 071
临沧市	Lincang	264 320
楚雄州	Chuxiong	568 947
红河州	Honghe	1 840 522
文山州	Wenshan	150 228
西双版纳州	Xishuangbanna	147 660
大理州	Dali	603 777
德宏州	Dehong	16 605
怒江州	Nujiang	80 264
迪庆州	Diqing	42 867

continued

(10 000 yuan)

流动负债合计 Total Current Liabilities	长期负债合计 Total Long-term Liabilities	所有者权益合计 Total Owner's Equity	主营业务收入 Revenue on Major Busniess	#主营业务成本 Cost of Major Busniess
478 996	139 571	799 761	203 943	201 440
72 819	4 894	46 959	85 595	75 081
36 551	8 416	2 765	35 376	29 926
71 054	13 619	- 6 936	25 546	21 255
52 378	9 161	8 046	15 929	12 535
28 246	14 708	10 968	26 696	22 721
24 881	14 708	4 214	19 668	16 798
39 487	10 874	19 040	35 171	28 178
14 501	7 974	17 767	15 121	11 475
14 501	7 974	17 767	15 121	11 475
11 002	18 818	30 371	26 433	18 717
1 016 084	1 587 116	1 325 521	2 189 191	1 926 011
60 325	353	60 647	73 713	75 523
125 657	81 668	298 105	74 909	47 676
1 963 171	678 169	3 674 282	3 132 547	1 837 615
993 416	596 877	1 085 496	1 778 293	1 112 794
495 579	153 765	4 715 645	2 089 297	856 021
20 186	21 924	8 933	8 672	7 300
173 085	89 959	212 065	383 552	209 056
4 420	7 104	7 841	1 777	1 114
91 139	149 955	125 977	107 818	97 639
22 471	205 169	36 681	101 470	67 482
339 309	104 393	125 245	471 484	245 289
765 336	302 559	772 627	1 205 138	659 994
82 821	8 430	58 978	99 107	74 499
64 120	34 782	48 758	42 986	42 147
375 873	89 631	138 274	362 241	222 244
8 842	3 375	4 388	12 887	10 325
21 599	38 572	20 093	13 846	11 104
14 015	19 622	9 230	12 265	7 855

11-18 全省独立核算国有工业企业主要财务指标(三)(2005年)

单位:万元

行　　业	Sector	主营业务税金及附加 Tax and Surcharges in Major Busniess
总　　计	**Total**	**2 361 658**
按轻重工业分	**Grouped by Light and Heavy Industry**	
轻工业	Light Industry	2 337 876
重工业	Heavy Industry	23 782
按工业行业分	**Grouped By Industrial Sector**	
煤炭开采和洗选业	Coal Mining and Dressing	3 395
石油和天然气开采业	Extraction of Petroleum and Natural Gas	6
黑色金属矿采选业	Mining and Dressing of Ferrous Metals	1 775
有色金属矿采选业	Mining and Dressing of Nonferrous Metals	619
非金属矿采选业	Mining and Dressing fo Nonmetal Minerals	12
化学矿采选	Mining and Dressing of Chemical Minerals	1
农副食品加工业	Agricultural Non-staple Food Processing	309
制糖	Sugar Refining	300
食品制造业	Food Production	130
饮料制造业	Beverage Production	79
精制茶加工	Refinied Tea Processing	16
烟草制品业	Tobacco Production	2 325 281
卷烟制造	Cigarettes Production	2 323 585
纺织业	Textile Industry	19
纺织服装、鞋、帽制造业	Textile Clothing, Footwear and Headgear Production	22
木材加工及竹、藤、棕、草制品业	Timber Processing, Bamboo, Cane, Palm Fiber and Straw Products	34
家具制造业	Furniture Manufacturing	6
造纸及纸制品业	Papermaking and Paper Products	476
印刷业、记录媒介的复制	Printing and Record Medium Reproduction	179
文教体育用品制造业	Cultural, Educational and Sports Goods	2
石油加工、炼焦业及核燃料加工业	Petroleum Processing,Coking and Nuclear fuel Processing	1
化学原料及化学制品制造业	Raw Chemical Materials and Chemical Products	2 545
基础化学原料制造	Basic Raw Chemical Materials Products	983
肥料制造	Fertilizer Production	890
日用化学产品制造	Daily Use Chemical Products	23
医药制造业	Medical and Pharmaceutical Production	143
中成药制造	Made Traditional Chinese Medicine Products	76
橡胶制品业	Rubber Products	47
塑料制品业	Plastic Products	2
非金属矿物制品业	Nonmetal Mineral Products	295
水泥制造	Cement Products	251

注：本表国有企业中含国有联营企业,国有独资公司。

Principal Finance Indicators of State-owned Industrial Enterprises with Independent Accounting Systems (Ⅲ) (2005)

(10 000 yuan)

主营业务利润 Major Busniess Profits	营业费用 Sales Expenses	管理费用 Management Expenses	利润总额 Total Profits	利税总额 Total Profits and Taxes
1 999 246	**262 223**	**631 402**	**1 198 758**	**4 522 257**
1 459 778	211 905	366 805	957 299	3 999 425
539 468	50 318	264 597	241 459	522 832
49 551	5 537	23 447	17 474	36 384
314	251	117	- 132	- 95
28 662	852	28 295	28 631	39 551
24 637	2 568	18 062	5 483	12 362
48	14	74	- 43	- 18
23	14	28	- 30	- 26
2 859	225	1 327	340	2 272
3 168	144	1 019	1 364	2 893
2 049	792	2 164	- 426	255
737	200	383	135	378
640	117	233	346	462
1 405 987	198 328	326 768	961 261	3 974 034
1 326 623	190 850	304 911	911 407	3 901 646
- 251	58	3 049	- 4 455	- 4 222
242	91	143	5	157
365	216	1 727	- 503	205
115	24	138	- 154	- 96
10 668	2 617	2 695	2 853	9 190
3 763	262	4 172	- 428	1 299
77	14	35	24	45
130	74	372	- 323	- 293
144 851	28 304	52 018	66 799	97 464
55 111	9 094	18 555	25 135	36 308
62 027	11 943	16 977	31 480	41 794
- 646	308	2 458	- 3 096	- 2 978
8 646	5 426	4 320	- 740	1 001
3 545	1 830	1 066	560	1 392
702	352	725	- 513	8
111	24	53	19	39
4 180	1 716	3 252	445	3 845
3 800	1 609	2 788	183	3 131

Note: The state-owned industrial enterprises in this table include state-Owned joint enterprises and wholly state-funded companies.

11-18 续表 continued

单位:万元 (10 000 yuan)

行　　业	Sector	主营业务税金及附加 Tax and Surcharges in Major Busniess	主营业务利润 Major Busniess Profits	营业费用 Sales Expenses	管理费用 Management Expenses	利润总额 Total Profits	利税总额 Total Profits and Taxes
黑色金属冶炼及压延加工业	Smelting and Pressing of Ferrous Metals	603	1 900	1 309	9 347	6 614	17 081
有色金属冶炼及压延加工业	Smelting and Pressing of Nonferrous Metals	415	10 099	1 390	5 273	3 690	8 498
金属制品业	Metal Products	73	5 377	725	5 659	243	684
通用设备制造业	General-purpose Equipment Manufacturing	215	4 076	552	7 316	- 4 666	- 3 075
专用设备制造业	Special-purpose Equipment Manufacturing	80	3 315	556	5 865	- 1 434	- 643
交通运输设备制造业	Transport Equipment Manufacturing	146	3 829	929	5 753	- 1 850	- 784
汽车制造	Motor Vehicles Manufacturing	94	2 776	877	3 882	- 668	255
电气机械及器材制造业	Electric Equipment and Machinery Manufacturing	196	6 797	1 684	3 969	1 728	3 763
仪器仪表及文化、办公用机械制造业	Instruments, Meters, Cultural and Clerical Machinery Manufacturing	15	3 631		3 199	524	675
光学仪器制造	Optical Instrument Manufacturing	15	3 631		3 199	524	675
工艺品及其他制造业	Handicraft Articles and Other Goods Production	50	7 665	509	4 688	3 555	4 574
电力、热力的生产和供应业	Production and Supply of Electric Power and Heat	12 884	250 296	3 544	87 031	124 973	308 176
燃气生产和供应业	Gas Production and Supply	452	- 2 262	365	6 753	- 8 562	- 3 701
水的生产和供应业	Water Production and Supply	11 154	16 079	2 714	13 217	- 1 811	13 243
按州市分	**Grouped By Region**						
昆明市	Kunming	618 135	676 797	63 118	209 856	464 815	1 354 643
曲靖市	Qujing	319 535	345 964	43 562	124 019	151 600	643 531
玉溪市	Yuxi	758 189	475 087	87 660	105 498	384 003	1 375 911
保山市	Baoshan	43	1 330	179	733	454	1 043
昭通市	Zhaotong	108 321	66 175	3 657	37 482	17 498	167 830
丽江市	Lijiang	13	650	91	375	- 66	37
思茅市	Simao	958	9 221	3 911	11 944	- 5 979	4 717
临沧市	Lincang	1 320	32 668	70	2 269	23 559	40 240
楚雄州	Chuxiong	138 458	87 738	8 810	34 639	31 216	217 950
红河州	Honghe	328 586	216 558	41 150	66 019	109 409	557 432
文山州	Wenshan	554	24 055	1 352	9 718	11 715	18 804
西双版纳州	Xishuangbanna	336	503	914	2 846	- 7 530	- 4 334
大理州	Dali	86 856	53 140	6 702	21 189	16 762	139 126
德宏州	Dehong	107	2 456	238	1 310	521	1 582
怒江州	Nujiang	157	2 584		1 466	524	2 322
迪庆州	Diqing	90	4 319	811	2 039	256	1 423

11-19 全部国有及年主营业务收入500万元以上非国有独立核算工业企业全员劳动生产率（2005年）

Overall Labor Productivity of State-owned and Non-state-owned Industrial Enterprises with Independent Accounting Systems and Annual Product Sales Above 5 Million Yuan (2005)

单位:元/人·年 (yuan/person/year)

行业	Sector	全员劳动生产率 Overall Labor Productivity	国有企业 State-owned Enterprises	集体企业 Collective-owned Enterprises	"三资"企业 Sino-foreign Joint and Cooperative and Foreignfunded Enterprises
总 计	**Total**	**145 111**	**352 859**	**43 016**	**136 856**
按轻重工业分	**Grouped by Light and Heavy Industry**				
轻工业	Light Industry	316 408	921 948	48 860	142 395
重工业	Heavy Industry	89 031	112 921	41 950	130 480
按企业规模分	**Grouped by Scale of Enterprise**				
大型企业	Large-scale Enterprises	339 402	834 981		103 666
中型企业	Medium-scale Enterprises	125 370	239 778	40 844	180 769
小型企业	Small-scale Enterprises	65 507	61 666	43 820	101 820
按工业行业分	**Grouped by Industrial Sector**				
煤炭开采和洗选业	Coal Mining and Dressing	41 643	51 769	25 201	
石油和天然气开采业	Extraction of Petroleum and Natural Gas	17 897	17 897		
黑色金属矿采选业	Mining and Dressing of Ferrous Metals	65 140	28 770		21 611
有色金属矿采选业	Mining and Dressing of Nonferrous Metals	93 336	224 140	27 969	63 021
非金属矿采选业	Mining and Dressing fo Nonmetal Minerals	91 839	4 497	92 938	
化学矿采选	Chemical Minerals Mining and Dressing	119 100	6 771	87 763	
采盐	Salt Mining	67 338			
农副食品加工业	Agricultural Non-staple Food Processing	62 131	30 738	118 280	108 379
制糖	Sugar Refining	60 514	50 178	139 396	
食品制造业	Food Production	29 721	- 9 326	27 516	37 383
饮料制造业	Beverage Production	79 081	27 600		125 496
精制茶加工	Refinied Tea Processing	61 343	35 611		144 857
烟草制品业	Tobacco Production	1 405 549	1 545 098	82 017	
卷烟制造	Cigarettes Production	1 822 189	1 886 046	104 806	

注：1. 本表的劳动生产率按现价工业增加值计算。

2. 国有企业含国有联营企业, 国有独资公司。

Note: a. The labor productivity is calculated on the basis of added value of industry (at current prices).

b.The state-owned industrial enterprises in this table include state-Owned joint enterprises and wholly state-funded companies.

11-19 续表1 continued

单位:元/人·年 (yuan/person/year)

行业	Sector	全员劳动生产率 Overall Labor Productivity	国有企业 State-owned Enterprises	集体企业 Collective-owned Enterprises	"三资"企业 Sino-foreign Joint and Cooperative and Foreignfunded Enterprises
纺织业	Textile Industry	11 742	- 2 768		37 017
纺织服装、鞋、帽制造业	Textile Clothing, Footwear and Headgear Production	18 749	29 634		7 950
皮革、毛皮、羽绒及其制品业	Leather, Furs, Down and Related Products	- 2 259			
木材加工及竹、藤、棕、草制品业	Timber Processing, Bamboo, Cane, Palm Fiberand Straw Products	30 110	6 318	40 631	42 025
家具制造业	Furniture Manufacturing	6 269	6 932		
造纸及纸制品业	Papermaking and Paper Products	94 897	267 361	30 069	179 605
印刷业、记录媒介的复制	Printing and Record Medium Reproduction	106 501	37 693	61 995	168 889
文教体育用品制造业	Cultural, Educational and Sports Goods	30 257	30 257		
石油加工、炼焦业及核燃料加工业	Petroleum Processing,Coking and Nuclear fuel Processing	135 274	- 23 098		167 733
化学原料及化学制品制造业	Raw Chemical Materials and Chemical Products	91 422	96 842	78 178	141 832
基础化学原料制造	Basic Raw Chemical Materials Products	100 715	114 100	109 095	161 274
肥料制造	Fertilizer Production	99 825	118 769	16 544	120 805
日用化学产品制造	Chemical Products fo Daily Use	53 976	- 13 804		211 949
医药制造业	Medical and Pharmaceutical Products	121 206	112 131	68 861	116 792
中成药制造	Traditional Chinese Medicine Production	137 448	106 114	140 712	40 867
化学纤维制造业	Chemical Fiber Products	1 093 647			1 093 647
橡胶制品业	Rubber Products	37 156	38 558		32 964
塑料制品业	Plastic Products	43 668	29 531	32 680	71 226
非金属矿物制品业	Nonmetal Mineral Products	45 448	57 488	31 601	71 053
水泥制造	Cement Products	48 993	50 788	33 811	66 778
黑色金属冶炼及压延加工业	Smelting and Pressing of Ferrous Metals	101 873	74 667	60 415	32 569
有色金属冶炼及压延加工业	Smelting and Pressing of Nonferrous Metals	86 253	70 634	161 357	98 284
金属制品业	Metal Products	31 769	23 779	24 576	139 446
通用设备制造业	General-purpose Equipment Manufacturing	39 089	14 667	28 778	116 163
专用设备制造业	Special-purposes Equipment Manufacturing	51 800	17 056		179 184
交通运输设备制造业	Transport Equipment Manufacturing	69 646	21 710	- 928	64 708
汽车制造	Motor Vehicles Manufacturing	68 456	19 554	- 22 468	64 708

11-19 续表2 continued

单位:元／人·年 (yuan/person/year)

行 业	Sector	全员劳动生产率 Overall Labor Productivity	国有企业 State-owned Enterprises	集体企业 Collective-owned Enterprises	"三资"企业 Sino-foreign Joint and Cooperative and Foreign-funded Enterprises
电气机械及器材制造业	Electric Equipment and Machinery Manufacturing	65 745	46 178	47 300	194 609
通信设备、计算机及其他电子设备制造业	Communication Equipment, Computers and other Electronic Equipment Production	140 913			149 865
仪器仪表及文化、办公用机械制造业	Instruments, Meters, Cultural and Clerical Machinery Manufacturing	27 485	9 153	26 439	22 183
光学仪器制造	Optical Instrument Manufacturing	22 304	9 153	26 439	22 183
工艺品及其他制造业	Handicraft Articles and Other Goods Production	44 515	53 646	33 287	31 497
废弃资源和废旧材料回收加工业	Recycling and Dispasal of Waste	103 616		118 167	
电力、热力的生产和供应业	Production and Supply of Electric Power and Heat	201 648	221 550		536 981
燃气生产和供应业	Gas Production and Supply	21 747	21 747		
水的生产和供应业	Water Production and Supply	67 521	69 565		
按州市分	**Grouped by Region**				
昆明市	Kunming	149 631	304 730	51 511	124 925
曲靖市	Qujing	125 550	243 843	26 956	221 431
玉溪市	Yuxi	259 191	887 278	49 460	96 960
保山市	Baoshan	63 612	35 344	- 8 819	38 449
昭通市	Zhaotong	190 705	367 868	25 606	179 842
丽江市	Lijiang	61 436	46 663	31 800	
思茅市	Simao	61 923	65 397	97 276	274 088
临沧市	Lincang	97 598	491 715	2 070	67 228
楚雄州	Chuxiong	167 137	379 899	37 840	75 333
红河州	Honghe	136 347	379 128	123 762	240 351
文山州	Wenshan	124 224	286 126	396 103	70 632
西双版纳州	Xishuangbanna	84 904	75 876	- 5 062	
大理州	Dali	127 078	393 721	49 542	152 525
德宏州	Dehong	49 932	60 369	25 416	18 560
怒江州	Nujiang	113 049	128 909	131 772	
迪庆州	Diqing	187 247	56 852	89 623	

11-20 全省国有及年主营业务收入500万元以上非国有独立核算工业企业主要经济效益指标（2005年）

行 业	Sector	资产负债率 (%) Assets-Liabilities Ratio (%)
总 计	**Total**	**52.18**
按轻重工业分	**Grouped by Light and Heavy Industry**	
轻工业	Light Industry	35.36
重工业	Heavy Industry	61.61
按工业行业分	**Grouped by Industrial Sector**	
煤炭开采和洗选业	Coal Mining and Dressing	68.49
石油和天然气开采业	Extraction of Petroleum and Natural Gas	98.96
黑色金属矿采选业	Mining and Dressing of Ferrous Metals	35.98
有色金属矿采选业	Mining and Dressing of Nonferrous Metals	61.83
非金属矿采选业	Mining and Dressing fo Nonmetal Minerals	54.38
化学矿采选	Mining and Dressing of Chemical Minerals	39.63
采盐	Salt Mining	69.04
农副食品加工业	Agricultural Non-staple Food Processing	71.17
制糖	Sugar Refining	75.07
食品制造业	Food Production	67.56
饮料制造业	Beverage Production	62.57
精制茶加工	Refined Tea Processing	70.58
烟草制品业	Tobacco Production	24.36
卷烟制造	Cigarettes Production	22.36
纺织业	Textile Industry	77.38
纺织服装、鞋、帽制造业	Textile Clothing, Footwear and Headgear Production	75.58
皮革、毛皮、羽绒及其制品业	Leather, Furs, Down and Related Products	86.9
木材加工及竹、藤、棕、草制品业	Timber Processing, Bamboo, Cane, Palm Fiber and Straw Products	73.21
家具制造业	Furniture Manufacturing	88
造纸及纸制品业	Papermaking and Paper Products	57.77
印刷业、记录媒介的复制	Printing and Record Medium Reproduction	46.19
文教体育用品制造业	Cultural, Educational and Sports Goods	31.2
石油加工、炼焦业及核燃料加工业	Petroleum Processing,Coking and Nuclear fuel Processing	65.57
化学原料及化学制品制造业	Raw Chemical Materials and Chemical Products	60.2
基础化学原料制造	Basic Raw Chemical Materials Products	65.42
肥料制造	Fertilizer Production	58.26
日用化学产品制造	Chemical Products of Daily Use	54.03
医药制造业	Medical and Pharmaceutical Production	47.66
中成药制造	Traditional Chinese Medicine Products	51.62
化学纤维制造业	Chemical Fiber	7.75
橡胶制品业	Rubber Products	93.6
塑料制品业	Plastic Products	69.03

Principal Indicators on Economic Benefits of State-owned and Non-state-owned Industrial Enterprises with Independent Accounting Systems and Annual Renevue on Major BusniessAbove 5 Million Yuan (2005)

每百元固定资产原价实现利税(元) Profit and Tax Gained from Original Value of Per 100 yuan in Fixed Assets(yuan)	总资产贡献率(%) Ratio of Total Assets to Industrial Output Value (%)	资本保值增值率(%) Appreciation Ratio of Maintained Value of Capital (%)	成本费用利润率(%) Ratio of Profits to Industrial Cost (%)	每百元主营业务收入实现利润(元) Profits Gained from Major Busniess of Per 100 yuan (yuan)
29.42	**18.34**	**112.28**	**10.63**	**8.87**
72.52	32.72	111.32	23	13.89
13.08	10.09	113.2	6.67	6.34
21.83	14.47	103.23	12.01	10.6
-4.48	-0.07	13.52	-8.81	-9.73
18.81	6.64	112.67	20.87	19.26
48.78	28.03	158.25	24.34	19.79
32.62	20.96	117.67	24.96	19.53
31.57	23.58	116.96	28.65	21.77
34.77	17.84	121.08	20.05	16.35
13.74	11.62	176.45	6.21	5.82
14.35	13.39	204.35	11.15	9.86
8.05	6.29	92.85	1.51	1.51
13.28	9.27	126.02	6.12	5.61
25.97	12.96	193.56	14.15	12.35
130.99	44.03	109.59	37.59	16.8
140.06	45.72	109.53	39.83	16.85
4.52	3.98	105.22	2.22	2.48
3.86	1.86	123.36	0.09	0.09
-9.71	-2.26	30.21	-17.6	-20.8
2.06	2.63	97.87	-2.99	-3.2
-8.39	-1.79	47.39	-11.84	-12.59
12.13	10.26	84.02	9.47	8.67
20.93	16.88	106.37	17.3	14.86
13.14	7.24	100.97	13.53	11.56
26.14	18.99	248.58	5.7	5.7
15.88	12.06	124.37	10.28	9.54
19.47	14.2	123.03	8.18	7.63
16.7	13.28	132.63	14.49	13.22
1.19	1.56	107.09	-0.71	-0.72
28.04	13.08	120.02	15.15	13.32
42.13	17.38	138.21	19.72	16.74
38.11	36.18	124.13	27.07	21.18
10.87	3.65		-2.26	-2.33
3.77	3.79	100.36	0.01	0.01

11-20 续表

行　　业	Sector	资产负债率 (%) Assets-Liabilities Ratio (%)
非金属矿物制品业	Nonmetal Mineral Products	64.91
水泥制造	Cement Products	64.19
黑色金属冶炼及压延加工业	Smelting and Pressing of Ferrous Metals	56.3
有色金属冶炼及压延加工业	Smelting and Pressing of Nonferrous Metals	62.45
金属制品业	Metal Products	73.03
通用设备制造业	General-purpose Equipment Manufacturing	68.49
专用设备制造业	Special Purposes Equipment Manufacturing	78.57
交通运输设备制造业	Transport Equipment	59.65
汽车制造	Motor Vehicle Manufacturing	56.11
电气机械及器材制造业	Electric Equipment and Machinery	67.82
通信设备、计算机及其他电子设备制造业	Communication Equipment, Computers and other Electronic Equipment Production	44.69
仪器仪表及文化、办公用机械制造业	Instruments, Meters, Cultural and Clerical Machinery Manufacturing	61.9
光学仪器制造	Optical Instrument Manufacturing	58.58
工艺品及其他制造业	Handicraft Articles and Other Goods Production	52.17
废弃资源和废旧材料回收加工业	Recycling and Disposal of Waste	45.85
电力、热力的生产和供应业	Production and Supply of Electric Power and Heat	65.94
燃气生产和供应业	Gas Production and Supply	50.01
水的生产和供应业	Water Production and Supply	41.83
按州市分	**Grouped By Region**	
昆明市	Kunming	52.52
曲靖市	Qujing	61.54
玉溪市	Yuxi	24.84
保山市	Baoshan	64.83
昭通市	Zhaotong	49.32
丽江市	Lijiang	71.04
思茅市	Simao	67.05
临沧市	Lincang	73.38
楚雄州	Chuxiong	64.91
红河州	Honghe	58.82
文山州	Wenshan	61.41
西双版纳州	Xishuangbanna	67.73
大理州	Dali	68.04
德宏州	Dehong	72.1
怒江州	Nujiang	73.49
迪庆州	Diqing	65.74

continued

每百元固定资产原价实现利税(元) Profits and Taxes Gained from Original Value of Per 100 yuan in Fixed Assets(yuan)	总资产贡献率(%) Ratio of Total Assets to Industrial Output Value (%)	资本保值增值率(%) Appreciation Ratio of Maintained Value of Capital (%)	成本费用利润率(%) Ratio of Profits to Industrial Cost (%)	每百元主营业务收入实现利润（元） Profits Gained from Major Busniess of Per 100 yuan (yuan)
9.31	9.37	121.54	4.56	4.52
9.88	10.28	121.37	5.57	5.49
16.32	8.24	116.33	2.7	2.66
19.36	12.68	127.59	4.85	4.69
16.25	5.62	74.3	3.69	3.61
6.25	3.06	103.03	-0.59	-0.6
10.07	3.86	95.71	1.79	1.79
11.97	5.4	107.48	2.09	2.07
11.3	5.78	105.94	1.65	1.64
14.71	6.64	121.8	2.98	2.94
14.27	4.53	93.61	4.39	4.26
10.95	4.1	68.59	3.82	3.73
9.09	3.47	71.31	3.38	3.33
17.86	7.34	100.95	10.88	10.12
21.78	4.26	94.17	1.12	1.15
7.65	8.88	97.26	9.05	8.26
-3.72	-2.69	87.76	-10.29	-11.62
3.26	3.71	132.97	-2.42	-2.19
29.11	15.66	104.9	9.71	8.44
23.09	19.24	108.74	8.46	7.2
66.61	23.02	111.21	16.05	11.46
10.62	9.69	123.76	8.96	8.23
32.32	26.53	127.1	21.57	15.66
9.54	8.97	134.66	7.33	6.83
6.23	6.24	134.54	2.69	2.68
9.35	12.89	95.71	15.69	13.41
38.64	28.33	143.77	13.66	10.6
29.18	21.2	128.51	7.88	6.62
26.43	17.23	129.57	18.35	16
9.43	9.52	149.79	8.27	7.47
21.1	17.94	116.78	6.6	5.67
10.53	10.14	150.89	8.62	7.87
28.41	22.2	140.46	31.79	23.94
11.35	8.68	126.07	8.57	7.73

11-21 全省独立核算国有工业企业主要经济效益指标（2005年）

行　业	Sector	资产负债率 (%) Assets-Liabilities Ratio (%)
总　计	**Total**	**41.82**
按轻重工业分	**Grouped by Light and Heavy Industry**	
轻工业	Light Industry	26.97
重工业	Heavy Industry	59.21
按工业行业分	**Grouped by Industrial Sector**	
煤炭开采和洗选业	Coal Mining and Dressing	70.95
石油和天然气开采业	Extraction of Petroleum and Natural Gas	98.96
黑色金属矿采选业	Mining and Dressing of Ferrous Metals	31.71
有色金属矿采选业	Mining and Dressing of Nonferrous Metals	57.05
非金属矿采选业	Mining and Dressing fo Nonmetal Minerals	85.14
化学矿采选	Mining and Dressing of Chemical Minerals	56.63
农副食品加工业	Agricultural Non-staple Food Processing	105.95
制糖	Sugar Refining	105.7
食品制造业	Food Production	59.97
饮料制造业	Beverage Production	125.91
精制茶加工	Refined Tea Processing	118.33
烟草加工业	Tobacco Production	24.28
卷烟制造	Cigarettes Production	22.32
纺织业	Textile Industry	166.67
纺织服装、鞋、帽制造业	Textile Clothing, Footwear and Headgear Production	42.6
木材加工及竹、藤、棕、草制品业	Timber Processing, Bamboo, Cane, Palm Fiber and Straw Products	82.27
家具制造业	Furniture Manufacturing	132.94
造纸及纸制品业	Papermaking and Paper Products	59.69
印刷业、记录媒介的复制	Printing and Record Medium Reproduction	52.11
文教体育用品制造业	Cultural, Educational and Sports Goods	31.2
石油加工、炼焦业及核燃料加工业	Petroleum Processing,Coking and Nuclear fuel Processing	136.13
化学原料及化学制品制造业	Raw Chemical Materials and Chemical Products	70.86
基础化学原料制造	Basic Raw Chemical Materials Products	79.53
肥料制造	Fertilizer Production	71.82
日用化学产品制造	Daily Use Chemical Products	69.32
医药制造业	Medical and Pharmaceutical Production	30.75
中成药制造	Made Tradition Chinese Medicine Products	48.49
橡胶制品业	Rubber Products	100
塑料制品业	Plastic Products	59.38
非金属矿物制品业	Nonmetal Mineral Products	83.86
水泥制造	Cement Products	87.35

Principal Indicators on Economic Benefits of State-owned Industrial Enterprises with Independent Accounting Systems (2005)

每百元固定资产原价实现利税（元） Profits and Taxes Gained from Original Value of Per 100 yuan in Fixed Assets(yuan)	总资产贡献率（%） Ratio of Total Assets to Industrial Output Value (%)	资本保值增值率（%） Appreciation Ratio of Maintained Value of Capital(%)	成本费用利润率（%） Ratio of Profits to Industrial Cost (%)	每百元主营业务收入实现利润（元） Profits Gained from Major Busniess of Per 100 yuan (yuan)
45.83	**25.41**	**108.73**	**18.54**	**12.2**
106.92	40.86	110.61	34.77	16.13
8.53	7.11	104.98	6.5	6.21
13.33	8.98	85.75	10.32	9.08
-4.48	-0.07	13.52	-8.81	-9.73
11.73	4.17	110.25	21.85	22.48
16.64	9.58	138.17	4.11	4.03
-1.21	-0.11	8.01	-11.59	-13.03
-5.28	-1.35	26.32	-16.13	-17.92
8.28	4.02		1.63	1.56
12.39	5.75		9.47	8.48
2.82	3.11	91.7	-3.34	-3.67
10.19	4.56		3.07	2.99
27.3	10.11		10.76	9.83
135.63	44.93	109.72	38.36	16.91
140.75	46.24	109.6	40.19	16.89
-15.81	-6.9		-47.3	-94.1
5.25	4.93	128.04	0.29	0.29
0.68	1.29	63.16	-4.89	-6.04
-11.82	-1.83		-24.86	-29.7
6.4	7.33	99.07	6.37	5.95
3.48	4.07	106.15	-2.44	-2.58
13.14	7.24	100.97	13.53	11.56
-11.64	-2.49		-19.17	-26.54
14.28	12.54	118.59	10.46	9.71
20.69	15.89	111.3	11.57	10.52
10.4	10.08	123.6	9.56	8.9
-4.26	-17.93	74.61	-26.39	-37.11
1.74	1.77	105.11	-3.84	-4.07
21.61	15.42	380.81	6.96	6.46
0.27	1.86		-4.64	-4.9
10.2	1.34		3.25	3.13
7.6	6.05	57.9	1.17	1.23
7.45	7.66	41.13	0.6	0.63

11-21 续表

行　业	Sector	资产负债率 (%) Assets-Liability Ratio (%)
黑色金属冶炼及压延加工业	Smelting and Pressing of Ferrous Metals	43.61
有色金属冶炼及压延加工业	Smelting and Pressing of Nonferrous Metals	62.33
金属制品业	Metal Products	94.21
通用设备制造业	General-purpose Machinery Manufacturing	108.92
专用设备制造业	Special Purposes Equipment	88.44
交通运输设备制造业	Transport Equipment	79.66
汽车制造	Motor Vehicles	90.38
电气机械及器材制造业	Electric Equipment and Machinery	72.57
仪器仪表及文化、办公用机械制造业	Instruments, Meters, Cultural and Clerical Machinery	55.85
光学仪器制造	Optical Instruments Manufacturing	55.85
工艺品及其他制造业	Handicraft Articles and Other Goods Production	49.54
电力、热力的生产和供应业	Production and Supply of Electric Power and Heat	66.26
燃气生产和供应业	Gas Production and Supply	50.01
水的生产和供应业	Water Production and Supply	41.02
按州市分	**Grouped By Region**	
昆明市	Kunming	41.82
曲靖市	Qujing	59.43
玉溪市	Yuxi	12.1
保山市	Baoshan	82.5
昭通市	Zhaotong	55.36
丽江市	Lijiang	59.51
思茅市	Simao	65.68
临沧市	Lincang	86.12
楚雄市	Chuxiong	77.99
红河市	Honghe	58.02
文山市	Wenshan	60.74
西双版纳州	Xishuangbanna	66.98
大理州	Dali	77.1
德宏州	Dehong	73.58
怒江州	Nujiang	74.97
迪庆州	Diqing	78.47

continued

每百元固定资产价实现利税（元） Profits and Taxes Gained from Original Value of Per 100 yuan in Fixed Assets(yuan)	总资产贡献率（%） Ratio of Total Assets to Industrial Output Value(%)	资本保值增值率（%） Appreciation Ratio of Maintained Value of Capital (%)	成本费用利润率（%） Ratio of Profits to Industrial Cost (%)	每百元主营业务收入实现利润（元） Profits Gained from Major Busniess of Per 100 yuan (yuan)
9.64	1.87	109.22	3.03	3.24
16.41	7.81	68.64	4.39	4.31
6.04	1.6	20.32	0.67	0.69
-10.65	-2.52		-15.36	-18.26
-2.73	-0.48	104.46	-7.45	-9
-2.34	-0.86	31.86	-6.28	-6.93
1.02	0.48	15.31	-3.1	-3.4
11.95	7.07	83.53	4.94	4.91
4.1	2.63	99.2	3.44	3.47
4.1	2.78	130.07	3.44	3.47
18.41	7.32	105.88	14.95	13.45
7.21	9.02	105.27	6.1	5.71
-3.72	-2.69	87.76	-10.29	-11.62
3.3	3.68	134.33	-2.69	-2.42
45.62	22.94	106.87	21.75	14.84
31.9	25.63	101.54	11.57	8.53
113.91	27.29	110.39	36.77	18.38
2.99	3.62		5.31	5.24
36.79	38.35	118.23	6.84	4.56
0.37	2.35	311.4	-3.37	-3.7
1.43	2.25	110.43	-5.1	-5.55
8.93	16.84	35.22	30.45	23.22
44.81	38	119.51	10.54	6.62
50.42	32.32	108.89	13.88	9.08
34.39	13.27	131.68	13.57	11.82
-3.05	-1.25	193.12	-15.54	-17.52
27.09	25.62	161.04	6.56	4.63
10.56	6.23		4.26	4.04
5.7	4.8	134.23	3.94	3.78
4.01	3.03	94.42	2.16	2.09

11-22 大中型企业主要指标及在全省工业中的地位（2005年）

单位:亿元

指　　标	Item	大中型企业合计 Total of Large and Medium-scale Industrial Enterprises	大　型 Large-scale Enterprises
企业单位数(个)	Number of Enterprises (unit)	425.00	31.00
亏损企业数(个)	Number of Loss-making Enterprises (unit)	82.00	3.00
工业总产值(现价、新规定)	Gross Output Value of Industry (at current prices,by the new Standards)	1 948.80	996.28
工业增加值(现价)	Added Value of Industry (at current prices, by the new Standards)	822.38	471.18
全部从业人员平均人数(万人)	Average Number of Employed Persons (10 000 persons)	41.90	13.88
流动资产合计	Total Circulating Funds	1 302.37	734.83
产成品	Finished Products	80.13	23.91
流动资产年平均余额	Annual Average Balance of Current Assets	1 209.66	680.42
固定资产合计	Total Fixed Assets	1 158.49	505.18
固定资产原价合计	Total Original Value of Fixed Assets	1 657.86	730.76
生产经营用	Expenses on Producted Operation	1 524.66	666.45
累计折旧	Accumulated Depreciation	650.09	291.07
本年折旧	Depreciation in Current Year	94.85	43.19
固定资产净值年平均余额	Annual Average Balance of Net Value of Fixed Assets	970.98	420.70
资产总计	Total Assets	2 972.25	1 581.68
负债总计	Total Liabilities	1 456.06	569.00
流动负债	Current Liabilities	1 049.88	440.35
所有者权益合计	Total Owner's Equity	1 516.19	1 012.68
主营业务收入	Revenue of Major Business	1 939.85	1 004.46
主营业务成本	Cost of Major Business	1 329.81	626.11
主营业务税金及附加	Tax and Surcharges in Major Business	241.72	182.16
主营业务利润	Profits of Major Business	368.33	196.19
利润总额	Total Profits	200.87	127.40
亏损企业亏损总额	Total Loss of Loss-making Enterprises	14.96	1.71
利税总额	Total Profits and Taxes	586.55	390.91
应交所得税	Income Tax Payable	40.77	27.24
本年应付工资总额	Total Wages Payable in Current Year	96.53	44.83

Principal Indicators of Large-scale and Medium-scale Enterprises and Their Proportion to the Provincial Industry (2005)

(100 million yuan)

中型 Medium-scale Enterprises	国有大中型企业 State-owned Large and Medium-scale Enterprises	在合计中 In the Total		占规模以上工业比重(%) Proportion to the Industrial Enterprises with Independent Accounting Systems (%)		
		轻工业 Light Industry	重工业 Heavy Industry	合计 Total	大型 Large Scale	中型 Medium Scale
394.00	102.00	111.00	314.00	17.99	1.31	16.68
79.00	31.00	19.00	63.00	9.89	0.36	9.53
952.52	923.39	719.52	1 229.28	75.06	38.37	36.69
351.20	552.01	488.68	333.70	82.33	47.17	35.16
28.01	12.15	9.27	32.63	60.87	20.17	40.70
567.54	746.96	673.63	628.74	76.19	42.99	33.20
56.22	22.95	22.12	58.02	54.62	16.30	38.32
529.23	695.15	636.29	573.36	76.19	42.85	33.33
653.31	562.33	265.47	893.03	72.94	31.81	41.13
927.10	886.09	473.85	1 184.01	74.90	33.02	41.89
858.21	820.32	433.38	1 091.28	75.14	32.84	42.30
359.02	409.07	244.00	406.09	79.78	35.72	44.06
51.66	54.13	30.96	63.89	75.94	34.58	41.36
550.28	462.80	225.84	745.14	71.31	30.90	40.42
1 390.56	1 652.14	1 178.69	1 793.55	74.97	39.90	35.08
887.06	658.42	353.17	1 102.89	70.39	27.51	42.89
609.53	447.20	313.90	735.98	71.37	29.93	41.43
503.51	993.72	825.53	690.66	79.97	53.41	26.56
935.39	916.56	706.08	1 233.77	75.49	39.09	36.40
703.70	491.78	290.60	1 039.21	71.07	33.46	37.61
59.56	235.70	234.73	6.99	98.41	74.16	24.25
172.13	189.08	180.75	187.57	81.30	43.30	37.99
73.47	116.88	112.68	88.19	88.13	55.90	32.24
13.25	9.51	1.24	13.72	47.98	5.48	42.49
195.64	444.34	425.83	160.72	90.07	60.03	30.04
13.53	31.00	30.66	10.11	87.17	58.24	28.93
51.70	43.02	29.43	67.11	73.72	34.24	39.48

11-23 全省大中型工业企业一览表（2005年）

单位：万元

企 业 名 称	全部从业人员年平均人数（人） Average Number of Employed Persons (persons)	主营业务收入 Revenue on Major Business	工业增加值（当年价） Added Value of Industrial (at current prices)	资产合计 Total Assets
总 计	**418 960**	**19 398 484**	**8 223 812**	**29 722 460**
煤炭开采和洗选业	**23 338**	**261 501**	**121 237**	**550 911**
云南省恩洪煤矿	1 105	16 945	7 157	20 958
云南省田坝煤矿	1 735	9 101	6 046	10 908
云南省羊场煤矿	2 898	26 237	7 032	26 673
富源县后所镇大炭沟煤矿	427	6 236	3 951	4 214
云南省后所煤矿	1 417	5 306	2 336	20 914
一平浪煤矿	2 274	20 407	6 804	19 171
云南省圭山煤矿	1 069	8 316	2 324	12 505
华坪县炎光实业有限公司	580	6 674	3 352	8 121
云南省兴云煤矿	1 027	7 184	2 770	41 662
富源县墨红镇补木煤矿	400	3 308	1 762	5 200
云南省宣威来宾光明煤电有限公司	1 082	4 360	1 548	17 284
玉溪市塔甸煤矿有限责任公司	794	7 506	4 180	14 360
云南省曲靖益东总厂	864	11 981	2 568	26 734
云南省小龙潭矿务局	3 402	61 848	49 730	209 444
云南省可保煤矿	495	4 345	1 661	8 665
云南省凤鸣村煤矿	809	16 468	3 036	13 511
云南先锋煤业开发有限公司	496	10 510	5 710	20 539
楚雄州吕合煤业有限责任公司	600	3 064	1 705	8 343
文山煤业有限责任公司	916	11 732	2 637	29 911
云南东源实业股份有限公司	948	19 975	4 928	31 796
黑色金属矿采选业	**8 889**	**209 860**	**52 534**	**1 290 328**
昆明钢铁集团有限责任公司	5 070	108 090	6 500	1 041 389
腾冲县恒益矿品经贸有限责任公司	476	10 523	5 291	23 664
峨山万茂工贸有限责任公司	367	7 214	123	11 442
峨山县万得利自然资源开发有限公司	696	13 500	6 741	11 125
勐腊县新山矿业开发有限公司	416	12 555	12 271	11 922
玉溪大红山矿业有限公司	408	19 261	9 261	157 003
云南建水锰矿有限责任公司	712	26 524	3 556	17 622
云南省鹤庆锰业有限公司	744	12 194	8 792	16 161
有色金属矿采选业	**22 050**	**484 445**	**229 041**	**643 299**
云南楚雄矿冶股份有限公司	3 315	62 432	33 271	57 691

注：工业大中型企业的划分按国家制度规定以基本法人单位划分，本资料为基本法人资料，非企业集团资料。

Schedule of Large-scale and Medium-scale Enterprises (2005)

(10 000 yuan)

年末固定资产 Fixed Assets at Year-end		全部流动资产平均余额 Annual Average Balance of Current Assets	本年提取的折旧基金 Depreciation Funds Drawn in Current Year	利润总额 Total Profits	利税总额 Total Profits and Taxes
原值 Original Value	净值 Net Value				
16 578 616	**10 077 722**	**12 096 558**	**948 523**	**2 008 704**	**5 865 507**
325 571	**190 281**	**205 840**	**17 497**	**30 368**	**56 618**
14 867	11 100	5 648	687	811	2 187
10 829	6 205	4 863	528	856	1 512
12 203	6 181	15 736	470	512	2 464
1 231	712	2 689	65	2 307	3 187
12 628	3 191	6 359	192	760	1 375
9 159	4 533	14 749	343	1 926	2 488
6 687	4 595	4 476	318	912	1 325
1 767	833	4 964	159	2 794	3 679
40 619	33 501	5 118	1 081	- 44	683
3 182	1 684	3 037	239	970	1 281
7 896	6 744	6 694	288	- 657	- 168
9 015	3 814	6 488	691	1 111	1 663
10 596	8 185	7 856	494	4 013	5 025
133 658	72 063	71 710	8 214	8 108	17 399
8 369	5 637	2 712	710	75	229
9 262	5 118	6 048	647	329	1 291
7 379	4 666	3 920	459	1 410	2 898
1 944	1 676	4 006	48	878	1 273
8 239	5 390	8 445	659	3 779	5 592
16 043	4 454	20 322	1 206	179	1 236
363 418	**215 151**	**370 174**	**21 593**	**41 740**	**60 502**
327 889	189 100	279 424	19 045	26 333	35 247
3 226	1 812	10 710	259	1 903	3 587
2 585	2 121	6 515	230	62	219
4 673	3 406	4 622	686	551	1 644
4 634	4 294	3 052	272	7 694	9 863
9 272	8 213	50 953	522	2 298	4 304
7 580	4 874	9 950	344	2 008	3 330
3 559	1 332	4 949	236	891	2 308
289 681	**193 678**	**262 727**	**25 346**	**104 009**	**144 129**
21 840	10 704	29 232	1 268	21 187	26 563

Note:The data in this table are all of the basic legal entities, so is not enterprises groups.Dinied the large-scale and medium-scale enterprises is with the basic leagle entitles by the ordainment of national system.

11-23　续表1

单位:万元

企 业 名 称	全部从业人员年平均人数（人） Average Number of Employed Persons (persons)	主营业务收入 Revenue of Major Business	工业增加值（当年价） Added Value of Industrial (at current prices)	资产合计 Total Assets
玉溪矿业有限公司	1 531	123 351	44 859	141 461
云南金沙矿业股份有限公司	1 068	27 571	6 213	18 651
思茅市山水矿业有限公司	327	6 428	1 828	17 462
云南达亚有色金属股份有限公司	1 430	17 307	10 852	14 501
云县江天矿冶有限责任公司	900	4 566	1 945	10 175
兰坪金鼎锌业有限责任公司	3 123	83 733	43 875	157 979
巧家县茂租铅锌有限公司	406	6 398	5 271	18 723
云南省昭通市铅锌矿	430	7 609	6 876	7 481
蒙自矿冶有限责任公司	1 320	29 811	21 462	39 809
云南华联锌铟股份有限公司	754	34 754	14 835	70 404
云南新联金江乡选矿厂	530	8 600	4 750	4 169
曲靖富盛铅锌有限责任公司	530	5 358	2 926	5 466
会泽县矿山经济开发公司	3 200	4 177	2 702	5 728
腾冲县恒丰矿业有限责任公司	364	5 115	1 921	13 601
保山市飞龙有色金属有限责任公司	562	7 321	2 671	5 574
云南中金共和资源有限公司马关分公司	630	5 486	2 825	5 637
鲁甸县火德红昊龙铅锌采选有限公司	480	7 580	3 023	8 585
鲁甸县乐红昊龙铅锌采选有限公司	500	16 438	4 434	12 799
鲁甸县昊龙有限公司乐红铅锌采选厂	300	10 138	4 006	17 812
麻栗坡县钨业有限责任公司	350	10 272	8 498	9 591
非金属矿采选业	**6 859**	**159 213**	**72 765**	**283 704**
云南磷化集团有限公司	2 727	76 324	39 301	123 433
云南天宁矿业有限公司	356	10 249	6 307	10 842
云南盐化股份有限公司	3 776	72 641	27 157	149 430
农副食品加工业	**22 515**	**446 764**	**150 252**	**700 256**
昆明正大有限公司	393	47 784	9 118	22 866
云南德宏英茂糖业有限公司	2 018	51 662	14 756	63 032
云南开远市明威有限公司	924	10 710	2 766	12 641
云南建水糖业有限责任公司	488	5 047	1 602	7 585
云南建水曲江糖业有限责任公司	380	3 029	972	4 123
云南力量生物制品有限公司	1 038	13 148	1 627	25 235
元阳县红泰糖业有限责任公司	334	9 169	2 886	10 485
云南省红河糖业有限责任公司	494	6 446	2 034	11 042

continued

(10 000 yuan)

年末固定资产 Fixed Assets at Year-end		全部流动资产平均余额 Annual Average Balance of Current Assets	本年提取的折旧基金 Depreciation Funds Drawn in Current Year	利润总额 Total Profits	利税总额 Total Profits and Taxes
原值 Original Value	净值 Net Value				
65 327	41 936	56 272	13 956	3 828	9 466
1 144	848	8 991	77	4 721	6 191
4 561	4 314	8 582	212	- 352	31
27 492	981	8 169	240	3 457	4 864
5 811	5 241	3 430	432	974	1 294
91 930	82 046	52 496	2 445	28 116	38 359
9 885	6 479	10 346	546	2 787	3 578
4 618	1 648	4 221	407	2 060	2 995
19 122	14 240	15 854	2 290	6 310	9 703
16 789	11 649	13 083	449	8 275	11 201
1 619	823	3 300	324	3 149	4 164
506	388	4 040	60	2 300	2 912
3 530	3 242	2 198	13	34	323
1 985	1 841	7 334	144	- 183	281
3 794	2 293	3 200	658	2 193	3 000
2 462	1 144	3 920	242	1 544	2 101
2 114	1 041	4 804	523	1 183	1 692
2 290	1 486	4 718	804	3 123	4 149
1 739	414	12 457	196	2 059	2 696
1 125	922	6 079	60	7 244	8 566
148 933	**75 534**	**79 003**	**12 471**	**33 330**	**50 771**
89 566	40 999	45 772	8 766	17 241	24 889
4 716	2 379	5 978	292	4 108	5 372
54 652	32 156	27 253	3 413	11 981	20 510
549 880	**303 742**	**260 951**	**27 290**	**44 932**	**85 631**
13 284	5 135	17 855	638	4 314	4 314
62 923	29 196	31 568	3 448	7 488	12 884
8 376	6 130	3 382	425	476	1 438
5 014	1 383	3 473	165	199	469
4 979	1 746	1 932	241	- 308	- 155
17 174	6 527	10 646	741	639	1 945
11 438	7 561	1 908	400	3	246
12 182	7 580	3 431	966	404	952

11-23　续表2

单位:万元

企业名称	全部从业人员年平均人数（人） Average Number of Employed Persons (persons)	主营业务收入 Revenue on Major Business	工业增加值（当年价） Added Value of Industrial (at current prices)	资产合计 Total Assets
孟连昌裕糖业有限责任公司	528	11 542	5 830	16 006
云南省德宏州裕安龙江糖业股份有限公司	344	4 608	1 403	36 081
云南省陇川糖厂	447	7 671	3 106	6 688
云南省凤庆糖业集团有限责任公司	534	12 542	4 352	24 520
云南省云县幸福糖业有限公司	361	3 978	3 672	11 914
云南临沧市晶莹糖业有限责任公司镇康糖业公司	550	11 220	5 903	13 184
云南临沧市晶莹糖业有限责任公司双江糖业公司	417	10 398	5 235	10 782
云南临沧市晶莹糖业有限责任公司耿马糖业公司	579	14 385	6 630	26 522
临沧市晶莹糖业有限责任公司勐省糖业公司	320	6 119	1 763	16 404
云南新平云新糖业有限责任公司	851	11 143	6 730	19 747
云南新平南恩糖纸有限责任公司	562	8 555	1 322	24 906
云南省龙陵县康丰糖业有限责任公司	1 323	29 877	14 272	49 592
保山市隆阳区福隆糖业有限责任公司	331	3 088	892	4 252
云南永德糖业集团有限责任公司	1 079	17 109	5 881	40 700
元江县金珂集团糖业有限公司	1 439	27 934	12 220	27 122
云南西双版纳英茂糖业有限公司	711	20 158	6 329	28 367
云南德宏力量生物制品有限公司	1 485	23 302	3 503	48 515
景东福泉制糖有限责任公司	367	3 490	1 997	15 824
芒市华侨集团有限公司	367	5 878	2 382	8 282
云南临沧市晶莹糖业有限责任公司华侨糖业公司	372	7 077	3 290	8 315
云南省昌宁恒盛糖业有限责任公司	971	9 693	3 974	24 253
云南保升龙糖业有限责任公司	850	12 642	3 299	35 046
云南临沧市晶莹糖业有限责任勐永糖业公司	329	4 281	1 956	10 661
思茅景谷力量生物制品有限公司	412	10 316	5 009	10 895
蒙自克林糖业有限责任公司	497	4 156	492	6 701
云南玉溪凤凰生态食品有限责任公司	420	18 607	3 053	17 971
食品制造业	**3 390**	**70 781**	**11 922**	**84 972**
昆明子弟食品有限公司	467	11 913	942	6 865
昆明顶益食品有限公司	313	13 450	5 382	9 650
昆明前进乳业有限责任公司	533	4 688	- 553	8 434
新希望邓川碟泉乳业有限公司	654	18 221	5 163	29 185
昆明雪兰牛奶有限公司	686	10 688	3 044	15 892
大理东亚乳业公司	421	5 848	1 488	7 800

continued

(10 000 yuan)

年末固定资产 Fixed Assets at Year-end		全部流动资产平均余额 Annual Average Balance of Current Assets	本年提取的折旧基金 Depreciation Funds Drawn in Current Year	利润总额 Total Profits	利税总额 Total Profits and Taxes
原值 Original Value	净值 Net Value				
3 992	3 009	7 537	453	2 766	4 307
2 210	2 210	2 391		- 233	191
5 162	2 154	3 483	347	742	1 421
15 091	10 692	10 741	608	1 015	2 154
8 637	4 797	5 361	351	505	699
6 699	4 250	8 735	372	1 064	2 358
14 109	7 254	2 798	722	2 493	3 700
29 230	17 377	8 161	1 739	1 353	3 009
10 077	5 652	10 163	566	672	1 373
16 791	8 785	9 618	1 255	- 9	1 007
16 765	9 557	6 628	744	69	739
37 298	24 955	9 321	1 888	6 184	9 612
2 192	1 877	1 059	72	- 36	183
27 123	18 162	13 153	1 136	1 994	3 753
27 534	11 762	12 999	1 887	4 619	8 532
30 880	14 850	10 929	1 812	1 938	4 252
32 119	18 523	16 991	1 231	3 421	6 008
16 989	8 868	7 152	858	88	517
8 102	5 210	3 280	408	1 228	1 814
12 754	6 422	1 938	654	978	1 817
23 003	12 329	4 939	868	952	1 804
24 379	17 287	10 108	1 103	183	1 382
9 740	5 317	3 577	446	515	1 021
17 496	6 126	3 726	688	- 541	658
7 879	2 801	2 713	61	- 242	- 25
8 261	8 261	9 257		1	1 255
59 357	**39 417**	**35 439**	**3 967**	**3 027**	**5 690**
5 935	4 772	1 806	623	725	1 176
11 031	6 756	2 873	941	621	1 530
5 051	3 751	2 942	247	- 124	97
20 913	13 588	13 035	1 036	600	900
7 718	3 570	8 280	548	1 229	1 649
5 740	5 320	2 390	420	320	602

11-23 续表3

单位:万元

企业名称	全部从业人员年平均人数（人） Average Number of Employed Persons (persons)	主营业务收入 Revenue on Major Business	工业增加值（当年价） Added Value of Industrial (at current prices)	资产合计 Total Assets
昆明市春城农工商白沙河公司	316	5 973	- 3 544	7 146
饮料制造业	**5 921**	**120 540**	**49 593**	**241 823**
云南茅粮酒业集团有限公司	658	3 269	1 566	16 627
云南省澜沧江啤酒集团保山有限公司	447	10 228	4 420	27 119
云南澜沧江啤酒企业集团有限公司	1 325	23 943	11 474	75 079
云南大理啤酒股份有限公司	636	18 468	7 941	20 024
云南澜沧江啤酒企业（集团）楚雄有限公司	317	4 263	2 400	14 862
昆明可口可乐饮料有限公司	430	19 396	5 131	17 543
勐海茶业有限责任公司	400	8 966	5 361	24 235
云南省下关茶厂沱茶(集团)股份有限公司	443	16 442	5 721	10 930
云南滇红集团股份有限公司	492	7 385	2 668	17 081
云南龙生绿色产业（集团）有限公司	773	8 181	2 911	18 324
烟草制品业	**26 078**	**5 579 516**	**4 304 309**	**9 120 285**
文山州烟草公司	492	75 287	45 539	95 645
云南烟草文山州复烤厂	439	8 517	6 746	20 805
大理州复烤厂	331	38 256	12 046	67 540
石林天合烟叶复烤有限责任公司	562	8 669	6 253	29 221
红河烟叶复烤有限公司	436	11 064	6 361	51 902
红河卷烟总厂昭通卷烟厂	2 403	325 295	213 952	243 769
玉溪红塔烟草（集团）有限责任公司	6 127	1 675 058	1 350 871	4 596 621
红云烟草（集团）有限责任公司	4 735	1 376 905	1 121 342	1 635 869
曲靖卷烟厂	4 378	749 240	542 337	866 901
玉溪红塔烟草（集团）有限责任公司楚雄烟厂	1 884	351 092	257 716	253 503
云南玉溪卷烟厂滤嘴棒分厂	720	29 305	7 546	22 292
红河卷烟总厂	1 278	689 274	571 232	987 254
大理卷烟厂	1 549	229 453	158 618	232 172
云南烟草保山香料烟有限责任公司	744	12 101	3 752	16 792
纺织业	**9 983**	**46 106**	**10 174**	**153 591**
大理华兴纺织有限公司	619	4 081	1 545	8 487
云南纺织(集团)股份有限公司	3 749	17 817	2 569	105 288
大理苍洱实业(集团)有限公司	1 531	5 956	896	13 364
云南省曲靖珠源纺织有限责任公司	1 100	3 107	253	8 188
云南千佛茧丝绸集团有限公司	2 512	11 230	4 582	14 076

continued

(10 000 yuan)

年末固定资产 Fixed Assets at Year-end		全部流动资产平均余额 Annual Average Balance of Current Assets	本年提取的折旧基金 Depreciation Funds Drawn in Current Year	利润总额 Total Profits	利税总额 Total Profits and Taxes
原值 Original Value	净值 Net Value				
2 969	1 659	4 113	152	- 345	- 264
138 124	**103 121**	**87 489**	**6 052**	**10 412**	**19 529**
9 912	7 864	2 996	724	- 66	112
17 392	10 454	15 689	1 001	- 752	809
42 249	37 952	17 402	1 052	4 472	5 804
14 084	6 631	13 285	1 404	- 666	2 591
8 624	7 982	4 923	119	- 70	349
17 324	12 228	3 509	623	1 397	2 533
3 658	2 160	12 857	114	2 905	3 157
2 917	1 378	7 211	138	1 376	2 028
5 470	4 568	6 626	85	258	544
16 492	11 905	2 990	791	1 559	1 603
2 929 245	**1 221 747**	**5 359 982**	**213 970**	**936 051**	**3 940 280**
4 247	2 127	52 860	464	11 885	16 260
20 458	11 035	10 803	924	2 133	3 663
18 780	14 579	43 442	816	4 123	7 502
26 707	14 187	11 721	2 035	1 295	2 446
64 853	38 406	10 808	4 037	1 298	2 552
260 245	113 019	95 906	18 067	29 467	175 302
823 993	271 318	2 605 883	54 178	369 622	1 338 044
668 799	312 947	888 183	51 263	276 979	1 051 189
398 708	156 357	586 817	26 010	74 337	477 750
203 151	86 236	204 376	17 721	38 388	217 085
13 803	3 584	12 045	550	2 499	4 013
270 696	124 792	651 085	23 435	101 130	508 988
146 452	68 674	175 087	13 875	21 485	133 288
8 355	4 488	10 966	596	1 412	2 198
76 918	**49 062**	**33 469**	**1 546**	**3 660**	**5 399**
3 527	3 069	2 460	178	51	107
41 776	29 921	15 833	691	3 097	3 438
10 462	5 041	3 897	79	26	224
9 129	3 345	1 740	182	- 730	- 606
10 907	6 757	7 329	367	687	1 582

11-23 续表4

单位:万元

企业名称	全部从业人员年平均人数（人） Average Number of Employed Persons (persons)	主营业务收入 Revenue on Major Business	工业增加值（当年价） Added Value of Industrial (at currentprices)	资产合计 Total Assets
祥云县银龙茧丝绸有限公司	472	3 916	329	4 189
皮革、毛皮、羽毛(绒)及其制品业	**467**	**4 230**	**- 106**	**26 179**
玉溪瑞彪皮革有限公司	467	4 230	- 106	26 179
木材加工及木、竹、藤、棕、草制品业	**2 020**	**19 055**	**5 179**	**31 010**
普洱林达木业有限责任公司	700	7 944	1 110	9 485
镇沅林产品有限责任公司	440	3 236	646	10 297
云南省腾冲县承信经贸有限公司	357	4 044	1 249	4 748
腾冲县古林木业有限责任公司	523	3 832	2 174	6 480
造纸及纸制品业	**4 754**	**167 884**	**77 776**	**310 799**
云南云景林纸股份有限公司	866	46 325	26 078	154 250
云南陆良银河纸业有限公司	620	15 127	4 096	22 516
云南江川翠峰纸业有限公司	350	11 998	3 061	11 872
云南红塔蓝鹰纸业有限公司	725	43 665	30 580	66 330
云南昌宁建星纸业有限公司	524	5 295	1 785	9 387
玉溪红塔印刷有限公司	439	15 740	3 941	15 032
云南新兴仁恒包装材料有限公司	300	21 116	4 963	19 800
昆明市福保彩印包装厂	930	8 618	3 271	11 614
印刷业和记录媒介的复制	**5 347**	**218 184**	**83 005**	**275 756**
云南新华印刷实业总公司	591	4 998	2 500	23 935
云南国防印刷厂	356	3 943	2 358	6 802
云南省玉溪印刷有限责任公司	469	11 104	3 196	16 779
红河雄风印业有限责任公司	442	22 084	10 265	20 454
云南云成印务有限公司	349	8 907	3 839	15 472
云南九九彩印有限公司	404	36 669	9 341	27 736
云南侨通包装印刷有限公司	722	34 834	15 028	47 213
玉溪环球彩印纸盒有限公司	347	14 388	4 907	17 337
云南红塔彩印包装有限公司	352	11 203	4 349	11 319
云南通印股份有限公司	400	12 764	3 680	37 747
昆明彩印有限公司	595	14 592	3 397	23 533
昆明伟建彩印有限公司	320	42 700	20 145	27 429
石油加工、炼焦及核燃料加工业	**4 491**	**229 395**	**77 431**	**296 006**
云南师宗焦化有限责任公司	780	30 366	15 319	33 211
云南红河煤焦化有限责任公司	501	23 558	8 343	21 672

continued

(10 000 yuan)

年末固定资产 Fixed Assets at Year-end		全部流动资产平均余额 Annual Average Balance of Current Assets	本年提取的折旧基金 Depreciation Funds Drawn in Current Year	利润总额 Total Profits	利税总额 Total Profits and Taxes
原值 Original Value	净值 Net Value				
1 117	931	2 209	50	529	654
8 940	**6 568**	**18 599**	**243**	**- 880**	**- 869**
8 940	6 568	18 599	243	- 880	- 869
17 719	**10 233**	**13 584**	**955**	**778**	**2 160**
5 652	2 471	5 528	300	23	384
5 965	3 502	4 216	159	81	248
2 998	2 709	1 479	180	113	457
3 104	1 551	2 361	316	561	1 072
257 912	**168 806**	**97 771**	**12 541**	**21 693**	**35 374**
142 155	102 493	26 844	6 170	3 002	9 297
13 025	7 692	8 166	609	778	1 383
6 231	3 956	6 143	439	653	1 112
57 363	32 499	27 827	3 245	12 912	16 817
6 950	6 786	2 071	48	196	401
13 946	4 367	10 484	954	1 680	2 246
10 182	6 690	9 611	735	2 335	3 430
8 060	4 324	6 626	341	136	687
218 996	**105 971**	**119 120**	**16 861**	**40 728**	**56 471**
14 200	8 307	7 202	937	- 490	97
9 891	5 884	721	707	323	720
10 330	4 336	5 219	898	766	1 729
19 404	10 063	8 851	2 807	4 534	5 745
11 726	6 566	7 223	919	1 219	1 717
24 895	15 699	11 519	1 797	6 365	8 436
35 884	14 972	24 736	2 361	7 782	10 650
28 321	6 132	10 963	1 470	1 073	2 229
17 234	6 760	4 589	1 394	1 036	1 710
21 874	10 493	11 826	1 674	43	910
13 925	8 082	7 579	819	907	1 597
11 313	8 679	18 694	1 078	17 171	20 930
152 189	**134 005**	**97 715**	**7 919**	**14 117**	**33 298**
18 697	15 673	7 991	1 078	215	2 302
17 662	14 334	11 690	966	495	2 355

11-23 续表5

单位:万元

企业名称	全部从业人员年平均人数（人） Average Number of Employed Persons (persons)	主营业务收入 Revenue on Major Business	工业增加值（当年价） Added Value of Industrial (at currentprices)	资产合计 Total Assets
云南省富源县德鑫集团有限责任焦化制气厂	800	17 735	10 561	45 000
云南省师宗县民科煤业有限公司	418	17 882	4 748	19 694
曲靖市麒麟区恒柒焦化有限责任公司	368	7 460	3 200	6 970
曲靖市盛凯焦化有限公司	486	17 395	5 785	10 054
楚雄德胜煤化工有限公司	500	48 953	13 414	65 468
曲靖大为焦化制供气有限公司	638	66 045	16 060	93 937
化学原料及化学制品制造业	**48 474**	**1 675 899**	**478 317**	**2 537 980**
云南三环化工股份有限公司	2 181	201 815	54 890	224 803
澄江县磷化工华业有限责任公司	361	14 748	5 972	19 369
云南澄江县德安磷化工有限责任公司	498	18 763	7 041	22 698
云南个旧有色冶化有限公司	450	50 352	10 713	23 509
云南省陆良化工实业有限公司	438	11 050	7 605	8 926
云南富民瑞呈饲料添加剂有限公司	329	6 601	856	4 859
云南新龙矿物质饲料有限公司	503	21 312	4 281	10 439
昆明马龙化工有限公司	795	21 185	44	16 220
云南省滇东磷化工公司	1 657	14 880	1 292	13 189
云南江磷集团股份有限公司	510	18 737	13 554	26 962
云南群星化工有限公司	499	12 127	3 529	4 885
云南澄江冶钢集团有限公司	350	8 311	2 111	9 403
云南再峰（集团）有限公司	410	10 427	3 487	65 708
云南南磷集团寻甸磷电有限公司	632	26 862	9 059	41 105
云南马龙产业集团股份有限公司	567	12 877	1 595	6 444
云天化股份有限公司	2 036	141 563	74 248	355 867
云南云维集团有限公司	2 215	76 472	16 350	245 300
云南解化集团有限公司	2 433	68 608	28 073	152 572
昆明化肥有限责任公司	758	22 198	3 996	24 022
昆明神农汇丰化肥有限责任公司	658	21 723	5 427	20 623
通海化工有限责任公司	580	10 399	1 812	15 467
云南华盛化工有限公司	900	15 841	3 246	25 781
云南玉溪银河化工有限责任公司	915	18 826	5 242	17 154
云南省曲靖化学工业有限公司	1 062	60 903	9 468	45 209
云南陆良龙海化工有限责任公司	875	14 125	6 026	18 589
泸西县伟洪吉宇化工有限责任公司	841	22 306	8 585	25 759

continued

(10 000 yuan)

年末固定资产 Fixed Assets at Year-end		全部流动资产平均余额 Annual Average Balance of Current Assets	本年提取的折旧基金 Depreciation Funds Drawn in Current Year	利润总额 Total Profits	利税总额 Total Profits and Taxes
原值 Original Value	净值 Net Value				
22 500	18 150	8 046	845	2 292	3 657
11 108	9 506	7 729	736		1 630
3 259	2 612	2 877	449	34	1 133
7 426	7 050	2 991	295	113	1 742
20 735	19 469	26 600	1 265	5 215	9 172
50 803	47 210	29 792	2 285	5 754	11 307
1 696 330	**1 021 564**	**824 779**	**90 789**	**223 012**	**293 263**
145 341	76 104	84 652	11 394	31 419	40 608
12 735	7 584	4 906	1 058	827	1 190
13 151	5 296	10 790	1 112	897	1 778
13 807	13 661	7 706	146	1 156	3 021
5 382	3 674	2 791	228	507	1 080
3 008	2 776	1 957	94	662	675
6 259	4 597	4 330	349	1 237	1 237
4 838	3 944	14 706	355	114	829
11 613	6 129	5 371	274	- 4 749	- 4 009
11 994	6 169	9 002	603	782	2 988
1 396	1 133	2 035	99	2 307	3 034
11 145	3 561	4 424	885	- 298	116
27 150	11 524	25 226	997	2 777	3 638
24 624	21 977	16 109	1 964	8 389	11 205
764	721	6 854	39	248	501
211 611	128 019	77 976	10 712	70 305	77 992
97 773	54 922	68 880	4 268	8 189	9 160
151 564	87 183	34 753	7 335	10 231	13 644
15 796	7 285	11 166	1 364	1 604	2 313
20 523	8 410	5 936	1 761	1 794	2 550
5 899	2 503	9 480	616	2 000	2 591
16 948	12 736	6 935	1 163	881	881
6 967	5 706	6 591	1 147	4 352	4 981
24 275	15 131	22 443	1 449	660	3 839
16 484	8 489	5 720	234	104	802
19 854	9 130	10 588	421	1 165	2 042

11-23 续表6

单位:万元

企业名称	全部从业人员年平均人数（人） Average Number of Employed Persons (persons)	主营业务收入 Revenue on Major Business	工业增加值（当年价） Added Value of Industrial (at currentprices)	资产合计 Total Assets
红河远东化工有限公司	920	13 699	1 342	23 103
云南云峰化学工业有限公司	2 974	104 518	20 499	222 933
云南昆阳磷肥厂	1 327	19 228	- 34	23 995
云南安宁化肥有限责任公司	332	5 299	2 584	5 472
昆明东昇冶化有限公司	925	15 058	4 508	19 267
会泽林峰集团有限公司	516	5 878	3 304	6 030
云南禄丰勤攀磷化工有限司	417	7 211	3 045	7 351
云南省玉溪化肥厂有限责任公司	477	8 453	1 225	13 902
云南红磷化工有限责任公司	1 375	100 954	25 048	115 909
个旧市磷化工总厂	805	4 659	2 014	10 379
云南金星化工有限公司	621	12 756	2 417	12 130
云南省光明磷化工总厂	949	12 872	1 477	7 027
云南祥丰化肥股份有限公司	623	17 466	4 689	11 040
云南富瑞化工有限公司	890	120 339	30 242	147 854
云南弘祥化工有限公司	540	22 115	327	27 937
云南楚雄仁恒化肥有限公司	342	17 674	87	20 860
云南省江川天湖化工有限公司	630	68 094	18 980	77 359
云南云维股份有限公司	1 788	68 018	14 740	83 369
景东县南国银莹林产集团有限责任公司	407	6 012	1 168	13 725
云南景谷林业股份有限公司	1 691	18 751	9 953	80 510
国营云南安宁化工厂	1 839	29 693	10 986	47 751
国营云南包装厂	1 067	17 118	7 707	21 224
国营云南燃料一厂	1 552	25 721	13 607	38 964
国营云南安宁化工厂玉溪分厂	341	4 276	1 469	5 963
云南燃二化工有限公司	628	20 520	8 078	31 104
云南气象火箭厂	476	3 437	1 456	5 174
中轻依兰(集团)有限公司	569	3 072	- 1 283	12 785
医药制造业	**7 723**	**241 872**	**124 731**	**477 008**
昆明制药集团股份有限公司	986	36 517	9 233	102 646
昆明南疆制药有限公司	313	4 601	1 586	6 453
昆明积大制药有限公司	315	14 638	4 102	28 465
昆明贝克诺顿制药有限公司	313	8 710	5 439	11 138
昆明滇虹药业有限公司	1 891	32 696	23 331	30 421

continued

(10 000 yuan)

年末固定资产 Fixed Assets at Year-end		全部流动资产平均余额 Annual Average Balance of Current Assets	本年提取的折旧基金 Depreciation Funds Drawn in Current Year	利润总额 Total Profits	利税总额 Total Profits and Taxes
原值 Original Value	净值 Net Value				
26 023	16 359	4 783	1 639	1 088	1 204
182 343	124 666	57 331	4 138	4 093	7 815
28 396	10 868	8 353	1 660	- 1 188	- 837
5 694	3 086	1 673	402	400	520
17 469	5 054	10 497	1 282	548	625
4 939	4 439	1 297	98	608	719
5 655	4 675	1 995	486	1 671	1 809
8 631	2 862	5 259	96	286	368
109 033	64 618	25 195	7 525	6 910	10 707
7 698	3 152	6 465	1 269	- 35	- 20
9 087	4 997	5 436	641	314	827
8 465	3 333	3 547	426	- 32	338
4 431	3 047	5 468	368	562	563
91 971	85 920	45 610	5 255	20 507	22 813
19 006	17 992	7 374	741	8 616	8 730
6 794	2 110	12 543	41	591	591
54 581	44 801	24 329	2 430	10 572	11 374
80 487	44 870	22 660	7 694	5 523	9 555
4 025	2 213	7 899	153	- 378	- 501
29 893	21 961	20 871	740	152	1 502
12 854	6 195	25 791	896	4 888	7 513
4 898	3 213	10 728	177	2 322	4 316
10 420	7 639	20 377	331	5 316	8 579
1 361	431	4 559	63	- 13	411
10 818	6 175	15 457	801	5 002	7 537
1 446	966	3 955	33	196	441
69 013	17 563	4 007	1 340	- 3 066	- 3 103
175 800	**123 519**	**242 381**	**8 616**	**47 425**	**71 891**
28 679	19 688	59 924	1 982	7 644	10 158
4 506	3 583	2 407	247	470	846
11 438	9 036	11 850	453	904	1 865
4 225	1 965	8 534	183	963	1 945
4 680	3 146	21 071	227	6 188	11 303

11-23　续表7

单位:万元

企业名称	全部从业人员年平均人数（人） Average Number of Employed Persons (persons)	主营业务收入 Revenue on Major Business	工业增加值（当年价） Added Value of Industrial (at current prices)	资产合计 Total Assets
昆明市宇斯药业有限责任公司	303	8 451	2 557	11 623
云南省玉溪市维和制药有限公司	444	6 977	4 552	20 984
云南特安呐制药股份有限公司	404	26 513	13 604	60 068
云南白药集团股份有限公司	773	75 308	47 434	120 542
昆明中药厂有限公司	669	19 761	6 362	17 726
云南龙润药业有限公司	904	3 213	1 067	25 993
中国医学科学院医学生物学研究所	408	4 487	5 465	40 948
化学纤维制造业	**340**	**87 830**	**37 184**	**72 214**
昆明醋酸纤维有限公司	340	87 830	37 184	72 214
橡胶制品业	**516**	**9 525**	**2 984**	**7 947**
云南省南湖橡胶厂	516	9 525	2 984	7 947
塑料制品业	324	5 065	915	8 573
云南云塑企业集团有限公司	324	5 065	915	8 573
非金属矿物制品业	**17 495**	**352 765**	**105 103**	**651 353**
云南国资水泥昆明有限公司	1 203	28 132	9 351	55 197
昆明立宇建材有限责任公司	408	8 275	1 381	14 919
昆明安宁广明水泥厂	384	3 298	1 838	5 413
云南省四营煤矿	723	8 366	5 403	11 110
昆明骏丰水泥有限责任公司	437	7 059	1 850	9 286
陆良县三岔河水泥厂	370	3 734	1 377	5 476
陆良县磊奉建材有限责任公司	354	7 911	2 249	8 853
云南省玉溪市大营街水泥制造有限公司	519	5 882	2 292	12 315
云南省玉溪市刘总旗水泥厂	589	7 996	2 916	11 860
红河州紫燕水泥有限责任公司	354	3 309	1 458	6 147
云南省石屏异龙水泥有限责任公司	396	4 697	1 175	7 164
景谷傣族彝族自治县泰毓建材有限责任公司	323	4 727	2 092	12 221
大理红山水泥有限责公司	440	11 325	6 614	14 223
大理市华营水泥厂	326	4 553	1 723	4 082
云南红塔滇西水泥股份有限公司	834	28 419	12 912	53 974
云南博闻科技实业股份有限公司	389	7 172	3 300	44 122
丽江永保水泥有限责任公司	330	13 892	5 617	37 363
云南省壮山实业股份有限公司	480	23 395	7 293	33 439
云南马龙产业集团股份有限公司马龙事业部	430	26 245	- 204	16 594

continued

(10 000 yuan)

年末固定资产 Fixed Assets at Year-end		全部流动资产平均余额 Annual Average Balance of Current Assets	本年提取的折旧基金 Depreciation Funds Drawn in Current Year	利润总额 Total Profits	利税总额 Total Profits and Taxes
原值 Original Value	净值 Net Value				
6 523	5 390	5 138	315	339	822
5 365	3 900	12 464	313	1 521	2 231
22 224	19 872	21 706	365	1 566	2 487
16 981	10 171	67 529	855	31 179	40 930
9 500	7 668	9 104	469	466	2 433
15 188	13 726	9 093		- 2 388	- 1 996
46 493	25 375	13 561	3 208	- 1 426	- 1 133
62 413	**34 249**	**28 153**	**5 696**	**18 605**	**23 787**
62 413	34 249	28 153	5 696	18 605	23 787
2 125	**1 516**	**3 558**	**247**	**- 181**	**292**
2 125	1 516	3 558	247	- 181	292
4 777	3 865	2 253	80	326	466
4 777	3 865	2 253	80	326	466
522 151	**308 480**	**249 689**	**27 725**	**21 486**	**54 470**
29 856	7 156	38 098	1 325	2 538	5 356
13 653	8 860	4 169	892	70	952
4 324	3 906	981	418	156	465
10 034	6 296	3 653	616	295	943
7 605	4 722	1 727	364	892	1 586
6 782	1 978	3 358	528	23	264
6 248	3 534	2 685	332	331	845
7 354	5 399	6 629	758	472	966
11 380	4 901	6 580	817	875	1 746
3 292	845	3 425	148	264	465
8 558	2 770	2 441	526	29	322
11 675	9 179	1 221	882	- 465	246
11 017	6 135	6 252	882	2 310	3 538
5 178	815	2 768	477	439	943
86 071	39 989	14 164	6 112	1 670	4 731
12 280	5 033	19 994	622	1 180	1 867
40 834	35 114	1 872	1 166	461	1 235
27 664	21 644	8 091	1 989	6 288	9 064
8 478	3 889	13 003	311	365	3 575

11-23 续表8

单位:万元

企业名称	全部从业人员年平均人数(人) Average Number of Employed Persons (persons)	主营业务收入 Revenue on Major Business	工业增加值(当年价) Added Value of Industrial (at currentprices)	资产合计 Total Assets
云南水泥有限公司	580	10 743	2 844	18 465
云南奕标水泥集团有限公司	304	5 391	1 372	16 176
元江县永发水泥有限公司	304	3 501	1 370	6 486
大理水泥(集团)公司	608	11 280	5 976	20 051
盈江县芒桑水泥厂	407	4 426	1 068	7 831
云南国资水泥红河有限公司	1 256	32 627	5 481	73 063
云南国资水泥东骏有限公司	323	3 351	1 994	7 023
云南普洱天壁水泥有限公司	644	9 761	2 171	15 924
文山新兴水泥有限公司	301	6 015	2 622	11 717
曲靖市宣威宇恒水泥有限公司	375	7 796	1 628	10 734
昭通市建筑建材有限责任公司	511	4 853	1 071	29 522
云南远东水泥有限公司	350	4 981	2 706	11 692
昆明玻璃股份有限公司	761	17 842	- 226	47 210
曲靖市石林瓷业有限责任公司	1 151	3 806	1 829	4 025
昆钢集团耐火材料有限公司	331	18 004	2 563	7 674
黑色金属冶炼及压延加工业	**36 595**	**2 138 526**	**445 093**	**1 961 218**
云南曲靖越钢集团有限公司	1 793	80 976	20 579	83 553
玉溪市刘总旗活发钢铁厂	579	35 681	2 978	10 338
玉溪市北城钢铁有限公司	640	21 927	1 619	4 264
云南省富源矿厂	1 869	34 007	4 637	83 839
玉溪市洛河昱鑫工贸有限公司	350	14 266	268	5 249
云南省玉溪市洛河钢铁有限公司	724	43 256	3 097	12 462
安宁市永昌钢铁有限公司	1 200	31 697	- 5 099	30 717
云南纳山钢铁有限公司	965	15 781	3 062	6 240
云南玉溪市太标钢铁有限公司	432	31 835	1 751	14 004
易门云丰钢铁有限责任公司	393	7 240	1 235	6 270
云南玉溪市金泰钢铁有限公司	468	17 328	2 985	5 717
云南东玉工贸有限公司	480	4 660	1 922	6 034
云南新平仙福矿冶有限公司	710	39 027	4 293	14 229
云南省曲靖双友钢铁有限公司	324	12 327	3 014	10 272
建水钢铁有限公司	345	13 799	3 361	9 718
云南曲靖呈刚钢铁有限公司	367	20 799	5 656	11 363
玉溪新兴钢铁有限公司	2 313	67 836	33 221	244 147

continued

(10 000 yuan)

年末固定资产 Fixed Assets at Year-end		全部流动资产平均余额	本年提取的折旧基金	利润总额	利税总额
原值 Original Value	净值 Net Value	Annual Average Balance of Current Assets	Depreciation Funds Drawn in Current Year	Total Profits	Total Profits and Taxes
17 739	10 812	5 625	1 159	389	1 458
5 545	4 514	9 211	436	31	579
545	516	4 483		11	309
15 550	9 933	4 809	402	1 395	2 750
10 159	5 005	2 233	472	- 401	- 135
44 468	25 598	38 578	1 908	2 470	5 393
1 527	1 191	4 239	272	- 1	221
12 409	8 593	3 851	544	- 128	838
8 913	5 630	3 222	475	965	1 740
5 184	4 769	1 760	366	1 002	1 519
20 204	14 617	5 373	237	103	898
11 794	10 786	604	756	- 130	300
49 842	31 674	16 717	1 297	- 2 612	- 2 032
2 282	999	2 248	119	50	270
3 708	1 680	5 627	121	151	1 254
1 151 574	**984 203**	**668 863**	**69 681**	**69 603**	**177 647**
39 755	29 334	23 464	1 863	7 964	14 437
3 999	3 332	7 006	258	- 28	1 595
3 137	2 776	1 787	130	- 155	908
22 151	16 737	18 436	96	89	2 788
2 868	2 476	2 172	151	71	120
4 645	3 973	8 500	295	101	2 130
23 733	20 552	12 717	923	- 8 826	- 7 618
1 799	1 799	5 728		- 1 151	- 817
4 394	3 613	8 040	449	- 447	711
3 694	1 744	2 465	194	- 77	541
5 152	4 486	2 346	229	- 459	150
5 238	4 242	1 565	511	280	671
7 000	5 303	4 599	694	- 781	1 418
5 909	5 211	3 309	628	36	440
5 079	4 249	4 163	416	- 110	946
8 316	8 164	2 880	152	- 54	580
112 863	110 133	76 886	2 730	- 3 440	- 1 852

11-23 续表9

单位:万元

企业名称	全部从业人员年平均人数(人) Average Number of Employed Persons (persons)	主营业务收入 Revenue on Major Business	工业增加值(当年价) Added Value of Industrial (at currentprices)	资产合计 Total Assets
玉溪市华盛钢铁有限责任公司	450	24 398	989	7 460
云南玉溪仙福炼钢有限公司	645	51 022	2 483	11 463
红河钢铁有限公司	1 662	58 853	2 277	118 144
云南德胜钢铁有限公司	2 950	232 476	78 948	289 364
昆明钢铁股份有限公司	12 476	1 164 551	253 976	875 124
昆明钢铁集团有限责任公司凉亭轧钢厂	554	5 349	1 415	13 325
保山康发钢铁有限责任公司	300	11 226	637	8 310
云南玉溪玉昆钢集团有限公司	870	11 582	2 123	20 698
昆明呈钢钢铁有限公司	377	11 984	2 665	8 834
云南昆钢桥钢有限公司	473	39 161	3 039	13 375
昆明市滇新锰铁有限责任公司	750	15 501	3 014	7 918
云南文山斗南锰业有限责任公司	1 136	19 982	4 908	28 788
有色金属冶炼及压延加工业	**68 609**	**3 093 998**	**554 752**	**3 301 741**
云南铜业股份有限公司	2 313	1 076 067	62 750	807 566
楚雄鑫辉冶炼有限责任公司	333	58 509	13 771	18 611
云南铜业凯通有色金属有限公司	405	73 521	6 842	43 849
祥云县飞龙实业有限责任公司	3 278	94 246	27 137	78 122
云南弛宏锌锗股分有限公司	8 230	116 882	57 583	236 005
云南省澜沧铅矿	1 617	22 066	9 731	21 320
剑川县有色金属工业有限责任公司	320	14 276	2 865	11 129
云龙县飞龙实业有限责任公司	360	17 802	3 776	4 989
云南罗平锌电股份有限公司	1 686	35 810	48 964	46 012
云南永昌铅锌股份有限公司	1 159	20 036	7 788	41 276
云南新立有色金属有限公司	1 064	35 947	5 572	95 592
兰坪县康华电解锌厂	748	9 343	2 232	11 356
红河合众锌业有限公司	530	12 803	686	9 222
云南云冶锌业股份有限公司	986	57 711	9 090	73 270
红河州振兴铅业有限公司	580	39 291	1 679	16 180
云龙县康亚华西电锌业有限公司	563	10 108	3 640	6 781
腾冲县恒丰矿业有限责任公司飞龙电锌厂	478	10 555	3 775	7 171
金平金隆有限责任公司	548	20 946	5 931	19 082
云南锡业集团有限责任公司	32 584	518 679	139 986	877 532
个旧市自立矿冶有限公司	1 148	72 930	15 641	22 611

continued

(10 000 yuan)

年末固定资产 Fixed Assets at Year-end		全部流动资产平均余额 Annual Average Balance of Current Assets	本年提取的折旧基金 Depreciation Funds Drawn in Current Year	利润总额 Total Profits	利税总额 Total Profits and Taxes
原值 Original Value	净值 Net Value				
6 235	5 716	1 893	415	- 221	- 30
7 713	6 320	3 993	687	- 230	511
59 674	57 648	22 219	2 024	- 4 096	- 3 753
155 363	130 248	127 570	5 704	39 317	58 902
629 199	535 222	263 016	49 215	38 077	96 884
2 139	826	9 263	82	85	644
3 538	2 219	4 570	285	- 529	- 555
2 111	2 094	12 493		- 422	28
722	597	7 951	54	3	294
5 793	2 909	9 339	280	236	574
5 834	3 059	3 586	330	259	1 350
13 521	9 224	16 909	886	4 110	5 610
1 698 685	**1 318 917**	**1 356 397**	**72 389**	**165 299**	**298 582**
243 136	189 643	499 357	11 376	49 905	86 691
671	443	15 100	66	8 384	11 380
9 789	8 996	29 957	793	5 497	7 317
21 737	14 711	39 554	3 523	10 417	16 091
197 666	165 836	50 842	7 627	16 616	26 117
8 646	5 185	7 138	1 159	2 588	4 013
4 372	3 344	4 800	432	1 698	2 215
2 925	1 667	2 978	388		908
29 450	17 040	18 628	1 474	4 496	7 808
25 261	17 643	16 254	1 478	2 093	4 341
2 465	1 488	23 765	199	1 388	1 753
7 196	5 455	4 368	412	- 756	- 273
4 617	3 812	5 709	405	206	506
34 123	28 585	33 371	1 794	1 062	4 138
2 805	1 913	10 990	561	102	390
4 352	4 017	2 337	335	408	981
4 384	3 948	1 873	436	697	1 337
3 758	2 307	7 500	639	3 012	4 434
521 525	397 730	281 817	10 984	32 598	64 100
6 763	2 154	16 848	439	- 3 415	- 2 117

11-23 续表10

单位:万元

企 业 名 称	全部从业人员年平均人数(人) Average Number of Employed Persons (persons)	主营业务收入 Revenue on Major Business	工业增加值(当年价) Added Value of Industrial (at currentprices)	资产合计 Total Assets
云南乘风有色金属股份有限公司	1 089	99 870	5 447	35 168
云南木利锑业有限公司	593	13 031	5 343	9 814
云南铝业股份有限公司	3 184	439 062	63 442	435 567
云南省东源铝业有限责任公司	324	15 416	3 355	19 754
云南润鑫铝业有限公司	530	44 145	- 3 269	48 276
云南东源煤业集团曲靖铝业有限公司	409	25 190	2 904	85 252
云南大互通工贸有限公司	530	13 478	3 955	10 207
墨江县矿业有限责任公司	612	13 596	8 795	20 110
祥云县黄金工业有限责任公司	468	5 890	5 300	5 828
云南地矿资源股份有限公司	885	31 623	9 068	80 678
云南临沧鑫圆锗业股份有限公司	410	7 640	4 501	9 847
贵研铂业股份有限公司	303	32 027	11 252	48 220
云南新美铝铝箔有限公司	342	35 503	5 117	45 347
金属制品业	**2 587**	**44 617**	**6 820**	**56 641**
云南众友电缆桥架集团有限公司	400	6 503	1 308	5 807
云南电力线路器材厂	572	24 367	2 382	27 740
昆明官房迈腾有限公司	560	5 209	1 337	8 857
昆明市轧钢厂	501	4 274	804	5 186
云南省云海玛钢有限公司	554	4 264	593	9 051
通用设备制造业	**7 478**	**95 262**	**36 629**	**206 743**
云南金马机械总厂	809	8 490	876	14 149
交大昆机科技股份有限公司	2 214	43 883	22 952	81 772
云南三龙机械集团有限公司昆明铣床厂	824	4 595	2 261	10 145
云南CY集团有限公司	1 306	23 680	4 991	59 174
昆明煤矿机械总厂	1 552	4 053	2 008	32 426
云南省通海县杨广综合厂	431	3 601	292	5 025
峨山恒昌东兴铸造有限责任公司	342	6 960	3 248	4 053
专用设备制造业	**10 868**	**238 723**	**65 547**	**359 872**
昆明力神重工有限公司	1 057	23 402	167	41 235
曲靖重型机械制造有限公司	535	10 143	4 166	14 203
云南昆钢机械设备制造建安工程有限公司	1 920	59 438	7 917	90 816
云南昆船第二机械有限公司	1 769	32 011	10 545	58 997
云南昆船第一机械有限公司	1 802	23 033	12 979	58 871

continued

(10 000 yuan)

年末固定资产 Fixed Assets at Year-end		全部流动资产平均余额 Annual Average Balance of Current Assets	本年提取的折旧基金 Depreciation Funds Drawn in Current Year	利润总额 Total Profits	利税总额 Total Profits and Taxes
原值 Original Value	净值 Net Value				
8 058	7 169	21 431	282	2 060	3 374
4 658	2 507	5 813	341	1 207	2 312
344 153	274 194	116 385	18 542	16 225	37 417
12 404	8 606	11 190	873	162	529
37 949	33 501	8 941	1 600	- 5 932	- 4 522
63 736	63 733	20 812	3	- 5 340	- 5 439
6 667	5 431	2 809	428	1 090	2 338
8 683	3 225	8 480	485	6 766	6 804
1 566	706	4 065	137	191	191
18 223	13 273	32 460	1 471	9 015	9 339
7 922	4 190	3 052	1 273	1 601	2 299
3 161	1 518	32 473	110	749	1 047
45 868	24 950	15 302	2 325	508	660
15 562	**9 208**	**33 770**	**1 005**	**2 443**	**2 722**
981	868	1 641	57	1 377	1 401
4 478	3 256	18 630	297	1 137	749
4 495	1 678	5 183	423	206	283
1 732	1 360	2 659	38	- 228	- 107
3 876	2 046	5 657	190	- 50	- 1
78 018	**43 585**	**100 735**	**2 989**	**- 135**	**5 403**
6 747	3 442	11 258	298	509	940
42 742	26 298	40 260	1 652	4 504	8 212
5 359	2 535	5 299	167	- 654	- 211
10 518	5 879	18 718	432	- 2 018	- 1 950
8 231	3 245	22 727	178	- 2 728	- 2 484
1 193	552	1 453	92	93	300
3 229	1 634	1 021	170	159	595
104 626	**59 598**	**210 874**	**5 059**	**5 743**	**13 570**
3 643	3 145	7 363	483	367	834
10 154	5 144	5 999	419	1 150	1 593
21 685	10 016	74 205	883	- 62	1 021
15 034	9 116	37 484	755	822	3 351
29 630	19 304	25 443	1 560	836	2 147

11-23 续表11

单位:万元

企业名称	全部从业人员年平均人数(人) Average Number of Employed Persons (persons)	主营业务收入 Revenue on Major Business	工业增加值(当年价) Added Value of Industrial (at currentprices)	资产合计 Total Assets
昆明烟机集团二机有限公司	528	5 642	1 912	8 771
昆明烟机集团三机有限公司	403	4 132	1 678	10 454
昆明克林轻工机械有限责任公司	446	8 304	2 791	19 164
昆明神犁拖拉机有限责任公司	402	6 663	1 720	10 164
云南金马农用车制造总厂	841	4 094	1 679	5 344
云南力帆骏马车辆有限公司拖拉机装配厂	1 165	61 862	19 992	41 853
交通运输设备制造业	15 334	541 227	120 207	642 541
中铁昆明大型养路机械集团有限公司	1 002	85 600	12 315	137 538
昆明铁路局昆明机车厂	776	7 029	2 176	10 120
一汽红塔云南汽车制造有限公司	3 155	153 373	31 711	158 287
云南力帆骏马车辆有限公司	2 995	104 855	38 716	61 761
东风云南汽车有限公司	1 812	25 496	- 2 060	44 327
昆明云内动力股份有限公司	1 492	119 958	26 185	137 233
云南美的汽车产业控股有限公司	527	13 875	- 1 220	35 994
云南西仪工业股份有限公司	2 395	20 203	10 147	38 081
国营云南机器二厂	593	3 716	842	10 712
国营云南模具二厂	587	7 124	1 362	8 490
电气机械及器材制造业	5 777	219 328	46 348	243 698
昆明电机有限责任公司	1 221	26 896	12 191	43 675
昆明电工有限责任公司	417	7 928	1 604	7 619
云南通变电器有限公司	366	34 710	6 820	18 868
云南变压器电气股份有限公司	445	22 839	3 753	40 126
云南开关厂	823	20 344	6 890	33 966
云南昆船电子设备有限公司	691	20 095	7 170	30 595
昆明电缆股份有限公司	1 488	82 728	7 223	62 218
昆明电池有限责任公司	326	3 788	697	6 632
通信设备、计算机及其他电子设备制造	**746**	**47 970**	**14 027**	**118 610**
云南南天电子信息产业股份公司	397	33 609	4 291	77 500
北方夜视技术股份有限公司	349	14 362	9 735	41 110
仪器仪表及文化、办公用机械制造业	2 343	31 355	4 512	56 808
云南无线电有限公司	361	9 650	2 572	10 102
昆明晶华光学有限公司	382	7 007	267	7 196
云南北方光电仪器有限公司	1 600	14 698	1 442	39 510

continued

(10 000 yuan)

年末固定资产 Fixed Assets at Year-end		全部流动资产平均余额 Annual Average Balance of Current Assets	本年提取的折旧基金 Depreciation Funds Drawn in Current Year	利润总额 Total Profits	利税总额 Total Profits and Taxes
原值 Original Value	净值 Net Value				
2 538	1 544	6 464	145	478	1 109
3 374	1 626	6 742	142	838	1 180
5 466	2 031	7 054	228	187	594
3 508	880	4 573	108	42	52
1 034	126	4 767	132	- 204	37
8 561	6 667	30 780	205	1 289	1 653
246 676	135 955	400 430	12 735	13 580	32 401
14 054	9 141	118 656	1 532	5 400	5 769
8 590	5 871	5 191	54	- 1 182	- 1 038
62 182	20 163	97 806	2 787	818	8 811
21 478	20 199	37 506	1 280	4 299	7 334
35 947	13 980	12 872	1 398	- 3 219	- 2 974
56 078	35 989	72 805	3 624	6 856	12 273
8 657	8 580	24 550	58	- 1 193	- 1 225
28 666	13 251	22 747	1 582	2 209	3 338
5 410	4 412	5 916	235	- 392	- 40
5 616	4 369	2 381	186	- 19	122
78 447	43 248	154 044	2 614	8 140	14 575
10 477	4 856	31 812	318	810	1 371
3 646	2 003	4 581	171	34	108
5 488	4 231	11 239	183	811	1 515
12 761	6 010	27 373	470	706	1 223
15 883	11 893	16 722	328	2 185	4 141
9 677	7 181	17 001	407	2 004	3 018
19 319	6 712	41 820	682	1 574	3 105
1 197	364	3 497	56	16	94
35 249	**24 867**	**66 168**	**2 359**	**4 769**	**5 691**
8 578	5 147	45 055	426	1 731	2 522
26 672	19 720	21 113	1 932	3 038	3 170
22 878	13 137	25 386	2 040	1 199	1 438
3 714	2 500	6 192	474	655	746
3 280	2 114	4 295	189	36	- 195
15 884	8 523	14 899	1 377	508	656

11-23 续表12

单位:万元

企业名称	全部从业人员年平均人数(人) Average Number of Employed Persons (persons)	主营业务收入 Revenue on Major Business	工业增加值(当年价) Added Value of Industrial (at current prices)	资产合计 Total Assets
工艺品及其他制造业	**1 942**	**26 433**	**10 418**	**60 191**
云南铸造厂	673	5 267	1 207	18 409
国营云南机器三厂	1 269	21 166	9 211	41 782
废弃资源和废旧材料回收加工业	**585**	**67 195**	**6 892**	**63 995**
云南华云实业总公司	585	67 195	6 892	63 995
电力、热力的生产和供应业	**40 948**	**2 349 925**	**887 301**	**4 525 882**
国电小龙潭发电厂	2 984	79 525	36 990	51 356
国电阳宗海发电有限公司	923	61 770	38 714	137 128
云南滇能陆良协联电力有限公司	316	7 873	3 922	23 470
国电宣威发电有限责任公司	1 442	155 074	76 305	527 874
国投曲靖发电有限公司	497	140 170	50 886	358 169
中国华电集团公司云南昆明发电厂	999	29 007	9 232	14 317
中国华电集团公司云南巡检司发电厂	1 060	14 362	6 957	6 364
云南省鲁布革发电总厂	441	37 199	40 500	35 153
师宗县供电有限责任公司	328	8 608	3 379	13 497
中国华电集团公司云南以礼河发电厂	1 063	11 181	9 785	23 360
泸西电力集团有限责任公司	374	10 268	4 225	34 134
麻栗坡县电力有限责任公司	315	4 915	1 787	22 170
广南县电力有限责任公司	484	5 297	1 581	24 645
景谷傣族彝族自治县电力有限责任公司	1 036	6 225	3 877	17 141
剑川县电力有限责任公司	308	4 437	2 872	12 262
宾川县电力有限责任公司	378	3 344	2 005	7 685
临沧供电有限责任公司	457	4 111	1 726	12 308
云南华能漫湾发电厂	415	85 403	70 815	159 212
云南省昆明供电局	2 875	541 090	178 183	776 820
云南电网公司红河供电局	2 193	135 899	22 804	255 931
盐津供电有限责任公司	334	9 056	4 767	7 100
镇雄供电有限责任公司	664	5 427	3 221	11 422
曲靖供电有限责任公司	914	24 813	6 152	15 652
云南电网公司曲靖供电局	985	338 174	83 524	373 159
宣威市供电有限责公司	304	10 841	8 629	5 433
富源县供电有限责任公司	481	15 507	4 167	9 002

continued

(10 000 yuan)

年末固定资产 Fixed Assets at Year-end		全部流动资产平均余额 Annual Average Balance of Current Assets	本年提取的折旧基金 Depreciation Funds Drawn in Current Year	利润总额 Total Profits	利税总额 Total Profits and Taxes
原值 Original Value	净值 Net Value				
24 843	**18 883**	**32 605**	**1 140**	**3 555**	**4 574**
10 242	8 558	7 018	287	- 44	- 39
14 600	10 326	25 587	853	3 599	4 614
10 994	**4 945**	**46 803**	**497**	**12**	**1 900**
10 994	4 945	46 803	497	12	1 900
4 849 534	**2 965 813**	**515 535**	**260 081**	**147 622**	**358 109**
141 857	21 099	39 213	7 472	- 550	8 361
182 539	82 724	20 328	12 381	5 066	13 240
21 746	15 713	5 837	307	1 085	2 029
415 424	348 833	52 816	21 421	21 857	42 280
420 589	305 410	45 821	23 556	8 326	23 197
42 825	8 556	4 875	1 387	11	2 813
19 922	3 292	3 279	357	31	1 727
222 615	34 175	808	4 103	26 494	32 350
13 215	10 920	1 992	1 298	82	828
81 722	20 999	3 020	1 731	4	1 877
24 304	19 381	10 159	741	778	1 252
14 714	10 613	6 374	750	499	835
20 414	15 139	4 772	1 168	426	869
17 890	12 923	2 804	752	50	459
12 170	6 105	1 515	418	873	1 697
9 970	5 641	1 342	660	665	905
13 860	7 812	1 976	700	57	688
355 333	151 197	6 774	20 347	28 387	44 017
695 460	447 730	44 970	44 494	82 622	116 129
231 860	158 439	13 960	20 398	- 13 109	- 4 688
4 346	2 690	2 006	483	13	1 619
16 412	8 415	3 100	728	13	365
14 202	9 008	7 891	593	407	1 939
372 719	245 297	20 708	2 582	8 088	33 761
3 510	1 437	2 476	169	125	650
10 187	4 463	3 057	769	154	1 211

11-23 续表13

单位:万元

企业名称	全部从业人员年平均人数（人） Average Number of Employed Persons (persons)	主营业务收入 Revenue on Major Business	工业增加值（当年价） Added Value of Industrial (at currentprices)	资产合计 Total Assets
陆良县供电有限公司	726	21 982	4 381	18 701
寻甸供电有限责任公司	365	8 210	2 272	9 376
会泽县供电有限责任公司	517	7 484	1 635	8 845
楚雄彝族自治州电力工业公司	558	11 474	4 473	11 342
禄丰县供电有限责任公司	530	8 042	2 626	6 986
云南电网公司玉溪供电局	526	140 958	57 741	137 592
华宁供电有限公司	306	7 310	1 928	11 622
元江县电力公司	729	8 323	4 273	13 168
云南电网公司思茅供电局	511	18 088	1 714	118 113
云南电网公司西双版纳供电局	350	10 050	7 685	48 153
大理供电有限公司	655	22 028	7 643	18 250
丽江黑白水电力股份有限公司	609	9 801	7 574	51 559
云南省华坪县电力股份有限公司	568	9 586	2 389	28 855
云南电网公司楚雄供电局	506	51 481	8 077	208 484
楚雄市供电有限责任公司	345	5 469	1 453	6 138
云南文山电力股份有限公司	1 773	46 802	14 316	106 342
云南怒江电力集团有限责任公司	397	13 554	5 295	75 827
云南保山电力股份有限公司	1 984	40 035	22 946	133 380
云南德宏电力股份有限公司	1 507	27 812	12 596	111 533
云南电网公司昭通供电局	955	27 680	4 215	169 353
罗平县供电有限责任公司	317	13 403	4 307	11 056
思茅市供电有限责任公司	443	7 840	2 949	7 294
富民供电有限责任公司	395	9 705	2 258	7 367
云南天然橡胶产业股份有限公司电力分公司	594	6 323	2 725	21 140
禄劝供电有限责任公司	580	6 326	1 704	12 458
马关电力有限责任公司	325	6 462	3 368	28 096
云南省滇西电业局	1 307	54 124	17 755	210 091
燃气生产和供应业	**2 005**	**73 495**	**4 690**	**120 095**
昆明煤气（集团）控股有限公司	586	12 044	4 251	63 709
昆明焦化制气厂	1 419	61 451	439	56 385
水的生产和供应业	**2 169**	**39 999**	**26 232**	**240 432**
昆明自来水集团有限公司	2 169	39 999	26 232	240 432

continued

(10 000 yuan)

年末固定资产 Fixed Assets at Year-end		全部流动资产平均余额	本年提取的折旧基金	利润总额	利税总额
原值 Original Value	净值 Net Value	Annual Average Balance of Current Assets	Depreciation Funds Drawn in Current Year	Total Profits	Total Profits and Taxes
16 524	9 805	8 313	2 123	335	2 429
10 708	6 121	1 891	861	265	727
11 303	6 431	2 779	645	- 878	- 384
14 986	7 546	3 407	993	427	1 276
8 341	5 910	648	494	474	842
133 545	86 139	15 986	10 138	9 421	19 540
8 814	7 345	1 013	84	137	658
6 638	3 774	4 187	730	476	1 098
115 938	76 726	6 078	8 799	- 10 487	- 9 366
46 304	26 290	3 530	4 678	- 5 747	- 5 130
18 548	10 908	5 437	130	2 590	4 329
24 607	22 128	19 180	990	1 506	3 112
23 285	16 179	7 533	1 023	- 485	426
200 746	139 108	9 625	13 956	- 11 688	- 8 495
6 316	3 851	971	289	210	546
106 064	88 515	10 414	3 430	9 235	15 179
38 341	33 334	27 640	1 338	506	2 282
122 009	81 232	20 641	7 786	1 568	7 017
80 066	70 719	22 738	2 295	- 623	4 356
134 751	106 799	8 621	11 137	- 13 082	- 11 362
13 405	8 256	1 862	639	319	1 358
11 199	5 724	1 427	487	30	683
9 255	6 385	1 008	436	368	878
17 670	14 693		1 881	170	597
10 524	6 953	4 322	295	68	609
22 026	17 810	7 638	283	1 635	2 604
257 821	139 124	6 778	14 378	- 11 579	- 8 103
97 497	**40 416**	**55 035**	**4 331**	**- 8 381**	**- 3 520**
51 128	24 896	20 390	2 486	- 1 193	27
46 369	15 520	34 646	1 845	- 7 188	- 3 546
163 556	**104 437**	**37 238**	**10 204**	**619**	**13 265**
163 556	104 437	37 238	10 204	619	13 265

11-24 全省主要工业产品生产能力(2005年)
Production Capacity of Major Industrial Products (2005)

产品名称	Item	年末生产能力 Production Capacity at the Year-end	本年生产量 Output of the Current Year	生产能力利用率（%） Unility Ration of Production Capacity
原煤（万吨）	Coal (10000ton)	22 629 141	21 901 754	96.79
发电装机容量（万千瓦）	Installed Capacity of Electricity Generation (10000kw)	1 110		
发电量（ 万千瓦时）	Electricity (10 000 kwh)		5 785 040	60.32
日处理甘蔗量（吨/日处理）	Daily Raw Process Sugarcance (ton/day)	146 350		
成品糖（年产糖量吨）	Sugar of Finished product (ton)	2 251 041	1 521 964	67.61
卷烟(亿支)	Cigarettes (10 000 pieces)	57 955 550	31 573 614	54.48
化学纤维 （吨）	Chemical Fiber (ton)	35 130	30 423	86.60
纱 （吨）	Yarn (ton)		14 029	
棉纺锭(环绽纺) （绽）	Cotton Hasp (ingots)	278 816		
布（万米）	Cloth (10 000 m)		1 055	
焦炭 （吨）	Coke (ton)	9 963 506	7 803 729	78.32
农用化学肥料总计(折纯)(吨)	Chemical Fertilizer (ton)	3 785 770	2 630 722	69.49
水泥 (吨)	Cement (ton)	36 877 328	26 444 083	71.71
平板玻璃(重量箱) (吨)	Plate Glass (weight case)	3 144 150	2 693 068	85.65
生铁 (吨)	Pig Iron (ton)	11 254 100	8 159 451	72.50
粗钢 (吨)	Steel (ton)	7 086 514	5 128 092	72.36
成品钢材 (吨)	Steel Products (ton)	6 570 730	4 800 481	73.06
金属切削机床 （台）	Metal-cutting Machine Tools (unit)	8 013	9 798	122.28
汽车 （辆）	Motor Vehicles (unit)	163 200	62 879	38.53
其中：轿车(辆)	car (unit)	20 000	1 089	5.45

注：本表为全部国有及年主营业务收入500万元以上非国有独立核算工业数据。

Note: The Industrial data in this table cover all of the state-owned and non-state-owned enterprises with independent accounting systems and annual renevue on major business over 5 million Yuan.

主要统计指标解释

工业 我国的工业包括以下四个方面的生产活动：

(1) 对自然资源的开采，如：采矿、晒盐等，但不包括禽兽捕猎和水产捕捞和森林采伐。

(2) 对农副产品的加工、再加工，如：粮油加工、食品加工、缫丝、纺织、制革等。

(3) 对采掘品的加工、再加工，炼铁、炼钢、轧钢、化工生产、石油加工、机械制造、木材加工等，以及电力、水、燃气的生产和供应等。

(4) 对工业品的修理、翻新，如：机器设备的修理、交通运输工具(包括小卧车)的修理等。

1984 年以前农村的村及村以下办工业归属农业,1984 年及以后划归工业。

独立核算法人工业企业和工业活动单位 工业统计调查单位分为两类：独立核算法人工业企业和工业活动单位。

独立核算法人工业企业 是指从事工业生产经营活动的单位。应同时具备以下条件:

(1) 依法成立,有自己的名称,组织机构和场所,能够承担民事责任。

(2) 独立拥有和使用资产,承担负债,有权与其他单位签订合同。

(3) 独立核算盈亏,并能够编制资产负债表。

工业活动单位 是指在一个场所从事一种或主要从事一种工业生产活动的经济单位。一般应同时具备以下三个条件:

(1) 具有一个场所,从事一种或主要从事一种工业活动。

(2) 单独组织工业生产、经营或业务活动。

(3) 单独核算收入和支出。

国有经济(全民所有制工业) 是指生产资料归国家所有的一种经济类型。包括中央和地方各级国家机关,事业单位和社会团体使用国有资产和使用自有资金投资举办的工业企业。1957 年以前的公私合营和私营工业,后均改造为国营工业,这部分工业资料不单独列时,均包括在国有经济内。

集体经济 是指生产资料归公民、集体所有的一种经济类型,包括城乡所有使用集体投资举办的工业企业,以及部分个人通过集体自愿放弃所有权并依法经工商行政管理机关认定为集体所有制的工业企业。

私营经济 是指生产资料归公民私人所有,以雇佣劳动力为基础的一种经济类型,包括私营独资企业,私营合伙企业和私营有限责任公司。

个体经济 是指生产资料归劳动者个人所有,以个体劳动为基础,劳动成果归劳动者个人占有和支配的一种经济类型。

"三资工业" 包括外商投资经济和港、澳、台投资经济。

其他经济 指除国有经济、集体经济和私营、个体经济以外的其他经济,包括联营经济、股份制经济、外商投资经济、港、澳、台投资经济等。

轻工业 指提供生活消费品和制作手工工具的工业,是为满足人们吃、穿、用需要的工业。按其所使用的原料不同,可分为两大类：

(1) 以农产品为原料的轻工业 是指直接或间接以农产品为基本原料的轻工业。主要包括食品制造、饮料制造、烟草加工、纺织、缝纫、皮革和毛皮制作、造纸以及印刷等工业。

(2) 以非农产品为原料的轻工业 是指以工业品为原料的轻工业,主要包括文教体育用品、化学药品制造、合成纤维制造、日用化学制品、日用玻璃制品、日用金属制品、手工工具制造、医疗器械制造、文化和办公用机械制造等工业。

重工业 指生产生产资料的工业,是为国民经济各部门提供物质技术基础的工业。按其生产和产品用途,可分为下列三大类：

(1) 采掘工业 是指对自然资源的开采,包括石油开采、煤炭开采、金属矿开采和非金属矿开采等工业；

(2) 原材料工业 是指提供国民经济各部门使用的原料、动力和燃料的工业。包括金属冶炼及加工、炼焦及焦炭化学、化工原料、水泥、人造板以及电力、石油和煤炭加工等工业；

(3) 加工工业 是指对原材料进行加工制造的工业。包括装备国民经济各部门的机械设备制造工业、金属结构、水泥制品等工业,以及为农业提供的生产资料和化肥、农药等工业。

根据上述划分原则,修理业中修理作业对象是重工业的划为重工业,否则划为轻工业。

大、中、小型企业 从2003年年报开始企业规模的划分标准，执行《统计上大中小型企业划分办法（暂行)》的规定，按照企业资产总计、主营业务收入、从业人员平均人数的大小，将企业划分为大型、中型和小型。

工业总产值 是以货币表现的工业企业在一定时间内生产的工业产品总量,它反映工业生产的总规模和总水平。它包括：在本企业内不再进行加工,经检验、包装入库的成品价值、对外加工费收入、自制半成品、在制品期末期初差额价值。工业总产值采用“工厂法”计算,即以工业企业作为一个整体,按企业工业生产活动的最终成果计算,企业内部不允许重复计算,不能把企业内部各个车间(分厂)生产的成果相加。但在企业之间、行业之间、地区之间存在重复计算。

轻重工业总产值的划分也是按“工厂法”计算的,即一个工业企业在正常情况下生产的主要产品的性质属于轻工业,则该企业的全部总产值作为轻工业总产值；一个工业企业生产的主要产品的性质属于重工业,则该企业的全部总产值作为重工业总产值。

工业总产值新规定的主要修订内容 自1992年起,国务院决定以国内生产总值作为衡量国民经济发展的总量指标,以工业增加值作为衡量工业经济的总量指标,淡化工业总产值指标的作用。但工业增加值指标的计算仍然要以工业总产值为基础。为使工业总产值的计算口径与工业中间投入的计算相配套,减少计算难度,保证工业增加值计算的准确性,在第三次全国工业普查方案中,针对工业总产值计算原规定的缺陷, 对其作了下列四个方面的修订：

1.凡用自备原材料生产的产品,不论其加工的繁简程度如何,一律按全价,即工业总产值包括自备原材料的价值。

2.凡承接来料加工生产的产品,加工企业一律按财务上结算的加工费计算工业总产值,即不包括定货者来料的价值。

3.自制半成品、在制品期末期初差额价值,原则上应计入工业总产值,不再按生产周期是六个月以上还是六个月以下来区分是否计入工业总产值。

4.现价工业总产值一律采用不含销项税额的价格计算。

工业总产值计算新规定与原规定的区别主要包括以下两点：

1.计算口径不同

（1）全价与加工费的计算原则不同：新规定凡用自备原材料生产的产品,不论其加工的繁简程度如何,一律按加工费计算工业总产值。原规定则根据加工的繁简程度,有一些特殊规定 ,即对某些来料加工,允许按全价计算工业总产值,对某些自备原材料生产的产品,只允许按加工费计算总产值。

（2）自制半成品、在制品期末、期初差额价值计算规定不同：新规定要求原则上将自制半成品在制品期末期初差额价值计入工业总产值,并明确,如果会计的产品成本核算计算了这部分价值,工业总产值中也相应包括,否则可不包括；原规定,凡生产周期在六个月以上的产品,在计算工业总产值时应包括这部分差额价值,否则,可不包括这部分价值。

2.计算价格不同

按新规定计算的工业总产值按不含销项税额的价格计算；原规定则按含销项税额的价格计算。按1990年不变价格计算的工业总产值则不涉及计算价格扣除增值税的问题。

有关工业总产值计算的新规定详见《第三次全国工业普查实施方案》。

工业销售产值 是以货币表现的工业企业在一定时期内销售的本企业生产的工业产品产量。它包括已销售的成品、半成品的价值,对外提供的工业性作业价值和对本单位基本建设部门、生活福利部门提供的产品和工业性作业及自制设备的价值。已销售的成品、半成品,不论是本期生产的,还是上期生产的,只要是本期销售出去的均包括在内。对外提供的工业性作业是指企业按合同对外提供的工业性劳务。企业为本单位的基本建设部门、生活福利部门等提供的产品和工业性作业及自制设备也应视同销售,作为销售统计。

工业增加值 是指工业企业在一定时期内以货币表现的工业生产活动的最终成果。

工业企业主要财务指标

1．固定资产原价(原值)：指企业在建造、购置、安装、改建、扩建、技术改造某项固定资产时所支出的全部货币总额。一般包括买价、包装费、运杂费和安装费等。

2．固定资产净值：指固定资产原价减去历年所提折旧额的净额。

3．流动资产平均余额：流动资产是指可以在一年或者超过一年的一个营业周期内变现或者耗用的资产，包括现金及各种存款、短期投资、存货等；流动资产平均余额指全部流动资产报告期平均余额。计算公式为：

流动资产月平均余额=月初、月末流动资产余额之和÷2
流动资产季平均余额=季内各月流动资产平均余额之和÷3
流动资产年平均余额=1至12月各月流动资产平均余额之和÷12

工业企业主要经济效益指标

1.全员劳动生产率　指根据产品的价值量指标的平均每一职工在单位时间内的产品生产量。目前我国的全员劳动生产率是用工业总产值或工业增加值除以同一时期全部职工的平均人数来计算的。计算公式为：

全员劳动生产率=工业总产值/全部职工平均人数×12/累计月份
或=工业增加值/全部职工平均人数×12/累计月份

2.工业产品销售率　指报告期工业销售产值与同期全部工业总产值之比，反映工业产品生产已实现销售的程度。计算公式为：

工业产品销售率（%）=报告期现价工业销售产值/报告期现价工业总产值×100%

3.工业资产利税率　指报告期已实现的利税总额与同期的资产（流动资产和固定资产净值）之比，反映企业资金运用的经济效益。计算公式为：

工业资产利税率（%）=报告期止累计实现利税总额/报告期平均流动资产+固定资产净值平均余额×12/累计月数×100%

4.工业增加值率　指报告期工业增加值与同期工业总产值之比，反映降低中间消耗的经济效益。计算公式为：

工业增加值率（%）=报告期工业增加值/（报告期现价工业总产值（新规定）+报告期销项税额）×100%

5.工业成本费用利润率　指报告期实现利润总额与成本费用之比，反映降低成本的经济效益。计算公式为：

工业成本费用利润率（%）=报告期实现利润总额/报告期成本费用总额×100%
成本费用是产品销售成本、产品销售费用、管理费用、财务费用之和

6.流动资产周转率　指一定时期内流动资产完成的周转次数,反映流动资产的周转速度。计算公式为：

流动资产周转率=报告期止累计产品销售收入/报告期平均流动资产×12/累计月数

7.资产负债率　又称债务比率，该比率反映在企业资产总额中有多少资产是通过借债而得到的。是反映企业长期偿债能力的指标之一，也可以用于衡量企业利用债权人提供资金进行经营活动的能力以及企业在清算时保护债权人利益的程度。计算公式为：

资产负债率=负债总额÷资产总额×100%

8.总资产贡献率　是反映全部资产的获利能力，是企业管理水平和经营业绩的集中体现。计算公式为：

总资产贡献率（%）= 利润总额＋利息支出 / 平均资产总额×12/累计月数×100%

平均资产总额为资产总计期初、期末之和的算术平均值。即：

平均资产总额=（期初资产总额＋期末资产总额）÷2

9.资本保值增值率　反映企业资产的变动状况，是企业发展能力的集中体现。计算公式为：

资产保值增值率（%）= 期末所有者权益 / 期初所有者权益×100%

Explanatory Notes on Principal Statistical Indicators

Industry refers to the material production sector which is engaged in the following four aspects:

(1) extraction of natural resources, such as mining, salt production, but not including hunting, fishing and logging;

(2) processing and reprocessing of farm and sideline produces, such as rice husking, food processing, flour milling, wine making, oil pressing, cotton ginning, silk reeling, spinning and weaving, and leather making;

(1) manufacturing of extracted products, such as steel making, iron smelting, chemicals manufacturing, petroleum processing, machine building, timber processing; water and gas production and electricity generation and supply;

(4) repairing and renovating of industrial products, such as the repairing of machinery, equipment and means of transport (including cars) etc..

Prior to 1984, the rural industry run by villages and cooperative organizations under village was classified into agriculture. Since 1984, it has been grouped into industry.

Corporate Industrial Enterprises with Independent Accounting System and Industrial Activity Entities Units of industrial statistics and inquiry are classified into two categories: corporate industrial enterprises with independent accounting system and industrial activity entities.

Corporate Industrial Enterprises with Independent Accounting System refer to enterprises engaging in industrial production activities, which meet the following requirements:

(1) Established legally, having their own names, organizations, location, and being able to take civil liability;

(2) Legally possessing and having the right to their assets independently, to assume liabilities, and to sign contracts with other entities;

(3) Being able to calculate profit and loss independently and prepare their own balance sheets.

Industrial Activity Entities refer to the economic entities located in one single place and engaged entirely or primarily in one kind of industrial activity. Which generally meet the following requirements:

(1) Having regular location and entirely or mainly engaging in one kind of industrial activity;

(2) Operating and managing their industrial production activities independently;

(3) Having independent accounting system for income and expenditures.

State-owned Enterprises (Whole People Owned Industry) refers to a type of industrial enterprises where the means of production are owned by the state. It includes the industrial enterprises run by the central and local state agencies at all levels and by institutions and social groups in using state-owned assets and self-owned funds. Joint state-private industries and private industries, which existed before 1957, have been transformed into state industries. Statistics on these enterprises has been included in the state-owned industries since 1957 when separation of data was no longer necessary.

Collective-owned Enterprises refers to a type of industrial enterprises where the means of production are owned collectively, including urban and rural enterprises invested by collectives and some enterprises which were formerly owned privately but have been registered in industrial and commercial administration agencies as collective entities through raising funds from the public.

Private Enterprises refers to a type of economic entities where the means of production are owned privately and employed labor force is taken as their basis. It includes private solely-funded enterprises, private partnership enterprises and private limited liability companies.

Individual Enterprises refers to a type of economic entities where the means of production are owned by individual laborer, individual labor is taken as their basis and labor fruits are owned by individual laborer.

Joint-Venture, Cooperative and sole Investment Industry includes industrial enterprises invested by foreign businessmen and businessmen from Hong Kong, Macao and Taiwan.

Other Enterprises refers to other enterprises excluding state-owned, collective-owned, private-owned and individual enterprises. It includes joint ownership enterprises, joint stock enterprises, foreign funded enterprises, and enterprises funded by Hong Kong, Macao and Taiwan, etc.

Light Industry refers to the industry that produces consumer goods and hand tools, satisfying people□s need of eating, clothing and using. It consists of two categories, depending on the materials used:

(1) Industries using farm products as raw materials. These are branches of light industry which directly or indirectly use farm products as basic raw materials, including food and beverages production, tobacco processing, textile, clothing, fur and leather making, paper making, printing, etc.;

(2) Industries using non-farm products as raw materials. These are branches of light industry which use manufactured goods as raw materials, including the manufacture of cultural, educational articles and sports goods, chemicals, synthetic fiber, chemical products for daily use, glass products for daily use, metal products for daily use, hand tools, medical apparatus and instruments, and cultural and clerical machinery.

Heavy Industry refers to the industry, which produces capital goods, and provides various sectors of the national economy with necessary material and technical basis. It consists of the following three branches according to the purpose of production or the use of products:

(1) Mining, quarrying and logging industry refers to the industry that extracts natural resources, including extraction of petroleum, coal, metal and non-metal ores and logging;

(2) Raw materials industry refers to the industry that provides various sectors of the national economy with raw materials, fuels and power. It includes smelting and processing of metals, coking and coke chemistry, chemical materials and building materials such as cement, plywood, and power, petroleum refining and coal dressing;

(3) Manufacturing industry refers to the industry that processes raw materials. It includes machine building industry which equips sectors of the national economy, industries of metal structure and cement products, industries producing means of agricultural production, such as chemical fertilizers and pesticides.

According to the above principle of classification, repairing trades which are engaged primarily in repairing products of heavy industry are classified into heavy industry while those engaged in repairing products of light industry are classified into light industry.

Large-scale, Medium-scale and Small-scale Enterprises Enterprises are classified into three categories: large-scale, medium-scale and small-scale enterprises according to their total assets, annual sales revenue of products and average number of employed persons. The regulations of Methods of Classification of Enterprises by Scale in Statistics have been carried out as the standards of classification since 2003.

Gross Industry Output Value is the total volume of industrial products produced during a given period in monetary terms, which reflects the total achievements and overall scale of industrial production. It includes value of finished products, which are not to be further processed in the enterprises and have been inspected, packed and put in storage, income from external processing, and differential value of self-made semi-finished products and products in process at the end and beginning of the report period. The gross industrial output value is calculated by the "factory method", i.e. an industrial enterprise is treated as the basic amounting unit in calculating the gross industrial output value; no double calculations are to be made within the same enterprise, e.g. the output value of the different workshops (branch factories) of an enterprises should not be added, however, this method does not exclude the possibility of double counting among different enterprises, industries and regions.

Output value of light and heavy industries is also classified by the "factory" method, i.e. if the major products of an industrial enterprise belong to light industry products, the gross output value of that enterprise is classified wholly into light industry; the same principle applies to heavy industry.

Explanation: differences between the new regulations and the original ones for calculation of gross industrial output value (main points) Since 1992 the State Council has decided to adopt gross domestic product as the total amount index to measure development of the national economy, to adopt added value of industry as the total amount index to measure industrial economy and to downplay the function of the index of gross industrial output value. But the calculation of industrial added value is still based on gross industrial output value. In order to coordinate the principles of calculation of gross industrial output value and of calculation of industrial intermediate input, to reduce the difficulty of calculation and to ensure the accuracy of industrial added value, the revision was made in the following four aspects to counter the defects in the original regulations for the calculation of gross industrial output value in the Third National Industrial General Survey Scheme:

1. Products produced with self-prepared raw material are calculated at all-round price in reporting the gross industrial output value, irrespective complexity of simplicity of production, i.e., the gross industrial output value includes the value of self-prepared raw material.
2. Products processed with supplied materials are calculated, according to processing charges financially settled in reporting the gross industrial output value, i.e., the gross industrial output value excludes the value of orders' material.
3. Differential value of self-made semi-finished products and product in process at the end and beginning of the report period should be calculated into the gross industrial output value in principle and the old method in which inclusion or exclusion of the differential value is determined by whether the production cycle is over or below six months is not applied.
4. Current gross industrial output value is all calculated at price without sales tax.

There are two main differences between the new regulations and the original one for calculation of gross industrial output value:

1. Difference in principle of calculation

(1) Different principles of calculation for all-round price and processing charge: according to the new regulations, the product produced with self-prepared raw material is calculated at all-round price in reporting the gross industrial output value, no matter how complex or simple its processing is. Under the original regulations, the use of all-round price or processing charge in calculation the complexity or simplicity of processing, i.e., for some products processed with supplied materials gross industrial output value was calculated at all-round price and for some products produced with self-prepared materials, gross industrial output value was calculated only according to the processing charge.

(2) Different principles of calculating the differential value of self-made semi-finished products and product in process at the end and beginning of the report period: according to the new regulations, the differential value (of self-made semi-product and product in progress at the beginning and end of period) is calculated into gross industrial output value in principle and it is made clear that if the value is included in product cost, it should be included in gross industrial output value accordingly, otherwise it can not be included. Under the original regulations, for the product with the production cycle over six months, gross industrial output value should include the differential value, otherwise it can not be included.

2. Difference in calculation price

Gross industrial output value is calculated at price without sales tax under the new regulations, while at price with sales tax under the original regulations. The gross industrial output value calculated at fixed price in 1990 does not involve the question of whether value added tax is deducted from calculation price.

The details of the new regulations for calculation of gross industrial output value can refer to the Third National Industrial General Survey Scheme.

Industrial Sales Value is the total volume of industrial products produced and sold by industrial enterprises in a given period in monetary terms. It includes the value of finished-products and semi-finished products sold, the value of industrial operation provided for the outside, the value of products, industrial operation and self-made equipment provided for the capital construction departments and welfare benefits departments of the same enterprise. Finished products and semi-finished products sold out in the present report period are all included irrespective of their production time. Industrial operation provided for the outside refers to industrial labor provided by an enterprise according to the contract. Products, industrial operation and self-made equipment provided for the capital construction departments and welfare benefits departments of the same enterprise are also considered and recorded as sales.

Added Value of Industry refers to the final results of industrial production of industrial enterprises in monetary terms during the report period.

Principal Finance Indicators of Industrial Enterprises

1. Original Value of Fixed Assets refers to the value of payment made by enterprises, in building, purchase, installation, reconstruction, expansion, and technical transformation of a particular item of fixed assets, which includes expenses on purchase, package, transportation, and installation, etc.
2. Net value of fixed assets refers to the balance of the original value of fixed assets minus the amount of accumulated depreciation.
3. Average balance of current assets: current assets refer to the assets which can be liquidated or consumed within an operating cycle of one year or over one year, including cash and various deposits, short-term investment, inventory, etc.; average balance of current assets refers to the average balance of all the current assets in the report period. The formulae are as follows:

Monthly Average Balance of Current Assets = Sum of Balance of Current Assets at Beginning and End of Month ÷2

Quarterly Average Balance of Current Assets = Sum of Balance of Current Assets in Each Month of Quarter ÷2

Annual Average Balance of Current Assets = Sum of Balance of Current Assets in Each Month from January to December ÷2

Principal Indicators on Economic Performances of Industrial Enterprises

1. *Overall Labor Productivity* refers to the average output per employed person of industrial enterprises in unit time in value terms. At present, gross industrial output value or added value of industry and average number of staff and workers of an industrial enterprise in a given period are used to calculate overall labor productivity. The formula used is as follows:

Overall Labor Productivity = Gross Industrial Output Value/Average Number of Staff and Workers × 12/Aunmulated Months or = Added Value of Industry/Average Number of Staff and Workers × 12/Aunmulated Months

2. *Ratio of Sales to Gross Output Value* refers to the ratio of industrial sales value in the report period to gross industrial output value in the same period, which reflects the linkage between the industrial production and the realized sales. The formula is as follows:

Ratio of Sales to Gross Output Value = (Industrial Sales Value at Current Price in the Report Period/Gross Industrial Output Value at Current Price in the Report Period) × 100%

3. *Ratio of Profits and Tax to Assets* refers to the ratio of total realized profits and tax in the report period to assets (net value of current assets and fixed assets) in the same period, which reflects the economic efficiency of fund utilization. The formula is as follows:

Ratio of Profits and Tax to Assets (%) = [Total Accumulated Profit and Tax by the End of Report Period/(Average Current Assets in the Report Period + Average Balance of Net Value of Fixed Assets)] × 12/Accumulated Months × 100%

4. *Value-added Rate of Industry* refers to the ratio of added value of industry in the report period to gross output value in the same period, which reflects the economic efficiency of reduction in intermediate input and is

calculated as follows:

Value-added Rate of Industry (%) = (Added Value of Industry in the Report Period/Gross Industrial Output Value at Current Price) in the Report Period + Sales Tax in the Report Period)×100%

5. *Ratio of Profits to Total Costs and Expenses* refers to the ratio of profits realized in the report period to the total costs and expenses in the same period, which reflects the economic efficiency of cost reduction. It is calculated as follows:

Ratio of Profits to Total Costs and Expenses (%) = (Total Profits Realized in the Report Period/Total Costs and Expenses in the Report Period)×100%

Costs and expenses are the sum of product sales cost, product sales expenses and financial expenses.

6. *Turnover Rate of Current Assets* refers to the number of times of turnover of current assets in a given period of time, which reflects the speed of the turnover of current assets. It is calculated as follows:

Turnover Rate of Current Assets (%) = (Accumulated Sales Revenue of Products by the End of Report Period/Average Current Assets in the Report Period)×12/Accumulated Months

7. *Ratio of Debts to Assets* reflects the proportion of assets obtained by borrowing in the total assets of an enterprise. It is one of the indicators reflecting the debt repaying capability of an enterprise in the long run and can also be used to measure the operating capability of an enterprise with the capital from creditors and the degree to which an enterprise can protect the interest of creditor during liquidation. The formula is as follows:

Ratio of Debts to Assets (%) = (Total Debts/Total Assets)×100%

8. *Contribution Rate of Total Assets* reflects the profit-making capability of all assets and it is a key indicator manifesting the performance and management level of an enterprise. The formula is as follows:

Contribution Rate of Total Assets (%) = [(Total Profits and Tax + Interest Payment)/Total Average Assets]× 12/Accumulated Months×100%

Total average assets refer to the arithmetic average value of total assets at the beginning and end of period, i.e. Total Average Assets = (Total Assets at the Beginning of Period + Total Assets at the End of Period)÷2.

9. *Rate of Asset Hedge and Increment* reflects the variation of assets of an enterprise and manifests the development capability of an enterprise. The formula is as follows:

Rate of Asset Hedge and Increment (%) = (Owner's Equity at the End of Period/ Owner's Equity at the Beginning of Period)×100%

十二、能源、原材料生产和消费

Production and Consumption of Energy and Raw Material

12-1 主要年份能源生产和消费总量及其构成
Total Production and Consumption of Energy and Their Composition in Significant Years

年份 Year	能源生产总量（万吨标准煤） Total Production of Energy(10 000 tons of SCE)	占能源生产总量的比重(%) Percentage to Total Production(%)		能源消费总量（万吨标准煤） Total Consumption of Energy (10 000 tons of SCE)	占能源消费总量的比重(%) Percentage to Total Consumption (%)			
		原煤 Coal	水电 Hydro Power		煤炭 Coal	石油 Petroleum	天然气 Natural Gas	水电 Hydro Power
1952	17.50	90.30	9.70	19.00	83.20	7.90		8.90
1957	114.30	96.00	4.00	119.20	92.00	4.10		3.90
1962	224.70	93.50	6.50	256.30	89.30	4.50		6.20
1965	326.10	93.90	6.10	348.70	87.80	6.50		5.70
1970	555.60	91.80	8.20	591.50	86.20	6.10		7.70
1975	861.10	85.60	14.40	920.30	80.10	6.40		13.50
1976	751.20	85.40	14.60	797.00	79.40	6.80		13.80
1977	893.20	86.30	13.70	931.10	79.60	7.30		13.10
1978	1 002.60	84.50	15.50	1 065.90	78.20	7.20		14.60
1979	933.90	82.70	17.30	1 072.20	72.00	7.50	5.40	15.10
1980	841.90	79.60	20.40	946.10	67.00	9.00	5.70	18.30
1981	872.50	77.90	22.10	948.40	65.90	8.60	5.90	19.60
1982	930.20	81.90	18.10	1 020.60	69.70	8.30	4.90	17.10
1983	966.30	83.30	16.70	1 094.70	72.20	8.50	4.60	14.70
1984	1 076.30	81.50	18.50	1 226.30	71.20	8.30	4.20	16.30
1985	1 162.80	80.40	19.60	1 298.33	69.60	8.50	4.40	17.50
1986	1 220.30	79.50	20.50	1 399.07	69.70	8.40	4.10	17.80
1987	1 355.30	91.10	8.90	1 533.22	72.20	8.40	3.50	15.90
1988	1 404.50	83.50	16.50	1 622.52	75.70	6.90	3.10	14.30
1989	1 522.79	81.80	18.20	1 706.87	72.30	8.10	3.20	16.40
1990	1 594.50	79.80	20.20	1 954.18	71.70	7.20	2.80	18.30
1991		75.30	24.70	1 961.92	67.00	8.50	2.80	21.70
1992	1 763.66	77.10	22.90	2 016.61	69.40	8.00	2.70	19.90
1993	1 811.57	76.70	24.30	2 089.80	70.00	8.00	2.70	19.30
1994	2 073.79	71.50	28.50	2 282.80	66.00	7.70	2.50	23.80
1995	2 313.65	69.20	30.80	2 640.55	66.10	6.90	2.20	24.80
1996	2 556.85	68.60	31.40	2 819.43	64.50	6.90	2.50	26.10
1997	2 619.97	71.85	28.15	3 428.98	71.38	6.01	2.01	20.60
1998	2 451.49	71.99	28.01	3 364.49	71.31	6.52	1.76	20.41
1999	2 267.97	67.06	32.94	3 287.97	68.22	7.18	1.88	22.72
2000	2471.77	64.03	32.11	3 468.33	62.61	7.46	1.81	25.39
2001	2 611.54	65.48	30.53	3 741.03	62.33	10.62	1.72	22.57
2002	3 259.95	67.19	29.41	4 131.31	61.04	11.12	1.51	23.70
2003	3 608.45	64.24	30.78	4 449.97	60.85	11.64	1.53	22.01
2004	4 455.68	68.13	27.04	5 209.81	63.30	11.13	1.34	20.16
2005	5 353.36	68.92	26.61	6 023.97	62.58	11.14	1.35	21.01

注：采用数据为等价热值，2000至2004年数据根据全国第一次经济普查数据调整

Note:The selected data is equivalent caloricity.The data from the year 2000 to 2004 is regulated according to the data of the First National Economic Census.

12-2 主要行业能源消费总量和构成

行业	Sector	2000年 消费量（万吨标煤） Total Consumption of Energy (10 000 tons of SCE)	2000年 构成（%） Percentage (%)
工业	**Industry**	**2 193.27**	**100.00**
轻工业	Light Industry	314.69	14.35
重工业	Heavy Industry	1 878.58	85.65
采矿业	Mining	275.53	12.56
煤炭开采和洗选业	Coal Mining and Dressing	202.32	9.22
石油和天然气开采业	Petroleum and Natural Gas Extraction	6.36	0.29
黑色金属矿采选业	Ferrous Metals Mining and Dressing	11.19	0.51
有色金属矿采选业	Nonferrous Metals Mining and Dressing	28.23	1.29
非金属矿采选业	Nonmetal Minerals Mining and Dressing	23.42	1.07
木材及竹材采运业	Logging and Transport of Timber and Bamboo	3.99	0.18
制造业	Manufacturing	1 695.84	77.32
农副食品加工业	AgricuLtural Non-staple Food Processing	50.54	2.30
食品制造业	Food Manufacturing	107.00	4.88
饮料制造业	Beverage Manufacturing	6.79	0.31
烟草制品业	Tobacco Production	26.60	1.21
纺织业	Textile Industry	6.87	0.31
纺织服装、鞋、帽制造业	Textile,Clothing, Footwear Production	0.89	0.04
皮革、毛皮、羽绒及其制品业	Leather, Furs, Down and Related Products	0.47	0.02
木材加工及竹、藤、棕、草制品业	Timber Processing, Bamboo, Cane, Palm Fiber and Straw Products	8.40	0 .38
家具制造业	Furniture Manufacturing	0.15	0.01
造纸及纸制品业	Papermaking and Paper Products	24.12	1.10
印刷业	Printing	2.30	0.10
文教体育用品制造业	Cultural, Educational and Sports Goods	0.03	
石油加工、炼焦及核燃料加工业	Petroleum Processing,Coking and Nuclear fuel Processing	17.24	0.79
化学原料及化学品制造业	Raw Chemical Materials and Chemical Products	594.07	27. 09
医药制造业	Medical and Pharmaceutical Products	3.96	0.18
化学纤维制造业	Chemical Fiber	5.21	0.24
橡胶制品业	Rubber Products	22.11	1.01
塑料制品业	Plastic Products	4.45	0.21
非金属矿物制品业	Nonmetal Mineral Products	285.29	13.01
黑色金属冶炼及压延加工业	Smelting and Pressing of Ferrous Metals	343.46	1 5.66
有色金属冶炼及压延加工业	Smelting and Pressing of Nonferrous Metals	159.60	7.2 8
金属制品业	Metal Products	3.51	0.16
通用设备制造业	General-purpose Machinery Manufacturing	7.23	0.33
专用设备制造业	Special Purposes Equipment	4.39	0.20
交通运输设备制造业	Transport Equipment	4.64	0.21
电气机械及器材制造业	Electric Equipment and Machinery	3.88	0.18
通信设备、计算机及其他电子设备制造	Communication Equipment, Computers and other Electronic	0.29	0.01
仪器仪表、文化办公用机械制造业	Instruments, Meters, Cultural and Clerical Machinery	1.24	0.0 6
工艺品及其他制造业	Handicraft Articles and Other Goods Production		
废弃资源和废旧材料回收加工业			
电力、燃气及水生产和供应业	Production and Supply of Electric Power, Gas and Water	221.91	10.12
电力、热力的生产和供应业	Production and Supply of Electric Power and Heat	204.20	9.31
燃气生产和供应业	Gas Production and Supply	12.89	0.59
水的生产和供应业	Water Production and Supply	4.84	0.22
建筑业	**Construction**	**39.49**	
交通运输、仓储及邮电通信业	**Transport, Storage and Post Services**	**229.02**	

注：能源综合消费量按等价热值计算。

Total Consumption of Energy of Main Sectors and Its Composition

2001年		2003年		2004年		2005年	
消费量（万吨标煤）Total Consumption of Energy (10 000 tons of SCE)	构成(%) Percentage (%)	消费量（万吨标煤）Total Consumption of Energy (10 000 tons of SCE)	构成(%) Percentage (%)	消费量（万吨标煤）Total Consumption of Energy (10 000 tons of SCE)	构成(%) Percentage (%)	消费量（万吨标煤）Total Consumption of Energy (10 000 tons of SCE)	构成(%) Percentage (%)
2 330.53	**100.00**	**2 951.06**	**100.00**	**3 610.05**	**100.00**	**4 390.71**	**100.00**
347.87	14.93	275.38	9.33	211.86	5.87	261.57	5.96
1 982.66	85.07	2 675.68	90.67	3 400.50	94.20	4 129.13	94.04
243.84	10.46	309.83	10.50	322.18	8.92	357.79	8.15
156.76	6.73	224.11	7.59	210.50	5.83	204.51	4.66
3.79	0.16			0.04	0.00	0.06	0.00
17.22	0.74	15.82	0.54	48.16	1.33	55.09	1.25
33.60	1.44	47.56	1.61	40.78	1.13	69.52	1.58
28.51	1.22	22.36	0.76	22.64	0.63	28.61	0.65
3.96	0.17			0.00	0.00	0.00	0.00
1 838.20	78.87	2 370.74	80.34	2 958.68	81.96	3 734.80	85.06
56.61	2.43	110.10	3.73	84.02	2.33	101.79	2.32
114.45	4.91	10.18	.34	7.99	0.22	13.58	0.31
8.02	0.34	11.76	0.40	12.78	0.35	27.43	0.62
28.73	1.23	30.52	1.03	31.55	0.87	32.62	0.74
7.04	0.30	6.47	0.22	9.8	0.27	16.15	0.37
1.19	0.05	0.74	0.03	0.42	0.01	0.37	0.01
0.89	0.04	1.86	0.06	0.48	0.01	0.25	0.01
9.62	0.41	11.10	0.38	15.11	0.42	18.20	0.41
0.48	0.02	0.50	0.02	0.45	0.01	0.52	0.01
21.14	0.91	21.38	0.72	34.68	0.96	40.98	0.93
4.29	0.18	4.22	0.14	4.59	0.13	5.94	0.14
0.33	0.01			0.03	0.00	0.07	0.00
25.36	1.09	54.70	1.85	54.93	1.52	145.41	3.31
631.39	27.09	806.42	27.33	856.79	23.73	996.86	22.70
7.18	0.31	6.58	0.22	19.38	0.54	11.66	0.27
		5.41	0.18	1.55	0.04	5.33	0.12
4.92	0.21	8.18	0.28	1.9	0.05	2.24	0.05
5.58	0.24	5.55	0.19	9.13	0.25	10.91	0.25
306.62	13.16	326.84	11.08	443.26	12.28	591.27	13.47
403.32	17.31	628.84	21.31	901.82	24.98	1 104.86	25.16
166.46	7.14	231.42	7.84	423.19	11.72	560.59	12.77
4.43	0.19	14.97	0.51	8.04	0.22	6.14	0.14
8.89	0.38	8.75	0.30	13.72	0.38	13.63	0.31
5.43	0.23	9.05	0.31	4.79	0.13	6.98	0.16
6.42	0.28	6.18	0.21	8.67	0.24	10.09	0.23
5.42	0.23	5.31	0.18	4.84	0.13	3.84	0.09
0.48	0.02	0.50	0.02	0.3	0.01	0.30	0.01
1.87	0.08	5.73	0.19	1.55	0.04	1.40	0.03
		37.36	1.27	2.55	0.07	4.89	0.11
				0.33	0.01	0.51	0.01
248.48	10.66	270.47	9.17	329.19	9.12	298.12	6.79
222.95	9.57	245.11	8.31	293.18	8.12	280.90	6.40
18.34	0.79	17.61	0.60	30.59	0.85	12.09	0.28
7.18	0.31	7.78	0.26	5.4	0.15	5.13	0.12
37.49		**48.03**		**56.78**		**77.91**	
335.93		**411.68**		**477.29**		**570.30**	

Note:The energy consumption volume was calculated according to the equivalent caloricity

12-3 主要行业原煤消费量和构成

行业	Sector	2000年 消费量（万吨） Total Consumption of Coal (10000 tons)	构成（%） Percentage (%)
工业	**Industry**	**2 169.57**	**100.00**
轻工业	Light Industry	176.57	8.14
重工业	Heavy Industry	1 993.00	91.86
采矿业	Mining	854.81	39.40
煤炭开采和洗选业	Coal Mining and Dressing	826.82	38.11
石油和天然气开采业	Petroleum and Natural Gas Extraction	0.06	
黑色金属矿采选业	Ferrous Metals Mining and Dressing	2.52	0.12
有色金属矿采选业	Nonferrous Metals Mining and Dressing	6.94	0.32
非金属矿采选业	Nonmetal Minerals Mining and Dressing	17.44	0.80
木材及竹材采运业	Logging and Transport of Timber and Bamboo	1.03	0.05
制造业	Manufacturing	671.80	30.96
农副食品加工业	AgricuLtural Non-staple Food Processing	59.18	2.73
食品制造业	Food Manufacturing	1.46	0.07
饮料制造业	Beverage Manufacturing	5.49	0.25
烟草制品业	Tobacco Production	11.64	0.54
纺织业	Textile Industry	3.59	0.17
纺织服装、鞋、帽制造业	Textile,Clothing, Footwear Production	0.03	
皮革、毛皮、羽绒及其制品业	Leather, Furs, Down and Related Products	0.23	0.01
木材加工及竹、藤、棕、草制品业	Timber Processing, Bamboo, Cane, Palm Fiber and Straw Products	5.07	0.23
家具制造业	Furniture Manufacturing	0.01	
造纸及纸制品业	Papermaking and Paper Products	22.01	1.01
印刷业	Printing	0.07	
文教体育用品制造业	Cultural, Educational and Sports Goods		
石油加工、炼焦及核燃料加工业	Petroleum Processing,Coking and Nuclear fuel Processing	36.05	1.66
化学原料及化学品制造业	Raw Chemical Materials and Chemical Products	192.78	8.89
医药制造业	Medical and Pharmaceutical Products	3.40	0.16
化学纤维制造业	Chemical Fiber	4.28	0.20
橡胶制品业	Rubber Products	4.46	0.21
塑料制品业	Plastic Products	0.36	0.02
非金属矿物制品业	Nonmetal Mineral Products	226.94	10.46
黑色金属冶炼及压延加工业	Smelting and Pressing of Ferrous Metals	44.14	2.03
有色金属冶炼及压延加工业	Smelting and Pressing of Nonferrous Metals	40.50	1.87
金属制品业	Metal Products	0.77	0.04
通用设备制造业	General-purpose Machinery Manufacturing	1.32	0.06
专用设备制造业	Special Purposes Equipment	0.57	0.03
交通运输设备制造业	Transport Equipment	0.75	0.03
电气机械及器材制造业	Electric Equipment and Machinery	1.04	0.05
通信设备、计算机及其他电子设备制造	Communication Equipment, Computers and other Electronic Equipment	0.01	
仪器仪表、文化办公用机械制造业	Instruments, Meters, Cultural and Clerical Machinery	0.27	0.01
工艺品及其他制造业	Handicraft Articles and Other Goods Production		
废弃资源和废旧材料回收加工业			
电力、燃气及水生产和供应业	Production and Supply of Electric Power, Gas and Water	642.96	29.64
电力、热力的生产和供应业	Production and Supply of Electric Power and Heat	635. 83	29.31
燃气生产和供应业	Gas Production and Supply	7.13	0.33
水的生产和供应业	Water Production and Supply		
建筑业	**Construction**	**10.20**	
交通运输、仓储及邮电通信业	**Transport, Storage and Post Services**	**17.12**	

Total Consumption of Coal of Main Sectors and Its Composition

2001年		2003年		2004年		2005年	
消费量（万吨） Total Consumption of Coal (10 000 tons)	构成（%） Percentage (%)	消费量（万吨） Total Consumption of Coal (10 000 tons)	构成（%） Percentage (%)	消费量（万吨） Total Consumption of Coal (10 000 tons)	构成（%） Percentage (%)	消费量（万吨） Total Consumption of Coal (10 000 tons)	构成（%） Percentage (%)
2 460.89	**100.00**	**3 635.79**	**100.00**	**4 734.48**	**100.00**	**5 919.34**	**100.00**
169.23	6.88	134.47	3.70	163.29	3.45	216.51	3.66
2 291.66	93.12	3 501.32	96.30	4 571.19	96.55	5 702.83	96.34
566.15	23.01	802.93	22.08	1 002.29	21.17	1 105.98	18.68
532.03	21.62	772.41	21.24	966.10	20.41	1 062.54	17.95
		0.00	0.00	0.00	0.00	.00	0.00
2.84	0.12	2.21	0.06	7.85	0.17	8.80	0.15
7.98	0.32	5.92	0.16	4.62	0.10	10.03	0.17
22.47	0.91	22.39	0.62	23.72	0.50	24.61	0.42
0.83	0.03	0.00	0.00	0.00	0.00	.00	0.00
968.63	39.36	1 558.98	42.88	2 002.20	42.29	2 950.42	49.84
50.56	2.05	47.50	1.31	52.82	1.12	51.04	0.86
1.24	0.05	6.49	0.18	8.06	0.17	15.70	0.27
5.31	0.22	7.98	0.22	15.19	0.32	21.10	0.36
11.27	0.46	19.19	0.53	22.13	0.47	25.74	0.43
3.11	0.13	3.36	0.09	5.51	0.12	12.53	0.21
0.04		0.56	0.02	0.35	0.01	.33	0.01
0.25	0.01	0.45	0.01	0.33	0.01	.28	0.00
4.78	0.19	10.61	0.29	12.85	0.27	11.47	0.19
0.02		0.00	0.00	0.02	0.00	.02	0.00
21.26	0.86	25.34	0.70	44.18	0.93	52.07	0.88
0.10		0.10	0.00	1.61	0.03	4.10	0.07
		0.00	0.00	0.00	0.00	.00	0.00
339.47	13.79	593.28	16.32	583.12	12.32	1 066.20	18.01
184.77	7.51	312.73	8.60	406.68	8.59	550.34	9.30
7.26	0.30	7.41	0.20	8.18	0.17	12.09	0.20
		4.47	0.12	4.83	0.10	9.47	0.16
2.34	0.10	1.33	0.04	1.47	0.03	1.63	0.03
0.33	0.01	1.30	0.04	1.95	0.04	2.19	0.04
218.48	8.88	351.24	9.66	584.00	12.34	736.67	12.45
65.00	2.64	91.30	2.51	159.12	3.36	232.14	3.92
43.08	1.75	68.14	1.87	77.10	1.63	124.74	2.11
0.61	0.02	0.20	0.01	1.60	0.03	1.36	0.02
1.27	0.05	1.01	0.03	2.32	0.05	1.40	0.02
0.51	0.02	2.61	0.07	1.19	0.03	2.90	0.05
0.86	0.03	1.08	0.03	1.52	0.03	1.82	0.03
0.97	0.04	1.01	0.03	1.06	0.02	.65	0.01
0.02		0.01	0.00	0.00	0.00	.00	0.00
0.25	0.01	0.28	0.01	0.24	0.01	.30	0.01
		0.00	0.00	4.69	0.10	12.04	0.20
				0.08	0.00	.10	0.00
926.11	37.63	1 273.88	35.04	1 729.99	36.54	1 862.94	31.47
919.14	37.35	1 264.54	34.78	1 674.79	35.37	1 858.26	31.39
6.97	0.28	9.34	0.26	55.20	1.17	4.67	0.08
				0	0.00	.01	0.00
12.51		**22.84**		**22.98**		**25.28**	
21.82		**14.27**		**14.21**		**27.73**	

12-4 主要行业焦炭消费量和构成

行业	Sector	2000年 消费量（万吨） Total Consumption of Coke (10 000 tons)	2000年 构成（%） Percentage (%)
工业	**Industry**	**358.84**	**100.00**
轻工业	Light Industry	1.61	0.45
重工业	Heavy Industry	357.23	99.55
采矿业	Mining	10.75	3.00
煤炭开采和洗选业	Coal Mining and Dressing	2.89	0.81
石油和天然气开采业	Petroleum and Natural Gas Extraction		
黑色金属矿采选业	Ferrous Metals Mining and Dressing	5.03	1.40
有色金属矿采选业	Nonferrous Metals Mining and Dressing	1.22	0.34
非金属矿采选业	Nonmetal Minerals Mining and Dressing	1.60	0.45
木材及竹材采运业	Logging and Transport of Timber and Bamboo	0.01	
制造业	Manufacturing	347.70	96.90
农副食品加工业	AgricuLtural Non-staple Food Processing	0.31	0.09
食品制造业	Food Manufacturing	0.03	0.01
饮料制造业	Beverage Manufacturing	0.04	0.01
烟草制品业	Tobacco Production		
纺织业	Textile Industry		
纺织服装、鞋、帽制造业	Textile,Clothing, Footwear Production	0.75	0.21
皮革、毛皮、羽绒及其制品业	Leather, Furs, Down and Related Products		
木材加工及竹、藤、棕、草制品业	Timber Processing, Bamboo, Cane, Palm Fiber and Straw Products		
家具制造业	Furniture Manufacturing	0.01	
造纸及纸制品业	Papermaking and Paper Products		
印刷业	Printing		
文教体育用品制造业	Cultural, Educational and Sports Goods		
石油加工、炼焦及核燃料加工业	Petroleum Processing,Coking and Nuclear fuel Processing		
化学原料及化学品制造业	Raw Chemical Materials and Chemical Products	167.91	46. 79
医药制造业	Medical and Pharmaceutical Products		
化学纤维制造业	Chemical Fiber	0.01	
橡胶制品业	Rubber Products		
塑料制品业	Plastic Products		
非金属矿物制品业	Nonmetal Mineral Products	6.56	1.83
黑色金属冶炼及压延加工业	Smelting and Pressing of Ferrous Metals	152.55	42.51
有色金属冶炼及压延加工业	Smelting and Pressing of Nonferrous Metals	15.48	4.31
金属制品业	Metal Products	0.87	0.24
通用设备制造业	General-purpose Machinery Manufacturing	1.89	0.53
专用设备制造业	Special Purposes Equipment	0.91	0.25
交通运输设备制造业	Transport Equipment	0.19	0.05
电气机械及器材制造业	Electric Equipment and Machinery	0.14	0.04
通信设备、计算机及其他电子设备制造	Communication Equipment, Computers and other Electronic Equipment Production		
仪器仪表、文化办公用机械制造业	Instruments, Meters, Cultural and Clerical Machinery	0.01	
工艺品及其他制造业	Handicraft Articles and Other Goods Production		
废弃资源和废旧材料回收加工业	Rocycling and Disposal of Waste		
电力、燃气及水生产和供应业	Production and Supply of Electric Power, Gas and Water	0.39	0.11
电力、热力的生产和供应业	Production and Supply of Electric Power and Heat	0.39	0.11
燃气生产和供应业	Gas Production and Supply		
水的生产和供应业	Water Production and Supply		
建筑业	**Construction**	**0.60**	
交通运输、仓储及邮电通信业	**Transport, Storage and Post Services**	**0.27**	

Total Consumption of Coke of Main Sectors and Its Composition

2001年		2003年		2004年		2005年	
消费量（万吨） Total Consumption of Coke (10 000 tons)	构成（%） Percentage (%)	消费量（万吨） Total Consumption of Coke (10 000 tons)	构成（%） Percentage (%)	消费量（万吨） Total Consumption of Coke (10 000 tons)	构成（%） Percentage (%)	消费量（万吨） Total Consumption of Coke (10 000 tons)	构成（%） Percentage (%)
378.89	**100.00**	**757.15**	**100.00**	**1 042.82**	**100.00**	**1218.26**	**100.00**
2.57	0.68	1.05	0.14	0.34	0.03	1.47	0.12
376.32	99.32	756.10	99.86	1 042.48	99.97	1216.79	99.88
12.41	3.28	13.85	1.83	10.95	1.05	24.98	2.05
3.01	0.79	3.03	0.40	1.35	0.13	10.87	0.89
		0.00	0.00	0.00	0.00	0.00	0.00
5.76	1.52	5.57	0.74	6.98	0.67	9.52	0.78
1.64	0.43	2.89	0.38	1.61	0.15	2.58	0.21
2.00	0.53	2.36	0.31	1.01	0.10	2.01	0.16
		0.00	0.00	0.00	0.00	0.00	0.00
365.97	96.59	742.43	98.06	1 030.23	98.79	1192.21	97.86
0.47	0.12	0.19	0.03	0.22	0.02	0.26	0.02
0.05	0.01	0.13	0.02	0.02	0.00	0.00	0.00
0.05	0.01	0	0.00	0.06	0.01	0.61	0.05
		0	0.00	0	0.00	0.00	0.00
		0.31	0.04	0	0.00	0.01	0.00
0.79	0.21	0	0.00	0	0.00	0.00	0.00
		0	0.00	0	0.00	0.00	0.00
		0	0.00	0	0.00	0.00	0.00
		0	0.00	0	0.00	0.00	0.00
0.08	0.02	0.16	0.02	0.01	0.00	0.01	0.00
		0	0.00	0	0.00	0.01	0.00
		0	0.00	0	0.00	0.00	0.00
		0	0.00	5.59	0.54	18.99	1.56
179.23	47.30	277.32	36.63	257.43	24.69	273.54	22.45
		0	0.00	0	0.00	0.01	0.00
		0	0.00	0	0.00	0.00	0.00
		0	0.00	0	0.00	0.01	0.00
		0	0.00	0.01	0.00	0.01	0.00
6.77	1.79	7.51	0.99	3.84	0.37	8.64	0.71
157.77	41.64	430.7	56.88	695.81	66.72	800.39	65.70
16.27	4.29	22.26	2.94	59.06	5.66	80.43	6.60
0.97	0.26	0.66	0.09	0.95	0.09	0.64	0.05
2.01	0.53	1.29	0.17	4.12	0.40	5.07	0.42
0.98	0.26	0.85	0.11	0.62	0.06	0.56	0.05
0.21	0.06	0.79	0.10	1.76	0.17	1.87	0.15
0.24	0.06	0.26	0.03	0.32	0.03	0.53	0.04
		0	0.00	0	0.00	0.00	0.00
0.02	0.01	0	0.00	0.02	0.00	0.02	0.00
		0	0.00	0.36	0.03	0.56	0.05
				0.03	0.00	0.03	0.00
0.51	0.13	0.87	0.11	1.64	0.16	1.07	0.09
0.51	0.13	0.87	0.11	0	0.00	0.00	0.00
				1.64	0.16	1.07	0.09
				0	0.00	0.00	0.00
0.71		**0.81**		**1.12**		**1.57**	
0.29		**0.17**		**0.31**		**0.61**	

12-5 主要行业石油消费量和构成

行业	Sector	2000年 消费量（万吨） Total Consumption of Petroleum (10 000 tons)	2000年 构成(%) Percentage (%)
工业	**Industry**	**42.11**	**100.00**
轻工业	Light Industry	6.51	15.46
重工业	Heavy Industry	35.60	84.54
采矿业	Mining	11.47	27.24
煤炭开采和洗选业	Coal Mining and Dressing	5.92	14.06
石油和天然气开采业	Petroleum and Natural Gas Extraction	0.75	1.78
黑色金属矿采选业	Ferrous Metals Mining and Dressing	0.19	0.45
有色金属矿采选业	Nonferrous Metals Mining and Dressing	0.85	2.02
非金属矿采选业	Nonmetal Minerals Mining and Dressing	1.97	4.68
木材及竹材采运业	Logging and Transport of Timber and Bamboo	1.79	4.25
制造业	Manufacturing	28.65	68.04
农副食品加工业	AgricuLtural Non-staple Food Processing	2.49	5.91
食品制造业	Food Manufacturing	0.13	0.31
饮料制造业	Beverage Manufacturing	0.14	0.33
烟草制品业	Tobacco Production	0.42	1.00
纺织业	Textile Industry	0.03	0.07
纺织服装、鞋、帽制造业	Textile,Clothing, Footwear Production	0.01	0.02
皮革、毛皮、羽绒及其制品业	Leather, Furs, Down and Related Products	0.01	0.02
木材加工及竹、藤、棕、草制品业	Timber Processing, Bamboo, Cane, Palm Fiber and Straw Products	0.12	0.28
家具制造业	Furniture Manufacturing	0.01	0.02
造纸及纸制品业	Papermaking and Paper Products	0.16	0.38
印刷业	Printing	0.62	1.47
文教体育用品制造业	Cultural, Educational and Sports Goods		
石油加工、炼焦及核燃料加工业	Petroleum Processing,Coking and Nuclear fuel Processing	0.10	0.02
化学原料及化学品制造业	Raw Chemical Materials and Chemical Products	3.48	8.26
医药制造业	Medical and Pharmaceutical Products	0.07	0.17
化学纤维制造业	Chemical Fiber	0.03	0.07
橡胶制品业	Rubber Products	11.09	26.34
塑料制品业	Plastic Products	0.18	0.43
非金属矿物制品业	Nonmetal Mineral Products	1.78	4.23
黑色金属冶炼及压延加工业	Smelting and Pressing of Ferrous Metals	3.15	7.48
有色金属冶炼及压延加工业	Smelting and Pressing of Nonferrous Metals	2.69	6.39
金属制品业	Metal Products	0.16	0.38
通用设备制造业	General-purpose Machinery Manufacturing	0.32	0.76
专用设备制造业	Special Purposes Equipment	0.24	0.57
交通运输设备制造业	Transport Equipment	1.07	2.54
电气机械及器材制造业	Electric Equipment and Machinery	0.16	0.38
通信设备、计算机及其他电子设备制造	Communication Equipment, Computers and other Electronic Equipment Production	0.01	0.02
仪器仪表、文化办公用机械制造业	Instruments, Meters, Cultural and Clerical Machinery	0.05	0.12
工艺品及其他制造业	Handicraft Articles and Other Goods Production		
废弃资源和废旧材料回收加工业	Rocycling and Disposal of Waste		
电力、燃气及水生产和供应业	Production and Supply of Electric Power, Gas and Water	1.99	4.73
电力、热力的生产和供应业	Production and Supply of Electric Power and Heat	1.91	4.54
燃气生产和供应业	Gas Production and Supply	0.02	0.05
水的生产和供应业	Water Production and Supply	0.06	0.14
建筑业	**Construction**	**8.27**	
交通运输、仓储及邮电通信业	**Transport, Storage and Post Services**	**92.81**	

Total Consumption of Petroleum of Main Sectors and Its Composition

2001年		2003年		2004年		2005年	
消费量（万吨） Total Consumption of Petroleum (10 000 tons)	构成（%） Percentage (%)	消费量（万吨） Total Consumption of Petroleum (10 000 tons)	构成（%） Percentage (%)	消费量（万吨） Total Consumption of Petroleum (10 000 tons)	构成（%） Percentage (%)	消费量（万吨） Total Consumption of Petroleum (10 000 tons)	构成（%） Percentage (%)
49.23	**100.00**	**48.44**	**100.00**	**35.56**	**100.00**	**36.22**	**100.00**
7.54	15.32	8.28	17.09	3.92	11.02	3.99	11.01
41.69	84.68	40.16	82.91	31.64	88.98	32.23	88.99
13.45	27.32	10.04	20.73	8.37	23.54	10.33	28.52
6.69	13.59	5.11	10.55	2.13	5.99	2.06	5.70
0.21	0.43	0	0.00	0.01	0.03	0.01	0.03
0.30	0.61	2.47	5.10	2.69	7.56	3.50	9.67
2.03	4.12	0.8	1.65	1.48	4.16	2.52	6.94
2.31	4.69	1.66	3.43	2.06	5.79	2.24	6.18
1.91	3.88	0	0.00	0	0.00	0.00	0.00
33.90	68.86	33.34	68.83	23.89	67.18	22.50	62.13
3.24	6.58	3.36	6.94	1.47	4.13	1.21	3.35
0.25	0.51	0.69	1.42	0.48	1.35	0.91	2.52
0.21	0.43	0.54	1.11	0.23	0.65	0.35	0.97
0.65	1.32	0.67	1.38	0.35	0.98	0.44	1.22
0.04	0.08	0.06	0.12	0.2	0.56	0.11	0.29
0.04	0.08	0.04	0.08	0.04	0.11	0.04	0.10
0.03	0.06	0.02	0.04	0	0.00	0.00	0.01
0.19	0.39	0.15	0.31	0.16	0.45	0.19	0.53
0.03	0.06	0.02	0.04	0.04	0.11	0.05	0.14
0.17	0.35	0.58	1.20	0.43	1.21	0.28	0.77
1.13	2.30	0.87	1.80	0.22	0.62	0.21	0.57
		0	0.00	0	0.00	0.01	0.03
0.02	0.04	0.04	0.08	4.17	11.73	0.65	1.80
5.55	11.27	5.72	11.81	2.21	6.21	2.47	6.83
0.05	0.10	0.22	0.45	0.41	1.15	0.30	0.84
		0	0.00	0	0.00	0.01	0.03
0.15	0.30	0.02	0.04	0.05	0.14	0.10	0.29
0.27	0.55	0.38	0.78	0.35	0.98	0.39	1.07
8.16	16.58	7.82	16.14	5.28	14.85	5.74	15.84
6.48	13.16	3.52	7.27	0.92	2.59	1.87	5.17
4.06	8.25	2.61	5.39	4.1	11.53	4.82	13.31
0.21	0.43	1.76	3.63	0.42	1.18	0.21	0.57
0.66	1.34	1.18	2.44	0.48	1.35	0.23	0.64
0.31	0.63	0.99	2.04	0.34	0.96	0.33	0.91
1.41	2.86	0.97	2.00	0.76	2.14	1.14	3.14
0.45	0.91	1.06	2.19	0.65	1.83	0.25	0.69
0.01	0.02	0.01	0.02	0.01	0.03	0.01	0.02
0.09	0.18	0.04	0.08	0.05	0.14	0.05	0.14
				0.03	0.08	0.06	0.17
				0.04	0.11	0.06	0.17
1.88	3.82	5.06	10.45	3.3	9.28	3.39	9.35
1.77	3.60	4.85	10.01	3.16	8.89	3.24	8.93
0.03	0.06	0.06	0.12	0.06	0.17	0.07	0.19
0.08	0.16	0.15	0.31	0.08	0.22	0.08	0.23
9.72		**12.55**		**15.5**		**17.86**	
162.99		**250.71**		**291.52**		**337.99**	

12-6 主要行业电力消费量和构成

行　业	Sector	2000年 消费量（亿千瓦小时）Total Consumption of Electricity (100 million kwh)	2000年 构成(%) Percentage (%)
工业	**Industry**	**219.51**	**100.00**
轻工业	Light Industry	48.62	22.15
重工业	Heavy Industry	170.89	77.85
采矿业	Mining	13.1	5.97
煤炭开采和洗选业	Coal Mining and Dressing	3.99	1.82
石油和天然气开采业	Petroleum and Natural Gas Extraction	0.56	0.26
黑色金属矿采选业	Ferrous Metals Mining and Dressing	1.36	0.62
有色金属矿采选业	Nonferrous Metals Mining and Dressing	5.82	2.65
非金属矿采选业	Nonmetal Minerals Mining and Dressing	1.23	0.56
木材及竹材采运业	Logging and Transport of Timber and Bamboo	0.14	0.06
制造业	Manufacturing	177.93	81.06
农副食品加工业	AgricuLtural Non-staple Food Processing	4.07	1.85
食品制造业	Food Manufacturing	28.74	13.09
饮料制造业	Beverage Manufacturing	0.53	0.24
烟草制品业	Tobacco Production	4.43	2.02
纺织业	Textile Industry	1.04	0.47
纺织服装、鞋、帽制造业	Textile,Clothing, Footwear Production	0.03	0.0 1
皮革、毛皮、羽绒及其制品业	Leather, Furs, Down and Related Products	0.07	0 .03
木材加工及竹、藤、棕、草制品业	Timber Processing, Bamboo, Cane, Palm Fiber and Straw Products	1.06	0.48
家具制造业	Furniture Manufacturing	0.03	0.01
造纸及纸制品业	Papermaking and Paper Products	2.85	1.3
印刷业	Printing	0.37	0.17
文教体育用品制造业	Cultural, Educational and Sports Goods	0.01	
石油加工、炼焦及核燃料加工业	Petroleum Processing,Coking and Nuclear fuel Processing	0.04	0.02
化学原料及化学品制造业	Raw Chemical Materials and Chemical Products	60.11	27.38
医药制造业	Medical and Pharmaceutical Products	0.28	0.13
化学纤维制造业	Chemical Fiber	0.43	0.2
橡胶制品业	Rubber Products	0.69	0.31
塑料制品业	Plastic Products	1.08	0.49
非金属矿物制品业	Nonmetal Mineral Products	21.04	9.58
黑色金属冶炼及压延加工业	Smelting and Pressing of Ferrous Metals	18.44	8.4
有色金属冶炼及压延加工业	Smelting and Pressing of Nonferrous Metals	28.63	13.04
金属制品业	Metal Products	0.49	0.22
通用设备制造业	General-purpose Machinery Manufacturing	1.04	0.47
专用设备制造业	Special Purposes Equipment	0.73	0.33
交通运输设备制造业	Transport Equipment	0.61	0.28
电气机械及器材制造业	Electric Equipment and Machinery	0.61	0.28
通信设备、计算机及其他电子设备制造	Communication Equipment, Computers and other Electronic Equipment Production	0.07	0.03
仪器仪表、文化办公用机械制造业	Instruments, Meters, Cultural and Clerical Machinery	0.25	0.11
工艺品及其他制造业	Handicraft Articles and Other Goods Production		
废弃资源和废旧材料回收加工业	Rocycling and Disposal of Waste		
电力、燃气及水生产和供应业	Production and Supply of Electric Power, Gas and Water	28.48	12.97
电力、热力的生产和供应业	Production and Supply of Electric Power and Heat	26.77	12.2
燃气生产和供应业	Gas Production and Supply	0.42	0.19
水的生产和供应业	Water Production and Supply	1.29	0.59
建筑业	**Construction**	**4.94**	
交通运输、仓储及邮电通信业	**Transport, Storage and Post Services**	**6.25**	

Total Consumption of Electricity of Main Sectors and Its Composition

2001年		2003年		2004年		2005年	
消费量（亿千瓦小时）Total Consumption of Electricity (100 million kwh)	构成（%）Percentage (%)	消费量（亿千瓦小时）Total Consumption of Electricity (100 million kwh)	构成（%）Percentage (%)	消费量（亿千瓦小时）Total Consumption of Electricity (100 million kwh)	构成（%）Percentage (%)	消费量（亿千瓦小时）Total Consumption of Electricity (100 million kwh)	构成（%）Percentage (%)
246.68	**100.00**	**280.37**	**100.00**	**331.31**	**100.00**	**425.94**	**100.00**
55.05	22.32	51.24	18.28	21.78	6.57	22.25	5.22
191.63	77.68	229.13	81.72	309.53	93.43	403.69	94.78
17.66	7.16	22.03	7.86	27.49	8.30	31.68	7.44
4.91	1.99	8.4	3.00	9.48	2.86	7.51	1.76
0.94	0.38	0	0.00	0.01	0.00	0.01	0.00
2.76	1.12	1.43	0.51	6.66	2.01	6.61	1.55
6.91	2.80	10.12	3.61	8.62	2.60	14.01	3.29
2.02	0.82	2.08	0.74	2.72	0.82	3.54	0.83
0.12	0.05	0	0.00	0	0.00	0.00	0.00
193.08	78.27	237.37	84.66	279.89	84.48	329.15	77.28
4.98	2.02	21.86	7.80	7.03	2.12	5.53	1.30
30.66	12.43	1.48	0.53	0.67	0.20	0.77	0.18
0.79	0.32	1.57	0.56	0.88	0.27	1.76	0.41
4.79	1.94	4.93	1.76	4.03	1.22	4.45	1.05
1.14	0.46	1.1	0.39	1.2	0.36	2.13	0.50
0.09	0.04	0.1	0.04	0.05	0.02	0.04	0.01
0.17	0.07	0.3	0.11	0.03	0.01	0.02	0.01
1.26	0.51	1.36	0.49	1.97	0.59	2.30	0.54
0.1	0.04	0.12	0.04	0.09	0.03	0.10	0.02
2.79	1.13	3.15	1.12	4.45	1.34	4.70	1.10
0.69	0.28	0.73	0.26	0.86	0.26	0.88	0.21
0.09	0.04	0	0.00	0.01	0.00	0.01	0.00
1.1	0.45	1.36	0.49	0.93	0.28	2.78	0.65
65.53	26.56	80.4	28.68	92.73	27.99	92.06	21.61
0.32	0.13	0.57	0.20	0.84	0.25	1.02	0.24
		0.78	0.28	0.27	0.08	0.56	0.13
0.71	0.29	1.89	0.67	0.26	0.08	0.30	0.07
1.33	0.54	1.1	0.39	1.87	0.56	2.07	0.49
21.63	8.77	25.29	9.02	30.22	9.12	44.64	10.48
19.18	7.78	30.12	10.74	47.08	14.21	57.99	13.61
30.11	12.21	41.09	14.66	78.05	23.56	98.75	23.18
0.72	0.29	2.94	1.05	0.81	0.24	0.64	0.15
1.32	0.54	1.32	0.47	1.94	0.59	1.84	0.43
0.97	0.39	1.25	0.45	0.76	0.23	1.07	0.25
0.91	0.37	0.85	0.30	1.28	0.39	1.40	0.33
0.87	0.35	0.74	0.26	0.78	0.24	0.65	0.15
0.12	0.05	0.12	0.04	0.07	0.02	0.06	0.01
0.41	0.17	1.4	0.50	0.33	0.10	0.28	0.07
		9.45	3.37	0.35	0.11	0.28	0.07
				0.05	0.02	0.07	0.02
35.94	14.57	20.97	7.48	23.93	7.22	65.11	15.29
32.63	13.23	18.12	6.46	22.17	6.69	63.40	14.88
1.39	0.56	0.94	0.34	0.44	0.13	0.48	0.11
1.92	0.78	1.91	0.68	1.32	0.40	1.23	0.29
3.05		**4.25**		**5.09**		**8.99**	
6.89		**9.56**		**10.96**		**15.20**	

12-7 主要年份能源利用经济效益指标（一）

Indicators on Economic Benefits from Energy Utilization in Significant Years (Ⅰ)

（按当年价格计算）　　(data below are calculated at Current prices)

年 份 Year	能源消费量（万吨标煤） Total Consumption of Energy (10 000 tons of SCE)	#工业部门消费 Industrial Consumption	万元工业产值耗能（吨标准煤/万元） Energy Consumption of Industrial Output Value of 100 Million yuan (10 000 tons)	万元生产总值耗能（吨标准煤/万元） Energy Consumption of Gross Domestic Product of 100 Million yuan (10 000 tons)	吨能创造工业产值（元） Industrial Output Value Created by Energy of One Ton (yuan)	吨能创造生产总值（元） Gross Domestic Product Created by Energy of One Ton (yuan)
1949	16.80	9.20				
1952	19.00	11.40	4.99	1.61	2 005	6 200
1957	119.20	72.70	10.65	5.29	939	1 890
1962	256.30	166.60	17.72	10.46	564	956
1965	348.70	226.70	17.17	10.37	582	964
1970	591.50	390.40	19.19	15.36	521	651
1975	920.30	607.40	21.74	16.95	460	590
1976	797.00	494.10	24.45	16.18	409	618
1977	931.10	605.20	20.14	16.67	496	600
1978	1 065.9	692.80	19.23	15.44	520	648
1979	1 072.2	696.90	17.19	13.96	582	717
1980	946.10	615.50	14.48	11.23	691	891
1981	948.40	612.60	13.07	10.08	765	993
1982	1 020.6	668.20	12.21	9.27	819	1 079
1983	1 094.7	651.30	11.51	9.12	869	1 097
1984	1 226.3	709.70	10.92	8.79	916	1 138
1985	1 298.3	761.10	9.53	7.87	1 050	1 271
1986	1 399.1	875.00	9.52	7.68	1 051	1 303
1987	1 533.2	937.80	8.43	6.69	1 186	1 494
1988	1 622.5	991.50	6.63	5.39	1 508	1 856
1989	1 706.9	1 037.1	5.60	4.70	1 786	2 127
1990	1 954.8	1 143.6	5.66	4.33	1 766	2 311
1991	1 961.9	1 143.4	4.98	3.79	2 006	2 637
1992	2 016.6	1 189.1	4.23	3.26	2 366	3 068
1993	2 089.8	1 282.0	3.03	2.68	3 302	3 729
1994	2 282.8	1 402.7	2.41	2.34	4 156	4 267
1995	2 640.6	1 688.6	2.15	2.19	4 658	4 570
1996	2 819.4	1 746.0	2.18	1.89	4 580	5 291
1997	3 429.0	2 090.8	2.38	2.09	4 200	4 795
1998	3 364.5	2 222.9	2.24	1.88	4 468	5 332
1999	3 288.0	2 125.2	2.11	1.77	4 748	5 644
2000	3 468.33	2 292.44	1.44	1.72	6 933	5799
2001	3 741.03	2 431.31	1.45	1.75	6 890	5716
2002	4 131.31	2 747.12	1.48	1.79	6 736	5598
2003	4 449.97	3 095.32	1.42	1.74	7 031	5744
2004	5 209.81	3 752.62	1.51	1.69	6 606	5916
2005	6 023.97	4 390.71	1.35	1.73	7 401.63	5765

注：1. 能源综合数据按等价热值计算；

2. 生产总值、工业总产值按当年价计算；

3. 2000至2004能源消费量根据第一次全国经济普查资料进行了调整。

Note: a.Comprehensive data of Energy was caculated according to equivalent caloricity

b.Total output value and gross value of industrial output were calculated according to the prices of their respective years.

c.The energy consumption volume of the year 2000to 2004 were regulated according to the materials of the First National Economic Census.

12-8 主要年份能源利用经济效益指标(二)

Indicators on Economic Benefits from Energy Utilization in Significant Years (Ⅱ)

年 份 Year	能源消费总量 (万吨标准煤) Total Consumption of Energy (10 000 tons of SCE)		规模以上工业综合能耗 (万吨标准煤) Comprehensive Energy Consumption of the Industries above the Stipulated Scale(10 000	万元生产总值(GDP)耗能 (吨标准煤/万元) Total Consumption of Coke per 10 000 yuan GDP (10 000 tons of SCE)		规模以上万元工业增加值能耗 (吨标准煤/万元) Comprehensive Energy Consumption of the Industries above the Stipulated
	等价热值 Equivalent Caloricity	当量热值 Equivalent heat Value	当量热值 Equivalent heat Value	按等价热值 by Equivalent Caloricity	按当量热值 by Equivalent heat Value	按当量热值 by Equivalent heat Value
				按2000年可比价计算		
2000	3 468.33	2 940.74		1.72	1.46	
2001	3 741.03	3 240.39		1.74	1.51	
2002	4 131.31	3 576.86		1.76	1.53	
2003	4 449.97	3 861.70		1.75	1.52	
2004	5 209.81	4 576.79	3 338.83	1.83	1.61	4.35
2005	6 023.97	5 219.55	3 546.35	1.95	1.69	4.26
				按2005年可比价计算		
2005	6 023.97	5 219.55	3 546.35	1.73	1.50	3.55

12-9 能源生产弹性系数
Elasticity Ratio of Energy Production

年 份 Year	能源生产平均增长（%） Average Growth Rate of Energy Production(%)	电力生产平均增长（%） Average Growth Rate of Electricity Production(%)	生产总值年平均增长（%） Annual Average Growth Rate of Gross Domestic Product(%)	能源生产弹性系数 Elasticity Ratio of Energy Production	电力生产弹性系数 Elasticity Ratio of Electricity Production
1980	-9.85	1.63	8.52		0.19
1985	3.72	5.31	11.25	0.33	0.47
1987	4.77	6.90	10.49	0.45	0.66
1988	4.64	7.07	11.09	0.42	0.64
1989	5.01	7.51	10.55	0.48	0.71
1990	4.98	7.76	10.38	0.48	0.75
1991	4.85	8.10	10.06	0.48	0.81
1993	4.85	8.45	10.16	0.48	0.83
1994	5.46	9.07	10.25	0.53	0.88
1995	5.83	9.27	10.31	0.57	0.90
1996	6.10	9.37	10.32	0.59	0.91
1997	5.90	8.82	10.26	0.57	0.86
1998	5.21	8.59	10.14	0.51	0.85
1999	4.54	8.79	9.99	0.45	0.88
2000	4.74	8.68	9.86	0.48	0.88
2001	4.79	8.88	9.70	0.49	0.92
2002	5.59	9.29	9.63	0.58	0.96
2003	5.79	9.37	9.59	0.60	0.98
2004	6.45	9.61	9.67	0.67	0.99
2005	6.95	9.77	9.64	0.72	1.01

（以1979年为基期计算）(The calculation is based on the year 1979)

12-10 能源消费弹性系数
Elasticity Ratio of Energy Consumption

年 份 Year	能源消费平均增长（%） Average Growth Rate of Energy Consumption (%)	电力消费平均增长（%） Average Growth Rate of Electricity Consumption (%)	生产总值年平均增长（%） Annual Average Growth Rate of Gross Domestic Product(%)	能源消费弹性系数 Elasticity Ratio of Energy Consumption	电力消费弹性系数 Elasticity Ratio of Electricity Consumption
1980	-11.76	5.07	8.52		0.60
1985	3.24	5.74	11.25	0.29	0.51
1987	4.57	7.00	10.49	0.44	0.67
1988	4.71	8.45	11.09	0.42	0.76
1989	4.76	8.07	10.55	0.45	0.77
1990	5.61	8.48	10.38	0.54	0.82
1991	5.16	8.87	10.06	0.51	0.88
1993	4.88	10.14	10.16	0.48	1.00
1994	5.17	9.39	10.25	0.50	0.92
1995	5.79	9.70	10.31	0.56	0.94
1996	5.85	9.88	10.32	0.57	0.96
1997	6.67	9.58	10.26	0.65	0.93
1998	6.20	9.19	10.14	0.61	0.91
1999	5.76	9.22	9.99	0.58	0.92
2000	5.75	9.11	9.86	0.58	0.92
2001	5.84	9.12	9.70	0.60	0.94
2002	6.04	9.30	9.63	0.63	0.97
2003	6.11	9.08	9.59	0.64	0.95
2004	6.53	9.35	9.67	0.68	0.97
2005	6.86	9.64	9.64	0.71	1.00

（以1979年为基期计算）(The calculation is based on the year 1979)

12-11 云南能源平衡表
Balance Sheet of Energy

行　　业	Sector	能源总量 (万吨标煤) (10 000 tons of SCE)	原煤 (万吨) (10 000 tons)	焦炭 (万吨) (10 000 tons)	天然气 (亿立方米) Natural Gas Consumption (100 million cu.m)	电力 (亿千瓦时) Electricity Consumption (100 million kwh)
可供本地区消费的能源量	**Total Energy Available for Consumption**	**6 022.95**	**6 550.89**	**9.66**	**6.12**	**282.23**
一次能源生产量	Primary Energy output	5 353.36	6 462.14		0.22	349.19
调入量	Imports	1 552.17	509.35	131.88	5.90	1.31
调出量(-)	Exports (-)	-827.09	- 405.73	-85.01		- 68.27
年初年末库存差额	Slock Changes in the Year	- 55.51	- 14.87	-37.21		
加工转换投入量(-)	Input in Processing and Transformation(-)	- 3 297.45	- 4 136.45	-84.42		
加工转换产出量(+)	Output in Processing and Transformation(+)	3 080.85		1213.72		275.01
加工转换损失量	Losses in Processing and Transformation	216.60				
终端能源消费量	Final Energy Consumpltion	5 589.45	2 414.43	1138.94	6.12	505.68
第一产业	Primary Indusrty	228.12	196.71	0.41		8.79
农、林、牧、渔业	Farming,Forestry,Animal Husbandry,fishery	228.12	196.71	0.41		8.79
第二产业	Secondary Industry	4 034.07	1 808.17	1135.41	5.92	383.36
工业	Industry	3 956.16	1 782.89	1133.84	5.92	374.37
建筑业	Construction	77.91	25.28	1.57		8.99
第三产业	Tertiary Iindustry	734.12	88.87	2.62		40.05
交通运输、仓储及邮电通讯业	Transport、Storage、Post and Telecommunication Services	570.30	27.73	0.61		15.20
批发和零售、贸易餐饮业	Wholesale and Relail Trade and Catering Services	41.27	28.67	0.34		3.50
其它	Others	122.55	32.47	1.67		21.35
生活消费	Residential Consumption	593.14	320.68	0.5	0.2	73.48
损失量	Other Losses	217.91	.00			51.57
平衡差额	Balance	- 1.01	0.01	0.02		- .01

注:本表为等价热值

Note:The selected data is Equivalent Caloricity.

12-12 全省全部国有及年主营业务收入500万元以上非国有工业企业能源原材料消费与库存（2005年）

Total Consumption and Inventory of Energy Raw Materials of All State-owned and Non-state-owned Industrial Enterprises with Total Annual Sales Above 5 Million Yuan (2005)

名称	Item	年初库存 Stock in Early Year	消费量 Consumption 合计 Total	工业生产 Industrial Production	非工业生产 Non-industrial Production	年末库存 Stock at Year-end
能源	**Energy**					
原煤（万吨）	Raw Coal (10 000 tons)	182	4 611	4 597	15	272
洗精煤（万吨）	Well Washed Coal (10 000 tons)	35	571	571	0	48
其他洗煤（万吨）	Other Washed Coal (10 000 tons)	3	28	28	0	3
型煤（吨）	Coal (ton)	8	45 561	45 561	0	1 265
焦炭（万吨）	Coke (10 000 tons)	54.86	1 038.29	1 032.31	5.97	77.93
其他焦化产品（吨）	Other Coked Products (ton)	8 132	96 139	96 139	0	7 435
焦炉煤气（万立方米）	Coal Gas of Coking Furnace (10 000 cu.m)	0	67 953	67 953	0	0
高炉煤气（万立方米）	Coal Gas of Furnace (10 000 cu.m)	0	579 661	579 661	0	0
其他煤气（万立方米）	Other Coal Gas (10 000 cu.m)	0	1 420	1 416	4	0
天然气（万立方米）	Natural Gas (10 000 cu.m)	0	59 062	59 062	0	0
原油（吨）	Raw Oil (ton)	60	906	906	0	61
汽油（吨）	Gasoline (ton)	1 982	37 108	21 056	16 052	3 480
煤油（吨）	Kerosene (ton)	74	1 814	1 673	141	227
柴油（吨）	Diesel Oil (ton)	8 295	169 313	142 589	26 724	19 398
燃料油（吨）	Fuel Oil (ton)	7 925	39 142	38 742	400	8 640
液化石油气（吨）	Liquefied Petroleum Gas (ton)	94	764	723	41	80
其他石油制品（吨）	Other Petroleum Products (ton)	1 927	22 542	22 542	0	1 819
热力（百万千焦）	Heat (million kilo-joule)	0	656 879	656 879	0	0
电力（亿千瓦时）	Electricity (100 million kwh)	0.00	400.15	388.21	11.94	0.00
其他燃料（吨标准煤）	Other Fuel (ton of SCE)	2.21	87.14	87.13	0.01	0.73
能源合计（万吨标煤）	Total Energy (10 000 tons of SCE)	209.13	5 245	5 209	36	303.35
原材料	**Raw Materials**					
生铁（万吨）	Pig Iron (10 000 ton)	0.67	388.34	388.07	0.26	1.97
钢材（吨）	Steel (ton)	107 011	799 810	698 537	101 273	139 401
铜（吨）	Copper (ton)	2 231	40 085	22 069	18 016	3 905
铝（吨）	Aluminum (ton)	4 587	49 045	42 928	6 117	44 984
铜材（吨）	Rolled Copper (ton)	4 103	63 613	59 531	4 082	5 086
硫酸（万吨）	Sulfuric Acid (ton)	5.87	290.69	243.03	47.65	10.84
烧碱（吨）	Caustic Soda (ton)	1 462	28 139	27 074	1 065	2 614
纯碱（吨）	Soda Ash (ton)	4 834	63 861	62 438	1 423	5 658
水泥（吨）	Cement (ton)	10 581	598 728	510 731	87 997	44 720
原木（立方米）	Logs (cu.m)	182 523	994 684	956 998	37 686	117 415
#原木直接消费（立方米）	In Which: Direct Consumption of Logs (cu.m)	0	878 691	871 864	6 827	
锯材（立方米）	Sawn Wood (cu.m)	11 219	62 294	47 255	15 039	13 801

12-13 全省全部国有及年主营业务收入500万元以上非国有工业企业主要工业行业钢材和木材消费量

Consumption of Steel Products and Timber of Major Industrial Sectors of All State-owned and Non-state-owned Industrial Enterprises with Total Annual Sales Above 5 Million Yuan

行　业	Sector	钢　材（吨）Steel (ton)		木　材（立方米）Timber (cu.m)	
		2004年	2005年	2004年	2005年
总　计	**Total**	**848 750**	**799 810**	**1 074 618**	**967 682**
采掘业	**Mining**	**21 453**	**19 838**	**147 443**	**141 715**
煤炭开采和洗选业	Coal Mining and Dressing	7 591	8 400	135 596	127 729
石油和天然气开采业	Petroleum and Natural Gas Extraction				
黑色金属矿采选业	Ferrous Metals Mining and Dressing	608	3 664	5 334	94
有色金属矿采选业	Nonferrous Metals Mining and Dressing	12 137	6 266	6 423	13 889
非金属矿采选业	Nonmetal Minerals Mining and Dressing	1 117	1 508	90	3
制造业	**Manufacturing**	**822 925**	**772 446**	**926 989**	**825 848**
农副食品加工业	AgricuLtural Non-staple Food Processing	1 337	1 481		1
食品制造业	Food Manufacturing	20	318		
饮料制造业	Beverage Manufacturing	105	16	44	35
烟草制品业	Tobacco Production	725	105		
纺织业	Textile Industry	282	30		
纺织服装、鞋、帽制造业	Textile,Clothing, Footwear Production				
皮革、毛皮、羽绒及其制品业	Leather,Furs, Down and Related Products				
木材加工及竹、藤、棕、草制品业	Timber Processing, Bamboo, Cane, Palm Fiber and Straw Products	1 049	991	527 813	351 233
家具制造业	Furniture Manufacturing	459	189	1 794	110
造纸及纸制品业	Papermaking and Paper Products	423	2 534	252 345	265 095
印刷和记录媒介的复制	Printing	606	471		
文教体育用品制造业	Cultural, Educational and Sports Goods				
石油加工、炼焦业及核燃料加工业	Petroleum Processing,Coking and Nuclear fuel Processing	1 692	2 408	327	5 264
化学原料及化学制品制造业	Raw Chemical Materials and Chemical	10 613	13 035	97 934	158 749
医药制造业	Medical and Pharmaceutical Products	23	10	2	
化学纤维制造业	Chemical Fiber				
橡胶制品业	Rubber Products	21	67		
塑料制品业	Plastic Products	102			
非金属矿物制品业	Nonmetal Mineral Products	20 376	35 375	12 861	10 867
黑色金属冶炼及压延加工业	Smelting and Pressing of Ferrous Metals	202 352	176 550	179	1 930
有色金属冶炼及压延加工业	Smelting and Pressing of Nonferrous Metals	48 623	36 536	22 743	21 938
金属制品业	Metal Products	106 699	142 629		
通用机械制造业	Ordinary Machinery	64 428	64 661	3 602	1 351
专用设备制造业	Special Purposes Equipment	172 597	81 903	1 760	5 030
交通运输设备制造业	Transport Equipment	146 297	131 776	67	145
电气机械及器材制造业	Electric Equipment and Machinery	41 427	38 231	5 178	3 892
通信设备、计算机及其他电子设备制造业	Communication Equipment, Computers and other Electronic Equipment Production	895	569		
仪器仪表及文化、办公用机械制造业	Instruments,Meters, Cultural and Clerical Machinery	817	41 253	201	206
工艺品及其他制造业		898	784	139	1
废弃资源和废旧材料回收加工业	Rocycling and Disposal of Waste	59	524		1
电力、燃气及水的生产和供应业	**Production and Supply of Electric Power, Gas and Water**	**4 376**	**7 526**	**185**	**119**
电力、热力的生产和供应业	Production and Supply of Electric Power and Heat	3 157	7 176	185	119
燃气生产和供应业	Gas Production and Supply	1 093	246		
水的生产和供应业	Water Production and Supply	126	104		

主要统计指标解释

能源生产总量 指一定时期内全国(地区)一次能源生产量的总和。一次能源生产量包括原煤、原油、天然气、水电及其他动力能发电量(如风能、地热能等),不包括生物质能、太阳能等的利用和由一次能源加工转换而成的二次能源产量。能源生产总量是观察全国(地区)能源生产水平、规模、构成和发展速度的总量指标。

能源消费总量 指一定时期内全国(地区)用于生产和生活的各种能源消费量的总和。能源消费总量包括原煤和原油及其制品、天然气、电力的消费量,不包括生物质能和太阳能等的利用。能源消费总量分为三部分,即终端能源消费量、能源加工转换损失量和损失量。它是观察能源消费水平、构成和增长速度的总量指标。

1. 终端能源消费量 指一定时期内全国(地区)物质生产部门、非物质生产部门和生活消费的各种能源数量,不包括用于加工转换的中间能源消费量、加工转换损失量和损失量。

2. 能源加工转换损失量 指一定时期内全国(地区)投入加工转换的各种能源数量之和与产出各种能源产品及其他石油制品和其它焦化产品之和的差额。他是观察能源在加工转换过程中损失量变化的指标。

3. 能源损失量 指一定时期内能源在生产、输送、储存过程中发生的经营管理损失和由于客观原因造成的各种损失量,不包括各种气体能源放空、放散量。

能源生产弹性系数 是研究能源生产量的增长与国民经济增长之间关系的指标。其计算公式为:

能源生产弹性系数=能源生产总量年平均增长速度/国民经济年均增长速度

国民经济年平均增长速度,可根据不同的目的或需要,用工农业总产值、生产总值等指标来计算,本资料是采用生产总值指标计算的。

电力生产弹性系数 是研究电力生产量的增长与国民经济增长之间关系的指标。一般来说,电力的发展应当快于国民经济的发展,也就是说电力应超前发展。其计算公式为:

电力生产弹性系统=电力生产量年平均增长速度/国民经济年平均增长速度

能源消费弹性系数 是反映能源消费增长速度与国民经济增长之间比例关系的指标。其计算公式为:

能源消费弹性系数=能源消费年平均增长速度/国民经济年均增长速度

能源节约量 指一定时期内节约和少用的能源数量。它是评价和考核节约能源工作好坏的重要指标。包括由于提高管理水平和技术水平,使单位产品能耗降低而节约能源数量,以及由于调整产业结构、产品结构等使产值能耗降低而少用的能源数量。

能源节约率 是反映能源节约程度的综合性指标。能源节约率一般按年计算,如果要研究一个时期内能源节约程度的一般水平,可计算平均能源节约率指标。计算公式为:

节能率= (报告期单位能源消费量/基期单位能源消费量－1)×100/%

年平均节能率= n √ (报告期单位能源消费量/基期单位能源消费量－1) ×100/%

式中:单位能源消费量可以按生产总值、国民收入或工业总产值等计算。

n 为基期与报告期间隔的年份数。

能源加工转换效率 指一定时期内能源经过加工转换后,产出的各种能源产品及其它石油制品和其他焦化产品的数量与同期内投入加工转换的各种能源数量的比率。它是观察能源加工转换装置和生产工艺先进与落后、管理水平高低等的重要指标。

能源折算标准 各种能源由于原始计算单位不同,热值也不一样。因此,必须折算成同一标准计算单位,才能进行汇总、对比和分析。国际上习惯采用两种标准计算单位:一种为标准煤,另一种为标准油。目前我国采用标准煤为能源的计算单位。标准煤亦称煤当量,就是将不同品种、不同含热量的能源按各自不同的含热量折合成为一种标准含量的统一计量单位的能源。各类能源折算标准煤是按 1 公斤标准煤的热值为 7000 千卡进行折算的。

当量热值 当量热值又称理论热值(或实际发热值)是指某种能源一个度量单位本身所含热量。其热值的计算可根据试样在充氧的弹筒中(放有浸没氧弹的水的容器)完全燃烧所放出的热量(用燃烧后水温升高计算出来的）进行实测。

等价热值 是指加工转换产出的某种二次能源与相应投入的一次能源的当量，即获得一个度量单位的某种二次能源所消耗的，以热值表示的一次能源量。也就是消耗一个度量单位的某种二次能源，就等价于消耗了以热值表示的一次能源量。等价热值是个变动值，随着能源加工转换工艺的提高和能源管理工作的加强，转换损失逐渐减少，等价热值会不断降低。等价热值是对二次能源及消耗工质而言，因此一次能源不存在折算问题，因此也无所谓等价热值。

等价热值=二次能源具有的能量÷转换效率

转换效率=二次能源产出标准量÷加工转换投入能源标准量

原材料、能源消费量 指在报告期内实际使用的原材料、能源的数量，包括企业主营活动和附营活动实际使用的数量。消费的核算原则为："谁消费谁统计"，即按使用权来统计，核算方法为当进入第一道生产工序，改变原来的形态或性能、或已实际投入使用，即作消费统计。

原材料、能源库存量 指在报告期期初、期末实际结存的原材料、能源数量。库存的核算原则为"谁支配，谁统计"，即按所有权来统计。核算方法是指企业有权支配动用的某一时点实际结存的原材料、能源的数量。

Explanatory Notes on Principal Statistical Indicators

Total Energy Production Volume refers to the total production volume of primary energy by all energy production enterprises in the country in a given period of time. It is a comprehensive indicator to show the capacity, scale, composition and development of energy production of the country. The production volume of primary energy includes that of coal, crude oil, natural gas, hydro-power and electricity generated by nuclear energy and other means such as wind power and geothermal power, but excludes that of fuels of low calorific value, bio-energy, solar energy and the secondary energy converted from the primary energy.

Total Domestic Energy Consumption refers to the total consumption of energy of various kinds by material production sectors, non-material production sectors and households in the country in a given period of time. It is a comprehensive indicator to show the scale, composition and development of energy consumption. The total energy consumption includes that of coal, crude oil and their products, natural gas and electricity, but excludes that of fuels of low calorific value, bio-energy and solar energy. It can be divided into three parts:

(1) *Final energy consumption* refers to the total energy consumption by material production sectors, non-material production sectors and households in the country (region) in a given period of time, but excludes the consumption in conversion of the primary energy into the secondary energy and the loss in the process of energy conversion.

(2) *Loss in the process of energy conversion* refers to the total input of various kinds of energy for conversion, minus the total output of various kinds of energy in the country in a given period of time. It is an indicator to show the loss that occurs in the process of energy conversion.

(3) *Loss of energy* refers to the total loss of energy during the course of energy transport, distribution and storage and the loss caused by any objective reason in a given period of time. The loss of various kinds of gas due to gas discharges and stocktaking is excluded.

Elasticity Ratio of Energy Production is an indicator to show the relationship between the growth rate of energy production and that of the national economy. The formula is as follows:

Elasticity Ratio of Energy Production = Average Annual Growth Rate of Energy Production/Average Annual Growth Rate of National Economy.

The average annual growth rate of the national economy can be calculated by gross output value of industry and agriculture, gross output value or other indicators, depending upon the purposes or needs. Gross output value is used in calculation of the ratio in this chapter.

Elasticity Ratio of Electricity Production is an indicator to show the relationship between the growth rate of electricity production that of the national economy. The formula is as follows:

Elasticity Ratio of Electricity Production = Average Annual Growth Rate of Electricity Production/Average Annual Growth Rate of National Economy.

Elasticity Ratio of Energy Consumption is an indicator to show the relationship between the growth rate of energy consumption and that of the national economy. The formula is as follows:

Elasticity Ratio of Energy Consumption = Average Annual Growth Rate of Energy Consumption/Average Annual Growth Rate of National Economy.

Quantity of Energy Conservation refers to the quantity of energy saved and less used in a certain period. It is an important indicator to appraise and examine the work of energy conservation. It includes the quantity of energy saved in unit product by improving management level and technology level and the quantity of energy less used due to the adjustment of industrial structure and product structure.

Ratio of Energy Conservation is a comprehensive indicator reflecting the degree of energy conservation. Ratio of energy conservation is usually calculated annually. The indicator of average ratio of energy conservation can be calculated for the study of the energy conservation in a certain period. The formula is as follows:

Ratio of Energy Conservation = [(Unit Energy Consumption in the Report Period/Unit Energy Consumption in the Base Period) – 1] ×100%

Annual Average Ratio of Energy Conservation = the N-the Root of [(Unit Energy Consumption in the Report Period/Unit Energy Consumption in the Base Period) – 1] ×100%

In which: The unit energy consumption can be calculated according to gross output value, national product or gross industrial output value, etc. The n represents the number of years between base period and report period.

Efficiency of Energy Processing and Conversion refers to the ratio of the total output of energy products of various kinds after processing and conversion to the total input of energy of various kinds for processing and conversion in the same report period. It is an important indicator to show the current conditions of energy processing and conversion equipment, production technique and management.

Energy Conversion Standard Different units are often used to compute different caloric value of various energy sources, so a uniform standard computing unit has to be conversed to summarize, compare and analyze energy. There are two standard computing units practiced internationally: one is standard coal and the other is standard oil. Currently, standard coal is adopted as the computing unit in China for energy calculation, Standard coal also call calorie value equivalent, it refers a uniform standard energy of communistically unit is converted into by differed kinds, different caloric value of various energy .Every kind of energy is converted into standard coal according to one kilogram standard coal quail caloric of 7,000 kilocalories.

Consumption of Raw Materials and Energy refers to the quantity of raw materials and energy actually used in the report period. It includes the volume actually used in the main business line and sideline activities of an enterprise. The calculation principle of consumption is: "The one who consumes energy is responsible for conducting statistics on its consumption", i.e., statistics is made according to the use right. The calculation method is that when raw materials or energy enter the first production sequence and the original form or property is changed or they are put into actual use, they are treated as consumption statistics.

Inventory of Raw Materials and Energy refers to the quantity of raw materials and energy actually stored in the beginning and end of the report period. The calculation principle of inventory is: "The one who disposes energy is responsible for conducting statistics on its inventory", i.e., statistics is made according to the ownership. The calculation method refers to the quantity of raw materials and energy actually stored at a certain time that can be disposed by an enterprise.

十三、运输和邮电

Transport,Post and Telecommunication Services

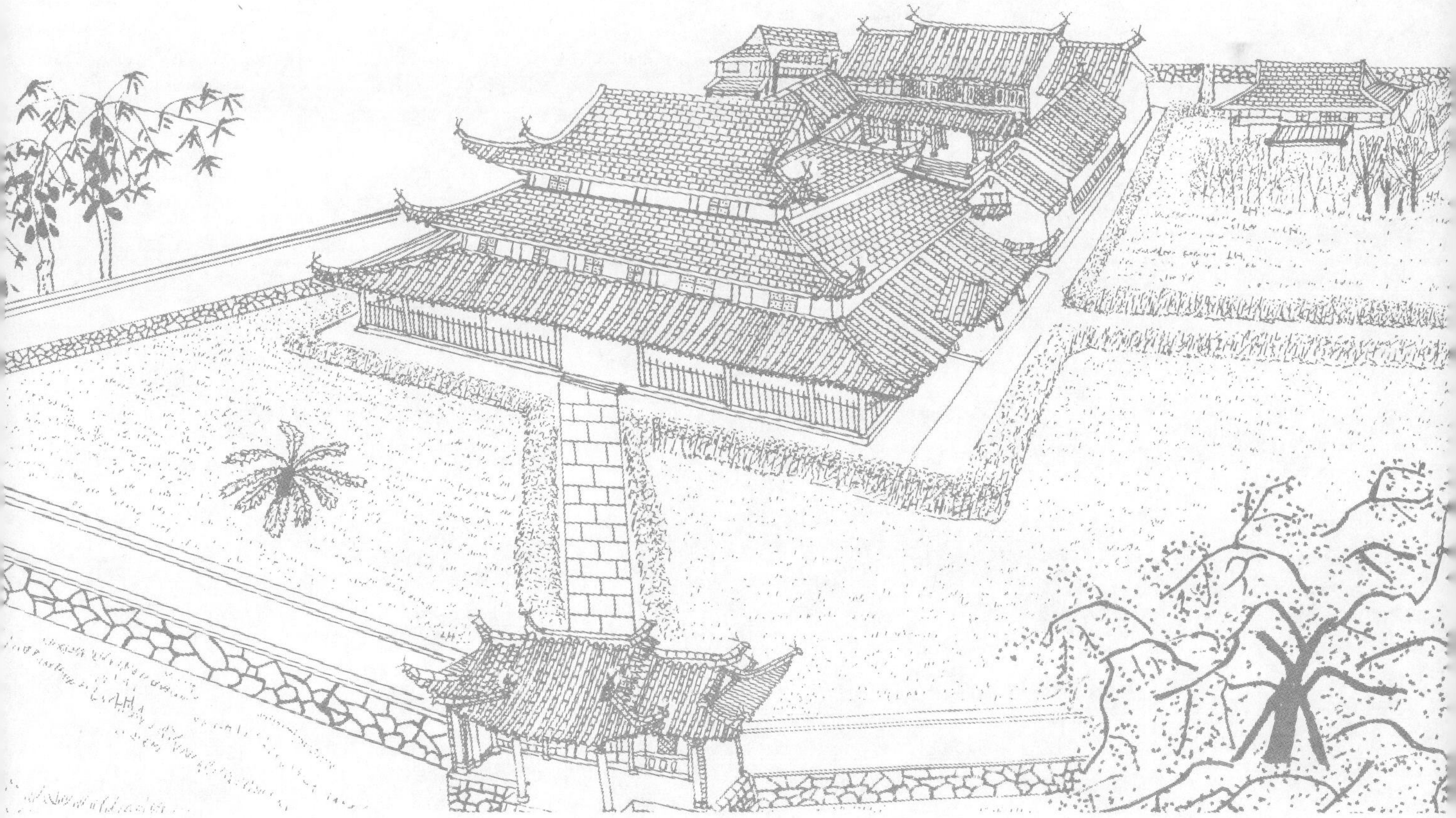

13-1 主要年份运输线路长度
Length of Transport Routes in Significant Years

(年底数) 单位：公里 (year-end) (km)

年 份 Year	铁路营业里程 Length of Railways in Operation	公路通车里程 Total Length of Highways	内河航道里程 Length of Navigable Inland Waterways	民用航空航线里程 Length of Civil Aviation Routes	# 国际航线 International Lines
1978	1 705	41 816	2 809	1 009	
1980	1 682	44 149	1 006	1 009	
1985	1 679	49 541	1 042	22 720	1 318
1988	1 626	52 534	1 072	23 682	3 071
1989	1 694	54 732	1 072	22 682	3 071
1990	1 695	56 536	1 130	26 639	3 065
1991	1 684	58 123	1 130	30 773	3 114
1992	1 651	60 045	1 130	47 322	4 147
1993	1 644	63 086	1 130	45 132	6 964
1994	1 642	65 578	1 324	64 220	9 464
1995	1 644	68 236	1 324	51 638	9 464
1996	1 644	70 279	1 324	70 610	6 693
1997	2 023	73 821	1 324	89 781	6 693
1998	1 991	76 957	1 324	128 685	16 256
1999	2 015	102 405	1 530	133 105	33 672
2000	2 015	163 604	1 580	119 702	20 356
2001	2 015	163 953	1 824	135 114	20 744
2002	2 016	164 852	1 824	148 114	29 063
2003	1 984	166 133	1 810	145 498	20 907
2004	1 925	167 050	2 549	137 800	24 348
2005	1 925	167 637	2 764	135 448	24 413

13-2 各地区公路运输线路长度（2005年）
Length of Highways by Region (2005)

(年底数) 单位：公里 (year-end) (km)

地 区	Region	公路通车里程 Total Length of Highways	按公路等级分 Expressway and Class I to IV Highway: 合计 Total	# 二级 Second Class	# 三级 Third Class	# 四级 Fourth Class	等外公路 Highway Below Class IV
全省合计	**Total**	**167 637**	**111 920**	**3 325**	**9 918**	**97 007**	**55 717**
昆 明	Kunming	12 161	8 915	620	835	7 112	3 246
曲 靖	Qujing	14 524	11 664	289	1 055	10 140	2 860
玉 溪	Yuxi	15 154	13 877	231	1 229	12 107	1 277
保 山	Baoshan	9 982	6 707	299	330	6 003	3 275
昭 通	Zhaotong	12 530	6 002	107	177	5 718	6 528
丽 江	Lijiang	6 474	3 141	102	553	2 472	3 333
思 茅	Simao	15 968	7 840	101	679	6 950	8 127
临 沧	Lincang	11 289	5 363	315	206	4 831	5 926
楚 雄	Chuxiong	11 918	7 304	46	693	6 384	4 615
红 河	Honghe	17 621	12 159	309	1 446	10 259	5 461
文 山	Wenshan	11 049	6 083	102	1 192	4 723	4 965
西双版纳	Xishuangbanna	6 146	5 161	92	26	5 034	985
大 理	Dali	11 408	8 710	253	1 070	7 170	2 698
德 宏	Dehong	4 976	3 512	321	296	2 894	1 464
怒 江	Nujiang	2 799	2 214	7	75	2 132	586
迪 庆	Diqing	3 637	3 266	133	55	3 078	371

13-3 铁路里程和机车拥有量
Length of Railways and Number of Railway Locomotives Owned

指　　标	Item	2001年	2003年	2004年	2005年
铁路里程	**Length of Railways in Operation**				
正线延长里程（公里）	Length of Railways in Trunk Line (km)	2 082.40	2 082.40	2 041.60	2 041.60
营业里程（公里）	Length of Railways in Operation (km)	2 015.20	1 983.50	1 925.00	1 925.00
准　轨（公里）	Standard Tracks (km)	1 354.40	1 322.70	1 264.20	1 264.20
米　轨（公里）	Meter Tracks (km)	660.80	660.80	660.80	660.80
寸　轨（公里）	Inch Tracks (km)				
内燃机牵引里程（公里）	Length of Diesel Engine Routes (km)	1 026.30	994.60	842.30	842.30
占营业里程比重（%）	As Percentage of Railways in Operation (%)	50.90	50.14	43.76	43.76
半自动闭塞里程（公里）	Semi-automatic Blocking Length (km)	1 988.10	1 960.20	1 968.20	1 419.20
占营业里程比重（%）	As Percentage of Railways in Operation (%)	98.7	98.83	100	73.7
无缝线路里程（公里）	Length of Continuous Welded Rail (km)	385.8	431.8	447.3	518.7
占正线里程比重（%）	As Percentage of the Trunk Lines (%)	18.5	20.74	21.91	25.4
有电气集中的车站（个）	Number of Stations with Electric Interlocking (unit)	125	127	133	133
占正式营业线路车站比重（%）	As Percentage of Railways Stations in Operation (%)	100	100	100	100
办理客运业务车站（个）	Railways Station of Passenger Traffic (unit)	0			
营业线路主要车站（个）	Railways Station of in Operation (unit)	207	205	199	203
铁路机车拥有量	Number of Railway Locomotives				
蒸气机车(寸)（台）	Steam Locomotives (inch) (unit)				
内燃机车（台）	Diesel Locomotives (unit)	165	155	167	168
东风1型(准)（台）	Dongfeng Model I (Standard)(unit)	0			
东风2型(准)（台）	Dongfeng Model II (Standard)(unit)	0			
东方红21型(米)（台）	Dongfanghong Model 21 (m) (unit)	91	81	81	71
电力机车（台）	Electric Locomotives (unit)	163	193	193	225

13-4 铁 路 客 货 车 拥 有 量
Number of Railway Passenger Coaches and Freight Cars Owned

指　　标	Item	2004年	#准　轨 Standard Tracks	2005年	#准　轨 Standard Tracks
客车合计(辆)	**Passenger Coaches (coach)**	**1 061**	**884**	**1 061**	**884**
软卧车	Soft Berth Coaches	76	69	77	71
硬卧车	Hard berth Coaches	413	387	413	387
硬座车	Hard Seat Coaches	440	325	440	325
餐　车	Dining Cars	54	50	57	50
行李邮政车	Luggage and Post Cars	10		10	
其　它	Others	62	47	59	47
货车合计(辆)	**Freight Cars (coach)**	**1 575**		**1 706**	
按车型分	Grouped by Type of Car				
棚　车	Covered Cars	373		382	
敞　车	Open cars	994		1 094	
平　车	Flat Cars	100		100	
罐　车	Tank Cars	98		98	
其　它	Others	10		32	
按载重量分	Grouped by Capacity of Car				
25-40吨	25-40 Tons				
60 吨	60 Tons				
货车总载重(万吨)	Total Loading Capacity of Freight	4.8		5.1	
平均每辆车载重量(吨)	Average Marked Loading Capacity	30.5		30	

13-5 各地区民用车辆拥有量（2005年）
Number of Civil Motor Vehicles Owned by Region (2005)

单位：辆 (unit)

地　区	Region	总　计 Total	营　运 Operation	非营运 Non-operation	特　种 Special	总计中：Of Total 进　口 Import	个　人 Private-owned	新注册 New Registration
全省合计	**Total**	**3 276 345**	**530 253**	**2 746 093**	**21 839**	**78 355**	**2 802 195**	**478 910**
昆　明	Kunming	671 782	82 415	589 367	0	21 081	562 480	88 976
曲　靖	Qujing	369 154	67 119	298 595	0	3 909	313 013	74 236
玉　溪	Yuxi	313 755	52 453	26 130	0	6 252	285 604	38 487
保　山	Baoshan	174 004	26 297	147 707	0	2 684	144 419	27 819
昭　通	Zhaotong	145 176	23 235	12 941	0	1 703	131 702	21 233
丽　江	Lijiang	60 232	11 852	45 984	0	646	48 979	1 743
思　茅	Simao	173 551	33 907	139 644	0	4 944	156 992	26 801
临　沧	Lincang	117 435	40 759	76 676	0	1 661	105 687	12 993
楚　雄	Chuxiong	143 080	31 539	110 541		1 595	126 591	26 413
红　河	Honghe	296 260	52 996	243 264	0	6 374	222 229	42 935
文　山	Wenshan	163 657	28 304	135 353	0	2 954	147 193	35 268
西双版纳	Xishuangbanna	174 338	11 135	151 303	0	6 415	152 881	20 173
大　理	Dali	213 615	32 818	180 797	0	2 969	185 931	33 563
德　宏	Dehong	184 924	13 333	171 591	0	11 333	172 166	18 492
怒　江	Nujiang	18 002	4 090	13 912	0	512	13 425	1 870
迪　庆	Diqing	28 315	16 888	11 427	0	640	15 860	929

13-5　续表 1　continued

单位：辆 (unit)

地　区	Region	汽　车合　计 *Total	载客汽车 Passenger Vehicles	其中:大型 Large-scale	中　型 Medium	小　型 Small-scale	微　型 Miniature	轿　车 Car
全省合计	**Total**	**1 124 517**	**624 880**	**15 365**	**29 077**	**433 618**	**146 820**	**297 933**
昆　明	Kunming	352 751	275 627	5 951	5 578	200 113	63 985	163 061
曲　靖	Qujing	119 402	56 255	1 584	2 476	35 581	16 614	23 630
玉　溪	Yuxi	104 138	45 695	652	1 923	29 432	13 689	23 682
保　山	Baoshan	43 501	16 864	421	1 402	11 990	3 051	5 570
昭　通	Zhaotong	44 942	21 204	820	813	11 597	7 974	6 889
丽　江	Lijiang	25 722	13 196	424	1 037	8 033	3 702	5 084
思　茅	Simao	52 846	17 731	414	1 369	13 047	2 901	6 317
临　沧	Lincang	27 500	12 300	296	654	9 377	1 973	4 571
楚　雄	Chuxiong	37 737	17 881	464	1 397	11 845	4 175	6 393
红　河	Honghe	95 877	38 796	1 208	3 020	26 395	8 173	14 288
文　山	Wenshan	40 173	17 559	507	1 573	12 325	3 154	4 939
西双版纳	Xishuangbanna	25 978	11 926	551	1 677	7 780	1 918	4 333
大　理	Dali	67 531	30 852	1 121	3 054	20 335	6 342	12 146
德　宏	Dehong	32 644	14 722	249	824	9 920	3 729	5 171
怒　江	Nujiang	9 647	5 075	90	320	4 209	456	1 162
迪　庆	Diqing	18 695	7 225	357	599	4 673	1 596	1 000

13-5 续表2 continued

单位：辆 (unit)

地 区	Region	载货汽车 Trucks	其中:重型 Heavy	中型 Medium	轻型 Light	微型 Miniature	其它汽车 Others
全省合计	**Total**	**403 800**	**58 933**	**130 741**	**170 562**	**43 564**	**95 837**
昆 明	Kunming	65 082	13 717	12 599	30 058	8 708	12 042
曲 靖	Qujing	59 539	9 992	23 085	21 800	4 662	3 608
玉 溪	Yuxi	53 200	9 403	16 574	22 108	5 115	5 242
保 山	Baoshan	18 678	2 585	7 907	7 170	916	7 959
昭 通	Zhaotong	20 921	5 244	2 417	10 819	2 441	2 817
丽 江	Lijiang	10 783	703	4 330	3 059	2 691	3 481
思 茅	Simao	20 577	1 036	7 706	10 261	1 574	14 538
临 沧	Lincang	9 894	1 528	2 466	4 627	1 273	5 306
楚 雄	Chuxiong	14 058	1 079	4 995	5 919	2 075	5 788
红 河	Honghe	35 884	4 689	14 525	15 084	586	21 197
文 山	Wenshan	20 040	1 329	7 597	8 982	2 132	2 574
西双版纳	Xishuangbanna	12 428	625	3 873	6 875	1 055	1 624
大 理	Dali	30 714	3 677	11 204	11 657	4 176	5 965
德 宏	Dehong	15 231	1 653	3 733	5 128	4 717	2 691
怒 江	Nujiang	4 133	207	1 898	1 601	427	439
迪 庆	Diqing	10 971	1 345	5 723	3 359	544	499

13-6 各地区民用其它车辆拥有量（2004年）
Number of Other Civil Motor Vehicles Owned by Region (2004)

单位：辆 (unit)

地 区	Region	摩托车 Motoers	普 通 Common	轻 便 Convenient	其它运输车 Farm Uses Trucks	三 轮 Three-wheel	低速货车 Four-wheel
全省合计	**Total**	**1 856 227**	**1 788 822**	**67 405**	**95 837**	**8 953**	**79 517**
昆 明	Kunming	294 881	272 578	22 303	12 042	5 903	3 500
曲 靖	Qujing	231 115	220 578	10 537	3 608	487	2 451
玉 溪	Yuxi	168 822	159 773	9 049	5 242	395	3 897
保 山	Baoshan	113 006	110 955	2 051	7 959	125	7 633
昭 通	Zhaotong	95 753	93 672	2 081	2 817	444	2 331
丽 江	Lijiang	23 721	23 301	420	3 481	302	3 161
思 茅	Simao	108 917	107 364	1 553	14 538	49	14 459
临 沧	Lincang	67 891	67 111	780	5 306	76	5 077
楚 雄	Chuxiong	87 958	85 382	2 576	5 788	204	5 076
红 河	Honghe	173 147	165 615	7 532	21 197	493	19 671
文 山	Wenshan	108 057	106 433	1 624	2 574	64	2 378
西双版纳	Xishuangbanna	121 949	120 534	1 415	1 624	15	1 556
大 理	Dali	128 367	125 728	2 639	5 965	340	4 957
德 宏	Dehong	117 927	115 622	2 305	2 691	29	2 580
怒 江	Nujiang	6 242	6 055	187	439	15	408
迪 庆	Diqing	2 606	2 261	345	499	12	387

13-6 续表 continued

单位：辆 (unit)

地区	Region	拖拉机 Tractors	大型 Large-scale	小型 Small-scale	其他类 Others	挂车 Trailer	机动车驾驶员 Number of Motor Drivers	汽车驾驶员 Automobile Drivers
全省合计	**Total**	**294 045**	**50 217**	**243 828**	**101**	**1 456**	**3 757 258**	**2 535 050**
昆明	Kunming	23 477	0	23 477	61	612	910 520	805 169
曲靖	Qujing	18 587	1 469	17 118	0	50	474 541	236 287
玉溪	Yuxi	40 472	3 212	37 260	5	318	295 057	179 102
保山	Baoshan	17 456	9 153	8 303	1	40	207 984	64 136
昭通	Zhaotong	4 475	28	- 3 582	0	6	202 742	98 016
丽江	Lijiang	9 554	1 497	8 057	0	0	115 894	90 431
思茅	Simao	11 779	1 833	9 946	2	7	181 565	98 328
临沧	Lincang	22 037	2 766	19 271	6	1	167 983	93 143
楚雄	Chuxiong	16 134	15 093	1 041	1	27	173 561	57 180
红河	Honghe	27 172	2 557	24 615	2	62	348 231	228 211
文山	Wenshan	15 419	1 311	14 108	0	8	187 911	110 918
西双版纳	Xishuangbanna	26 398	2 691	23 707	3	10	155 858	65 917
大理	Dali	17 508	13 809	3 699	5	204	221 556	187 466
德宏	Dehong	34 335	2 039	32 296	15	3	177 104	65 799
怒江	Nujiang	2 112	554	1 558	0	1	33 669	25 014
迪庆	Diqing	6 907	1 205	5 702	0	107	30 510	26 649

13-7 各地区私人车辆拥有量（2005年）
Number of Private Motor Vehicles by Region (2005)

单位：辆 (unit)

地区	Region	总计 Total	载客汽车 Passenger Vehicles	载货汽车 Trucks	拖拉机 Tractors	摩托车 Motoers
全省合计	**Total**	**2 802 195**	**741 130**	**271 946**	**241 341**	**1 819 432**
昆明	Kunming	562 480	198 971	41 155	23 477	289 116
曲靖	Qujing	313 013	34 840	38 092	13 632	223 922
玉溪	Yuxi	285 604	34 136	38 792	40 472	167 807
保山	Baoshan	144 419	12 165	16 708	177	111 746
昭通	Zhaotong	131 702	13 919	16 249	4 207	94 354
丽江	Lijiang	48 979	8 215	6 137	9 634	22 072
思茅	Chuxiong	156 992	8 732	14 977	11 770	107 300
临沧	Honghe	105 687	5 533	6 538	22 037	66 630
楚雄	Wenshan	126 591	9 862	8 630	16 134	86 774
红河	Simao	222 229	20 341	18 265	923	171 398
文山	Xishuangbanna	147 193	9 240	15 525	15 082	105 004
西双版纳	Dali	152 881	6 590	9 353	14 508	120 903
大理	Dehong	185 931	18 315	17 883	17 508	126 992
德宏	Nujiang	172 116	7 937	11 364	34 313	115 975
怒江	Diqing	13 425	2 097	2 864	2 112	6 019
迪庆	Lincang	15 860	4 440	8 466	181	2 353

13-8 民用运输船舶年末实有数

Number of Civil Transport Vessels at the Year-end

指　标	Item	2003年		2004年		2005年	
		合 计 Total	#私 人 Private-owned	合 计 Total	#私 人 Private-owned	合 计 Total	#私 人 Private-owned
机动船总计	**Total Motor Vessels**						
艘　数（艘）	Number (unit)	1 143	1 003	1 190	1 066	1 174	868
净载重量　（吨位）	Dead Weight Tonnage (ton)	29 012	17 117	45 731	22 839	50 647	21 456
载客量　（客位）	Passenger Capacity (seat)	22 409	14 924	23 261	17 295	24 006	13 922
功　率（千瓦）	Drawing Power (kw)	92 173	46 773	94 274	50 664	93 926	39 521
客船	Passenger Boat						
艘　数（艘）	Number (unit)	594	558	789	763	912	720
载客量　（客位）	Passenger Capacity (seat)	17 849	11 677	20 036	15 434	21 503	12 706
功　率（千瓦）	Drawing Power (kw)	32 086	20 698	36 506	26 920	49 351	28 934
客货船	Passenger Boat and Cargo Vessel						
艘　数（艘）	Number (unit)	178	167	69	57	99	79
净载重量　（吨位）	Dead Weight Tonnage (ton)	1 416	948	1 435	712	2 093	1 415
载客　量（客位）	Passenger Capacity (seat)	4 560	3 247	3 225	1 861	2 503	1 216
功　率（千瓦）	Drawing Power (kw)	6 230	3 929	5 265	2 670	4 972	1 833
货船	Cargo Vessel						
艘　数（艘）	Number (unit)	364	276	330	246	162	69
净载重量　（吨位）	Dead Weight Tonnage (ton)	27 596	16 169	32 027	13 054	37 785	14 185
功　率（千瓦）	Drawing Power (kw)	52 102	22 025	52 127	21 074	39 426	8 754
拖船	Tugboat						
艘　数（艘）	Number (unit)	7	2	2		1	
功　率（千瓦）	Drawing Power (kw)	1 755	121	376		177	
货驳	**Total Barges**						
艘　数（艘）	Number (unit)	21	6	2			
净载重量　（吨位）	Dead Weight Tonnage (ton)	4 827	537	140			

13-9 内河、湖泊主要港口码头泊位数（2005年）

Number of Berths in Major Ports of Inland Rivers and Lakes (2005)

名 称	Name	港口所在地	Place of Port	旅客吞吐量（万人） Volume of Passenger Traffic (10 000 persons)	# 出港量 *Export Volume	货物吞吐量(万吨) Volume of Freight Handled (10 000 tons)	出港量 *Export Volume	进港量 *Import Volume	生产用码头 Quay Line For Productive Use: 码头长度（米） Length of Quay Line (m)	泊位数（个） Number of Berths (unit)	最大靠泊能力（吨级） The Greatest Capacity (tons)
昆明港	Kunming	昆明新篆塘	Kunming Xinzhuantang	50	25	10	5	5	1 090	24	
水富港	Shuifu	昭通水富县	Zhaotong Shuifu County	38	19	87	18	69	800	4	1 350
绥江港	Suijiang	昭通绥江县	Zhaotong Suijiang County	28	14	65	54	11	1 034	14	2 700
下关港	Xiaguan	大理下关	Dali Xiaguan	168	84	16	8	8	2 010	34	
景洪港	Jinghong	西双版纳景洪	Xishuangbanna Jinghong	16	8	30	12	18	340	3	450
思茅港	Simao	思茅市	Simao City			4	4		330	3	250
江川港	Jiangchuan	玉溪江川县	Yuxi Jiangchuan	20	10				233	6	204
澄江港	Chengjiang	玉溪澄江县	Chengjiang County	20	10				1 600	12	100

13-10 主要年份客运量

Passenger Traffic in Significant Years

单位：万人 (10 000 persons)

年 份 Year	客运量总计 Total Passenger Traffic	铁 路 Railways	公 路 Highways	水 运 Waterways	民用航空 Civil Aviation
1978	3 941.0	1 267.0	2 534.0	31	8.9
1980	5 250.0	1 528.0	3 612.0	93	17.2
1985	9 393.0	1 509.0	7 735.0	126	23
1987	10 091.0	1 351.0	8 552.0	149	39
1988	10 551.0	1 444.0	8 864.0	211	32
1989	10 389.0	1 320.0	8 928.0	110	31
1990	10 702.0	1 016.0	9 475.0	177	34
1991	11 078.0	1 006.0	9 880.0	142	50
1992	10 565.0	1 086.0	9 277.0	119	83
1993	11 063.0	1 250.0	9 528.0	158	127
1994	25 163.0	1 359.0	23 518.0	141	145.8
1995	21 697.0	1 257.0	20 095.0	134	211
1996	23 904.0	1 119.0	22 397.1	135.2	253
1997	25 003.7	1 129.5	23 437.9	148	288.3
1998	29 863.0	1 295.0	28 048.0	189	331.1
1999	32 962.2	1 494.8	30 796.0	236	435.4
2000	33 704.0	1 531.6	31 586.0	241	345
2001	39 984.4	1 424.4	37 909.0	271	380
2002	38 879.6	1 391.6	36 726.0	369	393
2003	35 156.0	1 360.5	33 039.0	382	377
2004	38 902.0	1 524.0	36 502.0	412	464
2005	41 079.0	1 574.0	38 509.0	501.0	495.0

注：公路客运量1993年前为运输系统统计数，1994年改为全社会统计数。

Note: Before 1993 the total passenger traffic was included in transport computation, and since 1994 it has been changed in total social count.

13-11 主要年份旅客周转量

Passenger-kilometers in Significant Years

单位：亿人公里 (100 million persons-km)

年 份 Year	旅客周转量总计 Total Passengerkilometers	铁 路 Railways	公 路 Highways	水 运 Waterways	民用航空 Civil Aviation
1978	24.25	9.92	13.89	0.12	0.32
1980	33.74	12.86	20.30	0.26	0.32
1985	72.84	19.56	52.53	0.32	0.43
1987	88.41	23.20	59.92	0.55	4.74
1988	93.46	23.91	64.81	0.57	4.17
1989	94.01	21.92	67.66	0.42	4.01
1990	87.67	17.22	65.77	0.46	4.22
1991	95.86	17.95	71.83	0.37	5.72
1992	99.98	20.29	69.89	0.34	9.46
1993	111.90	22.86	73.38	0.37	15.29
1994	146.87	24.41	101.77	0.33	20.36
1995	137.93	23.03	93.10	0.35	21.45
1996	149.94	20.57	102.40	0.37	26.61
1997	172.37	22.73	119.47	0.38	29.78
1998	189.85	24.76	131.80	0.58	32.71
1999	237.99	32.82	164.20	0.64	40.34
2000	237.94	31.35	171.20	0.78	34.57
2001	304.20	31.79	232.76	0.82	38.83
2002	281.60	30.50	210.10	0.90	40.10
2003	263.45	30.07	192.87	0.88	39.60
2004	317.76	37.30	227.21	0.91	52.34
2005	331.60	41.04	233.12	1.05	56.39

13-12 主要年份货运量

Freight Traffic in Significant Years

单位：万吨 (10 000 tons)

年 份 Year	货运量总计 Total Freight Traffic	铁 路 Railways	公 路 Highways	水 运 Waterways	民用航空 Civil Aviation
1978	4 994	1 929	2 972	93	0.16
1980	4 758	2 106	2 587	65	0.22
1985	20 044	2 022	17 970	52	0.4
1987	21 583	2 308	19 184	91	0.5
1988	22 990	2 421	20 477	91	0.6
1989	30 822	2 541	28 189	91	1
1990	38 327	2 567	35 656	104	0.43
1991	30 834	2 577	28 165	91	0.63
1992	42 752	2 658	39 988	105	1
1993	35 704	2 718	32 869	115	1.84
1994	37 860	2 769	34 921	168	2
1995	38 400	2 829	35 446	123	2.4
1996	42 852	2 896	39 728	245	3.5
1997	46 782	2 904	43 716	157	5.6
1998	48 448	3 100	45 199	141	7.27
1999	50 781	3 287	47 368	118	7.75
2000	52 452	3 521	48 789	134	7.82
2001	53 199	3 859	49 189	142	8.63
2002	55 014	4 312	50 549	146	6.7
2003	58 664	4 634	53 864	160	6.1
2004	59 636	5 082	54 326	221	7.5
2005	62 246	5 300	56 702	236	7.93

13-13 主要年份货物周转量

Freight Ton-kilometers in Significant Years

单位：亿吨公里 (100 million tons-km)

年 份 Year	货物周转量总计 Total Freight Ton-kilometers	铁 路 Railways	公 路 Highways	水 运 Waterways	民用航空 Civil Aviation
1978	62.34	43.52	18.57	0.24	0.01
1980	68.76	50.59	17.84	0.32	0.01
1985	154.11	64.83	88.73	0.50	0.05
1987	195.89	79.77	115.35	0.69	0.08
1988	208.05	82.78	124.44	0.75	0.08
1989	225.21	88.00	136.10	1.04	0.07
1990	260.67	93.91	166.10	0.59	0.07
1991	233.12	96.07	136.42	0.55	0.08
1992	275.85	100.92	173.92	0.88	0.13
1993	241.61	106.23	134.06	1.08	0.24
1994	295.08	107.86	185.99	0.98	0.26
1995	307.71	114.24	192.10	1.06	0.31
1996	352.44	122.24	228.53	1.23	0.44
1997	384.94	129.00	253.96	1.21	0.76
1998	416.18	141.08	273.12	0.96	1.02
1999	443.09	152.64	288.14	0.92	1.11
2000	479.52	180.76	296.65	0.98	1.13
2001	517.31	196.58	318.49	0.99	1.25
2002	551.20	215.80	333.20	1.20	1.00
2003	595.88	235.79	357.64	1.54	0.90
2004	628.39	260.01	365.08	2.12	1.18
2005	656.49	270.37	381.96	2.93	1.23

注：公路从1984年起为国家统计局统一口径的全社会运量数。

Note: Since 1984 the approach in computation of freight-kilometers of highways has been included in total social count according to National Bureau of Statistics of China .

13-14 主要年份货物运输平均运距
Average Transport Distance of Freight in Significant Years

单位：公里 (km)

年 份 Year	总 计 Total	铁 路 Railways	公 路 Highways	水 运 Waterways	民用航空 Civil Aviation
1978	124.8	225.6	62.5	25.8	625.0
1982	145.4	234.6	72.3	60.9	
1983	162.4	290.2	74.6	96.7	833.3
1984	134.2	222.7	74.6	58.8	1 333.3
1985	194.0	320.6	88.6	96.2	1 250.0
1986	204.7	312.9	100.7	82.8	1 200.0
1987	237.5	345.6	119.7	75.8	1 600.0
1988	178.2	341.9	71.5	82.4	1 333.3
1989	73.1	346.3	48.3	114.0	1 444.1
1990	68.0	365.8	46.6	57.0	1 595.3
1991	75.6	372.8	48.4	60.4	1 269.8
1992	64.5	379.7	43.5	84.3	1 256.7
1993	67.7	390.0	40.8	93.9	1 304.3
1994	77.9	389.5	53.3	58.3	1 300.0
1995	80.1	403.8	54.2	86.2	1 291.7
1996	82.3	422.1	57.5	54.7	1 257.1
1997	82.3	444.2	58.1	77.2	1 358.2
1998	85.9	455.0	60.4	68.1	1 483.0
1999	87.3	464.4	60.8	78.0	1 793.5
2000	91.4	513.4	60.8	73.1	1 445.0
2001	97.2	509.4	64.7	69.7	1 448.4
2002	100.2	500.5	65.9	82.2	1 515.1
2003	101.6	508.8	66.4	96.3	1 475.4
2004	105.4	512.0	67.2	95.9	1 573.3
2005	105.5	510.1	67.4	124.2	1551.1

13-15 主要年份旅客运输平均运距
Average Transport Distance of Passengers in Significant Years

单位：公里 (km)

年 份 Year	客运量总计 Total Freight Traffic	铁 路 Railways	公 路 Highways	水 运 Waterways	民用航空 Civil Aviation
1978	61.5	78.3	54.8	38.7	359.6
1982	64.5	87.3	57.2	25.8	450.0
1983	66.7	92.8	59.2	25.8	484.4
1984	63.9	77.8	60.7	26.7	466.7
1985	77.5	129.6	67.9	25.4	487.0
1986	78.1	151.7	64.3	36.4	1 174.2
1987	87.6	171.7	70.1	36.9	1 215.4
1988	88.6	165.6	73.1	27.0	1 303.1
1989	86.4	166.1	72.6	31.4	1 292.7
1990	81.9	169.5	69.4	25.9	1 240.4
1991	86.5	178.4	72.7	26.1	1 144.0
1992	88.4	186.9	75.3	28.6	1 139.4
1993	101.1	182.9	77.0	23.4	1 203.9
1994	116.4	179.6	73.6	23.4	1 396.4
1995	63.6	183.2	46.3	26.1	1 016.6
1996	62.7	183.8	45.7	27.4	1 051.8
1997	68.9	201.3	51.0	25.9	1 032.9
1998	63.6	191.3	47.0	30.7	987.9
1999	72.2	219.5	53.3	27.1	926.5
2000	70.6	204.7	54.2	32.4	1 002.0
2001	90.3	223.2	61.4	30.3	1 021.8
2002	72.4	219.2	57.2	24.3	1 019.1
2003	74.9	221.0	58.4	23.0	1 050.4
2004	82.0	244.0	62.0	22.0	1 128.0
2005	80.7	260.7	60.5	21.0	1139.2

13-16 铁路货物运输量
Railway Freight Traffic

（按货类分） (by category of cargo)

品种	Item	2004年 货运量（万吨） Freight Traffic (10 000 tons)	2004年 货物周转量（百万吨公里） Freight Ton-kilometers(1 000 000 tons-km)	2004年 平均运距（公里） Average Transport Distance (km)	2005年 货运量（万吨） Freight Traffic (10 000 tons)	2005年 货物周转量（百万吨公里） Freight Ton-kilometers (1 000 000 tons-km)	2005年 平均运距（公里） Average Transport Distance (km)
合计	**Total**	**8 688**	**26 000**	**299**	**9 141**	**27 037**	**296**
煤	Coal	2 127	447	209	1 909	3 835	201
焦炭	Coke	232	614	265	167	358	215
石油	Petroleum	441	1 405	319	498	1 592	320
钢铁	Steel	1 092	3 815	349	1 290	4 386	340
金属矿石	Metal Ores	857	3 438	401	878	3 420	389
非金属矿石	Nonmetal Materials	207	634	307	232	712	307
磷矿石	Phosphate Mineral	452	1 381	305	535	1 566	292
矿建材料	Mineral Building Materials	245	769	314	234	737	315
水泥	Cement	41	88	217	59	116	196
木材	Timber	135	469	348	137	446	325
化肥农药	Chemical Fertilizers and pesticide	670	1 930	288	906	2 639	291
粮食	Grain	229	628	274	280	732	262
棉花	Cotton	2	8	332	2	7	316
盐	Salt	33	93	279	38	109	286
其它	Others	2 379	11 663	490	2 511	7 947	317
农副土特产品	Farm Crops	79	277	351	63	206	328
鲜活易腐货物	Goods of Live Animal and Putrescence	104	322	311	90	272	302

13-17 公路部门货物运输量
Highway Freight Traffic

（按货类分） (by category of cargo)

品种	Item	2004年 货运量（万吨） Freight Traffic (10 000 tons)	2004年 货物周转量（万吨公里） Freight Ton-kilometers (10 000 tons-km)	2004年 平均运距（公里） Average Transport Distance (km)	2005年 货运量（万吨） Freight Traffic (10 000 tons)	2005年 货物周转量（万吨公里） Freight Ton-kilometers (10 000 tons-km)	2005年 平均运距（公里） Average Transport Distance (km)
合计	**Total**	**54 326**	**3 650 763**	**67.2**	**56 702**	**3 819 609**	**67.4**
煤	Coal	7 627	613 523	80.4	5 760	499 869	86.8
石油	Petroleum	2 475	198 714	80.3	873	103 489	118.5
钢铁	Steel	1 078	103 150	95.7	1 588	159 877	100.7
金属矿石	Metal Ores	1 523	124 357	81.7	2 397	189 831	79.2
非金属矿石	Nonmetal Materials	1 397	123 600	88.5	1 938	116 756	60.2
磷矿石	Phosphate Mineral	951	61 268	64.4	471	24 965	53.0
矿建材料	Mineral Building Materials	962	83 758	87.1	2104	125 253	59.5
水泥	Cement	1 143	93 031	81.4	3 021	190 129	62.9
木材	Timber	6 638	527 934	79.5	636	67 036	105.4
化肥农药	Chemical Fertilizers and pesticide	1 078	135 469	125.7	1 701	153 681	90.3
粮食	Grain	127	12 925	101.8	1 264	110 736	87.6
盐	Salt	189	15 182	80.3	360	37 354	103.8
日用工业品	Daily Use Industrial Products	129	17 702	137.2	192	40 785	212.4
其它	Others	20 170	878 919	43.6	28 686	1 250 511	43.6

13-18 铁路运输经济技术主要指标（准轨）

Principal Economic and Technical Indicators on (Standard) Railway Transport

指　　标	Item	2001年	2003年	2004年	2005年
货运机车日产量（万吨/公里）	Average Daily Ton-kilometers of Freight Locomotives (10 000 tons/km)	68.50	71.7	72.6	76.6
# 内燃机车（万吨/公里）	Steam Locomotives (10 000 tons/km)	28.50	22.8	23.7	26.7
货运机车平均牵引总重（吨）	Average Total Tonnage of Freight Locomotives (ton)	2 796	2 994	3 112	3 152
# 内燃机车（吨）	Steam Locomotives (ton)	1 702	1 765	1 908	2 211
货运机车日车公里（公里）	Daily Distance per Freight Locomotives (km)	396	397	390	389
客运机车日车公里（公里）	Daily Distance per Passenger Locomotives (km)	422	423	428	454
内燃机车每万吨公里耗油（公斤）	Oil Consumption of Steam Locomotive (kg/10 000 tons/km)	63.50	88.2	87.5	87.3
货物列车出发正点率（%）	Punctuality Rate of Freight Trains at Departure (%)	96.80	97	97.2	97.1
货物列车运行正点率（%）	Punctuality Rate of Freight Trains in Running (%)	91.70	95.4	96.6	96.5
旅客列车出发正点率（%）	Punctuality Rate of Passenger Trains at Departure (%)	99.80	99.9	99.8	99.9
旅客列车技术速度（公里/小时）	Technical Speed of Passenger Trains (km/hr)	55.40	58	59.8	62.1
旅客列车旅行速度（公里/小时）	Traveling Speed of Passenger Trains (km/hr)	48.00	49.6	50.9	52.6
每一旅客列车编成辆数（辆）	Number of Constitute per One Passenger Train (unit)	15.70	12.4	15	15
客运列车密度（列/日）	Density of Passenger Trains (unit/day)	57.50	74.9	75.8	66.2
客运密度（万人/公里）	Density of Passenger Trains (10 000 passenger-km/km)	0.90	0.89	1.05	1.13
每万名旅客拥有座卧车数（辆）	Number of Coaches per 10 000 Passengers (unit)	0.44	0.56	0.46	0.43
每百万旅客人公里拥有座卧车数（辆）	Number of Coaches per 10 000 Passengers/km (unit)	0.30	0.49	0.25	0.26
货物列车技术速度（公里/小时）	Technical Speed of Freight Trains (km/hr)	45.30	44.6	47.9	45.7
货物列车旅行速度（公里/小时）	Running Speed of Freight Trains (km/hr)	29.10	28	28	25.5
货运列车密度（列/日）	Density of Freight Transport (unit/day)	319	151.7	164.1	192.8
货运密度（吨公里/公里）	Density of Freight Transport (ton-km/km)	31 900	39 600	45 100	47 500
货车周转时间（天）	Turning Around Time of Freight Cars (day)	2.42	2.47	2.34	2.22
货车一次作业停留时间（小时）	Handling Time of Freight (hour)	20.50	21.2	18.2	14.7
货车周转停留时间（小时）	Transfer Waiting Time per Car (hour)	8.00	7.4	6.8	6.3
货车净载重（吨）	Static Load of Freight Cars (Standard Gauge) (ton)	57.50	57.8	58.5	58.9
货车载重力利用率（%）	Utilization Rate of Loading Capacity of Freight Cars (%)	98.00	96.3	99.4	99.3

13-19 铁路运输主要财务成本指标
Financial Cost Indicators on Railway Transport

单位：万元 (10 000 yuan)

指 标	Item	2001年	2003年	2004年	2005年
运输总收入	Total Transport Revenue	269 494	362 148	432 287	485 251
客运收入	Revenue from Passenger Traffic	76 095	79 346	104 106	118 218
货运收入	Revenue from Freight Traffic	132 158	212 440	250 909	280 968
行李包裹收入	Revenue from Luggage	11 639	12 554	13 062	14 515
邮运收入	Revenue from Postal Delivery	1 051	1 051	1 054	1 051
其它收入	Other Revenue	48 551	56 757	63 156	70 499
运输总成本	Total Transport Costs	3 040	420 412	471 162	506 048
工 资	Wages and Salaries	47 334	61 314	82 373	88 508
材 料	Materials	18 002	20 849	51 516	32 022
燃 料	Fuel	12 932	13 063	14 864	17 818
电 力	Electricity	26 784	37 255	42 540	52 184
折旧提成	Depreciation	38 173	55 986	63 863	63 267
其 他	Other Costs	141 475	161 898	166 966	252 249
营业外支出	Non-operating Net Revenue or Expenditure	19 283	27 821	26 715	26 512
上缴营业税	Taxes Payable	10 458	16 804	15 666	12 529
实现利润	Profits	5 741	- 6 923	- 11 549	- 109 821
固定资产原值	Original Value of Fixed Assets	1 928 643	2 392 980	2 403 553	2 529 661
铁路运输职工平均人数(人)	Average Number of Saff and Employed Workers in Transport (person)	45 000	43 000	38 000	38 000
单位成本 (元)	Unit Cost (yuan)	1 804	1 581		

13-20 公路运输经济技术主要指标
Principal Economic and Technical Indicators on Highway Transport

指 标	Item	2001年	2003年	2004年	2005年
载货汽车完好率（%）	Intact Rate of Trucks (%)				
载货汽车工作率（%）	Work Rate of Trucks (%)	124.8	72.3	79.6	72.5
载货汽车实载率（%）	Carry Rate of Trucks (%)	140.8	81.3	110.2	103.27
载货汽车车吨年产量 (吨公里)	Ton/year Yield of Trucks (ton/km)				
载货汽车单车年产量 (吨公里)	Unit/year Yield of Trucks (ton/km)				
载客汽车完好率（%）	Intact Rate of Passenger Vehicles (%)				
载客汽车工作率（%）	Work Rate of Passenger Vehicles (%)	157.3	81.6	91.2	82.41
载客汽车实载率（%）	Carry Rate of Passenger Vehicles (%)	129.3	60.3	80.3	76.7
载客汽车车座年产量 (人公里)	Seat/year Yield of Passenger Vehicles (person/km)				
载客汽车单车年产量 (人公里)	Unit/year Yield of Passenger Vehiles (person/km)				
客车每百车公里耗汽油 (升)	Consumption of Gasoline per 100 Passenger Vehicles/km (li)	45.1	38.2	14.6	23.48
客车每百车公里耗柴油 (升)	Consumption of Diesel Oil per 100 Passenger Vehicles/km (li)	35.2	33.7	17.42	22.82
客车每百吨公里耗汽油 (升)	Consumption of Gasoline per 100 Passenger Vehicles Ton/km (li)	8.2	7.6	7.64	17.17
客车每百吨公里耗柴油 (升)	Consumption of Diesel Oil per 100 Passenger Vehicles Ton/km (li)	6.6	6.7	8.21	11.41
货车百车公里耗汽油 (升)	Consumption of Gasoline per 100 Trucks/km (li)	64.1	41.7	25.3	32.15
货车百车公里耗柴油 (升)	Consumption of Diesel Oil per 100 Trucks/km (li)	54.2	39.8	32.1	30.27
货车百吨公里耗汽油 (升)	Consumption of Gasoline per 100 Trucks Ton/km (li)	6.7	8.1	8.12	10.45
货车百吨公里耗柴油 (升)	Consumption of Diesel Oil per 100 Trucks Ton/km (li)	4.6	7.6	7.52	7.24

13-21 民用航空主要财务成本指标
Financial Cost Indicators of Civil Aviation

单位：万元 (10 000 yuan)

指　　标	Item	2001年	2003年	2004年
业务收入	Total Revenue	283 487	262 257	338 674
国内航线运输收入	Revenue from Domestic Routes	245 486	238 441	308 012
国际航线运输收入	Revenue from International Routes	14 572	9 089	17 616
航站服务收入	Revenue from Aviation Harbor	21 386		
其他业务收入	Other Revenue	0	6 124	10 491
业务成本	Cost	216 809	214 807	263 062
飞行费用	Flying Expenses	181 311	192 400	245 025
税　金	Tax	8 713	3 270	10 699
利润总额	Total Profits	1 906	- 8 876	7 293
营业外收入	Non-operating Net Revenue	88	203	43
营业外支出	Non-operating Expenditure	3 845	1 698	165
年末固定资产原值	Original Value of Fixed Assets Year-end	833 730	737 711	725 624

13-22 民航运输生产主要指标
Principal Indicators of Civil Aviation

指　　标	Item	2001年	2003年	2004年	2005年
旅客发运量　(人)	Passenger Traffic (person)	3 800 655	3 767 782	4 641 000	4 951 118
国际航线（人)	International Routes (person)	150 149	100 928	164 113	150 654
地区航线（人)	Regional Routes (person)	21 169	44 639	28 597	37 546
国内航线（人)	Domestic Routes person)	3 629 337	3 622 215	4 445 566	4 762 918
货邮发运量　(吨)	Freight Traffic (ton)	86 282	60 639	74 647	79 252
国际航线（吨)	International Routes (ton)	3 423	1 072	1 737	1 322
地区航线（吨)	Regional Routes (ton)	313	77	150	226
国内航线（吨)	Domestic Routes (ton)	82 546	59 490	72 760	77 704
旅客周转量　(万人公里)	Passenger-tons (10 000 persons-km)	388 252	396 347	523 545	563 853
货邮周转量　(万吨公里)	Freight Ton-kilometers (10 000 tons-km)	12 468	9 132	11 839	12 290
总周转量　(万吨公里)	Total Air Traffic Ton-kilometers (10 000 tons-km)	41 236	44 428	58 476	62 492
飞行班次　(班次)	Number of Flying (number)	34 449	45 568	49 033	54 590
飞行万公里　(万公里)	10 000 km of Flying (10 000 km)	3 995		4 809	5 549
飞行小时　(小时)	Hours of Flying (h)	61 763		74 416	90 656
飞机生产率　(吨公里/小时)	Work Rate of Aircrafts (ton-km/h)	6 676		7 947	6 893
飞机载运率　(%)	Carry Rate of Aircrafts (%)	59.3		76.9	74.2
客座利用率　(%)	Utilization Rate of Seat (%)	59.9		76.0	71.5

13-23 主要年份邮电通信网
Basic Conditions of Post and Telecommunication Services and Networks in Significant Years

年 份 Year	邮电局所（处） Number of Post & Telecommunications Offices(unit)	# 设在农村的 Set up in the Country	邮路总长度（公里） Length of Postal Routes and Rural Dilivery(km)	长话电路（路） Number of Long-distanceTelephone Lines (line)	电报电路（路） Number of Long-distance Telegraph Lines (line)
1978	1 708	1 520	260 761	891	377
1980	1 700	1 495	255 779	996	376
1985	1 780	1 442	230 505	1 216	450
1986	1 693	1 441	227 388	1 268	457
1987	1 692	1 494	223 987	1 361	454
1988	1 686	1 496	223 240	1 426	524
1989	1 686	1 489	227 643	1 648	568
1990	1 700	1 419	227 720	1 841	596
1991	1 710	1 415	226 378	2 061	613
1992	1 732	1 419	228 263	2 977	618
1993	1 734	1 417	228 384	6 312	1 053
1994	1 771		232 083	16 289	990
1995	1 809	1 549	236 447	13 104	565
1996	1 843	1 568	293 361	16 277	559
1997	1 898	1 623	293 918	21 639	882
1998	2 105	1 685	292 900	32 454	478
1999	1 927	1 614	294 285	50 706	360
2000	1 946	1 604	295 496	95 725	384
2001	1 977	1 477	317 931	179 484	
2002	1 934	1 463	300 814	95 069	
2003	1 908	1 465	301 561	198 828	
2004	1 912	1 446	304 239		
2005	1 897	1 406	311 426		

注：1. 邮路总长度包括农村投递线路。

2. 从1993年起调整了电报电路统计口径。

Note: a. The total length of postal routes includes that of rural delivery lines.

b. Since 1993 the approach in computation of the telegragh routes has been changed .

13-24 主要年份邮电业务量

Postal and Telecommunication Services in Significant Years

年份 Year	邮电业务总量（万元） Business Volume of Post (10 000 yuan)	函件（万份） Number of Letters (10 000 copies)	报刊期发数（万份） Newspapers and Magazines Circulation (10 000 copies)	电报（万份） Telegraph (10 000 copies)	长途电话（万张） Number of Long Distance Telephone Calls (10 000 times)	市内电话（户） Number of Telephone Subscribers in Urban Areas (subscriber)	农村电话（户） Number of Telephone Subscribers in Townships and Village(subscriber)
1978	3 017	5 572	255	351	462	21 842	40 299
1980	3 555	7 023	365	392	508	26 190	44 801
1985	6 675	9 497	640	578	731	38 524	52 261
1986	7 055	9 567	590	523	757	42 076	55 170
1987	8 000	10 508	711	601	819	44 992	34 166
1988	9 876	10 915	690	750	942	56 535	34 626
1989	11 012	9 725	466	734	979	64 591	35 684
1990	12 737	8 958	471	713	1 172	73 194	36 830
1991	26 267	9 378	577	729	1 557	92 801	38 389
1992	35 917	10 320	529	773	2 809	129 948	41 453
1993	55 855	12 582	533	754	4 997	206 708	47 335
1994	91 534	15 534	523	638	9 772	286 416	53 758
1995	139 729	16 024	485	510	16 750	640 510	99 029
1996	206 541	14 951	507	402	22 174	713 348	125 943
1997	298 404	14 476	597	335	24 891	1 029 841	202 001
1998	443 831	12 558	457	262	33 604	1 487 371	386 643
1999	612 636	10 475	640	212	37 954	1 741 121	560 798
2000	990 739	10 001	758	201	38 105	2 218 638	670 336
2001	1 009 580	8 876	459		31 053	2 762 291	836 939
2002	1 266 613	12 344	410		26 710	3 573 786	795 826
2003	1 599 693	9 969	329		24 151	4 831 855	1 148 706
2004	2 089 877	8 387	339			2 322 581	1 214 152
2005	2 622 323	7 933	318			4 440 115	1 537 507

注：1. 1987年、1988年农村电话户数按邮电部统一口径做了调整。
2. 邮电业务总量为各个时期不变价计算。1990年邮电业务总量按1990年不变价计算为22703万元；2000年邮电业务总量按2000年不变价计算为644600万元。

Note: a. The approach in computation of the number of subscribers of rural telephones in 1987 and 1988 is changed according to Ministry of Posts and Telecommunications.
b. The total volume of postal and telecommunication services are calculated at separate constant prices of the years. The total volume of postal and telecommunication services in 1990 computed at the constant prices in 1990 is 227.03 million yuan.The total volume of postal and telecommunic-ation services in 2000 computed at the constant prices in 2000 is 6,446 million yuan.

主要统计指标解释

铁路营业里程　指办理客货运输业务的铁路正线总长度。凡是全线或部分建成双线及以上的线路,以第一线的实际长度计算；复线、站线、段管线、岔线和特别用途线以及不计算运输量的联络线都不计算营业里程。铁路营业里程是反映铁路运输业基础设施发展水平的重要指标,也是计算客货周转量、运输密度和机车车辆运用效率等指标的基础资料。

公路里程　也称“公路通车里程”,是指实际达到交通部制定的公路工程技术标准规定的等级的公路长度。他包括大中城市的郊区公路以及通过小城镇街道的公路里程,也包括桥梁、渡口的长度,但不包括城市的街道以及厂矿、林区和农业生产用道的里程。两条或多条公路共同经由同一路段,只计算一次,不得重复计算里程长度。公路里程是反映公路建设发展规模的重要指标,也是计算运输网密度等指标的基础资料。

内河航道里程　也称“内河通航里程”,是指在枯水季节水深在 0.3 米及以上,能通航运输船舶及排筏的天然河流、湖泊水库、运河及通航渠道的长度,包括全年季节性通航累计三个月以上的航道,但不包括仅供零散流放竹、木排的航道。内河航道里程是反映内河水运网规模、水平和发展情况的主要指标。

民用航空航线里程　指民航运输定期班机飞行的航线长度的总和。航线长度按机场之间的距离计算,通常有两种计算方法；将每条航线长度相加称为重复计算航线里程；如将两条或两条以上航线经过同一区段里程,只计算一次航线长度称为不重复计算航线里程。民航常用的是后者,它能确切反映民航运输网的规模,表明民航事业为国民经济服务和方便人民程度的主要指标。

货(客)运量　指运输业实际运送的货物(旅客)数量。货运按吨计算,客运按人计算。货物不论运输距离长短,货物类别,均按实际重量统计；旅客不论行程远近或票价多少,均按一人一次作为客运量统计。半价票、小孩票也按一人统计。货(客)运量反映运输业为国民经济和人民生活服务的数量指标,也是制定和检查运输生产计划,研究运输发展规模和速度的重要指标。

货物(旅客)周转量　指运输业运送的货物(旅客)数量与其相应运输距离的乘积之总和,通常以吨公里和人公里为计算单位。计算货物周转量通常按发出站与到达站之间的最短距离,也就是计费距离计算。他是反映运输业生产总成果的重要指标,也是编制和检查运输生产计划、计算运输效率、劳动生产率以及核算运输单位成本的主要基础资料。

铁路货车净载重　指铁路货车在始发站静止状态下平均每车装载的货物重量。静载重的多少取决于运送货物的性质、种类、车辆的类型和装载技术的高低。根据货车的平均载重能力和净载重进行对比,可以反映货车载重能力的利用程度。计算公式为：

货车净载重=货物发送吨数/装车数

铁路货运机车平均日产量　指平均每台货运机车在一昼夜内所完成的总重吨公里数。他既包括载运货物的重,也包括车辆本身的自重,他从时间和牵引能力两方面反映了机车运用效率的综合性指标。计算公式为：

货运机车平均日产量=货物总重吨公里数/货运机车台日数

邮电业务总量　指以货币表现的邮电部门为用户传递信息和提供其他邮电服务的总量。他用各种邮电分类业务量，如函件件数、电报份数、长话张数、市内电话和农村电话的年均户数、订销报刊份数等，分别乘以相应的平均单价，(不变价)，加总后再加上出租电路和设备的收入、代用户维护电话交换机和线路等设备的收入、其他业务收入求得。邮电业务总量综合反映了一定时期邮电工作的总成果，是研究邮电业务量构成和发展趋势的重要指标。

Explanatory Notes on Principal Statistical Indicators

Length of Railways in Operation refers to the total length of the trunk line under passenger and freight transportation (including both full operation and temporary operation). The calculation is based on the actual length of the first line even if this line has a full or partial double track or more tracks, excluding double tracks, station sidings, tracks under the charge of stations, branch lines, special-purpose lines and non-payable connecting lines. It is an important indicator to show the development of the infrastructure for the railway transport, and also the essential data to calculate volume of passenger and freight transport, traffic density and utilization efficiency of the locomotives and carriages.

Length of Highways refers to the length of highways which are built in conformity with the grades specified by the highway engineering standard formulated by the Ministry of Communications, and have been formally checked and accepted by the departments of highways and put into use. The length of highways includes that of the suburb highways at large and medium-sized cities, highways passing through streets at small cities and towns, and also the length of bridges and ferries. It does not include the length of streets in big and medium-sized cities and highways built for production purpose at factories, mines, forest and agricultural areas. If two or more highways go the same section of the way, the length of the section is only calculated for once and no duplication is allowed. The length of highways is an important indicator to show the development of the highway construction and to provide essential data to calculate the transport network density.

Length of Navigable Inland Waterways is an indicator reflecting the scale and development of the inland waterway network. It refers to the length of the natural rivers, lakes, reservoirs, canals, and ditches deeper than 0.3 m in dry season and open to navigation during a given period, which enables the transport by ships and rafts. It includes the channels open to navigation for over an accumulative 3 months in a year, but excludes the river courses which are only used to float odd logs and bamboo rafts.

Length of Civil Aviation Routes refers to the length of all routes for regular civil aviation flights. There are usually two ways to calculate the distance between airports connected by the route length: One is to put the length of all air routes together, called duplicated calculation of the length of the routes; the other is not to allow the duplication in calculation when two or more routes passing the same section of aviation routes. The latter is usually used, as it can precisely show the size of the civil aviation network and indicate the extent of civil aviation serving the national economy and the people.

Freight (Passenger) Traffic refers to the volume of freight (passenger) transported with various means. Freight transport is calculated in tons and passenger traffic is calculated in the number of persons. Despite the type of freight and traveling distance, the freight transport is calculated in the actual weight of the cargo; and despite the traveling distance and ticket price, the passenger traffic is calculated by the principle that one person can be counted only once in one travel. The passenger who travels with a half price ticket or a child ticket is also calculated as one person. The freight (passenger) traffic provides a quantitative measure to show how the transport industry serves the national economy and people, and is also an important indicator for formulating and examining production programs of the transport industry and for studying the development scale and speed of the transport industry.

Freight Ton-kilometers (Passenger-kilometers) refer to the sum of the volume of transported cargo (passengers) multiplied by the transport distance, usually using ton-kilometer and passenger-kilometer as units for measurement. Normally, the shortest distance between the departure station and the destination station (i.e., the payable distance) is the basis to calculate the freight ton-kilometers. It is an important indicator to show the total results of the transport industry, to formulate and examine transport programs and to measure the efficiency, the labors productivity and the unit cost of transport.

Static Load of Freight Cars refers to the average cargo weight as loaded by each freight car under the static condition at the departure station. The static load of freight cars is determined by the nature and type of cargo, and the type of vehicles and the technique of loading. The difference between the average marked load and static load of freight cars reflects the utilization extent of loading capacity of freight cars. The formula is as follows:

Static Load (ton) of Freight Car = (Tonnage of Goods Dispatched)/(Number of freight Cars Loaded)

Average Daily Haul of Freight Locomotives refers to the average total-kilometers accomplished by each freight transport locomotive over day and night during a given period of time. It includes both the weight of the cargo and the dead weight of the train itself. It is a comprehensive indicator reflecting the locomotive efficiency in terms of both time and pulling force.

Average Daily Haul of Freight Transport Locomotive (ton-kilometer) = [Total Ton/ (Kilometers of Freight)]/ (Daily Number of Freight Transport Locomotives)

Business Volume of Post and Telecommunications refers to the total amount of postal and telecommunications services, expressed in monetary terms, provided by the postal and telecommunications departments for the society. Postal and telecommunications services can be classified as letters, parcels, remittance, issue of newspapers and magazines, fast mail service, express mail service, savings deposits, stamps for collection, public and individual telegraph service, facsimiles, long-distance telephone service, leasing of telephone lines, urban paging service, mobile telephone service, data transmission, etc. The calculation approach is to multiply the volume of service products of all types by their average unit price (constant price) to get sum of business value, then plus income from other services such as leasing of telephone lines and equipment, maintenance of telephone switchboards and lines for customers. This indicator reflects the overall results of postal and telecommunications services during a given period, and is important to study the composition and the development of postal and telecommunications services.

十四、建筑业

Construction

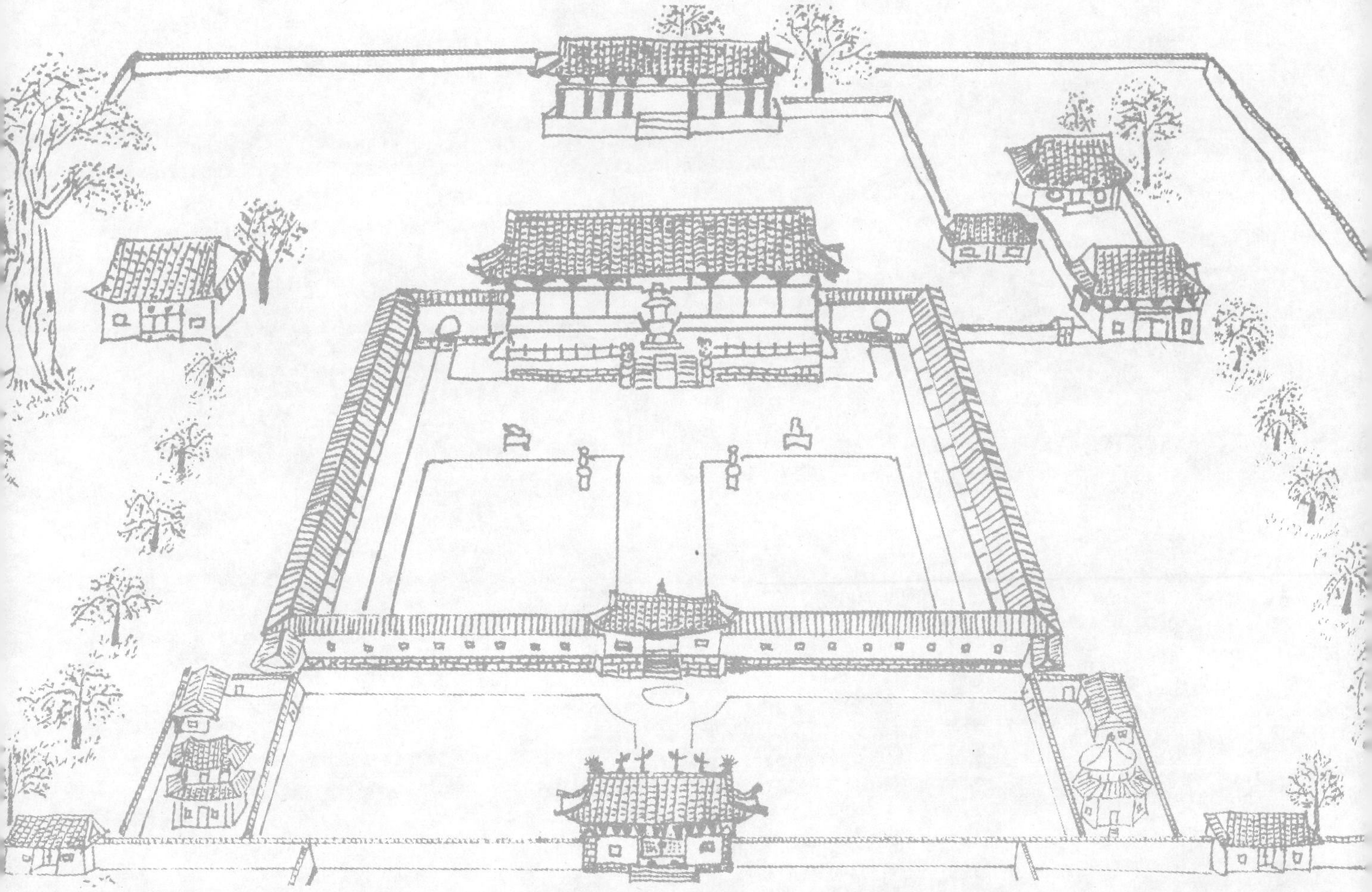

14-1 建筑施工企业个数和人数及施工产值

Number of Construction Enterprises, Employed Persons and Their Output Value

年 份 Year	总 计 Total	国有建筑施工企业 State-owned Enterprises	集体建筑施工企业 Collective-owned Enterprises	其 它 Others
施工企业个数(个) Number of Enterprises (unit)				
1985	2 522	144	2 378	
1990	3 010	123	2 887	
1995	2 657	140	2 517	6
1997	1 328	162	1 039	127
1998	1 450	171	1 016	263
1999	1 589	216	967	406
2000	1 564	201	854	509
2001	1 583	190	713	680
2002	1 317	152	440	725
2003	1 231	129	330	772
2004	1 663	122	325	1 216
2005	1 648	111	258	1 279
施工企业人数(人) Number of Employed Persons (person)				
1985	466 428	166 963	299 465	
1990	476 111	160 500	315 611	
1995	646 528	181 237	463 892	1 399
1997	544 281	162 815	353 796	27 670
1998	547 701	166 136	305 648	75 917
1999	594 043	180 056	304 559	109 428
2000	535 519	158 817	253 806	122 896
2001	555 784	141 518	223 031	191 235
2002	517 674	124 543	170 328	222 803
2003	573 651	153 486	135 960	284 205
2004	502 976	105 600	102 822	294 554
2005	553 068	94 660	86 334	372 074
建筑业总产值(万元) Gross Output Value (10 000 yuan)				
1985	212 751	102 616	110 135	
1990	366 810	185 895	180 915	
1995	1 812 155	737 385	1 071 367	3 403
1997	2 210 793	1 080 523	1 033 023	97 247
1998	2 541 656	1 111 900	1 102 020	327 737
1999	3 135 990	1 350 038	1 225 784	560 168
2000	3 113 352	1 305 512	1 088 314	719 526
2001	3 455 135	1 278 259	1 004 570	1 172 306
2002	3 582 375	1 218 833	777 624	1 585 918
2003	3 969 692	1 322 335	682 398	1 964 959
2004	4 485 045	1 363 090	664 112	2 457 843
2005	5 395 877	1 389 621	580 259	3 425 996

注：1996年起各种经济类型的具有资质等级证书的建筑企业均纳入国家统计；集体企业中的农村集体1996年的数据为测算数，以前年度为省乡镇企业局统计数。

Note: Since 1996 the state statistical coverage has included the construction enterprises of various types of ownership with credentials. The figures of rural Collective-woned in Collective-woned Enterprises in 1996 in this table are estimated, prior to 1996 they were included in the statistical coverage of the Provincial Bureau of Township and town Enterprises

14-2 各种经济类型建筑企业主要指标（2005年）

指　　标	Item	企业个数（个） Number of Enterprises(unit)
合　　计	**Total**	**1 648**
国　　有	State-owned Enterprises	111
集　　体	Urban Collective-owned Enterprises	258
其　　他	Other	1 279

14-3 建筑施工企业主要经济指标（2005年）

		合　计 Total
企业个数（个）	Number of Enterprises (unit)	1 648
计算建筑业全员劳动生产率职工人数（万人）	Average Number of Employed persons (10 000 persons)	55.31
固定资产原价（万元）	Original Value of Fixed Assets (10 000 yuan)	1 973 596
固定资产净值（万元）	Net Value of Fixed Assets (10 000 yuan)	1 335 955
自有机械设备年末总台数（台）	Number of Machinery and Equipment Owned Year-end (set)	219 348
自有机械设备净值（万元）	Net Value of Machinery and Equipment Owned (10 000 yuan)	634 267
自有机械设备年末总功率（千瓦）	Total Power of Machinery and Equipment Owned at the Year-end (kw)	3 057 128
总产值（万元）	Gross Output Value (10 000 yuan)	5 395 877
固定资产折旧（万元）	Depreciation of Fixed Assets (10 000 yuan)	99 006
应付工资（万元）	Wages Payable (10 000 yuan)	508 657
应付福利费（万元）	Welfare Funds Payable (10 000 yuan)	50 625
工程结算税金及附加（万元）	Taxes and Surcharges on Project Settlement (10 000 yuan)	164 742
管理费用中的税金（万元）	Taxes in Management Expenses (10 000 yuan)	9 732
工程结算利润（万元）	Profits of Project Settlement (10 000 yuan)	375 460
房屋建筑施工面积（万平方米）	Floor Space of Buildings under Construction (10 000 sq.m)	4 586.49
房屋建筑竣工面积（万平方米）	Floor Space of Buildings Completed (10 000 sq.m)	2 470.13
利润总额（万元）	Total Profits and Tax (10 000 yuan)	132 587
利税总额（万元）	Total Profits and Tax (10 000 yuan)	336 405
按总产值计算的全员劳动生产率（元/人）	Overall Labor Productivity in Terms of Gross Output Value (yuan/person)	97 563
技术装备率（元/人）	Value of Machinery Per Laborer (yuan/person)	11 468
动力装备率（千瓦/人）	Power of Machines Per Laborer (kw/person)	5.53
房屋建筑面积竣工率(%)	Rate of Floor Space of Buildings Completed (%)	53.86
产值利润率(%)	Ratio of Profits to Gross Output Value (%)	2.46
产值利税率(%)	Ratio of Pre-tax Profits to Gross Output Value (%)	6.23

Principal Indicators of Various Construction Enterprises (2005)

建筑业总产值（万元） Gross Output Value of Construction Enterprises(10 000 yuan)	固定资产净值（万元） Net Value of Fixed Assets (10 000 yuan)	利润总额（万元） Total Profits (10 000 yuan)	上缴税金（万元） Taxes (10 000 yuan)	平均人数（人） Average Number of Employed Persons(person)
5 395 877	**1 335 955**	**132 587**	**203 818**	**553 068**
1 389 621	292 130	800	48 432	94 660
580 259	177 440	15 844	23 951	86 334
3 425 996	866 385	115 944	131 434	372 074

Principal Economic Indicators of Construction Enterprises (2005)

国有经济 State-owned Enterprises	集体经济 Collective-owned Enterprises	股份制经济 Joint Stock Enterprises	港澳台投资经济 Enterprises Funded by Hong Kong,Macao and Taiwan
111	258	87	9
9.47	8.63	6.77	0.07
446 301	250 167	197 183	3 544
292 130	177 440	117 442	2 680
25 524	41 139	14 891	36
101 303	102 974	60 696	57
525 458	484 937	289 880	570
1 389 621	580 259	696 078	8 461
25 091	9 643	10 058	83
129 552	69 001	54 809	297
15 560	6 009	5 295	28
43 050	18 411	19 822	162
1 608	1 420	862	16
82 725	38 111	62 761	676
990.89	704.50	290.45	
387.40	458.21	158.34	
800	15 844	28 867	322
49 232	39 795	55 158	557
146 801	67 211	102 765	124 244
10 702	11 927	8 961	837
5.55	5.62	4.28	0.84
39.10	65.04	54.52	
0.06	2.73	4.15	3.81
3.54	6.86	7.92	6.58

14-4 各地区的建筑业企业单位数及从事建筑业生产的平均人数(2005年)

Number of Construction Enterprises and Average Number of Employed Persons by Region (2005)

(按经济类型分)　　(By ownership)

地　区	Region	企业单位数(个) Number of Enterprises (unit)	# 国有经济 State-owned Enterprises	# 集体经济 Collective-owned Enterprises	平均人数(人) Average Number of Employed Persons (person)	# 国有经济 State-owned Enterprises	# 集体经济 Collective-owned Enterprises
全省合计	**Total**	**1 648**	**111**	**258**	**553 068**	**94 660**	**86 334**
昆　明	Kunming	713	57	106	291 238	80 973	36 790
曲　靖	Qujing	136	4	35	47 676	1 486	15 934
玉　溪	Yuxi	143	4	12	34 323	1 699	3 534
保　山	Baoshan	39	3	3	27 112	395	512
昭　通	Zhaotong	63	2	10	11 778	976	2 021
丽　江	Lijiang	43	1	6	6 768	430	640
思　茅	Simao	59	8	11	13 385	1 209	1 618
临　沧	Lincang	40	3	6	8 189	1 065	1 080
楚　雄	Chuxiong	95	6	9	22 553	2 699	1 869
红　河	Honghe	120	8	26	35 587	1 745	10 444
文　山	Wenshan	28	8	8	5 143	972	2 168
西双版纳	Xishuangbanna	30	6	7	4 292	761	965
大　理	Dali	94	1	11	36 072	250	7 492
德　宏	Dehong	27		3	4 221		722
怒　江	Nujiang	10		4	2 395		485
迪　庆	Diqing	8		1	2 336		60

14-5 各地区建筑业总产值构成（2005年）

Gross Output Value of Construction Enterprises and Its Composition by Region (2005)

单位：万元　　(10 000 yuan)

地　区	Region	建筑业总产值 Gross Output Value of Construction Enterprises	按构成分 Grouped by Use of Funds			按经济类型分 Grouped by Ownership	
			建筑工程 Construction Engineering	安装工程 Installation Engineering	其他产值 Others	国有经济 State-owned Enterprises	集体经济 Collective-owned Enterprises
全省合计	**Total**	**5 395 877**	**4 757 481**	**501 961**	**131 804**	**1 389 621**	**580 259**
昆　明	Kunming	3 493 818	3 060 164	375 785	54 800	1 265 182	265 472
曲　靖	Qujing	375 734	338 881	24 897	11 956	10 936	123 156
玉　溪	Yuxi	212 780	190 410	14 496	7 875	7 290	18 993
保　山	Baoshan	128 264	119 686	131	8 448	6 061	1 382
昭　通	Zhaotong	62 613	57 857	2 521	2 235	4 944	10 335
丽　江	Lijiang	65 846	54 237	9 901	1 708	2 683	5 312
思　茅	Simao	130 129	126 851	2 987	291	8 864	10 274
临　沧	Lincang	49 140	47 597	1 543		5 646	3 479
楚　雄	Chuxiong	150 586	138 811	7 388	4 388	35 739	10 675
红　河	Honghe	274 508	237 999	20 712	14 237	25 144	49 439
文　山	Wenshan	69 129	43 706	22 726	2 697	8 735	30 071
西双版纳	Xishuangbanna	27 584	22 104	2 889	2 591	3 577	5 233
大　理	Dali	298 210	265 501	12 585	20 125	4 820	41 376
德　宏	Dehong	37 209	35 160	1 658	391		2 371
怒　江	Nujiang	10 089	9 801	287			2 501
迪　庆	Diqing	10 238	8 718	1 457	63		192

14-6 各地区的建筑业总产值（2005年）
Gross Output Value of Construction Enterprises by Region (2005)

（按行业分） (By sector)

单位：万元 (10 000 yuan)

地　区	Region	建筑业总产值 Gross Output Value of Construction Enterprises	房屋和土木工程建筑业产值 Civil Engineering	建筑安装业 Building Installation	建筑装饰业 Building Decoration	其他建筑业 Others
全省合计	**Total**	**5 395 877**	**4 931 985**	**280 307**	**109 689**	**73 896**
昆　明	Kunming	3 493 818	3 116 232	236 005	79 074	62 507
曲　靖	Qujing	375 734	365 938	3 280	6 516	
玉　溪	Yuxi	212 780	198 666	4 360	7 729	2 025
保　山	Baoshan	128 264	127 396	516	102	250
昭　通	Zhaotong	62 613	59 809	1 047	1 683	75
丽　江	Lijiang	65 846	64 513	201	1 132	
思　茅	Simao	130 129	128 762	136	1 232	
临　沧	Lincang	49 140	48 437		703	
楚　雄	Chuxiong	150 586	146 983	2 168	1 254	182
红　河	Honghe	274 508	263 061	8 452	1 270	1 726
文　山	Wenshan	69 129	46 369	21 847	913	
西双版纳	Xishuangbanna	27 584	19 463	889	6 938	294
大　理	Dali	298 210	290 091	461	822	6 836
德　宏	Dehong	37 209	36 884		325	
怒　江	Nujiang	10 089	10 089			
迪　庆	Diqing	10 238	9 292	946		

14-7 各地区建筑企业技术装备情况（2005年）
Number and Power of Machinery and Equipment of Construction Enterprises by Region (2005)

地　区	Region	自有机械设备总台数（台） Number of Machinery and Equipment Owned (set)	自有机械设备总功率（千瓦） Total Power of Machinery and Equipment Owned (kw)	自有机械设备净值（万元） Net Value of Machinery and Equipment Owned (10 000 yuan)	技术装备率（元／人） Value of Machinery per Laborer (yuan/person)	动力装备率（千瓦／人） Power of Machines per Laborer (kw/person)
全省合计	**Total**	**219 348**	**3 057 128**	**634 267**	**11 468**	**5.5**
昆　明	Kunming	74 893	1 537 213	295 403	10 143	5.3
曲　靖	Qujing	23 379	279 893	73 492	15 415	5.9
玉　溪	Yuxi	20 772	214 081	55 948	16 300	6.2
保　山	Baoshan	18 257	132 780	29 236	10 783	4.9
昭　通	Zhaotong	6 483	55 602	10 330	8 771	4.7
丽　江	Lijiang	2 074	44 171	10 229	15 114	6.5
思　茅	Simao	6 200	97 783	16 128	12 049	7.3
临　沧	Lincang	6 856	74 903	13 733	16 770	9.2
楚　雄	Chuxiong	21 112	146 503	26 240	11 635	6.5
红　河	Honghe	16 262	199 105	39 249	11 029	5.6
文　山	Wenshan	1 752	18 406	2 786	5 417	3.6
西双版纳	Xishuangbanna	3 177	26 692	4 542	10 582	6.2
大　理	Dali	14 497	169 713	42 085	11 667	4.7
德　宏	Dehong	2 677	40 139	9 321	22 082	9.5
怒　江	Nujiang	736	16 338	376	1 570	6.8
迪　庆	Diqing	221	3 806	5 170	22 132	1.6

14-8 各地区房屋建筑面积（2005年）
Floor Space of Building Construction in Regions (2005)

单位：万平方米 (10 000 sq.m)

地区	Region	房屋建筑面积 Floor Space of Buildings		国有经济 State-owned Enterprises		集体经济 Collective-owned Enterprises	
		施工面积 Floor Space under Construction	竣工面积 Floor Space Completed	施工面积 Floor Space under Construction	竣工面积 Floor Space Completed	施工面积 Floor Space under Construction	竣工面积 Floor Space Completed
全省合计	**Total**	**4 586.49**	**2 470.13**	**990.89**	**387.40**	**704.50**	**458.21**
昆明	Kunming	2 347.00	1 190.90	874.33	357.04	298.53	184.32
曲靖	Qujing	459.24	333.90	5.82	5.58	152.15	126.63
玉溪	Yuxi	283.85	194.99			31.33	25.92
保山	Baoshan	149.53	121.54	0.57	0.57	1.27	1.06
昭通	Zhaotong	84.51	57.07	6.44	4.97	11.35	9.73
丽江	Lijiang	83.25	13.17			8.93	3.75
思茅	Simao	95.75	33.10	9.93	1.24	12.87	6.76
临沧	Lincang	63.80	37.25			6.92	3.91
楚雄	Chuxiong	229.47	107.66	51.43	3.73	16.99	9.32
红河	Honghe	377.61	166.98	20.69	8.95	71.37	37.92
文山	Wenshan	87.07	41.85	19.27	4.16	19.88	6.75
西双版纳	Xishuangbanna	35.37	18.48	2.41	1.18	8.92	3.80
大理	Dali	221.61	112.65			57.37	32.72
德宏	Dehong	45.99	23.38			4.83	2.65
怒江	Nujiang	7.70	6.73			1.69	2.87
迪庆	Diqing	14.72	10.47			0.10	0.10

14-9 各地区建筑企业劳动生产率（2005年）
Labor Productivity of Construction Enterprises by Region (2005)

单位：元／人 (yuan/person)

地区	Region	按建筑业总产值计算的劳动生产率 Overall Lobor Productivity in Terms of Gross Output Value	#国有经济 State-owned Enterprises	#集体经济 Collective-owned Enterprises
全省合计	**Total**	**97 563**	**146 801**	**67 211**
昆明	Kunming	119 964	156 247	72 159
曲靖	Qujing	78 810	73 594	77 291
玉溪	Yuxi	61 993	42 908	53 744
保山	Baoshan	47 309	153 443	26 992
昭通	Zhaotong	53 161	50 656	51 138
丽江	Lijiang	97 290	62 395	83 000
思茅	Simao	97 220	73 317	63 498
临沧	Lincang	60 007	53 014	32 213
楚雄	Chuxiong	66 770	132 416	57 116
红河	Honghe	77 137	144 092	47 337
文山	Wenshan	134 414	89 866	138 704
西双版纳	Xishuangbanna	64 268	47 004	54 228
大理	Dali	82 671	192 800	55 227
德宏	Dehong	88 152		32 839
怒江	Nujiang	42 125		51 567
迪庆	Diqing	43 827		32 000

14-10 各地区建筑业企业资本及资产（2005年）
Capital and Assets of Construction Enterprises by Region (2005)

(按经济类型分) (By ownership)

单位：万元 (10 000 yuan)

地　区	Region	实收资本 Called-up Capital	# 国有经济 State-owned Enterprises	# 集体经济 Collective-owned Enterprises	资产合计 Total Assets	# 国有经济 State-owned Enterprises	# 集体经济 Collective-owned Enterprises
全省合计	**Total**	**1 936 601**	**346 147**	**241 763**	**6 411 862**	**1 370 287**	**571 727**
昆　明	Kunming	973 050	282 704	105 509	4 053 291	1 151 393	236 174
曲　靖	Qujing	188 280	7 300	49 913	357 512	23 031	94 148
玉　溪	Yuxi	143 390	9 432	8 213	288 412	26 282	16 543
保　山	Baoshan	55 733	3 302	1 010	111 935	22 483	5 349
昭　通	Zhaotong	39 677	2 710	6 434	82 608	4 537	14 962
丽　江	Lijiang	44 154	3 100	2 985	97 340	4 992	5 533
思　茅	Simao	55 902	6 622	7 357	150 471	9 685	21 139
临　沧	Lincang	36 766	2 736	2 476	86 531	7 776	4 812
楚　雄	Chuxiong	91 688	6 962	5 776	186 282	39 011	11 477
红　河	Honghe	119 386	8 253	21 070	357 767	29 580	50 746
文　山	Wenshan	27 672	7 983	12 373	136 926	35 763	79 392
西双版纳	Xishuangbanna	13 726	1 732	2 543	51 354	6 749	7 529
大　理	Dali	104 482	3 313	14 714	359 347	9 006	19 260
德　宏	Dehong	21 541		708	57 204		2 724
怒　江	Nujiang	6 516		681	8 183		1 411
迪　庆	Diqing	14 639			26 700		529

14-11 各地区建筑业企业资产（2005年）
Assets of Construction Enterprises by Region (2005)

单位：万元 (10 000 yuan)

地　区	Region	资产合计 Total Assets	流动资产 Current Assets	固定资产 Fixed Assets	无形资产 Intangible Assets	递延资产 Deferred Assets
全省合计	**Total**	**6 411 862**	**4 388 584**	**1 487 822**	**148 991**	**132 171**
昆　明	Kunming	4 053 291	2 992 639	723 728	72 195	67 017
曲　靖	Qujing	357 512	172 598	163 900	8 572	8 039
玉　溪	Yuxi	288 412	166 301	100 221	4 991	4 369
保　山	Baoshan	111 935	50 606	51 110	8 379	8 168
昭　通	Zhaotong	82 608	46 342	30 520	1 995	1 188
丽　江	Lijiang	97 340	62 302	23 825	4 721	2 976
思　茅	Simao	150 471	100 363	41 198	3 071	2 570
临　沧	Lincang	86 531	40 712	40 583	2 598	1 310
楚　雄	Chuxiong	186 282	98 253	70 355	10 294	8 072
红　河	Honghe	357 767	215 295	102 509	7 566	6 637
文　山	Wenshan	136 926	85 677	23 049	6 142	4 614
西双版纳	Xishuangbanna	51 354	34 587	15 092	972	915
大　理	Dali	359 347	272 557	66 695	11 965	11 694
德　宏	Dehong	57 204	32 717	19 689	4 600	4 592
怒　江	Nujiang	8 183	2 791	4 921		
迪　庆	Diqing	26 700	14 846	10 429	931	10

14-12 各地区建筑业企业负债及所有者权益（2005年）
Liabilities and Owner's Equity of Construction Enterprises by Region (2005)

单位：万元 (10 000 yuan)

地 区	Region	负债合计 Total Liabilities	#流动负债 Current Liabilities	#长期负债 Long-term Liabilities	所有者权益 Owner's Equity	#实收资本 Called-up Capital
全省合计	**Total**	**4 031 406**	**3 848 814**	**176 560**	**2 383 161**	**1 936 601**
昆 明	Kunming	2 863 349	2 772 006	90 949	1 189 942	973 050
曲 靖	Qujing	114 500	100 623	13 877	243 013	188 280
玉 溪	Yuxi	118 246	113 155	5 091	170 166	143 390
保 山	Baoshan	51 117	46 108	5 010	60 818	55 733
昭 通	Zhaotong	34 530	32 381	2 149	48 078	39 677
丽 江	Lijiang	38 623	33 856	4 767	58 717	44 154
思 茅	Simao	87 750	83 667	4 082	62 721	55 902
临 沧	Lincang	33 509	27 547	5 962	53 022	36 766
楚 雄	Chuxiong	75 405	69 123	6 282	110 877	91 688
红 河	Honghe	203 895	184 631	15 563	153 871	119 386
文 山	Wenshan	91 404	81 118	10 287	45 522	27 672
西双版纳	Xishuangbanna	30 272	28 595	1 677	21 082	13 726
大 理	Dali	240 571	236 161	4 410	119 545	104 482
德 宏	Dehong	32 500	27 883	2 681	26 640	21 541
怒 江	Nujiang	1 412	992	420	6 771	6 516
迪 庆	Diqing	14 323	10 968	3 355	12 377	14 639

14-13 各地区的所有者权益（2005年）
Owner's Equity by Region (2005)

（按经济类型分） (By ownership)

单位：万元 (10 000 yuan)

地 区	Region	所有者权益总计 Owner's Equity	#国有经济 State-owned Enterprises	#集体经济 Collective-owned Enterprises	负债合计 Total Liabilities	#国有经济 State-owned Enterprises	#集体经济 Collective-owned Enterprises
全省合计	**Total**	**2 383 161**	**396 589**	**302 824**	**4 031 406**	**973 698**	**268 903**
昆 明	Kunming	1 189 942	310 150	125 977	2 863 349	841 243	110 197
曲 靖	Qujing	243 013	8 681	68 541	114 500	14 351	25 607
玉 溪	Yuxi	170 166	11 145	10 277	118 246	15 137	6 265
保 山	Baoshan	60 818	4 180	1 107	51 117	18 303	4 242
昭 通	Zhaotong	48 078	3 036	8 562	34 530	1 501	6 401
丽 江	Lijiang	58 717	3 100	3 189	38 623	1 892	2 344
思 茅	Simao	62 721	6 583	8 891	87 750	3 102	12 248
临 沧	Lincang	53 022	3 557	3 312	33 509	4 218	1 499
楚 雄	Chuxiong	110 877	14 945	6 211	75 405	24 065	5 266
红 河	Honghe	153 871	10 115	25 858	203 895	19 465	24 888
文 山	Wenshan	45 522	14 575	19 356	91 404	21 188	60 036
西双版纳	Xishuangbanna	21 082	2 648	5 596	30 272	4 101	1 933
大 理	Dali	119 545	3 874	14 182	240 571	5 132	5 078
德 宏	Dehong	26 640		637	32 500		2 087
怒 江	Nujiang	6 771		831	1 412		580
迪 庆	Diqing	12 377		297	14 323		232

14-14 各地区建筑企业总收入(2005年)
Total Income of Construction Enterprises by Region (2005)

单位：万元 (10 000 yuan)

地 区	Region	企业总收入 Total Income of Enterprises	工程结算收入 Revenue from Project Settlement	# 工程结算成本 Costs of Project Settlement Account	# 工程结算利润 Profits of Project Settlement	其它业务收入 Other Business Revenue	# 其它业务利润 Othe Business Profit
全省合计	**Total**	**5 160 524**	**5 066 342**	**4 474 217**	**375 460**	**94 182**	**18 546**
昆 明	Kunming	3 408 384	3 349 504	2 985 326	236 540	58 880	10 553
曲 靖	Qujing	344 320	341 100	292 100	29 396	3 220	721
玉 溪	Yuxi	199 163	198 344	171 360	16 727	819	652
保 山	Baoshan	128 258	127 751	113 319	7 252	507	148
昭 通	Zhaotong	59 657	58 269	50 534	4 554	1 388	1 316
丽 江	Lijiang	48 264	48 025	41 443	3 957	239	147
思 茅	Simao	111 563	110 545	100 283	5 770	1 018	553
临 沧	Lincang	52 968	50 245	41 267	5 955	2 723	647
楚 雄	Chuxiong	136 567	131 801	110 130	12 961	4 766	508
红 河	Honghe	266 587	257 811	226 435	19 528	8 776	2 242
文 山	Wenshan	47 981	47 563	39 218	6 692	418	391
西双版纳	Xishuangbanna	30 668	29 451	25 469	2 376	1 217	500
大 理	Dali	274 113	264 446	234 051	18 797	9 667	42
德 宏	Dehong	34 169	33 685	29 421	2 174	484	76
怒 江	Nujiang	7 792	7 792	6 414	932		
迪 庆	Diqing	10 073	10 011	7 446	1 850	62	50

14-15 各地区建筑业企业总收入及利税总额(2005年)
Total Income and Total Pre-Tax Profits of Construction Enterprises by Region (2005)

(按经济类型分) (By ownership)

单位：万元 (10 000 yuan)

地 区	Region	企业总收入 Total Income of Enterprises	# 国有经济 State-owned Enterprises	# 集体经济 Collective-owned Enterprises	利税总额合计 Total Pre-Tax Profits	# 国有经济 State-owned Enterprises	# 集体经济 Collective-owned Enterprises
全省合计	**Total**	**5 160 524**	**1 429 359**	**539 375**	**336 405**	**49 232**	**39 795**
昆 明	Kunming	3 408 384	1 309 808	243 700	189 546	43 751	16 388
曲 靖	Qujing	344 320	13 794	114 921	29 887	- 764	9 550
玉 溪	Yuxi	199 163	7 759	17 788	29 201	311	883
保 山	Baoshan	128 258	6 416	662	8 016	388	- 13
昭 通	Zhaotong	59 657	2 649	10 927	4 949		669
丽 江	Lijiang	48 264	2 437	3 651	2 792	- 10	- 92
思 茅	Simao	111 563	7 911	8 689	5 764	265	1 057
临 沧	Lincang	52 968	5 732	4 265	6 309	971	292
楚 雄	Chuxiong	136 567	27 924	9 182	12 800	2 745	490
红 河	Honghe	266 587	26 144	43 632	16 434	654	2 757
文 山	Wenshan	47 981	7 488	28 248	5 943	390	3 370
西双版纳	Xishuangbanna	30 668	4 138	6 260	2 264	173	476
大 理	Dali	274 113	7 162	41 045	18 477	361	3 484
德 宏	Dehong	34 169		3 714	2 331		113
怒 江	Nujiang	7 792		2 501	754		374
迪 庆	Diqing	10 073		192	941		- 1

14-16 各地区建筑业企业利税总额（2005年）

Total Pre-tax Profits of Construction Enterprises by Region (2005)

地　区	Region	利税总额 Total of Pre-Tax Profits	利润总额 Total Profits	工程结算税金及附加 Taxes and Surcharges on Project Settlement	管理费用中的税金 Taxes in Overhead Costs	产值利税率(%) Ratio of Pre-tax Profits to Output Value (%)	资产利税率(%) Ratio of Pre-tax Profits to Assets (%)
全省合计	**Total**	**336 405**	**132 587**	**164 742**	**9 732**	**6.2**	**0.1**
昆　明	Kunming	189 546	65 494	102 879	4 232	5.4	0.1
曲　靖	Qujing	29 887	12 175	13 005	1 781	8.0	0.1
玉　溪	Yuxi	29 201	20 509	6 769	559	13.7	0.1
保　山	Baoshan	8 016	1 203	5 544	712	6.3	0.1
昭　通	Zhaotong	4 949	1 894	2 313	193	7.9	0.1
丽　江	Lijiang	2 792	617	1 679	217	4.2	0.0
思　茅	Simao	5 764	1 540	3 695	251	4.4	0.0
临　沧	Lincang	6 309	3 688	1 876	144	12.8	0.1
楚　雄	Chuxiong	12 800	6 600	4 859	304	8.5	0.1
红　河	Honghe	16 434	5 624	8 806	386	6.0	0.1
文　山	Wenshan	5 943	3 383	1 341	243	8.6	0.0
西双版纳	Xishuangbanna	2 264	933	992	56	8.2	0.0
大　理	Dali	18 477	7 335	9 029	449	6.2	0.1
德　宏	Dehong	2 331	813	1 296	91	6.3	0.0
怒　江	Nujiang	754	304	355	94	7.5	0.1
迪　庆	Diqing	941	476	304	21	9.2	0.0

14-17 各地区建筑业企业利润总额与工程结算利润（2005年）

Total Profits and Profits of Projects Settlement of Construction Enterprises by Region (2005)

（按经济类型分）　　　　(By ownership)

单位：万元　　　　(10 000 yuan)

地　区	Region	利润总额 Total Profits	#国有经济 State-owned Enterprises	#集体经济 Collective-owned Enterprises	工程结算利润 Profits of Project Settlement	#国有经济 State-owned Enterprises	#集体经济 Collective-owned Enterprises
全省合计	**Total**	**132 587**	**800**	**15 844**	**375 460**	**82 725**	**38 111**
昆　明	Kunming	65 494	105	6 004	236 540	72 768	15 935
曲　靖	Qujing	12 175	-1 247	4 310	29 396	1 005	8 564
玉　溪	Yuxi	20 509	71	118	16 727	369	798
保　山	Baoshan	1 203	99	-62	7 252	748	71
昭　通	Zhaotong	1 894	-81	151	4 554	251	721
丽　江	Lijiang	617	-66	-247	3 957	144	331
思　茅	Simao	1 540	-90	440	5 770	513	641
临　沧	Lincang	3 688	765	90	5 955	1 006	293
楚　雄	Chuxiong	6 600	1 582	185	12 961	3 359	608
红　河	Honghe	5 624	-324	935	19 528	1 521	2 791
文　山	Wenshan	3 383	-94	2 263	6 692	338	3 661
西双版纳	Xishuangbanna	933	-20	186	2 376	169	513
大　理	Dali	7 335	100	1 306	18 797	536	2 199
德　宏	Dehong	813		20	2 174		265
怒　江	Nujiang	304		151	932		688
迪　庆	Diqing	476		-7	1 850		33

14-18 分行业国有经济建筑业总产值（2005年）
Gross Output Value of State-owned Construction Enterprises by Sector (2005)

单位：万元 (10 000 yuan)

行业	Sector	企业个数 Number of Enterprises	建筑业总产值 Gross Output Value of Construction Enterprises	建筑工程 Construction	安装工程 Installation	其他产值 Others
合计	**Total**	**111**	**1 389 621**	**1 170 231**	**192 726**	**26 664**
房屋和土木工程建筑业	Civil Engineering	91	**1 285 070**	**1 134 241**	**130 268**	**20 562**
房屋工程建筑	Building Construction	37	601 410	592 567	6 065	2 778
土木工程建筑	Civil Works	54	683 660	541 674	124 202	17 784
铁路公路隧道桥梁建筑	Construction of Railways, Tunnels, Highways and Bridges	32	181 161	180 757	404	
水利和港口工程建筑	Construction of Water Conservancy and Harbor	11	36 871	36 664	4	203
工矿工程建筑	Mine Construction	6	366 097	307 969	40 782	17 347
架线和管道工程建筑	Lines and Piping Erection	4	98 081	14 834	83 013	235
其他土木工程	Others Civil Works	1	1 450	1 450		
建筑安装业	Building Installation	12	65 530	532	62 458	2 540
建筑装饰业	Building Decoration	4	4 303	4 303		
其他建筑业	Others	4	34 718	31 155		3 563

14-19 各地区国有经济建筑业总产值（2005年）
Gross Output Value of State-owned Construction Enterprises by Region (2005)

单位：万元 (10 000 yuan)

地区	Region	企业个数 Number of Enterprises	建筑业总产值 Gross Output Value of Construction Enterprises	建筑工程 Construction	安装工程 Installation	其他产值 Others
全省合计	**Total**	**111**	**1 389 621**	**1 170 231**	**192 726**	**26 664**
昆明	Kunming	57	1 265 182	1 051 927	189 304	23 952
曲靖	Qujing	4	10 936	10 542	394	
玉溪	Yuxi	4	7 290	7 290		
保山	Baoshan	3	6 061	6 061		
昭通	Zhaotong	2	4 944	4 944		
丽江	Lijiang	1	2 683	2 683		
思茅	Simao	8	8 864	8 728	136	
临沧	Lincang	3	5 646	5 646		
楚雄	Chuxiong	6	35 739	34 578	942	220
红河	Honghe	8	25 144	23 327	404	1 413
文山	Wenshan	8	8 735	6 109	1 546	1 080
西双版纳	Xishuangbanna	6	3 577	3 577		
大理	Dali	1	4 820	4 820		
德宏	Dehong					
怒江	Nujiang					
迪庆	Diqing					

14-20 分行业国有经济建筑施工企业生产完成情况（2005年）

Production Completion of State-owned Construction Enterprises by Sector (2005)

行业	Sector	房屋建筑施工面积（万平方米）Floor Space of Buildings Completed (10 000 sq.m)	# 本年新开工 Number of Projects Started in the Current Year	房屋竣工面积（万平方米）Floor Space of Buildings Completed (10 000 sq.m)	竣工房屋价值（万元）Value of Buildings Completed (10 000 sq.m)	房屋建筑面积竣工率(%) Rate of Floor Space of Buildings Completed (%)
合　计	**Total**	**990.89**	**358.83**	**387.40**	**376 965**	**39.1**
房屋和土木工程建筑业	Civil Engineering	990.89	358.83	387.40	376 965	39.1
房屋工程建筑	Building Construction	953.04	349.97	362.85	355 489	38.1
土木工程建筑	Civil Works	37.85	8.86	24.55	21 476	64.9
铁路公路隧道桥梁建筑	Construction of Railways, Tunnels, Highways and Bridges	23.88	0.09	16.06	14 845	67.3
水利和港口工程建筑	Construction of Water Conservancy and Harbor					
工矿工程建筑	Mine Construction	12.05	7.75	6.97	5 213	57.8
架线和管道工程建筑	Lines and Piping Erection	1.92	1.02	1.51	1 417	78.7
其他土木工程	Others Civil Works					
建筑安装业	Building Installation					
建筑装饰业	Building Decoration					
其他建筑业	Others					

14-21 各地区国有经济建筑施工企业生产完成情况（2005年）

Production Completion of State-owned Construction Enterprises by Region (2005)

地区	Region	房屋建筑施工面积（万平方米）Floor Space of Buildings Completed(10 000 sq.m)	# 本年新开工 Number of Projects Started in the Current Year	房屋竣工面积（万平方米）Floor Space of Buildings Completed (10 000 sq.m)	竣工房屋价值（万元）Value of Buildings Completed (10 000 sq.m)	房屋建筑面积竣工率(%) Rate of Floor Space of Buildings Completed(%)
全省合计	**Total**	**990.89**	**358.83**	**387.40**	**376 965**	**39.1**
昆　明	Kunming	874.33	301.42	357.04	350 280	40.8
曲　靖	Qujing	5.82	3.60	5.58	2 911	95.9
玉　溪	Yuxi					
保　山	Baoshan	0.57	0.57	0.57	413	100.0
昭　通	Zhaotong	6.44	5.41	4.97	2 888	77.2
丽　江	Lijiang					
思　茅	Simao	9.93	7.70	1.24	720	12.5
临　沧	Lincang					
楚　雄	Chuxiong	51.43	12.53	3.73	6 708	7.3
红　河	Honghe	20.69	10.79	8.95	8 606	43.3
文　山	Wenshan	19.27	15.04	4.16	3 410	21.6
西双版纳	Xishuangbanna	2.41	1.78	1.18	1 029	49.0
大　理	Dali					
德　宏	Dehong					
怒　江	Nujiang					
迪　庆	Diqing					

14-22 分行业国有经济建筑施工企业主要经济指标（2005年）

Principal Economic Indicators of State-owned Construction Enterprises by Sector (2005)

单位：万元 (10 000 yuan)

行业	Sector	实收资本 Called-up Capital	企业总收入 Total Income of Enterprises	利润总额 Total Profits	上缴税金 Taxes
合　计	**Total**	**346 147**	**1 429 359**	**800**	**48 432**
房屋和土木工程建筑业	Civil Engineering	311 541	1 315 463	795	44 636
房屋工程建筑	Building Construction	100 171	567 517	- 8 778	18 781
土木工程建筑	Civil Works	211 370	747 945	9 572	25 855
铁路公路隧道桥梁建筑	Construction of Railways, Tunnels, Highways and Bridges	144 085	185 172	2 482	6 813
水利和港口工程建筑	Construction of Water Conservancy and Harbor	13 264	38 066	450	974
工矿工程建筑	Mine Construction	50 791	424 620	3 495	13 789
架线和管道工程建筑	Lines and Piping Erection	2 366	98 637	3 179	4 233
其他土木工程	Others	863	1 450	- 34	48
建筑安装业	Building Installation	26 177	77 958	239	2 428
建筑装饰业	Building Decoration	2 168	4 372	- 32	166
其他建筑业	Others	6 261	31 567	- 202	1 203

14-22 续表 Continued

行业	Sector	平均人数（人） Average Number of Employed persons (person)	劳动生产率（元／人） Labor Productivity (yuan/person)	产值利润率（％） Ratio of Profits to Gross Output Value (%)	资金利润率（%） Ratio of Profits to Funds(%)
合　计	**Total**	**94 660**	**146 801**	**0.1**	**0.1**
房屋和土木工程建筑业	Civil Engineering	86 861	147 946	0.1	0.1
房屋工程建筑	Building Construction	52 383	114 810	- 1.5	- 1.8
土木工程建筑	Civil Works	34 478	198 289	1.4	1.5
铁路公路隧道桥梁建筑	Construction of Railways, Tunnels, Highways and Bridges	14 579	124 262	1.4	0.8
水利和港口工程建筑	Construction of Water Conservancy and Harbor	3 722	99 062	1.2	1.2
工矿工程建筑	Mine Construction	12 654	289 313	1.0	1.5
架线和管道工程建筑	Lines and Piping Erection	3 466	282 980	3.2	6.8
其他土木工程	Others Civil Works	57	254 386	- 2.3	- 1.9
建筑安装业	Building Installation	5 848	112 055	0.4	0.3
建筑装饰业	Building Decoration	387	111 189	- 0.7	- 0.6
其他建筑业	Others	1 564	221 982	- 0.6	- 1.1

14-23 分行业集体经济建筑业总产值（2005年）
Gross Output Value of Collective-owned Construction Enterprises by Sector (2005)

单位：万元 (10 000 yuan)

行业	Sector	企业个数 Number of Enterprises	建筑业总产值 Gross Output Value of Construction Enterprises	建筑工程 Construction	安装工程 Installation	其他产值 Others
合计	**Total**	**258**	**580 259**	**519 894**	**47 710**	**12 656**
房屋和土木工程建筑业	**Civil Engineering**	**236**	**550 836**	**514 415**	**23 974**	**12 446**
房屋工程建筑	Building Construction	211	491 585	462 721	17 452	11 412
土木工程建筑	Civil Works	25	59 250	51 694	6 522	1 034
铁路公路隧道桥梁建筑	Construction of Railways, Tunnels, Highways and Bridges	12	41 758	41 215		543
水利和港口工程建筑	Construction of Water Conservancy and Harbor	4	8 572	5 494	2 999	80
架线和管道工程建筑	Lines and Piping Erection	6	7 347	3 816	3 523	8
其他土木工程建筑	Others Civil Works	2	1 297	1 170		127
建筑安装业	Building Installation	12	25 137	1 402	23 735	
建筑装饰业	Building Decoration	6	4 089	3 880		210
其他建筑业	Others	4	198	198		

14-24 各地区集体经济建筑业总产值（2005年）
Gross Output Value of Collective-owned Construction Enterprises by Region (2005)

单位：万元 (10 000 yuan)

地区	Region	企业个数 Number of Enterprises	建筑业总产值 Gross Output Value of Construction Enterprises	建筑工程 Construction	安装工程 Installation	其他产值 Others
全省合计	**Total**	**258**	**580 259**	**519 894**	**47 710**	**12 656**
昆明	Kunming	106	265 472	253 459	8 435	3 578
曲靖	Qujing	35	123 156	109 722	9 112	4 322
玉溪	Yuxi	12	18 993	18 708		286
保山	Baoshan	3	1 382	1 024		358
昭通	Zhaotong	10	10 335	9 418	853	64
丽江	Lijiang	6	5 312	5 312		
思茅	Simao	11	10274	7 155	2 851	268
临沧	Lincang	6	3 479	3 427	52	
楚雄	Chuxiong	9	10 675	9 687	703	285
红河	Honghe	26	49 439	46 991	1 704	744
文山	Wenshan	8	30 071	8 988	21 082	
西双版纳	Xishuangbanna	7	5 233	5 126	108	
大理	Dali	11	41 376	36 165	2 689	2 521
德宏	Dehong	3	2 371	2 205		166
怒江	Nujiang	4	2 501	2 501		
迪庆	Diqing	1	192	7	122	63

14-25 分行业集体经济建筑施工企业生产完成情况（2005年）
Production Completion of Collective-owned Construction Enterprises by Sector(2005)

行业	Sector	房屋建筑施工面积（万平方米） Floor Space of Buildings Completed (10 000 sq.m)	# 本年新开工 Number of Projects Started in the Current Year	房屋竣工面积（万平方米） Floor Space of Buildings Completed (10 000 sq.m)	竣工房屋价值（万元） Value of Buildings Completed (10 000 sq.m)	房屋建筑面积竣工率(%) Rate of Floor Space of Buildings Completed (%)
合计	**Total**	**704.50**	**443.17**	**458.21**	**334 471**	**65.0**
房屋和土木工程建筑业	Civil Engineering	701.39	441.64	457.70	334 050	65.3
房屋工程建筑	Building Construction	696.25	439.34	454.52	331 798	65.3
土木工程建筑	Civil Works	5.14	2.30	3.18	2 253	61.9
铁路公路隧道桥梁建筑	Construction of Railways, Tunnels, Highways and Bridges	4.95	2.30	3.18	2 253	64.2
水利和港口工程建筑	Construction of Water Conservancy and Harbor	0.18				
架线和管道工程建筑	Lines and Piping Erection					
其他土木工程	Others Civil Works					
建筑安装业	Building Installation	3.11	1.53	0.51	421	16.4
建筑装饰业	Building Decoration					
其他建筑业	Others					

14-26 各地区集体经济建筑施工企业生产完成情况（2005年）
Production Completion of Collective-owned Construction Enterprises by Sector(2005)

地区	Region	房屋建筑施工面积（万平方米） Floor Space of Buildings Completed (10 000 sq.m)	# 本年新开工 Number of Projects Started in the Current Year	房屋竣工面积（万平方米） Floor Space of Buildings Completed (10 000 sq.m)	竣工房屋价值（万元） Value of Buildings Completed (10 000 sq.m)	房屋建筑面积竣工率(%) Rate of Floor Space of Buildings Completed (%)
全省合计	**Total**	**704.50**	**443.17**	**458.21**	**334 471**	**65.0**
昆明	Kunming	298.53	175.48	184.32	150 566	61.7
曲靖	Qujing	152.15	116.68	126.63	83 335	83.2
玉溪	Yuxi	31.33	28.86	25.92	14 065	82.7
保山	Baoshan	1.27	1.07	1.06	587	83.5
昭通	Zhaotong	11.35	5.88	9.73	6 298	85.7
丽江	Lijiang	8.93	4.74	3.75	2 573	42.0
思茅	Simao	12.87	7.70	6.76	4 195	52.5
临沧	Lincang	6.92	3.58	3.91	2 572	56.5
楚雄	Chuxiong	16.99	12.77	9.32	6 897	54.9
红河	Honghe	71.37	35.57	37.92	27 837	53.1
文山	Wenshan	19.88	9.74	6.75	4 544	34.0
西双版纳	Xishuangbanna	8.92	5.45	3.80	2 757	42.6
大理	Dali	57.37	30.64	32.72	24 401	57.0
德宏	Dehong	4.83	3.23	2.65	1 364	54.9
怒江	Nujiang	1.69	1.69	2.87	2 410	169.8
迪庆	Diqing	0.10	0.10	0.10	70	100.0

14-27 分行业集体经济建筑施工企业主要经济指标（2005年）
Principal Economic Indicators of Collective-owned Construction Enterprises by Sector (2005)

单位：万元 (10 000 yuan)

行　业	Sector	实收资本 Called-up Capital	企业总收入 Total Income of Enterprises	利润总额 Total Profits	上缴税金 Taxes
合　计	**Total**	**241 763**	**539375**	**15 844**	**23 951**
房屋和土木工程建筑业	Civil Engineering	225 730	510 584	13 647	22 996
房屋工程建筑	Building Construction	205 136	457 995	12 120	20 692
土木工程建筑	Civil Works	20 594	52 590	1 527	2 304
铁路公路隧道桥梁建筑	Construction of Railways, Tunnels, Highways and Bridges	13 736	38 054	668	1 610
水利和港口工程建筑	Construction of Water Conservancy and Harbor	1 502	6 285	54	262
架线和管道工程建筑	Lines and Piping Erection	4 819	6 677	799	382
其他土木工程建筑	Others Civil Works	451	1 297	6	46
建筑安装业	Building Installation	12 560	24 709	2 268	806
建筑装饰业	Building Decoration	3 398	3 865	- 54	143
其他建筑业	Others	75	216	- 17	8

14-27　续表　continued

行　业	Sector	平均人数（人） Average Number of Employed persons (person)	劳动生产率（元／人） Labor Productivity (yuan/person)	产值利润率（％） Ratio of Profits to Gross Output Value (%)	资金利润率（%） Ratio of Profits to Funds (%)
合　计	**Total**	**86 334**	**67 211**	**2.7**	**3.1**
房屋和土木工程建筑业	Civil Engineering	84 980	64 819	2.5	3.1
房屋工程建筑	Building Construction	76 106	64 592	2.5	3.2
土木工程建筑	Civil Works	8 874	66 768	2.6	2.5
铁路公路隧道桥梁建筑	Construction of Railways, Tunnels, Highways and Bridges	6 661	62 690	1.6	1.8
水利和港口工程建筑	Construction of Water Conservancy and Harbor	1 197	71 612	0.6	1.0
架线和管道工程建筑	Lines and Piping Erection	819	89 707	10.9	5.7
其他土木工程建筑	Others Civil Works	145	89 448	0.5	0.1
建筑安装业	Building Installation	943	266 564	9.0	3.6
建筑装饰业	Building Decoration	388	105 387	- 1.3	- 1.4
其他建筑业	Others	23	86 087	- 8.6	- 21.5

14-28 各地区国有经济建筑施工企业主要经济指标(2005年)

Principal Economic Indicators of State-owned Construction Enterprises by Region (2005)

单位：万元 (10 000 yuan)

地　区	Region	实收资本 Called-up Capital	企业总收入 Total Income of Enterprises	利润总额 Total Profits	上缴税金 Taxes
全省合计	**Total**	**346 147**	**1 429 359**	**800**	**48 432**
昆　明	Kunming	282 704	1 309 808	105	43 646
曲　靖	Qujing	7 300	13 794	- 1 247	483
玉　溪	Yuxi	9 432	7 759	71	240
保　山	Baoshan	3 302	6 416	99	289
昭　通	Zhaotong	2 710	2 649	- 81	81
丽　江	Lijiang	3 100	2 437	- 66	56
思　茅	Simao	6 622	7 911	- 90	355
临　沧	Lincang	2 736	5 732	765	206
楚　雄	Chuxiong	6 962	27 924	1 582	1 163
红　河	Honghe	8 253	26 144	- 324	978
文　山	Wenshan	7 983	7 488	- 94	484
西双版纳	Xishuangbanna	1 732	4 138	- 20	193
大　理	Dali	3 313	7 162	100	261
德　宏	Dehong				
怒　江	Nujiang				
迪　庆	Diqing				

14-28 续表 continued

地　区	Region	平均人数（人） Average Number of Employed Persons (person)	劳动生产率（元／人） Overall Labor Productivity (yuan/person)	产值利润率（％） Ratio of Profit to Gross Output Value (%)	资金利润率（％） Ratio of Profits to Funds (%)
全省合计	**Total**	**94 660**	**146 801**	**0.06**	**0.07**
昆　明	Kunming	80 973	156 247	0.01	0.01
曲　靖	Qujing	1 486	73 594	- 11.40	-6.72
玉　溪	Yuxi	1 699	42 908	0.97	0.32
保　山	Baoshan	395	153 443	1.63	0.44
昭　通	Zhaotong	976	50 656	- 1.64	-2.23
丽　江	Lijiang	430	62 395	- 2.46	-1.32
思　茅	Simao	1 209	73 317	- 1.02	-1.04
临　沧	Lincang	1 065	53 014	13.55	10.65
楚　雄	Chuxiong	2 699	132 416	4.43	4.08
红　河	Honghe	1 745	144 092	- 1.29	-1.36
文　山	Wenshan	972	89 866	- 1.08	-0.36
西双版纳	Xishuangbanna	761	47 004	- 0.56	-0.32
大　理	Dali	250	192 800	2.07	1.11
德　宏	Dehong				
怒　江	Nujiang				
迪　庆	Diqing				

14-29 各地区集体经济建筑施工企业主要经济指标（2005年）

Principal Economic Indicators of Collective-owned Construction Enterprises by Region (2005)

单位：万元 (10 000 yuan)

地　区	Region	实收资本 Called-up Capital	企业总收入 Total Income of Enterprises	利润总额 Total Profits	上缴税金 Taxes
全省合计	**Total**	**241 763**	**539 375**	**15 844**	**23951**
昆　明	Kunming	105 509	243 700	6 004	10 384
曲　靖	Qujing	49 913	114 921	4 310	5 240
玉　溪	Yuxi	8 213	17 788	118	765
保　山	Baoshan	1 010	662	- 62	49
昭　通	Zhaotong	6 434	10 927	151	518
丽　江	Lijiang	2 985	3 651	- 247	155
思　茅	Simao	7 357	8 689	440	617
临　沧	Lincang	2 476	4 265	90	202
楚　雄	Chuxiong	5 776	9 182	185	305
红　河	Honghe	21 070	43 632	935	1 822
文　山	Wenshan	12 373	28 248	2 263	1 107
西双版纳	Xishuangbanna	2 543	6 260	186	290
大　理	Dali	14 714	41 045	1 306	2 178
德　宏	Dehong	708	3 714	20	93
怒　江	Nujiang	681	2 501	151	223
迪　庆	Diqing		192	- 7	6

14-29　续表　continued

地　区	Region	平均人数（人） Average Number of Employed persons (person)	劳动生产率（元／人） Labor Productivity (yuan/person)	产值利润率（％） Ratio of Profits to Gross Output Value (%)	资金利润率（%） Ratio of Profits to Funds (%)
全省合计	**Total**	**86 334**	**67 211**	2. 73	3. 13
昆　明	Kunming	36 790	72 159	2.3	2.7
曲　靖	Qujing	15 934	77 291	3.5	5.1
玉　溪	Yuxi	3 534	53 744	0.6	0.8
保　山	Baoshan	512	26 992	- 4.5	- 1.5
昭　通	Zhaotong	2 021	51 138	1.5	1.0
丽　江	Lijiang	640	83 000	- 4.7	- 6.4
思　茅	Simao	1 618	63 498	4.3	2.4
临　沧	Lincang	1 080	32 213	2.6	2.0
楚　雄	Chuxiong	1 869	57 116	1.7	1.9
红　河	Honghe	10 444	47 337	1.9	2.2
文　山	Wenshan	2 168	138 704	7.5	3.8
西双版纳	Xishuangbanna	965	54 228	3.6	2.7
大　理	Dali	7 492	55 227	3.2	7.8
德　宏	Dehong	722	32 839	0.8	0.7
怒　江	Nujiang	485	51 567	6.0	10.7
迪　庆	Diqing	60	32 000	- 3.7	- 1.3

主要统计指标解释

建筑施工企业 指从事房屋、构筑物和设备安装生产活动的独立施工单位,分为建筑安装企业和自营施工单位两种组织形式。建筑安装企业是指行政有独立组织,经济上实行独立核算的企业。一般称为建筑公司、安装公司、工程公司、工程局(处)等。自营施工单位是指附属于现有生产企业、事业内部或行政单位的,为建造和修理本单位固定资产而自行组织的,同时具备下述条件:

(1) 对内独立核算。

(2) 有固定组织和施工队伍。

(3) 全年施工期在半年以上。

建筑业总产值(自行完成施工产值) 指建筑施工企业在一定时期内所完成的以货币表现的生产总量。是反映全部生产规模、水平和成果的综合指标。

房屋建筑施工面积 指在报告期内施工的全部房屋建筑面积，包括本期新开工的房屋面积、上期施工跨入本期继续施工的房屋面积、上期停缓建在本期恢复施工的房屋面积、本期竣工的房屋面积及本期施工后又停缓建的房屋面积。

房屋建筑竣工面积 指在报告期内房屋建筑按照设计要求全部完工，达到了住人和使用条件，经验收鉴定合格，正式移交使用单位的房屋建筑面积。

自有机械设备年末总台数 指归本企业所有，属于本企业固定资产的生产性机械设备年末总台数。包括施工机械、生产设备、运输设备以及其他设备。

自有机械设备年末总功率 指本企业自有施工机械、生产设备、运输设备以及其他设备等 列为在册固定资产的生产性机械设备年末总功率，按设定能力或查定能力计算。包括机械本身的动力和为该机械服务的单独动力设备，如电动机等。计算单位用千瓦，动力换算可按 1 马力=0.735 千瓦折合成瓦数。电焊机、变压器、锅炉不计算动力。

企业总收入 指与企业生产经营直接有关的各项收入,包括工程结算收入与其他业务收入。

利润总额 指建筑施工企业在一定时期内实现的利润。

工程结算收入 指企业承包工程实现的工程价款结算收入，以及向发包单位 收取的除工程价款以外的按规定列作营业收入的各种款项，如临时设施费、劳动保险费、施工机械调迁费等以及向发包单位收取的各种索赔款。

工程结算利润 指已结算工程实现的利润，如亏损以“－”号表示。计算公式为：

工程结算利润=工程结算收入－工程结算成本－工程结算税金及附加

建筑业增加值 指建筑企业在报告期内以货币表现的建筑生产经营活动的最终成果。

产值利润率 是指报告期内企业实现的利润总额占同期建筑业总产值的百分比。

Explanatory Notes on Principal Statistical Indicators

Statistical Entities in Construction refers to corporate enterprises engaged in construction of buildings and structures and equipment installation. A corporate construction enterprise should meet the following requirements: (1) being established in line with relevant legal provisions, having its full mane, organization and location and capable of taking civil liability; (2) independently possessing and using its assets and bearing its liabilities, and being entitled to sign contracts with other entities; and (3) keeping independent accounts of its profits and losses and capable of preparing its balance sheet.

Gross Output Value of Construction (Output Value of Self-completed Projects) refers to the total volume of construction products, expressed in monetary terms and completed by construction and installation enterprises during a given period of time. It is a comprehensive indicator reflecting the whole production scale, level and fruits.

Floor Space of Buildings Under Construction refers to the floor space of buildings under construction during the report period, including newly started buildings, buildings started in the preceding period and continued during the current period, and buildings suspended in the preceding period but restarted in the current period, buildings completed during the current period, and buildings under construction and then suspended during the current period.

Floor Space of Buildings Completed refers to the floor space of buildings that are completed in the report period in accordance with the requirements of the design, up to the standard of putting them into use, and have been checked and accepted by concerned departments as qualified ones.

Total Number of Machinery and Equipment Owned at the Year-end refers to the number of machines and equipment owned by enterprises, and listed as their fixed assets by the end of the year, including machinery and equipment for construction, production and transportation.

Total Power of Machinery and Equipment Owned at the Year-end refers to the total power of machinery and equipment for construction, production and transportation owned by enterprises, and listed as their fixed assets by the end of the year, which is calculated on the basis of the designed or verified capacity, covering the power of machinery and equipment and separate power equipment serving them (such as electric motors), but excluding welders, transformers and boilers. The unit used for the calculation of power is kilowatt, with horsepower converted to kilowatt by 1 horsepower = 0.735 kilowatt.

Total Revenue of Enterprises refers to the sum of income from production and operation of enterprises, including income from settlement of projects and other operating income.

Total Profits refer to the profits made by construction enterprises in a certain period of time.

Income from Settlement of Projects refers to income received by construction enterprises from contracted projects through settlement, and other payments from entities which contract the projects out as operating income according to the relevant regulations except costs of the projects, such as expenses on temporary facilities, labor insurance premium, costs of moving construction equipment, and various claims.

Profit from Settlement of Projects refers to the profit made through settled projects. If there is a loss, it is expressed with the sign "-". It is calculated with the following formula:

Profit from Settlement of Projects = Income from Settlement of Projects – Settlement Costs – Taxes and Surcharges on Settlement.

Added Value of Construction refers to the final results of production and operation of construction enterprises in monetary terms in the report period.

Ratio of Profit to Output Value refers to the ratio of the total profits to the gross output value of construction in the report period.

十五、国内贸易

Domestic Trade

15-1 流通业基本情况
Basic Statistics on Circulation of Commodities

指 标	Item	1999年	2000年	2003年	2004年	2005年
全省限额以上法人企业（个）	**Corporate Enterprises Above Designated Size (unit)**	**963**	**931**	**827**	**1 297**	**1 198**
批发零售贸易业	Wholesale and Retail Trade	926	893	763	1 218	1 121
星级住宿业	Hotel Industry Attained Star level					501
餐饮业	Food Service	37	38	64	79	77
全省限额以上企业从业人员（人）	**Employed Persons in Enterprises Above Designated Size (person)**	**119 688**	**114 101**	**98 665**	**134 672**	**13 960**
批发零售贸易业	Wholesale and Retail Trade	114 129	108 310	88 076	113 153	104 087
星级住宿业	Hotel Industry Attained Star level					46 414
餐饮业	Food Service	5 559	5 791	10 589	21 519	10 540
全省批发零售贸易业（万元）	**Wholesale and Retail Trade (10 000 yuan)**					
商品购进总额	Total Purchases	9 103 769	9 878 101	10 423 163	-	18 941 809
商品销售总额	Total Sales	15 558 483	16 459 397	19 684 755	21 159 100	28 674 631
商品库存总额	Total Inventory	1 974 800	2 135 649	1 612 879	-	2 653 376
全省社会消费品零售总额（万元）	**Total Retail Sales of Consumer Goods (10 000 yuan)**	**5 389 506**	**5 831 702**	**7 824 580**	**9 153 100**	**10 344 024**
按销售单位所在地分	Grouped by Location of Marketing Establishments					
市	City	2 833 712	3 092 810	4 252 620	4 989 624	5 645 431
县	County	1 296 732	1 390 824	1 804 852	2 112 366	2 392 938
县以下	Under County Level	1 259 062	1 348 0 68	1 767 108	2 051 110	2 305 655
按行业分	Grouped by Sector					
批发零售贸易业	Wholesale and Retail Trade	3 534 699	3 764 867	6 354 201	7 320 700	8 238 291
住宿餐饮业	Food Service	617 778	748 688	1 246 322	1 345 500	1 554 424
制造业	Manufacturing	257 150	270 218			
农业生产者	Farm Producers	838 806	900 22 5			
其它	Others	141 073	147 704	224 057	486 900	551 309
按经济成份分	**Grouped by Type of Economic Ownership**					
国有及国有控股	State-owned and State-owned Holding Enterprises	1 467 103	1 485 298	1 346 625	1 211 006	1 167 997
集体及股份合作	Collective-owned and Joint Stock Cooperative Enterprises	797 617	808 815	633 724	658 748	708 813
个私经济	Individual and Private Enterprises	2 209 580	2 539 146	4 319 374	5 524 870	6 602 219
个体	Individual Enterprises	1 813 359	2 167 521	3 477 686	4 554 100	5 118 839
其它经济	Others	915 206	998 443	1 524 857	1 758 476	1 864 995

注：1. 1998年后批发零售贸易业购进总额和库存总额仅为限额以上批发零售贸易业数。

2. 从2003年开始批零贸易业零售额与往年口径不一致。

Note: a. Total Purchases and inventory of Wholesale and Retail Trade after 1998 only represent the data of the wholesale and retail sales above designated size.

b. Data of Wholesale and Retail Trade have been calculated according to the new standards since 2003.

15-2 主要年份社会消费品零售总额
Total Retail Sales of Consumer Goods in Significant Years

单位：万元 (10 000 yuan)

年份 Year	社会消费品零售总额 Total Retail Sales of Consumer Goods	市 City	县 County	县以下 Under County Level
1978	283 811	69 328	118 118	96 365
1980	379 641	107 937	135 611	136 093
1985	844 463	315 367	228 414	300 682
1986	919 066	303 496	277 269	338 301
1987	1 025 522	339 423	318 213	367 886
1988	1 355 679	462 446	428 875	464 358
1989	1 421 534	499 802	441 239	480 493
1990	1 455 944	524 397	451 364	480 183
1991	1 637 515	598 973	518 323	520 219
1992	2 045 994	809 999	630 477	605 518
1993	2 619 032	1 176 212	775 789	667 031
1994	3 049 700	1 420 495	867 316	761 889
1995	3 695 537	1 722 962	1 051 772	920 803
1996	4 141 796	1 920 664	1 169 422	1 051 710
1997	4 670 654	2 275 987	1 256 470	1 138 197
1998	5 000 868	2 562 627	1 262 706	1 175 535
1999	5 389 506	2 833 712	1 296 732	1 259 062
2000	5 831 702	3 092 810	1 390 824	1 348 068
2001	6 407 957	3 434 096	1 502 413	1 471 448
2002	7 112 500	3 846 051	1 657 612	1 608 837
2003	7 824 580	4 252 620	1 804 852	1 767 108
2004	9 153 100	4 989 624	2 112 366	2 051 110
2004	9 153 100	4 989 624	2 112 366	2 051 110
2005	10 344 024	5 645 431	2 392 938	2 305 655

15-3 社会消费品零售总额（2005年）
Total Retail Sales of Consumer Goods (2005)

项目	Item	绝对数（万元） Absolute Data (10 000 yuan)	比重（%） Percentage (%)
社会消费品零售总额	**Total Retail Sales of Consumer Goods**	**10 344 024**	**100.0**
按销售单位所在地分	**Grouped by Location of Marketing Establishments**		
市的零售额	City	5 645 431	54.6
县的零售额	County	2 392 938	23.1
县以下的零售额	Under County Level	2 305 655	22.3
按经济成份分	**Grouped by Type of Economic Ownership**		
国有及国有控股	State-owned and State-owned Holding Enterprises	1 167 997	11.3
集体及股份合作	Collective-owned and Joint Stock Cooperative	708 813	6.9
个私经济	Individual and Private Enterprises	6 602 219	63.8
# 个体经济	Individual Enterprises	5 118 838	49.5
其它经济	Others	1 864 995	18.0
按行业分	**Grouped by Sector**		
批发零售贸易业	Wholesale and Retail Trade	8 238 291	79.7
住宿餐饮业	Food Service	1 554 424	15.0
其它行业	Others	551 309	5.3

15-4 各地区限额以上批发零售贸易业商品购进、销售、库存总额（2005年）

Total Purchases, Sales and Inventory of Enterprises Above Designated Size in Wholesale and Retail Trade by Region(2005)

单位：万元 (10 000yuan)

地 区	Region	法人企业数（个） Number of Corporate Enterprises (unit)	产业活动单位数（个） Number of Industrial Activity Entities (unit)	从业人员数（人） Number of Employed Persons (persons)	购进总额 Total Purchases	销售总额 Total Sales	年末库存总额 Inventory at the Year-end	年末零售营业面积（平方米） Retail Operational Area at the Year-end (sq.m)
全省合计	**Total**	**1 121**	**3 420**	**104 087**	**18 941 809**	**20 348 392**	**2 653 376**	**4 502 365**
昆 明	Kunming	565	1 670	44 050	11 919 841	12 311 640	1 119 692	796 933
曲 靖	Qujing	53	194	7 245	1 346 797	1 484 182	138 038	144 035
玉 溪	Yuxi	97	244	8 930	1 626 163	1 764 064	886 144	173 938
保 山	Baoshan	38	163	3 401	318 376	351 093	30 625	256 818
昭 通	Zhaotong	32	120	4 635	402 742	520 861	90 089	37 076
丽 江	Lijiang	14	20	1 212	150 277	184 646	9 967	21 513
思 茅	Simao	19	47	2 141	137 641	200 746	20 188	36 909
临 沧	Lincang	18	32	1 147	135 001	166 058	10 194	16 480
楚 雄	Chuxiong	40	199	5 516	546 806	648 798	148 320	390 627
红 河	Honghe	61	153	7 253	777 819	963 633	81 799	2 193 381
文 山	Wenshan	27	31	3 517	188 240	234 882	13 249	100 446
西双版纳	Xishuangbanna	30	101	2 948	139 925	175 533	26 020	81 706
大 理	Dali	60	263	6 342	739 452	840 351	48 511	180 496
德 宏	Dehong	57	149	2 337	314 284	334 392	22 171	35 838
怒 江	Nujiang	5	5	337	43 164	17 269	4 427	22 289
迪 庆	Diqing	5	29	3 076	155 282	150 243	3 943	13 880

15-5 限额以上批发零售贸易业商品购进、销售、库存总额（2005年）

(按登记注册类型分)

单位：万元

项　　目	Item	法人企业数(个) Number of Corporate Enterprises (unit)	产业活动单位数(个) Number of Industrial Activity Entities (unit)
总　　计	**Total**	**1 121**	**3 420**
一、批发业	Wholesale Trade	689	1 921
# 国有及国有控股	State-owned and State-owned Holding Enterprises	213	871
内资企业	Domestic-funded Enterprises	680	1 869
国有企业	State-owned Enterprises	147	698
集体企业	Collective-owned Enterprises	36	134
股份合作企业	Joint Stock Cooperative Enterprises	8	14
联营企业	Joint Ownership Enterprises		
有限责任公司	Limited Liability Companies	157	503
国有独资公司	Wholly State-funded Companies	26	83
其他有限责任公司	Other Limited Liability Companies	131	420
股份有限公司	Incorporated Corporations	31	103
私营企业	Private Enterprises	299	415
私营独资企业	Private Sole Proprietorship Enterprises	5	5
私营合伙企业	Private Partnership Enterprises	4	5
私营有限责任公司	Private Limited Liability Companies	266	376
私营股份有限公司	Private Incorporated Corporations	24	29
其他企业	Other Enterprises	2	2
港澳台商投资企业	Enterprises Invested by Hong Kong, Macao and Taiwan	2	5
合资经营企业（港或澳台资）	Joint Ventures (Funded by Hong Kong, Macao and Taiwan)	1	2
独资经营企业（港或澳台资）	Enterprises Wholly-funded (by Hong Kong, Macao and Taiwan)	1	2
独资股份有限公司（港或澳台资）			1
外商投资企业	Foreign-funded Enterprises	7	47
中外合资经营企业	Joint-venture Enterprises	4	42
外资企业	Wholly Foreign-funded Enterprises	2	3
外商投资股份有限公司	Share-holding Corporations Ltd.with Foreign Investment	1	2

Total Purchases, Sales and Inventory of Enterprises Above Designated Size in Wholesale and Retail Trade (2005)

(Groaped by Statas of Registration)

(10 000 yuan)

从业人员数（人） Number of Employed Persons (persons)	购进总额 Total Purchases	进口 Inports	销售总额 Total Sales 合计 Total	批发 Wholesale	出口 Outputs	零售 Retail	年末库存总额 Inventory at the Year-end	年末零售营业面积（平方米） Retail Operational Area at the Year-end (sq.m)
104 087	**18 941 809**	**691 702**	**20 348 392**	**17 520 409**	**821 112**	**2 827 984**	**2 653 376**	**4 502 365**
63 061	16 639 025	628 868	17 734 113	17 238 520	820 964	495 593	2 351 285	1 714 958
32 666	11 707 476	519 553	12 286 878	12 121 405	381 679	165 474	1 946 393	684 005
62 375	16 548 255	628 868	17 613 457	17 123 495	816 557	489 961	2 341 588	1 713 728
26 603	9 950 605	354 195	10 320 336	10 211 041	290 518	109 296	1 750 747	528 914
1 540	201 752	476	213 614	209 002	333	4 612	16 174	20 247
527	37 348	222	40 567	36 180	11 604	4 387	2 269	34 052
16 237	2 820 575	190 172	3 155 330	3 119 527	110 242	35 803	292 248	179 495
3 080	621 254	3 374	675 447	670 216	3 374	5 230	102 960	76 275
13 157	2 199 321	186 798	2 479 884	2 449 311	106 868	30 573	189 287	103 220
4 921	1 139 773	2 762	1 267 989	1 032 747	51 332	235 241	104 287	861 201
12 502	2 387 344	81 042	2 606 064	2 506 295	352 528	99 769	173 515	88 944
469	17 263	2 038	20 746	20 746	1 785		1 057	586
41	12 844		18 146	11 892		6 254	629	442
11 271	2 198 838	52 064	2 391 467	2 306 496	267 255	84 971	157 759	82 022
721	158 400	26 940	175 706	167 161	83 489	8 544	14 069	5 894
45	10 858		9 556	8 704		853	2 348	875
403	25 372		42 734	42 734			2 845	
256	9 561		12 395	12 395			1 903	
94	13 222		26 978	26 978			899	
53	2 590		3 361	3 361			44	
283	65 398		77 922	72 291	4 408	5 632	6 852	1 230
203	31 164		36 587	30 956	3 743	5 632	3 947	1 230
41	8 107		9 897	9 897	665		124	
39	26 127		31 438	31 438			2 781	

15-5 续表

（按登记注册类型分）

单位：万元

项目	Item	法人企业数（个） Number of Corporate Enterprises (unit)	产业活动单位数（个） Number of Industrial Activity Entities (unit)
二、零售业	Retail Trade	432	1 499
# 国有及国有控股	State-owned and State-Owned Holding Enterprises	89	359
内资企业	Domestic Funded Enterprises	426	1 434
国有企业	State-owned Enterprises	52	143
集体企业	Collective-owned Enterprises	21	47
股份合作企业	Joint Stock Cooperative Enterprises	13	27
联营企业	Joint Ownership Enterprises	1	2
国有与集体联营	State-owned Joint and Collective-owned Ownership Enterprises		1
其他联营企业	Other Joint Ownership Enterprises	1	1
有限责任公司	Limited Liability Companies	93	751
国有独资公司	Wholly State-funded Companies	12	23
其他有限责任公司	Other Limited Liability Companies	81	728
股份有限公司	Incorporated Corporations	22	72
私营企业	Private Enterprises	220	386
私营独资企业	Private Sole Proprietorship Enterprises	17	18
私营合伙企业	Private Partnership Enterprises	1	1
私营有限责任公司	Private Limited Liability Companies	188	349
私营股份有限公司	Private Incorporated Corporations	14	18
其他企业	Other Enterprises	4	6
港澳台商投资企业	Enterprises Invested by Hong Kong, Macao and Taiwan	1	54
合资经营企业（港或澳台资）	Joint Ventures (Funded by Hong Kong, Macao and Taiwan)	1	53
独资股份有限公司（港或澳台资）	Incorporated Corporations (Funded by Hong Kong, Macao and Taiwan)		1
外商投资企业	Foreign-funded Enterprises	5	11
中外合资经营企业	Sino-foreign Joint Ventures	4	7
中外合作经营企业	Foreign-funded Cooperative Enterprises	1	3
外商投资股份有限公司	Incorporated Corporations by Foreign-funded		1

Continued

(Grouped by Status of Registration)

(10 000 yuan)

从业人员数（人） Number of Employed Persons (persons)	购进总额 Total Purchases	进口 Inports	销售总额 Total Sales 合计 Total	批发 Wholesale	出口 Outputs	零售 Retail	年末库存总额 Inventory at the Year-end	年末零售营业面积（平方米） Retail Operational Area at the Year-end (sq.m)
41 026	2 302 785	62 833	2 614 280	281 889	147	2 332 391	302 091	2 787 407
9 559	427 016	8 865	538 541	128 441		410 100	72 502	531 941
37 823	2 150 686	62 833	2 431 366	273 636	147	2 157 730	282 680	2 673 767
4 672	157 686	6 848	231 862	13 930		217 931	30 376	230 761
857	32 480		36 069	3 777		32 292	2 494	39 182
740	34 305	7 602	45 862	8 923		36 939	5 037	34 342
71	646		1 183	577		606	5	270
19	579		579			579		60
52	67		603	577		26	5	210
12 638	624 109	40 537	704 700	154 251		550 449	91 227	1 456 184
1 165	79 403		94 603	85 941		8 662	14 211	24 124
11 473	544 707	40 537	610 097	68 310		541 787	77 017	1 432 060
3 425	254 193		272 198	23 029		249 169	13 829	362 261
15 184	1 036 622	7 847	1 126 658	68 434	147	1 058 224	133 279	531 460
857	36 503		41 141	177		40 965	3 859	26 613
7	465		565			565	36	660
13 164	946 302	7 847	1 023 669	58 170	147	965 500	120 511	477 101
1 156	53 352		61 283	10 088		51 195	8 873	27 086
236	10 645		12 835	715		12 120	6 434	19 307
456	18 030		17 693	8 253		9 441	5 673	9 949
441	16 910		16 110	7 769		8 341	4 323	8 949
15	1 120		1 584	484		1 100	1 350	1 000
2 747	134 069		165 221			165 221	13 739	103 691
1 872	74 779		97 026			97 026	9 799	86 181
843	58 818		67 675			67 675	3 539	17 010
32	472		520			520	400	500

15-6 限额以上批发零售贸易业商品购进、销售、库存总额（2005年）

（按国民经济行业分）

单位：万元

项　　目	Item	法人企业数(个) Number of Corporate Enterprises (unit)	产业活动单位数(个) Number of Industrial Activity Entities (unit)
总　　计	**Total**	**1 121**	**3 420**
农畜产品批发	Wholesale of Agricultural and Livestock Products	19	100
食品、饮料、烟草制品批发	Wholesale of Food, Beverages and Tobacco Products	160	651
# 米、面制品及食用油批发	Wholesale of Rice, Flour Products and Edible Oil	29	55
烟草制品批发	Wholesale of Tobacco Producets	99	550
纺织、服装及日用品批发	Wholesale of Textiles, Clothing and Articles for Daily Use	13	17
# 服装批发	Wholesale of Clothing		
文化、体育用品及器材批发	Wholesale of Culture, Sports Goods and Equipments	4	6
医药及医疗器材批发	Wholesale of Medicine and Medical Equipments	38	127
矿产品、建材及化工产品批发	Wholesale of Mineral Products, Building Materials and Chemical Industrial Products	300	651
# 煤炭及制品批发	Wholesale of Coal and Related Products	17	17
石油及制品批发	Wolesale of Petroleum and Related Produces	25	153
金属及金属矿批发	Wholesale of Metal and Metal Ores	129	144
建材批发	Wholesale of Building Materials	25	31
化肥批发	Wholesale of Chemical Fertilizer	51	244
机械设备、五金交电及电子产品批发	Wholesale of Mechanical Equipment, Hardware and Electronic Products	121	165
# 汽车、摩托车及零配件批发	Wholesale of Motor Vehicles,Motorcycles and Related Parts and Fittings	36	56
家用电器批发	Wholesale of Household Appliances	3	6
计算机、软件及辅助设备批发	Wholesale of Computers, Software and Supplementary Equipment	15	20
贸易经纪与代理	Wholesale by Brokers and Agents	3	5
其他批发	Others	31	199

Total Purchases, Sales and Inventory of Enterprises above Designated Size in Wholesale and Retail Trade (2005)

(Grouped by Sector)

(10 000 yuan)

从业人员数（人） Number of Employed Persons (persons)	购进总额 Total Purchases	进口 Inports	销售总额 Total Sales 合计 Total	批发 Wholesale	出口 Outputs	零售 Retail	年末库存总额 Inventory at the Year-end	年末零售营业面积（平方米） Retail Operational Area at the Year-end (sq.m)
104 087	**18 941 809**	**691 702**	**20 348 392**	**17 520 409**	**821 112**	**2 827 984**	**2 653 376**	**4 502 365**
1 567	516 537	30 641	473 841	471 757	19 400	2 084	734 370	7 941
27 577	6 746 016	27 755	7 809 447	7 731 257	158 554	78 190	882 190	181 288
1 826	158 019		130 407	117 956	5 443	12 452	76 774	3 338
22 284	6 319 325	24 924	7 365 814	7 304 365	118 992	61 449	781 567	113 626
316	66 114	1 541	68 675	68 239	43 436	437	3 436	1 350
295	55 191		60 343	59 475		868	17 736	345
5 104	495 144	2 035	543 227	518 782	2 953	24 445	73 692	27 952
17 453	6 966 848	539 017	6 813 788	6 481 332	433 686	332 457	377 604	1 372 858
1 266	236 462		259 578	258 525	4 509	1 054	10 817	6 711
5 675	2 395 680	12 415	1 892 974	1 613 828	58 653	279 147	119 558	1 129 074
4 211	3 157 697	475 933	3 437 546	3 402 713	192 549	34 833	115 224	31 261
910	173 463	40 132	178 130	178 130	7 087		9 247	6 464
3 021	482 910	2 158	491 796	480 826	31 630	10 970	54 745	166 252
5 233	1 364 758	22 596	1 524 997	1 468 968	159 438	56 029	241 410	62 104
1 357	318 272		328 184	288 192	665	39 992	50 880	50 512
486	79 704	40	90 826	89 951	3 760	875	2 097	65
315	81 192		87 909	80 910		7 000	4 210	1 490
306	14 437	5 248	13 731	13 314	2 937	417	1 536	6 772
5 210	413 979	35	426 063	425 396	559	667	19 312	54 348

15-6 续表

（按国民经济行业分）

单位：万元

项　　目	Item	法人企业数(个) Number of Corporate Enterprises (unit)	产业活动单位数（个） Number of Industrial Activity Entities (unit)
综合零售	General Retail	73	145
#百货零售	Retail of General Merchandise	29	54
超级市场零售	Retail by Supermarkets	30	70
食品、饮料及烟草制品专门零售	Retail of Food,Beverages and Tobacco Products	45	165
纺织、服装及日用品专门零售	Retail of Textiles, Clothing and Commodities	6	18
#服装零售	Retail of Clothing	2	4
文化、体育用品及器材专门零售	Retail of Sports Goods and Equipment	32	144
#体育用品零售	Retail of Sports Goods		
图书零售	Retail of Books	28	137
医药及医疗器材专门零售	Retail of Medicine and Medical Equipment	26	612
#药品零售	Retail of Medicine	26	612
汽车、摩托车、燃料及零件专门零售	Retail of Motor Vehicles,Motorcycles, Related Parts and Fittings and Fuels	175	295
#汽车零售	Retail of Motor Vehicles	136	153
机动车燃料零售	Retail of Fuels of Motor Vehicles	28	121
家用电器及电子产品专门零售	Retail of Household Appliances and Electronic Products	54	66
#家用电器零售	Retail of Household Appliances	10	21
计算机、软件及辅助设备零售	Retail of Computers,Software and Supplementary Equipment	38	39
通信设备零售	Retail of Communication Equipment	6	6
五金、家电及室内装修材料专门零售	Retail of Hardware, Household Appliances and Interior Decoration Materials	5	7
无店铺及其他零售	Nonstore Retail and Others	16	47
#邮购及电子销售	Retail by Mail Order and E-business		

Continued

(Grouped by Sector)

(10 000 yuan)

从业人员数（人） Number of Employed Persons (persons)	购进总额 Total Purchases	进口 Inports	销售总额 Total Sales 合计 Total	批发 Wholesale	出口 Outputs	零售 Retail	年末库存总额 Inventory at the Year-end	年末零售营业面积（平方米） Retail Operational Area at the Year-end (sq.m)
14 642	439 094	7 605	536 378	13 103	147	523 275	68 558	1 588 949
5 789	254 939	7 602	327 730	3 894		323 836	39 479	1 323 170
7 700	170 356	3	191 401	2 943	147	188 458	26 170	216 302
4 156	107 783	2 017	118 336	37 521		80 814	35 174	57 876
366	11 103		12 953	935		12 018	3 855	6 899
208	6 091		6 966	484		6 482	3 052	3 000
4 777	158 036		166 800	59 834		106 966	37 665	83 857
4 024	148 331		148 334	59 834		88 500	28 643	68 512
4 462	182 710		187 478	71 920		115 558	33 131	116 402
4 462	182 710		187 478	71 920		115 558	33 131	116 402
8 266	1 117 372	53 212	1 278 578	79 576		1 199 002	85 645	793 068
4 921	920 571	46 364	959 348	37 596		921 752	78 866	277 832
3 074	182 270	6 848	303 594	41 521		262 073	4 629	503 505
3 315	254 144		259 826	11 515		248 311	34 534	102 023
1 839	131 646		124 117	14		124 103	17 479	78 395
1 181	97 068		104 476	11 502		92 974	9 464	12 348
295	25 431		31 233			31 233	7 591	11 280
268	5 854		14 832	3 419		11 413	2 099	13 363
774	26 688		39 100	4 065		35 035	1 430	24 970

15-7 限额以上批发零售贸易业商品销售总额分类销售额

Total Sales of Enterprises above Designated Size in Wholesale and Retail Trade by Category of Commodities

单位：万元 (10 000 yuan)

项目	Item	销售合计 Sales		批发 Wholesale Trade		零售 Retail Trade	
		2004年	2005年	2004年	2005年	2004年	2005年
总计	**Total**	**17 826 050**	**18 675 712**	**15 299 454**	**15 915 885**	**2 526 596**	**2 759 828**
食品、饮料、烟酒类	Food,Beverages,Tobacco and Liquor	5 046 968	5 047 514	4 767 012	4 748 263	279 956	299 251
粮油类	Grain and Oil	262 158	234 069	179 424	167 109	82 734	66 960
肉禽蛋类	Meat,Poultry and Eggs	51 978	66 071	9 303	10 199	42 675	55 872
其他食品类	Other Foodstuffs	261 890	300 906	193 863	209 591	68 027	91 315
饮料类	Beverages	24 432	128 198	8 969	109 700	15 463	18 498
烟酒类	Tobacco and Liquor	4 446 510	4 318 271	4 375 454	4 251 666	71 056	66 606
服装、鞋帽、针、纺织品类	Clothing, Footwerw, Headgear, Kaitting and Textiles	152 139	167 848	369 001	32 502	115 238	135 346
服装类	Clothing	88 073	97 628	9 083	1 567	78 989	96 061
鞋帽类	Footwerw and Headgear	22 803	25 885	999	855	21 804	25 030
针、纺织类	Knitting and Textile	41 263	44 335	26 818	30 080	14 445	14 255
化妆品类	Cosmetics	57 847	55 183	12 010	6 902	45 837	48 281
金银珠宝类	Gold,Silver and Jewelry	16 116	21 770	1 017	3 987	15 099	17 783
日用品类	Articles for Daily Use	97 253	76 205	26 278	27 293	70 956	48 912
洗涤用品类	Washing Articles	29 452	32 208	10 902	8 838	18 550	23 370
儿童玩具类	Children Toys	6 003	7 083	379	62	5 624	7 021
五金、电料类	Hardware and Electrical Materials	64 640	46 716	57 224	39 599	7 416	7 117
体育、娱乐用品类	Sports and Recreation Articles	6 271	5 628	182	611	6 089	5 017
书报杂志类	Newspapers and Magazines	185 184	156 685	91 383	86 220	93 802	70 466
电子出版物及音像制品类	E-journals and Audio-visual Products	21 054	11 513	3 109	3 234	17 945	8 279

注：粮油类因2003年归在其他食品类，故无法分。

Note:The datd of grain and oil in 2003 can't be divided out from the other food in this table.

15-7 续表 continued

单位：万元 (10 000 yuan)

项 目	Item	销售合计 Sales		批 发 Wholesale Trade		零 售 Retail Trade	
		2004年	2005年	2004年	2005年	2004年	2005年
家用电器和音像器材类	Household Appliances and Audio-visual Equipment	238 212	258 475	112 585	93 200	125 627	165 275
中西药品类	Traditional Chinese and Western Medicines	784 696	700 800	634 788	551 314	149 906	149 486
西药	Western Medicine	523 677	566 144	409 077	436 148	114 600	129 996
中草药及中成药	Herban Medicine and Traditional Chinese Medicines Products	177 938	128 785	159 473	109 770	18 465	19 015
文化办公用品类	Cultural Goods and Office Supply	169 423	160 430	99 180	76 029	70 243	84 400
家俱类	Furniture	12 107	7 488	6 752	3 418	5 355	4 070
通讯器材类	Communication Equipment	127 670	102 557	66 975	54 873	60 695	47 684
煤炭及制品类	Coal and Related Products	214 905	222 101	213 812	218 189	1 093	3 912
木材及制品类	Timber and Related Products	93 642	68 534	93 526	66 849	116	1 685
石油及制品类	Petroleum and Related Products	1 159 090	1 671 646	743 924	1 143 450	415 166	528 197
化工材料及制品类	Chemical Industrial Materials and Related Products	1 150 056	1 065 836	1 133 898	1 040 068	16 158	25 769
化肥类	Fertilizer	407 733	456 478	401 874	450 358	5 860	6 120
金属材料类	Metal Materials	2 652 955	3 204 757	2 599 718	3 102 638	53 237	102 119
建筑及装潢材料类	Building and Decoration Materials	145 302	188 819	133 496	173 984	11 806	14 835
机电产品及设备类	Mechanical and Electric Products and Equipment	620 422	497 889	591 170	471 140	29 252	26 749
农机类	Agricultural Machinary	87 266	16 770	86 807	15 124	459	1 647
汽车类	Automobiles	1 194 474	1 028 785	326 803	251 399	867 671	777 386
种子饲料类	Seeds and Forage	50 193	27 459	50 069	2 356	124	290
棉麻类	Cotton and Hemp	638	2 501	6 191	3 691 199	190	145
其他类	Others	3 393 572	3 878 574	3 356 694	2 847 775	36 878	187 375

15-8 星级住宿业和限额以上餐饮业经营情况（2005年）

单位：万元

项　　目	Item	法人企业数(个) Number of Corporate Enterprises (unit)	产业活动单位数（个） Number of Industrial Activity Entities (unit)
总　　计	**Total**	**578**	**745**
一、住宿业	**Hotel Industry**	**501**	**603**
其中：国有及有国控股	State-owned and State Share Holding	185	226
1. 按登记注册类型分组	Grouped by Status of Registration		
内资企业	Domestic-funded Enterprises	470	571
国有企业	State-owned Enterprises	140	181
集体企业	Collective-owned Enterprises	46	53
股份合作企业	Joint Stock Cooperative Enterprises	15	19
联营企业	Joint Ownership Enterprises	1	2
国有联营企业	State -owned Joint Ownership	1	1
集体联营	Collective-owned Joint Ownership		1
有限责任公司	Limited Liability Companies	66	84
国有独资公司	Wholly State-funded Companies	16	16
其他有限责任公司	Other Joint Ownership Enterprises	50	68
股份有限公司	Incorporated Corporations	18	24
私营企业	Private Enterprises	170	193
私营独资企业	Private Sale Proprietorship Enterprises	80	84
私营合伙企业	Private Partnership Enterprises	5	5
私营有限责任公司	Private Limited Liability Companies	80	96
私营股份有限公司	Private Incorporated Corporations	5	8
其他企业	Other Enterprises	14	15
港澳台商投资企业	Enterprises Funded by Hong Kong, Macao and Taiwan	15	16
合资经营企业（港或澳台资）	Joint Ventures (funded by Hong Kong, Macao and Taiwan)	11	12
合作经营企业（港或澳台资）	Cooperative Enterprises(funded by Hong Kong, Macao and Taiwan)	2	2
港澳台商独资经营企业	Enterprises Wholly Funded by Hong Kong, Macao and Taiwan	2	2
外商投资企业	Foreign-funded Enterprises	16	16
中外合资经营企业	Sino-foreign Joint Ventures	10	10
中外合作经营企业	Sion-foreign-funded Cooperative Enterprises	2	2
外资企业	Wholly Foreign-funded Enterprises	4	4
2. 按国民经济行业分组			
旅游饭店	Tour Hotel	449	529
一般旅馆	General Hatel	46	65
其他住宿服务	Other	6	9

Basic Statistics on Commodity Sales of Hotel Industry Attained Star level and Food Service above Designated Size(2005)

(10 000 yuan)

从业人员数（人） Number of Employed Persons (persons)	营业总收入 Total Business Income	客房收入 Hotel Income	餐费收入 Food Income	商品销售收入 Retail Sales of Commodities	其他收入 Other	年末餐饮营业面积（平方米） Food Service Operational Area at the Year-end (sq.m)	床位数（个） Number of Hotel beds (unit)	餐位数（位） Number of Food Seats (unit)
56 954	**365 875**	**151 974**	**169 645**	**11 998**	**32 257**	**590 644**	**115 542**	**248 675**
46 414	**271 345**	**149 575**	**84 643**	**9 746**	**27 382**	**419 230**	**111 354**	**194 708**
22 235	141 650	75 756	47 497	2 930	15 468	218 211	45 648	87 127
39 967	220 686	122 733	68 717	8 929	20 307	378 179	102 059	176 590
14 984	90 375	48 782	30 060	1 915	9 618	165 983	33 650	67 834
3 104	15 087	8 039	3 528	2 400	1 119	21 118	8 110	19 566
974	4 569	2 945	1 308	39	277	11 765	3 663	6 396
86	591	444	148			922	341	500
56	590	443	148			922	292	500
30	1	1					49	
7 261	47 054	23 165	16 366	2 963	4 559	67 113	14 736	22 960
990	5 284	2 849	1 802	349	284	20 881	2 568	4 662
6 271	41 770	20 316	14 565	2 614	4 275	46 232	12 168	18 298
3 051	20 392	13 423	6 063	180	727	15 248	6 538	6 836
9 512	37 560	23 456	9 702	1 424	2 979	89 627	32 012	49 215
2 568	9 677	5 694	2 864	414	705	37 808	7 985	20 336
268	1 139	776	350	11	3	2 600	502	433
6 163	24 737	15 591	5 951	990	2 206	45 502	22 420	25 886
513	2 007	1 395	538	9	65	3 717	1 105	2 560
995	5 058	2 479	1 543	8	1 028	6 403	3 009	3 283
4 783	40 691	21 401	13 247	338	5 705	33 773	5 921	12 987
3 433	29 162	15 474	9 438	122	4 129	22 262	4 545	8 659
505	3 360	2 081	1 008	6	265	5 500	623	1 252
845	8 168	3 846	2 801	210	1 311	6 011	753	3 076
1 664	9 969	5 441	2 679	479	1 370	7 278	3 374	5 131
1 390	8 371	4 174	2 551	462	1 185	5 778	2 247	4 281
46	446	353	17	14	62	300	315	150
228	1 152	914	111	4	123	1 200	812	700
42 034	252 435	139 918	77 777	9 208	25 533	368 565	100 709	171 800
3 727	16 151	8 276	5 848	306	1 722	44 932	9 343	19 342
653	2 759	1 381	1 019	232	127	5 733	1 302	3 566

15-8 续表

单位：万元

项　目	Item	法人企业数（个）Number of Corporate Enterprises (unit)	产业活动单位数（个）Number of Industrial Activity Entities (unit)
二、餐饮业	**Total**	**77**	**142**
其中：国有及有国控股	State-owned and State Share Holding	7	13
1. 按登记注册类型分组	Grouped by Status of Registration		
内资企业	Domestic-funded Enterprises	70	112
国有企业	State-owned Enterprises	3	6
集体企业	Collective-owned Enterprises	5	5
股份合作企业	Joint Stock Cooperative Enterprises	1	6
联营企业	Joint Ownership Enterprises		
有限责任公司	Limited Liability Companies	17	33
其他有限责任公司	Other Joint Ownership Enterprises	17	33
股份有限公司	Incorporated Corporations	2	5
私营企业	Private Enterprises	41	56
私营独资企业	Private Sale Proprietorship Enterprises	12	24
私营合伙企业	Private Partnership Enterprises		
私营有限责任公司	Private Limited Liability Companies	29	32
私营股份有限公司	Private Incorporated Corporations		
其他企业	Other Enterprises	1	1
港澳台商投资企业	Enterprises Funded by Hong Kong, Macao and Taiwan	4	11
合资经营企业（港或澳台资）	Joint Ventures (funded by Hong Kong, Macao and Taiwan)	1	1
港澳台商独资经营企业	Enterprises Wholly Funded by Hong Kong, Macao and Taiwan	3	10
外商投资企业	Foreign-funded Enterprises	3	19
外资企业	Wholly Foreign-funded Enterprises	2	18
外商投资股份有限公司	Share-holding Corporations Ltd.with Foreign Investment	1	1
2. 按国民经济行业分组	Grouped by Sector		
正餐服务	Dinner Service	73	116
快餐服务	Snack Service	3	25
饮料及冷饮服务	Service of Beverages and Cold Drink		
其他餐饮服务	Others	1	1

Continued

(10 000 yuan)

从业人员数（人） Number of Employed Persons (persons)	营业总收入 Total Business Income					年末餐饮营业面积（平方米） Food Service Operational Area at the Year-end (sq.m)	床位数（个） Number of Hotel beds (unit)	餐位数（位） Number of Food Seats (unit)
		客房收入 Hotel Income	餐费收入 Food Income	商品销售收入 Retail Sales of Commodities	其他收入 Other			
10 540	**94 530**	**2 399**	**85 002**	**2 253**	**4 876**	**171 414**	**4 188**	**53967**
939	19 028	600	16 664	1 457	307	31 140	1 673	6769
7 988	71 676	2 399	62 149	2 252	4 876	157 856	4 188	48432
325	1 858	178	1 390	169	121	4 073	1 254	2309
338	1 886	229	1 630	2	26	3 621	344	3300
155	578	271	189		118	2 357	578	1410
2 043	13 161	853	11 619	303	386	48 478	1 287	14598
2 043	13 161	853	11 619	303	386	48 478	1 287	14598
560	17 197		15 922	1 275		24 600		3500
4 502	35 795	869	30 396	503	4 028	72 727	725	22815
1 009	6 163	256	5 895	2	9	16 095	187	6718
3 493	29 632	612	24 501	500	4 019	56 632	538	16097
65	1 200		1 003		197	2 000		500
1 496	10 254		10 253	1		5 749		2241
103	3 118		3 118	1		1 000		206
1 393	7 136		7 136			4 749		2035
1 056	12 600		12 600			7 809		3294
973	11 976		11 976			7 509		2894
83	624		624			300		400
8 354	78 579	2 399	69 171	2 253	4 756	156 744	4 188	49270
2 000	15 329		15 329			8 670		3697
186	622		502		120	6 000		1000

15-9 限额以上批发贸易企业财务状况（2005年）

(按登记注册类型分)

单位：万元

项　目	Item	企业数（个）Number of Enterprises (unit)	亏损企业（个）Loss-making Enterprises (unit)
总　　计	Total	689	188
#国有及国有控股	State-owned and State-Owned Holding Enterprises	213	33
内资企业	Domestic-funded Enterprises	680	187
国有企业	State-owned Enterprises	147	23
集体企业	Collective-owned Enterprises	36	8
股份合作企业	Joint Stock Cooperative Enterprises	8	5
联营企业	Joint Ownership Enterprises		
有限责任公司	Limited Liability Companies	157	33
国有独资公司	Wholly State-funded Companies	26	3
其他有限责任公司	Other Limited Liability Companies	131	30
股份有限公司	Incorporated Corporations	31	11
私营企业	Private Enterprises	299	107
私营独资企业	Private Sole Proprietorship Enterprises	5	2
私营合伙企业	Private Partnership Enterprises	4	2
私营有限责任公司	Private Limited Liability Companies	266	94
私营股份有限公司	Private Incorporated Corporations	24	9
其他企业	Other Enterprises	2	
港澳台商投资企业	Enterprises Invested by Hong Kong, Macao and Taiwan	2	
合资经营企业（港或澳台资）	Joint Ventures (Funded by Hong Kong, Macao and Taiwan)	1	
独资经营企业（港或澳台资）	Enterprises Wholly-funded (by Hong Kong, Macao and Taiwan)	1	
外商投资企业	Foreign-funded Enterprises	7	
中外合资经营企业	Joint-venture Enterprises	4	
外资企业	Wholly Foreign-funded Enterprises	2	
外商投资股份有限公司	Share-holding Corporations Ltd.with Foreign Investment	1	

Financial Conditions of Enterprises above Designated Size in Wholesale Trade by Statas of Registration (2005)

(Grouped by statas of registration)

(10 000 yuan)

年末资产负债 Assets and Liabilities at the Year-end (unit)				
流动资产小计 Current Assets	存货 Inventory	固定资产原价 Original Value of Fixed Assets	累计折旧 Accumulated Depreciation	本年折旧 Depreciation of Fixed Assets at Current Year
6 160 152	**2 196 486**	**1 315 737**	**436 955**	**73 915**
4 716 776	1 896 846	1 050 482	372 041	61 371
6 136 478	2 187 957	1 309 817	435 912	73 596
4 000 794	1 687 728	918 390	324 411	54 976
55 386	15 726	21 530	8 118	740
8 002	1 081	2 351	570	78
1 137 395	288 754	198 482	66 918	9 903
260 361	123 176	76 427	32 221	4 168
877 034	165 579	122 055	34 697	5 735
170 965	29 781	49 423	9 617	1 211
761 121	162 463	118 289	25 994	6 670
4 721	706	4 477	1 959	56
2 219	634	1 170	336	60
689 342	152 347	103 118	20 169	5 566
64 838	8 777	9 524	3 530	988
2 815	2 424	1 352	284	18
12 444	2 573	1 034	121	67
7 590	1 759	954	107	56
4 854	814	80	14	11
11 230	5 957	4 887	922	252
5 620	3 474	4 664	836	233
274	124	100	28	7
5336	2359	123	57	12

15-9 续表1

单位：万元

项　　目	Item	年末资产负债 Assets and Liabiliti 资产总计 Total Assets	负债合计 Total Liabilities	所有者权益合计 Ownew's Equity
总　　计	**Total**	**8 158 782**	**5 195 411**	**2 963 371**
#国有及国有控股	State-owned and State-Owned Holding Enterprises	6 303 088	3 755 339	2 547 750
内资企业	Domestic-funded Enterprises	8 128 930	5 175 416	2 953 514
国有企业	State-owned Enterprises	5 381 577	3 103 344	2 278 233
集体企业	Collective-owned Enterprises	72 971	50 364	22 607
股份合作企业	Joint Stock Cooperative Enterprises	11 827	8 905	2 922
联营企业	Joint Ownership Enterprises			
有限责任公司	Limited Liability Companies	1 482 153	1 093 129	389 024
国有独资公司	Wholly State-funded Companies	354 571	226 183	128 388
其他有限责任公司	Other Limited Liability Companies	1 127 582	866 946	260 636
股份有限公司	Incorporated Corporations	247 362	182 468	64 894
私营企业	Private Enterprises	928 385	733 667	194 718
私营独资企业	Private Sole Proprietorship Enterprises	9 345	4 697	4 648
私营合伙企业	Private Partnership Enterprises	2 341	1 601	740
私营有限责任公司	Private Limited Liability Companies	832 264	666 683	165 581
私营股份有限公司	Private Incorporated Corporations	84 436	60 686	23 750
其他企业	Other Enterprises	4 655	3 539	1 116
港澳台商投资企业	Enterprises Invested by Hong Kong, Macao and Taiwan	13 571	10 096	3 475
合资经营企业（港或澳台资）	Joint Ventures (Funded by Hong Kong, Macao and Taiwan)	8 650	6 874	1 776
独资经营企业（港或澳台资）	Enterprises Wholly-funded (by Hong Kong, Macao and Taiwan)	4 921	3 222	1 699
外商投资企业	Foreign-funded Enterprises	16 281	9 899	6 382
中外合资经营企业	Joint-venture Enterprises	10 508	4 271	6 237
外资企业	Wholly Foreign-funded Enterprises	372	612	- 240
外商投资股份有限公司	Share-holding Corporations Ltd.with Foreign Investment	5 402	5 017	385

Continued

(10 000 yuan)

es at Year End		损益及分配 Distribution of Gain and Loss						
实收资本 Total Capital Stock	国家资本 State Capital	营业收入合计 Total Business Income	主营业务收入 Major Business Income	主营业务成本 Cost of Major Business	主营业务税金及附加 Major Business Tax and Surcharge	主营业务利润 Profits of Major Business lines	其他业务利润 Profits of Others Business Lines	营业费用 Operating Expenses
841 346	**477 126**	**14 935 079**	**14 861 525**	**12 879 093**	**33 690**	**1 635 249**	**29 732**	**556 487**
551 339	470 927	10 768 398	10 725 895	9 097 283	21 887	1 446 789	14 748	436 177
831 375	477 126	14 861 695	14 788 142	12 815 539	33 680	1 625 431	29 642	549 441
440 223	431 351	8 966 125	8 930 380	7 504 253	18 721	1 256 389	10 525	317 569
15 360	547	189 970	188 826	180 076	128	7 706	640	4 554
2 231		28 761	27 664	24 996	76	2 592	187	2 255
220 347	42 446	2 805 395	2 777 343	2 400 530	3 982	225 717	11 400	140 670
38 997	29 397	604 600	600 788	535 039	1 209	56 165	1 634	29 399
181 350	13 049	2 200 795	2 176 555	1 865 491	2 773	169 553	9 766	111 271
39 475	2 460	499 893	498 768	460 887	762	35 880	2 506	19 377
112 830	293	2 362 156	2 355 765	2 235 898	10 010	96 663	4 237	64 836
964		19 936	19 912	18 819	34	1 058	188	654
828		12 616	12 616	12 102	7	508	82	299
100 365	293	2 156 568	2 150 257	2 040 952	9 657	86 584	3 593	59 613
10 673		173 036	172 981	164 025	313	8 514	375	4 271
910	28	9 395	9 395	8 901	1	483	147	180
2 797		17 339	17 338	12 106		5 231		4 153
1 738		9 954	9 954	6 798		3 156		3 031
1 059		7 385	7 384	5 309		2 075		1 122
7 173		56 045	56 045	51 448	10	4 587	90	2 894
6 244		32 376	32 376	29 276	5	3 095	90	1 578
101		3 586	3 586	3 508		79		157
828		20 083	20 083	18 665	5	1 413		1 158

15-9 续表2

单位：万元

项　　目	Item	损益及	
		管理费用 Overhead Costs	税金 Tax
总　计	**Total**	**428 637**	**14 214**
#国有及国有控股	State-owned and State-Owned Holding Enterprises	373 297	11 157
内资企业	Domestic-funded Enterprises	427 407	14 185
国有企业	State-owned Enterprises	335 981	10 874
集体企业	Collective-owned Enterprises	3 401	177
股份合作企业	Joint Stock Cooperative Enterprises	716	30
联营企业	Joint Ownership Enterprises		
有限责任公司	Limited Liability Companies	52 518	1 873
国有独资公司	Wholly State-funded Companies	20 033	703
其他有限责任公司	Other Limited Liability Companies	32 486	1 169
股份有限公司	Incorporated Corporations	9 321	317
私营企业	Private Enterprises	25 178	894
私营独资企业	Private Sole Proprietorship Enterprises	165	5
私营合伙企业	Private Partnership Enterprises	278	4
私营有限责任公司	Private Limited Liability Companies	22 340	789
私营股份有限公司	Private Incorporated Corporations	2 396	96
其他企业	Other Enterprises	291	20
港澳台商投资企业	Enterprises Invested by Hong Kong, Macao and Taiwan	337	2
合资经营企业（港或澳台资）	Joint Ventures (Funded by Hong Kong, Macao and Taiwan)		
独资经营企业（港或澳台资）	Enterprises Wholly-funded (by Hong Kong, Macao and Taiwan)	337	2
外商投资企业	Foreign-funded Enterprises	893	27
中外合资经营企业	Joint-venture Enterprises	622	12
外资企业	Wholly Foreign-funded Enterprises	36	1
外商投资股份有限公司	Share-holding Corporations Ltd.with Foreign Investment	235	14

Continued

(10 000 yuan)

分　配　Distribution of Gain and Loss				工 资 福 利 及 增 值 税　Wages, Welfare Funds and Added Value Tax			从业人员数（人） Number of Employed Persons (person)
财务费用 Costs of Financial Affairs	利息支出 Interest Expenses	营业利润 Business Profits	利润总额 Total Profits	本年应付工资总额 Total Wages Payable at Current Year	本年应付福利费总额 Total Welfare Funds Payable at Current Year	本年应交增值税总额 Total Value-added Tax Payable at Current Year	
30 350	**30 356**	**692 282**	**744 723**	**198 372**	**27 596**	**279 315**	**61 487**
16 746	18 863	672 834	714 560	167 831	22 716	242 838	35 789
30 069	30 117	690 891	743 403	197 413	27 552	278 045	60 746
11 639	13 059	626 443	654 891	145 260	19 114	197 462	28 944
836	733	- 338	165	1 753	200	2 771	1 333
160	123	- 328	- 95	446	76	251	349
9 221	9 132	48 955	67 208	32 376	4 945	49 380	16 126
2 235	2 499	19 118	26 683	12 391	2 214	12 667	3 579
6 986	6 633	29 836	40 525	19 985	2 730	36 713	12 547
613	614	9 375	11 369	4 027	541	4 327	2 029
7 452	6 308	6 774	9 861	13 496	2 668	23 841	11 903
54	42	373	15	542	17	- 1	471
- 2		15	5	89	3	62	65
6 844	5 550	4 562	7 102	11 755	2 513	17 291	10 592
556	716	1 824	2 739	1 110	136	6 489	775
148	148	10	6	57	9	13	62
167	147	573	531	367	6	741	268
75	66	50	50	322		504	246
92	82	523	481	45	6	237	22
113	92	818	790	591	38	529	473
116	92	910	899	365	21	373	423
		- 115	- 113	57	7	8	24
- 2		23	4	169	10	148	26

15-10 限额以上批发贸易企业财务状况（2005年）

(按国民经济行业分)

单位：万元

项　　目	Item	企业数（个） Number of Enterprises (unit)	亏损企业（个） Loss-making Enterprises (unit)
总　　计	**Total**	**689**	**188**
#国有及国有控股	State-owned and State-Owned Holding Enterprises	213	33
农畜产品批发	Wholesale of Agricultural and Livestock Products	19	5
食品、饮料及烟草制品批发	Wholesale of Food, Beverages and Tobacco Products	160	21
#米、面制品食用油批发	Wholesale of Rice, Flour Products and Edible Oil	29	8
烟草制品批发	Wholesale of Tobacco Producets	99	5
纺织、服装及日用品批发	Wholesale of Textiles, Clothing and Commodities	13	7
#服装批发	Wholesale of Clothing		
文化、体育用品及器材批发	Wholesale of Culture, Sports Goods and Equipments	4	
医药及医疗器材批发	Wholesale of Medicine and Medical Equipments	38	18
矿产品、建材及化工产品批发	Wholesale of Mineral Products, Building Materials and Chemical Industrial Products	300	89
#煤炭及制品批发	Wholesale of Coal and Related Products	17	2
石油及制品批发	Wolesale of Petroleum and Related Produces	25	10
金属及金属矿批发	Wholesale of Metal and Metal Ores	129	51
建材批发	Wholesale of Building Materials	25	7
化肥批发	Wholesale of Chemical Fertilizer	51	5
机械设备、五金交电及电子产品批发	Wholesale of Mechanical Equipment, Hardware and Electronic Products	121	42
# 汽车、摩托车及零配件批发	Wholesale of Motor Vehicles,Motorcycles and Related Parts and Fittings	36	20
家用电器批发	Wholesale of Household Appliances	3	1
计算机、软件及辅助设备批发	Wholesale of Computers, Software and Supplementary Equipment	15	8
贸易经纪与代理	Wholesale by Brokers and Agents	3	2
其他批发	Others	31	4

Financial Conditions of Enterprises Above Designated Size in Wholesale Trade by Sector (2005)

(Grouped by sector)

(10 000 yuan)

年末资产负债 Assets and Liabilities at the Year-end (unit)				
流动资产小计 Current Assets	存货 Inventory	固定资产原价 Original Value of Fixed Assets	累计折旧 Accumulated Depreciation	本年折旧 Depreciation of Fixed Assets at Current Year
6 160 152	**2 196 486**	**1 315 737**	**436 955**	**73 915**
4 716 776	1 896 846	1 050 482	372 041	61 371
975 306	734 642	98 375	32 855	4 493
2 603 438	1 004 630	863 193	302 901	52 632
174 065	108 980	60 425	23 946	1 799
2 309 027	878 980	757 156	271 931	49 578
15 930	3 743	6 927	2 486	82
28 046	10 458	709	272	79
185 210	65 633	25 132	7 791	1 276
1 468 312	222 663	209 798	57 318	9 092
63 662	8 460	11 490	3 785	552
55 088	13 947	48 750	11 380	1 832
942 001	122 460	56 262	16 407	3 241
67 016	7 360	7 507	1 277	391
130 923	42 325	47 847	17 873	1 859
798 742	133 860	72 823	24 842	4 469
114 346	27 348	26 133	7 896	1 460
4 437	1 819	299	207	60
31 067	4 002	1 098	590	87
8 868	1 166	2 568	897	90
76 301	19 692	36 213	7 593	1 703

15-10 续表1

单位：万元

项目	Item	年末资产负债 Assets and Liab 资产总计 Total Assets	负债合计 Total Liabilities	所有者权益合计 Ownew's Equity
总计	**Total**	**8 158 782**	**5 195 411**	**2 963 371**
# 国有及国有控股	State-owned and State-Owned Holding Enterprises	6 303 088	3 755 339	2 547 750
农畜产品批发	Wholesale of Agricultural and Livestock Products	1 051 401	864 208	187 193
食品、饮料及烟草制品批发	Wholesale of Food, Beverages and Tobacco Products	3 705 938	1 746 879	1 959 058
# 米、面制品及食用油批发	Wholesale of Rice, Flour Products and Edible Oil	260 666	205 127	55 539
烟草制品批发	Wholesale of Tobacco Producets	3 273 606	1 415 161	1 858 446
纺织、服装及日用品批发	Wholesale of Textiles, Clothing and Commodities	26 458	15 284	11 174
# 服装批发	Wholesale of Clothing			
文化、体育用品及器材批发	Wholesale of Culture, Sports Goods and Equipments	32 507	20 631	11 877
医药及医疗器材批发	Wholesale of Medicine and Medical Equipments	215 348	168 725	46 624
矿产品、建材及化工产品批发	Wholesale of Mineral Products, Building Materials and Chemical Industrial Products	2 063 517	1 501 872	561 645
# 煤炭及制品批发	Wholesale of Coal and Related Products	81 639	58 082	23 558
石油及制品批发	Wolesale of Petroleum and Related Produces	104 536	59 660	44 876
金属及金属矿批发	Wholesale of Metal and Metal Ores	1 314 919	937 212	377 707
建材批发	Wholesale of Building Materials	123 463	96 481	26 982
化肥批发	Wholesale of Chemical Fertilizer	175 493	131 274	44 219
机械设备、五金交电及电子产品批发	Wholesale of Mechanical Equipment, Hardware and Electronic Products	928 153	786 457	141 695
# 汽车、摩托车及零配件批发	Wholesale of Motor Vehicles,Motorcycles and Related Parts and Fittings	148 130	112 435	35 694
家用电器批发	Wholesale of Household Appliances	4 583	5 713	- 1 130
计算机、软件及辅助设备批发	Wholesale of Computers, Software and Supplementary Equipment	31 665	27 092	4 573
贸易经纪与代理	Wholesale by Brokers and Agents	10 533	11 465	- 932
其他批发	Others	124 927	79 890	45 037

Continued

(10 000 yuan)

ilities at Year End		损益及分配 Distribution of Gain and Loss						
实收资本 Total Capital Stock	国家资本 State Capital	营业收入合计 Total Business Income	主营业务收入 Major Business Income	主营业务成本 Cost of Major Business	主营业务税金及附加 Major Business Tax and Surcharge	主营业务利润 Profits of Major Business lines	其他业务利润 Profits of Others Business Lines	营业费用 Operating Expenses
841 346	**477 126**	**14 935 079**	**14 861 525**	**12 879 093**	**33 690**	**1 635 249**	**29 732**	**556 487**
551 339	470 927	10 768 398	10 725 895	9 097 283	21 887	1 446 789	14 748	436 177
28 589	24 951	500 268	495 832	424 132	1 858	69 647	1 436	20 772
267 248	230 223	7 066 069	7 030 330	5 680 057	16 928	1 176 604	8 225	320 322
49 172	45 888	137 879	136 438	133 783	18	1 529	2 210	4 745
191 050	184 284	6 664 518	6 631 467	5 305 435	16 358	1 157 112	4 097	305 862
4 121	1 203	65 251	64 945	62 172	40	2 699	423	1 036
7 728	36	59 535	46 862	42 400	55	3 583	818	1 911
42 977	5 161	503 186	502 295	437 720	886	56 950	494	39 357
355 280	200 955	5 094 731	5 082 822	4 803 854	12 137	255 482	8 927	140 356
15 680	7 877	243 948	243 924	229 983	535	12 018	1 295	7 382
19 984	8 363	449 875	447 452	414 329	465	31 435	678	18 575
228 643	175 662	3 251 343	3 246 392	3 085 506	2 274	155 144	2 507	78 062
26 157	1 649	171 614	170 008	161 347	1 149	6 850	1 514	5 458
30 175	4 474	452 155	451 118	424 683	99	25 509	1 974	14 132
109 525	12 157	1 206 652	1 202 040	1 140 815	1 305	54 759	6 249	27 554
34 069	7 592	275 879	273 905	264 874	209	8 068	2 470	5 225
331		59 457	59 457	54 914	124	4 420	156	4 363
5 270		56 851	56 778	55 173	32	1 468	248	1 159
1 690	1 688	13 533	13 533	11 748	53	1 733	24	1 161
24 190	751	425 855	422 866	276 196	428	13 793	3 134	4 020

15-10 续表2

单位：万元

项 目	Item	损益及	
		管理费用 Overhead Costs	税金 Tax
总 计	**Total**	**428 637**	**14 214**
# 国有及国有控股	State-owned and State-Owned Holding Enterprises	373 297	11 157
农畜产品批发	Wholesale of Agricultural and Livestock Products	20 358	1 011
食品、饮料及烟草制品批发	Wholesale of Food, Beverages and Tobacco Products	316 019	9 673
# 米、面制品及食用油批发	Wholesale of Rice, Flour Products and Edible Oil	6 153	554
烟草制品批发	Wholesale of Tobacco Producets	303 559	8 908
纺织、服装及日用品批发	Wholesale of Textiles, Clothing and Commodities	2 181	72
# 服装批发	Wholesale of Clothing		
文化、体育用品及器材批发	Wholesale of Culture, Sports Goods and Equipments	569	23
医药及医疗器材批发	Wholesale of Medicine and Medical Equipments	10 779	263
矿产品、建材及化工产品批发	Wholesale of Mineral Products, Building Materials and Chemical Industrial Products	49 130	2 317
# 煤炭及制品批发	Wholesale of Coal and Related Products	3 399	158
石油及制品批发	Wolesale of Petroleum and Related Produces	5 131	212
金属及金属矿批发	Wholesale of Metal and Metal Ores	23 063	1 234
建材批发	Wholesale of Building Materials	1 952	95
化肥批发	Wholesale of Chemical Fertilizer	9 016	346
机械设备、五金交电及电子产品批发	Wholesale of Mechanical Equipment, Hardware and Electronic Products	23 089	642
# 汽车、摩托车及零配件批发	Wholesale of Motor Vehicles,Motorcycles and Related Parts and Fittings	3 380	144
家用电器批发	Wholesale of Household Appliances	761	10
计算机、软件及辅助设备批发	Wholesale of Computers, Software and Supplementary Equipment	632	19
贸易经纪与代理	Wholesale by Brokers and Agents	226	4
其他批发	Others	6 287	208

Continued

(10 000 yuan)

分 配 Distribution of Gain and Loss				工 资 福 利 及 增 值 税 Wages, Welfare Funds and Added Value Tax			从业人员数(人)
财务费用 Costs of Financial Affairs	利息支出 Interest Expenses	营业利润 Business Profits	利润总额 Total Profits	本年应付工资总额 Total Wages Payable at Current Year	本年应付福利费总额 Total Welfare Funds Payable at Current Year	本年应交增值税总额 Total Value-added Tax Payable at Current Year	Number of Employed Persons (person)
30 350	**30 356**	**692 282**	**744 723**	**198 372**	**27 596**	**279 315**	**61 487**
16 746	18 863	672 834	714 560	167 831	22 716	242 838	35 789
- 39	312	30 032	25 082	16 700	2 018	18 625	1 904
10 541	10 695	575 372	631 564	134 905	18 344	195 276	30 483
5 134	4 678	- 11 801	- 479	2 557	768	1 099	2 194
3 625	4 523	585 096	630 311	127 738	17 112	192 440	25 154
368	296	- 461	- 113	739	95	- 47	332
28	25	1 892	2 720	790	71	623	254
183	795	7 516	8 706	7 508	946	7 421	5 144
15 068	14 755	62 402	55 892	22 092	3 245	35 192	13 208
944	978	2 974	2 940	2 837	418	3 497	1 377
531	543	7 893	10 000	3 192	406	4 646	2 072
8 717	8 742	47 932	34 217	8 762	1 297	21 211	4 116
420	369	560	752	651	65	2 506	682
2 006	1 964	2 508	5 774	4 228	581	334	2 851
3 226	2 623	9 406	14 236	12 002	2 475	19 505	5 315
488	682	1 777	285	1 793	239	861	1 320
5	- 1	- 553	- 497	404	58	917	350
265	45	- 234	- 259	420	46	150	327
169	105	225	323	377	64	361	248
805	749	5 899	6 313	3 259	338	2 360	4 599

15-11 限额以上零售贸易企业财务状况（2005年）

（按登记注册类型分）

单位：万元

项　　目	Item	企业数（个） Number of Enterprises (unit)	亏损企业（个） Loss-making Enterprises (unit)
总　　计	**Total**	**432**	**164**
# 国有及国有控股	State-owned and State-Owned Holding Enterprises	89	30
内资企业	Domestic Funded Enterprises	426	163
国有企业	State-owned Enterprises	52	20
集体企业	Collective-owned Enterprises	21	6
股份合作企业	Joint Stock Cooperative Enterprises	13	2
联营企业	Joint Ownership Enterprises	1	
其他联营企业	Other Joint Ownership Enterprises	1	
有限责任公司	Limited Liability Companies	93	33
国有独资公司	Wholly State-funded Companies	12	4
其他有限责任公司	Other Limited Liability Companies	81	29
股份有限公司	Incorporated Corporations	22	7
私营企业	Private Enterprises	220	94
私营独资企业	Private Sole Proprietorship Enterprises	17	4
私营合伙企业	Private Partnership Enterprises	1	
私营有限责任公司	Private Limited Liability Companies	188	85
私营股份有限公司	Private Incorporated Corporations	14	5
其他企业	Other Enterprises	4	1
港澳台商投资企业	Enterprises Invested by Hong Kong, Macao and Taiwan	1	
合资经营企业（港或澳台资）	Joint Ventures (Funded by Hong Kong, Macao and Taiwan)	1	
外商投资企业	Foreign-funded Enterprises	5	1
中外合资经营企业	Sino-foreign Joint Ventures	4	1
中外合作经营企业		1	

Financial Conditions of Enterprises above Designated Size in Retail Trade by Statas of Registration (2005)

（Grouped by statas of registration)

(10 000 yuan)

年末资产负债 Assets and Liabilities at the Year-end				
流动资产小计 Current Assets	存货 Inventory	固定资产原价 Original Value of Fixed Assets	累计折旧 Accumulated Depreciation	本年折旧 Depreciation of Fixed Assets at Current Year
892 560	**252 583**	**348 671**	**109 109**	**16 925**
193 711	72 424	124 711	45 570	4 915
842 886	236 464	300 942	91 745	14 931
80 941	33 250	50 435	20 341	1 697
6 279	2 198	4 178	1 997	215
6 758	2 827	8 909	3 038	368
76	58	521		
76	58	521		
246 001	82 096	117 680	38 899	5 933
53 026	17 921	35 439	12 647	1 317
192 976	64 175	82 241	26 253	4 616
45 779	5 783	20 966	5 805	1 060
447 330	104 229	94 574	21 360	5 596
10 570	3 282	4 711	680	178
80	30	40	10	
395 266	89 031	75 044	15 904	4 024
41 414	11 886	14 779	4 766	1 395
9 722	6 023	3 679	306	63
7 112	2 774	3 880	1 624	221
7 112	2 774	3 880	1 624	221
42 562	13 345	43 850	15 739	1 773
22 022	9 806	31 181	10 926	1 773
20 541	3 539	12 668	4 813	

15-11 续表1

单位：万元

项　　目	Item	年末资产负债 Assets and Liabilities at the Year-end			
		资产总计 Total Assets	负债合计 Total Liabilities	所有者权益合　计 Owner's Equity	实收资本 Total Capital Stock
总　　计	**Total**	**1 300 982**	**914 003**	**386 979**	**305 018**
# 国有及国有控股	State-owned and State-Owned Holding Enterprises	336 029	200 257	135 772	110 838
内资企业	Domestic Funded Enterprises	1 216 099	868 835	347 264	265 541
国有企业	State-owned Enterprises	129 613	90 128	39 484	28 677
集体企业	Collective-owned Enterprises	9 613	5 731	3 882	2 578
股份合作企业	Joint Stock Cooperative Enterprises	14 287	10 081	4 206	3 907
联营企业	Joint Ownership Enterprises	597	562	35	3
其他联营企业	Other Joint Ownership Enterprises	597	562	35	3
有限责任公司	Limited Liability Companies	394 511	261 353	133 157	105 645
国有独资公司	Wholly State-funded Companies	105 155	39 628	65 527	47 697
其他有限责任公司	Other Limited Liability Companies	289 356	221 725	67 631	57 948
股份有限公司	Incorporated Corporations	72 430	51 762	20 668	22 432
私营企业	Private Enterprises	581 766	437 228	144 538	100 828
私营独资企业	Private Sole Proprietorship Enterprises	14 756	9 857	4 898	4 165
私营合伙企业	Private Partnership Enterprises	120	75	45	45
私营有限责任公司	Private Limited Liability Companies	504 453	379 271	125 182	86 980
私营股份有限公司	Private Incorporated Corporations	62 438	48 025	14 413	9 638
其他企业	Other Enterprises	13 284	11 990	1 294	1 472
港澳台商投资企业	Enterprises Invested by Hong Kong, Macao and Taiwan	13 066	8 153	4 913	8 000
合资经营企业（港或澳台资）	Joint Ventures (Funded by Hong Kong, Macao and Taiwan)	13 066	8 153	4 913	8 000
外商投资企业	Foreign-funded Enterprises	71 816	37 015	34 802	31 477
中外合资经营企业	Sino-foreign Joint Ventures	43 402	21 441	21 961	22 246
中外合作经营企业	Sino-foreign Cooperative Enterprises	28 414	15 574	12 840	9 231

Continued

(10 000 yuan)

	损 益 及 分 配 Distribution of Gain and Loss								
国家资本 State Capital	营业收入合计 Total Business Income	主营业务收入 Major Business Income	主营业务成本 Cost of Major Business	主营业务税金及附加 Major Business Tax and Surcharge	主营业务利润 Profits of Major Business Lines	其他业务利润 Profits of Others Business Lines	营业费用 Profits of Others Business Lines	管理费用 Overhead Costs	财务费用 Costs of Financial Affairs
84 346	**2 212 966**	**2 191 201**	**1 950 450**	**4 483**	**205 859**	**26 541**	**112 269**	**86 619**	**10 728**
83 096	468 963	466 276	399 753	935	51 659	4 734	24 740	23 921	3 246
84 346	2 043 034	2 023 101	1 811 369	4 272	177 051	20 369	89 563	79 828	10 710
25 630	192 308	190 479	159 591	544	19 425	1 453	9 247	9 713	1 851
1	27 716	27 570	25 505	53	1 809	72	947	819	42
1 382	31 482	30 945	28 713	144	2 008	476	1 517	1 021	170
	960	960	886	1	73	12	24	13	43
	960	960	886	1	73	12	24	13	43
51 195	623 524	608 378	534 504	1 404	70 010	7 792	36 478	30 143	2 505
47 697	75 998	75 855	61 127	150	13 987	410	6 367	4 682	641
3 498	547 526	532 522	473 377	1 254	56 023	7 382	30 112	25 461	1 864
5 081	140 981	140 602	121 534	326	14 485	2 314	4 717	9 560	753
1 058	1 015 363	1 013 467	931 016	1 714	68 246	8 222	36 067	28 150	5 012
	35 011	34 847	32 232	115	2 019	128	1 312	762	192
	530	530		4	15		1	5	3
1 058	921 753	920 068	849 845	1 347	57 754	7 583	31 887	22 802	3 619
	58 069	58 021	48 939	248	8 457	510	2 868	4 581	1 198
	10 702	10 702	9 621	86	995	28	566	409	334
	13 689	13 689	11 830	1	1 858	481	1 053	722	179
	13 689	13 689	11 830	1	1 858	481	1 053	722	179
	156 242	154 410	127 250	210	26 950	5 691	21 653	6 069	- 161
	98 859	97 026	79 024	43	17 959	2 581	15 811	2 125	- 43
	57 384	57 384	48 226	167	8 991	3 110	5 843	3 944	- 118

15-11 续表2 Continued

单位：万元 (10 000 yuan)

项 目	Item	损益及分配 Distribution of Gain and Loss		工资福利及增值税 Wages, Welfare Funds and Added Value Tax			从业人员数(人)
		营业利润 Business Profits	利润总额 Total Profits	本年应付工资总额 Total Wages Payable at Current Year	本年应付福利费总额 Total Welfare Funds Payable at Current Year	本年应交增值税总额 Total Value-added tax Payable at Current Year	Number of Employed Persons (person)
总 计	**Total**	**27 459**	**33 785**	**74 073**	**6 651**	**32 269**	**38 463**
# 国有及国有控股	State-owned and State-Owned Holding Enterprises	5 351	9 168	12 922	2 235	6 616	8 829
内资企业	Domestic Funded Enterprises	21 996	28 173	70 255	6 548	27 878	35 060
国有企业	State-owned Enterprises	1 190	2 612	5 663	924	3 177	3 942
集体企业	Collective-owned Enterprises	133	217	1 414	102	304	809
股份合作企业	Joint Stock Cooperative Enterprises	- 223	54	674	91	236	712
联营企业	Joint Ownership Enterprises	5	5	19	2	5	66
其他联营企业	Other Joint Ownership Enterprises	5	5	19	2	5	66
有限责任公司	Limited Liability Companies	8 676	12 392	16 060	2 921	8 787	12 754
国有独资公司	Wholly State-funded Companies	2 708	4 687	1 917	359	1 556	1 239
其他有限责任公司	Other Limited Liability Companies	5 968	7 705	14 143	2 563	7 231	11 515
股份有限公司	Incorporated Corporations	2 145	2 000	2 159	225	3 297	2 209
私营企业	Private Enterprises	10 354	10 910	43 977	2 252	11 847	14 361
私营独资企业	Private Sole Proprietorship Enterprises	273	339	854	95	280	917
私营合伙企业	Private Partnership Enterprises	6	6	58	1	4	7
私营有限责任公司	Private Limited Liability Companies	9 480	10 071	40 952	1 911	10 969	12 365
私营股份有限公司	Private Incorporated Corporations	595	495	2 113	246	595	1 072
其他企业	Other Enterprises	- 286	- 17	289	31	226	207
港澳台商投资企业	Enterprises Invested by Hong Kong, Macao and Taiwan	384	367	229	32	153	428
合资经营企业（港或澳台资）	Joint Ventures (Funded by Hong Kong, Macao and Taiwan)	384	367	229	32	153	428
外商投资企业	Foreign-funded Enterprises	5 080	5 246	3 589	71	4 239	2 975
中外合资经营企业	Sino-foreign Joint Ventures	2 647	2 460	3 271	71	2 768	2 139
中外合作经营企业	Sino-foreign Cooperative Enterprises	2 432	2 786	318		1 471	836

15-12 各地区社会消费品零售总额（2005年）

Total Retail Sales of Consumer Goods by Region (2005)

单位：万元 (10 000 yuan)

地　区	Region	社会消费品零售总额 Total Retail Sales of Consumer Goods	按销售单位所在地分 By Location of Marketing Establishments			按行业分 Grouped by Sector	
			市 City	县 County	县以下 Under County Level	批发零售贸易业 Wholesale and Retail Trade	住宿餐饮业 Food Service
全省合计	**Total**	**10 344 024**	**5 645 431**	**2 392 938**	**2 305 655**	**8 238 291**	**1 554 424**
昆　明	Kunming	4 154 883	3 660 443	221 172	273 268	3 197 730	769 458
曲　靖	Qujing	914 934	298 608	259 624	356 702	709 806	135 043
玉　溪	Yuxi	609 518	236 996	177 472	195 050	464 845	115 630
保　山	Baoshan	360 344	139 162	99 631	121 551	289 185	51 687
昭　通	Zhaotong	446 914	130 471	147 772	168 671	352 299	39 836
丽　江	Lijiang	158 073		116 095	41 978	117 820	37 119
思　茅	Simao	329 978	95 622	148 696	85 660	263 208	59 943
临　沧	Lincang	277 584	55 670	105 074	116 840	192 037	42 071
楚　雄	Chuxiong	553 103	196 448	168 622	188 033	458 806	76 707
红　河	Honghe	647 750	182 519	276 784	188 448	447 481	97 648
文　山	Wenshan	534 173		294 775	239 398	412 932	98 911
西双版纳	Xishuangbanna	215 195	95 491	46 020	73 684	144 105	32 915
大　理	Dali	624 074	214 500	185 845	223 729	534 433	71 848
德　宏	Dehong	226 714	95 409	54 742	76 563	182 491	30 811
怒　江	Nujiang	73 065		47 127	25 938	55 481	6 315
迪　庆	Diqing	67 523		49 261	18 262	43 078	9 268

注：分地区不等于全省合计数.

Note: The sum of the data of various regions is not equal to the provincial total.

15-12 续表 continued

单位：万元 (10 000 yuan)

地　区	Region	按经济成份分 (Grouped by Type of Ownership)				
		国有及国有控股 State-owned and State-Owned Holding Enterprises	集体及股份合作 Collective-owned and Joint Stock Cooperative Enterprises	个私经济 Individual and Private Enterprises	#个体经济 Individual Enterprises	其它 Others
全省合计	**Total**	**1 167 997**	**708 813**	**6 602 219**	**5 118 839**	**1 864 995**
昆　明	Kunming	248 711	278 702	2 770 848	1 843 796	856 622
曲　靖	Qujing	113 648	89 581	601 932	460 903	109 773
玉　溪	Yuxi	60 897	69 769	426 393	297 036	52 459
保　山	Baoshan	63 260	6 584	228 722	146 855	61 778
昭　通	Zhaotong	75 093	1 881	323 038	279 019	46 902
丽　江	Lijiang	16239	13 127	101 566	76 251	27 141
思　茅	Simao	22 396	28 568	210 754	179 153	68 261
临　沧	Lincang	18 952	32 850	173 623	148 027	52 158
楚　雄	Chuxiong	64 667	29 146	356 081	250 611	103 209
红　河	Honghe	113 991	39 634	331 366	268 444	162 759
文　山	Wenshan	47 231	21 645	465 251	407 069	46
西双版纳	Xishuangbanna	20 390	18 073	129 231	96 175	47 501
大　理	Dali	105 689	36 072	394 721	291 634	87 593
德　宏	Dehong	21 165	13 429	137 924	115 516	54 197
怒　江	Nujiang	17 437	4 388	31 052	27 842	20 188
迪　庆	Diqing	15 931	5 925	31 642	28 345	14 025

15-13 限额以上零售贸易企业财务状况 （2005年）

(按国民经济行业分)

单位：万元

项　　目	Item	企业数（个） Number of Enterprises (unit)	亏损企业（个） Loss-making Enterprises (unit)
总　　计	**Total**	**432**	**164**
#国有及国有控股	State-owned and State-Owned Holding Enterprises	89	30
综合零售	General Retail	73	22
#百货零售	Retail of General Merchandise	29	11
超级市场零售	Retail by Supermarkets	30	10
食品、饮料及烟草制品专门零售	Retail of Food, Beverages and Tobacco Products	45	14
纺织、服装及日用品专门零售	Retail of Textiles, Clothing and Articles for Daily Use	6	3
# 服装零售	Retail of Clothing	2	1
文化、体育用品及器材专门零售	Retail of Sports Goods and Equipment	32	5
#体育用品零售	Retail of Sports Goods		
图书零售	Retail of Books	28	5
医药及医疗器材专门零售	Retail of Medicine and Medical Equipment	26	15
#药品零售	Retail of Medicine	26	15
汽车、摩托车、燃料及零配件专门零售	Retail of Motor Vehicles,Motorcycles, Related Parts and Fittings and Fuels	175	78
#汽车零售	Retail of Motor Vehicles	136	64
机动车燃料零售	Retail of Fuels of Motor Vehicles	28	11
家用电器及电子产品专门零售	Retail of Household Appliances and Electronic Products	54	22
#家用电器零售	Retail of Household Appliances	10	5
计算机、软件及辅助设备零售	Retail of Computers,Software and Supplementary Equipment	38	13
通信设备零售	Retail of Communication Equipment	6	4
五金、家俱及室内装修材料专门零售	Retail of Hardware, Household Appliances and Interior Decoration Materials	5	1
无店铺及其他零售	Nonstore Retail and Others	16	4
#邮购及电子销售	Retail by Mail Order and E-business		

Financial Conditions of Enterprises above Designated Size in Retail Trade by Sector (2005)

（Grouped by sector）

(10 000 yuan)

年末资产负债 Assets and Liabilities at the Year-end				
流动资产小计 Current Assets	存货 Inventory	固定资产原价 Original Value of Fixed Assets	累计折旧 Accumulated Depreciation	本年折旧 Depreciation of Fixed Assets at Current Year
892 560	**252 583**	**348 671**	**109 109**	**16 925**
193 711	72 424	124 711	45 570	4 915
176 054	38 436	112 183	33 019	4 793
125 627	16 330	66 835	18 426	2 140
44 107	20 114	39 268	12 909	2 507
85 301	37 451	50 727	21 161	1 988
4 879	2 037	4 840	1 258	71
1 606	1 313	33	10	3
81 065	32 514	50 922	14 535	2 900
52 544	24 384	42 110	12 065	1 915
73 334	30 594	21 634	7 054	1 378
73 334	30 594	21 634	7 054	1 378
368 319	80 938	87 945	24 364	4 616
342 758	74 071	51 079	14 140	3 096
19 566	4 950	35 953	9 941	1 471
82 867	26 241	7 140	3 351	655
52 639	14 486	4 598	2 253	410
23 907	10 854	2 085	962	230
6 321	900	457	136	16
6 647	2 100	2 035	1 067	128
14 093	2 273	11 245	3 300	396

15-13 续表1

单位：万元

项目	Item	年末资产负债 Assets and Liabili		
		资产总计 Total Assets	负债合计 Total Liabilities	所有者权益合计 Owner's Equity
总计	**Total**	**1 300 982**	**914 003**	**386 979**
#国有及国有控股	State-owned and State-Owned Holding Enterprises	336 029	200 257	135 772
综合零售	General Retail	290 020	209 864	80 157
#百货零售	Retail of General Merchandise	204 344	151 553	52 790
超级市场零售	Retail by Supermarkets	74 293	52 606	21 687
食品、饮料及烟草制品专门零售	Retail of Food, Beverages and Tobacco Products	132 565	74 740	57 825
纺织、服装及日用品专门零售	Retail of Textiles, Clothing and Articles for Daily Use	8 473	8 647	- 174
# 服装零售	Retail of Clothing	1 629	1 567	62
文化、体育用品及器材专门零售	Retail of Sports Goods and Equipment	156 528	97 069	59 459
#体育用品零售	Retail of Sports Goods			
图书零售	Retail of Books	110 833	59 501	51 332
医药及医疗器材专门零售	Retail of Medicine and Medical Equipment	96 836	75 366	21 470
#药品零售	Retail of Medicine	96 836	75 366	21 470
汽车、摩托车、燃料及零配件专门零售	Retail of Motor Vehicles,Motorcycles, Related Parts and Fittings and Fuels	486 999	360 154	126 845
#汽车零售	Retail of Motor Vehicles	421 660	321 525	100 135
机动车燃料零售	Retail of Fuels of Motor Vehicles	57 930	33 787	24 143
家用电器及电子产品专门零售	Retail of Household Appliances and Electronic Products	91 762	66 286	25 476
#家用电器零售	Retail of Household Appliances	58 017	47 098	10 919
计算机、软件及辅助设备零售	Retail of Computers,Software and Supplementary Equipment	27 037	14 302	12 736
通信设备零售	Retail of Communication Equipment	6 707	4 886	1 821
五金、家俱及室内装修材料专门零售	Retail of Hardware, Household Appliances and Interior Decoration Materials	10 127	5 894	4 233
无店铺及其他零售	Nonstore Retail and Others	27 672	15 985	11 687
#邮购及电子销售	Retail by Mail Order and E-business			

Continued

(10 000 yuan)

ties at the Year-end		损 益 及 分 配 Distribution of Gain and Loss						
实收资本 Total Capital Stock	国家资本 State Capital	营业收入合 计 Total Business Income	主营业务收入 Major Business Income	主营业务成本 Cost of Major Business	主营业务税金及附加 Major Business Tax and Surcharge	主营业务利 润 Profits of Major Business Lines	其他业务利 润 Profits of Others Business Lines	营业费用 Operating Expenses
305 018	**84 346**	**2 212 966**	**2 191 201**	**1 950 450**	**4 483**	**205 859**	**26 541**	**112 269**
110 838	83 096	468 963	466 276	399 753	935	51 659	4 734	24 740
65 840	6 523	439 743	431 584	355 078	1 691	68 751	11 952	39 231
41 422	4 656	254 105	247 665	203 376	1 180	41 560	8 981	17 282
20 448	31	173 162	171 443	141 000	434	25 642	2 746	21 014
27 782	22 924	112 992	112 184	93 111	407	16 590	2 344	7 582
1 397		6 863	6 847	5 580	11	1 256	400	953
162		4 752	4 752	3 979	1	772		736
62 792	39 522	129 716	128 241	97 486	445	27 517	989	11 631
55 772	39 232	113 842	112 366	88 301	293	20 979	975	9 897
30 087		168 273	167 499	145 565	290	21 573	2 006	16 399
30 087		168 273	167 499	145 565	290	21 573	2 006	16 399
87 478	10 881	1 085 336	1 075 593	1 006 775	1 127	51 510	2 849	21 985
67 051	4 893	896 218	889 400	847 113	779	36 626	2 094	16 663
18 830	5 889	174 173	171 249	146 872	291	14 129	726	4 955
13 164	151	226 795	226 184	209 806	430	13 660	4 364	10 339
3 788		105 348	105 348	94 826	158	8 691	3 254	6 477
6 854	151	93 486	92 959	87 878	251	4 276	808	3 244
2 522		27 962	27 878	27 102	21	694	302	619
5 453	301	14 829	14 826	13 142	14	1 670	1 134	2 141
11 025	4 044	28 418	28 243	23 907	68	3 332	504	2 008

15-13 续表2

单位：万元

项 目	Item	管理费用 Overhead Costs	税金 Tax	财务费用 Costs of Financial Affairs
		损益及分配 Dist		
总 计	**Total**	**86 619**	**2 432**	**10 728**
# 国有及国有控股	State-owned and State-Owned Holding Enterprises	23 921	736	3 246
综合零售	General Retail	28 820	539	2 543
# 百货零售	Retail of General Merchandise	23 101	384	2 040
超级市场零售	Retail by Supermarkets	4 988	123	410
食品、饮料及烟草制品专门零售	Retail of Food, Beverages and Tobacco Products	8 460	296	2 106
纺织、服装及日用品专门零售	Retail of Textiles, Clothing and Articles for Daily Use	574	120	196
# 服装零售	Retail of Clothing	36	1	2
文化、体育用品及器材专门零售	Retail of Sports Goods and Equipment	13 511	373	1 255
# 体育用品零售	Retail of Sports Goods			
图书零售	Retail of Books	10 350	261	25
医药及医疗器材专门零售	Retail of Medicine and Medical Equipment	8 032	210	854
# 药品零售	Retail of Medicine	8 032	210	854
汽车、摩托车、燃料及零配件专门零售	Retail of Motor Vehicles,Motorcycles, Related Parts and Fittings and Fuels	20 070	757	3 134
# 汽车零售	Retail of Motor Vehicles	16 257	623	2 924
机动车燃料零售	Retail of Fuels of Motor Vehicles	3 491	113	183
家用电器及电子产品专门零售	Retail of Household Appliances and Electronic Products	4 998	103	347
# 家用电器零售	Retail of Household Appliances	2 193	35	169
计算机、软件及辅助设备零售	Retail of Computers,Software and Supplementary Equipment	1 882	42	154
通信设备零售	Retail of Communication Equipment	924	26	24
五金、家俱及室内装修材料专门零售	Retail of Hardware, Household Appliances and Interior Decoration Materials	467	4	25
无店铺及其他零售	Nonstore Retail and Others	1 688	30	269
# 邮购及电子销售	Retail by Mail Order and E-business	.	.	.

Continued

(10 000 yuan)

ribution of Gain and Loss			工资福利及增值税 Wages, Welfare Funds and Added Value Tax			从业人员数(人) Number of Employed Persons (person)
利息支出 Interest Expenses	营业利润 Business Profits	利润总额 Total Profits	本年应付工资总额 Total Wages Payable at Current Year	本年应付福利费总额 Total Welfare Funds Payable at Current Year	本年应交增值税总额 Total Value-added Tax Payable at Current Year	
10 151	**27 459**	**33 785**	**74 073**	**6 651**	**32 269**	**38 463**
3 519	5 351	9 168	12 922	2 235	6 616	8 829
2 302	10 152	11 321	12 341	1 106	11 113	13 210
1 719	8 161	8 973	4 879	598	7 328	5 573
471	1 977	2 190	6 951	448	3 658	6 775
2 247	952	4 114	6 263	887	2 114	4 123
6	- 66	- 62	252	68	108	443
	- 2	- 2	19	36	57	231
1 088	2 343	3 582	7 519	1 250	2 515	4 244
23	1 916	2 925	6 039	1 118	1 861	3 611
993	- 1 706	- 954	4 533	890	2 384	5 006
993	- 1 706	- 954	4 533	890	2 384	5 006
3 048	12 178	12 383	37 826	1 777	11 267	7 293
2 843	5 886	6 435	35 549	1 484	9 309	4 933
178	6 226	5 891	2 016	269	1 748	2 111
237	3 018	3 074	3 764	556	1 906	3 071
160	3 106	3 181	1 976	278	1 041	1 685
71	459	441	1 433	242	720	1 121
6	- 548	- 548	355	36	146	265
7	185	185	678	31	496	285
225	403	142	898	86	366	788

15-14 星级住宿业财务状况（2005年）

单位：万元

项　　目	Item	企业数（个） Number of Enterprises (unit)	亏损企业（个） Loss-making Enterprises (unit)
总　　计	**Total**	**501**	**301**
#国有及国有控股	State-owned and State-Owned Holding Enterprises	185	125
（一）按登记注册类型分组	Grouped by Status of Registration		
内资企业	Domestic-funded Enterprises	470	275
国有企业	State-owned Enterprises	140	98
集体企业	Collective-owned Enterprises	46	30
股份合作企业	Joint Stock Cooperative Enterprises	15	3
联营企业	Joint Ownership Enterprises	1	1
国有联营企业	State -owned Joint Ownership	1	1
有限责任公司	Limited Liability Companies	66	45
国有独资公司	Wholly State-funded Companies	16	10
其他有限责任公司	Other Limited Liability Companies	50	35
股份有限公司	Incorporated Corporations	18	13
私营企业	Private Enterprises	170	79
私营独资企业	Private Sole Proprietorship Enterprises	80	32
私营合伙企业	Private Partnership Enterprises	5	1
私营有限责任公司	Private Limited Liability Companies	80	45
私营股份有限公司	Private Incorporated Corporations	5	1
其他企业	Other Enterprises	14	6
港澳台商投资企业	Enterprises Invested by Hong Kong, Macao and Taiwan	15	11
合资经营企业（港或澳台资）	Joint Ventures (Funded by Hong Kong, Macao and Taiwan)	11	8
合作经营企业（港或澳台资）	Cooperative Enterprises (Funded by Hong Kong, Macao and Taiwan)	2	2
独资经营企业（港或澳台资）	Enterprises Wholly-funded (by Hong Kong, Macao and Taiwan)	2	1
外商投资企业	Foreign-funded Enterprises	16	15
中外合资经营企业	Joint-venture Enterprises	10	9
中外合作经营企业	Sion-foreign-funded Cooperative Enterprises	2	2
外资企业	Wholly Foreign-founed Enterprises	4	4
（二）按国民经济行业分组	Grouped by Sector		
旅游饭店	Tour Hotel	449	275
一般旅馆	General Hatel	46	23
其他住宿服务	Other	6	3

Financial Conditions of Hotel Industry Attained Star level（2005）

(10 000 yuan)

年 末 资 产 负 债 Assets and Liabilities at the Year End						
流动资产小计 Current Assets	存 货 Inventory	固定资产原价 Original Value of Fixed Assets	累计折旧 Accumulated Depreciation	本年折旧 Depreciation of Fixed Assets at Current Year	资产合计 Total Assets	负债合计 Total Liabilities
199 202	**25 225**	**1 146 563**	**360 481**	**53 293**	**1 230 458**	**587 957**
98 764	13 656	719 147	245 406	29 015	713 711	281 429
157 877	20 219	889 397	267 698	36 611	970 519	435 175
56 773	5 328	424 929	154 055	14 085	432 857	145 656
12 574	2 335	64 207	16 014	2 798	80 561	40 752
5 402	335	18 540	6 199	1 813	21 453	9 314
5 100	51	1 407	632	7	775	
5 100	51	1 407	632	7	775	
33 827	7 447	162 611	42 244	6 820	195 906	98 742
3 624	569	34 573	6 379	929	33 351	17 033
30 203	6 878	128 038	35 864	5 891	162 556	81 709
11 550	1 069	70 359	20 534	4 185	62 616	37 899
27 256	3 120	133 929	25 037	6 317	157 844	98 028
7 168	765	38 240	5 354	1 470	44 734	19 308
824	279	2 302	203	33	2 784	1 395
16 658	1 770	85 211	17 011	4 663	100 734	69 016
2 605	306	8 175	2 470	151	9 593	8 309
5 395	535	13 416	2 984	587	18 507	4 785
31 612	4 068	197 219	72 536	14 923	198 158	126 011
22 276	3 275	118 975	41 914	10 675	120 613	53 872
4 668	249	41 674	11 576	1 712	42 054	44 754
4 667	544	36 569	19 046	2 536	35 490	27 385
9 713	939	59 947	20 247	1 758	61 781	26 771
8 436	641	48 819	18 350	1 311	44 505	20 196
140	23	1 870	880	103	5 244	5 860
1 138	275	9 258	1 016	344	12 033	715
185 475	19 821	1 077 360	350 730	50 087	1 125 632	553 719
12 275	5 207	61 368	8 093	2 918	94 531	26 728
1 451	197	7 835	1 658	289	10 295	7 510

15-14 续表1

单位：万元

项　目	Item	年末资产负债 所有者权益合计 Ownew's Equity	实收资本 Total Capital Stock
总　　计	**Total**	**642 500**	**594 188**
# 国有及国有控股	State-owned and State-Owned Holding Enterprises	432 282	392 596
（一）按登记注册类型分组	Grouped by Status of Registration		
内资企业	Domestic-funded Enterprises	535 344	447 670
国有企业	State-owned Enterprises	287 201	254 081
集体企业	Collective-owned Enterprises	39 810	42 558
股份合作企业	Joint Stock Cooperative Enterprises	12 138	12 010
联营企业	Joint Ownership Enterprises	775	1 000
国有联营企业	State -owned Joint Ownership	775	1 000
有限责任公司	Limited Liability Companies	97 165	51 248
国有独资公司	Wholly State-funded Companies	16 318	12 529
其他有限责任公司	Other Limited Liability Companies	80 847	38 719
股份有限公司	Incorporated Corporations	24 716	18 821
私营企业	Private Enterprises	59 817	57 687
私营独资企业	Private Sole Proprietorship Enterprises	25 426	23 752
私营合伙企业	Private Partnership Enterprises	1 389	1 185
私营有限责任公司	Private Limited Liability Companies	31 718	31 578
私营股份有限公司	Private Incorporated Corporations	1 284	1 173
其他企业	Other Enterprises	13 722	10 265
港澳台商投资企业	Enterprises Invested by Hong Kong, Macao and Taiwan	72 147	91 448
合资经营企业（港或澳台资）	Joint Ventures (Funded by Hong Kong, Macao and Taiwan)	66 741	65 692
合作经营企业（港或澳台资）	Cooperative Enterprises (Funded by Hong Kong, Macao and Taiwan)	- 2 700	9 936
独资经营企业（港或澳台资）	Enterprises Wholly-funded (by Hong Kong, Macao and Taiwan)	8 105	15 820
外商投资企业	Foreign-funded Enterprises	35 010	55 070
中外合资经营企业	Joint-venture Enterprises	24 309	40 075
中外合作经营企业	Sion-foreign-funded Cooperative Enterprises	- 616	3 482
外资企业	Wholly Foreign-founed Enterprises	11 318	11 513
（二）按国民经济行业分组	Grouped by Sector		
旅游饭店	Tour Hotel	571 912	551 993
一般旅馆	General Hatel	67 803	39 211
其他住宿服务	Other	2 786	2 984

Continued

(10 000 yuan)

Assets and Liabilities at the Year End			损益及分配 Distribution of Gain and Loss						
国家资本 State Capital	港澳台资本 Capital from Hong Kong, Macao and Taiwan	外商资本 Foreign Capital Corporations	营业收入合计 Total Business Income	主营业务收入 Major Business Income	主营业务成本 Cost of Major Business	主营业务税金及附加 Major Business Tax and Surcharge	主营业务利润 Profits of Major Business Lines	其他业务利润 Profits of Other Business Lines	营业费用 Operating Expenses
350 460	**41 760**	**20 123**	**247 425**	**239 507**	**68 779**	**13 696**	**146 440**	**6 828**	**90 910**
332 396	24 494	8 321	127 735	125 900	31 625	6 961	82 623	1 404	50 048
289 268	75		196 653	191 035	61 335	11 026	108 785	4 658	75 070
244 311			76 654	75 485	20 799	4 349	46 764	1 097	30 481
2 651			14 156	13 567	5 729	702	6 994	163	5 046
6 140			4 140	4 067	1 409	247	2 249	145	2 497
1 000			590	590	98	32	460		317
1 000			590	590	98	32	460		317
23 694			42 799	41 171	13 302	2 133	23 023	570	15 511
12 129			4 885	4 832	1 570	264	2 354	82	2 058
11 565			37 914	36 339	11 733	1 868	20 668	488	13 453
4 255			19 656	19 121	5 389	1 149	12 310	140	8 235
	75		33 638	32 019	13 318	2 079	13 673	2 535	10 912
			9 602	8 707	4 056	569	3 655	229	2 493
			1 134	1 129	270	65	773	24	523
	75		20 984	20 333	8 319	1 321	8 191	2 215	7 126
			1 919	1 851	673	124	1 054	69	769
7 217			5 020	5 015	1 291	336	3 312	8	2 072
35 334	37 938	4 053	40 761	39 072	5 591	2 195	31 281	1 730	12 455
35 334	12 182	4 053	29 133	27 444	3 936	1 601	21 902	1 730	8 844
	9 936		3 457	3 457	628	172	2 657		1 653
	15 820		8 171	8 171	1 027	421	6 723		1 958
25 859	3 747	16 070	10 012	9 399	1 853	476	6 374	440	3 385
25 859	3 747	6 976	8 405	7 798	1 769	386	4 947	439	2 608
		52	447	447	24	22	401		204
		9 042	1 160	1 154	61	67	1 026	1	574
338 110	41 760	19 740	232 248	224 503	63 848	12 860	137 998	6 666	84 889
11 771		383	13 140	12 987	4 229	701	7 262	151	5 397
579			2 038	2 017	702	135	1 180	11	624

15-14 续表2

单位：万元

项　　目	Item	管理费用 Overhead Costs	税　金 Tax
总　　计	**Total**	**99 895**	**4 710**
# 国有及国有控股	State-owned and State-Owned Holding Enterprises	64 119	2 490
（一）按登记注册类型分组	Grouped by Status of Registration		
内资企业	Domestic-funded Enterprises	74 477	3 439
国有企业	State-owned Enterprises	40 883	1 513
集体企业	Collective-owned Enterprises	4 006	230
股份合作企业	Joint Stock Cooperative Enterprises	883	71
联营企业	Joint Ownership Enterprises	422	62
国有联营企业	State -owned Joint Ownership	422	62
有限责任公司	Limited Liability Companies	13 731	572
国有独资公司	Wholly State-funded Companies	1 223	88
其他有限责任公司	Other Limited Liability Companies	12 508	485
股份有限公司	Incorporated Corporations	4 566	101
私营企业	Private Enterprises	8 734	784
私营独资企业	Private Sole Proprietorship Enterprises	1 650	186
私营合伙企业	Private Partnership Enterprises	269	17
私营有限责任公司	Private Limited Liability Companies	6 486	534
私营股份有限公司	Private Incorporated Corporations	330	47
其他企业	Other Enterprises	1 252	106
港澳台商投资企业	Enterprises Invested by Hong Kong, Macao and Taiwan	20 994	1 139
合资经营企业（港或澳台资）	Joint Ventures (Funded by Hong Kong, Macao and Taiwan)	12 568	815
合作经营企业（港或澳台资）	Cooperative Enterprises (Funded by Hong Kong, Macao and Taiwan)	3 128	187
独资经营企业（港或澳台资）	Enterprises Wholly-funded (by Hong Kong, Macao and Taiwan)	5 298	138
外商投资企业	Foreign-funded Enterprises	4 423	132
中外合资经营企业	Joint-venture Enterprises	3 126	113
中外合作经营企业	Sion-foreign-funded Cooperative Enterprises	556	
外资企业	Wholly Foreign-founed Enterprises	742	19
（二）按国民经济行业分组	Grouped by Sector		
旅游饭店	Tour Hotel	95 431	4 471
一般旅馆	General Hatel	3 873	224
其他住宿服务	Other	591	15

Continued

(10 000 yuan)

损益及分配 Income Distribution						工资、福利 Wages, Welfare Funds		从业人员数（人） Number of Employed Persons (person)
差旅费 Errand Expenses	工会经费 Expenses on Labour Union	财务费用 Costs of Financial Affairs	利息支出 Interest Expenses	营业利润 Business Profits	利润总额 Total Profits	本年应付工资总额 Total Wages Payable at Current Year	本年应付福利费总额 Total Welfare Funds Payable at Current Year	
850	**649**	**7 162**	**4 665**	**- 28 131**	**- 24 847**	**50 027**	**6 932**	**41 448**
430	455	2 720	1 344	- 19 921	- 16 383	28 800	3 370	19 957
663	465	6 547	4 282	- 26 173	- 21 376	38 105	5 324	35 281
276	233	1 486	342	- 12 585	- 10 988	15 842	2 173	12 713
41	47	391	223	- 1 915	- 1 615	2 969	465	2 909
11	2	107	93	- 1 002	996	653	71	794
		159		- 438	- 438	139	16	56
		159		- 438	- 438	139	16	56
117	78	1 592	1 368	- 5 707	- 5 992	8 120	1 268	6 568
15	9	217	199	- 640	- 757	834	194	990
103	69	1 375	1 168	- 5 067	- 5 236	7 286	1 075	5 578
78	30	457	386	- 520	- 365	3 185	461	2 816
109	65	2 229	1 782	- 3 926	- 2 883	6 255	752	8 418
9	7	315	278	- 363	- 190	1 581	147	2 568
14	1	21	11	- 18	14	133	5	259
81	54	1 881	1 493	- 3 558	- 2 720	4 253	562	5 146
4	3	12		12	13	288	38	445
31	11	128	89	- 80	- 90	943	119	1 007
140	156	- 247	116	- 191	- 1 555	9 940	1 288	4 517
105	151	133	152	2 087	932	8 620	459	3 298
35	6	21	23	- 2 146	- 2 146	475	15	374
		- 402	- 58	- 132	- 341	845	814	845
47	27	862	267	- 1 767	- 1 917	1 982	320	1 650
25	26	860	276	- 1 117	- 1 295	1 584	294	1 294
		1		- 360	- 359	115	3	101
21	1	1	- 8	- 290	- 262	283	23	255
799	588	6 784	4 300	- 26 571	- 23 363	46 864	6 525	38 107
39	55	256	243	- 1 415	- 1 371	2 791	330	2 893
12	6	122	122	- 145	- 113	373	77	448

15-15 限额以上餐饮企业财务状况（2005年）

单位：万元

项　目	Item	企业数（个）Number of Enterprises (unit)	亏损企业（个）Loss-making Enterprises (unit)
总　　计	**Total**	**77**	**31**
#国有及国有控股	State-owned and State-owned Holding Enterprises	7	3
（一）按登记注册类型分组	Grouped by Status of Registration		
内资企业	Domestic-funded Enterprises	70	29
国有企业	State-owned Enterprises	3	1
集体企业	Collective-owned Enterprises	5	5
股份合作企业	Joint Stock Cooperative Enterprises	1	
联营企业	Joint Ownership Enterprises		
有限责任公司	Limited Liability Companies	17	9
其他有限责任公司	Other Joint Ownership Enterprises	17	9
股份有限公司	Incorporated Corporations	2	
私营企业	Private Enterprises	41	14
私营独资企业	Private Sale Proprietorship Enterprises	12	4
私营合伙企业	Private Partnership Enterprises		
私营有限责任公司	Private Limited Liability Companies	29	10
私营股份有限公司	Private Incorporated Corporations		
其他企业	Other Enterprises	1	
港澳台商投资企业	Enterprises Funded by Hong Kong, Macao and Taiwan	4	1
合资经营企业（港或澳台资）	Joint Ventures (funded by Hong Kong, Macao and Taiwan)	1	
港澳台商独资经营企业	Enterprises Wholly Funded by Hong Kong, Macao and Taiwan	3	1
外商投资企业	Foreign-funded Enterprises	3	1
外资企业	Wholly Foreign-funded Enterprises	2	1
外商投资股份有限公司	Share-holding Corporations Ltd.with Foreign Investment	1	
（二）按国民经济行业分组	Grouped by Sector		
正餐服务	Dinner Service	73	30
快餐服务	Snack Service	3	1
饮料及冷饮服务	Service of Beverages and Cold Drink		
其他餐饮服务	Others	1	

Financial Conditions of Enterprises Above Designated Size in Food Service (2005)

(10 000 yuan)

年　末　资　产　负　债 Assets and Liabilities at the Year-end						
流动资产小计 Current Assets	存货 Inventory	固定资产原价 Original Value of Fixed Assets	累计折旧 Accumulated Depreciation	本年折旧 Depreciation of Fixed Assets at Current Year	资产合计 Total Assets	负债合计 Total Liabilities
38 262	**4 115**	**59 881**	**17 773**	**3 478**	**97 888**	**71 705**
7 717	236	12 143	3 015	353	20 849	15 790
34 260	2 935	55 258	15 719	3 161	87 607	67 683
605	124	1 053	526	34	1 210	517
3 274	170	1 952	1 570	239	3 914	3 335
378	102	3 100	822	69	3 412	2 194
4 863	645	15 274	4 191	929	17 848	15 245
4 863	645	15 274	4 191	929	17 848	15 245
14 248	140	9 396	1 812	180	25 360	15 577
10 660	1 549	24 388	6 738	1 651	35 407	30 528
1 066	262	2 253	402	120	3 219	1 216
9 594	1 287	22 135	6 335	1 530	32 189	29 312
232	205	94	60	60	456	288
3 182	685	3 111	1 381	270	6 696	2 585
1 515	245	352	299		1 990	308
1 667	440	2 759	1 082	270	4 706	2 277
820	495	1 513	673	48	3 585	1 437
457	431	1 352	535	35	3 183	1 196
362	65	161	139	12	402	241
36 201	3 261	56 153	16 246	3 236	90 531	67 988
1 924	823	3 446	1 453	198	6 855	2 563
136	32	282	74	44	502	1 154

15-15 续表1

单位：万元

项 目	Item	所有者权益合计 Owner's Equity	实收资本 Total Capital Stock
总 计	**Total**	**26 183**	**24 202**
# 国有及国有控股	State-owned and State-owned Holding Enterprises	5 059	1 892
（一）按登记注册类型分组	Grouped by Status of Registration		
内资企业	Domestic-funded Enterprises	19 923	17 927
国有企业	State-owned Enterprises	693	281
集体企业	Collective-owned Enterprises	579	821
股份合作企业	Joint Stock Cooperative Enterprises	1 218	1 020
联营企业	Joint Ownership Enterprises		
有限责任公司	Limited Liability Companies	2 603	4 060
其他有限责任公司	Other Joint Ownership Enterprises	2 603	4 060
股份有限公司	Incorporated Corporations	9 783	2 924
私营企业	Private Enterprises	4 879	8 621
私营独资企业	Private Sale Proprietorship Enterprises	2 003	1 704
私营合伙企业	Private Partnership Enterprises		
私营有限责任公司	Private Limited Liability Companies	2 877	6 917
私营股份有限公司	Private Incorporated Corporations		
其他企业	Other Enterprises	168	200
港澳台商投资企业	Enterprises Funded by Hong Kong, Macao and Taiwan	4 111	5 104
合资经营企业（港或澳台资）	Joint Ventures (funded by Hong Kong, Macao and Taiwan)	1 682	1 266
港澳台商独资经营企业	Enterprises Wholly Funded by Hong Kong, Macao and Taiwan	2 429	3 838
外商投资企业	Foreign-funded Enterprises	2 148	1 172
外资企业	Wholly Foreign-funded Enterprises	1 988	672
外商投资股份有限公司	Share-holding Corporations Ltd.with Foreign Investment	161	500
（二）按国民经济行业分组	Grouped by Sector		
正餐服务	Dinner Service	22 543	19 841
快餐服务	Snack Service	4 292	4 311
饮料及冷饮服务	Service of Beverages and Cold Drink		
其他餐饮服务	Others	- 652	50

Continued

(10 000 yuan)

	损益及分配 Distribution of Gain and Loss						
国家资本 State Capital	营业收入合计 Total Business Income	主营业务收入 Major Business Income	主营业务成本 Cost of Major Business	主营业务税金及附加 Major Business Tax and Surcharge	主营业务利润 Profits of Major Business Lines	其他业务利润 Profits of Other Business Lines	营业费用 Operating Expenses
563	**89 666**	**87 225**	**43 804**	**4 444**	**38 666**	**1 389**	**22 501**
311	17 673	17 631	10 305	706	6 620	483	1 307
563	68 890	66 449	34 735	3 385	28 017	1 100	14 770
281	1 768	1 768	1 018	83	668		359
235	1 886	1 799	965	129	542	82	756
	707	320	50	15	255	112	174
30	13 033	12 985	6 220	704	6 053	154	4 385
30	13 033	12 985	6 220	704	6 053	154	4 385
	17 502	15 682	8 924	479	6 279	497	114
17	32 794	32 694	16 816	1 921	13 818	254	8 636
	5 643	5 641	3 243	370	2 027	3	1 395
17	27 151	27 054	13 572	1 551	11 791	251	7 241
	1 200	1 200	743	55	402		347
	10 592	10 592	5 236	501	4 855	251	4 136
	3 074	3 074	1 717	116	1 241		752
	7 518	7 518	3 519	385	3 614	251	3 384
	10 185	10 185	3 833	558	5 794	37	3 596
	9 452	9 452	3 513	521	5 418	- 5	3 318
	733	733	320	37	376	42	278
563	74 816	72 375	38 041	3 611	30 410	1 132	16 237
	14 229	14 229	5 458	769	8 002	247	5 794
	622	622	304	64	254	9	470

15-15 续表2

单位：万元

项目	Item	损益 管理费用 Overhead Costs	 税金 Tax
总计	**Total**	**12 763**	**550**
#国有及国有控股	State-owned and State-owned Holding Enterprises	4 046	19
（一）按登记注册类型分组	Grouped by Status of Registration		
内资企业	Domestic-funded Enterprises	11 342	388
国有企业	State-owned Enterprises	280	3
集体企业	Collective-owned Enterprises	119	7
股份合作企业	Joint Stock Cooperative Enterprises	133	
联营企业	Joint Ownership Enterprises		
有限责任公司	Limited Liability Companies	1 931	36
其他有限责任公司	Other Joint Ownership Enterprises	1 931	36
股份有限公司	Incorporated Corporations	4 665	1
私营企业	Private Enterprises	4 180	341
私营独资企业	Private Sale Proprietorship Enterprises	502	175
私营合伙企业	Private Partnership Enterprises		
私营有限责任公司	Private Limited Liability Companies	3 678	166
私营股份有限公司	Private Incorporated Corporations		
其他企业	Other Enterprises	34	
港澳台商投资企业	Enterprises Funded by Hong Kong, Macao and Taiwan	650	13
合资经营企业（港或澳台资）	Joint Ventures (funded by Hong Kong, Macao and Taiwan)	224	
港澳台商独资经营企业	Enterprises Wholly Funded by Hong Kong, Macao and Taiwan	425	13
外商投资企业	Foreign-funded Enterprises	771	149
外资企业	Wholly Foreign-funded Enterprises	700	145
外商投资股份有限公司	Share-holding Corporations Ltd.with Foreign Investment	72	4
（二）按国民经济行业分组	Grouped by Sector		
正餐服务	Dinner Service	11 572	406
快餐服务	Snack Service	1 063	144
饮料及冷饮服务	Service of Beverages and Cold Drink		
其他餐饮服务	Others	129	

Continued

(10 000 yuan)

—— 及 分 配 Income Distribution						工资福利 Wages and Welfare Funds		从业人员数（人） Number of Employed Persons (person)
差旅费 Errand Expenses	工会经费 Expenses on Labour Union	财务费用 Costs of Financial Affairs	利息支出 Net Intenest Expenses	营业利润 Business Profits	利润总额 Total Profits	本年应付工资总额 Total Wages Payable at Current Year	本年应付福利费总额 Total Welfare Funds Payable at Current Year	
528	**78**	**1 571**	**1 533**	**3 604**	**3 065**	**10 688**	**1 333**	**10 424**
8	1	69	73	1 681	1 452	1 393	260	1 429
259	78	1 521	1 529	1 869	2 248	8 904	1 106	8 033
1	1	- 4	- 3	33	39	257	93	303
	1	148	146	- 399	- 208	213	26	338
	1	54	54	6	5	85	12	155
46	9	120	110	- 229	26	1 796	174	2 029
46	9	120	110	- 229	26	1 796	174	2 029
103	25	- 84	11	2 082	1 857	2 072	304	1 024
78	41	1 284	1 208	356	470	4 425	490	4 121
24	14	7	6	127	275	579	58	869
54	28	1 278	1 203	229	196	3 846	432	3 252
32		3	3	19	58	56	7	63
30		21	5	300	269	1 013	210	1 514
		15	9	250	250	215	210	103
30		6	- 5	51	19	798		1 411
240		29		1 435	548	770	17	877
240		28		1 367	481	667	4	797
		1		67	67	104	13	80
262	78	1 546	1 537	2 572	2 610	9 384	1 329	8 328
266		24	- 5	1 368	454	1 156	4	1 910
		1	1	- 337		148		186

15-16 各地区星级住宿业和限额以上餐饮业经营情况（2005年）

Basic Statistics on Commodity Sales of Hotel Industry Attained Star level and Food Service Above Designated Size by Region (2005)

单位：万元 (10 000 yuan)

地 区	Region	法人企业数（个）Number of Corporate Enterprises (unit)	产业活动单位数（个）Number of Industrial Activity Entities (unit)	从业人员数（人）Number of Employed Persons (persons)	营业总收入 Total Business Income	年末餐饮营业面积（平方米）Food Service Operational Area at the Year-end (sq.m)	床位数（个）Number of Hotel beds (unit)	餐位数（位）Number of Food Seats (unit)
全省合计	**Total**	578	745	56 954	365 875	590 644	115 542	248 675
昆　明	Kunming	156	208	25 256	220 059	244 714	30 337	89 167
曲　靖	Qujing	22	25	2 026	9 939	31 502	2 808	9 963
玉　溪	Yuxi	45	61	3 668	18 053	72 867	7 756	25 718
保　山	Baoshan	12	24	1 215	4 476	13 093	2 892	4 234
昭　通	Zhaotong	3	4	586	2 979	3 080	840	1 720
丽　江	Lijiang	70	77	5 442	28 062	39 759	15 475	14 504
思　茅	Simao	21	30	1 130	4 220	21 183	3 751	9 770
临　沧	Lincang	13	20	986	3 613	8 049	2 102	2 860
楚　雄	Chuxiong	27	37	1 836	11 444	24 052	5 624	15 402
红　河	Honghe	55	70	4 110	19 573	49 535	10 151	27 244
文　山	Wenshan	14	15	991	3 974	10 603	2 443	5 458
西双版纳	Xishuangbanna	26	29	2 300	14 805	16 119	6 949	9 889
大　理	Dali	77	93	4 815	16 931	47 241	19 729	26 494
德　宏	Dehong	16	29	1 161	3 475	8 237	3 975	5 636
怒　江	Nujiang	1	3	46	511	400	312	400
迪　庆	Diqing	20	20	1 386	3 761	210	398	216

15-17 各地区限额以上批发零售贸易企业财务状况 （2005年）

Financial Conditions of Enterprises above Designated Size in Wholesale and Retail Trade by Region (2005)

单位：万元 (10 000 yuan)

地区	Region	企业数（个） Number of Enterprises (unit)	亏损企业（个） Loss-making Enterprises (unit)	年末资产负债 Assets and Liabilities at the Year-end 流动资产小计 Current Assets	存货 Inventory	固定资产原价 Original Value of Fixed Assets	累计折旧 Accumulated Depreciation	本年折旧 Depreciation of Fixed Assets at Current Year
全省合计	**Total**	**1 121**	**352**	**7 052 712**	**2 449 069**	**1 664 408**	**546 063**	**90 840**
昆明	Kunming	565	204	3 722 349	790 419	651 808	210 129	32 876
曲靖	Qujing	53	13	472 368	152 103	188 229	58 755	11 695
玉溪	Yuxi	97	26	1 425 598	893 578	265 798	100 271	13 331
保山	Baoshan	38	5	167 532	90 785	78 883	24 677	2 122
昭通	Zhaotong	32	12	160 148	93 815	85 423	26 877	4 174
丽江	Lijiang	14	5	94 243	10 323	23 583	6 146	1 430
思茅	Simao	19	5	64 368	19 321	24 433	7 613	2 174
临沧	Lincang	18	3	32 889	10 291	19 602	6 256	855
楚雄	Chuxiong	40	11	223 757	128 173	60 740	21 070	3 081
红河	Honghe	61	17	215 419	66 624	34 605	13 320	7 612
文山	Wenshan	27	8	42 273	8 214	33 430	11 056	2 377
西双版纳	Xishuangbanna	30	11	45 392	21 445	33 960	9 444	1 367
大理	Dali	60	16	308 540	143 751	102 489	34 942	6 457
德宏	Dehong	57	14	65 470	18 340	43 480	7 581	1 011
怒江	Nujiang	5	1	8 047	1 852	7 385	1 901	279
迪庆	Diqing	5	1	4 317	35	10 559	6 026	

15-17 续表1

单位：万元

地 区	Region	年末资产负债 Assets and Liabilities at the Year-end					主营业务收入合计 Total Business Income
		资产总计 Total Assets	负债合计 Total Liabilities	所有者权益合计 Owner's Equity	实收资本 Total Capital Stock	国家资本 State Capital	
全省合计	**Total**	**9 459 764**	**6 109 414**	**3 350 350**	**1 146 363**	**561 472**	**17 148 045**
昆 明	Kunming	4 903 264	3 265 665	1 637 599	786 576	389 327	10 329 346
曲 靖	Qujing	728 827	373 704	355 123	36 126	22 898	1 310 570
玉 溪	Yuxi	1 648 039	1 211 240	436 799	89 506	47 450	1 535 688
保 山	Baoshan	258 605	147 675	110 930	23 545	9 667	374 971
昭 通	Zhaotong	232 472	147 215	85 257	27 064	20 463	460 816
丽 江	Lijiang	156 926	123 327	33 599	31 057	12 628	181 893
楚 雄	Chuxiong	87 341	55 149	32 191	6 757	1 032	129 528
红 河	Honghe	50 983	30 995	19 988	6 219	4 460	127 767
文 山	Wenshan	277 039	156 434	120 605	20 659	9 214	470 908
思 茅	Simao	382 272	142 429	239 842	24 023	13 286	587 785
西双版纳	Xishuangbanna	75 422	36 033	39 389	7 959	2 727	159 645
大 理	Dali	81 880	43 721	38 159	18 162	5 180	152 030
德 宏	Dehong	440 637	298 543	142 094	35 483	14 600	827 480
怒 江	Nujiang	113 727	69 156	44 571	23 037	5 600	297 235
迪 庆	Diqing	15 318	6 938	8 380	1 675	1 483	59 338
临 沧	Lincang	7 014	1 190	5 824	8 517	1 458	143 046

Continued

(10 000 yuan)

损益及分配 Income Distribution							
主营业务收入 Major Business Income	主营业务成本 Cost of Major Business	主营业务税金及附加 Major Business Tax and Surcharge	主营业务利润 Profits of Major Business Lines	其他业务利润 Profits of Others Business Lines	营业费用 Operating Expenses	管理费用 Overhead Costs	税金 Tax
17 052 726	**14 829 543**	**38 172**	**1 841 108**	**56 273**	**668 756**	**515 257**	**16 645**
10 275 678	9 370 557	21 010	828 831	49 027	334 904	191 570	5 899
1 301 227	975 491	3 319	240 921	1 422	80 391	65 259	1 304
1 531 334	1 309 702	4 296	214 369	1 010	64 229	52 536	2 019
367 978	297 132	1 763	59 102	3 270	16 265	16 380	442
459 287	383 099	1 285	70 015	385	18 103	52 149	2 604
181 893	154 380	529	26 985	430	10 185	7 843	121
129 410	106 922	337	21 837	406	5 417	7 449	208
127 571	108 708	225	15 261	510	3 304	7 581	132
464 338	369 233	1 207	81 996	- 186	27 344	30 382	966
587 160	456 999	1 065	126 580	1 571	46 193	30 439	581
157 860	124 312	473	26 034	605	6 649	12 204	1 199
151 249	133 808	180	15 646	458	7 274	5 016	148
821 175	710 506	1 479	90 345	- 3 404	39 418	29 325	879
294 298	278 303	793	14 468	368	8 042	5 324	121
59 223	41 187	97	8 275	243	933	1 539	23
143 046	9 206	114	445	158	106	262	

15-17 续表2 Continued

单位：万元 (10 000 yuan)

地区	Region	损益及分配 Income Distribution				工资、福利 Wages, Welfare Funds			从业人员数(人)
		财务费用 Costs of Financial Affairs	利息支出 Interest Expenses	营业利润 Business Profits	利润总额 Total Profits	本年应付工资总额 Total Wages Payable at Current Year	本年应付福利费总额 Total Welfare Funds Payable at Current Year	本年应交增值税总额 Total Value-added Tax Payable at Current Year	Number of Employed Persons (person)
全省合计	**Total**	**41 078**	**40 507**	**719 741**	**778 508**	**272 445**	**34 246**	**311 584**	**99 950**
昆明	Kunming	23 356	23 180	342 253	360 277	95 294	12 655	148 010	45 360
曲靖	Qujing	1 795	1 847	101 248	122 807	26 712	2 873	33 829	9 151
玉溪	Yuxi	1 399	1 308	97 403	93 733	30 564	5 182	42 604	8 556
保山	Baoshan	2 973	3 063	30 186	23 902	10 395	1 864	12 807	3 577
昭通	Zhaotong	2 129	2 052	- 1 626	13 928	14 226	2 178	13 439	5 037
丽江	Lijiang	203	329	9 184	9 058	3 469	490	4 271	1 186
楚雄	Chuxiong	18	24	9 419	11 134	3 883	424	2 953	1 314
红河	Honghe	478	481	4 408	5 783	3 032	432	4 050	1 113
文山	Wenshan	1 631	1 369	31 964	35 738	14 212	1 788	13 477	4 264
思茅	Simao	1 070	1 020	50 877	53 033	42 120	2 409	12 506	4 437
西双版纳	Xishuangbanna	666	632	8 897	10 674	4 455	573	4 503	2 931
大理	Dali	703	589	3 498	3 013	3 268	613	1 276	2 279
德宏	Dehong	3 709	3 799	24 842	28 804	16 604	2 286	14 557	5 683
怒江	Nujiang	724	694	1 109	3 858	2 905	363	2 104	1 812
迪庆	Diqing	126	113	5 921	2 730	698	97	1 103	362
临沧	Lincang	98	7	160	36	609	21	95	2 888

15-18 各地区星级住宿业和限额以上餐饮企业财务状况（2005年）

Financial Conditions of Hotel Industry Attained Star level and Food Service above Designated Size by Region（2005）

单位：万元 (10 000 yuan)

地区 Region		企业数（个） Number of Enterprises (unit)	亏损企业（个） Loss-making Enterprises (unit)	年末资产负债 Assets and Liabilities at the Year End				
				流动资产小计 Current Assets	存货 Inventory	固定资产原价 Original Value of Fixed Assets	累计折旧 Accumulated Depreciation	本年折旧 Depreciation of Fixed Assets at Current Year
全省合计	**Total**	**578**	**332**	**237 463**	**29 340**	**1 206 443**	**378 254**	**56 771**
昆明	Kunming	156	92	130 109	13 436	652 879	246 664	33 268
曲靖	Qujing	22	11	3 967	541	31 207	4 855	792
玉溪	Yuxi	45	29	15 649	1 274	82 606	25 093	3 393
保山	Baoshan	12	10	1 763	340	15 439	4 061	619
昭通	Zhaotong	3	2	861	275	2 116	435	64
丽江	Lijiang	70	50	23 925	2 424	98 397	26 467	4 577
思茅	Simao	21	11	2 620	373	14 496	3 732	425
临沧	Lincang	13	7	3 451	183	17 966	2 068	626
楚雄	Chuxiong	27	12	4 187	574	23 701	5 547	931
红河	Honghe	55	24	14 707	5 744	89 970	13 694	4 133
文山	Wenshan	14	7	2 695	447	18 262	4 402	704
西双版纳	Xishuangbanna	26	21	11 599	1 480	49 174	16 680	2 891
大理	Dali	77	36	8 316	1 583	68 131	16 318	2 353
德宏	Dehong	16	9	1 562	306	11 993	3 709	456
怒江	Nujiang	1	1	46	5	453	86	47
迪庆	Diqing	20	10	12 008	358	29 656	4 444	1 494

15-18 续表

单位：万元

地区	Region	年末资产负债 Assets and Liabilities at the Year End							
		资产总计 Total Assets	负债合计 Total Liabilities	所有者权益合计 Ownew's Equity	实收资本 Total Capital Stock	国家资本 State Capital	营业收入合计 Total Business Income	主营业务收入 Major Business Income	主营业务成本 Cost of Major Business
全省合计	**Total**	**1 328 346**	**659 662**	**668 683**	**618 391**	**351 023**	**337 091**	**326 732**	**112 583**
昆明	Kunming	695 960	340 583	355 377	335 141	224 376	210 001	203 471	67 401
曲靖	Qujing	27 108	14 444	12 664	11 589	3 760	10 260	10 073	4 868
玉溪	Yuxi	78 664	46 641	32 023	38 100	20 748	16 591	16 120	7 287
保山	Baoshan	14 690	4 159	10 530	10 071	5 064	3 003	2 996	1 062
昭通	Zhaotong	2 545	1 782	763	1 500	1 500	2 602	2 565	988
丽江	Lijiang	116 087	60 475	55 612	54 105	35 400	27 234	26 488	7 148
思茅	Simao	18 083	8 718	9 366	11 275	5 288	4 101	3 500	1 259
临沧	Lincang	20 530	13 833	6 697	5 333	368	2 852	2 807	1 274
楚雄	Chuxiong	24 155	13 315	10 840	10 978	5 032	6 408	6 114	2 320
红河	Honghe	121 751	46 620	75 131	43 321	14 085	16 076	15 534	5 632
文山	Wenshan	19 831	10 825	9 007	12 523	5 953	3 608	3 552	1 487
西双版纳	Xishuangbanna	58 542	32 560	25 982	16 798	7 442	14 372	13 896	4 841
大理	Dali	69 989	37 897	32 092	37 775	19 417	14 801	14 447	5 671
德宏	Dehong	11 666	5 603	6 063	9 380	561	1 600	1 586	266
怒江	Nujiang	528	247	281	281		272	272	70
迪庆	Diqing	48 219	21 962	26 257	20 222	2 029	3 312	3 312	1 007

Continued

(10 000 yuan)

损 益 及 分 配 Income Distribution								工资福利及增值税 Wages, Welfare Funds and Added Value Tax		从业人员数（人） Number of Employed Persons (person)
主营业务税金及附加 Major Business Tax and Surcharge	主营业务利润 Profits of Major Business Lines	营业费用 Operating Expenses	管理费用 Overhead Costs	税金 Tax	财务费用 Costs of Financial Affairs	营业利润 Business Profits	利润总额 Total Profits	本年应付工资总额 Total Wages Payable at Current Year	本年应付福利费总额 Total Welfare Funds Payable at Current Year	
18 140	**185 106**	**113 411**	**112 658**	**5 260**	**8 733**	**- 24 528**	**- 21 783**	**60 715**	**8 266**	**51 872**
10 868	122 258	65 635	75 305	3 102	3 368	- 5 955	- 7 052	32 481	4 767	24 692
603	4 418	2 767	2 357	103	194	- 791	- 1 163	1 531	193	2 134
955	7 478	5 714	5 526	128	430	- 3 665	- 1 759	2 959	300	3 263
184	1 742	893	1 017	84	62	- 230	- 208	3 818	102	732
121	1 456	1 036	484	29	10	- 23	- 24	501	69	458
1 654	14 474	11 866	8 400	464	1 062	- 4 070	- 3 987	5 150	890	5 188
212	2 023	1 324	1 112	58	229	- 384	- 300	739	94	1 022
194	1 339	670	908	50	401	- 644	- 693	451	62	733
434	3 249	1 730	1 419	159	292	142	181	1 006	146	1 249
709	8 132	6 887	4 442	290	1 016	- 2 910	- 2 504	3 110	339	3 335
226	1 716	1 015	1 184	34	153	- 463	- 337	603	93	886
710	8 058	5 660	4 431	331	523	- 2 159	- 1 736	3 009	460	2 346
955	7 268	5 115	3 480	354	1 024	- 661	- 388	3 254	619	3 996
94	1 226	1 024	402	23	- 277	265	252	379	27	449
8	194	80	95		19	- 1	- 1	30	1	24
214	76	1 996	2 095	53	226	- 2 978	- 2 065	1 694	104	1 365

主要统计指标解释

社会消费品零售总额 指国民经济各行业直接销售给城乡居民和社会集团的消费品总额。它是反映各行业通过多种商品流通渠道向居民和社会集团供应的生活消费品总量，是研究国内零售市场变动情况、反映经济景气变化程度的重要指标。

社会消费品零售总额包括：（1）售给城乡居民作为生活用品和修建房屋用的建筑材料；（2）售给社会集团的各种办公用品和公用消费品；（3）售给机关、团体、学校、部队、企业、事业单位的职工食堂和旅店（招待所）附设专门供本店旅客食用，不对外营业的食堂的各种食品、燃料；企业、单位和国营农场直接售给本单位职工和职工食堂的自己生产的产品；（4）售给部队干部、战士生活用的粮食、副食品、衣着品、日用品、燃料；（5）售给来华的外国人、华侨、港澳台同胞的消费品；（6）居民自费购买的中、西药品、中药材及医疗用品；（7）报社、出版社直接售给居民和社会集团的报纸、图书、杂志，集邮公司出售的新、旧纪念邮票、特种邮票、首日封、集邮册、集邮工具等；（8）旧货寄售商店自购、自销部分的商品；（9）煤气公司、液化石油气站售给居民和社会集团的煤气、灶具和罐装液化石油气；（10）农民售给非农业居民和社会集团的商品。

批发零售贸易业商品购、销、存总额 指各种登记注册类型的批发、零售贸易企业（单位）以本企业（单位）为总体的，从国内、国外市场购进的商品总量、销售和出口的商品总量、库存商品总量等情况。该指标对促进工农业生产发展、活跃市场、平抑物价、保障供给、满足需求具有举足轻重的作用。该指标可以反映商品流通过程中商品的购进、销售、库存之间的比例关系和存在的问题。

商品购进总额 指从本企业（单位）以外的单位和个人购进（包括从境外直接进口）作为转卖或加工后转卖的商品总额。它反映批发零售贸易业从国内、国外市场上购进商品的总量。商品购进总额包括：（1）从工农业生产者购进的商品；（2）从出版社、报社的出版发行部门购进的图书、杂志、报纸和音像制品；（3）从各种登记注册类型的批发零售贸易企业（单位）购进的商品；（4）从其他单位购进的商品，如：从机关、团体、企业等单位购进的剩余物资，从餐饮业、服务业购进的商品，从海关、市场管理部门购进的缉私和没收的商品，从居民手中收购的废旧商品等；（5）从国（境）外直接进口的商品。

商品销售总额 指对本企业（单位）以外的单位和个人出售（包括对境外直接出口）的商品总额。它反映批发零售贸易业在国内市场上销售商品以及出口商品的总量。商品销售总额包括：（1）售给城乡居民和社会集团消费用的商品；（2）售给工业、农业、建筑业、运输邮电业、批发零售贸易业、餐饮业、服务业等作为生产、经营使用的商品；（3）售给批发零售贸易业作为转卖或加工后转卖的商品；（4）对国（境）外直接出口的商品。

批发零售贸易业库存 指报告期末各种登记注册类型的批发零售贸易企业（单位）已取得所有权的商品。它反映批发零售贸易企业（单位）的商品库存情况和对市场商品供应的保证程度。期末库存包括：（1）存放在批发零售贸易业经营单位（如：门市部、批发站、经营处）仓库、货场、货柜和货架中的商品；（2）挑选、整理、包装中的商品；（3）已记入购进而尚未达到本单位的商品，即发货单或银行承兑凭证已到而货未到的部分；（4）寄放他处的商品，如：因购货方拒绝承付而暂时存放在购货方的商品和已办理加工成品收回手续而未提回的商品；（5）委托其他单位代销（未作销售或调出）尚未售出的商品；（6）代其他单位购进尚未交付的商品。

餐饮业商品零售额 指餐饮业、活动单位或个体户直接对居民和社会集团零售的各种商品。包括：（1）经烹饪、调制加工后出售的各种食品，如：主食、副食、炒菜、凉拌菜等；（2）不经加工直接转卖的各种外购商品，如：卷烟、酒、饮料、熟食、水果等；（3）附设非独立核算的专门销售商品的小卖部出售的各种食品及其他商品。

Explanatory Notes on Principal Statistical Indicators

Total Retail Sales of Consumer Goods refer to the total amount of consumer goods directly sold by all sectors of the national economy to urban and rural residents and social groups. This indicator is used to show the total supplies of consumer goods through various channels of commodity circulation to households and institutions, and to study changes in the domestic retail market and in economic climate.

Total retail sales of consumer goods include: (1) commodities sold to urban and rural residents for their daily use and building materials sold to them for construction or repair of houses; (2) office appliances and supplies sold to social groups; (3) food and fuels sold to staff canteens of government departments, organizations institutions, enterprises, schools, military units and to canteens attached to hotels and hostels that only serve their guests, and commodities produced by enterprises, institutions or state farms and sold directly to their employees or their staff canteens; (4) grain and non-staple food, clothing, articles for daily use and fuels sold to military personnel; (5) consumer goods sold to foreigners, overseas Chinese, and Chinese compatriots from Taiwan, Hong Kong and Macao during their stay in the mainland of China; (6) Chinese and western medicines, Chinese herbal medicine and medical facilities purchased by residents; (7) newspapers, books and magazines directly sold to residents and social groups by publishers, new and old commemorative stamps, special stamps, first-day covers, stamp albums and other stamp-collection articles sold by stamp companies; (8) consumer goods purchased and then sold by second-hand shops; (9) stoves, coal gas and liquefied petroleum gas sold by gas companies to households and social groups; and (10) commodities sold by farmers to non-agricultural residents and social groups.

Total Purchases, Sales and Inventory of Commodities in Wholesale and Retail Trade refer to the total volume of commodities purchased, total volume of sales and exports, and inventory of commodities by wholesale and retail enterprises (establishments) of different status of registration from domestic and overseas markets. This indictor plays an important role in promoting industrial and agricultural production, thriving market, stabilizing prices, ensuring market supply and meeting the needs of consumers. It also reflects the proportional relationship among purchase, sales and inventory of commodities in the circulation of goods and reveals the existing problems.

Total Purchases of Commodities refer to the total volume of commodities purchased by the enterprises (establishments) from other establishments or individuals (including direct imports from abroad) for the purpose of re-selling, either with or without further processing of the commodities purchased. This indicator is used to show the total volume of commodities purchased by wholesale and retail establishments from domestic and overseas markets. Total purchases include: (1) agricultural and industrial products purchased from producers; (2) books, magazines, newspapers and audiovisual products purchased from distribution departments of publishers; (3) commodities purchased from wholesale and retail establishments of different status of registration; (4) commodities purchased from other entities, such as surplus materials purchased from government departments, enterprises or institutions, commodities purchased from food and service establishments, confiscated goods purchased from customs authorities or market management agencies, second-hand goods and wastes purchased from residents; and (5) commodities directly imported from abroad.

Total Sales of Commodities refer to total volume of commodities sold by the establishments to other establishments and individuals (including direct exports). This indicator is used to show the total volume of commodities sold at domestic markets and exports. Total sales include: (1) commodities sold to urban and rural residents and social groups for their consumption; (2) commodities sold to establishments in industry, agriculture, construction, transportation, post and telecommunications, wholesale and retail trade, food service and other service industries for their production and operation; (3) commodities sold to wholesale and retail establishments for re-selling, with or without further processing; and (4) commodities for direct export to other countries.

Inventory of Commodities of Wholesale and Retail Enterprises refers to total commodities possessed by wholesale and retail enterprises (establishments) of various status of registration at the end of the report period, which reflects the commodity inventory level of various wholesale and retail enterprises and the potential for market supply. It includes: (1) commodities stored in warehouses, goods yards, counters, and shelves of operating establishments (such as stores, wholesale centers, and operating offices) of wholesale and retail trade; (2) commodities in the process of selecting, sorting, and packing; (3) commodities not arrived but recorded as purchase in the account, i.e. commodities not arrived but payment receipts for the commodities from the sellers or the banks arrived; (4) commodities deposited in other places rather than places mentioned above, for instance: commodities in the hold of purchasers temporarily due to the refusal of payment and commodities not taken back after going through the formalities; (5) commodities entrusted to other entities to sell but not sold yet; (6) commodities purchased for other entities but not delivered yet.

Retail Sales of Commodities in Food Service refer to retail sales of commodities to residents and social groups by catering enterprises, establishments and individual, including: (1) various food sold after cooking and processing, such as: staple food, non-staple food, cooked dishes, cold and dressed dishes and so on; (2) commodities re-sold without further processing, such as: cigarettes, liquor, beverages, cooked food, fruits and son on; (3) various food and other commodities sold in buffets with dependant accounting system.

十六、对外经济贸易和旅游

Foreign Trade and Economy Cooperation, Tourism

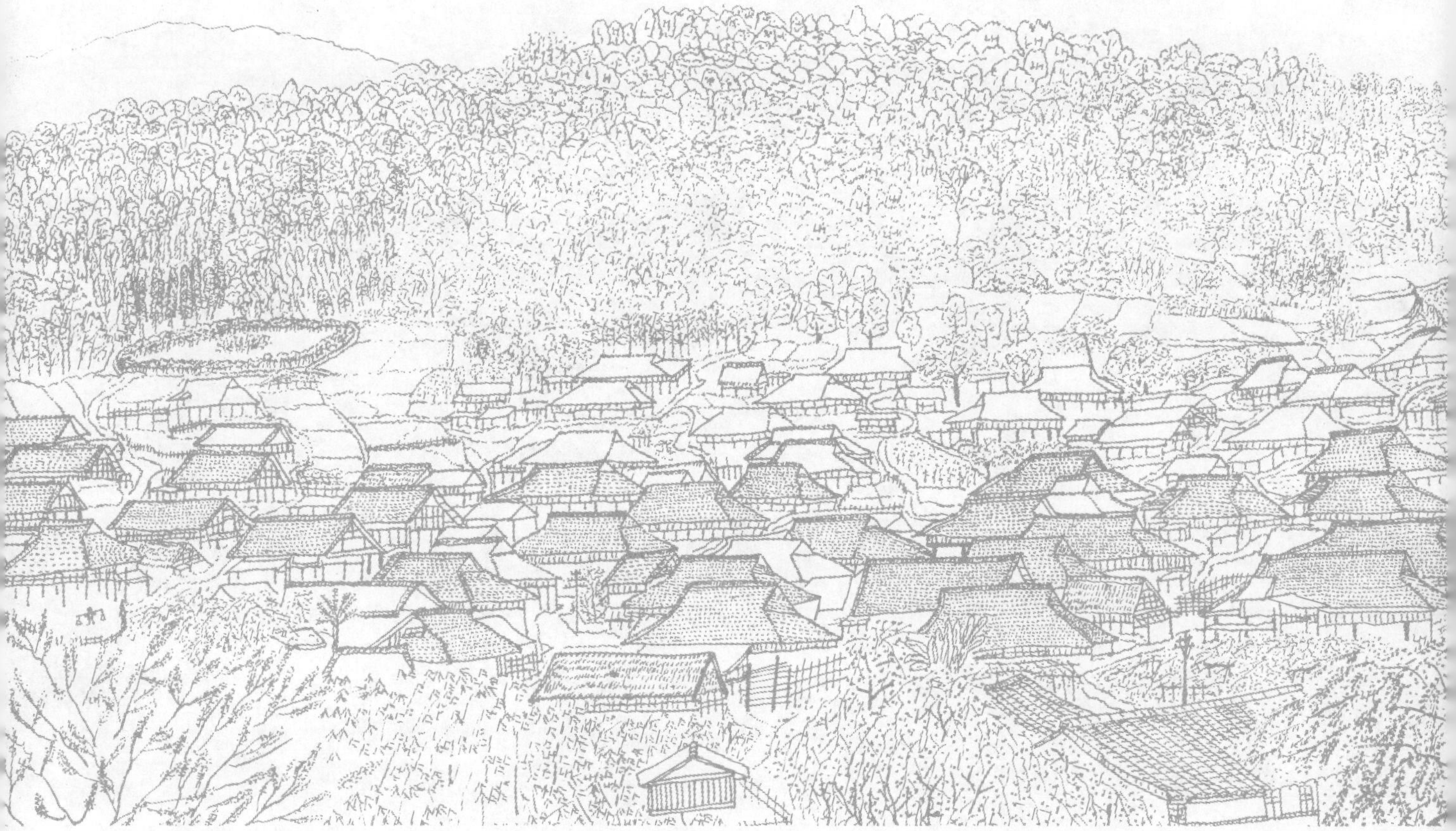

16-1 进出口贸易总额

Total Value of Import and Export Trade

单位：万美元 (USD 10 000)

年份 Year	进出口总额 Total Value of Imports and Exports	出口总额 Total Exports	进口总额 Total Imports	差额（+出超、-入超） Balance
1980	11 037	9 601	1 436	+8 165
1985	20 953	12 901	8 052	+4 849
1987	34 217	26 226	7 991	+18 235
1988	44 388	34 196	10 192	+24 004
1989	54 768	37 442	17 326	+20 116
1990	54 842	43 449	11 393	+32 056
1991	55 051	40 097	14 954	+25 143
1992	67 056	46 653	20 403	+26 250
1993	84 008	52 291	31 717	+20 574
1994	134 406	91 016	43 390	+47 626
1995	189 609	121 548	68 061	+53 487
1996	192 220	109 631	82 589	+27 042
1997	193 698	117 224	76 474	+40 750
1998	190 329	117 376	72 953	+44 423
1999	165 967	103 443	62 524	+40 919
2000	181 283	117 516	63 767	+53 749
2001	198 906	124 412	74 494	+49 918
2002	222 635	142 965	79 670	+63 295
2003	266 767	167 658	99 109	+68 549
2004	374 777	223 882	150 895	+72 987
2005	473 822	264 158	209 664	+54 494

注：本表数字1998年以前为外贸业务数，且不含边境贸易统计数据。1999年后为海关进出口统计数。

Note: The data before 1998 were the statistics of foreign trade and excluded those of border trade. The data After 1999 refer to the customs. customhouse.

16-2 主要进出口贸易方式总值

Total Value of Main Modes of Import and Export Trade

单位：万美元 (USD 10 000)

项目	Item	2000年 出口 Exports	2000年 进口 Imports	2004年 出口 Exports	2004年 进口 Imports	2005年 出口 Exports	2005年 进口 Imports
合计	**Total**	**117 516**	**63 767**	**223 882**	**150 895**	**264 158**	**209 664**
一般贸易	General Trade	78 425	42 101	167 335	112 368	182 429	152 140
赠送物资	Assistance Goods	8	104	85	40	204	75
来料加工装配贸易	Processing and Assembling Goods from Raw Materials	2 790	2 395	5 512	4 234	5 169	4 212
进料加工贸易	Processing Goods with Imported Materials	6 592	5 760	18 335	11 436	37 429	24 857
边境小额贸易	Frontier Small Value Trade of Small Value	27 808	7 821	30 876	21 531	38 558	26 908
出料加工贸易	Processing Goods with Exported Materials		2				
易货贸易	Barter	21	4	4	21		
保税仓库进出口货物	Import and Export Commodities in Bonded Warehouses	56	55	8		14	145
对外承包工程出口货物	Expor Commodities for Constructed Projects in Foreign Countries	548		1 723		277	
补偿贸易	Compensation Trade	1 258					
外商投资进口设备物资	Imported Equipment and Goods as Foreign Investment Enterprises		5 443		1 136		1 175
其他	Others	9	68	4	128	78	152

16-3 云南省对主要国家及地区出口总值

Total Value of Provincial Exports to Major Countries and Regions

单位：万美元 (USD 10 000)

名称	Item	2004年	2005年	2005年比2004年(±%) Increase Rate in 2005 Over 2004 (±%)
亚洲小计	**Asia**	**180 384**	**208 979**	**15.9**
阿富汗	Afghanistan			
孟加拉国	Bangladesh	5 035	7 329	45.6
文莱	Brunei	3	2	- 33.3
缅甸	Myanmar	38 661	41 063	6.2
柬埔寨	Cambodia	138	308	123.2
朝鲜民主主义人民共和国	The Democratic People's Republic of Korea	1	138	13 700.0
中国香港	Hong Kong,China	31 391	35 719	13.8
印度	India	3 199	3 271	2.3
印度尼西亚	Indonesia	5 363	8 717	62.5
伊朗	Iran	2 050	2 823	37.7
以色列	Israel	2 278	851	- 62.6
日本	Japan	24 808	27 647	11.4
约旦	Jordan	542	96	- 82.3
科威特	Kuwait	2	12	500.0
老挝	Laos	2 663	2 877	8.0
黎巴嫩	Lebanon	74	112	51.4
中国澳门	Macao，China	617	576	- 6.6
马来西亚	Malaysia	1 922	2 981	55.1
尼泊尔	Nepal		3	-
阿曼	Oman	1	15	1 400.0
巴基斯坦	Pakistan	1 404	1 115	- 20.6
菲律宾	The Philippines	5 169	2 800	- 45.8
沙特阿拉伯	Saudi Arabia	612	864	41.2
新加坡	Singapore	2 571	10 965	326.5
韩国	The Republic of Korea	4 184	11 012	163.2
斯里兰卡	Sri Lanka	310	545	75.8
叙利亚	Syria	156	192	23.1
泰国	Thailand	11 032	12 975	17.6
土耳其	Turkey	218	728	233.9
阿拉伯联合酋长国	The United Arab Emirates	789	1 087	37.8
越南	Viet Nam	28 682	26 366	- 8.1
中国台湾	Taiwan,China	4 955	4 925	- 0.6
非洲小计	**Africa**	**2 138**	**3 881**	**81.5**
阿尔及利亚	Algeria	27	43	59.3
埃及	Egypt	367	837	128.1
埃塞俄比亚	Ethiopia			-
肯尼亚	Kenya	19	101	431.6
毛里求斯	Mauritius	3	207	6 800.0
摩洛哥	Morocco	25	75	200.0

16-3 续表1 continued

单位：万美元 (USD 10 000)

名 称	Item	2004年	2005年	2005年比 2004年(±%) Increase Rate in 2005 Over 2004 (±%)
尼日尔	Niger			
尼日利亚	Nigeria	132	225	70.5
南非（阿扎尼亚）	South Africa (Azania)	626	866	38.3
多哥	Togo	59	138	133.9
津巴布韦	Zimbabwe			
欧洲小计	**Europe**	**23 800**	**30 476**	**28.1**
比利时	Belgium	2 962	4 182	41.2
丹麦	Denmark	214	162	- 24.3
英国	The United Kingdom	1 623	1 815	11.8
德国	Germany	3 195	3 727	16.7
法国	France	1 722	2 297	33.4
爱尔兰	Ireland	107	210	96.3
意大利	Italy	4 152	6 046	45.6
荷兰	The Netherlands	6 598	7 638	15.8
希腊	Greece	97	253	160.8
葡萄牙	Protugal	461	453	- 1.7
西班牙	Spain	1 164	1 128	- 3.1
奥地利	Austria	1	16	1 500.0
保加利亚	Bulgaria	31	54	74.2
芬兰	Finland	107	112	4.7
匈牙利	Hungary	48	45	- 6.3
马耳他	Malta	1	3	200.0
挪威	Norway	49	38	- 22.4
波兰	Poland	241	663	175.1
罗马利亚	Romania	14	34	142.9
瑞典	Sweden	74	139	87.8
瑞士	Switzerland	92	56	- 39.1
拉脱维亚	Latvia	33	68	106.1
立陶宛	Lithuania	67	61	- 9.0
俄罗斯联邦	Russia	510	738	44.7
乌克兰	Ukraine	172	270	57.0
南斯拉夫	Yugoslavia		2	
斯洛文尼亚	Slovenia	13	239	1 738.5
捷克	Czech	37	23	- 37.8
拉丁美洲小计	**Latin America**	**1 290**	**2 497**	**93.6**
阿根廷	Argentina	97	328	238.1
巴西	Brazil	344	368	7.0
智利	Chile	272	450	65.4
哥伦比亚	Colombia	45	149	231.1
多米尼加联邦	The Commonwealth of Dominica			

16-3 续表2 continued 2

单位：万美元 (USD 10 000)

名 称	Item	2004年	2005年	2005年比2004年(±%) Increase Rate in 2005 Over 2004 (±%)
古巴	Cuba	6	3	- 50.0
多米尼加共和国	The Dominican Republic			
海地	Haiti			
墨西哥	Mexico	237	481	103.0
巴拿马	Panama	124	384	209.7
巴拉圭	Paraguay			
秘鲁	Peru	35	100	185.7
波多黎各	Puerto Rico	2	5	150. 0
圣卢西亚岛	Saint Lucia			
萨尔瓦多	El Salvador			
乌拉圭	Uruguay	2	20	900.0
委内瑞拉	Venezuela	93	53	- 43.0
北美洲小计	**North America**	**13 737**	**14 938**	**8.7**
加拿大	Canada	2 638	1 846	- 30.0
美国	The United States	11 099	13 092	18.0
大洋洲小计	**Oceanica**	**2 532**	**3 386**	**33.7**
澳大利亚	Australia	2 220	3 038	36.8
斐济	Fiji	9	3	- 66.7
新西兰	New Zealand	247	249	0.8
巴布亚新几内亚	Papua New Guinea	56	90	60.7
合计中：东南亚国家联盟	**Total of ASEAN**	**96 203**	**109 053**	**13.4**
合计中：欧洲联盟	**Total of European Union**	**22 967**	**29 301**	**27.6**
合计中：亚太经合组织	**Total of APEC**	**137 394**	**164 191**	**19.5**

16-4 云南省对主要国家及地区进口总值
Total Value of Provincial Imports from Major Countries and Regions

单位：万美元 (USD 10 000)

名 称	Item	2004年	2005年	2005年比2003年(±%) Increase Rate in 2005 Over 2004 (±%)
亚洲小计	**Asia**	**62 830**	**97 903**	**55.8**
缅甸	Myanmar	16 471	22 099	34.2
中国香港	Hong Kong,China	10 094	23 180	129.6
印度	India	9 109	9 193	0.9
印度尼西亚	Indonesia	5 082	10 933	115.1
伊朗	Iran	723	792	9.5
以色列	Israel	1 452	1 012	- 30.3
日本	Japan	2 186	2 596	18.8
科威特	Kuwait	1 024	1 375	34.3
老挝	Laos	713	1 267	77.7
中国澳门	Macao,China	6		
马来西亚	Malaysia	208	1 264	507.7
菲律宾	The Philippines	42	162	285.7

16-4 续表 Continued

单位：万美元 (USD 10 000)

名 称	Item	2004年	2005年	2005年比2004年(±%) Increase Rate in 2005 Over 2004 (±%)
卡塔尔	Qatar	100	272	172.0
沙特阿拉伯	Saudi Arabia	1 072	1 286	19.9
新加坡	Singapore	1 844	2 835	53.7
韩国	The Republic of Korea	2 374	5 931	149.8
泰国	Thailand	1 905	2 150	13.2
阿拉伯联合酋长国	The United Arab Emirates	1 691	3 136	85.5
越南	Viet Nam	5 176	5 923	14.4
中国台湾	Taiwan,China	719	1 265	75.9
非洲小计	**Africa**	**7 502**	**8 717**	**16.2**
南非（阿扎尼亚）	South Africa	3 734	2 256	-39.6
坦桑尼亚	Tanzania	3 691	6 234	68.9
欧洲小计	**Europe**	**19 646**	**22 183**	**12.9**
比利时	Belgium	1 297	885	-31.8
丹麦	Denmark	29	253	772.4
英国	The United Kingdon	350	900	157.1
德国	Federal Republic of Germany	8 709	10 394	19.3
法国	France	889	549	-38.2
爱尔兰	Ireland	108		
意大利	Italy	2 170	3 962	82.6
荷兰	The Netherlands	1 617	2 116	30.9
西班牙	Spain	538	238	-55.8
奥地利	Austria	1 566	1 108	-29.2
芬兰	Finland	245	36	-85.3
罗马利亚	Romania	133	450	238.3
瑞典	Sweden	690	392	-43.2
瑞士	Switzerland	255	667	160.5
哈萨克斯坦	Kazakhstan			
俄罗斯联邦	Russia	39	20	-48.7
乌克兰	Ukraine	299	2	-99.3
拉丁美洲小计	**Latin America**	**30 866**	**37 601**	**21.8**
阿根廷	Argentina	970	1 410	45.4
巴西	Brazil	4 704	9 018	91.7
智利	Chile	9 535	14 268	49.6
圭亚那	Guyana	1		
墨西哥	Mexico	6 942	2 630	-62.1
秘鲁	Peru	4 892	7 311	49.4
北美洲小计	**North America**	**18 039**	**21 315**	**18.2**
加拿大	Canada	13 782	12 329	-10.5
美国	The United States	4 257	8 986	111.1
大洋洲小计	**Oceanica**	**12 011**	**21 945**	**82.7**
澳大利亚	Australia	9 922	21 899	120.7
新西兰	New Zealand	83	46	-44.6
合计中：东南亚国家联盟	**Total of ASEAN**	**31 443**	**46 634**	**48.3**
合计中：欧洲联盟	**Total of European Union**	**18 246**	**20 899**	**14.5**
合计中：亚太经合组织	**Total of APEC**	**80 993**	**123 727**	**52.8**

16-5 边境贸易进出口总额

Total Value of Imports and Exports of Border Trade

单位：万元 (10 000 yuan)

年份 Year	总额 Total	出口额 Exports	进口额 Imports
1990	107 874	72 148	35 726
1991	127 848	84 375	43 473
1992	189 072	127 404	61 668
1993	234 471	171 322	63 149
1994	211 793	120 238	91 555
1995	190 036	96 882	93 153
1996	113 920	37 838	76 082
1997	61 540	34 875	26 665
1998	108 520	73 795	34 725
1999	238 220	191 912	46 308
2000	294 918	230 180	64 738
2001	286 335	190 454	95 881
2002	307 432	191 642	115 790
2003	347 444	209 574	137 870
2004	436 550	257 197	179 353
2005	545 331	321 188	224 143

注：本表根据昆明海关数折算。

Note: The data in this table are calculated on the basis of statistics of Kunming Customs.

16-6 全省各州市进出口总值（2005年）

Total Value of Imports and Exports by Prefecture and City (2005)

单位：万美元 (USD 10 000)

地区	Region	进出口总额 Total Value of Imports and Exports	比上年增减(±%) Increase Rate Over Preceding Year (±%)	出口额 Exports	比上年增减(±%) Increase Rate Over Preceding Year (±%)	进口额 Imports	比上年增减(±%) Increase Rate Over Preceding Year (±%)
全省合计	**Total**	**473 822**	**26.4**	**264 158**	**18.0**	**209 664.0**	**38.9**
昆明	Kunming	344 452	31.7	173 586	25.4	170 866.0	38.8
曲靖	Qujing	12 385	3.9	8 533	- 19.4	3 852.0	187.5
玉溪	Yuxi	12 190	8.7	11 192	12.5	997.0	- 21.2
保山	Baoshan	9 824	36.3	6 001	34.2	3 822.0	39.7
昭通	Zhaotong	550	13.4	522	75.2	28.0	- 85.0
丽江	Lijiang	1 586	194.2	1 567	190.7	19.0	-
思茅	Simao	5 231	18.8	2 149	35.1	3 083.0	9.6
临沧	Lincang	3 984	92.6	1 834	66.9	2 150.0	121.9
楚雄	Chuxiong	3 176	-47.9	2 856	- 48.2	320.0	- 45.8
红河	Honghe	25 366	6.6	17 616	- 3.6	7 750.0	40.1
文山	Wenshan	2 004	-29.5	1 775	- 32.0	229.0	- .9
西双版纳	Xishuangbanna	8 958	-2.2	4 943	- 23.5	4 015.0	49.0
大理	Dali	4 025	11.2	3 950	28.2	76.0	- 85.9
德宏	Dehong	39 012	34.5	27 102	32.4	11 910.0	39.3
怒江	Nujiang	640	34.2	94	5.6	547.0	41.0
迪庆	Diqing	437	-5.8	437	- 5.8	-	-

16-7 利用外资概况
Utilization of Foreign Capital

年份 Year	总计 Total		对外借款 Foreign Borrowings		外商直接投资 Foreign Direct Investment		外商其它投资 Other Foreign Investment	
	项目（个） Number of Projects	金额（万美元） Value (USD 10000)	项目（个） Number of Projects	金额（万美元） Value (USD 10000)	项目（个） Number of Projects	金额（万美元） Value (USD 10000)	项目（个） Number of Projects	金额（万美元） Value (USD 10000)
签订利用外资协议（合同）额 Total Amount of Contracted Foreign Capital								
1985	15	1 751			12	1 478	3	273
1990	16	4 073		3 351	11	245		477
1995	277	70 206	8	32 807	269	37 399		
1999	140	57 874	2	25 280	138	32 594		
2000	110	73 149	4	43 400	106	29 749		
2001	140	29 444			140	29 444		
2002	150	33 298			150	33 298		
2003	167	54 351			167	54 351		
2004	167	31 818			167	31 818		
2005	152	43 623			152	43 623		
实际利用外资金额 Total Amount of Foreign Capital Aactually Used								
1985		163				156		7
1990		1 096		359		260		477
1995		34 479	27	11 979		22 500		
1999		23 765		8 380		15 385		
2000		22 062		9 250		12 812		
2001		20 679		14 222		6 457		
2002		28 362		17 196		11 166		
2003		29 452		12 700		16 752		
2004		21 422		7 270		14 152		
2005		29 247		11 895		17 352		

注：从1991年起实际利用外资额中对外借款从国家外汇管理局云南分局取得数字，1990年以前是从中国银行昆明分行取得数字。1994年后对外借款从省计委外经处 取得数字。

Note:Since 1991 data of borrowings in the foreign investment actually used have been obtained from Yunnan Branch of State Admistration of Exange Contral; Before 1990 they were obtained from Kunming Branch of Bank of China. Since 1994, data of forign borrowings have been obtained fromForeign Trade Section of Provincial Planning Committee.

16-8 对外签订利用外资协议（合同）额
Amount of Foreign Capital Utilized Through the Signed Agreements (Contracts)

项目	Item	2000年		2004年		2005年	
		项目（个） Number of Projects	金额（万美元） Value (USD 10000)	项目（个） Number of Projects	金额（万美元） Value (USD 10000)	项目（个） Number of Projects	金额（万美元） Value (USD 10000)
总计	**Total**	**110**	**73 149**	**167**	**31 818**	**152**	**43 623**
对外借款	Foreign Borrowings	4	43 400	-		-	
外商直接投资	Foreign Direct Investment	106	29 749	167	31 818	152	43 623
合资经营企业	Joint Ventures	38	7 381	53	10 988	57	24 210
合作经营企业	Cooperative Enterprises	20	10 115	26	5 706	14	9 063
外资企业	Foreign-funded Enterprises	48	12 253	88	15 124	81	10 350
外商投资股份制企业	Foreign-funded Joint Stock Enterprises						

16-9 分行业利用外商直接投资情况
Utilization of Foreign Direct Investment by Sector

行　业	Sector	协议投资 Contracted Investment				实际投资金额（万美元） Actual Investment (USD 10 000)	
		项　目(个) Number of Projects (unit)		金 额(万美元) Value (USD 10 000)			
		2004年	2005年	2004年	2005年	2004年	2005年
总　计	**Total**	**167**	**152**	**31 818**	**43 623**	**14 152**	**17 352**
农林牧渔业	Farming,Forestry,Animal Husbandry and Fishery	23	23	2 577	4 545	2 100	588
采掘业	Mining and Quarrying	17	7	3 040	1 537	1 335	2 228
制造业	Manufacturing	65	55	14 611	13 944	4 750	6 344
电力、煤气及水的生产和供应业	Production and Supply of Electricity,Gas and Water	6	6	966	6 092	355	1 100
建筑业	Construction	1	1	97	- 242		175
地质勘查, 水利管理业	Geological Prospecting and Water Conservancy						
交通运输、仓储及邮电通信业	Transport,Storage,Postal and Telecommunication Services		1		2 988	1 031	
批发和零售贸易餐饮业	Wholesale and Retail Trade and Food Services	15	20	2 279	2 337	841	2 486
房地产业	Real Estate	5	7	430	2 270	1 135	1 211
社会服务业	Social Services	32	31	7 369	10 146	2 562	3 012
卫生体育和社会福利业	Health Care,Sports and Social Welfare						
教育、文化艺术和广播电影电视业	Education,CultureandArts,Broadcasting,Film and						
科学研究和综合技术服务业	Scientific Research and Polytechnic Services	3	1	449	6	43	208
其他行业	Others						

16-10 实际利用外商直接投资额(按国别, 地区分)
Actually Utilized Foreign Direct Investment by Country and Region

单位：万美元　　(USD 10 000)

名　称	Item	2004年	2005年	名　称	Item	2004年	2005年
总计	**Total**	**14 152**	**17 352**	丹麦	Denmark		33
亚洲	**Asia**	**8 703**	**10 256**	爱尔兰	Ireland		
#中国香港	Hong Kong,China	5 415	5 945	希腊	Greece		
中国澳门	Macaot,China	379	138	葡萄牙	Portugal		
中国台湾	Taiwan,China	368	492	西班牙	Spain		27
菲律宾	The Philippines			芬兰	Finland		
泰国	Thailand	252	737	瑞士	Switzerland		80
新加坡	Singapore	112	1 094	俄罗斯联邦	Russia		
马来西亚	Malaysia	16	-	**拉丁美洲**	**Latin America**	**2 048**	**3 570**
日本	Japan	402	666	#巴西	Brazil		
韩国	The Republic of Korea	66	83	维尔京群岛	Virgin Islands	2 003	3 545
缅甸	Myanmar	495	180	开曼群岛	Cayman Islands	45	25
非洲	**Africa**	**382**	**994**	**北美洲**	**North America**	**1 608**	**1 030**
欧洲	**Europe**	**705**	**1 252**	#加拿大	Canada	267	365
#德国	Germany		8	美国	The United States	1 341	665
法国	France		20	**大洋洲**	**Oceanica**	**271**	**250**
意大利	Italy	151	-	#澳大利亚	Australia	123	47
荷兰	The Netherlands	386	390	新西兰	New Zealand	20	-
英国	The United Kingdom	54	694	其他	Others		
比利时	Belgium	109	-				

16-11 实际利用外资额
Foreign Investment Actually Utilized

单位：万美元 (USD 10 000)

项　目	Item	1995年	1998年	1999年	2000年	2004年	2005年
总　计	**Total**	**34 479**	**29 786**	**23 765**	**22 062**	**21 422**	**29 247**
对外借款	Foreign Borrowings	11 979	15 218	8 380	9 250	7 270	11 895
双边政府混合贷款	Mixed Loans from Bilateral Governments	8 044	1 045	1 007	1 271	920	4 065
国际金融组织贷款	Loans from International Financial Organizations	3 025	13 972	7 273	7 979	6 350	7 830
商业性货款	Commercial Loans	910	200				
出口信贷	Export Cresit						
外国银行现汇贷款	Loans of Spot Exchange from Foreign Banks						
外商直接投资	Foreign Direct Investment	22 500	14 568	15 385	12 812	14 152	17 352
合资经营企业	Joint Ventures	15 599	9 677	11 813	7 204	7 227	9 044
合作经营企业	Cooperative Enterprises	1 012	21	2 061	2 371	1 045	2 452
独资企业	Sole Proprietorship Enterprises	5 889	4 870	1 511	3 237	5 880	5 856
外商投资股份制企业	Foreingn-funded Joint Sock Enterprises						

16-12 各地区利用外商直接投资情况
Utilization of Foreign Direct Investment by Region

地　区	Region	协议投资 Contracted Investment				实际投资金额（万美元） Actual Investmen (USD 10 000)	
		项 目(个) Number of Projects (unit)		金额（万美元） Value(USD 10 000)			
		2004年	2005年	2004年	2005年	2004年	2005年
全省合计	**Total**	**167**	**152**	**31 818**	**43 623**	**14 152**	**17 352**
昆　明	Kunming	79	77	13 341	26 332	6 229	6 111
曲　靖	Qujing	5	7	691	3 355	710	301
玉　溪	Yuxi	9	8	1 117	1 603	987	1 284
保　山	Baoshan	1	1	- 5	101	45	77
昭　通	Zhaotong	1	1	1 200	584	117	73
丽　江	Lijiang	4	6	1 380	1 637	96	1 014
思　茅	Simao	2	2	65	103	888	18
临　沧	Lincang	4	2	1 820	314	121	266
楚　雄	Chuxiong	4	3	4 465	3	145	20
红　河	Honghe	1	1	202	6	176	-
文　山	Wenshan	3	1	328	48	526	67
西双版纳	Xishuangbanna	4	4	296	131	40	77
大　理	Dali	4	5	226	126	501	499
德　宏	Dehong	9	7	- 235	4 929	178	739
怒　江	Nujiang	3	-	412	6	22	120
迪　庆	Diqing	2	4	125	1 074	117	330
省　直	Those Directly under Provincal Government	32	23	6 390	3 271	3 254	6 356

16-13 对外承包工程和劳务合作
Contracted Projects and Labor Cooperation with Foreign Countries

单位：万美元 (USD 10 000)

年 份 Year	签订合同的 国家和地区 （个） Number of Countries or Territories with Contracts Signed	合同份数 Number of Contracts	合同金额 Contracted Value	完成营业额 Value of Business Fulfilled
承包工程 Contracted Projects				
1985	3	3	67	684
1990	6	19	681	448.14
1994		15	10 193	2 086
1995		46	21 971	10 126
1996		25	7 842	12 246
1997		47	7 739	9 054
1998		56	29 624	9 769
1999		120	24 995	12 489
2000		154	27 822	14 951
2001		58	14 400	14 265
2002		102	29 229	21 890
2003		62	30 335	24 152
2004		73	30 729	32 481
2005		120	53 181	38 502
劳务合作 Labor Consultation Senice				
1990		3	5	3.47
1994		7	271	66.48
1995		7	220	63.14
1996		9	195	92
1997		13	1 047	258
1998		11	377	123
1999		14	197	267
2000		8	405	215
2001		9	217	55
2002		2	20	77
2003		2	106	49
2004		2	23	60
2005		1	4	35
设计咨询 Design Consultancy				
1995		8	1 042	342
1998		16	1 015	109
2000		8	1 813	305
2001		2	876	239
2002		5	142	610
2003		9	336	223
2004		10	852	1 107
2005		11	181	229

16-14 旅游接待人数及旅游总收入情况
Number of Tourists and Total Tourism Revenue

项　　目	Item	1998年	1999年	2000年	2004年	2005年
国内旅游者（万人次）	Domestic Tourists (10 000 person-times)	2 794	3 674	3 841	6 010	6 861
其中：过夜游客（万人次）	Of which: Overnight Tourists (10 000 person-times)	1 809		2 409	3 706	4 107
一日游游客（万人次）	One-day Tourists (10 000 person-times)	985		1 432	2 304	2 754
海外旅游者（人次）	Overseas Tourists (person-time)	761 418	1 040 000	1 001 141	1 100 994	1 502 817
其中：外国人（人次）	Of which: Foreigners (person-time)	549 399	724 964	665 919	732 227	996 557
香港同胞（人次）	Tourists from Hong Kong (person-time)			105 704	156 648	193 423
澳门同胞（人次）	Tourists from Macao (person-time)			8 448	28 914	34 864
台湾同胞（人次）	Tourists from Taiwan (person-time)	130 969	174 681	221 070	183 205	277 973
海外旅游者人天数（人天）	Overseas Tourists (person-day)	1 316 281	1 648 475	1 557 453	1 911 976	2 616 071
国内旅游收入（万元）	Domestic Tourism Revenue (10 000 yuan)	1 151 731	1 750 768	1 831 938	3 340 784	3 861 529
其中：过夜游客收入（万元）	Of which: Revenue from Overnight Tourists (10 000 yuan)	1 042 356		1 592 504	2 776 514	3 316 386
一日游收入（万元）	Revenue from One-day Tourists (10 000 yuan)	109 375		239 433	564 270	545 143
旅游外汇收入（万美元）	Earnings in Foreign Exchange (USD 10 000)	26 102	35 032	33 901	42 245	52 801
折合人民币（万元）	Equivalent Amount Converted into RMB (10 000 yuan)	217 434		282 402	351 902	439 836
旅游总收入（万元）	Total Tourism Revenue (10 000 yuan)	1 369 166	2 042 589	2 114 340	3 692 686	4 301 365

16-15 全省分国别接待旅游人次
Number of International Tourists in Yunnan by Nationality

单位：人次　　(person-time)

国家和地区	Country and Territory	1998年	1999年	2000年	2002年	2004年	2005年
总　计	**Total**	**760 909**	**1 040 000**	**1 001 141**	**1303550**	**1 100 994**	**1 502 817**
外国人	Foreigners	549 914	724 964	665 919	781305	732 227	996 557
日　本	Japan	57 996	137 338	126 104	137423	77 735	85 448
菲律宾	The Philippines	5 302	7 692	4 704	3092	3 929	4 021
新加坡	Singapore	58 353	82 485	75 541	67473	50 614	63 150
泰　国	Thailand	30 931	65 758	77 375	61631	44 380	81 172
印度尼西亚	Indonesia	3 197	11 644	8 017	13253	12 403	16 261
美　国	The United States	42 024	41 350	38 312	48688	50 766	62 981
加拿大	Canada	9 501	7 439	6 965	10630	12 371	15 479
英　国	The United Kingdom	20 708	17 080	9 676	13355	14 141	17 289
法　国	France	15 755	16 002	15 461	21471	28 577	43 768
德　国	Germany	20 758	13 559	14 299	15838	18 574	28 543
意大利	Italy	8 270	7 266	4 323	5226	8 589	14 730
俄罗斯	Russia	436	639	443	1338	4 536	5 365
澳大利亚	Australia	7 935	9 125	8 286	12066	14 210	25 501
新西兰	New Zealand	2 072	2 016	1 685	2592	4 209	4 301
其　它	Others	266 659	305 571	274 728	367229	387 193	528 548
华　侨	Overseas Chinese	2 896	4 639	-	-	-	-
港澳和台湾同胞	Compatriots from Hong Kong,Macao and Taiwan	208 099	310 397	335 222	522245	368 767	506 260
台湾同胞	Compatriots from Taiwan	130 100	174 681	221 070	339025	183 205	277 973

16-16 各地区接待旅游人次（2005年）
Number of International Tourists by Region (2005)

单位：人次 (person-time)

地区	Region	总计 Total	外国人 Foreigners	香港同胞 Compatriots from Hong Kong	澳门同胞 Compatriots from Macao	台湾同胞 Compatriots From Taiwan
全省合计	**Total**	**1 502 817**	**996 557**	**193 423**	**34 864**	**277 973**
昆明	Kunming	696 481	436 810	83 878	2 914	172 879
曲靖	Qujing	5 228	1 766	1 216	23	2 223
玉溪	Yuxi	2 270	2 060	55	14	141
保山	Baoshan	50 166	46 396	1 719	-	2 051
昭通	Zhaotong	231	145	57	18	11
丽江	Lijiang	182 813	108 231	28 601	1 393	44 588
思茅	Simao	27 968	27 876	62	-	30
临沧	Lincang	31 733	31 615	83	5	30
楚雄	Chuxiong	3 629	2 190	709	164	566
红河	Honghe	30 323	27 152	1 126	47	1 998
文山	Wenshan	3 923	3 341	62	-	520
西双版纳	Xishuangbanna	31 088	26 263	1 077	498	3 250
大理	Dali	173 922	107 913	36 325	6 823	22 861
德宏	Dehong	47 773	47 293	226	61	193
怒江	Nujiang	7 560	6 740	491	-	329
迪庆	Diqing	207 709	120 766	37 736	22 904	26 303

16-17 边境地区口岸入境一日游游客及外汇收入（2005年）
Number of One-day Entry Tourists and Earnings in Foreign Exchange in Border Areas (2005)

单位：人次 (person-time)

行政区域	Administrative Prefecture	口岸入境一日游人数（万人次） Number of One-day Entry Tourists (10 000 person-time)	比上年增长(%) Increase Rate Over Preceding Year (±%)	口岸入境一日游外汇收入（万美元） Earnings in Foreign Exchange from One-day Entry Tourists (USD 10 000)	比上年增长（%） Increase Rate Over Preceding Year (±%)
保山市	Baoshan	7.04	-2.1	293	-4.2
思茅市	Simao	14.3	-9.9	595	-11.9
临沧市	Lincang	19.61	3	816	0.8
红河州	Honghe	47.53	3.7	1 979	1.5
文山州	Wenshan	10.27	-39.5	428	-40.8
西双版纳州	Xishuangbanna	9.44	2.4	393	0.2
德宏州	Dehong	85.49	-17.5	3 559	-19.31
怒江州	Nujiang	3.63	12	151	9.6

主要统计指标解释

进出口总额 指实际进出我省境内的货物总金额。包括对外贸易实际进出口货物，来料加工装配进出口货物，国家间、联合国及国际组织无偿援助物资和赠送品，华侨、港澳同胞和外籍华人捐赠品，租赁期满归承租人所有的租赁货物，进料加工进出口货物，边境地方贸易及边境地区小额贸易进出口货物（边民互市贸易除外），中外合资企业、中外合作经营企业、外商独资经营企业进出口货物和公用物品，到、离岸价格在规定限额以上的进出口货样和广告品（无商业价值、无使用价值和免费提供出口的除外），从保税仓库提取在中国境内销售的进口货物，以及其他进出口货物。该指标可以观察一个国家在对外贸易方面的总规模。我国规定出口货物按离岸价格统计，进口货物按到岸价格统计。

商品经营单位所在地进、出口额 指所在地海关注册登记的有进出口经营权的企业实际进、出口额。

利用外资 指各级政府、部门、企业和其他经济组织通过对外借款、吸收外商直接投资以及用其他方式筹措的境外现汇、设备、技术等。

对外借款 指通过对外正式签订借款协议，从境外筹措的资金，包括政府贷款、国际金融组织贷款、外国银行商业贷款、出口信贷以及以前还包括对外发行股票。该指标是利用外资的重要部分。

外商直接投资 指外国企业和经济组织或个人（包括华侨、港澳同胞以及我省在境外注册的企业）按中国有关政策、法规，用现汇、实物、技术等在云南境内开办外商独资企业、与中国境内的企业或经济组织共同举办中外合资经营企业、合作经营企业或合作开发资源的投资（包括外商投资收益的再投资），以及政府有关部门批准的项目投资总额内企业从境外借入的资金。

外商其他投资 指除对外借款和外商直接投资以外的各种利用外资的形式。包括企业在境内外股票市场公开发行的以外币计价的股票（目前主要是在香港证券市场发行的 H 股和在境内证券市场发行的 B 股）发行价总额，国际租赁进口设备的应付款，补偿贸易中外商提供的进口设备、技术、物料的价款，加工装配贸易中外商提供的进口设备、物料的价款。

对外承包工程 指各对外承包公司以招标议标承包方式承揽的下列业务：（1）承包国外工程建设项目；（2）承包云南对外经援项目；（3）承包云南驻外机构的工程建设项目；（4）承包云南境内利用外资进行建设的工程项目；（5）与外国承包公司合营或联合承包工程项目时云南公司分包部分；（6）对外承包兼营的房屋开发业务。对外承包工程的营业额是以货币表现的本期内完成的对外承包工程的工作量，包括以前年度签订的合同和本年度新签订的合同在报告期内完成的工作量。

对外劳务合作 指以收取工资的形式向业主或承包商提供技术和劳动服务的活动。云南对外承包公司在境外开办的合营企业，中国公司同时又提供劳务的，其劳务部分也纳入劳务合作统计。劳务合作营业额按报告期内雇主提交的结算数（包括工资、加班费和奖金等）统计。

旅游者人数 （1）入境国际旅游者人数：是指来云南参观、访问、旅行、探亲、访友、休养、考察、参加会议和从事经济、科技、文化、教育、宗教等活动的外国人、华侨、港澳同胞和台湾同胞的人数。不包括外国在我国的常住机构，如使领馆、通讯社、企业办事处的工作人员；来中国常住的外国专家、留学生以及在岸逗留不过夜人员。

（2）国内旅游者人数：指中国大陆居民和在我国常住 1 年以上的外国人、华侨、港澳台同胞，离开常住地在境内其他地方的旅游设施至少停留一夜，最长不超过 6 个月的人数。

国际旅游外汇收入 指入境旅游的外国人、华侨、港澳同胞和台湾同胞在中国大陆旅游过程中发生的一切旅游支出，对于国家来说就是国际旅游（外汇）收入。

Explanatory Notes on Principal Statistical Indicators

Total value of Imports and Exports refer to the total value of goods imported into and exported from the boundary of China, including the actual imports and exports through foreign trade, imported and exported goods under the processing and assembling trade gifts and supplies as aid given gratis between governments and by the United Nations and other international organizations, and contributions donated by overseas Chinese, compatriots in Hong Kong and Macao and Chinese with foreign citizenship, leasing commodities owned by leaseholders at the expiration of the lease term, imported and exported goods processed with imported materials, commodities trading in border areas (excluding mutual exchange goods), imported and exported goods and articles for public use of the Sino-foreign joint ventures, cooperative enterprises and wholly foreign-funded enterprises. Imported or exported samples and advertising goods for whose CIF or FOB value are beyond the permitted ceiling (excluding goods of no trading or use value and free commodities for export), imported goods sold in China from bonded warehouses and other imported or exported goods. This indicator can be used to observe the general scale of foreign trade in a country. In accordance with the stipulation of the Chinese government, imp orts are calculated at CIF, while exports are calculated at FOB.

Import and Export Value by Location of operating Establishments refers to actual value of import and export business operated by establishments which have been registered by the local customhouse and are entitled to run import and export business.

Utilization of Foreign Capital refers to spot exchange, equipment and technology raised from abroad, by foreign borrowings, foreign direct investment and other forms undertaken by t he Chinese governments at all levels, various departments, enterprises and other economic entities.

Foreign Borrowings refer to funds raised from abroad through formal borrowing agreements with foreign institutions, including loans of foreign governments, loans of international financial institutions, commercial loans of foreign banks, export credit, and funds raised by Chinese stocks issued abroad (before 1996). It is an import ant part of China's utilization of foreign capital.

Foreign Direct Investment refers to the investments inside China by foreign enterprises and economic organizations or individuals (including overseas Chinese, compatriots from Hong Kong, Macao and Taiwan, and Chinese enterprises registered abroad), following the relevant policies and laws of China, for the establishment of wholly foreign-funded enterprises, Sino-foreign joint ventures and cooperative enterprises or for co-operative exploration of resources with enterprises or economic organizations in Yunnan. It also includes the reinvestment of the foreign entrepreneurs with the profits gained from the original investment and the funds that enterprises borrow from abroad in the total investment of projects, which are approved by the relevant government departments.

Other Foreign Investment refers to all forms of utilization of foreign capital except foreign borrowings and foreign direct investment. It includes the total value of stocks in foreign currencies issued by enterprises at domestic or foreign stock exchanges (now mainly consisting of H shares issued at Hong Kong Security Market and B shares issued at the domestic security markets), rent payable for imported equipment through international leasing arrangement, costs of imported equipment, technology and materials provided by foreign counterparts in compensation trade and processing and assembling trade.

International Contracted Projects refer to projects undertaken by Chinese contractors (contracting companies) through bidding process, including: (1) overseas construction projects financed by foreign investors; (2) overseas projects financed by the Yunnan provincial government through its foreign aid programs; (3) construction projects of Yunnan diplomatic missions, trade offices and other institutions stationed abroad; (4)construction projects in Yunnan financed by foreign investors ; (5) sub-contracted projects undertaken by Yunnan contractors in joint or united contracts with foreign contractor(s); (6) housing development projects. Business volume of international contracted projects is the work volume of contracted projects completed during the report period, expressed in monetary terms, including completed work on projects contracted in previous years and the current year.

International Cooperation refers to the supply of technology and labor services to employers or contractors by receiving salaries and wages. Labor services provided by joint ventures of Yunnan international contracting corporations should be included in the statistics of labor co-operation with foreign countries. Business volume of labor cooperation is calculated according to the settled amount (including wages and salaries, overtime pay, bonuses, etc) provided by the employers during the report period.

Number of Tourists (1) International tourists refer to foreigners, overseas Chinese, Chinese compatriots from Hong Kong, Macao and Taiwan coming to Yunnan for sight-seeing, visits, tours, family reunions, vacations, study tours, conferences and other activities of a business, scientific and technological, cultural, educational and religious nature. It does not include representatives and employees of resident institutions of foreign countries in China such as embassies, consulates, news agencies and offices of foreign companies and organizations, nor does it include foreign experts or students permanently residing in China, or persons in transition without spending a night in China.

(2) Domestic tourists refer to residents of the mainland of China and foreigners, overseas Chinese and Chinese compatriots from Hong Kong, Macao and Taiwan who have resided in China for over one year, who stay for at least one night but no more than 6 months at tourist facilities in other places than their permanent residence within the territory of the mainland of China.

Foreign Exchange Earnings from International Tourism refer to the total expenditures of foreigners, overseas Chinese, Chinese compatriots from Hong Kong, Macao and Taiwan during their stay in the mainland of China, which are earnings in foreign exchange from international tourism from the point of view of the state.

十七、教育、科技

Education,Science and Technology

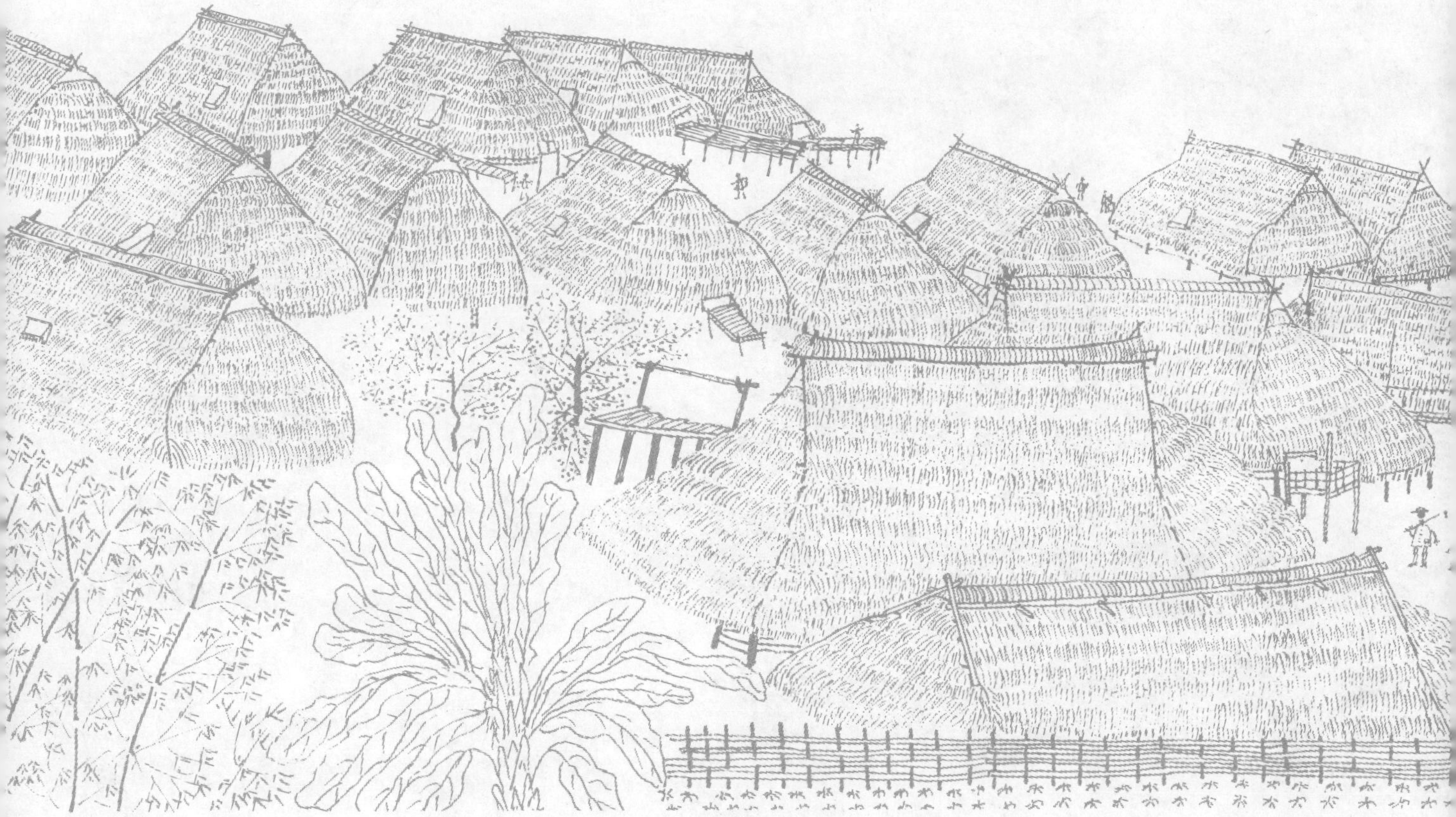

17-1 主要年份各级各类学校数
Number of Schools in Significant Years by Level and Type of School

单位：所 (unit)

年份 Year	普通高等学校 Regular Institutions of Higher Education	中等学校 Secondary Schools					普通小学 Primary Schools	幼儿园 Kindergartens
		普通中等专业学校 Secondary Specialized Schools	普通中学 Regular High Schools			职业中学 Secondary Vocational Schools		
			合计 Total	高中 Senior High Schools	初中 Junior High Schools			
1978	15	70	1 476	841	635		66 672	371
1980	18	100	1 435	610	825	59	59 499	591
1985	26	111	1 765	528	1 237	179	58 484	1 981
1990	26	138	2 030	503	1 527	228	53 556	1 434
1995	26	143	2 225	455	1 770	233	24 612	1 340
1996	26	144	2 242	442	1 800	217	24 078	1 501
1997	26	146	2 240	431	1 809	217	23 724	1 412
1998	26	142	2 245	419	1 826	211	23 249	1 500
1999	24	136	2 225	407	1 818	209	22 705	1 568
2000	24	127	2 236	418	1 818	199	22 151	1 770
2001	28	121	2 276	419	1 857	209	21 315	1 530
2002	31	121	2 267	411	1 856	193	20 595	1 711
2003	34	113	2 275	421	1 854	181	20 296	1 862
2004	43	99	2 280	429	1 851	177	19 725	2 103
2005	44	96	2 257	443	1 814	172	18 747	2 247

17-2 主要年份各级各类学校专任教师数
Number of Teachers in Significant Years by Level and Type of School

单位：人 (person)

年份 Year	普通高等学校 Regular Institutions of Higher Education	中等学校 Secondary Schools					普通小学 Primary Schools	幼儿园 Kindergartens
		普通中等专业学校 Secondary Specialized Schools	普通中学 Regular High Schools			职业中学 Secondary Vocational Schools		
			合计 Total	高中 Senior High Schools	初中 Junior High Schools			
1978	3 743	2 221	59 003	11 561	47 442	222	164 100	2 474
1980	4 354	3 321	52 665	8 877	43 728	274	175 353	3 493
1985	6 383	4 631	52 140	10 722	41 418	1 947	171 574	8 064
1990	7 754	7 093	69 238	12 331	56 907	3 712	174 159	11 966
1995	7 415	7 886	80 139	12 668	67 471	5 474	181 384	16 330
1996	7 518	8 150	83 840	12 967	70 873	5 661	184 303	17 254
1997	7 690	8 432	88 120	13 057	75 063	5 983	189 129	18 937
1998	8 143	8 400	92 736	13 003	79 733	6 319	193 900	18 272
1999	8 296	8 304	98 927	13 511	85 416	6 900	201 125	18 618
2000	9 237	7 750	105 620	14 631	90 989	7 091	210 507	19 614
2001	9 982	7 678	109 674	15 991	93 683	7 115	217 658	13 148
2002	11 152	7 550	114 916	18 449	96 467	7 165	222 855	14 525
2003	12 236	7 262	120 221	21 497	98 724	7 167	221 589	15 279
2004	15 162	6 145	124 718	25 076	99 642	7 219	218 969	16 963
2005	16 819	6 285	131 685	29 760	101 925	7 517	219 236	17 987

17-3 主要年份各级各类学校在校学生数

Number of Student Enrollment in Significant Years by Level and Type of School

单位：万人 (10 000 persons)

年 份 Year	普通高等学校 Regular Institutions of Higher Education	中 等 学 校 Secondary Schools					普通小学 Primary Schools	幼儿园 Kindergartens
		普通中等专业学校 Specialized Secondary Schools	普 通 中 学 Regular Secondary Schools			职业中学 Secondary Vocational Schools		
			合 计 Total	高 中 Senior High Schools	初 中 Junior High Schools			
1978	1.59	2.66	183.76	23.78	104.76	0.39	436.03	4.08
1980	1.81	4.02	96.86	14.67	82.20	0.54	424.39	10.32
1985	3.23	5.01	101.99	17.49	84.50	4.07	514.66	19.68
1990	4.35	7.38	123.95	18.06	105.89	6.82	446.86	30.06
1995	5.14	10.26	127.25	17.78	109.47	12.54	462.41	51.74
1996	5.40	10.97	133.43	17.61	115.82	9.78	473.12	53.35
1997	5.74	11.68	142.31	17.76	124.55	11.38	483.71	53.72
1998	6.24	12.24	152.15	17.84	134.31	12.51	485.45	54.37
1999	7.39	11.95	167.44	19.42	148.02	15.78	480.80	57.75
2000	9.04	11.92	185.97	22.21	163.76	15.85	472.06	60.35
2001	11.90	12.86	200.46	26.50	173.96	15.26	460.50	62.70
2002	14.34	13.89	215.14	31.55	183.58	14.64	450.93	66.85
2003	17.53	14.84	228.46	36.33	192.13	13.14	441.88	70.66
2004	20.06	14.76	235.06	41.98	193.09	13.21	440.65	75.37
2005	23.21	15.56	238.88	48.31	190.58	14.08	441.23	77.27

17-4 主要年份各级各类学校招生数

Number of New Student Enrollment in Significant Years by Level and Type of School

单位：万人 (10 000 persons)

年 份 Year	普通高等学校 Regular Institutions of Higher Education	中 等 学 校 Secondary Schools					普 通 小 学 Primary Schools
		普通中等专业学校 Specialized Secondary Schools	普 通 中 学 Regular Secondary Schools			职业中学 Secondary Vocational Schools	
			合 计 Total	高 中 Senior High Schools	初 中 Junior High Schools		
1978	0.71	1.28	51.55	10.42	41.13		109.34
1980	0.50	1.48	34.97	6.27	28.70	0.35	111.97
1985	1.26	1.97	36.58	6.32	30.26	1.95	103.58
1990	1.30	2.29	44.40	6.51	37.89	3.28	79.99
1995	1.65	3.51	47.66	6.54	41.12	6.56	87.93
1996	1.72	3.70	48.77	5.84	42.93	6.13	87.52
1997	1.83	3.96	52.52	6.25	46.27	6.31	85.27
1998	2.04	3.94	56.30	6.56	49.74	7.31	75.80
1999	2.75	3.65	62.94	7.43	55.51	7.77	70.99
2000	3.20	3.76	69.84	8.82	61.02	6.42	70.20
2001	4.25	4.67	72.20	10.67	61.54	6.20	72.36
2002	5.04	4.81	77.74	12.44	65.30	6.17	73.71
2003	6.22	4.54	81.59	13.84	67.75	5.35	73.11
2004	6.67	5.17	80.13	16.73	63.40	5.00	73.25
2005	7.45	5.97	82.31	19.00	63.31	5.80	73.34

17-5 主要年份各级各类学校毕业生数

Number of Graduates in Significant Years by Level and Type of School

单位：万人 (10 000 persons)

年份 Year	普通高等学校 Regular Institutions of Higher Education	中等学校 Secondary Schools					普通小学 Primary Schools
		普通中等专业学校 Specialized Secondary Schools	普通中学 Regular Secondary Schools			职业中学 Secondary Vocational Schools	
			合计 Total	高中 Senior High Schools	初中 Junior Secondary Schools		
1978	0.33	0.99	44.60	9.19	35.41	0.11	56.76
1980	0.53	1.59	27.90	8.12	19.78	0.09	48.27
1985	0.54	1.23	24.32	4.63	19.69	0.58	51.90
1990	1.45	2.07	33.99	5.57	28.42	2.63	64.59
1995	1.63	2.63	35.71	5.55	30.16	2.83	56.03
1996	1.45	2.96	34.03	5.25	28.78	2.90	57.98
1997	1.49	3.20	37.03	5.48	31.55	2.97	61.25
1998	1.53	3.30	40.17	5.82	34.35	3.17	61.80
1999	1.58	3.50	42.80	5.15	37.65	3.50	65.61
2000	1.62	3.77	47.54	5.65	41.89	4.61	72.15
2001	1.94	3.69	52.50	5.93	46.56	4.94	76.04
2002	2.56	3.69	58.80	7.11	51.7	4.49	77.52
2003	3.13	3.94	63.94	8.45	55.49	4.30	77.15
2004	3.26	4.87	67.88	9.94	57.94	3.55	72.13
2005	4.49	4.88	73.10	11.60	61.50	4.07	69.32

17-6 全 省 研 究 生 数

Number of Postgraduates

单位：人 (person)

年份 Year	招生数 New Student Enrollment	在学人数 Student Enrollment		毕业生数 Graduates	
		攻读硕士学位 Study for a Master's Degree	攻读博士学位 Study for a Doctorate	攻读硕士学位 Study for a Master's Degree	攻读博士学位 Study for a Doctorate
1985	448	724	5	98	1
1990	151	467	24	248	11
1991	140	481	26	221	8
1992	198	533	40	148	11
1993	275	612	42	187	8
1995	343	948	77	183	14
1996	414	1 030	156	266	18
1997	592	1 351	202	326	24
1998	643	1 483	175	373	50
1999	822	1830	247	538	74
2000	1 231	2 376	332	535	46
2001	1 777	3 428	396	559	77
2002	2 302	4 799	500	692	93
2003	3 307	6 739	667	1 052	117
2004	4 517	9 254	916	1 568	116
2005	5 483	12 223	1 147	2 053	151

17-7 各级各类成人学校基本情况（2005年）
Basic Statistics on Adult Schools by Level and Type of School (2005)

单位：所，人 (unit, person)

项目	Item	学校数（所）Schools	毕业生数 Graduates	招生数 New Student Enrollment	在校学生数 Student Enrollment	教职工合计 Faculty	#专任教师 Full-time Teachers
成人高等教育	**Adult Education Schools**	**5**	**52 089**	**59 759**	**131 076**	**2 593**	**1 443**
按办学形式:	**Grouped by Form of Running a School**						
函授	Correspondence Schools		33 400	33 328	75 017		
业余	Sparetime Schools		6 743	9 767	22 656		
脱产	Full-time Schools		11 946	16 664	33 403		
成人中专	**Secondary Specialized Schools for Adults**	**134**	**6 754**	**4 429**	**21 335**	**3 784**	**2 356**
成人小学	**Primary Schools for Adults**	**642**	**196 671**		**272 160**	**1 662**	**248**
小学班	Primary Courses	642	53 205		61 781	555	91

17-8 各级各类学校师生比例
Student-teacher Ratio by Level and Type of School

单位:人 (person)

项　目	Item	2004年	2005年
普通高等学校	Regular Institutions of Higher Education	17.7	19.0
普通中专	Secondary Specialize Schools	24.0	24.7
成人中专	Specialize Secondary Schools for Adult	6.9	9.1
普通高中	Senior High Schools	16.7	16.2
职业高中	Vocational Secondary Schools	16.1	16.7
普通初中	Junior High Schools	19.4	18.7
职业初中	Junior Vocational Schools	41.6	49.4
小　学	Primary Schools	20.1	20.1
幼 儿 园	Kindergartens	44.4	43.0

注:普通高等学校师生比例按教育部新标准测算

Note: The data in this table are calculated according to the new standards of educational departments .

17-9 小学学龄儿童入学率
Enrollment Rate of School-age Children in Primary Schools

年 份 Year	全省学龄儿童数（万人） School-Age Children (10 000 persons)	已入学学龄儿童数（万人） School-Age Children Enrolled in Schools (10 000 persons)	入学率(%) Enrollment Rate	年 份 Year	全省学龄儿童数（万人） School-Age Children (10 000 persons)	已入学学龄儿童数(万人) School-Age Children Enrolled in Schools (10 000 persons)	入学率(%) Enrollment Rate
1980	400.79	349.54	87.20	2000	438.41	434.10	99.02
1985	421.61	384.14	93.10	2001	429.62	426.92	99.37
1990	342.40	324.06	94.60	2002	421.63	419.86	99.58
1995	427.81	416.79	97.40	2003	412.87	396.92	96.14
1997	452.05	446.64	98.40	2004	416.06	400.02	96.15
1998	454.13	448.37	98.37	2005	420.31	404.77	96.30
1999	449.02	444.52	99.00				

17-10 全省自然科学研究成果获奖统计
Statistics on Prizes of Natural Science Research Achievements

单位：项 (unit)

年 份 Year	云南省科技进步奖 Provincial Scientific Technological Progress Prize				
	申报数 Applications Examined	获奖数 Number of Prize-wining	奖 励 等 级 Reward Grade 一等 Grade I	二等 Grade II	三等 Grade III
1985	455		3	22	124
1990	179	90		11	79
1995	293	182	1	19	162
1999	377	208	2	24	182
2000	444	193	6	24	163
2002	298	173	8	29	136
2003	416	239	12	15	212
2004	374	221	12	42	167
2005	404	242	15	50	177

注：1. 1985年一等奖中含特等奖一项。2. 云南省星火奖从1988年开始实行，2000年以后不再统计。
Note: a. The first prizes in 1985 included the special awards; b. The Spark Prize was executed in 1988 in Yunnan province.

17-11 全省自然科学研究机构数（独立科研机构）
Number of Research Institutions of Natural Science (Independent Research Institutions)

单位：个 (unit)

年 份 Year	中国科学院 Chinese Academy of Sciences	国务院各部委直属 Directly under Departments of State Council	省业务局直属 Directly under Provincial Departments	地州(市)直属 Directly under Prefecture (municipal) Depts.	年 份 Year	中国科学院 Chinese Academy of Sciences	国务院各部委直属 Directly under Departments of State Council	省业务局直属 Directly under Provincial Departments	地州(市)直属 Directly under Prefecture (municipal) Depts.
1980	5	12	54	83	2000	4	9	55	67
1985	4	15	57	72	2001	4	9	55	65
1990	4	14	55	80	2002	4	9	55	64
1995	4	12	54	79	2003	3	8	55	64
1997	4	12	54	78	2004	3	5	24	62
1998	4	12	53	77	2005	3	4	23	61
1999	4	12	51	73					

17-12 全省分行业自然科学独立研究机构数

Number of Independent Research Institutions of Natural Science by Sector

单位：个 (unit)

年 份 Year	合 计 Total	农林牧渔 Farming, Forestry, Animal Husbandry and Fishery	工 业 Industry	地质普查及勘探业 Geological Prospecting	建筑业 Construction	交通运输邮电通讯业 Transport, Postal and Telecom-munication Services	社 会服务业 Social Services	卫生、体育和社会福 利 业 Health Care,Sports and Social Welfare	科学研究与综合技术服务业 Scientific Research and Polytechnic Services
1985	149	59	44	1	2	3		16	24
1990	153	79	35	2	2	3	3	12	17
1994	150	77	32	2	2	3	3	12	19
1995	149	76	32	2	2	3	3	12	19
1996	149	61	36	3	2	3	5	11	28
1997	148	57	48	3	2	3	7	12	16
1998	146	57	46	3	2	3	7	12	16
1999	140	56	44	1	2	3	7	11	14
2000	135	67	25	1	1	3	4	5	29
2001	133	67	22	1	1	3	4	6	29
2002	132	70	22	1	1	3	4	6	25
2003	130	70	27	0	2	2	4	6	19
2004	94	57	10	0	1	1	6	7	12
2005	91	56	9	1	1	1	5	7	11

注:从1991年起不包括国防科工委系统。

Note: Starting from 1991 the units under Commission of Science, Technology and Industry for National Defense have not Been included since 1991.

17-13 全省分行业自然科学独立研究机构科技活动人员数

Number of Scientific and Technical Personnel in Independent Research Institutions of Natural Science by Sector

单位：人 (person)

年 份 Year	合 计 Total	农林牧渔 Farming, Forestry, Animal Husbandry and Fishery	工 业 Industry	地质普查及勘探业 Geological Prospecting	建筑业 Construction	交通运输邮电通讯业 Transport, Postal and Telecom-munication Services	社 会服务业 Social Services	卫生、体育和社会福 利 业 Health Care,Sports and Social Welfare	科学研究与综合技术服务业 Scientific Research and Polytechnic Services
1985	8 012	1 956	3 522	96	60	193		845	1 340
1990	11 008	2 801	5 006	120	89	190	98	814	1 890
1994	8 875	2 818	2 746	123	72	187	105	876	1 948
1995	8 722	2 821	2 606	120	67	175	115	875	1 943
1996	8 260	2 572	2 523	143	64	170	331	562	1 895
1997	8 135	2 524	2 724	127	53	172	411	592	1 532
1998	7 863	2 305	2 619	128	62	154	400	623	1 482
1999	7 606	2 528	2 306	58	98	160	409	522	1 443
2000	7 160	2 819	1 754	48	82	152	258	321	1 726
2001	7 224	2 978	1 609	43	82	138	220	406	1 748
2002	6 965	3 060	1 574	48	85	157	201	407	1 433
2003	6 573	3 033	1 578	0	164	116	156	352	1 174
2004	5 229	3 281	293	0	50	45	317	413	830
2005	5 151	3 192	298	64	50	46	277	413	811

注:从1991年起不包括国防科工委系统(下同)。

Note: Starting from 1991 the units under Commission of Science, Technology and Industry for National Defense have not Been included (Same below) since 1991.

17-14 各地区自然科学机构中从事科技人员数（2005年）

Number of Scientific and Technical Personnel in Natural Science Institutions by Region (2005)

单位：人 (person)

地 区	Region	科技人员数 Scientists and Technicians	高级技术人员 Senior Technicians	中级技术人员 Middle Technicians	初级技术人员 Junior Technicians
全省合计	Total	5 151	1 012	1 854	1 545
昆　明	Kunming	2 901	739	1 096	840
曲　靖	Qujing	59	16	27	13
玉　溪	Yuxi	41	9	19	12
保　山	Baoshan	110	10	47	19
昭　通	Zhaotong	80	12	40	23
丽　江	Lijiang	58	10	14	20
思　茅	Simao	134	17	42	31
临　沧	Lincang	80	7	28	37
楚　雄	Chuxiong	173	28	75	62
红　河	Honghe	173	24	64	44
文　山	Wenshan	162	15	67	60
西双版纳	Xishuangbanna	704	75	193	246
大　理	Dali	192	34	82	57
德　宏	Dehong	230	11	40	53
怒　江	Nujiang	32	2	10	20
迪　庆	Diqing	22	3	10	8

17-15 主要年份全省专利申请和批准数

Patent Applications Examined and Granted in Significant Years

单位:件 (piece)

年 份 Year	申请数（件） Applications Examined				批准数（件） Applications Granted			
	合 计 Total	发 明 Invention	实用新型 Utility Novelty	外观设计 Design	合 计 Total	发 明 Invention	实用新型 Utility Novelty	外观设计 Design
1985	135	66	65	4				
1990	461	77	326	58	362	24	312	26
1993	729	164	485	80	686	35	568	83
1994	883	171	499	213	439	25	367	47
1995	959	195	476	288	569	35	346	188
1996	1 290	266	665	359	602	33	336	233
1997	1 108	163	612	333	692	20	362	310
1998	1 136	163	579	394	832	45	477	310
1999	1 246	198	609	438	1 185	73	695	417
2000	1 710	341	737	632	1 216	139	606	417
2001	1 793	344	807	642	1 347	113	662	572
2002	1 780	448	722	610	1 128	83	522	523
2003	1 976	574	797	605	1 213	172	521	513
2004	1 710	341	737	632	1 216	139	606	471
2005	2 556	776	905	875	1 381	306	563	512

17-16 全省县级以上政府部门属独立研究与开发机构及情报文献机构数、人员数

Number of Independent Research and Development Institutions and Information and Literature Institutions Subordinated to Government Departments Above County Level, and Number of Their Personnel

单位:个、人 (unit,person)

指 标	Item	1999年	2000年	2002年	2003年	2004年	2005年
机构合计	**Total Institutions**	**159**	**156**	**153**	**151**	**114**	**110**
人员合计	**Total Employees**	**12 355**	**11 645**	**11 097**	**10 427**	**7834**	**7660**
自然科学技术领域	Field of Natural Sciences and Technology						
机构数	Number of Institutions	140	135	132	130	94	91
人员数	Number of Employees	11 724	10 972	10 413	9 729	7 176	7 101
#科学家、工程师	Scientists and Engineers	4 822	4 555	4 524	4 290	3 421	3 307
社会、人文科学技术领域	Field of Social Sciences and Humanities						
机构数	Number of Institutions	14	14	14	14	14	13
人员数	Number of Employees	459	470	475	491	444	342
#科学家、工程师	Scientists and Engineers	345	357	362	349	349	274
科技情报和文献机构	Scientific-Technological Information and Literature Institutions						
机构数	Number of Institutions	5	7	7	7	6	6
人员数	Number of Employees	172	203	209	207	214	217
#科学家、工程师	Scientists and Engineers	106	139	155	140	153	156

17-17 各地区独立研究与开发机构情况

Basic Statistics on Independent Scientific Research and Development Institutions by Region

单位:个、人 (unit,person)

地 区	Region	2004年				2005年			
		合 计 Total		自然科学 Natural Sciences		合 计 Total		自然科学 Natural Sciences	
		机 构 Institutions	人 员 Employees	机 构 Institutions	人 员 Employees	机 构 Institutions	人 员 Employees	机 构 Institutions	人 员 Employees
全省合计	**Total**	**114**	**7 834**	**94**	**7 176**	**110**	**7 660**	**91**	**7 101**
昆 明	Kunming	53	4 949	36	4 340	50	4 766	34	4 256
曲 靖	Qujing	3	79	3	79	3	81	3	81
玉 溪	Yuxi	3	65	2	52	3	64	2	51
保 山	Baoshan	4	115	4	115	4	113	4	113
昭 通	Zhaotong	2	88	2	88	2	89	2	89
丽 江	Lijiang	3	59	3	59	3	62	3	62
楚 雄	Chuxiong	5	235	4	209	5	233	4	207
红 河	Honghe	6	277	5	267	6	276	5	266
文 山	Wenshan	5	187	5	187	5	191	5	191
思 茅	Simao	6	165	6	165	5	163	5	163
西双版纳	Xishuangbanna	6	956	6	956	6	968	6	968
大 理	Dali	6	236	6	236	6	233	6	233
德 宏	Dehong	5	267	5	267	5	271	5	271
怒 江	Nujiang	2	44	2	44	2	38	2	38
迪 庆	Diqing	1	26	1	26	1	26	1	26
临 沧	Lincang	4	86	4	86	4	86	4	86

17-18 全省科技成果情况（2005年）
Scientific and Technological Achievements (2005)

项 目	Item	发表科技论文（篇）S & T Papers	出版科技著作（种）S & T Works	专利申请数(件) Patent Applications	发明专利申请数(件) Invention Patents Applied	拥有发明专利数(件) Invention Patents Owned
总 计	**Total**	14 918	613	653	429	855
按单位类型分	**Grouped by Type of Unit**					
科学研究与技术开发机构	Scientific Research & Tech. Development Institutions	1 961	45	65	49	141
全日制普通高等学校	Full-time Regular Institutions of Higher Education	9 987	541	179	153	341
企业	Medium and Big Industrial Enterprises	212	6	402	222	368
其他	Others	2 758	21	7	5	5

17-19 科技活动经费筹集情况（2005年）
Funds Raising on Scientific and Technological Activities（2005）

单位:万元 (10 000 yuan)

项 目	Item	活动经费筹集总额 Total Funds Raised	政府拨款 Government Appropriations	自筹资金 Self-raised Funds	银行贷款 Bank Loans	事业单位资金 Institution Funds	国外资金 Foreign Funds	其他资金 Other Funds
总 计	**Total**	462 948	167 470	240 123	18 445	28 090	2 014	6 806
按单位类型分	**Grouped by Type of Unit**							
科学研究与技术开发机构	Scientific Research & Tech. Development Institutions	135 994	112 615	390	3 728	17 439	1 004	818
全日制普通高等学校	Full-time Regular Institutions of Higher Education	26 285	16 965	7 213		1 131	487	489
企业	Medium and Big Industrial Enterprises	270 315	26 199	226 329	11 938	1 100	266	4 483
其他	Others	30 354	11 691	6 191	2 779	8 420	257	1 016
按隶属关系分	**Grouped by Leadership of Unit**							
中央	Central Goverrnment	175 209	82 701	70 903	5 528	12 014	1 369	2 693
地方	Local Government	287 739	84 769	169 220	12 917	16 076	645	4 113

17-20 科技活动单位及科技活动人员情况（2005年）

Basic Statistics on Units and Personnel for Scientific and Technological Activities （2005）

单位:个,人 (unit,person)

指标	Item	单位个数(个) Number of Units (unit)	#科技活动单位 Units for Scientific and Technological Activities	科技活动人员(人) Number of Personnel for Scientific and Technological Activities	#科学家和工程师 Scientists and Engineers
总计	**Total**	**1 747**	**1 009**	**55 901**	**36 011**
一、按单位类型分组	**Grouped by Types of Unit**				
1、科研机构	Science Research Institution	112	112	8 038	5 880
2、高等院校	Higher Eduction Academies	45	44	9 060	7 829
3、企业	Enterprises	1 001	433	26 320	14 479
其中:工业企业	Industry Enterprises	707	300	17 155	9 261
4、其他	Others	589	420	12 483	7 823
二、按隶属关系分组	**Grouped by Subjectiones of Unit**				
中央	Central Goverrnment	128	62	10 112	7 703
地方	Local Government	1 619	947	45 789	28 308

17-21 科技活动经费支出情况（2005年）

Expenditures on Scientific and Technological Activities （2005）

单位:万元 (10 000yuan)

项目	Item	合计 Total	内部支出 Internal Expenditure	经常费支出 Regular Expenditure	#人员劳务费 Labour Payment	#科研基建支出 Expenditure on Capital Construction of Science Research	固定资产购建 Expenditure on Fixed Assets	#设备购置 Expenses on Equipment	外部支出 Exterior Expenditure
合 计	**Total**	**466 147**	**446 302**	**393 877**	**80 326**	**52 425**	**154 910**	**128 860**	**19 845**
一、按单位类型分组	**Grouped by Type of Unit**								
科研机构	Science Research Institution	137 625	134 410	102 864	26 398	31 546	36 623	21 508	3 215
高等院校	Higher Eduction Academies	23 428	22 909	22 302	8 751	607	2 922	1 704	519
企业	Enterprises	274 541	259 521	242 839	35 507	16 682	102 496	95 549	15 020
其中：工业企业	Industry Enterprises	248 520	234 246	219 613	28 752	14 633	92 353	85 869	14 274
其他	Others	30 553	29 462	25 872	9 670	3 590	12 869	10 099	1 091
二、按隶属关系分组	**Grouped by Subjectiones of Unit**								
中央	Central Goverrnment	181 540	172 373	142 198	21 393	30 175	67 699	53 951	9 167
地方	Local Government	284 607	273 929	251 679	58 933	22 250	87 210	74 909	10 678

主要统计指标解释

普通高等学校　指按照国家的审批程序批准举办,通过全国统一招生考试,招收高级中等学校毕业和具有同等学历者,实施高等教育,培养高等专门人才的学校。包括大学、专门学院、专科学校和短期职业大学。

成人高等学校　指按国家规定的审批程序批准举办,招收职业高中毕业或同等学历者,利用多种形式对成人实施高等教育,培养相当普通高等专科或本科毕业水平的专门人才的学校。包括广播电视大学、职工高等学校、农民高等学校、干部管理学院、教育学院、独立函授学院以及普通高等学校举办的函授、夜大学等。

小学学龄儿童入学率　指调查范围内已入小学学习的学龄儿童占该地区校内外学龄儿童总数(包括弱智儿童在内,但不包括盲聋哑儿童)的比重。计算公式为：

小学学龄儿童入学率=已入学的小学学龄儿童数/校内外小学学龄儿童总数×100%

综合性研究机构　指主要从事揭示客观事物本质、运动规律,提出新发现、新学说和对有重大应用前景的新的产品、工艺、材料、方法等提出新的理论、构想、原理等工作的机构。

技术开发机构　指主要从事提供国际、国内第一次出现的新产品、工艺、材料、方法等和为新的技术成果应用提供完整的技术规模设计图纸、样品和操作规程的机构。

推广服务机构　指主要从事技术成果推广、服务工作,向用户提供新技术成果的可行性实验或示范,提供咨询和指导的机构。

科技活动　指在自然科学、农业科学、医药科学、工程与技术科学、人文与社会科学领域(简称科学技术领域)中,与科技知识的产生、发展、传播和应用密切相关的有组织的活动。可分为研究与试验发展(R&D)、研究与试验发展成果应用及相关的科技服务三类活动。该定义是联合国教科文组织考虑成员国特别是发展中国家开展科技统计工作的需要，而对科技活动所作的统计界定。

科技活动人员　指直接从事科技活动、以及专门从事科技活动管理和为科技活动提供直接服务，累计的实际工作时间占全年制度工作时间10%及以上的人员。(1)直接从事科技活动的人员包括：在独立核算的科学研究与技术开发机构、高等学校、各类企业及其他事业单位内设的研究室、实验室、技术开发中心及中试车间(基地)等机构中从事科技活动的研究人员、工程技术人员、技术工人及其它人员；虽不在上述机构工作，但编入科技活动项目(课题)组的人员；科技信息与文献机构中的专业技术人员；从事论文设计的研究生等。(2)专门从事科技活动管理和为科技活动提供直接服务的人员，包括：独立核算的科学研究与技术开发机构、科技信息与文献机构、高等学校、各类企业及其他事业单位主管科技工作的负责人，专门从事科技活动的计划、行政、人事、财务、物资供应、设备维护、图书资料管理等工作的各类人员，但不包括保卫、医疗保健人员、司机、食堂人员、茶炉工、水暖工、清洁工等为科技活动提供间接服务的人员。该指标用来反映投入科技活动人力的规模。

科学家与工程师　指科技活动人员中具有高、中级技术职称(职务)的人员和不具有高、中级技术职称(职务)的大学本科及以上学历人员。该指标用来反映投入科技活动人力的素质。

研究与试验发展(R&D)　指在科学技术领域，为增加知识总量、以及运用这些知识去创造新的应用进行的系统的创造性的活动，包括基础研究、应用研究、试验发展三类活动。国际上通常采用R&D 活动的规模和强度指标反映一国的科技实力和核心竞争力。

基础研究　指为了获得关于现象和可观察事实的基本原理的新知识(揭示客观事物的本质、运动规律，获得新发现、新学说)而进行的实验性或理论性研究，它不以任何专门或特定的应用或使用为目的。其成果以科学论文和科学著作为主要形式。用来反映知识的原始创新能力。

应用研究　指为获得新知识而进行的创造性研究，主要针对某一特定的目的或目标。应用研究是为了确定基础研究成果可能的用途，或是为达到预定的目标探索应采取的新方法(原理性)或新途径。其成果形式以科学论文、专著、原理性模型或发明专利为主。用来反映对基础研究成果应用途径的探索。

试验发展　指利用从基础研究、应用研究和实际经验所获得的现有知识，为产生新的产品、材料和装置，建立新的工艺、系统和服务，以及对已产生和建立的上述各项作实质性的改进而进行的系统性工作。其成果形式主要是专利、专有技术、具有新产品基本特征的产品原型或具有新装置基本特征的原始样机等。

在社会科学领域，试验发展是指把通过基础研究、应用研究获得的知识转变成可以实施的计划(包括为进行检验和评估实施示范项目)的过程。人文科学领域没有对应的试验发展活动。主要反映将科研成果转化为技术和产品的能力，是科技推动经济社会发展的物化成果。

研究与试验发展人员 指参与研究与试验发展项目研究、管理和辅助工作的人员， 包括项目(课题)组人员， 企业科技行政管理人员和直接为项目(课题)活动提供服务的辅助人员。反映投入从事拥有自主知识产权的研究开发活动的人力规模。

研究与试验发展人员全时当量 指全时人员数加非全时人员按工作量折算为全时人员数的总和。例如:有两个全时人员和三个非全时人员(工作时间分别为20%、30%和70%)，则全时当量为2+0.2+0.3+0.7=3.2人年。为国际上比较科技人力投入而制定的可比指标。

专业技术人员 指从事专业技术工作和专业技术管理工作的人员，即企事业单位中已经聘任专业技术职务从事专业技术工作和专业技术管理工作的人员，以及未聘任专业技术职务，现在专业技术岗位上工作的人员。包括工程技术人员，农业技术人员，科学研究人员，卫生技术人员，教学人员。

科技活动经费筹集 指从各种渠道筹集到的计划用于科技活动的经费，包括政府资金、企业资金、事业单位资金、金融机构贷款、国外资金和其他资金等。反映各社会经济主体对促进科技进步所做的努力。

政府资金 指从各级政府部门获得的计划用于科技活动的经费，包括科学事业费、科技三项费、科研基建费、科学基金、教育等部门事业费中计划用于科技活动的经费以及政府部门预算外资金中计划用于科技活动的经费等。

科技活动经费内部支出 指报告年内用于科技活动的实际支出，包括劳务费、科研业务费、科研管理费，非基建投资购建的固定资产、科研基建支出以及其他用于科技活动的支出。不包括生产性活动支出、归还贷款支出及转拨外单位支出。反映科技投入实际完成情况。

劳务费 指以货币或实物形式直接或间接支付给从事科技活动人员的劳动报酬及各种费用。包括各种形式的工资、津贴、奖金、福利、离退休人员费用、人民助学金等。反映改善科技人员待遇情况。

固定资产购建费 指报告年内使用非基建投资购建的固定资产和用于科研基建投资的实际支出额，即固定资产实际支出和科研基建投资实际完成额之和。固定资产是指长期使用而不改变原有实物形态的主要物资设备、图书资料、实验材料和标本以及其他设备和家具、房屋、建筑物。反映用于改善科研条件和科研手段方面的投入情况。

新产品 指采用新技术原理、新设计构思研制、生产的全新产品，或在结构、材质、工艺等某一方面比原有产品有明显改进，从而显著提高了产品性能或扩大了使用功能的产品。既包括政府有关部门认定并在有效期内的新产品，也包括企业自行研制开发，未经政府有关部门认定，从投产之日起一年之内的新产品。用来反映科技产出及对经济增长的直接贡献。

专利 是专利权的简称，是对发明人的发明创造经审查合格后，由专利局依据专利法授予发明人和设计人对该项发明创造享有的专有权。包括发明、实用新型和外观设计。反映拥有自主知识产权的科技和设计成果情况。

发明 指对产品、方法或者其改进所提出的新的技术方案。是国际通行的反映拥有自主知识产权技术的核心指标。

实用新型 指对产品的形状、构造或者其结合所提出的适于实用的新的技术方案。反映具有一定技术含量的技术成果情况。

外观设计 指对产品的形状、图案、色彩或者其结合所做出的富有美感并适于工业上应用的新设计。反映拥有自主知识产权的外观设计成果情况。

Explanatory Notes on Principal Statistical Indicators

Regular Institutions of Higher Learning refer to the educational institutions set up according to the government evaluation and approval procedures, enrolling graduates from senior high schools and providing higher education courses and training senior professionals. They include fulltime universities and colleges, junior colleges and short-term schools for professional training.

Institutions of Higher Learning for Adults refer to the educational institutions, set up in line with relevant rules approved by the government, enrolling staff and workers with senior high school or equivalent education, and providing higher education courses in many forms of full time, part time, spare time, or correspondence for adults. Professionals thus trained receive a qualification equivalent to graduates studying regular courses at regular universities, colleges and professional colleges. Institutions of higher learning for adults include Radio and TV universities, colleges for staff and workers and for farmers, management colleges for cadres, education colleges, independent correspondence college and correspondence schools, night schools and the like run by regular institutions of higher learning.

Enrollment Rate of Primary School-age Children refers to the proportion of school-age children enrolled at school to the total number of school-age children both at and out of school (including retarded children, but excluding blind, deaf and mute children). The formula is as follows:

Enrollment Rate of Primary School-age Children = (Total Primary School-age Children at School)/(Total Primary School-age Children Both at and out of School)$\times$100%

Comprehensive Research Institutions refer to the institutions that are mainly engaged in revealing the nature of objective matters and laws of motion, and advancing new discoveries and theories, conceptions, principles, etc. which have potential application prospects for new products, processes, materials, methods, etc.

Technological Development Institutions refer to the institutions that are mainly engaged in providing original products, processes, materials, methods, etc. and complete technical-scale design drawings, samples and operation regulations for application of new technological achievements.

Technical Dissemination Institutions refer to the institutions that are mainly engaged in disseminating technological achievements, offering technical services, and providing users with feasibility experiments or demonstrations, consultation and guidance of new technological achievements.

Scientific and Technological Activities (S&T Activities) refer to organized activities which are closely related to the creation, development, dissemination and application of scientific and technological knowledge in the fields of natural sciences, agricultural science, medical science, engineering and technological science, humanities and social sciences (referred to as scientific and technological fields). S&T activities can be divided into three categories: research and development (R&D) activities, application of R&D results, and related S&T services. This statistical definition is made by UNICHIEF for scientific and technological activities to meet the need for carrying out statistical work in this field in its member countries, especially those developing countries.

Personnel Engaged in S&T Activities refer to personnel directly engaged in S&T activities, in the management of S&T activities, and in providing direct service to S&T activities, who spend over 10% of the total working hours in a year in S&T activities. (1) Personnel directly engaged in S&T activities include researchers, engineers, technicians and other related personnel engaged in S&T activities in independent-accounting R&D institutions, institutions of higher learning, and in research rooms and institutes, laboratories, technological development centers and central experiment workshops under enterprises and institutions. Also included are people working in S&T research project teams, professional and technical personnel working in S&T information and literature institutions, and graduate students working on the design of their theses. (2) Personnel engaged in the management of S&T activities and in providing direct service to S&T activities include administrative personnel responsible for S&T activities in independent-accounting R&D institutions, S&T information and literature institutions, institutions of higher learning, and enterprises and institutions where S&T activities are undertaken. Also included are people responsible for the planning, administration, personnel management, financial management, logistics supply, equipment maintenance, information and library management that are related to S&T activities. People providing indirect services are excluded, such as security personnel, medical staff, drivers, plumbers, cleaners and those providing food and related services. This indicator reflects the scale of personnel engaged in S&T activities.

Scientists and Engineers refer to persons engaged in S&T activities who have obtained technical or professional titles of senior and middle rank, and those without such title but have completed university or higher education. This indicator reflects the quality of personnel engaged in S&T activities.

Research and Development (R&D) refers to systematic and creative activities in the field of science and technology aiming at increasing and using the knowledge for new application. R&D falls into 3 categories of activities: basic research, applied research and experiment and development. The scale and intensity of R&D are widely used internationally to reflect the strength of S&T and the core competitiveness of a country in the world.

Basic Research refers to experimental or theoretical research aiming at obtaining new knowledge on the fundament al principles of phenomena and observable facts i.e. to reveal the nature and laws of motion of objects and to acquire new discoveries or theories. Basic research takes no specific or designated application as the aim of the research. Its results are mainly released or disseminated in the form of scientific papers or monographs. This indicator reflects the original creativity of knowledge.

Applied Research refers to creative research aiming at obtaining new knowledge on a specific objective or target. The purpose of applied research is to identify the possible use of results of basic research, or to explore new (fundamental) methods or approaches. Results of applied research are released in the forms of scientific papers, monographs, fundamental models or invention patents. This indicator reflects the exploration of ways to apply the results of basic research.

Experiment and Development refer to systematic activities aiming at using the knowledge from basic and applied research or from practical experience to develop new products, materials and equipment, to establish new production processes, systems and services, or to make substantial improvement on the existing products, processes or services. Results of experiment and development activities are embodied in patents, exclusive technology, and prototypes of new products or equipment. In social sciences, experiment and development activities refer to the process of converting the knowledge from basic or applied research into feasible programs (including demonstration projects for assessment and evaluation). There are no corresponding experiment and development activities in the humanities. This indicator reflects the capability of transforming the results of scientific research into techniques and products, which is the materialized measurement of S&T pushing forward the economic and social development.

R&D Personnel refer to persons engaged in research, management and auxiliary work of R&D, including persons in the project teams, persons engaged in the management of S&T activities of enterprises and auxiliary staff members providing direct services to research projects. This indicator reflects the scale of personnel engaged in R&D activities with independent intellectual property.

Full-time Equivalent of R&D Personnel refers to the total of the full-time personnel and the full-time equivalent of part-time personnel converted by workload. For instance, if there are 2 full-time persons and 3 part-time workers (20%, 30% and 70% of working hours respectively on R&D activities), the full-time equivalent is 2+0.2+0.3+0.7=3.2 person-years. This is an internationally comparable indicator of input of personnel in S&T activities.

Professional and Technical Personnel refer to persons engaged in professional and technical work or in the management of professional and technical activities, i.e., personnel with professional or technical titles who are engaged in professional and technical work or in the management of professional and technical activities, and personnel without professional or technical titles but working on professional or technical posts in enterprises and institutions. They include professionals and technicians working in the fields of engineering, agriculture, scientific research, health care and education.

Funding for S&T Activities refers to funds obtained from various sources for S&T activities, including government funds, self-raised funds by enterprises, self-raised funds by institutions, loans from financial institutions, foreign funds and other funds. This indicator reflects the efforts made by various social economic entities in promoting the development of S&T.

Government Funds refer to funds obtained from government departments at all levels for S&T activities, including funds for scientific undertakings, 3 kinds of funds for S&T activities, funds for capital construction for scientific research, science funds, funds from educational expenditures by educational departments for S&T activities, and extra-budgetary funds from government departments for S&T activities.

Internal Expenditures on S&T Activities refer to the actual expenditures on S&T activities during the report year, including service charges, operating expenses on research activities, overhead charges on research, fixed assets excluded in the investment in capital construction, expenditures on capital construction for scientific research, and other expenditures on S&T activities. Not included are expenditures on production activities, repayment of loans and transfer expenditures. This indicator reflects the real completion of input in S&T.

Service Charges refer to direct or indirect payments, in cash or in kind, made to personnel engaged in S&T activities as remuneration and other charges, including salaries, subsidies, bonus, benefits, retirement pensions, stipends, etc. This indicator reflects the improvement of treatment toward S&T personnel.

Expenditure on Purchase and Construction of Fixed Assets refers to the fixed assets purchased or constructed by using funds excluded in the investment in capital construction and the actual expenditures on capital construction for scientific research within the report year, i.e. the sum total of the actual expenditures on fixed assets and the actual investments in capital construction for scientific research. Fixed as set refers to main materials and equipment, literature and documents in libraries, materials for experiments, specimen, instruments, furniture, buildings and constructions that can be used for a long time without changing their original forms and shapes. This indictor reflects the input in improving the conditions and means of scientific research.

New Products refer to new products produced with new technology and design, or products that represent noticeable improvement in terms of structure, material, or production process so as to improve significantly the character or function of the older versions. They include new products certified by relevant government departments within the period of certification, and those designed and produced by enterprises within a year without certification by government departments. This indictor reflects the S&T output and its direct contribution to economic growth.

Patent is an abbreviation for patent right and refers to the exclusive right of ownership by the inventors or designers for their creations or inventions, conferred by the patent offices after the due process of assessment and approval in accordance with the Patent Law. Patent is granted for inventions, utility models and designs. This indicator reflects the achievements of S&T and design with independent intellectual property.

Inventions refer to the new technical proposals on products or methods or their modifications. This is universal core indicator reflecting the technologies with independent intellectual property.

Utility Models refer to the practical and new technical proposals on the shape and structure of the product or their combination. This indicator reflects the technological results with certain technical content.

Designs refer to the aesthetic and industrially applicable new designs for the shape, pattern and color of the product or their combinations. This indicator reflects the exterior design achievements with independent intellectual property.

十八、文化、体育、卫生和其他

Culture,Sports,Public Health and Others

18-1 主要年份全省文化事业机构数

Number of Cultural Institutions in Significant Years

单位：个 (unit)

年 份 Year	艺 术 事 业 Art Institutions		图书出版社 Publishing Houses	博 物 馆 Museums	公共图书馆 Public Libraries
	表演团体 Art Performance Troupes	艺术表演场所 Art Performance Sites			
1978	149	3	2	4	16
1980	154	26	2	4	80
1985	149	15	4	16	149
1990	137	46	7	20	148
1994	135	44	8	22	148
1995	134	44	8	22	148
1996	133	42	8	23	148
1997	132	40	8	26	148
1998	131	40	8	27	148
1999	130	39	8	27	147
2000	129	40	8	30	148
2001	128	41	8	30	147
2002	124	38	8	30	148
2003	123	39	8	30	149
2004	116	40	8	31	149
2005	135	38	8	32	149

18-1 续表 continued

单位：个 (unit)

年 份 Year	群 众 文 化 事 业 Mass Culture		广 播 电 视 事 业 Broadcasting and Television Stations	
	群众艺术馆及文化馆 Mass Art Centers Cultural Centers	文 化 站 Cultural Stations	电视发射台及转播台 Television Transmission Stations and Relay Stations	县级以上广播电台 Broadcasting Stations above County Level
1978	145	2	5	3
1980	148	388	5	4
1985	148	1 456	12	5
1990	147	1 477	24	12
1994	147	1 591	15	13
1995	147	1 567	30	14
1996	147	1 582	30	14
1997	147	1 577	44	13
1998	147	1 593	44	13
1999	147	1 580	44	13
2000	147	1 551	44	14
2001	146	1 586	28	14
2002	147	1 576	27	11
2003	148	1 582	17	12
2004	149	1 577	33	14
2005	149	1 535	33	15

18-2 主要年份艺术、群众文化活动情况

Basic Statistics on Artist and Mass Cultural Activities in Significant Years

年份 Year	艺术活动 Artist Activities		群众文化活动 Mass Cultural Activities	
	演出场次（场） Number of Performances (shows)	国内观众人次（千人次） Number of Domestic Spectators (1 000 person-time)	办展览（个） Number of Exhibitions (unit)	训练班结业（人次） Number of Persons Completing Courses (person-time)
1978	6 802	9 756	612	
1980	16 102	15 288	968	11 610
1985	9 105	8 864	754	20 229
1990	9 092	10 645	2 504	24 000
1995	14 500	12 954	2 138	70 300
1999	10 240	12 066	3 085	192 000
2000	10 080	13 292	3 427	178 000
2001	11 000	12 209	3 019	167 000
2002	8 874	11 113	3 052	208 000
2003	9 035	10 298	3 333	216 000
2004	10 302	13 220	5 272	218 847
2005	8 215	11 137	4 270	226 000

18-3 主要年份图书馆、博物馆活动情况

Basic Statistics on Services of Libraries and Museums in Significant Years

年份 Year	图书馆活动 Library Services Activity		博物馆活动情况 Museums Services	
	借阅册次（千册次） Number of Books Borrowed by the Readers (1 000 volume-times)	借阅人次（千人次） Number of Circulation Borrowing People (1 000 person-times)	陈列、展览（个） Number of Displays and Exhibitions（unit）	参观人数（千人次） Number of Visitors (1 000 person-times)
1978	552	358		
1980	3 384	2 889	19	40
1985	5 399	4 630	99	473
1990	7 100	5 170	85	506
1995	5 285	5 586	112	887
1999	7 426	4 030	146	1 437
2000	6 803	3 834	145	1 066
2001	6 877	3 729	156	1 112
2002	6 414	3 415	109	1 234
2003	6 181	3 422	98	580
2004	5 850	2 766	131	1 266
2005	7 005	3 519	139	1 371

18-4 主要年份图书、杂志、报纸出版情况
Publication of Books, Magazines and Newspapers in Significant Years

年 份 Year	出版总数（种） Number of Publications (kind)			出版印数（万册、万份） Printed Copies(10 000 copies)		
	图 书 Books Published	杂 志 Magazines Published	报 纸 Newspapers Published	图 书 Books Published	杂 志 Magazines Published	报 纸 Newspapers Published
1978	333	31	7	4 543.00	75.00	
1980	336	87	11	8 106.20	738.60	17 570
1985	568	65	43	11 410.50	1 160.70	32 138
1990	804	68	41	12 329.60	954.30	22 280
1995	1 452	99	44	11 889.00	1 604.00	25 936
2000	1 644	125	70	13 414.00	2 877.00	36 029
2004	2 476	124	61	15 052.62	2 379.00	47 240
2005	2 337	124	61	12 898.14	2 308.00	49 736

18-5 全省运动员比赛获奖情况
Prizes Won by Yunnan Athletes

单位：枚 (unit)

年 份 Year	金 牌 Gold Medal		银 牌 Silver Medal		铜 牌 Copper Medal	
	国 际 International Competitions	全 国 National Competitions	国 际 International Competitions	全 国 National Competitions	国 际 International Competitions	全 国 National Competitions
1978	1	4	1	9	14	8
1980	4	13	2	13		21
1985	11	24	13	13	9	18
1990	4	22		27	6	19
1995	9	27	3	29	4	31
2000	1	44		38	5	36
2004	4	47	7	44	3	50
2005	1	33.5	1	30		31.5

18-6 主要年份等级裁判员、运动员每年发展数
Number of Referees and Athletes in Grades in Significant Years

单位：人 (person)

项 目	Item	1978年	1985年	1990年	1995年	2004年	2005年
等级裁判员合计	**Number of Referees in Grades**	**92**	**1 316**	**1 920**	**1 675**	**876**	**1198**
国际级裁判	International-level Referees			1			
国家级裁判	National-level Referees	6			12	16	
一级裁判	First Grade Referees	86	135	145	57	21	185
二级裁判	Second Grade Referees		280	455	316	839	1013
三级裁判	Third Grade Referees		901	1 320	134		
等级运动员合计	**Number of Athletes in Grades**	**25**	**1 843**	**1 379**	**1 474**	**540**	**599**
国际级健将	International-level Master Sportsmen			4	3	2	7
运动健将	Master Sportsmen	3		36	27	29	22
一级运动员	First Grade Sportsmen	11	63	38	52	19	65
二级运动员	Second Grade Sportsmen	11	83	352	328	490	505
三级运动员	Third Grade Sportsmen		861	583	703		
少年级运动员	Juvenile Sportsmen		836	433	361		

18-7 卫生机构数
Number of Health Institutions

单位：个 (unit)

年份 Year	总计 Total	医院 Hospitals	门诊部所 Clinics	疾病预防控制中心（含卫生防疫站） CDCs	妇幼保健站 Maternity and Child-care Centers
1985	6 305	1 813	3 846	159	145
1990	6 671	1 908	4 085	150	144
1992	6 765	1 950	4 107	149	144
1993	6 469	1 969	3 772	157	143
1994	6 474	2 115	3 618	157	143
1995	6 400	2 108	3 522	158	145
1996	11 122	548	53	148	140
1997	11 454	589	46	149	140
1998	11 867	594	53	150	143
1999	11875	603	51	151	140
2000	13 356	602	51	151	142
2001	12 552	590	37	152	142
2002	8 541	584	38	148	144
2003	9 804	566	52	153	151
2004	9 436	594	69	150	146
2005	10 110	648	73	153	148

注：1. 2002年起卫生保健所、医务室统计口径有调整。
2. 从1996年开始医院、县及县以上医院只包括正规医院。

Note: a. Since 2002, the statistical coverage of health care institutions and clinics has been adjusted.
b. Since 1996, hospitals at above has been included formal ones only.

18-8 卫生机构床位数
Number of Sickbeds in Health Institutions

单位：张 (unit)

年份 Year	总计 Total	医院 Hospitals	#农村 Rural Areas	平均每千人口有医院床位数 Number of Hospital Beds per 1000 Persons
1985	74 477	68 012	47 709	1.99
1990	84 530	76 145	48 286	2.04
1992	90 981	80 863	50 455	2.11
1993	92 684	82 529	51 904	2.14
1994	93 654	83 351	49 812	2.12
1995	95 552	83 959	50 942	2.10
1996	90 818	60 848	30 719	1.51
1997	93 993	63 418	30 170	1.55
1998	95 965	64 041	29 687	1.55
1999	97 197	64 575	30 551	1.53
2000	97 530	66 106	31 232	1.56
2001	99 768	65 978	31 722	1.55
2002	96 633	67 522	31 931	1.56
2003	98 388	67 930	31 530	1.55
2004	102 167	71 170	32 261	1.61
2005	106 961	74 697	32 482	1.68

18-9 卫生机构人员数

Number of Employed Persons in Health Institutions

单位：人 (person)

年 份 Year	总 计 Total	# 卫生技术人员 Medical Technical Personnel	# 医 生 Doctors	平均每千人有 Number of Medical Technical Personnel or Doctors per 1 000 Persons 卫生技术人员 Medical Technical Personnel	医 生 Doctors
1978	79 520	65 486	31 145	2.12	1.01
1980	89 086	71 375	33 421	2.25	1.28
1985	107 905	87 337	42 660	2.56	1.25
1990	125 503	101 649	53 879	2.72	1.44
1992	131 775	105 622	53 471	2.76	1.40
1993	133 873	107 660	55 452	2.77	1.43
1994	137 167	110 900	57 675	2.82	1.46
1995	139 529	112 530	59 456	2.86	1.49
1996	138 748	111 591	56 392	2.76	1.40
1997	145 863	118 227	59 090	2.89	1.44
1998	147 159	119 200	59 138	2.88	1.43
1999	148 429	121 040	60 680	2.88	1.44
2000	151 588	124 055	62 572	2.93	1.48
2001	149 788	123 021	62 311	2.89	1.46
2002	133 155	109 713	51 746	2.56	1.20
2003	133 960	111 748	52 696	2.55	1.20
2004	136 697	113 871	53 248	2.58	1.21
2005	142 175	118 429	55 837	2.66	1.25

18-10 按床位分组的县及县以上医院数（2005年）

Number of Hospitals at and Above County Level by Sickbed (2005)

单位:个 (unit)

指 标	Item	总 计 Total	100张以下 Below 100 Sickbeds	100-199张 100-199 Sickbeds	200-299张 200-299 Sickbeds	300-399张 300-399 Sickbeds	400张以上 Above 400 Sickbeds
县及县以上医院	Hospitals at and above County Level	648	391	152	49	24	32
# 综合医院	General Hospitals	439	234	119	41	19	26
中医医院	TCM Hospitals	108	82	20	1	2	3
其它医院	Others	101	75	13	7	3	3

18-11 主要年份卫生防疫机构、妇幼保健机构情况

Basic Statistics on CDCs, Maternity and Child-care Centers

单位：个、人 (unit,person)

年 份 Year	卫生防疫机构 CDCs		妇幼保健机构 Maternity and Child Care Centers		
	机构数 Number of Institutions	人员数 Number of Employed Persons	机构数 Number of Institutions	床位数 Number of Beds	人员数 Number of Employed Persons
1978	149	3 604	142	82	1 194
1985	159	4 931	145	524	2 108
1990	150	5 930	144	928	3 001
1992	149	6 388	144	1 073	3 467
1993	157	6 606	143	1 244	3 669
1994	157	6 810	143	1 350	3 869
1995	158	6 962	145	1 510	4 197
1996	158	7 136	142	1 657	4 270
1997	159	7 344	142	1 836	4 559
1998	150	7 390	141	2 024	4 692
1999	151	7 493	140	2 252	4 822
2000	160	7 574	142	2 356	5 017
2001	175	7 810	142	2 588	5 124
2002	148	7 125	144	3 174	5 624
2003	153	7 241	151	3 341	5 650
2004	150	6 782	146	3 386	5 482
2005	153	7 590	148	3 521	5 641

18-12 自然灾害救济情况

Basic Statistics on Relief Work on Natural Disasters

年 份 Year	遭受自然灾害人次（万人） Disaster Victims (10 000 persons)	每万农业人口中遭受自然灾害人次（人） Disaster Victims per 10 000 Farmers (person)	享受自然灾害国家救济人次（万人次） Persons Enjoying State Relief (10 000 person-times)	享受国家救济人遭受自然灾害人数比重(%) Proportion of Persons Enjoying State Relief to Disaster Victims (%)
1985	856.70	2 845	404.80	47.30
1990	832.00	2 569	749.90	90.10
1993	1 133.88	3 371	623.20	54.90
1994	1 136.00	3 435	562.00	49.50
1995	1 004.36	3 972	532.30	52.90
1996	1 124.00	4 010	547.50	48.70
1997	2 913.00	8 308	936.40	32.10
1998	2 651.00	7 493	527.30	19.90
1999	3 165.21	8 904	600.00	19.00
2000	3 466.10	9 670	432.30	12.50
2001	2 566.48	7 109	886.97	34.60
2002	2 544.00	5 902	441.16	17.34
2003	2 341.20	6 393	758.00	32.37
2004	1 825.30	4 945	1 014.60	55.58
2005	2 756.50	7 409	667.40	24.21

18-13 优抚事业基本情况

Basic Statistics on Special Care and Preferential Treatment to Disable Servicemen and to Family Members of Martyrs and Servicemen

年 份 Year	优抚事业单位(个) Number of Administrative Agencies for Martyrs	优抚事业单位经费(万元) Funds of Administrative Agencies (10 000 yuan)	年末在院人数(人) Number of Persons under Care at Yearend (person)	优抚对象人数(万人) Number of Persons Enjoying Special Care and Preferential Treatment (10 000 persons)	每万人口中优抚对象人数(人) Number of Persons Enjoying Special Care and Preferential Treatment per 10 000 Persons (person)	优抚事业费(万元) Allowances (10 000 yuan)
1985	1	59.9	83	96.9	283	1 265.5
1990	1	112.3	98	88.8	238	3 539.7
1993	1	211.5	80	88.8	229	4 615.0
1994	1	210.5	79	89.9	228	5 122.7
1995	1	184.3	66	91.6	231	6 293.8
1996	1	200.0	70	90.9	232	6 566.2
1997	2	273.2	93	92.4	226	7 601.5
1998	2	350.9	93	92.82	224	8 125.4
1999	2	424.0	84	93.62	223	10 199.8
2000	3	700.5	85	93.67	221	13 664.3
2001	3	806.8	98	90.99	213	14 976.5
2002	5	1 598.7	281	10.73	25	13 703.8
2003	4	1 305.5	179	10.89	25	16 365.5
2004	4	1 599.1	148	10.63	24	17 804.1
2005	4	1 407.3	197	10.24	23	24 307.7

注：2002年优抚对象人数统计口径调整为实际优抚人数。

Note: The statistical coverage of Persons Enjoying Special Care and Preferential Treatment was adjusted to the actual numbers in 2002.

18-14 社会福利事业基本情况

Basic Statistics on Social Welfare

年 份 Year	民政事业费总额(万元) Total Funds for Civil Affairs (10 000 yuan)	城市社会福利事业 Urban Social Welfare		
		单位数(个) Number of Institutions	单位经费(万元) Funds of Institution (10 000 yuan)	年末在院人数(人) Persons under Care at Year-end (person)
1985	10 136.5	34	243	1 405
1990	40 948.0	45	334	1 536
1993	30 502.3	49	457	1 590
1994	31 529.4	49	992	1 702
1995	36 916.0	50	1 083.0	1 801
1996	43 966.0	50	1 120.0	1 847
1997	55 903.3	50	1 308.9	2 176
1998	58 810.0	50	1 618.7	2 179
1999	63 169.3	50	1 853.2	1 172
2000	78 944.4	75	2 143.3	2 507
2001	98 782.6	112	2 337.2	2 785
2002	115 945.6	152	2 466.6	3 364
2003	150 814.0	781	2 798.2	11 026
2004	183 854.7	744	3 229.9	10 541
2005	202 345.9	767	5 649.1	10 709

18-15 各地区工业废水排放及处理情况（2005年）
Discharge and Disposal of Industrial Waste Water by Region (2005)

地 区	Region	工业用水总量（万吨）Total Consumption of Water for Industrial Use (10 000 tons)	工业用水重复利用率（%）Recycling Rate of Water for Industrial Use (%)	工业废水排放总量（万吨）Total Volume of Industrial Waste Water Discharged (10 000 tons)	工业废水排放达标量（万吨）Volume of Industrial Waste Water up to the Discharge Standards (10 000 tons)	工业废水排放达标率（%）Rate of Treated Industrial Waste Water up to the Discharge Standard (%)
全省合计	**Total**	**463 506**	**85**	**32 928**	**26 659**	**80.96**
昆 明	Kunming	113 899	86	4 758	4 665	98.06
曲 靖	Qujing	110 091	89	2 664	2 584	96.97
玉 溪	Yuxi	21 232	79	1 849	1 542	83.36
保 山	Baoshan	5 698	32	3 419	1 508	44.12
昭 通	Zhaotong	30 494	93	1 152	950	82.46
丽 江	Lijiang	968	68	133	131	98.10
思 茅	Simao	5 343	36	2 893	2 661	91.98
临 沧	Lincang	6 305	41	2 892	2 402	83.07
楚 雄	Chuxiong	24 597	91	1 106	932	84.26
红 河	Honghe	128 627	93	3 187	2 941	92.30
文 山	Wenshan	2 457	63	603	468	77.63
西双版纳	Xishuangbanna	2 851	19	1 543	1 342	86.99
大 理	Dali	2 809	64	643	498	77.46
德 宏	Dehong	7 530	18	5 736	3 857	67.24
怒 江	Nujiang	384	31	223	179	80.23
迪 庆	Diqing	222	24	128		

注：1. 工业用新鲜水量97747万吨；2. 工业重复用水量366755万吨；3. 汇总工业企业1549个。
Note: a.Total Consumption of fresh water for industrial use: 678,7300 000 tons;
b. Volume of Recycled Water for Industrial Use:3,956,330,000tons;
c. Total Number of industrial enterprises: 1,561

18-16 各地区工业废气排放及处理情况（2005年）
Emission and Disposal of Industrial Waste Gas by Region (2005)

地 区	Region	工业废气处理设施数（套）Number of Facilities for Disposal of Industrial Waste Gas (set)	工业废气治理设施处理能力（万标立方米/时）Capacity of Facilities for Disposal of Industrial Waste Gas (10 000 cu.m/h)	工业废气排放总量（万标立方米）Total Volume of Industrial Waste Gas Emitted (10 000 cu.m)	其中 Of Which：燃料燃烧中排放的 Volume of Waste Gas Emitted During Fuel Combustion 合计（万标立方米）Total (10 000 cu.m)	其中 Of Which：生产工艺中排放的 Volume of Waste Gas Emitted During Industrial Production 合计（万标立方米）Total (10 000 cu.m)
全省合计	**Total**	**4 182**	**11 330**	**54 442 018**	**29 388 349**	**25 053 669**
昆 明	Kunming	1 041	3 911	18 809 029	8 900 978	9 908 051
曲 靖	Qujing	564	2 343	13653199	9 023 418	4 629 781
玉 溪	Yuxi	714	886	3 615 862	1 829 065	1 786 797
保 山	Baoshan	139	172	1 235 119	407884	827 235
昭 通	Zhaotong	79	296	1518911	936 703	582 208
丽 江	Lijiang	193	149	488 843	168 137	320 706
思 茅	Simao	155	293	930 282	316 545	613 737
临 沧	Lincang	95	167	561 820	324 808	237 012
楚 雄	Chuxiong	177	649	2 397 217	725 721	1 671 496
红 河	Honghe	529	1 493	7 319 248	5 090 004	2 229 244
文 山	Wenshan	87	179	1 154 406	91 688	1 062 718
西双版纳	Xishuangbanna	38	118	141 434	108 710	32 724
大 理	Dali	203	322	1 504 618	937 620	566 998
德 宏	Dehong	78	281	1 002 273	472 156	530 117
怒 江	Nujiang	86	13	74 561	53 587	20 974
迪 庆	Diqing	4	56	35 196	1 325	33 871

18-17 各地区工业固体废物排放及处理利用情况（2005年）
Discharge, Disposal and Recycling of Industrial Solid Wastes by Region (2005)

地　区	Region	工业固体废物产生量(万吨) Volume of Industrial Solid Wastes Produced (10 000 tons)	工业固体废物综合利用量(万吨) Volume of Industrial Solid Wastes Utilized (10 000 tons)	工业固体废物综合利用率(%) Rate of Industrial Solid Wastes Utilized (%)	工业固体废物贮存量(万吨) Volume of Industrial Solid Wastes Stored (10 000 tons)
全省合计	**Total**	**4 661**	**1 646**	**35**	**1 348**
昆　明	Kunming	1 132	451	39	64
曲　靖	Qujing	807	298	36	192
玉　溪	Yuxi	876	155	18	107
保　山	Baoshan	119	77	65	25
昭　通	Zhaotong	67	31	47	13
丽　江	Lijiang	85	64	75	22
思　茅	Simao	87	22	26	64
临　沧	Lincang	54	53	98	1
楚　雄	Chuxiong	300	200	67	100
红　河	Honghe	789	136	17	602
文　山	Wenshan	86	44	51	34
西双版纳	Xishuangbanna	32	32	100	
大　理	Dali	74	38	51	34
德　宏	Dehong	43	30	71	3
怒　江	Nujiang	62	1	2	55
迪　庆	Diqing	48	13	28	33

注：工业固体废物产生量=(工业固体废物综合利用量-综合利用往年堆存量)+工业固体废物贮存量+(工业固体废物处置量-处置往年堆存量)+工业固体废物排放量 。

Note: Volume of industrial solid wastes produced=(Volume of industrial solid wastes utilized - volume accumulated industrial solid wastes utilized) + industrial solid wastes stored + (Volume of industrial solid wastes disposal - volume of accumulated industrial solid wastes disposal Volume) + industrial solid wastes.wastes volme of discharged.

18-17　续表　continued

地　区	Region	工业固体废物处置量(万吨) Volume of Industrial Solid Wastes Disposal (10 000 tons)	其中：处置往年贮存量(万吨) Of Which: Volume of Previously Stored Industrial Solid Wastes Disposal (10000 tons)	工业固体废物排放量(万吨) Volume of Industrial Solid Wastes Discharged (10 000 tons)	“三废”综合利用产品产值(万元) Output Value of Products Made from Waste Gas,Waste Water and Solid Wastes (10 000 yuan)
全省合计	**Total**	**1 638**	**1**	**71**	**392 999**
昆　明	Kunming	597		32	178 467
曲　靖	Qujing	328			30 732
玉　溪	Yuxi	620			61 213
保　山	Baoshan	14		3	6 222
昭　通	Zhaotong	3		20	4 304
丽　江	Lijiang				1 030
思　茅	Simao	0.101	0		4 923
临　沧	Lincang	1			682
楚　雄	Chuxiong	1	1		12 053
红　河	Honghe	63			56 724
文　山	Wenshan			9	22 506
西双版纳	Xishuangbanna				613
大　理	Dali	1		1	11 680
德　宏	Dehong	9			1 439
怒　江	Nujiang			6	30
迪　庆	Diqing	2			382

18-18 全省"三废"治理项目完成情况
Completion of "Three Wastes" Disposal

指　　标	Item	2003年	2004年	2005年
汇总工业企业数（个）	**Number of Industrial Enterprises**	**314**	**330**	**301**
污染治理项目本年投资来源合计（万元）	**Total of Investment in Pollution Dispoal in the Year (10 000 yuan)**	**44 830**	**46 016**	**67 508**
按使用分	**By Use**			
治理废水（万元）	Disposal of Waste Water(10 000 yuan)	14 276	9 554	12 573
治理废气（万元）	Disposal of Waste Gas(10 000 yuan)	26 507	18 632	38 958
治理固体废物（万元）	Disposal of Solid Wastes(10 000 yuan)	2 445	16 166	8 260
治理噪声（万元）	Disposal of Noise Pollution(10 000 yuan)	116	405	973
治理其它（万元）	Disposal of Other Pollution(10 000 yuan)	1 486	1 260	6 744
本年施工项目总数（个）	**Number of Projects Under Consumption**	**422**	**453**	**429**
治理废水（个）	Disposal of Waste Water	149	146	107
治理废气（个）	Disposal of Waste Gas	184	249	233
治理固体废物（个）	Disposal of Solid Wastes	54	26	43
治理噪声（个）	Disposal of Noise Pollution	11	15	22
治理其它（个）	Disposal of Other Pollution	24	17	24
当年竣工项目数（个）	**Number of Projects Completed**	**349**	**402**	**350**
治理废水（个）	Disposal of Waste Water	108	122	90
治理废气（个）	Disposal of Waste Gas	161	227	197
治理固体废物（个）	Disposal of Solid Wastes	54	23	30
治理噪声（个）	Disposal of Noise Pollution	7	13	16
治理其它（个）	Disposal of Other Pollution	19	17	17
当年竣工项目新增设计处理能力	**Newly Added Design Capacity of Projects Completed**			
治理废水（吨／日）	Disposal of Waste Water(ton/day)	151 945	262 330	257 904
治理废气（万标立方米／时）	Disposal of Waste Gas (10 000cu.m/h)	609	4 257	808
治理固体废物（吨／日）	Disposal of Solid Wastes(ton/day)	61 931	25 406	8 166

注：1. 治理类型中的"治理废气"包括燃料燃烧废气和生产工艺废气的治理。

2. 治理类型中的"治理其它"包括：(1) 电磁辐射治理；(2) 放射性治理；(3) 其它治理(包括搬迁)。

3. 污染治理一年完成投资及投资来源均为当年投入的资金，不包括以往历年的投资。

4. 2001年起治理固体废物的单位为吨/月。

Note: a. Disposal of waste gas refers to that of waste gas emitted fuel pluring and industrial production.

b. Disposal of other pollution refers to that of (1) electromagnetic radiation; (2) combustion; (3) others including relocation.

c. Completed investment in pollution disposal and investment sources radioactivity are the funds input in the current year, excluding investment in the previous years.

d. Since 2001, the unit for solid waste disposal has been ton/month.

主要统计指标解释

文化事业机构 指从事专业文化工作和为专业文化工作服务的单独核算、独立建制的单位。不包括半工半艺、半农半艺的业余剧团。

艺术表演观众人数 指售票、包场演出或民族地区免费演出的艺术表演观众人数。不包括彩排审查和内部观摩演出的观看人次数。

等级运动员人数 指经考核正式批准授予等级运动员称号的人数。运动员等级分为国际级运动健将、运动健将、一级运动员、二级运动员、三级运动员、少年运动员。

等级裁判员人数 指经考核正式批准授予等级裁判员称号的人数。裁判员等级分为国际裁判、国家级裁判、一级裁判、二级裁判。

体育场 指有400米跑道(中心含足球场),有固定道牙,跑道6条以上,并有固定看台的田径场。以看台容纳观众人数为:甲级25000人以上,乙级15000-25000人,丙级5000-15000人,丁级5000人以下。

体育馆 指有固定看台可供篮球、排球、乒乓球、体操等项目训练比赛活动用的室内场地。经以看台容纳观众人数分:甲级6000人以上,乙级4000-6000人,丙级2000-4000人,丁级2000人以下。

医院 指名称为医院,设有固定床位能收容病人住院并能为病人提供医疗、护理服务的医疗机构。包括县及县以上医院、农村乡卫生院、其他医院三部分。按所属性质分为卫生部门、工业及其他部门、集体所有制三类。其中县及县以上医院按业务性质分为综合医院和专科医院。

卫生技术人员 指卫生事业机构支付工资的全部固定职工和合同制职工中现任职务为卫生技术工作的人员。包括中医师、西医师、中西医结合高级医师、护师、中药师、西药师、检验师、其他技师、中医师、西医士、护士、助产士、中药剂士、检验士、其他技士、其他中医、护理员、中药剂员、西药剂员、检验员、其他初级卫生技术人员。

医生 指经卫生部门审查合格,从事医疗工作的专业人员。分为中医医生和西医医生。包括卫生技术人员中的中医师、西医师、中西结合和其他中医师、西医师、中西结合高级医师、中医士、西医士和其他中医。

城市社会福利事业单位 包括社会福利院、儿童福利院和民政部门所属的精神病院等。

城乡社会救济费 社会救济是指国家或集体用于生活困难人员的财物支出。本指标包括城镇社会救济费、乡村社会救济费、精简退职的老职工救济费。

(1)城镇社会救济费 包括民政部门支出的城镇困难户救济费和机关企事业单位支付的职工生活困难补助费。

(2)乡村社会救济费 包括民政部门支出的农村五保户、困难户及麻风病人救济费。本指标包括农村集体支付的散居五保户、贫困户救济折款(包括实物)。

(3)精简退职的老职工救济费 指民政部门支出的精减退职的老职工救济费(包括按原工资40%发给的救济费和其他困难救济费)。

自然灾害受灾人数 指遭受自然灾害人数中的成灾人数。所谓成灾是指遭受自然灾害,作物收成减产三成以上的单位,这种单位的全部农业人口即为成灾人口。

优抚事业单位 指革命残废军人休养院、荣复军人疗养院和复退军人精神病院、光荣院。

优抚对象 优抚是指我国人民群众对革命烈士家属、病故革命军人家属、革命残废军人、革命残废工作人员以及参战负伤致残的民兵、民工的优待和对这些人的抚恤。"优抚对象"包括烈军属、复退军人、革命残废人员。

优抚事业费 指民政部门开支的抚恤事业费。包括牺牲费、烈军属及复员退伍军人补助费、退伍军人安置费、优抚事业单位经费和其他抚恤事业费。

Explanatory Notes on Principal Statistical Indicators

Cultural Institutions refer to entities which have their own organizational systems and independent accounting systems and specialize in or serve cultural development, excluding other establishments run by these cultural institutions and amateur cultural groups established by various departments.

Number of Spectators at Art Performance refers to the number of attendants at commercial shows, completely booked shows or a free show offered in minority nationality areas, and does not include the number of spectators at rehearsals of examination and internal shows for observation.

Number of Athletes in Grades refers to the number of athletes who have been conferred titles after examination. The titles of athletes include international masters of sports, masters of sports, first-grade, second-grade and third-grade sportsmen and young athletes.

Number of Referees in Grades refers to the number of referees who have been conferred titles after examination. They are classified as international-level referees, national-level referees and referees of the first, second and third grades.

Stadiums refer to the stadiums for track and field events with six-lane 400-meter tracks around soccer fields, permanent track marks and permanent bleachers. Stadiums are classified according to seating capacity, including: Class A stadiums seating over 25,000 people each, Class B stadiums seating 15,000 to 25,000 people each, Class C stadiums seating 5,000 to 15,000 people each, and Class D stadiums seating less than 5,000 people each.

Gymnasiums refer to the indoor sports grounds with permanent seats in which basketball, volleyball, badminton, table tennis and gymnastics matches can be held. Gymnasiums are classified according to seating capacity, including Class A gymnasiums seating over 6,000 people each, Class B gymnasiums seating 4,000 to 6,000 people each, Class C gymnasiums seating 2,000 to 4,000 people each, and Class D gymnasiums seating less than 2,000 people each.

Hospitals refer to the medical institutions with permanent sickbeds where sick or injured people receive medical treatment and nursing services. Hospitals fall into three categories: hospitals at and above county-level, hospitals of rural townships, and other hospitals. According to their ownership, hospitals can be divided into three categories: hospitals under the public health departments, hospitals under industrial and other departments and collective-owned hospitals. Hospitals at and above county-level are divided into general and specialized hospitals.

Medical Technical Personnel refers to all medical staff and workers employed by medical institutions, including doctors of traditional Chinese and Western medicine, senior doctors who integrate traditional Chinese therapeutics with Western therapeutics in practice, senior nurses, pharmacists of traditional Chinese and Western medicine, senior laboratory technicians, other senior technicians, assistant doctors of traditional Chinese and Western medicine, nurses, midwives, assistant pharmacists of traditional Chinese medicine, laboratory technicians, other technicians, other practitioners of traditional Chinese medicine, nursing workers, pharmacological workers of traditional Chinese and Western medicine, laboratory workers, and other junior medical personnel.

Doctors refer to the qualified medical professionals approved to practice by the public health departments. They are classified as doctors of traditional Chinese medicine and of Western medicine, specifically speaking, senior doctors who integrate traditional Chinese therapeutics with Western therapeutics, physicians of traditional Chinese and Western medicine, and other practitioners of traditional Chinese medicine.

Urban Social Welfare Institutions include social welfare institutions, children welfare institutions, metal hospitals subordinated to the civil affairs departments.

Urban and Rural Social Relief Funds refer to the financial expenditure for the needy by the state or collectives. This indicator includes urban social relief funds, rural social relief funds and relief funds for reduced or resigned old staff and workers.

(1) *Urban social relief funds* include the relief funds paid by the civil affairs departments to urban needy

households and the living allowances paid by government departments, enterprises and institutions to staff and workers with financial difficulties.

(2) *Rural social relief funds* include the relief funds paid by the civil affairs departments to rural households (of infirm and childless old persons) enjoying the five guarantees, needy households and lepers. This indicator also includes the relief in money and in kind paid by rural collectives to scattered-living households (of infirm and childless old persons) enjoying the five guarantees and needy households.

(3) *Relief funds for reduced or resigned old staff and workers* refer to the relief funds paid by the civil affairs departments to reduced or resigned old staff and workers (including the relief funds paid at 40% of their original wages and other relief funds).

Number of Natural Disaster Victims refers to the number of people stricken by natural disaster of a certain extent. The so-called "disaster of a certain extent" means any natural disaster that causes crop yield to reduce by over 30% and the total agricultural population hit by it is the stricken population.

Institutions for Special Care refer to rest homes for disabled revolutionary servicemen, the sanatoriums for honorably retired servicemen and mental homes or honor homes for retired servicemen.

Persons Enjoying Special Care Special care means the special treatment and compensation given by the state to family members of revolutionary martyrs, family members of revolutionary servicemen died of illness, disabled revolutionary servicemen, disabled revolutionary working staff and militias and laborers wounded and disabled in war. "Person Enjoying Special Care" refers to family members of revolutionary martyrs, retired servicemen and disabled revolutionary persons.

Funds for Special Care refer to the funds spent by the civil affairs departments for special care, which include sacrifice pensions, allowances for family members of martyrs and retired servicemen, placement allowances for retired servicemen, funds of institutions for special care and other special funds.

十九、企业调查

Survey of Enterprises

19-1 云南省主要企业集团监测运行情况（2005年）
Operation of Major Enterprises Following Modern Enterprise Supervising and Evaluating Institution (2005)

指　　标	Item	全省39个企业集团 Total: 39 Enterprise Groups
企业集团母公司体制	**Parent Company System of Enterprise Groups**	
已建立	Established	36
企业集团母公司出资人	**Investors of Parent Company of Enterprise Groups**	
已明确	Confirmed	39
企业集团母公司出资人主要权利	**Main Rights of Investor of Parent Company of Enterprise Groups**	
企业重大经营决策	Making Decisions on Important Operations of an Enterprise	38
选择企业经营者	Selecting Enterprise Operators	36
收取资产收益	Collecting Assets Income	32
企业集团母公司组织机构	**Organizations of Parent Company of Enterprise Groups**	
已成立股东会	Stockholders' Meeting Established	22
已成立董事会	Board of Directors Established	34
设立独立董事	Setting up Independent Directior Posts	10
董事长与总经理由一人兼任	Chairman of Board Holding a Concurrent Post of General Manager	9
下设专门委员会		11
已成立监事会	Board of Supervisor Established	30
企业集团母公司总经理产生方式	**Methods of Appointing General Manager of Parent Company of Enterprise Groups**	
董事会聘任	Engaged by the Board of Directors	21
上级行政部门直接任命	Appointed by the Higher-level Administrative Department	9
国有资产授权投资机构指派	Designated by Entrusted State-owned Assets Investment Institutions	3
上级主管部门提名，董事会聘任	Nominated by the Higher-level Department in Charge and Engaged by Board of Directors	2
企业集团母公司总经理行使职权情况	**Functions and Powers Exercised By General Manager of Parent Company of Enterprise Groups**	
主持生产经营管理工作，组织实施董事会决议	Directing Production, Operation and Implementation of Decisions By Board of Directors	38
组织实施公司年度经营计划和投资方案	Organizing Implementation of Annual Program of Operation and Investment	38
拟定公司管理制度及机构设置方案	Drafting Management Systems and Setting Prrograms	38
提请聘任或解聘公司副总经理、财务负责人	Submitting to Engaging or Dismissing Deputy General Managers and Financial Managers	33
企业集团合并会计报表制度	**Systems of Combined Accounting Statement of Enterprise Groups**	
已执行	Carried Out	35
企业集团成员企业中上市公司	**Listed Companies of Enterprise Groups**	
有	Existing	9

19-1 续表1 continued

指 标	Item	全省39个企业集团 Total: 39 Enterprise Groups
企业集团母公司统一决策事项	**Items By Group Decision-making in Parent Company of Enterprise Groups**	
集团发展战略	Development Strategy of Groups	39
重大投融资项目	Important Investment and Financing Projects	38
涉外贸易和经济技术合作	Foreign Trade and Economic and Technological Cooperation	32
科研开发	Research and Development	30
财务管理制度	Financial Management System	32
企业集团内部制度建设情况	**Establishment of Internal Systems of Enterprise Goups**	
有重大事项决策程序制度	Establishing System of Decision-making for Importannt Matters	36
有财务总监委派制	Establishing System of Appointment of Accounting Controller	25
有预算管理制度	Establishing Budget Management System	34
有产权代表管理制度	Establishing Equity Representative Management	17
施行事业部制	Implementing Matrix Organization Structure System	13
有奖惩制度，并能严格执行	Establishing and Carrying Out Strictly Systems of Reward and Punishment	36
集团核心企业劳动人事分配制度情况	**Labour Administration and Distribution Systems in Core Enterprises of Enterprise Group**	
已全面实行劳动合同制度	Completely Carrying Out Labor Contractual System	39
已实行全员竞争上岗，职工能进能出	Carrying Out Competition-for-post System	31
不存在“干部”和“工人”的身份界限	No Division Between Identity Cardes and workers Not Yet	27
内部管理人员实行公开竞聘	Carrying Out Competition-for-Managerial Post	33
按照足额缴纳社会保险费	Full Payment of Social Insurance Funds	39
企业集团实行的分配办法	**Methods of Distribution in Enterprise Goups**	
经营者年薪制	Annual Salary System for Operators	23
经营者持有股权、股票期权	Enterprise's Operator Holding Stork Equity and Option	3
岗位工资为主的工资制	Wage System with Job Wage as Mainbody	37
科技人员工资收入分配激励机制	Encouragement Mechanism for Scientific and Technical Personnel	20
职工持股分配制	Distribution System of Employee Shares-holding	10
工资集体协商制度	System of Collective Consultation Over Wages	14
集团主要产品(服务)或体系认证情况	**Quality Control of Major Productions and Serves**	
获得ISO9000-9004质量体系认证	Passed ISO9000-9004 Certification	29
通过ISO14000环境管理系列认证	Passed ISO14000 Certification	12
获得其他国际认证	Passed Others International Certification	8
企业集团技术中心	**Technological Center of Enterprise Groups**	
已建立	Established	27
企业集团商业网站		
已建立	Established	20

指 标	Item	全省39个企业集团 Total: 39Enterprise Groups
企业集团有关配套政策落实情况	**Auxiliary Policy Carried Out in Enterprise Groups**	
投资自主权	Autonomous Investment Right	36
境外融资权	Overseas Financing Right	10
对外担保权	External Hypothec	24
自营产品进出口权	Import and Export Rights	27
合并纳税权	Consolidated Tax Payment Right	11
对外工程承包与劳务合作权	Right to undertake International Contract Project and Labor Cooperation	21
外事审批权	Power of Examinationand Approval of Handling Foreign Affairs	5
企业集团扩大经营规模、资产规模方式	**Means of Expansion of Operation and Investment Scales**	
银行贷款，新建项目	Bank loans and New Projects	34
以市场方式兼并收购其他企业	Merger and Acquisition of by Other Enterprises by Means of Market	30
以股票、债券形式向资本市场融资	Financing by Stocks and Bonds from Capital Market	11
与国外企业合资、联营	Joint Venture With Foreign Enterprises	8
以产权划转方式进行资产重组	Recapitalization by Transfer of Property Rights	20
企业集团内部管理面临问题	**Problems in Internal Management of Enterprise Groups**	
集团内部产权关系尚未理顺	Unclearness of Internal Relationship of Property Rights	7
集团母子公司体制不健全	Imperfect System of Parent Company and Subsidiaried	7
缺乏对企业经营者的激励约束机制	Lack of Mechanism of Encouragement and Restrictions for Enterprise Operators	11
企业集团产权管理部门职能弱	Weak Functions of Group's Property Right Management Departments in Groups	2
受上级行政管理部门干预较多	Excessive Interference from the Higher-level Administrative Department	4
其他	Others	7
影响企业集团生产经营主要因素	**Major Factors Affecting Production and Operation of Enterprise Groups**	
资金短缺	Shortage of Funds	19
产品缺乏竞争力	Lack of Competitive Power of Products	11
企业债务沉重	Heavy Debts of Enterprises	9
上级行政部门干预	Interference from the Higher-up Administrant Department	4
地区间贸易壁垒	Regional Trade Barriers	11
科研开发能力弱	Weak Capability of R&D	14
技术设备陈旧	Outdated Technology and Equipment	4
企业富余人员问题突出	Surplus Employees of Enterprises	12
企业集团未来发展前景预测	**Forecast of Developmental Future of Enterprise Groups**	
很好	Excellent	14
较好	Relatively Good	21
一般	Ordinary	4

19-2 云南省主要企业集团财务指标（一）

单位:万元

指标	Item	集团数（个）Number of Groups（unit）
总计	**Total**	**39**
按集团审批部门分	**Grouped by Examination and Approval Department**	
国务院主管部门	Responsible Department of The State Council	3
省级人民政府	Provincial People's Government	20
省级政府主管部门	Responsible Department of Provincial Government	5
其他	Others	11
按母公司控股情况分	**Grouped by Share-holding Situation of Parent Company**	
国有及国有控股	State-owned and State Share Holding	23
国有绝对控股	State-owned Absolute Share Holding	21
国有相对控股	State-owned Opposite Share Holding	2
集体及集体控股		2
集体绝对控股	Collective-owned Absolute Share Holding	1
集体相对控股	Collective-owned Opposite Share Holding	1
其他	Others	14
按企业集团主营行业分	**Grouped by Industry for Major Business**	
农、林、牧、渔业	Farming, Forestry, Animal Husbandry and Fishery	1
工业	Industry	24
采矿业	Mining	1
制造业	Manufacturing	22
电力、燃气及水的生产和供应业	Production and Supply of Electric Power, Gas and Water	1
建筑业	Construction	2
交通运输、仓储和邮政业	Transportation, Storage and Post	3
批发和零售业	Wholesale and Retail Trade	5
房地产业	Real Estate	2
其他	Others	2
按母公司登记注册类型分	**Grouped by Types of Parent Company's Registration**	
国有企业	State-owned Enterprises	4
公司制企业	Enterprises by Company Administration System	35
国有独资企业	State Sole funded Enterprises	12
其他有限责任公司	Other Limited Liability Corporations	13
股份有限公司	Share Holding Corporations Ltd.	9
港澳台合资企业	Joint-venture Enterprises of Hong Kong, Macao and Taiwan	1
按三次产业分	**Grouped by Types of Industry**	
第一产业	Primary Industry	1
第二产业	Secondary Industry	26
第三产业	Tertiary Industry	12

Finance Indicators of Major Enterprise Groups (I)

(10 000 yuan)

年末资产 Assets at Year-end		年末负债 Liabilities at Year-end		年末股东权益 Shareholder's Equity at Year-end	
2004年	2005年	2004年	2005年	2004年	2005年
16 673 834	**19 497 827**	**7 901 050**	**9 534 822**	**8 772 784**	**9 963 005**
5 673 592	6 359 708	1 331 722	1 676 830	4 341 870	4 682 878
9 371 936	11 482 051	5 576 928	6 887 439	3 795 008	4 594 612
840 456	851 946	511 064	498 171	329 392	353 775
787 850	804 122	481 336	472 382	306 514	331 740
14 470 619	17 259 211	6 632 603	8 267 197	7 838 016	8 992 014
14 251 885	17 041 311	6 516 908	8 153 745	7 734 977	8 887 566
218 734	217 900	115 695	113 452	103 039	104 448
629 330	588 863	373 454	336 059	255 876	252 804
512 399	483 029	313 720	284 168	198 679	198 861
116 931	105 834	59 734	51 891	57 197	53 943
1 573 885	1 649 753	894 993	931 566	678 892	718 187
590 588	550 999	400 052	374 048	190 536	176 951
14 030 674	16 810 513	6 233 978	7 841 936	7 796 696	8 968 577
815 833	1 161 580	560 246	735 944	255 587	425 636
12 702 442	15 165 904	5 360 012	6 821 824	7 342 430	8 344 080
512 399	483 029	313 720	284 168	198 679	198 861
847 101	889 727	638 691	691 766	208 410	197 961
337 776	344 978	95 871	100 286	241 905	244 692
359 255	366 274	227 216	223 363	132 039	142 911
266 130	249 426	196 181	171 195	69 949	78 231
242 310	285 910	109 061	132 228	133 249	153 682
540 284	539 124	203 564	201 136	336 720	337 988
16 133 550	18 958 703	7 697 486	9 333 686	8 436 064	9 625 017
12 442 696	14 895 697	5 546 721	6 976 230	6 895 975	7 919 467
2 304 832	2 641 253	1 284 180	1 476 413	1 020 652	1 164 840
1 236 823	1 278 161	730 138	761 739	506 685	516 422
149 199	143 592	136 447	119 304	12 752	24 288
590 588	550 999	400 052	374 048	190 536	176 951
14 877 775	17 700 240	6 872 669	8 533 702	8 005 106	9 166 538
1 205 471	1 246 588	628 329	627 072	577 142	619 516

19-3 云南省主要企业集团财务指标（二）

单位:万元

指标	Item	股本 Capital Stock 2004年	2005年
总 计	**Total**	**2 344 276**	**2 496 689**
按集团审批部门分	**Grouped by Examination and Approval Department**		
国务院主管部门	Responsible Department of The State Council	256 808	260 195
省级人民政府	Provincial People's Government	1 830 328	1 980 746
省级政府主管部门	Responsible Department of Provincial Government	143 586	144 339
其他	Others	113 554	111 409
按母公司控股情况分	**Grouped by Share-holding Situation of Parent Company**		
国有及国有控股	State-owned and State Share Holding	1 840 045	1 969 615
国有绝对控股	State-owned Absolute Share Holding	1 818 383	1 948 064
国有相对控股	State-owned Opposite Share Holding	21 662	21 551
集体及集体控股		130 888	130 888
集体绝对控股	Collective-owned Absolute Share Holding	106 386	106 386
集体相对控股	Collective-owned Opposite Share Holding	24 502	24 502
其他	Others	373 343	396 186
按企业集团主营行业分	**Grouped by Industry for Major Business**		
农、林、牧、渔业	Farming, Forestry, Animal Husbandry and Fishery	125 152	125 505
工业	Industry	1 666 486	1 809 199
采矿业	Mining		
制造业	Manufacturing	1 560 100	1 702 813
电力、燃气及水的生产和供应业	Production and Supply of Electric Power, Gas and Water	106 386	106 386
建筑业	Construction	159 555	160 853
交通运输、仓储和邮政业	Transportation, Storage and Post	228 750	230 750
批发和零售业	Wholesale and Retail Trade	48 032	42 671
房地产业	Real Estate	55 601	55 601
其他	Others	60 700	72 110
按母公司登记注册类型分	**Grouped by Status of Parent Company's Registration**		
国有企业	State-owned Enterprises	212 228	208 447
公司制企业	Enterprises with Company Administration System	2 132 048	2 288 242
国有独资企业	Wholly State-funded Enterprises	1 397 226	1 488 805
其他有限责任公司	Other Limited Liability Companies	515 953	569 246
股份有限公司	Incorporated Limited Corporations	187 770	199 092
港澳台合资企业	Joint Ventures with funded from Hong Kong, Macao and Taiwan	31 099	31 099
按三次产业分	**Grouped by Types of Industry**		
第一产业	Primary Industry	125 152	125 505
第二产业	Secondary Industry	1 826 041	1 970 052
第三产业	Tertiary Industry	393 083	401 132

Finance Indicators of Major Enterprise Groups (Ⅱ)

(10 000 yuan)

营业收入 Business Income		新产品销售收入 Sales Revenue of New Productions		出口销售总额 Total Value of Exports	
2004年	2005年	2004年	2005年	2004年	2005年
9 322 392	**11 901 232**	**756 209**	**553 385**	**663 434**	**749 135**
3 028 906	3 112 558	187 783	101 404	123 357	29 306
5 363 139	7 769 285	481 781	332 175	459 972	623 948
460 523	427 727	36 407	59 166	71 280	77 621
469 824	591 662	50 238	60 640	8 825	18 260
8 231 860	10 652 237	738 618	538 996	578 221	653 184
8 079 974	10 487 863	681 205	474 482	571 604	643 479
151 886	164 374	57 413	64 514	6 617	9 705
171 977	106 216				
122 939	48 422				
49 038	57 794				
918 555	1 142 779	17 591	14 389	85 213	95 951
255 151	249 352			3 067	2 166
7 693 337	10 215 848	756 049	553 202	588 629	668 286
381 480	518 419			37428	21951
7 188 918	9 649 007	756 049	553 202	551 201	646 335
122 939	48 422				
726 795	776 662			378	680
72 869	76 554	160	183	0	0
456 405	437 073			71 360	78 003
66 991	85 451				
50 844	60 292				
249 860	262 968	50 238	60 640	383	803
9 072 532	11 638 264	705 971	492 745	663 051	748 332
7 139 766	9 340 913	535 045	235 776	430 867	485 627
1 201 143	1 470 918	96 082	178 249	147 677	170 270
713 670	798 776	74 844	78 720	84 507	92 435
17 953	27 657				
255 151	249 352			3 067	2 166
8 420 132	10 992 510	756 049	553 202	589 007	668 966
647 109	659 370	160	183	71 360	78 003

19-4 云南省主要企业集团财务指标（三）

单位:万元

指　　标	Item	投资收益 Investment Revenue	
		2004年	2005年
总 计	**Total**	**35 721**	**36 684**
按集团审批部门分	**Grouped by Examination and Approval Department**		
国务院主管部门	Responsible Department of The State Council	37 428	32 671
省级人民政府	Provincial People's Government	- 10 145	- 1 761
省级政府主管部门	Responsible Department of Provincial Government	5 443	8 031
其他	Others	2 995	- 2 257
按母公司控股情况分	**Grouped by Share-holding Situation of Parent Company**		
国有及国有控股	State-owned and State Share Holding	22 489	34 975
国有绝对控股	State-owned Absolute Share Holding	22 023	34 280
国有相对控股	State-owned Opposite Share Holding	466	695
集体及集体控股		4 242	6 774
集体绝对控股	Collective-owned Absolute Share Holding	5 430	6 891
集体相对控股	Collective-owned Opposite Share Holding	- 1 188	- 117
其他	Others	8 990	- 5 065
按企业集团主营行业分	**Grouped by Major Business**		
农、林、牧、渔业	Farming, Forestry, Animal Husbandry and Fishery	234	516
工业	Industry	37 394	37 790
采矿业	Mining	651	4 920
制造业	Manufacturing	31 313	25 979
电力、燃气及水的生产和供应业	Production and Supply of Electric Power, Gas and Water	5 430	6 891
建筑业	Construction	- 1 107	- 2 307
交通运输、仓储和邮政业	Transportation, Storage and Post	- 426	- 1 326
批发和零售业	Wholesale and Retail Trade	494	1 331
房地产业	Real Estate	- 1 173	- 117
其他	Others	305	797
按母公司登记注册类型分	**Grouped by Status of Parent Company's Registration**		
国有企业	State-owned Enterprises	- 2 175	- 3 956
公司制企业	Corporate Enterprises	37 896	40 640
国有独资企业	Wholly State-funded Enterprises	23 930	37 996
其他有限责任公司	Other Limited Liability Companies	8 369	4 745
股份有限公司	Incorporated Limited Corporations	5 582	- 2 101
港澳台合资企业	Joint Ventures with funded from Hong Kong, Macao and Taiwan	15	
按三次产业分	**Grouped by Sectors**		
第一产业	Primary Industry	234	516
第二产业	Secondary Industry	36 287	35 483
第三产业	Tertiary Industry	- 800	685

Finance Indicators of Major Enterprise Groups (III)

(10 000 yuan)

利润总额 Total Profits		应交所得税 Incom Tax Payable		应交增值税 Value-added Tax Payable	
2004年	2005年	2004年	2005年	2004年	2005年
936 308	**1 002 720**	**246 132**	**234 117**	**610 612**	**703 171**
509 438	478 502	176 108	150 727	369 130	355 404
354 302	454 909	58 163	70 746	211 630	314 171
50 722	40 650	6 812	5 473	15 566	16 967
21 846	28 659	5 049	7 171	14 286	16 629
824 643	898 770	225 029	211 364	568 201	653 358
820 139	893 912	224 591	210 864	565 602	650 104
4 504	4 858	438	500	2 599	3 254
35 602	24 498	7 287	6 497	9 556	5 840
23 460	10 237	3 921	2 702	9 556	5 840
12 142	14 261	3 366	3 795		
76 063	79 452	13 816	16 256	32 855	43 973
24 348	25 982	63		3 208	3 345
873 712	915 718	235 705	222 296	596 588	680 989
21 510	37 041	3 368	4 564	18089	24937
828 742	868 440	228 416	215 030	568 943	650 212
23 460	10 237	3 921	2 702	9 556	5 840
4 331	10 564	3 250	3 277	1 206	930
- 2 140	- 308	260	234	237	246
23 974	25 668	2 047	2 334	8 967	17 047
6 195	16 899	3 376	3 795		
5 888	8 197	1 431	2 181	406	614
8 261	7 490	2 077	1 734	7 682	7 287
928 047	995 230	244 055	232 383	602 930	695 884
771 624	839 256	213 644	200 335	536 277	607 956
92 045	88 675	18 814	20 167	49 219	63 525
70 325	64 661	11 587	11 881	17 434	24 403
- 5 947	2 638	10			
24 348	25 982	63		3 208	3 345
878 043	926 282	238 955	225 573	597 794	681 919
33 917	50 456	7 114	8 544	9 610	17 907

19-5 云南省主要企业集团财务指标（四）

单位:万元

指标	Item	研究开发费 R&D Expenditure 2004年	2005年
总计	**Total**	**67 382**	**84 381**
按集团审批部门分	**Grouped by Examination and Approval Department**		
国务院主管部门	Responsible Department of The State Council	19 062	22 823
省级人民政府	Provincial People's Government	44 721	56 560
省级政府主管部门	Responsible Department of Provincial Government	2 850	3 272
其他	Others	749	1 726
按母公司控股情况分	**Grouped by Share-holding Situation of Parent Company**		
国有及国有控股	State-owned and State Share Holding	63 918	81 416
国有绝对控股	State-owned Absolute Share Holding	62 482	79 962
国有相对控股	State-owned Opposite Share Holding	1 436	1 454
集体及集体控股			
集体绝对控股	Collective-owned Absolute Share Holding		
集体相对控股	Collective-owned Opposite Share Holding		
其他	Others	3 464	2 965
按企业集团主营行业分	**Grouped by Industry for Major Business**		
农、林、牧、渔业	Farming, Forestry, Animal Husbandry and Fishery	42	308
工业	Industry	66 388	83 239
采矿业	Mining	79	481
制造业	Manufacturing	66 309	82 758
电力、燃气及水的生产和供应业	Production and Supply of Electric Power, Gas and Water		
交通运输、仓储和邮政业	Transportation, Storage and Post	952	807
建筑业	Construction		27
批发和零售业	Wholesale and Retail Trade		
房地产业	Real Estate		
其他	Others		
按母公司登记注册类型分	**Grouped by Types of Parent Company's Registration**		
国有企业	State-owned Enterprises	491	1 284
公司制企业	Enterprises by Company Administration System	66 891	83 097
国有独资企业	State Sole funded Enterprises	47 297	53 861
其他有限责任公司	Other Limited Liability Corporations	17 744	27 267
股份有限公司	Share Holding Corporations Ltd.	1 850	1 969
港澳台合资企业	Joint-venture Enterprises of Hong Kong, Macao and Taiwan		
按三次产业分	**Grouped by Sector**		
第一产业	Primary Industry	42	308
第二产业	Secondary Industry	67 340	84 046
第三产业	Tertiary Industry		27

Finance Indicators of Major Enterprise Groups (Ⅳ)

(10 000 yuan)

年末从业人数(人) Employees at Year-end (persons)		从业人员劳动报酬 Remuneration of Employees		劳动待业保险费 Labor Insurance Funds for Unemployment	
2004年	2005年	2004年	2005年	2004年	2005年
339 055	**358 029**	**564 805**	**689 011**	**129 807**	**128 479**
37 417	43 868	126 454	136 236	17 097	14 679
275 393	287 259	392 927	504 761	107 380	109 811
7 032	6 704	17 690	18 370	3 835	2 624
19 213	20 198	27 734	29 644	1 495	1 365
296 188	309 205	507 020	628 302	125 999	124 527
290 793	303 288	497 909	618 828	125 642	124 278
5 395	5 917	9 111	9 474	357	249
1 783	1 434	4 375	4 220	199	60
1 616	1 277	4 147	4 007	198	59
167	157	228	213	1	1
41 084	47 390	53 410	56 489	3 609	3 892
92 417	91 329	65 093	75 163	16 261	15 651
185 351	193 019	412 542	501 776	100 314	98 718
27 096	24 552	37 673	37 608	7987	9781
156 639	167 190	370 722	460 161	92 129	88 878
1 616	1 277	4 147	4 007	198	59
46 914	58 491	56 834	76 113	10096	10770
3 947	3 877	13 936	17 417	806	751
5 387	5 447	10 416	11 185	2 329	2 588
739	729	1 717	1 702	1	1
4 300	5 137	4 267	5 655		
8 003	7 490	22 151	26 426	869	1 332
331 052	350 539	542 654	662 585	128 938	127 147
241 242	255 156	418 032	519 648	106 774	101 163
56 148	56 111	80 165	96 251	20 779	24 442
33 090	38 700	42 968	45 197	1 385	1 542
572	572	1 489	1 489		
92 417	91 329	65 093	75 163	16 261	15 651
232 265	251 510	469 376	577 889	110 410	109 488
14 373	15 190	30 336	35 959	3 136	3 340

19-6 云南省企业集团成员企业主要业务指标 （2005年）

指　　标	Item	企业数（个）Number of Enterprises (unit)	年末资产（万元）Assets at Year-end (10 000 yuan)
总　计	**Total**	**463**	**25 971 667**
按主营行业分	**Grouped by Major Business**		
第一产业合计	**Primary Industry**	46	541 577
农、林、牧、渔业	Farming, Forestry, Animal Husbandry and Fishery	46	541 577
第二产业合计	Secondary Industry	190	20 377 374
工业小计	Industry	168	19 552 757
采矿业	Mining	21	1 056 576
制造业	Manufacturing	131	17 667 945
电力、燃气及水的生产和供应业	Production and Supply of Electric Power, Gas and Water	16	828 236
建筑业	Construction	22	824 617
第三产业合计	Tertiary Industry	227	5 052 716
交通运输、仓储和邮政业	Transport,Storage and and Postal Services	15	203 072
信息传输、计算机服务和软件业	Information Transmission,Computer Services and software Services	4	26 815
批发和零售业	Wholesale and Retaile Trade	115	1 300 091
住宿和餐饮业	Services of Hotel and Food	17	61 810
金融业	Banking	5	77 137
房地产业	Real Estate	27	658 682
其他	Others	44	2 725 109
按母公司登记注册类型分	**Grouped by Status of Parent Company's Registration**		
国有企业	State-owned Enterprises	183	3 198 469
公司制企业	Corporate Enterprises	258	22 498 097
国有独资企业	Wholly State-funded Enterprises	13	9 285 828
其他有限责任公司	Other Limited Liability Companies	182	8 863 805
股份有限公司	Incorporated Limited Corporations	44	4 050 137
中外合资企业	Sino-foreign Joint Ventures	11	123 739
港澳台合资企业	Joint Ventures with funded from Hong Kong, Macao and Taiwan	8	174 588
其他	Others	22	275 101

Principal Business Indicators of Enterprise Group Members (2005)

年末负债 (万元) Liabilities at Year-end (10 000 yuan)	营业收入 (万元) Business Revenue (10 000 yuan)	利润总额 (万元) Total Profits (10 000 yuan)	年末从业人员 (人) Employees at Year-end (persons)
12 624 844	**14 007 949**	**1 318 324**	**387 297**
356 500	239 895	28 185	90 822
356 500	239 895	28 185	90 822
9 831 816	11 830 183	1 028 107	258 118
9 190 303	11 073 753	1 020 950	205 170
604 084	702 203	93 731	32 940
8 090 075	10 281 320	911 847	170 644
496 144	90 230	15 372	1 586
641 513	756 430	7 157	52 948
2 436 528	1 937 871	262 032	38 357
217 872	89 989	11 893	3 603
17 440	26 348	1 803	772
774 659	1 391 861	98 513	10 059
36 677	21 327	- 1 219	3 054
49 400	2 281	- 159	118
429 332	174 651	41 296	2 486
911 148	231 414	109 905	18 265
1 836 187	1 557 186	90 263	140 984
10 601 110	12 230 075	1 214 399	239 506
3 027 257	3 270 466	536 546	21 121
5 073 521	5 339 346	359 091	143 698
2 321 913	3 501 759	304 058	72 831
50 607	52 391	2 222	1 075
127 812	66 113	12 482	781
187 547	220 688	13 662	6 807

19-7 云南省重点企业建立现代企业制度跟踪监测主要指标（一）

单位:万元

指　　标	Item	企业数（个）Number of Enterprises (unit)	合　计 Total
合 计	**Total**	**175**	**4 765 270**
按控股情况分	**Grouped by Share Holding**		
国有绝对控股	State-owned Absolute Share Holding	75	3 953 179
国有相对控股	State-owned Opposite Share Holding	11	148 718
集体绝对控股	Collective-owned Absolute Share Holding	7	30 656
集体相对控股	Collective-owned Opposite Share Holding	3	27 930
其他	Others	79	604 787
按主营行业分	**Grouped by Industry for Major Business**		
农、林、牧、渔业	Farming, Forestry Animal Husbandry and Fishing	2	143 000
工业	Industry	138	3 171 824
采矿业	Mining	5	50 166
制造业	Manufacturing	123	2 225 690
电力、燃气及水的生产和供应业	Production and Supply of Electric Power, Gas and Water	10	895 968
建筑业	Construction	13	184 256
交通运输、仓储和邮政业	Transportation,Storage and Post	6	37 645
批发和零售业	Wholesale and Retaile Trade	2	178 651
金融业	Banking	2	26 563
房地产业	Real Estate	5	30 809
其他	Others	7	992 522
按登记注册类型分	**Grouped by Status of Registration**		
国有企业	State-owned Enterprises	22	507 710
国有独资企业	State-owned Sole Enterprises	9	1 482 568
其他有限责任公司	Other Limited Liability Companies	63	1 115 931
股份有限公司	Share Holding Companies	54	1 347 464
中外合资企业	Sino-foreign Joint Ventures	10	196 585
港澳台合资企业	Joint Ventures funded by Hong Kong, Macao and Taiwan	7	84 962
其他	Others	10	30 050
按企业规模分	**Grouped by Production Scale**		
大型	Large	43	2 452 028
中型	Medium-sized	100	1 350 245
小型	Small	28	145 777
其他	Others	4	817 220
按三次产业分	**Grouped by Type of Industry**		
第一产业	Primary Industry	2	143 000
第二产业	Secondary Industry	151	3 356 080
第三产业	Tertiary Industry	22	1 266 190
按重点企业类型分	**Grouped by Type of Key Enterprise**		
其中:国家重点企业	Thereinto: State-owned Key Enterprises	11	1 335 442
省级重点企业	Provincial-level Key Enterprises	81	3 585 007

Principal Indicators of Key Enterprises Following Modern Enterprise Supervising and Evaluating Institution (I)

(10 000 yuan)

2005年资本金 （2005）Funds				
国家 State	集体 Collective	法人 Corporations	个人 Individual	外商 Foreign Merchant
2 728 806	**53 726**	**1 434 841**	**420 886**	**127 011**
2 680 544	26 440	1 100 560	98 687	46 948
34 314	60	66 448	38 798	9 098
	22 114	8 542		
5 644	1 229	12 500	8 557	
8 304	3 883	246 791	274 844	70 965
82 670		330	60 000	
1 474 711	47 896	1 217 382	304 824	127 011
30 581		17 605	1 980	
708 231	22 276	1 094 728	295 644	104 811
735 899	25 620	105 049	7 200	22 200
132 960	5 800	15 510	29 986	
18 920		12 275	6 450	
11 000		167 651		
5 644	30	13 975	6 914	
10 829		7 718	12 262	
992 072			450	
437 371	820	69 519		
1 482 568				
350 135	41 631	558 087	163 585	2 493
449 242	837	655 361	235 524	6 500
3 002		110 933	5 171	77 479
6 488		40 341	2 906	35 227
	10 438	600	13 700	5 312
1 461 473		795 716	159 388	35 451
433 711	53 449	555 349	222 161	85 575
51 950	277	53 240	34 325	5 985
781 672		30 536	5 012	
82 670		330	60 000	
1 607 671	53 696	1 232 892	334 810	127 011
1 038 465	30	201 619	26 076	
1 072 008		227 554	35 880	
2 371 244	34 710	905 752	225 031	48 270

19-8 云南省重点企业建立现代企业制度跟踪监测主要指标（二）

单位:万元

指 标	Item	年末资产 Assets at Year-end	
		2004年	2005年
合 计	**Total**	**24 574 308**	**27 344 253**
按控股情况分	**Grouped by Share-holding**		
国有绝对控股	State-owned Absolute Share Holding	21 394 657	23 783 811
国有相对控股	State-owned Opposite Share Holding	631 959	663 073
集体绝对控股	Collective-owned Absolute Share Holding	260 797	278 527
集体相对控股	Collective-owned Opposite Share Holding	155 288	157 960
其他	Others	2 131 607	2 460 882
按主营行业分	**Grouped by Industry for Major Business**		
农、林、牧、渔业	Farming, Forestry Animal Husbandry and Fishing	315 684	343 853
工业	Industry	20 705 388	22 623 043
采矿业	Mining	325 745	406 271
制造业	Manufacturing	16 878 741	18 391 213
电力、燃气及水的生产和供应业	Production and Supply of Electric Power, Gas and Water	3 500 902	3 825 559
建筑业	Construction	677 372	676 468
交通运输、仓储和邮政业	Transportation,Storage and Post	486 159	551 860
批发和零售业	Wholesale and Retaile Trade	259 365	258 664
金融业	Banking	130 512	129 024
房地产业	Real Estate	150 596	148 079
其他	Others	1 849 232	2 613 262
按登记注册类型分	**Grouped by Status of Registration**		
国有企业	State-owned Enterprises	4 264 135	4 363 066
国有独资企业	State-owned Sole Enterprises	9 138 083	10 108 219
其他有限责任公司	Other Limited Liability Companies	4 218 945	4 932 977
股份有限公司	Share Holding Companies	5 797 551	6 763 256
中外合资企业	Sino-foreign Joint Ventures	737 765	710 999
港澳台合资企业	Joint Ventures funded by Hong Kong, Macao and Taiwan	181 883	204 947
其他	Others	235 946	260 789
按企业规模分	**Grouped by Production Scale**		
大型	Large	17 892 630	19 686 542
中型	Medium-sized	4 680 651	5 026 394
小型	Small	393 388	403 944
其他	Others	1 607 639	2 227 373
按三次产业分	**Grouped by Type of Industry**		
第一产业	Primary Industry	315 684	343 853
第二产业	Secondary Industry	21 382 760	23 299 511
第三产业	Tertiary Industry	2 875 864	3 700 889
按重点企业类型分	**Grouped by Type of Key Enterprise**		
其中:国家重点企业	Thereinto: State-owned Key Enterprises	12 378 693	13 549 370
省级重点企业	Provincial-level Key Enterprises	20 907 684	23 416 661

Principal Indicators of Key Enterprises Following Modern Enterprise Supervising and Evaluating Institution (II)

(10 000 yuan)

年末负债 Liabilities at Year-end		年末股东权益 Shareholder's Equity at Year-end		股本(实收资本) Capital Stock (Capital Hold)	
2004年	2005年	2004年	2005年	2004年	2005年
11 349 610	**12 516 246**	**13 224 698**	**14 828 007**	**4 582 936**	**4 945 420**
9 518 507	10 442 428	11 876 150	13 341 383	3 849 860	4 165 428
327 781	351 415	304 178	311 658	139 961	148 718
169 763	186 444	91 034	92 083	41 933	42 424
89 763	82 262	65 525	75 698	27 912	27 908
1 243 796	1 453 697	887 811	1 007 185	523 270	560 942
180 807	165 082	134 877	178 771	84 089	89 566
9 512 702	10 284 447	11 192 686	12 338 596	3 030 071	3 164 215
189 732	260 144	136 013	146 127	62 906	50 169
7 006 321	7 472 026	9 872 420	10 919 187	2 167 452	2 303 993
2 316 649	2 552 277	1 184 253	1 273 282	799 713	810 053
492 234	529 049	185 138	147 419	145 999	145 785
83 245	78 715	67 351	69 364	35 458	35 456
305 215	350 175	180 944	201 685	149 066	185 016
78 203	74 831	181 162	183 833	178 651	178 651
70 510	71 891	60 002	57 133	26 562	26 562
626 694	962 056	1 222 538	1 651 206	933 040	1 120 169
1 853 476	1 678 597	2 410 659	2 684 469	404 674	391 908
2 991 069	3 535 341	6 147 014	6 572 878	1 630 840	1 698 752
2 511 088	2 865 246	1 707 857	2 067 731	1 006 613	1 105 374
3 348 816	3 815 863	2 448 735	2 947 393	1 216 122	1 418 287
454 386	406 787	283 379	304 212	196 585	196 585
58 909	67 800	122 974	137 147	78 618	84 962
131 866	146 612	104 080	114 177	49 484	49 552
7 730 877	8 339 976	10 161 753	11 346 566	2 454 546	2 616 314
2 821 631	2 986 478	1 859 020	2 039 916	1 214 700	1 290 848
254 297	275 429	139 091	128 515	115 401	121 520
542 805	914 363	1 064 834	1 313 010	798 289	916 738
180 807	165 082	134 877	178 771	84 089	89 566
10 004 936	10 813 496	11 377 824	12 486 015	3 176 070	3 310 000
1 163 867	1 537 668	1 711 997	2 163 221	1 322 777	1 545 854
4 737 534	5 062 074	7 641 159	8 487 296	1 375 827	1 467 957
9 137 093	10 095 258	11 770 591	13 321 403	3 490 543	3 855 926

19-9 云南省重点企业建立现代企业制度跟踪监测主要指标（三）

单位:万元

指　　标	Item	营业收入 Business Income	
		2004年	2005年
合 计	**Total**	**15 586 553**	**18 823 064**
按控股情况分	**Grouped by Share-holding**		
国有绝对控股	State-owned Absolute Share Holding	13 151 727	15 978 913
国有相对控股	State-owned Opposite Share Holding	376 122	415 337
集体绝对控股	Collective-owned Absolute Share Holding	296 210	307 768
集体相对控股	Collective-owned Opposite Share Holding	73 893	88 729
其他	Others	1 688 601	2 032 317
按主营行业分	**Grouped by Industry for Major Business**		
农、林、牧、渔业	Farming, Forestry Animal Husbandry and Fishing	87 515	183 846
工业	Industry	13 932 616	16 643 535
采矿业	Mining	199 301	215 233
制造业	Manufacturing	12 228 030	14 575 643
电力、燃气及水的生产和供应业	Production and Supply of Electric Power, Gas and Water	1 505 285	1 852 659
建筑业	Construction	363 943	418 129
交通运输、仓储和邮政业	Transportation, Storage, and Post	93 680	113 249
批发和零售业	Wholesale and Retaile Trade	992 690	1 272 151
金融业	Banking	24 844	25 059
房地产业	Real Estate	61 621	63 624
其他	Others	29 644	103 471
按登记注册类型分	**Grouped by Status of Registration**		
国有企业	State-owned Enterprises	3 507 700	4 220 214
国有独资企业	State-owned Sole Enterprises	3 935 148	4 564 603
其他有限责任公司	Other Limited Liability Companies	2 246 673	2 791 139
股份有限公司	Share Holding Companies	4 941 026	6 178 161
中外合资企业	Sino-foreign Joint Ventures	458 510	502 139
港澳台合资企业	Joint Ventures funded by Hong Kong, Macao and Taiwan	139 013	186 138
其他	Others	358 483	380 670
按企业规模分	**Grouped by Production Scale**		
大型	Large	11 926 348	14 388 596
中型	Medium-sized	3 432 811	4 134 386
小型	Small	196 145	195 738
其他	Others	31 249	104 344
按三次产业分	**Grouped by Type of Industry**		
第一产业	Primary Industry	87 515	183 846
第二产业	Secondary Industry	14 296 559	17 061 664
第三产业	Tertiary Industry	1 202 479	1 577 554
按重点企业类型分	**Grouped by Type of Key Enterprise**		
其中:国家重点企业	Thereinto: State-owned Key Enterprises	7 884 539	9 264 629
省级重点企业	Provincial-level Key Enterprises	13 396 830	16 253 068

Principal Indicators of Key Enterprises Following Modern Enterprise Supervising and Evaluating Institution (III)(2005)

(10 000 yuan)

新产品销售收入 Sales Renevue of New Productions		出口销售总额 Total Value of Exports		投资收益 Investment Revenue	
2004年	2005年	2004年	2005年	2004年	2005年
848 199	**785 796**	**731 824**	**654 356**	**104 606**	**208 699**
712 769	648 918	603 134	541 151	137 443	214 256
69 589	77 379	8 989	10 565	- 1 686	4 583
		375	200	- 4 864	27
				- 107	- 75
65 841	59 499	119 326	102 440	- 26 180	- 10 092
					2
				47 403	110 215
				- 565	213
848 199	785 796	723 578	638 267	41 774	105 771
		3 435	11 394	6 194	4 231
		4	112	1 287	1 844
				1 704	2 365
		4 807	4 583	260	1 857
				10	5 798
				- 118	- 117
				54 060	86 735
41 433	41 557	19 018	22 453	4 226	16 130
149 237	184 413	150 894	160 668	73 009	64 015
119 834	204 154	258 096	250 873	31 990	90 687
530 265	346 508	284 944	193 648	- 321	37 642
73	104	7 150	9 535	558	268
5 894	8 544	137	3 160	44	- 99
1 463	516	11 585	14 019	- 4 900	56
786 741	712 653	585 450	502 027	81 929	124 909
58 587	70 265	137 070	143 957	2 815	8 852
2 871	2 878	9 304	8 372	- 30 329	- 9 779
				50 191	84 717
					2
848 199	785 796	727 017	649 773	48 690	112 059
		4 807	4 583	55 916	96 638
601 722	493 799	369 231	342 322	78 382	172 634
800 995	745 331	635 472	534 987	129 017	203 345

19-10 云南省重点企业建立现代企业制度跟踪监测主要指标（四）

单位:万元

指　　标	Item	利润总额 Total Profits	
		2004年	2005年
合　计	**Total**	**1 625 904**	**1 812 090**
按控股情况分	**Grouped by Share-holding**		
国有绝对控股	State-owned Absolute Share Holding	1 511 887	1 621 046
国有相对控股	State-owned Opposite Share Holding	16 045	24 111
集体绝对控股	Collective-owned Absolute Share Holding	11 650	13 320
集体相对控股	Collective-owned Opposite Share Holding	13 762	20 403
其他	Others	72 560	133 210
按主营行业分	**Grouped by Industry for Major Business**		
农、林、牧、渔业	Farming, Forestry Animal Husbandry and Fishing	11 883	43 690
工业	Industry	1 513 982	1 619 999
采矿业	Mining	22 360	27 652
制造业	Manufacturing	1 424 699	1 501 593
电力、燃气及水的生产和供应业	Production and Supply of Electric Power, Gas and Water	66 923	90 754
建筑业	Construction	5 978	4 712
交通运输、仓储和邮政业	Transportation, Storage and Post	7 925	7 346
批发和零售业	Wholesale and Retaile Trade	41 400	36 034
金融业	Banking	5 240	10 907
房地产业	Real Estate	12 174	14 274
其他	Others	27 322	75 128
按登记注册类型分	**Grouped by Status of Registration**		
国有企业	State-owned Enterprises	458 105	511 147
国有独资企业	State-owned Sole Enterprises	547 101	524 612
其他有限责任公司	Other Limited Liability Companies	160 226	251 211
股份有限公司	Share Holding Companies	381 865	420 889
中外合资企业	Sino-foreign Joint Ventures	50 125	55 089
港澳台合资企业	Joint Ventures funded by Hong Kong, Macao and Taiwan	20 694	31 449
其他	Others	7 788	17 693
按企业规模分	**Grouped by Production Scale**		
大型	Large	1 408 759	1 475 739
中型	Medium-sized	240 552	272 028
小型	Small	- 44 142	- 5 203
其他	Others	20 735	69 526
按三次产业分	**Grouped by Type of Industry**		
第一产业	Primary Industry	11 883	43 690
第二产业	Secondary Industry	1 519 960	1 624 711
第三产业	Tertiary Industry	94 061	143 689
按重点企业类型分	**Grouped by Type of Key Enterprise**		
其中:国家重点企业	Thereinto: State-owned Key Enterprises	981 219	951 481
省级重点企业	Provincial-level Key Enterprises	1 520 091	1 633 417

Principal Indicators of Key Enterprises Following Modern Enterprise Supervising and Evaluating Institution (Ⅳ)

(10 000 yuan)

应交所得税 Incom Tax Payable		应交增值税 Value-added Tax Payable		研究开发费 R&D Expenditure	
2004年	2005年	2004年	2005年	2004年	2005年
425 980	**384 858**	**1 101 858**	**1 233 768**	**72 033**	**97 636**
400 000	357 241	1 003 859	1 114 587	59 591	82 473
3 358	4 990	12 691	17 292	3 565	3 741
3 833	2 674	5 900	5 809	1 971	1 685
3 620	3 834	2 264	3 050		
15 169	16 119	77 144	93 030	6 906	9 737
		608	1 235		
402 230	359 170	1 080 566	1 214 446	71 333	97 380
1 780	2 551	15 725	18 016	1 009	422
396 256	352 557	949 814	1 047 729	70 324	96 958
4 194	4 062	115 027	148 701		
924	1 041	73	72	61	
2 556	2 599	574	289		
11 888	13 473	19 802	17 369		10
4 845	4 402				
3 371	3 994				
166	179	235	357	639	246
154 983	145 868	384 190	407 930	5 619	5 252
175 093	146 039	397 995	422 141	13 506	14 678
16 671	18 754	100 234	135 117	7 262	16 398
68 936	62 349	170 530	214 480	41 348	56 000
4 383	4 436	27 817	27 467	930	737
3 081	4 834	8 819	11 680	589	530
2 833	2 578	12 273	14 953	2 779	4 041
381 927	339 844	935 401	1 043 609	61 334	86 780
40 093	40 940	154 948	176 388	9 499	10 282
2 905	2 813	11 136	13 312	561	328
1 055	1 261	373	459	639	246
		608	1 235		
403 154	360 211	1 080 639	1 214 518	71 394	97 380
22 826	24 647	20 611	18 015	639	256
289 481	245 965	656 051	716 006	50 351	61 202
401121	358 426	1 006 496	1 125 880	63 197	87 043

19-11 云南省重点企业建立现代企业制度跟踪监测主要指标（五）

单位:万元

指 标	Item	年末从业人数(人) Employees at the Year-end(persons)	
		2004年	2005年
合 计	**Total**	**301 819**	**324 815**
按控股情况分	**Grouped by Share-holding**		
国有绝对控股	State-owned Absolute Share Holding	214 941	229 859
国有相对控股	State-owned Opposite Share Holding	10 423	10 417
集体绝对控股	Collective-owned Absolute Share Holding	10 160	10 756
集体相对控股	Collective-owned Opposite Share Holding	1 358	1 475
其他	Others	64 937	72 308
按主营行业分	**Grouped by Industry for Major Business**		
农、林、牧、渔业	Farming, Forestry Animal Husbandry and Fishing	14 888	15 703
工业	Industry	233 927	253 016
采矿业	Mining	9 737	9 196
制造业	Manufacturing	197 440	203 102
电力、燃气及水的生产和供应业	Production and Supply of Electric Power, Gas and Water	26 750	40 718
建筑业	Construction	34 829	38 545
交通运输、仓储和邮政业	Transportation,Storage and Post	5 423	5 310
批发和零售业	Wholesale and Retaile Trade	10 597	10 049
金融业	Banking	414	386
房地产业	Real Estate	220	222
其他	Others	1 521	1 584
按登记注册类型分	**Grouped by Status of Registration**		
国有企业	State-owned Enterprises	47 079	44 438
国有独资企业	State-owned Sole Enterprises	47 957	61 461
其他有限责任公司	Other Limited Liability Companies	98 954	108 901
股份有限公司	Share Holding Companies	91 222	93 151
中外合资企业	Sino-foreign Joint Ventures	4 881	5 002
港澳台合资企业	Joint Ventures funded by Hong Kong, Macao and Taiwan	2 351	2 460
其他	Others	9 375	9 402
按企业规模分	**Grouped by Production Scale**		
大型	Large	184 979	208 913
中型	Medium-sized	107 256	107 593
小型	Small	8 753	7 533
其他	Others	831	776
按三次产业分	**Grouped by Type of Industry**		
第一产业	Primary Industry	14 888	15 703
第二产业	Secondary Industry	268 756	291 561
第三产业	Tertiary Industry	18 175	17 551
按重点企业类型分	**Grouped by Type of Key Enterprise**		
其中:国家重点企业	Thereinto: State-owned Key Enterprises	96 579	112 808
省级重点企业	Provincial-level Key Enterprises	208 675	233 084

Principal Indicators of Key Enterprises Following Modern Enterprise Supervising and Evaluating Institution（Ⅴ）

(10 000 yuan)

研究开发人员（人） R&D Staff		从业人员劳动报酬 Remuneration of Employees		研发人员劳动报酬 Remuneration of R&D Employees	
2004年	2005年	2004年	2005年	2004年	2005年
4 925	**5 237**	**593 751**	**739 968**	**17 345**	**20 284**
3 363	3 740	482 936	611 884	12 587	16 081
735	643	20 249	21 553	2 731	2 306
95	99	15 634	16 210	246	255
		2 197	2 387		
732	755	72 735	87 934	1 781	1 642
35	36	7 323	14 927	50	55
4 831	5 186	519 584	648 095	17 186	20 167
99	55	18 609	21 095	243	149
4 732	5 131	408 329	488 825	16 943	20 018
		92 646	138 175		
39		37 642	47 275	53	
		6 643	6 867		
		15 699	15 800		
8	7	1 464	1 378	15	18
		307	308		
12	8	5 089	5 318	41	44
541	469	118 562	132 704	2 401	2 505
425	372	154 878	215 054	2 061	2 435
1 774	2 026	123 730	156 111	5 875	7 076
1 796	2 016	166 807	205 416	6 060	7 382
112	77	12 112	12 715	247	234
95	90	6 771	7 115	112	95
182	187	10 891	10 853	589	557
3 692	3 966	429 725	564 137	14 569	17 528
1 094	1 165	149 432	161 037	2 402	2 477
130	101	10 516	10 843	342	244
9	5	4 078	3 951	32	35
35	36	7 323	14 927	50	55
4 870	5 186	557 226	695 370	17 239	20 167
20	15	29 202	29 671	56	62
1 987	2 258	259 559	351 599	8 654	11 175
3 994	4 419	470 108	607 808	15 208	18 516

19-12 云南省重点企业建立现代企业制度跟踪监测运行情况（2005年）
Operation of Key Enterprises Following Modern Enterprise Supervising and Evaluating Institution (2005)

指　　标	Item	全省175个 Total :175
企业改制情况	**Situation of Enterprise Reformed Following Modern Enterprises Institution**	
已改制	Number of Enterprise Reformed	143
尚未改制	Number of Enterprise Unreformed	22
原因:没有改制计划	Subdivided by Reasons: Enterprise Without a Plan of Reform	8
正在或准备实行改制	Enterprise Reforms Happening or Coming Soon	12
准备实行非公司制	Enterprises Ready for Practicing Non-company Administration	2
改制企业法人治理结构情况	**Administrative Structure of Enterprise Reformed**	
已成立股东会	Number of Enterprises with Shareholders' Meeting Established	121
已成立董事会	Number of Enterprises Board of Directors Established	140
设立独立董事	Of Which: Enterprises With Independent Directior Posts	67
董事长与总经理由一人兼任	Enterprises With Board Chairman of Board Holding a Concurrent Post of General Manager	46
已成立监事会	Number of Enterprises with Board of Supervisors Established	124
企业出资人情况	**Grouped by Number of Investors**	
有明确出资人	Number of Enterprises with Definite Investors	145
出资人法定人数为1人	Number of Enterprises with One Legal Investor	18
出资人法定人数为2-5人	Number of Enterprises with Two-five Legal Investor	62
出资人法定人数为5人以上	Number of Enterprises with More Than Five Legal Investor	60
董事长产生方式	**Grouped by Appointing Method of Chairman of Board**	
政府部门任命	Number of Enterprises with Chairman of Board Appointed by Government's Department	11
董事会选举产生	Number of Enterprises with Chairman of Board Elected by The Board of Directors	96
资产运营机构指定	Number of Enterprises with Chairman of Board Designated by Institution of Assets of Operation	2
股东会任命	Number of Enterprises with Chairman of Board Appointed by The Shareholders' Meeting Established	21
总经理产生方式	**Grouped by Method of Apporting General Manager**	
主管部门任命	Number of Enterprises with General Manager Appoited by Department in Charge	21
董事会聘任	Number of Enterprises with General Manager Engaged by The Board of Director	118
政府提名董事会聘任	Number of Enterprises with General Manager Nominated by The Government and Engaged by The Board of Director	7
上级组织部门任命	Number of Enterprises with General Manager Appointed by The Organization Department of The Party Committee	14
总经理年龄和文化程度	**Grouped by Age and Educational Level of General Manager**	
40岁及以下	At or Under Age 40	43
41—50岁	At Age 41~50	95
51岁及以上	At or Over Age 51	37
博士	Doctor Degree	5
硕士	Master Degree	42
大学	Graduation from University or College	67
大专	Graduation from Junior College	41
中专或高中	Graduation from Technical Secondary School or Senior Middle School	13
企业经理层中熟悉国际商务的人员比重	**Proportion of Enterprise Managers Familiar With Internatioal Business**	
50%-100%	50%~100%	46
50%以下	50% or Below	129

19-12 续表1 continued

指 标	Item	全省175个 Total: 175
中层管理人员产生方式	**Methods of Appointing Middle-level Manager**	
总经理自主决定	Appointed by General Manager	28
总经理提名，报主管部门批准任命	Nominated by General Manager and Appointed Department in Charge	21
总经理提名，董事会任命	Nominated by General Manager and Appointed by Board of Directors	60
公开招聘	Engaged Through Publicity Inviting Applications for The Post	20
企业行政管理人员占全部从业人员的比重	Proportion of Administrative Personnel to All Staff	
50%以上	Over 50%	1
20%-50%	20%~50%	42
10%-20%	10%~20%	77
10%以下	Below 10%	55
企业是否有奖惩制度	**Reward and Punishment System in Enterprises**	
#有，并且能严格执行	Established and Carrying Out Strictly	160
有，但很难严格执行	Established but Carrying Out Difficultly	14
企业质量管理情况	**Quality Control of Enterprises**	
通过IS09000认证	Passed ISO9000 Certification	118
通过IS014000认证	Passed ISO14000 Certification	39
劳动人事分配制度改革情况	**Reform of Labour and Distribution System**	
实行劳动合同制度	Carrying Out Labor Contractual System	168
实行全员竞争上岗制度	Carrying Out Competition-for-post System	147
管理人员实行公开竞聘	Carrying Out Competition-for-Managerial Post System	153
能足额缴纳社会保险	Full Payment of Social Insurance Funds	162
经营者年薪制	Carrying Out Annual Salary System for Operators	79
企业经营者持有股权、股票制	Carrying Out System of Enterprise Operators Holding Stocks Equity	33
岗位工资为主的工资制	Carrying Out System with Job Wage as Mainbody	156
科技人员激励机制	Encouragement Mechanism for Scientific and Technical Personnel	93
职工持股分配制	Distribution System of Employee's Share-holding	25
企业技术创新情况	**Technological Innovation of Enterprises**	
企业已建立技术中心	Technological Centers of Enterprises Established	84
#国家级认定	Certified by the State	11
省级认定	Certified by the Provincial Department	30
技术中心人员经费完全满足需要	Funds and Personnel of Technological Centers Completely Satisfing the Needs	9
技术中心人员经费基本满足需要	Funds and Pesonnel of Technological Centers Basically Satisfing the Needs	65
技术中心人员经费不满足需要	Funds and Pesonnel of Technological Centers Dissatisfing the Needs	10
企业在银行的信用等级	**Credit Level of Enterprises**	
AAA级	AAA	64
AA级	AAA	64
A级	A	25
BBB级	BBB	1
BB级	BB	1
B级	B	4
企业建立商业网站情况	**Establishment of Commercial Websites of Enterprises**	
已经建立	Established	86

19-12 续表2 continued

指　　　　标	Item	全省175 个 Total: 175
企业近三年专利申请授权及应用情况	**Number of Patents and Granted and Applied by Enterprise in Recent Three Years**	
获得国内专利申请授权（件）	Domestic Patents Applied (Pieces)	447
已应用专利（件）	Patents Granted (Pieces)	317
获得美国专利申请授权（件）	American Patents Granted (Pieces)	6
已应用专利（件）	Patents Applied (Pieces)	3
企业获新产品新技术途径	**Approaches to Obtaining New Products and New Technology**	
自主开发	Developed by Enterprises Themselves	105
委托开发	Developed by Entrusted Institution or Personnel	44
与院校科研机构联合开发	Developed with Research and Educational Institutions	76
引进技术消化、吸收和创新	By Digesting, Absorbing and Creating on the Basis of Introduction of New Technology	95
接受技术成果转让	By Accepting Technology Transfer	42
企业分离富余职工主要去向	**Methods of Arranging Surplus Employees of Enterprises**	
安排到其他单位	Transferred to Other Units	7
内部消化	Adjustment Within Enterprise	82
提前退休	Retirement in Advance	39
失业	Unemployment	13
其他	Others	33
企业办社会性服务机构分离情况	**Separation of Social Service Institution Run by Enterprises**	
全部分离	Fully Separated from Enterprises	25
部分分离	Partly Separated from Enterprises	24
没有分离	Unseparated from Enterprises	13
推进改革的主要障碍	**Main Obstacles to Promoting Reform of Enterprise**	
社会保障制度不完善	Imperfect Social Security Systems	108
政府转变职能滞后	Lag of Governmental Function Transformation	85
市场体系不健全	Imperfect Market Systems	94
历史包袱沉重	Heavy burdens Left Over by History	47
产权不明确	Ambiguity of Property Rights	36
影响生产经营主要因素	**Main Factors of Affecting Production and Operation of Enterprises**	
原材料等价格偏高	The Prices of Raw Materials etc.on the High Side	108
市场需求不足	Inadeqnate Market Demand	62
负债过高、利息负担重	Heavy Debts and Interest Payment	47
资金紧缺	Shortage of Funds	83
企业相互拖欠资金	Arrears of Capital Among Enterprises	30
管理机制不完善	Imperfect Management Mechanism	66
改制后的总体评价	**General Appraised after The Reform of Administrative Systems**	
效果很好	Effect Being Excellent	26
效果较好	Effect Bing Relatively Good	83
效果一般	Effect Being Ordinary	26
尚未见效	Effect Unseen Yet	8
未来发展前景预测	**Forecast of Future Development**	
很好	Excellent	62
较好	Relatively Good	91
一般	Ordinary	22

19-13 全省企业家信心指数（2005年）

Indices of Entrepreneurial Confidence (2005)

指　　标	Item	一季度 1st Quarter	二季度 2nd Quarter	三季度 3rd Quarter	四季度 4th Quarter
总体指数	**General Index**	**128.3**	**121.8**	**124.0**	**124.9**
按行业分类	**Grouped by Industrial Sector**				
工业	Industry	134.1	127.9	129.9	128.9
采矿业	Mining	136.7	134.5	132.5	144.8
制造业	Manufacturing	133.4	128.4	129.5	125.6
电力、燃气及水的生产和供应业	Production and Supply of Electric Power, Gas and Water	137.5	123.8	131.5	141.6
建筑业	Construction	116.9	105.0	109.2	106.7
房屋和土木工程建筑业	Building and Civil Enjineering	118.4	105.3	109.7	107.0
建筑安装业	Construction and Installation	90.3	110.3	110.3	110.3
交通运输、仓储及邮政业	Transportation,Storage and Post	125.0	117.3	118.5	124.7
铁路运输业	Railway Transport	200.0	200.0	200.0	200.0
道路运输业	Highway Transport	120.6	87.3	97.9	105.6
仓储业	Storage	150.0	116.7	100.0	133.3
邮政业	Post	106.9	120.7	134.5	137.9
批发和零售业	Wholesale and Retaile Trade	118.8	120.5	120.2	126.5
批发业	Wholesale trade	127.7	125.0	129.3	131.0
零售业	Retail Trade	106.6	118.0	106.3	120.4
房地产业	Real Estate	126.1	119.1	119.3	125.6
社会服务业	Social Services	128.2	120.3	126.1	117.4
租赁业	Leasehold Serviers	166.7	166.7	166.7	166.7
商务服务业	Business Serivcers	124.1	125.0	123.1	119.2
居民服务业	Resident Serivers	116.7	83.3	116.7	100.0
信息传输、计算机服务和软件业	Information Transmission,Computer Services and Software Services	147.1	137.1	141.1	149.4
信息传输业	Information Transmission	153.7	142.6	144.0	153.2
计算机服务业	Computer Services	50.0	50.0	75.0	75.0
软件业	Software Services	133.3	133.3	166.7	166.7
住宿和餐饮业	Hotel and Food Service	103.0	101.0	102.0	114.6
住宿业	Hotel	103.5	106.0	104.8	118.8
餐饮业	Food Service	100.0	75.0	87.5	93.8
按企业登记注册类型分	**Grouped by Status of Registration**				
国有企业	State-owned Enterprises	131.3	122.9	127.7	128.3
集体企业	Collective-owned Enterprises	109.2	96.0	94.7	108.0
股份合作企业	Cooperative Enterprises	98.1	90.4	90.4	100.0
联营企业	Joint Ownership Enterprise	75.0	100.0	100.0	125.0
有限责任公司	Limited Liability Corporations	130.3	127.0	127.2	128.7
股份有限公司	Share-holding Corporations Ltd.	139.6	129.1	131.4	120.9
私营企业	Private Enterprises	116.5	113.2	118.4	121.1
其它内资企业	Other Enterprises	50.0	83.3	83.3	116.7
外商及港澳台企业	Enterprises with Fund From Foreigners, Hong Kong, Macao and Taiwan	125.8	126.4	128.5	139.5
按企业规模分	**Grouped by Size of Enterprises**				
大型企业	Large Enterprises	168.7	159.9	157.8	155.7
中型企业	Medium-sized Enterprises	126.3	119.1	125.7	121.8
小型企业	Small Enterprises	113.8	110.3	110.1	117.8
特殊分组	**Grouped by Special**				
国家重点企业	State Key Enterprises	193.2	171.2	171.2	148.7
乡镇企业	Enterprises of Township and Village	134.4	119.4	123.3	127.2
上市公司	Listed Companies	141.8	139.6	143.3	139.5
国有控股企业	State-holding Enterprises	134.2	125.6	129.9	128.6

19-14 全省企业景气指数（2005年）

Boom Indices of Enterprises (2005)

指 标	Item	一季度 1st Quarter	二季度 2nd Quarter	三季度 3rd Quarter	四季度 4th Quarter
总体指数	**General Index**	119.8	116.8	118.3	122.5
按行业分类	**Grouped by Industrial Sector**				
工业	Industry	121.4	120.3	122.3	125.6
采矿业	Mining	116.7	111.8	137.9	134.5
制造业	Manufacturing	123.0	120.3	119.1	122.7
电力、燃气及水的生产和供应业	Production and Supply of Electric Power, Gas and Water	118.2	123.9	133.7	138.5
建筑业	Construction	103.5	97.1	99.3	104.3
房屋和土木工程建筑业	Building and Civil Enjineering	105.3	99.1	101.5	105.9
建筑安装业	Construction and Installation	80.0	91.9	91.9	91.9
交通运输、仓储及邮政业	Transportation,Storage and Post	130.3	113.1	117.5	123.1
铁路运输业	Railway Transport	200.0	200.0	200.0	100.0
道路运输业	Highway Transport	139.8	99.8	104.9	108.1
仓储业	Storage	116.7	116.7	116.7	133.3
邮政业	Post	110.3	103.5	110.3	137.9
批发和零售业	Wholesale and Retaile Trade	126.4	129.9	123.8	129.2
批发业	Wholesale Trade	130.5	137.4	129.1	130.7
零售业	Retail Trade	121.5	117.9	115.5	125.9
房地产业	Real Estate	114.4	111.7	110.8	119.1
社会服务业	Social Services	118.3	123.2	124.6	113.0
租赁业	Leasehold Serviers	100.0	66.7	66.7	66.7
商务服务业	Business Serivers	116.7	130.8	126.9	123.1
居民服务业	Resident Serivers	116.7	83.3	116.7	83.3
信息传输、计算机服务和软件业	Information Transmission,Computer Services and Software Services	156.5	142.6	149.4	152.2
信息传输业	Information Transmission	159.5	145.6	151.7	154.7
计算机服务业	Computer Services	100.0	50.0	75.0	75.0
软件业	Software Services	166.7	200.0	200.0	200.0
住宿和餐饮业	Hotel and Food Service	99.0	93.0	96.0	114.6
住宿业	Hotel	96.5	94.1	94.1	115.0
餐饮业	Food Service	112.5	87.5	106.3	112.5
按企业登记注册类型分	**Grouped by Status of Registration**				
国有企业	State-owned Enterprises	121.2	120.0	119.7	124.8
集体企业	Collective-owned Enterprises	94.7	80.0	93.3	106.7
股份合作企业	Cooperative Enterprises	82.7	80.8	96.2	106.0
联营企业	Joint Ownership Enterprise	50.0	100.0	100.0	100.0
有限责任公司	Limited Liability Corporations	126.1	122.9	121.8	125.8
股份有限公司	Share-holding Corporations Ltd.	137.3	137.2	139.8	128.0
私营企业	Private Enterprises	117.5	110.3	110.5	122.7
其它内资企业	Other Enterprises	100.0	116.7	116.7	116.7
外商及港澳台企业	Enterprises with Fund From Foreigners, Hong Kong, Macao and Taiwan	136.0	112.9	124.1	141.2
按企业规模分	**Grouped by Size of Enterprises**				
大型企业	Large Enterprises	156.6	166.0	162.0	153.6
中型企业	Medium-sized Enterprises	122.3	117.9	119.0	126.0
小型企业	Small Enterprises	108.0	102.0	105.0	112.0
特殊分组	**Grouped by Special**				
国家重点企业	State Key Enterprises	192.5	174.0	174.0	148.7
乡镇企业	Enterprises of Township and Village	118.6	106.1	102.2	121.2
上市公司	Listed Companies	134.4	159.3	160.9	143.5
国有控股企业	State Holding Enterprises	127.4	124.4	126.7	128.9

19-15 全省企业综合景气指数（2005年）

Comprehensive Boom Indices of Enterprises (2005)

指　　标	Item	一季度 1st Quarter	二季度 2nd Quarter	三季度 3rd Quarter	四季度 4th Quarter
生产（经营）总量	Volume of Production (Operation)	106.4	106.5	118.0	120.2
盈利（亏损）变化情况	Profit and loss	104.9	106.0	105.3	108.9
流动资金情况	Current Assets	78.5	75.1	77.7	77.9
货款拖欠情况	Payment Delayed By Client	111.4	107.3	110.3	111.2
劳动力需求情况	Employment	99.2	100.5	104.1	108.3
固定资本投资情况	Investment of Fixed Capital	108.7	114.1	114.0	114.4
产品订货	Total Order of Products	114.5	109.0	109.4	117.7
企业融资	Enterprise Financing	79.5	78.4	77.5	77.8

19-16 全省八大行业企业景气指数（2005年）

Boom Indices of Enterprises in Six Major Trades (2005)

工 业 Industry

指　　标	Item	一季度 1st Quarter	二季度 2nd Quarter	三季度 3rd Quarter	四季度 4th Quarter
生产成本	Unit Operating Costs	60.0	62.9	71.3	73.5
生产总量	Volume of Production (Operation)	103.4	102.9	120.1	117.5
产品订货	Total Order of Products	126.9	120.0	116.4	124.0
#国外订货	Of Which: Export Order	91.9	93.6	89.4	89.0
产品销售	Selling of Product	113.3	111.4	114.0	124.3
产品销售价格	Selling Prices	117.3	108.5	104.6	106.4
产成品库存	Stocks of Finished Goods	123.5	115.0	115.9	115.1
盈利（亏损）变化	Profit and loss	104.1	111.0	106.8	110.2
流动资金	Current Assets	78.4	74.9	81.1	79.8
企业融资	Enterprise Financing	78.9	78.1	76.1	77.8
货款拖欠	Payment Delayed By Client	115.5	108.8	114.8	115.2
劳动力需求	Employment	97.8	98.5	103.7	109.7
固定资产投资	Fixed Assets Investment	111.9	121.1	120.7	121.8
科技创新	R&D Expens	111.4	116.4	110.0	113.1
原材料及能源进价	Purchasing Price of Raw & Processed Material and Energy Sources	34.1	43.7	52.4	57.7
原材料及能源供应	Supply of Raw & Processed Material and Energy Sources	86.9	80.6	96.1	89.0

19-16 续表1 continued 建筑企业 Construction Enterprises

指 标	Item	一季度 1st Quarter	二季度 2nd Quarter	三季度 3rd Quarter	四季度 4th Quarter
工程合同数	Number of Contracts of Construction Works	76.5	90.2	90.5	107.8
其中：国（境）外合同	Thereinto: Overseas (Out of area) Contracts	82.0	89.8	87.9	89.3
建筑工程量	Number of Construction works	91.9	119.0	112.6	120.4
新开工工程量	Number of Newly Starting Construction Works	84.4	100.5	104.4	109.6
技术设备能力	Ability of Technology and Equipment	147.5	142.2	142.9	144.9
工程进度	Schedule of Projects	131.7	141.0	138.5	144.0
工程结算收入	Revenue of Engineering Settlement	79.2	97.7	96.2	108.1
建筑材料购进价格	Purchasing Price of Building Materials	42.8	70.0	88.6	84.6
工程结算成本	Costs of Engineering Settlement	64.6	72.6	82.9	69.9
盈利（亏损）变化	Variation of Profit and loss	88.2	104.1	100.4	102.8
流动资金	Current Assets	54.2	47.3	52.7	55.1
企业融资	Enterprise Financing	65.4	60.3	63.5	61.7
货款拖欠	Payment Delayed By Client	93.2	87.1	103.6	97.6
劳动力需求	Employment	94.9	104.0	99.1	119.1
固定资产投资	Fixed Assets Investment	101.0	94.5	96.6	99.8

19-16 续表2 continued 交通运输、仓储及邮政业
Transportation,Storage, Post and Telecommunication

指 标	Item	一季度 1st Quarter	二季度 2nd Quarter	三季度 3rd Quarter	四季度 4th Quarter
业务预订	Subscribe for Business	136.6	109.4	125.1	122.2
业务量	Portfolio	141.5	107.6	133.6	131.7
业务收费价格	Business Charging Price	106.8	95.6	106.6	99.4
营业成本	Operating Cost	79.1	74.6	47.5	69.8
盈利（亏损）变化	Variation of Profit and loss	124.9	88.5	117.0	104.3
流动资金	Current Assets	77.4	78.4	66.6	74.7
企业融资	Enterprise Financing	73.3	78.4	80.2	80.6
货款拖欠	Payment Delayed By Client	105.8	132.4	101.8	114.2
劳动力需求	Employment	108.5	97.1	118.0	104.8
固定资产投资	Fixed Assets Investment	105.1	111.1	124.5	112.8

19-16 续表3 continued 批发和零售业
Wholesale and Retaile Trade

指 标	Item	一季度 1st Quarter	二季度 2nd Quarter	三季度 3rd Quarter	四季度 4th Quarter
购货合同	Subscribe for Contract	103.9	91.7	91.3	95.9
商品购进价格	Purchasing Price of Goods	74.3	80.6	75.6	89.9
商品销售	Goods Selling	114.4	107.1	101.9	113.1
#出口	Of Which: Export	92.1	94.6	87.9	88.8
商品销售价格	Selling Prices of Goods	107.1	96.6	99.7	90.7
商品库存	Stocks of Goods	113.8	112.5	108.1	103.3
经营费用	Operating Expenditure	86.2	82.4	75.4	76.0
竞争能力	Competitive Power	126.3	131.5	130.8	126.4
盈利（亏损）变化	Variation of Profit and loss	120.0	106.5	108.2	119.8
流动资金	Current Assets	100.0	94.7	91.5	90.3
企业融资	Enterprise Financing	104.8	102.3	103.1	100.1
货款拖欠	Payment Delayed By Client	112.9	114.7	112.0	110.0
劳动力需求	Employment	93.2	99.8	102.9	94.5
固定资产投资	Fixed Assets Investment	101.6	114.0	97.9	99.7

19-16 续表4 continued 房地产业 Real Estate

指 标	Item	一季度 1st Quarter	二季度 2nd Quarter	三季度 3rd Quarter	四季度 4th Quarter
土地开发面积	Land Space Developed	80.3	101.5	84.9	98.1
完成投资	Investment Completed	104.1	120.7	118.8	123.1
新开工面积	Floor Space Started	89.5	113.7	107.8	106.7
房屋竣工面积	Floor Space Completed	89.7	109.1	93.5	111.7
商品房预售面积	Floor Space of Advance Selling House	101.7	108.6	103.0	120.0
商品房销售面积	Floor Space of Selling Houses	107.8	108.6	105.4	117.8
商品房销售价格	Selling Price of Houses	114.7	112.5	106.6	108.9
空置商品房面积	Floor Space of Unoccupied Houses	145.1	143.9	142.0	142.0
盈利（亏损）变化	Variation of Profit and loss	101.4	96.7	93.4	108.7
流动资金	Current Assets	72.9	85.7	77.2	78.1
企业融资	Enterprise Financing	71.0	76.1	66.6	70.4
货款拖欠	Payment Delayed By Client	126.1	118.1	123.8	132.7
劳动力需求	Employment	105.0	112.2	105.0	108.7
固定资产投资	Fixed Assets Investment	108.7	108.6	101.5	100.1

19-16 续表5 continued 社会服务业 Social Services

指 标	Item	一季度 1st Quarter	二季度 2nd Quarter	三季度 3rd Quarter	四季度 4th Quarter
服务预订	Subscribe for Service	118.3	110.1	117.4	98.6
竞争能力	Competitive Power	128.2	137.7	144.9	140.6
旅游客源	Sources of Tourists	92.0	116.7	112.5	88.0
业务收费价格	Business Charge Price	90.0	94.2	91.2	85.5
业务量	Portfolio	108.5	107.3	123.2	105.8
营业成本	Operating Cost	60.6	58.0	71.0	71.0
盈利（亏损）变化	Variation of Profit and loss	91.6	97.1	92.8	84.1
流动资金	Current Assets	97.2	85.5	92.8	84.1
企业融资	Enterprise Financing	90.0	80.3	82.6	79.4
货款拖欠	Payment Delayed by Client	108.7	102.9	104.4	102.9
劳动力需求	Employment	116.9	120.3	108.7	98.6
固定资产投资	Fixed Assets Investment	122.9	118.8	117.4	117.4

19-16 续表6 continued 信息传输、计算机服务和软件业

Information Transmission,Computer Services and software Services

指 标	Item	一季度 1st Quarter	二季度 2nd Quarter	三季度 3rd Quarter	四季度 4th Quarter
产品销售	Selling of Product	139.3	134.4	146.2	157.8
产品订货	Total Order of Products	98.6	96.4	114.1	115.1
竞争能力	Competitive Power	146.1	140.4	142.4	146.7
销售价格	Selling Prices	87.2	78.3	81.3	78.8
营业收入	Business Revenue	128.5	132.5	144.0	153.9
营业成本	Operating Cost	93.2	88.2	85.7	85.1
盈利（亏损）变化	Variation of Profit and loss	138.5	131.2	125.0	126.0
流动资金	Current Assets	107.2	101.8	103.6	109.3
企业融资	Enterprise Financing	100.0	104.2	109.8	101.4
货款拖欠	Payment Delayed By Client	114.7	94.8	95.9	90.8
劳动力需求	Employment	110.1	107.7	113.0	102.8
固定资产投资	Fixed Assets Investment	104.4	99.4	114.3	120.4

19-16 续表7 continued 住宿和餐饮业 Services of Hotel and Catering

指 标	Item	一季度 1st Quarter	二季度 2nd Quarter	三季度 3rd Quarter	四季度 4th Quarter
业务预订	Subscribe for Business	88.1	75.0	91.0	124.0
业务量	Portfolio	90.1	71.0	89.0	129.2
竞争能力	Competitive Power	120.8	112.0	119.0	124.0
客房出租	Room Leased	60.2	66.3	81.0	82.1
业务收费价格	Business Charge Price	88.1	89.0	86.0	89.6
营业收入	Business Revenue	84.2	71.0	102.0	129.2
营业成本	Operating Cost	85.2	100.0	73.0	58.3
盈利（亏损）变化	Variation of Profit and loss	92.1	76.0	86.0	106.3
流动资金	Current Assets	77.2	75.0	68.0	71.9
企业融资	Enterprise Financing	70.7	69.1	63.6	64.2
货款拖欠	Payment Delayed by Client	105.0	99.0	87.0	100.0
劳动力需求	Employment	97.0	83.0	93.0	104.2
固定资产投资	Fixed Assets Investment	104.0	107.0	111.0	109.4

主要统计指标解释

重点企业 各有关部门批准或管理的企业。包括国务院批准确定的 520 户国家重点企业、国务院批准确定的原 512 户重点企业、国家现代企业制度原百户试点企业、由省政府授权云南省国有资产监督管理委员会履行出资人职责所监管的企业、云南省人民政府确定的重点支持 30 户工业企业(集团)、云南省农业产业化的国家重点龙头企业、云南省现代企业制度原试点企业、有关州、市政府批准确定的重点企业和主要领导挂钩帮扶的企业、上市公司、重点私营企业等。

企业集团 是指以母子公司为主体,以产权联结为主要纽带,以集团章程为共同行为规范,通过投资和生产经营协作等多种方式,由众多的企事业单位共同组成的具有多层次结构和一定规模的经济联合体。企业集团本身不具有法人资格,它是由母公司、子公司、参股公司以及其他成员单位组建而成的多法人联合体。事业单位法人、社会团体法人也可成为企业集团成员。

控股情况 指按所有制性质和控股状况划分的企业情况,包括:

1.国有绝对控股 指在企业的全部资本中,国家资本(股本)所占比例大于 50%的企业。

2.国有相对控股 指在企业的全部资本中,国家资本(股本)所占的比例虽未大于 50%,但相对大于企业中的其他经济成分所占比例的企业;或者虽不大于其他经济成分,但根据协议规定,由国家拥有实际控制权的企业(协议控制)。

3.集体绝对控股 指在企业的全部资本中,集体资本(股本)所占比例大于 50%的企业。

4.集体相对控股 指在企业的全部资本中,集体资本(股本)所占的比例虽未大于 50%,但相对大于企业中的其他经济成分所占比例的企业;或者虽不大于其他经济成分,但根据协议规定,由集体拥有实际控制权的企业(协议控制)。

5.其他 指国有绝对控股、国有相对控股、集体绝对控股和集体相对控股以外的控股情况。

登记注册类型 是指在工商行政管理机关登记注册的具有法人资格的各类企业。其中:

1.国有企业 是指企业全部资产归国家所有,并按《中华人民共和国企业法人登记管理条例》规定登记注册的非公司制的经济组织。不包括有限责任公司中的国有独资公司。

2.国有独资公司 是指国家授权的投资机构或者国家授权的部门单独投资设立的有限责任公司。

3.其他有限责任公司 是指根据《中华人民共和国公司登记管理条例》规定登记注册,由两个以上,五十个以下的股东共同出资,每个股东以其所认缴的出资额对公司承担有限责任,公司以其全部资产对其债务承担责任的经济组织。其他有限责任公司不包括国有独资公司。

4.股份有限公司 是指根据《中华人民共和国公司登记管理条例》规定登记注册,其全部注册资本由等额股份构成并通过发行股票筹集资本,股东以其认购的股份对公司承担有限责任,公司以其全部资产对其债务承担责任的经济组织。

5.其他 指上述登记注册类型以外的其它登记注册类型。

集团成员企业 指企业集团的母公司、全资子公司、绝对控股子公司、相对控股子公司,不包括参股企业、协作企业和子公司的二级公司。但如果企业集团的子公司是一个纯粹管理型的公司,那么该子公司的二级控股子公司也应作为企业集团所属公司、企业进行统计。上述企业集团的各类子公司中应包括在中国境内和境外的子公司。

企业集团主营行业 指本企业集团生产经营活动的主要行业性质。企业集团往往从事多种生产经营活动,一般根据集团内获得营业收入份额最大的三项产品或活动确定其主要行业性质。

注册资本合计 指企业或企业集团各成员企业在工商行政管理部门登记注册资金的合计。包括国家资本、集体资本、法人资本、个人资本以及外商资本等。

资产总计 指企业或企业集团拥有或控制的全部资产,包括流动资产、长期投资、固定资产、无形资产、递延资产和其他资产等。

固定资产原价 指企业或企业集团在建造、购置、安装、改建、扩建、技术改造某项固定资产时所支出的全部货币总额。

存货 指企业或企业集团在生产经营过程中为销售或者耗用而储存的各种资产。

流动资产平均余额 指企业或企业集团在报告期内全部流动资产的平均余额。计算公式为：

流动资产年平均余额=∑(月初、月末流动资产余额)／24

负债合计 指企业或企业集团所承担的能以货币计量,将以资产或劳务偿付的债务。负债一般按偿还期的长短分为流动负债和长期负债。

流动负债 指企业或企业集团在一年内或超过一年的一个营业周期内需要偿还的债务,其中包括短期借款、应付票据、应付账款、预收货款、应付工资、应付利润、其他应付款、预提费用等。

股东（所有者）权益合计 指企业或企业集团投资人对企业净资产的所有权,企业净资产等于企业全部资产减去负债合计后的余额,其中包括企业投资人对企业的最初投入以及资本公积金、盈余公积金和未分配利润。同时包括企业集团合并资产负债表中单独列示的少数股东权益。

股本（实收资本） 指公司制企业或股份制企业集团以发行股票的方式筹集的资本。非公司制企业或非股份制企业集团指实际收到的投资人投入的资本。

营业收入 指企业或企业集团主营业务收入与其他业务收入之和。

主营业务收入 指企业或企业集团从事某种主要生产、经营活动所取得的营业收入。本项指标在各行业会计制度中的名称叫法不同,但一律按各行业会计制度或报表定义的口径进行填报。农业企业是指“主营业务收入”；工业企业是指“产品销售收入”；交通运输企业指“主营业务收入”；建筑企业指“工程结算收入”；批发零售贸易企业指“商品销售收入”；房地产企业指“房地产经营收入”；其他企业指“经营(营业)收入”。

主营业务成本 指企业或企业集团从事某种主要生产、经营活动而发生的成本支出。

主营业务税金及附加 指企业因从事主要生产经营活动按税法规定缴纳的应从主营业务收入中抵扣的税金和附加,包括营业税、消费税、城市建设税、资源税、土地增值税和教育费附加等。

其他业务收入 指企业或企业集团除主营业务收入以外的其他销售或其他业务的收入。

存货跌价损失和营业、管理、财务等费用 指企业或企业集团在生产、经营活动而发生的存货跌价损失和营业、管理、财务等费用等。

新产品销售收入 指企业或企业集团在主营业务收入和其他业务收入中销售新产品实现的收入。新产品是经政府有关部门认定并在有效期内的产品；也包括企业自行研制开发，未经政府有关部门认定，从投产之日起一年之内的新产品。新产品是指采用新技术原理、新设计构思研制生产，或结构、材质、工艺等某一方面有所突破或较原产品有明显改进，从而显著提高了产品性能或扩大了使用功能，对提高经济效益具有一定作用的产品，并且在一定区域或行业范围内具有先进性、新颖性和适用性的产品。

出口销售总额多 指企业或企业集团直接向国外、境外出口的商品总额。包括主营业务收入和其他业务收入中直接向国外、境外出口的商品总额。

税金 指企业或企业集团按规定从管理费用中支取的各种税金，包括房产税、土地使用税、车船使用税、印花税等。

劳动、待业保险费 指企业或企业集团支付的劳动保险和待业保险的费用之和。

利息支出 指企业或企业集团生产经营期间发生的利息净支出(减利息收入)。

投资收益 指企业或企业集团以各种方式对外投资所取得的收益。

利润总额 指企业或企业集团实现的盈亏总额,反映企业或企业集团最终的财务成果。计算公式为：

利润总额=营业利润+补贴收入+投资收益+营业外收入－营业外支出。

应交所得税 指企业或企业集团本年利润应交的所得税。

应交增值税 指企业或企业集团应交纳的增值税额合计。计算公式为：

应交增值税＝销项税额＋出口退税＋进项税额转出数－进项税额

固定资产投资完成额 指企业或企业集团在年度内建造和购置固定资产及有关费用的支出合计。包括：1. 建筑工程投资。2. 安装工程投资。3. 设备工器具购置。4. 应分摊计入固定资产的费用等。

研究开发费用 指企业或企业集团用于研究与发展活动(基础研究、应用研究、实验发展)的全部实际支出。包括用于研究与发展课题活动的直接支出,还包括间接用于研究与发展活动的一切支出(院、所管理费,维持院、所正常运转的必需费用和研究发展有关的基础建设支出。

从业人员 指在企业或企业集团(包括母公司和子公司,下同)工作并领取工资或其他形式的和港澳台方人员、兼职人员、借用的外单位人员和第二职业者。不包括离开本企业仍保留劳动关系的职工。

在岗职工 指在本企业或企业集团工作并由企业或企业集团支付工资的人员,以及有工作岗位,但由于学习、病伤、产假等原因暂未工作,仍由企业或企业集团支付工资的人员。

从业人员劳动报酬 指企业或企业集团直接支付给本企业或企业集团全部从业人员的劳动报酬总额。包括本企业或企业集团在岗职工工资总额和其他从业人员劳动报酬两部分。

景气指数 又称景气度，它是对企业景气调查中的定性指标通过定量方法加工汇总，综合反映某一特定调查群体或某一社会经济现象所处的状态或发展趋势的一种指标。其计算原理是：在调查的各类企业中，通过问卷的形式让企业经营决策者回答本企业本期经营状况相对于前期是上升、持平还是下降，然后经过加权、汇总，求出企业景气指数，即景气指数值=回答上升的企业所占比重—回答下降的企业所占比重。景气指数取值 0—200 之间，100 为景气指数的临界值，当景气指数值大于 100 时，表明经济状况趋于上升或改善，处于景气状态；当景气指数小于 100 时，表明经济状况趋于下降或恶化，处于不景气状态。

企业家信心指数（亦称企业宏观经济景气指数） 是根据企业家对企业外部市场经济环境与宏观政策的认识、看法、判断与预期而编制的指数，用以综合反映企业宏观经济环境的感受与信心。

企业景气指数（亦称企业综合经营景气指数） 是根据企业家对本企业综合生产经营情况的判断与预期而编制的指数，用以反映企业的综合生产经营状况。

Explanatory Notes on Principle Statistical Indicators

Key Enterprises refer to the enterprises approved or administered by the competent authorities concerned, including the 520 state key enterprises approved and confirmed by the State Council, the original 512 key enterprises approved and confirmed by the State Council, the original "one hundred experimental enterprises" under the state modern enterprise system, the enterprises whose organization membership administered by and associated with the Enterprise Working Committee of the Yunnan Provincial CPC, the 30 large industrial enterprises and groups approved and confirmed by the People's Government of Yunnan Province, the original experimental enterprises under the Yunnan provincial modern enterprise system, the key enterprises approved and confirmed by the relevant prefecture or municipal governments, the enterprises directly cared, aided and supported by the relevant important leaders, listed companies, key private enterprises, etc.

Enterprise Group refers to a multi-level and fair-scale economic association that consists of many enterprises and institutions by means of multiple forms of investment and operating coordination etc, with a mother company as the main body, property connections as a main tie, articles of association as the common norm. An enterprise group itself is not a legal person, but an association of legal persons composed of a mother company, subsidiary companies, equity participation companies and other member entities. Institutions as legal persons and mass organizations as legal persons can also become members of an enterprise group.

Status of Stock Holding refers to the status of an enterprise classified according to ownership and stock holding:

1. *State-owned absolute holding enterprise* refers to the enterprise in which national capital (capital stock) accounts for more than 50% of the total capital;

2. *State-owned relatively holding enterprise* refers to the enterprise in which the proportion of national capital (capital stock) is less than 50% in the total capital but relatively larger than that of other economic components or less than that of other economic components but the state has the actual control right according to the agreement (agreed control);

3. *Collective-owned absolute holding enterprise* refers to the enterprise in which collective capital (capital stock) accounts for more than 50% of the total capital;

4. *Collective-owned relative holding enterprise* refers to the enterprise in which the proportion of collective capital (capital stock) is less than 50% in the total capital but relatively larger than that of other economic components or less than other economic components but the collective has the actual control right according to the agreement (agreed control);

5. *Others* refer to enterprises with other kinds of status of stock holding except the above-mentioned four groups.

Registration Status of Enterprises refers to various enterprises as legal persons that are registered at administrative agencies for industry and commerce, including:

1. *State-owned enterprise* refers to the non-corporation economic entity in which the entire assets are owned by the state and that is registered according to the Regulations of the People's Republic of China for Administration of Registration of Business Entities, excluding wholly state-funded companies in the category of limited liability companies.

2. *Wholly State-funded Company* refers to the limited liability company solely invested and set up by the investment institution or department authorized by the state.

3. *Other limited liability companies* refer to the economic entity registered according to the Regulations of the People's Republic of China for Administration of Registration of Business Entities and established with investment from 2-50 investors, each investor bearing limited liability to the company depending on his/her share of investment and the company bearing liability to its debt to the maximum of its total assets. This category excludes

wholly state-funded companies.

4. *Incorporated Corporation* refers to the economic entity registered according to the Regulations of the People's Republic of China for Administration of Registration of Business Entities with total registered capital divided into equal shares and raised through issuing stocks, each stockholder bearing limited liability to the corporation depending on the holding of shares and the corporation with bearing liability to its debt to the maximum of its total assets.

5. *Others* refer to other types of enterprises classified according to their registration status except the above groups.

Group Member Enterprises refer to the Mother Company, fully-owned, absolute-holding subsidiaries and relative-holding subsidiaries, excluding equity participation companies, cooperative enterprises and secondary companies of subsidiaries. However, if a subsidiary of an enterprise group is a purely managerial company, its secondary holding subsidiaries should be treated as a company or enterprise subordinated to the enterprise group. The above-mentioned various subsidiaries of an enterprise group should include those located at home and abroad.

Main Business Lines of Enterprise Group refers to the main trade of an enterprise group in its production and operation activities. An enterprise group is usually engaged in multiple production and operation, so its main business line is often determined according to its three sorts of products or operations that enjoy the largest revenue share in the enterprise group.

Total Registered capital refers to the total registered capital of an enterprise or each member enterprise of an enterprise group registered at an administrative agency for industry and commerce, including national capital, collective capital, corporate capital, individual capital, foreign capital, etc.

Original Value of Fixed Assets refers to the total sum of money paid by an enterprise group in building, purchases, installation, reconstruction, extension or technological renovation of a particular item of fixed assets.

Inventory refers to various assets stored by an enterprise or an enterprise group in the process of production and operation for the purpose of sales or consumption.

Average Balance of Current Assets refers to the total average balance of current assets of an enterprise or an enterprise group during the report period. The formula is as follows:

Annual average balance of current assets = Σ (Balance of current assets at the beginning and end of each month from January to December)/24.

Total Liabilities refer to the debts in monetary terms that an enterprise has to repay by assets or labor services within an operating cycle, divided into current and long-term liabilities according to the repayment period.

Current Liabilities refers to the debts repayable of an enterprise or an enterprise group within an operating cycle of one year or over one year, including short-term loans, bills payable, accounts payable, advance received on sales, wages payable, profits payable, other account payable, advanced expenses, etc.

Total Stockholder's (owner's) Equity refers to investors' ownership of the net assets of the enterprise, which is equal to the balance of the total assets minus the total liabilities of the enterprise, including the initial investment from enterprise investors, capital accumulation fund, surplus accumulation fund and undistributed profits as well as a few stockholders' equity separately listed in the consolidated balance sheet of the enterprise group.

Capital Stock (Called-up Capital) refers to the capital raised by a corporate enterprise by issuing stocks. For a non-corporation enterprise it means the actually received capital input by investors.

Operating Revenue refers to the total revenue from the main business line and other operations of an enterprise or an enterprise group.

Revenue from Main Business Lines refers to the operating revenue gained by an enterprise or an enterprise group from certain main production and operation activities. This indicator has different names in different accounting systems, but it is reported according to the definition of each accounting system or statement respectively. For an agricultural enterprise it means "revenue from main business line"; for an industrial enterprise it means "sales revenue of products"; for a transport enterprise it means "revenue from main business line"; for a construction enterprise it means "revenue from project settlement"; for a wholesale and retail enterprise it means "sales revenue of products"; for a real estate enterprise it means "revenue from real estate operation"; for other enterprises it means "business (operating) revenue".

Cost of Main Business Line refers to the cost incurred in an enterprise or an enterprise group for certain main production and operation activities.

Taxes and Surcharges on Main Business Lines refer to the taxes and surcharges levied on the main production and operating activities of an enterprise according to the tax regulations, which should be deducted from the revenue from main business lines, including business tax, consumption tax, urban construction tax, resource tax, land VAT, educational surcharge, etc.

Revenue from Other Operations refers to the revenue from other sales or business lines of an enterprise or an enterprise group rather than its main business lines.

Loss from Price Decrease which of Inventory and Expenses of Operation, Management, Finance, etc. The loss from price Decrease of inventory refers to the loss due to market decline of inventory in the process of withdrawal or resale by a company; operating expenses refer to the expenses incurred in the process of selling products by a company or purchasing products by a commercial company; overhead costs refer to the overhead expenses incurred in the process of organizing and managing production and operation by a company; financial expenses refer to the expenses incurred in the process of raising funds needed for production and operation by a company.

Sales Revenue of New Products refers to the revenue from the sales of new products by an enterprise or enterprise group. New products refer to the products endorsed by the competent authorities concerned and within the period of validity as well as those developed by the enterprise itself and within one year from the start of production but without the endorsement of the authorities concerned. New Products are Products developed and made according to new technological principles or design ideas, or products which have some break through or notable improvement in structure, materials or technique as compared with original products, so that their functions are considerably improved or extended, thus they are helpful to raise economic benefits and characterized by advance, novelty and applicability in a particular area or business line.

Total Value of Exports refers to the total value of goods directly exported to foreign or overseas markets by an enterprise or an enterprise group, included in its revenue from the main business line or from other operations.

Expenses of Taxation refer to various taxes and duties disbursed on the overhead costs of an enterprise group according to the regulations, including real estate tax, land use tax, vehicle and vessel license tax, stamp duty, etc.

Expenses of Labor and Unemployment Insurance refer to the total expenses paid by an enterprise for labor and unemployment insurance.

Interest Payment refers to the net interest payment (after deducting interest income) by an enterprise in the process of its production and operation.

Return on Investment refer to the revenue from various external investment made by an enterprise or an enterprise group.

Total Profits refer to the total profit or loss made by an enterprise or an enterprise group, which reflect the final financial results of an enterprise or an enterprise group. The formula is as follows: Total profits = Business profit + Subsidy income + Return on investment + Non-operating income – non-operating expense.

Income Tax Payable refers to the tax on its profits for the current year that an enterprise or an enterprise group should pay.

Value Added Tax Payable refers to the amount VAT that should be paid by an enterprise or an enterprise group. The formula is as follows:

VAT Payable = Sales Tax + Export Tax Refund + Amount Removed from Purchase Tax – Purchase Tax.

Completed Investment in Fixed Assets refers to the total expenditure on building and purchases of fixed assets and other relevant expenses incurred by an enterprise or an enterprise group in the current year, including:

(1) investment on construction projects,
(2) investment on installation projects,
(3) purchases of equipment and tools,
(4) expenses that should be apportioned to fixed assets, etc.

R&D Expenses refer to the total actual expenditure paid by an enterprise or an enterprise group for research and development (fundamental research, applied scientific research and experimental development), including the direct expenditure on research and development projects and all indirect expenses such as institution's overhead costs, expenses for operation of R&D institutions, and expenditure on relevant capital construction.

Employed Persons refer to all the persons working and receiving wages and other forms of payment at an enterprise or an enterprise group (including the mother company and subsidiary companies), including full-time staff and workers, employees from Hong Kong, Macao and Taiwan, part-time employees, employees of other entities temporarily transferred to current posts, and employees holding the second job, but excluding stall and workers who have left their working entities while keeping their labor contracts (employment relations) unchanged.

Staff and Workers at Post refer to the persons working at an enterprise or an enterprise group, including those who are on the regular payroll but are temporarily not on duty due to off the job study and training, illness, injury, childbirth, etc.

Labor Remuneration of Employed Persons refers to the total payments directly made to all the employed persons working at an enterprise or an enterprise group, including two parts: total wages paid to staff and workers at post and payments for labor to other employed persons.

Boom Index refers to the index worked out through processing and summarizing the qualitative indicators used in the investigation of enterprise prosperity by the quantitative method reflecting a situation or developmental trend of a certain entity or a certain socio-economic phenomenon under investigation. Its calculation principle is: the decision-makers of the various enterprises investigated are enquired in a written form to reply whether the present operation is better, equal to or poorer than before; the results are then weighted and summarized to work out the boom index of enterprises, i.e., boom index=proportion of enterprises with a positive answer – proportion of enterprises with a negative answer. The boom index ranges from 0 to 200 and 100 is the critical value; when the boom index is greater than 100, the economic situation tends to rise or improve, which proves in a booming situation; when the boom index is less than 100, the economic situation tends to fall or deteriorate, which proves in a depressed situation.

Index of Entrepreneur Confidence (also called Boom Index of Business Macro-economy) refers to the index worked out according to the enterpriser's understanding, opinion, judgment and forecast of the external market economic environment and macro-policies. It is used to reflect the feelings on and confidence in the enterprise's macro-economic environment.

Boom Index of Enterprise (also called Boom Index of Enterprise's Comprehensive Operation) refers to the index worked out according to the enterpriser's judgment and forecast of the enterprise's comprehensive production and operation. It is used to reflect the situation of the enterprise's comprehensive production and operation.

二十、基本单位

Survey of Basic Entities

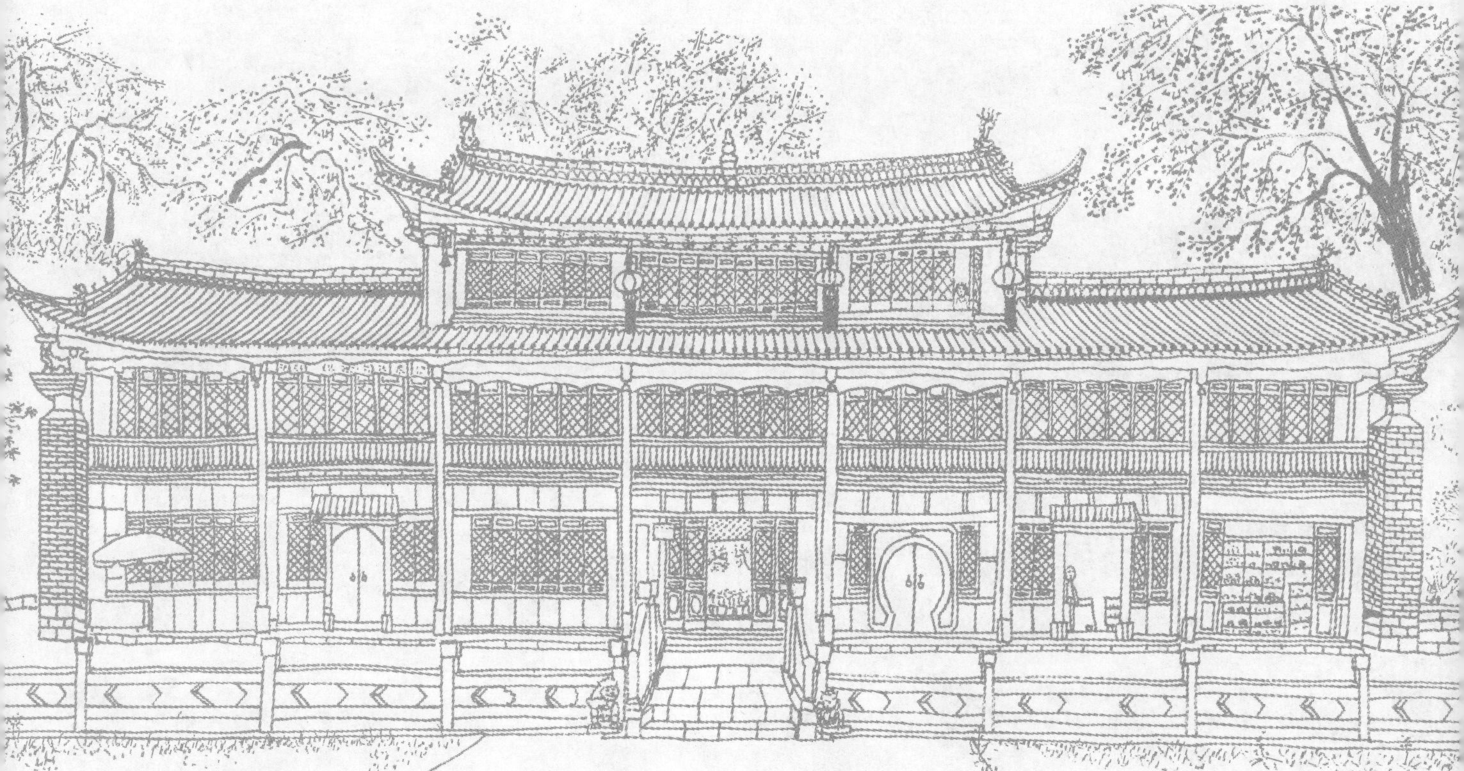

20-1 各地区法人单位数
Number of Legal Entities by Region

单位：个 (unit)

地 区	Region	2000年	2001年	2003年	2004年	2005年
全省合计	**Total**	**80 243**	**98 339**	**97 219**	**96 211**	**99132**
昆 明	Kunming	22 281	26 559	25 573	26 736	27967
曲 靖	Qujing	6 431	8 230	8 315	8 656	8961
玉 溪	Yuxi	6 554	8 195	7 896	7 509	7627
保 山	Baoshan	3 062	3 905	3 929	3 876	3876
昭 通	Zhaotong	4 547	4 937	4 942	5 362	5360
丽 江	Lijiang	2 080	5 926	2 460	2 509	2598
思 茅	Simao	4 140	2 532	5 223	5 225	5301
临 沧	Lincang	3 291	4 148	4 110	4 028	4121
楚 雄	Chuxiong	4 673	8 851	5 939	5 929	6150
红 河	Honghe	6 983	4 183	8 791	7 502	7908
文 山	Wenshan	3 710	5 094	4 231	4 139	4339
西双版纳	Xishuangbanna	2 141	7 179	2 642	2 073	2160
大 理	Dali	5 562	3 795	7 135	7 117	7250
德 宏	Dehong	2 734	2 402	3 652	3 487	3430
怒 江	Nujiang	1 110	1 337	1 301	1 119	1125
迪 庆	Diqing	944	1 065	1 080	944	959

20-2 各地区产业活动单位数
Number of Industrial Activity Entities by Region

单位：个 (unit)

地 区	Region	2000年	2001年	2003年	2004年	2005年
全省合计	**Total**	**128 946**	**165 429**	**161 228**	**156 790**	**159224**
昆 明	Kunming	30 607	38 241	36 109	36 267	36851
曲 靖	Qujing	12 185	15 432	15 521	16 037	16362
玉 溪	Yuxi	8 809	11 229	10 690	10 420	10472
保 山	Baoshan	5 538	7 934	7 961	7 854	7856
昭 通	Zhaotong	8 322	10 066	9 990	10 214	10223
丽 江	Lijiang	3 433	11 682	3 915	3 955	4051
思 茅	Simao	6 720	4 172	8 640	8 772	8800
临 沧	Lincang	6 072	8 231	8 063	6 935	7094
楚 雄	Chuxiong	7 911	15 147	11 359	10 718	11036
红 河	Honghe	12 092	8 229	14 701	13 405	13909
文 山	Wenshan	6 678	8 476	8 233	7 954	8160
西双版纳	Xishuangbanna	3 437	12 366	4 240	3 271	3326
大 理	Dali	9 724	6 476	12 114	11 853	12015
德 宏	Dehong	4 342	3 988	6 041	5 692	5606
怒 江	Nujiang	1 742	2 113	2 052	1 789	1793
迪 庆	Diqing	1 334	1 590	1 599	1 654	1670

注：本表产业活动单位的汇总范围，包括外省（地、州）法人单位在本地的产业活动单位，但不包括本省（地、州）法人单位在外地的产业活动单位。

Note: The number of industrial activity entities by region does not include the number outside the province.

20-3 各地区基本单位数（2005年）

Number of Basic Entities by Region (2005)

单位：个 (unit)

地　区	Region	法人单位数 Number of Impersonal Entities 合　计 Total	单产业法人 Single-industry Corporation	多产业法人 Multi-industry Corporation	产业活动单位数 Number of Industrial Activity Entities 合　计 Total	# 多产业法人单位所属产业活动 Activity of Multi-industry Corporation
全省合计	**Total**	99132	87770	11362	159224	71454
昆　明	Kunming	27967	26072	1895	36851	10779
曲　靖	Qujing	8961	8069	892	16362	8293
玉　溪	Yuxi	7627	6979	648	10472	3493
保　山	Baoshan	3876	3086	790	7856	4770
昭　通	Zhaotong	5360	4668	692	10223	5555
丽　江	Lijiang	2598	2344	254	4051	1707
思　茅	Simao	5301	4426	875	8800	4374
临　沧	Lincang	4121	3513	608	7094	3581
楚　雄	Chuxiong	6150	5256	894	11036	5780
红　河	Honghe	7908	6762	1146	13909	7147
文　山	Wenshan	4339	3783	556	8160	4377
西双版纳	Xishuangbanna	2160	1857	303	3326	1469
大　理	Dali	7250	6198	1052	12015	5817
德　宏	Dehong	3430	2951	479	5606	2655
怒　江	Nujiang	1125	981	144	1793	812
迪　庆	Diqing	959	825	134	1670	845

注：本表产业活动单位的汇总范围，包括外省（地、州）法人单位在本地的产业活动单位，但不包括本省（地、州）法人单位在外地的产业活动单位。

Note: The number of industrial activity entities by region does not include the number outside the province.

20-4 各地区基本单位按产业划分（2005年）

Number of Basic Entities by Type of Industry and Region (2005)

单位：个 (unit)

地　区	Region	法人单位数 Number of Impersonal Entities 合　计 Total	第一产业 Primary Industry	第二产业 Secondary Industry	第三产业 Tertiary Industry	产业活动单位数 Number of Industrial Activity Entities 合　计 Total	第一产业 Primary Industry	第二产业 Secondary Industry	第三产业 Tertiary Industry
全省合计	**Total**	99132	3253	19045	76834	159224	6194	22394	130636
昆　明	Kunming	27967	568	6494	20905	36851	757	6824	29270
曲　靖	Qujing	8961	283	2156	6522	16362	544	2573	13245
玉　溪	Yuxi	7627	129	1752	5746	10472	134	1988	8350
保　山	Baoshan	3876	211	724	2941	7856	469	888	6499
昭　通	Zhaotong	5360	61	956	4343	10223	444	1110	8669
丽　江	Lijiang	2598	45	468	2085	4051	159	566	3326
思　茅	Simao	5301	489	596	4216	8800	783	713	7304
临　沧	Lincang	4121	264	462	3395	7094	486	721	5887
楚　雄	Chuxiong	6150	290	1031	4829	11036	442	1365	9229
红　河	Honghe	7908	216	1602	6090	13909	675	2033	11201
文　山	Wenshan	4339	86	718	3535	8160	260	861	7039
西双版纳	Xishuangbanna	2160	156	230	1774	3326	289	431	2606
大　理	Dali	7250	273	1148	5829	12015	360	1476	10179
德　宏	Dehong	3430	169	434	2827	5606	241	510	4855
怒　江	Nujiang	1125	8	148	969	1793	76	167	1550
迪　庆	Diqing	959	5	126	828	1670	75	168	1427

20-5 各地区法人单位按行业门类分组单位数（2005年）

Number of Legal Entities by Sector and Region (2005)

单位：个 (unit)

地　区	Region	合　计 Total	农、林、牧、渔业 Farming,Forestry, Animal Husbandry and Fishery	采矿业 Mining	制造业 Manufacturing	电力、燃气及水的生产和供应业 Production and Supply of Electric Power,Gas and Water	建筑业 Construction
全省合计	**Total**	99 132	3 253	3 304	11 774	1 148	2 819
昆　明	Kunming	27 967	568	512	4 554	110	1 318
曲　靖	Qujing	8 961	283	785	1 068	81	222
玉　溪	Yuxi	7 627	129	139	1 259	95	259
保　山	Baoshan	3 876	211	91	530	40	63
昭　通	Zhaotong	5 360	61	422	313	140	81
丽　江	Lijiang	2 598	45	145	196	44	83
思　茅	Simao	5 301	489	68	386	51	91
临　沧	Lincang	4 121	264	62	278	62	60
楚　雄	Chuxiong	6 150	290	189	631	71	140
红　河	Honghe	7 908	216	376	894	123	209
文　山	Wenshan	4 339	86	153	431	85	49
西双版纳	Xishuangbanna	2 160	156	33	124	31	42
大　理	Dali	7 250	273	233	659	118	138
德　宏	Dehong	3 430	169	22	318	53	41
怒　江	Nujiang	1 125	8	52	76	8	12
迪　庆	Diqing	959	5	22	57	36	11

20-5　续表1　continued

单位：个 (unit)

地　区	Region	交通运输、仓储和邮政业 Transport, Storage and Post Services	信息传输、计算机服务和软件业 Information Transmission,Computer and software Services	批发和零售业 Wholesale and Retail Trade	住宿和餐饮业 Hotel and Food Services	金融业 Finance
全省合计	**Total**	1 394	1 358	13 871	2 354	547
昆　明	Kunming	494	653	7 010	790	112
曲　靖	Qujing	101	60	1 056	151	84
玉　溪	Yuxi	157	101	829	139	65
保　山	Baoshan	36	13	424	92	21
昭　通	Zhaotong	43	12	360	64	21
丽　江	Lijiang	16	9	197	118	18
思　茅	Simao	34	117	307	83	24
临　沧	Lincang	35	33	306	67	32
楚　雄	Chuxiong	80	95	547	116	29
红　河	Honghe	141	36	947	196	39
文　山	Wenshan	52	27	500	71	19
西双版纳	Xishuangbanna	35	6	221	75	15
大　理	Dali	102	148	525	225	27
德　宏	Dehong	39	39	513	98	17
怒　江	Nujiang	18	1	75	23	10
迪　庆	Diqing	11	8	54	46	14

20-5 续表2 continued

单位：个 (unit)

地 区	Region	房地产业 Real Estate	租赁和商务服务业 Leasing and Commercial Service	科学研究、技术服务和地质勘查业 Scientific Research, Technology Service and Geological Prospecting	水利、环境和公共设施管理业 Water Conservancy, Admistration of Environment and Public facilities	居民服务和其他服务业 Resident and Other Services
全省合计	**Total**	2597	4106	3560	1576	1008
昆 明	Kunming	1383	2204	1001	299	556
曲 靖	Qujing	138	250	219	156	88
玉 溪	Yuxi	99	285	423	159	92
保 山	Baoshan	71	101	108	34	21
昭 通	Zhaotong	43	81	93	24	18
丽 江	Lijiang	66	98	90	66	9
思 茅	Simao	83	89	143	84	12
临 沧	Lincang	71	84	129	95	15
楚 雄	Chuxiong	85	180	230	139	29
红 河	Honghe	184	175	259	113	64
文 山	Wenshan	66	98	190	48	23
西双版纳	Xishuangbanna	84	87	161	76	14
大 理	Dali	151	210	321	201	39
德 宏	Dehong	64	116	151	59	16
怒 江	Nujiang	2	9	22	11	6
迪 庆	Diqing	7	39	20	12	6

20-5 续表3 continued

单位：个 (unit)

地 区	Region	教育 Education	卫生、社会保障和社会福利业 Health Care, Social Security and Social Welfare	文化、体育和娱乐业 Culture, Sports and Entertainment	公共管理和社会组织 Public Administration and Social Organization	国际组织 International Organization
全省合计	**Total**	6275	3758	1944	32486	0
昆 明	Kunming	1442	614	479	3868	0
曲 靖	Qujing	609	305	132	3173	0
玉 溪	Yuxi	416	474	157	2350	0
保 山	Baoshan	227	130	68	1595	0
昭 通	Zhaotong	426	263	91	2804	0
丽 江	Lijiang	181	131	55	1031	0
思 茅	Simao	359	234	112	2535	0
临 沧	Lincang	303	168	92	1965	0
楚 雄	Chuxiong	317	238	159	2585	0
红 河	Honghe	533	326	141	2936	0
文 山	Wenshan	334	196	62	1849	0
西双版纳	Xishuangbanna	126	99	61	714	0
大 理	Dali	621	352	210	2697	0
德 宏	Dehong	228	136	95	1256	0
怒 江	Nujiang	77	49	13	653	0
迪 庆	Diqing	76	43	17	475	0

20-6 全省法人单位按行业分组

Number of Legal Entities by Sector

单位：个 (unit)

行业	Sector	2004年	2005年
全省合计	**Total**	**96 211**	**99132**
农、林、牧、渔业	Farming,Forestry,Animal Husbandry and Fishery	3 178	3253
农业	Farming	809	843
林业	Forestry	413	424
畜牧业	Animal Husbandry	287	315
渔业	Fishery	48	52
农、林、牧、渔服务业	Services of Farming,Forestry,Animal Husbandry and Fishery	1 621	1619
采矿业	Mining	3 167	3304
煤炭开采和洗选业	Coal Mining and Dressing	1 567	1583
石油和天然气开采业	Extraction of Petroleum and Natural Gas	2	2
黑色金属矿采选业	Mining and dressing of Ferrous Metals	246	272
有色金属矿采选业	Mining and Dressing of Nonferrous Metals	613	656
非金属矿采选业	Mining and Dressing of Nonmetal Minerals	738	782
其他采矿业	Mining and Dressing of Other Minerals	1	9
制造业	Manufacturing	11 275	11774
农副食品加工业	Agricultural Non-staple Food Processing	902	954
食品制造业	Food Production	535	557
饮料制造业	Beverage Production	869	913
烟草制品业	Tobacco Production	28	29
纺织业	Textile Industry	194	197
纺织服装、鞋、帽制造业	Textile Clothing, Footwear and Headgear Production	145	148
皮革、毛皮、羽毛(绒)及其制品业	Leather,Furs,Down and Related Products	47	48
木材加工及木、竹、藤、棕、草制品业	Timber Processing,Bamboo,Cane,Palm Fiber and Straw Products	563	570
家具制造业	Furniture Manufacturing	173	180
造纸及纸制品业	Papermaking and Paper Products	351	357
印刷业和记录媒介的复制	Printing and Record Medium Reproduction	487	503
文教体育用品制造业	Cultural,Educational and Sports Goods	18	20
石油加工、炼焦及核燃料加工业	Petroleum Processing, and Coking and Nuclear Fuel Processing	151	161
化学原料及化学制品制造业	Raw Chemical Materials and Chemical Products	872	911
医药制造业	Medical and Pharmaceutical Products	216	228
化学纤维制造业	Chemical Fiber	3	3
橡胶制品业	Rubber Products	85	88
塑料制品业	Plastic Products	455	480
非金属矿物制品业	Nonmetal Mineral Products	1 966	2009
黑色金属冶炼及压延加工业	Smelting and Pressing of Ferrous Metals	421	431
有色金属冶炼及压延加工业	Smelting and Pressing of Nonferrous Metals	392	481
金属制品业	Metal Products	583	602
通用设备制造业	General-purpose Equipment Manufacturing	528	547

20-6 续表1 continued

单位：个 (unit)

行　　业	Sector	2004年	2005年
专用设备制造业	Special-purpose Equipment Manufacturing	233	241
交通运输设备制造业	Transport Equipment Manufacturing	532	549
电气机械及器材制造业	Electric Equipment and Machinery Manufacturing	204	218
通信设备、计算机及其他电子设备制造业	Communication Equipment, Computers and other Electronic Equipment Production Manufacturing	25	29
仪器仪表及文化、办公用机械制造业	Instruments, Meters, Cultural and Clerical Machinery	98	104
工艺品及其他制造业	Handicraft Articles and Other Goods Production	155	159
废弃资源和废旧材料回收加工业	Discardeed Resource and Waste Materials Recycle and Processing	44	57
电力、燃气及水的生产和供应业	Production and Supply of Electric Power, Gas and Water	1 065	1148
电力、热力的生产和供应业	Production and Supply of Electric Power and Heat	803	875
燃气生产和供应业	Gas Production and Supply	9	13
水的生产和供应业	Water Production and Supply	253	260
建筑业	Construction	2 641	2 819
房屋和土木工程建筑业	House Building and civil Engineering	1 429	1 483
建筑安装业	Burding Installation	368	391
建筑装饰业	Building Fiting up and Decoration	720	805
其他建筑业	Other Construction	124	140
交通运输、仓储和邮政业	Transport, Storage and Post Service	1 315	1 394
铁路运输业	Railway transport	1	2
道路运输业	Highway Transport	738	793
城市公共交通业	Urban Public Transit	150	152
水上运输业	Water Way Transport	30	30
航空运输业	Air Transport	7	8
管道运输业	Pipeline Transport		
装卸搬运和其他运输服务业	Lording, Unlording, Carrying and Other Transport Services	234	251
仓储业	Storage Service	131	134
邮政业	Post Service	24	24
信息传输、计算机服务和软件业	Information Transmission Computer Service and Software Service	1 254	1 358
电信和其他信息传输服务业	Telecommunications and Other Information Transmission Services	249	268
计算机服务业	Computer Service	836	900
软件业	Software Service	169	190
批发和零售业	Wholesale and Retail Trade	13 017	13 871
批发业	Wholesale	7 575	8 149
零售业	Retail	5 442	5 722
住宿和餐饮业	Hotel and Food Services	2 285	2 354
住宿业	Hotel Service	1 680	1 737
餐饮业	Food Service	605	617
金融业	Banking and Insurance	527	547
银行业	Banking	364	368
证券业	Securities Industry	10	11

20-6 续表2 continued

单位：个 (unit)

行　　业	Sector	2004年	2005年
保险业	Insurance	97	101
其他金融活动	Other Financial Trade	56	67
房地产业	Real Estate Trade	2 287	2597
房地产业	Real Estate Trade	2 287	2597
租赁和商务服务业	Leasing Treade and Commercial Service	3 853	4106
租赁业	Leasing	162	173
商务服务业	Commercial Service	3 691	3933
科学研究、技术服务和地质勘查业	Scientific Research, Technology Service and Geological Prospecting	3 552	3560
研究与试验发展	R & D	255	273
专业技术服务业	Professional Technology Service	1 594	1621
科技交流和推广服务业	Communion and Popularization of Science and Technology	1 603	1562
地质勘查业	Geological Prospecting	100	104
水利、环境和公共设施管理业	Admistration of Water Conservancy and Environment and Public facilities	1 612	1576
水利管理业	Admistration of Water Conservancy	905	860
环境管理业	Admistration of Environment	333	331
公共设施管理业	Admistration of Public facilities	374	385
居民服务和其他服务业	Resident and Other Services	937	1008
居民服务业	Resident Service	440	481
其他服务业	Other Services	497	527
教育	Education	6 265	6275
教育	Education	6 265	6275
卫生、社会保障和社会福利业	Health Care, Social Security and Social Welfare	3 752	3758
卫生	Health Care	3 186	3192
社会保障业	Social Security	228	228
社会福利业	Social Welfare	338	338
文化、体育和娱乐业	Culture, Sports and Entertainment	1 941	1944
新闻出版业	News and Publishing	104	106
广播、电视、电影和音像业	Broadcasting, Television,Filmdom and Audio-visual Production	310	301
文化艺术业	Culture and Arts	1 092	1086
体育	Sports	132	136
娱乐业	Entertainment	303	315
公共管理和社会组织	Public Administration and Social Organization	32 288	32486
中国共产党机关	Organizations of Communist Prty of China	1 901	1890
国家机构	State Institutions	11 757	11726
人民政协和民主党派	Chinese People's Political Consultative Conferences and Democratic Parties	225	225
群众团体、社会团体和宗教组织	Mass Groups, Social Groups and Religious Organization	4 500	4718
基层群众自治组织	Grass-roots Autonomous Organization	13 905	13927
国际组织	International Organizations		
国际组织	International Organizations		

20-7 全省产业活动单位按行业分组
Number of Industrial Activity Entities by Sector

单位：个 (unit)

行　　业	Sector	2004年	2005年
全省合计	**Total**	**156 790**	159 224
农、林、牧、渔业	Farming,Forestry,Animal Husbandry and Fishery	6 165	6 194
农业	Farming	1 125	1 162
林业	Forestry	721	732
畜牧业	Animal Husbandry	309	336
渔业	Fishery	64	69
农、林、牧、渔服务业	Services of Farming,Forestry,Animal Husbandry and Fishery	3 946	3 895
采矿业	Mining	3 504	3 652
煤炭开采和洗选业	Coal Mining and Dressing	1 692	1 711
石油和天然气开采业	Extraction of Petroleum and Natural Gas	4	3
黑色金属矿采选业	Mining and dressing of Ferrous Metals	273	294
有色金属矿采选业	Mining and Dressing of Nonferrous Metals	712	763
非金属矿采选业	Mining and Dressing of Nonmetal Minerals	821	871
其他采矿业	Mining and Dressing of Other Minerals	2	10
制造业	Manufacturing	12 454	12 937
农副食品加工业	Agricultural Non-staple Food Processing	1 038	1 090
食品制造业	Food Production	599	620
饮料制造业	Beverage Production	992	1 027
烟草制品业	Tobacco Production	37	38
纺织业	Textile Industry	207	210
纺织服装、鞋、帽制造业	Textile Clothing, Footwear and Headgear Production	160	162
皮革、毛皮、羽毛(绒)及其制品业	Leather,Furs,Down and Related Products	49	50
木材加工及木、竹、藤、棕、草制品业	Timber Processing,Bamboo,Cane,Palm Fiber and Straw Products	643	647
家具制造业	Furniture Manufacturing	187	193
造纸及纸制品业	Papermaking and Paper Products	362	366
印刷业和记录媒介的复制	Printing and Record Medium Reproduction	523	539
文教体育用品制造业	Cultural,Educational and Sports Goods	18	20
石油加工、炼焦及核燃料加工业	Petroleum Processing, and Coking and Nuclear Fuel Processing	158	167
化学原料及化学制品制造业	Raw Chemical Materials and Chemical Products	934	978
医药制造业	Medical and Pharmaceutical Products	227	237
化学纤维制造业	Chemical Fiber	3	6
橡胶制品业	Rubber Products	93	96
塑料制品业	Plastic Products	483	507
非金属矿物制品业	Nonmetal Mineral Products	2 137	2 185
黑色金属冶炼及压延加工业	Smelting and Pressing of Ferrous Metals	459	470
有色金属冶炼及压延加工业	Smelting and Pressing of Nonferrous Metals	439	526
金属制品业	Metal Products	622	636
通用设备制造业	General-purpose Equipment Manufacturing	561	581

20-7 续表1 continued

单位：个、 (unit)

行 业	Sector	2004年	2005年
专用设备制造业	Special-purpose Equipment Manufacturing	263	269
交通运输设备制造业	Transport Equipment Manufacturing	696	714
电气机械及器材制造业	Electric Equipment and Machinery Manufacturing	218	231
通信设备、计算机及其他电子设备制造业	Communication Equipment, Computers and other Electronic Equipment Production	26	30
仪器仪表及文化、办公用机械制造业	Instruments, Meters, Cultural and Clerical Machinery	100	108
工艺品及其他制造业	Handicraft Articles and Other Goods Production	172	177
废弃资源和废旧材料回收加工业	Discardeed Resource and Waste Materials Recycle and Processing	48	60
电力、燃气及水的生产和供应业	Production and Supply of Electric Power, Gas and Water	1 876	1 978
电力、热力的生产和供应业	Production and Supply of Electric Power and Heat	1 527	1 612
燃气生产和供应业	Gas Production and Supply	15	20
水的生产和供应业	Water Production and Supply	334	346
建筑业	Construction	3 628	3 827
房屋和土木工程建筑业	House Building and civil Engineering	2 338	2 400
建筑安装业	Building Installation	398	425
建筑装饰业	Building Fiting up and Decoration	753	844
其他建筑业	Other Construction	139	158
交通运输、仓储和邮政业	Transport, Storage and Postal Service	3 979	3 999
铁路运输业	Railway transport	42	41
道路运输业	Highway Transport	1 703	1 733
城市公共交通业	Urban Public Transit	202	206
水上运输业	Water Way Transport	36	36
航空运输业	Air Transport	28	22
管道运输业	Pipeline Transport		
装卸搬运和其他运输服务业	Lording, Unlording, Carrying and Other Transport Services	299	309
仓储业	Storage Service	163	164
邮政业	Post Service	1 506	1 488
信息传输、计算机服务和软件业	Information Transmission, Computer Service and Software Services	1 815	1 918
电信和其他信息传输服务业	Telecommunications and Other Information Transmission Services	771	791
计算机服务业	Computer Service	866	930
软件业	Software Service	178	197
批发和零售业	Wholesale and Retail Trade	21 097	21 774
批发业	Wholesale	11 451	11 936
零售业	Retail	9 646	9 838
住宿和餐饮业	Hotel and Food Services	3 518	3 563
住宿业	Hotel Service	2 590	2 636
餐饮业	Food Service	928	927
金融业	Banking and Insurance	4 327	4 160
银行业	Banking	3 699	3 536
证券业	Securities Business	35	34
保险业	Insurance	509	493
其他金融活动	Other Financial Business	84	97

20-7 续表2 continued

单位：个 (unit)

行 业	Sector	2004年	2005年
房地产业	Real Estate Trade	2 572	2 879
房地产业	Real Estate Trade	2 572	2 879
租赁和商务服务业	Leasing Treade and Commercial Service	5 063	5 287
租赁业	Leasing	210	219
商务服务业	Commercial Serive	4 853	5 068
科学研究、技术服务和地质勘查业	Scientific Research, Technology Service and Geological Prospecting	5 239	5 249
研究与试验发展	R & D	309	320
专业技术服务业	Professional Technology Service	1 977	2 032
科技交流和推广服务业	Communion and Popularization of Science and Technology	2 781	2 727
地质勘查业	Geological Prospecting	172	170
水利、环境和公共设施管理业	Admistration of Water Conservancy and Environment and Public facilities	2 961	2 903
水利管理业	Water Conservancy Admistrition	1 928	1 864
环境管理业	Admistration of Environment	576	569
公共设施管理业	Admistration of Public facilities	457	470
居民服务和其他服务业	Resident and Other Services	1 443	1 496
居民服务业	Resident Service	773	797
其他服务业	Other Services	670	699
教育	Education	19 312	19 349
教育	Education	19 312	19 349
卫生、社会保障和社会福利业	Health Care, Social Security and Social Welfare	10 537	10 530
卫生	Health Care	9 345	9 339
社会保障业	Social Security	551	552
社会福利业	Social Welfare	641	639
文化、体育和娱乐业	Culture, Sports and Entertainment	3 296	3 300
新闻出版业	News and Publishing	133	135
广播、电视、电影和音像业	Broadcast, Television,Filmdom and Audio & Video Production	636	632
文化艺术业	Culture and Arts	1 945	1 935
体育	Sports	152	157
娱乐业	Entertainment	430	441
公共管理和社会组织	Public Administration and Social Organization	44 004	44 229
中国共产党机关	Organizations of Communist Prty of China	2 027	2 020
国家机构	State Institutions	22 244	22 229
人民政协和民主党派	Chinese People's Political Consultative Conferences and Democratic Parties	239	239
群众团体、社会团体和宗教组织	Mass Groups, Social Groups and Religion Organization	5 571	5 789
基层群众自治组织	Grass-roots Autonomous Organization	13 923	13 952
国际组织	International Organizations		
国际组织	International Organizations		

主要统计指标解释

法人单位 指具备下列条件的单位：（1）依法成立，有自己的名称、组织机构和场所，能够独立承担民事责任；（2）独立拥有和使用（或授权使用）资产，承担负债，有权与其他单位签订合同；（3）会计上独立核算，能够编制资产负债表。法人单位包括企业法人、事业单位法人、机关法人、社会团体法人和其他法人。法人单位由产业活动单位组成，产业活动接受法人单位的管理和控制。法人单位只位于一个场所并主要从事一种社会经济活动，称为单位产业法人。单位产业法人本身也是一个产业活动单位。法人单位从事多种经济活动，或者位于多个地点，称为多产业法人。多产业法人由两个或两个以上产业活动单位组成。

产业活动单位 指具备下列条件的单位：（1）在一个场所从事一种或主要从事一种社会经济活动；（2）相对独立组织生产经营或业务活动；（3）能够掌握收入和支出等业务核算资料。产业活动单位按以下具体办法认定：

1．经过法定程序批准建立的、不能独立承担民事责任的单位，认定为产业活动单位。包括：由各级工商行政管理机关核准登记，领取《营业执照》的分支机构或经营单位；由各级登记主管机关备案，或依据相关法律法规由各级主管部门批准建立的事业单位分支机构和社会团体分支机构。

2．未经法定程序批准在法人内部建立的机构，符合产业活动单位应具备的三个条件。

Explanatory Notes on Principal Statistical Indicators

Legal Entity A legal entity should meet the following three requirements: (1) being set up in conformity with relevant legal provisions, having its full name, organization and location and being capable of taking civil liability; (2) independently possessing and using (or entrusted to use) its assets and bearing its liabilities, and being entitled to sign contracts with other entities; (3) keeping independent accounting and being capable of preparing its own balance sheet. Legal entities include business entities, institution entities, entities of government departments, entities of mass organizations, etc. A legal entity that is located in one seat and engaged in one kind of socio-economic activities is called a single-industrial entity, which is also an industrial activity entity; and one that is located in several seats or engaged in diversified economic activities is named a multi-industrial entity, which consists of two or more than two industrial activity entities.

Industrial Activity Entity An industrial activity entity should meet the following requirements: (1) being engaged in or mainly engaged in one kind of socio-economic activities in one seat; (2) organizing its production and operation or vocational work with relative independence; (3) being capable of possessing business accounting materials such as income and expenditure etc. The specific standards for identifying an industrial activity entity are as follows:

1. An entity that is set up according to legal procedure and is not capable of bearing civil liability is identified as an industrial activity entity. This category includes branches or operating entities that are registered at administrative departments for industry and commerce at all levels and receive business licenses, and branches of institutions and mass organizations that are kept on the files of registration departments at all levels or up with the approval of departments in charge at all levels in conformity with relevant legal provisions or regulations.

2. An organ that is set up within a legal entity without going through relevant legal procedure and meets the above-mentioned three requirements is identified as an industrial activity entity.

二十一、民族自治地方

General Survey of Minority Nationality Autonomous Areas

21-1 民族自治地方行政区划（2005年）
Administrative Division of Minority Nationality Autonomous Areas (2005)

单位:个 (unit)

地　级	Autonomous Prefecture	县级市 Number of Cities at County Level	县 Number of Counties	自治县 Number of Autonomous Counties
全省合计	**Total**	**7**	**42**	**29**
8个自治州	**8 Autonomous Prefectures**	**7**	**42**	**9**
楚雄彝族自治州	Chuxiong Yi Autonomous Prefecture	1	9	
红河哈尼族彝族自治州	Honghe Hani & Yi Autonomous Prefecture	2	8	3
文山壮族苗族自治州	Wenshan Zhuang & Miao Autonomous		8	
西双版纳傣族自治州	Xishuangbanna Dai Autonomous Prefecture	1	2	
大理白族自治州	Dali Bai Autonomous Prefecture	1	8	3
德宏傣族景颇族自治州	Dehong Dai & Jingpo Autonomous Prefecture	2	3	
怒江傈僳族自治州	Nujiang Lisu Autonomous Prefecture		2	2
迪庆藏族自治州	Diqing Tibetan Autonomous Prefecture		2	1
其它5个州、市辖	**Other 5 Prefectures and Cities under the Jurisdiction of Provincial Government**			**20**

21-2 少数民族自治县分布情况（2005年）
Geographical Distribution of Minority Nationality Autonomous Counties (2005)

地　区	Region	自治县数（个） Number of Autonomous Counties (unit)	自治县名称 Schedule of Autonomous Counties
全省合计	**Total**	**29**	
昆明市	Kunming	3	禄劝彝族苗族自治县、石林彝族自治县、寻甸回族彝族自治县 Luquan Yi & Miao Autonomous County, Shilin Yi Autonomous County, Xundian Hui & Yi Autonomous County
玉溪市	Yuxi	3	峨山彝族自治县、新平彝族傣族自治县、元江哈尼族彝族傣族自治县 Eshan Yi Autonomous County Xinping Yi , Dai Autonomous County Yuanjiang Hani , Yi , Dai Autonomous County
丽江市	Lijiang	2	玉龙纳西族自治县、宁蒗彝族自治县 Yulong Naxi Autonomous County, Ninglang Yi Autonomous County
思茅市	Simao	9	普洱哈尼族彝族自治县、景东彝族自治县、景谷傣族彝族自治县、墨江哈尼族自治县、孟连傣族拉祜族佤族自治县、澜沧拉祜族自治县、西盟佤族自治县、江城哈尼族彝族自治县、镇沅彝族哈尼族拉祜族自治县 Pu er Hani & Yi Autonomous County, Jingdong Yi Autonomous County, Jinggu Dai & Yi Autonomous County, Mojiang Hani Autonomous County, Menglian Dai & Lahu Wa Autonomous County, Lancang lahu Autonomous County, Ximeng Wa Autonomous County, Jiangcheng Hani & Yi Autonomous County, Zhenyuan Yi & Hani Lahu Autonomous County
临沧市	Lincang	3	双江拉祜族佤族布朗族傣族自治县、耿马傣族佤族自治县、沧源佤族自治县 Shuangjiang Lahu & Wa & Bulang & Dai Autonomous County, Gengma Dai & Wa Autonomous County, Cangyuan Wa Autonomous County
红河州	Honghe	3	金平苗族瑶族傣族自治县、屏边苗族自治县、河口瑶族自治县 Jinping Miao & Yao & Dai Autonomous County, Pingbian Miao Autonomous County, Hekou Yao Autonomous County
大理州	Dali	3	漾濞彝族自治县、南涧彝族自治县、巍山彝族回族自治县 Yangbi Yi Autonomous County, Nanjian Yi Autonomous County, Weishan Yi & Hui Autonomous County
怒江州	Nujiang	2	贡山独龙族怒族自治县、兰坪白族普米族自治县 Gongshan Dulong, Nu Autonomous County Lanping Bai , Pumi Autonomous County
迪庆州	Diqing	1	维西傈僳族自治县 Weixi Lisu Autonomous County

21-3 少数民族分布的主要州市
Main Geographic Distribution of Minority Nationalities

民　族	Nationality	分布的主要州市	Main Geographic Distribution
彝　族	Yi	楚雄州、红河州、玉溪市、大理州、思茅市、昆明市	Chuxiong , Honghe ,Yuxi , Dali , Simao , Kunming
白　族	Bai	大理州	Dali
哈尼族	Hani	红河州、西双版纳州、思茅市、玉溪市	Honghe , Xishuangbanna , Simao , Yuxi
壮　族	Zhuang	文山州、红河州、曲靖市	Wenshan , Honghe , Qujing
傣　族	Dai	西双版纳州、德宏州、思茅市、临沧市	Xishuangbanna , Dehong , Simao , Lincang
苗　族	Miao	文山州、红河州、昭通市	Wenshan , Honghe , Zhaotong
傈僳族	Lisu	怒江州、迪庆州、丽江市、大理州	Nujiang , Diqing , Lijiang , Dali
回　族	Hui	昆明市、大理州、曲靖市、楚雄州、红河州、玉溪市	Kunming , Dali , Qujing , Chuxiong , Honghe , Yuxi
拉祜族	Lahu	思茅市、临沧市、西双版纳州	Simao , Lincang , Xishuangbanna
佤　族	Wa	临沧市、思茅市	Lincang , Simao
纳西族	Naxi	丽江市、迪庆州	Lijiang , Diqing
瑶　族	Yao	文山州、红河州	Wenshan , Honghe
藏　族	Tibetan	迪庆州	Diqing
景颇族	Jingpo	德宏州	Dehong
布朗族	Bulang	西双版纳州、思茅市、临沧市	Xishuangbanna , Simao , Lincang
普米族	Pumi	丽江市、怒江州、迪庆州	Lijiang , Nujiang , Diqing
怒　族	Nu	怒江州	Nujiang
阿昌族	Achang	德宏州、保山市	Dehong , Baoshan
基诺族	Jino	西双版纳州	Xishuangbanna
德昂族	De ang	德宏州、临沧市	Dehong , Lincang
蒙古族	Mongolian	玉溪市	Yuxi
布依族	Buyi	曲靖市	Qujing
独龙族	Dulong	怒江州	Nujiang
水　族	Shui	曲靖市	Qujing

21-4 少数民族自治地方主要社会经济指标占全省的比重（2005年）

Proportion of Principal Socioeconomic Indicators on Minority Nationality Autonomous Areas to Provincial Total (2005)

指　　标	Item	民族自治地方 Minority Autonomous Areas	全省 Provincial Total	民族自治地方占全省的比重(%) Proportion of Minority Autonomous Areas to Provincial Total (%)
市县数(个)	**Number of Cities and Counties（Unit)**	**79**	**129**	**61.2**
年底总人口(万人)	**Total Population at the Year-end (10 000 persons)**	**2 214.00**	**4 450.40**	**49.7**
# 少数民族人口(万人)	Minority Population (10 000 persons)	1 211.80	1 490.80	81.3
生产总值（当年价）(亿元)	**Gross Domestic Product (at Current prices) (100 million yuan)**	**1 298.61**	**3 472.89**	**37.4**
工农业总产值（当年价）(亿元)	**Gross Output Value of Industry and Agriculture (at Current prices) (100 million yuan)**	**1 540.09**	**4 318.42**	**35.7**
农业总产值(亿元)	Gross Output Value of Agriculture (100 million yuan)	545	1 069	51.0
工业总产值(亿元)	Gross Output Value of Industry (100 million yuan)	995	3 250	30.6
土地面积(平方公里)	**Land Area (sq.km)**	**276 674**	**394 193**	**70.2**
主要农产品产量	**Output of Major Agricultureal Products**			
粮食总产量(万吨)	Grain (10 000 tons)	730.65	1 514.93	48.2
甘蔗总产量(万吨)	Sugarcane (10 000 tons)	1 045.74	1 415.50	73.9
烤烟产量(万吨)	Flue-cured Tobacco (10 000 tons)	35.55	77.22	46.0
大牲畜年末数(万头)	Large Livestock at the Year-end (10 000 heads)	626.69	937.58	66.8
国有经济固定资产投资(亿元)	**Investment in Fixed Assets of State-owned Enterprises (100 million yuan)**	**271.58**	**815.27**	**33.3**
社会消费品零售总额(亿元)	**Retail Sales of Consumer Goods (100 million yuan)**	**354.16**	**1 034.40**	**34.2**
财政	**Government Finance**			
财政收入(亿元)	Government Revenue (100 million yuan)	83.14	766.40	10.8
财政支出(亿元)	Government Expenditure (100 million yuan)	261.40	766.31	34.1
教育文化	**Number of Educational and Cultural Institutions**			
广播电台(个)	Radio Stations（Unit)	8	12	53.3
电视台(个)	Television Stations（Unit)	8	33	24.2
公共图书馆(个)	Public Libraries（Unit)	75	149	50.3
高等院校数(所)	Regular Institutions of Higher Education（Unit)	5	44	11.4
普通中学学校数(所)	Regular Secondary Schools（Unit)	1 277	2 257	56.6
小学学校数(所)	Primary Schools（Unit)	10 711	18 747	57.1
卫生	**Health Care**			
卫生机构(个)	Health Institutions（Unit)	4 130	10 110	40.9
卫生机构床位数(万张)	Number of Sickbeds of Health Care Institutions (10 000 units)	4.71	10.70	44.0
专业卫生技术人员(万人)	Number of Medical Technical Personnel (10 000 persons)	4.74	11.84	40.0

注：财政收入为地方财政收入。

Note:The government revenue refers to local government revenue.

21-5 少数民族自治地方基本情况（2005年）

地　　区	Region
总　计	**Total**
自治州小计	**Autonomous Prefectures**
楚雄彝族自治州	Chuxiong Yi Autonomous Prefecture
红河哈尼族彝族自治州	Honghe Hani and Yi Autonomous Prefecture
文山壮族苗族自治州	Wenshan Zhuang and Miao Autonomous Prefecture
西双版纳傣族自治州	Xishuangbanna Dai Autonomous Prefecture
大理白族自治州	Dali Bai Autonomous Prefecture
德宏傣族景颇族自治州	Dehong Dai and Jingpo Autonomous Prefecture
怒江傈僳族自治州	Nujiang Lisu Autonomous Prefecture
迪庆藏族自治州	Diqing Tibetan Autonomous Prefecture
自治州以外的自治县小计	**Autonomous Counties Except the Above Prefectures**
石林彝族自治县	Shilin Yi Autonomous County
禄劝彝族苗族自治县	Luquan Yi and Miao Autonomous County
寻甸回族彝族自治县	Xundian Hui and Yi Autonomous County
峨山彝族自治县	Eshan Yi Autonomous County
新平彝族傣族自治县	Xinping Yi and Dai Autonomous County
元江哈尼族彝族傣族自治县	Yuanjiang Hani and Yi and Dai Autonomous County
普洱哈尼族彝族自治县	Pu er Hani and Yi Autonomous County
墨江哈尼族自治县	Mojiang Hani Autonomous County
景东彝族自治县	Jingdong Yi Autonomous County
景谷傣族彝族自治县	Jinggu Dai and Yi Autonomous County
镇沅彝族哈尼族拉祜族自治县	Zhenyuan Yi and Hani and Lahu Autonomous County
江城哈尼族彝族自治县	Jiangcheng Hani and Yi Autonomous County
孟连傣族拉祜族佤族自治县	Menglian Dai and Lahu and Wa Autonomous County
澜沧拉祜族自治县	Lancang Lahu Autonomous County
西盟佤族自治县	Ximeng Wa Autonomous County
玉龙纳西族自治县	Yulong Naxi Autonomous County
宁蒗彝族自治县	Ninglang Yi Autonomous County
双江拉祜族佤族布朗族傣族自治县	Shuangjiang Lahu and Wa and Bulang and Dai Autonomous County
耿马傣族佤族自治县	Gengma Dai and Wa Autonomous County
沧源佤族自治县	Cangyuan Wa Autonomous County

Basic Conditions of Minority Autonomous Areas (2005)

建立时间	Foundation Time	含乡镇、办事处数（个）	Number of Townships and Towns (Unit)	#民族乡数（个） Number of Nationality Townships and Towns (Unit)
		589乡338镇	**589 Townships and 338 Towns**	
		376乡287镇	**376 Townships and 287 Towns**	
1958年4月15日	April. 15,1958	71乡57镇	71 Townships and 57 Towns	6 Townships
1957年11月18日	Nov.18,1957	82乡60镇	82 Townships and 60 Towns	6 Townships
1958年4月1日	April.1,1958	75乡39镇	75 Townships and 39 Towns	16 Townships
1953年1月24日	Jan.24,1953	13乡19镇	13 Townships and 19 Towns	7 Townships
1956年11月22日	Nov.22,1956	55乡70镇	55 Townships and 70 Towns	13 Townships
1953年7月24日	July.24,1953	40乡24镇	40 Townships and 24 Towns	5 Townships
1954年8月23日	Aug.23,1954	20乡9镇	20 Townships and 9 Towns	3 Townships
1957年9月13日	Sept.13,1957	20乡9镇	20 Townships and 9 Towns	3 Townships
		213乡51镇	**213 Townships and 51 Towns**	
1956年12月13日	Dec.13,1956	8乡2镇 8	8 Townships and 2 Towns	
1985年11月25日	Nov.25,1985	15乡3镇	15 Townships and 3 Towns	
1979年12月20日	Dec.20,1979	11乡6镇	11Townships and 6 Towns	
1951年5月12日	May.12,1951	8乡4镇	8 Townships and 4 Towns	
1980年11月25日	Nov.25,1980	10乡2镇	10 Townships and 2 Towns	
1980年11月22日	Nov.22,1980	8乡3镇	8 Townships and 3 Towns	
1985年12月15日	Dec.15,1985	9乡2镇	9 Townships and 2 Towns	
1979年11月28日	Nov.28,1979	17乡2镇	17 Townships and 2 Towns	
1985年12月20日	Dec.20,1985	13乡3镇	13 Townships and 3 Towns	
1985年12月25日	Dec.25,1985	10乡2镇	10 Townships and 2 Towns	
1990年5月15日	May.15,1990	9乡2镇	9 Townships and 2 Towns	
1954年5月18日	May.18,1954	6乡2镇	6 Townships and 2 Towns	
1954年6月16日	June.16,1954	5乡2镇	5 Townships and 2 Towns	
1953年4月7日	April.7,1953	21乡2镇	21 Townships and 2 Towns	
1965年3月5日	March.5,1965	7乡1镇	7 Townships and 1 Town	
2002年12月26日	Dec.26,2002	15乡3镇	15 Townships and 3Towns	
1956年9月20日	Sept.20,1956	15乡1镇	15 Townships and 1 Town	
1985年12月30日	Dec.30,1985	5乡2镇	5 Townships and 2 Towns	
1955年10月16日	Oct.16,1955	7乡4镇	7 Townships and 4 Towns	
1964年2月28日	Feb.28,1964	8乡3镇	8 Townships and 3 Towns	

21-5 续表1 continued

地区	Region	土地面积 Land Area 绝对数（平方公里） Absolute Figures (sq.km)	占全省% Proportion to Provincial Total (%)	年末总人口 Total Population (year-end) 绝对数（万人） Absolute Figures (10 000 persons)	占全省% Proportion to Provincial Total (%)
总计	**Total**	**276 674**	**70.2**	**2 214.0**	**49.7**
自治州小计	**Autonomous Prefectures**	**193 686**	**49.1**	**1 690.1**	**38.0**
楚雄彝族自治州	Chuxiong Yi Autonomous Prefecture	29 258	7.4	265.7	6.0
红河哈尼族彝族自治州	Honghe Hani and Yi Autonomous Prefecture	32 931	8.4	431.2	9.7
文山壮族苗族自治州	Wenshan Zhuang and Miao Autonomous Prefecture	32 239	8.2	337.1	7.6
西双版纳傣族自治州	Xishuangbanna Dai Autonomous Prefecture	19 700	5.0	105.0	2.4
大理白族自治州	Dali Bai Autonomous Prefecture	29 459	7.5	347.1	7.8
德宏傣族景颇族自治州	Dehong Dai and Jingpo Autonomous Prefecture	11 526	2.9	115.1	2.6
怒江傈僳族自治州	Nujiang Lisu Autonomous Prefecture	14 703	3.7	52.0	1.2
迪庆藏族自治州	Diqing Tibetan Autonomous Prefecture	23 870	6.1	36.9	0.8
自治州以外的自治县小计	**Autonomous Counties Except the Above Prefectures**	**82 988**	**21.1**	**523.9**	**11.8**
石林彝族自治县	Shilin Yi Autonomous County	1 777	0.5	23.5	0.5
禄劝彝族苗族自治县	Luquan Yi and Miao Autonomous County	4 378	1.1	43.1	1.0
寻甸回族彝族自治县	Xundian Hui and Yi Autonomous County	3 966	1.0	49.8	1.1
峨山彝族自治县	Eshan Yi Autonomous County	1 972	0.5	15.8	0.4
新平彝族傣族自治县	Xinping Yi and Dai Autonomous County	4 223	1.1	27.6	0.6
元江哈尼族彝族傣族自治县	Yuanjiang Hani and Yi and Dai Autonomous County	2 858	0.7	21.1	0.5
普洱哈尼族彝族自治县	Pu er Hani and Yi Autonomous County	3 670	0.9	19.4	0.4
墨江哈尼族自治县	Mojiang Hani Autonomous County	5 459	1.4	37.8	0.8
景东彝族自治县	Jingdong Yi Autonomous County	4 532	1.1	37.8	0.8
景谷傣族彝族自治县	Jinggu Dai and Yi Autonomous County	7 777	2.0	30.9	0.7
镇沅彝族哈尼族拉祜族自治县	Zhenyuan Yi and Hani and Lahu Autonomous County	4 223	1.1	21.4	0.5
江城哈尼族彝族自治县	Jiangcheng Hani and Yi Autonomous County	3 476	0.9	11.8	0.3
孟连傣族拉祜族佤族自治县	Menglian Dai and Lahu and Wa Autonomous County	1 957	0.5	13.3	0.3
澜沧拉祜族自治县	Lancang Lahu Autonomous County	8 807	2.2	49.7	1.1
西盟佤族自治县	Ximeng Wa Autonomous County	1 391	0.4	9.2	0.2
玉龙纳西族自治县	Yulong Naxi Autonomous County	7 648	1.9	22.7	0.5
宁蒗彝族自治县	Ninglang Yi Autonomous County	6 206	1.6	25.2	0.6
双江拉祜族佤族布朗族傣族自治县	Shuangjiang Lahu and Wa and Bulang and Dai Autonomous County	2 292	0.6	17.7	0.4
耿马傣族佤族自治县	Gengma Dai and Wa Autonomous County	3 837	1.1	28.5	0.6
沧源佤族自治县	Cangyuan Wa Autonomous County	2 539	0.6	17.6	0.4

21-5 续表2 continued

地　区	Rgion	少数民族人口 Population of Minority Nationalities		总人口按农业、非农业分 By Agricultural and Non-agricultural Standard	
		绝对数（万人） Absolute Figures (10 000 persons)	占本地区总人口的(%) Proportion to Local Total Population (%)	农业人口（万人） Agricultrural Population (10 000 persons)	非农业人口（万人） Non-agricultural Population (10 000 persons)
总　计	**Total**	**1211.8**	**54.7**	**1902.0**	**312.1**
自治州小计	**Autonomous Prefectures**	**906.0**	**53.6**	**1433.6**	**256.6**
楚雄彝族自治州	Chuxiong Yi Autonomous Prefecture	86.4	32.5	228.3	37.4
红河哈尼族彝族自治州	Honghe Hani and Yi Autonomous Prefecture	234.0	54.3	354.1	77.1
文山壮族苗族自治州	Wenshan Zhuang and Miao Autonomous Prefecture	193.4	57.4	306.0	31.1
西双版纳傣族自治州	Xishuangbanna Dai Autonomous Prefecture	79.4	75.6	72.7	32.3
大理白族自治州	Dali Bai Autonomous Prefecture	172.6	49.7	303.2	43.9
德宏傣族景颇族自治州	Dehong Dai and Jingpo Autonomous Prefecture	60.0	52.1	92.6	22.5
怒江傈僳族自治州	Nujiang Lisu Autonomous Prefecture	48.1	92.4	44.5	7.6
迪庆藏族自治州	Diqing Tibetan Autonomous Prefecture	32.2	87.1	32.2	4.7
自治州以外的自治县小计	**Autonomous Counties Except the Above Prefectures**	**305.8**	**58.4**	**468.4**	**55.5**
石林彝族自治县	Shilin Yi Autonomous County	8.1	34.6	20.9	2.6
禄劝彝族苗族自治县	Luquan Yi and Miao Autonomous County	13.2	30.5	40.6	2.5
寻甸回族彝族自治县	Xundian Hui and Yi Autonomous County	10.8	21.7	46.5	3.3
峨山彝族自治县	Eshan Yi Autonomous County	10.5	66.3	12.6	3.2
新平彝族傣族自治县	Xinping Yi and Dai Autonomous County	19.5	70.8	23.9	3.7
元江哈尼族彝族傣族自治县	Yuanjiang Hani and Yi and Dai Autonomous County	16.8	79.7	18.3	2.8
普洱哈尼族彝族自治县	Pu er Hani and Yi Autonomous County	9.8	50.7	15.7	3.7
墨江哈尼族自治县	Mojiang Hani Autonomous County	28.1	74.2	34.2	3.6
景东彝族自治县	Jingdong Yi Autonomous County	17.6	46.6	34.8	3.0
景谷傣族彝族自治县	Jinggu Dai and Yi Autonomous County	14.1	45.7	27.5	3.4
镇沅彝族哈尼族拉祜族自治县	Zhenyuan Yi and Hani and Lahu Autonomous County	11.2	52.3	19.1	2.3
江城哈尼族彝族自治县	Jiangcheng Hani and Yi Autonomous County	9.3	79.0	9.4	2.3
孟连傣族拉祜族佤族自治县	Menglian Dai and Lahu and Wa Autonomous County	11.4	85.4	11.4	1.9
澜沧拉祜族自治县	Lancang Lahu Autonomous County	38.2	76.8	45.8	4.0
西盟佤族自治县	Ximeng Wa Autonomous County	8.6	93.7	7.9	1.2
玉龙纳西族自治县	Yulong Naxi Autonomous County	19.3	85.0	21.2	1.6
宁蒗彝族自治县	Ninglang Yi Autonomous County	20.3	80.5	23.0	2.2
双江拉祜族佤族布朗族傣族自治县	Shuangjiang Lahu and Wa and Bulang and Dai Autonomous County	7.8	44.3	16.0	1.7
耿马傣族佤族自治县	Gengma Dai and Wa Autonomous County	14.8	51.9	24.3	4.2
沧源佤族自治县	Cangyuan Wa Autonomous County	16.4	93.0	15.3	2.3

21-5 续表3 continued

地 区	Region	乡村户数（户） Number of Rural Households (household)	乡村人口数（人） Rural Population (person)	乡村从业人员（人） Rural Employed Persons (person)	#农林牧渔业从业人员 Employed Persons in Farming, Forestry, Animal Husbandry and Fishery
总 计	**Total**	**4 377 080**	**18 349 281**	**10 697 890**	**9 134 790**
自治州小计	**Autonomous Prefectures**	**3 301 048**	**13 916 280**	**8 148 156**	**6 883 655**
楚雄彝族自治州	Chuxiong Yi Autonomous Prefecture	551 575	2 212 394	1 353 763	1 142 947
红河哈尼族彝族自治州	Honghe Hani and Yi Autonomous Prefecture	814 236	3 370 977	2 031 330	1 753 912
文山壮族苗族自治州	Wenshan Zhuang and Miao Autonomous Prefecture	688 509	3 100 709	1 791 125	1 512 343
西双版纳傣族自治州	Xishuangbanna Dai Autonomous Prefecture	128 456	592 275	351 377	330 553
大理白族自治州	Dali Bai Autonomous Prefecture	759 910	3 059 545	1 707 628	1 338 596
德宏傣族景颇族自治州	Dehong Dai and Jingpo Autonomous Prefecture	192 145	871 649	503 476	437 871
怒江傈僳族自治州	Nujiang Lisu Autonomous Prefecture	100 087	411 636	238 038	216 350
迪庆藏族自治州	Diqing Tibetan Autonomous Prefecture	66 130	297 095	171 419	151 083
自治州以外的自治县小计	**Autonomous Counties Except the Above Prefectures**	**1 076 032**	**4 433 001**	**2 549 734**	**2 251 135**
石林彝族自治县	Shilin Yi Autonomous County	55 075	200 560	120 360	103 780
禄劝彝族苗族自治县	Luquan Yi and Miao Autonomous County	104 811	427 521	246 857	219 048
寻甸回族彝族自治县	Xundian Hui and Yi Autonomous County	118 882	478 746	283 531	242 133
峨山彝族自治县	Eshan Yi Autonomous County	33 048	121 647	75 165	62 948
新平彝族傣族自治县	Xinping Yi and Dai Autonomous County	59 136	243 539	147 810	124 452
元江哈尼族彝族傣族自治县	Yuanjiang Hani and Yi and Dai Autonomous County	38 556	161 161	91 810	81 712
普洱哈尼族彝族自治县	Pu er Hani and Yi Autonomous County	36 246	149 962	87 968	72 522
墨江哈尼族自治县	Mojiang Hani Autonomous County	64 833	300 554	171 936	155 987
景东彝族自治县	Jingdong Yi Autonomous County	81 135	327 516	188 259	162 124
景谷傣族彝族自治县	Jinggu Dai and Yi Autonomous County	61 248	261 827	166 776	142 806
镇沅彝族哈尼族拉祜族自治县	Zhenyuan Yi and Hani and Lahu Autonomous County	43 857	175 841	104 628	93 325
江城哈尼族彝族自治县	Jiangcheng Hani and Yi Autonomous County	22 671	93 623	54 952	49 557
孟连傣族拉祜族佤族自治县	Menglian Dai and Lahu and Wa Autonomous County	28 178	106 102	57 995	55 466
澜沧拉祜族自治县	Lancang Lahu Autonomous County	96 892	397 941	229 452	216 927
西盟佤族自治县	Ximeng Wa Autonomous County	18 523	69 113	36 721	35 261
玉龙纳西族自治县	Yulong Naxi Autonomous County	48 987	197 779	116 067	97 206
宁蒗彝族自治县	Ninglang Yi Autonomous County	52 353	226 012	120 144	109 029
双江拉祜族佤族布朗族傣族自治县	Shuangjiang Lahu and Wa and Bulang and Dai Autonomous County	32 825	145 649	67 172	57 874
耿马傣族佤族自治县	Gengma Dai and Wa Autonomous County	47 204	211 959	115 268	105 173
沧源佤族自治县	Cangyuan Wa Autonomous County	31 572	135 949	66 863	63 805

21-6 少数民族自治地方生产总值（2005年）
Gross Domestic Product in Minority Nationality Autonomous Areas (2005)

单位：万元 (10 000 yuan)

地区	Region	生产总值 Gross Domestic Product	第一产业 Primary Industry	第二产业 Secondary Industry	第三产业 Tertiary Industry
总计	**Total**	**12 986 056**	**3 613 097**	**4 742 687**	**4 630 272**
自治州小计	**Autonomous Prefectures**	**10 738 515**	**2 811 248**	**4 124 738**	**3 802 529**
楚雄彝族自治州	Chuxiong Yi Autonomous Prefecture	1 932 848	507 195	785 466	640 187
红河哈尼族彝族自治州	Honghe Hani and Yi Autonomous Prefecture	3 085 320	573 971	1 633 106	878 243
文山壮族苗族自治州	Wenshan Zhuang and Miao Autonomous Prefecture	1 482 404	475 320	435 646	571 438
西双版纳傣族自治州	Xishuangbanna Dai Autonomous Prefecture	779 513	279 031	178 824	321 658
大理白族自治州	Dali Bai Autonomous Prefecture	2 350 732	681 896	782 764	886 072
德宏傣族景颇族自治州	Dehong Dai and Jingpo Autonomous Prefecture	588 468	194 592	127 146	266 730
怒江傈僳族自治州	Nujiang Lisu Autonomous Prefecture	239 449	45 826	80 935	112 688
迪庆藏族自治州	Diqing Tibetan Autonomous Prefecture	279 781	53 417	100 851	125 513
自治州以外的自治县小计	**Autonomous Counties Except the Above Prefectures**	**2 247 541**	**801 849**	**617 949**	**827 743**
石林彝族自治县	Shilin Yi Autonomous County	164 746	49 097	42 222	73 427
禄劝彝族苗族自治县	Luquan Yi and Miao Autonomous County	154 301	68 822	25 732	59 747
寻甸回族彝族自治县	Xundian Hui and Yi Autonomous County	176 132	70 659	32 721	72 752
峨山彝族自治县	Eshan Yi Autonomous County	148 574	32 690	53 648	62 236
新平彝族傣族自治县	Xinping Yi and Dai Autonomous County	196 576	45 310	92 867	58 399
元江哈尼族彝族傣族自治县	Yuanjiang Hani and Yi and Dai Autonomous County	141 017	49 388	38 752	52 877
普洱哈尼族彝族自治县	Pu er Hani and Yi Autonomous County	103 610	35 041	25 143	43 426
墨江哈尼族自治县	Mojiang Hani Autonomous County	112 832	36 388	32 162	44 282
景东彝族自治县	Jingdong Yi Autonomous County	135 552	58 813	31 134	45 605
景谷傣族彝族自治县	Jinggu Dai and Yi Autonomous County	161 826	54 723	64 479	42 624
镇沅彝族哈尼族拉祜族自治县	Zhenyuan Yi and Hani and Lahu Autonomous County	64 325	27 013	13 816	23 496
江城哈尼族彝族自治县	Jiangcheng Hani and Yi Autonomous County	58 720	24 537	13 558	20 625
孟连傣族拉祜族佤族自治县	Menglian Dai and Lahu and Wa Autonomous County	53 076	21 137	12 374	19 565
澜沧拉祜族自治县	Lancang Lahu Autonomous County	129 193	51 741	34 927	42 525
西盟佤族自治县	Ximeng Wa Autonomous County	23 274	6 602	4 215	12 457
玉龙纳西族自治县	Yulong Naxi Autonomous County	88 799	33 958	19 604	35 237
宁蒗彝族自治县	Ninglang Yi Autonomous County	67 787	23 894	17 366	26 527
双江拉祜族佤族布朗族傣族自治县	Shuangjiang Lahu and Wa and Bulang and Dai Autonomous County	62 917	27 388	13 763	21 766
耿马傣族佤族自治县	Gengma Dai and Wa Autonomous County	139 674	60 837	33 904	44 933
沧源佤族自治县	Cangyuan Wa Autonomous County	64 610	23 811	15 562	25 237

注：本表按当年价格计算。

Note:The data above are calculated at the current prices.

21-7 少数民族自治地方农林牧渔业总产值(2005年)

Gross Output Value of Farming, Forestry, Animal Husbandry and Fishery in Minority Nationality Autonomous Areas (2005)

单位：万元 (10 000 yuan)

地区	Region	农林牧渔业总产值 Total	农业总产值 Farming	林业产值 Forestry	牧业产值 Animal Husbandry	渔业产值 Fishery
总计	**Total**	**5 447 904**	**2 827 400**	**654 461**	**1 677 093**	**98 223**
自治州小计	**Autonomous Prefectures**	**4 212 325**	**2 156 683**	**499 678**	**1 317 994**	**81 867**
楚雄彝族自治州	Chuxiong Yi Autonomous Prefecture	781 249	415 144	35 865	252 022	9 517
红河哈尼族彝族自治州	Honghe Hani and Yi Autonomous Prefecture	881 730	487 922	65 574	284 991	25 803
文山壮族苗族自治州	Wenshan Zhuang and Miao Autonomous Prefecture	656 409	355 014	29 549	252 995	5 012
西双版纳傣族自治州	Xishuangbanna Dai Autonomous Prefecture	413 686	117 129	242 618	33 736	8 508
大理白族自治州	Dali Bai Autonomous Prefecture	1 064 633	549 840	76 347	394 085	21 681
德宏傣族景颇族自治州	Dehong Dai and Jingpo Autonomous Prefecture	277 016	164 849	32 856	57 321	10 634
怒江傈僳族自治州	Nujiang Lisu Autonomous Prefecture	62 651	31 612	7 204	21 103	110
迪庆藏族自治州	Diqing Tibetan Autonomous Prefecture	74 951	35 173	9 665	21 741	602
自治州以外的自治县小计	**Autonomous Counties Except the Above Prefectures**	**1 235 579**	**670 717**	**154 783**	**359 099**	**16 356**
石林彝族自治县	Shilin Yi Autonomous County	91 392	56 165	1 960	29 536	1 156
禄劝彝族苗族自治县	Luquan Yi and Miao Autonomous County	114 130	57 123	4 677	50 242	459
寻甸回族彝族自治县	Xundian Hui and Yi Autonomous County	109 449	52 651	5 805	48 657	1 059
峨山彝族自治县	Eshan Yi Autonomous County	46 473	23 538	2 933	17 149	755
新平彝族傣族自治县	Xinping Yi and Dai Autonomous County	74 837	42 016	5 831	24 681	820
元江哈尼族彝族傣族自治县	Yuanjiang Hani and Yi and Dai Autonomous County	70 788	50 256	1 003	18 313	890
普洱哈尼族彝族自治县	Pu er Hani and Yi Autonomous County	51 155	25 471	10 339	11 939	1 047
墨江哈尼族自治县	Mojiang Hani Autonomous County	53 257	27 311	9 252	13 883	865
景东彝族自治县	Jingdong Yi Autonomous County	86 863	44 814	14 603	24 883	898
景谷傣族彝族自治县	Jinggu Dai and Yi Autonomous County	82 190	37 077	27 451	15 173	1 269
镇沅彝族哈尼族拉祜族自治县	Zhenyuan Yi and Hani and Lahu Autonomous County	41 647	19 993	8 329	11 691	745
江城哈尼族彝族自治县	Jiangcheng Hani and Yi Autonomous County	33 938	21 402	5 454	5 641	526
孟连傣族拉祜族佤族自治县	Menglian Dai and Lahu and Wa Autonomous County	32 812	19 428	8 130	3 640	256
澜沧拉祜族自治县	Lancang Lahu Autonomous County	75 823	45 197	8 971	18 360	968
西盟佤族自治县	Ximeng Wa Autonomous County	11 371	6 272	2 865	1 739	55
玉龙纳西族自治县	Yulong Naxi Autonomous County	54 446	23 817	2 129	21 715	1 676
宁蒗彝族自治县	Ninglang Yi Autonomous County	28 815	14 007	3 728	10 095	425
双江拉祜族佤族布朗族傣族自治县	Shuangjiang Lahu and Wa and Bulang and Dai Autonomous County	38 685	20 800	4 468	10 791	726
耿马傣族佤族自治县	Gengma Dai and Wa Autonomous County	94 701	58 742	21 235	11 605	1 064
沧源佤族自治县	Cangyuan Wa Autonomous County	42 807	24 637	5 620	9 366	697

注：本表按现行价格计算。

Note: The data above are calculated at the constant prices in 1990.

21-8 少数民族自治地方工农业总产值
Gross Output Value of Industry and Agriculture in Minority Nationality Autonomous Areas

单位:万元 (10 000 yuan)

地区	Region	工农业总产值 Gross Industrialand Agriculture Output Value		工业总产值 Gross Industrial Output Value		农业总产值 Gross Agriculture Output Value	
		2004年	2005年	2004年	2005年	2004年	2005年
总计	**Total**	**12 256 709**	**15 400 892**	**7 360 463**	**9 952 988**	**4 896 246**	**5 447 904**
自治州小计	**Autonomous Prefectures**	**10 323 000**	**12 893 687**	**6 517 946**	**8 681 362**	**3 805 054**	**4 212 325**
楚雄彝族自治州	Chuxiong Yi Autonomous Prefecture	1 788 376	2 518 246	1 079 801	1 736 997	708 575	781 249
红河哈尼族彝族自治州	Honghe Hani and Yi Autonomous Prefecture	3 957 545	4 594 956	3 159 129	3 713 226	798 416	881 730
文山壮族苗族自治州	Wenshan Zhuang and Miao Autonomous Prefecture	1 168 773	1 547 740	571 190	891 331	597 583	656 409
西双版纳傣族自治州	Xishuangbanna Dai Autonomous Prefecture	502 050	576 314	136 260	162 628	365 790	413 686
大理白族自治州	Dali Bai Autonomous Prefecture	2 083 699	2 722 092	1 116 125	1 657 459	967 573	1 064 633
德宏傣族景颇族自治州	Dehong Dai and Jingpo Autonomous Prefecture	514 780	544 290	278 156	267 274	236 624	277 016
怒江傈僳族自治州	Nujiang Lisu Autonomous Prefecture	156 583	210 965	96 268	148 314	60 315	62 651
迪庆藏族自治州	Diqing Tibetan Autonomous Prefecture	151 195	179 085	81 018	104 134	70 177	74 951
自治州以外的自治县小计	**Autonomous Counties Except the Above Prefectures**	**1 933 711**	**2 507 205**	**842 518**	**1 271 626**	**1 091 193**	**1 235 579**
石林彝族自治县	Shilin Yi Autonomous County	132 991	198 940	49 421	107 548	83 570	91 392
禄劝彝族苗族自治县	Luquan Yi and Miao Autonomous County	144 204	160 521	33 750	46 391	110 454	114 130
寻甸回族彝族自治县	Xundian Hui and Yi Autonomous County	147 757	206 815	46 299	97 366	101 458	109 449
峨山彝族自治县	Eshan Yi Autonomous County	177 808	263 576	135 270	217 103	42 538	46 473
新平彝族傣族自治县	Xinping Yi and Dai Autonomous County	201 796	346 163	133 674	271 326	68 122	74 837
元江哈尼族彝族傣族自治县	Yuanjiang Hani and Yi and Dai Autonomous County	129 032	134 085	64 126	63 297	64 906	70 788
普洱哈尼族彝族自治县	Pu er Hani and Yi Autonomous County	78 411	99 715	38 535	48 560	39 876	51 155
墨江哈尼族自治县	Mojiang Hani Autonomous County	65 736	81 497	19 943	28 240	45 793	53 257
景东彝族自治县	Jingdong Yi Autonomous County	94 685	109 272	22 777	22 409	71 908	86 863
景谷傣族彝族自治县	Jinggu Dai and Yi Autonomous County	156 973	209 785	98 575	127 595	58 398	82 190
镇沅彝族哈尼族拉祜族自治县	Zhenyuan Yi and Hani and Lahu Autonomous County	55 709	66 322	19 706	24 675	36 003	41 647
江城哈尼族彝族自治县	Jiangcheng Hani and Yi Autonomous County	38 836	44 763	9 277	10 825	29 559	33 938
孟连傣族拉祜族佤族自治县	Menglian Dai and Lahu and Wa Autonomous County	46 312	53 349	20 106	20 537	26 206	32 812
澜沧拉祜族自治县	Lancang Lahu Autonomous County	110 568	131 194	42 527	55 371	68 041	75 823
西盟佤族自治县	Ximeng Wa Autonomous County	15 233	16 661	5 602	5 290	9 631	11 371
玉龙纳西族自治县	Yulong Naxi Autonomous County	58 057	68 459	7 885	14 013	50 172	54 446
宁蒗彝族自治县	Ninglang Yi Autonomous County	44 260	50 293	17 288	21 478	26 972	28 815
双江拉祜族佤族布朗族傣族自治县	Shuangjiang Lahu and Wa and Bulang and Dai Autonomous County	56 905	67 849	22 033	29 164	34 872	38 685
耿马傣族佤族自治县	Gengma Dai and Wa Autonomous County	122 042	133 413	39 001	38 712	83 041	94 701
沧源佤族自治县	Cangyuan Wa Autonomous County	56 396	64 536	16 723	21 729	39 673	42 807

注：本表按当年价格计算。

Note:The figures in the table are calculated at prices of the previous years listed in the table.

21-9 主要年份全省少数民族自治地方主要指标

指 标	Item	1952年
总人口(年末数)(万 人)	**Total Population (at the year-end) (10 000 persons)**	**866**
# 少数民族人口（万 人）	Minority Population (10 000 persons)	478
工农业总产值（万 元）	**Gross Output Value of Industry and Agriculture (10 000 yuan)**	**130 671**
农业总产值（万 元）	Gross Output Value of Agriculture (10 000 yuan)	115 239
工业总产值（万 元）	Gross Output Value of Industry (10 000 yuan)	15 432
农 业	**Agriculture**	
主要农业产品产量	Yields of Major Agricultural Products	
粮食总产量（万 吨）	Grain (10 000 tons)	234.70
甘蔗产量（万 吨）	Sugarcane (10 000 tons)	17.40
烤烟产量（万 吨）	Flue-cured Tobacco (10 000 tons)	0.14
大牲畜年末头数（万 头）	Large Livestock at the Year-end (10 000 heads)	227
羊年末只数（万只）	Goats and Sheep at Year-end (10 000 heads)	122
生猪年末头数（万 头）	Hogs at the Year-end (10 000 heads)	204
工 业	**Industry**	
主要工业产品产量	Output of Major Industrial Products	
钢（万 吨）	Steel (10 000 tons)	
生铁（万 吨）	Pig Iron (10 000 tons)	0.14
原煤（万 吨）	Coal (10 000 tous)	6
发电量（万千瓦小时）	Electricity (10 000 kwh)	1 143
木材（万立方米）	Timber (10 000 cu.m)	1
布（万 米）	Cloth (10 000 m)	155
糖（万 吨）	Sugar (10 000 tons)	0.80
卷烟（万 箱）	Cigarettes (10 000 cases)	
运输、邮电	**Transport,Posts and Telecommunication Services**	
铁路通车里程（公 里）	Length of Railways in Operation (km)	545
公路通车里程（公 里）	Length of Highways in Operation (km)	2 328
邮电局(所)数（个）	Number of Post Offices	464
财 政	**Government Finance**	
财政收入（万 元）	Government Revenue (10 000 yuan)	6 288
财政支出（万 元）	Government Expenditure (10 000 yuan)	2 834
卫 生	**Health Care**	
卫生事业机构数（个）	Number of Health Institutions (Unit)	182
# 医院个数（个）	Number of Hospitals (Unit)	92
床位数（张）	Number of Sickbeds (Unit)	1 428
# 医院病床数（张）	Number of Sickbeds of Hospitals (Unit)	1 359
专业卫生技术人员(人)	Number of Medical Technical Personnel (person)	1 715

注：1. 1990年以前没有包括镇沅县。

2. 工农业总产值1990年以前按1980年不变价格计算, 1990年及以后按1990年不变价计算。

3. 公路通车里程含乡村简易公路。

Principal Indicators on Minority Nationality Autonomous Areas in Significant Years

1957年	1965年	1978年	1980年	1985年
955	**1 118**	**1 597**	**1 638**	**1 752**
	537	801	828	909
201 717	**225 735**	**471 721**	**471 222**	**754 953**
160 884	167 861	276 017	268 367	413 042
40 833	57 874	195 704	202 855	341 911
310.40	327	456	436	476
43	73	116.50	123.10	339.60
1.10	1.30	3.40	3.40	16.20
316	338	405	414	547
238	358	378	398	431
363	528	717	703	897
	0.10	0.49	0.54	0.84
0.86		4.40	4.10	5.60
65	66	420	445	690
4 722	5 789	180 500	222 621	359 261
21	75	130	176	224
264	165	439	641	2 660
1.60	4.70	8	11	20.90
		1.30	4.90	27.50
545	545	913	913	913
6 200	12 481	28 233	32 500	43 200
652	732	1 026	1 000	1 000
11 753	19 836	30 215	30 234	77 875
7 689	13 398	50 410	56 774	130 300
982	1 703	2 681	3 114	3 157
99	171	1 045	1 067	1 044
4 902	13 481	29 819	33 262	37 299
3 558	8 864	26 957	30 297	34 210
8 462	17 557	30 073	33 222	39 548

Note:a.The figures excluded the data of Zhenyuan county before 1990 .

b.In this table the gross output values of industry and agriculture before 1990 were calculated at constant prices in 1980,and after 1990 they are calculated at the constant prices in 1990.

c.The length of highways includes the simple highways between villages.

21-9 续表

指 标	Item	1990年
总人口(年末数)(万 人)	**Total Population (at the year-end) (10 000 persons)**	**1 914**
# 少数民族人口 (万 人)	Minority Population (10 000 persons)	1 019
工农业总产值(万 元)	**Gross Output Value of Industry and Agriculture (10 000 yuan)**	**2 122 135**
农业总产值 (万 元)	Gross Output Value of Agriculture (10 000 yuan)	1 158 481
工业总产值 (万 元)	Gross Output Value of Industry (10 000 yuan)	963 654
农 业	**Agriculture**	
主要农业产品产量	Yields of Major Agricultural Products	
粮食总产量 (万 吨)	Grain (10 000 tons)	565
甘蔗产量 (万 吨)	Sugarcane (10 000 tons)	489
烤烟产量 (万 吨)	Flue-cured Tobacco (10 000 tons)	15
大牲畜年末头数 (万 头)	Large Livestock at the Year-end (10 000 heads)	587
羊年末只数 (万 只)	Goats and Sheep at Year-end (10 000 heads)	425
生猪年末头数 (万 头)	Hogs at the Year-end (10 000 heads)	1 109
工 业	**Industry**	
主要工业产品产量	Output of Major Industrial Products	
钢产量 (万 吨)	Steel (10 000 tons)	0.54
生铁产量 (万 吨)	Pig Iron (10 000 tons)	15.76
原煤产量 (万吨)	Coal (10 000 tous)	888
发电量 (万千瓦小时)	Electricity (10 000 kwh)	615 361
木材产量 (万立方米)	Timber (10 000 cu.m)	153
布产量 (万 米)	Cloth (10 000 m)	4 776
糖产量 (万 吨)	Sugar (10 000 tons)	34.60
卷烟产量 (万 箱)	Cigarettes (10 000 cases)	87.80
运输、邮电	**Transport,Posts and Telecommunication Services**	
铁路通车里程 (公 里)	Length of Railways in Operation (km)	913
公路通车里程 (公 里)	Length of Highways in Operation (km)	52 776
邮电局(所)数 (个)	Number of Post Offices	1 006
财 政	**Government Finance**	
财政收入 (万 元)	Government Revenue (10 000 yuan)	195 508
财政支出 (万 元)	Government Expenditure (10 000 yuan)	326 535
卫 生	**Health Care**	
卫生机构数 (个)	Number of Health Institutions (unit)	3 380
卫生机构床位数 (张)	Number of Health Institutions Sickbeds (unit)	39 453
专业卫生技术人员 (人)	Number of Medical Technical Personnel (person)	46 607

注：1. 卫生机构、人员、床位数1994年报表制度作了调整，与以前年份不可比。
2. 1994年以后财政收入不包括中央税收入。

continued

1995年	2000年	2001年	2003年	2004年	2005年
1 990	**2 070**	**2081**	**2 108**	**2 109**	**2 214**
1 071	1 121	1131	1 150	1 148	1 212
3 622 293	**5 188 349**	**5 299 907**	**8 898 706**	**12 256 709**	**15 400 892**
1 588 096	2 137 561	2 184 705	2 497 997	4 896 246	5 447 904
2 034 197	3 050 788	3 115 202	6 400 709	7 360 463	9 952 988
644	751	740	706	714	731
790	1 075.44	1 104.26	1 293	1 254	1 046
32	26	26	28	32	36
613	667	669			
443	548.72	551			
1 240	1 380.53	1 363			
1	1.01	8.56	50.85	70	137
17.80	22.60	54.81	81.48	125	171
1 154	886.64	1042	1 367	1 529	1 738
832 641	1 162 066	1 301 537	1 442 778	156	186
279	57.26	71.39			
5 046	2 233	2 055			
68.07	114.37	88.59	141.09	156	111
142.86	142.14	158.87	175.7	175	178
913	970	970			
71 000	94 633	100 199			
1 023	1 208	1 156			
281 815	464 155	526 020	629 805	687 258	831 449
713 377	1 292 331	1 715 074	1 953 371	2 244 734	2 613 989
3 380	1 612	1 604		4 689	4 130
39 453	47 281	47 929		47 157	47 134
47 000	48 645	48 716		52 153	47 396

Note:a.The number of health institutions,personnel and sickbeds can not be compared with those of the earlier years because of the tabling regulation changed in 1994.

b.The government revenue after 1994 in this table does not include the taxes turned over to the central government.

21-10 少数民族自治地方主要农作物产量(2005年)

Yields of Major Farm Crops in Minority Nationality Autonomous Areas (2005)

单位：吨 (ton)

地　区	Region	粮　食 Grain	# 稻　谷 Rice	# 小　麦 Wheat	# 玉　米 Maize
总　计	**Total**	**7 306 507**	**3 280 103**	**436 453**	**2 311 593**
自治州小计	**Autonomous Prefectures**	**5 539 398**	**2 563 972**	**310 210**	**1 731 032**
楚雄彝族自治州	Chuxiong Yi Autonomous Prefecture	942 951	453 375	81 681	227 963
红河哈尼族彝族自治州	Honghe Hani and Yi Autonomous Prefecture	1 264 026	614 986	70 972	396 116
文山壮族苗族自治州	Wenshan Zhuang and Miao Autonomous Prefecture	1 074 070	395 888	53 424	467 401
西双版纳傣族自治州	Xishuangbanna Dai Autonomous Prefecture	353 086	276 772	314	69 546
大理白族自治州	Dali Bai Autonomous Prefecture	1 213 763	485 247	46 856	370 317
德宏傣族景颇族自治州	Dehong Dai and Jingpo Autonomous Prefecture	402 729	287 542	17 959	71 978
怒江傈僳族自治州	Nujiang Lisu Autonomous Prefecture	163 817	36 365	13 428	75 449
迪庆藏族自治州	Diqing Tibetan Autonomous Prefecture	124 956	13 797	25 576	52 262
自治州以外的自治县小计	**Autonomous Counties Except the Above Prefectures**	**1 767 109**	**716 131**	**126 243**	**580 561**
石林彝族自治县	Shilin Yi Autonomous County	119 823	34 782	12 170	45 180
禄劝彝族苗族自治县	Luquan Yi and Miao Autonomous County	175 734	37 279	14 907	71 252
寻甸回族彝族自治县	Xundian Hui and Yi Autonomous County	187 730	48 271	13 918	38 775
峨山彝族自治县	Eshan Yi Autonomous County	42 510	24 774	1 505	13 551
新平彝族傣族自治县	Xinping Yi and Dai Autonomous County	70 994	35 951	2 688	24 746
元江哈尼族彝族傣族自治县	Yuanjiang Hani and Yi and Dai Autonomous County	44 020	20 735	3 923	14 699
普洱哈尼族彝族自治县	Pu er Hani and Yi Autonomous County	68 162	32 520	4 899	20 671
墨江哈尼族自治县	Mojiang Hani Autonomous County	110 107	39 434	3 796	52 342
景东彝族自治县	Jingdong Yi Autonomous County	128 714	50 858	15 006	48 073
景谷傣族彝族自治县	Jinggu Dai and Yi Autonomous County	112 361	65 622	3 094	32 578
镇沅彝族哈尼族拉祜族自治县	Zhenyuan Yi and Hani and Lahu Autonomous County	77 202	38 335	6 208	25 916
江城哈尼族彝族自治县	Jiangcheng Hani and Yi Autonomous County	34 209	21 015	423	11 045
孟连傣族拉祜族佤族自治县	Menglian Dai and Lahu and Wa Autonomous County	46 410	34 903	68	10 503
澜沧拉祜族自治县	Lancang Lahu Autonomous County	160 604	97 007	1 899	51 157
西盟佤族自治县	Ximeng Wa Autonomous County	31 781	19 740	355	8 883
丽江纳西族自治县	Yulong Naxi Autonomous County	96 403	10 054	28 338	31 901
宁蒗彝族自治县	Ninglang Yi Autonomous County	66 021	10 646	3 229	17 184
双江拉祜族佤族布朗族傣族自治县	Shuangjiang Lahu and Wa and Bulang and Dai Autonomous County	57 737	28 896	5 504	16 709
耿马傣族佤族自治县	Gengma Dai and Wa Autonomous County	85 275	41 233	3 761	26 574
沧源佤族自治县	Cangyuan Wa Autonomous County	51 312	24 076	552	18 822

21-10 续表 continued

单位：吨 (ton)

地 区	Region	豆 类 Beans and Peas	油 料 Oil-bearing Crops	甘 蔗 Sugarcane	烤 烟 Flue-cured Tobacco	薯 类 Tubers
总 计	**Total**	**493 472**	**180 752**	**10 457 366**	**355 498**	**382 197**
自治州小计	**Autonomous Prefectures**	384 587	143 763	5 854 241	266 584	255 390
楚雄彝族自治州	Chuxiong Yi Autonomous Prefecture	98 188	33 747	13 380	80 086	28 558
红河哈尼族彝族自治州	Honghe Hani and Yi Autonomous Prefecture	63 965	33 971	1 141 734	82 854	61 280
文山壮族苗族自治州	Wenshan Zhuang and Miao Autonomous Prefecture	67 442	31 126	342 757	35 693	70 238
西双版纳傣族自治州	Xishuangbanna Dai Autonomous Prefecture	2 438	1 608	997 818		3 459
大理白族自治州	Dali Bai Autonomous Prefecture	121 688	26 096	315 546	67 824	53 730
德宏傣族景颇族自治州	Dehong Dai and Jingpo Autonomous Prefecture	6 846	14 939	2 973 612		17 431
怒江傈僳族自治州	Nujiang Lisu Autonomous Prefecture	15 942	730	69 395		11 852
迪庆藏族自治州	Diqing Tibetan Autonomous Prefecture	8 078	1 546		128	8 842
自治州以外的自治县小计	**Autonomous Counties Except the Above Prefectures**	**108 885**	**36 989**	**4 603 125**	**88 913**	**126 807**
石林彝族自治县	Shilin Yi Autonomous County	10 379	857		15 914	10 135
禄劝彝族苗族自治县	Luquan Yi and Miao Autonomous County	12 362	1 164	2 696	11 744	21 629
寻甸回族彝族自治县	Xundian Hui and Yi Autonomous County	15 437	3 678	6	15 442	37 601
峨山彝族自治县	Eshan Yi Autonomous County	1 396	7 924	28 657	9 830	755
新平彝族傣族自治县	Xinping Yi and Dai Autonomous County	2 184	1 654	616 778	10 819	2 826
元江哈尼族彝族傣族自治县	Yuanjiang Hani and Yi and Dai Autonomous County	2 191	1 879	641 708	7 452	1 615
普洱哈尼族彝族自治县	Pu er Hani and Yi Autonomous County	2 518	1 362	547	917	6 098
墨江哈尼族自治县	Mojiang Hani Autonomous County	7 845	2 937	76 922	2 997	2 131
景东彝族自治县	Jingdong Yi Autonomous County	11 466	1 405	170 955	3 227	2 731
景谷傣族彝族自治县	Jinggu Dai and Yi Autonomous County	3 479	1 949	289 527	1 013	6 085
镇沅彝族哈尼族拉祜族自治县	Zhenyuan Yi and Hani and Lahu Autonomous County	4 899	1 481	42 859	3 288	931
江城哈尼族彝族自治县	Jiangcheng Hani and Yi Autonomous County	994	328	166 800		652
孟连傣族拉祜族佤族自治县	Menglian Dai and Lahu and Wa Autonomous County	441	764	395 591		169
澜沧拉祜族自治县	Lancang Lahu Autonomous County	3 922	1 195	537 755	9	1 841
西盟佤族自治县	Ximeng Wa Autonomous County	329	164	38 188		143
丽江纳西族自治县	Yulong Naxi Autonomous County	12 277	3 482		5 502	9 248
宁蒗彝族自治县	Ninglang Yi Autonomous County	7 844	348		667	16 821
双江拉祜族佤族布朗族傣族自治县	Shuangjiang Lahu and Wa and Bulang and Dai Autonomous County	1 747	1 470	266 618		2 344
耿马傣族佤族自治县	Gengma Dai and Wa Autonomous County	5 020	2 151	1 136 715	81	2 104
沧源佤族自治县	Cangyuan Wa Autonomous County	2 155	799	190 804	12	948

21-11 少数民族自治地方全部工业企业单位数及总产值（2005年）

单位:个、万元

地 区	Region	工业企业单位数 Total Number of Industrail Enterprises
总 计	**Total**	**87 233**
自治州小计	**Autonomous Prefectures**	**76 776**
楚雄彝族自治州	Chuxiong Yi Nationality	16 700
红河哈尼族彝族自治州	Honghe Hani , Yi Nationality	12 399
文山壮族苗族自治州	Wenshan Zhuang , Miao Nationality	20 091
西双版纳傣族自治州	Xishuangbanna Dai Nationality	2 049
大理白族自治州	Dali Bai Nationality	19 755
德宏傣族景颇族自治州	Dehong Dai , Jingpo Nationality	3 172
怒江傈僳族自治州	Nujiang Lisu Nationality	1 616
迪庆藏族自治州	Diqing Tibetan Nationality	994
自治州以外的自治县小计	**Autonomous Counties Other Than the Above Prefectures**	**10 457**
石林彝族自治县	Shilin Yi Nationality	631
禄劝彝族苗族自治县	Luquan Yi , Miao Nationality	1 289
寻甸回族彝族自治县	Xundian Hui , Yi Nationality	717
峨山彝族自治县	Eshan Yi Nationality	674
新平彝族傣族自治县	Xinping Yi , Dai Nationality	733
元江哈尼族彝族傣族自治县	Yuanjiang Hani , Yi , Dai Nationality	475
普洱哈尼族彝族自治县	Pu'er Hani , Yi Nationality	418
墨江哈尼族自治县	Mojiang Hani Nationality	319
景东彝族自治县	Jingdong Yi Nationality	687
景谷傣族彝族自治县	Jinggu Dai , Yi Nationality	688
镇沅彝族哈尼族拉祜族自治县	Zhenyuan Yi , Hani , Lahu Nationality	207
江城哈尼族彝族自治县	Jiangcheng Hani , Yi Nationality	263
孟连傣族拉祜族佤族自治县	Menglian Dai , Lahu , Wa Nationality	459
澜沧拉祜族自治县	Lancang Lahu Nationality	711
西盟佤族自治县	Ximeng Wa Nationality	106
玉龙纳西族自治县	Yulong Naxi Nationality	403
宁蒗彝族自治县	Ninglang Yi Nationality	271
双江拉祜族佤族布朗族傣族自治县	Shuangjiang Lahu , Wa , Bulang , Dai Nationality	356
耿马傣族佤族自治县	Gengma Dai , Wa Nationality	757
沧源佤族自治县	Cangyuan Wa Nationality	293

注：国有企业中含国有联营，国有独资公司。工业总产值系按当年价格计算。

Total Number of State-owned Industrial Enterprises and Their Gross Output Value in Minority Nationality Autonomous Areas (2005)

(unit ,10 000 yuan)

工业单位数中 Imdustrail Number of Legal Eitities			工业总产值	在全部工业总产值中 The Gross Output Value of Imdustrail Number of Legal Eitities		
#国有 Imdustrail Number of Legal Eitities	轻工业 Light Industry	重工业 Heavy Industry	Gross Output Value of Industry	#国有 Imdustrail Number of Legal Eitities	轻工业 Light Industry	重工业 Heavy Industry
187	**57 259**	**29 974**	**9 952 988**	**2 567 880**	**3 525 494**	**6 427 493**
140	**50 627**	**26 149**	**8 681 362**	**2 308 466**	**3 171 959**	**5 509 403**
26	12 944	3 756	1 736 997	483 045	740 635	996 361
41	8 905	3 494	3 713 226	1 256 580	1 147 182	2 566 044
20	11 302	8 789	891 331	109 859	287 261	604 070
19	1 240	809	162 628	43 955	74 892	87 736
12	13 030	6 725	1 657 459	381 841	761 149	896 310
10	1 432	1 740	267 274	13 304	118 138	149 136
2	1 108	508	148 314	14 008	5 032	143 282
10	666	328	104 134	5 876	37 668	66 465
47	**6 632**	**3 825**	**1 271 626**	**259 414**	**353 536**	**918 090**
5	403	228	107 548	6 628	26 798	80 749
2	1 039	250	46 391	6 525	14 452	31 939
2	322	395	97 366	8 464	3 353	94 013
1	475	199	217 103	9 856	19 350	197 753
3	600	133	271 326	125 810	33 403	237 924
2	253	222	63 297	8 557	24 773	38 524
6	146	272	48 560	5 455	6 824	41 737
2	85	234	28 240	3 850	5 356	22 884
3	451	236	22 409	2 680	5 623	16 786
3	365	323	127 595	47 297	81 315	46 280
2	172	35	24 675	1 525	5 613	19 062
2	186	77	10 825	1 605	5 572	5 253
2	341	118	20 537	480	15 444	5 092
3	530	181	55 371	23 198	20 395	34 976
4	32	74	5 290	3 587	3 097	2 193
	203	200	14 013		10 767	3 246
1	146	125	21 478	63	7 341	14 137
2	231	125	29 164	1 170	22 808	6 356
1	425	332	38 712	1 472	31 634	7 078
1	227	66	21 729	1 195	9 619	12 110

Note: The state-owned enterprises include state joint ownership enterprises and sole state-funded corporations. The gross product value of industry is calculated at the prices of previous years.

21-12 少数民族自治地方主要工业产品产量 （2005年）

地　　区	Region	钢(吨) Steel (ton)	生铁(吨) Pig Iron (ton)
总　计	**Total**	**1 366 170**	**1 711 065**
自治州小计	**Autonomous Prefectures**	**1 134 126**	**985 724**
楚雄彝族自治州	Chuxiong Yi Nationality	911 103	841 468
红河哈尼族彝族自治州	Honghe Hani , Yi Nationality	223 023	72 493
文山壮族苗族自治州	Wenshan Zhuang , Miao Nationality		
西双版纳傣族自治州	Xishuangbanna Dai Nationality		
大理白族自治州	Dali Bai Nationality		71 763
德宏傣族景颇族自治州	Dehong Dai , Jingpo Nationality		
怒江傈僳族自治州	Nujiang Lisu Nationality		
迪庆藏族自治州	Diqing Tibetan Nationality		
自治州以外的自治县小计	**Autonomous Counties Other Than the Above Prefectures**	**232 044**	**725 341**
石林彝族自治县	Shilin Yi Nationality		8 700
禄劝彝族苗族自治县	Luquan Yi , Miao Nationality		
寻甸回族彝族自治县	Xundian Hui , Yi Nationality		
峨山彝族自治县	Eshan Yi Nationality	26 813	480 602
新平彝族傣族自治县	Xinping Yi , Dai Nationality	205 231	236 039
元江哈尼族彝族傣族自治县	Yuanjiang Hani , Yi , Dai Nationality		
普洱哈尼族彝族自治县	Pu'er Hani , Yi Nationality		
墨江哈尼族自治县	Mojiang Hani Nationality		
景东彝族自治县	Jingdong Yi Nationality		
景谷傣族彝族自治县	Jinggu Dai , Yi Nationality		
镇沅彝族哈尼族拉祜族自治县	Zhenyuan Yi , Hani , Lahu Nationality		
江城哈尼族彝族自治县	Jiangcheng Hani , Yi Nationality		
孟连傣族拉祜族佤族自治县	Menglian Dai , Lahu , Wa Nationality		
澜沧拉祜族自治县	Lancang Lahu Nationality		
西盟佤族自治县	Ximeng Wa Nationality		
玉龙纳西族自治县	Yulong Naxi Nationality		
宁蒗彝族自治县	Ninglang Yi Nationality		
双江拉祜族佤族布朗族傣族自治县	Shuangjiang Lahu , Wa , Bulang , Dai Nationality		
耿马傣族佤族自治县	Gengma Dai , Wa Nationality		
沧源佤族自治县	Cangyuan Wa Nationality		

注：本表统计范围为全部工业法人单位。

Output of Major Industrial Products in Minority Nationality Autonomous Areas(2005)

原煤(万吨) Coal (10 000 tons)	发电量(万千瓦时) Electricity (10 000 kwh)	糖(吨) Sugar (ton)	卷烟(万箱) Cigarettes (10 000 cases)	农用化肥(吨) Chemicel Fertilizer (ton)	白酒(千升) Liquor (kiloliter)	啤酒(千升) Beer (kiloliter)	水泥(万吨) Cement (10000 tons)
1 738.32	**1 858 824**	**1 104 988**	**177.8**	**707 190**	**138 619**	**135 082**	**1254.03**
1 365.68	**1 682 605**	**590 556**	**178**	**635 014**	**125 280**	**135 082**	**958.79**
163.19	59 909	165	56	41 934	21 302	25 987	61.34
942.86	798 375	116 841	82	566 164	43 115	20 109	276.93
83.70	334 884	16 354		26 916	33 092		163.97
1.86	50 861	128 181			286		30.15
171.46	191 929	17 058	40		18 356	87 717	353.75
2.58	121 042	311 957			1 103	1 269	67.74
	45 551				759		4.15
0.03	80 054				7 267		0.76
372.64	**176 219**	**514 432**		**72 176**	**13 339**		**295.24**
60.05	1 438				1 119		16.61
	9 405				1 296		30.22
180.31	37 747			14 001	1 669		30.2
46.28	1 316	5 385		58 175	604		27.18
5.80	12 435	86 084			240		14.59
	26 321	74 157			954		44.23
8.79	4 975				625		55.3
	5 324	13 494			293		5.42
3.56	4 797	13 677			1398		8.28
4.55	23 076	36 705			486		23.44
10.40	814	5 413			184		5.04
	2 946	18 792			411		
4.13	8 662	42 040			22		
15.44	7 690	47 324			427		5.53
	1 821	8 776			299		
2.60					565		
16.50	12 381				1770		2.22
4.95	6 486	39 651			492		0.84
1.13	4 971	99 328			210		9
8.15	3 614	23 606			275		17.14

Note:The coverage of statistics are all industrial number of Legal entities in this table .

21-13 少数民族自治地方全部国有及年主营业务收入500万元以上非国有独立核算工业企业主要财务指标（2005年）

单位:万元

地　　区	Region	现价总产值 Gross Output Value (at current prices)
总　　计	**Total**	**7 333 193**
自治州小计	**Autonomous Prefectures**	**6 351 976**
楚雄彝族自治州	Chuxiong Yi Nationality	1 185 231
红河哈尼族彝族自治州	Honghe Hani , Yi Nationality	3 027 407
文山壮族苗族自治州	Wenshan Zhuang , Miao Nationality	515 382
西双版纳傣族自治州	Xishuangbanna Dai Nationality	134 000
大理白族自治州	Dali Bai Nationality	1 093 098
德宏傣族景颇族自治州	Dehong Dai , Jingpo Nationality	205 699
怒江傈僳族自治州	Nujiang Lisu Nationality	118 783
迪庆藏族自治州	Diqing Tibetan Nationality	72 375
自治州以外的自治县小计	**Autonomous Counties Other Than the Above Prefectures**	**981 217**
石林彝族自治县	Shilin Yi Nationality	37 664
禄劝彝族苗族自治县	Luquan Yi , Miao Nationality	20 710
寻甸回族彝族自治县	Xundian Hui , Yi Nationality	76 332
峨山彝族自治县	Eshan Yi Nationality	193 474
新平彝族傣族自治县	Xinping Yi , Dai Nationality	250 994
元江哈尼族彝族傣族自治县	Yuanjiang Hani , Yi , Dai Nationality	59 578
普洱哈尼族彝族自治县	Pu'er Hani , Yi Nationality	36 177
墨江哈尼族自治县	Mojiang Hani Nationality	23 185
景东彝族自治县	Jingdong Yi Nationality	20 182
景谷傣族彝族自治县	Jinggu Dai , Yi Nationality	90 880
镇沅彝族哈尼族拉祜族自治县	Zhenyuan Yi , Hani , Lahu Nationality	14 807
江城哈尼族彝族自治县	Jiangcheng Hani , Yi Nationality	7 427
孟连傣族拉祜族佤族自治县	Menglian Dai , Lahu , Wa Nationality	14 227
澜沧拉祜族自治县	Lancang Lahu Nationality	43 091
西盟佤族自治县	Ximeng Wa Nationality	3 587
玉龙纳西族自治县	Yulong Naxi Nationality	7 767
宁蒗彝族自治县	Ninglang Yi Nationality	12 988
双江拉祜族佤族布朗族傣族自治县	Shuangjiang Lahu , Wa , Bulang , Dai Nationality	23 934
耿马傣族佤族自治县	Gengma Dai , Wa Nationality	30 888
沧源佤族自治县	Cangyuan Wa Nationality	13 326

Principal Finance Indicators of All State-owned and Non-state-owned Industrial Enterprises with Independent Accounting Systems and Annual Revenue on Major Busniess Above 5 Million Yuan in Minority Nationality Autonomous Areas (2005)

(10 000 yuan)

主营业务收入 Revenue of Major Business	固定资产原值 Original Value of Fixed Assets	固定资产净值 Net Value of Fixed Assets	利 税 总 额 Total Profits	亏损企业的亏损总额 Total Loss of Loss-making Enterprises
7 266 540	**6 835 426**	**4 477 909**	**1 688 429**	**108 025**
6 282 084	**5 857 052**	**3 832 681**	**1 568 000**	**93 250**
1 138 150	914 885	596 602	353 520	16 461
3 019 989	2 572 248	1 603 163	750 617	37 686
519 986	493 011	381 890	130 320	6 252
136 570	228 510	155 306	21 547	9 950
1 060 917	1 055 493	642 070	222 705	18 409
216 128	351 744	251 235	37 033	3 288
117 645	145 877	126 804	41 439	760
72 698	95 284	75 611	10 819	445
984 456	**978 374**	**645 228**	**120 429**	**14 775**
37 032	57 243	36 828	6 101	445
20 490	22 010	14 054	2 435	133
69 303	77 834	57 055	16 176	971
189 397	73 208	55 629	12 921	5 092
265 122	143 190	92 345	18 296	1 450
70 213	62 196	31 612	11 355	1 004
35 353	53 033	33 829	1 694	1 097
21 573	24 872	12 352	7 901	244
20 152	30 579	16 996	1 226	524
87 599	220 934	153 972	12 141	1 249
15 470	15 307	9 321	1 089	562
7 862	11 208	6 783	1 436	70
14 217	9 000	5 771	4 878	13
42 648	23 349	16 495	7 658	542
3 546	12 969	10 535	355	608
7 553	5 583	4 388	741	2
11 962	14 287	9 318	1 884	150
21 753	35 557	25 537	4 268	277
29 922	61 456	35 078	5 951	263
13 291	24 560	17 331	1 924	80

21-14 少数民族自治地方职工人数（2005年）
Number of Staff and Workers in Minority Nationality Autonomous Areas (2005)

单位：人　　(preson)

地　区	Region	职工人数 Number of Staff and Workers			
		合　计 Total	国有单位 Stateowned Units	城镇集体单位 Collectiveowned Units	其它单位 Others
自治州	**Autonomous Prefectures**				
楚雄彝族自治州	Chuxiong Yi Nationality	112 439	92 560	4 336	15 543
红河哈尼族彝族自治州	Honghe Hani , Yi Nationality	215 087	143 692	11 192	60 203
文山壮族苗族自治州	Wenshan Zhuang , Miao Nationality	108 529	91 361	3 757	13 411
西双版纳傣族自治州	Xishuangbanna Dai Nationality	91 150	78 514	4 320	8 316
大理白族自治州	Dali Bai Nationality	166 180	111 276	11 553	43 351
德宏傣族景颇族自治州	Dehong Dai , Jingpo Nationality	75 053	57 835	4 032	13 186
怒江傈僳族自治州	Nujiang Lisu Nationality	28 079	22 448	290	5 341
迪庆藏族自治州	Diqing Tibetan Nationality	10 179	6 812	124	3 243
自治州以外的自治县	**Autonomous Counties Other Than the Above Prefectures**				
石林彝族自治县	Shilin Yi Nationality	11 831	9 773	798	1 260
禄劝彝族苗族自治县	Luquan Yi , Miao Nationality	11 746	10 678	595	473
寻甸回族彝族自治县	Xundian Hui , Yi Nationality	13 850	10 836	728	2 286
峨山彝族自治县	Eshan Yi Nationality	9 858	6 379	588	2 891
新平彝族傣族自治县	Xinping Yi , Dai Nationality	13 660	10 353	600	2 707
元江哈尼族彝族傣族自治县	Yuanjiang Hani , Yi , Dai Nationality	10 437	8 073	331	2 033
普洱哈尼族彝族自治县	Pu er Hani , Yi Nationality	9 334	8 434	139	761
墨江哈尼族自治县	Mojiang Hani Nationality	10 244	7 761	366	2 117
景东彝族自治县	Jingdong Yi Nationality	11 025	9 545	386	1 094
景谷傣族彝族自治县	Jinggu Dai , Yi Nationality	13 009	8 903	442	3 664
镇沅彝族哈尼族拉祜族自治县	Zhenyuan Yi , Hani , Lahu Nationality	7 772	6 471	725	576
江城哈尼族彝族自治县	Jiangcheng Hani , Yi Nationality	5 784	4 270	602	912
孟连傣族拉祜族自治县	Menglian Dai , Lahu , Wa Nationality	6 227	4 998	268	961
澜沧拉祜族自治县	Lancang Lahu Nationality	11 755	11 125	311	319
西盟佤族自治县	Ximeng Wa Nationality	3 738	3 436	199	103
玉龙纳西族自治县	Yulong Naxi Nationality	8 641	6 948	308	1 385
宁蒗彝族自治县	Ninglang Yi Nationality	8 572	7 356	474	742
双江拉祜族佤族布朗族傣族自治县	Shuangjiang Lahu , Wa , Bulang , Dai Nationality	7 516	5 072	413	2 031
耿马傣族佤族自治县	Gengma Dai , Wa Nationality	11 803	9 327	282	2 194
沧源佤族自治县	Cangyuan Wa Nationality	8 453	6 324	49	2 080

21-15 少数民族自治地方职工工资总额（2005年）
Total Wages of Staff and Workers in Minority Nationality Autonomous Areas (2005)

单位：千元 (1 000 yuan)

地区	Region	职工工资总额 Total Wages of Staff and Workers			
		合计 Total	国有单位 State-owned Entities	城镇集体单位 Collective -owned Entities	其它单位 Others
自治州	**Autonomous Prefectures**				
楚雄彝族自治州	Chuxiong Yi Nationality	1 675 278	1 458 286	49 196	167 796
红河哈尼族彝族自治州	Honghe Hani , Yi Nationality	3 199 149	2 238 088	109 503	851 558
文山壮族苗族自治州	Wenshan Zhuang , Miao Nationality	1 604 258	1 376 114	37 898	190 246
西双版纳傣族自治州	Xishuangbanna Dai Nationality	1 298 598	1 171 045	41 573	85 980
大理白族自治州	Dali Bai Nationality	2 513 610	1 884 213	112 583	516 814
德宏傣族景颇族自治州	Dehong Dai , Jingpo Nationality	923 843	734 484	31 803	157 556
怒江傈僳族自治州	Nujiang Lisu Nationality	479 586	351 452	3 612	124 522
迪庆藏族自治州	Diqing Tibetan Nationality	406 977	379 964	7 677	19 336
自治州以外的自治县	**Autonomous Counties Other Than the Above Prefectures**				
石林彝族自治县	Shilin Yi Nationality	140 169	117 832	7 852	14 485
禄劝彝族苗族自治县	Luquan Yi , Miao Nationality	180 425	167 111	8 408	4 906
寻甸回族彝族自治县	Xundian Hui , Yi Nationality	179 921	142 942	8 946	28 033
峨山彝族自治县	Eshan Yi Nationality	151 502	113 101	4 650	33 751
新平彝族傣族自治县	Xinping Yi , Dai Nationality	246 729	201 574	7 072	38 083
元江哈尼族彝族傣族自治县	Yuanjiang Hani , Yi , Dai Nationality	168 348	139 969	3 112	25 267
普洱哈尼族彝族自治县	Pu er Hani , Yi Nationality	12 981	11 956	187	838
墨江哈尼族自治县	Mojiang Hani Nationality	13 851	11 115	457	2 279
景东彝族自治县	Jingdong Yi Nationality	14 260	12 911	397	952
景谷傣族彝族自治县	Jinggu Dai , Yi Nationality	16 706	12 098	482	4 126
镇沅彝族哈尼族拉祜族自治县	Zhenyuan Yi , Hani , Lahu Nationality	10 087	8 942	567	578
江城哈尼族彝族自治县	Jiangcheng Hani , Yi Nationality	7 035	5 698	545	792
孟连傣族拉祜族佤族自治县	Menglian Dai , Lahu , Wa Nationality	8 421	7 205	252	964
澜沧拉祜族自治县	Lancang Lahu Nationality	16 679	16 042	280	357
西盟佤族自治县	Ximeng Wa Nationality	5 392	5 076	216	100
玉龙纳西族自治县	Yulong Naxi Nationality	130 564	108 589	4 815	17 160
宁蒗彝族自治县	Ninglang Yi Nationality	111 145	99 007	3 627	8 511
双江拉祜族佤族布朗族傣族自治县	Shuangjiang Lahu , Wa , Bulang , Dai Nationality	99 516	74 555	4 008	20 953
耿马傣族佤族自治县	Gengma Dai , Wa Nationality	166 835	137 434	2 805	26 596
沧源佤族自治县	Cangyuan Wa Nationality	96 009	81 418	643	13 948

21-16 少数民族自治地方职工平均工资（2005年）
Average Wages of Staff and Workers in Minority Nationality Autonomous Areas (2005)

单位：元 / 人 (yuan / person)

地　　区	Region	职工平均工资 Average Wages of Staff and Workers			
		合　计 Total	国　有 单　位 State-owned Entities	集　体 单　位 Collective-owned Entities	其　它 单　位 Others
自治州	**Autonomous Prefectures**				
楚雄彝族自治州	Chuxiong Yi Nationality	14 940	15 783	11 018	10 986
红河哈尼族彝族自治州	Honghe Hani , Yi Nationality	14 819	15 567	9 173	14 151
文山壮族苗族自治州	Wenshan Zhuang , Miao Nationality	14 922	15 208	10 066	14 348
西双版纳傣族自治州	Xishuangbanna Dai Nationality	14 313	14 860	9 741	11 230
大理白族自治州	Dali Bai Nationality	15 155	16 828	9 869	12 165
德宏傣族景颇族自治州	Dehong Dai , Jingpo Nationality	12 608	12 830	8 956	12 631
怒江傈僳族自治州	Nujiang Lisu Nationality	17 510	15 686	12 412	26 528
迪庆藏族自治州	Diqing Tibetan Nationality	20 772	22 562	14 878	8 648
自治州以外的自治县	**Autonomous Counties Other Than the Above Prefectures**				
石林彝族自治县	Shilin Yi Nationality	11 571	11 711	9 754	11 616
禄劝彝族苗族自治县	Luquan Yi , Miao Nationality	15 250	15 509	14 373	10 416
寻甸回族彝族自治县	Xundian Hui , Yi Nationality	13 060	13 278	12 255	12 290
峨山彝族自治县	Eshan Yi Nationality	15 512	17 500	7 598	12 538
新平彝族傣族自治县	Xinping Yi , Dai Nationality	17 974	19 620	12 321	13 228
元江哈尼族彝族傣族自治县	Yuanjiang Hani , Yi , Dai Nationality	15 346	17 282	9 373	9 952
普洱哈尼族彝族自治县	Pu er Hani , Yi Nationality	13 854	13 998	13 432	12 151
墨江哈尼族自治县	Mojiang Hani Nationality	13 742	14 549	12 427	10 999
景东彝族自治县	Jingdong Yi Nationality	12 447	13 141	9 363	7 882
景谷傣族彝族自治县	Jinggu Dai , Yi Nationality	12 677	13 396	10 540	11 182
镇沅彝族哈尼族拉祜族自治县	Zhenyuan Yi , Hani , Lahu Nationality	12 899	13 829	7 643	9 451
江城哈尼族彝族自治县	Jiangcheng Hani , Yi Nationality	12 375	13 306	10 039	9 212
孟连傣族拉祜族自治县	Menglian Dai , Lahu , Wa Nationality	13 689	14 468	9 696	10 574
澜沧拉祜族自治县	Lancang Lahu Nationality	14 202	14 434	9 000	10 971
西盟佤族自治县	Ximeng Wa Nationality	14 199	14 502	11 124	9 718
玉龙纳西族自治县	Yulong Naxi Nationality	15 127	15 795	14 591	12 034
宁蒗彝族自治县	Ninglang Yi Nationality	13 076	13 514	7 652	12 159
双江拉祜族佤族布朗族傣族自治县	Shuangjiang Lahu , Wa , Bulang , Dai Nationality	12 917	14 781	9 681	9 329
耿马傣族佤族自治县	Gengma Dai , Wa Nationality	14 119	14 680	9 877	12 256
沧源佤族自治县	Cangyuan Wa Nationality	11 458	13 102	13 122	6 592

21-17 少数民族自治地方财政收入和支出
Total Revenue and Expenditures in Minority Nationality Autonomous Areas

单位：万元 (10 000 yuan)

地区	Region	财政收入 Total Revenue		财政支出 Total Expenditures	
		2004年	2005年	2004年	2005年
总计	**Total**	**687 258**	**831 449**	**2 244 734**	**2 613 989**
自治州小计	**Autonomous Prefectures**	**586 716**	**712 306**	**1 790 156**	**2 090 749**
楚雄彝族自治州	Chuxiong Yi Autonomous Prefecture	107 327	122 935	317 438	356 140
红河哈尼族彝族自治州	Honghe Hani and Yi Autonomous Prefecture	205 703	249 959	436 989	524 183
文山壮族苗族自治州	Wenshan Zhuang and Miao Autonomous Prefecture	55 175	70 917	255 451	307 800
西双版纳傣族自治州	Xishuangbanna Dai Autonomous Prefecture	27 208	36 430	106 008	128 223
大理白族自治州	Dali Bai Autonomous Prefecture	132 974	157 487	336 687	396 589
德宏傣族景颇族自治州	Dehong Dai and Jingpo Autonomous Prefecture	32 510	40 585	156 348	168 212
怒江傈僳族自治州	Nujiang Lisu Autonomous Prefecture	14 818	20 088	90 092	102 507
迪庆藏族自治州	Diqing Tibetan Autonomous Prefecture	11 001	13 905	91 143	107 095
自治州以外的自治县小计	**Autonomous Counties Except the Above Prefectures**	**100 542**	**119 143**	**454 578**	**523 240**
石林彝族自治县	Shilin Yi Autonomous County	10 285	11 427	21 037	27 788
禄劝彝族苗族自治县	Luquan Yi and Miao Autonomous County	7 354	8 908	29 677	37 993
寻甸回族彝族自治县	Xundian Hui and Yi Autonomous County	8 081	9 445	32 777	42 433
峨山彝族自治县	Eshan Yi Autonomous County	9 826	11 286	28 154	28 383
新平彝族傣族自治县	Xinping Yi and Dai Autonomous County	9 986	14 943	35 386	40 427
元江哈尼族彝族傣族自治县	Yuanjiang Hani and Yi and Dai Autonomous County	6 386	8 852	26 773	28 226
普洱哈尼族彝族自治县	Pu er Hani and Yi Autonomous County	3 770	4 324	19 131	21 182
墨江哈尼族自治县	Mojiang Hani Autonomous County	5 565	5 245	25 010	27 425
景东彝族自治县	Jingdong Yi Autonomous County	7 947	9 468	26 918	30 219
景谷傣族彝族自治县	Jinggu Dai and Yi Autonomous County	7 358	8 610	23 049	26 835
镇沅彝族哈尼族拉祜族自治县	Zhenyuan Yi and Hani and Lahu Autonomous County	2 503	2 594	17 045	21 647
江城哈尼族彝族自治县	Jiangcheng Hani and Yi Autonomous County	1 915	2 424	12 025	14 169
孟连傣族拉祜族自治县	Menglian Dai and Lahu and Wa Autonomous County	2 261	2 536	13 065	13 917
澜沧拉祜族自治县	Lancang Lahu Autonomous County	3 801	4 526	28 523	37 669
西盟佤族自治县	Ximeng Wa Autonomous County	553	629	11 071	13 917
玉龙纳西族自治县	Yulong Naxi Autonomous County	3 471	4 942	29 577	27 992
宁蒗彝族自治县	Ninglang Yi Autonomous County	1 487	1 819	22 213	25 216
双江拉祜族佤族布朗族傣族自治县	Shuangjiang Lahu and Wa and Bulang and Dai Autonomous County	1 853	1 968	14 041	17 105
耿马傣族佤族自治县	Gengma Dai and Wa Autonomous County	4 378	3 575	22 274	22 617
沧源佤族自治县	Cangyuan Wa Autonomous County	1 762	1 622	16 832	18 080

21-18 云南省25个边境县基本情况（2005年）

Basic Statistics of 25 Border County of Yunnan (2005)

地　区		Region	国土面积（平方公里）Land Area (sq.km)	占全省比重（%）Proportion to Provincial Total (%)	国境线长度（公里）Territory Line (km)	总人口（人）Total Population (person)	汉族人口数（人）Han Papulation (person)
全省合计		**Total**	**394 139**	**100.00**	**3 861**	**43 311 000**	**27 552 079**
25个边境县合计		**The Total of 25 unit Border County**	**91 952**	**23.33**	**3 861**	**5 768 204**	**2 350 477**
红河州 Honghe	金平县	Jinping	1 332	0.34	198.5	77 015	28 435
	绿春县	Luchun	3 677	0.93	502	313 981	46 124
	河口县	Hekou	3 097	0.79	45	203 208	3 865
文山州 Wenshan	麻栗坡县	Malipo	2 334	0.59	277	269 341	162 099
	马关县	Maguan	5 352	1.36	65	385 274	90 086
	富宁县	Funing	2 676	0.68	203	350 582	178 584
思茅市 Simao	江城县	Jiangcheng	1 893	0.48	139.4	112 740	15 707
	孟连县	Menglian	3 544	0.90	183	92 163	17 240
	澜沧县	Lancang	1 354	0.34	89.3	81 282	4 651
	西盟县	Ximeng	8 807	2.23	80.3	467 879	106 638
临沧市 Lincang	镇康县	Zhenkang	3 837	0.97	47.4	251 486	122 307
	耿马县	Gengma	2 539	0.64	147	125 435	10 734
	沧源县	Cangyuan	2 642	0.67	96.4	155 997	116 619
西双版纳州 Xishuangbanna	景洪市	Jinghong	6 959	1.77	112.5	371 232	121 511
	勐海县	Menghai	5 511	1.40	416.47	196 346	55 185
	勐腊县	Mengla	7 084	1.80	146.8	295 445	40 181
保山市 Baoshan	腾冲县	Tengchong	5 845	1.48	151.2	603 479	562 736
	龙陵县	Longling	2 884	0.73	19.7	267 296	253 848
德宏州 Dehong	瑞丽市	Ruili	1 020	0.26	146.5	111 449	47 157
	潞西市	Luxi	4 429	1.12	243.7	259 496	104 478
	盈江县	Yingjiang	1 931	0.49	51.1	167 329	75 363
	陇川县	Longchuan	2 987	0.76	39.2	332 310	163 034
怒江州 Nujiang	泸水县	Lushui	2 987	0.76	146.24	154 322	21 260
	福贡县	Fugong	2 725	0.69	142.6	809 038	1 288
	贡山县	Gongshan	4 506	1.14	172	34 079	1 347

21-18 续表1 continued

地 区	Region	少数民族人口（人）Population of Minority Natuonalities (person)	占全省比重（%）Proportion to Provincial Total (%)	占本地比重（%）Proportion toLocal Total (%)	乡镇数（个）Number of Town and Township (unit)	行政村(办)数（个）Number of Adminstrative Village (unit)
全省合计	**Total**	**15 758 621**	**100.00**	**36.39**	**1 517**	
25个边境县合计	**The Total of 25 unit Border County**	**3 417 727**	**7.89**	**59.25**	**162**	**798**
红河州 Honghe	金平县 Jinping	48 580	0.11	63.08	6	20
	绿春县 Luchun	267 857	0.62	85.31	9	45
	河口县 Hekou	199 343	0.46	98.10	3	25
文山州 Wenshan	麻栗坡县 Malipo	107 242	0.25	39.82	9	61
	马关县 Maguan	295 188	0.68	76.62	3	22
	富宁县 Funing	171 998	0.4	49.06	12	50
思茅市 Simao	江城县 Jiangcheng	97 033	0.22	86.07	5	25
	孟连县 Menglian	74 923	0.17	81.29	5	22
	澜沧县 Lancang	76 631	0.18	94.28	6	29
	西盟县 Ximeng	361 241	0.83	77.21	2	16
临沧市 Lincang	镇康县 Zhenkang	129 179	0.30	51.37	3	17
	耿马县 Gengma	114 701	0.26	91.44	7	45
	沧源县 Cangyuan	39 378	0.09	25.24	5	32
西双版纳州 Xishuangbanna	景洪市 Jinghong	249 721	0.58	67.27	4	26
	勐海县 Menghai	141 161	0.33	71.89	14	58
	勐腊县 Mengla	255 264	0.59	86.40	6	37
保山市 Baoshan	腾冲县 Tengchong	40 743	0.09	6.75	3	27
	龙陵县 Longling	13 448	0.03	5.03	1	5
德宏州 Dehong	瑞丽市 Ruili	64 292	0.15	57.69	12	30
	潞西市 Luxi	155 018	0.36	59.74	10	37
	盈江县 Yingjiang	91 966	0.21	54.96	5	23
	陇川县 Longchuan	169 276	0.39	50.94	8	30
怒江州 Nujiang	泸水县 Lushui	133 062	0.31	86.22	11	67
	福贡县 Fugong	87 750	0.20	98.55	8	57
	贡山县 Gongshan	32 732	0.08	96.05	5	22

21-18 续表 2 continued

地　区	Region	GDP（万元）GDP (10 000 yuan)	人均GDP（元）Per GDP (yuan)	农民人均纯收入（元/人）Per Capita Anuual Net Income of Rural Households (yuan)	粮食总产量（吨）Crain Crops (ton)	人均粮食（千克/人）Crain of Per Capita (kg)
全省合计	**Total**	**22 323 200**	**5 179**	**1 069**	**14 247 400**	**330.6**
25个边境县合计	**The Total of 25 unit Border County**	**1 886 135**			**1 967 399**	**340.9**
红河州 Honghe	金平县 Jinping	46 048	6 011	1 298	16 579	216.7
	绿春县 Luchun	43 183	1 381	798	105 463	337.0
	河口县 Hekou	23 331	1 152	828	68 171	338.1
文山州 Wenshan	麻栗坡县 Malipo	71 476	2 662	1 030	82 321	306.4
	马关县 Maguan	88 869	2 319	1 176	113 635	295.8
	富宁县 Funing	81 100	2 320	1 060	120 632	344.9
思茅市 Simao	江城县 Jiangcheng	26 563	2 376	969	45 551	407.2
	孟连县 Menglian	31 310	2 968	869	33 405	362.8
	澜沧县 Lancang	11 326	1 378	596	31 043	382.6
	西盟县 Ximeng	68 156	1 459	762	153 588	328.9
临沧市 Lincang	镇康县 Zhenkang	100 138	3 971	1 142	82 803	329.6
	耿马县 Gengma	42 380	2 665	957	51 590	362.8
	沧源县 Cangyuan	41 325	2 535	954	51 410	329.6
西双版纳州 Xishuangbanna	景洪市 Jinghong	275 634	7 438	1 948	122 408	330.3
	勐海县 Menghai	124 525	6 363	1 677	72 474	370.4
	勐腊县 Mengla	101 005	3 425	1 628	128 798	437.0
保山市 Baoshan	腾冲县 Tengchong	198 810	3 309	1 607	227 333	378.4
	龙陵县 Longling	79 330	2 976	1 451	97 941	367.3
德宏州 Dehong	瑞丽市 Ruili	84 557	7 536	1 908	29 287	263.3
	潞西市 Luxi	86 145	3 298	1 296	83 552	322.3
	盈江县 Yingjiang	51 019	3 037	1 060	51 325	307.0
	陇川县 Longchuan	134 450	4 029	1 356	106 210	319.8
怒江州 Nujiang	泸水县 Lushui	50 524	3 264	1 151	52 964	343.6
	福贡县 Fugong	15 128	1 694	693	27 866	313.0
	贡山县 Gongshan	9 803	2 875	688	11 050	324.6

21-18 续表3 continued

地 区	Region	地方财政收入 (万元) Local Government Revenue (10 000 persons)	财政支出 (万元) Total Government Expenditures (10 000 yuan)	普通中学校数 (所) Regular Secondary Schools (unit)	小学校数 (所) Primary Schools (unit)	小学在校学生人数 (人) Number of Graduates of Primary Schools (persons)	中学在校学生人数 (人) Number of Graduates of Regular Secondary School (persons)	卫生机构数 (个) Number of Institutions (unit)
全省合计	**Total**	**2 067 594**	**5 368 906**	**1 854**	**20 296**	**4 509 300**	**2 151 400**	**8 541**
25个边境县合计	**The Total of 25 unit Border County**	**97 632**	**392 932**	**363**	**3 763**	**658 012**	**272 448**	**618**
红河州 Honghe	金平县 Jinping	3 639	12 214	8	21	8 181	4 699	13
	绿春县 Luchun	2 335	14 489	18	237	35 060	11 687	18
	河口县 Hekou	827	10 766	10	151	25 892	6 846	16
文山州 Wenshan	麻栗坡 Malipo	2 538	16 818	16	154	27 339	11 665	17
	马关县 Maguan	2 806	18 168	18	274	37 899	15 974	22
	富宁县 Funing	3 751	19 371	21	235	33 182	12 517	21
思茅市 Simao	江城县 Jiangcheng	2 734	10 357	7	61	1 429	4 932	12
	孟连县 Menglian	1 538	9 932	7	47	11 813	7 455	19
	澜沧县 Lancang	535	3 081	6	89	13 536	2 530	11
	西盟县 Ximeng	3 825	23 487	25	313	50 620	10 950	27
临沧市 Lincang	镇康县 Zhenkang	6 291	17 055	16	206	32 878	7 215	33
	耿马县 Gengma	2 282	14 709	11	149	20 207	4 407	13
	沧源县 Cangyuan	2 287	10 971	7	136	20 003	5 823	12
西双版纳州 Xishuangbanna	景洪市 Jinghong	14 632	15 394	29	165	40 988	24 112	30
	勐海县 Menghai	6 657	18 018	18	194	34 927	9 924	19
	勐腊县 Mengla	6 257	36 538	19	105	25 419	10 594	21
保山市 Baoshan	腾冲县 Tengchong	10 320	15 960	33	345	65 384	36 559	174
	龙陵县 Longling	3 741	16 335	17	169	27 118	15 931	19
德宏州 Dehong	瑞丽市 Ruili	6 870	20 963	10	54	10 746	6 782	21
	潞西市 Luxi	5 508	13 992	20	321	38 290	18 399	24
	盈江县 Yingjiang	3 333	19 412	11	74	19 450	9 994	14
	陇川县 Longchuan	164	15 450	19	108	34 403	23 529	26
怒江州 Nujiang	泸水县 Lushui	3 987	9 416	9	81	15 767	6 545	17
	福贡县 Fugong	361	6 899	5	38	10 771	2 233	10
	贡山县 Gongshan	414		3	36	3 847	1 146	9

二十二、城市概况
General Survey of Cities

22-1 地级城市社会经济主要指标（2005年）

（不含市辖县）

指　　标	Item	昆明市 Kunming
人口、劳动力及土地面积	**Population, Labor Force and Land Area**	
年末总人口（万人）	Total Population at Year-end (10 000 persons)	229.88
其中：非农业人口（万人）	Non-Agricultural Population (10 000 persons)	170.02
年末单位从业人员数（万人）	Number of Employed Persons at Year-end (10 000 persons)	56.94
第一产业（农、林、牧、渔业）（万人）	Primary Industry (10 000 persons)	0.35
第二产业（万人）	Secondary Industry (10 000 persons)	23.18
第三产业（万人）	Tertiary Industry (10 000 persons)	33.41
私营和个体从业人员（人）	Number of Privately-owned and Self-employed Individuals (person)	345 474
行政区域土地面积（平方公里）	Administrative Land Area (sq.km)	3 946
其中：建成区面积（平方公里）	Of which: Developed Area (sq. km)	193
综合经济	**Aggregate Economy**	
地区生产总值（万元）	Gross Domestic Products (10 000 yuan)	8 052 034
第一产业增加值（万元）	Primary Industry (10 000 yuan)	166 218
第二产业增加值（万元）	Secondary Industry (10 000 yuan)	3 711 058
其中：工业增加值（万元）	Of which: Industry (10 000 yuan)	2 982 229
第三产业增加值（万元）	Tertiary Industry Increased (10 000 yuan)	4 174 758
地方财政一般预算内收入（万元）	Budgetary Revenue of Local (10 000 yuan)	748 548
地方财政一般预算内支出（万元）	Budgetary Expenses of Local (10 000 yuan)	818 784
其中：科学支出（万元）	Of which: Operating Expenses for Science (10 000 yuan)	4 513
教育支出（万元）	Operating Expenses for Education (10 000 yuan)	81 018
城乡居民储蓄年末余额（万元）	Deposit Balance of Urban/Rural Residents at Year-end (10 000 yuan)	9 043 957
保费收入（万元）--	Premiums (10 000 yuan)	300 824
工业	**Industry**	
国有及年销售收入500万元以上非国有工业企业总产值(当年价)(万元)	Gross Industrial Output Value of State-owned and Non-state-owned with Sales Revenue over 5 Million Yuan (10 000 yuan)	6 987 289
其中：内资企业(万元)	Enterprises with funded from Domestic Enterprises (10 000 yuan)	6 161 331
港、澳、台商投资企业(万元)	Enterprises with funded from Hong Kong, Macao and Taiwan (10 000 yuan)	384 408
外商投资企业(万元)	Enterprises with Funded from Foreigners (10 000 yuan)	441 550
主营业务收入(万元)	Revenue on Major Businese(10 000 yuan)	6 963 146
交通运输、邮电通信、能源电力	**Transport, Post, Telecommunication and Energy Electricity**	
境内等级公路里程（公里）--	Length of Highways (km)	8 915
境内铁路营业里程（公里）--	Length of Railways in Operation (km)	592
民用汽车拥有量（辆）--	Number of Civil Motor Vehicles Owned (unit)	352 751
其中：私人汽车拥有量（辆）--	Of which: Number of Private-owned Motor Vehicles (unit)	249 827
公路货运量（万吨）--	Freight Traffic of Highways (10 000 tons)	9 021
铁路货物运量（万吨）--	Freight Traffic of Railways (10 000 tons)	2 196
民用航空客运量（人）--	Passanger Traffic of Civil Aviation (10 000 tons)	4 950 000
年末邮政局（所）数（处）	Number of Postal Offices at Year-end (unit)	200
邮政业务收入（万元）	Post Business Revenue(10 000 yuan)	23 424
电信业务收入（万元）	Revenue of TetecommuniCation Services(10 000 yuan)	416 419
本地电话年末用户数（万户）	Number of Telephone Sets at the Year-end in Local (10 000 households)	92.29
移动电话年末用户数（户）	Number of Mobile Telephone at the Year-end (households)	1 735 378

注：表中有“--”者为全市数。

Note: “--” in this table are the data of the whole city.

Principal Socioeconomic Indices of Prefecture-level Cities (2005)

(city jurisdiction counties are not included)

曲靖市 Qujing	玉溪市 Yuxi	保山市 Baoshan	昭通市 Zhaotong	丽江市 Lijiang	思茅市 Simao	临沧市 Lincang
65.06	40.29	85.84	77.06	14.62	20.61	28.16
23.91	13.51	12.16	11.48	6.47	8.75	5.23
6.53	4.98	4.21	4.38	1.99	4.03	0.81
0.13	0.03	0.27	0.11	0.03	0.32	0.04
3.00	1.38	1.15	1.55	0.30	1.94	0.10
3.40	3.57	2.79	2.72	1.66	1.77	0.67
63 565	159 965	20 837	10 743	15 500	15 691	10 597
1 553	1 004	5 011	2 167	1 255	3 928	2 652
108	19	18	17	20	19	12
1 292 059	2 226 517	496 490	566 341	210 522	216 161	142 185
78 173	50 887	161 329	81 762	17 164	30 643	39 803
722 398	1 652 352	137 549	277 186	52 851	71 334	30 549
656 158	1 594 023	87 746	257 293	20 842	34 920	14 026
491 488	523 278	197 612	207 393	140 507	114 184	71 833
34 162	31 927	22 113	15 038	14 173	15 136	5 368
57 532	64 338	59 626	50 928	29 172	30 409	24 109
25	147	41	33	53	62	48
12 611	12 492	15 474	12 234	4 200	5 866	5 680
809 700	869 353	333 668	290 507	313 885	250 046	113 591
81 572	91 462	20 438	18 822	17 487	24 487	14 159
1 804 373	2 764 169	162 481	429 977	29 803	105 655	26 037
1 788 111	2 634 594	160 819	388 690	29 803	93 840	24 142
9 511	27 310		41 287		11 815	
6 751	102 265	1 662				1 895
1 807 996	2 650 264	156 034	209 056	30 105	103 342	26 636
25 600	15 163	6 661	15 110	6 436	15 937	11 278
598	55		222			
119 402	104 138	43 501	44 942	57 836	52 846	27 500
75 449	77 267	32 459	32 870	37 803	37 916	17 020
5 892	2 185	1 206	536	1 067	1 619	1 636
1 639	185		208			
			18 000	1 114 300	24 000	78 574
20	17	31	16	13	13	15
2 899	2 913	1 284	1 141	1 295	1 375	760
36 900	43 573	23 558	13 692	10 122	9 846	10 068
16.03	14.36	9.56	6.50	9.73	8.49	5.97
352 438	221 433	22 435	97 568	52 340	148 574	59 696

22-1 续表1

指 标	Item	昆明市 Kunming
国际互联网用户数 （户）	Number of Internet Users (household)	241 080
全年用电量 （万千瓦时）	Annual Electricity Consumption (10 000 kwh)	695 713
其中：工业用电（万千瓦时）	Of which: Industrial Electricity Consumption (10 000 kwh)	427 233
居民生活消费用电 （万千瓦时）	Residential Electricity Consumption in Urban Areas (10 000 kwh)	134 271
国内外贸易、外经、旅游	**Domestic Trade, Foreign Trade, Economic Cooperation and Tourism**	
限额以上批发零售贸易业商品销售总额 （万元）	Total Wholesale and Retail Trade (10 000 yuan)	10 177 457
社会消费品零售额 （万元）	Total Retail Sales of Consumer Goods (10 000 yuan)	3 570 569
进口额（海关数）(万美元)--	Total Imports (USD 10 000)	170 866
出口额（海关数）(万美元）--	Total Exports (USD 10 000)	173 586
当年合同外资金额（万美元）--	Utilized in the Signed Agreements & Contracts (USD 10 000)	26 332
当年实际使用外资金额（万美元）--	Amount of Foreign Capital Actually Utilized (USD 10 000)	8 261
海外游客人数（人）--	Number of International Tourists (person)	696 481
国际旅游（外汇）收入 （万美元） --	Foreign Exchange Earning (USD 10 000)	17 252
固定资产投资	**Investment in Fixed Assets**	
全社会固定资产投资总额（万元）	Total Investment in Fixed Assets (10 000 yuan)	3 389 983
其中：固定资产投资完成额（不含农村）（万元）	Completed Investment in Fixed Assets (10 000 yuan)	3 290 847
其中：房地产开发投资完成额 （万元）	Of which: Investment Completed of Real Estate Development (10 000 yuan)	1 472 793
其中：住宅 （万元）	Of which: Residential Buildings (10 000 yuan)	1 118 446
全年新增固定资产(万元)	Nery Increased Fired Assets in Whole Year(10 000 yuan)	744 500
商品房屋销售面积 （万平方米）	Floor Space of Commercial House Sold (10 000 sq.m)	769.01
其中：住宅销售面积（万平方米）	Residential Building (10 000 sq.m)	720.48
商品房屋销售额 （万元）	Total Sales of Commercial Housing (10 000 yuan)	2 045 931
其中：住宅（万元）	Residential Bulling (10 000 yuan)	1 824 467
商品房屋空置（万平方米）--	Empty Commercial Housing (10 000 sq.m)	82.16
教育、科技、文化、卫生	**Education, Science and Technology, Culture, Public Health**	
普通高等学校数 （所）	Number of Regular Institutes of Higher Education (unit)	30
中等职业技术学校数 （所）	Number of Specialized Secondary Schools (unit)	23
普通中学数 （所）	Number of Regular Secondary Schools (unit)	139
小学数 （所）	Number of Primary Schools (unit)	453
普通高等学校学生数 （人）	Number of Regular Institutes of Higher Education (person)	188 100
中等职业教育学校学生数 （人）	Number of Students in Vocational Secondarg School (person)	48 182
普通中学学生数 （万人）	Number of Regular Secondary Schools (person)	11.58
小学学生数 （万人）	Number of Primary Schools (person)	19.73
各类专业技术人员数 （人）	Number of Various S. & T. Personnel (10 000 persons)	98 825
其中：中级技术职称以上人员数 （人）	Of which: Above Medium Titles (person)	32 061
体育场馆数 （个）	Number of Stadium and Gymnasium (unit)	42
剧场、影剧院数 （个）	Number of Theaters, Cinemas and Opera-houses (unit)	9
公共图书馆图书藏量 （千册、件）	Total Collection of Public Libraries (1 000 unit)	3 540
医院、卫生院数 （个）	Number of Hospitals (unit)	196
医院、卫生院床位数 （张）	Number of Hospital Beds (unit)	17 810
医生数 （人）	Number of Doctors (person)	12 031
人民生活、社会保障	**People's Livelihood**	
在岗职工平均人数 （万人）	Average Number of Persons at Post (10 000 persons)	52.62
在岗职工工资总额 （万元）	Total Wages of Workers at Post (10 000 yuan)	1034 106

注：表中有“--”者为全市数。
Note: “--” in this table are the data of the whole city

continued

曲靖市 Qujing	玉溪市 Yuxi	保山市 Baoshan	昭通市 Zhaotong	丽江市 Lijiang	思茅市 Simao	临沧市 Lincang
77 632	55 796	31 569	20 632	39 216	23 084	15 476
63 730	148 695	39 933	39 261	35 927	33 575	8 997
46 217	96 599	24 995	18 538	2 567	18 844	3 599
9 953	8 238	8 029	5 849	3 833	5 929	3 149
841 866	1 469 629	182 657	882	175 016	181 199	100 682
247 802	280 046	183 671	167 571	72 832	103 106	75 670
3 852	997	3 823	28	19	3 083	1 828
9 504	14 004	6 001	522	1 567	2 149	2 444
3 356	5 185	160	584	1 367		315
1 142	1 047	127	130	1 312		266
13 665	2 670	50 166	231	182 818	28 131	31 733
109	50	1 155	9	4 932	579	1 912
457 201	557 051	266 870	94 499	333 545	203 064	107 100
446 064	413 767	259 063	83 455	328 183	185 023	90 470
77 281	66 567	26 878	8 887	109 611	24 435	19 355
72 247	57 322	19 726	4 266	53 683	5 231	11 533
224 202	283 750	118 826	104 547	285 867	72 757	290 426
97.74	35.91	26.85	12.61	54.31	10.29	17.09
95.78	32.36	25.39	8.59	37.46	7.91	16.05
141 540	66 691	38 023	16 547	131 101	14 974	21 434
138 261	55 091	36 132	7 594	62 752	9 151	15 725
4.06	2.67	1.25	2.90	15.18	3.04	2.46
2	2	1	1	2	2	
7	4	3	10	2	6	6
32	23	41	31	13	18	24
105	76	433	185	53	83	302
10 839	8 740	3 960	3 610	8 215	3 369	
9 956	6 835	1 430	8 327	1 461	6 893	3 559
3.31	2.35	5.00	4.74	1.17	1.45	1.61
7.15	3.37	8.75	9.94	1.35	2.14	2.31
21 941	7 374	11 681	7 402	6 721	4 097	6 716
6 384	2 925	4 321	2 456	2 689	1 834	1 498
2	2	2	1	6	5	
3	5	2	1	4	2	1
53	559	205	236	58	131	169
38	34	44	34	11	11	23
4 422	2 435	2 090	1 988	495	879	923
1 264	1 416	900	661	275	512	404
6.24	4.51	4.19	2.03	1.74	3.81	1.88
108 305	103 389	55 203	72 698	29 745	40 266	28 223

22-1 续表2

指　　标	Item	昆明市 Kunming
居民人均可支配收入 （元）	Per Capita Disposable Income (yuan)	9 516
居民人均消费支出 （元）	Per Capita Living Expenditures for Consumption (yuan)	7 278
人均住房使用面积（平方米）	Per Residential Building Spaces (sq.m)	22.46
年末离休、退休、退职人员数 （万人）	Number of Retried and Resigned Persons at Year-end (10 000 persons)	20.11
基本养老保险参保人数 （人）	Contributors of Basic Endowment Insurance (person)	653 451
基本医疗保险参保人数 （人）	Contributors of Basic Medicine Insurance (person)	793 920
失业保险参保人数 （人）	Contributors of Unemployment Insurance (person)	499 636
社会福利院数 （个）	Number of Social Welfare Homes (unit)	60
社会福利院床位数 （张）	Number of Beds in Social Welfare Homes (unit)	4 469
城镇居民最低生活保障线以下人数 （人）	Number of People at Minimum Standard of Living (person)	52 499
社会治安	**Social Offense Cases**	
交通事故死亡人数 （人）--	Number of Death Persons in the Traffic Accidents (person)	431
交通事故损失额(万元)--	Losses of Death Persons in the Traffic Accident (10 000 yuan)	863
火灾事故死亡人数(人)--	Number of Death Persons in the Fire Accidents (person)	22
火灾事故损失额(万元)--	Losses of Death Persons in theFire Accidents (10 000 yuan)	402
刑事案件立案数 （件）--	Number of Criminal Cases (cases)	43 464
犯罪人数(人)--	Number of Criminal Persons (persons)	7 891
市政公用事业	**Municipal Public Utilities**	
城市维护建设资金支出 （万元）	Funds Expenditure in Maintenance of Cities (10 000 yuan)	1 602
年末实有城市道路面积 （万平方米）	Area of Paved Roads at Year-end (10 000 sq. m)	1 114
排水管道长度 （公里）	Length of Sewer Pipelines (km)	917
供水综合生产能力（包括自备水源）（万立方米/日）	Production Capacity of Tap Water (10 000 cu.m/day)	154.20
供水总量 （万立方米）	Total Annual Volume of Water Supply (10 000 cu.m)	37 325
其中：居民家庭用水量 （万立方米）	Of Which :Water Consumption for Residential Use (10 000 cu.m)	10 414
煤气（人工、天然气）家庭用量 （万立方米）	Consumption of Coal Gas and Natural Gas for Residential Use (10 000 cu.m)	11 025
液化石油气家庭用量 （吨）	Consumption of Liquefied Petroleum Gas for Residential Use (ton)	50 799
年末实有公共汽（电）车营运车辆数 （辆）	Number of Public Transport Vehicles in Use	3 982
全年公共汽（电）车客运总量 （万人次）	Number of Passengers Carried (10 000 persons-times)	46 173
年末实有出租汽车数 （辆）	Number of Taxis (unit)	7 914
园林绿地面积 （公顷）	Area of Parks, Gardens and Green Areas (hectare)	5 281
其中：公共绿地面积 （公顷）	Of which: Public Green Areas (hectare)	2 218
建成区绿化覆盖面积 （公顷）	Afforested Developed Areas (hectare)	5 027
环境保护	**Environmental Protection**	
污染源治理本年投资总额（万元）--	Total Investment for Environment Pollution Treatment (10 000 yuan)	278 470
城市环境基础设施建设本年完成投资额（万元）--	Completed Investment in Building Foundationally Establishments of City Environment (10 000 yuan)	158 973
工业废水排放量 （万吨）--	Total Volume of Industrial Water Discharged (10 000 tons)	4 758
工业废水排放达标量（万吨）--	Volume of Treated Waste Water up to the Discharge Standard (10 000 tons)	4 665
工业二氧化硫去除量（吨）--	Volume of Industrial Sulfur Dioxide Removal (ton)	425 221
工业二氧化硫排放量（吨）--	Volume of Industrial Sulfur Dioxide Discharge (ton)	89 342
环境噪声达标区总面积（平方公里）--	Area of Surrounding Noise Reaching Standard (sq. km)	154
城镇生活污水集中处理率 （%）--	Rate of Annual Waste Disposal Cleared (%)	64.01
生活垃圾无害化处理率（%）--	Rate of Annual Garbage and Night Soil Disposal Cleared (%)	98.18

continued

曲靖市 Qujing	玉溪市 Yuxi	保山市 Baoshan	昭通市 Zhaotong	丽江市 Lijiang	思茅市 Simao	临沧市 Lincang
9 116	9 551	9 040	8 272	9 290	8 471	7 606
6 033	7 599	7 121	6 740	5 770	6 741	6 099
20.26	28.00	26.86	21.47	38.16	20.16	23.87
1.05	1.46	0.77	0.76	0.81	0.48	0.43
15 355	46 150	29 522	19 427	22 752	19 968	12 112
23 873	63 627	24 508	28 409	32 068	36 745	11 865
13 219	38 817	24 539	22 786	10 620	16 472	13 887
1	13	11	1	1	8	2
48	342	300	80	36	160	90
15 428	5 218	15 563	20 361	8 991	6 989	6 894
308	223	161	104	91	153	100
313	721	239	277	52	156	56
8		4	8	3	14	4
661	104	277	236	103	144	70
15 420	7 898	4 246	2 376	1 800	5 736	1 689
5 859	2 449	1 355	2 807	720	1 416	2 684
50 829	36 785	510	23 340	14 472	2 453	4 330
300	297	206	313	110	84	93
243	195	96	244	126	29	36
16.50	6.00	6.20	3.26	6.50	3.00	2.50
3 176	2 154	1 533	1 381	967	595	478
1 071	1 420	1 226	734	317	365	350
		201	1 320			390
5 000	2 825		1 320	1 800	2 000	290
235	115	128	54	76	98	54
6 222	1 410	106	250	1 850	625	554
1 589	317	450	531	777	260	205
728	678	473	248	235	88	153
101	190	127	68	73	30	12
427	725	180	160	377	99	275
3 852	49 659	1 668	7 500	1 327	4 157	1 503
116 745	27 958	10 534		7 980	4 200	
2 664	1 849	3 419	2 353	133	2 894	2 892
2 583	1 542	1 508	952	130	2 661	2 402
65 033	32 587	9 876	10 928	135	2 722	
58 918	10 916	8 028	8 909	4 310	10 370	3 513
	22			20		
56.79	41.77	18.64		73.73	16.00	
36.64	82.65			35.77		

二十三、各县（市、区）主要经济指标

Main Economic Indicators of All Every County by Region and Its types

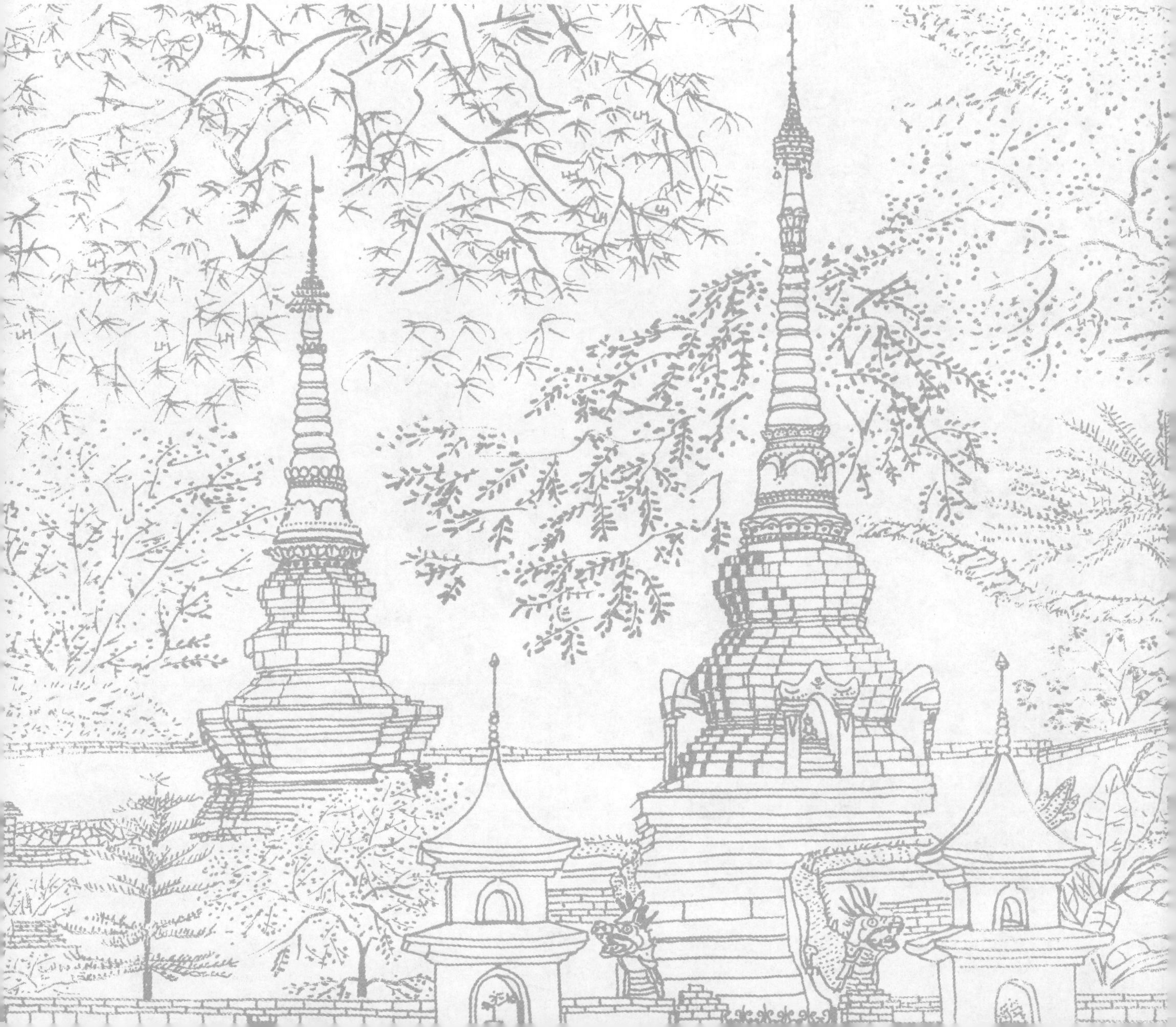

23-1 各县市生产总值和指数（2005年）
GDP and Indices by County and City (2005)

地 区	Region	绝对数(万元) Absolute Figure (10 000 yuan)				指数(以上年为100) Index (preceding year=100)			
		生产总值 Gross Domestic Product	第一产业 Primary Industry	第二产业 Secondary Industry	第三产业 Tertiary Industry	生产总值 Gross Domestic Product	第一产业 Primary Industry	第二产业 Secondary Industry	第三产业 Tertiary Industry
全 省	**Total**	**34 728 900**	**6 698 100**	**14 327 600**	**13 703 200**	**109.0**	**106.1**	**108.1**	**111.4**
昆明市	**Kunming**	**10 615 544**	**773 080**	**4 767 479**	**5 074 985**	**111.1**	**105.0**	**113.1**	**110.1**
五华区	Wuhua	3 017 676	11 038	1 816 672	1 189 966	108.8	101.2	106.7	112.0
盘龙区	Panlong	1 210 807	15 776	308 162	886 869	111.1	102.5	118.0	109.0
官渡区	Guandu	2 335 588	90 767	913 626	1 331 195	111.1	101.3	105.6	115.7
西山区	Xishan	1 247 272	23 489	426 707	797 076	111.0	86.4	108.5	113.2
东川区	Dongchuan	113 014	22 749	43 897	46 368	114.6	104.8	126.3	108.9
呈贡县	Chenggong	293 285	63 863	129 369	100 053	114.2	113.2	112.8	116.7
晋宁县	Jinning	237 287	67 243	91 335	78 709	111.7	110.0	113.0	111.6
富民县	Fuming	120 469	31 928	51 736	36 805	109.5	105.0	109.3	113.8
宜良县	Yiliang	461 712	147 748	138 513	175 451	110.5	108.8	104.9	117.0
石林县	Shilin	164 746	49 097	42 222	73 427	110.0	105.7	112.1	111.8
嵩明县	Songming	205 319	58 387	87 587	59 345	112.3	104.0	120.6	109.9
禄劝县	Luquan	154 301	68 822	25 732	59 747	115.0	107.2	135.2	117.5
寻甸县	Xundian	176 132	70 659	32 721	72 752	111.0	104.3	113.9	116.7
安宁市	Anning	750 259	49 115	457 206	243 938	105.1	104.7	96.9	123.9
曲靖市	**Qujing**	**4 409 662**	**875 899**	**2 223 371**	**1 310 392**	**112.9**	**105.8**	**118.4**	**109.2**
麒麟区	Qilin	1 292 059	78 173	722 398	491 488	112.1	101.9	112.1	113.8
马龙县	Malong	99 350	30 436	34 538	34 376	115.3	105.2	134.4	108.5
陆良县	Luliang	398 004	148 827	137 085	112 092	116.1	108.1	137.9	106.3
师宗县	Shizong	228 043	72 122	93 904	62 017	115.0	106.7	126.3	110.3
罗平县	Luoping	385 368	96 506	163 534	125 328	112.7	105.7	114.2	116.5
富源县	Fuyuan	483 971	120 281	234 430	129 260	120.5	103.3	138.0	112.3
会泽县	Huize	457 000	74 100	280 859	102 041	108.3	113.5	108.4	105.0
沾益县	Zhanyi	351 263	96 271	188 537	66 455	113.0	101.6	121.8	108.4
宣威市	Xuanwei	663 389	158 647	300 286	204 456	113.6	106.1	118.2	113.3
玉溪市	**Yuxi**	**3 682 253**	**429 834**	**2 150 272**	**1 102 147**	**107.6**	**106.0**	**106.7**	**110.0**
红塔区	Hongta	2 226 517	50 887	1 652 352	523 278	104.0	106.9	105.2	100.3
江川县	Jiangchuan	230 239	68 625	79 109	82 505	110.1	105.5	114.5	110.3
澄江县	Chengjiang	152 463	34 929	62 381	55 153	112.7	108.5	114.7	113.3
通海县	Tonghai	256 468	60 788	102 127	93 553	112.0	105.6	117.9	110.6
华宁县	Huaning	160 018	50 684	44 913	64 421	114.4	104.5	133.4	112.1
易门县	Yimen	139 922	36 234	49 707	53 981	112.7	105.5	125.7	107.9
峨山县	Eshan	148 574	32 690	53 648	62 236	115.9	104.2	140.7	106.7
新平县	Xinping	196 576	45 310	92 867	58 399	115.0	105.5	127.1	106.9
元江县	Yuanjiang	141 017	49 388	38 752	52 877	114.3	107.1	132.5	110.5

23-1 续表1 continued

地 区	Region	绝对数(万元) Absolute Figure (10 000 yuan)				指数(以上年为 100) Index (preceding year=100)			
		生产总值 Gross Domestic Product	第一产业 Primary Industry	第二产业 Secondary Industry	第三产业 Tertiary Industry	生产总值 Gross Domestic Product	第一产业 Primary Industry	第二产业 Secondary Industry	第三产业 Tertiary Industry
保 山 市	**Baoshan**	**1 174 226**	**422 650**	**287 601**	**463 975**	**113.1**	**106.8**	**132.8**	**109.0**
隆阳区	Longyang	496 490	161 329	137 549	197 612	115.1	108.8	135.5	109.6
施甸县	Shidian	113 853	50 738	15 455	47 660	109.0	104.2	131.1	108.4
腾冲县	Tengchong	303 349	98 036	70 606	134 707	112.2	107.1	123.5	110.9
龙陵县	Longling	119 690	44 180	38 180	37 330	113.6	108.3	126.7	109.1
昌宁县	Changning	155 805	69 973	37 025	48 807	112.0	105.8	124.3	113.9
昭 通 市	**Zhaotong**	**1 671 975**	**470 707**	**630 497**	**570 771**	**110.4**	**102.6**	**117.9**	**109.6**
昭阳区	Zhaoyang	566 341	81 762	277 186	207 393	110.7	101.1	111.1	114.3
鲁甸县	Ludian	89 704	32 666	27 694	29 344	110.2	89.8	154.4	110.6
巧家县	Qiaojia	119 069	58 233	23 031	37 805	110.6	105.7	119.1	113.6
盐津县	Yanjin	100 602	31 867	35 395	33 340	115.6	102.6	132.3	114.3
大关县	Daguan	64 416	26 849	15 645	21 922	110.2	101.5	127.7	111.0
永善县	Yongshan	128 706	45 508	38 711	44 487	106.1	104.1	101.7	112.6
绥江县	Suijiang	42 593	12 085	8 886	21 622	110.3	115.7	101.2	111.4
镇雄县	Zhenxiong	214 190	98 916	33 676	81 598	110.2	104.9	102.8	120.6
彝良县	Yiliang	115 570	49 166	27 714	38 690	111.0	104.6	126.2	110.1
威信县	Weixin	80 998	26 000	17 621	37 377	112.1	102.4	124.5	113.7
水富县	Shuifu	153 505	10 657	108 973	33 875	113.9	101.3	116.0	111.6
丽 江 市	**Lijiang**	**603 328**	**143 819**	**172 008**	**287 501**	**110.8**	**105.0**	**119.1**	**109.5**
古城区	Gucheng	210 522	17 164	52 851	140 507	114.2	105.3	135.2	108.7
玉龙县	Yulong	88 799	33 958	19 604	35 237	111.7	105.3	135.5	107.9
永胜县	Yongsheng	126 290	49 792	28 146	48 352	108.5	111.0	104.6	108.4
华坪县	Huaping	114 517	21 895	53 739	38 883	110.8	103.3	116.2	108.2
宁蒗县	Ninglang	67 787	23 894	17 366	26 527	112.3	105.9	130.1	108.2
思 茅 市	**Simao**	**1 065 609**	**357 396**	**298 118**	**410 095**	**111.8**	**114.9**	**107.2**	**112.5**
翠云区	Ciuyun	216 161	30 643	71 334	114 184	111.8	104.5	105.8	118.2
普洱县	Pu'er	103 610	35 041	25 143	43 426	116.4	113.3	110.6	122.7
墨江县	Mojiang	112 832	36 388	32 162	44 282	107.3	107.5	114.0	103.2
景东县	Jingdong	135 552	58 813	31 134	45 605	113.5	104.6	129.7	115.7
景谷县	Jinggu	161 826	54 723	64 479	42 624	118.3	114.6	127.5	111.1
镇沅县	Zhenyuan	64 325	27 013	13 816	23 496	110.5	113.9	104.7	110.5
江城县	Jiangcheng	58 720	24 537	13 558	20 625	112.0	116.2	99.2	116.2
孟连县	Menglian	53 076	21 137	12 374	19 565	107.5	104.9	101.3	113.7
澜沧县	Lancang	129 193	51 741	34 927	42 525	105.9	106.7	104.1	106.5
西盟县	Ximeng	23 274	6 602	4 215	12 457	107.4	106.3	100.1	110.7
临 沧 市	**Lincang**	**965 139**	**360 580**	**296 952**	**307 607**	**108.8**	**108.2**	**112.8**	**106.2**
临翔区	Lincang	142 185	39 803	30 549	71 833	106.1	103.2	104.3	108.5
凤庆县	Fengqing	127 753	56 459	29 258	42 036	110.3	106.1	123.2	108.9
云 县	Yunxian	246 628	71 730	117 705	57 193	111.1	104.2	115.6	111.0
永德县	Yongde	94 316	40 377	25 580	28 359	108.0	104.5	119.4	104.1
镇康县	Zhenkang	71 865	26 206	22 747	22 912	109.6	103.6	122.4	106.0
双江县	Shuangjiang	62 917	27 388	13 763	21 766	106.3	104.4	109.6	107.2
耿马县	Gengma	139 674	60 837	33 904	44 933	106.7	107.9	103.5	107.6
沧源县	Cangyuan	64 610	23 811	15 562	25 237	106.7	103.4	117.5	104.0

23-1 续表2 continued

地 区	Region	绝对数(万元) Absolute Figure (10 000 yuan)				指数(以上年为 100) Index (preceding year=100)			
		生产总值 Gross Domestic Product	第一产业 Primary Industry	第二产业 Secondary Industry	第三产业 Tertiary Industry	生产总值 Gross Domestic Product	第一产业 Primary Industry	第二产业 Secondary Industry	第三产业 Tertiary Industry
楚 雄 州	**Chuxiong**	**1 932 848**	**507 195**	**785 466**	**640 187**	**111.9**	**104.3**	**120.8**	**108.5**
楚雄市	Chuxiong	751 635	92 033	422 056	237 546	111.3	102.5	113.1	112.0
双柏县	Shuangbo	59 842	29 582	10 659	19 601	109.4	106.6	115.1	110.1
牟定县	Mouding	86 237	37 116	21 249	27 872	110.3	103.3	117.9	114.4
南华县	Nanhua	93 440	44 374	19 461	29 605	110.8	106.0	118.7	113.5
姚安县	Yao'an	104 462	40 853	27 768	35 841	110.6	106.2	113.9	113.4
大姚县	Dayao	153 047	48 235	59 236	45 576	110.6	106.5	116.0	109.1
永仁县	Yongren	52 070	22 947	8 329	20 794	109.0	105.9	113.2	111.2
元谋县	Yuanmou	95 937	43 030	17 066	35 841	109.5	108.6	112.8	109.0
武定县	Wuding	111 499	48 465	25 607	37 427	112.1	107.4	127.6	109.9
禄丰县	Lufeng	402 628	95 027	143 030	164 571	113.6	105.4	126.0	109.2
红 河 州	**Honghe**	**3 085 320**	**573 971**	**1 633 106**	**878 243**	**109.0**	**105.3**	**108.8**	**111.6**
个旧市	Gejiu	575 130	36 118	393 058	145 954	112.4	104.7	115.2	108.6
开远市	Kaiyuan	391 410	55 101	199 082	137 227	109.8	103.2	113.2	108.5
蒙自县	Mengzi	247 979	59 826	85 584	102 569	118.5	105.2	145.1	110.6
屏边县	Pingbian	63 503	20 129	22 888	20 486	102.9	102.1	96.1	108.9
建水县	Jianshui	284 629	77 443	89 599	117 587	112.5	103.7	115.6	117.3
石屏县	Shiping	142 827	65 017	34 728	43 082	109.1	105.6	116.5	108.6
弥勒县	Mile	818 445	62 900	662 667	92 878	106.0	105.9	105.4	111.8
泸西县	Luxi	161 293	49 956	48 105	63 232	113.9	116.6	112.3	113.1
元阳县	Yuanyang	94 826	35 994	16 943	41 889	109.2	100.2	115.7	114.8
红河县	Honghe	68 528	34 393	9 249	24 886	109.1	105.8	112.4	112.7
金平县	Jinping	80 615	30 425	26 805	23 385	112.5	103.3	131.6	106.9
绿春县	Luchun	43 000	18 682	7 697	16 621	112.2	112.2	120.7	109.2
河口县	Hekou	72 651	17 800	13 622	41 229	113.1	105.7	137.1	108.9
文 山 州	**Wenshan**	**1 482 404**	**475 320**	**435 646**	**571 438**	**113.3**	**105.0**	**123.3**	**113.7**
文山县	Wenshan	436 923	70 886	169 163	196 874	114.0	103.0	118.7	114.6
砚山县	Yanshan	219 613	64 164	81 198	74 251	115.3	105.0	123.8	115.5
西畴县	Xichou	73 140	30 767	8 526	33 847	103.0	106.0	82.5	106.8
麻栗坡县	Malipo	115 559	38 721	38 984	37 854	113.5	104.7	133.5	105.8
马关县	Maguan	152 898	51 769	45 066	56 063	114.6	105.8	140.0	106.9
丘北县	Qiubei	122 874	60 027	14 999	47 848	110.1	107.6	116.2	111.4
广南县	Guangnan	194 744	100 266	31 041	63 437	113.2	104.2	133.3	121.5
富宁县	Funing	170 450	58 013	53 148	59 289	116.1	102.9	136.4	115.4
西双版纳州	**Xishuangbanna**	**779 513**	**279 031**	**178 824**	**321 658**	**112.3**	**106.0**	**126.1**	**111.4**
景洪市	Jinghong	431 176	130 747	108 163	192 266	110.0	106.0	116.0	109.4
勐海县	Menghai	150 815	47 593	30 774	72 448	109.2	103.8	107.2	114.6

23-1 续表3 continued

地区	Region	绝对数（万元） Absolute Figure (10 000 yuan)				指数（以上年为 100） Index (preceding year=100)			
		生产总值 Gross Domestic Product	第一产业 Primary Industry	第二产业 Secondary Industry	第三产业 Tertiary Industry	生产总值 Gross Domestic Product	第一产业 Primary Industry	第二产业 Secondary Industry	第三产业 Tertiary Industry
勐腊县	Mengla	195 107	93 422	32 926	68 759	116.8	105.1	186.8	114.8
大 理 州	**Dali**	**2 350 732**	**681 896**	**782 764**	**886 072**	**112.3**	**106.1**	**119.4**	**111.5**
大理市	Dali	955 254	92 785	427 384	435 085	112.5	103.9	114.7	112.4
漾濞县	Yangbi	44 886	18 710	14 713	11 463	112.8	106.6	127.0	107.3
祥云县	Xiangyun	258 950	93 950	95 157	69 843	112.3	100.3	129.4	110.2
宾川县	Binchuan	231 250	125 038	38 306	67 906	110.2	107.6	116.4	111.8
弥渡县	Midu	111 499	42 330	26 286	42 883	110.2	105.8	117.8	110.1
南涧县	Nanjian	82 740	36 870	8 740	37 130	112.1	109.3	113.5	114.8
巍山县	Weishan	117 861	53 156	21 489	43 216	108.1	104.3	110.5	111.9
永平县	Yongping	91 550	42 700	14 896	33 954	108.6	102.3	112.1	115.4
云龙县	Yunlong	79 903	32 786	23 003	24 114	112.3	105.8	122.5	113.3
洱源县	Eryuan	127 236	54 207	28 933	44 096	112.6	107.9	121.2	113.6
剑川县	Jianchuan	68 987	21 714	25 856	21 417	112.1	102.7	123.8	109.9
鹤庆县	Heqing	103 600	34 655	36 459	32 486	112.0	107.0	121.8	107.2
德 宏 州	**Dehong**	**588 468**	**194 592**	**127 146**	**266 730**	**107.0**	**111.6**	**94.5**	**111.1**
瑞丽市	Ruili	131 679	31 682	21 565	78 432	108.7	110.7	112.1	107.0
其中：畹町	Wanding								
潞西市	Luxi	198 631	66 304	44 727	87 600	106.2	110.2	86.3	117.4
梁河县	Lianghe	45 128	14 363	8 766	21 999	100.7	106.4	73.5	114.4
盈江县	Yingjiang	132 461	46 237	35 624	50 600	110.9	112.6	108.4	111.2
陇川县	Longchuan	81 923	36 006	16 885	29 032	105.6	116.2	90.5	105.2
怒 江 州	**Nujiang**	**239 449**	**45 826**	**80 935**	**112 688**	**114.0**	**101.2**	**133.6**	**108.0**
泸水县	Lushui	90 304	15 227	20 233	54 844	109.4	105.3	116.7	108.1
福贡县	Fugong	28 805	8 325	8 651	11 829	121.5	102.8	219.7	103.1
贡山县	Gongshan	16 182	4 959	3 306	7 917	108.0	104.1	129.0	103.9
兰坪县	Lanping	107 659	16 756	56 983	33 920	119.0	100.7	139.3	107.7
迪 庆 州	**Diqing**	**279 781**	**53 417**	**100 851**	**125 513**	**111.5**	**102.0**	**118.5**	**110.7**
香格里拉县	Shangri-La	172 876	24 531	75 856	72 489	110.8	100.8	118.0	107.9
德钦县	Deqin	34 887	6 998	12 014	15 875	129.5	103.5	183.2	117.7
维西县	Weixi	72 018	21 888	19 186	30 944	112.2	103.0	134.7	108.1

23-2 各县市人均生产总值
Per Capita GDP by County and City

单位：元/人 (yuan)

地　区	Region	2004年	2005年	地　区	Region	2004年	2005年
全　省	**Total**	**7 012**	**7 835**	龙陵县	Longling	3 824	4 394
昆 明 市	**Kunming**	**15 819**	**17 560**	昌宁县	Changning	3 991	4 570
五华区	Panlong	32 147	34 579	**昭 通 市**	**Zhaotong**	**2 952**	**3 295**
盘龙区	Guandu	16 860	19 228	昭阳区	Zhaoyang	6 747	7 561
官渡区	Xishan	28 679	31 592	鲁甸县	Ludian	2 085	2 351
西山区	Xishan	16 387	18 675	巧家县	Qiaojia	2 099	2 329
东川区	Dongchuan	3 222	3 718	盐津县	Yanjin	2 367	2 759
呈贡县	Chenggong	11 775	13 711	大关县	Daguan	2 291	2 575
晋宁县	Jinning	7 511	8 563	永善县	Yongshan	2 973	3 231
富民县	Fuming	7 715	8 648	绥江县	Suijiang	2 526	2 780
宜良县	Yiliang	10 229	11 286	镇雄县	Zhenxiong	1 566	1 721
石林县	Shilin	6 516	7 098	彝良县	Yiliang	1 953	2 193
嵩明县	Songming	5 263	5 934	威信县	Weixin	1 934	2 191
禄劝县	Luquan	3 122	3 438	水富县	Shuifu	13 751	16 418
寻甸县	Xundian	3 115	3 540	**丽 江 市**	**Lijiang**	**4 687**	**5 327**
安宁市	Anning	23 618	23 939	古城区	Gucheng	12 555	14 529
曲 靖 市	**Qujing**	**6 745**	**7 898**	玉龙县	Yulong	3 641	4 231
麒麟区	Qilin	17 156	19 339	永胜县	Yongsheng	2 948	3 268
马龙县	Malong	4 493	5 373	华坪县	Huaping	6 668	7 629
陆良县	Luliang	5 377	6 514	宁蒗县	Ninglang	2 467	2 812
师宗县	Shizong	5 338	6 315	**思 茅 市**	**Simao**	**3 601**	**4 167**
罗平县	Luoping	6 445	7 549	翠云区	Ciuyun	7 632	8 595
富源县	Fuyuan	5 707	6 996	普洱县	Pu'er	4 659	5 558
会泽县	Huize	4 732	5 239	墨江县	Mojiang	2 884	3 186
沾益县	Zhanyi	7 482	8 841	景东县	Jingdong	3 269	3 768
宣威市	Xuanwei	4 458	5 158	景谷县	Jinggu	4 357	5 497
玉 溪 市	**Yuxi**	**16 204**	**17 630**	镇沅县	Zhenyuan	2 820	3 130
红塔区	Hongta	53 975	55 510	江城县	Jiangcheng	4 610	5 115
江川县	Jiangchuan	7 225	8 665	孟连县	Menglian	4 012	4 498
澄江县	Chengjiang	8 477	9 742	澜沧县	Lancang	2 501	2 724
通海县	Tonghai	8 277	9 453	西盟县	Ximeng	2 547	2 784
华宁县	Huaning	6 721	7 806	**临 沧 市**	**Lincang**	**3 730**	**4 103**
易门县	Yimen	6 967	8 107	临翔区	Lincang	4 466	4 744
峨山县	Eshan	8 324	9 892	凤庆县	Fengqing	2 522	2 855
新平县	Xinping	6 163	7 310	云　县	Yunxian	4 927	5 633
元江县	Yuanjiang	6 114	7 129	永德县	Yongde	2 404	2 623
保 山 市	**Baoshan**	**4 238**	**4 826**	镇康县	Zhenkang	3 696	4 166
隆阳区	Longyang	4 907	5 799	双江县	Shuangjiang	3 354	3 565
施甸县	Shidian	3 174	3 450	耿马县	Gengma	4 512	4 913
腾冲县	Tengchong	4 276	4 905	沧源县	Cangyuan	3 534	3 679

23-2 续表 continued

单位：元/人 (yuan/person)

地 区	Region	2004年	2005年	地 区	Region	2004年	2005年
楚 雄 州	**Chuxiong**	**6 534**	**7 538**	富宁县	Funing	3 611	4 354
楚雄市	Chuxiong	13 141	15 203	**西双版纳州**	**Xishuangbanna**	**6 658**	**7 459**
双柏县	Shuangbo	3 462	3 868	景洪市	Jinghong	8 265	9 199
牟定县	Mouding	3 841	4 290	勐海县	Menghai	4 204	4 623
南华县	Nanhua	3 589	3 998	勐腊县	Mengla	6 673	7 801
姚安县	Yao'an	4 662	5 076	**大 理 州**	**Dali**	**6 065**	**6 901**
大姚县	Dayao	4 620	5 472	大理市	Dali	14 307	16 112
永仁县	Yongren	4 475	5 002	漾濞县	Yangbi	3 879	4 462
元谋县	Yuanmou	4 175	4 601	祥云县	Xiangyun	4 974	5 734
武定县	Wuding	3 730	4 201	宾川县	Binchuan	6 316	7 016
禄丰县	Lufeng	8 473	9 658	弥渡县	Midu	3 179	3 523
红 河 州	**Honghe**	**6 421**	**7 227**	南涧县	Nanjian	3 376	3 799
个旧市	Gejiu	11 161	13 012	巍山县	Weishan	3 552	3 882
开远市	Kaiyuan	11 586	12 854	永平县	Yongping	4 756	5 271
蒙自县	Mengzi	5 541	6 485	云龙县	Yunlong	3 527	3 965
屏边县	Pingbian	4 166	4 311	洱源县	Eryuan	4 142	4 640
建水县	Jianshui	4 714	5 526	剑川县	Jianchuan	3 610	4 056
石屏县	Shiping	4 754	4 946	鹤庆县	Heqing	3 507	3 892
弥勒县	Mile	15 085	15 960	**德 宏 州**	**Dehong**	**4 687**	**5 149**
泸西县	Luxi	3 845	4 222	瑞丽市	Ruili	7 488	8 164
元阳县	Yuanyang	2 246	2 522	其中：畹町	Wanding		
红河县	Honghe	2 223	2 444	潞西市	Luxi	5 005	5 467
金平县	Jinping	2 143	2 459	梁河县	Lianghe	2 728	2 860
绿春县	Luchun	1 855	2 049	盈江县	Yingjiang	4 047	4 615
河口县	Hekou	6 589	7 316	陇川县	Longchuan	4 297	4 722
文 山 州	**Wenshan**	**3 765**	**4 404**	**怒 江 州**	**Nujiang**	**4 316**	**4 984**
文山县	Wenshan	8 514	9 985	泸水县	Lushui	5 201	5 767
砚山县	Yanshan	4 109	4 916	福贡县	Fugong	2 596	3 131
西畴县	Xichou	2 825	2 926	贡山县	Gongshan	4 308	4 690
麻栗坡县	Malipo	3 571	4 234	兰坪县	Lanping	4 171	5 470
马关县	Maguan	3 619	4 300	**迪 庆 州**	**Diqing**	**6 614**	**7 626**
丘北县	Qiubei	2 386	2 705	香格里拉县	Shangri-La	9 922	11 277
广南县	Guangnan	2 213	2 576	德钦县	Deqin	4 372	5 618
				维西县	Weixi	4 189	4 754

23-3 各县市工农业总产值
Gross Output Value of Industry and Agriculture by County and City

（按当年价格计算） (Calculated at the current year prices)

单位：万元 (10 000 yuan)

地区	Region	2004年	2005年
全省合计	**Total**	**34 442 925**	**43 184 180**
昆明市	**Kunming**	**9 814 565**	**13 048 866**
五华区	Wuhua	3 056 354	4 248 931
盘龙区	Panlong	489 865	626 418
官渡区	Guandu	1 698 088	2 014 818
西山区	Xishan	946 874	1 022 987
东川区	Dongchuan	164 650	276 268
呈贡县	Chenggong	484 052	781 792
晋宁县	Jinning	250 758	438 791
富民县	Fuming	115 307	135 017
宜良县	Yiliang	383 511	479 241
石林县	Shilin	132 991	198 940
嵩明县	Songming	183 313	344 729
禄劝县	Luquan	144 204	160 521
寻甸县	Xundian	147 757	206 815
安宁市	Anning	1 616 841	2 113 601
曲靖市	**Qujing**	**4 953 228**	**6 122 731**
麒麟区	Qilin	1 702 083	2 098 099
马龙县	Malong	154 137	214 956
陆良县	Luliang	420 151	599 453
师宗县	Shizong	215 923	264 247
罗平县	Luoping	350 342	405 350
富源县	Fuyuan	514 172	678 787
会泽县	Huize	275 624	274 288
沾益县	Zhanyi	509 625	660 101
宣威市	Xuanwei	811 172	927 452
玉溪市	**Yuxi**	**4 436 637**	**5 419 951**
红塔区	Hongta	2 588 971	3 085 012
江川县	Jiangchuan	261 606	321 595
澄江县	Chengjiang	233 322	237 459
通海县	Tonghai	482 930	632 353
华宁县	Huaning	146 394	189 218
易门县	Yimen	214 779	210 489
峨山县	Eshan	177 808	263 576
新平县	Xinping	201 796	346 163
元江县	Yuanjiang	129 032	134 085
保山市	**Baoshan**	**965 619**	**1 075 069**
隆阳区	Longyang	370 209	456 826
施甸县	Shidian	82 531	88 400
腾冲县	Tengchong	253 309	235 550
龙陵县	Longling	119 263	132 971
昌宁县	Changning	140 306	161 323
昭通市	**Zhaotong**	**1 291 242**	**1 537 140**
昭阳区	Zhaoyang	458 003	563 531
鲁甸县	Ludian	72 471	88 853
巧家县	Qiaojia	87 797	101 152
盐津县	Yanjin	67 731	94 267
大关县	Daguan	39 489	46 417
永善县	Yongshan	63 369	69 245
绥江县	Suijiang	27 827	33 900
镇雄县	Zhenxiong	167 258	187 128
彝良县	Yiliang	88 030	103 232
威信县	Weixin	63 368	70 838
水富县	Shuifu	155 899	178 579
丽江市	**Lijiang**	**404 585**	**485 796**
古城区	Gucheng	57 812	69 190
玉龙县	Yulong,	58 057	68 459
永胜县	Yongsheng	104 760	122 168
华坪县	Huaping	139 696	175 687
宁蒗县	Ninglang	44 260	50 293
思茅市	**Simao**	**796 592**	**981 700**
翠云区	Cuiyuan	134 129	169 143
普洱县	Pu'er	78 411	99 715
墨江县	Mojiang	65 736	81 497
景东县	Jingdong	94 685	109 272
景谷县	Jinggu	156 973	209 785
镇沅县	Zhenyuan	55 709	66 322
江城县	Jiangcheng	38 836	44 763
孟连县	Menglian	46 312	53 349
澜沧县	Lancang	110 568	131 194
西盟县	Ximeng	15 233	16 661
临沧市	**Lincang**	**790 285**	**913 392**
临翔区	Linxiang	88 226	96 302
凤庆县	Fengqing	102 993	128 601
云县	Yunxian	213 583	261 696
永德县	Yongde	82 136	97 529

23-3 续表 Continued

单位：万元 (10 000 yuan)

地 区	Region	2004年	2005年	地 区	Region	2004年	2005年
镇康县	Zhenkang	57 069	63 466	富宁县	Funing	134 487	168 570
双江县	Shuangjiang	56 905	67 849	**西双版纳州**	**Xishuangbanna**	**502 050**	**576 314**
耿马县	Gengma	122 042	133 413	景洪市	Jinghong	222 183	256 040
沧源县	Cangyuan	56 396	64 536	勐海县	Menghai	132 622	147 846
楚 雄 州	**Chuxiong**	**1 788 376**	**2 518 246**	勐腊县	Mengla	147 253	172 428
楚雄市	Chuxiong	732 065	908 712	**大 理 州**	**Dali**	**2 083 698**	**2 722 092**
双柏县	Shuangbo	58 624	72 822	大理市	Dali	703 098	1 015 125
牟定县	Mouding	75 465	126 438	漾濞县	Yangbi	42 918	56 528
南华县	Nanhua	83 894	119 932	祥云县	Xiangyun	331 332	412 840
姚安县	Yao'an	79 522	134 605	宾川县	Binchuan	220 377	257 494
大姚县	Dayao	140 949	206 263	弥渡县	Midu	102 453	122 436
永仁县	Yongren	44 373	63 695	南涧县	Nanjian	62 151	74 154
元谋县	Yuanmou	87 058	137 114	巍山县	Weishan	113 194	124 729
武定县	Wuding	114 064	160 102	永平县	Yongping	60 246	74 443
禄丰县	Lufeng	372 412	588 563	云龙县	Yunlong	87 524	106 168
红 河 州	**Honghe**	**3 957 545**	**4 594 956**	洱源县	Eryuan	184 240	228 945
个旧市	Gejiu	1 402 019	1 490 933	剑川县	Jianchuan	75 884	108 093
开远市	Kaiyuan	466 726	535 107	鹤庆县	Heqing	100 254	141 137
蒙自县	Mengzi	193 995	317 148	**德 宏 州**	**Dehong**	**514 780**	**544 290**
屏边县	Pingbian	71 938	70 106	瑞丽市	Ruili	121 843	121 010
建水县	Jianshui	256 183	347 685	其中：畹町	Wanding	9 185	6 562
石屏县	Shiping	170 220	195 705	潞西市	Luxi	191 517	188 146
弥勒县	Mile	974 394	1 122 289	梁河县	Lianghe	32 568	33 374
泸西县	Luxi	153 131	195 651	盈江县	Yingjiang	104 703	127 264
元阳县	Yuanyang	59 165	68 554	陇川县	Longchuan	64 150	74 497
红河县	Honghe	60 895	67 626	**怒 江 州**	**Nujiang**	**156 583**	**210 965**
金平县	Jinping	80 838	105 983	泸水县	Lushui	43 811	51 458
绿春县	Luchun	29 383	33 750	福贡县	Fugong	10 128	10 839
河口县	Hekou	39 670	44 419	贡山县	Gongshan	8 101	8 923
文 山 州	**Wenshan**	**1 168 773**	**1 547 740**	兰坪县	Lanping	94 543	139 744
文山县	Wenshan	311 067	420 039	**迪 庆 州**	**Diqing**	**151 195**	**179 085**
砚山县	Yanshan	184 291	254 428	香格里拉县	Shangri-La	105 321	119 883
西畴县	Xichou	63 172	71 862	德钦县	Deqin	11 737	17 648
麻栗坡县	Malipo	90 521	121 043	维西县	Weixi	34 138	41 553
马关县	Maguan	126 909	179 881				
丘北县	Qiubei	100 455	127 259				
广南县	Guangnan	157 870	204 657				

23-4 主要年份各县市年末总人口

Total Population at the Year-end by County and City

单位：万人 (10 000 persons)

地　区	Region	1978年	1985年	1990年	1995年	2000年	2004年	2005年
全省合计	**Total**	**3 091.5**	**3 418.1**	**3 730.6**	**3 989.6**	**4 240.8**	**4 415.2**	**4 450.4**
昆 明 市	**Kunming**	**367.2**	**399.3**	**426.9**	**449.9**	**480.9**	**503.0**	**608.6**
五华区	Wuhua	23.4	31.3	36.6	39.8	45.5	66.1	89.1
盘龙区	Panlong	26.8	34.5	38.2	41.0	44.4	35.9	63.5
官渡区	Guandu	42.8	44.4	47.8	52.3	58.0	51.7	66.8
西山区	Xishan	28.0	29.0	29.9	31.5	33.3	42.4	74.6
东川区	Dongchuan	23.2	27.5	28.5	28.7	29.7	30.3	28.2
呈贡县	Chenggong	12.3	13.1	13.8	14.4	15.3	15.7	21.5
晋宁县	Jinning	22.5	23.0	24.0	25.1	26.6	27.3	28.0
富民县	Fuming	12	12.3	12.7	13.1	13.6	13.8	14.5
宜良县	Yiliang	33.4	35.0	36.3	37.6	39.5	40.6	41.0
石林县	Shilin	17.4	18.9	20.2	21.1	22.3	23.1	23.5
嵩明县	Songming	26.3	28.3	30.4	31.6	33.3	34.4	34.0
禄劝县	Luquan	36.8	39.7	42.2	43.9	45.2	44.8	43.1
寻甸县	Xundian	40.2	40	43.3	46.3	49.3	50.2	49.8
安宁市	Anning	22.1	22.3	22.9	23.5	25.0	26.7	31.3
曲 靖 市	**Qujing**	**397.7**	**442**	**482.1**	**511.5**	**547.1**	**575.6**	**565.8**
麒麟区	Qilin	68.3	75.8	83.2	91.8	60.6	65.1	67.7
马龙县	Malong	16	17	17.7	17.5	18.6	19.3	18.5
陆良县	Luliang	42.6	46.6	50.4	53.8	58.4	61.1	61.2
师宗县	Shizong	24.4	26.9	30.1	32	34.7	36.4	36.6
罗平县	Luoping	37.2	41.9	45.9	48.3	52.3	54.6	52.7
富源县	Fuyuan	44.8	50.4	55.8	60.0	65.4	71.6	70.1
会泽县	Huize	67.8	74.1	80.8	83.9	88.7	91.6	89.4
沾益县	Zhanyi					38.4	39.7	39.9
宣威市	Xuanwei	96.6	109.3	118.3	124.2	130	136.2	129.7
玉 溪 市	**Yuxi**	**156.6**	**168.9**	**181.9**	**190.6**	**201.7**	**208.6**	**221.4**
红塔区	Hongta	26.4	29.1	32.3	34.6	37.7	39.9	46.0
江川县	Jiangchuan	19.4	20.7	22.5	23.9	25.6	26.5	27.1
澄江县	Chengjiang	11.7	12.5	13.3	13.9	14.8	15.6	15.9
通海县	Tonghai	19.5	21.4	23.4	25.0	26.3	27.0	29.6
华宁县	Huaning	15.7	17.0	18.1	18.8	19.8	20.4	20.7
易门县	Yimen	15.2	15.7	16.2	16.6	17.2	17.3	17.6
峨山县	Ershan	11.9	12.7	13.5	14.1	14.7	15.0	15.8
新平县	Xinping	21.3	23.2	24.9	25.3	26.3	27.0	27.6
元江县	Yuanjiang	15.5	16.6	17.7	18.3	19.3	19.8	21.1

23-4 续表1 continued

单位：万人 (10 000 persons)

地 区	Region	1978年	1985年	1990年	1995年	2000年	2004年	2005年
保 山 市	**Baoshan**	**182.9**	**197.8**	**212.2**	**223.6**	**234.5**	**241.0**	**244.2**
隆阳区	Longyang	64.4	68.8	73.9	78.3	83	85.4	87.7
施甸县	Shidian	25.4	27.4	29.5	31.1	32.3	32.9	32.4
腾冲县	Tengchong	45.1	49.5	53.4	56.4	59.4	61.6	62.7
龙陵县	Longling	21.1	23	24.8	25.8	26.5	27.1	27.2
昌宁县	Changning	26.9	29.1	30.6	32	33.3	34.0	34.4
昭 通 市	**Zhaotong**	**339.4**	**381.4**	**429**	**457.1**	**491.9**	**524.4**	**507.5**
昭阳区	Zhaoyang	48.8	54.7	62.3	67.3	73.6	76.7	74.9
鲁甸县	Ludian	22.3	25.8	30.4	33.5	36.2	39.6	38.6
巧家县	Qiaojia	38.7	43.1	46.8	48	50.4	53.1	51.1
盐津县	Yanjin	25.3	28.1	31.8	33.1	35.5	37.9	36.5
大关县	Daguan	17.9	20.1	22.7	23.8	24.4	26.2	25.0
永善县	Yongshan	31.2	33.7	36.6	37.7	39.3	42.0	40.2
绥江县	Suijiang	11.5	12.3	13.5	14.4	15.3	16.0	15.4
镇雄县	Zhenxiong	78.1	90.7	102.7	111.5	121.6	130.7	126.2
彝良县	Yiliang	34.4	38.8	43.8	46.4	50.6	54.2	53.2
威信县	Weixin	24.5	26.6	30.3	32.8	35.7	38.5	37.0
水富县	Shuifu	6.7	7.5	8.2	8.6	9.1	9.5	9.4
丽 江 市	**Lijiang**	**87.4**	**94.5**	**101.5**	**105.9**	**109.9**	**112.8**	**120.3**
古城区	Gucheng						14.4	16.9
玉龙县	Yulong	28.4	30.1	31.9	33.2	34.7	21.1	22.7
永胜县	Yongsheng	30.9	33.1	35.4	36.8	37.7	38.5	39.3
华坪县	Huaping	12.3	13.3	14.0	14.5	14.8	15.0	16.2
宁蒗县	Ninglang	15.8	18.0	20.1	21.4	22.7	23.8	25.2
思 茅 市	**Simao**	**188.7**	**209.3**	**220.9**	**225.9**	**231.8**	**236.4**	**256.6**
翠云区	Cuiyun	10.9	12.6	13.7	15.7	18.5	20.2	25.5
普洱县	Pu'er	16.9	17.9	18.4	18.5	18.6	18.6	19.4
墨江县	Mojiang	31.2	34.2	35.2	35.6	35.2	35.2	37.8
景东县	Jingdong	29.9	32.7	34.1	34.4	35.1	35.4	37.8
景谷县	Jinggu	24.5	26.7	28	28.5	28.9	29.7	30.9
镇沅县	Zhenyuan	18.1	19.5	20.3	20.2	20.4	20.5	21.4
江城县	Jiangcheng	7.1	8.1	8.9	9.1	9.1	9.4	11.8
孟连县	Menglian	7.2	8.8	9.7	10.4	11.0	11.7	13.3
澜沧县	Lancang	37.1	41.8	44.8	45.5	46.8	47.3	49.7
西盟县	Ximeng	5.8	7.0	7.8	8.0	8.2	8.4	9.2
临 沧 市	**Lincang**	**161.7**	**183.8**	**199.4**	**207.1**	**213.8**	**218.3**	**236.1**
临翔区	Linxiang	21.3	23.8	25.7	26.4	27.3	28.0	30.1
凤庆县	Fengqing	33.3	37.1	39.9	41.3	42.1	42.5	44.9

23-4 续表2 continued

单位：万人 (10 000 persons)

地 区	Region	1978年	1985年	1990年	1995年	2000年	2004年	2005年
云 县	Yunxian	30.7	35.2	37.7	38.8	39.9	40.8	44.0
永德县	Yongde	24.8	28.2	30.2	31.1	32.1	32.8	36.1
镇康县	Zhenkang	11.1	12.9	14.2	14.9	15.5	16.0	17.3
双江县	Shuangjiang	11.7	13.6	15.0	15.7	16.2	16.4	17.7
耿马县	Gengma	17.1	19.7	22.0	23.4	24.9	25.8	28.5
沧源县	Cangyuan	11.7	13.3	14.7	15.4	15.8	16.0	17.6
楚 雄 州	**Chuxiong**	**208.6**	**211.1**	**233.2**	**242.0**	**250.8**	**256.2**	**265.7**
楚雄市	Chuxiong	34.9	37.9	40.5	44.0	47.4	49.4	54.2
双柏县	Shuangbo	13.4	14.2	14.9	15.1	15.4	15.5	15.8
牟定县	Mouding	18.1	18.6	19.4	19.5	19.8	20.0	20.3
南华县	Nanhua	18.8	20.2	21.5	22.1	22.8	23.3	23.7
姚安县	Yao'an	17.3	17.9	18.8	19.5	20.0	20.5	20.5
大姚县	Dayao	25.7	26.3	27.3	27.8	28.0	28.0	28.6
永仁县	Yongren	8.8	9.4	9.8	10.1	10.3	10.5	10.8
元谋县	Yuanmou	16.1	17.4	18.5	19.3	20.2	20.8	21.1
武定县	Wuding	20.8	22.5	24.2	25.1	26.0	26.5	27.3
禄丰县	Lufeng	34.7	36.7	38.4	39.5	40.9	41.7	43.4
红 河 州	**Honghe**	**304.3**	**335.5**	**364.0**	**379.6**	**394.2**	**404.3**	**431.2**
个旧市	Gejiu	30.7	34.2	37.1	38.0	38.5	38.7	45.2
开远市	Kaiyuan	19.4	21.7	24.0	25.3	26.0	26.3	31.6
蒙自县	Mengzi	23.6	25.6	28.0	29.6	31.5	32.7	38.8
屏边县	Pingbian	11.5	12.8	13.8	14.1	14.4	14.7	14.8
建水县	Jianshui	38.9	42.2	45.2	47.2	48.9	49.8	51.7
石屏县	Shiping	23.6	25.5	26.9	27.6	28.5	29.3	29.0
弥勒县	Mile	37.7	40.8	44.2	46.3	48.1	49.6	51.4
泸西县	Luxi	26.4	29.4	32.7	34.8	36.8	37.8	38.4
元阳县	Yuanyang	28.2	31.3	33.5	34.5	35.9	37.1	37.8
红河县	Honghe	19.6	22.0	24.0	25.4	26.8	27.7	28.2
金平县	Jinping	23.2	26.9	29.5	30.4	31.1	32.0	32.9
绿春县	Luchun	14.5	16.3	18.0	19.2	20.0	20.7	21.1
河口县	Hekou	7.0	6.8	7.0	7.6	7.7	7.9	10.2
文 山 州	**Wenshan**	**243.7**	**273.0**	**296.8**	**308.2**	**324.7**	**335.5**	**337.1**
文山县	Wenshan	29.1	32.7	36.8	38.8	41.4	43.5	43.9
砚山县	Yanshan	30.4	34.2	38.1	40.2	43.0	44.9	44.8
西畴县	Xichou	19.7	21.7	22.9	23.5	24.4	25.1	25.0
麻栗坡县	Malipo	21.7	24.2	25.3	25.9	26.7	27.3	27.3
马关县	Maguan	27.5	31.1	33.7	33.9	34.7	35.4	35.7

23-4 续表3 continued

单位：万人 (10 000 persons)

地　区	Region	1978年	1985年	1990年	1995年	2000年	2004年	2005年
丘北县	Qiubei	30.6	34.7	38.4	40.5	43.5	45.0	45.5
广南县	Guangnan	54.2	60.2	65.9	68.9	73.0	75.3	75.7
富宁县	Funing	30.5	34.2	35.7	36.6	38.0	38.9	39.2
西双版纳州	**Xishuangbanna**	**63.8**	**69.1**	**78.2**	**81.8**	**85.4**	**87.6**	**105.0**
景洪市	Jinghong	27.4	29.2	33.6	34.8	36.7	37.6	47.1
勐海县	Menghai	22.1	25.0	27.3	28.5	29.3	29.7	32.7
勐腊县	Mengla	14.3	14.9	17.3	18.5	19.3	20.3	25.1
大 理 州	**Dali**	**260.3**	**281.3**	**303.0**	**315.7**	**328.6**	**338.3**	**347.1**
大理市	Dali	35.9	39.6	43.6	46.9	50.1	59.0	61.4
漾濞县	Yangbi	8.0	8.5	9.3	9.7	9.8	10.0	10.6
祥云县	Xiangyun	35.9	37.6	39.8	41.3	43.5	45.0	46.6
宾川县	Binchuan	25.8	27.8	29.9	31.1	32.3	32.9	34.1
弥渡县	Midu	25.4	26.6	28.0	29.2	30.6	31.4	31.5
南涧县	Nanjian	17.4	19.1	20.2	20.6	21.2	21.7	21.9
巍山县	Weishan	23.4	25.6	27.6	28.5	29.6	30.3	31.0
永平县	Yongping	13.5	14.8	15.8	16.5	17.0	17.3	18.5
云龙县	Yunlong	15.7	17.4	18.8	19.4	19.7	20.1	20.6
洱源县	Eryuan	25.1	27.3	29.9	31.1	32.3	27.3	27.5
剑川县	Jianchuan	13.0	14.0	15.4	16.1	16.6	17.0	17.5
鹤庆县	Heqing	21.2	23.0	24.6	25.3	25.8	26.4	26.2
德 宏 州	**Dehong**	**69.4**	**80.6**	**90.6**	**96.6**	**101.8**	**105.8**	**115.1**
瑞丽市	Ruili	6.2	7.1	8.2	8.9	11.0	11.5	16.3
其中：畹町	Wanding							
潞西市	Luxi	22.4	26.1	29.2	31.2	32.9	34.3	36.6
梁河县	Lianghe	11.3	12.9	14.3	15.1	15.6	16.0	15.8
盈江县	Yingjiang	17.5	20.5	23.4	24.7	25.8	26.8	28.9
陇川县	Longchuan	11.3	13.2	14.6	15.5	16.5	17.2	17.4
怒 江 州	**Nujiang**	**29.2**	**34.1**	**43.5**	**45.4**	**46.3**	**48.0**	**52.0**
泸水县	Lushui	8.8	10.5	14.4	15.0	15.3	15.7	18.2
福贡县	Fugong	4.2	5.0	8.5	8.8	8.9	9.2	9.3
贡山县	Gongshan	2.6	3.0	3.3	3.3	3.4	3.5	3.7
兰坪县	Lanping	13.6	15.6	17.3	18.3	18.7	19.6	20.9
迪 庆 州	**Diqing**	**26.0**	**29.0**	**31.5**	**32.5**	**33.1**	**33.8**	**36.9**
香格里拉县	Shangri-La	9.9	11.2	12.2	12.6	13.0	13.4	15.4
德钦县	Deqing	5.1	5.4	5.7	5.8	5.8	5.9	6.2
维西县	Weixi	11.0	12.4	13.6	14.1	14.3	14.5	15.2

23-5 各县市人口和构成（2005年）

Population and Its Composition by County and City (2005)

单位：万人 (10 000 persons)

地区	Region	总户数 Total Households	总人口 Total Population	按性别分 By Sex 男 Male	女 Female	按农业、非农业分 By Agricultural and Non-agricultural Population 农业人口 Agricultural Population	非农业人口 Non-agricultural Population
全省合计	**Total**	**1 236.2**	**4 450.4**	**2 302.2**	**2 148.2**	**3 720.5**	**729.9**
昆明市	**Kunming**	**181.1**	**608.6**	**312.6**	**296.0**	**386.5**	**222.1**
五华区	Wuhua	26.1	89.1	46.0	43.1	6.7	82.4
盘龙区	Panlong	19.0	63.5	34.0	29.5	6.8	56.7
官渡区	Guandu	22.0	66.8	34.6	32.2	22.7	44.1
西山区	Xishan	28.4	74.6	37.6	37.0	17.8	56.7
东川区	Dongchuan	8.1	28.2	14.7	13.4	21.7	6.5
呈贡县	Chenggong	6.9	21.5	10.8	10.7	17.1	4.3
晋宁县	Jinning	9.2	28.0	13.9	14.1	22.7	5.3
富民县	Fuming	4.7	14.5	7.3	7.3	12.6	1.9
宜良县	Yiliang	12.0	41.0	20.4	20.6	36.6	4.4
石林县	Shilin	7.2	23.5	11.8	11.6	20.9	2.6
嵩明县	Songming	8.9	34.0	17.2	16.8	30.5	3.5
禄劝县	Luquan	10.7	43.1	22.4	20.7	40.6	2.5
寻甸县	Xundian	12.7	49.8	25.8	24.0	46.5	3.3
安宁市	Anning	10.9	31.3	16.4	14.9	14.2	17.0
曲靖市	**Qujing**	**133.7**	**565.8**	**297.5**	**268.3**	**495.2**	**70.6**
麒麟区	Qilin	20.1	67.7	34.6	33.1	42.9	24.9
马龙县	Malong	4.8	18.5	9.6	8.9	16.5	2.0
陆良县	Luliang	13.1	61.2	32.1	29.1	54.0	7.2
师宗县	Shizong	9.2	36.6	19.1	17.5	33.1	3.5
罗平县	Luoping	13.5	52.7	27.9	24.8	48.4	4.3
富源县	Fuyuan	15.9	70.1	36.7	33.4	64.6	5.4
会泽县	Huize	19.0	89.4	48.0	41.4	82.4	6.9
沾益县	Zhanyi	8.9	39.9	20.8	19.0	34.5	5.3
宣威市	Xuanwei	29.6	129.7	68.6	61.2	117.3	12.5
玉溪市	**Yuxi**	**63.4**	**221.4**	**111.7**	**109.6**	**182.2**	**39.1**
红塔区	Hongta	13.2	46.0	22.8	23.2	30.6	15.4
江川县	Jiangchuan	7.8	27.1	13.6	13.5	24.0	3.1

23-5 续表1 continued

单位：万人 (10 000 persons)

地区	Region	总户数 Total Households	总人口 Total Population	按性别分 By Sex 男 Male	女 Female	按农业、非农业分 By Agricultural and Non-agricultural 农业人口 Agricultural Population	非农业人口 Non-agricultural Population
澄江县	Chengjiang	5.0	15.9	8.0	7.9	13.9	2.0
通海县	Tonghai	8.6	29.6	14.6	15.0	25.7	3.9
华宁县	Huaning	5.7	20.7	10.6	10.1	18.6	2.1
易门县	Yimen	5.3	17.6	9.0	8.6	13.9	3.6
峨山县	Ershan	4.7	15.8	8.0	7.8	12.6	3.2
新平县	Xinping	7.5	27.6	14.1	13.5	23.9	3.7
元江县	Yuanjiang	5.7	21.1	10.9	10.2	18.3	2.8
保山市	**Baoshan**	**61.1**	**244.2**	**125.0**	**119.2**	**218.3**	**26.0**
隆阳区	Longyang	23.0	87.7	44.3	43.4	75.3	12.4
施甸县	Shidian	7.8	32.4	16.5	15.9	29.7	2.7
腾冲县	Tengchong	15.1	62.7	32.3	30.3	57.3	5.4
龙陵县	Longling	6.5	27.2	14.3	12.9	24.7	2.4
昌宁县	Changning	8.7	34.4	17.7	16.7	31.2	3.1
昭通市	**Zhaotong**	**128.0**	**507.5**	**265.5**	**242.0**	**468.6**	**38.9**
昭阳区	Zhaoyang	21.0	74.9	38.9	36.0	63.7	11.2
鲁甸县	Ludian	9.6	38.6	20.1	18.5	36.3	2.2
巧家县	Qiaojia	12.5	51.1	27.2	23.9	48.6	2.5
盐津县	Yanjin	9.1	36.5	19.2	17.3	33.4	3.1
大关县	Daguan	6.5	25.0	13.2	11.8	23.3	1.7
永善县	Yongshan	10.7	40.2	21.3	18.9	38.0	2.2
绥江县	Suijiang	4.1	15.4	8.0	7.5	13.3	2.1
镇雄县	Zhenxiong	29.9	126.2	65.8	60.4	119.5	6.7
彝良县	Yiliang	13.1	53.2	28.0	25.2	50.4	2.8
威信县	Weixin	8.4	37.0	18.9	18.1	34.8	2.2
水富县	Shuifu	3.2	9.4	4.9	4.5	7.0	2.4
丽江市	**Lijiang**	**32.7**	**120.3**	**61.3**	**58.9**	**103.2**	**17.0**
古城区	Gucheng	4.5	16.9	8.6	8.3	9.4	7.5
玉龙县	Yulong	6.2	22.7	11.7	11.0	21.2	1.6
永胜县	Yongsheng	10.9	39.3	19.8	19.4	36.0	3.2
华坪县	Huaping	4.8	16.2	8.3	7.9	13.1	3.1

23-5 续表2 continued

单位：万人 (10 000 persons)

地 区	Region	总户数 Total Households	总人口 Total Population	按性别分 By Sex 男 Male	女 Female	按农业、非农业分 By Agricultural and Non-agricultural Population 农业人口 Agricultural Population	非农业人口 Non-agricultural Population
宁蒗县	Ninglang	6.4	25.2	13.0	12.2	23.0	2.2
思茅市	**Simao**	**66.0**	**256.6**	**134.5**	**122.0**	**221.5**	**35.0**
翠云区	Cuiyun	7.8	25.5	13.0	12.4	14.6	10.8
普洱县	Pu'er	5.3	19.4	10.1	9.3	15.7	3.7
墨江县	Mojiang	8.5	37.8	20.3	17.5	34.2	3.6
景东县	Jingdong	9.8	37.8	19.8	18.0	34.8	3.0
景谷县	Jinggu	8.1	30.9	16.2	14.6	27.5	3.4
镇沅县	Zhenyuan	5.8	21.4	11.3	10.0	19.1	2.3
江城县	Jiangcheng	3.1	11.8	6.0	5.7	9.4	2.3
孟连县	Menglian	3.6	13.3	6.7	6.6	11.4	1.9
澜沧县	Lancang	11.7	49.7	26.3	23.5	45.8	4.0
西盟县	Ximeng	2.5	9.2	4.7	4.5	7.9	1.2
临沧市	**Lincang**	**57.1**	**236.1**	**123.3**	**112.9**	**211.5**	**24.6**
临翔区	Linxiang	8.2	30.1	15.6	14.5	24.5	5.6
凤庆县	Fengqing	10.8	44.9	23.2	21.7	41.5	3.4
云 县	Yunxian	10.9	44.0	23.4	20.6	40.7	3.3
永德县	Yongde	8.4	36.1	19.1	17.0	33.3	2.8
镇康县	Zhenkang	3.4	17.3	9.2	8.1	15.9	1.4
双江县	Shuangjiang	4.2	17.7	9.1	8.6	16.0	1.7
耿马县	Gengma	6.8	28.5	14.6	13.9	24.3	4.2
沧源县	Cangyuan	4.5	17.6	9.1	8.4	15.3	2.3
楚雄州	**Chuxiong**	**71.6**	**265.7**	**136.4**	**129.3**	**228.3**	**37.4**
楚雄市	Chuxiong	14.6	54.2	27.8	26.4	38.4	15.8
双柏县	Shuangbo	4.4	15.8	8.3	7.5	14.2	1.6
牟定县	Mouding	5.4	20.3	10.4	9.9	18.7	1.5
南华县	Nanhua	6.0	23.7	12.2	11.5	21.7	2.0
姚安县	Yao'an	4.8	20.5	10.5	10.0	18.9	1.6
大姚县	Dayao	8.2	28.6	14.7	14.0	26.2	2.5
永仁县	Yongren	3.1	10.8	5.6	5.2	9.5	1.3

23-5 续表3 continued

单位：万人 (10 000 persons

地区	Region	总户数 Total Households	总人口 Total Population	按性别分 By Sex 男 Male	女 Female	按农业、非农业分 By Agricultural and Non-agricultural Population 农业人口 Agricultural Population	非农业人口 Non-agricultural Population
元谋县	Yuanmou	5.9	21.1	10.8	10.3	18.8	2.3
武定县	Wuding	7.1	27.3	14.0	13.3	25.3	2.0
禄丰县	Lufeng	12.3	43.4	22.2	21.2	36.0	7.4
红河州	**Honghe**	**116.3**	**431.2**	**222.3**	**208.9**	**354.1**	**77.1**
个旧市	Gejiu	14.9	45.2	22.8	22.4	19.9	25.3
开远市	Kaiyuan	9.8	31.6	16.2	15.4	18.6	13.0
蒙自县	Mengzi	11.0	38.8	19.5	19.3	31.0	7.7
屏边县	Pingbian	3.7	14.8	7.6	7.1	13.0	1.8
建水县	Jianshui	14.8	51.7	26.2	25.5	44.4	7.3
石屏县	Shiping	8.3	29.0	14.6	14.3	25.4	3.5
弥勒县	Mile	14.1	51.4	26.3	25.1	45.2	6.2
泸西县	Luxi	10.5	38.4	20.5	17.9	34.6	3.8
元阳县	Yuanyang	8.3	37.8	20.3	17.5	35.7	2.0
红河县	Honghe	6.4	28.2	14.8	13.5	26.6	1.7
金平县	Jinping	7.5	32.9	17.1	15.8	30.5	2.5
绿春县	Luchun	4.6	21.1	11.0	10.1	19.5	1.6
河口县	Hekou	3.2	10.2	5.2	5.0	5.5	4.7
文山州	**Wenshan**	**80.4**	**337.1**	**175.7**	**161.4**	**306.0**	**31.1**
文山县	Wenshan	11.7	43.9	22.5	21.4	34.3	9.5
砚山县	Yanshan	10.9	44.8	23.1	21.7	40.8	4.0
西畴县	Xichou	6.4	25.0	13.1	11.9	22.5	2.4
麻栗坡县	Malipo	6.6	27.3	14.4	12.9	25.1	2.2
马关县	Maguan	8.5	35.7	18.6	17.1	32.3	3.4
丘北县	Qiubei	10.7	45.5	24.0	21.6	42.4	3.2
广南县	Guangnan	16.8	75.7	39.6	36.1	71.9	3.8
富宁县	Funing	8.9	39.2	20.4	18.8	36.6	2.6
西双版纳州	**Xishuangbanna**	**28.7**	**105.0**	**53.0**	**51.9**	**72.7**	**32.3**
景洪市	Jinghong	13.8	47.1	23.7	23.4	27.8	19.3
勐海县	Menghai	8.0	32.7	16.5	16.2	27.7	5.0

23-5 续表4 continued

单位：万人 (10 000 persons)

地 区	Region	总户数 Total Households	总人口 Total Population	按性别分 By Sex 男 Male	女 Female	按农业、非农业分 By Agricultural and Non-agricultural Population 农业人口 Agricultural Population	非农业人口 Non-agricultural Population
勐腊县	Mengla	7.1	25.1	12.8	12.3	16.3	8.8
大理州	**Dali**	**95.1**	**347.1**	**176.4**	**170.7**	**303.2**	**43.9**
大理市	Dali	17.8	61.4	30.7	30.7	39.8	21.6
漾濞县	Yangbi	2.8	10.6	5.4	5.2	9.5	1.1
祥云县	Xiangyun	12.8	46.6	23.8	22.7	42.8	3.7
宾川县	Binchuan	10.6	34.1	17.3	16.8	31.7	2.4
弥渡县	Midu	8.6	31.5	16.1	15.4	29.3	2.2
南涧县	Nanjian	6.1	21.9	11.3	10.7	20.5	1.4
巍山县	Weishan	8.1	31.0	15.7	15.3	28.7	2.2
永平县	Yongping	5.0	18.5	9.5	9.0	16.6	1.9
云龙县	Yunlong	5.6	20.6	10.6	10.0	18.8	1.8
洱源县	Eryuan	6.8	27.5	14.0	13.5	25.5	2.0
剑川县	Jianchuan	4.3	17.5	8.8	8.6	15.8	1.7
鹤庆县	Heqing	6.8	26.2	13.2	13.0	24.0	2.2
德宏州	**Dehong**	**27.8**	**115.1**	**58.0**	**57.0**	**92.6**	**22.5**
瑞丽市	Ruili	5.0	16.3	7.9	8.4	10.1	6.2
其中：畹町	Wanding						
潞西市	Luxi	8.7	36.6	18.5	18.1	28.4	8.2
梁河县	Lianghe	3.6	15.8	8.1	7.7	14.1	1.7
盈江县	Yingjiang	7.2	28.9	14.6	14.3	25.2	3.7
陇川县	Longchuan	4.6	17.4	8.7	8.6	14.0	3.4
怒江州	**Nujiang**	**14.3**	**52.0**	**26.8**	**25.3**	**44.5**	**7.6**
泸水县	Lushui	4.7	18.2	9.4	8.8	14.8	3.4
福贡县	Fugong	2.6	9.3	4.8	4.5	8.5	0.8
贡山县	Gongshan	0.9	3.7	1.9	1.8	3.1	0.6
兰坪县	Lanping	5.1	20.9	10.7	10.1	18.1	2.8
迪庆州	**Diqing**	**9.6**	**36.9**	**18.8**	**18.1**	**32.2**	**4.7**
香格里拉县	Shangri-La	3.3	15.4	7.8	7.6	12.6	2.9
德钦县	Deqing	1.5	6.2	3.1	3.1	5.5	0.7
维西县	Weixi	3.7	15.2	7.9	7.3	14.0	1.2

23-6 各县市民族人口（2005年）

单位：人

地　区	Region	总　计 Total	汉　族 Han	彝　族 Yi	白　族 Bai	哈尼族 Hani	壮　族 Zhuang
全省合计	**Total**	**4 450**	**29 425 737**	**4 953 582**	**1 619 334**	**1 514 691**	**1 198 204**
昆 明 市	**Kunming**	**6 085 700**	**5 221 433**	**432 297**	**101 103**	**13 555**	**17 712**
五华区	Wuhua	890 900	765 350	27 509	34 847	3 807	5 096
盘龙区	Panlong	634 700	568 352	17 959	13 015	2 236	3 212
官渡区	Guandu	667 900	601 545	37 396	7 804	1 202	1 697
西山区	Xishan	745 600	633 871	45 915	28 755	1 464	2 180
东川区	Dongchuan	281 500	262 737	8 796	828	62	190
呈贡县	Chenggong	214 500	206 128	2 161	826	289	250
晋宁县	Jinning	280 200	251 227	22 314	806	1 539	270
富民县	Fuming	145 200	125 288	10 811	778	108	84
宜良县	Yiliang	409 600	375 515	25 449	463	314	367
石林县	Shilin	234 900	153 633	79 266	147	146	569
嵩明县	Songming	339 700	316 276	3 014	298	106	148
禄劝县	Luquan	430 700	299 137	95 612	200	1 161	2 691
寻甸县	Xundian	497 600	389 382	41 968	164	50	60
安宁市	Anning	312 700	272 992	14 127	12 170	1 071	899
曲 靖 市	**Qujing**	**5 657 600**	**5 266 050**	**211 948**	**4 389**	**1 182**	**30 203**
麒麟区	Qilin	677 422	651 369	14 600	1 768	342	800
马龙县	Malong	185 152	170 945	7 225	98	20	30
陆良县	Luliang	611 532	601 441	5 242	154	84	126
师宗县	Shizong	365 898	305 118	21 908	62	33	23 448
罗平县	Luoping	527 117	457 143	34 301	374	55	882
富源县	Fuyuan	700 854	642 060	43 170	718	109	139
会泽县	Huize	893 516	847 552	18 100	393	167	3 060
沾益县	Zhanyi	398 643	375 849	8 512	259	125	188
宣威市	Xuanwei	1 297 466	1 214 573	58 889	563	248	1 529
玉 溪 市	**Yuxi**	**2 213 500**	**1 503 586**	**438 343**	**11 661**	**118 329**	**1 117**
红塔区	Hongta	460 100	396 928	43 469	3 667	2 786	481
江川县	Jiangchuan	270 800	254 677	15 066	78	561	42
澄江县	Chengjiang	159 000	150 061	2 815	60	235	29
通海县	Tonghai	296 000	252 888	17 473	160	1 979	52
华宁县	Huaning	207 200	150 588	44 365	97	262	62
易门县	Yimen	175 800	122 001	47 534	343	3 300	120
峨山县	Eshan	157 900	53 128	87 651	120	10 733	55
新平县	Xinping	275 800	80 516	133 423	385	11 944	94
元江县	Yuanjiang	210 900	42 798	46 546	6 750	86 529	182

Population of Minority Nationalities by County and City (2005)

(person)

傣 族 Dai	苗 族 Miao	傈僳族 Lisu	回 族 Hui	拉祜族 Lahu	佤 族 Wa	纳西族 Naxi	景颇族 Jingpo
1 300 103	**1 043 269**	**664 771**	**689 928**	**468 920**	**416 331**	**315 010**	**146 111**
16 121	**48 461**	**17 704**	**170 972**	**2 219**	**1 407**	**11 686**	**1 456**
4 889	4 654	1 496	26 052	880	575	4 735	689
2 280	2 190	734	15 586	455	341	2 261	222
1 158	1 329	393	10 149	187	107	1 316	61
1 696	2 771	457	21 889	307	144	1 901	154
64	2 506	79	4 396	30	13	331	2
207	145	54	3 813	51	12	160	1
326	160	83	2 237	75	46	163	182
80	7 247	108	507	9	5	23	2
115	1 951	63	4 863	48	36	40	4
105	591	6	239	21	21	25	
77	3 107	57	16 101	28	18	56	7
4 352	12 413	13 583	956	12	8	28	6
49	5 312	21	60 350	5	15	36	
723	4 083	571	3 833	110	67	612	125
956	**26 663**	**437**	**71 188**	**238**	**180**	**561**	**89**
387	614	125	5 225	54	54	264	9
14	3 724	9	3 031	8		2	
55	63	34	3 821	10	13	15	
61	10 334	6	2 738	1	4	4	3
47	4 030	47	3 274	4	3	6	1
41	306	61	3 487	40	16	38	11
34	826	48	23 058	6	4	69	1
182	3 314	54	9 539	28	21	69	64
134	3 453	54	17 015	87	65	96	1
75 134	**6 612**	**267**	**42 521**	**6 199**	**112**	**443**	**32**
1 076	226	103	9 973	186	32	226	19
101	34	5	63	23	12	20	1
83	336	8	5 226	9	3	14	2
4 535	73	8	11 808	36	15	15	3
70	4 131	21	7 365	33	9	43	
128	733	20	1 307	17	16	66	
235	167	15	5 421	25	5	14	3
43 069	122	54	1 187	4 850	4	27	2
25 837	790	33	171	1 018	15	17	1

23-6 续表1

单位：人

地 区	Region	瑶 族 Yao	藏 族 Tibetan	布朗族 Bulang	阿昌族 Achang	怒 族 Nu	普米族 Pumi
全省合计	**Total**	**206 513**	**141 720**	**110 692**	**34 857**	**30 227**	**37 449**
昆 明 市	**Kunming**	**1 489**	**2 076**	**550**	**361**	**254**	**558**
五华区	Wuhua	586	961	222	185	116	203
盘龙区	Panlong	405	426	111	83	72	158
官渡区	Guandu	127	182	63	27	24	40
西山区	Xishan	147	299	67	30	21	83
东川区	Dongchuan	19	32	6		2	12
呈贡县	Chenggong	1	21	8	1		7
晋宁县	Jinning	48	27	30	10	3	5
富民县	Fuming	3	3	3	2		4
宜良县	Yiliang	23	11	4	1	2	
石林县	Shilin	44	9				
嵩明县	Songming	17	18	2	1	3	8
禄劝县	Luquan	4	23	10			
寻甸县	Xundian	19	5	1			2
安宁市	Anning	46	59	25	20	11	35
曲 靖 市	**Qujing**	**2 195**	**193**	**62**	**31**	**16**	**75**
麒麟区	Qilin	51	50	20	6	3	7
马龙县	Malong	1	4	4	3		
陆良县	Luliang	15	13	5		1	13
师宗县	Shizong	2 016	10			1	10
罗平县	Luoping	11	1	2	1		2
富源县	Fuyuan	18	67	13	4	5	2
会泽县	Huize	4	12				23
沾益县	Zhanyi	51	19	5	16	1	5
宣威市	Xuanwei	28	18	14	1	6	14
玉 溪 市	**Yuxi**	**100**	**76**	**57**	**44**	**9**	**35**
红塔区	Hongta	43	40	30	2	2	27
江川县	Jiangchuan	3	3	2		1	1
澄江县	Chengjiang	1	3	1	4	1	1
通海县	Tonghai	3		3		1	1
华宁县	Huaning		7			2	
易门县	Yimen	12	7	9	33	2	1
峨山县	Ershan		8	5	2		
新平县	Xinping	8	6	2	3		1
元江县	Yuanjiang	29	1	4			2

continued

(person)

德昂族 Deang	独龙族 Dulong	蒙古族 Mongolian	基诺族 Jinuo	水 族 Shui	满 族 Man	布依族 Buyi	其 他 Others
18 964	**6 345**	**19 326**	**25 806**	**10 544**	**12 666**	**47 178**	**45 545**
26	**121**	**3 140**	**213**	**385**	**6 424**	**4 031**	**9 949**
13	27	1 207	87	129	2 428	917	3 240
2	41	509	62	65	1 353	560	2 009
3	12	349	16	51	903	485	1 274
4	21	457	25	69	1 003	523	1 347
1	4	38		5	86	1 012	250
		42	4	7	79	51	181
1	1	76	5	11	191	54	311
		19		1	17	20	79
1	4	23	3	17	47	87	148
	1	8	1	15	9	15	28
2	1	40		4	37	41	235
	2	225	2	2	10	19	248
		19		1	9	21	111
	7	130	8	8	252	225	488
4	**12**	**982**	**6**	**9 284**	**583**	**28 550**	**1 524**
	2	315		113	322	312	608
		2		4	7	11	11
		69		6	28	30	296
		13		6	14	21	89
		16		66	8	26 806	38
	4	457	1	8 876	23	1 141	47
	2	28		1	56	36	36
4	1	21	1	20	64	99	134
	3	63	4	191	62	93	264
	3	**7 579**	**7**	**20**	**201**	**195**	**819**
		289	3	6	119	71	295
		21			5	22	58
		11		7	24	5	59
		6 866	3	2	3	37	34
		60		1	7	9	67
		46			15	8	80
		238			4	17	54
	3	14		4	21	4	55
		33			2	21	118

23-6 续表2

单位：人

地　区	Region	总　计 Total	汉　族 Han	彝　族 Yi	白　族 Bai	哈尼族 Hani	壮　族 Zhuang
保 山 市	**Baoshan**	**2 442 400**	**2 205 028**	**77 393**	**40 635**	**241**	**273**
隆阳区	Longyang	876 800	758 457	39 698	36 457	137	189
施甸县	Shidian	323 900	299 262	12 088	670	24	7
腾冲县	Tengchong	626 600	582 575	436	2 420	40	30
龙陵县	Longling	271 600	257 686	4 648	253	7	3
昌宁县	Changning	343 500	307 048	20 523	835	33	44
昭 通 市	**Zhaotong**	**5 075 041**	**4 562 632**	**164 202**	**6 193**	**117**	**4 145**
昭阳区	Zhaoyang	748 741	630 861	18 202	322	57	238
鲁甸县	Ludian	385 745	305 080	9 916	58	1	906
巧家县	Qiaojia	511 265	486 409	15 424	75	12	2 802
盐津县	Yanjin	364 639	352 442	64	50		2
大关县	Daguan	250 232	231 819	4 065	25	7	17
永善县	Yongshan	402 230	373 072	15 666	41	11	26
绥江县	Suijiang	154 409	153 834	116	17	2	17
镇雄县	Zhenxiong	1 261 828	1 150 211	75 414	5 437	7	72
彝良县	Yiliang	532 360	459 839	23 040	73	5	2
威信县	Weixin	369 791	328 552	2 176	42	2	9
水富县	Shuifu	93 803	90 513	121	53	13	55
丽 江 市	**Lijiang**	**1 202 600**	**497 321**	**230 436**	**52 622**	**111**	**3 822**
古城区	Gucheng	168 945	36 537	2 649	22 831	79	356
玉龙县	Yulong	227 254	34 399	6 825	21 984	3	205
永胜县	Yongsheng	392 694	265 466	50 400	6 721	20	862
华坪县	Huaping	161 953	112 004	12 010	311	3	1 211
宁蒗县	Ninglang	251 754	48 915	158 551	775	5	1 188
思 茅 市	**Simao**	**2 565 600**	**993 734**	**431 397**	**11 525**	**454 501**	**1 479**
翠云区	Cuiyun	254 500	165 902	36 360	2 938	16 531	501
普洱县	Pu'er	193 700	95 386	36 489	4 395	46 491	108
墨江县	Mojiang	377 800	97 153	36 299	280	229 606	110
景东县	Jingdong	377 700	201 652	150 130	638	12 725	179
景谷县	Jinggu	308 800	167 446	62 155	633	2 976	77
镇沅县	Zhenyuan	213 600	101 599	56 802	1 467	25 747	159
江城县	Jiangcheng	117 600	24 396	16 055	211	60 115	43
孟连县	Menglian	132 900	19 255	3 038	218	9 532	43
澜沧县	Lancang	497 200	115 317	33 127	602	49 959	245
西盟县	Ximeng	91 800	5 628	940	141	818	14
临 沧 市	**Lincang**	**2 361 200**	**1 426 130**	**369 109**	**33 482**	**543**	**1 230**
临翔区	Linxiang	300 900	243 303	16 054	3 070	57	252
凤庆县	Fengqing	449 200	307 446	124 162	5 366	12	142

continued

(person)

傣 族 Dai	苗 族 Miao	傈僳族 Lisu	回 族 Hui	拉祜族 Lahu	佤 族 Wa	纳西族 Naxi	景颇族 Jingpo
42 329	**9 424**	**29 449**	**13 218**	**87**	**4 228**	**1 059**	**2 335**
19 994	4 166	9 176	3 754	52	418	873	266
750	26	184	1 065	8	1 097	21	142
13 469	85	13 617	7 394	21	2 525	115	1 669
1 744	25	6 043	33	2	2	8	188
6 371	5 122	428	973	4	186	42	70
217	**168 572**	**81**	**165 521**	**14**	**13**	**108**	**2**
110	6 446	35	92 052	5	5	84	2
4	2 564	5	67 158				
12	4 936	6	241	1		1	
11	11 906	3	134	1	1	3	
11	9 841	12	4 257	1	3	4	
31	11 917	10	1 255	1	1	4	
14	373	2	4	4			
16	30 342	6	153		2	1	
5	48 362		172	1	1	6	
	38 988		7				
2	2 899	2	88			6	
10 948	**6 893**	**112 577**	**4 263**	**24**	**74**	**242 348**	**20**
258	1 734	1 704	541	16	10	100 662	12
26	1 713	26 968	56	1	1	127 744	2
4 640	868	48 861	2 869	5	54	9 392	1
5 788	1 872	26 693	649	1	6	1 186	5
236	707	8 351	147	1	2	3 364	
151 619	**9 469**	**6 140**	**13 130**	**305 932**	**159 301**	**302**	**242**
8 956	7 577	4 952	1 803	3 868	2 991	154	17
6 448	53	410	1 357	1 386	269	7	5
5 519	20	29	480	4 404	27	7	
2 818	642	266	1 735	1 404	104	26	4
59 951	74	29	2 021	11 315	53	10	
8 850	147	32	2 102	16 013	33	18	
9 064	801	18	369	1 901	67	27	2
27 593	55	323	258	40 174	32 062	11	144
18 987	47	37	2 934	209 233	59 412	33	68
3 433	53	45	72	16 234	64 283	7	1
123 008	**9 200**	**10 097**	**10 960**	**84 465**	**245 474**	**417**	**1 099**
17 931	293	382	1 077	16 121	1 194	83	15
1 314	4 272	950	2 264	437	719	85	25

23-6 续表3

单位：人

地　区	Region	瑶　族 Yao	藏　族 Tibetan	布朗族 Bulang	阿昌族 Achang	怒　族 Nu	普米族 Pumi
保 山 市	**Baoshan**	**57**	**93**	**10 231**	**3 042**	**138**	**28**
隆阳区	Longyang	36	54	146	209	85	26
施甸县	Shidian	7	6	8 367	19	2	
腾冲县	Tengchong	3	31	16	1 935	47	
龙陵县	Longling				858		
昌宁县	Changning	11	2	1 702	21	4	2
昭 通 市	**Zhaotong**	**19**	**50**	**2**	**7**	**3**	**7**
昭阳区	Zhaoyang	3	14	1	1		2
鲁甸县	Ludian		4				2
巧家县	Qiaojia		5				
盐津县	Yanjin	1	1				
大关县	Daguan	2	4		5	1	1
永善县	Yongshan		19			1	
绥江县	Suijiang			1	1	1	
镇雄县	Zhenxiong	3	3				2
彝良县	Yiliang						
威信县	Weixin						
水富县	Shuifu	11	1				
丽 江 市	**Lijiang**	**29**	**4 317**	**16**	**8**	**963**	**17 568**
古城区	Gucheng	23	837	14	7	18	422
玉龙县	Yulong	1	1 540	1	1	4	5 643
永胜县	Yongsheng	4	1 036			4	1 000
华坪县	Huaping	1	62	1		6	32
宁蒗县	Ninglang		842			929	10 472
思 茅 市	**Simao**	**9 227**	**88**	**13 563**	**72**	**132**	**218**
翠云区	Cuiyun	180	32	707	4	115	17
普洱县	Pu'er	86	3	178			26
墨江县	Mojiang	441	3	3 191			158
景东县	Jingdong	3 981	27	938	1	2	10
景谷县	Jinggu	260	8	1 376		1	1
镇沅县	Zhenyuan	28	3	40	67		4
江城县	Jiangcheng	4 152		248			
孟连县	Menglian	17	4	58			
澜沧县	Lancang	61	4	6 815		14	1
西盟县	Ximeng	20	3	11			1
临 沧 市	**Lincang**	**117**	**140**	**38 774**	**136**	**10**	**518**
临翔区	Linxiang	12	52	543	5	4	13
凤庆县	Fengqing	1	11	1 389		1	

continued

(person)

德昂族 Deang	独龙族 Dulong	蒙古族 Mongolian	基诺族 Jinuo	水 族 Shui	满 族 Man	布依族 Buyi	其 他 Others
1 045	**7**	**33**	**3**	**14**	**1 457**	**214**	**338**
970	1	16	2	4	1 335	125	153
23	1				88	26	18
16	3	9		10	6	40	86
34	2	7			25	4	28
2		1	1		3	18	53
	14	**144**		**527**	**180**	**1 535**	**736**
	1	36		7	104	44	111
		3			6	39	
	2	8			2	1 307	21
		4			1	4	11
	11	26		4	14	24	78
		23			4	6	141
		1			12	1	10
		37			18	8	97
		6		515	2	89	244
					4	7	7
		1		2	14	9	17
1	**12**	**141**	**4**	**31**	**158**	**127**	**17 767**
	3	27		14	89	36	68
1	1	17			7	18	89
	4	41	1	11	20	22	393
	1	20		4	27	22	34
	2	36	3	2	15	29	17 182
4	**16**	**843**	**147**	**72**	**890**	**252**	**1 302**
	16	174	110	16	99	77	401
		169	17		332	11	74
		6	3	1	7	15	39
		6	1	34	217	3	155
		8	10		175	11	209
		363	3		34	2	84
		30		10	4	26	61
		17			7	12	79
4		64	2	9	12	79	134
		5	1	2	4	15	66
3 543	**33**	**84**	**1**	**5**	**944**	**586**	**1 093**
21	20	6	1	2	220	48	120
4		5			461	13	119

23-6 续表4

单位：人

地　区	Region	总　计 Total	汉　族 Han	彝　族 Yi	白　族 Bai	哈尼族 Hani	壮　族 Zhuang
云　县	Yunxian	439 500	220 855	163 071	16 768	184	279
永德县	Yongde	361 000	281 431	32 192	3 151	104	40
镇康县	Zhenkang	173 100	125 669	22 255	2 300	24	45
双江县	Shuangjiang	176 500	98 117	2 729	715	41	228
耿马县	Gengma	285 400	137 434	6 936	1 641	103	214
沧源县	Cangyuan	175 600	11 875	1 711	472	20	28
楚 雄 州	**Chuxiong**	**2 656 897**	**1 792 716**	**701 292**	**16 000**	**5 360**	**775**
楚雄市	Chuxiong	542 347	418 795	105 125	4 615	392	432
双柏县	Shuangbo	158 387	82 818	70 343	760	3 751	12
牟定县	Mouding	202 847	160 709	41 360	123	36	19
南华县	Nanhua	236 949	145 458	80 396	8 579	51	17
姚安县	Yao'an	204 810	152 711	50 579	185	41	15
大姚县	Dayao	286 498	191 654	87 364	232	55	51
永仁县	Yongren	107 915	43 139	54 981	50	6	26
元谋县	Yuanmou	210 652	134 001	56 069	129	23	28
武定县	Wuding	272 952	132 462	80 349	82	760	32
禄丰县	Lufeng	433 539	330 969	74 725	1 246	245	142
红 河 州	**Honghe**	**4 311 500**	**1 881 255**	**1 038 407**	**4 593**	**710 828**	**113 056**
个旧市	Gejiu	452 300	287 412	102 159	1 459	3 321	17 659
开远市	Kaiyuan	315 900	145 779	114 266	1 169	984	15 954
蒙自县	Mengzi	387 900	161 151	119 841	594	1 295	45 444
屏边县	Pingbian	147 700	54 929	27 601	40	113	3 566
建水县	Jianshui	517 000	332 576	147 905	568	10 234	517
石屏县	Shiping	289 900	121 855	155 393	130	2 258	202
弥勒县	Mile	514 100	298 716	158 823	292	328	5 983
泸西县	Luxi	384 100	333 130	29 571	97	179	2 528
元阳县	Yuanyang	377 600	43 942	89 365	51	202 295	3 526
红河县	Honghe	282 400	14 339	39 673	39	217 469	70
金平县	Jinping	329 400	47 592	39 264	77	86 935	6 034
绿春县	Luchun	211 100	3 324	10 417	8	185 294	17
河口县	Hekou	102 100	36 511	4 128	68	123	11 555
文 山 州	**Wenshan**	**3 371 200**	**1 437 623**	**341 934**	**7 962**	**436**	**1 020 323**
文山县	Wenshan	438 836	195 363	76 337	535	149	95 990
砚山县	Yanshan	447 868	149 258	94 169	357	52	138 478
西畴县	Xichou	249 750	200 786	8 849	59	41	24 992
麻栗坡县	Malipo	273 049	162 457	5 801	64	21	33 533
马关县	Maguan	356 966	180 855	28 511	83	106	55 240

continued

(person)

傣 族 Dai	苗 族 Miao	傈僳族 Lisu	回 族 Hui	拉祜族 Lahu	佤 族 Wa	纳西族 Naxi	景颇族 Jingpo
15 159	1 863	1 686	4 092	4 780	853	117	58
6 446	561	1 411	407	2 260	22 860	32	
4 173	1 826	2 733	1 754	1 042	9 054	3	3
10 161	105	12	95	35 318	14 144	23	1
58 421	230	2 867	1 114	20 433	49 051	60	985
9 402	49	55	157	4 074	147 598	14	12
21 353	**42 411**	**51 869**	**21 378**	**218**	**190**	**646**	**51**
675	1 520	554	8 248	76	30	423	24
72	322	31	189	17		12	
36	371	45	42	41	19	3	12
39	54	100	2 156	27	35	5	
48	48	37	1 007	13	5	15	7
3 794	504	2 325	289	10	8	24	1
8 811	64	94	639		3	8	1
470	1 344	16 677	1 560	4	54	42	1
7 085	21 581	29 562	955	4	8	23	
323	16 603	2 445	6 293	25	27	90	5
106 095	**275 463**	**738**	**74 519**	**9 702**	**146**	**802**	**18**
6 788	12 245	61	19 400	33	15	196	
854	18 394	514	15 852	39	26	308	1
707	53 787	43	3 772	61	19	126	11
90	60 732	11	96	1		4	
6 282	4 756	24	13 733	34	12	46	1
8 580	131	9	1 025	58	9	17	
30 880	11 568	19	7 050	8	6	63	1
3 166	1 960	27	13 264	18	51	7	
17 999	12 300	12	47	5		5	
8 883	18	3	25	3			
17 562	83 588	4	99	6 911	7	3	4
1 851	4		3	2 523			
2 453	15 979	12	153	6		28	
15 698	**424 056**	**133**	**24 237**	**55**	**27**	**118**	**33**
5 661	58 033	43	5 414	19	9	64	4
237	52 137	12	10 906	2	4	6	
56	13 161	41	31	1	1	3	
2 874	46 036	25	14	1	3	14	29
6 768	75 966	12	119	10	1		

23-6 续表5

单位：人

地　区	Region	瑶　族 Yao	藏　族 Tibetan	布朗族 Bulang	阿昌族 Achang	怒　族 Nu	普米族 Pumi
云　县	Yunxian	25	25	8 722	112		223
永德县	Yongde	2	3	7 674	5		
镇康县	Zhenkang	17	25	1 765			
双江县	Shuangjiang	2	10	14 465	1		1
耿马县	Gengma	51	9	4 165	12	3	275
沧源县	Cangyuan	7	5	52		1	7
楚 雄 州	**Chuxiong**	**497**	**144**	**41**	**34**	**20**	**53**
楚雄市	Chuxiong	449	81	15	23	12	29
双柏县	Shuangbo	4	1		2		2
牟定县	Mouding		2	1	5		1
南华县	Nanhua	2	1		1	2	2
姚安县	Yao'an		10	5	1	1	
大姚县	Dayao	6	7			1	6
永仁县	Yongren	2	6				2
元谋县	Yuanmou	13	13	2		1	1
武定县	Wuding		2			2	
禄丰县	Lufeng	20	21	18	2	1	10
红 河 州	**Honghe**	**87 048**	**96**	**49**	**33**	**14**	**68**
个旧市	Gejiu	70	27	8	11	2	4
开远市	Kaiyuan	94	23	7	6		11
蒙自县	Mengzi	117	15	5	2		8
屏边县	Pingbian	329	1				
建水县	Jianshui	95	10	5	4	11	1
石屏县	Shiping	28	6	12			
弥勒县	Mile	22	3		3		8
泸西县	Luxi	8	2	3			1
元阳县	Yuanyang	8 012	2				
红河县	Honghe	1 820			5		
金平县	Jinping	40 719	5	4			2
绿春县	Luchun	7 642					
河口县	Hekou	28 092	1	5	1		33
文 山 州	**Wenshan**	**84 081**	**37**	**11**	**2**	**3**	**26**
文山县	Wenshan	407	21	3	2	2	9
砚山县	Yanshan	1 284	2				
西畴县	Xichou	835		2			
麻栗坡县	Malipo	19 122	9				17
马关县	Maguan	1 824		5			

continued

(person)

德昂族 Deang	独龙族 Dulong	蒙古族 Mongolian	基诺族 Jinuo	水 族 Shui	满 族 Man	布依族 Buyi	其 他 Others
471		24		2	25	7	99
2 159	3				21	139	98
		37			118	40	218
	4	3			9	246	70
888		9		1	80	76	344
	5				12	16	26
5	**14**	**156**	**15**	**40**	**336**	**163**	**1 120**
1		61	5	13	210	65	474
	5	2			6	14	21
				2	4	1	14
1	3			2	2		15
		1		1	3	15	64
	1	10	6	5	6	10	127
		10		5	3	1	62
		31		3	38	22	125
3	4			3	17	4	14
	1	39	3	5	46	30	203
1	**103**	**1 185**	**76**	**41**	**406**	**3 436**	**3 321**
	33	268	50	9	173	139	759
1	24	366		10	106	186	924
	27	220	1	5	55	142	452
		12		4		131	40
	6	36		6	9	52	75
		40	20		11	24	93
	8	84		1	17	86	128
	5	22			6	10	46
		15			1	6	17
		32	5			2	13
		8			11	43	527
							15
		81		6	15	2 614	234
	3	**4 564**	**2**	**21**	**109**	**6 858**	**2 851**
		504	2	5	47	199	15
		153			14	81	716
		773			9	26	85
	3	1 377		5	2	28	1 616
		988		3	3	6 415	58

单位：人

地　区	Region	总　计 Total	汉　族 Han	彝　族 Yi	白　族 Bai	哈尼族 Hani	壮　族 Zhuang
丘北县	Qiubei	455 461	171 473	76 504	6 715	27	128 863
广南县	Guangnan	757 232	285 216	39 345	110	14	323 743
富宁县	Funing	392 038	92 214	12 418	41	27	219 484
西双版纳州	**Xishuangbanna**	**1 049 600**	**255 294**	**52 926**	**4 005**	**208 501**	**1 850**
景洪市	Jinghong	470 900	147 560	21 960	2 567	79 999	566
勐海县	Menghai	327 300	41 104	5 966	589	68 391	193
勐腊县	Mengla	251 400	66 630	25 000	850	60 111	1 091
大 理 州	**Dali**	**3 471 100**	**1 745 118**	**437 859**	**1 157 091**	**752**	**1 749**
大理市	Dali	614 000	167 215	16 106	407 558	298	511
漾濞县	Yangbi	105 900	36 270	49 663	12 226	9	67
祥云县	Xiangyun	465 600	385 304	32 957	44 762	132	37
宾川县	Binchuan	340 600	267 102	20 588	44 218	16	38
弥渡县	Midu	314 600	284 297	26 076	1 548	115	58
南涧县	Nanjian	219 300	107 504	104 515	2 204	40	23
巍山县	Weishan	309 600	174 846	103 924	6 683	25	68
永平县	Yongping	184 700	113 007	45 977	5 892	26	71
云龙县	Yunlong	205 800	26 524	11 508	151 512	5	24
洱源县	Eryuan	274 700	88 355	9 189	169 002	69	6
剑川县	Jianchuan	174 600	6 317	3 800	159 801	3	13
鹤庆县	Heqing	261 700	88 377	13 557	151 685	13	832
德 宏 州	**Dehong**	**1 150 786**	**550 972**	**2 444**	**5 880**	**184**	**395**
瑞丽市	Ruili	163 300	69 529	660	1 292	45	144
其中：畹町	Wanding						
潞西市	Luxi	366 100	181 689	1 039	1 691	74	151
梁河县	Lianghe	158 499	105 927	115	491	10	8
盈江县	Yingjiang	289 035	116 391	214	1 571	20	45
陇川县	Longchuan	173 852	77 436	416	834	35	47
怒 江 州	**Nujiang**	**520 400**	**39 689**	**9 792**	**147 226**	**32**	**47**
泸水县	Lushui	182 300	23 573	3 606	42 653	15	27
福贡县	Fugong	93 000	1 129	59	3 157	2	4
贡山县	Gongshan	36 500	1 358	33	800	10	4
兰坪县	Lanping	208 600	13 629	6 094	100 616	5	12
迪 庆 州	**Diqing**	**368 700**	**47 156**	**13 803**	**14 966**	**19**	**28**
香格里拉县	Shangri-La	154 100	24 093	11 581	4 983	13	26
德钦县	Deqin	62 400	499	11	155	2	1
维西县	Weixi	152 200	22 564	2 212	9 828	4	1

continued

(person)

傣　族 Dai	苗　族 Miao	傈僳族 Lisu	回　族 Hui	拉祜族 Lahu	佤　族 Wa	纳西族 Naxi	景颇族 Jingpo
45	62 167	1	6 268	11	3	18	
36	90 077		1 414	4		10	
21	26 479		71	7	6	3	
358 930	**3 793**	**306**	**4 052**	**59 118**	**3 832**	**189**	**167**
164 693	744	203	1 737	13 086	854	126	61
125 786	183	47	1 838	44 172	1 558	31	99
68 451	2 866	57	477	1 859	1 419	31	7
3 664	**10 132**	**32 255**	**70 085**	**552**	**414**	**4 512**	**92**
698	475	996	16 642	64	99	1 583	38
272	958	2 835	3 233	1	5	208	5
127	624	805	521	55	24	86	12
279	467	6 079	928	259	10	92	3
123	22	194	1 695	110	122	98	8
71	1 353	247	2 634	30	45	46	2
41	1 594	498	21 774	16	8	49	
126	2 116	2 473	14 714	6	85	83	15
1 628	1 119	10 386	389			50	4
121	30	1 084	6 154	3		398	
3	6	2 009	1 329	3	6	1 169	
174	1 368	4 648	75	5	9	650	5
373 590	**529**	**27 830**	**2 451**	**85**	**920**	**492**	**140 214**
69 525	187	762	615	27	42	144	17 463
133 598	153	3 437	720	28	83	196	30 505
34 714	14	1 192	134	3	723	52	1 814
106 421	129	17 811	480	2	40	22	44 367
29 331	46	4 628	501	25	32	77	46 064
416	**78**	**267 709**	**172**	**2**	**10**	**2 253**	**257**
406	48	108 669	104	2	9	1 108	255
2	18	69 865	16			326	
	5	19 602	18			526	1
7	6	69 574	34		1	292	1
27	**1 514**	**107 176**	**1 262**	**10**	**5**	**49 076**	**3**
17	1 473	12 307	1 089	8	1	28 757	1
2	3	9 288	71		2	950	
7	39	85 581	101	2	2	19 369	2

23-6 续表7

单位：人

地　区	Region	瑶　族 Yao	藏　族 Tibetan	布朗族 Bulang	阿昌族 Achang	怒　族 Nu	普米族 Pumi
丘北县	Qiubei	3 196					
广南县	Guangnan	16 369	2	1			
富宁县	Funing	41 044	3			1	
西双版纳州	**Xishuangbanna**	**21 411**	**50**	**46 642**	**14**	**5**	**43**
景洪市	Jinghong	2 781	11	8 608	3	3	20
勐海县	Menghai	42	26	35 884		2	2
勐腊县	Mengla	18 587	12	2 149	11		21
大 理 州	**Dali**	**207**	**1 040**	**638**	**2 534**	**60**	**215**
大理市	Dali	49	484	42	29	3	44
漾濞县	Yangbi	24	50		2		8
祥云县	Xiangyun	3	20	19	1	3	8
宾川县	Binchuan	107	23	7		1	
弥渡县	Midu	7	15	17		1	6
南涧县	Nanjian	6	12	539		3	1
巍山县	Weishan	3	6	7		1	7
永平县	Yongping		4		5	4	
云龙县	Yunlong	4	4	1	2 492	37	18
洱源县	Eryuan	3	208	1	4		41
剑川县	Jianchuan		40	1		3	76
鹤庆县	Heqing		174	3	1	4	5
德 宏 州	**Dehong**	**32**	**79**	**57**	**28 527**	**9**	**33**
瑞丽市	Ruili	11	14	15	169	1	1
其中：畹町	Wanding						
潞西市	Luxi	5	42	15	1 933	7	15
梁河县	Lianghe	1	1		12 510		
盈江县	Yingjiang	7	7	22	831		7
陇川县	Longchuan	7	14	4	13 084		9
怒 江 州	**Nujiang**	**3**	**1 969**		**11**	**28 424**	**16 261**
泸水县	Lushui	2	77		11	1 192	294
福贡县	Fugong		10			18 255	20
贡山县	Gongshan		1 818			6 656	27
兰坪县	Lanping	1	63			2 322	15 920
迪 庆 州	**Diqing**		**131 273**		**2**	**168**	**1 743**
香格里拉县	Shangri-La		69 255		1	11	266
德钦县	Deqin		51 400				1
维西县	Weixi		10 619		1	157	1 476

continued

(person)

德昂族 Deang	独龙族 Dulong	蒙古族 Mongolian	基诺族 Jinuo	水 族 Shui	满 族 Man	布依族 Buyi	其 他 Others
		76		2	12	45	34
		670		6	15	44	157
		23			7	20	170
9	**2**	**243**	**25 316**	**37**	**191**	**451**	**2 222**
9		150	24 187	23	134	180	635
	2	37	39	2	16	46	1 242
		56	1 090	12	41	225	346
10	**28**	**169**	**7**	**26**	**251**	**205**	**1 435**
7	9	120	3	20	142	117	646
		2		2	19	9	28
		6	1	2	1	19	69
		4		1	2	13	362
2	2	15			5	18	47
		4			1	5	16
	2	6			3	5	34
		2	3		72	1	17
	2	3			1	6	83
1	9	4			1	8	11
	1	1		1	2		15
	3	2			2	3	106
14 315	**3**	**22**	**7**	**15**	**478**	**550**	**675**
2 213	3	10		1	31	159	236
9 847		11	1	8	409	227	214
756			6	2	9	5	13
391		1		2	7	139	105
1 108		1		1	22	20	108
	5 874	**30**		**10**	**27**	**16**	**90**
	119	30		9	27	14	48
	105			1		1	29
	5 635					1	4
	15						8
	98	**10**	**1**	**15**	**30**	**10**	**302**
	1	8	1	14	13	10	171
		1					14
	97	1		1	18		117

23-7 各县市职工人数（2005年）

Number of Staff and Workers by County and City (2005)

单位：人 (person)

地区	Region	单位从业人员 Number of Employed Persons in Entities	职工人数 Number of Staff and Workers 合计 Total	国有单位 State-owned Entities	城镇集体单位 Urban Collective -owned Entities	其他单位 Other Ownership Entities
全省合计	**Total**	**2470332**	**2 357 097**	**1 683 893**	**106 487**	**566 714**
昆明市	**Kunming**	**721 154**	**680 965**	**429 809**	**20 902**	**230 254**
五华区	Wuhua	16 965	15 667	9 421	720	5 526
盘龙区	Panlong	9 385	9 138	8 115	115	908
官渡区	Guandu	27 784	27 508	14 139	754	12 615
西山区	Xishan	11 230	10 667	7 626	420	2 621
东川区	Dongchuan	13 979	13 469	8 668	1 154	3 647
呈贡县	Chenggong	11 982	11 899	6 827	494	4 578
晋宁县	Jinning	15 517	15 006	11 588	613	2 805
富民县	Fuming	10 060	9 926	5 540	313	4 073
宜良县	Yiliang	18 069	17 981	11 508	1 074	5 399
石林县	Shilin	11 995	11 831	9 773	798	1 260
嵩明县	Songming	10 837	10 771	9 909	288	574
禄劝县	Luquan	11 748	11 746	10 678	595	473
寻甸县	Xundian	15 753	13 850	10 836	728	2 286
安宁市	Anning	40 293	39 794	34 869	1 542	3 383
曲靖市	**Qujing**	**234 120**	**227 026**	**179 485**	**9 386**	**38 155**
麒麟区	Qilin	65 216	63 792	49 215	3 805	10 772
马龙县	Malong	6 812	6 729	5 610	89	1 030
陆良县	Luliang	23 117	22 385	18 690	1 048	2 647
师宗县	Shizong	12 575	12 258	10 445	480	1 333
罗平县	Luoping	16 839	15 279	12 176	756	2 347
富源县	Fuyuan	21 369	21 177	18 218	672	2 287
会泽县	Huize	30 310	30 275	19 863	834	9 578
沾益县	Zhanyi	17 486	17 113	10 661	392	6 060
宣威市	Xuanwei	40 396	38 018	34 607	1 310	2 101
玉溪市	**Yuxi**	**131 662**	**127 258**	**91 229**	**12 219**	**23 810**
红塔区	Hongta	49 781	48 072	33 001	8 464	6 607
江川县	Jiangchuan	8 690	8 231	6 030	206	1 995
澄江县	Chengjiang	7 004	6 374	5 346	663	365
通海县	Tonghai	12 267	11 786	7 084	740	3 962
华宁县	Huaning	8 760	8 266	6 660	461	1 145
易门县	Yimen	10 672	10 574	8 303	166	2 105
峨山县	Ershan	9 899	9 858	6 379	588	2 891
新平县	Xinping	14 128	13 660	10 353	600	2 707
元江县	Yuanjiang	10 461	10 437	8 073	331	2 033

23-7 续表1 continued

单位：人 (person)

地 区	Region	单位从业人员 Number of Employed Persons in Entities	职工人数 Number of Staff and Workers 合 计 Total	国有单位 State-owned Entities	城镇集体单位 Urban Collective -owned Entities	其他单位 Other Ownership Entities
保 山 市	**Baoshan**	**96 783**	**96 449**	**63 804**	**5 268**	**27 377**
隆阳区	Longyang	42 082	41 969	26 355	1 219	14 395
施甸县	Shidian	8 653	8 604	7 729	634	241
腾冲县	Tengchong	25 106	25 023	15 360	2 906	6 757
龙陵县	Longling	10 141	10 130	6 904	201	3 025
昌宁县	Changning	10 801	10 723	7 456	308	2 959
昭 通 市	**Zhaotong**	**150 625**	**147 576**	**117 792**	**7 997**	**21 787**
昭阳区	Zhaoyang	22 849	21 958	14 387	2 769	4 802
鲁甸县	Ludian	12 828	12 825	8 486	123	4 216
巧家县	Qiaojia	10 738	10 553	8 350	1 049	1 154
盐津县	Yanjin	9 304	9 280	6 956	130	2 194
大关县	Daguan	6 109	6 106	5 208	70	828
永善县	Yongshan	11 134	10 023	8 343	696	984
绥江县	Suijiang	5 852	5 787	4 242	384	1 161
镇雄县	Zhenxiong	22 008	22 000	18 442	1 104	2 454
彝良县	Yiliang	11 731	11 723	11 133	181	409
威信县	Weixin	8 754	8 748	8 355	123	270
水富县	Shuifu	9 347	9 325	5 956	968	2 401
市 属	Directly Under Municipality	19 971	19 248	17 934	400	914
丽 江 市	**Lijiang**	**55 020**	**52 067**	**41 221**	**2 927**	**7 919**
古城区	Gucheng	19 874	17 629	12 716	1 032	3 881
玉龙县	Yulong	9 239	8 641	6 948	308	1 385
永胜县	Yongsheng	10 439	10 439	8 761	756	922
华坪县	Huaping	6 889	6 786	5 440	357	989
宁蒗县	Ninglang	8 579	8 572	7 356	474	742
思茅市	**Simao**	**127 310**	**117 930**	**84 199**	**5 142**	**28 589**
翠云区	Cuiyun	39 431	39 042	19 256	1 704	18 082
普洱县	Pu'er	9 764	9 334	8 434	139	761
墨江县	Mojiang	11 146	10 244	7 761	366	2 117
景东县	Jingdong	11 034	11 025	9 545	386	1 094
景谷县	Jinggu	13 855	13 009	8 903	442	3 664
镇沅县	Zhenyuan	8 806	7 772	6 471	725	576
江城县	Jiangcheng	5 928	5 784	4 270	602	912
孟连县	Menglian	7 324	6 227	4 998	268	961
澜沧县	Lancang	12 867	11 755	11 125	311	319
西盟县	Ximeng	7 155	3 738	3 436	199	103
临沧市	**Lincang**	**101 916**	**94 603**	**64 925**	**2 646**	**27 032**
临翔区	Linxiang	24 036	23 953	16 516	280	7 157

单位：人 (person)

地 区	Region	单位从业人员 Number of Employed Persons in Entities	职工人数 Number of Staff and Workers 合 计 Total	国有单位 State-owned Entities	城镇集体单位 Urban Collective -owned Entities	其他单位 Other Ownership Entities
凤庆县	Yunxian	12 170	11 231	7 402	223	3 606
云 县	Yongde	17 583	16 711	9 370	1 054	6 287
永德县	Shuangjiang	11 953	8 932	6 842	263	1 827
镇康县	Zhenkang	7 194	6 004	4 072	82	1 850
双江县	Gengma	7 667	7 516	5 072	413	2 031
耿马县	Fengqing	12 851	11 803	9 327	282	2 194
沧源县	Cangyuan	8 462	8 453	6 324	49	2 080
楚 雄 州	**Chuxiong**	**118 181**	**112 439**	**92 560**	**4 336**	**15 543**
楚雄市	Chuxiong	40 818	40 542	33 403	1 909	5 230
双柏县	Shuangbo	6 119	5 516	4 953	79	484
牟定县	Mouding	6 641	6 225	5 187	451	587
南华县	Nanhua	7 364	6 946	5 677	214	1 055
姚安县	Yao'an	6 616	6 570	5 367	213	990
大姚县	Dayao	12 797	11 379	9 524	249	1 606
永仁县	Yongren	4 442	4 038	3 597	78	363
元谋县	Yuanmou	7 092	6 900	5 724	202	974
武定县	Wuding	7 917	6 927	6 453	403	71
禄丰县	Lufeng	18 375	17 396	12 675	538	4 183
红 河 州	**Honghe**	**225 786**	**215 087**	**143 692**	**11 192**	**60 203**
个旧市	Gejiu	57 179	56 076	18 590	5 190	32 296
开远市	Kaiyuan	31 627	29 964	20 130	1 193	8 641
蒙自县	Mengzi	21 596	21 055	16 846	873	3 336
屏边县	Pingbian	4 603	4 596	4 011	496	89
建水县	Jianshui	22 845	21 976	14 691	1 419	5 848
石屏县	Shiping	10 307	9 538	8 632	232	674
弥勒县	Mile	24 400	21 373	17 056	262	4 032
泸西县	Luxi	13 967	13 638	10 944	622	2 053
元阳县	Yuanyang	7 808	7 532	6 660	200	672
红河县	Honghe	6 697	6 690	6 294	141	255
金平县	Jinping	8 939	8 436	6 805	201	1 430
绿春县	Luchun	6 074	5 232	4 873	123	236
河口县	Hekou	9 744	8 981	8 100	240	641
文 山 州	**Wenshan**	**114 760**	**108 529**	**91 361**	**3 757**	**13 411**
文山县	Wenshan	31 845	28 552	22 538	473	5 541
砚山县	Yanshan	14 131	14 051	12 853	473	725

23-7 续表3 continued

单位：人 (person)

地区	Region	单位从业人员 Number of Employed Persons in Entities	职工人数 Number of Staff and Workers 合计 Total	国有单位 State-owned Entities	城镇集体单位 Urban Collective -owned Entities	其他单位 Other Ownership Entities
西畴县	Xichou	7 233	7 227	6 115	377	735
麻栗坡县	Malipo	12 002	10 888	8 901	756	1 231
马关县	Maguan	12 081	10 936	8 522	197	2 217
丘北县	Qiubei	12 186	11 781	11 088	507	186
广南县	Guangnan	15 706	15 518	12 943	570	2 005
富宁县	Funing	9 576	9 576	8 401	404	771
西双版纳州	**Xishuangbanna**	**91 791**	**91 150**	**78 514**	**4 320**	**8 316**
景洪市	Jinghong	51 490	51 274	43 138	3 213	4 923
勐海县	Menghai	14 845	14 688	11 538	381	2 769
勐腊县	Mengla	25 456	25 188	23 838	726	624
大理州	**Dali**	**175 803**	**166 180**	**111 276**	**11 553**	**43 351**
大理市	Dali	86 194	81 016	45 695	8 984	26 337
漾濞县	Yangbi	4 349	4 035	3 751	76	208
祥云县	Xiangyun	17 941	17 114	9 371	427	7 316
宾川县	Binchuan	9 513	8 890	7 799	136	955
弥渡县	Midu	7 288	7 082	6 218	150	714
南涧县	Nanjian	6 095	5 630	4 976	306	348
巍山县	Weishan	8 982	8 021	6 954	327	740
永平县	Yongping	5 289	4 933	4 617	57	259
云龙县	Yunlong	5 868	5 671	4 929	134	608
洱源县	Eryuan	8 269	8 176	5 974	108	2 094
剑川县	Jianchuan	7 339	7 317	5 026	134	2 157
鹤庆县	Heqing	8 676	8 294	5 966	714	1 614
德宏州	**Dehong**	**77 452**	**75 053**	**57 835**	**4 032**	**13 186**
瑞丽市	Ruili	14 830	14 578	11 414	1 020	2 144
其中：畹町	Wanding	1 986	1 956	1 615	58	283
潞西市	Luxi	29 018	28 254	21 505	1 516	5 233
梁河县	Lianghe	6 889	6 566	5 278	172	1 116
盈江县	Yingjiang	12 974	12 430	9 510	1 165	1 755
陇川县	Longchuan	13 741	13 225	10 128	159	2 938
怒江州	**Nujiang**	**29 420**	**28 079**	**22 448**	**290**	**5 341**
泸水县	Lushui	12 483	12 448	10 466	38	1 944
福贡县	Fugong	4 222	3 418	3 210	123	85
贡山县	Gongshan	2 183	2 034	1 960	5	69
兰坪县	Lanping	**10 532**	10 179	6 812	124	3 243
迪庆州	**Diqing**	21 795	19 952	16 989	520	2 443
香格里拉县	Shangri-La	13 405	13 405	10 704	289	2 412
德钦县	Deqin	2 736	2 736	2 700	36	
维西县	Weixi	5 654	3 811	3 585	195	31

23-8 各县市职工工资总额（2005年）

Total Wages of Staff and Workers by County and City (2005)

单位：千元 (1 000 yuan)

地区	Region	职工工资总额 Total Wages of Staff and Workers			
		合计 Total	国有单位 State-owned Entities	城镇集体单位 Urban Collective -owned Entities	其他单位 Other Ownership Entities
全省合计	**Total**	**37 715 528**	**28 329 958**	**1 080 390**	**8 305 180**
昆明市	**Kunming**	**12 867 991**	**8 396 522**	**247 200**	**4 224 269**
五华区	Wuhua	221 922	145 782	6 951	69 189
盘龙区	Panlong	124 696	113 976	893	9 827
官渡区	Guandu	328 621	178 023	14 039	136 559
西山区	Xishan	127 142	95 853	5 359	25 930
东川区	Dongchuan	165 347	113 385	9 112	42 850
呈贡县	Chenggong	255 140	105 440	4 600	145 100
晋宁县	Jinning	204 820	169 038	4 485	31 297
富民县	Fuming	132 334	81 591	3 519	47 224
宜良县	Yiliang	251 988	183 840	9 116	59 032
石林县	Shilin	140 169	117 832	7 852	14 485
嵩明县	Songming	141 726	127 023	4 335	10 368
禄劝县	Luquan	180 425	167 111	8 408	4 906
寻甸县	Xundian	179 921	142 942	8 946	28 033
安宁市	Anning	963 165	864 067	29 615	69 483
曲靖市	**Qujing**	3 646 552	2 898 646	135 692	612 214
麒麟区	Qilin	1 083 053	901 829	58 389	122 835
马龙县	Malong	105 692	94 451	1 030	10 211
陆良县	Luliang	300 779	253 835	16 304	30 640
师宗县	Shizong	173 596	153 436	5 418	14 742
罗平县	Luoping	277 619	235 644	9 103	32 872
富源县	Fuyuan	301 787	269 957	7 826	24 004
会泽县	Huize	547 740	346 405	18 667	182 668
沾益县	Zhanyi	271 328	141 381	4 939	125 008
宣威市	Xuanwei	584 958	501 708	14 016	69 234
玉溪市	**Yuxi**	**2 271 500**	**1 871 199**	**88 554**	**311 747**
红塔区	Hongta	1 033 891	875 214	47 844	110 833
江川县	Jiangchuan	129 864	107 298	3 365	19 201
澄江县	Chengjiang	101 009	90 728	6 682	3 599
通海县	Tonghai	174 113	113 305	8 662	52 146
华宁县	Huaning	125 290	107 546	5 089	12 655
易门县	Yimen	140 754	122 464	2 078	16 212
峨山县	Eshan	151 502	113 101	4 650	33 751
新平县	Xinping	246 729	201 574	7 072	38 083
元江县	Yuanjiang	168 348	139 969	3 112	25 267

23-8 续表1 continued

单位：千元 (1 000 yuan)

地区	Region	职工工资总额 Total Wages of Staff and Workers			
		合计 Total	国有单位 State-owned Entities	城镇集体单位 Urban Collective -owned Entities	其他单位 Other Ownership Entities
保山市	**Baoshan**	**1 257 410**	**902 734**	**41 748**	**312 928**
隆阳区	Longyang	552 034	383 044	11 095	157 895
施甸县	Shidian	104 937	99 002	4 184	1 751
腾冲县	Tengchong	305 778	216 889	20 492	68 397
龙陵县	Longling	158 764	100 829	2 615	55 320
昌宁县	Changning	135 897	102 970	3 362	29 565
昭通市	**Zhaotong**	**2 107 992**	**1 854 161**	**70 047**	**183 784**
昭阳区	Zhaoyang	445 337	423 077	4 308	17 952
鲁甸县	Ludian	266 489	214 763	21 604	30 122
巧家县	Qiaojia	139 587	107 852	1 702	30 033
盐津县	Yanjin	143 936	124 135	9 236	10 565
大关县	Daguan	106 887	82 108	1 987	22 792
永善县	Yongshan	74 292	64 561	820	8 911
绥江县	Suijiang	125 508	114 867	3 650	6 991
镇雄县	Zhenxiong	76 877	63 125	2 248	11 504
彝良县	Yiliang	279 543	249 175	7 906	22 462
威信县	Weixin	138 560	134 263	1 832	2 465
水富县	Shuifu	129 297	126 144	346	2 807
市属	Directly Under Municipality	181 679	150 091	14 408	17 180
丽江市	**Lijiang**	**786 847**	**657 437**	**28 901**	**100 509**
古城区	Gucheng	297 446	237 482	8 351	51 613
玉龙县	Yulong	130 564	108 589	4 815	17 160
永胜县	Yongsheng	149 136	132 905	7 849	8 382
华坪县	Huaping	98 556	79 454	4 259	14 843
宁蒗县	Ninglang	111 145	99 007	3 627	8 511
思茅市	**Simao**	**145 678**	**121 305**	**4 767**	**19 606**
翠云区	Cuiyun	40 266	30 262	1 384	8 620
普洱县	Pu'er	12 981	11 956	187	838
墨江县	Mojiang	13 851	11 115	457	2 279
景东县	Jingdong	14 260	12 911	397	952
景谷县	Jinggu	16 706	12 098	482	4 126
镇沅县	Zhenyuan	10 087	8 942	567	578
江城县	Jiangcheng	7 035	5 698	545	792
孟连县	Menglian	8 421	7 205	252	964
澜沧县	Lancang	16 679	16 042	280	357
西盟县	Ximeng	5 392	5 076	216	100
临沧市	**Lincang**	**1 255 917**	**979 317**	**26 740**	**249 860**
临翔区	Linxiang	329 846	267 331	3 859	58 656

23-8 续表2 continued

单位：千元 (1 000 yuan)

地 区	Region	职工工资总额 Total Wages of Staff and Workers			
		合 计 Total	国 有 单 位 State-owned Entities	城镇集体 单 位 Urban Collective -owned Entities	其 他 单 位 Other Ownership Entities
凤庆县	Yunxian	137 372	103 475	3 498	30 399
云 县	Yongde	208 408	148 330	7 637	52 441
永德县	Shuangjiang	132 286	107 340	2 862	22 084
镇康县	Zhenkang	85 645	59 434	1 428	24 783
双江县	Gengma	99 516	74 555	4 008	20 953
耿马县	Fengqing	166 835	137 434	2 805	26 596
沧源县	Cangyuan	96 009	81 418	643	13 948
楚 雄 州	**Chuxiong**	**1 675 278**	**1 458 286**	**49 196**	**167 796**
楚雄市	Chuxiong	655 057	573 946	20 203	60 908
双柏县	Shuangbo	77 118	71 758	707	4 653
牟定县	Mouding	82 569	76 356	3 598	2 615
南华县	Nanhua	104 415	89 964	2 978	11 473
姚安县	Yao'an	87 082	76 487	2 334	8 261
大姚县	Dayao	168 195	152 092	2 963	13 140
永仁县	Yongren	61 039	55 491	1 010	4 538
元谋县	Yuanmou	95 068	84 847	2 925	7 296
武定县	Wuding	102 314	95 084	5 925	1 305
禄丰县	Lufeng	242 421	182 261	6 553	53 607
红 河 州	**Honghe**	**3 199 149**	**2 238 088**	**109 503**	**851 558**
个旧市	Gejiu	812 782	286 659	55 843	470 280
开远市	Kaiyuan	530 190	370 375	8 895	150 920
蒙自县	Mengzi	302 069	252 399	6 385	43 285
屏边县	Pingbian	60 687	55 004	5 000	683
建水县	Jianshui	289 042	205 284	12 880	70 878
石屏县	Shiping	127 536	118 206	3 760	5 570
弥勒县	Mile	411 691	363 283	2 571	45 837
泸西县	Luxi	180 541	149 124	5 220	26 197
元阳县	Yuanyang	94 022	87 397	1 960	4 665
红河县	Honghe	87 137	82 373	767	3 997
金平县	Jinping	111 632	91 148	2 620	17 864
绿春县	Luchun	55 575	53 332	839	1 404
河口县	Hekou	136 245	123 504	2 763	9 978
文 山 州	**Wenshan**	**1 604 258**	**1 376 114**	**37 898**	**190 246**
文山县	Wenshan	475 436	386 642	6 984	81 810
砚山县	Yanshan	187 546	175 587	3 584	8 375

23-8 续表3 continued

单位：千元 (1 000 yuan)

地区	Region	职工工资总额 Total Wages of Staff and Workers 合计 Total	国有单位 State-owned Entities	城镇集体单位 Urban Collective -owned Entities	其他单位 Other Ownership Entities
西畴县	Xichou	97 191	82 020	2 388	12 783
麻栗坡县	Malipo	159 791	136 907	7 509	15 375
马关县	Maguan	169 664	133 805	3 158	32 701
丘北县	Qiubei	150 221	145 221	3 884	1 116
广南县	Guangnan	215 454	178 881	5 882	30 691
富宁县	Funing	148 955	137 051	4 509	3 395
西双版纳州	**Xishuangbanna**	**1 298 598**	**1 171 045**	**41 573**	**85 980**
景洪市	Jinghong	762 033	677 082	29 635	55 316
勐海县	Menghai	197 715	168 853	4 478	24 384
勐腊县	Mengla	338 850	325 110	7 460	6 280
大理州	**Dali**	**2 513 610**	**1 884 213**	**112 583**	**516 814**
大理市	Dali	1 265 373	858 836	77 127	329 410
漾濞县	Yangbi	67 529	61 186	1 102	5 241
祥云县	Xiangyun	248 022	173 699	5 787	68 536
宾川县	Binchuan	130 873	113 804	1 787	15 282
弥渡县	Midu	97 268	86 975	1 744	8 549
南涧县	Nanjian	94 520	87 011	3 887	3 622
巍山县	Weishan	115 506	106 472	4 255	4 779
永平县	Yongping	70 460	65 960	1 126	3 374
云龙县	Yunlong	74 783	66 137	2 224	6 422
洱源县	Eryuan	124 741	94 060	1 332	29 349
剑川县	Jianchuan	100 444	75 906	2 313	22 225
鹤庆县	Heqing	124 091	94 167	9 899	20 025
德宏州	**Dehong**	**923 843**	**734 484**	**31 803**	**157 556**
瑞丽市	Ruili	176 631	140 019	8 399	28 213
其中：畹町	Wanding	22 800	19 799	462	2 539
潞西市	Luxi	381 248	306 443	12 190	62 615
梁河县	Lianghe	88 061	77 089	2 060	8 912
盈江县	Yingjiang	152 678	114 735	7 561	30 382
陇川县	Longchuan	125 225	96 198	1 593	27 434
怒江州	**Nujiang**	**479 586**	**351 452**	**3 612**	**124 522**
泸水县	Lushui	195 118	171 347	360	23 411
福贡县	Fugong	50 538	48 147	1 249	1 142
贡山县	Gongshan	31 083	30 298	85	700
兰坪县	Lanping	202 847	101 660	1 918	99 269
迪庆州	**Diqing**	**406 977**	**379 964**	**7 677**	**19 336**
香格里拉县	Shangri-La	255 971	235 766	4 247	15 958
德钦县	Deqin	57 831	57 109	722	
维西县	Weixi	93 175	87 089	2 708	3 378

23-9 各县市职工平均工资（2005年）
Average Wages of Staff and Workers by County and City (2005)

单位：元 / 人 (yuan/person)

地 区	Region	职工平均工资 Average Wage of Staff and Workers			
		合计 Total	国有单位 State-owned Entities	城镇集体单位 Urban Collective -owned Entities	其他单位 Other Ownership Entities
全省合计	**Total**	**16 140**	**16 900**	**10 516**	**14 894**
昆 明 市	**Kunming**	19 121	19 783	11 642	18 594
五华区	Wuhua	14 328	15 745	9 548	12 575
盘龙区	Panlong	13 827	14 203	7 765	11 192
官渡区	Guandu	11 750	12 730	16 654	10 393
西山区	Xishan	11 957	12 839	11 402	9 614
东川区	Dongchuan	12 580	13 069	8 580	12 581
呈贡县	Chenggong	21 609	15 639	10 222	31 441
晋宁县	Jinning	13 569	14 594	7 328	10 792
富民县	Fuming	13 362	14 762	11 243	11 620
宜良县	Yiliang	14 021	15 971	8 496	10 956
石林县	Shilin	11 571	11 711	9 754	11 616
嵩明县	Songming	12 898	12 544	14 547	18 383
禄劝县	Luquan	15 250	15 509	14 373	10 416
寻甸县	Xundian	13 060	13 278	12 255	12 290
安宁市	Anning	24 525	25 174	18 767	20 618
曲 靖 市	**Qujing**	16 265	16 311	14 822	16 397
麒麟区	Qilin	17 357	18 642	16 282	11 768
马龙县	Malong	15 872	16 951	11 573	10 232
陆良县	Luliang	13 453	13 635	15 498	11 390
师宗县	Shizong	13 889	13 889	11 602	11 051
罗平县	Luoping	18 480	18 480	12 385	14 132
富源县	Fuyuan	14 321	14 321	11 663	10 673
会泽县	Huize	18 532	18 532	22 223	19 579
沾益县	Zhanyi	15 996	15 996	12 729	20 814
宣威市	Xuanwei	15 529	15 529	10 562	35 234
玉 溪 市	**Yuxi**	**18 241**	**20 594**	**9 582**	**12 764**
红塔区	Hongta	22 924	26 675	8 628	16 432
江川县	Jiangchuan	15 663	17 450	16 495	9 908
澄江县	Chengjiang	15 899	17 041	10 063	9 860
通海县	Tonghai	14 430	15 435	12 081	13 011
华宁县	Huaning	14 859	15 675	11 890	11 072
易门县	Yimen	14 333	16 244	12 518	7 665
峨山县	Eshan	15 512	17 500	7 598	12 538
新平县	Xinping	17 974	19 620	12 321	13 228
元江县	Yuanjiang	15 346	17 282	9 373	9 952

23-9 续表1 continued

单位：元 / 人 (yuan/person)

地 区	Region	职工平均工资 Average Wage of Staff and Workers			
		合计 Total	国有单位 State-owned Entities	城镇集体单位 Urban Collective-owned Entities	其他单位 Other Ownership Entities
保 山 市	**Baoshan**	13 015	14 122	7 990	11 392
隆阳区	Longyang	13 174	14 266	9 889	11 334
施甸县	Shidian	12 186	12 866	6 226	7 176
腾冲县	Tengchong	12 485	14 592	7 052	10 177
龙陵县	Longling	15 226	22 000	12 034	16 252
昌宁县	Changning	16 473	13 467	10 916	9 153
昭 通 市	**Zhaotong**	14 590	15 827	9 293	9 285
昭阳区	Zhaoyang	12 312	14 914	7 925	6 667
鲁甸县	Ludian	11 202	12 665	13 297	7 868
巧家县	Qiaojia	14 033	15 124	10 007	9 383
盐津县	Yanjin	11 912	11 927	15 285	11 635
大关县	Daguan	12 457	12 416	11 714	12 840
永善县	Yongshan	13 250	13 821	9 217	9 139
绥江县	Suijiang	13 287	14 673	6 193	10 262
镇雄县	Zhenxiong	12 882	13 488	6 763	10 915
彝良县	Yiliang	11 580	11 802	10 122	6 042
威信县	Weixin	15 595	15 941	3 204	10 396
水富县	Shuifu	20 322	25 740	15 024	7 991
市 属	Directly Under Municipality	23 403	23 854	11 190	19 771
丽 江 市	**Lijiang**	15 183	16 041	9 731	12 774
古城区	Gucheng	17 071	18 949	7 841	13 490
玉龙县	Yulong	15 127	15 795	14 591	12 034
永胜县	Yongsheng	14 174	15 062	10 536	8 795
华坪县	Huaping	14 610	14 641	11 963	15 413
宁蒗县	Ninglang	13 076	13 514	7 652	12 159
思茅市	**Simao**	12 407	14 359	10 561	6 899
翠云区	Cuiyun	10 560	15 842	12 871	4 759
普洱县	Pu'er	13 854	13 998	13 432	12 151
墨江县	Mojiang	13 742	14 549	12 427	10 999
景东县	Jingdong	12 447	13 141	9 363	7 882
景谷县	Jinggu	12 677	13 396	10 540	11 182
镇沅县	Zhenyuan	12 899	13 829	7 643	9 451
江城县	Jiangcheng	12 375	13 306	10 039	9 212
孟连县	Menglian	13 689	14 468	9 696	10 574
澜沧县	Lancang	14 202	14 434	9 000	10 971
西盟县	Ximeng	14 199	14 502	11 124	9 718
临沧市	**Lincang**	**13 352**	**15 178**	**10 045**	**9 296**
临翔区	Linxiang	13 945	16 545	13 588	8 133

23-9 续表2 continued

单位：元／人 (yuan/person)

地 区	Region	职工平均工资 Average Wage of Staff and Workers			
		合计 Total	国有单位 State-owned Entities	城镇集体单位 Urban Collective-owned Entities	其他单位 Other Ownership Entities
凤庆县	Yunxian	12 624	13 925	15 686	9 417
云 县	Yongde	12 600	15 835	7 232	8 572
永德县	Shuangjiang	14 475	15 595	10 600	11 120
镇康县	Zhenkang	14 399	14 621	17 415	13 761
双江县	Gengma	12 917	14 781	9 681	9 329
耿马县	Fengqing	14 119	14 680	9 877	12 256
沧源县	Cangyuan	11 458	13 102	13 122	6 592
楚 雄 州	**Chuxiong**	**14 940**	**15 783**	**11 018**	**10 986**
楚雄市	Chuxiong	16 092	17 201	9 803	11 538
双柏县	Shuangbo	13 956	14 529	8 622	9 214
牟定县	Mouding	13 787	14 701	8 329	7 204
南华县	Nanhua	14 991	15 791	13 981	10 875
姚安县	Yao'an	13 437	14 281	11 009	9 048
大姚县	Dayao	14 971	16 218	10 582	8 332
永仁县	Yongren	15 071	15 367	13 289	12 501
元谋县	Yuanmou	13 868	14 891	14 480	7 640
武定县	Wuding	14 612	14 633	14 850	12 429
禄丰县	Lufeng	13 993	14 398	12 900	12 893
红 河 州	**Honghe**	**14 819**	**15 567**	**9 173**	**14 151**
个旧市	Gejiu	14 392	15 520	9 697	14 585
开远市	Kaiyuan	17 196	18 209	7 297	16 275
蒙自县	Mengzi	14 282	15 005	7 264	12 543
屏边县	Pingbian	13 201	13 720	10 020	7 674
建水县	Jianshui	13 004	13 572	8 125	12 840
石屏县	Shiping	13 423	13 814	14 980	8 038
弥勒县	Mile	19 674	21 444	10 409	12 296
泸西县	Luxi	13 362	13 771	8 794	12 528
元阳县	Yuanyang	12 565	13 220	9 800	6 942
红河县	Honghe	13 458	13 555	5 479	15 492
金平县	Jinping	13 211	13 320	13 100	12 697
绿春县	Luchun	10 415	10 851	6 659	4 759
河口县	Hekou	15 266	14 994	11 324	22 473
文 山 州	**Wenshan**	**14 922**	**15 208**	**10 066**	**14 348**
文山县	Wenshan	16 956	17 503	14 734	14 943
砚山县	Yanshan	13 390	13 710	7 545	11 568

23-9 续表3 continued

单位：元 / 人 (yuan/person)

地 区	Region	职工平均工资 Average Wage of Staff and Workers 合计 Total	国有单位 State-owned Entities	城镇集体单位 Urban Collective -owned Entities	其他单位 Other Ownership Entities
西畴县	Xichou	13 551	13 557	6 187	17 368
麻栗坡县	Malipo	15 085	15 851	9 933	12 813
马关县	Maguan	15 586	15 762	16 195	14 851
丘北县	Qiubei	12 741	13 087	7 661	6 000
广南县	Guangnan	13 985	13 941	10 319	15 307
富宁县	Funing	15 474	16 136	11 216	10 116
西双版纳州	**Xishuangbanna**	**14 313**	**14 860**	**9 741**	**11 230**
景洪市	Jinghong	14 848	15 676	9 270	11 214
勐海县	Menghai	13 888	14 330	12 722	11 606
勐腊县	Mengla	13 463	13 643	10 376	10 097
大 理 州	**Dali**	**15 155**	**16 828**	**9 869**	**12 165**
大 理 市	Dali	15 675	18 796	8 656	12 611
漾濞县	Yangbi	16 657	16 334	14 500	22 590
祥云县	Xiangyun	14 460	17 496	13 585	10 082
宾川县	Binchuan	14 668	14 540	13 961	15 803
弥渡县	Midu	13 203	13 375	13 212	11 679
南涧县	Nanjian	16 936	17 606	12 661	10 909
巍山县	Weishan	14 577	15 485	14 043	6 415
永平县	Yongping	14 359	14 367	19 754	13 027
云龙县	Yunlong	13 255	13 478	18 081	10 493
洱源县	Eryuan	15 309	15 894	14 637	13 721
剑川县	Jianchuan	13 896	14 978	17 391	10 964
鹤庆县	Heqing	15 107	15 768	13 711	13 174
德 宏 州	**Dehong**	**12 608**	**12 830**	**8 956**	**12 631**
瑞丽市	Ruili	12 093	12 157	9 179	12 983
其中：畹町	Wanding	11 621	12 169	7 966	9 166
潞西市	Luxi	13 638	14 335	8 143	12 323
梁河县	Lianghe	13 438	14 284	11 771	9 085
盈江县	Yingjiang	13 146	12 760	9 559	16 593
陇川县	Longchuan	9 981	9 654	9 208	11 393
怒 江 州	**Nujiang**	**17 510**	**15 686**	**12 412**	**26 528**
泸水县	Lushui	15 883	16 644	9 474	11 993
福贡县	Fugong	15 278	15 546	10 073	13 126
贡山县	Gongshan	15 549	15 739	17 000	10 145
兰坪县	Lanping	20 703	14 343	15 468	38 387
迪 庆 州	**Diqing**	**20 772**	**22 562**	**14 878**	**8 648**
香格里拉县	Shangri-La	19 095	22 025	14 695	6 616
德钦县	Deqin	21 137	21 151	20 055	
维西县	Weixi	17 252	18 735	8 738	8 256

23-10 主要年份各县市国有经济固定资产投资
Investment in Fixed Assets of State-Owned Economy by County and City in Significant Years

单位：万元　　　　(10 000 yuan)

地　区	Region	1978年	1985年	1990年	1995年	2000年	2004年	2005年
全省合计	**Total**	**135 001**	**337 201**	**512 178**	**2 628 381**	**4 661 973**	**6 173 384**	**8 152 698**
昆 明 市	**Kunming**	**23 156**	**111 522**	**170 165**	**927 048**	**1 209 628**	**1 175 238**	**1 719 048**
五华区	Wuhua	2 604	17 584	24 321	172 540	196 321	119 321	475 027
盘龙区	Panlong	4 566	21 988	23 886	159 643	319 361	239 627	233 759
官渡区	Guandu	5 895	26 495	43 872	272 011	333 342	325 518	297 878
西山区	Xishan	4 269	20 077	16 130	72 536	140 147	127 498	103 298
东川区	Dongchuan	570	2 905	4 083	10 435	7 506	26 231	31 203
呈贡县	Chenggong	408	1 702	1 987	18 975	41 705	3 542	104 915
晋宁县	Jinning	1 983	5 130	13 230	26 664	19 284	12 990	7 965
富民县	Fuming	107	491	455	1 469	7 001	7 480	12 595
宜良县	Yiliang	576	2 306	4 104	14 160	43 171	30 200	22 190
石林县	Shilin	245	783	866	3 399	7 230	18 182	22 287
嵩明县	Songming	386	1 139	1 145	4 080	9 201	13 387	32 649
禄劝县	Luquan	246	320	1 463	3 513	10 294	30 948	15 385
寻甸县	Xundian	836	563	419	4 291	12 231	12 906	26 945
安宁市	Anning	1 871	4 526	25 954	17 805	62 834	161 694	216 804
不分县	Not to County		8 981	13 330			45 714	116 148
曲 靖 市	**Qujing**	**20 808**	**44 712**	**70 297**	**271 057**	**395 602**	**914 411**	**932 479**
麒麟区	Qilin	9 400	14 771	19 873	150 569	177 415	225 526	223 440
马龙县	Malong	2 038	786	453	4 741	5 052	3 718	5 335
陆良县	Luliang	1 004	1 235	1 595	16 111	9 656	39 236	44 560
师宗县	Shizong	275	746	876	8 829	4 380	55 748	94 949
罗平县	Luoping	1 495	15 813	29 423	2 299	13 620	69 508	46 548
富源县	Fuyuan	1 441	2 481	2 829	11 016	15 585	168 858	318 581
会泽县	Huize	556	3 857	2 548	25 550	22 149	101 692	
沾益县	Zhanyi					28 098	82 846	39 832
宣威市	Xuanwei	2 763	4 356	11 226	47 651	119 647	163 879	159 234
不分县	Not to County		104	1 055			3 400	
玉 溪 市	**Yuxi**	**3 062**	**19 347**	**21 682**	**241 628**	**288 466**	**333 465**	**406 130**
红塔区	Hongta	1 057	9 943	10 030	145 681	169 291	202 689	256 836
江川县	Jiangchuan	127	603	781	8 629	12 075	21 829	21 464
澄江县	Chengjiang	239	1 390	1 656	17 715	14 895	16 024	8 120
通海县	Tonghai	174	714	1 223	5 408	25 932	18 215	10 965
华宁县	Huaning	399	297	1 010	7 076	9 985	27 384	20 958
易门县	Yimen	357	1 469	2 952	13 435	12 990	3 999	8 953
峨山县	Eshan	89	1 626	1 114	10 935	10 154	7 861	9 784
新平县	Xinping	306	1 558	744	22 701	18 077	26 580	52 255
元江县	Yuanjiang	314	1 691	1 547	10 048	15 067	8 884	8 146
不分县	Not to County		56	625				8649

23-10 续表1 continued

单位：万元 (10 000 yuan)

地 区	Region	1978年	1985年	1990年	1995年	2000年	2004年	2005年
保 山 市	**Baoshan**	**2 335**	**5 777**	**12 092**	**42 769**	**82 225**	**139 030**	**302 572**
隆阳区	Longyang	1 495	2 850	5 047	20 634	24 433	54 528	73 025
施甸县	Shidian	334	218	665	1 279	4 356	16 084	23 910
腾冲县	Tengchong	130	695	692	9 776	31 190	25 872	25 148
龙陵县	Longling	229	435	2 811	2 819	7 307	12 305	145 197
昌宁县	Changning	147	1 571	2 054	8 261	14 939	29 125	35 292
不分县	Not to County		8	823			1 116	
昭 通 市	**Zhaotong**	**4 546**	**9 893**	**12 146**	**77 413**	**158 124**	**341 454**	**407 280**
昭阳区	Zhaoyang	1 091	3 682	4 720	43 835	84 668	37 991	261 011
鲁甸县	Ludian	188	176	673	4 090	6 576	13 852	16 524
巧家县	Qiaojia	108	1 320	710	3 170	9 881	16 952	17 066
盐津县	Yanjin	664	306	199	1 129	5 670	7 239	4 182
大关县	Daguan	92	139	283	2 511	410	6 602	5 371
永善县	Yongshan	182	271	772	2 323	6 208	130 560	10 332
绥江县	Suijiang	52	333	421	2 360	2 737	4 460	695
镇雄县	Zhenxiong	254	1 252	770	2 648	6 088	9 233	11 311
彝良县	Yiliang	317	923	1 195	2 187	4 138	7 558	5 922
威信县	Weixin	274	225	467	2 602	4 973	5 809	8 173
水富县	Shuifu	1 324	1 216	1 340	10 558	26 775	14 535	66 693
不分县	Not to County		50	596			86 663	
丽 江 市	**Lijiang**	**2 540**	**3 344**	**6 504**	**33 897**	**62 508**	**112 641**	**116 142**
古城区	Gucheng	1 908	1 838	2 162	24 121	36 726	32 860	40 154
玉龙县	Yulong						39 198	35 326
永胜县	Yongsheng	228	321	597	1 644	9 127	22 903	9 786
华坪县	Huaping	135	610	451	4 400	8 616	9 614	15 819
宁蒗县	Ninglang	269	541	372	3 732	8 039	8 066	15 057
不分县	Not to County		34	171				
思 茅 市	**Simao**	**3 121**	**10 607**	**17 302**	**42 200**	**74 872**	**104 391**	**94 580**
翠云区	Cuiyun	824	2 725	2 839	11 130	29 599	54 945	26 977
普洱县	Pu'er	467	1 627	2 077	4 838	8 460	1 939	11 436
墨江县	Mojiang	239	773	1 226	4 504	2 753	11 629	13 575
景东县	Jingdong	250	689	512	4 435	8 699	7 621	8 981
景谷县	Jinggu	225	1 102	1 649	8 142	8 405	5 572	13 455
镇沅县	Zhenyuan	88	418	902	2 268	3 050	3 934	3 505
江城县	Jiangcheng	134	336	595	1 909	898	3 904	3 318
孟连县	Menglian	391	486	709	996	5 000	9 298	6 456
澜沧县	Lancang	437	1 010	5 935	3 569	3 970	2 928	2 137
西盟县	Ximeng	66	138	628	409	4 038	2 621	4 740
不分县	Not to County		1 303	230				
临 沧 市	**Lincang**	**2 790**	**6 360**	**28 640**	**100 588**	**201 231**	**257 125**	**284 984**
临翔区	Linxiang	414	1 111	2 233	16 768	43 796	117 375	52 637
凤庆县	Fengqing	176	156	419	6 095	7 594	39 375	60 090
云 县	Yuanxian	206	2 060	15 495	56 812	119 651	11 216	26 877
永德县	Yongde	160	403	762	6 541	13 763	23 058	46 258
镇康县	Zhenkang	135	377	303	3 012	1 672	13 431	19 793
双江县	Shuangjiang	143	484	1 480	3 587	3 379	8 805	14 041
耿马县	Gengma	620	933	5 426	8 122	6 802	23 247	36 470
沧源县	Cangyuan	936	438	2 429	2 663	4 574	20 618	28 818
不分县	Not to County		398	93				

23-10 续表2 continued

单位：万元 (10 000 yuan)

地 区	Region	1978年	1985年	1990年	1995年	2000年	2004年	2005年
楚 雄 州	**Chuxiong**	**4 332**	**13 671**	**16 863**	**77 171**	**101 146**	**256 638**	**363 240**
楚雄市	Chuxiong	862	5 069	6 617	31 045	49 513	72 128	52 634
双柏县	Shuangbo	33	650	344	3 730	4 146	5 830	12 392
牟定县	Mouding	264	489	851	5 129	4 296	12 106	7 568
南华县	Nanhua	301	2 146	1 088	1 493	6 470	9 912	5 446
姚安县	Yao'an	279	269	221	1 873	6 911	13 461	11 059
大姚县	Dayao	690	1 245	1 843	4 973	8 127	24 475	25 338
永仁县	Yongren	80	298	160	1 999	2 719	10 947	4 213
元谋县	Yuanmou	216	1 110	445	1 603	5 412	13 389	14 458
武定县	Wuding	149	302	285	1 599	3 889	9 710	7 824
禄丰县	Lufeng	1 458	2 063	4 773	14 218	9663	23 106	25 054
不分县	Not to County		30	236			61 574	197 254
红 河 州	**Honghe**	**12 826**	**43 599**	**48 916**	**223 040**	**280 010**	**494 656**	**692 437**
个旧市	Gejiu	2 197	11 771	8 913	30 673	85 338	128 279	50 299
开远市	Kaiyuan	2 312	22 948	22 971	42 616	45 211	55 686	79 347
蒙自县	Mengzi	459	1 727	1 071	12 293	28 172	67 654	211 810
屏边县	Pingbian	104	205	192	2 427	1 746	5 340	3 406
建水县	Jianshui	633	1 616	7 378	11 577	16 273	45 520	33 581
石屏县	Shiping	395	201	326	8 137	11 582	16 535	18 480
弥勒县	Mile	3 733	1 703	3 081	65 996	48 997	65 430	29 933
泸西县	Luxi	328	550	960	12 578	15 290	23 373	18 198
元阳县	Yuanyang	308	390	724	13 062	4 267	14 609	18 293
红河县	Honghe	228	225	171	3 957	4 894	17 278	23 310
金平县	Jinping	411	1 265	424	6 429	4 112	8 518	8 380
绿春县	Luchun	469	232	194	934	4 908	28 804	78 060
河口县	Hekou	1 249	740	1 023	12 361	9 220	17 630	119 340
不分县	Not to County		28	1 488				
文 山 州	**Wenshan**	**2 557**	**7 954**	**6 435**	**53 517**	**85 666**	**158 716**	**421 020**
文山县	Wenshan	432	1 443	2 092	19 507	36 836	40 003	40 803
砚山县	Yangshan	175	897	688	4 799	13 306	45 719	61 885
西畴县	Xichou	156	659	160	5 406	2 300	8 443	7 174
麻栗坡县	Malipo	355	1 882	730	6 181	3 875	8 714	7 619
马关县	Maguan	351	890	272	6 705	8 971	2 935	3 952
丘北县	Qiubei	487	577	565	5 894	5 421	12 557	13 827
广南县	Guangnan	344	845	1 357	2 476	6 350	16 645	96 444
富宁县	Funing	257	736	350	2 549	8 607	16 451	189 316
不分县	Not to County		25	221			7 249	
西双版纳州	**Xishuangbanna**	**4 215**	**6 041**	**14 176**	**61 863**	**85 279**	**81 092**	**232 491**
景洪市	Jinghong	2 421	3 232	7 299	34 521	63 520	44 115	41 209
勐海县	Menghai	594	930	2 892	7 549	5 710	12 450	9 625
勐腊县	Mengla	1 200	1 854	3 862	19 793	16 049	24 527	181 657
不分县	Not to County		25	123				

23-10 续表3 continued

单位：万元 (10 000 yuan)

地 区	Region	1978年	1985年	1990年	1995年	2000年	2004年	2005年
大 理 州	**Dali**	**11 078**	**15 610**	**12 589**	**108 80 2**	**143 127**	**233 390**	**402 763**
大理市	Dali	7 867	8 195	6 140	68 901	77 776	122 479	151 834
漾濞县	yangbi	917	3 203	201	2 778	4 228	3 057	6 053
祥云县	Xiangyun	579	286	333	5 771	4 448	14 260	11 789
宾川县	Binchuang	464	922	1 514	8 303	8 448	22 723	25 346
弥渡县	Midu	237	591	289	2 679	5 839	8 609	54 474
南涧县	Nanjian	139	261	100	1 391	6 383	11 487	7 845
巍山县	Weishan	156	383	794	1 221	4 161	13 543	14 782
永平县	Yongping	140	288	179	1 226	3 910	8 857	10 968
云龙县	Yunlong	176	270	266	3 447	4 172	6 087	2 118
洱源县	Eryuan	193	325	1 019	3 358	7 833	5 653	12 020
剑川县	Jianchuan	68	227	194	2 405	5 185	5 268	5 110
鹤庆县	Heqing	142	548	660	7 322	10 744	11 367	7 723
不分县	Not to County		111	900				92701
德 宏 州	**Dehong**	**3 428**	**7 962**	**10 962**	**66 391**	**73 669**	**60 469**	**81 364**
瑞丽市	Ruili	1 186	1 519	2 426	30 710	36 712	12 302	12 569
其中：畹町	Wanding		429	684	4787	1065		
潞西市	Luxi	1 031	4 109	4 203	9 987	14 186	21 061	26 543
梁河县	Lianghe	192	309	632	1 382	3 900	5 162	289
盈江县	Yingjiang	413	883	1 862	7 985	10 658	13 853	18 719
陇川县	Longchuan	606	1 123	1 255	2 854	8 213	8 091	23 244
不分县	Not to County		19	584				
怒 江 州	**Nujiang**	**1 174**	**1 926**	**7 156**	**9 058**	**27 153**	**53 867**	**62 814**
泸水县	Lushui	840	501	5 151	4 339	14 028	29 023	43 521
福贡县	Fugong	57	134	295	806	4 367	7 088	
贡山县	Gongshan	39	213	342	2 260	2 382	1 631	677
兰坪县	Lanping	211	595	1 293	1 653	6 376	16 125	12 652
不分县	Not to County		299	75				5964
迪 庆 州	**Diqing**	**627**	**1 850**	**3 682**	**13 576**	**50 849**	**124 181**	**127 554**
香格里拉县	Shangri-La	372	1 176	2 514	8 901	36 101	67 178	72 939
德钦县	Deqin	81	330	263	689	6 412	28 842	41 104
维西县	Weixi	174	191	724	3 986	8 336	28 161	13 511
不分县	Not to County		153	181				
不分地区	**Not to Prefecture**	**14 573**	**24 121**	**51 239**	**271 373**	**1 342 418**	**1 332 620**	**1 505 800**

23-11 各县市基本建设和更新改造投资主要指标（2005年）

Principal Indicators on Investment in Capital Construction and Innovation by County and City (2005)

地 区	Region	基本建设竣工项目（个） Number of Completed Projects of Capital Construction (unit)	投资完成额（万元） Investment Completed (10 000 yuan)	新增固定资产（万元） Newly Increased Fixed Assets (10 000 yuan)	更新改造竣工项目（个） Number of Completed Projects of Innovation (unit)	投资完成额（万元） Investment Completed (10 000 yuan)	新增固定资产（万元） Newly Increased Fixed Assets (10 000 yuan)
全省合计	**Total**	**3 465**	**9 818 421**	**4 399 601**	**1 086**	**2 823 322**	**1 356 794**
昆明市	**Kunming**	**427**	**1 593 502**	**569 230**	**439**	**1 023 654**	**289 101**
五华区	Wuhua	20	367 070	107 159	191	164 866	102 834
盘龙区	Panlong	11	203 444	66 234	146	86 785	61 350
官渡区	Guandu	14	349 254	62 232	11	123 461	17 831
西山区	Xishan	56	99 310	104 006	56	130 673	16 280
东川区	Dongchuan	39	51 858	24 218	9	17 396	8 697
呈贡县	Chenggong	34	152 782	49 136	1	14 753	12 773
晋宁县	Jinning	1	15 035	14 253	10	8 319	6 990
富民县	Fuming	51	19 257	11 791	6	2 659	2 659
宜良县	Yiliang	41	33 257	25 844		2 243	
石林县	Shilin	30	20 609	15 736	2	1 002	484
嵩明县	Songming	11	26 466	16 029	1	6 183	5 884
禄劝县	Luquan	75	59 621	19 013		1 000	
寻甸县	Xundian	43	50 266	50 207	1	31 500	31 500
安宁市	Anning	1	29 125	3 372	5	384 207	21 819
不分县	Not to County		116 148			48 607	
曲靖市	**Qujing**	**210**	**1 267 879**	**558 868**	**89**	**409 446**	**154 806**
麒麟区	Qilin	57	198 561	123 951	32	135 004	78 087
马龙县	Malong	13	5 335	6 480			
陆良县	Luliang	9	81 154	14 264	4	23 154	7 061
师宗县	Shizong	46	113 069	28 642		15 300	
罗平县	Luoping	9	107 266	132 163	1	6 163	2 699
富源县	Fuyuan	14	448 560	11 999	40	56 177	22 067
会泽县	Huize						
沾益县	Zhanyi	35	132 543	40 625	8	54 135	26 099
宣威市	Xuanwei	27	181 391	200 744	4	119 513	18 793
不分县	Not to County						
玉溪市	**Yuxi**	**233**	**246 283**	**315 170**	**38**	**273 100**	**63 068**
红塔区	Hongta	68	68 189	41 138	28	211 456	33 625
江川县	Jiangchuan	42	20 688	25 937	3	13 821	14 500
澄江县	Chengjiang	21	7 340	204 905			
通海县	Tonghai	40	13 545	8 439	2	5 531	2 626
华宁县	Huaning	12	30 532	11 831	1	3 735	3 600
易门县	Yimen	3	24 439	6 871		1 739	584
峨山县	Eshan	22	7 341	4 172	3	4 345	6 658
新平县	Xinping	9	57 539	6 115		2 613	
元江县	Yuanjiang	16	8 021	5 113	1	5 319	1 475
不分县	Not to County		8 649	649		24 541	

23-11 续表1 continued

地区	Region	基本建设竣工项目（个）Number of Completed Projects of Capital Construction (unit)	投资完成额（万元）Investment Completed (10 000 yuan)	新增固定资产（万元）Newly Increased Fixed Assets (10 000 yuan)	更新改造竣工项目（个）Number of Completed Projects of Innovation (unit)	投资完成额（万元）Investment Completed (10 000 yuan)	新增固定资产（万元）Newly Increased Fixed Assets (10 000 yuan)
保山市	**Baoshan**	**275**	**379 827**	**199 981**	**21**	**30 894**	**16 608**
隆阳区	Longyang	119	87 158	43 366	8	14 945	10 223
施甸县	Shidian	1	17 193	3 161	2	4 400	1 445
腾冲县	Tengchong	27	57 769	29 789	2	2 227	375
龙陵县	Longling	40	181 969	74 485	3	5 667	1 742
昌宁县	Changning	88	35 738	49 180	6	3 655	2 823
不分县	Not to County						
昭通市	**Zhaotong**	**217**	**491 795**	**144 945**	**18**	**43 557**	**5 330**
昭阳区	Zhaoyang	38	278 142	66 027	1	15 061	1 100
鲁甸县	Ludian	46	16 735	20 743			
巧家县	Qiaojia	23	26 625	19 800		257	
盐津县	Yanjin	5	26 920	1 345		48	
大关县	Daguan	39	13 122	4 616	9	2 457	2 457
永善县	Yongshan	14	12 606	17 076		460	
绥江县	Suijiang	7	453	819	5	372	414
镇雄县	Zhenxiong	17	24 151	6 765		513	25
彝良县	Yiliang	20	17 473	5 282	3	1 443	1 334
威信县	Weixin	8	8 173	1 275			
水富县	Shuifu		67 395	1 197		22 946	
不分县	Not to County						
丽江市	**Lijiang**	**153**	**304 626**	**130 444**	**10**	**44 727**	**54 567**
古城区	Gucheng	25	190 896	72 246	4	15 182	35 898
玉龙县	Yulong	24	53 237	19 556	1	6 297	5 302
永胜县	Yongsheng	39	22 305	19 115	2	1 667	1 667
华坪县	Huaping	24	16 603	5 991	3	21 181	11 700
宁蒗县	Ninglang	41	21 585	13 536		400	
不分县	Not to County						
思茅市	**Simao**	**178**	**421 093**	**121 122**	**16**	**16 575**	**11 561**
翠云区	Cuiyun	55	34 451	41 054	4	5 784	4 457
普洱县	Pu'er	26	32 788	12 319		430	
墨江县	Mojiang	31	95 823	13 202		420	
景东县	Jingdong	16	9 072	4 414	4	2 300	3 800
景谷县	Jinggu	8	38 710	12 961		723	
镇沅县	Zhenyuan	9	3 539	15 649	3	754	604
江城县	Jiangcheng	8	50 036	2 826			
孟连县	Menglian	8	6 109	4 286		2 000	
澜沧县	Lancang	5	147 704	1 118	2	1 950	1 970
西盟县	Ximeng	12	2 861	13 293	3	2 214	730
不分县	Not to County						
临沧市	**Lincang**	**317**	**326 186**	**416 369**	**26**	**62 265**	**21 123**
临翔区	Linxiang	62	58 506	272 767	3	4 971	2 361
凤庆县	Fengqing	7	54 570	16 166		2 000	220
云县	Yuanxian	29	29 798	15 182	4	30 003	7 701
永德县	Yongde	26	46 857	15 426	2	5 265	2 531
镇康县	Zhenkang	34	27 254	14 512		9 343	
双江县	Shuangjiang	64	14 886	15 261	6	2 659	3 593
耿马县	Gengma	65	44 045	39 126	10	6 902	3 187
沧源县	Cangyuan	30	35 080	27 929	1	1 122	1 530
不分县	Not to County		15 190				

23-11 续表2 continued

地 区	Region	基本建设竣工项目（个）Number of Completed Projects of Capital Construction (unit)	投资完成额（万元）Investment Completed (10 000 yuan)	新增固定资产（万元）Newly Increased Fixed Assets (10 000 yuan)	更新改造竣工项目（个）Number of Completed Innovation (unit)	投资完成额（万元）Number of Completed Projects of Innovation (unit)	新增固定资产（万元）Newly Increased Fixed Assets (10 000 yuan)
楚 雄 州	**Chuxiong**	**279**	**346 752**	**135 173**	**151**	**143 369**	**75 868**
楚雄市	Chuxiong	41	49 470	28 429	40	38 947	24 738
双柏县	Shuangbo	15	11 914	4 564	1	649	360
牟定县	Mouding	32	6 353	4 002	22	6 077	6 077
南华县	Nanhua	19	4 876	2 912	5	9 576	1 448
姚安县	Yao'an	31	9 356	12 423	33	7 616	6 626
大姚县	Dayao	26	15 404	15 513	2	11 407	6 836
永仁县	Yongren	31	6 832	8 028	4	5 589	679
元谋县	Yuanmou	29	11 690	5 792	17	8 616	7 316
武定县	Wuding	1	12 726	12 726	1	4 698	4 698
禄丰县	Lufeng	54	24 191	34 362	26	29 200	17 090
不分县	Not to County		193 940	6 422		20 994	
红 河 州	**Honghe**	505	1 015 217	312 138	141	164 608	83 668
个旧市	Gejiu	43	55 928	30 399	92	46 056	38 710
开远市	Kaiyuan	18	158 389	20 454	30	20 920	16 819
蒙自县	Mengzi	186	266 977	81 540	1	47 838	1 647
屏边县	Pingbian	8	5 432	2 417			
建水县	Jianshui	80	40 176	40 266	10	13 798	8 008
石屏县	Shiping	12	20 753	15 798			
弥勒县	Mile	2	87 174	37 533	3	26 165	16 159
泸西县	Luxi	10	48 505	11 117	1	7 520	200
元阳县	Yuanyang	47	22 630	12 269		1 086	844
红河县	Honghe	23	24 087	3 708	2	679	679
金平县	Jinping	38	85 986	41 462			
绿春县	Luchun	13	78 060	5 197			
河口县	Hekou	25	121 120	9 978	2	546	602
不分县	Not to County						
文 山 州	**Wenshan**	110	461 114	174 955	25	96 179	39 338
文山县	Wenshan	26	49 738	26 708	5	26 466	22 387
砚山县	Yangshan	12	63 045	28 234	1	19 280	600
西畴县	Xichou	3	6 231	560	2	2 803	1 407
麻栗坡县	Malipo	15	16 175	45 960	1	3 734	3 509
马关县	Maguan	17	4 163	3 265	12	24 352	4 434
丘北县	Qiubei	25	27 697	22 367	1	3 400	400
广南县	Guangnan	10	111 769	1 807	3	7 211	5 800
富宁县	Funing	5	182 296	46 054		8 933	801
不分县	Not to County						
西双版纳州	**Xishuangbanna**	98	244 392	31 491	11	9 738	5 888
景洪市	Jinghong	42	51 014	17 520	6	3 455	3 866
勐海县	Menghai	26	8 455	6 754	2	5 155	1 613
勐腊县	Mengla	30	184 923	7 217	3	1 128	409
不分县	Not to County						

23-11 续表3 continued

地 区	Region	基本建设竣工项目（个） Number of Completed Projects of Capital Construction (unit)	投 资完成额（万元） Investment Completed (10 000 yuan)	新增固定资 产（万元） Newly Increased Fixed Assets (10 000 yuan)	更新改造竣工项目（个） Number of Completed Innovation (unit)	投 资完成额（万元） Number of Completed Projects of Innovation (unit)	新增固定资 产（万元） Newly Increased Fixed Assets (10 000 yuan)
大 理 州	**Dali**	**215**	**429 855**	**189 139**	**59**	**154 856**	**105 478**
大理市	Dali	39	169 142	82 698	24	39 226	39 827
漾濞县	yangbi	19	5 900	5 940	2	8 100	14 050
祥云县	Xiangyun	7	11 789	10 442	3	25 850	8 140
宾川县	Binchuang	23	25 346	9 411	11	3 708	3 708
弥渡县	Midu	5	55 246	2 921		3 013	128
南涧县	Nanjian	4	8 077	8 012	3	1 291	1 291
巍山县	Weishan	4	13 046	2 948	1	3 599	491
永平县	Yongping	16	4 462	5 118	6	8 226	10 757
云龙县	Yunlong	18	4 118	4 668	5	13 080	8 200
洱源县	Eryuan	41	24 919	25 223	2	11 321	11 321
剑川县	Jianchuan	16	7 500	11 020	1	7 120	7 120
鹤庆县	Heqing	23	30 310	20 738	1	7 621	445
不分县	Not to County		70 000			22 701	
德 宏 州	**Dehong**	**115**	**230 431**	**195 117**	**7**	**13 433**	**10 480**
瑞丽市	Ruili	23	13 525	11 620	2	4 749	4 711
其中：畹町	Wanding						
潞西市	Luxi	39	61 736	10 797	1	3 736	3 736
梁河县	Lianghe	2	289	890			
盈江县	Yingjiang	40	128 920	168 180	2	4 165	1 250
陇川县	Longchuan	11	25 961	3 630	2	783	783
不分县	Not to County						
怒 江 州	**Nujiang**	**54**	**85 105**	**19 273**		**2 482**	
泸水县	Lushui	20	27 367	8 997			
福贡县	Fugong						
贡山县	Gongshan	5	546	961			
兰坪县	Lanping	29	51 228	9 315		2 400	
不分县	Not to County		5 964			82	
迪 庆 州	**Diqing**	**76**	**225 736**	**116 642**	**8**	**13 942**	**11 429**
香格里拉县	Shangri-La	38	134 051	38 357	4	12 192	9 679
德钦县	Deqin		40 525	34 955			
维西县	Weixi	38	51 160	43 330	4	1 750	1 750
不分县	Not to County						
不分地区	**Not to Prefecture**	**3**	**1 748 628**	**769 544**	**27**	**320 497**	**408 481**

23-12 主要年份各县市财政收入

Final Statements of Government Revenue by County and City in Significant Years

单位：万元 (10 000 yuan)

地　区	Region	1978年	1990年	1995年	2000年	2001年	2004年	2005年
全省合计	**Total**	**117 606**	**774 246**	**983 491**	**1 807 450**	**1 912 799**	**2 633 618**	**3 126 490**
昆 明 市	**Kunming**	**39 523**	**211 214**	**255 821**	**545 299**	**578 970**	**725 730**	**906 655**
五华区	Wuhua	1 249	27 211	25 601	53 678	57 224	67 440	71 813
盘龙区	Panlong	1 810	12 241	26 015	53 253	57 009	63 700	58 258
官渡区	Guandu	654	10 571	27 160	72 157	78 496	94 640	55 273
西山区	Xishan	327	6 812	11 342	27 373	29 692	39 818	51 772
东川区	Dongchuan	240	1 667	2 747	3 298	3 804	5 568	9 006
呈贡县	Chenggong	240	2 464	4 998	7 505	8 235	11 653	19 280
晋宁县	Jinning	1 060	5 646	6 647	9 199	8 902	9 465	13 238
富民县	Fuming	152	568	2 915	5 619	5 105	5 856	4 422
宜良县	Yiliang	766	3 328	7 334	12 117	13 371	17 173	19 311
石林县	Shilin	326	3 187	7 466	8 510	10 538	10 285	11 427
嵩明县	Songming	735	2 687	6 847	8 385	8 748	9 719	11 165
禄劝县	Luquan	381	1 096	3 568	5 046	5 328	7 354	8 908
寻甸县	Xundian	462	2 231	6 417	6 984	6 749	8 081	9 445
安宁市	Anning	1 798	14 705	19 284	27 555	29 237	52 306	60 911
市　级	City-level	30 025	120 798	106 644	244 620	256 469	322 672	502 426
曲 靖 市	**Qujing**	**10 463**	**82 531**	**112 482**	**140 795**	**158 619**	**236 549**	**294 506**
麒麟区	Qilin	2 210	10 419	29 279	16 166	17 256	28 471	34 162
马龙县	Malong	398	2 431	4 319	3 826	3 902	5 022	8 315
陆良县	Luliang	958	3 150	12 511	11 952	12 129	14 300	16 482
师宗县	Shizong	399	1 929	6 890	6 234	6 694	9 233	12 092
罗平县	Luoping	555	3 463	8 311	8 910	10 810	13 887	16 106
富源县	Fuyuan	866	3 540	7 703	10 681	11 716	16 706	26 373
会泽县	Huize	1 260	5 428	10 349	12 071	15 921	30 916	32 986
沾益县	Zhanyi				10 717	11 604	18 804	23 367
宣威市	Xuanwei	2 020	8 087	14 610	18 268	19 988	32 575	42 679
市　级	City-level	1 335	41 853	12 093	41 970	48 599	66 635	81 944
玉 溪 市	**Yuxi**	**14 991**	**126 588**	**184 196**	**262 099**	**223 533**	**295 710**	**312 286**
红塔区	Hongta	856	7 623	12 484	22 099	21 537	24 532	31 927
江川县	Jiangchuan	470	2 147	7 142	7 406	7 939	10 744	11 934
澄江县	Chengjiang	284	1 469	5 041	5 281	6 398	7 456	9 389
通海县	Tonghai	652	3 178	7 780	8 667	9 669	10 080	11 652
华宁县	Huaning	840	1 616	5 769	5 527	6 006	7 548	9 680
易门县	Yimen	218	1 518	5 056	5 110	5 497	7 634	10 095
峨山县	Eshan	497	1 556	3 714	5 599	5 753	9 826	11 286
新平县	Xinping	616	1 784	3 885	6 611	7 263	9 986	14 943
元江县	Yuanjiang	745	1 550	2 737	5 849	5 894	6 386	8 852
市　级	City-level	10 313	104 148	130 588	189 950	147 577	201 518	192 528

23-12 续表1 continued

单位：万元 (10 000 yuan)

地 区	Region	1978年	1990年	1995年	2000年	2001年	2004年	2005年
保 山 市	**Baoshan**	**3 898**	**13 667**	**25 514**	**39 430**	**42 414**	**51 884**	**65 291**
隆阳区	Longyang	1 327	5 724	8 531	14 367	14 592	17 775	22 113
施甸县	Shidian	353	1 073	4 293	4 328	4 387	3 831	4 201
腾冲县	Tengchong	1 008	3 028	5 271	9 453	10 700	12 732	15 270
龙陵县	Longling	201	1 256	2 631	3 830	4 052	4 606	6 809
昌宁县	Changning	668	2 242	3 743	5 062	5 777	5 834	6 679
市 级	City-level	341	346	1 045	2 390	2 906	7 106	10 219
昭 通 市	**Zhaotong**	**4 817**	**65 360**	**40 717**	**52 837**	**53 094**	**69 674**	**85 216**
昭阳区	Zhaoyang	1 239	4 818	6 882	10 765	12 032	13 321	15 038
鲁甸县	Ludian	242	897	2 435	1 630	1 822	3 018	3 828
巧家县	Qiaojia	403	1 195	1 419	2 384	2 585	2 906	3 034
盐津县	Yanjin	267	945	1 187	1 642	1 929	2 338	2 721
大关县	Daguan	221	865	1 168	1 179	1 236	1 123	1 441
永善县	Yongshan	296	798	829	1 541	1 381	2 236	3 146
绥江县	Suijiang	180	2 790	1 534	1 094	956	1 300	1 596
镇雄县	Zhenxiong	900	5 229	6 585	5 680	5 996	6 985	7 557
彝良县	Yiliang	288	1 323	1 694	2 885	2 265	2 863	4 362
威信县	Weixin	435	1 928	2 148	1 986	1 850	2 300	2 760
水富县	Shuifu		5 252	1 813	3 983	3 531	5 916	7 564
市 级	City-level	346	39 318	13 023	18 068	17 511	25 368	32 169
丽 江 市	**Lijiang**	**1 303**	**5 971**	**10 634**	**21 069**	**24 016**	**34 025**	**40 595**
古城区	Gucheng						11 292	14 173
玉龙县	Yulong						3 471	4 942
永胜县	Yongsheng	391	1 289	2 909	3 336	3 051	4 667	3 718
华坪县	Huaping	99	1 069	1 828	3 659	4 098	5 637	7 997
宁蒗县	Ninglang	93	557	1 306	1 236	1 020	1 487	1 819
地区级	City-level	78	386	169	3 966	5 297	7 471	7 946
思 茅 市	**Simao**	**3 156**	**14 081**	**16 759**	**43 902**	**50 152**	**50 693**	**62 326**
翠云区	Ciuyun	1 090	2 966	3 127	7 957	9 056	11 161	15 136
普洱县	Pu'er	1 090	2 161	2 189	4 178	4 580	3 770	4 324
墨江县	Mojiang	291	995	1 279	4 369	5 189	5 565	5 245
景东县	Jingdong	478	1 468	2 606	5 681	6 620	7 947	9 468
景谷县	Jinggu	408	2 041	3 405	8 575	9 597	7 358	8 610
镇沅县	Zhenyuan	205	1 403	1 481	3 034	3 059	2 503	2 594
江城县	Jiangcheng	49	281	306	1 075	1 259	1 915	2 424
孟连县	Menglian	31	409	675	2 157	2 856	2 261	2 536
澜沧县	Lancang	314	1 492	1 397	3 267	3 871	3 801	4 526
西盟县	Ximeng	24	480	157	623	716	553	629
市 级	City-level	266	386	137	2 986	3 349	3 859	6 834
临 沧 市	**Lincang**	**2 507**	**7 631**	**17 489**	**36 141**	**39 757**	**41 939**	**46 000**
临翔区	Linxiang	478	1 404	1 884	4 712	4 917	4 740	5 368
凤庆县	Fengqing	908	1 801	2 708	4 544	5 159	5 871	6 280
云 县	Yunxian	468	1 219	3 871	7 987	8 593	10 955	13 044
永德县	Yongde	219	633	1 356	2 977	3 073	3 224	3 171
镇康县	Zhenkang	79	278	761	2 269	2 213	2 049	2 221
双江县	Shuangjiang	170	519	979	2 000	2 326	1 853	1 968
耿马县	Gengma	205	1 147	4 432	5 650	6 506	4 378	3 575
沧源县	Cangyuan	107	476	1 073	2 047	2 334	1 762	1 622
市 级	City-level	-127	154	425	3 955	4 636	7 107	8 751

23-12 续表2 continued

单位：万元 (10 000 yuan)

地　区	Region	1978年	1990年	1995年	2000年	2001年	2004年	2005年
楚 雄 州	**Chuxiong**	**4 668**	**56 660**	**56 015**	**72 299**	**75 044**	**107 327**	**122 935**
楚雄市	Chuxiong	798	5 674	16 008	23 503	25 129	29 313	32 915
双柏县	Shuangbo	186	939	2 416	2 463	2 282	2 630	3 278
牟定县	Mouding	283	1 322	3 064	2 828	2 815	3 299	3 906
南华县	Nanhua	692	1 817	4 340	4 067	4 482	4 154	5 278
姚安县	Yao'an	293	913	1 781	3 008	3 015	3 056	3 103
大姚县	Dayao	337	1 470	3 394	3 824	4 089	4 664	5 208
永仁县	Yongren	196	560	1 246	1 765	1 488	1 891	2 151
元谋县	Yuanmou	338	834	1 856	3 309	3 084	4 015	4 427
武定县	Wuding	334	1 121	2 624	3 191	3 274	4 030	4 750
禄丰县	Lufeng	1 445	4 108	8 018	9 277	8 776	14 161	18 644
州　级	Prefecture-level	-234	37 902	11 268	15 064	16 610	36 114	39 275
红 河 州	**Honghe**	**8 982**	**32 652**	**59 148**	**104 071**	**123 092**	**205 703**	**249 959**
个旧市	Gejiu	2 015	8 679	9 215	18 431	20 220	29 340	36 805
开远市	Kaiyuan	2 287	5 067	7 533	12 785	13 845	22 108	25 853
蒙自县	Mengzi	733	2 602	4 235	6 743	7 649	13 514	21 544
屏边县	Pingbian	100	310	882	1 152	1 412	2 045	2 533
建水县	Jianshui	1 032	3 529	6 219	8 757	9 823	12 768	17 322
石屏县	Shiping	306	1 490	4 013	4 556	5 048	6 979	8 180
弥勒县	Mile	1 028	4 503	9 720	12 583	14 274	23 794	28 164
泸西县	Luxi	430	2 012	6 142	7 224	7 753	10 684	11 892
元阳县	Yuanyang	203	507	833	1 843	2 138	2 487	2 737
红河县	Honghe	123	264	554	1 277	1 354	1 356	1 579
金平县	Jinping	155	601	1 242	2 258	2 665	3 579	5 094
绿春县	Luchun	93	279	494	654	729	1 926	2 944
河口县	Hekou	80	417	1 690	2 962	3 259	4 723	7 038
州　级	Prefecture-level	361	2 389	6 376	22 846	32 923	70 400	78 274
文 山 州	**Wenshan**	**2 313**	**8 269**	**14 432**	**36 666**	**44 966**	**55 175**	**70 917**
文山县	Wenshan	600	2 181	3 121	10 688	15 368	20 699	24 129
砚山县	Yanshan	240	858	1 724	4 300	5 000	7 537	9 539
西畴县	Xichou	148	589	1 305	2 610	2 612	2 307	2 389
麻栗坡县	Malipo	175	764	1 013	2 706	2 798	3 228	4 708
马关县	Maguan	283	761	1 237	3 699	4 119	5 266	6 678
丘北县	Qiubei	270	775	1 614	3 233	3 458	4 328	5 158
广南县	Guangnan	392	1 354	2 021	4 242	4 446	5 188	6 399
富宁县	Funing	236	796	1 531	3 288	3 518	4 238	7 513
州　级	Prefecture-level	-31	191	866	1 900	3 647	2 384	4 404
西双版纳州	**Xishuangbanna**		**2 520**	**6 478**	**30 852**	**33 616**	**27 208**	**36 430**
景洪市	Jinghong	599	3 351	8 217	15 547	16 549	13 630	17 428
勐海县	Menghai	481	1 779	4 163	6 237	7 832	3 954	4 315

23-12 续表3 continued

单位：万元 (10 000 yuan)

地 区	Region	1978年	1990年	1995年	2000年	2001年	2004年	2005年
勐腊县	Mengla	153	1 271	4 913	6 397	6 702	3 474	5 793
州 级	Prefecture-level	24	76	1 442	2 671	2 533	6 150	8 894
大 理 州	**Dali**	**4 566**	**43 865**	**55 204**	**91 294**	**104 131**	**132 974**	**157 487**
大理市	Dali	1 521	9 886	17 425	11 664	39 222	45 885	55 977
漾濞县	Yangbi	146	601	1 268	2 305	2 426	2 871	3 551
祥云县	Xiangyun	442	3 658	7 491	8 509	9 010	10 961	13 362
宾川县	Binchuan	211	1 856	5 018	6 717	6 890	7 303	7 787
弥渡县	Midu	207	1 426	3 713	4 251	3 905	4 344	4 438
南涧县	Nanjian	154	715	3 304	4 316	4 326	6 109	7 607
巍山县	Weishan	245	1 196	3 102	3 716	4 116	4 249	4 866
永平县	Yongping	173	636	2 703	3 018	3 128	3 534	3 627
云龙县	Yunlong	175	1 260	1 154	2 459	2 583	2 788	3 121
洱源县	Eryuan	510	1 357	3 521	4 148	4 788	5 012	6 166
剑川县	Jianchuan	157	445	1 083	2 626	3 085	3 379	3 609
鹤庆县	Heqing	340	1 031	2 787	3 265	3 733	5 060	6 053
州 级	Prefecture-level	285	19 799	2 635	11 664	16 919	31 479	37 323
德 宏 州	**Dehong**	**1 464**	**12 815**	**14 333**	**22 086**	**25 318**	**32 510**	**40 585**
瑞丽市	Ruili	125	4 083	3 838	6 093	6 558	7 370	10 307
其中：畹町	Wanding							
潞西市	Luxi	495	2 914	3 600	5 447	5 654	7 619	8 867
梁河县	Lianghe	189	909	1 150	1 804	2 104	2 447	2 529
盈江县	Yingjiang	288	1 931	3 206	4 855	5 722	6 729	8 466
陇川县	Longchuan	273	1 612	1 485	3 006	3 437	3 048	3 032
州 级	Prefecture-level	48	-148	450	881	1 843	5 297	7 384
怒 江 州	**Nujiang**	**316**	**3 479**	**4 985**	**9 669**	**10 868**	**14 818**	**20 088**
泸水县	Lushui	53	741	1 190	2 968	3 728	5 037	5 600
福贡县	Fugong	10	70	181	516	418	579	866
贡山县	Gongshan	2	20	117	778	562	954	1 146
兰坪县	Lanping	188	2 340	3 053	5 079	5 514	5 825	8 518
州 级	Prefecture-level	51	308	444	328	646	2 423	3 958
迪 庆 州	**Diqing**	**367**	**3 787**	**5 469**	**5 855**	**6 987**	**11 001**	**13 905**
香格里拉县	Shangri-La	166	1 535	2 053	2 902	3 705	4 613	5 723
德钦县	Deqin	79	1 126	838	486	594	918	1 178
维西县	Weixi	100	525	1 651	840	1 007	1 229	1 440
州 级	Prefecture-level	22	601	927	1 627	1 681	4 241	5 564
省 级	**Province-level**	**12 775**	**77 633**	**88 811**	**293 086**	**318 222**	**540 698**	**601 309**

23-13 各县市人均财政收入
Per Capital Government Revenue by County and City

单位：元/人 (yuan/person)

地　区	Region	2003年	2004年	2005年
全省合计	**Total**	**526**	**599**	**705**
昆 明 市	**Kunming**	**1207**	**1 446**	**1 500**
五华区	Wuhua	1069	1 302	823
盘龙区	Panlong	1128	1 374	925
官渡区	Guandu	1291	1 539	743
西山区	Xishan	859	1 127	767
东川区	Dongchuan	148	184	320
呈贡县	Chenggong	581	739	957
晋宁县	Jinning	321	347	478
富民县	Fuming	379	424	306
宜良县	Yiliang	381	423	472
石林县	Shilin	439	448	490
嵩明县	Songming	262	283	329
禄劝县	Luquan	190	164	207
寻甸县	Xundian	150	161	191
安宁市	Anning	1494	1 959	1 944
曲 靖 市	**Qujing**	**367**	**416**	**524**
麒麟区	Qilin	389	443	507
马龙县	Malong	239	261	446
陆良县	Luliang	221	236	268
师宗县	Shizong	216	257	332
罗平县	Luoping	217	256	313
富源县	Fuyuan	200	240	378
会泽县	Huize	316	340	375
沾益县	Zhanyi	396	476	584
宣威市	Xuanwei	183	243	330
玉 溪 市	**Yuxi**	**1192**	**1 424**	**1 419**
红塔区	Hongta	530	619	701
江川县	Jiangchuan	306	407	443
澄江县	Chengjiang	411	481	595
通海县	Tonghai	325	375	396
华宁县	Huaning	294	372	470
易门县	Yimen	327	440	575
峨山县	Eshan	462	657	716
新平县	Xinping	284	370	543
元江县	Yuanjiang	306	323	421
保 山 市	**Baoshan**	**200**	**216**	**268**
隆阳区	Longyang	186	209	253
施甸县	Shidian	139	117	130
腾冲县	Tengchong	189	208	245
龙陵县	Longling	173	170	252
昌宁县	Changning	197	172	195
昭 通 市	**Zhaotong**	**112**	**135**	**170**
昭阳区	Zhaoyang	159	175	201
鲁甸县	Ludian	62	78	100
巧家县	Qiaojia	61	55	60
盐津县	Yanjin	61	63	76
大关县	Daguan	59	44	58
永善县	Yongshan	39	54	79
绥江县	Suijiang	79	82	104
镇雄县	Zhenxiong	55	54	61
彝良县	Yiliang	50	54	83
威信县	Weixin	54	61	76
水富县	Shuifu	568	626	810
丽 江 市	**Lijiang**	**232**	**303**	**340**
古城区	Gucheng		637	850
玉龙县	Yulong	82	137	218
永胜县	Yongsheng	101	121	95
华坪县	Huaping	270	377	496
宁蒗县	Ninglang	52	63	73
思 茅 市	**Simao**	**226**	**215**	**244**
翠云区	Ciuyun	508	558	602
普洱县	Pu'er	239	203	226
墨江县	Mojiang	155	158	139
景东县	Jingdong	215	225	252
景谷县	Jinggu	320	249	280
镇沅县	Zhenyuan	152	122	122
江城县	Jiangcheng	184	203	210
孟连县	Menglian	254	196	193
澜沧县	Lancang	88	81	92
西盟县	Ximeng	92	66	69
临 沧 市	**Lincang**	**206**	**193**	**196**
临翔区	Linxiang	188	170	179
凤庆县	Fengqing	156	138	140
云　县	Yunxian	263	270	298
永德县	Yongde	119	99	88
镇康县	Zhenkang	156	129	129
双江县	Shuangjiang	162	113	112
耿马县	Gengma	248	171	126
沧源县	Cangyuan	144	110	93

23-13 续表 continued

单位：元/人 (yuan/person)

地区	Region	2003年	2004年	2005年	地区	Region	2003年	2004年	2005年
楚雄州	**Chuxiong**	**356**	**420**	**464**	**西双版纳州**	**Xishuangbanna**	**468**	**312**	**349**
楚雄市	Chuxiong	534	595	609	景洪市	Jinghong	435	363	372
双柏县	Shuangbo	157	171	208	勐海县	Menghai	208	133	132
牟定县	Mouding	141	165	193	勐腊县	Mengla	403	173	232
南华县	Nanhua	178	179	223	**大理州**	**Dali**	**353**	**395**	**456**
姚安县	Yao'an	147	150	152	大理市	Dali	827	870	917
大姚县	Dayao	148	166	182	漾濞县	Yangbi	274	286	335
永仁县	Yongren	163	181	200	祥云县	Xiangyun	227	245	288
元谋县	Yuanmou	178	194	211	宾川县	Binchuan	236	223	230
武定县	Wuding	137	152	174	弥渡县	Midu	139	139	142
禄丰县	Lufeng	262	341	432	南涧县	Nanjian	242	283	348
红河州	**Honghe**	**446**	**511**	**582**	巍山县	Weishan	160	140	158
个旧市	Gejiu	588	760	828	永平县	Yongping	206	205	197
开远市	Kaiyuan	782	842	836	云龙县	Yunlong	141	140	152
蒙自县	Mengzi	364	415	562	洱源县	Eryuan	150	151	225
屏边县	Pingbian	118	140	171	剑川县	Jianchuan	188	200	208
建水县	Jianshui	227	257	334	鹤庆县	Heqing	165	193	232
石屏县	Shiping	204	240	282	**德宏州**	**Dehong**	**295**	**309**	**355**
弥勒县	Mile	410	481	547	瑞丽市	Ruili	612	643	639
泸西县	Luxi	236	284	310	其中：畹町	Wanding			
元阳县	Yuanyang	64	67	72	潞西市	Luxi	215	223	244
红河县	Honghe	61	49	56	梁河县	Lianghe	132	153	160
金平县	Jinping	97	113	155	盈江县	Yingjiang	235	252	295
绿春县	Luchun	57	94	139	陇川县	Longchuan	225	178	175
河口县	Hekou	602	601	705	**怒江州**	**Nujiang**	**269**	**311**	**390**
文山州	**Wenshan**	**145**	**165**	**211**	泸水县	Lushui	283	321	308
文山县	Wenshan	401	479	551	福贡县	Fugong	51	63	94
砚山县	Yanshan	149	169	213	贡山县	Gongshan	236	278	321
西畴县	Xichou	88	92	96	兰坪县	Lanping	282	301	413
麻栗坡县	Malipo	104	119	172	**迪庆州**	**Diqing**	**280**	**326**	**379**
马关县	Maguan	124	149	188	香格里拉县	Shangri-La	315	345	373
丘北县	Qiubei	83	97	114	德钦县	Deqin	138	156	190
广南县	Guangnan	59	69	85	维西县	Weixi	86	85	95
富宁县	Funing	88	109	192					

23-14 主要年份各县市财政支出

Final Statements of Government Expenditure by County and City in Significant Years

单位：万元 (10 000 yuan)

地　区	Region	1978年	1990年	1995年	2000年	2001年	2004年	2005年
全省合计	**Total**	**182 840**	**907 586**	**2 350 993**	**4 141 074**	**4 964 302**	**6 636 354**	**7 663 115**
昆 明 市	**Kunming**	**15 810**	**146 397**	**339 844**	**688 003**	**706 367**	**916 008**	**1 148 259**
五华区	Wuhua	335	18 238	38 732	63 344	66 592	75 913	83 147
盘龙区	Panlong	303	7 654	23 015	47 416	51 433	55 582	68 263
官渡区	Guandu	698	9 658	31 608	64 973	67 765	78 776	73 190
西山区	Xishan	339	5 173	14 891	32 147	33 230	44 264	58 689
东川区	Dongchuan	1 269	4 399	10 008	21 085	24 507	35 656	50 247
呈贡县	Chenggong	422	2 821	8 699	12 644	14 220	19 947	28 060
晋宁县	Jinning	462	4 193	9 656	17 055	16 279	20 451	27 658
富民县	Fuming	334	2 047	6 926	11 868	13 821	15 455	19 103
宜良县	Yiliang	968	3 270	10 464	16 184	19 304	25 306	29 148
石林县	Shilin	530	2 796	8 986	15 244	16 801	21 037	27 788
嵩明县	Songming	639	3 068	9 430	14 560	20 067	24 081	29 580
禄劝县	Luquan	484	3 051	12 029	19 335	21 850	29 677	37 993
寻甸县	Xundian	562	4 701	11 595	21 254	24 988	32 777	42 433
安宁市	Anning	493	7 753	34 103	49 654	56 412	76 648	87 712
市　级	City-level	9 803	76 677	131 305	281 240	259 098	322 672	485 248
曲 靖 市	**Qujing**	**10 452**	**71 235**	**157 459**	**256 0 22**	**323 140**	**469 112**	**532 277**
麒麟区	Qilin	1 532	12 445	30 876	25 482	30 132	50 164	57 532
马龙县	Malong	508	3 321	6 040	11 294	12 443	18 115	22 062
陆良县	Luliang	1 333	5 377	12 929	18 940	23 835	39 912	41 017
师宗县	Shizong	500	3 271	7 353	13 533	17 607	27 622	30 500
罗平县	Luoping	571	5 059	9 903	19 145	23 446	35 618	39 661
富源县	Fuyuan	761	5 108	9 646	20 234	23 841	42 575	50 808
会泽县	Huize	1 003	8 019	23 273	29 934	40 690	66 987	72 268
沾益县	Zhanyi				21 327	22 413	32 055	34 261
宣威市	Xuanwei	1 045	9 696	19 573	39 176	48 204	73 537	86 737
市　级	City-level	2 637	14 239	26 271	56 957	80 529	82 527	97 431
玉 溪 市	**Yuxi**	**6 480**	**75 495**	**205 135**	**278 1 01**	**312 643**	**371 489**	**408 743**
红塔区	Hongta	523	9 823	28 438	43 429	45 265	56 601	60 968
江川县	Jiangchuan	326	4 387	11 946	14 823	19 896	26 665	29 567
澄江县	Chengjiang	310	3 982	9 968	12 756	15 308	20 388	20 723
通海县	Tonghai	396	4 695	11 818	14 655	17 357	24 729	26 171
华宁县	Huaning	348	4 195	9 969	13 355	16 330	21 126	23 773
易门县	Yimen	315	4 023	9 982	13 105	15 560	23 490	25 403
峨山县	Eshan	488	4 320	9 974	16 098	22 166	28 154	28 383
新平县	Xinping	450	5 685	14 388	19 944	24 506	35 386	40 427
元江县	Yuanjiang	430	4 933	11 551	17 651	20 370	26 773	28 226
市　级	City-level	2 894	29 451	87 101	112 285	115 885	108 177	125 102

23-14 续表1 continued

单位：万元 (10 000 yuan)

地 区	Region	1978年	1990年	1995年	2000年	2001年	2004年	2005年
保 山 市	**Baoshan**	**5 613**	**26 847**	**61 208**	**105 448**	**134 820**	**191 230**	**226 922**
隆阳区	Longyang	1 514	6 818	15 525	26 246	33 209	50 753	59 626
施甸县	Shidian	1 017	3 083	7 472	12 962	18 818	21 223	24 714
腾冲县	Tengchong	887	6 076	12 176	24 950	30 512	47 169	54 162
龙陵县	Longling	694	3 278	7 042	12 465	15 755	23 186	27 976
昌宁县	Changning	559	3 882	8 312	13 036	17 368	23 868	28 296
市 级	City-level	942	3 711	10 681	15 789	19 158	25 031	32 148
昭 通 市	**Zhaotong**	**7 734**	**62 028**	**111 373**	**177 962**	**241 946**	**327 483**	**371 777**
昭阳区	Zhaoyang	760	8 444	12 690	22 788	28 368	48 205	50 928
鲁甸县	Ludian	362	2 986	6 377	10 238	12 911	34 429	24 239
巧家县	Qiaojia	463	3 488	6 958	13 698	19 324	24 002	28 546
盐津县	Yanjin	378	2 521	4 925	10 425	14 620	19 528	23 364
大关县	Daguan	283	2 232	4 114	8 677	12 116	15 514	18 381
永善县	Yongshan	461	3 262	6 191	13 175	17 520	22 286	27 552
绥江县	Suijiang	240	2 968	6 677	8 743	10 544	13 234	14 223
镇雄县	Zhenxiong	785	8 346	12 740	22 628	28 828	44 524	58 506
彝良县	Yiliang	502	3 082	6 063	13 699	15 196	23 253	26 934
威信县	Weixin	497	3 346	6 695	10 680	14 627	21 698	25 037
水富县	Shuifu		2 043	4 811	7 431	9 734	15 146	17 231
市 级	City-level	3 003	19 310	33 132	35 780	58 158	45 664	56 836
丽 江 市	**Lijiang**	**3 955**	**15 456**	**31 752**	**79 256**	**119 906**	**163 447**	**175 712**
古城区	Gucheng						23 610	29 172
玉龙县	Yulong						29 577	27 992
永胜县	Yongsheng	565	3512	7122	16159	21 021	31 344	31 988
华坪县	Huaping	340	2 256	4 522	11 110	15 958	24 526	30 645
宁蒗县	Ninglang	426	2 916	5 559	14 872	19 171	22 213	25 216
市 级	City-level	2 009	2 357	6 007	15 528	33 752	32 177	30 699
思 茅 市	**Simao**	**5 682**	**35 391**	**65 588**	**153 907**	**202 569**	**248 987**	**290 364**
翠云区	Ciuyun	581	3 752	5 652	13 494	27 439	24 105	30 409
普洱县	Pu'er	581	3 266	5 647	11 266	13 462	19 131	21 182
墨江县	Mojiang	509	2 595	5 945	14 468	18 173	25 010	27 425
景东县	Jingdong	469	3 107	6 606	15 668	19 943	26 918	30 219
景谷县	Jinggu	464	3 445	6 579	14 121	21 470	23 049	26 835
镇沅县	Zhenyuan	378	2 693	5 434	10 811	15 387	17 045	21 647
江城县	Jiangcheng	277	1 633	3 504	7 832	9 210	12 025	14 169
孟连县	Menglian	263	1 782	4 487	7 440	10 747	13 065	14 688
澜沧县	Lancang	695	7 074	7 718	18 807	23 843	28 523	37 669
西盟县	Ximeng	250	2 006	3 131	6 670	8 826	11 071	13 917
市 级	City-level	1 796	4 040	10 885	33 330	34 069	49 045	52 204
临 沧 市	**Lincang**	**5 130**	**29 589**	**54 019**	**110 441**	**151 996**	**205 004**	**226 874**
临翔区	Linxiang	432	2 998	6 163	13 977	17 062	23 145	24 109
凤庆县	Fengqing	558	3 304	7 217	14 096	18 658	24 780	25 079
云 县	Yunxian	466	2 893	8 095	15 605	19 043	26 126	29 593
永德县	Yongde	406	2 595	4 881	10 872	13 451	19 361	24 220
镇康县	Zhenkang	374	1 998	4 064	8 952	10 959	18 452	18 679
双江县	Shuangjiang	335	3 083	3 993	8 340	11 275	14 041	17 105
耿马县	Gengma	459	5 808	7 947	11 544	16 036	22 274	22 617
沧源县	Cangyuan	430	4 041	4 592	9 159	13 396	16 832	18 080

23-14 续表2 continued

单位：万元 (10 000 yuan)

地　区	Region	1978年	1990年	1995年	2000年	2001年	2004年	2005年
市　级	City-level	1 670	2 871	7 067	17 896	32 116	39 993	47 392
楚 雄 州	**Chuxiong**	**6 579**	**58 509**	**133 228**	**189 202**	**240 634**	**317 438**	**356 140**
楚雄市	Chuxiong	488	9 326	22 473	30 494	39 960	46 990	55 147
双柏县	Shuangbo	301	2 510	6 836	9 714	12 717	15 470	18 349
牟定县	Mouding	272	3 758	8 142	11 162	12 342	16 623	20 156
南华县	Nanhua	472	4 316	9 179	12 524	15 311	18 097	21 085
姚安县	Yao'an	308	3 418	7 430	13 339	13 119	16 654	18 212
大姚县	Dayao	373	4 315	9 916	14 667	16 487	22 888	25 057
永仁县	Yongren	288	2 107	6 130	9 057	14 160	13 987	14 575
元谋县	Yuanmou	319	2 764	6 705	11 476	15 244	18 924	23 355
武定县	Wuding	351	3 545	10 089	15 175	16 247	19 927	22 955
禄丰县	Lufeng	488	7 250	14 185	18 558	22 795	37 643	45 517
州　级	Prefecture-level	2 919	15 199	32 143	43 036	62 252	90 235	91 732
红 河 州	**Honghe**	**10 351**	**52 278**	**130 239**	**236 622**	**296 274**	**436 989**	**524 183**
个旧市	Gejiu	1 155	7 964	14 623	25 872	29 789	47 761	67 792
开远市	Kaiyuan	496	4 780	10 364	18 368	23 682	38 004	44 590
蒙自县	Mengzi	607	3 596	8 165	14 089	18 235	28 944	39 822
屏边县	Pingbian	342	1 973	4 308	7 902	10 528	14 171	16 015
建水县	Jianshui	572	4 875	10 442	17 402	21 497	32 826	39 496
石屏县	Shiping	400	3 088	7 442	13 685	17 354	22 825	28 203
弥勒县	Mile	529	4 892	12 212	19 301	28 384	40 214	45 254
泸西县	Luxi	411	3 429	8 904	14 509	17 115	25 779	28 727
元阳县	Yuanyang	516	2 936	7 437	12 773	15 291	20 179	24 041
红河县	Honghe	377	2 315	5 434	10 701	12 625	16 357	20 704
金平县	Jinping	467	2 586	6 883	12 536	17 500	21 573	25 414
绿春县	Luchun	381	2 023	4 548	9 715	11 803	15 459	19 441
河口县	Hekou	305	1 690	4 124	9 116	9 733	14 387	18 737
州　级	Prefecture-level	3 793	6 132	25 353	50 653	62 738	98 510	105 947
文 山 州	**Wenshan**	**6 564**	**26 818**	**63 131**	**142 601**	**193 994**	**255 451**	**307 800**
文山县	Wenshan	457	3 492	7 732	20 526	27 683	38 700	50 530
砚山县	Yanshan	417	2 659	6 574	14 742	20 070	26 423	30 490
西畴县	Xichou	379	2 279	5 163	11 629	14 538	19 229	25 208
麻栗坡县	Malipo	602	2 709	5 235	12 403	15 387	21 318	26 466
马关县	Maguan	601	2 914	5 896	14 764	20 571	26 291	30 764
丘北县	Qiubei	438	2 668	5 812	15 273	19 894	24 941	28 180
广南县	Guangnan	694	3 535	7 263	18 446	25 246	32 251	40 933
富宁县	Funing	589	2 877	6 110	13 930	19 339	25 474	32 076
州　级	Prefecture-level	2 387	3 687	13 346	20 888	31 266	40 824	43 153
西双版纳州	**Xishuangbanna**	**2 644**	**15 981**	**36 457**	**63 148**	**85 423**	**106 008**	**128 223**
景洪市	Jinghong	511	4 913	10 453	19 415	21 966	33 053	38 608
勐海县	Menghai	538	3 997	8 107	13 038	17 090	21 127	27 157

23-14 续表3 continued

单位：万元 (10 000 yuan)

地 区	Region	1978年	1990年	1995年	2000年	2001年	2004年	2005年
勐腊县	Mengla	418	3 221	7 928	11 699	14 226	19 713	25 423
州 级	Prefecture-level	1 177	3 850	9 969	18 996	32 141	32 115	37 035
大 理 州	**Dali**	**7 515**	**53 428**	**114 829**	**207 071**	**276 307**	**336 687**	**396 589**
大理市	Dali	774	8 654	18 961	35 167	51 674	69 192	83 134
漾濞县	Yangbi	205	1 551	3 602	8 761	11 929	12 516	16 185
祥云县	Xiangyun	437	4 236	10 463	16 552	18 409	26 974	30 976
宾川县	Binchuan	433	3 550	8 104	15 264	23 904	24 350	30 106
弥渡县	Midu	362	2 847	6 010	11 717	15 511	17 581	21 813
南涧县	Nanjian	290	2 271	5 688	11 624	13 440	18 037	21 868
巍山县	Weishan	407	3 025	6 374	13 542	17 228	19 988	22 715
永平县	Yongping	293	2 160	5 317	10 614	14 920	15 772	17 810
云龙县	Yunlong	352	2 777	5 402	11 144	14 950	17 226	20 288
洱源县	Eryuan	360	3 012	6 712	13 014	18 526	21 895	26 364
剑川县	Jianchuan	294	2 102	4 676	11 290	14 454	16 677	19 543
鹤庆县	Heqing	357	2 433	6 687	11 067	16 730	20 681	23 633
州 级	Prefecture-level	2 951	14 809	26 833	35 167	44 632	55 798	62 154
德 宏 州	**Dehong**	**4 551**	**24 760**	**43 640**	**71 826**	**100 258**	**156 348**	**168 212**
瑞丽市	Ruili	367	4 128	7 210	11 780	13 779	21 831	23 965
其中：畹町	Wanding							
潞西市	Luxi	761	4 009	8 287	12 048	19 916	28 082	30 962
梁河县	Lianghe	450	2 082	4 359	7 644	10 920	16 920	17 165
盈江县	Yingjiang	592	3 632	7 484	11 594	17 764	28 966	29 865
陇川县	Longchuan	469	2 550	5 168	9 306	11 976	18 882	19 689
州 级	Prefecture-level	1 793	6 845	9 335	19 454	25 903	41 667	46 566
怒 江 州	**Nujiang**	**2 060**	**11 496**	**22 933**	**49 498**	**73 343**	**90 092**	**102 507**
泸水县	Lushui	369	2 676	4 799	11 283	16 625	25 914	28 780
福贡县	Fugong	291	1 671	3 178	7 871	10 375	12 849	14 490
贡山县	Gongshan	214	1 112	1 911	5 856	8 293	8 883	10 656
兰坪县	Lanping	439	3 354	7 803	13 577	20 263	23 688	27 184
州 级	Prefecture-level	488	2 683	5 242	10 911	17 787	18 758	21 397
迪 庆 州	**Diqing**	**1 714**	**9 917**	**20 713**	**50 252**	**87 217**	**91 143**	**107 095**
香格里拉县	Shangri-La	463	3 129	6 563	16 310	23 495	28 309	32 023
德钦县	Deqin	399	2 720	3 364	9 804	12 510	13 127	16 185
维西县	Weixi	382	1 873	5 223	12 409	21 107	21 737	24 994
州 级	Prefecture-level	470	2 195	5 563	11 729	30 105	27 970	33 893
省 级	**Provincial-level**	**78 737**	**187 562**	**749 437**	**1 281 714**	**1 417 465**	**1 953 438**	**2 191 438**

注：1994年以后全省分县财政支出数按新财政体制口径统计。
Note: Data of government expenditure by county after 1994 have been recorded according to the new financial system.

23-15 各县市人均财政支出

Final Statements of Per Capital Government Expenditure by County and City

单位：元/人 (yuan/person)

地 区	Region	2003年	2004年	2005年	地 区	Region	2003年	2004年	2005年
全省合计	**Total**	**1 349**	**1 510**	**1 729**	龙陵县	Longling	674	858	1 035
昆 明 市	**Kunming**	**1 577**	**1 825**	**1 899**	昌宁县	Changning	580	702	826
五华区	Wuhua	1 270	1 465	953	**昭 通 市**	**Zhaotong**	**498**	**635**	**740**
盘龙区	Panlong	1 038	1 199	1 084	昭阳区	Zhaoyang	477	633	682
官渡区	Guandu	1 078	1 281	984	鲁甸县	Ludian	414	894	635
西山区	Xishan	1 031	1 253	870	巧家县	Qiaojia	406	458	564
东川区	Dongchuan	905	1 176	1 784	盐津县	Yanjin	433	525	648
呈贡县	Chenggong	1 049	1 265	1 393	大关县	Daguan	505	608	739
晋宁县	Jinning	653	749	998	永善县	Yongshan	460	538	692
富民县	Fuming	1 110	1 119	1 322	绥江县	Suijiang	723	836	929
宜良县	Yiliang	520	623	713	镇雄县	Zhenxiong	273	347	470
石林县	Shilin	740	916	1 191	彝良县	Yiliang	349	436	511
嵩明县	Songming	606	702	872	威信县	Weixin	447	576	685
禄劝县	Luquan	599	662	885	水富县	Shuifu	1 170	1 602	1 844
寻甸县	Xundian	576	651	857	**丽 江 市**	**Lijiang**	**1 153**	**1 455**	**1 470**
安宁市	Anning	2 438	2 871	2 799	古城区	Gucheng		1 660	1 749
曲 靖 市	**Qujing**	**738**	**825**	**947**	玉龙县	Yulong	586	1 408	1 236
麒麟区	Qilin	695	781	854	永胜县	Yongsheng	680	814	818
马龙县	Malong	754	943	1 184	华坪县	Huaping	1 285	1 642	1 901
陆良县	Luliang	543	659	666	宁蒗县	Ninglang	862	940	1 010
师宗县	Shizong	650	770	838	**思 茅 市**	**Simao**	**932**	**1 057**	**1 135**
罗平县	Luoping	573	657	771	翠云区	Ciuyun	1 140	1 206	1 209
富源县	Fuyuan	545	613	729	普洱县	Pu'er	876	1 031	1 106
会泽县	Huize	688	736	822	墨江县	Mojiang	627	711	728
沾益县	Zhanyi	716	812	856	景东县	Jingdong	642	761	803
宣威市	Xuanwei	486	548	671	景谷县	Jinggu	720	781	871
玉 溪 市	**Yuxi**	**1 523**	**1 789**	**1 857**	镇沅县	Zhenyuan	697	833	1 022
红塔区	Hongta	1 232	1 429	1 338	江城县	Jiangcheng	1 118	1 276	1 227
江川县	Jiangchuan	792	1 010	1 097	孟连县	Menglian	1 076	1 133	1 118
澄江县	Chengjiang	1 106	1 314	1 314	澜沧县	Lancang	538	604	763
通海县	Tonghai	734	920	889	西盟县	Ximeng	1 177	1 324	1 531
华宁县	Huaning	822	1 040	1 155	**临 沧 市**	**Lincang**	**822**	**942**	**965**
易门县	Yimen	1 013	1 354	1 447	临翔区	Linxiang	698	830	804
峨山县	Eshan	1 321	1 883	1 801	凤庆县	Fengqing	520	584	560
新平县	Xinping	969	1 312	1 470	云 县	Yunxian	605	643	676
元江县	Yuanjiang	1 107	1 356	1 343	永德县	Yongde	509	592	674
保 山 市	**Baoshan**	**665**	**796**	**933**	镇康县	Zhenkang	1 210	1 160	1 083
隆阳区	Longyang	452	597	682	双江县	Shuangjiang	801	855	973
施甸县	Shidian	559	647	765	耿马县	Gengma	761	869	796
腾冲县	Tengchong	651	769	869	沧源县	Cangyuan	878	1 051	1 033

23-15 续表 continued

单位：元/人 (yuan/person)

地 区	Region	2003年	2004年	2005年
楚 雄 州	**Chuxiong**	**1 127**	**1 242**	**1 344**
楚雄市	Chuxiong	882	954	1 020
双柏县	Shuangbo	807	1 003	1 162
牟定县	Mouding	765	830	997
南华县	Nanhua	700	778	893
姚安县	Yao'an	730	816	891
大姚县	Dayao	1 168	816	877
永仁县	Yongren	1 507	1 342	1 354
元谋县	Yuanmou	901	912	1 112
武定县	Wuding	645	754	843
禄丰县	Lufeng	704	905	1 054
红 河 州	**Honghe**	**972**	**1 085**	**1 221**
个旧市	Gejiu	1 043	1 237	1 525
开远市	Kaiyuan	1 080	1 448	1 442
蒙自县	Mengzi	775	889	1 039
屏边县	Pingbian	821	967	1 081
建水县	Jianshui	564	661	762
石屏县	Shiping	681	784	971
弥勒县	Mile	638	814	879
泸西县	Luxi	552	685	748
元阳县	Yuanyang	451	545	636
红河县	Honghe	519	593	732
金平县	Jinping	569	679	771
绿春县	Luchun	611	751	921
河口县	Hekou	1 674	1 831	1 876
文 山 州	**Wenshan**	**658**	**765**	**915**
文山县	Wenshan	814	896	1 155
砚山县	Yanshan	481	593	682
西畴县	Xichou	674	768	1 008
麻栗坡县	Malipo	740	784	970
马关县	Maguan	637	745	864
丘北县	Qiubei	467	557	620
广南县	Guangnan	371	431	541
富宁县	Funing	560	656	819
西双版纳州	**Xishuangbanna**	**1 110**	**1 215**	**1 227**
景洪市	Jinghong	777	881	824
勐海县	Menghai	658	713	832
勐腊县	Mengla	986	980	1 017
大 理 州	**Dali**	**901**	**999**	**1 148**
大理市	Dali	1 086	1 311	1 362
漾濞县	Yangbi	1 119	1 249	1 528
祥云县	Xiangyun	522	602	669
宾川县	Binchuan	791	743	888
弥渡县	Midu	507	562	697
南涧县	Nanjian	752	835	1 002
巍山县	Weishan	612	661	736
永平县	Yongping	847	915	967
云龙县	Yunlong	768	864	990
洱源县	Eryuan	594	660	964
剑川县	Jianchuan	856	985	1 124
鹤庆县	Heqing	686	787	907
德 宏 州	**Dehong**	**1 153**	**1 484**	**1 472**
瑞丽市	Ruili	1 544	1 904	1 486
其中：畹町	Wanding			
潞西市	Luxi	739	823	852
梁河县	Lianghe	831	1 060	1 088
盈江县	Yingjiang	874	1 087	1 040
陇川县	Longchuan	888	1 105	1 135
怒 江 州	**Nujiang**	**1 518**	**1 892**	**1 988**
泸水县	Lushui	1 132	1 653	1 584
福贡县	Fugong	1 172	1 403	1 575
贡山县	Gongshan	2 220	2 591	2 981
兰坪县	Lanping	1 099	1 224	1 318
迪 庆 州	**Diqing**	**2 503**	**2 704**	**2 919**
香格里拉县	Shangri-La	1 806	2 120	2 090
德钦县	Deqin	2 299	2 228	2 606
维西县	Weixi	1 342	1 498	1 650

23-16 主要年份各县市城乡居民储蓄存款年末余额

Balance of Savings Deposits of Rural and Urban Residents at the Year-end in Significant Years

单位：万元　　　　(10 000 yuan)

地　区	Region	1978年	1990年	1995年	2000年	2001年	2004年	2005年
全省合计	**Total**	**42 010**	**1 178 897**	**5 001 334**	**11 382 215**	**12 985 261**	**20 521 210**	**24 302 841**
昆 明 市	**Kunming**	**17 425**	**317 701**	**1 690 241**	**4438340**	**5 046 364**	**8 261 054**	**9 938 095**
五华区	Wuhua							
盘龙区	Panlong					3 109 801	5 208 594	6 424 160
官渡区	Guandu	9 391	2 646 490	643 779	2 646 490	558 647	1 031 235	991 633
西山区	Xishan					305 614	496 873	692 175
东川区	Dongchuan	443	8 103	33 509	62 756	92 996	129 652	146 629
呈贡县	Chenggong	608	10 127	37 091	100 761	119 697	183 522	271 043
晋宁县	Jinning	700	11 760	38 448	93 964	109 853	148 074	171 098
富民县	Fuming	185	4 751	18 784	43 252	48 859	70 228	84 857
宜良县	Yiliang	581	19 689	70 139	177 236	196 310	255 987	287 195
石林县	Shilin	185	7 434	30 173	66 022	71 237	88 663	104 561
嵩明县	Songming	257	10 023	37 883	93 839	106 679	154 170	171 613
禄劝县	Luquan	181	3 190	15 560	40 181	46 112	70 365	81 566
寻甸县	Xundian	430	3 674	18 063	45 053	56 877	89 113	104 951
安宁市	Anning	1 190	9 561	39 228	122 119	223 682	334 578	406 614
曲 靖 市	**Qujing**	**9 152**	**89 460**	**409 561**	**907 860**	**1 059 676**	**1 801 375**	**2 128 614**
麒麟区	Qilin	2 233	31 122	105 180	295 890	404 934	687 790	809 648
马龙县	Malong	282	3 717	13 526	22 987	24 187	50 170	63 338
陆良县	Luliang	952	11 106	36 855	89 412	106 602	154 272	170 399
师宗县	Shizong	464	3 570	12 322	32 188	42 007	81 938	100 029
罗平县	Luoping	285	5 777	18 150	47 170	58 407	100 343	126 779
富源县	Fuyuan	947	6 389	20 361	56 856	67 918	142 313	191 202
会泽县	Huize	837	7 150	29 924	85 014	106 346	161 823	189 362
沾益县	Zhanyi				60 725	72 777	115 548	132 762
宣威市	Xuanwei	2 722	16 955	47 311	142 161	176 498	303 875	345 095
玉 溪 市	**Yuxi**	**2 729**	**95 220**	**398 720**	**1 004 913**	**1 137 057**	**1 629 515**	**1 888 479**
红塔区	Hongta	1 076	34 596	114 516	407 108	507 467	766 139	899 354
江川县	Jiangchuan	139	9 110	34 982	89 495	102 902	138 285	156 500
澄江县	Chengjiang	159	6 884	23 411	61 165	73 749	105 067	123 725
通海县	Tonghai	280	14 082	42 886	103 604	145 730	199 467	231 366
华宁县	Huaning	141	6 990	6 872	61 886	66 619	84 590	96 253
易门县	Yimen	289	7 053	22 757	56 277	65 530	89 118	103 887
峨山县	Eshan	165	5 129	15 125	41 262	62 092	93 119	105 922
新平县	Xinping	238	5 291	14 522	42 687	59 504	88 656	100 602
元江县	Yuanjiang	242	6 085	16 501	41 385	53 464	65 274	70 870

23-16 续表1 continued

单位：万元 (10 000 yuan)

地 区	Region	1978年	1990年	1995年	2000年	2001年	2004年	2005年
保 山 市	**Baoshan**	**1 506**	**44 546**	**212 918**	**447 668**	**500 163**	**682 841**	**781 438**
隆阳区	Longyang	573	20114	67786	185739	218 539	292 588	333 669
施甸县	Shidian	89	3 762	16 418	33 038	39 235	53 977	60 736
腾冲县	Tengchong	463	12 436	50 015	132 312	153 756	216 800	248 982
龙陵县	Longling	169	4 266	15 294	39 729	45 493	61 550	73 617
昌宁县	Changning	213	3 968	15 377	37 426	43 141	57 976	64 434
昭 通 市	**Zhaotong**	**3 543**	**34 797**	**199 804**	**339 809**	**394 846**	**671 324**	**854 319**
昭阳区	Zhaoyang	705	11 988	42 119	119 787	151 505	243 450	289 573
鲁甸县	Ludian	151	1 214	3 832	11 690	15 500	27 174	31 366
巧家县	Qiaojia	342	2 629	7 831	20 593	27 437	39 656	48 180
盐津县	Yanjin	275	1 791	5 269	15 862	19 800	38 417	51 355
大关县	Daguan	274	1 477	4 438	13 415	17 393	26 168	33 983
永善县	Yongshan	190	2 300	7 795	19 930	24 328	52 559	69 928
绥江县	Suijiang	262	2 193	7 397	17 993	23 468	32 664	39 107
镇雄县	Zhenxiong	735	3 872	11 563	33 148	42 956	80 495	97 401
彝良县	Yiliang	258	2 426	7 103	19 519	22 652	38 472	66 911
威信县	Weixin	212	2 422	6 868	14 669	20 760	36 476	47 219
水富县	Shuifu	139	2 485	10 351	23 942	29 047	55 397	79 296
丽 江 市	**Lijiang**	**1 951**	**21 960**	**101 134**	**245 253**	**288 110**	**462 866**	**536 555**
古城区	Gucheng						270 777	311 384
玉龙县	Yulong							
永胜县	Yongsheng	385	4 975	23 165	53 531	72 940	87 401	101 121
华坪县	Huaping	356	4 361	16 302	37 822	48 172	75 839	93 278
宁蒗县	Ninglang	282	3 019	8 965	18 263	21 229	28 497	30 772
思 茅 市	**Simao**	**2 233**	**38 683**	**153 412**	**363 170**	**410 335**	**640 648**	**742 923**
翠云区	Ciuyun	463	9 989	25 721	102 746	137 803	212 471	252 857
普洱县	Pu'er	440	5 823	15 284	37 876	44 298	63 096	71 414
墨江县	Mojiang	241	4 300	13 108	32 375	40 521	58 280	65 717
景东县	Jingdong	240	3 683	11 922	32 076	38 103	54 918	63 175
景谷县	Jinggu	207	3 485	11 658	32 032	41 080	66 753	80 900
镇沅县	Zhenyuan	155	2 515	7 915	20 282	25 650	44 048	51 662
江城县	Jiangcheng	114	1 680	4 505	10 710	13 609	21 719	26 776
孟连县	Menglian	64	1 757	5 755	28 280	32 366	52 591	58 722
澜沧县	Lancang	245	4 600	13 184	27 665	34 916	55 967	59 709
西盟县	Ximeng	56	850	1 963	6 502	1 989	10 805	11 991
临 沧 市	**Lincang**	**1 045**	**25 890**	**102 931**	**243 038**	**280 612**	**428 211**	**483 790**
临翔区	Linxiang	347	6 731	16 559	67 310	81 943	125 887	142 281
凤庆县	Fengqing	129	4 051	12 408	28 331	36 571	57 509	65 417
云 县	Yunxian	82	3 343	11 600	40 146	47 368	73 827	75 596
永德县	Yongde	100	2 527	8 958	18 672	24 744	33 546	39 171
镇康县	Zhenkang	52	1 065	4 506	14 285	18 549	29 992	35 780
双江县	Shuangjiang	64	1 983	4 971	11 137	14 032	23 024	25 178
耿马县	Gengma	167	4 254	12 609	35 833	41 652	61 009	71 453
沧源县	Cangyuan	99	1 936	4 580	12 807	15 753	23 417	28 914

23-16 续表2 continued

单位：万元 (10 000 yuan)

地 区	Region	1978年	1990年	1995年	2000年	2001年	2004年	2005年
楚 雄 州	**Chuxiong**	**1 591**	**51 492**	**237 398**	**526 264**	**590 921**	**905 663**	**1 071 294**
楚雄市	Chuxiong	483	15 069	47 250	152 886	207 979	345 625	402 243
双柏县	Shuangbo	54	2 321	7 285	17 651	23 168	32 351	38 211
牟定县	Mouding	85	3 120	10 454	26 447	31 692	36 276	52 602
南华县	Nanhua	65	3 009	10 856	28 520	35 212	49 522	56 211
姚安县	Yao'an	85	2 840	9 794	26 488	33 221	48 820	58 726
大姚县	Dayao	129	3 945	13 277	37 551	45 310	71 967	81 503
永仁县	Yongren	41	1 380	5 092	14 808	17 520	26 809	32 274
元谋县	Yuanmou	94	3 721	14 119	28 880	34 905	52 998	66 740
武定县	Wuding	71	3 049	12 311	31 572	38 176	56 645	70 644
禄丰县	Lufeng	484	13 038	44 713	106 901	124 236	184 650	212 140
红 河 州	**Honghe**	**5 151**	**129 729**	**475 935**	**1 034 042**	**1 175 267**	**1 766 401**	**2 028 010**
个旧市	Gejiu	1 373	37 089	99 121	274 512	319 986	470 933	531 410
开远市	Kaiyuan	696	19 398	56 146	140 898	173 521	263 009	305 698
蒙自县	Mengzi	527	10 610	26 935	66 220	109 430	172 558	211 151
屏边县	Pingbian	90	1 920	6 018	13 859	15 524	27 422	32 102
建水县	Jianshui	752	18 360	51 887	138 973	162 399	232 478	260 864
石屏县	Shiping	587	12 235	36 362	81 584	100 216	136 012	147 754
弥勒县	Mile	336	10 786	31 217	86 913	126 731	186 674	208 038
泸西县	Luxi	146	5 577	19 206	37 009	52 516	100 477	115 674
元阳县	Yuanyang	102	2 757	10 252	24 709	29 263	41 282	45 739
红河县	Honghe	95	2 224	6 090	14 511	17 513	25 001	30 126
金平县	Jinping	149	3 042	8 149	17 321	21 506	33 625	41 000
绿春县	Luchun	101	1 528	4 379	8 317	11 504	18 577	20 153
河口县	Hekou	197	4 203	10 416	26 734	35 158	56 603	78 301
文 山 州	**Wenshan**	**2 865**	**43 207**	**161 846**	**347 726**	**396 473**	**629 894**	**781 706**
文山县	Wenshan	831	15 901	34 987	107 806	148 604	245 200	293 287
砚山县	Yanshan	300	4 755	13 307	36 988	52 507	82 464	95 691
西畴县	Xichou	118	2 790	7 489	16 944	23 559	32 503	38 286
麻栗坡县	Malipo	308	3 741	11 232	23 534	29 052	45 530	62 001
马关县	Maguan	385	5 265	14 115	37 289	48 572	76 223	94 674
丘北县	Qiubei	259	3 601	9 737	24 412	30 590	44 293	50 624
广南县	Guangnan	425	4 364	12 253	27 503	35 524	58 701	76 252
富宁县	Funing	239	2 790	7 509	18 950	28 065	47 980	70 891
西双版纳州	**Xishuangbanna**	**2 469**	**34 843**	**148 108**	**294 415**	**331 456**	**521 286**	**633 452**
景洪市	Jinghong	834	20 991	27 150	165 222	210 165	335 496	401 917
勐海县	Menghai	710	6 065	7 023	45 002	57 657	80 592	88 343

23-16 续表3 continued

单位：万元 (10 000 yuan)

地 区	Region	1978年	1990年	1995年	2000年	2001年	2004年	2005年
勐腊县	Mengla	925	9 013	7 792	51 910	63 634	105 198	143 192
大 理 州	**Dali**	**2 202**	**61 110**	**295 092**	**695 967**	**799 337**	**1 246 171**	**1 430 810**
大理市	Dali	1 172	29 878	99 301	322 109	393 099	653 817	736 165
漾濞县	Yangbi	58	1 959	5 601	17 199	21 915	26 108	29 057
祥云县	Xiangyun	143	5 174	19 531	57 474	68 827	115 325	137 700
宾川县	Binchuan	132	3 545	10 944	35 654	46 061	74 102	83 509
弥渡县	Midu	102	3 695	7 848	35 074	43 227	62 231	74 868
南涧县	Nanjian	56	1 735	5 594	18 563	23 542	34 099	41 049
巍山县	Weishan	86	2 889	18 334	43 498	43 909	55 199	66 793
永平县	Yongping	81	1 711	5 264	20 978	25 154	29 843	35 314
云龙县	Yunlong	75	2 200	7 037	18 588	21 149	27 206	32 462
洱源县	Eryuan	116	2 775	11 804	36 294	43 756	59 129	64 874
剑川县	Jianchuan	74	2 094	7 356	21 437	25 964	38 257	43 668
鹤庆县	Heqing	109	3 455	13 164	37 174	42 734	70 535	84 893
德 宏 州	**Dehong**	**1 052**	**27 883**	**155 400**	**366 642**	**431 096**	**636 602**	**717 818**
瑞丽市	Ruili	201	4 830	24 655	129 062	171 074	265 531	291 551
其中：畹町	Wanding							
潞西市	Luxi	373	9 750	32 889	116 101	140 084	190 989	215 498
梁河县	Lianghe	77	3 061	10 218	24 002	27 745	35 255	39 438
盈江县	Yingjiang	172	5 480	18 711	48 440	56 445	95 435	116 844
陇川县	Longchuan	159	3 782	11 196	31 566	35 748	49 392	54 487
怒 江 州	**Nujiang**	**161**	**5 868**	**40 344**	**67 270**	**72 733**	**125 615**	**159 134**
泸水县	Lushui	68	2 478	6 771	27 701	32 059	60 655	76 072
福贡县	Fugong	15	542	1 142	3 954	5 722	9 267	12 483
贡山县	Gongshan	22	450	1 198	3 437	3 844	6 881	7 351
兰坪县	Lanping	30	2 398	9 002	28 263	31 108	48 812	63 228
迪 庆 州	**Diqing**	**1 102**	**6 376**	**26 632**	**60 961**	**70 814**	**111 736**	**126 404**
香格里拉县	Shangri-La	603	3 667	12 656	36 609	45 197	74 999	87 384
德钦县	Deqin	254	1 099	3 055	8 176	9 323	14 128	14 855
维西县	Weixi	245	1 610	5 426	13 380	16 294	22 598	24 165

23-17 各县市城乡居民人均储蓄存款

Per Capita Savings Deposits of Rural and Urban Residents by County and City

单位：元/人 (yuan)

地　区	Region	2003年	2004年	2005年
全省合计	**Total**	**4 037**	**4 648**	**5 461**
昆 明 市	**Kunming**	**14 145**	**16 426**	**16 330**
五华区	Wuhua	46 709	51 065	42 109
盘龙区	Panlong			
官渡区	Guandu	12 572	19 943	13 300
西山区	Xishan	12 026	11 723	10 363
东川区	Dongchuan	3 463	4 284	5 209
呈贡县	Chenggong	9 498	11 669	12 636
晋宁县	Jinning	4 860	5 427	6 106
富民县	Fuming	4 663	5 083	5 844
宜良县	Yiliang	5 690	6 304	7 012
石林县	Shilin	3 538	3 846	4 451
嵩明县	Songming	3 929	4 484	5 052
禄劝县	Luquan	1 384	1 572	1 894
寻甸县	Xundian	1 509	1 774	2 109
安宁市	Anning	10 904	12 536	13 003
曲 靖 市	**Qujing**	**2 666**	**3 129**	**3 762**
麒麟区	Qilin	8 951	10 560	11 952
马龙县	Malong	2 072	2 598	3 421
陆良县	Luliang	2 232	2 526	2 786
师宗县	Shizong	1 737	2 254	2 734
罗平县	Luoping	1 513	1 837	2 405
富源县	Fuyuan	1 786	1 987	2 728
会泽县	Huize	1 613	1 766	2 119
沾益县	Zhanyi	2 491	2 911	3 330
宣威市	Xuanwei	1 877	2 231	2 660
玉 溪 市	**Yuxi**	**7 020**	**7 813**	**8 532**
红塔区	Hongta	17 159	19 191	19 547
江川县	Jiangchuan	4 714	5 217	5 779
澄江县	Chengjiang	6 102	6 721	7 781
通海县	Tonghai	6 619	7 376	7 816
华宁县	Huaning	3 758	4 143	4 645
易门县	Yimen	4 807	5 153	5 909
峨山县	Ershan	5 604	6 205	6 708
新平县	Xinping	2 839	3 290	3 648
元江县	Yuanjiang	3 203	3 300	3 360
保 山 市	**Baoshan**	**2 585**	**2 832**	**3 199**
隆阳区	Longyang	3 176	3 426	3 806
施甸县	Shidian	1 465	1 638	1 875
腾冲县	Tengchong	3 162	3 519	3 974

地　区	Region	2003年	2004年	2005年
龙陵县	Longling	2 104	2 267	2 710
昌宁县	Changning	1 536	1 704	1 876
昭 通 市	**Zhaotong**	**1 053**	**1 280**	**1 683**
昭阳区	Zhaoyang	2 729	3 173	3 867
鲁甸县	Ludian	571	686	813
巧家县	Qiaojia	674	747	942
盐津县	Yanjin	744	1 013	1 408
大关县	Daguan	855	1 000	1 358
永善县	Yongshan	884	1 252	1 739
绥江县	Suijiang	1 793	2 045	2 533
镇雄县	Zhenxiong	485	616	772
彝良县	Yiliang	539	710	1 257
威信县	Weixin	787	947	1 277
水富县	Shuifu	4 336	5 827	8 453
丽 江 市	**Lijiang**	**3 603**	**4 106**	**4 462**
古城区	Gucheng		18 864	18 431
玉龙县	Yulong			
永胜县	Yongsheng	2 141	2 266	2 575
华坪县	Huaping	4 228	5 064	5 760
宁蒗县	Ninglang	1 115	1 198	1 222
思 茅 市	**Simao**	**2 363**	**2 709**	**2 896**
翠云区	Ciuyun	9 393	10 527	9 935
普洱县	Pu'er	3 109	3 390	3 687
墨江县	Mojiang	1 556	1 655	1 739
景东县	Jingdong	1 345	1 551	1 673
景谷县	Jinggu	1 941	2 246	2 620
镇沅县	Zhenyuan	1 753	2 147	2 419
江城县	Jiangcheng	1 929	2 300	2 277
孟连县	Menglian	3 671	4 508	4 419
澜沧县	Lancang	987	1 184	1 201
西盟县	Ximeng	1 155	1 283	1 306
临 沧 市	**Lincang**	**1 723**	**1 961**	**2 049**
临翔区	Linxiang	3 994	4 501	4 729
凤庆县	Fengqing	1 208	1 352	1 456
云　县	Yunxian	1 623	1 810	1 720
永德县	Yongde	889	1 023	1 085
镇康县	Zhenkang	1 592	1 872	2 067
双江县	Shuangjiang	1 143	1 401	1 427
耿马县	Gengma	2 059	2 365	2 504
沧源县	Cangyuan	1 275	1 462	1 647

23-17 续表 continued

单位：元/人 (yuan/person)

地 区	Region	2003年	2004年	2005年	地 区	Region	2003年	2004年	2005年
楚 雄 州	**Chuxiong**	**3 042**	**3 535**	**4 032**	**西双版纳州**	**Xishuangbanna**	**5 122**	**5 949**	**6 035**
楚雄市	Chuxiong	6 160	6 995	7 417	景洪市	Jinghong	7 555	8 920	8 535
双柏县	Shuangbo	1 846	2 094	2 413	勐海县	Menghai	2 436	2 717	2 699
牟定县	Mouding	1 550	1 811	2 593	勐腊县	Mengla	4 545	5 171	5 696
南华县	Nanhua	1 873	2 123	2 372	**大 理 州**	**Dali**	**3 218**	**3 683**	**4 122**
姚安县	Yao'an	2 021	2 378	2 867	大理市	Dali	10 671	11 086	11 990
大姚县	Dayao	2 012	2 568	2 845	漾濞县	Yangbi	2 478	2 599	2 744
永仁县	Yongren	2 110	2 567	2 991	祥云县	Xiangyun	2 137	2 562	2 957
元谋县	Yuanmou	2 187	2 549	3 168	宾川县	Binchuan	1 927	2 254	2 452
武定县	Wuding	1 817	2 138	2 588	弥渡县	Midu	1 704	1 983	2 380
禄丰县	Lufeng	3 807	4 432	4 893	南涧县	Nanjian	1 387	1 571	1 872
红 河 州	**Honghe**	**3 834**	**4 369**	**4 704**	巍山县	Weishan	1 628	1 821	2 157
个旧市	Gejiu	10 661	12 185	11 749	永平县	Yongping	1 661	1 728	1 912
开远市	Kaiyuan	8 831	10 002	9 677	云龙县	Yunlong	1 245	1 355	1 577
蒙自县	Mengzi	4 496	5 271	5 443	洱源县	Eryuan	1 724	2 162	2 362
屏边县	Pingbian	1 535	1 865	2 173	剑川县	Jianchuan	1 986	2 254	2 501
建水县	Jianshui	4 192	4 673	5 046	鹤庆县	Heqing	2 294	2 676	3 244
石屏县	Shiping	4 236	4 648	5 097	**德 宏 州**	**Dehong**	**5 421**	**6 012**	**6 238**
弥勒县	Mile	3 302	3 761	4 047	瑞丽市	Ruili	20 841	23 019	17 856
泸西县	Luxi	2 197	2 657	3 012	其中：畹町	Wanding			
元阳县	Yuanyang	982	1 111	1 211	潞西市	Luxi	5 122	5 561	5 886
红河县	Honghe	869	903	1 067	梁河县	Lianghe	2 036	2 199	2 488
金平县	Jinping	931	1 052	1 245	盈江县	Yingjiang	3 022	3 559	4 043
绿春县	Luchun	730	898	955	陇川县	Longchuan	2 584	2 877	3 134
河口县	Hekou	6 185	7 148	7 669	**怒 江 州**	**Nujiang**	**2 257**	**2 615**	**3 058**
文 山 州	**Wenshan**	**1 608**	**1 878**	**2 319**	泸水县	Lushui	3 324	3 852	4 173
文山县	Wenshan	4 929	5 638	6 683	福贡县	Fugong	852	1 005	1 342
砚山县	Yanshan	1 547	1 837	2 137	贡山县	Gongshan	1 568	1 991	2 014
西畴县	Xichou	1 112	1 296	1 533	兰坪县	Lanping	2 179	2 488	3 031
麻栗坡县	Malipo	1 382	1 668	2 271	**迪 庆 州**	**Diqing**	**2 937**	**3 304**	**3 428**
马关县	Maguan	1 759	2 152	2 652	香格里拉县	Shangri-La	4 894	5 593	5 671
丘北县	Qiubei	864	984	1 111	德钦县	Deqin	2 209	2 402	2 381
广南县	Guangnan	662	779	1 007	维西县	Weixi	1 442	1 556	1 588
富宁县	Funing	1 020	1 232	1 808					

23-18 各县市农民人均纯收入

Per Capita Net Income of Farmers by City and County

单位：元/人 (yuan/person)

地 区	Region	2001年	2003年	2004年	2005年	地 区	Region	2001年	2003年	2004年	2005年
全省合计	**Total**	**1 534**	**1 697**	**1 864**	**2 042**	隆阳区	Longyang	1 613	1 771	1 936	2 121
昆 明 市	**Kunming**	**2 318**	**2 581**	**2 909**	**3 258**	施甸县	Shidian	1 392	1 498	1 582	1 717
五华区	Wuhua				4 254	腾冲县	Tengchong	1 525	1 712	1 849	2 035
盘龙区	Panlong				4 269	龙陵县	Longling	1 421	1 508	1 606	1 750
官渡区	Guandu	4 552	4 811	5 333	4 950	昌宁县	Changning	1 425	1 566	1 692	1 853
西山区	Xishan	3 858	4 175	4 584	4 978	**昭 通 市**	**Zhaotong**	**945**	**1 060**	**1 171**	**1 300**
东川市	Dongchuan	1 099	1 189	1 306	1 388	昭阳区	Zhaoyang	1 048	1 193	1 352	1 499
呈贡县	Chenggong	3 446	3 822	4 195	4 569	鲁甸县	Ludian	912	1 055	1 181	1 286
晋宁县	Jinning	2 618	2 709	3 029	3 229	巧家县	Qiaojia	878	1 004	1 113	1 222
富民县	Fuming	2 392	2 620	2 814	3 091	盐津县	Yanjin	914	1 037	1 145	1 248
宜良县	Yiliang	2 831	2 989	3 150	3 308	大关县	Daguan	783	918	1 022	1 155
石林县	Shilin	1 995	2 312	2 741	3 089	永善县	Yongshan	858	986	1 102	1 227
嵩明县	Songming	2 230	2 420	2 754	3 006	绥江县	Suijiang	917	1 058	1 210	1 361
禄劝县	Luquan	1 255	1 401	1 538	1 632	镇雄县	Zhenxiong	792	936	1 065	1 207
寻甸县	Xundian	1 252	1 526	1 712	1 890	彝良县	Yiliang	876	1 000	1 127	1 260
安宁市	Anning	2 806	3 086	3 487	3 759	威信县	Weixin	965	1 082	1 212	1 334
曲 靖 市	**Qujing**	**1 529**	**1 696**	**1 898**	**2 078**	水富县	Shuifu	1 375	1 578	1 743	1 920
麒麟区	Qilin	2 510	2 743	2 999	3 207	**丽 江 市**	**Lijiang**		**1 203**	**1 324**	**1 459**
马龙县	Malong	1 231	1 378	1 586	1 780	古城区	Gucheng		1 861	2 145	2 463
陆良县	Luliang	2 108	2 290	2 551	2 805	玉龙县	Yulong		1 347	1 457	1 570
师宗县	Shizong	1 386	1 527	1 720	1 864	永胜县	Yongsheng		1 178	1 312	1 427
罗平县	Luoping	1 512	1 716	1 980	2 168	华坪县	Huaping		1 400	1 525	1 705
富源县	Fuyuan	1 590	1 726	1 916	2 106	宁蒗县	Ninglang	760	738	796	895
会泽县	Huize	1 084	1 180	1 302	1 415	**思 茅 市**	**Simao**	**1 166**	**1 290**	**1 415**	**1 553**
沾益县	Zhanyi	2 096	2 257	2 463	2 660	翠云区	Cuiyun	1 473	1 599	1 737	1 922
宣威市	Xuanwei	1 439	1 609	1 815	2 004	普洱县	Pu'er	1 373	1 513	1 650	1 803
玉 溪 市	**Yuxi**	**2 408**	**2 588**	**3 009**	**3 314**	墨江县	Mojiang	829	882	1 002	1 084
红塔区	Hongta	3 484	3 682	4 098	4 431	景东县	Jingdong	1 176	1 198	1 288	1 503
江川县	Jiangchuan	2 304	2 489	2 947	3 258	景谷县	Jinggu	1 453	1 537	1 636	1 746
澄江县	Chengjiang	2 558	2 751	3 185	3 497	镇沅县	Zhenyuan	1 126	1 141	1 238	1 334
通海县	Tonghai	2 994	3 174	3 524	3 854	江城县	Jiangcheng	825	912	972	1 028
华宁县	Huaning	2 106	2 308	2 740	3 056	孟连县	Menglian	879	1 066	1 205	1 265
易门县	Yimen	1 956	2 137	2 543	2 834	澜沧县	Lancang	740	791	848	912
峨山县	Eshan	2 045	2 224	2 641	2 928	西盟县	Ximeng	566	669	768	806
新平县	Xinping	1 905	2 077	2 420	2 688	**临 沧 市**	**Lincang**	**974**	**1 101**	**1 222**	**1 346**
元江县	Yuanjiang	1 743	1 942	2 310	2 591	临翔区	Linxiang	1 150	1 307	1 412	1 532
保 山 市	**Baoshan**	**1 463**	**1 601**	**1 721**	**1 879**	凤庆县	Fengqing	955	1 061	1 197	1 326

23-18 续表 continued

单位：元/人 (yuan/person)

地 区	Region	2001年	2003年	2004年	2005年	地 区	Region	2001年	2003年	2004年	2005年
云 县	Yunxian	1 143	1 274	1 409	1 565	马关县	Maguan	988	1 145	1 326	1 442
永德县	Yongde	903	1 027	1 161	1 281	丘北县	Qiubei	1 179	1 196	1 214	1 314
镇康县	Zhenkang	915	976	1 062	1 158	广南县	Guangnan	863	1 006	1 097	1 200
双江县	Shuangjiang	771	820	906	1 011	富宁县	Funing	1 176	1 142	1 258	1 388
耿马县	Gengma	1 110	1 211	1 379	1 525	**西双版纳州**	**Xishuangbanna**	**1 761**	**1 910**	**2 012**	**2 172**
沧源县	Cangyuan	937	977	1 064	1 159	景洪市	Jinghong	1 840	2 111	2 266	2 468
楚 雄 州	**Chuxiong**	**1 636**	**1 815**	**2 022**	**2 223**	勐海县	Menghai	1 541	1 720	1 809	1 916
楚雄市	Chuxiong	1 940	2 067	2 304	2 484	勐腊县	Mengla	1 805	1 781	1 883	2 021
双柏县	Shuangbo	1 466	1 581	1 735	1 847	**大 理 州**	**Dali**	**1 819**	**1 959**	**2 090**	**2 251**
牟定县	Mouding	1 584	1 728	1 888	2 014	大理市	Dali	3 011	3 291	3 256	3 457
南华县	Nanhua	1 581	1 713	1 903	2 081	漾濞县	yangbi		1 362	1 462	1 581
姚安县	Yao'an	1 589	1 793	1 970	2 125	祥云县	Xiangyun	1 711	1 847	1 920	2 077
大姚县	Dayao	1 610	1 769	2 022	2 160	宾川县	Binchuan	1 820	2 005	2 159	2 307
永仁县	Yongren	1 421	1 562	1 689	1 802	弥渡县	Midu	1 595	1 694	1 755	1 839
元谋县	Yuanmou	1 733	2 233	2 542	2 838	南涧县	Nanjian	1 298	1 364	1 441	1 533
武定县	Wuding	1 441	1 557	1 710	1 791	巍山县	Weishan	1 294	1 394	1 450	1 538
禄丰县	Lufeng	1 972	2 148	2 374	2 530	永平县	Yongping		1 269	1 344	1 438
红 河 州	**Honghe**	**1 445**	**1 634**	**1 807**	**1 991**	云龙县	Yunlong	1 172	1 227	1 287	1 341
个旧市	Gejiu	2 418	2 684	2 967	3 264	洱源县	Eryuan	1 459	1 590	1 698	1 896
开远市	Kaiyuan	2 131	2 386	2 668	2 951	剑川县	Jianchuan		1 156	1 219	1 296
蒙自县	Mengzi	1 430	1 645	1 836	2 029	鹤庆县	Heqing		1 196	1 325	1 525
屏边县	Pingbian	888	1 108	1 136	1 256	**德 宏 州**	**Dehong**	**1 161**	**1 322**	**1 394**	**1 504**
建水县	Jianshui	1 635	1 809	2 009	2 215	瑞丽市	Ruili	1 881	1 927	2 012	2 130
石屏县	Shiping	1 755	1 848	1 952	2 147	潞西市	Luxi		1 433	1 539	1 654
弥勒县	Mile	1 579	1 783	1 899	2 112	梁河县	Lianghe		985	1 038	1 096
泸西县	Luxi	1 399	1 557	1 713	1 885	盈江县	Yingjiang	1 278	1 328	1 377	1 516
元阳县	Yuanyang	1 031	1 144	1 258	1 396	陇川县	Longchuan	1 010	1 120	1 163	1 275
红河县	Honghe	1 089	1 148	1 220	1 344	**怒 江 州**	**Nujiang**	**929**	**948**	**969**	**1 034**
金平县	Jinping	785	838	886	988	泸水县	Lushui	1 146	1 152	1 201	1 282
绿春县	Luchun	817	889	940	1 070	福贡县	Fugong	700	696	697	750
河口县	Hekou	1 216	1 378	1 594	1 760	贡山县	Gongshan	710	696	717	754
文 山 州	**Wenshan**	**1 024**	**1 142**	**1 247**	**1 365**	兰坪县	Lanping	1 034	1 172	1 251	1 332
文山县	Wenshan	1 090	1 303	1 459	1 610	**迪 庆 州**	**Diqing**	**1 013**	**1 116**	**1 276**	**1 425**
砚山县	Yangshan	1 060	1 221	1 327	1 484	香格里拉县	Shangri-La	958	1 256	1 339	1 558
西畴县	Xichou	905	1 010	1 085	1 171	德钦县	Deqin		1 059	1 271	1 424
麻栗坡县	Malipo	995	1 112	1 216	1 320	维西县	Weixi	1 073	1 029	1 153	1 285

注：按照国家统一的调查方法，统计口径，2002年以后各县农民人均纯收入数据均通过农村住户抽样调查取得。

Note: According to the national uniform investigation method and statistical coverage, the data of farmers' per capita net income in each county in 2002 were obtained by the sample surveys on rural households.

23-19 各县市乡村就业人数（2005年）
Number of Rural Employed Persons by County and City (2005)

单位:人 (person)

地区	Region	总计 Total	农林牧渔业 Farming, Forestry, Animal Husbandry and Fishery	工业 Industry	建筑业 Construction	交通运输、仓储和邮政业 Transport, Storage, Post and Telecommunication Services	批发与零售业 Wholesale and Retail Trade	其他 Others
全省合计	**Total**	**20 509 330**	**16 901 408**	**589 419**	**630 072**	**391 451**	**375 639**	**1 442 296**
昆明市	**Kunming**	**1 812 549**	**1 402 747**	**78 513**	**76 294**	**60 965**	**54 398**	**113 772**
五华区	Wuhua	30 368	16 915	2 736	2 225	2 123	1 274	3 987
盘龙区	Panlong	22 581	13 575	1 723	1 206	1 643	1 353	2 052
官渡区	Guandu	109 296	67 838	10 592	1 805	7 221	7 755	10 953
西山区	Xishan	61 039	33 674	5 242	3 515	6 247	3 709	6 128
东川区	Dongchuan	144 113	110 024	7 536	5 355	2 023	1 638	16 499
呈贡县	Chenggong	88 791	76 594	3 710	480	2 612	1 840	2 991
晋宁县	Jinning	139 946	108 936	6 699	5 261	5 525	4 002	7 922
富民县	Fuming	79 040	57 683	3 612	7 625	2 570	2 240	4 465
宜良县	Yiliang	227 805	173 395	8 964	15 419	7 900	8 767	9 103
石林县	Shilin	120 360	103 780	2 931	2 484	3 078	2 522	4 153
嵩明县	Songming	178 566	124 331	11 297	14 916	6 753	7 633	10 371
禄劝县	Luquan	246 857	219 048	2 044	4 461	2 647	3 350	14 264
寻甸县	Xundian	283 531	242 133	4 853	8 367	6 388	5 658	13 624
安宁市	Anning	80 256	54 821	6 574	3 175	4 235	2 657	7 260
曲靖市	**Qujing**	**2 905 441**	**2 284 568**	**138 261**	**105 382**	**53 832**	**47 307**	**248 714**
麒麟区	Qilin	246 558	161 113	19 758	16 541	10 121	4 951	29 502
马龙县	Malong	104 825	91 716	2 037	1 913	1 552	1 476	5 431
陆良县	Luliang	311 274	244 970	9 927	18 264	9 178	7 319	18 566
师宗县	Shizong	184 531	151 569	11 048	4 026	3 373	2 825	10 626
罗平县	Luoping	289 690	259 059	6 885	1 508	3 286	3 341	14 204
富源县	Fuyuan	347 732	257 277	38 764	11 150	8 145	6 770	21 388
会泽县	Huize	509 844	408 400	8 770	11 406	4 551	6 444	66 881
沾益县	Zhanyi	205 783	167 188	5 752	8 688	3 892	1 884	15 419
宣威市	Xuanwei	705 204	543 276	35 320	31 886	9 734	12 297	66 697
玉溪市	**Yuxi**	**1 084 088**	**829 990**	**54 843**	**59 598**	**37 903**	**31 483**	**51 780**
红塔区	Hongta	179 787	91 887	17 415	28 914	10 018	9 739	15 237
江川县	Jiangchuan	154 499	120 413	7 315	10 196	5 216	4 496	4 561
澄江县	Chengjiang	88 981	75 371	2 213	2 891	2 312	1 747	2 833
通海县	Tonghai	146 170	108 452	13 963	5 792	6 518	4 718	5 039
华宁县	Huaning	110 321	94 113	3 321	2 641	3 520	2 496	3 287
易门县	Yimen	89 545	70 642	4 823	3 149	2 687	2 085	4 689
峨山县	Eshan	75 165	62 948	2 598	1 678	2 400	1 542	2 974
新平县	Xinping	147 810	124 452	2 390	3 653	3 382	3 165	8 873
元江县	Yuanjiang	91 810	81 712	805	684	1 850	1 495	4 287

23-19 续表1 continued

单位:人 (person)

地区	Region	总计 Total	农林牧渔业 Farming,Forestry, Animal Husbandry and Fishery	工业 Industry	建筑业 Construction	交运运输、仓储和邮政业 Transport, Storage, Post and Telecommunication Services	批发与零售业 Wholesale and Retail Trade	其他 Others
保山市	**Baoshan**	**1 265 406**	**1 059 462**	**29 477**	**54 993**	**25 648**	**21 108**	**66 749**
隆阳区	Longyang	426 666	350 021	10 578	28 652	7 219	5 067	23 068
施甸县	Shidian	181 895	156 269	2 582	10 339	3 610	2 919	4 951
腾冲县	Tengchong	325 846	262 990	9 787	9 138	8 339	8 066	25 133
龙陵县	Longling	147 521	133 232	1 641	2 197	2 438	2 075	5 571
昌宁县	Changning	183 478	156 950	4 889	4 667	4 042	2 981	8 026
昭通市	**Zhaotong**	**2 487 608**	**2 014 701**	**50 398**	**79 160**	**24 615**	**42 608**	**264 621**
昭阳区	Zhaoyang	354 185	280 687	8 673	19 079	5 890	7 523	29 012
鲁甸县	Ludian	197 623	171 839	1 539	3 852	1 976	2 374	15 140
巧家县	Qiaojia	286 996	249 376	2 595	4 498	1 552	2 714	25 718
盐津县	Yanjin	177 216	124 191	6 582	7 697	1 711	4 191	31 730
大关县	Daguan	119 164	103 085	1 154	2 296	983	2 563	8 363
永善县	Yongshan	204 149	165 481	2 716	5 025	1 672	2 873	25 230
绥江县	Suijiang	64 191	52 153	2 301	946	742	1 210	6 650
镇雄县	Zhenxiong	597 940	474 633	15 150	22 966	5 553	10 665	67 209
彝良县	Yiliang	270 048	234 368	3 030	3 858	1 761	4 089	22 186
威信县	Weixin	179 369	133 686	4 633	5 032	1 573	2 793	31 338
水富县	Shuifu	36 727	25 202	2 025	3 911	1 202	1 613	2 045
丽江市	**Lijiang**	**571 117**	**472 963**	**16 480**	**19 648**	**12 998**	**11 894**	**28 668**
古城区	Gucheng	46 367	29 875	2 787	4 040	2 804	1 692	3 794
玉龙县	Yulong	116 067	97 206	2 030	2 839	3 000	2 467	6 531
永胜县	Yongsheng	219 335	181 679	6 095	9 872	3 607	4 281	10 423
华坪县	Huaping	69 204	55 174	3 945	1 483	2 376	1 698	3 547
宁蒗县	Ninglang	120 144	109 029	1 623	1 414	1 211	1 756	4 373
思茅市	**Simao**	**1 171 631**	**1 046 993**	**9 975**	**13 413**	**13 294**	**9 773**	**72 577**
翠云区	Cuiyun	72 944	63 018	162	380	1 294	250	7 182
普洱县	Pu'er	87 968	72 522	1 932	3 672	1 431	1 236	6 259
墨江县	Mojiang	171 936	155 987	835	1 316	1 280	1 605	10 441
景东县	Jingdong	188 259	162 124	2 504	3 668	2 295	1 984	13 737
景谷县	Jinggu	166 776	142 806	1 163	1 415	2 444	1 234	17 207
镇沅县	Zhenyuan	104 628	93 325	455	1 293	1 513	619	7 022
江城县	Jiangcheng	54 952	49 557	537	482	749	502	2 894
孟连县	Menglian	57 995	55 466	177	244	625	464	735
澜沧县	Lancang	229 452	216 927	1 917	768	1 339	1 519	6 982
西盟县	Ximeng	36 721	35 261	293	175	324	360	118
临沧市	**Lincang**	**1 063 334**	**906 329**	**14 691**	**26 430**	**17 956**	**15 108**	**76 995**
临翔区	Linxiang	133 777	100 634	3 634	6 223	3 508	2 496	16 135
凤庆县	Fengqing	211 388	164 825	3 476	9 341	2 442	3 495	26 067

23-19 续表2 continued

单位:人 (person)

地 区	Region	总 计 Total	农林牧渔业 Farming,Forestry,Animal Husbandry and Fishery	工 业 Industry	建筑业 Construction	交运运输、仓储和邮政业 Transport, Storage, Post and Telecommunication Services	批发与零售业 Wholesale and Retail Trade	其 他 Others
云 县	Yunxian	214 710	179 486	2 905	5 805	3 011	2 679	19 573
永德县	Yongde	174 634	159 905	1 946	1 399	2 925	2 222	5 867
镇康县	Zhenkang	79 522	74 627	560	924	983	824	1 477
双江县	Shuangjiang	67 172	57 874	965	1 485	1 343	872	4 365
耿马县	Gengma	115 268	105 173	818	840	2 700	1 821	3 414
沧源县	Cangyuan	66 863	63 805	387	413	1 044	699	97
楚 雄 州	**Chuxiong**	**1 353 763**	**1 142 947**	**35 883**	**35 646**	**27 725**	**26 513**	**64 537**
楚雄市	Chuxiong	217 507	179 362	5 525	5 855	5 158	4 927	12 465
双柏县	Shuangbo	86 238	78 719	758	820	1 808	970	2 578
牟定县	Mouding	113 610	91 599	3 863	4 817	1 665	2 240	6 578
南华县	Nanhua	127 910	111 050	3 399	2 563	2 281	2 277	4 569
姚安县	Yao'an	117 074	90 678	4 782	5 653	2 214	3 411	7 995
大姚县	Dayao	157 514	131 103	3 946	6 110	1 932	2 747	9 857
永仁县	Yongren	57 067	50 679	1 139	1 074	978	1 311	1 494
元谋县	Yuanmou	118 033	105 835	1 675	535	3 116	2 463	3 588
武定县	Wuding	153 875	132 541	3 229	2 518	2 370	2 547	8 117
禄丰县	Lufeng	204 935	171 381	7 567	5 701	6 203	3 620	7 296
红 河 州	**Honghe**	**2 031 330**	**1 753 912**	**51 112**	**44 824**	**34 308**	**34 851**	**97 577**
个旧市	Gejiu	109 464	81 234	10 533	1 464	3 960	3 895	7 037
开远市	Kaiyuan	98 867	81 291	2 395	2 047	3 990	2 333	5 453
蒙自县	Mengzi	176 527	157 563	2 060	1 902	2 517	2 718	8 536
屏边县	Pingbian	70 750	65 094	770	540	583	506	3 057
建水县	Jianshui	269 359	232 168	7 593	6 605	6 272	6 467	6 980
石屏县	Shiping	165 754	136 149	6 427	7 414	3 537	2 067	9 359
弥勒县	Mile	275 824	231 863	6 962	8 661	5 476	5 965	13 848
泸西县	Luxi	203 676	170 742	3 808	10 222	3 971	3 092	10 114
元阳县	Yuanyang	207 813	189 754	4 013	2 294	816	2 160	8 022
红河县	Honghe	144 045	122 916	2 280	1 410	642	1 525	14 931
金平县	Jinping	170 300	156 426	2 937	1 430	1 505	2 592	4 785
绿春县	Luchun	113 844	104 248	1 326	794	901	1 294	5 281
河口县	Hekou	25 107	24 464	8	41	138	237	174
文 山 州	**Wenshan**	**1 791 125**	**1 512 343**	**22 661**	**10 169**	**14 223**	**19 954**	**201 668**
文山县	Wenshan	198 646	172 503	2 344	823	2 773	4 601	13 018
砚山县	Yanshan	233 876	209 438	3 239	377	3 018	3 159	13 416
西畴县	Xichou	136 980	110 802	1 912	1 088	957	1 701	19 374
麻栗坡县	Malipo	149 619	121 111	2 477	1 134	749	1 266	22 249
马关县	Maguan	195 682	170 023	2 863	510	1 543	1 920	18 115

23-19 续表3 continued

单位:人 (person)

地 区	Region	总 计 Total	农林牧渔业 Farming, Forestry, Animal Husbandry and Fishery	工 业 Industry	建筑业 Construction	交运运输、仓储和邮政业 Transport, Storage, Post and Telecommunication Services	批发与零售业 Wholesale and Retail Trade	其 他 Others
丘北县	Qiubei	228 823	202 656	2 622	473	1 590	2 203	18 305
广南县	Guangnan	422 687	345 168	3 901	3 412	1 884	2 621	64 084
富宁县	Funing	224 812	180 642	3 303	2 352	1 709	2 483	33 107
西双版纳州	**Xishuangbanna**	**351 377**	**330 553**	**1 274**	**1 919**	**2 584**	**3 295**	**11 519**
景洪市	Jinghong	136 550	129 615	307	759	885	1 514	3 394
勐海县	Menghai	148 755	136 323	963	1 157	1 474	1 471	7 285
勐腊县	Mengla	66 072	64 615	4	3	225	310	840
大理州	**Dali**	**1 707 628**	**1 338 596**	**71 984**	**90 516**	**44 304**	**43 539**	**101 267**
大理市	Dali	219 420	125 383	16 648	33 906	9 686	11 127	17 293
漾濞县	Yangbi	49 444	42 634	601	1 528	945	1 385	2 351
祥云县	Xiangyun	248 907	196 112	15 188	8 168	4 993	5 652	16 785
宾川县	Binchuan	185 322	154 463	5 504	3 241	6 606	4 301	10 116
弥渡县	Midu	178 071	139 857	6 965	8 871	4 263	4 620	11 938
南涧县	Nanjian	123 489	104 084	2 121	2 225	1 639	1 512	11 043
巍山县	Weishan	170 393	145 221	4 895	6 951	2 731	3 249	5 666
永平县	Yongping	75 589	65 896	1 723	1 687	1 096	1 581	3 179
云龙县	Yunlong	99 164	85 664	2 924	2 543	1 517	1 747	3 907
洱源县	Eryuan	141 312	113 880	3 407	7 198	5 081	3 087	7 196
剑川县	Jianchuan	82 360	61 102	4 566	6 640	2 364	1 900	4 998
鹤庆县	Heqing	134 157	104 300	7 442	7 558	3 383	3 378	6 795
德宏州	**Dehong**	**503 476**	**437 871**	**7 617**	**7 362**	**13 720**	**8 677**	**25 682**
瑞丽市	Ruili	48 737	37 884	619	336	3 743	1 159	3 995
其中：畹町	Wanding							
潞西市	Luxi	160 547	138 209	3 050	3 201	4 184	2 623	8 850
梁河县	Lianghe	84 344	71 987	1 775	1 739	1 640	1 707	5 019
盈江县	Yingjiang	127 128	112 399	1 313	1 779	2 990	2 317	5 717
陇川县	Longchuan	82 720	77 392	860	307	1 163	871	2 101
怒江州	**Nujiang**	**238 038**	**216 350**	**3 815**	**2 722**	**3 300**	**2 634**	**8 498**
泸水县	Lushui	72 479	66 867	460	481	887	523	3 032
福贡县	Fugong	47 374	43 680	201	789	436	269	1 976
贡山县	Gongshan	15 123	13 474	208	315	104	222	739
兰坪县	Lanping	103 062	92 329	2 946	1 137	1 873	1 620	2 751
迪庆州	**Diqing**	**171 419**	**151 083**	**2 435**	**1 996**	**4 076**	**2 497**	**7 672**
香格里拉县	Shangri-La	62 958	55 123	783	847	1 973	919	2 728
德钦县	Deqin	29 002	26 392	76	176	540	312	1 158
维西县	Weixi	79 459	69 568	1 576	973	1 563	1 266	3 786

23-20 各县市农业总产值

Gross Output Value of Agriculture by County and City

(按现行价格计算) (Data are calculated at 1990's constant prices)

单位：万元 (10 000 yuan)

地 区	Region	2004年	2005年	地 区	Region	2004年	2005年
全省合计	**Total**	**9 652 238**	**10 685 807**	**保 山 市**	**Baoshan**	**544 518**	**614 697**
昆 明 市	**Kunming**	**1 090 013**	**1 172 285**	隆阳区	Longyang	201 775	235 658
五华区	Wuhua		17 435	施甸县	Shidian	73 194	77 423
盘龙区	Panlong		21 651	腾冲县	Tengchong	121 532	132 958
官渡区	Guandu	155 390	117 771	龙陵县	Longling	54 649	60 980
西山区	Xishan	41 957	36 467	昌宁县	Changning	93 368	107 678
东川区	Dongchuan	37 632	39 727	**昭 通 市**	**Zhaotong**	**579 864**	**617 633**
呈贡县	Chenggong	81 277	95 656	昭阳区	Zhaoyang	105 838	110 389
晋宁县	Jinning	84 556	95 210	鲁甸县	Ludian	44 774	42 977
富民县	Fuming	47 875	51 104	巧家县	Qiaojia	63 840	70 585
宜良县	Yiliang	192 974	207 078	盐津县	Yanjin	39 770	42 127
石林县	Shilin	83 570	91 392	大关县	Daguan	30 704	32 736
嵩明县	Songming	87 755	103 626	永善县	Yongshan	51 840	56 126
禄劝县	Luquan	110 454	114 130	绥江县	Suijiang	15 504	17 725
寻甸县	Xundian	101 458	109 449	镇雄县	Zhenxiong	121 065	129 938
安宁市	Anning	65 115	71 589	彝良县	Yiliang	57 156	63 065
曲 靖 市	**Qujing**	**1 265 605**	**1 442 356**	威信县	Weixin	36 667	38 792
麒麟区	Qilin	123 830	134 226	水富县	Shuifu	12 706	13 173
马龙县	Malong	46 105	52 498	**丽 江 市**	**Lijiang**	**205 607**	**229 248**
陆良县	Luliang	200 616	248 053	古城区	Lijiang	26 936	29 613
师宗县	Shizong	94 323	104 825	玉龙县	Yulong	50 172	54 446
罗平县	Luoping	148 921	165 222	永胜县	Yongsheng	63 035	74 946
富源县	Fuyuan	151 675	165 711	华坪县	Huaping	38 492	41 428
会泽县	Huize	116 718	149 000	宁蒗县	Ninglang	26 972	28 815
沾益县	Zhanyi	130 960	140 738	**思 茅 市**	**Simao**	**425 757**	**514 086**
宣威市	Xuanwei	252 457	282 083	翠云区	Cuiyun	40 342	45 030
玉 溪 市	**Yuxi**	**597 099**	**653 328**	普洱县	Pu'er	39 876	51 155
红塔区	Hongta	86 105	95 177	墨江县	Mojiang	45 793	53 257
江川县	Jiangchuan	89 827	97 601	景东县	Jingdong	71 908	86 863
澄江县	Chengjiang	47 184	51 084	景谷县	Jinggu	58 398	82 190
通海县	Tonghai	81 080	89 288	镇沅县	Zhenyuan	36 003	41 647
华宁县	Huaning	64 502	72 052	江城县	Jiangcheng	29 559	33 938
易门县	Yimen	52 835	56 028	孟连县	Menglian	26 206	32 812
峨山县	Eshan	42 538	46 473	澜沧县	Lancang	68 041	75 823
新平县	Xinping	68 122	74 837	西盟县	Ximeng	9 631	11 371
元江县	Yuanjiang	64 906	70 788				

23-20 续表 continued

(按现行价格计算)

(Data are calculated at 1990's constant prices)

单位：万元

(10 000 yuan)

地 区	Region	2004年	2005年	地 区	Region	2004年	2005年
临 沧 市	**Lincang**	**460 576**	**524 001**	麻栗坡县	Malipo	51 129	56 383
临翔区	Linxiang	53 512	59 027	马关县	Maguan	68 058	72 939
凤庆县	Fengqing	71 865	82 926	丘北县	Qiubei	77 177	91 070
云 县	Yunxian	87 976	100 306	广南县	Guangnan	120 994	128 549
永德县	Yongde	53 328	64 081	富宁县	Funing	72 817	79 629
镇康县	Zhenkang	36 309	41 468	**西双版纳州**	**Xishuangbanna**	**365 790**	**413 686**
双江县	Shuangjiang	34 872	38 685	景洪市	Jinghong	165 963	188 747
耿马县	Gengma	83 041	94 701	勐海县	Menghai	74 145	80 104
沧源县	Cangyuan	39 673	42 807	勐腊县	Mengla	125 682	144 835
楚 雄 州	**Chuxiong**	**708 575**	**781 249**	**大 理 州**	**Dali**	**967 574**	**1 064 633**
楚雄市	Chuxiong	121 772	134 324	大理市	Dali	133 692	145 894
双柏县	Shuangbo	45 577	49 685	漾濞县	Yangbi	21 069	24 528
牟定县	Mouding	52 903	56 044	祥云县	Xiangyun	130 128	138 004
南华县	Nanhua	61 631	67 759	宾川县	Binchuan	185 523	204 436
姚安县	Yao'an	61 356	67 057	弥渡县	Midu	75 553	83 401
大姚县	Dayao	74 958	83 262	南涧县	Nanjian	53 930	60 558
永仁县	Yongren	32 944	35 055	巍山县	Weishan	76 820	82 420
元谋县	Yuanmou	58 418	68 451	永平县	Yongping	49 208	54 080
武定县	Wuding	73 695	83 004	云龙县	Yunlong	52 962	58 100
禄丰县	Lufeng	125 321	136 608	洱源县	Eryuan	94 308	106 611
红 河 州	**Honghe**	**798 416**	**881 730**	剑川县	Jianchuan	39 124	42 500
个旧市	Gejiu	53 737	59 643	鹤庆县	Heqing	55 257	64 101
开远市	Kaiyuan	70 258	74 590	**德 宏 州**	**Dehong**	**236 624**	**277 016**
蒙自县	Mengzi	83 249	94 780	瑞丽市	Ruili	37 125	42 269
屏边县	Pingbian	27 546	29 355	其中：畹町	Wanding		
建水县	Jianshui	111 106	123 326	潞西市	Luxi	77 759	89 359
石屏县	Shiping	98 813	110 671	梁河县	Lianghe	22 688	27 063
弥勒县	Mile	102 883	113 729	盈江县	Yingjiang	57 428	66 931
泸西县	Luxi	67 571	74 396	陇川县	Longchuan	41 624	51 394
元阳县	Yuanyang	41 174	43 350	**怒 江 州**	**Nujiang**	**60 315**	**62 651**
红河县	Honghe	46 970	54 040	泸水县	Lushui	21 916	23 092
金平县	Jinping	44 666	47 837	福贡县	Fugong	9 278	9 854
绿春县	Luchun	25 511	29 350	贡山县	Gongshan	6 799	7 129
河口县	Hekou	24 932	26 663	兰坪县	Lanping	22 322	22 576
文 山 州	**Wenshan**	**597 583**	**656 409**	**迪 庆 州**	**Diqing**	**70 177**	**74 951**
文山县	Wenshan	91 079	97 207	香格里拉县	Shangri-La	30 949	32 763
砚山县	Yangshan	73 080	83 862	德钦县	Deqin	8 608	9 652
西畴县	Xichou	43 249	46 770	维西县	Weixi	30 620	32 536

23-21　各县市主要农作物产量（一）（2005年）
Yield of Major Farm Crops by County and City (I)(2005)

单位：吨　　　　　　　　　　　　　　　　　　　　　　　　　(ton)

地　区	Region	粮　食 Grain Crops	稻　谷 Rice	小　麦 Wheat	玉　米 Maize	豆　类 Beans and Peas	#蚕　豆 Broad Beans	薯　类 Tubers
全省合计	**Total**	**15 149 300**	**6 463 400**	**1 068 600**	**4 493 100**	**771 800**	**536 900**	**1 786 000**
昆　明　市	**Kunming**	**1 133 595**	**375 000**	**93 999**	**353 226**	**103 465**	**65 137**	**117 277**
五华区	Wuhua	12 807	3 635	1 638	4 058	1 197	1 014	545
盘龙区	Panlong	10 260	541	1 730	5 528	1 520	622	622
官渡区	Guandu	22 773	2 629	1 981	12 630	2 407	1 311	1 490
西山区	Xishan	26 816	8 293	2 247	11 253	3 076	2 683	601
东川区	Dongchuan	67 222	15 848	3 295	22 460	1 871	232	21 200
呈贡县	Chenggong	5 696	993	76	3 769	437	49	389
晋宁县	Jinning	75 443	42 564	5 125	15 310	8 431	7 491	2 767
富民县	Fuming	58 217	18 701	10 339	19 079	6 549	2 075	1 981
宜良县	Yiliang	179 228	83 723	15 952	49 879	19 503	15 141	8 121
石林县	Shilin	119 823	34 782	12 170	45 180	10 379	7 077	10 135
嵩明县	Songming	142 828	58 968	7 663	35 027	17 303	13 497	8 602
禄劝县	Luquan	175 734	37 279	14 907	71 252	12 362	5 254	21 629
寻甸县	Xundian	187 730	48 271	13 918	38 775	15 437	6 693	37 601
安宁市	Anning	49 018	18 773	2 958	19 026	2 993	1 998	1 594
曲　靖　市	**Qujing**	**2 020 136**	**377 218**	**58 722**	**798 504**	**137 876**	**77 273**	**513 741**
麒麟区	Qilin	166 954	67 844	5 869	31 621	31 849	24 195	14 729
马龙县	Malong	73 026	22 882	3 011	20 167	2 464	660	13 661
陆良县	Luliang	239 197	99 550	5 308	40 532	28 214	24 433	49 926
师宗县	Shizong	136 533	28 510	4 755	66 130	9 860	2 051	21 373
罗平县	Luoping	184 656	33 354	5 258	113 101	7 655	3 252	18 669
富源县	Fuyuan	254 660	20 815	12 353	134 974	19 312	6 011	55 795
会泽县	Huize	276 848	34 205	8 272	84 988	10 452	4 202	129 760
沾益县	Zhanyi	187 671	46 485	499	65 518	13 361	9 498	33 961
宣威市	Xuanwei	500 591	23 573	13 397	241 473	14 709	2 971	175 867
玉　溪　市	**Yuxi**	**451 901**	**196 532**	**56 948**	**141 259**	**24 221**	**11 336**	**20 578**
红塔区	Hongta	69 166	33 271	11 982	18 714	3 230	1 244	369
江川县	Jiangchuan	43 378	19 391	6 851	6 338	3 674	2 543	6 810
澄江县	Chengjiang	32 945	13 490	5 698	8 205	2 315	1 400	2 496
通海县	Tonghai	30 500	12 339	4 058	10 298	1 164	671	651
华宁县	Huaning	68 936	21 681	10 709	27 993	4 642	1 362	2 833
易门县	Yimen	49 452	14 900	9 534	16 715	3 425	2 173	2 223
峨山县	Eshan	42 510	24 774	1 505	13 551	1 396	861	755
新平县	Xinping	70 994	35 951	2 688	24 746	2 184	661	2 826
元江县	Yuanjiang	44020	20735	3923	14699	2191	421	1615

23-21 续表1 continued

单位:吨 (ton)

地 区	Region	粮 食 Grain Crops	稻 谷 Rice	小 麦 Wheat	玉 米 Maize	豆 类 Beans and Peas	#蚕 豆 Broad Beans	薯 类 Tubers
保 山 市	**Baoshan**	**929 066**	**421 951**	**67 307**	**283 121**	**42 888**	**15 176**	**44 971**
隆阳区	Longyang	307 129	141 106	32 385	93 765	20 616	8 575	8 776
施甸县	Shidian	121 834	42 391	14 120	43 247	6 774	2 536	7 254
腾冲县	Tengchong	259 296	142 928	8 938	58 794	4 979	695	13 339
龙陵县	Longling	98 467	41 680	4 755	29 554	3 508	854	7 199
昌宁县	Changning	142 340	53 846	7 109	57 761	7 011	2 516	8 403
昭 通 市	**Zhaotong**	**1 266 939**	**147 130**	**84 128**	**624 054**	**54 118**	**7 391**	**329 806**
昭阳区	Zhaoyang	160 716	31 069	3 259	61 018	12 719	947	46 430
鲁甸县	Ludian	75 344	8 620	4 601	30 592	4 406	548	21 510
巧家县	Qiaojia	144 116	16 405	7 566	58 514	8 315	1 598	49 060
盐津县	Yanjin	98 182	19 130	2 449	55 753	2 823	439	17 848
大关县	Daguan	71 426	6 615	2 394	40 671	1 961	577	18 976
永善县	Yongshan	123 325	19 404	7 320	44 285	5 586	1 066	41 820
绥江县	Suijiang	34 350	10 596	6 587	13 644	1 101	175	2 177
镇雄县	Zhenxiong	285 635	3 628	27 226	167 615	7 869	717	75 231
彝良县	Yiliang	131 353	8 607	6 106	75 657	5 329	694	34 535
威信县	Weixin	121 538	12 759	14 658	69 475	3 416	501	20 988
水富县	Shuifu	20 954	10 297	1 962	6 830	593	129	1 231
丽 江 市	**Lijiang**	**401 377**	**126 985**	**56 929**	**113 321**	**45 535**	**21 746**	**37 783**
古城区	Gucheng	35 419	4 419	8 065	13 878	4 275	2 186	1 447
玉龙县	Yulong	96 403	10 054	28 338	31 901	12 277	2 966	9 248
永胜县	Yongsheng	142 320	75 181	8 060	33 923	17 840	14 007	5 060
华坪县	Huaping	61 214	26 685	9 237	16 435	3 299	786	5 207
宁蒗县	Ninglang	66 021	10 646	3 229	17 184	7 844	1 801	16 821
思 茅 市	**Simao**	**819 656**	**422 492**	**38 635**	**281 948**	**37 261**	**7 442**	**21 716**
翠云区	Cuiyun	50 106	23 058	2 887	20 780	1 368	352	935
普洱县	Pu'er	68 162	32 520	4 899	20 671	2 518	470	6 098
墨江县	Mojiang	110 107	39 434	3 796	52 342	7 845	994	2 131
景东县	Jingdong	128 714	50 858	15 006	48 073	11 466	2 828	2 731
景谷县	Jinggu	112 361	65 622	3 094	32 578	3 479	502	6 085
镇沅县	Zhenyuan	77 202	38 335	6 208	25 916	4 899	1 626	931
江城县	Jiangcheng	34 209	21 015	423	11 045	994	81	652
孟连县	Menglian	46 410	34 903	68	10 503	441	36	169
澜沧县	Lancang	160 604	97 007	1 899	51 157	3 922	525	1 841
西盟县	Ximeng	31 781	19 740	355	8 883	329	28	143
临 沧 市	**Lincang**	**711 987**	**279 951**	**55 171**	**281 105**	**35 171**	**13 317**	**34 403**
临翔区	Linxiang	80 485	37 682	6 853	25 026	2 725	1 214	5 277
凤庆县	Fengqing	136 212	44 148	20 026	57 646	6 852	4 035	5 153

23-21 续表2 continued

单位:吨 (ton)

地 区	Region	粮 食 Grain Crops	稻 谷 Rice	小 麦 Wheat	包 谷 Maize	豆 类 Beans and Peas	# 蚕 豆 Broad Beans	薯 类 Tubers
云 县	Yunxian	136 808	44 899	9 966	65 690	6 435	3 094	6 141
永德县	Yongde	115 262	39 658	6 038	50 481	7 062	1 941	10 243
镇康县	Zhenkang	48 896	19 359	2 471	20 157	3 175	1 003	2 193
双江县	Shuangjiang	57 737	28 896	5 504	16 709	1 747	629	2 344
耿马县	Gengma	85 275	41 233	3 761	26 574	5 020	1 023	2 104
沧源县	Cangyuan	51 312	24 076	552	18 822	2 155	378	948
楚 雄 州	**Chuxiong**	**942 951**	**453 375**	**81 681**	**227 963**	**98 188**	**74 211**	**28 558**
楚雄市	Chuxiong	171 982	75 244	13 247	50 065	17 249	14 537	4 390
双柏县	Shuangbo	52 774	22 763	4 037	17 741	7 669	4 900	
牟定县	Mouding	79 842	46 071	3 584	11 096	13 223	9 534	1 712
南华县	Nanhua	94 872	32 638	9 222	33 145	7 738	5 632	4 251
姚安县	Yao'an	76 391	43 945	8 840	8 054	8 980	7 570	772
大姚县	Dayao	105 760	48 095	10 235	20 514	18 149	14 267	6 362
永仁县	Yongren	42 528	22 735	1 955	11 298	3 604	2 755	1 211
元谋县	Yuanmou	68 507	45 097	2 698	15 883	1 870	940	2 568
武定县	Wuding	86 308	33 440	9 550	24 686	7 061	4 494	6 100
禄丰县	Lufeng	163 987	83 347	18 313	35 481	12 645	9 582	1 192
红 河 州	**Honghe**	**1 264 026**	**614 986**	**70 972**	**396 116**	**63 965**	**21 845**	**61 280**
个旧市	Gejiu	44 378	18 462	2 541	19 183	1 814	615	1 755
开远市	Kaiyuan	84 365	35 041	5 759	27 382	6 393	4 221	7 698
蒙自县	Mengzi	120 755	51 590	4 125	50 079	7 841	4 818	3 682
屏边县	Pingbian	59 102	25 647	2 463	22 429	2 470	279	1 649
建水县	Jianshui	160 251	87 495	12 573	33 126	7 132	2 514	19 162
石屏县	Shiping	89 876	48 348	10 723	17 535	3 636	854	7 830
弥勒县	Mile	173 183	59 073	22 632	78 104	6 598	4 556	3 057
泸西县	Luxi	124 691	43 949	4 805	42 376	6 494	2 805	4 903
元阳县	Yuanyang	124 075	77 080	230	27 842	9 256	368	5 140
红河县	Honghe	85 347	53 190	5 079	18 180	4 070	600	1 459
金平县	Jinping	108 089	67 214		32 358	4 851	83	1 934
绿春县	Luchun	73 519	39 514	42	20 324	2 820	132	2 920
河口县	Hekou	16 395	8 383		7 198	590		91
文 山 州	**Wenshan**	**1 074 070**	**395 888**	**53 424**	**467 401**	**67 442**	**8 493**	**70 238**
文山县	Wenshan	127 337	49 957	11 656	53 771	5 385	821	4 875
砚山县	Yanshan	157 337	61 956	10 495	74 542	4 699	779	4 591
西畴县	Xichou	82 055	24 265	4 225	36 252	6 879	441	7 706
麻栗坡县	Malipo	86 652	31 326	1 435	41 212	5 675	364	5 425
马关县	Maguan	126 038	41 513	5 547	56 923	10 620	806	8 385

单位:吨 (ton)

地 区	Region	粮 食 Grain Crops	稻 谷 Rice	小 麦 Wheat	玉 米 Maize	豆 类 Beans and Peas	# 蚕 豆 Broad Beans	薯 类 Tubers
丘北县	Qiubei	160 038	42 360	11 021	89 997	10 187	1 344	5 977
广南县	Guangnan	217 396	84 253	8 720	74 552	16 396	3 326	25 881
富宁县	Funing	117 217	60 258	325	40 152	7 601	612	7 398
西双版纳州	**Xishuangbanna**	**353 086**	**276 772**	**314**	**69 546**	**2 438**	**178**	**3 459**
景洪市	Jinghong	130 074	103 290		25 709	648	17	307
勐海县	Menghai	144 716	119 302	314	20 780	1 281	153	2 707
勐腊县	Mengla	78 296	54 180		23 057	509	8	445
大 理 州	**Dali**	**1 213 763**	**485 247**	**46 856**	**370 317**	**121 688**	**78 263**	**53 730**
大理市	Dali	136 379	82 958	1 935	25 445	13 745	13 522	5 017
漾濞县	Yangbi	45 560	10 928	3 862	21 014	4 091	2 185	3 051
祥云县	Xiangyun	152 980	48 724	5 744	48 006	19 055	17 172	15 365
宾川县	Binchuan	126 003	62 715	2 148	49 242	5 232	3 403	3 674
弥渡县	Midu	114 185	43 839	5 557	38 191	1 788	1 366	3 523
南涧县	Nanjian	73 278	9 947	7 630	38 496	2 921	1 861	2 305
巍山县	Weishan	116 596	44 781	4 189	33 528	14 258	6 122	4 765
永平县	Yongping	68 451	23 776	6 057	23 244	6 060	2 305	3 080
云龙县	Yunlong	88 168	23 494	2 735	41 621	10 966	2 849	2 597
洱源县	Eryuan	128 540	62 808	1 263	24 300	21 648	15 212	4 202
剑川县	Jianchuan	65 327	22 443	2 768	12 383	12 571	4 484	2 860
鹤庆县	Heqing	98 296	48 834	2 968	14 847	9 353	7 782	3 291
德 宏 州	**Dehong**	**402 729**	**287 542**	**17 959**	**71 978**	**6 846**	**1 588**	**17 431**
瑞丽市	Ruili	40 940	32 186	152	6 909	638	69	1 055
其中：畹町	Wanding							
潞西市	Luxi	136 643	90 724	12 343	26 470	2 984	684	3 799
梁河县	Lianghe	41 644	31 223	1 104	5 702	570	177	2 976
盈江县	Yingjiang	114 968	85 828	3 909	17 277	1 916	403	5 457
陇川县	Longchuan	68 534	47 581	451	15 620	738	255	4 144
怒 江 州	**Nujiang**	**163 817**	**36 365**	**13 428**	**75 449**	**15 942**	**1 888**	**11 852**
泸水县	Lushui	52 324	15 390	1 752	25 253	4 645	1 113	3 281
福贡县	Fugong	28 848	7 432	9	16 930	1 635	148	1 898
贡山县	Gongshan	9 249	1 099	359	6 206	397	32	663
兰坪县	Lanping	73 396	12 444	11 308	27 060	9 265	595	6 010
迪 庆 州	**Diqing**	**124 956**	**13 797**	**25 576**	**52 262**	**8 078**	**1 217**	**8 842**
香格里拉县	Shangri-La	53 907	4 712	12 988	18 939	2 464	824	5 227
德钦县	Deqin	18 417	463	4 935	7 977	589		796
维西县	Weixi	52 632	8 622	7 653	25 346	5 025	393	2 819

23-22 各县市主要农作物产量(二)(2005年)

Yield of Major Farm Crops by County and City (II)(2005)

单位:百公斤 (100 kg)

地 区	Region	油 料 Oil-bearing Crops	# 花 生 Peanuts	# 油菜籽 Rapeseeds	甘 蔗 Sugar cane	烤 烟 Flue-cured Tobacco	茶 叶 Tea	水 果 Fruits
全省合计	**Total**	**3 622 313**	**574 569**	**2 902 097**	**141 549 684**	**7 721 928**	**1 158 800**	**13 662 904**
昆 明 市	**Kunming**	**135 904**	**11 811**	**111 817**	**38 026**	**861 120**	**590**	**963 087**
五华区	Wuhua	190		190		10 300		23 426
盘龙区	Panlong	223		98		5 850		20 476
官渡区	Guandu	627		530		15 238	3	55 488
西山区	Xishan	2 535		2 365		6 550		51 570
东川区	Dongchuan	10 983	6 422	4 520	10 186			36 576
呈贡县	Chenggong	30						118 204
晋宁县	Jinning	25 338	19	25 032	120	61 513	1	50 258
富民县	Fuming	3 300	100	1 900		27 140		193 470
宜良县	Yiliang	9 980	1 960	5 660	700	155 040	220	43 530
石林县	Shilin	8 566		4 210		159 140	125	104 779
嵩明县	Songming	1 035		785		101 840		53 655
禄劝县	Luquan	11 640	3 310	6 420	26 960	117 440	10	32 730
寻甸县	Xundian	36 777		35 807	60	154 419		31 155
安宁市	Anning	24 680		24 300		46 650	231	147 770
曲 靖 市	**Qujing**	**838 715**	**10 530**	**800 018**	**8 530**	**1 800 921**	**123**	**859 289**
麒麟区	Qilin	5 126		5 116		161 900		82 305
马龙县	Malong	10 250		8 510		123 980		47 550
陆良县	Luliang	110 897	2 630	92 148		249 291		185 085
师宗县	Shizong	178 550	1 630	171 450	5 000	190 290	3	53 463
罗平县	Luoping	410 700	210	410 490	1 560	236 870		30 133
富源县	Fuyuan	105 940	1 150	104 310		173 290	80	37 835
会泽县	Huize	11 230	4 240	6 510	1 970	99 528		127 313
沾益县	Zhanyi	5 032		1 284		190 250		150 500
宣威市	Xuanwei	990	670	200		375 522	40	145 105
玉 溪 市	**Yuxi**	**334 855**	**9 164**	**320 642**	**12 938 580**	**1 099 998**	**11 613**	**1 081 268**
红塔区	Hongta	97 555	52	97 203		98 289	165	42 704
江川县	Jiangchuan	49 657		49 255		170 078	78	27 012
澄江县	Chengjiang	4 386	223	4 019		114 486		6 249
通海县	Tonghai	20 422	76	20 298	19 410	135 052		87 878
华宁县	Huaning	16 779	1 674	14 279	6 390	164 808	20	396 454
易门县	Yimen	31 487	387	30 245	41 350	136 278	241	22 995
峨山县	Eshan	79 236	906	76 963	286 570	98 296	2 611	22 852
新平县	Xinping	16 540	3 615	12 115	6 167 780	108 188	3 173	187 744
元江县	Yuanjiang	18 793	2 231	16 265	6 417 080	74 523	5 325	287 380

23-22 续表1 continued

单位:百公斤 (100 kg)

地 区	Region	油 料 Oil-bearing Crops	# 花 生 Peanuts	# 油菜籽 Rapeseeds	甘 蔗 Sugar cane	烤 烟 Flue-cured Tobacco	茶 叶 Tea	水 果 Fruits
保 山 市	**Baoshan**	**333 876**	**10 827**	**319 171**	**16 613 586**	**414 815**	**139 071**	**602 361**
隆阳区	Longyang	46 761	4 690	40 230	5 893 651	103 505	7 363	324 354
施甸县	Shidian	27 049	1 524	24 665	2 215 977	89 600	6 962	69 299
腾冲县	Tengchong	207 359	120	207 058	486 382	107 075	48 710	39 513
龙陵县	Longling	18 735	2 358	16 333	3 513 306	17 000	26 510	28 006
昌宁县	Changning	33 972	2 135	30 885	4 504 270	97 635	49 526	141 189
昭 通 市	**Zhaotong**	**169 239**	**56 078**	**105 908**	**1 698 356**	**559 920**	**21 934**	**1 146 418**
昭阳区	Zhaoyang	3 937	60	3 092	62 733	126 902	6	865 174
鲁甸县	Ludian	2 130	352	600	2 002	110 520		61 510
巧家县	Qiaojia	8 942	7 046	820	1 117 141	31 462	8	29 037
盐津县	Yanjin	23 909	11 593	12 236	8 940		15 560	11 782
大关县	Daguan	6 687	6 247	422	5 456	15 715	719	4 895
永善县	Yongshan	19 445	7 219	11 822	455 541	12 464	479	86 965
绥江县	Suijiang	12 222	648	11 549	28 983		2 645	19 493
镇雄县	Zhenxiong	26 546	8 191	17 884		177 501	643	28 613
彝良县	Yiliang	6 739	5 815	708	3 450	54 796	796	23 326
威信县	Weixin	52 737	6 295	43 442	7 500	30 560	409	5 203
水富县	Shuifu	5 945	2 612	3 333	6 610		669	10 420
丽 江 市	**Lijiang**	**78 374**	**15 529**	**58 471**	**886 316**	**123 192**	**1 287**	**437 611**
古城区	Gucheng	11 672		10 847	22	7 621		41 865
玉龙县	Yulong	34 820		33 705		55 016		92 749
永胜县	Yongsheng	16 733	10 083	6 351	851 017	45 420	21	92 824
华坪县	Huaping	11 667	5 446	5 188	35 277	8 464	1 266	146 725
宁蒗县	Ninglang	3 482		2 380		6 671		63 448
思 茅 市	**Simao**	**125 965**	**93 026**	**31 769**	**17 217 912**	**122 677**	**287 209**	**414 019**
翠云区	Cuiyun	10 128	8 627	1 471	26 478	8 164	44 792	106 044
普洱县	Pu'er	13 616	7 976	5 640	5 465	9 168	18 230	20 369
墨江县	Mojiang	29 367	26 100	3 123	769 223	29 970	14 012	47 875
景东县	Jingdong	14 049	4 895	8 967	1 709 547	32 265	39 960	27 567
景谷县	Jinggu	19 489	17 248	1 997	2 895 270	10 134	33 281	68 727
镇沅县	Zhenyuan	14 810	6 556	8 254	428 590	32 883	7 986	34 552
江城县	Jiangcheng	3 280	2 990	290	1 668 000		58 330	38 380
孟连县	Menglian	7 636	7 505	67	3 955 909		11 513	36 133
澜沧县	Lancang	11 946	10 719	729	5 377 551	93	56 826	33 026
西盟县	Ximeng	1 644	410	1 231	381 879		2 279	1 346
临 沧 市	**Lincang**	**167 756**	**28 047**	**134 241**	**33 605 970**	**73 441**	**284 000**	**663 377**
临翔区	Linxiang	88 988	1 834	86 821	888 730	12 583	34 916	55 284
凤庆县	Fengqing	11 390	118	10 948	2 521 616	37 548	76 340	54 782

23-22 续表2 continued

单位:百公斤 (100 kg)

地区	Region	油料 Oil-bearing Crops	# 花生 Peanuts	# 油菜籽 Rapeseeds	甘蔗 Sugar cane	烤烟 Flue-cured Tobacco	茶叶 Tea	水果 Fruits
云县	Yunxian	15 469	3 641	11 498	4 151 125	5 252	39 509	110 377
永德县	Yongde	6 613	4 935	240	6 689 541	17 066	35 043	169 093
镇康县	Zhenkang	1 097	1 087		3 413 595	65	16 032	17 499
双江县	Shuangjiang	14 702	2 058	12 620	2 666 181		35 800	17 200
耿马县	Gengma	21 509	12 902	7 486	11 367 146	807	27 900	203 969
沧源县	Cangyuan	7 988	1 472	4 628	1 908 036	120	18 460	35 173
楚雄州	**Chuxiong**	**337 470**	**22 850**	**299 050**	**133 800**	**800 860**	**9 074**	**746 070**
楚雄市	Chuxiong	71 740	330	67 800	1 590	153 080	1 900	85 470
双柏县	Shuangbo	7 570	2 660	4 240	87 080	77 180	3 725	33 710
牟定县	Mouding	42 290	340	40 800		65 980	1 653	33 390
南华县	Nanhua	26 630	410	25 240	430	101 430	1 520	28 160
姚安县	Yao'an	41 750		41 420		74 630	38	45 320
大姚县	Dayao	18 300	320	16 300	2 310	70 550	3	57 670
永仁县	Yongren	7 280	1 470	2 100	6 390	34 450	11	27 060
元谋县	Yuanmou	16 500	14 910	590	9 220	17 030		211 160
武定县	Wuding	12 810	1 880	8 700	1 750	66 880	20	92 310
禄丰县	Lufeng	92 600	530	91 860	25 030	139 650	204	131 820
红河州	**Honghe**	**339 705**	**110 401**	**219 398**	**11 417 335**	**828 538**	**50 002**	**3 662 037**
个旧市	Gejiu	10 074	8 310	947	575 165	24 264	122	241 114
开远市	Kaiyuan	14 620	13 310		940 990	45 736	35	61 876
蒙自县	Mengzi	15 870	11 112	4 484	894 960	76 684	514	1 015 079
屏边县	Pingbian	6 204	4 252	1 899	204 790	5 160	11 869	48 772
建水县	Jianshui	40 698	14 265	25 881	1 674 800	136 564	19	356 547
石屏县	Shiping	12 174	2 975	6 788	698 690	127 616	34	264 115
弥勒县	Mile	20 680	7 114	11 494	3 434 440	216 604	1	350 518
泸西县	Luxi	169 472	470	167 231	1 745	195 910	4	53 223
元阳县	Yuanyang	12 541	12 031		1 252 883		9 623	62 084
红河县	Honghe	6 044	5 508	526	1 665 245		4 051	215 142
金平县	Jinping	16 050	16 004		41 621		3 628	539 130
绿春县	Luchun	12 815	12 735		17 196		20 000	11 165
河口县	Hekou	2 463	2 315	148	14 810		102	443 272
文山州	**Wenshan**	**311 257**	**169 057**	**107 334**	**3 427 567**	**356 926**	**45 309**	**724 573**
文山县	Wenshan	53 494	32 581	8 673	895 059	67 604	18	65 604
砚山县	Yanshan	56 326	49 870	174	256	88 559	15	73 925
西畴县	Xichou	14 253	6 578	2 915	137 403	24 084	2 903	42 550
麻栗坡县	Malipo	18 033	5 862	11 961	89 150	26 955	4 073	38 663
马关县	Maguan	40 986	13 417	25 519	534 650	28 765	2 041	225 210

23-22 续表3 continued

单位:百公斤 (100 kg)

地 区	Region	油 料 Oil-bearing Crops	#花 生 Peanuts	#油菜籽 Rapeseeds	甘 蔗 Sugar cane	烤 烟 Flue-cured Tobacco	茶 叶 Tea	水 果 Fruits
丘北县	Qiubei	32 711	16 678	12 571	30 991	56 687	150	60 264
广南县	Guangnan	64 225	31 067	27 835	1 241 085	64 272	33 666	157 915
富宁县	Funing	31 229	13 004	17 686	498 973		2 443	60 442
西双版纳州	**Xishuangbanna**	**16 083**	**15 924**	**4**	**9 978 180**		**193 712**	**475 750**
景洪市	Jinghong	6 438	6 409	4	271 060		71 414	244 391
勐海县	Menghai	7 086	7 047		7 672 950		96 810	47 448
勐腊县	Mengla	2 559	2 468		2 034 170		25 488	183 911
大 理 州	**Dali**	**260 962**	**13 348**	**237 657**	**3 155 460**	**678 239**	**44 438**	**1 588 279**
大理市	Dali	8 737		7 850		21 340	1 950	186 350
漾濞县	Yangbi	12 670		12 197		15 850	158	45 527
祥云县	Xiangyun	20 809		20 246		128 742	149	53 890
宾川县	Binchuan	42 449	11 485	27 678	64 600	104 559		815 345
弥渡县	Midu	10 065	927	5 151		86 303	2 182	38 858
南涧县	Nanjian	21 987	220	21 549	4 800	80 231	32 753	35 832
巍山县	Weishan	56 599	156	56 209	38	91 417	4 438	52 144
永平县	Yongping	21 394		21 290	1 050	53 504	1 002	31 249
云龙县	Yunlong	16 037		15 880		21 455	1 582	41 047
洱源县	Eryuan	34 839		34 791		37 500	224	187 260
剑川县	Jianchuan	12 515		12 515		13 668		35 417
鹤庆县	Heqing	2 861	560	2 301	3 084 972	23 670		65 360
德 宏 州	**Dehong**	**149 389**	**6 945**	**142 029**	**29 736 120**		**69 754**	**183 398**
瑞丽市	Ruili	10 998	219	10 779	3 561 640		1 970	94 702
其中:畹町	Wanding							
潞西市	Luxi	18 629	4 416	13 993	6 607 780		35 820	38 144
梁河县	Lianghe	23 855	1 000	22 854	2 264 060		10 076	11 272
盈江县	Yingjiang	29 839	520	29 181	5 162 680		12 956	32 859
陇川县	Longchuan	66 068	790	65 222	12 139 960		8 932	6 421
怒 江 州	**Nujiang**	**7 303**	**1 032**	**2 452**	**693 946**		**684**	**48 764**
泸水县	Lushui	2 226	108	1 692	693 857		175	11 838
福贡县	Fugong	2 515	716	468	63		456	2 201
贡山县	Gongshan	622	208	252			53	1 941
兰坪县	Lanping	1 940		40	26			32 784
迪 庆 州	**Diqing**	**15 460**		**12 136**		**1 281**		**66 603**
香格里拉县	Shangri-La	12 301		10 238		1 281		36 069
德钦县	Deqin	183						9 219
维西县	Weixi	2 976		1 898				21 315

23-23 各县市全部工业企业单位数和总产值（2005年）

Total Number of Industrial Enterprises and Their Gross Output Value by County and City (2005)

地　区	Region	企　业单位数（个）Number of Enterprises (unit)	#国有及500万元以上非国有 All State-owned and Non-state-owned above Designated Size	工　业总产值（万元）Gross Industrial Output Value (10 000 yuan)	#国有及500万元以上非国有 All State-owned and Non-state-owned above Designated Size	比重（%）Proportion (%)
全省合计	**Total**	**147 838**	**2 362**	**32 498 373**	**25 962 139**	**100.0**
昆 明 市	**Kunming**	**14 515**	**790**	**11 876 581**	**10 181 367**	**36.5**
五华区	Wuhua	453	163	4 231 496	3 650 070	13.0
盘龙区	Panlong	933	78	604 767	545 132	1.9
官渡区	Guandu	2 779	155	1 897 047	1 696 814	5.8
西山区	Xishan	2 001	110	986 520	882 985	3.0
东川区	Dongchuan	321	38	236 541	212 289	0.7
呈贡县	Chenggong	545	28	686 136	565 372	2.1
晋宁县	Jinning	1 447	26	343 581	188 361	1.1
富民县	Fuming	38	18	83 913	77 624	0.3
宜良县	Yiliang	1 382	35	272 163	198 030	0.8
石林县	Shilin	631	16	107 548	37 664	0.3
嵩明县	Songming	1 210	30	241 103	76 839	0.7
禄劝县	Luquan	1 289	7	46 391	20 710	0.1
寻甸县	Xundian	717	15	97 366	76 332	0.3
安宁市	Anning	769	71	2 042 012	1 953 147	6.3
曲 靖 市	**Qujing**	**13 593**	**285**	**4 680 375**	**3 601 726**	**14.4**
麒麟区	Qilin	3 199	55	1 963 873	1 804 373	6.0
马龙县	Malong	653	20	162 458	129 164	0.5
陆良县	Luliang	2 095	36	351 400	228 732	1.1
师宗县	Shizong	1 190	23	159 422	124 455	0.5
罗平县	Luoping	1 288	21	240 128	164 705	0.7
富源县	Fuyuan	1 486	27	513 076	181 396	1.6
会泽县	Huize	1 474	16	125 288	88 154	0.4
沾益县	Zhanyi	444	24	519 363	438 111	1.6
宣威市	Xuanwei	1 764	63	645 369	442 637	2.0
玉 溪 市	**Yuxi**	**9 926**	**284**	**4 766 623**	**3 944 088**	**14.7**
红塔区	Hongta	2 798	115	2 989 835	2 764 169	9.2
江川县	Jiangchuan	1 256	17	223 994	152 888	0.7
澄江县	Chengjiang	491	26	186 375	170 508	0.6
通海县	Tonghai	1 852	41	543 065	177 970	1.7
华宁县	Huaning	906	14	117 166	41 059	0.4
易门县	Yimen	741	21	154 461	133 448	0.5
峨山县	Eshan	674	22	217 103	193 474	0.7
新平县	Xinping	733	12	271 326	250 994	0.8
元江县	Yuanjiang	475	16	63 297	59 578	0.2

23-23 续表1 continued

地 区	Region	企业单位数（个）Number of Enterprises (unit)	#国有及500万元以上非国有 All State-owned and Non-state-owned above Designated Size	工业总产值（万元）Gross Industrial Output Value (10 000 yuan)	#国有及500万元以上非国有 All State-owned and Non-state-owned above Designated Size	比重（%）Proportion (%)
保山市	**Baoshan**	**7 457**	**73**	**460 372**	**324 246**	**1.4**
隆阳区	Longyang	2 088	36	221 168	162 481	0.7
施甸县	Shidian	523	4	10 977	2 868	0
腾冲县	Tengchong	1 910	19	102 592	61 739	0.3
龙陵县	Longling	1 139	7	71 991	65 532	0.2
昌宁县	Changning	1 797	7	53 645	31 626	0.2
昭通市	**Zhaotong**	**10 706**	**80**	**919 507**	**727 517**	**2.8**
昭阳区	Zhaoyang	1 390	21	453 142	429 977	1.4
鲁甸县	Ludian	718	8	45 876	38 537	0.1
巧家县	Qiaojia	940	7	30 567	23 213	0.1
盐津县	Yanjin	275	5	52 140	28 336	0.2
大关县	Daguan	319	3	13 681	4 354	0
永善县	Yongshan	639	4	13 119	4 090	0
绥江县	Suijiang	290	5	16 175	5 494	0
镇雄县	Zhenxiong	3 740	6	57 190	13 015	0.2
彝良县	Yiliang	883	6	40 167	13 031	0.1
威信县	Weixin	1 019	11	32 046	8 869	0.1
水富县	Shuifu	493	4	165 406	158 603	0.5
丽江市	**Lijiang**	**3 716**	**56**	**256 548**	**170 279**	**0.8**
古城区	Gucheng	517	13	39 577	29 803	0.1
玉龙县	Yulong	403	3	14 013	7 767	0
永胜县	Yongsheng	1 666	8	47 222	29 321	0.1
华坪县	Huaping	859	25	134 259	90 400	0.4
宁蒗县	Ninglang	271	7	21 478	12 988	0.1
思茅市	**Simao**	**4 408**	**84**	**467 614**	**359 217**	**1.4**
翠云区	Ciuyun	550	19	124 113	105 655	0.4
普洱县	Pu'er	418	15	48 560	36 177	0.1
墨江县	Mojiang	319	6	28 240	23 185	0.1
景东县	Jingdong	687	7	22 409	20 182	0.1
景谷县	Jinggu	688	8	127 595	90 880	0.4
镇沅县	Zhenyuan	207	8	24 675	14 807	0.1
江城县	Jiangcheng	263	4	10 825	7 427	0
孟连县	Menglian	459	5	20 537	14 227	0.1
澜沧县	Lancang	711	8	55 371	43 091	0.2
西盟县	Ximeng	106	4	5 290	3 587	0
临沧市	**Lincang**	**6 741**	**58**	**389 391**	**301 723**	**1.2**
临翔区	Linxiang	1 595	9	37 275	26 036	0.1
凤庆县	Fengqing	2 430	6	45 675	25 879	0.1
云 县	Yunxian	670	10	161 390	137 887	0.5
永德县	Yongde	418	7	33 448	24 821	0.1
镇康县	Zhenkang	222	6	21 998	18 952	0.1
双江县	Shuangjiang	356	8	29 164	23 934	0.1
耿马县	Gengma	757	6	38 712	30 888	0.1
沧源县	Cangyuan	293	6	21 729	13 326	0.1

23-23 续表2 continued

地 区	Region	企业单位数（个） Number of Enterprises (unit)	# 国有及500万元以上非国有 All State-owned and Non-state-owned above Designated Size	工业总产值（万元） Gross Industrial Output Value (10 000 yuan)	# 国有及500万元以上非国有 All State-owned and Non-state-owned above Designated Size	比重（%） Proportion (%)
楚 雄 州	**Chuxiong**	**16 700**	**120**	**1 736 997**	**1 185 231**	**5.3**
楚雄市	Chuxiong	2 879	43	774 388	643 879	2.4
双柏县	Shuangbo	979	9	23 137	12 202	0.1
牟定县	Mouding	1 694	8	70 394	13 477	0.2
南华县	Nanhua	1 554	7	52 173	17 579	0.2
姚安县	Yao'an	1 684	5	67 548	4 011	0.2
大姚县	Dayao	1 322	8	123 001	76 006	0.4
永仁县	Yongren	769	5	28 640	3 730	0.1
元谋县	Yuanmou	959	5	68 663	14 166	0.2
武定县	Wuding	1 638	11	77 098	20 457	0.2
禄丰县	Lufeng	3 222	19	451 955	379 725	1.4
红 河 州	**Honghe**	**12 399**	**175**	**3 713 226**	**3 027 407**	**11.4**
个旧市	Gejiu	896	33	1 431 290	1 206 041	4.4
开远市	Kaiyuan	1 077	23	460 517	406 522	1.4
蒙自县	Mengzi	1 368	14	222 368	168 683	0.7
屏边县	Pingbian	241	9	40 751	27 581	0.1
建水县	Jianshui	988	23	224 359	150 422	0.7
石屏县	Shiping	3 405	10	85 034	31 025	0.3
弥勒县	Mile	2 085	25	1 008 560	884 358	3.1
泸西县	Luxi	329	8	121 255	63 440	0.4
元阳县	Yuanyang	676	7	25 204	22 418	0.1
红河县	Honghe	584	4	13 586	8 006	0
金平县	Jinping	257	11	58 146	45 799	0.2
绿春县	Luchun	317	1	4 400	1 372	0
河口县	Hekou	176	7	17 756	11 741	0.1
文 山 州	**Wenshan**	**20 091**	**95**	**891 331**	**515 382**	**2.7**
文山县	Wenshan	2 155	25	322 832	258 168	1
砚山县	Yanshan	2 090	24	170 566	81 894	0.5
西畴县	Xichou	4 890	3	25 092	10 308	0.1
麻栗坡县	Malipo	1 875	17	64 660	38 502	0.2
马关县	Maguan	2 203	16	106 942	80 134	0.3
丘北县	Qiubei	2 235	3	36 189	3 422	0.1
广南县	Guangnan	2 291	5	76 108	25 070	0.2
富宁县	Funing	2 352	2	88 941	17 884	0.3
西双版纳州	**Xishuangbanna**	**2 049**	**53**	**162 628**	**134 000**	**0.5**
景洪市	Jinghong	676	22	67 293	54 240	0.2
勐海县	Menghai	953	23	67 742	56 602	0.2
勐腊县	Mengla	420	8	27 593	23 159	0.1

23-23 续表3 continued

地 区	Region	企业单位数(个) Number of Enterprises (unit)	#国有及500万元以上非国有 All State-owned and Non-state-owned above Designated Size	工业总产值(万元) Gross Industrial Output Value (10 000 yuan)	#国有及500万元以上非国有 All State-owned and Non-state-owned above Designated Size	比重(%) Proportion (%)
大 理 州	**Dali**	**19 755**	**122**	**1 657 459**	**1 093 098**	**5.1**
大理市	Dali	4 490	56	869 231	660 642	2.7
漾濞县	Yangbi	382	4	32 000	8 296	0.1
祥云县	Xiangyun	3 226	15	274 836	179 609	0.8
宾川县	Binchuan	2 484	2	53 058	4 677	0.2
弥渡县	Midu	1 183	4	39 035	9 615	0.1
南涧县	Nanjian	1 445	1	13 596	1 362	0
巍山县	Weishan	1 212	4	42 309	7 707	0.1
永平县	Yongping	1 346	3	20 363	3 843	0.1
云龙县	Yunlong	719	5	48 068	34 779	0.1
洱源县	Eryuan	831	8	122 334	100 907	0.4
剑川县	Jianchuan	799	6	65 593	34 752	0.2
鹤庆县	Heqing	1 638	14	77 036	46 910	0.2
德 宏 州	**Dehong**	**3 172**	**58**	**267 274**	**205 699**	**0.8**
瑞丽市	Ruili	945	11	78 741	57 461	0.2
其中：畹町	Wanding	133	3	6 562	3 856	0
潞西市	Luxi	845	19	98 787	80 882	0.3
梁河县	Lianghe	6	5	6 311	5 572	0
盈江县	Yingjiang	844	18	60 333	46 051	0.2
陇川县	Longchuan	532	5	23 103	15 734	0.1
怒 江 州	**Nujiang**	**1 616**	**9**	**148 314**	**118 783**	**0.5**
泸水县	Lushui	443	3	28 366	14 812	0.1
福贡县	Fugong	52		985		0
贡山县	Gongshan	26		1 794		0
兰坪县	Lanping	1 095	6	117 168	103 972	0.4
迪 庆 州	**Diqing**	**994**	**20**	**104 134**	**72 375**	**0.3**
香格里拉县	Shangri-La	556	14	87 120	70 845	0.3
德钦县	Deqin	277	2	7 996	1 279	0
维西县	Weixi	161	4	9 017	252	0

注：本表工业总产值为全部工业企业，绝对数按当年价新规定计算。

Note: The gross industrial output value in the table refers to all the industrial enterprises; the absolute figures are calculated according to the new regulation set in the year.

23-24 各县市全部国有及主营业务收入500万元以上非国有工业企业单位数和总产值（2005年）

Number of All State-owned and Non-state-owned Industrial Enterprises with Annual Renevue on Major Busniess Above 5 Million Yuan and Their Total Output Value by County and City (2005)

(按当年价新规定计算)　　(It is calculated according to the new regulation in the current year)

地　区	Region	工　业总产值（万元）Gross Industrial Output Value (10 000 yuan)	国有企业 State-owned Industry		集体及股份合作制企业 Collective-owned and Cooperative Enterprises		其它企业 Other Enterprises	
			单位数（个）Number of Enterprise (unit)	总产值（万元）Gross Output Value (10 000 yuan)	单位数（个）Number of Enterprise (unit)	总产值（万元）Gross Output Value (10 000 yuan)	单位数（个）Number of Enterprise (unit)	总产值（万元）Gross Output Value (10 000 yuan)
全省合计	**Total**	**25 962 139**	**423**	**9 970 924**	**200**	**652 900**	**1 739**	**15 338 316**
昆 明 市	**Kunming**	**10 181 367**	**139**	**3 112 799**	**82**	**285 264**	**569**	**6 783 304**
五华区	Wuhua	3 650 070	30	1 482 279	13	30 347	120	2 137 444
盘龙区	Panlong	545 132	20	94 314	7	14 650	51	436 168
官渡区	Guandu	1 696 814	26	822 456	9	24 104	120	850 254
西山区	Xishan	882 985	17	230 882	14	17 810	79	634 293
东川区	Dongchuan	212 289	2	562	1	12 328	35	199 399
呈贡县	Chenggong	565 372	4	35 549	2	2 746	22	527 077
晋宁县	Jinning	188 361	2	11 817	2	2 797	22	173 746
富民县	Fuming	77 624	2	738	2	4 035	14	72 851
宜良县	Yiliang	198 030	8	90 165	11	17 432	16	90 434
石林县	Shilin	37 664	5	6 628	1	685	10	30 351
嵩明县	Songming	76 839	7	18 201			23	58 638
禄劝县	Luquan	20 710	2	6 525	1	5 048	4	9 136
寻甸县	Xundian	76 332	2	8 464	3	3 418	10	64 449
安宁市	Anning	1 953 147	12	304 219	16	149 863	43	1 499 064
曲 靖 市	**Qujing**	**3 601 726**	**45**	**1 766 639**	**34**	**82 926**	**206**	**1 752 161**
麒麟区	Qilin	1 804 373	14	1 208 788	3	6 569	38	589 017
马龙县	Malong	129 164	2	7 138			18	122 026
陆良县	Luliang	228 732	5	66 987	4	7 787	27	153 958
师宗县	Shizong	124 455	1	8 608	10	24 902	12	90 945
罗平县	Luoping	164 705	4	43 853			17	120 853
富源县	Fuyuan	181 396	4	58 671			23	122 725
会泽县	Huize	88 154	2	11 407	2	6 354	12	70 393
沾益县	Zhanyi	438 111	3	23 102	6	6 940	15	408 069
宣威市	Xuanwei	442 637	10	338 086	9	30 374	44	74 176
玉 溪 市	**Yuxi**	**3 944 088**	**25**	**2 180 525**	**24**	**107 477**	**235**	**1 656 086**
红塔区	Hongta	2 764 169	9	2 000 105	13	80 776	93	683 288
江川县	Jiangchuan	152 888	2	10 938	1	4 050	14	137 900
澄江县	Chengjiang	170 508	1	5 962	2	1 540	23	163 006
通海县	Tonghai	177 970	2	362	7	19 931	32	157 676
华宁县	Huaning	41 059	2	9 879			12	31 180
易门县	Yimen	133 448	3	9 057			18	124 392
峨山县	Eshan	193 474	1	9 856	1	1 180	20	182 438
新平县	Xinping	250 994	3	125 810			9	125 185
元江县	Yuanjiang	59 578	2	8 557			14	51 022

注：国有企业中含国有联营企业和国有独资公司。

Note: State-owned enterprises include state-owned jointly-run enterprises and solely owned enterprises.

23-24 续表1 continued

地 区	Region	工 业 总产值（万元） Gross Industrial Output Value (10 000 yuan)	国有企业 State-owned Industry 单位数（个） Number of Enterprise (unit)	国有企业 总产值（万元） Gross Output Value (10 000 yuan)	集体及股份合作制企业 Collective-owned and Cooperative Enterprises 单位数（个） Number of Enterprise (unit)	集体及股份合作制企业 总产值（万元） Gross Output Value (10 000 yuan)	其它企业 Other Enterprises 单位数（个） Number of Enterprise (unit)	其它企业 总产值（万元） Gross Output Value (10 000 yuan)
保 山 市	**Baoshan**	**324 246**	**10**	**9 309**	**3**	**7 780**	**60**	**307 157**
隆阳区	Longyang	162 481	5	5 678			31	156 803
施甸县	Shidian	2 868	2	163	1	655	1	2 051
腾冲县	Tengchong	61 739	2	736	1	5 315	16	55 688
龙陵县	Longling	65 532	1	2 733	1	1 810	5	60 989
昌宁县	Changning	31 626					7	31 626
昭 通 市	**Zhaotong**	**727 517**	**20**	**380 418**	**4**	**8 842**	**56**	**338 257**
昭阳区	Zhaoyang	429 977	5	350 435	1	968	15	78 575
鲁甸县	Ludian	38 537	1	3 898	1	944	6	33 695
巧家县	Qiaojia	23 213	2	2 611			5	20 602
盐津县	Yanjin	28 336					5	28 336
大关县	Daguan	4 354	1	1 290			2	3 064
永善县	Yongshan	4 090	2	2 532			2	1 558
绥江县	Suijiang	5 494	1	1 762			4	3 732
镇雄县	Zhenxiong	13 015	2	5 745	1	1 477	3	5 794
彝良县	Yiliang	13 031	4	9 085			2	3 947
威信县	Weixin	8 869	1	144			10	8 725
水富县	Shuifu	158 603	1	2 918	1	5 454	2	150 230
丽 江 市	**Lijiang**	**170 279**	**3**	**2 082**	**5**	**11 558**	**48**	**156 639**
古城区	Gucheng	29 803	1	1 788	2	1 783	10	26 233
玉龙县	Yulong	7 767					3	7 767
永胜县	Yongsheng	29 321			1	1 182	7	28 139
华坪县	Huaping	90 400	1	231	2	8 594	22	81 575
宁蒗县	Ninglang	12 988	1	63			6	12 924
思 茅 市	**Simao**	**359 217**	**29**	**108 902**	**3**	**8 102**	**52**	**242 213**
翠云区	Ciuyun	105 655	2	19 227			17	86 428
普洱县	Pu'er	36 177	6	5 455			9	30 723
墨江县	Mojiang	23 185	2	3 850	1	4 165	3	15 170
景东县	Jingdong	20 182	3	2 680			4	17 502
景谷县	Jinggu	90 880	3	47 297			5	43 583
镇沅县	Zhenyuan	14 807	2	1 525	2	3 937	4	9 345
江城县	Jiangcheng	7 427	2	1 605			2	5 822
孟连县	Menglian	14 227	2	480			3	13 748
澜沧县	Lancang	43 091	3	23 198			5	19 893
西盟县	Ximeng	3 587	4	3 587				
临 沧 市	**Lincang**	**301 723**	**12**	**101 783**	**2**	**2 138**	**44**	**197 802**
临翔区	Linxiang	26 036	3	8 012	1	749	5	17 275
凤庆县	Fengqing	25 879	1	541			5	25 338
云 县	Yunxian	137 887	2	87 529			8	50 358
永德县	Yongde	24 821	1	1 813			6	23 008
镇康县	Zhenkang	18 952	1	52			5	18 900
双江县	Shuangjiang	23 934	2	1 170			6	22 764
耿马县	Gengma	30 888	1	1 472	1	1 388	4	28 028
沧源县	Cangyuan	13 326	1	1 195			5	12 131

23-24 续表2 continued

地区	Region	工业总产值（万元）Gross Industrial Output Value (10 000 yuan)	国有企业 State-owned Industry		集体及股份合作制企业 Collective-owned and Cooperative Enterprises		其它企业 Other Enterprises	
			单位数（个）Number of Enterprise (unit)	总产值（万元）Gross Output Value (10 000 yuan)	单位数（个）Number of Enterprise (unit)	总产值（万元）Gross Output Value (10 000 yuan)	单位数（个）Number of Enterprise (unit)	总产值（万元）Gross Output Value (10 000 yuan)
楚雄州	**Chuxiong**	**1 185 231**	**26**	**483 045**	**8**	**13 594**	**86**	**688 592**
楚雄市	Chuxiong	643 879	10	451 193			33	192 686
双柏县	Shuangbo	12 202	3	1 458	1	520	5	10 223
牟定县	Mouding	13 477	1	2 507	2	2 414	5	8 555
南华县	Nanhua	17 579	1	118			6	17 461
姚安县	Yao'an	4 011	2	126	2	2 691	1	1 194
大姚县	Dayao	76 006	1	194			7	75 812
永仁县	Yongren	3 730	1	114	1	701	3	2 915
元谋县	Yuanmou	14 166	2	3 070			3	11 096
武定县	Wuding	20 457	3	2 463	1	5 888	7	12 106
禄丰县	Lufeng	379 725	2	21 801	1	1 380	16	356 544
红河州	**Honghe**	**3 027 407**	**41**	**1 256 580**	**8**	**64 024**	**126**	**1 706 803**
个旧市	Gejiu	1 206 041	6	163 696	1	30 338	26	1 012 007
开远市	Kaiyuan	406 522	10	247 723	3	5 775	10	153 025
蒙自县	Mengzi	168 683	4	24 420			10	144 264
屏边县	Pingbian	27 581	2	1 065	2	15 732	5	10 784
建水县	Jianshui	150 422	3	15 767			20	134 655
石屏县	Shiping	31 025	2	5 174			8	25 850
弥勒县	Mile	884 358	4	784 065			21	100 293
泸西县	Luxi	63 440	2	7 370	1	10 326	5	45 744
元阳县	Yuanyang	22 418	2	3 528	1	1 854	4	17 036
红河县	Honghe	8 006	3	1 738			1	6 268
金平县	Jinping	45 799					11	45 799
绿春县	Luchun	1 372	1	1 372				
河口县	Hekou	11 741	2	662			5	11 079
文山州	**Wenshan**	**515 382**	**20**	**109 859**	**3**	**11 813**	**72**	**393 710**
文山县	Wenshan	258 168	8	103 615			17	154 553
砚山县	Yanshan	81 894	4	1 945			20	79 949
西畴县	Xichou	10 308					3	10 308
麻栗坡县	Malipo	38 502	3	1 185			14	37 318
马关县	Maguan	80 134	3	990	2	9 930	11	69 214
丘北县	Qiubei	3 422	2	2 125			1	1 298
广南县	Guangnan	25 070			1	1 883	4	23 187
富宁县	Funing	17 884					2	17 884
西双版纳州	**Xishuangbanna**	**134 000**	**19**	**43 955**	**4**	**7 863**	**30**	**82 182**
景洪市	Jinghong	54 240	11	28 744	3	7 189	8	18 307
勐海县	Menghai	56 602	7	13 828			16	42 774
勐腊县	Mengla	23 159	1	1 383	1	674	6	21 102

23-24 续表3 continued

地 区	Region	工 业 总产值（万元） Gross Industrial Output Value (10 000 yuan)	国有企业 State-owned Industry 单位数（个） Number of Enterprise (unit)	总产值（万元） Gross Output Value (10 000 yuan)	集体及股份合作制企业 Collective-owned and Cooperative Enterprises 单位数（个） Number of Enterprise (unit)	总产值（万元） Gross Output Value (10 000 yuan)	其它企业 Other Enterprises 单位数（个） Number of Enterprise (unit)	总产值（万元） Gross Output Value (10 000 yuan)
大 理 州	**Dali**	**1 093 098**	**12**	**381 841**	**9**	**16 668**	**101**	**694 590**
大理市	Dali	660 642	5	318 196	3	3 782	48	338 664
漾濞县	Yangbi	8 296					4	8 296
祥云县	Xiangyun	179 609	2	49 818	4	9 286	9	120 505
宾川县	Binchuan	**4 677**					**2**	**4 677**
弥渡县	Midu	9 615					4	9 615
南涧县	Nanjian	1 362					1	1 362
巍山县	Weishan	7 707	1	1 945	2	3 600	1	2 162
永平县	Yongping	3 843					3	3 843
云龙县	Yunlong	34 779					5	34 779
洱源县	Eryuan	100 907	2	3 399			6	97 508
剑川县	Jianchuan	34 752	1	5 098			5	29 654
鹤庆县	Heqing	46 910	1	3 385			13	43 525
德 宏 州	**Dehong**	**205 699**	**10**	**13 304**	**8**	**12 184**	**40**	**180 212**
瑞丽市	Ruili	57 461	4	2 983			7	54 478
其中：畹町	Wanding	3 856	2	2 577			1	1 280
潞西市	Luxi	80 882	2	787	5	5 919	12	74 176
梁河县	Lianghe	5 572			2	1 827	3	3 744
盈江县	Yingjiang	46 051	2	1 641	1	4 437	15	39 973
陇川县	Longchuan	15 734	2	7 893			3	7 841
怒 江 州	**Nujiang**	**118 783**	**2**	**14 008**	**2**	**3 045**	**5**	**101 731**
泸水县	Lushui	14 812	2	14 008			1	804
福贡县	Fugong				2	3 045	4	100 927
贡山县	Gongshan							
兰坪县	Lanping	103 972			2	3 045	4	100 927
迪 庆 州	**Diqing**	**72 375**	**10**	**5 876**	**1**	**9 622**	**9**	**56 877**
香格里拉县	Shangri-La	70 845	5	5 543	1	9 622	8	55 680
德钦县	Deqin	1 279	1	81			1	1 198
维西县	Weixi	252	4	252				

23-25 各县市主要工业产品产量（2005年）

Output of Major Industrial Products by County and City (2005)

地　区	Region	原 煤（万吨）Coal (10 000 tons)	发电量（万千瓦小时）Electricity (10 000 kwh)	农用化肥（吨）Chemicel Fertilizer (ton)	白 酒（千升）Liquor (kiloliter)	啤 酒（千升）Beer (kiloliter)	糖（吨）Sugar (ton)	水 泥（万吨）Cement (10 000 tons)
全省合计	**Total**	**6 464.14**	**6 241 998**	**2 658 388**	**219 676**	**246 114**	**1 535 726**	**2 832.62**
昆 明 市	**Kunming**	**413.88**	**1 242 408**	**840 969**	**25 722**	**27 497**		**516.5**
五华区	Wuhua		678 974	608				
盘龙区	Panlong			8544	227			7.51
官渡区	Guandu		7 039	17 905		13493		7.84
西山区	Xishan		148 952	222 482				161.79
东川区	Dongchuan		8 106		497			19
呈贡县	Chenggong			9 182	1 478			7.8
晋宁县	Jinning			94 512	9 243			35.68
富民县	Fuming	0.83	13 048		1 596			6.86
宜良县	Yiliang	168.64	310 172	147844	5 286			64.67
石林县	Shilin	60.05	1 438		1 119			16.61
嵩明县	Songming	4.05			2 468	14004		48.13
禄劝县	Luquan		9 405		1 296			30.22
寻甸县	Xundian	180.31	37 747	14001	1 669			30.2
安宁市	Anning		27 528	325891	843			80.2
曲 靖 市	**Qujing**	**3527.3**	**2 074 633**	**622 399**	**16 205**			**397.55**
麒麟区	Qilin	414.09	43 042	41 655				20.7
马龙县	Malong		308		1 521			15.7
陆良县	Luliang		51 211	25 756	1 101			168.35
师宗县	Shizong	250.91	9 599	1 184	1 895			34.3
罗平县	Luoping	200.16	312 075	9 537	3 433			15.7
富源县	Fuyuan	1624.34	22 796		980			5.9
会泽县	Huize	7.2	100 518	58 731	2 347			21
沾益县	Zhanyi	52.26	705 859	201 840				54
宣威市	Xuanwei	1023.94	829 225	283 696	4 927			61.9
玉 溪 市	**Yuxi**	**74.51**	**83 563**	**87 189**	**8 306**		**165 626**	**448.53**
红塔区	Hongta		282	24 003	643			141.29
江川县	Jiangchuan			5 011	612			57.02
澄江县	Chengjiang		31 744		469			30.48
通海县	Tonghai		1 592	7 623	1 966			44.75
华宁县	Huaning	22.42	6 614		1 736			26.25
易门县	Yimen		3 259		1 082			62.74
峨山县	Eshan	46.28	1 316	50 552	604		5 385	27.18
新平县	Xinping	5.81	12 435		240		86 084	14.59
元江县	Yuanjiang		26 321		954		74 157	44.23

注：本表统计范围为全部工业法人单位。

Note:The coverage of statisties are all of the industrial legal entities in this table.

23-25 续表1 continued

地 区	Region	原 煤（万吨）Coal (10 000 tons)	发电量（万千瓦小时）Electricity (10 000 kwh)	农用化肥（吨）Chemical Fertilizer (ton)	白 酒（千升）Liquor (kiloliter)	啤 酒（千升）Beer (kiloliter)	糖（吨）Sugar (ton)	水 泥（万吨）Cement (10 000 tons)
保 山 市	**Baoshan**	**33.94**	**159 703**	**4 435**	**7 204**	**45 310**	**221 327**	**67.98**
隆阳区	Longyang	6	146 374		1 412	45 310	58 403	35.56
施甸县	Shidian		4 996		186		35 124	1.94
腾冲县	Tengchong		2 437	4 435	1 049		3 814	9.8
龙陵县	Longling	0.87	3 664		1 966		68 766	8.55
昌宁县	Changning	27.08	2 232		2 591		55 220	12.13
昭 通 市	**Zhaotong**	**666.04**	**143 514**	**422 367**	**13 188**		**7 902**	**116.57**
昭阳区	Zhaoyang	37.36	52 084		172			17.78
鲁甸县	Ludian		3 009	16 347	130			20.21
巧家县	Qiaojia		10 339		371		7 902	9.42
盐津县	Yanjin	110.46	15 432		1 310			11.9
大关县	Daguan	22.2	10 602		1 310			6.88
永善县	Yongshan	1.68	9 135		360			2.47
绥江县	Suijiang	40.7	3 916	2 900	77			8.2
镇雄县	Zhenxiong	280	18 150	1 797	4 158			25.5
彝良县	Yiliang	65	9 308		1 131			2.6
威信县	Weixin	108.64	10 612		3 680			11.62
水富县	Shuifu		926	401 323	489			
丽 江 市	**Lijiang**	**312.81**	**72 240**	**46 015**	**4 927**		**5 799**	**87.12**
古城区	Gucheng		25 725		158			17.63
玉龙县	Yulong	2.6			565			
永胜县	Yongsheng	11.44	5 446		2 257		5 799	54.27
华坪县	Huaping	282.27	28 688	46 015	177			13
宁蒗县	Ninglang	16.5	12 381		1 770			2.22
思 茅 市	**Simao**	**46.88**	**64 369**		**4 144**	**19 131**	**186 221**	**183.27**
翠云区	Ciuyun		4 264			19 131		80.27
普洱县	Pu'er	8.79	4 975		625			88.3
墨江县	Mojiang		5 324		293		13 494	5.42
景东县	Jingdong	3.56	4 797		1 398		13 677	8.28
景谷县	Jinggu	4.55	23 076		486		36 705	23.44
镇沅县	Zhenyuan	10.4	914		184		5 413	5.04
江城县	Jiangcheng		2 946		411		18 792	
孟连县	Menglian	4.13	8 662		22		42 040	
澜沧县	Lancang	15.44	7 690		427		47 324	5.53
西盟县	Ximeng		1 821		299		8 776	
临 沧 市	**Lincang**	**21.1**	**718 963**		**14 698**	**19 094**	**358 460**	**56.3**
临翔区	Linxiang	5.25	11 875		786		13 794	
凤庆县	Fengqing	0.24	7 072		1 114		29 217	14.09
云 县	Yunxian		669 799		10 641	19 094	34 009	5.8
永德县	Yongde	1.38	8 658		1 093		74 657	5.4
镇康县	Zhenkang		7 488		87		44 198	4.03
双江县	Shuangjiang	4.95	6 486		492		39 651	0.84
耿马县	Gengma	1.13	4 971		210		99 328	9
沧源县	Cangyuan	8.15	3 614		275		23 606	17.04

23-25 续表2 continued

地 区	Region	原 煤（万吨） Coal (10 000 tons)	发电量（万千瓦小时） Electricity (10 000 kwh)	农用化肥（吨） Chemical Fertilizer (ton)	白 酒（千升） Liquor (kiloliter)	啤 酒（千升） Beer (kiloliter)	糖（吨） Sugar (ton)	水 泥（万吨） Cement (10 000 tons)
楚 雄 州	**Chuxiong**	**163.19**	**59 909**	**41 934**	**21 302**	**25 987**	**165**	**61.34**
楚雄市	Chuxiong	19.24	10 388	11 824	4 548			9.32
双柏县	Shuangbo	4.06	21 460		913			2.63
牟定县	Mouding				1 361			
南华县	Nanhua	39.46			613	25 987		
姚安县	Yao'an		266		1 871			
大姚县	Dayao		3 315		1 787			
永仁县	Yongren		2 337		2 324			3.03
元谋县	Yuanmou		3 765		2 367		165	13.88
武定县	Wuding		608		2 523			3.47
禄丰县	Lufeng	100.43	17 770	30 110	2 995			29.01
红 河 州	**Honghe**	**942.86**	**798 375**	**566 164**	**43 115**	**20 109**	**116 841**	**276.93**
个旧市	Gejiu		37 953	86 862	1 684			40.06
开远市	Kaiyuan	746.51	468 855	370 210	4 147	20 109	18 183	132.37
蒙自县	Mengzi	9	645	5348	6 976		12 219	9.9
屏边县	Pingbian		61 042		1 662			
建水县	Jianshui	14.44	3 846		7 158		14 302	23.05
石屏县	Shiping	8.37	6 341		1 273		8 144	15.74
弥勒县	Mile	59.26	116 619	40 741	16 287		29 367	23.1
泸西县	Luxi	105.28	24 975	57 453	839			22.55
元阳县	Yuanyang		5 263		308		16 501	
红河县	Honghe		4 532		2 476		18 125	
金平县	Jinping		51 901	5 550	305			3.43
绿春县	Luchun		8 712					
河口县	Hekou		7 791					6.72
文 山 州	**Wenshan**	**83.7**	**334 884**	**26 916**	**33 092**		**16 354**	**163.97**
文山县	Wenshan	2.14	89 621	22 435	2 933		9 026	76.77
砚山县	Yanshan	7.38	1 201	4 481	3 568			26.6
西畴县	Xichou		23 186		1 604			32.31
麻栗坡县	Malipo		112 560		1 301			
马关县	Maguan	5.75	49 510		5 148			3.18
丘北县	Qiubei	1.6	31 503		15 188			5.43
广南县	Guangnan	1.15	23 070		1 559		7 328	13.08
富宁县	Funing	65.69	4 233		1 791			6.6
西双版纳州	**Xishuangbanna**	**1.86**	**50 861**		**286**		**128 181**	**30.15**
景洪市	Jinghong	0.93	35 233		266		4 217	25.39
勐海县	Menghai		10 916		20		96 750	
勐腊县	Mengla	0.93	4 712				27 214	4.76

23-25 续表3 continued

地 区	Region	原煤（万吨） Coal (10 000 tons)	发电量（万千瓦小时） Electricity (10 000 kwh)	农用化肥（吨） Chemical Fertilizer (ton)	白酒（千升） Liquor (kiloliter)	啤酒（千升） Beer (kiloliter)	糖（吨） Sugar (ton)	水泥（万吨） Cement (10 000 tons)
大 理 州	**Dali**	**171.46**	**191 929**		**18 356**	**87 717**	**17 058**	**353.75**
大理市	Dali		64 908		1 962	87717		226.77
漾濞县	Yangbi		50 205		372			
祥云县	Xiangyun	88.65			2 513			64.22
宾川县	Binchuan	22.1	5 532		2 681			5.34
弥渡县	Midu	25	325		2 245			18.71
南涧县	Nanjian		1 765		381			3.6
巍山县	Weishan				3 033			7.64
永平县	Yongping	3.3	6 997		852			1.5
云龙县	Yunlong		10 501		1 149			1.2
洱源县	Eryuan		10 524		592			3.6
剑川县	Jianchuan	15	9 255		77			19.98
鹤庆县	Heqing	17.41	31 917		2 498		17 058	1.19
德 宏 州	**Dehong**	**2.58**	**121 042**		**1 103**	**1 269**	**311 957**	**67.74**
瑞丽市	Ruili	0.39	4 974		84	1 269	169 954	16.06
其中：畹町	Wanding		287		24	1 269		8.95
潞西市	Luxi	2.15	51 382		100		104 705	29.22
梁河县	Lianghe	0.05	1 357		316			
盈江县	Yingjiang		62 496		555		10 305	22.46
陇川县	Longchuan		832		48		26 993	
怒 江 州	**Nujiang**		**45 551**		**759**			**4.15**
泸水县	Lushui		43 984		345			4.15
福贡县	Fugong				200			
贡山县	Gongshan							
兰坪县	Lanping		1 567		214			
迪 庆 州	**Diqing**	**0.03**	**80 054**		**7 267**			**0.76**
香格里拉县	Shangri-La		70 195		7 057			0.76
德钦县	Deqin	0.03	5 179		40			
维西县	Weixi		4 680		170			

23-26 各县市全部国有及年主营业务收入500万元以上非国有独立核算工业企业主要财务指标（2005年）

Principal Finance Indicators of All State-owned and Non-State-owned Industrial Enterprises with Independent Accounting Systems and Annual Renevue on Major Busniess Above 5 Million Yuan by County and City (2005)

单位:万元 (10 000 yuan)

地区	Region	资产总计 Total Assets	负债合计 Total Liabilities	所有者权益合计 Creditors' Equity	主营业务收入 Revenue on Major Business	利润总额 Total Profits	利税总额 Total Tax and Profits
全省合计	**Total**	**39 643 245**	**20 684 193**	**18 959 052**	**25 697 106**	**2 279 128**	**6 512 156**
昆明市	**Kunming**	**14 315 932**	**7 519 225**	**6 796 707**	**10 177 618**	**858 692**	**2 072 177**
五华区	Wuhua	4 621 463	2 195 508	2 425 954	3 639 342	430 284	1 314 224
盘龙区	Panlong	1 046 978	527 027	519 951	556 489	26 130	66 158
官渡区	Guandu	2 240 290	1 486 211	754 079	1 600 784	124 859	209 341
西山区	Xishan	1 096 303	653 810	442 493	952 780	70 114	104 414
东川区	Dongchuan	182 872	120 491	62 381	213 751	19 094	31 041
呈贡县	Chenggong	548 191	355 048	193 143	555 903	19 884	43 623
晋宁县	Jinning	252 888	130 847	122 041	198 855	22 399	34 761
富民县	Fuming	73 356	42 673	30 683	74 776	4 009	7 136
宜良县	Yiliang	289 151	190 970	98 180	193 067	7 706	22 978
石林县	Shilin	67 190	17 715	49 476	37 032	3 319	6 101
嵩明县	Songming	86 278	49 481	36 797	72 107	1 065	5 332
禄劝县	Luquan	29 322	20 266	9 056	20 490	968	2 435
寻甸县	Xundian	131 055	89 292	41 763	69 303	9 841	16 176
安宁市	Anning	3 650 596	1 639 886	2 010 710	1 992 937	119 022	208 458
曲靖市	**Qujing**	**5 236 287**	**3 222 575**	**2 013 712**	**3 550 071**	**255 515**	**881 499**
麒麟区	Qilin	2 219 117	1 149 786	1 069 331	1 807 996	128 720	605 949
马龙县	Malong	91 767	54 675	37 092	148 122	1 363	13 325
陆良县	Luliang	296 656	170 317	126 339	212 166	17 784	34 237
师宗县	Shizong	133 218	99 181	34 037	124 877	2 915	14 527
罗平县	Luoping	161 103	106 491	54 612	130 044	32 195	46 546
富源县	Fuyuan	304 047	192 955	111 092	177 908	19 112	34 487
会泽县	Huize	80 359	33 252	47 108	83 747	5 126	13 949
沾益县	Zhanyi	943 858	654 886	288 972	433 500	21 162	51 829
宣威市	Xuanwei	1 006 162	761 033	245 129	431 711	27 139	66 652
玉溪市	**Yuxi**	**7 060 419**	**1 753 465**	**5 306 954**	**3 842 182**	**440 436**	**1 511 415**
红塔区	Hongta	5 645 051	864 911	4 780 140	2 650 264	393 768	1 404 622
江川县	Jiangchuan	173 630	103 405	70 226	142 756	13 972	20 432
澄江县	Chengjiang	263 000	183 534	79 466	166 375	3 039	10 985
通海县	Tonghai	201 063	112 380	88 683	181 564	5 378	11 290
华宁县	Huaning	52 222	25 313	26 909	44 428	4 491	7 220
易门县	Yimen	93 938	64 244	29 693	132 064	6 486	14 294
峨山县	Eshan	153 831	109 341	44 490	189 397	3 163	12 921
新平县	Xinping	389 605	234 227	155 378	265 122	4 977	18 296
元江县	Yuanjiang	88 081	56 111	31 970	70 213	5 163	11 355

23-26 续表1 continued

单位:万元 (10 000 yuan)

地区	Region	资产总计 Total Assets	负债合计 Total Liabilities	所有者权益合计 Creditors' Equity	主营业务收入 Revenue on Major Business	利润总额 Total Profits	利税总额 Total Tax and Profits
保山市	**Baoshan**	**759 654**	**492 480**	**267 174**	**306 471**	**25 231**	**54 824**
隆阳区	Longyang	483 214	294 797	188 417	156 034	10 099	25 230
施甸县	Shidian	6 335	12 753	- 6 418	2 778	- 1 089	- 855
腾冲县	Tengchong	114 450	84 312	30 138	55 734	5 423	10 980
龙陵县	Longling	106 048	67 098	38 950	64 280	9 093	15 629
昌宁县	Changning	49 608	33 521	16 087	27 644	1 704	3 841
昭通市	**Zhaotong**	**1 238 915**	**611 001**	**627 915**	**728 263**	**114 033**	**287 916**
昭阳区	Zhaoyang	625 806	356 208	269 598	434 577	28 207	181 781
鲁甸县	Ludian	54 938	32 722	22 217	46 114	7 297	10 011
巧家县	Qiaojia	50 789	23 723	27 065	21 409	4 290	6 312
盐津县	Yanjin	46 724	31 676	15 048	26 849	1 222	4 101
大关县	Daguan	11 066	9 415	1 651	4 353	- 106	213
永善县	Yongshan	11 812	8 686	3 126	3 771	96	329
绥江县	Suijiang	5 279	5 171	108	5 545	- 147	74
镇雄县	Zhenxiong	22 378	17 352	5 026	13 486	68	967
彝良县	Yiliang	20 985	12 743	8 242	12 011	2 436	3 925
威信县	Weixin	13 147	8 759	4 388	8 863	503	1 449
水富县	Shuifu	375 991	104 546	271 445	151 285	70 168	78 757
丽江市	**Lijiang**	**369 421**	**262 442**	**106 979**	**163 644**	**11 182**	**23 607**
古城区	Gucheng	142 614	104 185	38 429	30 106	2 624	5 600
玉龙县	Yulong	13 707	8 106	5 601	7 553	496	741
永胜县	Yongsheng	78 606	44 439	34 168	25 085	592	1 968
华坪县	Huaping	117 380	94 164	23 216	88 939	6 630	13 414
宁蒗县	Ninglang	17 113	11 548	5 565	11 962	840	1 884
思茅市	**Simao**	**842 760**	**565 034**	**277 726**	**351 762**	**9 416**	**39 433**
翠云区	Ciuyun	285 899	183 756	102 143	103 342	- 6 298	1 055
普洱县	Pu'er	74 004	56 929	17 075	35 353	- 1 010	1 694
墨江县	Mojiang	34 650	15 926	18 723	21 573	7 219	7 901
景东县	Jingdong	40 533	32 990	7 542	20 152	- 160	1 226
景谷县	Jinggu	283 247	182 066	101 181	87 599	2 125	12 141
镇沅县	Zhenyuan	27 919	22 554	5 365	15 470	- 16	1 089
江城县	Jiangcheng	11 445	11 358	87	7 862	431	1 436
孟连县	Menglian	25 155	12 515	12 640	14 217	3 064	4 878
澜沧县	Lancang	46 629	28 135	18 494	42 648	4 012	7 658
西盟县	Ximeng	13 281	18 806	- 5 525	3 546	49	355
临沧市	**Lincang**	**727 083**	**533 554**	**193 529**	**295 012**	**39 568**	**73 286**
临翔区	Linxiang	120 898	78 406	42 492	26 636	- 2 985	- 426
凤庆县	Fengqing	65 408	50 063	15 345	26 532	- 42	2 039
云县	Yunxian	302 875	241 631	61 244	132 371	34 850	53 140
永德县	Yongde	76 685	47 752	28 932	25 494	1 887	4 468
镇康县	Zhenkang	28 899	24 650	4 248	19 014	101	1 920
双江县	Shuangjiang	37 900	19 947	17 953	21 753	2 466	4 268
耿马县	Gengma	59 725	48 873	10 853	29 922	2 645	5 951
沧源县	Cangyuan	34 695	22 232	12 462	13 291	645	1 924

23-26 续表2 continued

单位:万元 (10 000 yuan)

地 区	Region	资产总计 Total Assets	负债合计 Total Liabilities	所有者权益合计 Creditors' Equity	主业务收入 Revenue on Major Business	利润总额 Total Profits	利税总额 Total Tax and Profits
楚 雄 州	**Chuxiong**	**1 380 786**	**896 335**	**484 451**	**1 138 150**	**120 641**	**353 520**
楚雄市	Chuxiong	725 016	549 121	175 895	635 784	46 719	242 443
双柏县	Shuangbo	35 693	30 786	4 907	10 828	1 206	2 054
牟定县	Mouding	19 903	13 065	6 837	12 297	197	723
南华县	Nanhua	36 378	19 333	17 045	13 616	287	1 525
姚安县	Yao'an	10 040	6 339	3 701	4 319	- 387	- 134
大姚县	Dayao	80 601	31 418	49 183	74 508	21 315	27 054
永仁县	Yongren	7 155	2 745	4 410	3 773	77	365
元谋县	Yuanmou	21 165	16 075	5 090	21 359	- 13	876
武定县	Wuding	21 654	10 390	11 265	17 003	2 614	3 834
禄丰县	Lufeng	423 181	217 064	206 117	344 663	48 627	74 780
红 河 州	**Honghe**	**4 201 498**	**2 471 159**	**1 730 339**	**3 019 989**	**200 033**	**750 617**
个旧市	Gejiu	1 434 526	844 054	590 472	1 232 481	15 424	82 415
开远市	Kaiyuan	699 495	475 545	223 950	409 944	26 350	58 381
蒙自县	Mengzi	209 531	124 580	84 951	163 703	6 078	14 251
屏边县	Pingbian	68 309	31 818	36 491	30 208	8 240	10 923
建水县	Jianshui	212 877	144 419	68 458	171 529	16 910	27 268
石屏县	Shiping	37 799	21 232	16 567	30 017	367	2 277
弥勒县	Mile	1 239 089	605 076	634 013	823 564	111 114	529 865
泸西县	Luxi	108 502	75 991	32 511	71 745	3 993	8 063
元阳县	Yuanyang	33 200	25 503	7 697	20 579	- 165	665
红河县	Honghe	21 942	18 422	3 520	8 260	471	1 152
金平县	Jinping	101 945	83 031	18 914	44 688	10 491	13 416
绿春县	Luchun	11 974	7 484	4 490	2 028	5	127
河口县	Hekou	22 310	14 004	8 306	11 244	756	1 814
文 山 州	**Wenshan**	**914 242**	**561 411**	**352 831**	**519 986**	**83 178**	**130 320**
文山县	Wenshan	422 418	226 863	195 556	250 726	41 328	62 016
砚山县	Yanshan	93 753	54 432	39 321	88 668	6 130	13 204
西畴县	Xichou	22 060	15 553	6 507	10 487	1 410	2 767
麻栗坡县	Malipo	150 498	110 459	40 039	38 495	13 870	18 537
马关县	Maguan	137 803	92 946	44 857	87 455	14 487	22 790
丘北县	Qiubei	3 986	2 309	1 677	3 035	1	441
广南县	Guangnan	45 441	34 733	10 708	24 879	1 842	4 102
富宁县	Funing	38 284	24 116	14 168	16 241	4 109	6 463
西双版纳州	**Xishuangbanna**	**289 393**	**196 018**	**93 374**	**136 570**	**10 206**	**21 547**
景洪市	Jinghong	165 927	102 744	63 183	61 027	- 1 791	2 534
勐海县	Menghai	85 236	60 702	24 534	51 350	5 016	8 619
勐腊县	Mengla	38 230	32 572	5 658	24 193	6 980	10 394

23-26 续表3 continued

单位:万元 (10 000 yuan)

地 区 Region		资产总计 Total Assets	负债合计 Total Liabilities	所有者权益合计 Creditors' Equity	主营业务收入 Revenue of Major Business	利润总额 Total Profits	利税总额 Total Tax and Profits
大 理 州	**Dali**	**1 405 894**	**956 505**	**449 389**	**1 060 917**	**60 202**	**222 705**
大理市	Dali	837 246	572 553	264 693	638 890	31 508	168 406
漾濞县	Yangbi	60 930	42 660	18 270	7 890	- 242	1 110
祥云县	Xiangyun	202 551	123 261	79 290	184 707	17 003	29 316
宾川县	Binchuan	9 109	4 828	4 281	4 717	828	1 158
弥渡县	Midu	16 114	9 798	6 316	9 320	- 762	- 69
南涧县	Nanjian	5 885	4 251	1 634	1 362	- 344	- 235
巍山县	Weishan	13 921	10 555	3 366	5 681	- 407	- 25
永平县	Yongping	10 745	7 013	3 733	4 264	569	976
云龙县	Yunlong	19 704	14 687	5 018	33 837	468	2 553
洱源县	Eryuan	91 690	70 009	21 681	90 862	2 227	3 451
剑川县	Jianchuan	55 481	34 181	21 300	36 009	2 212	5 227
鹤庆县	Heqing	82 519	62 712	19 808	43 378	7 142	10 836
德 宏 州	**Dehong**	**480 542**	**346 486**	**134 057**	**216 128**	**17 018**	**37 033**
瑞丽市	Ruili	77 217	43 784	33 433	63 579	7 461	13 519
其中：畹町	Wanding	3 827	3 549	278	4 115	6	306
潞西市	Luxi	260 335	191 336	68 999	85 951	6 130	16 255
梁河县	Lianghe	6 846	5 525	1 321	5 367	- 102	277
盈江县	Yingjiang	120 088	94 590	25 498	45 744	2 717	5 123
陇川县	Longchuan	16 057	11 251	4 806	15 487	812	1 861
怒 江 州	**Nujiang**	**259 479**	**190 694**	**68 785**	**117 645**	**28 161**	**41 439**
泸水县	Lushui	81 062	60 545	20 516	14 709	519	2 378
福贡县	Fugong						
贡山县	Gongshan						
兰坪县	Lanping	178 418	130 149	48 269	102 936	27 641	39 061
迪 庆 州	**Diqing**	**160 940**	**105 810**	**55 130**	**72 698**	**5 618**	**10 819**
香格里拉县	Shangri-La	148 254	95 278	52 975	71 703	5 883	10 983
德钦县	Deqin	6 333	3 683	2 650	744	- 38	- 2
维西县	Weixi	6 354	6 848	- 495	251	- 226	- 162

23-27 各县市全部国有及年主营业务收入500万元以上非国有独立核算工业企业主要经济效益指标（2005年）

Principal Indicators on Economic Benefit of All State-owned and Non-state-owned Industrial Enterprises with Independent Accounting Systems and Annual Product Sales Above 5 Million Yuan by County and City (2005)

单位:%　　　　(%)

地　区	Region	资产负债率 Assets-Liability Ratio	每百元固定资产原价实现利税 Profits per 100 Yuan of Original Value of Fixed Assets	总资产贡献率 Ratio of Total Assets to Industrial Output Value	资本保值增值率 Rate of Capital Maintenance and Appreciation	成本费用利润率 Ratio of Profits to Cost	每百元主营业务收入实现利润 Profits per 100 Yuan of Sales Revenue
全省合计	**Total**	**52.18**	**29.42**	**18.34**	**112.28**	**10.63**	**8.87**
昆明市	**Kunming**	**52.52**	**29.11**	**15.66**	**104.90**	**9.71**	**8.44**
五华区	Wuhua	47.51	60.81	30.67	111.50	16.37	11.82
盘龙区	Panlong	50.34	12.40	7.07	115.97	4.98	4.70
官渡区	Guandu	66.34	16.02	8.61	76.36	8.42	7.80
西山区	Xishan	59.64	17.97	10.86	108.54	7.71	7.36
东川区	Dongchuan	65.89	44.89	23.60	199.56	9.37	8.93
呈贡县	Chenggong	64.77	11.31	9.85	95.72	3.71	3.58
晋宁县	Jinning	51.74	18.66	15.54	127.57	12.67	11.26
富民县	Fuming	58.17	12.03	12.31	156.96	5.70	5.36
宜良县	Yiliang	66.05	7.21	10.18	114.48	4.13	3.99
石林县	Shilin	26.36	10.66	10.34	116.09	9.68	8.96
嵩明县	Songming	57.35	8.82	6.81	113.02	1.49	1.48
禄劝县	Luquan	69.12	11.06	9.32	123.85	4.68	4.72
寻甸县	Xundian	68.13	20.78	15.30	164.87	16.06	14.20
安宁市	Anning	44.92	16.03	6.98	104.81	6.15	5.97
曲靖市	**Qujing**	**61.54**	**23.09**	**19.24**	**108.74**	**8.46**	**7.20**
麒麟区	Qilin	51.81	44.54	30.43	109.89	9.34	7.12
马龙县	Malong	59.58	29.77	16.81	124.89	0.91	0.92
陆良县	Luliang	57.41	18.02	14.22	130.98	8.94	8.38
师宗县	Shizong	74.45	15.71	14.59	157.67	2.33	2.33
罗平县	Luoping	66.10	14.91	30.84	98.79	32.75	24.76
富源县	Fuyuan	63.46	21.69	13.01	127.05	11.62	10.74
会泽县	Huize	41.38	11.70	8.27	43.22	6.50	6.12
沾益县	Zhanyi	69.38	6.75	8.39	122.81	5.05	4.88
宣威市	Xuanwei	75.64	8.65	9.16	100.48	6.64	6.29
玉溪市	**Yuxi**	**24.84**	**66.61**	**23.02**	**111.21**	**16.05**	**11.46**
红塔区	Hongta	15.32	96.24	26.06	107.91	24.62	14.86
江川县	Jiangchuan	59.55	19.13	16.01	153.59	10.88	9.79
澄江县	Chengjiang	69.78	5.93	6.78	119.13	1.87	1.83
通海县	Tonghai	55.89	9.08	7.38	129.49	3.03	2.96
华宁县	Huaning	48.47	21.36	12.86	130.96	11.06	10.11
易门县	Yimen	68.39	17.72	10.11	49.74	5.15	4.91
峨山县	Eshan	71.08	17.65	10.85	126.76	1.69	1.67
新平县	Xinping	60.12	12.78	9.72	646.06	1.91	1.88
元江县	Yuanjiang	63.70	18.26	14.84	145.58	8.13	7.35

23-27 续表1 continued

单位:%　　(%)

地　区　Region	资产负债率 Assets-Liability Ratio	每百元固定资产原价实现利税 Profits per 100 Yuan of Original Value of Fixed Assets	总资产贡献率 Ratio of Total Assets Output to Industrial Value	资本保值增值率 Rate of Capital Maintenance and Appreciation	成本费用利润率 Ratio of Profits to Cost	每百元主营业务收入实现利润 Profits Gained from Major Busniess of per 100 Yuan
保山市 Baoshan	**64.83**	**10.62**	**9.69**	**123.76**	**8.96**	**8.23**
隆阳区 Longyang	61.01	7.17	7.48	115.69	6.91	6.47
施甸县 Shidian	201.31	-12.49	-6.78		-27.86	-39.2
腾冲县 Tengchong	73.67	22.01	11.62	153.51	10.79	9.73
龙陵县 Longling	63.27	21.42	19.45	167.05	16.42	14.15
昌宁县 Changning	67.57	10.98	9.71	103.48	6.57	6.16
昭通市 Zhaotong	**49.32**	**32.32**	**26.53**	**127.1**	**21.57**	**15.66**
昭阳区 Zhaoyang	56.92	35.3	32.58	116.89	9.46	6.49
鲁甸县 Ludian	59.56	59.52	26.18	201.65	19.06	15.82
巧家县 Qiaojia	46.71	19.26	14.25	114.19	25.22	20.04
盐津县 Yanjin	67.79	17.75	12.42	258.98	4.89	4.55
大关县 Daguan	85.08	1.56	6.32	91.13	-2.6	-2.44
永善县 Yongshan	73.54	3.5	6.06	91.47	2.63	2.54
绥江县 Suijiang	97.96	1.67	5.22	6.02	-2.61	-2.65
镇雄县 Zhenxiong	77.54	3.59	9.16	100.97	0.51	0.5
彝良县 Yiliang	60.72	22.66	19.85	118.2	25.33	20.28
威信县 Weixin	66.62	12.33	12.08		6.15	5.68
水富县 Shuifu	27.81	35.86	23.56	132.03	66.39	46.38
丽江市 Lijiang	**71.04**	**9.54**	**8.97**	**134.66**	**7.33**	**6.83**
古城区 Gucheng	73.05	6.14	6.15	161.57	9.28	8.71
玉龙县 Yulong	59.14	13.27	7.27	93.22	6.99	6.57
永胜县 Yongsheng	56.53	3.1	4.56	104.37	2.36	2.36
华坪县 Huaping	80.22	18.42	14.58	191.04	8.17	7.45
宁蒗县 Ninglang	67.48	13.19	13.59	116.88	7.67	7.02
思茅市 Simao	**67.05**	**6.23**	**6.24**	**134.54**	**2.69**	**2.68**
翠云区 Ciuyun	64.27	0.46	1.18	142.17	-5.49	-6.09
普洱县 Pu'er	76.93	3.19	4	97.73	-2.72	-2.86
墨江县 Mojiang	45.96	31.77	23.82	163.42	49.11	33.46
景东县 Jingdong	81.39	4.01	4.82		-0.76	-0.79
景谷县 Jinggu	64.28	5.5	6.07	108.39	2.47	2.43
镇沅县 Zhenyuan	80.78	7.11	4.72	84.71	-0.1	-0.1
江城县 Jiangcheng	99.24	12.81	15.42		5.79	5.48
孟连县 Menglian	49.75	54.2	27.38	337.67	27.95	21.55
澜沧县 Lancang	60.34	32.8	18.24	278.71	10.38	9.41
西盟县 Ximeng	141.6	2.73	3.67		1.47	1.39
临沧市 Lincang	**73.38**	**9.35**	**12.89**	**95.71**	**15.69**	**13.41**
临翔区 Linxiang	64.85	-0.37	0.41	114.71	-10.09	-11.21
凤庆县 Fengqing	76.54	4.71	5.98	102.56	-0.16	-0.16
云县 Yunxian	79.78	12.16	20.81	58.77	36.58	26.33
永德县 Yongde	62.27	9.19	7.64	113.75	8.03	7.4
镇康县 Zhenkang	85.3	10.58	10.65	543.04	0.54	0.53
双江县 Shuangjiang	52.63	12	14.41	112.62	12.94	11.34
耿马县 Gengma	81.83	9.68	13.72	906.66	9.75	8.84
沧源县 Cangyuan	64.08	7.83	9.33	472.54	5.2	4.86

23-27 续表2 continued

单位:% (%)

地 区	Region	资产负债率 Assets-Liability Ratio	每百元固定资产原价实现利税 Profits per 100 Yuan of Original Value of Fixed Assets	总资产贡献率 Ratio of Total Assets to Industrial Output Value	资本保值增值率 Rate of Capital Maintenance and Appreciation	成本费用利润率 Ratio of Profits to Cost	每百元主营业务收入实现利润 Profits Gained from Major Busniess of per 100 Yuan
楚 雄 州	**Chuxiong**	**64.91**	**38.64**	**28.33**	**143.77**	**13.66**	**10.6**
楚雄市	Chuxiong	75.74	44.7	34.65	127.59	10.35	7.35
双柏县	Shuangbo	86.25	5.11	9.6	348.86	12.11	11.14
牟定县	Mouding	65.65	4.45	5.19	116.02	1.61	1.6
南华县	Nanhua	53.14	7.16	5.27	134.43	2.19	2.11
姚安县	Yao'an	63.14	-1.43	0.63	107.79	-8.13	-8.95
大姚县	Dayao	38.98	73.87	42.11	198.43	40.59	28.61
永仁县	Yongren	38.36	5.75	6.84	144.77	2.01	2.04
元谋县	Yuanmou	75.95	5.36	6.3	100.19	-0.06	-0.06
武定县	Wuding	47.98	32.03	21.07	157.78	17.98	15.37
禄丰县	Lufeng	51.29	34.93	21.32	151.96	16.28	14.11
红 河 州	**Honghe**	**58.82**	**29.18**	**21.2**	**128.51**	**7.88**	**6.62**
个旧市	Gejiu	58.84	9.08	8.03	141.97	1.25	1.25
开远市	Kaiyuan	67.98	9.25	9.83	99.92	6.9	6.43
蒙自县	Mengzi	59.46	13.03	11.01	371.65	3.83	3.71
屏边县	Pingbian	46.58	26.25	19.77	146.9	32.93	27.28
建水县	Jianshui	67.84	20.22	14.06	96.26	10.9	9.86
石屏县	Shiping	56.17	6.8	7.8	125.69	1.23	1.22
弥勒县	Mile	48.83	104.7	46.98	120.7	27.06	13.49
泸西县	Luxi	70.04	9.51	10.6	144.49	5.72	5.57
元阳县	Yuanyang	76.82	2.66	3.1	128.96	-0.78	-0.8
红河县	Honghe	83.96	7.41	6.67	110.1	6.12	5.7
金平县	Jinping	81.45	21.54	21.47	269.5	30.87	23.48
绿春县	Luchun	62.5	2.84	1.78	154.14	0.24	0.26
河口县	Hekou	62.77	11.01	10.55	110.88	6.89	6.73
文 山 州	**Wenshan**	**61.41**	**26.43**	**17.23**	**129.57**	**18.35**	**16**
文山县	Wenshan	53.71	26.7	17.33	126.82	19.21	16.48
砚山县	Yanshan	58.06	35.64	15.47	110.23	7.19	6.91
西畴县	Xichou	70.5	14.58	16.29	111.21	14.97	13.45
麻栗坡县	Malipo	73.4	19.58	15.6	135.32	56.05	36.03
马关县	Maguan	67.45	40.92	21.32	245.9	18.02	16.57
丘北县	Qiubei	57.93	5.4	11.72	102.2	0.02	0.02
广南县	Guangnan	76.44	11.67	11.03	103.63	7.91	7.4
富宁县	Funing	62.99	58.64	22.25	84.45	34.03	25.3
西双版纳州	**Xishuangbanna**	**67.73**	**9.43**	**9.52**	**149.79**	**8.27**	**7.47**
景洪市	Jinghong	61.92	1.76	3.13	148.34	-2.88	-2.93
勐海县	Menghai	71.22	16.02	12.91	103.96	11.14	9.77
勐腊县	Mengla	85.2	34.13	25.58	43.11	28.85	

23-27 续表3 continued

单位:%　　　　　　　　　　　　　　　　　　　　　　　　　　　　　　　　　(%)

地 区	Region	资产负债率 Assets-Liability Ratio	每百元固定资产原价实现利税 Profits per 100 Yuan of Original Value of Fixed Assets	总资产贡献率 Ratio of Total Assets to Industrial Output Value	资本保值增值率 Rate of Capital Maintenance and Appreciation	成本费用利润率 Ratio of Profits to Cost	每百元主营业务收入实现利润 Profits Gained from Major Busniess of per 100 Yuan
大 理 州	**Dali**	**68.04**	**21.1**	**17.94**	**116.78**	**6.6**	**5.67**
大理市	Dali	68.39	23.49	21.90	113.66	6.09	4.93
漾濞县	Yangbi	70.02	1.58	5.58	97.48	-2.98	-3.06
祥云县	Xiangyun	60.85	37.09	15.82	141.82	10.13	9.21
宾川县	Binchuan	53	10.9	12.53	110	19.61	17.56
弥渡县	Midu	60.8	-0.36	1.76	90.8	-7.42	-8.18
南涧县	Nanjian	72.23	-2.78	-3.36	86.84	-20.16	-25.27
巍山县	Weishan	75.82	-0.37	1.39	104.2	-6.62	-7.16
永平县	Yongping	65.26	11.14	12.80	147.2	14.3	13.35
云龙县	Yunlong	74.53	18.95	15.58	125.27	1.4	1.38
洱源县	Eryuan	76.35	7.54	6.13	99.95	2.52	2.45
剑川县	Jianchuan	61.61	13.05	12.21	100.54	6.53	6.14
鹤庆县	Heqing	76	30.18	16.68	166.64	19.24	16.46
德 宏 州	**Dehong**	**72.1**	**10.53**	**10.14**	**150.89**	**8.62**	**7.87**
瑞丽市	Ruili	56.7	18.05	19.11	104	13.48	11.73
其中：畹町	Wanding	92.74	7.31	8.39	177.18	0.15	0.15
潞西市	Luxi	73.5	9.83	8.12	112.71	7.79	7.13
梁河县	Lianghe	80.71	4.29	1.85		-1.8	-1.89
盈江县	Yingjiang	78.77	5.45	8.91	345.35	6.31	5.94
陇川县	Longchuan	70.07	16.74	13.76	1023.66	5.57	5.24
怒 江 州	**Nujiang**	**73.49**	**28.41**	**22.20**	**140.46**	**31.79**	**23.94**
泸水县	Lushui	74.69	5.69	4.89	137.05	3.67	3.53
福贡县	Fugong						
贡山县	Gongshan						
兰坪县	Lanping	72.95	37.54	30.15	141.96	37.14	26.85
迪 庆 州	**Diqing**	**65.74**	**11.35**	**8.68**	**126.07**	**8.57**	**7.73**
香格里拉县	Shangri-La	64.27	13.15	9.78	132.62	9.14	8.2
德钦县	Deqin	58.16	-0.03	1.18	70.24	-5.14	-5.13
维西县	Weixi	107.78	-2.68	-1.97	-3863.28	-45.45	-90.13

23-28 各县市社会消费品零售总额
Total Retail Sales of Consumer Goods of Each County and City

单位：万元

地 区	Region	2004年	2005年	地 区	Region	2004年	2005年
全省合计	**Total**	**9 153 100**	**10 344 024**	**保 山 市**	**Baoshan**	**319 708**	**360 344**
昆 明 市	**Kunming**	**3 704 629**	**4 154 883**	隆阳区	Longyang	162 202	183 671
五华区	Wuhua	931 828	1 385 858	施甸县	Shidian	30 840	33 400
盘龙区	Panlong	931 045	810 358	腾冲县	Tengchong	68 911	78 256
官渡区	Guandu	898 755	678 358	龙陵县	Longling	25 336	28 169
西山区	Xishan	395 115	662 020	昌宁县	Changning	32 418	36 848
东川区	Dongchuan	30 696	33 975	**昭 通 市**	**Zhaotong**	**406 786**	**446 914**
呈贡县	Chenggong	66 857	73 841	昭阳区	Zhaoyang	155 880	167 571
晋宁县	Jinning	46 719	52 805	鲁甸县	Ludian	17 412	19 475
富民县	Fuming	29 274	31 436	巧家县	Qiaojia	27 678	31 446
宜良县	Yiliang	69 564	77 521	盐津县	Yanjin	18 028	20 210
石林县	Shilin	55 188	64 792	大关县	Daguan	12 664	14 254
嵩明县	Songming	66 426	76 993	永善县	Yongshan	25 413	28 518
禄劝县	Luquan	29 877	33 671	绥江县	Suijiang	9 239	10 298
寻甸县	Xundian	43 462	48 466	镇雄县	Zhenxiong	54 065	62 140
安宁市	Anning	109 824	124 791	彝良县	Yiliang	34 253	37 804
曲 靖 市	**Qujing**	**812 178**	**914 934**	威信县	Weixin	21 675	23 866
麒麟区	Qilin	220 073	247 802	水富县	Shuifu	30 479	31 332
马龙县	Malong	21 523	24 100	**丽 江 市**	**Lijiang**	**136 637**	**158 073**
陆良县	Luliang	68 979	82 870	古城区	Gucheng	61 988	72 832
师宗县	Shizong	41 668	46 050	玉龙县	Yulong	16 503	19 085
罗平县	Luoping	72 641	81 358	永胜县	Yongsheng	22 654	25 599
富源县	Fuyuan	71 332	78 510	华坪县	Huaping	22 742	25 707
会泽县	Huize	67 585	67 788	宁蒗县	Ninglang	12 750	14 850
沾益县	Zhanyi	54 671	61 559	**思 茅 市**	**Simao**	**291 359**	**329 978**
宣威市	Xuanwei	193 706	224 897	翠云区	Cuiyun	91 089	103 106
玉 溪 市	**Yuxi**	**538 443**	**609 518**	普洱县	Pu'er	23 646	26 641
红塔区	Hongta	247 391	280 046	墨江县	Mojiang	28 336	29 692
江川县	Jiangchuan	40 364	45 692	景东县	Jingdong	28 667	31 650
澄江县	Chengjiang	30 046	34 012	景谷县	Jinggu	36 475	40 501
通海县	Tonghai	49 634	56 186	镇沅县	Zhenyuan	18 768	21 170
华宁县	Huaning	31 001	35 093	江城县	Jiangcheng	12 903	14 258
易门县	Yimen	34 834	39 432	孟连县	Menglian	16 942	19 226
峨山县	Eshan	28 011	31 709	澜沧县	Lancang	34 115	37 322
新平县	Xinping	35 642	40 347	西盟县	Ximeng	5 184	6 413
元江县	Yuanjiang	41 520	47 001				

23-28 续表 Continued

单位：万元

地 区	Region	2004年	2005年	地 区	Region	2004年	2005年
临沧市	**Lincang**	**244 271**	**277 584**	麻栗坡县	Malipo	30 988	36 199
临翔区	Linxiang	61 836	75 670	马关县	Maguan	49 148	58 227
凤庆县	Fengqing	36 733	40 380	丘北县	Qiubei	32 018	36 213
云 县	Yunxian	35 954	43 023	广南县	Guangnan	40 051	56 071
永德县	Yongde	24 265	28 059	富宁县	Funing	58 786	72 329
镇康县	Zhenkang	15 124	17 231	**西双版纳州**	**Xishuangbanna**	**187 837**	**215 195**
双江县	Shuangjiang	15 074	16 975	景洪市	Jinghong	111 493	127 041
耿马县	Gengma	34 710	33 635	勐海县	Menghai	35 496	41 260
沧源县	Cangyuan	20 575	22 611	勐腊县	Mengla	40 848	46 894
楚 雄 州	**Chuxiong**	**488 176**	**553 103**	**大 理 州**	**Dali**	**558 016**	**624 074**
楚雄市	Chuxiong	191 547	249 434	大理市	Dali	236 509	265 739
双柏县	Shuangbo	10 317	12 973	漾濞县	Yangbi	12 288	13 795
牟定县	Mouding	18 374	23 948	祥云县	Xiangyun	61 509	69 333
南华县	Nanhua	30 000	38 812	宾川县	Binchuan	41 058	46 120
姚安县	Yao'an	20 012	26 152	弥渡县	Midu	39 121	42 877
大姚县	Dayao	26 836	34 706	南涧县	Nanjian	24 027	26 901
永仁县	Yongren	8 332	10 418	巍山县	Weishan	33 961	37 265
元谋县	Yuanmou	18 154	23 209	永平县	Yongping	19 004	20 559
武定县	Wuding	20 845	25 632	云龙县	Yunlong	19 990	22 431
禄丰县	Lufeng	85 207	107 819	洱源县	Eryuan	28 557	32 409
红 河 州	**Honghe**	**570 671**	**647 750**	剑川县	Jianchuan	17 496	19 181
个旧市	Gejiu	122 150	137 541	鹤庆县	Heqing	24 496	27 465
开远市	Kaiyuan	72 307	79 580	**德 宏 州**	**Dehong**	**205 402**	**226 714**
蒙自县	Mengzi	71 097	81 950	瑞丽市	Ruili	48 721	53 754
屏边县	Pingbian	18 430	20 835	其中：畹町	Wanding	4 293	4 942
建水县	Jianshui	61 677	69 067	潞西市	Luxi	72 301	78 239
石屏县	Shiping	41 950	46 108	梁河县	Lianghe	17 870	19 702
弥勒县	Mile	61 545	70 050	盈江县	Yingjiang	49 502	56 475
泸西县	Luxi	39 924	51 420	陇川县	Longchuan	17 008	18 545
元阳县	Yuanyang	22 980	25 881	**怒 江 州**	**Nujiang**	**64 131**	**73 065**
红河县	Honghe	14 170	16 462	泸水县	Lushui	25 154	30 713
金平县	Jinping	19 415	21 485	福贡县	Fugong	9 070	9 810
绿春县	Luchun	15 602	17 180	贡山县	Gongshan	5 960	6 294
河口县	Hekou	9 424	10 191	兰坪县	Lanping	23 947	26 248
文 山 州	**Wenshan**	**447 266**	**534 173**	**迪 庆 州**	**Diqing**	**57 677**	**67 523**
文山县	Wenshan	150 088	176 518	香格里拉县	Shangri-La	38 465	43 746
砚山县	Yanshan	65 375	76 105	德钦县	Deqin	8 250	10 213
西畴县	Xichou	20 812	22 512	维西县	Weixi	10 962	13 564

二十四、乡镇概况

General Survey of Townships and Towns

24-1 全省乡镇基本情况指标（2005年）

Basic Conditions of Townships and Towns Established with the Approval of the State Council (2005)

指　　标	Item	2005年
基本情况	**Basic Conditions**	
乡个数（个）	Number of Towns (unit)	901
建制镇个数（个）	Number of Townships (unit)	576
居民委员会个数（个）	Number of Towns Communities (unit)	668
村民委员会个数（个）	Number of Townships Committees and Subdistrict Offices (unit)	12 876
乡镇总户数（户）	Total Households of Townships and Towns (unit)	10 152 361
乡镇总人口（人）	Total Population of Villages and Towns (person)	39 728 830
乡镇从业人员数（人）	Number of Employed Persons of Townships and Towns (person)	21 901 881
第一产业（人）	Employed Persons of Primary Industry (person)	16 889 666
第二产业（人）	Employed Persons of Secondary Industry (person)	1 762 643
第三产业（人）	Employed Persons of Tertiary Industry (person)	3 249 572
乡镇行政区域面积（公顷）	Administrative Area of Townships and Towns (hectare)	38 098 222
年末常用耕地面积（公顷）	Cultivated Area in Common Use at the Year-end (hectare)	2 672 417
农作物总播种面积（公顷）	Total Sown Area of Farm Crops (hectare)	5 362 160
#粮食播种面积（公顷）	Of which: Sown Area of Grain (hectare)	3 586 775
农村用电量（万千瓦小时）	Amount of Electric Power Using in Rural (10 000 kwh)	409 307
年末有效灌溉面积（公顷）	Irrigated Area at the Year-end (hectare)	1 106 391
农业科技与服务单位个数（个）	Number of Agricultural Science and Service Units (unit)	6 488
农业技术人员（人）	Number of Agricultural Technicians (person)	29 106
经济指标	**Economic Indicators**	
农民人均纯收入（元）	Per Capita Net Income of Farmers (yuan)	2 041
粮食总产量（吨）	Total Yield of Grain (ton)	13 087 270
肉类总产量（吨）	Total Output of Meat (ton)	2 929 737
其中:猪肉产量（吨）	Of which: Output of Pork (ton)	2 381 811
牛奶产量（吨）	Output of Cow Milk (ton)	282 345
禽蛋产量（吨）	Output of Poultry Eggs (ton)	171 524
水产品产量（吨）	Output of Aquatic Products (ton)	170 948
财政总收入（万元）	Government Revenue (10 000 yuan)	1 058 573
#预算内收入（万元）	Of which: Budgetary Finance Revenue (10 000 yuan)	589 391
财政支出（万元）	Government Expenditure (10 000 yuan)	832 459
居民储蓄存款余额（万元）	Residents' Savings Deposits at the Year-end (10 000 yuan)	8 454 553
财政供给人员数（人）	Number of Persons Supply by Government Finance (person)	127 902
公务员	Civil Servants (person)	39 196
事业编制	Institution Authorized (person)	63 623
其他人员	Others (person)	25 083
财政供给人员全年工资总额（万元）	Total Wages of Persons Supply by Government Finance in This Year (10000 yuan)	194 100
年末累计负债金额（万元）	Total Liabilities at the Year-end (10 000 yuan)	413 218
固定资产投资完成额（万元）	Total Investment in Fixed Assets (10 000 yuan)	2 651 831

24-1 续表 continued

指　　标	Item	2005年
社区环境	**Community Conditions**	
通电的村（个）	Number of Villages with Electricity Supply (unit)	12 740
通邮的村（个）	Number of Villages with Postal Service (unit)	12 493
通电话的村（个）	Number of Villages with Telephone Service (unit)	11 907
通公路的村（个）	Number of Villages with Highway (unit)	12 711
通自来水的村（个）	Number of Villages with Tap Water Supply (unit)	11 389
汽车站（个）	Number of Bus Stations (unit)	516
供水站（个）	Number of Water Supply Stations (unit)	950
银行、信用社（个）	Number of Banks and Credit Cooperatives (unit)	2 474
固定电话装机数量（部）	Number of Telephones Installed (unit)	2 805 692
本乡镇公路里程（公里）	Highway Mileage of Towns (km)	159 163
集贸市场个数（个）	Number of County Fairs (unit)	3 081
综合市场（个）	Number of General Fairs (unit)	2 689
专业市场（个）	Number of Specialized Fairs (unit)	392
学校总数（个）	Total Number of Schools (unit)	26 769
在校学生总数（人）	Total Number of Students Enrollment (person)	6 210 562
#中学生数(人)	Number of Students Enrollment in Secondary School(person)	1 848 821
教师总数（人）	Total Number of Teachers（person)	356 460
幼儿园、托儿所（个）	Number of Kindergartens (unit)	3 420
图书馆、文化站（个）	Number of Libraries and Cultural Stations (unit)	1 549
体育场馆（个）	Number of Stadiums and Gymnasiums (unit)	156
医院、卫生院（个）	Number of Hospitals and Township Hospitals (unit)	3 986
医生数（人）	Number of Doctors (person)	55 184
病床数（张）	Number of Sickbeds (unit)	74 887
敬老院、福利院（个）	Number of Homes for the Aged (unit)	708

注：全省共1477个基层单位。

Note:There are 1477 grass-roots units in whole province.

24-2 全省建制镇基本情况指标（2005年）

Basic Indicators on Towns Established with the Approval of State Council

乡镇名称	Schedule of Towns Communities and Subdistrict Offices	总人口（人） Total Population (person)	乡镇从业人员数（人） Number of Employed Persons of Townships and Towns (person)	财政总收入（万元） Government Revenue (10 000 yuan)	万人拥有农业技术人数（人） Number of Technical Personnel Engaged in Agriculture Production per 10 000 Persons (person)	万人拥有教师数（人） Number of Teachers per 10 000 Persons (person)	万人拥有医生数（人） Number of Doctors per 10 000 Persons (person)
官渡区小板桥镇	Xiaobanqiao	49 800	38 317	4 765	6.43	59.84	17.07
官渡区官渡镇	Guandu	30 787	22 231	2 350	4.22	51.97	25.66
官渡区大板桥镇	Dabanqiao	31 331	22 157	6 208	9.26	68.94	11.17
西山区碧鸡镇	Biji	29 552	18 794	4 405	6.09	47.04	4.40
西山区海口镇	Haikou	24 902	21 240	5 385	1.61	57.43	5.22
东川区新村镇	Xincun	68 399	30 586	1 855	5.56	160.82	111.84
东川区碧谷镇	Bigu	32 538	15 868	723	4.30	109.41	4.61
东川区汤丹镇	Tangdan	33 383	16 595	362	3.89	117.72	11.98
东川区因民镇	Yinmin	17 260	8 073	487	3.48	82.85	11.01
呈贡县龙城镇	Longcheng	34 244	7 092	2 250	1.17	49.64	5.84
呈贡县洛羊镇	Luoyang	21 871	19 960	5 477	4.57	121.17	13.26
呈贡县斗南镇	Dounan	28 531	23 149	1 357	14.72	67.65	11.92
晋宁县昆阳镇	Kunyang	26 191	6 668	2 371	4.58	33.22	169.91
晋宁县古城镇	Gucheng	26 732	10 379	821	1.50	41.90	16.09
晋宁县晋城镇	Jincheng	42 424	29 001	1 402	3.30	63.88	29.70
晋宁县宝峰镇	Baofeng	17 120	10 402	627	20.44	80.61	3.50
富民县永定镇	Yongding	20 183	10 914	610	2.48	83.73	22.30
富民县大营镇	Daying	19 959	13 001	2 395	18.54	93.69	16.53
宜良县匡远镇	Kuangyuan	49 401	32 010	398	7.89	148.98	78.14
宜良县北古城镇	Beigucheng	45 148	28 368	739	1.77	61.80	6.20
宜良县南羊镇	Nanyang	40 295	27 464	414	7.45	52.86	3.23
宜良县狗街镇	Goujie	62 667	39 241	704	5.90	60.48	10.69
宜良县汤池镇	Tangchi	35 633	20 716	810	11.23	66.79	5.33
宜良县草甸镇	Caodian	17 665	11 215	584	10.76	71.89	14.15
石林县鹿阜镇	Lufu	51 437	33 434	2 793	6.42	130.65	37.91
石林县石林镇	Shilin	12 471	7 076	472	19.24	96.22	1.60
嵩明县嵩阳镇	Songyang	62 493	29 193	1 610	8.96	82.41	13.28
嵩明县小街镇	Xiaojie	64 119	34 998	1 799	2.96	78.76	13.88
嵩明县杨林镇	Yanglin	59 959	25 907	2 514	0.83	60.04	3.17
禄劝县屏山镇	Pingshan	45 827	26 010	1 720	4.36	133.11	38.84
禄劝县撒营盘镇	Sayingpan	26 882	17 858	326	16.00	104.16	25.30
禄劝县转龙镇	Zhuanlong	32 734	17 643	323	14.36	110.89	9.78
寻甸县仁德镇	Rende	23 510	14 100	318	21.27	250.11	71.03
寻甸县塘子镇	Tangzi	29 293	16 167	594	10.58	97.63	15.02
寻甸县羊街镇	Yangjie	45 099	26 541	451	7.98	98.23	11.31
寻甸县柯渡镇	Kedu	38 409	21 196	613	7.55	74.20	11.46
寻甸县倘甸镇	Tangdian	41 503	23 247	375	7.23	117.82	20.48
寻甸县功山镇	Gongshan	40 062	24 328	594	6.49	75.13	14.98
安宁市连然镇	Lianran	143 245	92 791	5 626	0.98	91.73	34.14
安宁市八街镇	Bajie	30 188	17 815	2 020	14.58	92.75	3.98
安宁市温泉镇	Wenquan	12 733	8 187	1 055	6.28	82.46	51.05
安宁市青龙镇	Qinglong	7 527	5 653	2 834	17.27	103.63	9.30
安宁市禄脿镇	Lubiao	12 640	8 218	518	11.87	86.23	11.08
安宁市草铺镇	Caopu	18 259	12 655	3 240	3.29	176.35	15.33
安宁市太平镇	Taiping	18 261	10 892	1 536	3.29	106.24	4.93
麒麟区三宝镇	Sanbao	61 163	35 559	926	7.85	82.40	6.38
麒麟区越州镇	Yuezhou	75 802	42 045	4 564	1.58	81.26	3.56
麒麟区东山镇	Dongshan	73 614	43 351	3 737	2.17	85.85	5.71

24-2 续表 1 continued

乡镇名称	Schedule of Towns Communities and Subdistrict Offices	总人口（人） Total Population (person)	乡镇从业人员数（人） Number of Employed Persons of Townships and Towns (person)	财政总收入（万元） Government Revenue (10 000 yuan)	万人拥有农业技术人数（人） Number of Technical Personnel Engaged in Agriculture Production per 10 000 Persons (person)	万人拥有教师数(人) Number of Teachers per 10 000 Persons (person)	万人拥有医生数（人） Number of Doctors per 10 000 Persons (person)
麒麟区西山镇	Xishang	35 253	18 074	20 927	4.82	110.63	5.96
马龙县通泉镇	Tongquan	36 793	15 615	707	14.40	168.78	53.81
马龙县旧县镇	Jiuxian	28 977	16 990	818	7.94	91.11	5.52
马龙县马过河镇	Maguohe	15 572	9 247	405	12.20	89.26	7.71
马龙县王家庄镇	Wangjiazhuang	31 871	18 212	690	10.04	105.11	7.84
马龙县纳章镇	Nazhang	14 246	9 694	462	15.44	103.89	8.42
陆良县中枢镇	Zhongshu	109 450	59 205	2 857	8.86	168.11	31.98
陆良县板桥镇	Banqiao	90 858	50 971	791	4.07	90.25	4.95
陆良县三岔河镇	Sanchahe	113 604	58 680	1 800	6.43	102.02	6.69
陆良县马街镇	Majie	106 419	50 690	1 641	1.41	91.99	5.54
陆良县召夸镇	Zhaokua	30 844	23 653	933	24.64	104.07	12.64
陆良县大莫古镇	Damogu	45 864	27 321	1 389	2.40	112.51	7.85
陆良县芳华镇	Fanghua	31 483	17 277	1 040	6.35	110.54	14.29
陆良县小百户镇	Xiaobaihu	40 085	25 722	11 546	17.46	111.76	13.97
师宗县丹凤镇	Danfeng	69 946	26 491	1 166	7.86	65.77	5.15
师宗县雄壁镇	Xiongbi	51 271	26 988	763	5.66	69.43	3.32
师宗县大同镇	Datong	29 492	17 306	852	22.72	119.35	10.17
师宗县葵山镇	Kuishan	39 098	19 336	635	4.60	103.59	6.14
师宗县彩云镇	Caiyun	39 921	21 939	679	8.52	78.91	4.01
罗平县罗雄镇	Luoxiong	113 128	49 774	3 592	1.94	87.33	11.49
罗平县板桥镇	Banqiao	51 482	26 520	1 639	3.50	94.40	5.24
罗平县马街镇	Majie	56 616	30 151	960	0.18	92.02	6.54
罗平县富乐镇	Fule	47 114	25 326	1 204	1.27	96.36	4.88
罗平县九龙镇	Jiulong	46 659	25 955	1 574	0.86	98.16	6.43
罗平县阿岗镇	Agang	61 243	33 357	1 640	11.27	92.91	8.82
富源县中安镇	Zhongan	118 851	53 568	4 496	1.68	73.54	2.94
富源县营上镇	Yingshan	64 318	36 309	2 501	6.06	147.39	4.82
富源县黄泥河镇	Huangnihe	65 106	36 843	3 102	2.46	79.56	4.30
富源县竹园镇	Zhuyuan	44 691	25 812	2 285	9.17	94.20	4.03
富源县后所镇	Housuo	70 208	34 613	2 853	5.84	90.59	3.70
富源县大河镇	Dahe	78 742	38 634	2 721	0.63	88.26	3.43
富源县墨红镇	Mohong	58 043	34 487	2 268	6.20	78.56	5.51
富源县富村镇	Fucun	86 650	44 177	3 109	1.15	90.94	3.46
会泽县金钟镇	Jinzhong	132 354	70 950	4 843	4.00	130.03	26.82
会泽县娜姑镇	Nagu	69 168	39 458	1 954	5.35	75.18	7.37
会泽县迤车镇	Yiche	63 643	34 500	1 642	6.13	71.65	5.03
会泽县罗布古镇	Luobuguo	32 726	17 650	1 197	7.94	84.95	3.97
会泽县矿山镇	Kuangshan	22 958	11 179	896	8.71	79.71	3.05
会泽县者海镇	Zhehai	104 929	46 602	3 493	4.38	96.06	24.02
会泽县待补镇	Daibu	45 746	25 982	1 436	7.43	90.50	5.46
会泽县大井镇	Dajing	42 056	20 479	1 569	7.61	66.82	1.66
沾益县西平镇	Xiping	44 407	10 550	2 777	2.93	153.80	4.73
沾益县花山镇	Huashan	25 360	15 994	3 117	2.37	60.33	4.73
沾益县白水镇	Baishui	34 757	20 045	2 270	9.49	103.29	5.75
宣威市来宾镇	Laibin	82 981	43 360	2 117	2.77	93.76	18.08
宣威市格宜镇	Geyi	56 473	30 200	1 621	2.66	83.23	4.43
宣威市田坝镇	Tianba	73 159	31 736	2 479	1.78	79.28	5.88
宣威市羊场镇	Yangchang	58 920	28 088	1 746	5.77	74.00	18.50

24-2 续表 2 continued

乡镇名称	Schedule of Towns Communities and Subdistrict Offices	总人口（人） Total Population (person)	乡镇从业人员数（人） Number of Employed Persons of Townships and Towns (person)	财政总收入（万元） Government Revenue (10 000 yuan)	万人拥有农业技术人数（人） Number of Technical Personnel Engaged in Agriculture Production per 10 000 Persons	万人拥有教师数（人） Number of Teachers per 10 000 Persons (person)	万人拥有医生数（人） Number of Doctors per 10 000 Persons (person)
宣威市板桥镇	Banqiao	64 333	31 893	2 570	5.44	114.40	23.32
宣威市倘塘镇	Tangtang	77 410	42 695	2 790	2.97	75.31	2.58
宣威市落水镇	Luoshui	40 180	21 257	1 787	6.97	92.09	5.72
宣威市务德镇	Wude	47 620	25 828	1 606	5.25	86.31	3.78
宣威市海岱镇	Haidai	61 955	35 044	1 743	4.68	97.01	3.55
宣威市龙场镇	Longchang	51 431	29 930	2 110	2.92	81.08	11.86
宣威市龙潭镇	Longtan	59 607	32 966	2 322	4.53	81.03	11.91
宣威市靖外镇	Qingwai	16 545	10 400	779	7.86	89.45	5.44
宣威市热水镇	Reshui	75 699	46 944	2 805	6.08	74.90	4.49
宣威市宝山镇	Baoshan	62 844	36 028	1 445	3.18	81.63	3.66
宣威市东山镇	Dongshan	54 556	29 881	2 228	8.07	85.78	3.30
红塔区北城镇	Beicheng	58 890	43 631	4 413	2.89	87.62	20.89
红塔区春和镇	Chunhe	53 960	31 544	5 866	3.89	96.00	8.34
红塔区李棋镇	Liqi	30 681	17 042	2 692	2.61	62.58	9.13
红塔区大营街镇	Dayingjie	45 676	27 843	11 719	3.50	87.79	8.98
红塔区研和镇	Yanhe	44 357	26 058	6 187	1.35	81.84	4.28
红塔区高仓镇	Gaocang	22 949	11 422	1 982	6.54	71.90	12.64
江川县大街镇	Dajie	76 573	36 640	3 442	7.97	119.10	85.28
江川县江城镇	Jiangcheng	69 444	42 790	3 699	8.21	87.55	7.63
江川县前卫镇	Qianwei	46 666	28 803	1 771	5.79	67.29	14.36
江川县九溪镇	Jiuxi	25 846	15 613	926	7.74	68.48	6.96
江川县路居镇	Luju	27 946	17 727	1 399	1.79	64.77	17.53
澄江县凤麓镇	Fenglu	21 378	3 824	1 355	0.47	47.71	2.34
澄江县龙街镇	Longjie	53 990	31 473	3 000	4.45	62.05	10.19
澄江县阳宗镇	Yangzong	23 199	16 024	1 171	6.47	75.87	7.76
澄江县右所镇	Yousuo	36 225	22 717	1 956	6.90	78.12	5.80
澄江县海口镇	Haikou	10 716	6 614	882	9.33	99.85	11.20
澄江县九村镇	Jiucun	11 164	7 320	669	5.37	102.11	20.60
通海县秀山镇	Xiushan	62 444	27 371	2 569	1.28	101.21	30.11
通海县杨广镇	Yangguang	49 491	31 068	2 806	6.26	75.57	16.97
通海县九街镇	Jiujie	34 337	20 837	1 781	8.15	61.16	6.99
通海县河西镇	Hexi	50 051	29 849	1 301	4.20	103.09	4.00
通海县四街镇	Sijie	42 318	26 270	1 518	4.02	105.39	19.61
通海县纳古镇	Nagu	14 947	8 486	408	5.35	81.62	8.70
华宁县宁州镇	Ningzhou	75 222	38 433	2 771	7.98	82.56	32.04
华宁县盘溪镇	Panxi	52 328	28 524	1 510	6.69	74.15	28.47
华宁县华溪镇	Huaxi	13 015	8 085	598	7.68	91.43	14.60
华宁县青龙镇	Qinglong	52 485	29 146	2 357	10.29	85.36	7.62
易门县龙泉镇	Longquan	57 681	24 859	1 387	5.20	108.87	66.40
易门县六街镇	Liujie	25 323	15 294	891	5.53	87.67	15.01
易门县绿汁镇	Lüzhi	23 600	8 680	465	8.90	70.76	31.36
峨山县双江镇	Shuangjiang	46 395	20 244	3 513	3.23	92.90	11.64
峨山县小街镇	Xiaojie	24 909	13 415	1 369	15.26	119.64	4.01
峨山县甸中镇	Dianzhong	20 204	12 090	742	9.40	93.55	10.89
峨山县化念镇	Huanian	10 299	6 542	665	22.33	108.75	21.36
峨山县塔甸镇	Tadian	14 163	8 055	708	26.12	115.79	8.47
新平县桂山镇	Guishan	35 830	12 890	1 008	2.79	122.80	79.26
新平县扬武镇	Yangwu	20 987	14 917	654	9.53	89.58	8.10

24-2 续表 3 continued

乡镇名称	Schedule of Towns Communities and Subdistrict Offices	总人口（人）Total Population (person)	乡镇从业人员数（人）Number of Employed Persons of Townships and Towns (person)	财政总收入（万元）Government Revenue (10 000 yuan)	万人拥有农业技术人数（人）Number of Technical Personnel Engaged in Agriculture Production per 10 000 Persons (person)	万人拥有教师数（人）Number of Teachers per 10 000 Persons (person)	万人拥有医生数（人）Number of Doctors per 10 000 Persons (person)
新平县漠沙镇	Mosha	36 408	23 807	698	5.49	93.66	6.59
新平县戛洒镇	Gasa	24 549	14 480	899	6.92	78.62	22.00
新平县水塘镇	Shuitang	22 228	14 153	518	8.10	85.93	25.64
新平县腰街镇	Yiaojie	14 165	9 755	471	11.30	99.54	20.47
元江县澧江镇	Lijiang	30 309	22 631	1346	6.27	141.54	4.29
元江县因远镇	Yinyuan	28 106	15 678	812	3.20	114.57	19.57
元江县青龙厂镇	Qinglongchang	14 050	9 006	853	17.79	173.67	19.22
元江县东峨镇	Donger	15 039	8 485	337	1.99	152.94	9.31
隆阳区永昌镇	Yongchang	122 716	72 500	4953	23.79	111.56	78.96
隆阳区板桥镇	Banqiao	79 259	44 376	851	3.15	92.99	24.35
隆阳区河图镇	Hetu	90 563	51 205	785	1.88	84.80	3.09
隆阳区汉庄镇	Hanzhuang	79 390	40 368	1032	0.76	67.51	3.27
隆阳区蒲缥镇	Pupiao	43 265	25 326	472	5.55	74.89	8.78
施甸县甸阳镇	Dianyang	46 299	18 400	742	6.48	69.98	68.04
施甸县由旺镇	Youwang	40 118	23 354	470	4.99	103.94	10.97
施甸县姚关镇	Yaoguan	36 690	21 447	573	5.45	70.86	6.54
施甸县太平镇	Taiping	31 499	18 525	577	7.94	95.24	8.25
施甸县仁和镇	Renhe	52 602	30 348	774	4.37	85.55	10.08
腾冲县腾越镇	Tengyue	108 065	42 703	7284	7.77	128.90	26.37
腾冲县固东镇	Gudong	43 018	25 137	1013	5.58	111.81	27.20
腾冲县滇滩镇	Diantan	25 873	13 168	2071	4.64	88.51	25.51
腾冲县猴桥镇	Houqiao	25 362	14 114	1270	14.19	83.59	9.07
腾冲县和顺镇	Heshun	6 185	3 951	256	12.93	53.35	19.40
龙陵县龙山镇	Longshan	45 355	27 728	2150	23.81	136.26	69.67
龙陵县镇安镇	Zhenan	41 234	23 255	508	6.55	108.65	12.37
龙陵县勐糯镇	Mengnuo	17 287	11 806	724	12.73	109.91	12.73
昌宁县田园镇	Tianyuan	57 829	25 169	2176	6.57	131.25	60.87
昌宁县漭水镇	Mangshui	29 320	16 091	879	6.14	76.74	3.41
昌宁县柯街镇	Kejie	27 985	16 157	1046	5.72	95.41	10.01
昌宁县卡斯镇	Kasi	38 063	23 324	1170	4.20	85.38	7.62
昌宁县勐统镇	Mengtong	25 057	14 351	747	5.99	79.42	8.38
昭阳区凤凰镇	Fenghuang	7 914	4 177	137	10.11	151.63	2.53
昭阳区旧圃镇	Jiupu	27 216	13 702	265	3.67	54.75	4.41
昭阳区永丰镇	Yongfeng	41 048	21 152	464	5.36	66.99	2.19
昭阳区北闸镇	Beizha	62 275	30 982	643	6.58	65.03	6.74
鲁甸县文屏镇	Wenping	36 962	18 966	678	9.74	156.92	3.25
巧家县新华镇	Xinhua	67 665	30 595	915	2.96	111.58	15.22
巧家县大寨镇	Dazhai	34 791	14 300	262	4.31	68.98	3.16
巧家县小河镇	Xiaohe	31 965	16 188	195	3.75	57.88	2.50
巧家县药山镇	Yaoshan	49 504	30 653	269	4.04	55.55	3.03
巧家县马树镇	Mashu	30 597	17 587	203	5.88	64.71	2.61
盐津县盐井镇	Yanjing	45 678	16 405	481	24.52	116.03	14.23
盐津县普洱镇	Puer	46 221	26 817	329	4.54	59.06	14.50
盐津县豆沙镇	Dousha	22 922	11 006	225	2.62	64.57	2.62
大关县翠华镇	Cuihua	27 923	8 667	346	9.31	128.93	29.37
大关县玉碗镇	Yuwan	15 917	6 600	160	8.80	84.81	3.77
大关县吉利镇	Jili	18 902	8 201	177	8.99	101.58	5.29
大关县天星镇	Tianxing	44 654	21 238	248	2.46	94.28	7.17

乡镇名称	Schedule of Towns Communities and Subdistrict Offices	总人口（人） Total Population (person)	乡镇从业人员数（人） Number of Employed Persons of Townships and Towns (person)	财政总收入（万元） Government Revenue (10 000 yuan)	万人拥有农业技术人数（人） Number of Technical Personnel Engaged in Agriculture Production per 10 000 Persons (person)	万人拥有教师数（人） Number of Teachers per 10 000 Persons (person)	万人拥有医生数（人） Number of Doctors per 10 000 Persons (person)
大关县木杆镇	Mugan	26 423	12 987	196	3.03	77.58	2.27
永善县溪洛渡镇	Xiluodu	59 577	24 197	533	2.01	81.91	20.98
永善县桧溪镇	Guixi	16 793	7 996	236	7.74	101.23	18.46
永善县黄华镇	Huanghua	41 437	20 842	353	8.21	84.47	7.00
永善县茂林镇	Maolin	22 375	12 533	279	6.70	59.44	2.23
永善县大兴镇	Daxing	36 027	17 031	277	5.55	84.66	7.49
绥江县中城镇	Zhongcheng	48 609	12 538	432	7.41	56.99	6.99
绥江县南岸镇	Nanan	15 948	8 164	542	10.66	84.02	2.51
绥江县田坝镇	Tianba	25 070	12 778	409	11.17	81.77	7.58
绥江县新滩镇	Xintan	23 982	9 656	345	8.34	81.73	9.59
绥江县会仪镇	Huiyi	24 671	11 665	332	12.16	69.31	7.70
镇雄县乌峰镇	Wufeng	118 118	30 740	1 295	11.01	109.47	32.00
镇雄县泼机镇	Poji	81 116	29 900	1 315	3.21	71.50	3.70
镇雄县黑树镇	Heishu	27 025	13 234	409	3.70	57.35	2.22
镇雄县母享镇	Muxiang	45 946	20 395	810	2.18	67.91	3.70
镇雄县仁和镇	Renhe	16 714	6 953	253	4.19	87.35	7.78
镇雄县大湾镇	Dawan	51 076	23 272	614	0.78	59.13	2.74
镇雄县以勒镇	Yile	45 536	22 522	661	0.66	65.00	4.61
镇雄县赤水源镇	Chishuiyuan	45 545	22 703	688	2.85	71.36	2.63
镇雄县芒部镇	Mangbu	45 224	19 903	713	3.98	55.06	5.53
镇雄县雨河镇	Yuhe	41 624	18 562	506	0.72	57.90	2.40
镇雄县罗坎镇	Luokan	38 716	17 359	587	5.42	100.48	4.65
镇雄县牛场镇	Niuchang	41 148	17 390	730	13.61	76.80	3.16
镇雄县五德镇	Wude	54 683	24 441	863	2.38	77.90	2.74
彝良县角奎镇	Jiaokui	51 144	22 964	414	24.44	129.05	58.66
彝良县洛泽河镇	Luozehe	11 238	6 780	153	10.68	94.32	16.02
彝良县牛街镇	Niujie	40 387	17 388	274	3.22	95.33	7.92
威信县扎西镇	Zaxi	67 905	33 676	410	6.48	153.30	27.54
威信县旧城镇	Jiucheng	29 366	16 009	206	1.70	65.04	6.13
水富县云富镇	Yunfu	38 478	10 307	799	15.59	134.10	37.68
水富县楼坝镇	Louba	23 163	14 041	321	4.32	50.51	12.95
玉龙县黄山镇	Huangshan	13 523	5 000	535	11.09	95.39	15.53
玉龙县石鼓镇	Shigu	18 681	10 438	184	4.28	107.60	16.06
玉龙县巨甸镇	Judian	21 336	12 408	355	7.03	117.64	39.84
永胜县永北镇	Yongbei	56 602	24 264	760	1.59	73.67	52.47
永胜县仁和镇	Renhe	24 652	14 025	150	14.60	78.70	11.76
永胜县期纳镇	Qina	35 581	21 505	642	8.15	108.77	22.20
永胜县金官镇	Jinguan	38 221	20 905	202	7.33	79.80	20.93
永胜县梁官镇	Liangguan	24 961	14 064	91	7.21	91.74	7.61
永胜县程海镇	Chenghai	41 679	25 460	151	5.52	94.53	7.44
华坪县中心镇	Zhongxin	33 103	8 491	553	1.21	103.31	76.13
华坪县荣将镇	Rongjiang	23 472	11 322	432	8.52	107.79	24.71
华坪县大兴镇	Daxing	10 685	5 364	448	11.23	111.37	18.72
宁蒗县大兴镇	Daxing	30 313	7 201	214	2.64	40.25	27.38
翠云区思茅镇	Simao	84 586	42 725	4 649	7.68	205.12	45.99
翠云区南屏镇	Nanping	68 563	33 009	3 131	2.04	147.75	39.09
翠云区倚象镇	Yixiang	36 109	23 525	1 098	9.97	93.33	4.71
翠云区思茅港镇	Simaogang	16 819	9 360	982	7.13	101.08	5.35

24-2 续表 5 continued

乡镇名称	Schedule of Towns Communities and Subdistrict Offices	总人口（人）Total Population (person)	乡镇从业人员数（人）Number of Employed Persons of Townships and Towns (person)	财政总收入（万元）Government Revenue (10 000 yuan)	万人拥有农业技术人数（人）Number of Technical Personnel Engaged in Agriculture Production per 10 000 Persons (person)	万人拥有教师数(人) Number of Teachers per 10 000 Persons (person)	万人拥有医生数（人）Number of Doctors per 10 000 Persons (person)
普洱县宁洱镇	Ninger	67 590	26 342	1 192	4.73	123.69	49.12
普洱县磨黑镇	Mohei	23 255	13 109	481	10.75	103.63	18.92
墨江县联珠镇	Lianzhu	40 792	24 624	563	4.66	116.20	93.16
墨江县通关镇	Tongguan	25 894	13 752	511	7.34	117.79	13.90
景东县锦屏镇	Jinping	52 702	19 059	1 316	5.12	56.73	51.99
景东县文井镇	Wenjing	45 350	26 060	289	1.76	69.46	7.72
景东县漫湾镇	Manwan	20 705	10 763	193	3.86	76.79	14.97
景东县大朝山东镇	Dachaoshandong	8 987	4 481	140	13.35	80.12	3.34
景谷县威远镇	Weiyuan	27 453	9 173	785	2.55	203.62	44.44
景谷县永平镇	Yongping	53 402	31 300	1 383	8.61	102.24	9.36
景谷县正兴镇	Zhengxing	19 902	12 323	690	5.02	84.41	9.55
景谷县民乐镇	Minle	23 554	14 797	771	11.89	82.79	8.92
镇沅县恩乐镇	Enle	26 174	20 093	354	11.46	185.68	80.23
镇沅县按板镇	Anban	20 752	11 972	404	12.53	97.82	12.05
镇沅县勐大镇	Mengda	27 080	16 238	386	5.91	107.46	9.23
江城县勐烈镇	Menglie	13 994	7 696	481	29.30	161.50	46.45
江城县整董镇	Zhengdong	10 989	5 853	388	14.56	87.36	20.93
孟连县娜允镇	Nayun	27 880	10 791	481	10.76	43.40	100.79
孟连县勐马镇	Mengma	28 349	16 906	714	14.11	95.59	7.05
孟连县芒信镇	Mangxin	14 144	7 166	462	21.92	71.41	4.24
澜沧县勐朗镇	Menglang	36 958	15 673	785	4.60	222.14	33.55
澜沧县上允镇	Shangyun	44 307	24 567	1 153	4.97	93.89	6.09
西盟县勐梭镇	Mengsuo	19 314	7 409	193	9.32	64.20	3.62
西盟县西盟镇	Ximeng	6 065	2 136	134	13.19	230.83	21.43
临翔区凤翔镇	Fengxiang	81 694	41 614	296	2.45	143.22	83.24
临翔区博尚镇	Boshang	36 408	21 591	239	1.37	113.44	8.24
凤庆县凤山镇	Fengshan	70 606	27 396	588	3.54	150.13	36.40
凤庆县鲁史镇	Lushi	20 635	11 071	190	5.82	89.65	5.82
凤庆县小湾镇	Xiaowan	25 790	12 480	260	15.90	95.00	7.37
凤庆县营盘镇	Yingpan	41 813	20 486	151	3.83	88.49	4.07
凤庆县三岔河镇	Sanchahe	26 717	13 844	15	6.74	72.99	2.99
凤庆县勐佑镇	Mengyou	36 914	18 819	40	10.57	96.71	3.79
凤庆县雪山镇	Xueshan	28 977	16 521	12	10.01	77.65	3.11
凤庆县洛党镇	Luodang	36 180	19 534	27	5.80	92.87	2.49
云县爱华镇	Aihua	67 243	45 700	460	0.59	124.62	25.58
云县漫湾镇	Manwan	22 686	12 977	343	3.53	80.23	7.49
云县大朝山西镇	Dachaoshanxi	16 024	9 422	229	5.62	81.13	2.50
云县涌宝镇	Yongbao	31 650	17 816	296	3.16	95.10	4.42
云县茂兰镇	Maolan	39 771	24 082	318	1.76	79.20	3.02
云县幸福镇	Xinfu	42 637	26 904	342	1.88	84.43	5.16
云县大寨镇	Dazhai	33 809	18 023	237	2.37	78.68	2.66
永德县德党镇	Dedang	41 722	18 884	404	7.43	127.51	51.77
永德县小勐统镇	Xiaomengtong	49 514	28 316	318	7.27	75.53	6.66
永德县永康镇	Yongkang	52 602	29 076	338	6.46	112.16	4.37
镇康县凤尾镇	Fengwei	20 746	6 695	367	3.37	70.38	10.12
镇康县勐捧镇	Mengpeng	40 229	20 251	469	3.48	63.64	5.22
镇康县南伞镇	Nansan	29 995	14 690	877	8.67	128.69	19.34
双江县勐勐镇	Mengmeng	18 825	9 163	787	6.37	276.76	104.65

24-2 续表 6 continued

乡镇名称	Schedule of Towns Communities and Subdistrict Offices	总人口（人） Total Population (person)	乡镇从业人员数（人） Number of Employed Persons of Townships and Towns (person)	财政总收入（万元） Government Revenue (10 000 yuan)	万人拥有农业技术人数（人） Number of Technical Personnel Engaged in Agriculture Production per 10 000 Persons (person)	万人拥有教师数（人） Number of Teachers per 10 000 Persons (person)	万人拥有医生数（人） Number of Doctors per 10 000 Persons (person)
双江县勐库镇	Mengku	28 807	14 520	965	6.60	102.06	9.72
耿马县耿马镇	Gengma	51 907	27 729	483	2.89	119.06	15.03
耿马县勐永镇	Mengyong	29 112	16 448	226	3.78	91.71	5.15
耿马县勐撒镇	Mengsa	34 503	15 743	288	2.32	67.53	7.25
耿马县孟定镇	Mengding	82 543	50 498	851	1.45	62.15	7.51
沧源县勐懂镇	Mengdong	30 507	15 620	209	7.54	129.15	50.15
沧源县岩帅镇	Aishuai	16 629	7 495	246	7.82	94.41	6.61
沧源县勐省镇	Mengsheng	22 905	8 602	177	7.86	66.36	3.93
沧源县芒卡镇	Mangka	13 644	6 513	140	10.99	93.08	3.66
楚雄市鹿城镇	Lucheng	123 020	50 740	2 958	0.98	214.27	94.86
楚雄市永安镇	Yongan	31 697	11 005	1 275	9.78	77.29	22.40
楚雄市东瓜镇	Donggua	20 380	13 168	432	20.12	210.01	22.08
楚雄市吕合镇	Lühe	28 096	16 626	501	6.05	87.91	6.05
楚雄市紫溪镇	Zixi	14 814	9 395	459	5.40	104.63	8.78
楚雄市东华镇	Donghua	25 494	16 114	822	2.35	96.49	3.53
楚雄市子午镇	Ziwu	22 615	13 797	768	7.96	96.84	7.52
楚雄市云龙镇	Yunlong	10 230	5 657	358	15.64	96.77	9.78
楚雄市富民镇	Fumin	29 594	16 114	584	6.76	80.42	4.05
楚雄市苍岭镇	Cangling	32 151	19 026	535	0.62	69.98	4.04
楚雄市三街镇	Sanjie	24 691	14 530	533	0.41	81.81	14.99
楚雄市八角镇	Bajiao	16 939	13 321	406	13.58	86.78	7.08
楚雄市中山镇	Zhongshan	23 579	13 615	525	9.75	85.25	13.57
楚雄市新村镇	Xincun	14 973	8 383	769	15.36	92.17	19.37
双柏县妥甸镇	Tuodian	40 174	17 701	731	1.99	111.27	61.23
双柏县大庄镇	Dazhuang	25 684	15 665	592	1.95	70.08	8.18
双柏县鄂嘉镇	Erjia	26 435	15 206	560	2.65	79.82	6.43
双柏县法裱镇	Fabiao	17 266	10 856	500	9.85	81.66	11.58
牟定县共和镇	Gonghe	18 881	12 425	383	20.13	188.55	120.23
牟定县新桥镇	Xinqiao	29 611	16 606	488	7.77	69.91	15.53
南华县龙川镇	Longchuan	57 847	26 340	1 102	4.84	83.15	71.74
南华县沙桥镇	Shaqiao	24 142	14 198	451	2.49	69.59	10.77
南华县徐营镇	Xuying	21 732	11 849	481	14.72	81.91	6.90
南华县五街镇	Wujie	17 539	10 652	387	1.71	65.57	5.70
南华县红土坡镇	Hongtupo	13 705	7 451	408	3.65	73.70	5.84
南华县马街镇	Majie	18 446	10 862	256	7.05	84.57	5.96
南华县兔街镇	Tujie	14 187	8 047	233	11.28	92.34	7.05
姚安县栋川镇	Dongchuan	19 181	15 042	521	9.38	72.99	159.01
姚安县光禄镇	Guanglu	35 023	21 920	456	4.57	79.38	4.00
姚安县龙岗镇	Longgang	30 842	20 378	464	2.92	79.76	10.05
姚安县大龙口镇	Dalongkou	22 054	12 986	595	7.71	90.69	4.99
姚安县仁和镇	Renhe	20 348	11 766	376	6.88	81.09	5.90
姚安县前场镇	Qianchang	15 434	9 710	425	3.89	74.51	14.90
姚安县弥兴镇	Mixing	20 684	13 271	345	8.22	71.07	7.74
大姚县金碧镇	Jinbi	57 487	26 563	1 749	3.13	56.88	4.87
大姚县石羊镇	Shiyang	27 668	16 280	522	8.67	76.62	12.29
大姚县六苴镇	Liuju	14 552	7 573	459	4.81	93.46	24.74
大姚县仓街镇	Cangjie	23 810	14 356	228	13.44	73.08	10.92
永仁县永定镇	Yongding	27 815	17 184	629	24.45	105.34	69.75

24-2 续表 7 continued

乡镇名称	Schedule of Towns Communities and Subdistrict Offices	总人口（人） Total Population (person)	乡镇从业人员数（人） Number of Employed Persons of Townships and Towns (person)	财政总收入（万元） Government Revenue (10 000 yuan)	万人拥有农业技术人数（人） Number of Technical Personnel Engaged in Agriculture Production per 10 000 Persons (person)	万人拥有教师数（人） Number of Teachers per 10 000 Persons (person)	万人拥有医生数（人） Number of Doctors per 10 000 Persons (person)
永仁县宜就镇	Yijiu	17 171	11 070	359	5.82	78.04	6.99
元谋县元马镇	Yuanma	34 497	13 654	733	3.48	149.29	37.68
元谋县能禹镇	Nengyu	21 629	13 951	252	3.24	89.69	7.86
元谋县黄瓜园镇	Huangguayuan	10 742	5 213	272	14.89	134.98	18.62
武定县近城镇	Jincheng	52 394	34 231	645	4.58	43.52	1.91
武定县高桥镇	Gaoqiao	25 349	16 014	290	9.47	93.49	22.88
武定县猫街镇	Maojie	26 039	16 034	451	4.22	80.65	6.14
禄丰县金山镇	Jinshan	60 570	30 570	2 178	0.00	131.09	51.35
禄丰县仁兴镇	Renxing	36 349	19 327	999	8.80	94.91	14.86
禄丰县碧城镇	Bicheng	45 714	25 379	933	10.94	98.44	15.31
禄丰县勤丰镇	QinFeng	26 200	15 573	840	3.05	83.97	8.78
禄丰县一平浪镇	Yipinglang	25 729	13 936	616	3.50	66.85	59.47
禄丰县舍资镇	Shezi	21 460	14 633	907	12.12	84.34	14.91
禄丰县广通镇	Guangtong	33 063	20 355	1 854	13.01	118.86	79.24
禄丰县黑井镇	Heijing	18 666	10 809	677	8.04	81.97	30.00
禄丰县土官镇	Tuguan	11 702	6 673	539	24.78	98.27	11.11
禄丰县罗川镇	Luochuan	19 665	11 660	564	21.87	82.89	16.78
禄丰县旧庄镇	Jiuzhuang	11 063	7 198	449	17.17	125.64	8.14
个旧市锡城镇	Xicheng	15 888	12 410	3 349	6.92	52.24	1.89
个旧市沙甸镇	Shadian	18 640	8 174	2 983	1.07	106.22	11.27
个旧市鸡街镇	Jijie	25 274	12 773	1 418	0.40	92.19	30.86
个旧市大屯镇	Datun	67 248	44 584	2 824	3.42	74.95	45.80
个旧市乍甸镇	Zhadian	17 000	11 597	1 967	8.24	112.35	12.35
个旧市老厂镇	Laochang	51 386	42 904	1 070	1.17	26.66	6.42
个旧市卡房镇	Kafang	29 851	25 647	1 661	4.02	112.56	25.46
个旧市蔓耗镇	Manhao	11 151	8 455	474	15.25	75.33	9.86
蒙自县文澜镇	Wenlan	126 085	68 985	4 811	4.44	138.40	19.11
蒙自县草坝镇	Caoba	36 596	21 401	1 020	5.47	75.96	17.49
蒙自县雨过铺镇	Yuguopu	21 809	15 346	692	6.88	79.33	4.59
蒙自县新安所镇	Xinansuo	33 773	18 602	562	5.33	73.14	3.26
蒙自县芷村镇	Zhicun	30 809	22 404	1 097	6.49	86.99	9.09
蒙自县鸣鹫镇	Mingjiu	17 421	12 308	256	3.44	84.95	6.31
蒙自县冷泉镇	Lengquan	20 571	13 785	423	4.86	76.81	7.29
屏边县玉屏镇	Yuping	30 715	14 325	1 160	12.05	46.88	1.30
建水县临安镇	Linan	155 879	93 527	4 222	5.39	124.84	66.91
建水县官厅镇	Guanting	33 195	25 761	649	14.76	87.66	4.52
建水县西庄镇	Xizhuang	34 483	18 996	472	7.54	95.41	4.93
建水县青龙镇	Qinglong	14 965	9 114	472	20.05	111.59	18.71
建水县南庄镇	Nanzhuang	48 095	29 409	414	6.86	90.65	6.65
建水县岔科镇	Chake	24 142	14 846	627	14.08	80.36	4.97
建水县曲江镇	Qujiang	68 930	39 390	787	9.72	82.98	24.81
建水县面甸镇	Miandian	37 906	28 762	517	5.01	103.15	5.01
石屏县异龙镇	Yilong	89 135	51 246	1 918	17.61	96.60	60.47
石屏县宝秀镇	Baoxiu	51 889	29 049	658	4.43	94.05	18.50
石屏县坝心镇	Baxin	30 126	18 883	342	11.95	100.91	5.31
石屏县龙朋镇	Longpeng	27 224	19 026	478	7.71	85.95	9.18
石屏县龙武镇	Longwu	22 254	14 966	371	14.38	91.22	7.19
石屏县哨冲镇	Shaochong	18 228	12 749	373	18.10	81.19	10.42

24-2 续表 8 continued

乡镇名称	Schedule of Towns Communities and Subdistrict Offices	总人口（人） Total Population (person)	乡镇从业人员数（人） Number of Employed Persons of Townships and Towns (person)	财政总收入（万元） Government Revenue (10 000 yuan)	万人拥有农业技术人数（人） Number of Technical Personnel Engaged in Agriculture Production per 10 000 Persons (person)	万人拥有教师数（人） Number of Teachers per 10 000 Persons (person)	万人拥有医生数（人） Number of Doctors per 10 000 Persons (person)
石屏县牛街镇	Niujie	27 318	16 748	875	16.11	73.58	11.71
弥勒县弥阳镇	Miyang	119 584	53 844	8 285	13.13	110.97	47.41
弥勒县新哨镇	Xinshao	51 192	22 852	2 041	4.69	52.94	2.34
弥勒县虹溪镇	Hongxi	45 294	27 520	2 111	3.75	51.44	6.84
弥勒县竹园镇	Zhuyuan	55 459	34 328	1 840	4.33	67.26	14.06
弥勒县朋普镇	Pengpu	48 384	26 413	1 936	4.75	70.48	11.57
弥勒县巡检司镇	Xunjiansi	30 522	21 409	3 152	6.23	93.38	14.74
弥勒县西一镇	Xiyi	26 164	17 239	1 354	5.73	63.45	1.53
弥勒县西二镇	Xier	39 523	25 841	1 750	5.57	66.29	3.80
弥勒县西三镇	Xisan	22 780	14 351	1 595	7.02	89.11	5.71
弥勒县东山镇	Dongshan	18 823	11 631	1 280	7.44	89.25	5.31
泸西县中枢镇	Zhongshu	82 805	51 300	3 159	8.57	88.16	37.20
泸西县金马镇	Jinma	50 037	29 154	1 802	11.99	86.74	6.79
泸西县三河镇	Sanhe	25 617	16 559	849	9.37	100.71	8.98
泸西县旧城镇	Jiucheng	28 603	19 829	989	28.67	81.46	5.24
泸西县逸圃镇	Yipu	26 189	16 187	1 312	21.00	117.22	14.51
泸西县午街铺镇	Wujiepu	46 523	27 889	1 638	11.18	87.91	17.41
泸西县白水镇	Baishui	49 806	29 056	1 864	15.26	91.96	10.44
元阳县南沙镇	Nansha	21 030	8 351	224	8.56	116.50	61.82
元阳县新街镇	Xinjie	34 819	15 975	125	1.44	67.49	22.98
红河县迤萨镇	Yisa	14 360	8 421	360	41.09	259.75	147.63
金平县金河镇	Jinhe	53 267	33 148	1 267	0.94	79.22	15.02
金平县金水河镇	Jinshuihe	18 499	9 452	688	9.73	106.49	5.95
绿春县大兴镇	Daxing	45 782	21 354	386	1.75	94.80	4.59
河口县河口镇	Hekou	12 391	7 418	522	34.70	229.20	113.79
河口县南溪镇	Nanxi	5 320	3 364	520	9.40	182.33	20.68
文山县开化镇	Kuaihua	142 985	86 331	15 260	1.40	172.33	35.18
文山县古木镇	Gumu	26 109	13 655	245	6.13	91.16	16.09
文山县平坝镇	Pingba	36 386	20 260	315	4.40	83.00	9.62
文山县马塘镇	Matang	34 802	20 220	620	7.47	90.22	15.23
文山县德厚镇	Dehou	35 752	22 301	372	2.24	86.43	5.59
文山县小街镇	Xiaojie	24 387	12 903	239	9.84	75.04	3.28
文山县老回龙镇	Laohuilong	20 469	11 554	198	5.86	84.52	9.77
文山县追栗街镇	Zhuilijie	10 652	6 448	403	17.84	99.51	9.39
砚山县江那镇	Jiangna	62 565	34 976	2 470	5.43	165.59	29.73
砚山县平远镇	Pingyuan	75 949	39 740	3 249	6.19	103.36	15.27
砚山县稼依镇	Jiayi	42 980	24 250	589	7.45	116.80	10.47
砚山县阿猛镇	Ameng	24 936	12 372	217	11.63	111.08	14.44
西畴县西洒镇	Xisa	44 309	18 191	1 114	6.32	166.11	53.49
西畴县兴街镇	Xingjie	47 325	28 767	480	3.38	118.54	5.71
麻栗坡县麻栗镇	Mali	46 919	24 602	1 045	3.41	96.12	27.28
麻栗坡县大坪镇	Daping	24 118	14 000	558	9.12	101.58	9.54
麻栗坡县董干镇	Donggan	34 279	17 128	247	4.08	95.10	7.88
马关县马白镇	Mabai	67 754	36 148	2 047	4.13	132.83	23.61
马关县八寨镇	Bazhai	26 790	14 525	576	7.09	98.54	8.59
马关县仁和镇	Renhe	33 409	18 948	473	5.99	75.13	3.59
马关县木厂镇	Muchang	26 865	15 286	303	7.07	72.59	2.23
马关县夹寒箐镇	Jiahanqing	39 366	24 068	365	6.86	73.41	3.56

24-2 续表 9 continued

乡镇名称	Schedule of Towns Communities and Subdistrict Offices	总人口（人） Total Population (person)	乡镇从业人员数（人） Number of Employed Persons of Townships and Towns (person)	财政总收入（万元） Government Revenue (10 000 yuan)	万人拥有农业技术人数（人） Number of Technical Personnel Engaged in Agriculture Production per 10 000 Persons (person)	万人拥有教师数（人） Number of Teachers per 10 000 Persons (person)	万人拥有医生数（人） Number of Doctors per 10 000 Persons (person)
马关县小坝子镇	Xiaobazi	14 380	10 004	195	9.74	70.24	5.56
马关县都龙镇	Dulong	35 492	22 613	1 138	6.20	72.13	3.66
马关县金厂镇	Jinchang	8 644	5 654	196	12.73	91.39	4.63
丘北县锦屏镇	Jinping	43 828	24 262	903	4.11	115.22	42.44
丘北县曰者镇	Yuzhe	33 291	17 683	557	3.00	86.51	7.81
丘北县双龙营镇	Shuanglongying	56 712	28 067	965	2.12	101.21	7.05
广南县莲城镇	Liancheng	72 520	46 496	1 605	4.27	178.43	22.89
广南县八宝镇	Babao	67 713	42 136	1 249	4.58	77.24	3.84
广南县南屏镇	Nanping	40 670	21 630	657	6.88	67.62	3.93
广南县珠街镇	Zhujie	36 598	20 985	523	7.65	63.39	2.73
广南县那洒镇	Nasa	49 868	29 860	891	6.22	65.37	2.81
广南县珠琳镇	Zhulin	62 558	36 324	1 266	5.75	66.82	2.24
富宁县新华镇	Xinhua	51 010	25 572	3 002	5.88	167.81	45.29
富宁县归朝镇	Guichao	41 368	26 222	1 287	8.22	80.01	4.59
富宁县剥隘镇	Boai	22 861	12 754	670	9.62	60.36	8.31
富宁县里达镇	Lida	22 447	13 388	714	8.91	81.08	7.57
富宁县田蓬镇	Tianpeng	34 406	20 182	876	6.39	67.43	4.07
景洪市嘎洒镇	Gasa	45 618	7 434	1 126	8.11	106.32	7.45
景洪市勐龙镇	Menglong	69 547	43 335	1 091	4.17	103.53	5.90
景洪市勐罕镇	Menghan	24 922	16 679	546	10.83	72.23	10.83
景洪市勐养镇	Mengyang	14 762	5 003	414	30.48	136.84	18.29
景洪市普文镇	Puwen	13 504	3 368	476	7.41	137.74	25.18
勐海县勐海镇	Menghai	49 820	19 080	1 603	9.23	63.03	29.51
勐海县打洛镇	Daluo	18 294	11 115	672	17.49	90.19	22.41
勐海县勐混镇	Menghun	29 954	17 879	926	11.35	78.12	7.01
勐海县勐遮镇	Mengzhe	51 570	33 028	1 452	9.31	101.03	3.88
勐海县勐满镇	Mengman	18 571	10 168	626	10.77	91.00	8.62
勐海县勐阿镇	Menga	20 894	12 260	748	12.92	88.06	4.79
勐腊县勐腊镇	Mengla	34 985	9 859	1 108	15.72	63.46	36.02
勐腊县勐捧镇	Mengpeng	28 819	15 680	452	9.37	93.69	4.51
勐腊县勐满镇	Mengman	12 311	6 484	393	22.74	107.22	11.37
勐腊县勐仑镇	Menglun	14 053	9 530	1 064	19.92	128.09	16.37
勐腊县尚勇镇	Shangyong	15 804	7 311	84	15.82	119.59	10.76
勐腊县勐伴镇	Mengban	10 200	5 090	602	30.39	119.61	19.61
勐腊县关累镇	Guanlei	11 952	5 690	757	24.26	128.01	12.55
大理市下关镇	Xiaguan	166 767	109 579	7 388	0.42	56.67	58.76
大理市大理镇	Dali	55 869	20 176	1 684	7.88	147.67	103.64
大理市凤仪镇	Fengyi	64 807	38 319	8 035	6.64	82.09	6.17
大理市喜洲镇	Xizhou	64 355	35 023	1 352	4.35	60.45	2.18
大理市海东镇	Haidong	22 618	13 656	1 254	10.17	129.10	24.76
大理市挖色镇	Wase	21 218	12 998	607	8.48	70.22	23.56
大理市湾桥镇	Wanqiao	25 614	12 923	834	8.98	59.34	30.45
大理市银桥镇	Yinqiao	29 993	17 154	1 347	5.67	60.68	13.34
大理市七里桥镇	Qiliqiao	34 806	20 510	1 013	5.46	66.66	3.73
大理市双廊镇	Shuanglang	17 626	10 063	710	6.81	75.46	3.97
大理市上关镇	Shanguan	40 788	21 438	1 433	4.66	61.29	11.52
漾濞县上街镇	Shangjie	23 068	8 499	412	22.54	150.86	45.08
漾濞县河西镇	Hexi	16 657	8 001	403	18.01	91.85	4.80

24-2 续表 10 continued

乡镇名称	Schedule of Towns Communities and Subdistrict Offices	总人口（人） Total Population (person)	乡镇从业人员数（人） Number of Employed Persons of Townships and Towns (person)	财政总收入（万元） Government Revenue (10 000 yuan)	万人拥有农业技术人数（人） Number of Technical Personnel Engaged in Agriculture Production per 10 000 Persons (person)	万人拥有教师数（人） Number of Teachers per 10 000 Persons (person)	万人拥有医生数（人） Number of Doctors per 10 000 Persons (person)
漾濞县脉地镇	Maidi	10 378	5 326	261	20.24	97.32	10.60
漾濞县平坡镇	Pingpo	8 630	3 577	206	15.06	88.06	8.11
祥云县祥城镇	Xiangcheng	98 863	46 672	3 686	8.60	66.15	44.40
祥云县沙龙镇	Shalong	32 604	15 875	248	4.29	66.25	6.75
祥云县云南驿镇	Yunnanyi	61 114	35 123	658	2.29	64.63	6.87
祥云县下庄镇	Xiazhuang	54 260	32 126	681	5.53	91.23	12.72
祥云县普棚镇	Pupeng	26 904	17 069	261	7.81	76.94	5.20
祥云县刘厂镇	Liuchang	37 702	20 478	243	4.24	65.25	5.57
祥云县禾甸镇	Hedian	47 622	27 738	570	1.68	72.45	6.09
祥云县米甸镇	Midian	27 570	17 064	256	6.53	75.08	5.44
宾川县金牛镇	Jinniu	85 986	51 578	698	14.54	78.85	4.88
宾川县宾居镇	Binju	36 572	21 752	269	9.57	73.55	10.39
宾川县州城镇	Zhoucheng	44 647	27 716	332	6.72	76.38	6.27
宾川县大营镇	Daying	23 566	16 162	232	8.06	83.17	13.58
宾川县鸡足山镇	Jizhushan	24 990	15 352	217	6.80	70.83	12.00
宾川县力角镇	Lijiao	30 451	21 969	247	6.90	84.40	12.48
宾川县平川镇	Pingchuan	35 216	19 982	461	13.35	71.27	24.42
宾川县乔甸镇	Qiaodian	22 342	16 805	214	6.71	87.28	9.40
弥渡县弥城镇	Micheng	20 324	4 237	920	3.44	99.39	45.27
弥渡县红岩镇	Hongyan	50 540	32 320	723	0.40	50.06	3.96
弥渡县新街镇	Xinjie	51 679	30 423	529	2.52	58.82	14.51
弥渡县寅街镇	Yinjie	46 676	24 982	477	2.14	65.13	4.28
弥渡县苴力镇	Juli	25 143	14 592	389	8.35	71.59	5.97
南涧县南涧镇	Nanjian	45 391	21 803	1 415	6.83	108.39	4.85
南涧县小湾东镇	Xiaowandong	18 723	11 591	632	6.94	53.41	18.69
南涧县公郎镇	Gonglang	22 856	12 079	418	6.13	80.94	8.75
南涧县宝华镇	Baohua	30 447	17 198	703	4.93	60.76	8.54
巍山县南诏镇	Nanzhao	45 476	19 234	467	4.40	69.05	68.17
巍山县庙街镇	Miaojie	64 175	41 378	326	8.73	62.02	3.12
巍山县大仓镇	Dacang	49 959	27 686	341	4.00	68.46	8.41
巍山县永建镇	Yongjian	50 947	27 347	331	5.10	59.47	2.94
永平县博南镇	Bonan	26 400	9 561	496	6.44	151.14	42.42
永平县杉阳镇	Shanyang	32 470	15 923	235	5.54	94.86	6.16
永平县龙街镇	Longjie	22 039	11 482	260	13.61	93.92	6.35
云龙县石门镇	Shimen	12 201	2 330	363	0.82	218.01	5.74
云龙县旧州镇	Jiuzhou	34 295	16 737	335	3.50	93.89	9.33
云龙县漕涧镇	Caojian	34 141	17 158	327	6.15	82.89	11.72
云龙县白石镇	Baishi	13 795	7 191	1 217	4.35	96.41	11.60
洱源县玉湖镇	Yuhu	29 270	12 083	941	22.21	117.87	37.58
洱源县邓川镇	Dengchuan	16 281	10 074	567	13.51	130.21	46.07
洱源县右所镇	Yousuo	53 313	29 731	667	2.25	56.83	1.88
洱源县三营镇	Sanying	45 441	27 169	723	7.04	73.94	6.38
洱源县凤羽镇	Fengyu	31 695	17 310	300	6.94	78.88	13.25
洱源县乔后镇	Qiaohou	20 694	11 724	258	8.21	96.16	9.66
剑川县金华镇	Jinhua	12 222	6 759	348	13.91	87.55	0.00
剑川县剑阳镇	jianyang	34 156	17 662	285	4.68	84.03	3.22
剑川县甸南镇	Diannan	37 252	18 706	352	5.91	77.58	6.98
剑川县沙溪镇	Shaxi	22 501	11 199	238	17.78	83.55	9.33

24-2 续表 11 continued

乡镇名称	Schedule of Towns Communities and Subdistrict Offices	总人口（人） Total Population (person)	乡镇从业人员数（人） Number of Employed Persons of Townships and Towns (person)	财政总收入（万元） Government Revenue (10 000 yuan)	万人拥有农业技术人数（人） Number of Technical Personnel Engaged in Agriculture Production per 10 000 Persons (person)	万人拥有教师数（人） Number of Teachers per 10 000 Persons (person)	万人拥有医生数（人） Number of Doctors per 10 000 Persons (person)
剑川县马登镇	Madeng	20 562	10 211	205	16.54	91.92	17.02
剑川县老君山镇	Laojunshan	16 435	9 322	505	3.65	104.05	13.39
鹤庆县云鹤镇	Yunhe	21 715	14 700	1 251	2.30	73.68	3.68
鹤庆县辛屯镇	Xintun	36 126	18 179	290	5.26	68.93	22.42
鹤庆县松桂镇	Shonggui	32 958	18 083	558	8.19	73.43	24.27
鹤庆县黄坪镇	Huangping	34 833	16 520	218	2.87	99.04	13.21
鹤庆县草海镇	Caohai	45 053	22 720	433	2.89	58.82	11.32
鹤庆县西邑镇	Xiyi	14 133	7 820	314	9.20	78.54	33.26
瑞丽市勐卯镇	Mengmao	64 832	41 724	5 005	40.57	79.90	19.74
瑞丽市畹町镇	Wanding	13 203	7 922	4 674	11.36	127.24	39.38
瑞丽市弄岛镇	Nongdao	11 822	7 716	369	14.38	111.66	6.77
潞西市芒市镇	Mangshi	102 949	61 164	1 321	11.07	154.35	91.70
潞西市遮放镇	Zhefang	50 906	28 528	1 327	8.84	81.92	8.84
潞西市勐戛镇	Mengga	29 621	15 556	359	9.79	76.63	2.03
潞西市芒海镇	Manghai	5 671	3 203	239	12.34	88.17	17.63
潞西市风平镇	Fengping	61 759	37 462	1 062	14.57	91.97	3.72
梁河县遮岛镇	Zhedao	16 929	13 848	260	44.89	135.27	58.48
梁河县芒东镇	Mangdong	32 427	20 085	290	9.25	91.28	8.02
梁河县勐养镇	Mengyang	17 377	10 454	181	26.47	106.46	9.21
盈江县平原镇	Pingyuan	56 162	33 126	4 158	12.64	113.60	25.82
盈江县旧城镇	Jiuchang	20 540	10 953	271	10.22	106.62	6.82
盈江县那邦镇	Nabang	1 506	710	293	13.28	126.16	66.40
盈江县弄璋镇	Nongzhang	44 866	27 272	391	17.39	82.91	3.79
盈江县盏西镇	Zhanxi	22 426	13 625	250	5.80	86.51	3.12
盈江县卡场镇	Kachang	7 772	3 771	330	21.87	115.80	14.15
盈江县昔马镇	Xima	10 458	4 405	275	6.69	89.88	6.69
陇川县章凤镇	Zhangfeng	39 007	19 214	440	4.36	109.47	30.76
陇川县陇把镇	Longba	22 470	11 092	107	4.01	99.69	11.57
陇川县景罕镇	Jinghan	25 464	11 974	316	9.82	114.28	5.50
陇川县城子镇	Chengzi	24 801	10 784	321	6.05	119.35	4.03
泸水县六库镇	Liuku	45 761	16 781	1 633	6.12	132.86	112.10
泸水县鲁掌镇	Luzhang	11 956	6 043	304	22.58	234.19	23.42
泸水县片马镇	Pianma	5 526	4 811	395	23.53	57.91	18.10
福贡县上帕镇	Shangpa	26 139	13 903	-	9.56	146.14	20.28
贡山县茨开镇	Cikai	11 732	7 409	-	26.42	126.15	40.06
兰坪县金顶镇	Jinding	40 606	19 660	978	19.21	153.92	47.78
兰坪县啦井镇	Lajing	15 569	9 250	215	23.77	143.88	15.42
兰坪县营盘镇	Yingpan	34 862	21 050	325	12.05	109.00	10.90
兰坪县通甸镇	Tongdian	22 366	12 958	867	18.78	137.71	16.10
香格里拉县建塘镇	Jiantang	51 418	9 379	574	4.86	38.51	3.11
香格里拉县小中甸镇	Xiaozhongdian	9 707	6 214	193	3.09	73.14	31.94
香格里拉县虎跳峡镇	Hutiaoxia	18 033	11 748	3 299	12.75	110.35	32.16
香格里拉县金江镇	Jinjiang	16 612	8 444	315	3.61	110.76	18.06
德钦县升平镇	Shengping	9 759	3 673	186	11.27	30.74	4.10
德钦县奔子栏镇	Bengzilan	9 140	6 965	227	8.75	111.60	28.45
维西县保和镇	Baohe	15 427	6 682	253	11.67	187.33	135.48
维西县叶枝镇	Yezhi	10 376	6 115	263	9.64	92.52	16.38
维西县塔城镇	Tacheng	15 555	8 492	386	9.00	89.36	13.50

中 国 统 计 出 版 社 最 新 资 料 书 简 目

（仅供参考，以最后出书为准）

中国统计年鉴-2006
中国统计摘要-2006
2006 中国发展报告
中国城市统计年鉴-2005
中国劳动统计年鉴-2006
中国人口统计年鉴-2006
中国工业经济统计年鉴-2006
中国市场统计年鉴-2006
2005 中国经济景气年鉴
中国建筑业统计年鉴-2005
中国城市调查年鉴-2006
中国商品交易市场统计年鉴-2006
中国连锁餐饮企业统计年鉴-2005、2006
中国连锁零售业统计年鉴-2005、2006
中国能源统计年鉴-2004、2005
全国农产品成本收益资料汇编-2005
国际统计年鉴-2006
中国对外经济贸易统计年鉴-2005
中国基本单位统计年鉴-2005
中国民政统计年鉴-2006
中国高技术产业统计年鉴-2006
中国房地产行业名录
中国农村统计年鉴-2006
中国农村住户调查年鉴-2006〈中文〉
中国农村住户调查年鉴-2006〈英文〉
中国乡镇统计资料-2006
中国县（市）社会经济调查年鉴-2006
中国西部农村统计资料-2006
中国建制镇统计资料-2006
中国农产品价格调查年鉴-2006
中国国民经济核算年鉴-2006
中国经济普查年鉴-2004
中国棉花年鉴-2004、2005
中国百强县(市）发展年鉴-2006
中国教育经费统计年鉴-2005
北京统计年鉴-2006

天津统计年鉴-2006
河北经济年鉴-2006
山西统计年鉴-2006
内蒙古统计年鉴-2006
辽宁统计年鉴-2006
吉林统计年鉴-2006
黑龙江统计年鉴-2006
上海统计年鉴-2006
江苏统计年鉴-2006
浙江统计年鉴-2006
安徽统计年鉴-2006
福建统计年鉴-2006
江西统计年鉴-2006
山东统计年鉴-2006
河南统计年鉴-2006
湖北统计年鉴-2006
湖南统计年鉴-2006
广东统计年鉴-2006
广西统计年鉴-2006
海南统计年鉴-2006
重庆统计年鉴-2006
四川统计年鉴-2006
贵州统计年鉴-2006
云南统计年鉴-2006
西藏统计年鉴-2006
陕西统计年鉴-2006
甘肃年鉴-2006
青海统计年鉴-2006
宁夏统计年鉴-2006
新疆统计年鉴—2006
新疆生产建设兵团统计年鉴-2006
石家庄统计年鉴-2006
唐山统计年鉴-2006
邯郸统计年鉴-2006
张家口统计年鉴-2006
朔州统计年鉴-2006
呼和浩特经济统计年鉴-2006

鄂尔多斯市统计年鉴-2006
包头统计年鉴-2006
沈阳年鉴-2006
大连统计年鉴-2006
鞍山统计年鉴-2006
长春统计年鉴-2006
吉林市社会经济统计年鉴-2006
四平统计年鉴-2006
延吉统计年鉴-2006
哈尔滨统计年鉴-2006
齐齐哈尔经济统计年鉴-2006
黑龙江垦区统计年鉴-2006
上海浦东新区统计年鉴-2006
南京统计年鉴-2006
苏州统计年鉴-2006
无锡统计年鉴-2006
常州统计年鉴-2006
徐州统计年鉴-2006
南通统计年鉴-2006
盐城统计年鉴-2006
镇江统计年鉴-2006
江阴统计年鉴-2006
杭州统计年鉴-2006
宁波统计年鉴-2006
绍兴统计年鉴-2006
台州统计年鉴-2006
舟山统计年鉴-2006
温州统计年鉴-2006
金华统计年鉴-2006
嘉兴统计年鉴-2006
安庆经济统计年鉴-2006
福州统计年鉴-2006
福州年鉴-2006
厦门经济特区年鉴-2006
福州经济技术开发区年鉴-2006

南昌经济社会统计年鉴-2006
上饶经济统计年鉴-2006
九江经济统计年鉴-2006
济南统计年鉴-2006
青岛统计年鉴-2006
潍坊统计年鉴-2006
淄博统计年鉴-2006
郑州统计年鉴-2006
洛阳统计年鉴-2006
三门峡统计年鉴-2006
南阳经济统计年鉴-2006
武汉统计年鉴-2006
宜昌统计年鉴-2006
十堰统计年鉴-2006
荆州统计年鉴-2006
长沙统计年鉴-2006
广州统计年鉴-2006
东莞统计年鉴-2006
惠州统计年鉴-2006
深圳统计年鉴-2006
南宁统计年鉴-2006
桂林经济社会统计年鉴-2006
柳州经济统计年鉴-2006
来宾统计年鉴-2006
河池地区经济社会年鉴-2006
海口统计年鉴-2006
成都统计年鉴-2006
贵阳统计年鉴-2006
昆明统计年鉴-2006
西安统计年鉴-2006
兰州年鉴-2006
西宁统计年鉴-2006
银川统计年鉴-2006
乌鲁木齐统计年鉴-2006
巴音郭楞统计年鉴-2006
吐鲁番统计年鉴-2006

欲购以上图书与中国统计出版社发行部联系。

电话：（010）63376907，63376908　　同榲行书店电话：68783171，68783172

通讯地址：北京市西城区三里河月坛南街 75 号　邮政编码：100826

农业普查 了解过去